广东工会年鉴

（2014）

《广东工会年鉴》编纂委员会　编

SPM
南方出版传媒
广东人民出版社
·广州·

图书在版编目（CIP）数据

广东工会年鉴.2014/《广东工会年鉴》编纂委员会编. —广州：广东人民出版社，2015.2

ISBN 978-7-218-10025-8

Ⅰ.①广… Ⅱ.①广… Ⅲ.①地方工会-工会工作-广东省-2014-年鉴 Ⅳ.①D412.865 54

中国版本图书馆CIP数据核字（2015）第041023号

GUANGDONG GONGHUI NIANJIAN

广东工会年鉴（2014） 《广东工会年鉴》编纂委员会编

出 版 人：曾 莹

责任编辑：段太彬
装帧设计：刘晓菁
责任技编：周 杰

出版发行：广东人民出版社
地　　址：广州市大沙头四马路10号（邮政编码：510102）
电　　话：（020）83798714（总编室）
传　　真：（020）83780199
网　　址：http://www.gdpph.com
印　　刷：广州佳达彩印有限公司
开　　本：787mm×1092mm 1/16
印　　张：22.5　**插　　页**：6　**字　　数**：580千字
版　　次：2015年2月第1版　2015年2月第1次印刷
定　　价：158.00元

如发现印装质量问题，影响阅读，请与出版社（020－83795749）联系调换。
售书热线：（020）83790604　83791487　**邮 购**：（020）83781421

《广东工会年鉴》（2014）编纂委员会

《广东工会年鉴》（2014）编辑部

2013年2月3日，中共中央政治局委员、省委书记胡春华率省慰问团深入河源市东源县看望龙尾村困难党员、困难职工，并为他们送上新春祝福。图为胡春华（右一）与困难党员李北海亲切交谈。

2013年3月21日，广东省总工会第十二届委员会第六次全体会议在广州召开。省人大常委会原副主任、省总工会主席邓维龙作工作报告。会议选举省人大常委会副主任黄业斌（左）为省总工会新一任主席。

2013年4月11日，省人大常委会副主任、省总工会主席黄业斌（左五）在省总工会常务副主席陈宗文（前排右一）和广州市人大常委会副主任、市总工会主席赵小穗（左二）等的陪同下到广州市调研工会工作。

2013年1月18-19日，全国总工会党组纪检组组长、书记处书记王瑞生（右）率送温暖慰问团和工资支付检查组到惠州、东莞慰问、检查。

2013年10月15日，省总工会举行中国工会第十六次全国代表大会代表欢送会。省委常委、统战部部长林雄，省人大常委会副主任、省总工会主席黄业斌在广州亲切接见即将赴北京参加中国工会十六大广东代表团代表。

2013年4月27日，广东省庆祝五一国际劳动节暨劳模表彰大会在广州召开。图为省人大常委会副主任、省总工会主席黄业斌（左）和劳模代表亲切交谈。

2013年5月29日，“中国梦·劳动美”广东省劳动模范先进事迹报告团首场报告会在广州举行，之后，在全省巡回作报告。

2013年8月23日，“中国梦·助学行”广东工会金秋助学十年回顾暨2013年启动仪式在广州举行，省人大常委会副主任、省总工会主席黄业斌（左五）、常务副主席陈宗文（右五）、副主席王丽华（左三）出席并向受助学生发放助学金。

2013年10月25日，省总工会召开会议传达学习习近平总书记的重要讲话和中国工会十六大的精神。

2013年11月22日，庆祝广东省总工会成立60周年座谈会在广州召开。中华全国总工会党组纪检组组长、书记处书记王瑞生致词，省委常委、宣传部部长庹震，省人大常委会副主任、省总工会主席黄业斌出席会议并讲话。老同志汤维英、邓维龙出席。

2013年12月3日，由广东省总工会和南方报业传媒集团联合举办的广东“工人在线”在南方报业传媒集团直播厅正式启动。省人大常委会副主任、省总工会主席黄业斌（左）上网与职工在线互动交流。

2013年7月10日，省总工会召开党的群众路线教育实践活动动员大会。省总工会常务副主席陈宗文主持会议。

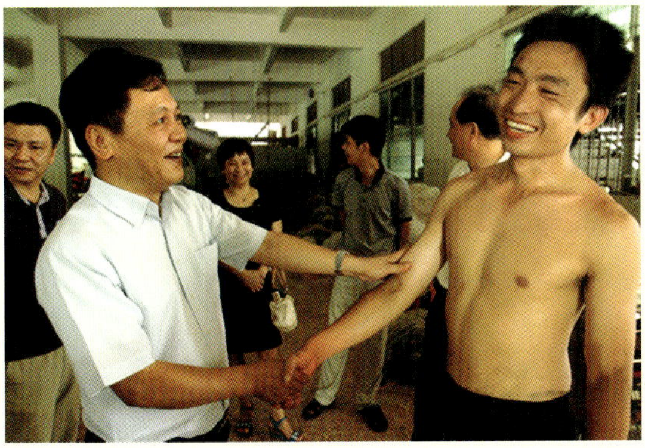

2013年8月27日，汕头潮南区、潮阳区遭遇严重水灾。省总工会副主席郭泽宇来到遭遇水灾严重的潮南区陈店镇洋老村，深入生产一线，对坚持抢险救灾工作的职工和企业表示慰问。

2013年9月17日，广东省总工会与广西壮族自治区总工会签订《广西壮族自治区总工会与广东省总工会友好交流合作协议书》切实推动并开展异地职工的双向维权等系列服务工作。图为省总工会副主席林锡明(右)和广西壮族自治区总工会副主席梁建强(左一)交换“协议书”。

2013年8月7日，省总工会纪检组组长廖汝捷(右)到中交四航局汕头东海岸新城项目给职工送清凉、送健康。

2013年7月9日，省总工会副主席张国兴(左二)到企业检查安全生产工作。

2013年11月4日至7日，省总工会副主席张振飚率实业发展中心到揭阳市的惠来县、揭东区，潮州市的湘桥区、饶平县等六个市、县、区总工会和五家国有企业及民营企业调研，并与工会干部座谈。

2013年8月8日，全省工会宣传文化工作会议在茂名召开。省总工会经审会主任杨敏出席会议并讲话。

2013年12月9日至11日，省人大常委会副主任、省总工会主席黄业斌(前排中)率领省人大常委会、省总工会代表团一行17人前往香港，与中央人民政府驻香港联络办公室有关人员进行工作座谈，并拜会香港工业总会、香港总商会、香港中华总商会、香港中华厂商。

2013年10月29日至11月7日，应德国五金工会、捷克摩拉维亚工会联合会、白俄罗斯明斯克市工会联合会的邀请，以省总工会常务副主席陈宗文(中)为团长的广东省工会代表团一行6人访问德国、捷克、白俄罗斯。

2013年9月24日至10月3日，应英国职工大会、丹麦菲英岛工会联合会和瑞典五金工会邀请，省总工会副主席郭泽宇(前排右二)率领广东省工会代表团一行6人访问英国、丹麦和瑞典。

2013年3月26日至4月4日，应南非工会联合会、肯尼亚中央工会的邀请，省总工会纪检组组长廖汝捷(右)率广东省工会访问团一行6人赴南非、肯尼亚进行友好访问。

2013年10月30日至11月8日，应全波兰工会协议会和匈牙利全国工会联合会的邀请，省总工会经审委员会主任杨敏(中)率广东工会代表团一行6人访问波兰、匈牙利。

2013年11月8日，广东省海员系统党政工领导联席会议在惠州召开。省人大常委会副主任、省总工会主席黄业斌出席并宣讲中国工会十六大精神。

2013年教师节前夕，受省人大常委会副主任、省总工会主席黄业斌委托，省总工会常务副主席陈宗文率领省总工会慰问团来到广州中医药大学、华南师范大学等高校慰问。图为陈宗文（右）为华南师范大学老师送上节日慰问金。

2013年4月12日，中国电信广东公司为了提升员工技能，举行IT数据应用技能竞赛总决赛。省总工会副主席王丽华（左二）参加决赛颁奖仪式。

广州铁路（集团）公司重视安全生产，积极开张高铁动车组检修技术比武。图为"微比武'铸'大本领"——广珠所"典型微故障"处理技术比武现场。

2013年6月，粤电集团工会在广州举办"走进中大、提升自我"女工干部业务培训，近70名女工干部参加培训。

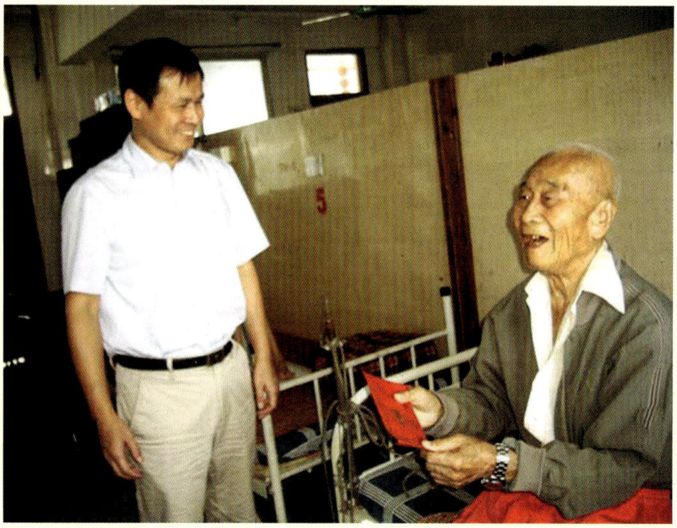

广州市打捞局工会关心职工。图为该局党组副书记、工会主席徐华(左)慰问93岁高龄老职工。

2013年6月，深圳市盐田国际工会举行工会主席直选。图为深圳市人大常委会副主任、市总工会主席罗莉考察基层工会直选现场。

2013年12月24日，由广东省海洋与渔业局主办、广东省水产技术推广总站承办的首届全省水产技术推广技能竞赛在清远举行。

2013年，农行广东省分行工会委员会被中华全国总工会授予“全国模范职工之家”荣誉称号，成为广东省唯一一家获评的省级金融机构。

中国人寿财险广东省分公司工会委员会重视提高技能，举办各类技能大赛。图为“2013年广东机动车辆保险查勘定损岗位技能竞赛”颁奖现场。

2013年11月29日，广州市百万职工素质大提升计划启动仪式在第一次全国劳动大会旧址礼堂举行。

2013年7月24日，惠州市惠阳区总工会在伯恩光学举办“爱自己·爱健康”关爱外来工婚恋身心健康知识讲座。

2013年4月28日，东莞市庆祝五一国际劳动节暨第八届劳动模范和先进集体表彰大会在市会议大厦举行。市委书记、市人大常委会主任徐建华(中)等市领导出席会议，并分别为受表彰的劳动模范和先进集体代表颁奖。

2013年1月18日，汕头市人大常委会副主任、市总工会主席王扬泽(右)上门看望市劳模黄金潮，送上节日的温暖和问候。

2013年5月18日，河源市总工会在高新区万绿广场举办“情系职工、共建和谐”文艺晚会。

2013年8月30日， 茂名市总工会举办“中国梦·劳动美”茂名市职工演讲比赛决赛，市人大常委会副主任、市总工会主席梁昌灿(左一)观看比赛并为获奖职工颁奖。

2013年7月22日，肇庆市人大常委会副主任、市总工会主席温桂安(左一)带队深入工地开展送清凉慰问活动。

2013年8月22日，潮州市总工会举办“中国梦·劳动美”职工演讲比赛。

2013年3月10日，佛山市顺德区大良五沙工业园职工服务站正式揭牌成立，为园内140多家企业的2万名员工提供心理、情感、职业规划等方面的指导。

江门市总工会与蓬江区总工会在江沙先进制造业示范园区建造示范性职工服务中心，将服务延伸到基层。图为2013年6月21日市、区两级领导为服务中心揭牌。

2013年4月24日，清远市总工会举办清远市职工“庆五一·展风采”趣味运动会。

2013年1月9日，揭阳市总工会召开第四次代表大会。

目 录

特 载

在同全国劳动模范代表座谈时的讲话 …………………………………………… 习近平（2）
在庆祝“五一”国际劳动节暨劳动模范表彰大会上的讲话 ………………… 朱小丹（5）
在纪念广东省总工会成立60周年座谈会上的讲话 ………………………… 王瑞生（7）
深入学习贯彻党的十八大精神团结动员广大职工为实现“三个定位、两个率先”总目标而奋斗 ………………… 邓维龙（11）
带着群众感情做好工会工作 ……… 黄业斌（18）
让劳模精神成为引领全省职工为实现“三个定位、两个率先”目标建功立业的强大力量 ………………………… 黄业斌（21）
在省总工会传达贯彻习近平总书记重要讲话和中国工会十六大精神大会上的讲话………………………………………… 黄业斌（23）

大事记

重要会议 ………………………………（32）
省总工会十二届六次全委会，黄业斌当选为新一任主席　广东省工会组建工作会议　广东省庆祝五一国际劳动节暨劳模表彰大会　广东省十项工程劳动竞赛总结推进大会　全省工会宣传思想工作座谈会　传达学习宣讲中国工会十六大精神会议　全省厂务公开民主管理工作会议　纪念广东省总工会成立60周年座谈会
重要活动 ………………………………（34）
广东开展外来务工人员平安返乡活动　黄业斌到广州调研工会工作　广东省工会经费统一实行地税代收　陈荣书到广东调研工会工作　全国劳模先进事迹报告会在粤举行　黄业斌率团考察北京、浙江、上海工会工作　广东省启动“圆梦南粤—我的打工梦”故事征集活动　深入开展党的群众路线教育实践活动　粤桂两地工会签订友好交流协议　深入开展“中国梦·劳动美”主题系列活动　欢送出席中国工会16次全国代表大会代表　大力开展千万职工大培训行动　广东“工人在线”正式启动　黄业斌率团考察重庆、四川、广西工会工作　广东省劳模休养基地落成　广东省首家家政行业工会联合会在东莞成立
2013年省总工会大事记 ………………（40）

综合篇

广东省总工会第十二届委员会主席、副主席、常务委员会委员名单 …… (52)
广东省总工会第十二届经费审查委员会主任、副主任名单 ……………… (52)
广东省总工会机关各部门领导成员名单 …………………………………… (52)
2013年全省工会工作综述 ………… (53)
组织工作 ………………………………… (56)
围绕全省中心，充分发挥工会组织的作用　围绕省总工会的中心工作，发挥组织部的作用　严格依法依规，做好省总工会机关人事工作　加强班子建设，做好工会干部协管工作　围绕重点工作，开展工会干部教育培训　围绕本职工作，积极开展调查研究工作　做好省总工会第十二届委员会第六次、第七次全体会议相关组织人事工作
宣传教育工作 ………………………… (58)
深入开展“中国梦·劳动美”主题系列活动　开展以“神圣的使命”为主题的学习贯彻中国工会十六大精神职工感言征集活动　开展“劳动我最美”职工微博大赛　主办广东省十大书香企业评选表彰活动　继续大力推广排舞　举办科学健走与健康管理发展论坛　举办广东省职工（省直）智力运动公开赛　加强培训努力培养职工文体骨干　成立省职工文体协会分支机构　办好会刊《广东职工文体》
保障工作 ……………………………… (60)
实施元旦春节送温暖活动　开展外来务工人员平安返乡活动　开展“暖流行动”确保“铁骑大军”顺利返乡　落实抓好工会促进就业再就业工作　推动帮扶机构网络向基层延伸　结合实际开展重点帮扶服务　开展职工医疗互助保障活动　开展农民工工资支付专项检查活动
基层组织建设工作 …………………… (62)
对各市“两个普遍”情况进行抽查　召开全省工会组建工作会议　推动“两新”组织组建工会　利用税务代收的契机，推动25人以上企业建会　做好非公企业法人数据库工作　召开全省工会基层组织建设工作会议　对各市组建工作进行督导　向社会化工会工作者发放补贴　申报全国模范职工之家等先进集体和先进个人　推荐“全国双爱双评先进企业工会”　推荐“全国百家示范乡镇（街道）工会”　工资集体协商三年规划目标圆满完成　启动《广东省企业集体合同条例》修订工作　成功举办外资企业工资集体协商研讨会　召开日资汽配企业工资集体协商研讨会　圆满组织全省工资集体协商指导员师资培训班　调整充实省联席会议成员　推荐申报全国厂务公开先进单位　召开厂务公开年度工作会议　进一步加强职代会制度建设　推进省厂务公开信息监管平台建设
经济技术工作 ………………………… (65)
启动广州南沙、深圳前海、珠海横琴建设劳动竞赛　深入推进省十项工程劳动竞赛　推动全省职工职业技能大赛上规模上水平　广泛开展群众性技术创新活动　做好2013年全省庆祝五一国际劳动节暨劳模表彰大会的筹备和表彰工作　开展“中国梦·劳动美——劳模风采展示”活动　做好关爱劳模的各项工作
劳动保护工作 ………………………… (67)
继续深入开展全国“安康杯”竞赛活动　召开全省工会劳动保护工作会议　举办首届广东省安全文化DV短片比赛活动　大力参与职业病防治工作　参与安全生产相关法规政策的制定　参加安全生产专项督查和重大事故调查处理　扎实开展劳动安全卫生宣传教育培训活动
女职工工作 …………………………… (68)
深入贯彻落实《女职工劳动保护特别规定》　优质实施女职工提升素质建功立业工程　切实推进女职工组织和女职工权益保护专项集体合同全覆盖　大力开展“女职工关爱行动”
财务工作 ……………………………… (70)
全面实施全省税务代收工会经费工作　争取更多政府财政资金用于工会工作　完善财务制度　重视专项资金管理审计检查工作　举

办工会财务人员业务培训班

经费审查工作 …………………………… (71)

审查审计2012年度预算执行情况　审查2013年度经费收支预算　审计监督省总工会直属企事业单位财务收支情况　审计监督专项资金　审计监督下一级工会财务收支情况　审查审计中发现的主要问题　全面加强工会经费审查审计监督工作规范化建设

调研工作 ……………………………… (73)

开展省总工会机关优秀论文评选　开展全省优秀工运论文评选

法律工作 ……………………………… (74)

积极参与立法和政策文件制定　进一步完善枢纽型组织体系　加强工会法律服务律师团建设　推动健全劳动争议调解组织网络　利用多种载体开展法制宣传教育　引导职工依法理性解决群体性劳资纠纷　全面推进企业依法治理工作　创新工会信访工作机制

国际及港澳台交流工作 ……………… (76)

务实友好深化外事交流合作　发挥优势丰富粤港澳台务实合作　利用多方平台促进工会外事暨港澳台交流合作　加强工会外事工作研究和成果转化

资产和企事业工作 …………………… (76)

积极推进“四大工程”建设　加强省总工会直属企事业单位分类指导和管理　开展全省工会企事业资产普查工作　编写工会资产监督管理手册　坚持原则维护工会资产完整性　召开全省工会资产监督管理工作会议

技术协作工作 ………………………… (77)

抓好职工优秀技术创新成果评选工作　开展职工技能竞赛提升技能素质　组织职工技术创新成果展示　开展全省网络管理员培训　开展节能减排义务监督员培训工作

省级产业工会、集团公司工会

中国海员工会广东省委员会 ………… (80)

综述　开展具有海员产业特色劳动竞赛　创新工作机制努力构建和谐劳动关系　切实维护职工合法权益　着力提升海员职工素质　深入开展职工帮扶活动　以“面对面、心贴心、实打实”活动为契机，转变省海员工会工作作风　加强与港澳台海员工会的联系

广东省教科文卫工会 ………………… (82)

综述　坚持正确方向，进一步筑牢走中国特色社会主义工会发展道路的理论基础　切实维护教职工权益，进一步发展和谐的劳动关系　深入基层调研，进一步接通工会组织与基层群众的地气　打造活动品牌，进一步增强工会组织的凝聚力、吸引力和影响力　注重业务培训，进一步提升工会干部的综合素质

广东省工业工会 ……………………… (84)

综述　服务好大局，工会自身建设进一步加强　服务好职工，建设一支高素质的职工队伍有新举措　服务好企业，组织引导职工在经济和社会建设中发挥主力军作用

广东省财贸工会 ……………………… (85)

深入开展行业特色技能竞赛，积极培育高级技能人才　广泛开展创先争优活动，努力提升职工队伍素质　深化困难职工帮扶工作，拓展服务职工范畴　开展金融文学大奖赛，推进职工文化建设　稳步推进女职工工作，不断取得新成绩　切实加强自身建设，推进产业工会组织建设

广东省林业工会委员会 ……………… (87)

综述　以创先争优建功立业活动为载体，动员广大林业职工积极投身生态文明建设　以帮扶困难职工为重点，为林业职工办好事、做实事、解难事　以“中国梦·劳动美”等主题活动为平台，积极开展职工文化体育活动　以加强自身建设为依托，不断增强工会组织凝聚力影响力

广东省地质工会委员会 ……………… (90)

综述　广泛开展建功立业活动，促进地质事业科学发展　加大维权帮扶工作力度，促进和谐地勘队伍建设　组织开展职工文体活动，促进地质文化繁荣发展　加强工会组织自身建设，促进工会工作深入开展

广东省农垦工会委员会 ………………（91）
综述　紧紧围绕“两个率先”的目标任务，积极主动参与垦区经济发展　加大帮扶力度，积极维护职工合法权益　加强工会干部素质教育，不断规范企业民主管理工作　推进垦区生态文明建设，不断丰富职工文化生活　全面推动工会经费税务代收工作
广东省交通工会委员会 ………………（93）
综述　开展劳动竞赛活动，激发职工岗位建功热情　服务大局，开展群众性经济技术活动　推进民主管理，促进劳动关系和谐　强本固基，加强工会自身建设
广州铁路（集团）公司工会 …………（94）
综述　广泛组织职工建功立业　努力改善沿线职工生活　不断深化工会服务保障　切实维护职工合法权益　积极营造和谐人文环境　切实加强工会自身建设
广东省邮政工会 ………………………（96）
综述　坚持扎实推进服务型工会建设，全面提升工会服务员工群众的能力和效果　坚持做好固本强基工作，激发基层工会组织活力
中国电信集团工会广东省委员会 ……（97）
综述　不断丰富、扩大“四小”建设成果　积极发挥互助会济难解困作用　加大对一线员工的慰问力度　加强员工关怀机制建设　组织开展丰富多彩的文体活动　组织全省开展劳动技能竞赛活动　深入推进员工岗位创新活动　选树劳模先进激励员工为企业发展贡献力量　不断规范完善企业民主管理工作　加强工会组织建设
广州打捞局工会委员会………………（100）
综述　扎根职工，积极开展服务职工活动　围绕中心、服务生产，积极开展职工劳动竞赛活动　履行职责，发挥作用，认真做好“双维护”工作　文体活动喜闻乐见，小型多样，促进打捞文化建设　固本强基，不断加强自身建设
中国南方电网有限责任公司工会委员会 ……………………………………………（101）
综述　扎实推进民主管理，构建和谐南网　深化维权帮扶工作，落实对职工关爱　搭建建功立业平台，促进职工素质提升　规范劳模评选表彰，大力弘扬劳模精神　丰富职工文化生活，着力建设职工之家　加强自身建设，提升工会一体化管理水平
粤电集团公司工会……………………（103）
综述　加强工会建设，夯实基础管理　坚持推进民主管理，促进企业和谐稳定　激发劳动热情和创造力，发挥主力军作用　突出特色，女工工作进一步加强　培育健康向上、充满活力的职工队伍　做好工会财务和经费审查工作
中交广州航道局有限公司工会委员会 ……………………………………………（105）
综述　素质提升工程科学规范，建功立业活动成效突出　民主管理工作日益完善，和谐劳动关系持续稳固　扶贫帮困渠道拓宽加深，人文关怀质量稳步提升　劳模选树实现点面开花，品牌创建取得重大成果　工会自身建设取得实效，服务群众本领有效提升
中国海员工会中交第四航务工程局有限公司委员会……………………（106）
综述　深入推进民主管理，认真履行职代会职责　强化源头参与，切实维护职工合法权益　有效推进劳动竞赛活动深入开展　扎实推进群众性经济技术创新　围绕安全生产推进安全文化建设　服务职工，帮扶工作明显深化　不断加强工会自身建设　发挥优势，办好公司第五届企业文化节　进一步激发女职工工作热情
广东省海洋与渔业局工会委员会……（108）
综述　深入帮扶维护，促职工队伍和谐稳定　开展文体活动，营造团结向上氛围　加强宣传教育，促海洋渔业事业发展　加强自身建设，促工会工作提升
广东省食品药品监督管理局工会委员会 ……………………………………………（110）
综述　深入学习贯彻党的十八大精神，开展群众路线教育活动　加强培训，提高工会干部和职工素质　配合做好地税代收工会经费工作　实施服务职工的活动，增强工会组织的凝聚力、影响力　关心职工身心健康，开展丰富多彩的文体活动
广东省建筑工程集团有限公司工会 …（111）

综述 坚持正确的政治方向，完善工会组织自身建设 坚持推进职代会制度和厂务公开民主管理，构建和谐劳动关系 坚持开展各项劳动竞赛活动，服务集团发展大局 坚持抓好职工教育，提升工会活力效能 坚持加大帮扶力度，继续实施困难职工帮扶机制 坚持素质提升，独立自主开展女工工作

广东中旅（集团）有限公司工会工作委员会……………………………… (114)

综述 加强人文关怀，打造和谐企业 开展职工岗位练兵技能比武活动，提高职工队伍的素质 开展“2013 年广东扶贫济困日”活动 充分发挥女职工组织的作用，不断增强凝聚力和战斗力 倡导积极向上的企业文化，促进企业和谐发展

广东省旅游集团有限公司工会工作委员会……………………………… (115)

综述 严格落实企务公开制度 深入开展困难职工慰问活动，加大金秋助学力度 组织开展劳动技能竞赛，提高职工队伍的素质 丰富职工文化体育活动，不断增强凝聚力和战斗力 建立健全劳动仲裁机构

白天鹅酒店集团有限公司工会工作委员会……………………………… (116)

综述 稳定职工队伍建设，促进企业和谐发展 履行职代会职责，积极维护职工合法权益 开展员工素质工程，为企业转型升级提供智力支持 重视舆论引导，充分发挥舆论的宣传导向作用 关怀员工冷暖，推动幸福企业建设再上新台阶

中国人民银行广州分行工会工作委员会……………………………… (117)

综述 充分发挥工会组织桥梁纽带作用 不断提高央行职工“参政议政”意识 努力做好“弘扬先进、选树标杆”工作 进一步加强工会组织自身建设 成功举办 2013 年广东省国库业务技能竞赛 努力开创央行文化建设新局面 充分发挥女职委先锋作用 逐步规范工会经审财务工作

中国工商银行广东省分行工委会…… (120)

综述 切实维护员工合法权益，促进员工稳定 努力营造“共创共健共享”家园文化，提升员工队伍凝聚力 深入开展创先争优竞赛活动，提高员工队伍素质 认真做好女工各项工作，保障女员工特殊权益 加强制度和机制建设，提升民主管理水平 抓好工会基础和组织捐款工作，落实社会责任

中国人寿财险广东省分公司工会委员会……………………………… (122)

综述 开展查勘定损和理赔服务工作，获得多项荣誉 创优争先，推动公司健康可持续发展 积极开展文体活动，陶冶职工情操 积极开展送温暖活动

市总工会

广州市总工会…………………………… (126)

综述 实施建功立业工程 实施和谐劳动关系工程 实施服务职工工程 实施文化素质工程 实施自身建设工程

深圳市总工会…………………………… (128)

综述 按照“民主选举产生、规范化运作、向职工群众负责”的工作思路，推动基层工会建设取得新突破 坚持“靠前一步、主动维权”的工作要求，切实维护好职工群众的合法权益 贯彻“新工人、新市民，深圳有你更精彩”的大培训理念，职工队伍整体素质不断提升 着力凝聚共识、增强本领，突出抓好基层工会干部队伍建设 努力做好工会维稳和防范抵御工作，切实维护职工队伍稳定 开展党的群众路线教育实践活动，工会自身建设呈现新面貌

珠海市总工会…………………………… (130)

综述 服务大局，广泛开展劳动竞赛 弘扬劳模精神，做好劳模评选和服务工作 突出维权主业，注重维权实效 主动服务，做实帮扶工作 整合社会资源，打造工会志愿服务品牌 大力开展职工文体活动，丰富职工业余文化生活 提升工会干部素质，加强工会干部队伍建设

汕头市总工会…………………………… (132)

综述 继续开展“百万职工共建美丽幸福汕

头”系列活动　不断提升服务职工的能力和水平　积极参与社会建设不断发展和谐劳动关系　努力提升自身素质　工会组织抗击“8·17”重大洪涝灾害　学习宣传贯彻中国工会十六大精神　“两个普遍”三年规划工作圆满完成　实施地税代收工会经费工作　规范基层工会建设　汕头市“劳模创新工作室”创建活动启动

佛山市总工会……………………………（136）

综述　以助推改革实现中国梦为目标，进一步推动经济社会发展　以维护职工合法权益为核心，进一步构建和谐劳动关系　以普惠型服务体系建设为重点，进一步服务职工　以加强工会自身建设为基础，进一步做好党的群众工作

韶关市总工会……………………………（138）

综述　认真学习贯彻十八大精神　开展劳动竞赛活动　进一步弘扬劳模精神　为职工群众办好十件实事　维权工作取得新成效　工会组建工作稳步发展　顺利完成工资集体协商工作任务　扎实推进工会经费税务代收

河源市总工会……………………………（141）

综述　抓学习，用十八大精神引领工会创新发展　激活力，工人阶级主力军作用有效发挥　强基层，工会组织的凝聚力持续增强　重维权，保障职工合法权益力度加大　送温暖，工会人文关怀成效显著　广发动，税务代收工作扎实推进　争创先，工会队伍素质不断提升

梅州市总工会……………………………（143）

综述　扎实推进“两个普遍”工作　实施各类帮扶救助　依法维护职工合法权益　引导广大职工建功立业　加强工会自身建设

惠州市总工会……………………………（145）

综述　认真学习贯彻系列重要指示精神　召开市工会第十四次代表大会　开展各类技能竞赛活动　开展各类主题活动传播正能量　全力推进基层工会组织建设　和谐劳动关系建设扎实推进　人文关怀活动扎实有效开展　困难职工帮扶体系不断完善　工会自身建设得到进一步加强

汕尾市总工会……………………………（147）

综述　广泛开展劳动竞赛和群众性经济创新工程　积极做好固本强基工作　开展扶贫帮困　加强职工人文关怀　加强职工维权维稳工作　救灾复产、积极帮扶受灾失业人员再就业　女工工作有新成绩　加强信息宣传工作

东莞市总工会……………………………（150）

综述　大力加强工会组建　切实发挥企业工会作用　全面加强工会队伍建设　深入推进工会法律服务　切实抓好工资集体协商　主动参与职工信访维稳　有力引导社会组织参与职工服务　创新打造先锋号服务品牌　加快培育职工文体服务类社会组织　扎实开展劳动竞赛，努力提高职工素质　着力转变工作观念，突出维权服务主业

中山市总工会……………………………（151）

综述　着力提升组织动员能力，助推经济转型升级成果显著　着力提升落实执行能力，“两个普遍”三年规划全面完成　着力提升维权保障能力，服务职工成效明显　着力提升职工发展能力，工人阶级时代风采全面展现　着力提升创新拓展能力，工会自身建设不断加强　中山市“心灵港湾”职工心理咨询服务中心举行揭牌仪式　召开庆祝五一国际劳动节暨劳动模范表彰大会　中山市工会社工综合服务中心举行揭牌仪式

江门市工会……………………………（154）

综述　引导职工为“加快转型升级、建设幸福侨乡”发挥作用　进一步擦亮工会帮扶困难的工作品牌　切实履行工会维权职责　着力把工会服务职工载体延伸到基层　弘扬优秀劳动文化和工运文化　在地方主流媒体上开办工会宣传和服务职工阵地　不断加强工会自身建设

阳江市总工会……………………………（157）

综述　固本强基工作进一步加强　依法维权工作进一步拓展　推进“心灵驿站”建设　困难帮扶工作进一步延伸　大力弘扬劳模精神　推进工会“建家”活动　深入开展“当好主力军、建功‘十二五’”劳动竞赛活动　扎实抓好企业安全生产监督工作　坚持开展“安康杯”竞赛活动　积极开展职工文体活动

工会干部、职工队伍素质进一步提高　扎实做好女职工工作　加强工会自身建设

湛江市总工会 ………………………… (160)

综述　深入开展"两个普遍"工作　深入开展职工维权工作　深入开展职工帮扶工作　深入开展建功立业活动　深入开展职工文化宣传教育活动　自身建设得到提高

茂名市总工会 ………………………… (162)

综述　围绕中心，广泛开展建功立业活动　抓住重点，推动落实"两个普遍"工作　关注民生，帮扶救助贴近职工需求　突出维权，法律服务下基层到企业　活跃基层，文化活动广受职工欢迎　深入建家，工会基础建设更加扎实

肇庆市总工会 ………………………… (165)

综述　凝聚共识，增强信心　创先争优，建功立业　突出主业，强化维权　强基固本，夯实基层　服务职工，擦亮品牌　打造平台，增强活力　推广百万职工排舞活动　转变作风，提升素质

清远市总工会 ………………………… (167)

综述　组织广大职工参与经济社会建设，主力军作用进一步发挥　开展技能培训服务，职工素质进一步提升　开展帮扶解困活动，工会帮扶水平进一步提高　探索科学维权手段，职工维权维稳工作进一步规范　培育和打造社会组织体系，工会枢纽型作用进一步强化　推进党风廉政建设，自身能力进一步增强

潮州市总工会 ………………………… (169)

综述　学习宣传贯彻习近平总书记系列重要讲话精神　召开潮州市工会第十四次代表大会　广泛开展劳动竞赛和职工技术创新活动　强力推进"两个普遍"工作　着力构建和谐劳动关系　扎实推进工会规范化建设　扎实推进工会经费地税代收工作

揭阳市总工会 ………………………… (171)

综述　发挥思想引领作用　擦亮服务职工品牌　丰富职工文化生活　扎实抓好"两个普遍"工作　努力打造枢纽型社会组织　凝聚力量建功立业　依法维护职工合法权益　激活工会组织活力

云浮市总工会 ………………………… (174)

综述　困难帮扶有新成效　代表履职有新载体　劳动竞赛有新亮点　工会维权工作有新作为　工会信访工作有新业绩　工会组织建设有新进展　工会经费税务代收有新举措　佛山（云浮）产业转移工业园工会有新发展

顺德区总工会 ………………………… (175)

综述　突出维权主业，构建和谐劳动关系　职工服务中心站点建设成效明显　创新"顺德一家人"服务品牌运作模式　出台《顺德区优化工会运行机制拓宽社会职能实施方案》　深入开展"五送"服务惠及各类职工　顺德日资企业工会主席联谊会成立　顺德机关文明服务风采大赛

县（区）总工会

广州市 ………………………… (180)

越秀区总工会唱响"劳动创造幸福"主旋律　海珠区总工会在社会管理中发挥枢纽作用　荔湾区总工会建立企业服务点化解劳资纠纷　天河区总工会服务职工群众打造凝聚工程　白云区总工会扩大组织覆盖面增强凝聚力　黄埔区总工会发挥合唱团作用活跃职工文化　花都区总工会扎实推进经费税务代收工作　番禺区总工会开展法律服务促进劳动关系和谐稳定　南沙区总工会扎实推进工友和谐家园建设　广州开发区总工会加强人文关怀推进体面劳动　从化市总工会加强工会组织员队伍建设　增城市总工会稳步推进工会经费地税代收工作

珠海市 ………………………… (184)

香洲区总工会积极搭建政产学研培训平台

汕头市 ………………………… (185)

金平区总工会开展送戏进企业慰问演出　龙湖区成立职工服务类社会组织联合会　濠江区工会第三次代表大会召开　澄海区总工会开展"关爱职工，夏送清凉"服务活动　潮阳区总工会编辑灯谜集　潮南区举行首家异地务工人员服务站揭牌仪式　南澳县首家职

工心灵驿站正式挂牌
佛山市…………………………………（186）
禅城区总工会全力打造“让阳光照亮心房”系列活动品牌　南海区总工会创新服务职工新模式　高明区总工会构建和谐劳动关系　三水区总工会切实维护职工合法权益
韶关市…………………………………（188）
始兴县总工会积极推进工资集体协商
河源市…………………………………（188）
源城区总工会着力建功立业，提升组织动员能力　东源县总工会着力抓组建帮扶工作　紫金县总工会发挥行业协会作用　和平县总工会建设职工文化活动中心　连平县总工会着力帮扶服务困难职工
惠州市…………………………………（190）
惠城区总工会率先建立下拨区属镇办工会工作经费制度　惠阳区总工会健全帮扶解困制度用“爱”暖人心　博罗县总工会深入开展“工会道德讲堂”活动　龙门县总工会为外来工子女和留守儿童圆幸福之梦　大亚湾区总工会广泛开展了春节关爱慰问异地务工人员的活动　仲恺高新区总工会举办“随手拍·美在仲恺”第一届产业工人手机摄影大赛　惠南高新科技产业园总工会统筹兼顾创新开展工会工作
汕尾市…………………………………（192）
陆丰市总工会“服务、救助、维权”三位一体，打造工会帮扶精品　海丰县总工会以工资集体协商工作为抓手，夯实职工维权基础　城区总工会“四个加强”助推“平安城区”建设　陆河县总工会积极开展普法工作，规范企业依法用工引导职工依法维权　红海湾开发区总工会以创建“职工之家”为载体，推动工会工作　华侨管理区总工会建立劳资矛盾监测调解机制，及时化解基层矛盾
江门市…………………………………（194）
蓬江区职工心灵驿站正式揭牌成立　江海区表彰“江海区十大和谐劳动关系企业”　新会区总工会主办全区第三届职工技术竞赛运动会　台山市工会第十四次代表大会召开　开平市总工会为未婚青年职工搭建联谊交友平台　鹤山市总工会为职工办好事实事　恩平市总工会帮扶特困职工“规划到户、责任到人”
茂名市…………………………………（196）
茂港区总工会新举措促进工会组建和经费税务代收　茂港区总工会突破海产品干果工会联合会推动开展工资集体协商工作　高州市总工会扎实推进工会工作　茂南区总工会开展“暖心”行动进百家活动　信宜市总工会开展“温暖万家电器扶贫助困活动月”活动
肇庆市…………………………………（197）
端州区总工会组织开展“优秀异地务工人员”评选活动　高要市总工会大力加强工会干部队伍建设　鼎湖区总工会创新开展基层工会干部会员互动恳谈活动　四会市总工会在社会组织中加强工会组织建设　广宁县总工会举办玉雕技能竞赛，促进玉雕文化产业发展　怀集县总工会积极维护职工合法权益　德庆县总工会整合资源创建职工“心灵驿站”　封开县总工会加强镇级工会工作规范化建设　高新区总工会创新社会管理，大力开展“五个一”活动
清远市…………………………………（200）
清城区总工会组建行业工联会推动工会运作新模式　清新区总工会设立鹊桥服务部服务未婚青年职工　英德市总工会致力推动帮扶工作　连州市总工会创新信访联动机制促工会维权　佛冈县总工会设置组织工作Q群　连山壮族瑶族自治县总工会创建“女职工建功立业示范岗”，助推工会女职工组织建设再上新台阶　连南瑶族自治县总工会加强组织保障，全面推进税务代收工会经费　阳山县总工会开展“政风行风热线”上线工作
潮州市…………………………………（202）
潮安区总工会在社会组织中建立工会　饶平县总工会成立女职工互助会　湘桥区总工会全面完成“两个普遍”三年目标任务　枫溪区总工会采取措施做好地税代收工会经费工作　枫溪区总工会五一劳动节开展送文化进企业活动
揭阳市…………………………………（203）
榕城区总工会创新职工教育培训工作
云浮市…………………………………（204）

云城区总工会与区国税局联合举办“十八大精神耀职工”演讲比赛 罗定市总工会固本强基工程有新突破 新兴县总工会第十一次代表大会召开 郁南县总工会创新载体，服务职工有新平台 云安县总工会推进“两个普遍”，夯实基层基础 云安县总工会开展“三个全员”服务，提升服务职工质量 云浮工业园总工会为园区职工办好事实事

镇、街道、社区工会

为职工办实事好事……………………（208）
广州市荔湾区站前街工会认真开展关爱农民工志愿服务活动 广州市白云区江高镇采取切实措施让环卫工人更有尊严 广州市海珠区南华西街工会努力为职工提供优质服务 汕尾市红海湾遮浪街道工会为职工做好事、办实事 潮州市潮安区文祠镇工会切实提高农民工生产技能 云浮市云城街天马社区工联会深入开展服务职工在基层活动

加强工会自身建设……………………（209）
汕尾市城区红草镇工会扎实推进工会工作创新发展 汕尾市陆河县河田镇总工会突破传统模式，创新建会思路 东莞市寮步镇一把手亲抓工会组建，推动工会工作上新台阶 东莞市黄江镇田美社区借力劳动年审推动企业工会组建 江门市蓬江区棠下镇多措并举，稳步推行工会经费税务代收工作 江门市鹤山市鹤城镇工委会创新工作方式，切实履行工会职能 肇庆市鼎湖区坑口街道总工会加强基层工会建设 潮州市饶平县黄冈镇总工会大力推进工会规范化建设 潮州市湘桥区太平街道总工会全面加强工会工作 潮州市湘桥街道开元社区工会切实做好新形势下社区工会工作 云浮市新兴县车岗镇总工会进一步加强自身建设 云浮市郁南县南江口镇总工会积极配合地税代收工会经费工作

和谐企业建设…………………………（213）
河源市东源县蓝口镇总工会积极推进区域性工资集体协商 江门市开平市三埠街道工会以人为本促服务、打造亮点促和谐 肇庆市端州区城东街道总工会大力发展和谐劳动关系，促进企业职工双赢 肇庆市四会市贞山街道总工会加强企业廉政文化示范点建设，促进企业和谐发展 肇庆高新区城区街道办工会积极开展职工文体活动 云浮市罗定市附城街道总工会积极搭建职工文体活动平台，发展职工广场文化

基层工会

开展集体协商…………………………（216）
东莞京滨汽车电喷装置有限公司工会以开展集体协商取得劳资双赢 东莞市家政行业工联会扎实推进工资集体协商工作 广东唯美陶瓷有限公司工会大力推进工资集体协商工作 江门辉隆公司“三读三审制”工资集体协商成全省先进典型

职工之家建设…………………………（217）
中国电信紫金分公司深入开展“四小”建设，推动企业和谐发展 汕头移动工会开展星级职工小家创建评选活动 东莞市广安电气检测中心有限公司荣获“全国模范职工之家”称号 潮州市潮安区实验学校工会建设职工之家见实效 广东松发陶瓷股份有限公司工会着力构建和谐劳动关系 雅达电子罗定分公司工会在转型升级中发挥作用 中国人民银行新兴县支行工会深入开展建家活动，不断增强工会活力 广东华能达电器有限公司以人为本重和谐、关爱员工促发展 中国移动云浮云城区分公司深化员工关爱工程 广东三A不锈钢制品集团有限公司工会积极为职工办好事实事

基层工会建设…………………………（221）
广汽工业集团工会创新审计方式提高审计实效 潮州市邮政局工会认真学习贯彻中国工会十六大精神

开展劳动竞赛…………………………（222）
广州无线电集团工会以劳动竞赛服务企业发展 广州电气装备集团工会创建劳模（技师）工作室成绩显著 汕头港务集团公司举办

2013 年电焊工技能比赛　宝钢集团韶关钢铁有限公司工会搭建职工创新平台　力升树灯（河源）有限公司开展劳动竞赛活动，提升职工技能水平　汕尾市审计局工会开展形式多样的建功立业活动　粤泷发电有限责任公司维修部热工班积极开展创建“工人先锋号”活动　云浮发电厂工会以赛促学强素质　云硫工会拓展劳动竞赛新领域

提高职工素质…………………………（224）

汕尾市粮食企业集团公司工会狠抓安全生产工作　汕尾市国税局工会、市检验检疫局工会等单位开展干部职工道德讲堂建设活动　汕尾银监分局工会切实抓好职工专业知识培训　广东凌丰集团股份有限公司工会开展形式多样的培训活动，切实提高职工素质

企业文化建设…………………………（225）

广州地铁工会以职工文体活动凝聚正能量　汕尾市公路局工会营造积极向上的行业文化氛围　汕尾市邮政工会加强企业文化建设　东莞市石龙博爱医院职工文体活动精彩纷呈　江门市恩平市锦兴纺织印染企业有限公司工会自编自导文艺节目　广东无穷食品有限公司工会积极开展富有特色的活动　云浮市汽车运输集团有限公司罗定分公司工会凝心聚力促进企业文化健康发展　中国移动通信集团广东有限公司云浮分公司举办首届职工运动会

关爱帮扶职工…………………………（227）

广船国际工会开展骨干员工家庭慰问活动　广州越德企业公司工会认真打造服务职工工程　广州港集团西基分公司工会贴心服务员工　河源移动公司开展“心服务·新里程”员工关怀项目　广东霸王花食品有限公司深化困难职工帮扶，促进劳动关系和谐　河源市紫金县公路局为职工办实事、办好事　汕尾市烟草专卖局工会切实维护女职工合法权益　江门市蓬江区环卫局工会建立“金秋助学”长效机制　广东金辉华集团有限公司工会实施民心工程　潮州市潮安区交运局工委会切实做好困难职工帮扶工作

企业民主管理…………………………（230）

河源市紫金县自来水有限责任公司厂务公开有新成效　汕尾市道路运输车辆综合性能第一监测站工会充分发挥职代会作用　汕尾市实验小学工会深化校务公开制度，促进学校民主管理建设　江门市江海区礼乐中学开展教职代会代表竞选试点　广东三友集团公司着力加强民主管理和民主监督

政策法规和重要文件

国务院各部委重要意见………………（234）

人力资源社会保障部关于执行《工伤保险条例》若干问题的意见　……（234）

中华全国总工会重要文件和通知……（235）

中国工会章程…………………………（235）

中华全国总工会办公厅关于印发《工会财务会计管理规范》（修订）的通知　………………………………（243）

中华全国总工会、司法部关于进一步加强工会公职律师试点工作的意见　………………………………………（245）

广东省重要条例和规定………………（247）

广东省安全生产条例…………………（247）

广东省失业保险条例…………………（256）

广东省人力资源和社会保障厅关于劳动人事争议调解的规定　…………………（262）

记功榜

2013 年全国五一劳动奖章获得者事迹简介　……………………………（268）

冯锦德　潘桂林　石添春　冯珊珊　王锐祥
胡新嵩　陈小青　童山东　方远程　彭久高
兰卫军　黄　辉　黄贵松　许海雄　田志刚
谢乐机　曾明泉　饶智华　梁邦泽　林大康
曹孙辉　曾光槐　江志坚　吴通礼　宋　璋
李俊峰　闫文静　杨亚璋　区泽能　唐　奇

刘志伟 程祖彬 郑素梅 陈瑞炳 赖德中
杨芒生 余夕志 孟凡超 于英桓 柴 金
林水栖 黄鸿成 蔡应锐 王野英 覃家松
陈瑞爱 房玉红 罗镜文 卢春梅 蔡镇宏
李 莉 杨瑞雄 陈前忠 甘昌松 许钟武
刘兆田 吴一龙 陈光昶 张桂权 陈铨添
刘贞太 毕 军 黄宗彦 骆仕群 刘仕君
林可茹 韦美菊 陈政民 刘伟清 李迪愉
张恒珍

转发《中华全国总工会关于表彰全国五一巾帼奖状（奖章）、全国五一巾帼标兵岗（标兵）的决定》的通知 …… (286)

广东省总工会关于表彰广东省五一劳动奖章和广东省工人先锋号的决定 …… (286)

广东省总工会关于授予在 2012 年度劳动竞赛中涌现的先进集体和个人广东省五一劳动奖状奖章、工人先锋号的决定 …… (295)

广东省总工会关于授予在第十二届全运会上取得优异成绩的先进集体和个人广东省五一劳动奖状、奖章和工人先锋号的决定 …… (299)

广东省总工会关于追授陈华明同志广东省五一劳动奖章的决定 …… (300)

广东省总工会关于授予在全国“安康杯”竞赛中涌现的先进集体广东省五一劳动奖状和广东省工人先锋号的决定 …… (301)

广东省总工会关于授予广东省五一巾帼奖荣誉称号的决定 …… (301)

广东省总工会关于授予工业系统开展“职工有困难找工会”活动成绩突出的先进集体广东省五一劳动奖状的决定 …… (302)

广东省总工会关于授予港珠澳大桥劳动竞赛先进个人和先进集体广东省五一劳动奖章和广东省工人先锋号的批复 …… (302)

统 计

2013 广东基层表汇总表 …… (306)
表 1 工会组织建设状况 …… (306)
表 2 工会组织建设状况 …… (307)
表 3 工会组织建设状况 …… (308)
表 4 工会保障工作 …… (309)
表 5 工会保障工作 …… (310)
表 6 工会保障工作 …… (311)
表 7 工会保障工作 …… (312)
表 8 工会劳动合同、集体合同和民主管理工作 …… (313)
表 9 工会劳动合同、集体合同和民主管理工作 …… (314)
表 10 工会劳动合同、集体合同和民主管理工作 …… (315)
表 11 工会劳动保护工作 …… (316)
表 12 工会劳动保护工作 …… (317)
表 13 工会法律工作 …… (318)
表 14 工会法律工作 …… (319)
表 15 工会经济技术工作 …… (320)
表 16 工会经济技术工作 …… (321)
表 17 职工文化体育工作 …… (322)
表 18 工会财务和经审工作 …… (323)
2013 广东基层以上汇总表 …… (324)
表 19 工会组织建设状况 …… (324)
表 20 工会组织建设状况 …… (325)
表 21 工会干部协管工作 …… (326)

表 22 工会干部教育培训工作 ……（327）
表 23 工会保障工作 ………………（328）
表 24 工会保障工作 ………………（329）
表 25 工会保障工作 ………………（330）
表 26 工会保障工作 ………………（331）
表 27 工会保障工作 ………………（332）
表 28 工会法律工作 ………………（333）
表 29 工会法律工作 ………………（334）
表 30 工会法律工作 ………………（335）
表 31 工会法律工作 ………………（336）
表 32 工会劳动保护工作 …………（337）
表 33 工会民主参与工作 …………（338）
表 34 工会经济技术工作 …………（339）
表 35 工会经济技术工作 …………（340）
表 36 工会财务和经审工作 ………（341）
表 37 工会财务和经审工作 ………（342）
表 38 工会宣传教育和职工文化体育工作 ……………………（343）
表 39 工会国际工作和对外经济技术交流工作 ………………（344）
表 40 开展创建劳动关系和谐企业与工业园区活动 …………（345）
表 41 开展创建劳动关系和谐企业与工业园区活动 …………（346）
表 42 开展创建劳动关系和谐企业与工业园区活动 …………（347）

特载

在同全国劳动模范代表座谈时的讲话

（2013年4月28日）

习近平

同志们：

在五一国际劳动节来临之际，我们来到全国总工会机关，和全国劳动模范代表同庆五一节，共话中国梦，感到很高兴。刚才，9位劳模代表先后发言，讲述了在各自岗位上辛勤劳动、发挥才干的先进事迹，抒发了为祖国发展和人民幸福作贡献的人生理想，听后很受感动、也很受启发。

首先，我代表党中央，向你们并通过你们，向全国广大劳动模范和先进工作者，表示崇高的敬意！向全国各族工人、农民、知识分子和其他劳动群众，致以节日的祝贺！

在我们党团结带领人民进行革命、建设、改革各个历史时期，劳动模范始终是我国工人阶级中一个闪光的群体，享有崇高声誉，备受人民尊敬。

在革命战争年代，“边区工人一面旗帜”赵占魁、“兵工事业开拓者”吴运铎、“新劳动运动旗手”甄荣典等劳动模范，以“新的劳动态度对待新的劳动”，积极参加义务劳动，全力支援前线斗争，带动群众投身中国共产党领导的人民解放事业。

新中国成立后，“高炉卫士”孟泰、“铁人”王进喜、“两弹元勋”邓稼先、“知识分子的杰出代表”蒋筑英、“宁肯一人脏、换来万人净”的时传祥等一大批先进模范，响应党的号召，带动广大群众自力更生、奋发图强。王进喜以“宁肯少活20年，拼命也要拿下大油田”的气概，带领石油工人为我国石油工业发展顽强拼搏，“铁人精神”、“大庆精神”成为激励各族人民意气风发投身社会主义建设的强大精神力量。

在改革开放历史新时期，“蓝领专家”孔祥瑞、“金牌工人”窦铁成、“新时期铁人”王启明、“新时代雷锋”徐虎、“知识工人”邓建军、“马班邮路”王顺友、“白衣圣人”吴登云、“中国航空发动机之父”吴大观等一大批劳动模范和先进工作者，干一行、爱一行，专一行、精一行，带动群众锐意进取、积极投身改革开放和社会主义现代化建设，为国家和人民建立了杰出功勋。

4月20日，四川芦山县发生7.0级地震，给当地人民生命财产造成重大损失。一方有难，八方支援。全国各族人民坚决响应党中央号召，大力弘扬伟大抗震救灾精神，全力支援灾区抗震救灾。灾区广大职工同来自全国各地的救援人员携手并肩、同心协力抓紧生产，全国各行各业广大职工积极守望相助、以实际行动支援灾区。灾区各级工会组织和工会干部，积极开展各种救援行动，让“工人先锋号”旗帜飘扬在抗震救灾第一线，彰显了工会组织的号召力、凝聚力、战斗力。希望灾区广大职工和各级工会组织，为夺取抗震救灾斗争全面胜利作出新的更大的贡献。

长期以来，广大劳模以高度的主人翁责任感、卓越的劳动创造、忘我的拼搏奉献，谱写出一曲曲可歌可泣的动人赞歌，为全国各族人民树立了光辉的学习榜样。

我们已经确定了今后的奋斗目标，这就是到中国共产党成立100年时全面建成小康社会，到新中国成立100年时建成富强民主文明和谐的社会主义现代化国家，努力实现中华民族伟大复兴的中国梦。

尽管前进道路并不平坦，改革发展稳定任务仍很艰巨而繁重，但面对未来，我们充满必胜信心。我国工人阶级一定要在坚持中国道路、弘扬中国精神、凝聚中国力量上发挥模范带头作用，万众一心、众志成城，为实现中华民族伟大复兴的中国梦而不懈奋斗。

人民创造历史，劳动开创未来。劳动是推动人类社会进步的根本力量。幸福不会从天而降，梦想不会自动成真。实现我们的奋斗目标，开创我们的美好未来，必须紧紧依靠人民、始终为了人民，必须依靠辛勤劳动、诚实劳动、创造性劳动。我们说“空谈误国，实干兴邦”，实干首先就要脚踏实地劳动。

在迈向未来的征程上，我们必须充分发挥我国工人阶级的重要作用，焕发他们的历史主动精神，调动劳动和创造的积极性。

第一，必须充分发挥工人阶级的主力军作用。工人阶级是我国的领导阶级，是我国先进生产力和生产关系的代表，是我们党最坚实最可靠的阶级基础，是全面建成小康社会、坚持和发展中国特色社会主义的主力军。

改革开放以来，我国工人阶级队伍不断壮大，素质全面提高，结构更加优化，面貌焕然一新，先进性不断增强。展望未来，坚持和发展中国特色社会主义，必须全心全意依靠工人阶级、巩固工人阶级的领导阶级地位，充分发挥工人阶级的主力军作用。全心全意依靠工人阶级不能只当口号喊、标签贴，而要贯彻到党和国家政策制定、工作推进全过程，落实到企业生产经营各方面。

第二，必须紧紧依靠工人阶级发展中国特色社会主义。中国特色社会主义是当代中国发展进步的根本方向，是实现中国梦的必由之路，也是引领我国工人阶级走向更加光明未来的必由之路。我国工人阶级要增强历史使命感和责任感，立足本职、胸怀全局，自觉把人生理想、家庭幸福融入国家富强、民族复兴的伟业之中，把个人梦与中国梦紧密联系在一起，始终以国家主人翁姿态为坚持和发展中国特色社会主义作出贡献。

我国工人阶级要牢固树立中国特色社会主义理想信念，坚定永远跟党走的信念，坚决拥护社会主义制度，坚决拥护改革开放，始终做坚持中国道路的柱石；要自觉践行社会主义核心价值观，发扬我国工人阶级的伟大品格，用先进思想、模范行动影响和带动全社会，不断为中国精神注入新能量，始终做弘扬中国精神的楷模；要坚持以振兴中华为己任，充分发挥伟大创造力量，发扬工人阶级识大体、顾大局的光荣传统，自觉维护安定团结的政治局面，始终做凝聚中国力量的中坚。

第三，必须坚持崇尚劳动、造福劳动者。劳动是财富的源泉，也是幸福的源泉。人世间的美好梦想，只有通过诚实劳动才能实现；发展中的各种难题，只有通过诚实劳动才能破解；生命里的一切辉煌，只有通过诚实劳动才能铸就。劳动创造了中华民族，造就了中华民族的辉煌历史，也必将创造出中华民族的光明未来。“一勤天下无难事。”必须牢固树立劳动最光荣、劳动最崇高、劳动最伟大、劳动最美丽的观念，让全体人民进一步焕发劳动热情、释放创造潜能，通过劳动创造更加美好的生活。

全社会都要贯彻尊重劳动、尊重知识、尊重人才、尊重创造的重大方针，维护和发展劳动者的利益，保障劳动者的权利。要坚持社会公平正义，排除阻碍劳动者参与发展、分享发展成果的障碍，努力让劳动者实现体面劳动、全面发展。全社会都要热爱劳动，以辛勤劳动为荣，以好逸恶劳为耻。

第四，必须大力弘扬劳模精神、发挥劳模作用。榜样的力量是无穷的。劳动模范是民族的精英、人民的楷模。长期以来，广大劳模以平凡的劳动创造了不平凡的业绩，铸就了“爱岗敬业、争创一流，艰苦奋斗、勇于创新，淡泊名利、甘于奉献”的劳模精神，丰富了民族精神和时代精神的内涵，是我们极为宝贵的精神财富。

实现我们的发展目标，不仅要在物质上强大起来，而且要在精神上强大起来。全国各族人民都要向劳模学习，以劳模为榜样，发挥只争朝夕的奋斗精神，共同投身实现中华民族伟大复兴的宏伟事业。广大劳动模范和先进人物要珍惜荣誉、再接再厉，爱岗敬业、无私奉献，做坚定理想信念的模范、勤奋劳动的模范、增进团结的模范。当代工人不仅要有力量，还要有智慧、有技术，能发明、会创新，以实际行动奏响时代主旋律。各级党委、政府和工会组织要高度重视劳模、关心爱护劳模，支持劳模发挥骨干带头作用，帮助劳模解决生产生活中的问题，广泛宣传劳模先进事迹，使劳模精神不断发扬光大。

党对工会寄予厚望，职工群众对工会充满期待。中国工会是中国共产党领导的工人阶级群众组织，是党联系职工群众的桥梁和纽带，是社会主义国家政权的重要社会支柱。中国特色社会主义工会发展道路是中国特色社会主义道路的重要组成部分，深刻反映了中国工会的性质和特点，是工会组织和工会工作始终沿着正确方向前进的重要保证。要始终坚持这条道路，不断拓展这条道路，努力使这条道路越走越宽广。

时代在发展，事业在创新，工会工作也要发展、也要创新。要顺应时代要求、适应社会变化，善于创造科学有效的工作方法，让职工群众真正感受到工会是“职工之家”，工会干部是最可信赖的“娘家人”。要把竭诚为职工群众服务作为工会一切工作的出发点和落脚点，全心全意为广大职工群众服务，认真倾听职工群众呼声，维护好广大职工群众包括农民工合法权益，扎扎实实为职工群众做好事、办实事、解难事，不断促进社会主义和谐劳动关系。要高度重视广大职工的多样化需求，不断拓展职工成长成才空间，着力培养造就一大批知识型、技术型、创新型的高素质职工。各级党委和政府要加强和改善对工会的领导，支持工会开展工作，为工会工作提供更多资源和手段，为工会履职创造更好条件。

同志们，千里之行，始于足下。我们国家的发展前景十分光明，但道路不可能一帆风顺，蓝图不可能一蹴而就，梦想不可能一夜成真。人间万事出艰辛。越是美好的未来，越需要我们付出艰辛努力。

真抓才能攻坚克难，实干才能梦想成真。我们要在全社会大力弘扬真抓实干、埋头苦干的良好风尚。各级领导干部要带头发扬劳模精神，出实策、鼓实劲、办实事，不图虚名，不务虚功，坚决反对干部群众反映强烈的形式主义、官僚主义、享乐主义和奢靡之风“四风”，以身作则带领群众把各项工作落到实处。

我深信，有党中央的坚强领导，有我国工人阶级和全体劳动群众的团结奋进，有全国各族人民的共同奋斗，我们一定能开创更加美好的未来，中华民族伟大复兴的中国梦一定能够实现！

在庆祝“五一”国际劳动节暨劳动模范表彰大会上的讲话

（2013年4月27日，根据录音整理）

朱小丹

同志们：

今天，我们在这里隆重集会，热烈庆祝即将到来的“五一”国际劳动节，表彰我省荣获全国五一劳动奖状、奖章、工人先锋号和省五一劳动奖章、工人先锋号的先进单位和个人。在此，受春华书记委托，我谨代表省委、省政府，向全省广大劳动群众致以节日的问候！向受表彰的先进单位和个人表示热烈的祝贺！向为我省改革开放和社会主义现代化建设作出突出贡献的劳动模范、先进工作者致以崇高的敬意！

劳动人民是历史的创造者。去年以来，面对后国际金融危机时期带来的严重经济下行压力，全省人民在党中央、国务院和省委省政府的正确领导下，紧紧围绕主题主线和加快转型升级、建设幸福广东的核心任务，坚持稳中求进的工作总基调，既防止经济增速滑出预期目标区间、又防止经济工作偏离转变发展方式主线，着力稳增长、调结构、促改革、惠民生、保稳定，经济社会发展总体呈现稳中有进的态势。今年一季度，我省经济企稳回升的态势进一步巩固，实现良好开局。全省生产总值同比增长8.5%，固定资产投资增长19.5%，地方公共财政预算收入增长16.9%，十件民生实事扎实推进。

这些成绩的取得，是在党中央、国务院的正确领导下，省委、省政府团结带领全省人民齐心协力、迎难而上、实干拼搏的结果，凝聚着全省工人阶级和劳动群众的心血、智慧和汗水。今天受到表彰的劳动模范和先进工作者，就是我省千万劳动者中的杰出代表。长期以来，你们以强烈的主人翁意识和奋发有为的精神状态，立足本职岗位，焕发创造活力，勇于拼搏奉献，积极改革创新，既创造了宝贵的物质财富和精神财富，为全省经济社会发展、人民幸福安康作出突出贡献，又以自身的辛勤劳动充分展现了爱岗敬业、勇于创新、甘于奉献、争创一流的劳模精神，生动诠释了劳动光荣、知识崇高、人才宝贵、创造伟大的时代精神。你们是当之无愧的时代精英、社会栋梁，党和人民感谢你们，全社会都要向你们学习！

工人阶级和广大劳动群众是社会主义现代化建设事业的主力军、是推动社会全面进步的根本力量。党的十八大描绘了在新的历史条件下全面建成小康社会、加快推进社会主义现代化的宏伟蓝图。以习近平同志为总书记的党中央，明确提出了“中国梦”的战略构想，成为当今时代的最强音。习近平总书记指出：实现中国梦，创造全体人民更加美好的生活，任重而道远，需要我们每一个人继续付出辛勤劳动和艰苦努力。去年底习近平总书记视察广东时殷切寄语我们，要努力成为发展中国特色社会主义的排头兵、深化改革开放的先行地、探索科学发展的实验区，为率先全面建成小康社会、率先基本实现社会主义现代化而奋斗。面对党中央赋予广东的新目标新使命，希望全省工人阶级和广大劳动群众切实把认识和行动统一到中央和省委、省政府的决策部署上来，把智慧和力量凝聚到实现“三个定位、两个率先”的总目标上来，以主人翁的姿态，坚定信心、牢记使命、团结拼搏、锐意进取，努力在新的发展征程上施展才华、建功立业、再铸辉煌，以实际行动谱写实现中国梦的广东新篇章。在这里，我提四点希望，与大家共勉：

（一）大力弘扬劳模精神，为实现“三个定位、两个率先”总目标而艰苦奋斗。劳模精神是时代的宝贵财富，也是新时期激励我们艰苦奋斗、实现“三个定位、两个率先”总目标的巨大精神力量。希望广大劳模和先进工作者倍加珍惜荣誉，谦虚谨慎、再接再厉、再创佳绩，发扬工人阶级艰苦奋斗、勇于创业的优良传统，以实际行动影响和带动全省劳动群众爱岗敬业、奋发图强。希望广大职工群众以劳模为榜样，把个人的奋斗与国家的前途命运、与广东的发展目标紧密结合起来，立足本职岗位，提升劳动技能，勤奋扎实工作，争创一流业绩。

（二）进一步激发创新动力和创造活力，充分发挥打造广东经济“升级版”的主力军作用。创新和创造是推动我省转型升级、促进经济持续健康发展的不竭动力。希望广大职工群众紧紧围绕我省推进经济结构战略性调整、加快现代产业体系建设、促进创新驱动发展、实现区域协调跨越发展、深化改革开放、促进绿色低碳发展等决策部署，广泛开展岗位练兵、技术交流、技能培训，积极参加自主创新实践，不断提升创新能力和技能素质，努力成为知识型、技术型、创新型高素质人才。要充分发挥工人阶级的首创精神，以重点工程劳动竞赛、职工职业技能大赛和群众性技术创新等活动为载体，积极投身南沙、前海、横琴等三个新区“促进区域发展全国示范性劳动竞赛”活动，把劳动热情、创新潜力、创造活力集中投入到发展现代服务业、先进制造业、战略性新兴产业和重大项目重大平台建设、重大科技攻关等领域，合力打造广东经济“升级版”。

（三）发扬主人翁精神，做建设和谐劳动关系的促进者。推进劳动关系和谐是实现和发展劳动者利益、促进社会和谐的重要基石。广大职工群众要增强主人翁精神，始终保持高昂的劳动热情、忘我的劳动精神，不断提高劳动生产率，积极为企业发展建言献策，努力为企业提高经济效益和转型升级贡献力量。要充分发扬识大体、顾大局的优良传统，坚决拥护党和政府关于改革发展的各项决策部署，正确认识和对待改革发展中的利益关系和利益格局调整，依法维护自身权益，理性表达利益诉求，自觉维护社会和谐稳定。

（四）积极投身社会主义职业道德建设，做践行新时期广东精神的带动人。职业道德是厚于德、诚于信、敏于行，是新时期广东精神的重要组成部分。广大职工群众要积极弘扬爱国主义、集体主义和劳模精神，深入践行“爱岗敬业、诚实守信、办事公道、服务群众、奉献社会”的社会主义职业道德，始终保持昂扬向上、奋发进取的精神状态。要立足本职岗位、争创一流业绩，主动适应经济社会和科学技术日新月异发展进步的新形势，脚踏实地、扎实工作，自觉学习、刻苦学习、终身学习，不断掌握新知识、锻造新技能、增长新才干，努力成为各行各业的行家里手。要积极参与各种形式的文明创建活动，积极发展丰富多彩、昂扬向上的企业文化、职工文化，树立行业新风，凝聚各方力量，用工人阶级的先进思想和模范行动影响带动全社会，不断践行和丰富新时期广东精神。

同志们：充分发挥工人阶级和广大劳动群众的社会主义现代化建设主力作用，是各级党委、政府的重大政治责任。各级党委、政府要在全社会大力弘扬劳模精神，促进形成“劳动光荣、创造伟大”的良好氛围。要主动关心劳模的工作生活，解决他们的实际困难，为劳模发挥聪明才智、建功立业提供更好条件。要牢记全心全意为人民服务的宗旨，紧密结合即将开展的党的群众路线教育实践活动，进一步改进工作作风，集中力量办好十件民生实事，着力解决好职工群众最关心最直接最现实的利益问题，切实维护好职工群众的合法权益。

各级工会组织肩负着组织职工、引导职工、服务职工、维护职工合法权益的重任。要认真组织开展“中国梦·劳动美”主题宣传活动，用劳模的先进事迹感召群众，用劳模的优秀品质引领社会，形成劳动创造美好生活、奋斗实现“三个定位、两个率先”的强大共识和共同追求。要进一步创新服务载体和工作机制，积极协调劳动关系和社会利益，努力打造成为广大劳动群众信赖的“职工之家”。

同志们，汗水浇出幸福花，劳动铸就“中国梦”。希望全省广大劳动群众紧密团结在以习近平同志为总书记的党中央周围，在省委、省政府的正确领导下，脚踏实地、苦干实干、奋发有为、开拓创新，为我省实现“三个定位、两个率先”的总目标、推动实现中华民族伟大复兴的中国梦做出新的更大的贡献！谢谢大家。

在纪念广东省总工会成立60周年座谈会上的讲话

（2013年11月22日）

王瑞生

同志们：

很高兴前来参加广东省总工会成立60周年座谈会，与省总工会的各位新老同志和基层工会干部代表、劳模代表、职工代表一道，共同回顾广东工会60年来走过的历程，感受这些年来的变化和取得的成就，畅谈当前工会工作的大好形势和未来的发展。

全国总工会副主席、书记处第一书记陈豪同志对广东省总工会一直十分重视，这次专门委托我向省总工会成立60周年表示祝贺，向省总工会的各位新老同志和广大工会干部、职工问好。在此，我代表中华全国总工会，对座谈会的召开表示热烈祝贺！向广东省的广大工会干部和职工群众致以诚挚的问候！并借此机会，向一直以来关心、支持工会工作的广东省各级党委、政府和社会各界人士表示衷心的感谢！

广东是中华全国总工会的诞生地，全国第一、二、三次劳动大会在这里召开，震撼世界的省港大罢工也在这里爆发。在中国工人阶级波澜壮阔的奋斗历程中，广东工人阶级始终勇立潮头，站在前列。广东省总工会成立后，在社会主义革命和建设时期，组织广大职工投身经济建设，参加国家、社会和企事业管理，在开展劳动竞赛、提高职工素质、改善职工生活等方面都发挥了重要作用。改革开放新时期，广东工会主动顺应党的历史方位转变，解放思想、敢为人先，努力探索新的历史条件下工会工作的特点和规律，团结动员广大职工积极参与和支持改革开放、踊跃投身现代化建设，创造出一大批具有广东特色和示范意义的宝贵经验。

进入新世纪以来，广东工会坚定不移地走中国特色社会主义工会发展道路，坚持推动党的全心全意依靠工人阶级根本指导方针的贯彻落实，牢牢把握工人运动主题，紧紧抓住职工队伍新特点，发挥优势、主动作为，团结带领广大职工充分发挥主力军作用，展现主人翁风采，在推动广东经济繁荣发展、构建和谐劳动关系、维护职工合法权益、服务职工群众等方面都取得了显著成效。实践证明，广东工人阶级始终是我国工人阶级的杰出代表，广东工会组织始终走在时代发展的最前列，为全国工会工作创新发展探索积累了许多有益的经验。

广东省委历来高度重视工人阶级和工会工作，省委定期听取工会工作汇报，及时研究解决工会工作重大问题，支持工会依照法律和章程独立自主创造性地开展工作。2002年和2005年，在不到三年时间里，广东省委两次召开全省工会工作会议并下发指导性文件，加强和改进对工会工作的领导，对广东工会工作的发展产生了重大而深远的影响。2011年12月，广东省委省政府召开全省构建和谐劳动关系先进表彰暨经验交流会，推动构建和谐劳动关系工作上新台阶。这些都为工会工作的发展创造了良好条件。

当前，全国人民正在认真学习贯彻党的十八大和习近平总书记系列重要讲话精神，努力为实现全面建成小康社会和中华民族伟大复兴的中国梦而奋斗。面对经济社会发展中的各种矛盾和问题，刚刚闭幕不久的党的十八届三中全会作出了全面深化改革的总部署，发出了全面深化改革的总动员，必将对推进中国特色社会主义伟大事业产生重大而深远的影响。广东是改革开放的前沿阵地，为国家的改革开放探索出了很多宝贵经验，作出了巨大贡献。在新的历史起点上，广东要进一步解放思想、解放和发展社会生产力、解放和增强社会活力，实现广东的新发展，也必须坚定不移地全面深化改革。

贯彻党的十八大和十八届三中全会精神，在全面深化改革、实现中华民族伟大复兴中国梦中充分发挥工人阶级主力军作用，是各级工会组织肩负的重大使命。上个月，中国工会成功召开第十六次全国代表大会，习近平等全体政治局常委同志出席了开幕式，李克强总理为全体代表作了经济形势报告，刘云山同志代表党中央向大会作祝词，李建国同志向大会作了报告。会后习近平总书记同全国总工会新一届领导班子集体谈话并发表重要讲话，对新形势下我国工会工作大政方针又一次作了集中阐述，明确了在实现中国梦的新征程中工会工作的前进方向、根本任务，为坚持走中国特色社会主义工会发展道路提供了坚实的思想政治指导。希望广东省各级工会组织认真学习贯彻党的十八大、十八届三中全会和习近平总书记的重要讲话精神，按照中国工会十六大的部署和要求，认真总结历史经验，继承和发扬光荣传统，推动工会工作新发展，在新的形势下展现工会组织的新作为、新形象。

第一，必须坚定正确的政治方向，始终与党中央保持高度一致。习近平总书记同全国总工会新一届领导班子成员集体谈话时强调，“工会工作做得好不好、有没有取得明显成效，关键看有没有坚持正确政治方向”。自觉接受党的领导是工会的优良传统，是工会坚持正确政治方向的核心，也是做好工会工作的根本政治立场和政治原则。广东省总工会60年来取得的成效，是坚持党的领导紧紧依靠广大职工群众努力取得的。面对非公企业多、农民工多、劳动矛盾多、境外敌对势力渗透活动多的新形势，广东工会只有始终坚定政治方向，坚持党的领导，工会工作才能方向明确、不走偏路，才能做得有声有色、扎实有效。广东省各级工会组织要认真学习领会党中央关于工人阶级和工会工作的重要指示精神，始终在思想上政治上行动上同党中央保持高度一致，始终坚定不移地走中国特色社会主义工会发展道路，始终自觉地把工会工作放到党和国家工作大局中去思考、去把握、去推进。当前，要认真贯彻落实好党中央关于全面深化改革的决策部署，深刻理解全面深化改革对工会工作提出的新要求，找准工会工作的切入点着力点，凝聚职工改革共识，调动职工参与、推进改革的积极性主动性。通过工会扎实有效的工作，把坚持党的领导和全面深化改革的各项部署落实到广大职工群众中去，生根发芽，落地开花，不断巩固和发展党执政的阶级基础和深化改革的群众基础。

第二，必须牢牢把握我国工人运动时代主题，团结动员广大职工为实现中国梦而奋斗。实现中华民族伟大复兴的中国梦，是中华民族近代以来最伟大的梦想。实现这个梦想，根本上要靠包括工人阶级在内的全体人民的劳动、创造、奉献。广东是经济强省，是全国企业和职工最为集中的省份之一。广东要实现新发展，也必须紧紧依靠广大职工的辛勤劳动、诚实劳动和创造性劳动。广东省各级工会组织要牢牢把握为实现中国梦而奋斗的时代主题，紧紧扭住这个主题激活和传递正能量，坚持把推动科学发展、实现稳中求进作为发挥作用的主战场，在提高职工队伍整体素质、深化社会主义劳动竞赛上出实招、办实事、敢创新，把他们的积极性、主动性、创造性充分调动起来。要在广大职工中大力弘扬我国工人阶级的优秀品质和伟大劳模精神，让劳动最光荣、劳动最崇高、劳动最伟大、劳动最美丽的观念蔚然成风，让全体人民充分焕发劳动热情、释放创造潜能，通过劳动创造更加美好的生活。要加强对全面深化改革重大政策措施的宣传，引导广大职工支持改革、参与改革、推进改革，积极投身深化改革的伟大实践，形成共同推进改革的强大合力。

第三，必须坚持全心全意为职工群众

服务，切实维护好职工群众利益。保障职工群众利益是发挥广大职工积极性、主动性、创造性最重要最基础的工作，是工会一切工作的出发点和落脚点。在经济转轨、社会转型的关键阶段，容易发生侵犯职工权益的行为。工会要切实发挥职工利益代表者和维护者的作用，在维护全国人民总体利益的同时，代表和维护好职工群众的具体利益，使他们不断享受到改革发展成果；要在全面维护职工权益的同时，突出重点，推动职工群众最关心最直接最现实的利益问题，职工群众面临的最困难最操心最忧虑的实际问题的解决；要锲而不舍做好维权工作，但也不能脱离我国基本国情和发展阶段，要分轻重缓急，重大的紧迫的问题马上处理，有些问题需要创造条件逐步解决。在当前全面深化改革的新形势下，虽然各项改革总体上都是为了增进人民福祉，但具体操作起来必然会涉及一些职工利益的调整。工会组织要充分发挥联系职工群众密切的优势，深入细致地做好职工思想政治工作，教育引导广大职工发扬识大体、顾大局的光荣传统，坚决拥护党中央关于全面深化改革的各项方针政策，正确认识和对待改革发展过程中利益关系和利益格局的调整，依法表达合理诉求，自觉维护社会和谐稳定。

第四，必须进一步转变工作作风，不断增进与职工群众的感情，密切与职工群众的联系。习近平总书记在同全国总工会新一届领导班子集体谈话时强调，工会是做群众工作的，群众路线是工会工作的生命线和根本工作路线，在坚持党的群众路线、密切联系职工群众方面要作表率，这也是党对工会的一贯要求。广东省总工会60年来取得的成就，离不开一代又一代工会干部的不懈努力，离不开广大职工群众的信赖和支持。广东各级工会组织要继承和发扬这种好传统、好作风，进一步转变工作作风，主动加强自身建设，忠实践行党的群众路线。要以这次开展党的群众路线教育实践活动为契机，切实改进工作作风，力戒形式主义、官僚主义、享乐主义和奢靡之风，增进与职工群众的感情。要走出高楼大院，摆脱文山会海，破除衙门作风，破除机关化、行政化现象，更多到职工群众中去，保持同职工群众的密切联系，依靠职工群众开展工作，搞活基层、夯实基础，不断增强工会组织的吸引力和凝聚力，使工会组织真正成为学习型、创新型、服务型的名副其实的“职工之家”，努力把工会干部锤炼成听党话、跟党走、广大职工群众信赖的“娘家人”，切实担负起党和时代赋予的历史使命。

同志们，中国梦的宏伟目标正激励着全国亿万职工同心同德、共同奋斗，工会工作的大好形势和美好前景令人鼓舞、催人奋进。我坚信，在党中央的正确领导和广东省委的直接领导下，有政府和社会各界的关心与支持，有着光荣传统、优良作风和开拓创新精神的广东工会，一定会在全面深化改革、推进改革开放伟大事业中谱写工会工作的新篇章，在全面建成小康社会、实现中华民族伟大复兴中国梦的历史进程中再立新功！

谢谢大家！

深入学习贯彻党的十八大精神 团结动员广大职工为实现 “三个定位、两个率先”总目标而奋斗

——在省总十二届六次全委会议上的工作报告

（2013年3月21日）

邓维龙

各位委员、同志们：

这次全委会的主要任务是，全面贯彻落实党的十八大和习近平总书记视察广东重要讲话精神，传达学习中央书记处关于工会工作的重要指示，学习贯彻省委十一届二次全会和全总十五届七次执委会精神，回顾总结2012年的工会工作，安排部署2013年的主要任务。下面，我代表省总十二届常委会向大会作工作报告，请予审议。

一、关于2012年工会工作

2012年，在省委和全总的正确领导下，省总以迎接党的十八大召开、贯彻党的十八大精神为强大动力，以学习、宣传和实践中国特色社会主义工会发展道路为主题，以深入实施“四个一万工程，开展面对面、心贴心、实打实服务职工在基层活动”为主线，扎实推进工会各项工作，取得了良好成效。

（一）广泛开展学习贯彻党的十八大精神和学习宣传实践中国特色社会主义工会发展道路活动，始终保持工会工作的正确方向

党的十八大是党和国家政治生活中的一件大事。去年，我们围绕迎接十八大，在全省职工中广泛开展了一系列主题教育活动，进一步做好职工群众工作，为十八大召开营造了良好氛围。党的十八大胜利闭幕以来，省总认真组织开展“党的十八大精神集中学习月活动”，通过召开全省工会学习贯彻党的十八大精神电视电话会议、党组中心组理论学习、省总领导宣讲解读、党支部专题座谈会、机关干部学习专题培训班等多种形式，深入学习领会党的十八大精神，切实用党的十八大精神武装头脑、指导实践、推动工作。

紧密结合我省实际，学习宣传实践中国特色社会主义工会发展道路。采取分类培训、集中学习、工作研讨等多种形式，培训工会干部11万人次。省总在北京大学和中国劳动关系学院举办了三期市、县工会主席学习培训班，全省21个地级市及122个县区的工会主席参加培训学习。充分运用工会报刊、网络等舆论阵地和平台开展宣讲活动，掀起学习宣传热潮。坚持把中国特色社会主义工会理论与广东工会实践相结合，努力使工会工作不断体现时代性、把握规律性、富于创造性。

（二）全面实施“四个一万”工程，进一步密切与职工群众的联系

贯彻落实全总的部署，深入实施“四个一万”工程，开展“面对面、心贴心、实打实”服务职工在基层活动。广大工会干部深入企业、车间、班组调查研究，通

过召开企业经营者、一线职工和工会干部座谈会，了解企业经营状况、倾听职工心声，指导基层工会开展工作。全省有1.7万多名工会干部深入到5.1万家企业开展调研、服务，投入资金2.23亿元。全省已聘请工资集体协商指导员1.1万多人，劳动争议调解员超过10万人。组织了一支过万人的工会网络宣传员队伍。省总官方微博开通，网络舆情监测启动运作良好。根据全总部署实施了第七次全省职工队伍状况调查，掌握了劳动关系和职工队伍的新情况新变化。

（三）组织引导广大职工创先争优，为推动经济稳中求进充分发挥主力军作用

组织广大职工开展“当好主力军、建功十二五”劳动竞赛，实现三个拓展：从硬技能向软技能拓展，从工业企业向机关事业单位拓展，从蓝领向白领拓展，取得了较好效果。推动我省首个全国重大工程示范性劳动竞赛项目港珠澳大桥建设劳动竞赛顺利开展；首次将通信工程、保障性安居工程以及现代产业500强领域的建设项目纳入重大工程示范性劳动竞赛范围；首次与省教育厅联合举办高校青年教师基本功大赛。全省职工职业技能竞赛参赛领域、行业（系统）、工种（项目）和职工人数再创新高，逾16万家企事业单位、600万人次参与了岗位练兵和技术创新活动。召开庆祝五一国际劳动节暨劳模表彰大会，表彰了69位全国五一劳动奖章获得者、14个全国五一劳动奖状获得单位、50个全国工人先锋号集体、266位省劳动模范、32位省先进工作者和100个省先进集体。首次实行省级劳模春节慰问金、特殊困难帮扶金、体检和疗休养金制度，发放慰问金和帮扶资金1416.7万元。

（四）大力加强职工法律援助维权服务工作，努力维护劳动关系和谐稳定

全省建立工会法律援助机构1168个，1000多个职工服务中心全部设立法律援助服务窗口，拥有1100多名专兼职法律援助工作人员和8000多名志愿者，初步形成覆盖全省的工会法律援助服务网络，全年共投入法律援助维权专项资金1388万元。与省司法厅、省律师协会共同评选出10名首届“广东省维护职工权益杰出律师”。推动《广东省委省政府关于构建和谐劳动关系的意见》出台，参与《劳动合同法修正案》、《广东省劳动人事争议处理实施办法》、《广东省高温津贴发放办法》等多部法律法规的制定和修改完善工作。推动健全劳动争议调解网络建设，截至2012年9月底，全省各类企事业单位共成立劳动争议调解组织7.2万个，劳动争议调解委员会成员20.8万人，全年共预防和调解劳动争议案件5.5万件。全面落实各级工会领导班子成员维稳和防范抵御工作责任，进一步健全预防预警、信息报送、应急处置和舆论引导等维稳工作机制，积极参与职工群体性事件的妥善处置。有针对性地做好日资企业员工稳定工作，有效维护了职工队伍稳定。

（五）加大帮扶工作力度，积极为职工办实事、做好事

省总筹集服务职工专项经费3000万元，着力推动全省县级以上困难职工帮扶中心全部转型升级为工会职工服务中心，全省工会职工服务中心（站、点）发展到1000多个。做好对一线职工、外来务工人员特别是困难企业和职工的帮扶慰问，去年共筹集慰问款物1.1亿元，慰问困难企业6494家，困难职工家庭近10万户，劳模3915人，实现了对困难职工家庭走访慰问全覆盖、不遗漏的目标。筹集4000多万元，协助解决了3万多名困难职工子女读书问题。大力推进“心灵驿站”建设，共

举办各类心理援助培训130多次，免费培训1.5万人次，“广东工会推进外来工心灵驿站建设”项目为全国首创，被确立为省社会创新观察项目。以“十大书香企业”评选表彰等活动为抓手，深化职工素质建设工程，选送的多个文体表演队获全国大奖。与省人保厅开展2012年“春风行动”，共向外来务工人员提供各类岗位信息近400万条，为200多万人（次）提供免费就业服务。工会就业再就业基地以及15个“家政服务工程”培训机构共培训外来务工人员40多万人。积极开展女职工关爱行动，为20万困难女职工、女农民工免费“两癌”普查。以“安康杯”竞赛活动为载体，组织开展安全隐患排查治理活动，妥善调查处理职业病危害事件。

（六）深入推进“两个普遍”，重点工作取得新进展

召开全省工会专题工作会议，推动外来工劳务派遣工入会和全省开发区、高新区、产业转移工业园区工会组建工作。加强社会组织工会组建工作，成立省社会组织工会工作委员会。组建全省首家省级行业工联会广东省珠宝玉石首饰行业工会联合会。截止2012年9月底，我省基层工会涵盖单位数达61.29万家，基层工会委员会23.23万个，其中企业工会委员会19.68万个；全省工会会员2656.38万人，其中企业工会会员2333.99万人。总结推广理光公司工会经验，切实加强企业工会规范化建设。有组织、有计划、有步骤地推进企业工会主席直接选举工作，已实施的有3000多家。进一步加强社会化工会干部队伍建设，全省已有3000多名社会化工会工作者，4000多名工会志愿者服务于基层工会。按照推进工资集体协商三年规划的部署，大力推进区域性、行业性工资集体协商，精心策划实施了全省工资集体协商指导员技能竞赛。推动省委、省政府办公厅联合转发了由省总牵头起草的省协调劳动关系三方《关于深入推进我省企业工资集体协商工作的指导意见》。全省已建工会企业工资集体协商覆盖率为76.5%，93.8%的世界500强在粤企业建立了工资集体协商制度。大力推行区域性、行业性职代会制度，深入推进创建厂务公开民主管理示范单位活动，命名了50家省级厂务公开民主管理示范单位。

（七）推进构建枢纽型组织体系，积极参与社会管理创新

省总于去年5月牵头成立了全国首家省级职工服务类社会组织联合会，制定下发《关于进一步加强工会构建枢纽型社会组织体系工作的意见》。在牢牢把握政治主导、业务龙头和政策引领的前提下，对职工服务类社会组织的发展实行分类指导。全省21个地级以上市中已有20个成立了市一级的联合会，各级联合会有团体会员2417个。以行业协会为依托，开展了51项行业技能竞赛。向华南师范大学法律援助中心、东莞市心理卫生协会等研究机构及社会组织委托了30多项社会服务项目。

工会其他工作进展顺利。全省工会经费收缴工作取得突破性进展。省总经审会被评为全国工会经审工作先进集体。不断加强与国外工会组织及港澳台地区工会之间的友好交流与合作。全力推进女职工组织和女职工专项集体合同两个覆盖工作，女职工组织组建率达93%，女职工权益保护专项集体合同签订率达96%。各级产业工会大力开展具有产业特点的群众性建功立业活动，积极探索新形势下产业工会工作规律，在维护产业职工利益、促进产业转型升级方面发挥了重要作用。工会资产监管机制进一步完善，工会企事业单位稳步发展。认真做好援疆工作，对口扶贫丰

顺县黄礤村成效良好。工会信访、信息、督查、统计等工作也取得新的成绩。

过去五年，是我省经济社会稳中求进的五年，也是工会工作创新发展的五年。广东工会在省委和全总的正确领导下，坚定不移地走中国特色社会主义工会发展道路，坚持为职工服务、为党政分忧、为企业和谐、为经济加油，团结动员广大职工在经济社会发展中发挥了重要作用，其中工会组建、劳动竞赛、维权帮扶、防范抵御等主要工作走在全国前列，走出了一条社会主义市场经济条件下广东工会发展的新路子。在团结动员广大职工建功立业方面，广泛开展劳动竞赛，创造经济收益1893亿元，投资1050亿元的港珠澳大桥工程被全总列为我省首个全国性劳动竞赛示范项目。在推进“两个普遍”方面，会员数和基层工会组织数显著增长，会员数比2008年增长了近50%，工会覆盖单位是2008年的1.2倍。大力推进工资集体协商，进一步健全以职代会为基本形式的企事业单位民主管理制度。在构建和谐劳动关系方面，组建并发挥工会千人律师团的作用，共为职工办理法律援助案件4858宗，涉及职工1.5万人，为职工挽回经济损失近3亿元。坚持以集体协商谈判作为处置职工群体性事件的基本手段，积极协助地方党政处置了深圳富士康、南海本田等企业出现的劳动关系不和谐事件。进一步加强防范抵御工作。在服务职工方面，推动送温暖工作常态化、长效化，共筹集慰问款5.89亿元，慰问困难企业29725家，慰问困难职工69万户。打造了困难职工帮扶、“心灵驿站”、金秋助学、阳光就业、家政服务、农民工平安返乡等一批响亮的工会工作品牌。着力构建枢纽型组织体系，更好地为职工群众服务。在推进工会自身建设方面，深入实施“四个一万”工程，开展“面对面、心贴心、实打实服务职工在基层”活动，建立了工会机关联系基层制度和工会干部直接联系职工制度。推进基层工会规范化建设，探索基层工会主席直选，培育社会化工会工作者队伍，工会建设科学化水平进一步提高。

五年来工会工作成绩的取得，是省委和全总坚强领导、全省各级工会组织和广大工会干部团结奋斗的结果。在此，我谨代表省总工会，向一直以来高度重视工会工作的各级党委、人大、政府、政协及社会各界，向长期为广东工运事业辛勤耕耘、努力拼搏的同志们表示衷心的感谢并致以崇高的敬意！

二、2013年全省工会工作的总体要求和主要任务

2013年是贯彻落实党的十八大和省第十一次党代会精神的开局之年，是实施“十二五”规划承前启后的关键之年，是为全面建成小康社会奠定坚实基础的重要一年。做好今年工会工作十分重要。我们一定要深入贯彻落实好中央、省委和全总的一系列重要指示精神，认清形势、明确任务，突出重点、狠抓落实，不断开创工会工作新局面。

今年工会工作总体要求是：高举中国特色社会主义伟大旗帜，以邓小平理论、“三个代表”重要思想、科学发展观为指导，以党的十八大和习近平总书记视察广东重要讲话精神为统领，坚持走中国特色社会主义工会发展道路，推动全心全意依靠工人阶级指导方针贯彻落实，着力推动科学发展，团结动员广大职工在全面建成小康社会中建功立业；着力构建和谐劳动关系，大力加强维权维稳工作；着力实施服务职工五大行动，增强工会组织的凝聚力、影响力；着力创新新形势下职工群众工作，构建枢纽型组织体系；着力改进工作作风，努力建设学习型服务型创新型工会。

（一）深入学习宣传贯彻党的十八大精神，坚定不移走中国特色社会主义工会发展道路

要把深入学习宣传贯彻党的十八大精神作为当前和今后一个时期的首要政治任务，以各级工会领导干部为主体，以研读十八大文件和习近平同志一系列重要讲话为主要内容，以集中宣讲、学习培训为主要形式，切实把学习贯彻十八大精神引向深入。要把学习宣传实践中国特色社会主义工会发展道路作为学习贯彻十八大精神的重要内容，不断增强道路自信、理论自信、制度自信，始终保持工会工作的正确政治方向，充分发挥工会宣传教育阵地和新兴媒体的作用，广泛开展“凝心聚力跟党走、建功立业绘蓝图”主题教育活动，促进十八大精神进基层一线、进企业班组、进职工群众，引导广大职工坚定理想信念，自觉践行社会主义核心价值体系，为实现十八大提出的目标任务而奋斗。

（二）着力推动科学发展，团结动员广大职工在全面建成小康社会的伟大实践中建功立业

继续从重点工程劳动竞赛、职工职业技能大赛和群众性技术创新活动等三个层面广泛开展“当好主力军，建功十二五”主题竞赛活动。实施“三个带动”：突出抓好广州南沙、深圳前海、珠海横琴等三个新区“促进区域发展全国示范性劳动竞赛”的启动，掀起新一轮区域创新劳动竞赛热潮，实现示范带动；突出抓好职工技能培训、技术比赛、技能提升、技术创新的融合发展，围绕先进制造业、现代服务业、战略性新兴产业和优势传统产业的60个主流工种（项目）开展省级职工技术大赛，实现导向带动；突出抓好非公企业合理化建议和技改技革活动，深入推进以创建工人先锋号为载体的班组竞赛，抓好非公企业班组建设工作，实现典型带动。积极开展重点行业节能减排达标竞赛活动，促进实现绿色发展、循环发展、低碳发展。大力倡导勤奋劳动、诚实劳动、创新劳动，认真做好全国五一劳动奖状、奖章、工人先锋号和广东省五一劳动奖章、工人先锋号的推荐评选工作。推进职工书屋建设，大力开展全省示范性职工文体活动，加强职业道德建设。发挥万人工会网络宣传队伍作用，充分运用微博、社交网络和移动多媒体等新技术手段，做好舆情引导工作。

（三）着力构建和谐劳动关系，大力加强维权维稳工作

树立建会数量与建会质量并重的组建工作观念，继续加强工会组建工作，有效发挥基层工会作用。主动适应产业与职工聚集的趋势，进一步加强区域性、行业性工联会建设。加强对新经济组织、新社会组织、新媒体等领域知识分子的工会工作，不断提升他们推动科学发展、促进社会和谐的正能量，扩大工会组织的覆盖面和影响力。完成组建三年规划，全年建立工会组织净增2万家以上，建会率达到96%以上，企业工会会员净增177万人以上，全省企业职工入会率达到84%以上，全省基层工会涵盖单位达到63万家以上，全省工会会员达到2800万人以上。以建设“职工之家”30周年为契机，不断加强基层工会规范化建设，在“质量建会”上下功夫。充分发挥职工在建会中的主体作用，坚持做到以会务公开为主要方式落实会员知情权，以代表常任制为主要形式落实会员参与权，以会员评家为主要形式落实会员监督权，以民主选举工会主席为主要形式落实会员选举权，改进职工群众对工会工作评价监督机制。推进“工会组织亮牌子、工会主席亮身份”落实，年底“双亮”覆盖面达到80%以上。大力推动社会化工会工作者队伍建设和基层工会主席直选，使基层工会“建起来、转起来、活起来”。

推动《关于深化收入分配制度改革的若干意见》的贯彻落实，加强工资集体协商工作。建立健全企业职工工资协商共决、正常增长、支付保障机制，推动各地合理调升最低工资标准，提高职工工资水平。完成工资集体协商三年工作规划，年底已建会企业工资集体协商覆盖率要达到80%以上，世界500强在粤法人企业全部实现建制。大力推进县以下普遍开展行业工资集体协商，最大限度覆盖中小企业。规范工资集体协商工作，提高协商质量，加强集体协商指导员队伍建设，提升协商水平。

大力加强维权维稳工作。按照党的十八大精神的要求，健全以职代会为基本形式的企事业单位民主管理制度，最大限度地提高厂务公开、职代会制度的建制率和覆盖面。推行区域性行业性职代会制度，加强厂务公开贯标认证与创建示范工作，加快实现我省厂务公开民主管理监管工作信息化。加大源头参与力度，继续推动《广东省企业工资集体协商条例》、《广东省企业民主管理条例》的立法进程。抓住《劳动合同法（修正案）》实施的有利契机，协助有关部门监督整改滥用劳务派遣工问题。继续联合有关部门开展农民工工资支付专项检查活动，推动制定全面治理拖欠农民工工资问题意见。大力推行工会“劳动法律监督书”制度，推进工会劳动法律监督工作更加制度化、规范化。深入开展“安康杯”竞赛活动，全面推广“工会参与职业病防治工作模式”。加强劳动争议预防、预警和调处机制建设，完善法律援助制度，引导职工理性表达利益诉求、依法维护自身权益，妥善处置职工群体性事件。配合相关部门加强对涉及工会和职工的民间组织、境外非政府组织的监管，切实做好防范抵御工作。

（四）着力实施服务职工五大行动，增强工会组织的凝聚力、影响力

要进一步完善服务职工工作体系，创新服务职工工作措施，大力实施服务职工五大行动：

1. 送温暖行动。全省力争筹集送温暖资金1.5亿元，围绕职工最关心、最直接、最现实的问题，按不同群体、不同类型确立帮扶服务主题，开展富有特色的帮扶服务活动，实现对困难职工家庭走访慰问全覆盖、不遗漏，进一步实现送温暖工作制度化、经常化和社会化。

2. 千万职工大培训行动。推进职工素质建设工程，加强职工技能培训基地建设，成立广东省职工素质教育讲师团，整合全省职工教育培训资源，充分运用网络开展培训工作，努力为职工提升技能搭建学习平台。省总每年投入1000万元，开展以技术技能培训为重点的千万职工大培训行动，力争在3—5年内建成1万家职工教育培训基地，让1万名高级工晋级为技师，让10万名中级工晋级为高级工，让50万名初级工晋级为中级工，让1000万名职工参加职工大培训活动。

3. 千名律师进万家企业行动。全省工会法律服务律师团1000多名律师，具体挂钩联系相关企业，为1万家企业工会和职工提供免费法律服务，开展法制宣传，进一步发挥工会律师团在参与企业工资集体协商和劳动争议调解中的作用。试点在律师事务所设立“工会法律服务律师团工作站”制度，促进企业和谐劳动关系建设。

4. 职工人文关怀行动。与人力资源社会保障部门联合推进加强人文关怀实施员工心理援助工程，在全省各地职工服务中

心和外来务工人员较多的社区、工业园区建设“心灵驿站”1000家，其中创建省级示范点30个。培训心理援助专门人才，走进企业走进社区，为20万名以上外来务工人员提供心理服务。

5. 金秋助学圆梦行动。继续通过出资资助和动员社会力量挂钩帮扶等形式，帮助5万名非义务教育阶段品学兼优的困难职工家庭子女上学，发放助学金5000万元；采取工会帮扶、政府支持、社会赞助相结合的方式，帮助5000名家庭困难、工作表现优秀的青年职工上大学。

（五）着力创新新形势下职工群众工作，构建枢纽型组织体系

一是做实平台。进一步完善工会职工服务中心和职工服务类社会组织联合会工作体系，促进有条件的县（市、区）尽快成立职工服务类社会组织联合会。二是做成体系。突出抓好镇（街）、社区（村）和企业工会服务网络建设，大力推进镇（街）工会社会工作者队伍和工会志愿者队伍建设，大力推进“理光经验”在企业的普及，努力实现职工的自我管理、自我服务、自我教育和自我监督。三是做好项目。充分发挥联合会的作用，积极开展与相关社会组织的联系合作，共同做好行业技能竞赛、职业技能培训、职工文体活动、法律援助服务等项目，促进服务项目品牌化、标准化、专业化；主动用好党政赋予的资源手段，承接从政府转移出来、适合工会来做的保障、帮扶、培训等社会事务，主动承载更多的社会管理与公共服务职能。四是做亮品牌。把工会已经运作比较成熟的工作品牌做实叫响，努力为全国工会参与创新社会管理提供经验。

（六）着力改进工作作风，努力建设学习型服务型创新型工会

贯彻中央政治局关于改进工作作风、密切联系群众的八项规定精神，牢固树立全心全意为职工服务，旗帜鲜明维护职工合法权益的思想，坚决克服行政化、官僚化和形式主义，坚决防止庸懒散奢等不良风气，切实转变学风会风文风，努力做到与职工群众心心相印、同甘共苦、团结奋斗。扎实开展以为民务实清廉为主要内容的党的群众路线教育实践活动，加强工会干部队伍、工会领导机关和工会系统党风廉政建设。巩固和深化“四个一万”工程成果，继续组织万名工会干部下基层、进企业，建立完善联系基层、服务职工的长效机制，推动解决职工群众的实际困难。

全面推进我省税务代收工会经费等各项工作。各地要把税务代收工会经费工作摆上重要议事日程，加强与税务、人行、财政及商业银行等相关部门的沟通联系，在人力、物力、财力上确保这项工作顺利推进。加强产业工会工作，推动解决影响产业发展和职工利益实现的问题。深入实施女职工提升素质建功立业工程，实现女职工组织和女职工专项集体合同全覆盖。强化工会资产监管工作，推进工会经审工作规范化建设。办好粤港澳台四地暨珠三角九市工会工作座谈会，继续深化与国外工会组织及港澳台劳动界的交流合作。加强工会理论研究，及时总结推广地方和基层工会工作经验。做好工会信息化和督查工作，充分发挥省总网站和广东工会官方微博的作用，完善舆情监测、报告和处置制度。积极筹办省总工会成立60周年系列纪念活动，树立工会良好形象。

同志们，实现党的十八大提出的宏伟目标，工人阶级使命光荣，工会组织责任重大。让我们紧密团结在以习近平同志为总书记的党中央周围，高举中国特色社会主义伟大旗帜，以邓小平理论、“三个代表”重要思想、科学发展观为指导，坚定

不移地走中国特色社会主义工会发展道路，团结动员广大职工，同心同德、开拓进取，为推动我省成为发展中国特色社会主义的排头兵、深化改革开放的先行地、探索科学发展的实验区，为率先全面建成小康社会、率先基本实现社会主义现代化而奋斗！

带着群众感情做好工会工作

——在省总工会十二届六次全委会上的讲话

（2013年3月21日，根据录音整理）

黄业斌

同志们：

在大家的共同努力下，省总十二届六次全委会圆满完成了各项议程，开得很好。衷心感谢各位委员的信任和支持，选举我担任省总工会主席，我深感责任重大，使命光荣。我一定忠实履行职责，勤勉工作，不负重托。今天上午，省委副书记、省政协主席、省委政法委书记朱明国同志做了重要讲话，充分肯定了过去一年的工作，并对今后的工会工作提出了明确要求，我们一定要认真抓好落实，抓出成效。

五年来，在省委和全总的领导下，邓维龙主席领导广东各级工会和广大工会干部，坚定不移地走中国特色社会主义工会发展道路，围绕中心、服务大局，锐意进取、开拓创新，勇于探索新时期广东工会工作的特点与规律，明确提出并践行为职工服务、为党政分忧、为企业和谐、为经济加油的二十字方针，团结动员广大职工在广东科学发展中发挥了重要作用。邓维龙主席为工会事业的发展倾注了大量心血，作出了突出贡献，为我们留下了好作风，树立了好榜样，打下了好基础。在此，我提议让我们以热烈的掌声向维龙主席表示衷心感谢并致以崇高的敬意！

今年是贯彻落实党的十八大精神和省第十一次党代会精神的开局之年，是实施“十二五”规划承前启后的关键之年，是为全面建成小康社会奠定坚实基础的重要一年。如何在已有的基础上进一步把工会工作做好，我谈几点想法，如有不妥，请大家批评指正。

一、要加强学习，构建学习型、服务型、创新型工会组织

习近平总书记指出：中国共产党人依靠学习走到今天，也必然要依靠学习走向未来。面对新形势新任务，我们要认真学习中央几代领导人关于工会工作的重要论述，学习中央、全总和省委关于工会工作的指示要求；认真学习党的十八大、习总书记视察广东重要讲话精神和省委十一届二次全会、全总十五届七次执委会精神，以及刚刚闭幕的全国“两会”精神；认真学习涉及职工权益的法律法规，学习新时期做好职工服务工作的方式方法，用这些精神武装头脑，指导实践，推动工作。要紧紧抓住全总即将对省市级工会领导干部、全国规模以上企业工会主席、工会理论研究和教学骨干等进行专题培训的契机，抓

好全省工会领导干部的学习培训。要在实践中学习，在学习中提高，构建学习型、服务型、创新型的工会组织，努力营造一个让省委放心、让职工满意、让企业认可的良好工会工作局面，始终保持工会工作正确的政治方向。

二、要承前启后，保持工会工作连续性、稳定性

工会事业发展是一届接着一届干出来的，各个方面的工作都有自身的规律，许多工作不是一年两年甚至一届两届能够完成。因此，推进工作要特别注意保持连续性和稳定性。省总既定的部署、正在开展的工作，要继续做好，还不成熟的要继续抓好试点，特别是近年来的一些重点工作，要大胆探索、大胆创新，继续抓好落实。要进一步畅通企业职工的诉求渠道，倾听群众的呼声，注意排查化解各种劳资矛盾，维护职工的切身利益。要进一步发挥工会与政府联席会议制度作用，深化和谐劳动关系创建活动。要想方设法帮助职工群众解决实际困难与问题，帮助广大会员和职工办一些看得见摸得着的实事好事。用我们工作的实际成效取信于广大职工群众。

三、要树立群众观念，开创工会工作新局面

实现“两个一百年”的奋斗目标，实现中华民族伟大复兴的“中国梦”，工人阶级是主力军。我们必须紧紧团结和依靠工人阶级，坚持走中国特色社会主义工会发展道路，以时不我待、只争朝夕的精神，最大限度地动员和组织广大职工投身到这一伟大实践中去。坚持以职工为本，带着深厚感情做工会工作，牢牢树立群众观点、走群众路线、发扬群众作风，主动依法维权、科学维权、民主维权，积极参与协调劳动关系和社会利益关系，努力构建和谐劳动关系。坚持联系职工、深入基层调研、为职工办实事等制度，推动解决职工群众的实际困难，增强工会组织凝聚力。用好党委政府赋予的资源手段，主动承担更多的社会管理与公共服务职能，更好地为职工群众服务。在工作中不断实践为职工服务，为党政分忧，为企业和谐，为经济加油，使工会成为广大职工群众可信任信赖的“职工之家”，成为党委政府联系职工的桥梁纽带，努力营造一个职工群众有困难找工会的良好环境，为广东“三个定位、两个率先”作出新的更大贡献。

四、要加强调研，增强工会工作预见性

广东是改革开放的先行地，毗邻港澳，是对外开放的窗口，随着经济结构的战略性调整和转型升级的进一步加快，广东的职工队伍和劳动关系情况将更为复杂多变，外来务工人员多，社情舆情复杂，境外渗透势力活跃，工会工作正面临新的机遇和挑战。我们要加强调研，努力研究新情况、新问题，准确把握新时期、新形势下工会工作、职工队伍和劳动关系发展变化的新特点、新规律，增强工作的科学性、预见性、主动性，使我们的工作体现时代性、把握规律性、富于创造性。要从理论和实践的结合上不断丰富拓展工会发展道路。紧密联系经济关系、劳动关系和职工队伍的实际，充分发挥理论对实践的指导作用，积极破解前进道路上面临的突出问题。我在这里特别强调的是，开展工会工作一定要尊重基层和职工群众首创精神，要多到职工群众中去，多到基层一线去，善于从基层和职工群众中汲取智慧，深入研究具有全局性、战略性、前瞻性的重大理论与现实问题，不断丰富工会工作的实践特色、理论特色、时代特色。

五、要加强自身建设，打造一支素质过硬的工会队伍

打铁还需自身硬。要认真贯彻中央八项规定要求，厉行勤俭节约，切实改进工作作风，密切联系职工群众，坚决克服形式主义、官僚主义。要深入企业、深入基层，到一线去，到工人群众中去，注意听取广大企业和职工群众的意见和建议。要加强职工队伍思想道德建设，引导职工自觉践行社会主义核心价值体系。把思想教育、舆论宣传和人文关怀、心理疏导结合起来，把帮助解决思想问题与解决实际问题结合起来，不断改进职工思想政治工作和宣传教育工作。要不断提高工会干部的能力和水平，着力建设一支政治坚定、业务扎实、作风过硬、廉洁自律的工会干部队伍。各级工会干部都要成为做群众工作的行家里手，把做好职工群众工作成为我们的强项工作。

六、要加强党的领导，增强工会工作凝聚力

工会工作是党的群众工作的重要组成部分，是巩固党的阶级基础、扩大党的群众基础的政治工作。随着形势的发展，工会工作的地位和作用越来越重要。贯彻落实党的十八大精神，坚持中国特色社会主义工会发展道路不动摇，关键在于加强工会领导班子和干部队伍建设。在工作中，要多向党委汇报请示，围绕中心，服务大局，把党委的要求落到实处，积极争取党委对工会工作的领导和支持。要按照党的十八大关于全面提高党的建设科学化水平的重大部署，坚持解放思想、改革创新，全面加强工会系统党的思想建设、组织建设、作风建设、反腐倡廉建设、制度建设，使工会系统各级党组织、广大党员干部特别是领导干部做到理想信念坚定不移，保持与职工群众血肉联系，保持清正廉洁本色，在政治上与党中央保持高度一致。

我在地方工作多年，特别是到党委工作以后，对如何发挥群团组织作用，参与社会管理作了一些调研和思考，对工会工作很有感情，组织上派我到工会工作蛮有缘分。我个人没有专门做过工会工作，加上能力水平有限，工作中难免有局限性，难免存在这样那样的不足，恳请同志们在工作中多提宝贵意见，对我的工作给予帮助和监督。我有信心并相信，有省委和全总的正确领导，有省直部门的支持帮助，有在座同志们的共同努力，我省的工会工作一定会沿着正确的方向前进，一定会在原来的基础上做得更好些。

同志们，做好今后的工会工作，要实事求是定目标，奋发有为干工作，转变作风求实效。让我们高举中国特色社会主义伟大旗帜，以邓小平理论、“三个代表”重要思想、科学发展观为指导，紧密团结在以习近平同志为总书记的党中央周围，坚定不移地走中国特色社会主义工会发展道路，在省委和全总的领导下，求真务实、埋头苦干，为进一步推动广东工运事业的科学发展而努力奋斗！

让劳模精神成为引领全省职工为实现“三个定位、两个率先”目标建功立业的强大力量

——在广东省劳动模范先进事迹报告会上的讲话

（2013年5月29日）

黄业斌

同志们：

今天我们在这里隆重举行广东省劳动模范先进事迹首场报告会，是为了深入贯彻落实习近平总书记在劳模座谈会上的重要讲话精神，大力弘扬劳模的先进事迹和优秀品质，动员和激励全省人民以劳模为榜样，积极投身“三个定位、两个率先”伟大事业。

大家知道，今年4月28日，习近平总书记等中央领导到全总机关与劳模座谈，共同庆祝五一国际劳动节，共话中国梦，并发表重要讲话。作为党的总书记到全总机关看望劳模并与劳模座谈，这在工会历史上是第一次，充分体现了党中央对工人阶级的深厚感情，对劳动模范的亲切关怀，对各级工会和广大工会干部的高度信任。

出席今天报告会的11位劳模，来自我省不同行业和领域，他们既是产业工人、教育和医务工作者、企业家、公务员的骄傲，也是广东3000多万职工的杰出代表。借此机会，让我们对报告团的全体成员致以崇高的敬意，对全省各行各业的劳动模范和广大劳动者表示诚挚的问候和良好的祝愿！

下面，我就做好学习、宣传、贯彻习总书记重要讲话精神和大力弘扬劳模精神工作提三点意见：

一、认真学习深刻领会习近平总书记重要讲话精神的科学内涵和重大意义，切实抓好“中国梦、劳动美”主题宣传活动

习近平总书记的讲话高屋建瓴，内涵丰富。我们要从四个方面加深对总书记重要讲话科学内涵的认识：一是深刻阐述了工人阶级和劳动群众的领导阶级地位和巨大贡献。习近平总书记强调，工人阶级是我国的领导阶级，是我国先进生产力和生产关系的代表，是我们党最坚实和最可靠的阶级基础，是全面建成小康社会、坚持和发展社会主义的主力军。工人阶级是中国道路的柱石，弘扬中国精神的楷模，凝聚中国力量的中坚。二是进一步明确了必须大力弘扬劳模精神、发挥劳模作用。习近平总书记强调，劳动模范是民族的精英、人民的楷模。他们以平凡的劳动创造了不平凡的业绩，铸就了“爱岗敬业、争创一流，艰苦奋斗、勇于创新，淡泊名利、甘于奉献”的劳模精神，这是中华民族宝贵的精神财富。三是突出强调了坚持诚实劳动、崇尚劳动、造福劳动者的重要性。习近平总书记强调，实现我们的奋斗目标，必须紧紧依靠人民，必须依靠辛勤劳动、诚实劳动、创造性劳动。当代工人不仅要有力量，还要有智慧、有技术，能发明、会创新，全社会都要尊重劳动、尊重知识、

尊重人才、尊重创造，让全体劳动者实现体面劳动，参与发展，共享发展的成果。四是对工会工作提出了殷切希望。习近平总书记强调，工会要让职工群众真正感受到是“职工之家”，工会干部是最可信赖的“娘家人”。工会工作要适应新的时代环境，不断创新、不断发展，把竭诚为职工群众服务作为工会一切工作的出发点和落脚点，不断促进社会主义和谐劳动关系。

习近平总书记的重要讲话对于我们进一步加深对党的十八大和省委十一届二次全会精神的理解，加深对实现中国梦和“三个定位、两个率先”的认识，进一步增强中国特色社会主义道路自信、理论自信、制度自信，坚定不移地走中国特色社会主义工会发展道路，增强为党的工运事业奋斗使命感责任感，具有重大指导意义。全省要立即掀起学习、宣传、贯彻习近平总书记重要讲话精神的热潮，把它作为当前首要政治任务来抓紧抓好。要深入推进“中国梦·劳动美”主题宣传活动，特别是要把劳模先进事迹报告团活动组织好，迅速把习总书记重要讲话精神传达到每个企业和职工。大力宣传党对工人阶级的高度重视，大力宣传劳动模范的先进事迹和职工群众的劳动创造，让习总书记重要讲话精神和劳模精神成为激励全省职工为实现“三个定位、两个率先”目标建功立业的强大力量。

二、大力弘扬劳模精神和工人阶级伟大品格，动员组织全省广大职工为实现“三个定位、两个率先”目标建功立业

劳模精神是时代的宝贵财富，也是新时期激励全省职工艰苦奋斗、实现“三个定位、两个率先”总目标的巨大力量。要引导、教育全省广大职工以劳模为榜样，进一步激发创新动力和创造活力，努力做走中国道路的实践者、弘扬中国精神的承载者、凝聚中国力量的主力军。当前，要着重抓好“三项工作”：一是突出抓好一批重大工程示范性劳动竞赛。二是突出抓好职工技能培训、技术比赛、技能提升、技术创新融合发展。三是突出抓好非公企业合理化建议和技改技革活动。深入推进以创建工人先锋号为载体的班组竞赛，强化非公企业班组建设工作，实现典型带动。加强职业道德建设，大力倡导辛勤劳动、诚实劳动、创造性劳动，培养造就一支知识型、技术型、创新型职工队伍。

三、结合广东实际，把习近平总书记重要讲话精神贯穿到工会工作的全过程

各级工会组织要把竭诚为职工群众服务作为工会一切工作的出发点和落脚点，真抓实干、埋头苦干，做好“三个结合”，落实“五个更加注重”，办好“三件实事”，进一步把习近平总书记的重要讲话精神落到实处。

“三个结合”是：要与学习党的十八大精神紧密结合。增强责任感和使命感，为实现中华民族伟大复兴的中国梦而不懈奋斗。要与全总工作部署紧密结合。全面贯彻落实全总2013年布置的工作任务，以实际行动充分体现工人阶级的主力军作用。要与学习省委十一届二次全会精神紧密结合。紧紧围绕“三个定位、两个率先”的总目标开展工作，为我省加快发展、协调发展、科学发展，推动全省经济再上新台阶作出新的贡献。

坚持做到五个更加注重：一是更加注重发挥工人阶级主力军作用。深入开展“当好主力军·建功十二五”主题竞赛活动，团结动员广大职工在全面建成小康社会的伟大实践中建功立业。二是更加注重构建和谐劳动关系。普遍开展工资集体协

商，普遍建立民主管理制度，把企业与职工建成利益共同体、事业共同体、命运共同体。三是更加注重关心困难职工、共享发展成果。继续积极参与收入分配制度改革，促进居民收入增长和经济发展同步、劳动报酬增长和劳动生产率提高同步，促进职工共享改革发展成果。四是更加注重学习宣传劳模精神。认真贯彻“尊重劳动、尊重知识、尊重人才、尊重创造”的方针，组织广大职工开展“中国梦·劳动美”主题宣传活动，推动全社会崇尚劳模、关爱劳模、学习劳模、争当劳模，为劳模全面发展、健康成长、贡献智慧力量创造良好的社会环境。五是更加注重转变工作作风。进一步巩固和深化“四个一万”工程成果，继续组织万名工会干部下基层、进企业，建立完善联系基层、服务职工的长效机制，推动工会干部当好学习的表率、联系和服务职工群众的表率、岗位建功立业的表率。

同志们，实现中华民族伟大复兴的中国梦和广东率先全面建成小康社会、率先基本实现社会主义现代化目标离不开广大职工在本职岗位上的率先行动。让我们以劳模为榜样，把中国梦的实现与自己的梦想追求紧紧联系在一起，紧密团结在以习近平为总书记的党中央周围，不断追求一流的业务水平，立志干出一流的工作业绩，努力创造一流的工作效率，在“三个定位、两个率先”的历史进程中贡献应有的力量。

在省总工会传达贯彻习近平总书记重要讲话和中国工会十六大精神大会上的讲话

（2013年10月25日）

黄业斌

同志们：

中国工会十六大是在我国改革开放进入关键阶段和中国工会在新的历史起点上召开的一次非常重要的大会。10月18日，习近平总书记等党和国家领导人出席了工会十六大开幕式。10月21日下午，李克强总理应邀为大会作了关于当前我国经济形势的报告。大会闭幕的第二天，习近平总书记与全总新一届领导班子成员进行了集体谈话，并发表了重要讲话。这充分体现了党中央对工人阶级的亲切关怀、对工会工作的高度重视，这是对工人阶级和各级工会组织最大的鞭策和鼓舞。

通过参加工会十六大，我对坚持什么样的理论、走什么样的道路做工会工作，如何看待过去的工会工作，如何做好今后五年的工会工作，感受很深。特别是听了习近平总书记的重要讲话和党中央祝词后，对如何做好今后的工会工作有了更清晰的认识；听了李克强总理的报告，对工会团结动员广大职工群众围绕中心服务大局有了更深刻的体会；听了李建国主席的报告，对工会过去五年的工作成就和十年的主要经验，有了更深入的了解，明确了今后五年的目标任务，对做好今后广东的工会工作增强了信心决心。刚才，宗文常务副主席传达了习近平总书记的重要讲话和工会十六大的精神。传达会议精神，是为了更好地学习宣传贯彻好会议精神，落脚点是要把我们的本职工作做好，把代表和维护好广大职工群众的合法权益工作做好。下面，我就如何理解这次会议的精神，如何结合广东工会工作实际贯彻落实好习总书记的重要讲话和工会十六大精神讲几点意见。

一、认真学习领会习近平总书记的重要讲话和中国工会十六大精神

全省各级工会组织要从六个方面深刻理解习近平总书记的重要讲话和中国工会十六大精神。

（一）深刻理解习近平总书记和党中央的重托与殷切期望，进一步增强责任感和使命感

习近平总书记的重要讲话明确了工会的主战场、中心任务和政治责任。工会发挥作用的主战场是推动科学发展、实现稳中求进；工会的中心任务是做好新形势下职工群众工作、调动职工群众积极性和创造性；工会的政治责任是巩固党执政的阶级基础和群众基础。习近平总书记对今后的工会工作提出了四点要求：第一，牢牢把握正确政治方向。坚持正确政治方向，一言以蔽之，就是要坚持中国共产党领导和社会主义制度。工会要永远保持自觉接受党的领导这一优良传统。第二，团结职工群众为实现中国梦而奋斗。这点出了新时期新阶段我国工人运动的时代主题，在当前和今后相当长一个时期，工会工作必须放到这个大目标下来谋划和推进。第三，更好维护和发展职工群众利益。维权要讲全面，也要讲重点，重点就是职工群众最关心最直接最现实的利益问题，就是职工群众面临的最困难最操心最忧虑的实际问题。综合起来看，劳动就业、技能培训、收入分配、社会保障、安全卫生等问题，一线职工、农民工、困难职工等群众，要作为工作的重点来抓。第四，切实改进工作作风。工会是做群众工作的，在坚持党的群众路线、密切联系职工群众方面要做表率。

刘云山同志代表党中央发表了热情洋溢的祝词。祝词充分肯定了工人阶级为中国特色社会主义事业建立的卓越功勋，强调“工人阶级不愧为我国的领导阶级，不愧为我们党最坚实最可靠的阶级基础，不愧为推进改革开放和社会主义现代化建设的主力军。”对工人阶级提出了“四个始终”的殷切希望，即“我国工人阶级要始终做坚持中国道路的柱石，要始终做弘扬中国精神的楷模，要始终做凝聚中国力量的中坚，要始终做全面深化改革的推动者、参与者。”对工会提出了四个方面的要求，“做好工会工作，要坚定不移走中国特色社会主义工会发展道路，要牢牢把握党和国家工作大局，要坚持全心全意为职工群众服务，要以改革创新精神加强工会组织自身建设。”

习近平总书记在讲话中要求各级党委加强和改善对工会工作的领导，认真研究解决工会工作中的重大问题，为工会工作提供更多支持，创造更好条件，热情关心、严格要求、重视培养工会干部。党中央的祝词要求各级党委和政府把全心全意依靠工人阶级这一党的根本指导方针贯彻到政策法规制定、社会管理服务的全过程，贯彻到推动改革发展、维护和谐稳定的全过程，“要加强和改进党对工会工作的领导，支持工会依照法律和章程独立自主创造性地开展工作，关心爱护工会干部，为工会工作创造更加有利的条件。”这对我们做好工会工作将十分有帮助。

习近平总书记的重要讲话和党中央祝

词，明确了在实现伟大中国梦新征程中工人阶级和工会工作的前进方向、根本任务，为党的工运事业健康发展提供了坚实的思想理论指导。我们要把习近平总书记和党中央对工人阶级和工会工作的高度重视转化为工作动力，切实增强为党的工运事业不懈奋斗的责任感和使命感，把工会工作作为崇高的事业去追求、去奋斗、去奉献，充分发挥工人阶级的主力军作用，以更加昂扬的精神状态、更加崭新的精神风貌，为实现中国梦而奋斗。

（二）深刻理解过去五年工会工作的显著成就，进一步增强做好新时期工会工作的信心和决心

工会十六大报告对过去五年的工会工作八个方面的成绩作了准确的概括，生动反映了各级工会在维护职工工资收入、劳动就业、社会保障权益方面所做的努力，在劳动保护、帮扶困难职工等方面取得的成绩，充分展现了在加强工会组建、开展工资集体协商、推进民主管理等方面的实践探索，在发展和谐劳动关系、促进社会和谐稳定中的积极作为。过去的五年，是工会工作阔步前进的五年，是工会组织社会地位极大提高的五年。我们要不断增强对做好新时期工会工作的信心和决心，在围绕中心服务大局中发挥更大作用，体现更大作为。

（三）深刻理解“走什么路、建什么会、发挥什么作用”这个重大时代课题，坚定不移地走中国特色社会主义工会发展道路

工会十六大报告强调十年工会工作的最大成就，就是继续探索并坚持和丰富了中国特色社会主义工会发展道路。工会发展道路强调“八个坚持”，即坚持自觉接受党的领导、坚持工会的社会主义性质、坚持发展工人阶级先进性、坚持构建和谐劳动关系、坚持维护职工群众合法权益、坚持完善社会主义劳动法律、坚持推动形成国际工运新秩序、坚持以改革创新精神加强自身建设。中国特色社会主义工会发展道路适应当今时代要求，符合中国具体国情，体现中国工会性质，顺应广大职工群众的期待，是中国工会宝贵的精神财富，我们必须倍加珍惜、始终坚持、不断发展。

（四）深刻理解我国工人运动的时代主题，进一步团结动员广大职工为实现中国梦而奋斗

工会十六大报告强调我国工人运动的时代主题，就是要团结动员广大职工群众为实现中华民族伟大复兴的中国梦而奋斗。工人阶级是全面建成小康社会、坚持和发展中国特色社会主义、实现中国梦的主力军。工会是党领导的工人阶级群众组织，团结动员广大职工为实现中国梦而奋斗是工会的庄严历史使命。我们要牢记党的重托，不辜负职工群众期望，牢牢把握我国工人运动的时代主题，充分发挥党联系职工群众的桥梁纽带作用、国家政权的重要社会支柱作用、职工利益的代表者和维护者作用，为实现中华民族伟大复兴的中国梦而不懈奋斗。

（五）深刻理解工会要顺应时代潮流，以改革创新精神，加强工会组织自身建设

习近平总书记的重要讲话和党中央祝词对工会切实改进工作作风，以改革创新精神加强自身建设，让职工群众真正感受到工会是“职工之家”、工会干部是最可信赖的“娘家人”提出了明确要求。工会十六大报告明确了今后五年四个方面的工作目标，围绕这些工作目标，从六个方面对今后五年工作作出部署。我们一定要按照习近平总书记的重要讲话和党中央祝词精神，结合工会十六大报告的部署，把自身建设摆在更加突出的位置，始终保持同职

工群众的密切联系，推进工会工作群众化、民主化、制度化、法制化，全面加强工会思想建设、组织建设、作风建设、干部队伍建设，使工会组织真正成为广大职工群众信赖的“职工之家”。

（六）深刻理解党中央和国务院对工人阶级的关心爱护，进一步推动广大职工共享改革发展成果

李克强总理的经济形势报告讲了三个方面的问题：一是介绍了当前我国经济的形势，阐述了国家宏观调控的政策、手段和重大举措，比如稳增长和保就业之间的密切关系。二是阐述了我国经济中长期发展的趋势，分析了今后经济运行面临的挑战和积极因素。三是回应了广大职工关心的热点难点问题，强调要推动广大职工共享改革发展成果。报告强调要切实维护职工合法权益，高度重视农民工问题，解决好关系群众切身利益的养老、医疗、低保、住房等基本保障问题，创造更多的就业创业机会，提高收入水平，让广大劳动者共享改革发展成果。我们要深刻理解党中央和国务院对广大职工的关心爱护，积极引导广大职工积极支持改革、热情参与改革，围绕经济建设这个中心、发展这个第一要务，在提高职工队伍整体素质、深化社会主义劳动竞赛上出实招、办实事、敢创新，把广大职工积极性主动性创造性调动起来，投身于为中国梦而奋斗的火热实践。

二、以习近平总书记重要讲话和中国工会十六大精神统揽广东工会工作

学习好传达好贯彻好习近平总书记的重要讲话和工会十六大精神，是当前和今后一段时期广东工会工作的首要政治任务。我们要把学习贯彻习近平总书记的重要讲话和工会十六大精神与学习贯彻党的十八精神、习近平总书记一系列重要讲话精神，特别是“4.28”重要讲话精神紧密结合起来，与学习贯彻省委胡春华书记在听取工青妇工作汇报后的讲话精神紧密结合起来，与总结今年工作、部署明年任务紧密结合起来，找准工作的切入点和着力点，在坚持发展道路、把握时代主题、突出维权主业、叫响工作品牌、加强自身建设等五个方面下功夫。

（一）坚持发展道路，始终保持工会工作正确政治方向

全省各级工会组织和广大工会干部要按照党中央关于坚持和拓展中国特色社会主义工会发展道路的要求，深刻理解探索和坚持这条道路的历史必然性和现实必要性，准确把握这条道路的科学内涵、精神实质和理论实践要求。更加自觉主动地接受党的领导，坚决贯彻落实党的大政方针和决策部署，自觉服从服务于党和国家工作大局，坚定不移沿着这条道路前进。要坚持理论联系实践，结合广东工会的实际，走出一条社会主义市场经济条件下，富有广东特色的工会工作新路子，努力为中国特色社会主义工会发展道路添砖加瓦，使这条道路越走越宽广。

（二）把握时代主题，充分发挥工人阶级主力军作用

全省工会组织和广大工会干部要牢记习近平总书记的要求和我国工人运动的时代主题，进一步把广大职工的聪明才智和创造活力凝聚到促进经济建设和社会发展上来，充分发挥工人阶级在广东实现“三个定位、两个率先”总目标中的主力军作用。一是大力开展社会主义劳动竞赛。创新竞赛方式载体、健全竞赛制度机制，以省十项工程劳动竞赛为龙头，以广州南沙、深圳前海、珠海横琴建设劳动竞赛为平台，把更多的职工群众引导到竞赛中来，充分激发职工群众的劳动热情和创造潜能，形

成万众一心、众志成城的磅礴力量。二是大力弘扬工人阶级伟大品格和劳模精神。广泛宣传劳模事迹，进一步做好劳模选树表彰、服务管理等工作，用劳模的优秀品质和先进事迹感召职工、引领社会，让劳动最光荣、劳动最崇高、劳动最伟大、劳动最美丽的观念蔚然成风。要加强职工思想政治工作，引导广大职工积极支持改革、热情参与改革，筑牢全面深化改革的群众基础。三是大力实施职工素质提升工程。充分发挥工会“大学校”作用，深入开展千万职工大培训行动，创办“职工大讲堂”，加强工人文化宫等职工文化阵地建设，帮助职工学习新知识、掌握新技能，增强劳动本领，提升竞争能力，努力建设知识型技术型创新型职工队伍。

（三）突出维权主业，努力发展和谐劳动关系

1978年10月11日，邓小平同志在中国工会第九次全国代表大会上的致词中指出：“工会组织都必须密切联系群众，使广大工人都感到工会确实是工人自己的组织，是工人信得过的、能替工人说话和办事的组织，是不会对工人说瞎话、拿工人的会费做官当老爷、替少数人谋私利的组织。工会要为工人的民主权利奋斗，反对形形色色的官僚主义，它本身就必须是民主的模范。”邓小平同志的讲话明确指出，工会必须切实为职工群众说话办事，代表和维护好职工的合法权益，使广大职工都感到工会确实是自己的组织。近年来，我省劳动争议案件数量长期居高不下，职工的维权需求日益增长，劳动关系矛盾已经成为影响社会稳定的重要因素之一，工会迫切需要突出维权主业，协调化解劳资纠纷和矛盾，努力促进职工群众体面劳动、舒心工作、全面发展。一是突出维权工作重点。工会维权要讲全面，也要讲重点。要针对职工群众最关心最直接最现实的利益问题，针对职工群众面临的最困难最操心最忧虑的实际问题，以一线职工、农民工、困难职工等为重点群体，以劳动就业、技能培训、收入分配、社会保障、安全卫生等问题为重点内容，加强调查研究，加强协调沟通，加强平等协商，加强法律援助，实实在在地去维护职工群众的合法权益。二是化解劳资矛盾。工会组织的核心工作之一就是化解劳资矛盾。要进一步畅通诉求渠道，积极倾听职工心声，通过工会主席信箱、直通车等方式，建立工会主席直接联系基层、联系职工的制度，让职工有话说，有地方说。要建立工会千人律师团办案制度，发挥律师团在化解劳资纠纷和劳动法律监督中的积极作用。要坚持把集体协商作为化解劳资纠纷的基本手段，加强预防预警，努力把矛盾化解在基层、化解在萌芽状态。三是加强制度建设。要推动尽快修订出台《广东省企业集体合同条例》，继续普遍开展工资集体协商，扩大覆盖面，提高协商质量，健全完善企业职工工资协商共决、正常增长、支付保障机制，督促企业解决欠薪问题。要贯彻落实《劳动合同法》，遏制滥用劳务派遣工行为，推动实现同工同酬、同工同权。要健全以职工代表大会为基本形式的企事业单位民主管理制度，继续推行厂务公开制度、职工董事、职工监事制度，落实职工的知情权、参与权、表达权、监督权。要推动完善工会与政府联席会议制度、协调劳动关系三方机制，健全党委领导、政府支持、工会运作、职工参与、社会协同的工作格局。四是加强防范抵御。要警惕境内外敌对势力的渗透，抵制所谓的维权人士和组织“深耕基层”、与我们争夺职工群众，主动配合有关部门做好防范抵御工作，稳定职工队伍，促进社会和谐。

（四）叫响工作品牌，竭诚为职工群众服务

全省工会要不断创新服务手段、完善服务网络、强化服务载体，增强工会工作品牌对职工群众特别是青年职工、农民工的吸引力，形成服务职工群众长效机制。一是叫响做实“职工有困难找工会”工作品牌。化被动服务为主动帮扶，发现并主动上门探访困难企业、困难职工，深入开展“主题探访”活动，实现对困难职工家庭走访慰问全覆盖、不遗漏，真正做到职工困难第一知情人、第一报告人、第一帮扶人、第一监督人。二是努力打造省、市、县三级“职工之家”。加强全省职工服务中心和站点建设，从工会机关延伸到工业园区、厂区，主动承接政府转移的公共服务职能和向社会购买的服务项目，加快融入公共服务体系。三是发挥工会组织作为枢纽型组织的作用。进一步加强对职工服务类社会组织的联系、团结、引导工作，积极参与社会管理，更好地服务职工群众。四是建立健全工会主席联系企业、基层长效机制。各级地方工会要加强横向联系，直接联系一批企业，直接服务基层、服务职工，在一级抓一级的同时，更重要的是一级做给一级看，通过推动工作，做好示范表率，带动所辖工会发挥作用服务好职工群众。

（五）加强自身建设，打造深受职工群众信赖的“职工之家”

全省工会要把自身建设摆在更加突出的位置，不断创新工作机制、活动方式和工作方法。一是扩大工会工作的覆盖面。依法推动企业普遍建立工会组织，特别是加强非公有制企业工会工作，探索建立对基层工会的激励约束、综合考评机制。深入推进建设职工之家活动，培育社会化工会工作者队伍，完善基层工会主席民主选举制度，努力建设信念坚定、为民服务、勤政务实、敢于担当、清正廉洁的工会干部队伍，努力做到哪里有职工，哪里就有工会组织，哪里就有工会发挥作用。二是切实改进工作作风。认真开展党的群众路线教育实践活动，认真查摆和坚决克服工会领导机关、领导班子、领导干部在“四风”上存在的突出问题，走出高楼大院，摆脱文山会海，破除机关化、行政化倾向，更多地到职工群众中去，在经济社会发展最需要的地方、在企业生产一线、在职工群众的伟大实践中经风雨、见世面，努力把自己锻炼成听党话、跟党走、职工群众信赖的“娘家人”。三是运用群众方法开展工会工作。要依靠职工和会员办会，组织职工群众去做职工群众的工作，动员职工群众去服务职工群众、教育职工群众，始终保持同职工的密切联系，使工会组织真正成为广大职工群众信赖的“职工之家”。

（六）认真抓好当前的几项重点工作

一是要做好对习近平总书记的重要讲话和工会十六大精神的学习宣传贯彻工作。各级工会领导机关、领导班子，要带头学习、带头落实习近平总书记的重要讲话和工会十六大精神。要原原本本学习习近平总书记的重要讲话、李克强总理的经济形势报告、刘云山同志代表党中央所作的祝词、工会十六大报告和《中国工会章程》。要加强对习近平总书记的重要讲话和工会十六大精神的宣传，特别是要把习近平总书记的重要讲话和工会十六大精神及时向党委汇报、向政府通报，主动争取各级党委加强对工会工作的领导，积极争取政府对工会工作的支持。要向广大职工和社会各界宣传习近平总书记的重要讲话和工会十六大精神，凝聚起共同推动工会工作创新发展的合力。二是要认真开展党的群众路线教育实践活动，圆满完成整改落实阶段的任务，特别是要抓好十五项制度、五大行动、六大工程的落实，以整改落实的成效取信于基层、取信于职工。三是要结合工会十六大提出的目标任务，总结好今年的工作，谋划好明年的工作思路，把习近平总书记的重要讲话和工会十六大精神贯彻落实到工会工作的全过程和各领域。四是策划准备好今冬明春的送温暖工作，把被动帮扶与主动探访相结合，以实际行动，叫响做实“职工有困难找工会”，探索“工会主动找困难职工”，主动发现并上门探访困难企业、困难职工，积极解决职工群众生产、生活中的实际问题。

同志们，今年是中国工会的丰收之年。我们要把习近平总书记的重要讲话和工会十六大精神学习好、领会好、贯彻好，扎实工作、开拓进取，努力开创广东工会工作新局面，为实现中华民族伟大复兴的中国梦而奋斗！

大事记

重要会议

【省总工会十二届六次全委会，黄业斌当选为新一任主席】 2013年3月21日，广东省总工会第十二届委员会第六次全体会议在广州召开。受省人大常委会原副主任、省总工会主席邓维龙的委托，省总工会常务副主席陈宗文作工作报告。会议选举省人大常委会副主任黄业斌为省总工会新一任主席。全委会对2013年全省工会工作作了部署：以党的十八大和习近平总书记视察广东重要讲话精神为统领，坚持走中国特色社会主义工会发展道路，推动全心全意依靠工人阶级指导方针贯彻落实，着力推动科学发展，团结动员广大职工在全面建成小康社会中建功立业；着力构建和谐劳动关系，大力加强维权维稳工作；着力实施服务职工五大行动，增强工会组织的凝聚力、影响力；着力创新新形势下职工群众工作，构建枢纽型组织体系；着力改进工作作风，努力建设学习型服务型创新型工会。

【广东省工会组建工作会议】 2013年4月10—11日，2013年广东省工会组建工作会议在梅州市召开，省总工会副主席张振飚出席会议并讲话，全省21个地级以上市和顺德区总工会分管组建工作的副主席和组建工作部门负责人参加了会议。会议传达了全国工会基层组织建设工作会议精神，通报了2至3月期间省总工会组织的“两个普遍”抽查的情况，参观了嘉和微特电机股份有限公司、广东宝丽华电力有限公司工会规范化建设工作，启动了“投产3年以上，职工人数50人以上企业集中建会行动”，还进行了座谈交流。张振飚就贯彻落实好全国工会基层组织建设工作会议精神，做好广东省2013年组建工会和发展会员工作，以及加强基层规范化建设，落实会员“四权”工作作了部署，提出了省总工会2013年工会组建工作的目标是按量保质抓组建，确保3年组建规划的完成。

【广东省庆祝五一国际劳动节暨劳模表彰大会】 2013年4月27日，广东省庆祝五一国际劳动节暨劳模表彰大会在广州召开。中共中央政治局委员、广东省委书记胡春华，广东省委副书记、省长朱小丹，广东省人大常委会主任黄龙云等省领导在会前亲切接见获得全国五一劳动奖状、奖章、工人先锋号和广东省五一劳动奖章、工人先锋号荣誉称号的集体和个人代表，并在会上为获奖者颁奖。朱小丹代表省委、省政府讲话。省委常委、组织部部长李玉妹宣读《中华全国总工会关于表彰全国五一劳动奖状、全国五一劳动奖章和全国工人先锋号的决定》，省人大常委会副主任、省总工会主席黄业斌宣读《广东省总工会关于表彰广东省五一劳动奖章和广东省工人先锋号的决定》。获奖者共同发起《凝心聚力跟党走建功立业绘蓝图，以劳动创造托起中国梦》倡议书。

【广东省十项工程劳动竞赛总结推进大会】

2013年9月24日，广东省十项工程劳动竞赛总结推进大会暨南沙、前海、横琴建设劳动竞赛启动仪式在广州南沙举行。中华全国总工会党组纪检组组长、书记处书记王瑞生，省人大常委会副主任、省总工会主席、省十项工程劳动竞赛领导小组副组长黄业斌出席会议并讲话。会议表彰了广东省2012年度十项工程劳动竞赛中涌现出的先进集体和个人以及2012年度广东省职工职业技能大赛优胜选手。省总工会、省人社厅、省经信委、省科技厅联合授予参加2012年度广东省职工职业技能大赛各工种竞赛优胜名次的249名选手“广东省职工经济技术创新能手”称号。省总工会授予获得各工种决赛第一名的61名选手广东省五一劳动奖章。会议要求省职工职业技能大赛进一步向新的行业和领域扩展。省委和全国总工会有关部门领导，省总工会、省经信委、省科技厅、省人社厅4个省十项工程劳动竞赛发起单位领导及主办处室负责人，广州市领导，各地级以上市、顺德区总工会和省级有关产业工会代表，省十项工程劳动竞赛各赛区牵头（建设）单位、赛区负责人，广州南沙、深圳前海、珠海横琴促进区域发展全国示范性劳动竞赛组委会领导，劳动竞赛获奖代表共160多人参加会议。

【全省工会宣传思想工作座谈会】 2013年10月11日，全省工会宣传思想工作座谈会在广州召开。会议深入学习贯彻全国、全省宣传思想工作会议精神和全国工会宣传思想工作视频会议、全国工会新闻宣传工作会议精神，贯彻落实省人大常委会副主任、省总工会主席黄业斌批示精神，研究部署近期工会宣传思想工作。省总工会常务副主席陈宗文出席会议并讲话。省总工会经审会主任杨敏在会上传达了全国工会宣传思想工作视频会议、全国工会新闻宣传工作会议精神和黄业斌主席关于做好工会宣传工作的重要批示。省总工会宣教部负责人，各地级以上市总工会及顺德区总工会分管副主席、宣教部长，各省级产业工会、省直机关工会、中央驻穗单位和省属集团及有关厅局工会宣教工作负责人参加了会议。广州、深圳、珠海、湛江、茂名、肇庆、省海员工会等7个单位在会上作了经验发言。

【传达学习宣讲中国工会十六大精神会议】

2013年10月25日，广东省总工会召开会议传达学习习近平总书记的重要讲话和中国工会十六大的精神。省人大常委会副主任、省总工会主席黄业斌讲话。他强调，要认真学习领会习近平总书记重要讲话和中国工会十六大精神，结合广东实际，推动广东工会工作的创新发展。黄业斌要求，全省各级工会认真学习领会好中国工会十六大精神，做到“六个深刻理解”。一是深刻理解习近平总书记和党中央的重托与殷切期望，进一步增强责任感和使命感。二是深刻理解过去五年工会工作的显著成就，进一步增强对做好新时期工会工作的信心和决心。三是深刻理解“走什么路、建什么会、发挥什么作用”这个重大时代课题，坚定不移地走中国特色社会主义工会发展道路。四是深刻理解我国工人运动的时代主题，进一步团结动员广大职工为中国梦而奋斗。五是深刻理解工会要顺应时代潮流，以改革创新精神，加强工会组织自身建设。六是深刻理解党中央和国务院对工人阶级的关心爱护，进一步推动广大职工共享改革发展成果。中国工会十六大召开后，广东各级工会纷纷以各种方式传达学习工会十六大精神，省总工会领导班子成员分赴各地工会宣讲中国工会十六精神，广州市总工会、惠州市总工会等单位成立宣讲团到基层宣讲中国工会十六大的精神。

【全省厂务公开民主管理工作会议】 2013年11月21日，全省厂务公开民主管理工作会议在阳江召开。会议总结交流全省一年来的厂务公开民主管理工作经验，进一步明确今后全省厂务公开民主管理的指导思想和工作思路，部署下一阶段厂务公开民主管理各项工作。省纪委预防腐败室正厅级纪检员、监督专员陈志勇，省总工会副主席张振飚参加会议。阳江市委副书记陈华康出席会议并致辞。会议由阳江市人大常委会副主任，市总工会主席叶光沛主持。张振飚代表省厂务公开民主管理联席会议作工作报告，对一年来全省厂务公开民主管理工作作总结，对2014年全省厂务公开民主管理各项工作任务进行部署。阳江市厂务公开协调小组、肇庆高新区总工会、中国石化集团茂名石油化工公司、广州欧派家居集团股份有限公司、广东省工业技术研究院、佛山供电局、日本电产精密马达科技（东莞）有限公司7家单位作典型经验介绍。会议对3个全国厂务公开民主管理示范单位，30个全国厂务公开民主管理先进单位，3个全国推动厂务公开民主管理工作先进单位进行表彰授牌。省厂务公开民主管理联席会议各成员单位联络员，省荣获“全国厂务公开民主管理先进单位”、“全国厂务公开民主管理示范单位”、“全国推动厂务公开民主管理工作先进单位”代表，大会经验交流单位代表，全省21个地级以上市及顺德区总工会负责厂务公开民主管理工作的分管领导及部门负责人参加会议。11月22日上午，在省厂务公开民主管理工作会议闭幕后，《企业民主管理规定》培训班在阳江同步开班。

【纪念广东省总工会成立60周年座谈会】

2013年11月22日，庆祝广东省总工会成立60周年座谈会在广州召开。中华全国总工会党组纪检组组长、书记处书记王瑞生致词，广东省委常委、省委宣传部部长庹震，广东省人大常委会副主任、省总工会主席黄业斌出席会议并讲话。会上，叶瑞仁等59名从事工会工作40年以上的老工会工作者受到表彰，获颁荣誉纪念勋章和证书。座谈会回顾自1953年4月22日广东省总工会宣布成立60年以来的光辉历程和基本经验，并号召以省总工会成立60周年为新的起点，努力开创全省工会工作新局面。会上，省总工会老领导、老工会工作者、劳模代表和工运史专家分别回顾广东省总工会成立60年走过的光辉历程，畅谈工会工作的成就与感悟、寄语对广东省工运事业的祝福和期望。曾在省总工会工作并担任过领导职务的老同志，省总工会现任领导班子成员，省总工会机关各部门负责人，各市总工会、产业工会的主要负责人，从事工会工作40年以上获得纪念勋章的老工会工作者代表、劳模代表、基层工会干部代表、企事业单位职工代表等100多人参加会议。

重要活动

【广东开展外来务工人员平安返乡活动】

2013年1月25日，广东省总工会和广铁集团联合举办“欢送外来务工人员平安返乡活动”，为乘坐专列返乡的近3000名外来务工人员送行。送行的外来务工人员专列为从广州开往襄阳东的L328次列车，有近3000名外来务工人员旅客。省总工会、广铁集团免费赠送给外来务工人员的“新春返乡礼包”中，除了有矿泉水、方便面、饼干等食品外，还有《广东省总工会致全省外来务工人员的慰问信》、《外来务工人员平安返乡宣传手册》等资料。省总工会从2007年起，每逢春节临近，与铁路、交通等部门联合开展外来务工人员平安返乡行动。全省各级工会通过包专车、专列、专机；为外来务工人员人数较多、规模较大的企业、工厂及社区提供团体售票、流动售票、上门售票服务；争取用人单位对外来务工人员给予返乡经济补贴；做好外来务工人员工资清欠，帮助外来务工人员按时足额拿到工资返乡过年等措施，帮助外来务工人员平安有序返乡过年。同时通过赠送年货、免费为留粤过年的外来务工人员放电影、共进年夜饭、同吃“饺子宴”、组织文艺联欢等形式，慰问节日期间坚守工作岗位的一线职工和外来务工人员。从2007年广州开出全国首趟“农民工平安返乡专列”起，全省各级工会共计帮助在粤外来务工人员2732.8万人次平安返乡。

【黄业斌到广州调研工会工作】 2013年4月11日，省人大常委会副主任、省总工会主席黄业斌在省总工会常务副主席陈宗文和广州市人大常委会副主任、市总工会主席赵小穗等的陪同下，来到广州市调研工会工作。这是黄业斌当选省总工会主席后的首次调研。黄业斌一行来到广汽本田汽车有限公司，参观总装车间和文体中心，并与广汽集团、广汽本田公司的工会领导和职工亲切座谈。广汽集团工会主席刘辉联介绍该司工会工作。黄业斌充分肯定广汽集团及广汽本田公司的工会工作。他要求广汽集团工会在原有的工作基础上，结合省委、省政府的新要求，团结动员广大职工为广东实现“三个定位、两个率先”的目标，为共圆中国梦建功立业。随后，黄业斌一行到位于琶洲附近的广州市地下铁道总公司运营事业总部，参观该司的劳模宣传栏、样板班组、劳模工作室、技师工作室，并与班组长、劳模们亲切话家常，谈设备、工具的国产化问题。黄业斌一行还前往位于白云区江高镇的民营企业广东欧派家居集团有限公司，参观工会文化宣传栏和产品展示中心。广州市总工会常务副主席钟诚和广州市白云区人大常委会副主任、总工会主席莫小云分别介绍广州市和白云区的工会工作情况。黄业斌强调，当前工会工作的主题就是要团结动员广大职工，广泛开展劳动竞赛，为实现“中国梦”和广东“三个定位、两个率先”目标建功立业，构建和谐劳动关系。他要求企业的经营者们要“两手抓”，即一手抓劳动竞赛促发展，一手抓构建和谐劳动关系；基层工会工作重心一定要下移，要转变职能和作风，把构建和谐劳动关系作为重点，把矛盾化解在基层。他表示自己接下来也要带头联系一些基层工会主席和企业经营者，便于掌握第一手的情况。他要求全省各级工会发挥枢纽型组织作用，为职工服务，为党政分忧，为企业和谐，为经济加油。他希望广州市总工会成为全省工会各项工作的排头兵，为全省工会提供新鲜的经验。

【广东省工会经费统一实行地税代收】

2013年，广东省总工会和广东省地方税务局共同联手，对全省工会经费实行税务代收。5月20日，广东省工会经费收缴工作会议在广州召开，对全省税务代收工会经费工作进行动员部署。会上，深圳、韶关、肇庆三个试点城市就税务代收工会经费分别作经验介绍。省总工会协调配合做好相关方面的工作：一是由省总工会和省地税局、人民银行广州分行三家共同制定并下发《广东省工会经费收缴管理暂行办法》等相关配套文件；二是研发并做好“工会经费收缴管理系统”的开发、调试和运行工作；三是加强与省地税、省人行、省法制办、省工行等单位的联系与合作，及时协调处理工作中存在的问题；四是筹备召开税务代收工会经费动员大会及进展情况座谈会；五是编印了几十万份的宣传资料并下发到基层；六是积极配合做好政府、人大、政协、商届、企业等宣传解释工作。从2013年7月1日起，全省全面开展税务代收工会经费工作。2013年代收情况基本顺畅，各项工作正有序、平稳地推进。1—6月、8—10月全省工会经费收缴完成目标任务的77.17%。

【陈荣书到广东调研工会工作】 2013年5月21—22日，中华全国总工会副主席、书记处书记陈荣书一行到广东调研工会工作。调研期间，陈荣书一行听取省总工会工作汇报和省总工会学习宣传贯彻习近平总书记在劳动模范座谈会上重要讲话精神有关情况，并召开座谈会，征求对中国工会十六大工作报告提纲的修改意见。省人大常委会副主任、省总工会主席黄业斌主持座谈会，省总工会领导陈宗文、郭泽宇、张国兴、张振飚、廖汝捷、杨敏及省总部分部门负责人参加座谈会。22日，陈荣书一行到广州市总工会调研。在粤期间，省委副书记、省政协主席朱明国会见了陈荣书一行。

【全国劳模先进事迹报告会在粤举行】

2013年6月18日，由全国总工会主办，中共广东省委宣传部、广东省总工会、中共广州市委宣传部、广州市总工会联合承办的“中国梦·劳动美”全国劳模先进事迹报告会在广州举行。会前，省委常委、宣传部部长庹震，省人大常委会副主任、省总工会主席黄业斌共同会见全国劳模先进事迹报告团全体成员。报告会由黄业斌主持，广州市委常委、秘书长陈国致欢迎词，中华全国总工会宣教部部长王晓峰受全国总工会的委托作总结讲话，他要求深入贯彻落实习近平总书记在劳模座谈会上的重要讲话精神，大力弘扬劳模的先进事迹和优秀品质，用劳模精神激励广大职工为实现中华民族伟大复兴的中国梦而不懈奋斗。会上，全国劳模、中铁一局电务公司电力高级技师窦铁成，全国劳模、天津钢管集团有限公司管加工部电点作业区作业长李刚，全国劳模、中国能源建设集团山西省电力建设二公司高级技师贾向东，全国五一劳动奖章获得者、沈阳鼓风机集团股份公司透平设计部设计三室设计员姜妍四位劳模作生动感人的事迹报告。中共广东省委宣传部副部长蔡伏青，以及广东省总工会、广州市总工会有关领导出席报告会。

【黄业斌率团考察北京、浙江、上海工会工作】 2013年6月19—28日，省人大常委会副主任、省总工会主席黄业斌率广东工会考察团赴北京、浙江和上海考察学习工会工作，先后与三省（市）总工会举行工作座谈，详细了解三省（市）工会工作总体情况和特色工作。近年来，三省（市）工会结合本地实际，突出工会主业，围绕建立学习型、创新型、服务型和实力型工会，创造性开展工作，取得明显效果，给考察团留下了深刻印象。考察期间，考察团先后参观考察了北京市职工服务中心、北京市朝阳区服务中心、建外街道工会服务站和南磨房街道工会服务站，北京市总工会职工大学，杭州市职工维权帮扶中心，上海市工人疗养院、上海工人文化宫、职工服务中心和上海江南长兴造船厂等。黄业斌指出，广东工会要根据开展党的群众路线教育实践活动的要求，认真学习借鉴北京、浙江和上海市的工会工作经验，把三省（市）的工会工作经验带回广东，按照省委的要求，结合广东实际，进一步坚定信念，解放思想，改革创新，努力争当全国工会工作排头兵，团结动员全省广大职工为实现“三个定位、两个率先”总目标和中国梦建功立业。省总工会领导陈宗文、王丽华、张振飚陪同考察。

【广东省启动“圆梦南粤—我的打工梦”故事征集活动】 2013年7月3日，由广东省委宣传部、省总工会和南方报业传媒集团联合主办的“圆梦南粤——我的打工梦”故事征集活动启动仪式暨“梦想大家谈”首场分享活动在广州举行。省委宣传部副部长蔡伏青、省总工会常务副主席陈宗文、南方报业传媒集团党委副书记、纪委书记丘克军等主办单位领导、社科专家、企业职工以及各界代表参加活动。在“梦想大家谈”首场分享活动上，四位不同年代的打工者肖勇生、李培军、徐红钰、何秀文代表分享他们的追梦、筑梦、圆梦的感人故事。省社科院研究员陈实、广州市社科院高级研究员彭澎随后作点评，阐述如何实现个人的“打工梦”以及“中国梦”。“梦圆南粤——我的打工梦”故事征集活动主要面向打工群体，是2013年省委宣传部在全省组织开展的“中国梦”主题社会宣传教育活动的重要内容之一，同时也是广东省工会系统深入开展“中国梦·劳动美”主题宣传教育活动的重要内容之一。活动除通过媒体挖掘宣传打工者的精彩追梦故事外，还深入企业工厂实地举办“梦想大家谈”分享活动，激励包括广大务工人员在内的社会各阶层共同为实现中国梦而努力奋斗。

【深入开展党的群众路线教育实践活动】

根据中央和省委的统一部署，省总工会第一批开展党的群众路线教育实践活动。2013年7月10日，广东省总工会召开党的群众路线教育实践活动动员大会。省人大常委会副主任、省总工会主席黄业斌作动员讲话。省委第三督导组组长白先河对省总工会开展群众路线教育实践活动提出具体的指导意见和工作要求。7月24—26日，黄业斌率领省总工会机关副处级以上党员干部和直属单位负责人60余人，通过观看专题视频、听取专家讲座、组织讨论交流，参观走访基层的方式，前往惠州惠东地区集中开展党的群众路线教育实践学习活动。8月5—6日，黄业斌率领省总工会常务副主席陈宗文，副主席王丽华、张国兴，纪检组组长廖汝捷和机关有关党支部书记先后到梅州、河源市，就工会开展党的群众路线教育实践活动进行调研。把开展党的群众路线教育实践活动与服务职工结合起来，提出将按照“照镜子、正衣冠、洗洗澡、治治病”的要求加强工会作风建设，为企业和职工解决实际困难和问题。通过群众路线教育实践活动，形式主义、官僚主义、享乐主义和奢靡之风这“四风”问题得到有效遏制。省总工会群众路线教育实践活动工作得到省委督导组的好评。《坚持“五个注重”，着力在“五个方面下工夫”》作为广东省第一批教育实践活动制度建设交流会经验交流材料。

【粤桂两地工会签订友好交流协议】 2013年9月16日，广西壮族自治区总工会与广东省总工会签订《广西壮族自治区总工会与广东省总工会友好交流合作协议书》。协议书中明确，两省区工会在平等协商的基础上，建立“相互学习，互通信息”、“法律援助，维权联动”、“加强协作，服务职工”的友好交流机制。围绕当地职工特别是异地务工人员，针对工资支付、劳动时间、安全生产、人身权益等突出问题，认真履行维护职工合法权益的基本职能，扎实开展异地双向维权工作。广东省人大常委会副主任、省总工会主席黄业斌在座谈会上指出，粤桂两省区工会要以协议书的签订为契机，共同努力，做好为在粤广西籍农民工的服务工作。广西壮族自治区人大常委会副主任、区总工会主席王跃飞，广东省总工会常务副主席陈宗文、副主席林锡明，以及相关部室负责人参加座谈会。

【深入开展“中国梦·劳动美”主题系列活动】 围绕学习贯彻党的十八大精神和习近平总书记“4·28”重要讲话精神，2013年，广东省总工会联合省委宣传部共同举办“中国梦·劳动美”主题系列活动。一是组织全国、省劳模事迹宣讲团。6月18日，由省总工会承办的全国劳模先进事迹报告会在广州举行，全国劳模窦铁成、李刚、贾向东、姜妍四位劳模为广东职工作生动感人的事迹报告。5—7月，省劳模宣讲团赴广州、肇庆、云浮、惠州等市进行“中国梦·劳动美”广东省劳动模范先进事迹巡回宣讲活动10场次，各地市基层组织宣讲活动达50多场次。二是组织“中国梦·劳动美”情系职工送文艺活动，为茂名石化职工送上一场由基层职工编演的视觉盛宴。三是开展“梦圆南粤—我的打工梦”职工打工故事征集活动，通过线上征集、线下分享等形式，累计征集到8000多份职工作品，广大“打工者”们通过文字、图片、视频等形式，分享自己在广东的追梦奋斗经历，这些作品将被评出一二三等奖结集成册出版发行。四是开展“中国梦·劳动美”全省职工征文演讲比赛，共征集到职工征文上千篇，并于10月25日举办全省职工演讲比赛总决赛。五是按照全国总工会要求，于12月开展以“神圣的使命”为主题的学习贯彻中国工会十六大精神职工感言征集活动，征集各级工会干部和广大职工群众结合工作和生活实际，学习贯彻习近平总书记等中央领导同志的重要讲话精神和工会十六大精神的感想。通过系列主题活动的开展，在全省职工中掀起党的十八大精神和习近平总书记系列重要讲话精神学习热潮，进一步把“中国梦”宣传教育活动引向深入，激励全省广大职工为实现伟大的“中国梦”而努力奋斗。

【欢送出席中国工会16次全国代表大会代表】 2013年10月15日，广东省总工会举行中国工会第十六次全国代表大会代表的欢送会。省委常委、统战部部长林雄，省人大常委会副主任、省总工会主席黄业斌在广州亲切接见即将赴京参加中国工会十六大广东代表团代表，并与代表们合影留念，省总工会常务副主席陈宗文主持欢送会。中国工会广东代表作为广东省各行各业的先进典型，肩负着全省3000多万职工和2800多万工会会员的期望和重托出席工会第十六次全国代表大会。中国工会第十六次代表大会于10月18日至22日在北京召开。广东省共有105位代表出席，分别来自广东省各市总工会以及民航、金融、教科文卫体、海员建设、能源化学医药、机冶建材、国防邮电、财贸轻纺烟草、农林水利、党政机关和社会团体等10个产业和系统，其中，工会工作者代表占81.9%，女代表占27.6%，获市（地）级以上先进模范称号的代表占40%，中共党员代表占86.7%，大专以上学历的代表占96.2%。

【大力开展千万职工大培训行动】 从2013年起，省总工会每年投入至少1千万元开展千万职工大培训行动，以广东省经济发展、企业职工实际需求为导向，以培养企业急需的高技能人才为目标，以广东职工教育网为载体，以举办“技能圆梦”培训班为形式，以提高职工技术技能素质为重点，促进职工的全面发展，为推动广东经济社会发展和产业转型升级提供坚实的技能人才保障。12月30日上午，省总工会千万职工大培训行动在广州举行简单而隆重的启动仪式。省人大常委会副主任、省总工会主席黄业斌启动千万职工大培训行动并开通广东职工教育网。

【广东“工人在线”正式启动】 2013年12月3日，由广东省总工会、南方报业传媒集团联手打造的大型网络问政平台——广东“工人在线”正式启动。工会组织和主流媒体深入合作，共建面向职工群众的新媒体互动平台，在广东还是第一次，在全国也是一个创新举措，将在职工之“问”与工会之“政”之间实现无缝连接。启动仪式上，省人大常委会副主任、省总工会主席黄业斌，南方报业传媒集团党委书记、管委会主任莫高义，省总工会常务副主席陈宗文，南方报业传媒集团总编辑、南方日报社社长张东明和职工代表、广州市环卫工人周梅共同启动“工人在线”平台。随后黄业斌上网与职工进行在线交流，认真回答职工关心、关注的热点、难点问题。省总工会与南方报业传媒集团有关领导出席启动仪式，职工代表、知名网友代表和南方民间智库专家代表参加启动仪式和首场活动。“工人在线”的基本定位是：“工人有话有地方说，职工有困难找工会”。“工人在线”拟每月举办一场，由省总工会领导班子成员、各部门和各市、产业工会负责人依次通过“工人在线”平台，与全省职工群众、网民朋友在线互动交流，回答职工关心的热门话题，直面一线工人的关切点，认真倾听职工群众的呼声，改进工会工作，把广大职工群众更加紧密团结在工会组织的周围，共同构建和谐的劳动关系。

【黄业斌率团考察重庆、四川、广西工会工作】 2013年12月16日至20日，省人大常委会副主任、省总工会主席黄业斌率广东工会代表团到重庆、四川、广西考察工会工作，交流各地工会贯彻党的十八届三中全会和中国工会十六大精神情况，研究探讨与三地工会的深入合作。考察期间，广东工会考察团先后与三地总工会举行工作座谈，详细了解三地工会工作总体情况和特色工作。近年来，三地工会结合本地实际，围绕服务职工根本宗旨和维权基本职责，建立维权协调联动机制，提高工资集体协商实效，健全企事业单位民主管理制度，切实维护劳动关系和谐和职工队伍稳定；发挥工会“大学校”作用，创新职工思想政治工作，加大工人文化宫建设，不断满足职工群众的精神文化需求；开展帮扶行动，大力促进农民工就业，深入开展困难职工帮扶救助。各项工作都给广东工会考察团留下深刻印象。座谈会上，考察团还与三地工会研究探讨建立源头建会，属地管理，联合互动，双向维权的服务异地农民工的工作机制在考察中。黄业斌建议，与三地之间建立务工人员输入、输出地工会合作联动机制，及时交流务工人员动态，主动排查，事前介入，在服务中维权，在维权中服务。建立劳动模范疗休养互为目的地制度，推进各地工会开展劳模疗休养工作全方位深度合作。两个建议得到三地工会领导的一致赞同。考察期间，考察团先后参观考察了重庆市工人文化宫、重庆市总工会困难职工帮扶中心，四川都江堰工人文化宫，南宁市总工会困难职工帮扶中心，南宁工人疗养院、广西壮族自治区总工会干部学校、广西工人报社等单位。省总工会领导陈宗文、林锡明、杨敏、廖汝捷陪同考察。

【广东省劳模休养基地落成】 2013年12月22日，广东省劳模疗休养基地落成交接仪式在惠州巽寮湾举行。广东省劳模疗休养基地是广东省总工会为了弘扬劳模精神，关心劳模的生活和身体健康而建立的专属疗休养生活区。在全国多地进行实地考察和筛选后，最终决定将广东省劳模疗休养基地设在自然环境一流，空气质量和温度适宜，旅游度假配套资源成熟的国家AAAA级风景区金融街·巽寮湾。2013年10月，省总工会整体购买国有控股开发企业金融街惠州置业有限公司建造的金融街·巽寮湾海公园K栋酒店式公寓楼盘，作为广东省劳模疗休养基地。该基地建筑面积2万多平方米，20层，共270多套客房，总投入资金2.6亿元。2014年拟组织十批劳模疗休养，以后每年有计划地投入资金组织劳模疗休养活动，把中央、全国总工会和省委、省政府关爱劳模指示落到实处，为推动广东工运事业和社会经济发展作出积极的贡献。

【广东省首家家政行业工会联合会在东莞成立】 广东省首家家政行业工会联合会在东

莞市厚街镇广东高培职业培训学院成立。该工会联合会是依托在广东高培职业培训学院和东莞市总工会职工培训基地的基础上建立起来的。高培职业培训学院已培训6000多名合格的家政服务员，其中推荐成功就业的有5000多人。学院工会通过组织发动工作，在岗的5000多名家政服务员已经全部加入了工会组织。家政工会联合会成立后的最大的任务是提升家政服务员的技能和服务质量，使得其有更好的就业、择业机会。同时联合会将组织家政服务员开展形式多样的活动，推动行业的健康发展，维护家政行业人员的权益。

2013年省总工会大事记

1月

5—8日，省总工会副主席林锡明率领全省职工工资支付检查第七督查组一行6人赴梅州、河源、韶关市开展职工工资支付专项检查督查。

6日，省教科文卫工会直属单位工作会议在省总工会召开。省人大常委会副主任、省总工会主席邓维龙接见参会人员并与大家合影。省总工会副主席郭泽宇出席会议并讲话。

6日，省总工会副主席郭泽宇、副巡视员李京生看望并慰问全国劳模吕双岳、孙国萍，省劳模陈凯旋、戴达年、蔡高声，全国五一劳动奖章获得者吕圣春，省五一劳动奖章获得者肖明辉。

7日，省总工会经审会主任杨敏会见新加坡中新培训机构董事长郑建荣一行2人并介绍了广东省及广东工会概况。

8日，全省领导干部学习党的十八大精神培训第六场专题报告会在省委党校举办。省总工会常务副主席陈宗文，副主席张振飚，纪检组组长廖汝捷，经审会主任杨敏，副巡视员李京生出席报告会。

11日，省总工会党员领导干部民主生活会召开。陈宗文主持会议，省总工会领导郭泽宇、王丽华、张国兴、林锡明、张振飚、廖汝捷、杨敏、孔祥鸿参加会议，省总工会副巡视员薛湘衡、李京生列席会议。

14日，省总工会副主席郭泽宇出席广东省珠宝玉石首饰产业协会第四届第二次会员代表大会并为该会玉雕专家库专家颁发证书。

14日，由省委常委、省委秘书长、办公厅主任林木声率领的省慰问团一行到佛山市慰问困难职工群众和党员代表。省总工会巡视员孔祥鸿陪同。

15—22日，按照省委、省政府有关安全生产责任制考核的规定和省安委会的统一部署，省总工会副主席张国兴带队第四考核组，对惠州和深圳两市、广东省气象局和广东海事局两个省直单位2011—2012年度安全生产“一岗双责”履职情况进行考核。

15日，省委常委、常务副省长徐少华率团到清远市开展送温暖慰问活动。省总工会副主席王丽华参加慰问活动。

16日，省总工会机关离退休老同志2013年迎春团拜会举行，陈宗文、郭泽宇、廖汝捷和130多名离退休老同志参加团拜会。

17—21日，全国总工会党组纪检组长、书记处书记王瑞生率送温暖慰问团和工资支付检查组来到广东。王丽华、林锡明，廖汝捷等参加相关活动。

17日，郭泽宇、杨敏会见新加坡劳资政三方联合代表团一行19人并进行友好交流。

18日，省总工会召开2012年度省总领导班子考核暨直属机关单位总结大会，对省总工会领导班子进行考核，并对优秀和先进工作者以及机关调研成果进行表彰。郭泽宇主持会议，省陈宗文、王丽华、杨敏出席会议。

18日，常务副省长肖志恒率队到惠州市开展送温暖慰问活动，张振飚陪同。

20日，副省长林少春率队到潮州市开展送温暖活动，张振飚陪同。

21日，杨敏陪同省委常委、宣传部部长庹震赴汕尾市开展送温暖慰问活动。

22日，省委常委、省军区政委黄善春率团慰问茂名市部分困难企业、贫困村以及困难职工、困难复退军人、贫困党员、贫困农户、贫困伤残人士等，林锡明陪同。

22日，邓维龙、陈宗文，郭泽宇会见出席政协第十一届广东省委员会第一次会议的全省工会系统部分省政协委员并进行座谈。

23—28日，郭泽宇出席政协第十一届广东省委员会第一次会议。

23日，副省长招玉芳率团到中山开展送温暖慰问活动，王丽华陪同。

23日，副省长刘昆率队到梅州市平远县开展送温暖活动，薛湘衡陪同。

24日，省政府党组成员、省扶贫开发领导小组副组长李容根率领省送温暖慰问团到湛江开展慰问活动，李京生陪同。

25日，省总工会和广铁集团工会联合举办欢送外来务工人员平安返乡活动。陈宗文、王丽华到广州火车站候车室，登上专列看望慰问返乡的近3000名外来务工人员。

29日，副省长许瑞生率领省送温暖慰问团到顺德区开展慰问活动，郭泽宇陪同。

2月

1日，中共广东省第十一届纪律检查委员会召开第二次全体会议，陈宗文，王丽华、林锡明、张振飚、廖汝捷、杨敏出席会议。

1日，副省长陈云贤到东莞慰问困难家庭，与党员群众座谈并走访企业，为异地务工人员送去慰问金和一批体育器材。王丽华陪同。

1日，省政府党组副书记、省政协副主席、省公安厅厅长梁伟发到肇庆市广宁县开展送温暖活动，廖汝捷陪同前往并看望县总工会职工。

3日，中共中央政治局委员、广东省委书记胡春华到河源市东源县看望慰问困难群众，陈宗文陪同。

4日，省委副书记、省长朱小丹率领慰问团前往韶关市开展送温暖活动，陈宗文陪同。

4日，省委常委、统战部长林雄率领慰问团赴揭阳市开展送温暖活动，林锡明陪同。

21日，全省信访工作会议在珠岛宾馆召开，林锡明出席会议。

26日，郭泽宇会见以北京局项目官员黄群为团长的联合国国际劳工组织代表团一行4人，介绍广东省经济社会发展和广东工会工作的近况。

28日—3月1日，全国总工会第十五届执行委员会第七次全体会议在北京召开，会议选举中共中央政治局委员、全国人大常委会副委员长兼秘书长李建国为中华全国总工会主席。陈宗文、杨敏出席会议。

3月

5日，省总工会第五届女职工委员会第四次会议暨表彰大会在工会大厦举行。陈宗文出席大会并讲话，省总工会副主席、女职委主任王丽华作工作报告。

16日，由广东省出版集团主办，花城出版社承办的《天地人和韵》诗词书法集系列作品首发式在广州举行。邓维龙向职工代表赠送《天地人和韵》系列作品。陈宗文、郭泽宇、王丽华、张国兴、林锡明、张振飚、廖汝捷、杨敏、李京生，省总工会原巡视员孔祥鸿、原副巡视员薛湘衡出席会议。

19日，广东省举行传达贯彻全国人大、政协会议精神大会。中共中央政治局委员、广东省委书记胡春华主持会议并作讲话，陈宗文、郭泽宇、王丽华、张国兴、张振飚、廖汝捷、杨敏、李京生出席会议。

19日，省第二届“岭南社工宣传周”启动仪式在东莞举行。林锡明出席启动仪式并为“广东省优秀社工”颁奖。

20日，省总工会召开机关干部职工和直属单位班子成员大会。省委组织部常务副部长许光超在会上宣读省委关于调整省总工会领导成员的决定。邓维龙因为年龄原因，不再担任省总工会党组书记，省委决定由省人大常委会副主任黄业斌担任省总工会党组书记。省委常委、省委组织部部长李玉妹在会上发表讲话，对邓维龙在省总工会的工作给予充分肯定，对黄业斌的工作成绩和工作作风给予高度评价。邓维龙、黄业斌分别在会上讲话。

21日，省总工会第十二届委员会第六次全体会议在广州召开，省人大常委会原副主任、省总工会主席邓维龙委托陈宗文作工作报告，杨敏作经审工作报告。会上，黄业斌当选为省总工会新一任主席。郭泽宇、王丽华、张国兴、林锡明、张振飚、廖汝捷出席会议。

26－28日，全国工会组织工作会议在北京召开，陈宗文出席会议。

26日，省财贸工会在广州市萝岗区召开2013年度工作会议，林锡明出席会议并讲话。

28日，郭泽宇出席省总工会召开的香港工联会内地咨询服务中心工作座谈会。

28日，广东省大型骨干企业座谈会在广州召开，中共中央政治局委员、广东省委书记胡春华出席会议并讲话，广东省省长朱小丹主持会议。张振飚出席会议。

29日，省工业工会2013年工作会议暨表彰会在广州举行，王丽华出席会议并讲话。

4月

9－11日，全省女职工干部业务上岗资格培训班第一期在省总工会干部学校举办。王丽华出席开班仪式并作动员讲话。

11－12日，省海员工会召开四届二次全委（扩大）会议和经费审查委员会全体委员第二次会议。廖汝捷出席会议并讲话。

11日，黄业斌在陈宗文和广州市人大常委会副主任、市总工会主席赵小穗等的陪同下到广州市调研工会工作。

11日，重庆市人大常委会副主任、市总工会主席郑洪一行到广东考察工会工作。黄业斌会见郑洪一行并进行了座谈。陈宗文、林锡明、李京生参加会见。

11日，省综治委、省创建平安广东领导小组检查考核组对省总工会开展综治和平安创建工作试考评。检查考核组听取省陈宗文和林锡明的工作报告。

15－17日，全国总工会在北京举办第七届“海峡两岸工会论坛”。郭泽宇出席论坛。

15日，黄业斌到广东省工人医院和黄埔卫生职业学校调研。陈宗文、张振飚陪同调研。

16日，省人大常委会副主任、省总工会主席黄业斌到南华工商学院清远校区调研。省总工会常务副主席陈宗文、副主席张振飚陪同调研。

16日，中共广东省非公有制经济组织和社会组织工作委员会2013年全体委员第一次会议在广州召开。廖汝捷出席会议。

17日，北京市人大常委会副主任、市总工会主席梁伟一行12人到广东考察工会工作。黄业斌接见梁伟一行，并参加京粤两地工会工作座谈会。陈宗文、林锡明陪同接见并参加座谈会。

18日，省政府在广州召开第二季度防范重特大生产安全事故工作电视电话会议。张国兴出席会议。

19日，省教科文卫工会六届三次全体委员（扩大）会议在广州召开。黄业斌接见与会代表并合影，陈宗文、郭泽宇陪同。

23日，省总工会组织机关干部职工为四川雅安地震灾区捐款。黄业斌、陈宗文、王丽华、张国兴、林锡明、张振飚、杨敏出席捐款仪式。捐款活动共募得善款122127元。

27—30日，郭泽宇率领广东省工会访问香港、澳门代表团一行12人前往香港和澳门，出席香港工联会成立65周年庆典活动、与港澳工联会进行工作交流并拜会港澳中联办。

27日，广东省庆祝五一国际劳动节暨劳模表彰大会在广州举行。黄业斌宣读《广东省总工会关于表彰广东省五一劳动奖章和广东省工人先锋号的决定》。陈宗文、郭泽宇、王丽华、张国兴、林锡明、张振飚、廖汝捷、杨敏出席会议。

28日晚，省总工会组织机关全体干部职工和广州地区部分劳模统一收看中央电视台新闻联播节目中有关习总书记出席座谈会并发表重要讲话的报道。节目之后，省总工会立即召开学习贯彻习总书记讲话座谈会，陈宗文传达习近平总书记的讲话精神，黄业斌出席会议并讲话，张国兴、林锡明、杨敏、李京生出席座谈会。

5月

7—8日，上海市总工会副主席周志军率考察组到广东考察广东工会在引导社会组织服务职工群众、发挥工会枢纽型社会组织作用等方面的工作。陈宗文会见周志军一行，林锡明与周志军进行座谈交流。

7日，近百位省部级领导干部走进国家行政学院，参加为期一周的“加强和创新社会管理”研讨班。黄业斌出席研讨班。

8—10日，全国总工会基层部副部长王英率调研组一行4人到广州就我省工会女职工组织建设情况和基层工会组织建设情况开展调研。王丽华参加座谈会。

9日，全国政协社会和法制委员会主任宋育英率调研组在广州召开“更好发挥社会力量在管理社会事务中的作用”专题调研座谈会。林锡明介绍广东工会构建枢纽型社会组织工作体系积极参与社会管理创新的经验做法。

13日，国务院召开机构职能转变动员电视电话会议，贯彻落实党的十八届二中全会和国务院第一次全体会议精神，陈宗文出席广东分会场会议。

16—17日，由中国教科文卫体工会主办、省教科文卫工会承办的中国教科文卫体工会第六届理论研究会议在珠海召开。陈宗文、郭泽宇出席会议。

17日，国务院召开全国普通高等学校毕业生就业工作电视电话会议，张振飚出席广东分会场会议。

20日，广东省工会经费收缴工作会议在广州召开。陈宗文主持会议，黄业斌出席会议并讲话，张国兴部署全省税务代收工会经费工作。郭泽宇、王丽华、林锡明、张振飚、廖汝捷、杨敏出席会议。

21—22日，全国总工会副主席、书记处书记陈荣书一行到广东调研工会工作。调研期间，陈荣书听取了省总工会工作汇报和省总工会学习宣传贯彻习近平总书记在劳动模范座谈会上重要讲话精神有关情况，并召开座谈会。黄业斌主持座谈会，陈宗文、郭泽宇、张国兴、张振飚、廖汝捷、杨敏及省总工会部分部门负责人参加座谈会。

21 日，2013 年第一期全省地方工会干部轮训班开班仪式在省总工会干校举行。陈宗文出席开班仪式。

24 日，省总工会第十二届经费审查委员会第八次全体会议、第十三次常委会议在广州召开。杨敏主持会议，张国兴出席会议并讲话。

26 日，郭泽宇会见以黑龙江省总工会副主席郭长义为团长的“黑龙江省工会访问美国、加拿大代表团”一行 4 人。双方介绍各自工会的有关工作情况，希望进一步加强两会的友好交流。

6 月

3 日，黄业斌主持召开省总工会党组会议，学习贯彻习近平总书记与全国劳动模范代表座谈会上重要讲话精神陈宗文、郭泽宇、王丽华、张国兴、林锡明、张振飚、廖汝捷、杨敏出席会议。

4—5 日，王丽华一行提前进驻挂钩帮扶贫困村—梅州市五华县华城镇塔岗村开展新一轮的帮扶工作。

4 日，2013 年广东省总工会外资企业工会工作研讨会在广州召开，张振飚出席研讨会。

6—7 日，全国总工会经审会在广州召开中国工会十六大经审工作报告研讨会议。全国总工会经费审查委员会主任李世明出席会议并讲话。黄业斌会见李世明一行。省总工会副主席郭泽宇致欢迎辞并介绍广东工会工作情况，省总工会经审会主任杨敏汇报广东省工会经审工作情况。

6—7 日，由省委宣传部、省总工会组织开展的“中国梦·劳动美”省劳动模范先进事迹报告团在省总工会常务副主席陈宗文的带领下，分别在惠州、河源举行专场报告会。李京生参加报告会。

7 日，广东省、广州市 2013 年安全生产宣传咨询日活动在广州市天河体育中心举行。张国兴出席活动。

7 日，国务院召开全国安全生产电视电话会议。张国兴出席省分会场会议。

8 日，黄业斌率领省总工会调研组到广州市总工会，就“如何把工人文化宫建设成为服务职工的阵地”这一课题进行调研。陈宗文等参加调研。

13 日，省创建平安广东领导小组在省委珠岛宾馆举办《平安广东》内刊创刊仪式。林锡明出席仪式。

14 日，广东省工会代表会议在广州珠江宾馆召开，选举产生广东出席中国工会第十六次全国代表大会的 105 名正式代表。黄业斌主持会议。陈宗文、郭泽宇、王丽华、张国兴、张振飚、廖汝捷出席会议。

14 日，陈宗文、郭泽宇会见以主席曾森为团长的香港公务员工会联合会访问团一行 21 人。

14 日，全国、广州军区征兵工作电视电话会议暨省征兵工作领导小组会议先后召开。省总工会副主席、省征兵工作领导小组成员林锡明出席会议并作发言。

18 日，由全国总工会主办，省委宣传部、省总工会、广州市委宣传部、广州市总工会联合承办的“中国梦·劳动美”全国劳模先进事迹报告团在广州举行报告会。会前，省委常委、宣传部部长庹震，黄业斌共同会见报告团全体成员。陈宗文、杨敏出席报告会。

18 日，党的群众路线教育实践活动工作会议在北京召开，中共中央总书记、国家主席、中央军委主席习近平出席会议并发表重要讲话。陈宗文出席广东分会场会议。

18—20 日，全国总工会在山西太原市召开全国工会参与社会管理暨职工法律援助维权服务工作推进会。林锡明出席会议。广东工会的经验做法得到全国总工会领导和与会代表的一致好评。

19—28 日，黄业斌率考察团赴北京、浙江、上海考察学习工会工作，陈宗文、王丽华、张振飚等陪同考察。

20—21 日，由省体育局、省总工会、省教育厅、省农业厅联合举办的广东省首届千万人群广场健身排舞展示大赛启动仪式在茂名市文化广场举行。杨敏出席仪式。

23 日，郭泽宇会见香港工联会副秘书长陈雄志，就解决香港工联会在广州、深圳、东莞、惠州和中山设立的五个咨询服务中心的工作经费等问题初拟的方案进行探讨和研究。

24—27 日，张国兴到河源、汕头、潮州、揭阳和梅州五市调研税务代收工作。

24 日，郭泽宇出席由省直机关工委、省总工会、团省委、省妇联联合举办的广东省直单位首届工作技能大赛总决赛。

26 日，省禁毒委在佛山市举办“远离合成毒品，共创平安广东—关爱异地务工人员，防范合成毒品危害”主题宣传活动。林锡明出席活动。

7 月

1 日，全省党的群众路线教育实践活动工作会议在广州召开。中共中央政治局委员、省委书记胡春华出席会议并讲话。黄业斌，陈宗文出席会议。

3 日，黄业斌主持召开省总工会主席办公（扩大）会议，传达省委关于开展党的群众路线教育实践活动会议精神。陈宗文、郭泽宇、王丽华、张国兴、林锡明、张振飚、廖汝捷、杨敏出席会议。

4 日，黄业斌在张振飚的陪同下到南方工报社调研。

5 日，省总工会组织机关全体干部职工和下属单位负责人观看大型电视纪录片《复兴之路》。黄业斌、陈宗文、张国兴、林锡明、张振飚、廖汝捷、杨敏、李京生出席活动。

8—11 日，副省长林少春率领由省人力资源社会保障厅和省总工会组成的调研组到东莞、广州番禺、韶关和清远，就劳动关系问题开展调研。林锡明全程参与调研。

8—12 日，张国兴带领省安委会第 11 督查组，对阳江市、顺德区政府安全生产工作进行第一轮综合督查。

10 日，省总工会召开党的群众路线教育实践活动动员大会。黄业斌作动员讲话，省委第三督导组组长白先河对省总工会开展群众路线教育实践活动提出具体的指导意见和工作要求。陈宗文主持会议。郭泽宇、王丽华、张国兴、林锡明、张振飚、廖汝捷、杨敏出席会议。

11 日，省党代表省直机关一团第三组在省人大常委会办公楼召开座谈会，围绕“完善企业民主协商机制，构建和谐劳动关系”主题听取省总工会的有关方面情况介绍。张振飚出席座谈会。

12 日，黄业斌、张振飚及有关部门领导一行到南华工商学院/省总工会干部学校天河校区视察指导工作。

14—19 日，省总工会在北京大学举办广东省工会领导干部高级研修班。陈宗文出席开班仪式并作动员讲话。

15—20 日，省总工会在劳动关系学院举办广东省工会领导干部培训班。廖汝捷出席开班仪式并作动员讲话。

15 日，郭泽宇召集召开广州中医药大学第一附属医院护工、保安维权事件的协调会。林锡明参加会议。

16 日，省社工委召开第一次全体（扩大）会议，省总工会副主席、省社工委委员林锡明出席会议。

19 日，郭泽宇前往省委统战部与该部常务副部长蒋乐仪举行会谈。双方就澳门中联办今年的有关专项工作和省总加强与澳门工会联合总会的交流和合作等问题交换意见。

21 日，广东省汽车行业机器人操作手职业技能竞赛闭幕式在广州举行。陈宗文出席闭幕式并讲话。

22 日，省工业工会年中工作会议在广州召开。王丽华出席会议并讲话。会议对“中国梦？劳动美”征文获奖单位进行颁奖。

22 日，广东省十项工程劳动竞赛办公室会议在番禺召开。李京生通报 2012 年度广东省十项工程劳动竞赛工作情况。

23－25 日，由省总工会组织部、省教科文卫工会和省总工会干部学校联合在广州举办全省县（区、市）教育工会主席培训班。开班前，黄业斌，陈宗文、郭泽宇接见培训班学员并合影留念。

24 －25 日，全省组织工作会议在广州召开。中共中央政治局委员、省委书记胡春华出席会议并讲话，省长朱小丹主持会议。廖汝捷出席会议。

24－26 日，黄业斌率领省总工会机关副处级以上党员干部和直属单位负责人 60 余人，前往惠州惠东地区集中开展党的群众路线教育实践学习活动。

29 日，省普法工作领导小组召开广东省“六五”普法中期检查督导工作动员会。黄业斌、林锡明出席会议。

31 日，全国总工会第十五届执行委员会主席团第十五次全体（扩大）会议在北京召开。陈宗文出席会议。

31 日，省职工职业技能大赛邮政储蓄合规经理工种比赛闭幕式在佛山举行。杨敏出席闭幕式并讲话。

8 月

1 日，“燃气杯”第二届全国燃气行业职业技能竞赛广东选拔赛开幕式在广州举行，郭泽宇出席开幕式并讲话。

5－6 日，黄业斌率领陈宗文、王丽华、张国兴、廖汝捷到梅州、河源调研工会工作暨开展党的群众路线教育实践活动。

5－8 日，全国工会经审工作经验交流现场会议暨全国省级工会经审会办公室主任会议在上海召开。杨敏出席会议。

5 日，郭泽宇主持召开关于广州中医药大学第一附属医院部分保安、护工维权上访事件的协调会。

5 日，省委、省政府在广州召开全省维稳工作会议，林锡明出席会议。

7 日，黄业斌到省总工会下属事业单位调研。陈宗文、王丽华、张国兴、廖汝捷陪同调研。

15－16 日，在职职工住院医疗综合互助保障活动研讨会在中山召开，张振飚出席会议并讲话。

15 日，全省预防化解处置劳资纠纷座谈会在广州举行，黄业斌、陈宗文出席会议。

16 日，黄业斌主持召开省总党组会议，传达中共中央政治局委员、省委书记胡春华重要批示精神和全国总工会副主席、书记处第一书记陈豪有关批示精神以及全国总工会十五届十五次主席团（扩大）会议主要精神等。陈宗文、郭泽宇、王丽华、张国兴、廖汝捷、杨敏出席会议。

16 日，省社会工作委员会召开专题会议，学习贯彻中共中央政治局委员、省委书记胡春华关于发挥工青妇等群众团体作用的重要指示，并就新形势下如何做实做强工青妇进行深入研究。张振飚出席会议。

21 日，陈宗文、郭泽宇会见全国总工会国际联络部章国贤部长率领的全国总工会机关党的群众路线教育实践活动工作组一行 4 人并召开省市区三级地方工会干部座谈会。

21 日，广东省十大书香企业颁奖仪式在南国书香节展馆举行，陈宗文出席并为获奖单位颁奖，杨敏主持颁奖仪式。

22 日，省总工会在广州召开全省税务代收工会经费工作座谈会。黄业斌、陈宗文出席会议并讲话，张国兴主持会议。

22 日，省总工会十二届经费审查委员会第十四次常委会议在广东工会大厦召开。杨敏主持会议，张国兴出席会议并讲话。

23 日，“中国梦·助学行”广东工会金秋助学十年回顾暨 2013 年启动仪式在广州举行，黄业斌出席并向受助学生发放助学金。陈宗文、丽华出席启动仪式。

29 日，中共中央政治局委员、省委书记胡春华听取省总工会、团省委和省妇联工作情况汇报。陈宗文汇报省总工会工作情况、存在问题和下一步工作计划。黄业斌出席会议。

9 月

2—4 日，黄业斌和陈宗文召开专题汇报会，听取省总工会十一项制度及六项工程工作方案汇报。王丽华、张国兴、林锡明、张振飚、廖汝捷、杨敏及相关部门负责人参加汇报会。

2—4 日，张国兴带领省安委会第 11 督查组，分别对阳江市和顺德区安全生产工作进行第二轮综合督查。

2—4 日，郭泽宇前往北京出席由全国总工会举办的 2013’经济全球化与工会国际论坛。

6 日，黄业斌主持召开省总工会党组（中心组）会议。陈宗文、郭泽宇、王丽华、张国兴、张振飚、廖汝捷、杨敏出席会议。

7 日，陈宗文率领省总工会慰问团到广州中医药大学、华南师范大学及附属中学，召开劳动模范、优秀教师代表座谈会，向全省教职员工致以节日的问候。郭泽宇陪同慰问。

9—10 日，张振飚带领省《广东省企业集体合同条例》修订立法调研组到深圳、佛山市开展立法调研。

9—13 日，黄业斌率队到湛江、茂名、阳江，开展气象法执法检查以及工会工作调研。张国兴等陪同调研。

10 日，郭泽宇会见全国总工会邀请来粤访问的肯尼亚工会中央组织代表团一行 3 人。11 日，廖汝捷与代表团会面并回顾今年上半年率领广东省工会代表团对肯尼亚的访问。

11 日，全国工会宣传思想工作视频会议在北京召开，郭泽宇、廖汝捷、李京生出席广东分会场会议。

13 日，全国工会新闻宣传工作会议在北京召开，杨敏出席会议。

16—17 日，由省高级人民法院与省总工会联合举办的首届广东省女法官业务能力竞赛总决赛在省高级人民法院举行。王丽华全程观看比赛并参加颁奖仪式。

16 日，广西壮族自治区人大常委会副主任、区总工会主席王跃飞带队到广东调研工会工作。黄业斌、陈宗文出席在 17 日召开的两省区工会工作座谈会，林锡明和广西壮族自治区总工会副主席梁建强签订《广西壮族自治区总工会与广东省总工会友好交流合作协议书》。

22 日，全国总工会第十五届执行委员会主席团第十六次全体会议在北京召开，陈宗文出席会议。

22 日，全国总工会第十五届经费审查委员会第十一次全体会议在北京召开，杨敏出席会议。

23 日，省依法治省办召开法治广东宣传教育第七次联席会议。林锡明出席会议并介绍省总工会法治宣传及法治文化建设经验。

24－27日，省十二届人大常委会第四次会议在广州召开。黄业斌、陈宗文出席会议。张国兴出席第一次全体会议并列席26日下午小组讨论会。

24日，广东省十项工程劳动竞赛总结推进大会暨南沙、前海、横琴建设劳动竞赛启动仪式在广州南沙举行。全国总工会纪检组组长、书记处书记王瑞生，省人大常委会副主任、省总工会主席、省十项工程劳动竞赛领导小组副组长黄业斌出席会议。陈宗文、李京生出席启动仪式。

26日，2013年广东省人身保险行业培训岗位技能竞赛总决赛在珠江宾馆举行。林锡明出席活动并讲话。

10月

8日，省总工会与香港工业总会召开座谈会。黄业斌与香港工业总会主席刘展灏就工会经费税务代收等问题进行了交流。陈宗文主持座谈会，张国兴出席座谈会。

11日，黄业斌主持召开省总党组（扩大）会议。会议传达学习习近平总书记在参加河北省委常委班子民主生活会上的重要讲话精神。陈宗文、郭泽宇、王丽华、张国兴、张振飚、廖汝捷、杨敏出席会议。

11日，全省工会宣传思想工作座谈会在广州召开。陈宗文出席会议并讲话。杨敏传达全国工会宣传思想工作视频会议、全国工会新闻宣传工作会议精神和黄业斌主席关于做好工会宣传工作的重要批示。

11日，林少春继续率领由省人力资源社会保障厅和省总工会组成的调研组，到惠州市就劳动关系问题开展调研。林锡明参与调研。

14日，省总工会召开党的群众路线教育实践活动专题民主生活会。黄业斌主持会议，陈宗文、郭泽宇、王丽华、张国兴、林锡明、张振飚、廖汝捷、杨敏和省委第三督导组所有成员以及省委组织部干部三处副处长邹泉华出席会议。

15日，省总工会举行中国工会第十六次全国代表大会代表欢送会。省委常委、统战部部长林雄，黄业斌接见即将赴京参加中国工会十六大广东代表团代表，并与代表们合影留念，陈宗文主持欢送会。郭泽宇、张国兴、林锡明、廖汝捷、杨敏出席欢送会。

15日，省总工会举行巽寮湾劳模疗休养基地购买及委托管理签约仪式。黄业斌出席签约仪式并讲话，陈宗文主持签约仪式。郭泽宇、张国兴、林锡明、张振飚、廖汝捷、杨敏出席签约仪式。

15日，省职工保障互助会在顺德举行在职职工住院医疗综合互助保障活动启动仪式。王丽华、张振飚出席仪式。

18—22日，中国工会第十六次全国代表大会在人民大会堂开幕。习近平、李克强、张德江、俞正声、王岐山、张高丽等党和国家领导人到会祝贺。黄业斌、陈宗文、杨敏出席会议。

18日，2013年广东省粤通卡客户服务技能大赛总决赛在广州举行。林锡明亲临总决赛现场指导、出席表彰大会并讲话。

22日，全省基层工会组织建设工作会议在广州召开，张振飚主持会议并讲话。

25日，广东省劳动模范休养活动启动仪式在广州举行。黄业斌出席仪式并讲话，陈宗文主持仪式。

25日，“中国梦·劳动美”全省职工演讲比赛总决赛在广州举行，黄业斌、陈宗文、杨敏出席活动并为获奖者颁奖。

25日，省总工会召开会议传达学习习近平总书记的重要讲话和中国工会十六大精神。黄业斌、陈宗文主持会议，郭泽宇、张国兴、林锡明、张振飚、廖汝捷、杨敏出席会议。

26日，省船员服务协会暨工会联合会在广州召开成立大会并举行揭牌仪式。廖汝捷参加揭牌。

11月

1日，胡春华主持召开省委常委会议，传达学习习近平总书记关于安全生产工作的重要讲话精神。黄业斌出席会议。

4日，黄业斌会见专程前来省总工会调研的省政协副主席王珣章，向他热情介绍中国工会十六大会议盛况、广东工会税务代收工作进展情况和广东工会工作情况。郭泽宇参与调研。

6—7日，黄业斌率队到东莞宣讲贯彻落实中国工会十六大精神，并就围绕增强工会吸引力、凝聚力、调解力进行调研。廖汝捷陪同调研。

8日，2013年广东省海员系统党政工领导联席会议在惠州召开。黄业斌、廖汝捷出席会议。

9日，2013广东省"和谐杯"手绘设计技能大赛总决赛在佛山南海举行，王丽华出席并作讲话。

11—12日，全国国际海员俱乐部工作座谈会在广西防城召开，廖汝捷出席会议并讲话。

11日，第七届粤港澳安全知识竞赛在香港举行，张国兴应邀观摩竞赛。

15日，省委召开传达学习贯彻党的十八届三中全会精神电视电话会议。胡春华主持会议并作讲话。黄业斌、陈宗文、郭泽宇、王丽华、林锡明、张振飚、廖汝捷、杨敏出席会议。

16日，由省总工会、南方报业传媒集团联合主办的2013年首届广东省职工（省直）智力运动公开赛昨天在花都举行启动仪式。黄业斌、杨敏等出席启动仪式。

17日，华南理工大学举行建校60周年庆典大会。陈宗文出席大会并听取该校工会负责人有关工会情况的汇报。

21—22日，2013年全省厂务公开民主管理工作会议暨《企业民主管理规定》培训班在阳江举行。张振飚出席会议并作工作报告。

25日，全国深化社会体制改革研讨会暨加强社会建设创新社会治理（广东）年会在珠海召开。林锡明出席了会议。

29日，郭泽宇在肇庆出席省地质局举办的全省地质矿产专业技术人员职业技能竞赛。

30日，陈宗文、廖汝捷在广东迎宾馆会见了省对口支援新疆工作前方指挥部总指挥李水华、副总指挥黎明。

12月

3日，由广东省总工会、南方报业传媒集团联手打造的大型网络问政平台——广东"工人在线"正式启动。黄业斌、陈宗文和职工代表、广州市环卫工人周梅共同启动"工人在线"平台。

9日，广东联通2013年营业技能大赛总决赛在广州举行，王丽华出席颁奖仪式。

14日，黄业斌、郭泽宇在广州会见并宴请了布基纳法索工会代表团一行6人 。

17日，省总工会在广东迎宾馆召开珠三角地区工会主席会议。受黄业斌和陈宗文委托，郭泽宇主持会议，张振飚在会上传达省委领导讲话精神。

16—20日，黄业斌率广东工会代表团到重庆、四川、广西考察工会工作，交流各地工会贯彻党的十八届三中全会和中国工会十六大精神情况，研究探讨与三地工会的深入合作。

18日，林锡明参加全国总工会召开的

维稳工作领导小组座谈会，代表广东省总工会汇报了维护职工队伍稳定和防范抵御工作情况。

18日，李京生前往茂名，宴请以理事长陈金源为团长的台湾台中市总工会代表团一行12人。

20日，省总工会组织召开部分产业工会主席会议。郭泽宇出席会议并认真听取与会各产业工会主席对2013年工作亮点和明年工作计划的报告。

26日，林锡明出席省加强信访工作和维护社会稳定协调领导小组召开做好省委全会、省人大政协“两会”期间信访和维稳工作电视电话会议。

综合篇

广东省总工会第十二届委员会主席、副主席、常务委员会委员名单

主　席：邓维龙（2013年3月离任）
　　　　黄业斌（2013年3月任职）

副主席：陈宗文（常务）、郭泽宇、
　　　　王丽华（女）、张国兴、
　　　　林锡明（2013年12月离任）、张振飚

常务委员会委员（以姓氏笔画为序）：
丘仲宜　刘兰妮（女）　陈昭庆　张东升
宋　杰　宋善斌　杨　敏　罗　莉（女）
饶东成　赵小穗（女）　廖汝捷

广东省总工会第十二届经费审查委员会主任、副主任名单

主任：杨　敏

副主任：杨谷清　钟　诚

广东省总工会机关各部门领导成员名单

办公室
主　任：张东升
副主任：蓝智毅（2013年12月离任）
　　　　沈寒英（女）

组织部
部　长：宋　杰
副部长：黄　珣（女）

宣传教育部
部　长：宋善斌
副部长：陈　姝（女）

研究室
主　任：冯建华
副主任：张　曼（女）
　　　　江　涛（女）

广东省民营企业工会联合会（基层组织建设部）
主　席（部长）：周驷耕
副主席（副部长）：黎巧梅（女）

保障工作部
部　长：刘国斌
副部长：陈新娴（女，2013年10月离任）

劳动保护部
部　长：彭　放
副部长：黄海生

经济工作部
部　长：李京生（2013年1月离任）
　　　　李　键（2013年 月任职）

省总法律顾问室
主　任：许平坚
副主任：张嘉琪（女）

女职工部
部　长：郭开农（女）

财务部

部　长：田紫光

副部长：李东跃（女）

广东省总工会对外交流中心（省总国际部）

主　任（部长）：许国胜

副主任（副部长）：于　珺（女，2013年2月任职）

经审办（审计室）

主　任：杨谷清

副主任：孔　玫（女）

机关党办（纪检监察室）

主　任：谢岩梅（女）

机关党委副书记：张国兴

机关工会主席：谢岩梅（女）

省总实业发展中心

负责人：吴兆全（2013年12月离任）

副主任：陈小翠（女）　陈文新

省总职工技术协作办公室

负责人：张卫平（调研员）

副主任：陈慧玲（女）

老干部工作处

处　长：宋建华

副处长：唐妙云（女）

机关后勤服务中心

主　任：余继贤

2013年全省工会工作综述

2013年是全国、全省工运事业发展进程中极其重要的一年。习近平总书记两次就工会工作发表重要讲话，中国工会第十六次代表大会胜利召开。省委书记胡春华两次听取工会工作汇报，并先后多次作出重要批示，省委副书记马兴瑞两次亲临省总工会指导工作。一年来，在省委和全国总工会的正确领导下，各级工会深入学习贯彻党的十八大和十八届二中、三中全会精神，深入学习贯彻习近平总书记系列重要讲话特别是关于工会工作两次重要讲话精神，坚定不移走中国特色社会主义工会发展道路，紧紧围绕实现“三个定位、两个率先”的目标，牢牢抓住维护职工合法权益这一核心工作，扎实做好新形势下职工群众工作，各项工作取得显著成效，得到了省委和全国总工会的充分肯定。

一、认真学习宣传贯彻党中央、省委和全总关于工人阶级和工会工作系列重要指示精神，团结广大职工跟党走

把学习宣传贯彻党的十八届三中全会精神、习近平总书记系列重要讲话精神、中国工会十六大精神和省委关于工会工作的重要指示精神作为重要政治任务抓紧抓好。党的十八届三中全会和中国工会十六大召开后，省总工会及时召开会议、下发通知，对学习贯彻工作作出部署。省总工会党组成员分赴各地，带头向工会干部和职工群众进行宣讲，各级工会通过专题讲座、中心组学习、小组讨论学习等多种形式进行学习。通过深入学习，使广大工会干部切实做到“六个深刻理解”：一是深刻理解习近平总书记和党中央的重托与厚望，进一步增强责任感和使命感；二是深刻理解过去五年乃至十年的工会工作的显著成就，进一步增强做好新时期工会工作的信心和决心；三是深刻理解“走什么样的工会发展道路、建设什么样的工会、工会发挥什么样的作用”这个重大时代课题，坚定不移走中国特色社会主义工会发展道路；四是深刻理解中国工人运动的时代主题，进一步团结动员广大职工为实现中国梦而奋斗；五是深刻理解党中央和国务院对工人阶级的关心爱护，进一步推动广大职工共享改革发展成果；六是深刻理解工会要顺应时代潮流，以改革创新精神，加强工会组织自身建设。通过广泛宣传，让广大职工深切感受到党中央对工人阶级的亲切关怀和殷切期望，教育引导职工群众倍加珍惜改革开放的辉煌成果，充分认识现阶段全面深化改革的重大意义，坚定社会主义理想信念，支持改革、参与改革，永远跟党走。

二、围绕“三个定位、两个率先”目标，组织引导广大职工建功立业

广泛开展“当好主力军、建功十二五”主题劳动竞赛活动，全面深化重点工程劳动竞赛、职工职业技能大赛和群众性技术创新活动。全面开展港珠澳大桥建设劳动竞赛活动，启动广州南沙、深圳前海、珠海横琴建设劳动竞赛，在全省发挥重要示范效应。围绕推进自主创新、节能降耗、提高效益、构建和谐四大主题，在企业中深入开展合理化建议、技术革新、技术攻关和发明创新活动，依靠职工促进企业提高自主创新能力。全省共有56个行业（系统）60个工种（项目）举办各类技能大赛，吸引超过16万家企事业单位逾600万职工参与岗位练兵和技术创新活动。省总工会女职委与省高院举办女法官业务能力竞赛，这在全国尚属首次。加强职工技术技能培训，启动“千万职工大培训”行动。认真做好劳模评选表彰和服务工作，共评选全国五一劳动奖状15个，全国五一劳动奖章获得者69名，全国“工人先锋号”50个，省五一劳动奖章获得者180名，省“工人先锋号”199个。联合省委宣传部在全省组织开展“中国梦·劳动美”劳动模范先进事迹报告活动，发挥劳模示范引领作用。精心组织劳模疗休养，建立惠州巽寮湾劳模疗休养基地。

三、充分发挥工会律师团作用，依法维护职工合法权益

2013年，建立工会法律服务律师团办案制度，开展千名律师进万家企业活动，主动疏导化解劳资纠纷。全年工会律师团共举办法律宣讲活动442场，组织法律培训236场，培训28914人次，为职工办理法律援助案件3010宗，涉及职工9418人，为职工挽回经济损失近1.6亿元。工会法律服务律师团在省第二批社会创新观察项目评审中名列第二，被确定为“广东省社会创新实验基地”和“广东省社会创新试点项目”。启动“广东工人在线”网络交流平台，省总工会领导班子成员与全省职工、网友在线互动交流，进一步畅通职工诉求表达渠道。推动健全劳动争议调解组织网络。截止2013年9月底，全省各类企事业单位共建立劳动争议调解组织8.5万个，全年共预防和调解劳动争议案件2.9万件。推动省人大启动《广东省企业集体合同条例》修订和省政府出台有关预防化解劳资纠纷的指导性意见，从源头上维护职工合法权益。积极主动参与处置佛山普立华科技有限公司、广州中医药大学第一附属医院护工等劳动关系不和谐事件，进一步完善处置职工群体性事件长效机制，维护了职工队伍的稳定。在省委领导下，由政法委牵头，工会、公安、国安等部门各负其责，有效地抵制西方敌对势力的渗透。开展安康杯竞赛活动，参与重大事故调查处理，切实维护职工安全健康权益。

四、深入推进“两个普遍”，增强了工会组织的凝聚力

在各级工会共同努力下，圆满完成“两个普遍”三年规划目标任务。截止2013年底，全省基层工会24.7万家，涵盖单位68.71万家，工会会员2688万人，基层工会数、涵盖单位和工会会员数各项指标名列全国前茅。以增进会员的知情权、参与权、选举权、监督权为核心，基层工会职工之家建设和作用发挥有较大改善。基层工会民主选举稳步推进，职业化工会干部队伍有序扩大。企业推行工资集体协商工作取得较大进展，劳资协商理念与氛围明显增强。截止2013年底，全省签订工资集体合同11.3万份，比2010年增长82.3%；覆盖企业43.8万家，比2010年增长128%；已建工会企业工资集体协商建制率为84.5%，世界500强在粤企业工资集体协商建制率达91.1%，工资集体协商指导员队伍人数超过11000人。根据“一手抓建制，一手抓规范”的工作思路，继续推进厂务公开民主管理工作。全省国有、集体及其控股企业职代大会和厂务公开建制率达95%以上，非公企业职代会和厂务公开建制率达到80%。以贯彻落实《企业民主管理规定》为契机，根据不同类型企事业单位的特点，实施分类指导和不同侧重点的民主管理形式，推进基层民主协商建设。

五、叫响做实“职工有困难找工会”，帮扶工作取得新进展

深入实施服务职工“五大行动”，从“职工有困难找工会”向“工会主动找困难职工”转变，树立送温暖、平安返乡、金秋助学、家政服务、心灵驿站、女职工关爱行动等工作品牌。全省职工服务中心（站、点）已发展到1000多个，2013年共筹集帮扶资金1.65亿元，帮扶职工64.9万人次，其中帮助2万户困难职工子女上学，为19.8万困难职工提供生活救助5900万元，发放医疗救助金5300万元。筹集1亿多资金，为100多万农民工提供技能培训和就业指导服务，帮助10万多名失业人员实现再就业。积极拓展服务职工的新项目，试点推进在职职工住院医疗综合互助保障计划。积极参与社会治理，按照“一个基地，两个服务”的要求，枢纽型组织体系建设进一步加强。2013年，全省21个地级市和顺德区全部成立职工服务类社会组织联合会，各级联合会有团体会员2417个。进一步加强对社会组织的联系、规范、引导和整合工作，向社会组织购买服务50多项。推广以工会干部为主导，以工会社工为承担，以工会义工为配合的“工会＋社工＋义工”联动服务职工模式。

六、深入开展党的群众路线教育实践活动，密切了与职工群众的联系

按照党中央和省委的统一部署，省总工会扎实开展党的群众路线教育实践活动。领导班子成员分赴各地面对面听取各级工会干部和职工对省总工会班子及成员“四风”方面的意见，认真召开专题民主生活会，通过开展批评与自我批评，相互帮助，相互促进，针对查找的“四风”方面存在的突出问题，认真制定整改措施，立行立改。认真组织制定了十六项工作制度，形成长效机制，巩固教育实践活动成果。建立工会主席联系基层制度，为企业和职工解决一大批实际困难和问题。认真贯彻落实中央八项规定要求，压缩会议、文件、评选表彰，改进调查研究，直接深入企业、车间和职工群众，大幅减少行政经费开支。规范因公出国（境），大幅减少出访次数、天数。严格控制“三公”经费开支，进一步规范接待工作和车辆管理，大幅压缩公务招待费用。

在各方的大力支持下，全省工会经费统一实行地税代收，有效增强各级工会的经济实力。加强工会干部培训工作，全省各级工会共培训工会干部11万多人次。举办纪念广东省总工会成立60周年系列活动。各产业工会工作呈现新亮点，女职工工作，经费审查审计监督、工会资产监管和对外交流合作等工作，都取得积极进展。

组织工作

【围绕全省中心，充分发挥工会组织的作用】　一是做好各市科学发展观实绩考核中职工权益保障指标考评工作。根据省委组织部出台的《广东省市厅级党政领导班子和领导干部落实科学发展观评价指标体系及考核评价办法》、《广东省各地级以上市落实科学发展观实绩考核指标体系各项指标评分办法》，做好2013年度各市科学发展观实际考核中职工权益保障指标部分的考评工作，组织部牵头，负责基层部、办公室、法律顾问室所考评数据，撰写综合分析报告上报省委组织部考评办和省统计局。二是负责做好省人大十一届一次会议旁听人员组织相关工作。受省人大常委会办公厅委托，接受申请、组织10人参加人大会议旁听、座谈等。

【围绕省总工会的中心工作，发挥组织部的作用】　一是认真做好中国工会十六大相关工作。中国工会十六大2013年10月在北京召开，广东省总工会代表团105名代表赴京参会。组织部主要负责并顺利完成前期的组织人事筹备工作和会议期间的组织联络、会议选举工作，得到全国总工会的肯定和表扬。二是做好党的群众路线教育实践活动相关工作。根据中央和省委的统一部署，省总工会第一批开展党的群众路线教育实践活动，组织部作为具体承办部门，全程参与，积极主动做好相关工作。负责与省委实践办的沟通联络、省总工会实践办的日常工作；认真学习，严格按照规定积极参与教育实践活动，认真做好教育实践活动的每一个环节；结合省总工会提出的五大工程、十二项制度，认真做好组织部负责的党组会议制度、考核制度和干部队伍建设工程。三是做好班子民主生活会有关工作，确保了会议顺利召开。四是配合省委组织部，开展省总工会班子及班子成员的年度考核工作。主要负责班子报告中本年度省总工会选人用人情况内容撰写、通知相关部门准备班子报告及班子成员准备个人总结、汇编成册及印发、做好民主测评表和会议主持词准备及省委组织部考评等相关工作。五是做好省总工会成立60周年纪念座谈会有关工作，起草从事工会工作40年人员表彰决定及表彰工作；整理提供历届工会代表大会概况和成员名单及会员代表大会图片史料；整理提供工会干部教育培训方面的概括及照片等。

【严格依法依规，做好省总工会机关人事工作】　一是做好事业单位改革工作。继续与省编办和省委组织部联系沟通，努力推动事业单位分类改革后续相关工作顺利进行，理顺人员管理，开展岗位设置，进一步推进事业单位人事管理工作规范化。二是做好干部选拔录用工作。坚持梯次配备，不断优化干部年龄结构。严格遵守干部选拔任用条例，提拔了1名巡视员、1名副巡视员、1名正处职、3名调研员、2名副调研员、7名主任科员、1名副主任科员；公开选调公务员4名、公招公务员7名、调入（转任）干部2名、接收军转干部3名，调任转正干部5名，新录用公务员转正7名。三是理顺机关劳动关系情况。按照有关规定，向省委组织部、省人力资源和社会保障厅、省统计局以及区、街道相关部门报送省总人事、工资统计、管理人才、专业技术人才资源统计等各类劳动情况，指导各直属单位做好专业技术人员的职称审核，进一步依法完善各类劳动关系。四是做好工资福利调整工作。严格按照有关规定，对机关及直属事业单位在职人员的工资和离退休人员的离退休费以及相关津贴、补贴进行调整。五是召开统计计生工作会议并对如何做好新时期的统计、计划生育工作进行专题研究。六是继续做好干部年度考核、人事档案、考勤等常规工作，加强省总工会机关干部人事规范化建设。

【加强班子建设，做好工会干部协管工作】

一是做好协管干部调整任免。2013年有部分地级市总工会和省级产业厅局工会的班子进行调整。组织部积极与有关党委（党组）沟通协商，按照协管规定，做好地级市总工会和相关产业厅局工会领导班子调整的协管工作，指导和帮助下级工会完成好选举程序和报批手续。二是规范工会干部协管工作。由于工会干部协管是党管干部原则和干部分类管理原则有机结合的一种重要干部管理形式，是工会协助党委（党组）按照工会组织的性质、特点和工作要求，配备好工会领导班子、选拔好工会领导干部的一项行之有效的重要制度。因此，必须严格按照相关程序，做好工会干部协管工作。但是，在实际工作中，由于种种原因，部分市和省级产业厅局并没有按照规定履行相关程序。组织部继续加大工作力度，通过与全国总工会组织部、各地级以上市委组织部和市总工会沟通协调，使协管工作进一步规范化、制度化。三是加强县级工会主席协管。2013年，组织部继续推动县级工会主席由同级副职担任的工作。至2013年底，在121个县级工会中，已有109个县级工会主席由同级副职担任。

【围绕重点工作，开展工会干部教育培训】

2013年，省总工会进一步加大工会干部培训力度，以省总工会干部学校为主阵地，共举办各类培训班45期，其中校内班16期，培训工会干部1160人；校外班29期，培训工会干部2687人。全省各级工会共培训工会干部11万多人次。一是制定下发年度培训计划。根据《2011—2015年广东省工会干部教育培训规划》，紧紧围绕2013年全省工会的重点工作，制定下发2013年全省工会干部培训计划，部署全年的培训工作，指导各级工会开展工会干部培训工作。二是围绕重点内容开展培训。2013年的工会干部培训工作，把学习贯彻党的十八大精神和十八届三中全会精神、全国工会十六大精神、中国特色社会主义工会发展道路作为重点培训内容，同时将“两个普遍”工作、协调劳动关系、与工会有关的法律法规等列入各类工会干部培训班的主要课程。通过学习培训，切实提升工会干部组织引导职工、服务科学发展、服务职工群众和维护职工合法权益工作的能力和水平。三是突出重点对象开展培训。坚持分级分类培训，加强上岗资格培训，当年任职当年培训。2013年把各级新任工会主席、大型企业工会主席、工会干校骨干师资等作为重点培训对象。四是认真抓好重点培训班次。一是“走出去”。到全国知名的高等院校去培训，2013年是省总工会连续第五年组织市级工会主席到北京大学，充分利用高等院校的资源，培训地级以上市总工会主席、省级产业工会主席、大型企业工会主席共38人，开阔工会干部的视野，拓展工会干部的思路；到工会系统的最高学府劳动关系学院学习，学习中国特色社会主义工会发展道路理论和工会专业知识，2013年在劳动关系学院举办1期县级工会主席培训班，培训新任县级工会主席120人。二是“请上来”。省总工会举办各类主题培训班，将各级工会干部请到省总工会干部学校来培训，充分发挥省总工会干部学校培训主阵地的作用；各市举办相应的培训班，将本地各级工会干部集中到市总工会进行培训。三是“送下去”。省总工会编写一批操作性、针对性强的具有广东工会工作特色的工会干部培训教材，遴选一批专家学者、党政领导和优秀工会干部组成讲师团，实施“送教上门”，将培训送到基层。2013年，省总工会分别在汕头、茂名、云浮等地开展“送教上门”，大规模培训基层工会干部，深受基层工会和基层工会干部的欢迎和好评；选择具有地域优势、办学能力和培训条件较好、有发展潜力的地级以上市总工会，承担省总工会部分培训任务，充分利用各级工会网络，扩大工会干部培训覆盖面。五是利用网络平台开展培训。充分利用全国工会干部教育培训网和广东省干部教育培训网及其在线学习平台，开展网络培训，扩大教育培训的覆盖面。从2013年开始，省总工会举办的主体培训班，都要求学员在报到前登录全国工会干部教育培训网预培训不少于5学时。2013年，全省已有32436名工会干部在全国工会干部教育培训网实名注册进行学习，学习人次及累计学时量都已排在全国前列。六是按照要求完成调训任务。根据全国总工会组织部和省委组织部分配的名额，配合劳动关系学院和省委党校，按要求选送相关学员参加培训，做好干部调训工作，完成调训任务。

【围绕本职工作，积极开展调查研究工作】

根据全国总工会的安排，2013年组织部围绕《中国工会章程》修改开展调查研究，并形成调研报告。调研报告中所提符合条件的乡镇（街道）可建立总工会的建议获得采纳，写入《中国工会章程》。

【做好省总工会第十二届委员会第六次、第七次全体会议相关组织人事工作】 广东省总工会第十二届委员会第六次全体会议于2013年初在广州召开，组织部主要负责相关组织人事相关事项，完成替补委员、经审委员，补选主席、常委等工作。第七次全体会议于2014年年初召开，组织部提前做好组织人事事项的相关筹备工作，下发《关于替补、增补省总工会十二届委员会委员、经费审查委员会委员的通知》，对相关材料进行认真审核、把关，整理成册；同时做好委员、经审委员增替补工作以及相关选举工作的前期准备工作，为全委会的召开做好充分的准备。（张祖耀）

宣传教育工作

【深入开展“中国梦·劳动美”主题系列活动】 围绕学习贯彻党的十八大精神和习近平总书记“4·28”重要讲话精神，联合省委宣传部共同举办“中国梦·劳动美”主题系列活动。5月—7月，省劳模宣讲团赴广州、肇庆、云浮、惠州等市进行“中国梦·劳动美”广东省劳动模范先进事迹巡回宣讲活动10场次，各地市基层组织宣讲活动达50多场次。6月省总工会承办的全国劳模先进事迹报告会在广州举行。8月8日组织“中国梦·劳动美”情系职工送文艺活动，为茂名石化职工送上一场由基层职工编演的视觉盛宴。5月开始开展“梦圆南粤—我的打工梦”职工打工故事征集活动，通过线上征集、线下分享等形式，累计征集到8000多份职工作品，广大“打工者”们，通过文字、图片、视频等形式，分享自己在广东的追梦奋斗经历。开展“中国梦·劳动美”全省职工征文演讲比赛，共征集到职工征文上千篇，并于10月25日举办全省职工演讲比赛总决赛。开展《习近平总书记在同全国劳动模范代表座谈会时重要讲话学习读本》、《巨大的鼓舞 行动的指南—学习习近平总书记在同全国劳动模范代表座谈时重要讲话心得》和《学习贯彻党的十八大精神职工读本》学习活动。

【开展以“神圣的使命”为主题的学习贯彻中国工会十六大精神职工感言征集活动】

12月，开展以“神圣的使命”为主题的学习贯彻中国工会十六大精神职工感言征集活动，征集各级工会干部和广大职工群众结合工作和生活实际，学习贯彻习近平总书记等中央领导同志的重要讲话精神和工会十六大精神的感想。

【做好2013年工会新闻宣传策划】 围绕省总工会重点工作，做好工会各项新闻宣传策划工作。如学习全国总工会十六届二次执委会议、党的十八届三中全会和中国工会十六大精神；与主流媒体建立常态化合作机制、开展社会主义核心价值观主题教育系列活动等。重点是与主流媒体建立常态化合作机制，围绕省总工会重点工作策划专题、专版报道，使工会新闻宣传富有感染力和较大影响力。圆满完成工人日报2013年征订工作任务。

【开展“劳动我最美”职工微博大赛】 3月—8月开展的“劳动我最美”职工微博大赛广东赛区征集活动，全省共征集到职工微博3.2万多条，反映全省职工辛勤劳动、诚实劳动、创造性劳动的工作生活场景，激发劳动最光荣、劳动最崇高、劳动最伟大、劳动最美丽的正能量，有力推动省总工会官方微博建设。

【主办广东省十大书香企业评选表彰活动】

广东省十大书香企业评选表彰活动在南国书香节展馆隆重举办颁奖典礼。评选活动得到全省各级工会高度重视，涌现出一大批深入开展读书活动，在提高职工素质、推动企业发展上取得较好成绩的优秀企业。省总工会对获得2013年广东省十大书香企业称号的每家企业奖励价值一万元的图书，还对获得提名单位称号的每家企业奖励价值五千元的图书。

【继续大力推广排舞】 省总工会选送的茂名石化公司排舞队代表广东参加2013年6月在北京举行的2013年全国亿万职工排舞大赛，最终以规定曲目第一、串烧曲目第一、团体总分第一勇夺专业组金奖第一名、最佳编导奖，广东省总工会获最佳组织、最佳推广奖。10月17—18日，由省体育局、省总工会、省教育厅、省农业厅联合举办的全省千万人群广场健身排舞展示大赛在肇庆举行，来自全省55支队伍共1500多名运动员参与职工组、院校组、大众中老年组、中青年组四个组别的比赛受到广大群众的热烈欢迎。

【举办科学健走与健康管理发展论坛】 5月，来自省直机关工会、海员工会、工业工会和部分地市工会代表、文体协会团体会员代表200多人参加了科学健走与健康管理发展论坛。与会人员探讨改善职工健康的重要性及科学健走在改善职工健康方面的作用，邀请在健身、徒步方面的专家，探讨健走在企事业单位中的应用、团队健走对单位凝聚力的增强以及对团队效率的提高等等。

【举办广东省职工（省直）智力运动公开赛】

由广东省总工会、南方报业传媒集团联合主办，广东省直属机关工会、省社会体育中心、南方日报社承办，广州棋院协办的2013年首届广东省职工（省直）智力运动公开赛，共组织省级产业工会、省直机关工会共78个队伍400多名运动员参加围棋、扑克拖拉机两个项目组别的比赛。

【加强培训努力培养职工文体骨干】 6月、11月、12月分别举办了三次为期四天的广东省第六期、第七期排舞培训师师资班培训，11月底举办广东省职工文体协会摄影分会会员培训，四期培训共培训了600多位全省工会宣教文体骨干。

【成立省职工文体协会分支机构】 积极探索省职工文体协会分支机构专业化道路，努力把协会打造成职工文化方面的枢纽型社会组织。4月，成立省职工文体协会排舞专业委员会，以排舞专业委员会为组织依托，协会组织承办广东省第六期、第七期排舞培训师资班，协助深圳、韶关、肇庆等地组织了多次排舞培训班、排舞比赛。派出专业裁判队伍在2013年广东省首届千万人群广场健身排舞展示大赛、全国广场健身操（舞）大赛中负责裁判组织等工作。11月成立摄影分会。

【办好会刊《广东职工文体》】 文体协会会刊从2013年1月开始改版，从2012年的48P增加到52P内容，每期约16万字，设有专题报道、人文关怀、经验论坛、读书成才、基层文体信息播报、职工文学诗词、书画摄影作品选登等8个固定栏目。并出版“广东省科教文卫职工文体工作专刊”、“广州市职工文体工作专刊”等企事业单位文体工作专刊。（赵婕）

保障工作

【实施元旦春节送温暖活动】 2013年元旦春节期间，省总工会组织各级工会深入开展“情暖外来工”为主题的系列送温暖。省委省政府组成21个慰问团，分赴全省21个地级市开展走访慰问活动。全省各级工会共筹集慰问款物9487.3万元，其中政府拨款5801万元，工会投入3176.4万元，社会捐助等其他方面筹集719.9万元，以多种形式为4968家困难企业和11.7万户困难职工、困难劳模、离退休职工家庭和2万多农民工送去党委、政府和工会的关怀，实现了对困难职工家庭走访慰问全覆盖、不遗漏的目标。广州市总工会联合市体育局，于大年初一在五个工人文化宫同时举行羊城春节体育花会，活动花样多、气氛浓、动感足，留穗过年的外来工和市民们以运动、健康的方式度过一个愉快祥和的春节。惠州市总工会在TCL液晶产业园举办企业职工新春团拜会，市委书记、市长与700多名外来工代表欢聚一堂，吃年饭，拉家常，共迎新春佳节。肇庆市总工会为外来务工人员精心组织迎新醒狮表演、欢度春节大型灯谜游园会、迎春职工摄影展、迎新贺岁放电影、“排舞欢歌”迎新春联欢晚会等活动。顺德区总工会组织机关、企事业单位等社会力量开展“新春帮扶结对”送温暖活动，与困难职工家庭“结对子”，实施“一对一”长效帮扶。

【开展外来务工人员平安返乡活动】 全省各级工会与铁路、交通等部门密切配合，通过组织包专车、专列，为外来工较多的企业、工厂及社区提供团体售票、流动售票和上门售票服务，设置返乡驿站等，帮助在粤外来工平安有序返乡。省总工会和广铁集团共同启动首趟“外来务工人员平安返乡专列”，发放5000份新春返乡礼包及宣传资料，欢送他们平安返乡过年。

【开展“暖流行动”确保“铁骑大军”顺利返乡】 2013年春运期间，越来越多的在粤外来务工人员选择骑摩托车返乡，途径广东省境内的肇庆、韶关、河源等地前往相邻的广西、湖南、江西等省。省总工会首次联合广西壮族自治区总工会等相邻省区工会，召开新闻发布会，在外来工骑摩托车返乡集中的肇庆、韶关、河源和广西梧州、贺州等地，沿途设立30多个大型服务站，为骑摩托车返乡的摩托大军免费提供十多项贴心服务，包括提供热姜粥、暖炉取暖、摩托车维修、简便医疗服务、报平安免费电话、派发安全驾驶和工会知识宣传单张等，确保春运期间冒着寒冷、长途跋涉的外来工“铁骑大军”能够安全顺畅返乡过年，节后轻松愉快返粤工作。春运23天期间，省、市、县、镇、企业五级工会联动，共筹集资金800多万元，组织工会志愿者1.5万多人次，为75万辆摩托、150多万人次外来务工人员提供贴心服务。

【落实抓好工会促进就业再就业工作】 一是开展“全省工会就业援助月”活动。2013年“全国工会就业援助月”活动在安徽启动，省总工会积极响应。一方面组织广汽丰田等一批广东知名企业和就业服务机构前往安徽，进行现场招聘，提供就业岗位达1000多个。另一方面启动广东全省工会就业援助月活动，现场100多家企业提供职位3600多个，为春节后返粤的进城务工人员、下岗失业人员和大中专院校毕业生提供就业岗位，促进和扩大就业。二是实施家政服务工程。全省工会家政服务培训机构充分发挥工会组织的优势和特色，以全国工会农民工技能培训示范基地、全省工会就业再就业培训基地和工会“家政服务工程”培训机构为阵地，广泛联合社会力量，大力加强家政培训师资队伍建设和家政服务人员业务培训，开展“月嫂”、“老年护理”、“居室保洁”等各类特色培训，规范和发展广东省家政服务行业，提升家政服务业从业人员的综合素质、职业技能，促进弱势群体就业。全省共有22家是工会家政培训机构。截至2013年底，全省工会家政服务培训机构共培训家政服务员近6万人，其中有5.8万人实现就业，上岗率97%。

【推动帮扶机构网络向基层延伸】 各级工会在完善县级以上帮扶中心的基础上，大力推进已建工会的乡镇（街道）、社区（村）和企业工会帮扶站（点）建设。全省共建立市级帮扶中心21个，县级帮扶中心144个，基层工会帮扶工作站（点）4777个，其中县级以下乡镇（街道）基层工会维权帮扶站1363个，社区（村）工会维权帮扶站（点）1094个，企业帮扶站（点）2320个。基层帮扶站（点）所占比例从两年前的88%提高至95%，站点数量较两年前增长了近5倍，形成以基层帮扶站（点）为主的覆盖市、县、乡镇或企业的多级帮扶工作网络。

【结合实际开展重点帮扶服务】 一是开展工伤探视帮扶活动。各级工会建立工伤探视帮扶制度，探视慰问工伤和患职业病职工，帮助落实工伤待遇，推动工伤保险扩面。珠海市总工会与人力资源社会保障、安监、卫生等部门建立联系机制，除开展探视慰问和法律援助之外，还为工伤职工提供心理疏导服务；东莞市总工会为工伤职工编制“工伤探视联系卡”，卡片记录工伤期间用人单位是否依法发放工资、有否垫付康复治疗费等情况，跟踪了解工伤职工诉求，受到职工群众的欢迎和好评。二是开展金秋助学活动。各级工会通过结对帮扶、互助互济、冠名帮扶等多种形式，调动社会各方面的积极性，提高金秋助学的社会效果。肇庆市总工会动员工商银行等多家企业，举行“百企助学”活动；广州市总工会连续9年由日立电梯冠名帮扶助学，还通过送心理辅导、就业知识讲座等形式提高受助大学生的就业竞争力，帮助寒门学子就业脱贫。2013年，全省共筹集资金4770万元，发放助学款4693万元，帮助3.15万困难职工和困难异地务工人员子女走入校门。三是开展主题帮扶活动。茂名市工会按不同群体、不同类型确立探访帮扶主题，在全市广泛开展“主题探访、主动帮扶”活动，一月重病探视、二月送温暖、三月女工帮扶、四月劳模探访、五月工伤探视、六月就业帮扶、七月送清凉、八月金秋助学、九月关爱农民工、十月情系老职工、十一月送文化、十二月法律援助，变职工有困难找工会为工会主动上门探访、帮扶困难职工，以创新的精神推进工会帮扶工作，精心打造工会帮扶工作新品牌。

【开展职工医疗互助保障活动】 省总工会将职工医疗互助保障列入工作目标考核，制定年度推广计划。各市层层分解任务，积极推广，扩面工作取得突破性进展。截至2013年底，全省参加职工医疗互助保障计划的职工人数累计达816.5万多人次，为6.6万名患重大疾病的职工发放互助保障金3.89亿元。

【开展农民工工资支付专项检查活动】

2013年11月，全省各级工会积极配合人力资源社会保障、建设、公安等部门开展农民工工资支付情况专项检查行动，规范企业工资支付行为，为职工追讨欠薪。专项行动期间，检查用人单位45863户，涉及劳动者402.21万人，其中农民工269.26万人，为9.63万名农民工追回工资42524万元。（张奕莞）

基层组织建设工作

【对各市“两个普遍”情况进行抽查】

2013年2月25日至3月底，省总工会组成抽查工作组，并吸收各市组建部门负责人作为成员，抽查全省43个县区（东莞、中山、顺德为镇街）共236个基层工会组织“两个普遍”开展情况。每个市选取2个县（市、区，东莞、中山、顺德抽取2个镇街），每个县（市、区）实地抽查7个基层工会，其中1个外商投资企业工会，1个私营企业工会，1个社会组织工会，1个行业工会联合会及其下属1个企业工会，1个区域工会联合会及其下属1个企业工会。被抽查的基层单位名单在抽查组到达前不公开。抽查过程不听取地方工会汇报，直接深入所抽查的基层工会，查看建会原始档案，与基层工会主席面对面交谈了解，随机找若干名职工了解企业工会情况。对已建工会单位均进行实地抽查，对事实不存在的建会单位均到原地址实地确认，对未建工会单位均登记在案以便跟踪督查。

【召开全省工会组建工作会议】 2013年4月10日至11日，全省工会组建工作会议在梅州召开，全省21个地级以上市和顺德区总工会分管组建工作的副主席和组建工作部门负责人参加会议。会议传达全国工会基层组织建设工作会议精神，通报“两个普遍”抽查情况，启动“投产3年以上，职工人数50人以上企业集中建会行动”。会议提出省总工会2013年工会组建工作目标是按量保质抓组建，确保3年组建规划的完成。在组建数量方面，一是要继续抓好非公有制企业工会组建工作，重点是全国非公企业法人数据库中投产开业3年以上、职工人数50人以上的未建会企业；二是努力抓好社会组织工会组建工作。在工会组建质量方面，一是以规范工会民主选举为重点，提高基层建会质量；二是以深化职工之家建设为重点，增强基层工会活力；三是以落实会员“四权”（指知情权、参与权、选举权和监督权）为重点，加强工会民主建设。

【推动“两新”组织组建工会】 自2012年底省总工会和省民政厅联合下发《关于在全省社会组织中加强工会组织建设的意见》（粤工总〔2012〕207号）和省社会组织工会工作委员会成立以来，各地工会大力推动社会组织组建工会工作。全省有16个市成立了市级社会组织工会工作委员会，省社会组织工会工作委员会推动成立了14个省级社会组织工会联合会。

【利用税务代收的契机，推动25人以上企业建会】 为配合2013年7月1日开始的税务代收工会经费工作，从4月开始，先后发出《关于进一步做好基层工会组织建设工作的通知》等3份文件，要求各级工会利用这一契机，推动企业工会特别是25人以上企业工会的组建工作。将尚未建会的非公企业法人数量随通知下发各市，要求对未建会单位尤其是非公有制企业统一发出筹建通知书，尽快成立工会筹备组，按程序做好基层工会组建工作。组建要求通过三步走的方式：第一步，以市、县（区）、镇（街道）为单位统一发出筹建通知书；第二步，以镇（街道）、村（社区）为单位成立未建会单位工会筹建组；第三步，对职工人数25人以上企业指导成立工会筹备组。

【做好非公企业法人数据库工作】 2013年8月，全国总工会非公企业法人数据库改版为“工会基层组织建设管理系统”。省总工会于8月19日至21日，在省总工会干部学校对全省近250名数据库管理员分三批进行培训。培训班讲解管理系统各模块的使用方法，对充分发挥数据库系统作用，服务好工会基层组织建设工作提出要求。建立非公企业法人建会月度通报制度，将非公企业法人建会情况和录入数据库情况汇总并通报各市总工会和组建工作部门，每季度另通报各市分管工会工作的市委领导。11月起，为应对新形势，省总工会将月通报制度更改为旬通报制度。

【召开全省工会基层组织建设工作会议】

2013年10月22日，全省基层工会组织建设工作会议在广州召开，全省各地级以上市总工会、顺德区总工会分管基层组织建设工作的副主席及负责基层组织建设工作的部门负责人参加会议。会议指出，当前全省基层工会组建工作形势严峻，需要正确认识、处理税务代收工会经费与基层工会组建和规范化建设工作的关系。会议要求全省各级工会需要统一思想认识，上下一心，制定有效措施确保三年组建规划任务全面完成，力争年底非公企业工会组建和发展会员实现净增长；要结合实际加强工会规范化建设，转变工会发展方式，增强基层工会活力。

【对各市组建工作进行督导】 2013年11月4日，全国总工会在数据库内向广东省新增了“预置2012年新增正常营业企业”13万余家，同时，将库内原有数据注销3万余家，实际净增10万余家。在注销的3万企业中，有2万余家是已经建会企业，造成建会企业数、会员数、建会率、入会率等四个指标大幅下降。新增的企业还要一一进行核实和录入。数据库工作面临时间紧、任务重的局面。省总工会决定由领导班子和各部门对所联系的市进行督导，主要内容是该市非公企业工会组建情况，包括主要做法和成效，存在问题和原因，近期采取的措施，意见和建议等。并将各班子成员和各部门督导情况编发快报到省总工会机关各部门。

【向社会化工会工作者发放补贴】 2013年

全国总工会继续按每人每月200元的标准，向全国社会化工会工作者发放补贴。省总工会也按此标准进行配套，向符合条件的1003名社会化工会工作者下拨经费共计481.44万元，并于年前发放到位。

【申报全国模范职工之家等先进集体和先进个人】 广东省向全国总工会申报全国模范职工之家96个、全国模范职工小家96个、全国优秀工会工作者87名，全国优秀工会积极分子87名、全国优秀工会之友15名。全国模范职工之家中，非公有制企业工会32家，占总数量的33%。全国优秀工会工作者中，各级工会领导机关处（含）以下工作人员25名，占总数量的29%。

【推荐“全国双爱双评先进企业工会”】 与省工联商联合向全国总工会和全国工商联，申报了日本电产三协电子（韶关）有限公司工会、新会美达锦缎股份有限公司工会、揭阳市天诚密封件有限公司工会等3家企业工会作为全国双爱双评先进企业工会。

【推荐“全国百家示范乡镇（街道）工会”】

向全国总工会基层组织建设部申报了从化市温泉镇总工会、深圳市宝安区福永街道总工会、珠海市香洲区吉大街道总工会、佛山市三水区乐平镇总工会、中山市港口镇工会、佛山市顺德区大良街道总工会等6家乡镇（街道）工会作为“全国百家示范乡镇（街道）工会”。

【工资集体协商三年规划目标圆满完成】

截至2013年12月31日，全省签订工资集体合同11.3万份，覆盖企业43.8万家，已建工会企业工资集体协商建制率为84.5%，91.1%的世界500强在粤企业建立了工资集体协商制度，圆满完成工资集体协商三年规划目标。

【启动《广东省企业集体合同条例》修订工作】 省人大常委会将修订《广东省企业集体合同条例》补充列入2013年立法工作计划。省人大会同省总工会、省人社厅在省内外开展调研。省人大常委会副主任、省总工会主席黄业斌带队赴香港，与香港商会等企业代表组织座谈，减少企业方面的疑虑，尽最大努力争取社会各界对条例修订工作的支持。

【成功举办外资企业工资集体协商研讨会】

6月，省总工会组织召开了2013年广东省总工会外资企业工会工作研讨会，主题是工资集体协商和集体劳动争议调处。研讨会邀请包括南海本田、广州南沙电装、深圳理光在内的26位重点外资企业工会主席及所在地方工会分管副主席参加，按分组研讨、集中汇报、经验发言和互动研讨等四个环节进行。

【召开日资汽配企业工资集体协商研讨会】

12月，省总工会在南海组织召开日资汽配企业工资集体协商研讨会，来自广汽本田、南海本田、顺德矢崎等8家企业工会主席及部分地市分管副主席和部门负责人齐聚一堂，共同研讨年终奖的协商事宜。与会代表就协商代表的任期、产生办法、协商形式、数据采集、年终奖的影响因素等等进行深入的交流研讨。

【圆满组织全省工资集体协商指导员师资培训班】 7月9—10日，广东省工资集体协商指导员师资培训班在肇庆举行，全省近200名指导员参加培训。培训班邀请了学者、地方工会干部和职业经理人，从理论、行业性和企业层面讲授如何开展工资集体协商工作。培训期间，省总工会基层部负责人与21个地级市和顺德区的代表进行工作交流，其他学员参加业务测试。

【调整充实省联席会议成员】 基于相关省部委、厅的人事变动情况，2013年7月15日，省厂务公开民主管理联席会议发文，对其成员作调整，各成员单位增加一名处级干部作为联络员。全省各地党委、政府和各系统单位高度重视厂务公开民主管理工作，根据《关于切实加强厂务公开民主管理工作组织领导的通知》要求，全省各地各系统单位无论改为联席会议，还是保持领导小组或协调小组不变，都做到由市级领导、单位主要负责人或分管负责人任厂务公开协调（领导）机构的领导，厂务公开协调（领导）机构成员单位密切配合形成合力推进工作。由于领导体制和工作机制得到坚强有力的保证，省厂务公开民主管理工作继续呈现“党委领导、政府（行政）负责、纪检牵头、工会运作、各方配合、职工群众积极参与”的良好工作局面。

【推荐申报全国厂务公开先进单位】 全省在评选省级厂务公开民主管理示范单位基础上，推荐一批评选全国先进单位荣誉称号的参选单位，2013年广东省获全国示范单位称号单位3家，获全国先进单位称号单位30家，获全国推动先进单位称号单位3家。全省选树各级厂务公开民主管理示范单位中，全国级3家，省级60家，全省已基本形成全国、省、市（县）多级厂务公开民主管理先进典型带动整体工作的格局。

【进一步加强职代会制度建设】 全省职代会建制率和规范化建设大幅度提升，国有、集体企业和事业单位的职代会制度建制率达90%以上，已建工会的非公有制企业职代会建制率达70%以上。为适应市场经济要求，职代会制度自身建设也在不断完善与发展。全省不但建立区域性、行业性职代会，还建立了不同层级的企业集团职代会。在加强职工代表履职责任、民主评议企业领导人员，进一步落实职工法定职权等方面都有新的发展。

【召开厂务公开年度工作会议】 2013年11月下旬，全省厂务公开年度工作会议和“企业民主管理规定”培训班在阳江市举办。省厂务公开民主管理联席会议成员单位的工作负责人、各地级以上市（区）总工会分管厂务公开民主管理工作的领导及部门负责人、有关省级产业工会、部分中央驻穗单位和省属（集团）公司主管厂务公开工作负责人、获2013年全国厂务公开民主管理工作荣誉称号单位代表等，约150人参加会议。7家不同所有制、不同类型的典型经验单位，在会上作经验介绍，大会向36家获全国厂务公开民主管理先进单位称号的单位颁发了牌匾，省联席会议领导在会上作年度工作报告。与会代表参观考察当地两家非公企业。会议特邀全国总工会民管部专家领导作《企业民主管理规定》业务辅导。

【推进省厂务公开信息监管平台建设】 省纪委规划建立广东省厂务公开信息监管平台借助电子信息化手段提高工作水平与效率。省总工会具体承担监管平台开发建设工作，2013年完成软件系统设计、硬件安装调试工作，进入试运行阶段。（黎巧梅、岳军武）

经济技术工作

【启动广州南沙、深圳前海、珠海横琴建设劳动竞赛】 广州南沙、深圳前海、珠海横琴三个新区是深化内地与港澳交流合作、构成未来广东转型升级的三大重要平台。2013年2月，报经全国总工会批准，三个新区建设被列为全国促进区域发展示范性劳动竞赛项目。省总工会与广州、深圳、珠海三市总工会制定《广东省促进区域发展全国示范性劳动竞赛组织方案》和实施方案，积极组织做好筹备、部署和发动工作。9月24日，省十项工程劳动竞赛总结推进大会暨三个新区建设竞赛启动仪式在南沙举行。中华全国总工会党组纪检组长、书记处书记王瑞生，省人大常委会副主任、省总工会主席黄业斌出席会议并作讲话。三个新区建设劳动竞赛的启动，进一步为广东“当好主力军，建功十二五”主题竞赛的深入发展注入新的活力。

【深入推进省十项工程劳动竞赛】 继续在13个赛区和各地、产业示范性项目中推进以优质、高效、安全、快速、创新、廉洁为主要内容的“六比六赛”活动，助推全省重要基础设施建设和大型骨干企业转型升级。2013年共有广乐高速、广州地铁六号线等539个省重大基础设施建设项目、省部合作项目和大型骨干企业重点项目开展重点工程劳动竞赛。省十项工程劳动竞赛领导小组授予年度模范集体6个（同时颁发省五一劳动奖状），优秀个人20名（同时颁发省五一劳动奖章），优胜单位4个，优秀组织单位3个。

【推动全省职工职业技能大赛上规模上水平】

2013年初，省总工会、人社厅、经信委、科技厅发出《广东省职工技术大赛工作规程》，进一步推动全省职工职业技能大赛迈向规范化、制度化和科学化。全年共组织省级56个行业（系统）60个工种（项目）开展职工职业技能大赛，竞赛工种（项目）数量为历年之最，其中省直机关岗位技能、女法官业务能力、粤通卡客户服务技能等12个工种（项目）为首次列入竞赛范围。省级行业职工职业技能大赛与地方职工技术（职业技能）运动会上下衔接、相互促进，在广大职工中形成了“比、学、赶、帮、超”的良好氛围，有力提升了全省职工队伍的职业技能和综合素质。全省各地共举办2971个工种（项目）职业技能大赛，吸引近900万人次的职工参加。

【广泛开展群众性技术创新活动】 围绕推进自主创新、节能降耗、提高效益、构建和谐四大主题，在基层、企业中深入开展合理化建议、技术革新、技术攻关和发明创新活动，进一步激发了广大职工群众的创新活力和创造潜能。2013年共有20.5万家企业、733.6万名职工参与开展形式多样的劳动竞赛活动。各地还不断创新工作方法，进一步在非公企业组织开展劳动竞赛活动。

【做好2013年全省庆祝五一国际劳动节暨劳模表彰大会的筹备和表彰工作】 按照全国总工会和省总工会的推荐评选要求，顺利地完成2013年度全国和省五一表彰的推荐评选工作，共有15个单位、50个班组、69名先进个人被全总授予全国五一劳动奖状、全国工人先锋号和全国五一劳动奖章；180名先进个人、199个班组被省总工会授予省五一劳动奖章和省“工人先锋号”。4月27日，在广州珠岛会堂隆重召开“中国梦·劳动美——广东省庆祝五一国际劳动节暨劳模表彰大会”。

【开展“中国梦·劳动美——劳模风采展示”活动】 为深入学习宣传贯彻习近平总书记4·28的重要讲话精神，在“五一”前后，省总工会和省电视台联合组织开展“中国梦·劳动美——劳模风采展示”活动，在广东卫视《新闻联播》等黄金时段播出16集。省总工会常务副主席陈宗文作开场篇，共介绍15位劳模的先进事迹。节目播出后社会反响强烈，在全社会高扬劳动光荣的主旋律。

【做好关爱劳模的各项工作】 2013年继续做好全国、省级劳模“三金”、劳模荣誉津贴的发放和劳模休养、体检工作。共向全国劳模发放春节慰问金、生活困难补助金和特殊困难帮扶金1355万元，向省级劳模发放春节慰问金、生活困难补助金605.7万元，向省部级老劳模发放医疗和特殊困难帮扶金800万元；至2013年11月30日，省财政劳模荣誉津贴在发人数共8373人（其中全国劳模558人，省、部级劳模7815人），1—11月共发放荣誉津贴1933.65万元；按照全国总工会要求，全年组织安排全国劳模11批250人到北戴河、云南、厦门等地疗休养；组织安排省级劳模7批280多人赴省内外进行休养；按计划安排广州等7个地级以上市和顺德区的省级劳模进行体检。（陈雪飞）

劳动保护工作

【继续深入开展全国“安康杯”竞赛活动】

2月22日广东省总工会、广东省安全生产监督管理局下发《关于2013年度开展全国“安康杯”竞赛活动的通知》，要求围绕“弘扬企业安全文化，加强班组安全管理”的竞赛主题，组织动员全省各地、各产业和企事业、机关单位深入开展“安康杯”竞赛活动。2013年全省共有21个地级市和19个省级产业厅（局）超过16637万家企业、16.59万个班组、450万职工参赛。共有96家企业荣获全国“安康杯”竞赛优胜单位称号，81家企业荣获省“安康杯”竞赛优胜单位称号，3个单位荣获广东省五一劳动奖状称号，5个班组荣获广东省“工人先锋号”称号。

【召开全省工会劳动保护工作会议】 11月7日，省总工会在广州召开全省工会劳动保护工作会议。会议传达贯彻全国工会劳动保护工作会议精神，总结两年来工会劳动保护工作经验，并对下一步工作进行安排部署。会议指出，全省各级工会紧紧围绕安全生产和职业病防治工作重点，工会劳动保护工作呈现出良好发展态势，为实现全省经济平稳较快发展和良好的安全生产局面做出了重要贡献。下一步，要充分发挥基层工会组织和职工群众在劳动安全卫生工作中的重要作用，着力解决影响职工安全健康权益的突出问题，推动工会劳动保护工作创新和发展。

【举办首届广东省安全文化DV短片比赛活动】 经过省总工会广泛发动，全省各地市、产业、中央驻穗和省属单位工会认真组织企业班组参加了首届安全文化DV短片比赛活动。比赛历时7个月，全省各参赛单位经层层选拔共推选65件DV作品参加省里的复赛，并评选出10支班组作品参加决赛。南航集团广州飞机维修工程有限公司大修部高检车间第五班组、中国移动通信集团广东有限公司霞山分公司综合管理部荣获一等奖。深圳市总工会等5家单位获优秀组织奖。活动结束后将部分获奖作品制作成光盘，免费发放给企业和职工学习，展示企业班组安全文化建设成果，传播企业班组安全文化建设经验。

【大力参与职业病防治工作】 省总工会加

强对工会参与职业病防治工作现状和存在问题的研究，深入了解各地推广应用“工会参与职业病防治工作模式”进程，调研地级市工会与政府有关部门建立职业病防治联席会议机制的工作进展、取得的经验和难点问题。12月，在深圳市召开推广职业安全卫生防护“工具包”研讨会，选取部分企业进行试点，引进和借鉴国际上职业健康防护的先进理念和方法，保护职工安全健康权益。进一步加强职业病防治工作检查力度，6月底，省总工会带队省安委办第3检查组分别赴中山、佛山、肇庆、云浮四市开展职业卫生执法监察联合行动；8月，参加省人大常委会执法检查组，对韶关、深圳、东莞、顺德实施《职业病防治法》的情况进行执法检查。

【参与安全生产相关法规政策的制定】 参与《广东省安全生产条例》、《广东省安全生产责任保险实施办法》的修改制定，对《广东省贯彻落实〈国务院安委会关于进一步加强安全培训工作的决定〉的实施意见》、《广东省安全生产“十二五”规划实施中期评估报告》、《2013年职业卫生执法监察联合行动方案》等多部草案提出修改意见，从源头上维护职工群众合法权益。

【参加安全生产专项督查和重大事故调查处理】 1月初参加省政府检查组，对广州、佛山和东莞三市开展职工工资支付情况进行专项检查。1月下旬参加对惠州和深圳两市、广东省气象局和广东海事局两个省直单位2011－2012年度安全生产“一岗双责”履职情况的考核。7月上旬参加中、小学生防溺水事故督查组，对东莞、深圳进行督促检查。8月和9月，参加对阳江市和顺德区安全生产工作进行了前后二轮综合督查。11月底参加省消防安全委员会对全省第五批火灾隐患重点地区整治工作进行检查验收，参加对深圳和东莞的验收活动。12月11日，深圳市光明新区荣健农批市场发生火灾，共造成16人死亡，5人受伤。事故发生后，省总工会派员参加省政府调查组参与事故调查处理，代表工会组织提出事故处理意见，维护职工合法权益。

【扎实开展劳动安全卫生宣传教育培训活动】

6月举办2013年全省县级工会劳动保护干部培训班，来自各县（市、区）级工会的近100名劳动保护专兼职干部参加培训。2013年底在省总工会干部学校举办一期劳动保护监督检查员培训班，近100名工会劳动保护干部参加培训。开展“安全生产月”各项活动，印制职业病防治宣传海报5千张，免费发放给企业张贴宣传。参加“广东省、广州市2013年安全生产宣传服务咨询日”活动。与省安全监管局共同举办“第七届粤港澳安全知识竞赛选拔赛”。在《南方工报》上开设“安康”专版，“安全生产月”期间设置安全生产宣传专栏，网站上开设劳动保护专题。向工会干部免费发放《安全生产和劳动保护法律法规汇编》一书，向企业和职工免费发放《噪声危害及防护职工普及读本》、职业病防治宣传画、“安康杯”宣传标语、DV比赛获奖作品光盘等宣传品，普及安全生产知识。（李华子）

女职工工作

【深入贯彻落实《女职工劳动保护特别规定》】 根据全国总工会女职委的部署和要求，省总工会女职委于4月至8月发动组织全省19.4万家企业、1130万名女职工参加全国总工会举办的《女职工劳动保护特别规定》知识竞赛活动，向各级企事业单位职工发放一万多份调查问卷，组成调查组深入有关地市开展职工意见收集，在宝钢集团韶关钢铁有限公司等企业举办调研座谈会，对在贯彻落实工作中出现的问题进行探讨研究。通过收集大量反馈信息和数据，形成《特别规定》贯彻落实情况调研报告，获得2013年度省总工会机关调研成果评选二等奖。

【优质实施女职工提升素质建功立业工程】 省总工会女职委创新开展女职工职业技能竞赛活动，逐步实现从单纯操作技术型向高端、专项业务能力型转变。9月，省总工会与省高级人民法院联合举办首届“广东省女法官业务能力竞赛”，在全国尚属首次。全省共有1000多名女法官参加比赛，60名女法官进入决赛，广州中院女法官陈舒舒荣膺榜首，按程序申报广东省五一劳动奖章，一批优秀选手荣获“广东省女法官业务能手”称号。2013年，全省各级工会组织女职工参加建功立业活动达600多万人。省总工会女职工部提供多层面培训平台，帮助广大女职工提升素质。举办了5期全省工会女职工干部岗位培训班，共有540人参加培训；举办“员工心理援助专项职业能力认证”培训班，共有86名女职工干部参加培训，60名女职工干部参加了省人力资源和社会保障厅统一组织的考试，58名同志获通过；在北京大学举办企业工会女工干部素质提升高级研修班，共40名女职工干部参加培训。推荐肇庆市女职工教育培训基地为全国工会女职工培训示范学校，使广东省全国“工会女职工培训示范学校”增加至7所。省总工会授予广东松发陶瓷股份有限公司品质管理部等5个集体和张建华等5名女职工“广东省五一巾帼奖”荣誉称号（同时授予广东省五一劳动奖状和广东省五一劳动奖章称号）。

【切实推进女职工组织和女职工权益保护专项集体合同全覆盖】 省总工会女职委加强工作指导，注重加大对中小非公有制企业以及区域性、行业性集体合同的推进力度，推广先进经验，强化监督落实，通过召开“两个全覆盖”推进工作交流会等方式，积极创造学习交流平台，确保女职工组织和女职工权益保护专项集体合同全覆盖工作规范到位。到2013年底，全省有女职工的工会组织共232472个，建立女职工组织的有228127个，平均组建率达98.13%；全省企事业单位签订工资专项集体合同298486个，签订女职工权益保护专项集体合同293113个，平均签订率达98.2%；全省22个地市（区）工会均已按照标准，在具备建立女职工组织条件的企业中基本实现“两个全覆盖”。

【大力开展“女职工关爱行动”】 按照全国总工会统一部署，2013年开展的女职工“关爱行动”进一步加大对困难女职工及其家庭的帮扶力度，重点开展困难女职工“大病医疗救助”、“单亲困难女职工子女助学”等活动。省总工会女职委将全国总工会拨出的100万元资金用于大病医疗帮扶，救助302人，助学264人；省总工会拨出“两癌”普查资金120万元，由省工人医院派出医疗车和医务人员奔赴22个市、县（区）为12000名困难女职工和女农民工进行免费妇科、乳腺普查。全省各级工会共筹集资金800多万元，为近20万女职工实施了“两癌”（指乳腺癌和宫颈癌）普查。女职工安康互助保障计划扎实推进。截至2013年底，全省“女职工安康互助保障计划”累计参保人数达194.3万人次，共向3669名患病职工发放互助保障金8327.4万元。2013年，全省（广州市除外）“省女职工安康互助保障计划”参保合计19.9万人次，共向437名患病职工发放

互助保障金1084万元。（严壁）

财务工作

【全面实施全省税务代收工会经费工作】 2013年7月1日开始，全省全面实行地税代收工会经费。这是广东省工会经费收缴体制的一次重大改革，按照“稳步是方法，推进是目的，建制是关键”的工作思路，省总工会与省地税局、人行广州分行、工商银行广东省分行等部门密切配合，循序渐进，为推进全省地税代收工作做了大量工作。一是研究出台一系列文件，明确代收办法、代收范围、分成比例、账务处理、退费办法等，为税务代收工会经费各项工作的开展提供政策依据。二是委托省工商银行开发“广东省工会经费收缴管理系统”，为税务代收工会经费搭建服务平台。通过系统组织基层工会和县级以上管理工会完成基础信息录入和审核工作，确保基层工会与上级工会之间的隶属关系和工会银行账户等重要信息准确无误。三是召开全省工会经费收缴工作会议及全省税务代收工会经费工作座谈会，做好税务代收工会经费工作总动员和总部署。四是广泛开展宣传活动，编印下发《广东省地税代收工会经费工作手册》、《广东省地税代收工会经费工作政策解答》和《广东省地税代收工会经费缴费指南》等资料，为代收工作顺利开展创造良好的社会舆论环境。经过全省各级工会的共同努力，在各级党委政府以及地税、银行等职能部门的大力支持下，全省工会经费收缴渠道基本顺畅，各项代收工作正平稳有序地推进，各级工会经费收缴总量均有不同程度的增长。2013年省总工会本级工会经费收入为50968.19万元。其中拨缴经费收入（1－6月、8－11月）24516.25万元，上级补助收入13696.03万元，政府补助收入9382.15万元，事业收入400万元，其他收入2973.76万元。上缴全国总工会经费支出12159.40万元，完成了全国总工会下达的经费上缴任务。

【争取更多政府财政资金用于工会工作】 各级工会为了更好地贯彻落实中央关于“把更多的资源和手段赋予工会组织，把党政所需、职工所急、工会所能的事更多地交给工会组织去办，不断扩大工会组织的社会影响”的重要批示精神，根据省委、省政府进一步发挥工会组织在参与创新社会管理作用的要求，各级工会主动向地方党委政府汇报工会工作，积极争取地方财政在专项资金等方面对工会给予大力支持，让工会能够集中更多资源和手段为党政分忧、为职工服务，使工会能够真正回归到职工合法权益的代表者、维护者的角色，进一步促进工会职能的转变和履行。2013年，省总工会经过努力，省财政厅共拨入专项资金9382.15万元，比上年7643.98万元增长22.74%。其中困难帮扶经费1000万元，送温暖资金500万元，劳模荣誉津贴2200万元，2012年和2013年劳模帮扶慰问体检经费2360万元，困难老劳模医疗救助500.00万元，离退休费2267万元，第五届职工运动会经费200.00万元，五一系列活动、厂务公开和十项工程劳动竞赛经费等也有所增加。

【完善财务制度】 各级工会财务部门积极开展工会财务会计管理规范化建设活动，工会财务机构和人员建设、财务制度建设、财会标准建设和财务会计工作流程建设逐步向全国总工会提出的工会财务会计管理规范化总体目标迈进。2013年省总工会在科学、合理编制并严格执行本级经费收支预算的基础上，根据实际需要，制定《广东省总工会机关和直属单位基本建设资金安排制度》、《广东省总工会领导班子成员预备费管理办法》，不断完善省总工会内部财务管理制度体系，有效控制和规范费用支出，提高工作效率，进一步实现以制度管人、以制度管事的管理理念和要求。

【重视专项资金管理和审计检查工作】 重视对专项资金，特别是对中央、省财政拨入的困难职工帮扶、送温暖、劳模津贴等专项资金的管理和监督，定期组织对市、县（区）工会困难职工帮扶专项资金在规范使用和账务处理等方面进行检查和指导，防止违纪违规支出现象的发生，确保资金使用规范，专款专用，有效推动全省工会财务工作规范化和精细化。2013 年，全国总工会派出 2 个检查组对广东省中央帮扶专项资金、劳模经费使用情况进行专项检查。有关各市财务部门积极配合检查组，做了大量前期准备工作，按要求及时、完整地提供相关资料。对检查组提出的审计意见高度重视，认真进行整改落实，进一步加强和规范专项资金的管理与使用。

【举办工会财务人员业务培训班】 适应工会工作发展和税务代收工会经费工作的需要，按照《关于开展工会会计制度培训工作的通知》（粤工总财［2013］141 号）要求，各级工会广泛开展财务专业理论和税务代收工会经费相关知识培训工作。2013 年各市总工会举办工会业务知识培训班、地税代收工作宣讲会和代收系统信息录入培训课程 2—3 场。省总工会举办 4 期财务人员业务培训班，重点指导市总工会和省级产业、厅局、集团、公司工会财务人员开展基层工会基础信息录入、审核和分配处理等工作，帮助财务人员了解和掌握"工会经费收缴管理系统"的操作技能，进而能够通过系统及时查询本级以及下级工会基础信息录入、经费缴交和分配等情况。省总工会财务部派出业务骨干，支持市、县工会以及省级产业、厅局工会的培训及对下指导、服务工作，共同提高财务人员的整体水平。（姚明联）

经费审查工作

【审查审计 2012 年度预算执行情况】

2013 年 5 月，省总工会经审会十二届八次全体会议审查通过省总工会本级 2012 年度经费收支决算，听取并审议《关于 2012 年度工会资产监督管理情况的报告》。2012 年，省总工会本级各项收入总计 48523.35 万元，完成预算的 115.91%，同比增长 15.89%。其中：政府补助收入 7643.98 万元，完成预算的 101.04%；拨缴经费收入 24920.89 万元，完成预算的 128.72%；上级补助收入 12871.08 万元，完成预算的 105.37%。各项支出总计 36487.28 万元，完成预算的 100.44%，其中：补助下级支出 18206.03 万元，占总支出 49.90%，完成预算的 116.70%；行政支出 5393.24 万元，占总支出 14.78%，完成预算的 95.42%。本年经费结余 12036.07 万元，上缴全国总工会经费 11059 万元。会议认为，省总工会 2012 年度预算执行情况较好，收入继续保持较大幅度增长，总支出控制在预算以内，支出结构基本合理；体现收支平衡、突出重点、向下级工会和职工活动倾斜的指导思想；资产总量持续增长，资产管理水平进一步提高。

【审查 2013 年度经费收支预算】 2013 年，省总工会本级经费收入预算 42262.80 万元，支出预算 38027.85 万元，当年预算结余

4234.95万元。省总工会经审会十二届八次全体会议审查通过省总工会本级2013年度经费收支预算草案。会议认为，2013年度收支预算编制科学，规模把握适度，收入真实可靠，支出结构合理，补助下级、维权帮扶、送温暖等重点支出进一步增加。8月，省总工会经审会第十四次常委会议审查并通过省总工会本级2013年度上半年经费预算执行情况，同时听取财务部《关于2012年度经费预算执行情况审计意见整改落实情况的报告》。会议认为，2013年上半年经费预算执行情况良好，收入持续稳定，支出控制较好，在保障重点工作需要的同时，大力压缩了三公经费和一般性支出。会议充分肯定省总工会财务部对审计意见的整改落实。12月，省总工会经审会第十五次常委会议，审议通过《广东省总工会2013年度经费收支预算调整方案》。省总工会财务部认真落实省总工会经审会对2013年经费收支预算执行情况提出的意见和建议，预算调整幅度适当，切合实际。

【审计监督省总工会直属企事业单位财务收支情况】 2013年，省总工会经审会委托事务所对省总工会直属8家企事业单位的财务收支和经营管理情况进行审计。审计结果表明，事业单位财务收支基本合规，预算执行情况较好；企业化管理单位运作正常，资产规模有所增加，经营管理水平逐步提高，年度经营绩效考核指标基本完成。

【审计监督专项资金】 2013年，省总工会经审会继续把专项资金审计作为年度审计工作重点任务，对深圳、韶关市总工会的专项资金使用管理情况进行就地审计，并与财务等有关部门合作，对全省21个地市总工会的劳模“三金”（低收入生活困难补助金、特殊困难帮扶金和春节慰问金）和中央帮扶等专项资金使用管理情况进行审计调查和专项检查。在日常审计中继续对市、县总工会困难职工帮扶中心进行延伸审计，实现专项资金审计监督常态化。审计结果表明，全省专项资金使用管理情况进一步规范，资金审批程序、发放手续更加严格，帮扶中心管理水平不断提高。

【审计监督下一级工会财务收支情况】

2013年，省总工会经审会进一步加大对下审计力度，创新审计方式，积极引进社会审计力量，聘请具有审计、会计等专业资格和职业能力的人员参与工会审计工作。通过就地审计和送达审计的方式，对深圳、韶关、河源、梅州、惠州、汕尾、东莞、佛山、潮州、揭阳等10个市总工会，省农垦、地质等7个省级产业工会和省广电、粤电等8个厅局、省属（集团）公司工会进行审计。审计结果表明，各被审单位工会经费收入稳步增长，完成或超额完成省总工会下达的经费上缴指标任务；工会经费主要用在职工活动，补助下级，特别是送温暖和维权等方面。根据中办、国办《党政主要领导干部和国有企业领导人员经济责任审计规定》和《广东省工会负责人任期经济责任审计暂行办法》，受组织人事部门委托，省总工会经审会还对惠州、河源2个市总工会主要领导进行离任经济责任审计。

【审查审计中发现的主要问题】 一是预算管理水平有待提高，少数单位预算观念不强，未编制年度预算或未按规定办理预算调整手续，预算项目细化不到位，存在预算刚性不强、执行不严、预算与执行“两张皮”现象；二是有的单位违反《现金管理条例》和工会经费使用管理办法及国家有关规定，日常经济活动中大量使用现金；三是挪用工会经费，用于开展党员活动或其他与工会工作无关方面；四是个别单位财务制度不健全，内部控制制度存在漏洞，基本建设项目和大额采购等未按规定进行招标和审计；五是审计意见整改不落实、不彻底，预算管理、资产管理等方面一些问题长期未得到重视和解决。

【全面加强工会经费审查审计监督工作规范化建设】 一是高度重视经审工作。2012年底，省总工会下发《广东省总工会关于进一步加强工会经费审查监督工作的意见》等一系列文件，并积极贯彻落实。2013年10月，省总工会主席办公（扩大）会议决定，将工会经审工作纳入全省各级工会重点工作考核内容。二是经审工作规范化建设上新台阶。2013年度，广州、深圳、茂名、东莞、韶关、汕头、江门、揭阳、佛山、清远、阳江、肇庆、云浮13个市总工会经审会获经审工作规范化建设特等奖。省总工会经审会连续七年荣获全国工会经审工作规范化建设考核特等奖；省总工会经审会等16家单位被全国总工会授予“经审工作先进集体”，孔玫等22名同志被评为“全国工会经审工作优秀干部”。三是经审工作制度进一步落实。省总工会经审会新修订的《市级工会经审工作规范化建设标准》和《广东省总工会经费审查委员会委员履职情况评价暂行办法》等规定已全面贯彻执行，对进一步推动全省工会经审工作规范化、制度化发挥重要作用。四是审查审计监督进一步深化。省总工会经审会充分发挥经审委员的核心作用，重点抓了本级工会经费预算编制和预算执行情况的审查审计监督，加强对基本建设和重大项目资金的审计监督，强化对中央帮扶、劳模“三金”等专项资金的监督和管理，实现专项资金审计监督常态化。省总工会本级完成审计项目39个，地级以上市总工会开展各类审计623项。五是经审会办事机构进一步健全。省总工会经审办编制4人，2013年增加1人，实配5人，按《中国工会审计条例》要求配齐配强干部；东莞市总工会经审会主任已实现专职配备；肇庆市总工会增设独立经审办公室，配备2名专职干部，解决经审会主任专职配备问题；中山市总工会为经审办增聘2名工作人员；全省大部分市总工会均按要求设立经审办，配备1—3名兼职人员。六是经审干部队伍素质进一步提高。省总工会把经审委员培训列入主体班，聘请华南理工大学、暨南大学等知名大学的教授和省审计厅专家，举办有省总工会经审委员和市级工会专兼职经审干部参加的主审培训班。全省县以上工会共举办经审干部培训班44期，培训经审干部6786人次。省总工会和地级以上市总工会初步形成一支素质较高，专、兼、聘相结合的经审干部队伍。（孔玫、刘守谦）

调研工作

【开展省总工会机关优秀论文评选】 2013年，省总工会机关各部门结合全省劳动关系、职工队伍和工会工作出现的新情况、新问题开展大量调研，撰写一批高质量、有价值的调查报告、论文和信息文稿。省总工会机关调研成果评奖小组共收到参评文稿131篇，入选107篇，15篇调研成果被国家级和全国总工会刊物选用。

【开展全省优秀工运论文评选】 2012年度广东工运理论政策研究优秀论文评选活动共收到参评论文84篇。这些论文结合广东工会实际，牢牢抓住维护职工合法权益这一核心工作，按照“三个定位、两个率先”的目标，积极探索服务职工、参与社会创新管理的新途径、新平台，从不同角度对工会工作进行实践总结和理论思考，形成工运理论研究的宝贵成果，为进一步开创广东工会工作新局面、实现工运事业新发展提供重要的理论支撑。经学会组织评委评选，共评出一等奖 14 篇，二等奖 18 篇，三等奖 21 篇，优秀奖 31 篇。（李钢全）

法律工作

【积极参与立法和政策文件制定】 从源头上代表和反映职工利益，对涉及职工切身利益的重大问题，提出工会的主张和建议，为职工权益维护和工会权益保障法律制度的完善做出积极贡献。参与《劳务派遣若干规定》、《广东省特种设备安全监察规定》、《广东省安全生产条例》、《广东省劳动人事争议处理实施办法》等多部法规规章的制定和修改工作，工会所提的许多意见和建议被采纳。省人大常委会将修订《广东省企业集体合同条例》列入 2013 年立法工作计划。受省人大内司委委托，省总工会负责《广东省企业集体合同条例》修订草案起草工作，在广泛调研、座谈、论证和征求意见的基础上形成修订草案稿。

【进一步完善枢纽型组织体系】 一是完善职工服务类社会组织联合会工作体系。按照做实平台、做成体系、做好项目、做亮品牌的总体要求，不断加强和完善各级联合会的规范化建设，增强自身竞争力。充分发挥联合会在组织行业技能竞赛、强化法律援助服务等方面的作用，主动用好党政赋予的资源手段，承接从政府转移出来、适合工会开展的保障、帮扶、培训等社会事务，主动承载更多的社会管理与公共服务职能。把工会已经运作成熟的工伤探视、法律援助、技能培训、心理疏导等服务项目委托给有条件、有能力、有资质的职工服务类社会组织，促进服务项目品牌化、标准化、专业化。二是建立“工会＋社工＋义工”服务模式。进一步加快社会化聘用工会工作者和组建工会志愿者队伍的推进力度，积极打造“工会＋社工＋义工”的职工服务队伍。以中山市和顺德区为试点，探索建立以工会干部为主导，以社工为承担，以义工为配合的“工会＋社工＋义工”“三工”联动服务职工机制。充分利用以省、市职工服务中心为骨干，县（区）级服务中心为支撑，乡镇（街道）、村（社区）和企业服务站、点为基础的六级职工社会服务工作体系，引入和运用社工专业的个案工作、小组工作和社区工作等手法，实现职工服务创新。

【加强工会法律服务律师团建设】 继续推进工会法律服务律师团建设，2013 年共举办法律宣传活动 442 场，组织法律培训 236 场，培训 28914 人次，共为职工办理法律援助案件 3010 宗，涉及职工 9418 人，为职工挽回经济损失近 1.6 亿元。在全省范围内开展千名律师进万家企业工作，充分发挥律师法律知识和法律实务经验的专业优势，进企业为企业工会和广大职工提供法律服务，通过主动服务、依法服务、科学服务，为企业健全完善规章制度，疏导化解企业矛盾纠纷，抵御防范企业法律风险，提高工会干部及职工的法律意识和法律素养，推动劳动关系的和谐发展，促进我省经济平稳较快发展与社会和谐稳定。

【推动健全劳动争议调解组织网络】 按照“防调结合，以防为主”的工作原则，全省工会根据各地实际情况，因地制宜，各施其策，力求将劳动争议化解在基层、消除在萌芽状态。截至 2013 年 9 月底，全省各类企事业单位共建立劳动争议调解组织 8.5 万个，劳动争议调解委员会人员近 30 万人。2013 年预防和调解劳动争议案件 2.9 万件。省总工会大力推进区域性、行业性劳动争议调解组织建设，努力做到“协商不出厂、调解不出村、仲裁不出镇”。截至 2013 年 9 月底，全省建立区域性行业性劳动争议调解组织 1368 个，调解人员近万人，受理劳动争议案件 1.2 万件，调解成功率达 78%。

【利用多种载体开展法制宣传教育】 积极创新普法形式，利用多种载体深入开展以“法律六进”为主题的送法上门活动。省总工会每年印制超过 10 万份法律法规宣传资料免费发放到企业和职工群众手中，订阅上万册法律工具书发放到各级工会。继续充实《南方工报》“工会法律服务律师团在行动”专栏，在省总工会门户网站登载普法宣传资料，通过网上咨询、“主席信箱”、“主席热线”、“广东工会”微博、“工人在线”等渠道与广大职工互动，解答职工问题，普及法律知识。积极配合省禁毒委在“6.26”国际禁毒日举办的全省“远离合成毒品、共建平安广东——关爱异地务工人员，防范合成毒品危害”主题活动，全省工会系统在全民禁毒宣传月共举办合成毒品知识讲座和禁毒知识培训班超过 300 场。

【引导职工依法理性解决群体性劳资纠纷】

制定了《广东省总工会处置群体性劳资纠纷突发事件应急制度》，按照群体性劳资纠纷突发事件性质、涉及人数、严重程度、可控性和影响范围等因素制定分级处置机制。积极协助地方党委政府处置职工群体性事件，把集体协商作为处置的基本手段，努力防止事态扩大化，取得良好成效。妥善处理广州中医药大学第一附属医院护工、保安员集体维权事件等群体性劳资纠纷，引导涉事职工依法理性维权，督促用人单位妥善解决事件，维护职工的合法权益。

【全面推进企业依法治理工作】 7 月 11 日，省依法治省办、省普法办、省总工会召开全省企业依法治理试点工作座谈会，确定广东电网公司、茂名石油化工公司等 11 家企业为“全省企业依法治理工作试点”。通过试点企业的模范效应带动全省企业依法经营、构建和谐劳动关系、承担社会公益责任、加强法制宣传教育和法治文化建设等。抓住《劳动合同法（修正案）》施行的有利时机，配合《劳务派遣暂行规定（草案）》公开征求意见工作，组织部分劳务派遣用工单位管理人员和工会干部进行座谈，要求用工单位严格遵守法律法规规定，规范本单位劳务派遣用工，要求用工单位工会加强对劳务派遣工群体的法制宣传教育，增强劳务派遣工依法维护自身权益的意识。

【创新工会信访工作机制】 制定《广东省总工会“主席信箱”和“主席热线”办理工作制度》和《广东省工会信访维权服务一体化工作制度》，构建工会“六位一体”的维权模式，利用工会职工服务中心平台把信访工作与法律咨询、劳动争议调解、法律援助、困难职工帮扶、心理疏导等维权服务工作有机结合起来，实行“一站式”服务。2013 年全省信访总量 22671，其中接听来电 10358 件，接待来访 9965 件，处理来信 2348 件。继续与省信访局等单位合作开展“我省环卫工人合法权益保障”专题调研，向省委报送了《我省环卫工人待遇问题不容忽视》的调查报告，推动省政府出台《关于广东省保障环卫工人合法权益的指导意见》。

（许琳婷）

国际及港澳台交流工作

【务实友好深化外事交流合作】 2013年接待外国工会重要团组4批30人次、外国友人2批3人次、国际工会组织1批4人次；组派并获批成行团组6批31人次，其中参加全国总工会组派的“中国工会赴都灵中心培训团”前往国际劳工组织都灵国际培训中心培训1批1人次。

【发挥优势丰富粤港澳台务实合作】 一方面充分利用工会民间团体外交优势和粤港澳地缘、人缘优势，大力支持港澳工会工作，积极赴港澳参加其工会重大活动、会议、论坛等，就集体条例、工会经费收缴等涉及港、澳资企业的重要议题多次与港澳商会组织沟通洽谈；另一方面，认真贯彻落实省委对台工作会议精神，切实按照省委提出的关于“多做台湾民间交流工作”的要求，继续巩固与台湾台中市总工会的友好交流关系，多次组派地市（区）工会、产业工会以及调研团组赴台交流，不断拓宽与台湾地区工会的交流领域。2013年共完成出境团组17批158人次，其中赴港澳团组6批26人次、赴台交流团组11批132人次。本着实事求是、热情友好的原则，务实接待来粤港澳台工会团组及友人，着重客观宣传改革开放以来广东省及广东工会的发展成就，增加港澳台同胞对“一国两制”、“一个中国”等意识的认同，2013年共接待港澳台地区重要团组5批126人次、港澳台工会友人10批约50人次。

【利用多方平台促进工会外事暨港澳台交流合作】 充分利用工作座谈会、国际研讨会、工会论坛等多种平台积极联系国外及港澳台工会组织，积极争取地方外事部门的支持促进广东省工会与各友好工会就职工就业状况、权益维护、海外劳工维权、劳工立法参与及实践和如何有效开展交流合作等议题沟通协商，召开“香港工联会内地咨询服务中心工作座谈会”、参加第七届“海峡两岸工会论坛”、“海外务工人员权益保护与工会作用研讨会”、“‘2013’经济全球化与工会国际论坛”、“工资集体协商立法与规制趋势研究国际研讨会”等由全国总工会举办的论坛及活动，应邀出席省人大与德国联邦政府派驻德国外交部的人权政策及人道援助事务专员的座谈会等。

【加强工会外事工作研究和成果转化】 每个出国、出境团组都认真完成出访交流任务，访问报告认真落实，上报有关外事主管单位，使访问成果转化成推动广东省工会工作的动力。完成以“出国（境）交流对促进广东工会工作发挥的作用”为主题的调研活动，认真落实调研成果，促进广东省工会中心工作开展。（孙宏宇）

资产和企事业工作

【积极推进“四大工程”建设】 2013年，省总工会确定实施“六大工程”，其中，由实业发展中心牵头组织实施“广东职工之家”、“省工人医院达标工程”、“省黄埔卫校达标工程”、“南华工商学院创一流工程”等四大工程。

【加强省总工会直属企事业单位分类指导和管理】 实业发展中心制订经营目标责任制，完善考核办法，确保工会企事业资产保值增值。3月，代表出资人与各直属单位签订2013年经营目标责任书，实行分类指导，围绕中心、服务大局，适时调整经营思路和方向。为确保工会企事业资产保值增值，建立科学有效的激励约束机制，确保工会企事业资产值增值。

【开展全省工会企事业资产普查工作】 实业发展中心按照全国总工会要求，对全省县以上工会企事业资产进行普查。全省工会企事业资产总额为139807.76万元，净资产93459.57万元，土地占地面积为216.43万㎡，建筑面积为73.95万㎡。

【编写工会资产监督管理手册】 实业发展中心编写了工会资产监督管理手册，印发给各市、县、区总工会，帮助基层工会准确把握政策，提高工会资产纠纷处置能力。

【坚持原则维护工会资产完整性】 全省工会不动产拆迁、置换、重建、购置等处于高发井喷期，从省总工会到各市、县、区工会都出现涉及资产纠纷问题。实业发展中心根据情况积极做好各级工会资产处置的指导工作，严格按照程序将重大事项及时报全国总工会资产监督管理部和省总工会领导，督办资产处置的落实。2013年全省累计处置涉及工会资产处理、拆除、改造等申请17件，遍及惠州、阳江、揭阳、韶关、云浮、湛江等9个地市。

【召开全省工会资产监督管理工作会议】

实业发展中心于2013年11月29日召开全省工会资产监督管理工作会议，传达全国总工会加强工会资产监管的会议精神。省总工会副主席张振飚出席会议并就强化全省工会资产监管、调整工作重心，突出服务职能等，提出要求，并总结2013年的工作和部署2014年任务。（曾秋瑜）

技术协作工作

【抓好职工优秀技术创新成果评选工作】

2013年6月，中华全国总工会、科学技术部、工业和信息化部、人力资源和社会保障部举办第四届全国职工优秀技术创新成果评选表彰活动。广东省积极组队参与，由省总工会、省科技厅、省经信委、省人社厅联合发文，成立以省总工会常务副主席陈宗文为组长、副主席张国兴和省经信委、省科技厅、省人社厅分管领导为副组长，相关厅局业务部门负责人和专家评委为成员的领导小组，通过各级工会、职工技协广泛发动，广大企业和职工的积极参与，全省共收到64项优秀技术创新成果，经过严格的筛选和评审，推荐5项成果送全国参加评选。其中，以佛山市广东省六建集团有限公司黄文铮等完成的《古建筑保护修复新技术及其应用》项目荣获二等奖，项目完成人获得“全国五一劳动奖章”的表彰及全国职工优秀技术创新成果奖金10万元；由广州广电运通金融电子股份有限公司梁添才等人完成的《高性能货币鉴伪识别系统》等4个项目获得全国优秀奖。省总工会根据获奖情况对获奖项目完成人给予奖励。

【开展职工技能竞赛提升技能素质】 2013年8月，省总工会联合省人社厅举办全省职工焊接技能比赛，来自23个市和省级产业工会共计63名选手参加决赛，经过三天的实操和理论考试，广州市黄埔电力工程有限公司黎国梁、翁建东、何广恒，广州中船黄埔造船有限公司梁志华，广东省阳江核电基地山东电建二公司谢德虎、孙伟，广东火电工程总公司丘南运，广东拓奇电力技术发展有限公司罗学平8位选手分获比赛前8名，被分别授予“广东省技术能手”称号，并颁发相应的技术等级证书；获得比赛第一名选手黎国梁被授予广东省五一劳动奖章。

【组织职工技术创新成果展示】　2013年6月，中华全国总工会在福州举办第八届海峡两岸职工技术创新成果展，广东省推荐广汽研究院“四驱混合动力车辆控制方法”、佛山佛塑科技集团股份有限“多层复合塑料编织农用防渗膜”以及中国电信广东公司“数据中心节能减排方法研究及应用”三个项目。经过参展和专家评审，送展三个项目均被授予金奖。

【开展全省网络管理员培训】　2013年12月举办全省计算机网络管理员培训班，全省21个地级市和省级产业工会选送100名学员参加培训。经过为期两个月的远程教学以及集中考核，共有50多名学员获取省人社厅颁发的计算机网络管理员（高级）证书。

【开展节能减排义务监督员培训工作】　2013年11月，省总工会、省经信委、省环保厅、省发展改革委在广州联合举办第六期广东省职工节能减排义务监督员培训班，来自水泥、陶瓷、化工、电力等高污染高排放行业的110名学员参加培训。培训结束后主办单位对考核合格学员颁发监督员聘书，全省已有600多名监督员执证上岗，在各地、各企业发挥了宣传、监督和推动等重要作用，受到广大企业和职工的好评。（吴智明）

省级产业工会、集团公司工会

中国海员工会广东省委员会

【领导班子】

主　席：康盛忠

副主席：周士超

【综述】　2013年，广东省海员工会高举中国特色社会主义伟大旗帜，以邓小平理论、“三个代表”重要思想、科学发展观为指导，深入学习宣传和贯彻落实党的十八大会议精神、习近平总书记“4·28”和“10·23”讲话精神，深入学习宣传和贯彻落实中国工会十六大会议精神，按照省总工会、中国海员建设工会的总体工作部署和要求，坚持围绕中心、服务大局、履行职责、开拓创新、锐意进取、扎实工作，在组织、引导、服务职工和维护职工合法权益方面发挥应有作用，开展了具有自身产业特色工会工作，被省总工会分别授予“工会工作创新优秀奖”和“工会工作创新先进奖”；3篇调研报告分别获得省总工会专题性调查报告二等奖和调查内参二等奖、三等奖。

【开展具有海员产业特色劳动竞赛】　一是把广东省第一个全国重点工程示范性劳动竞赛即港珠澳大桥工程建设劳动竞赛引向深入。省海员工会积极筹备做好第一阶段总结推进大会，推荐和评选第一阶段涌现出来的先进集体和先进个人，授予全国、省五一劳动奖状、奖章、工人先锋号荣誉称号。二是坚持组织开展省十项重点工程港口赛区的劳动竞赛，把省十项重点工程港口赛区的劳动竞赛与南沙、横琴、前海国家级开发区建设相结合起来，产生和培育一大批先进集体和先进个人，深受各企事业单位党政工和广大职工的欢迎；三是积极组织开展省海员系统“金锚杯”劳动竞赛，把六比六赛延伸到各单位、工地、项目部、船舶、班组，对促进各企事业单位的经济发展起到重要作用；四是坚持开展职工群众“安康杯”竞赛，把安全生产延伸到车间、班组、工地、项目部、船舶，不少集体和个人获得国家和省级表彰。2013年，向全国和省推荐并获得全国和省表彰的先进单位及个人有：全国五一劳动奖章2个、全国“工人先锋号”2个、广东省五一劳动奖章3个、广东省“工人先锋号”6个；全国模范职工之家1个、全国模范职工小家1个、全国优秀工会工作者1名、全国工会积极分子1名；全国优秀海员2名、全国优秀海员家属2名；全国水运系统安全优秀船舶5个、优秀班组8个。推荐在港珠澳大桥工程建设劳动竞赛中做出突出贡献的先进集体及个人：全国五一劳动奖状10个，全国五一劳动奖章13名，全国“工人先锋号”25个；广东省五一劳动奖章20名，广东省“工人先锋号”27个。

【创新工作机制努力构建和谐劳动关系】

一是继续发挥省级海上劳动关系三方机制作用，把广东省海上劳动关系预警、处理机制提高到一个新阶段，召开4次工作会议，研究和解决劳动关系遇到的共性问题。二是积极参与珠江片区航海日活动，表彰“珠江十佳船员”，向优秀学生们颁发“珠江航运奖学金”，向特困学生颁发“珠江航运助学金”。三是评选省海员系统第二届“十佳海嫂”10名，举办“缘定大海·牵手未来”优秀青年联谊活动，为系统内优秀青年男女寻找另一半提供平台。四是充分发挥与省武警医院合作的全省首个“警民共建健康基地”作用，坚持不懈为一线员工、班组、工地、船舶、项目部送医送药送健康送文艺活动。五是在惠州召开2013年广东省海员系统党政工领导联席会议，省海员系统各单位党政工领导，分别从党、政、工的角度畅谈党政工一体全心全意依靠工人阶级，发挥主力军作用，企事业单位与广大职工共共建共享，和谐发展。省人大常委会副主任、省总工会主席黄业斌出席会议并讲话，同时传达宣讲中国工会十六大精神。

【切实维护职工合法权益】 一是根据全国总工会、省总工会和中国海员建设工会的统一部署，在省海员系统普遍开展工资集体协商和集体合同制度建设并与把职代会制度建设相互衔接、互为促进，进一步完善职工工资共决机制；二是加强企业民主管理，建立规范有序的厂务公开民主管理和职代会制度；三是积极组织开展“海（船）员和职工有困难找工会”、“海外职工家属有困难找工会”活动，建立服务职工热线和家属站，帮助职工群众解决日常工作遇见的实际困难；四是建立深入基层长效机制，坚持每年深入工地、船舶、项目部、班组，了解一线职工的心声；五是充分发挥广东省海员服务中心的作用，努力打造枢纽型海员工会。成立全国首个船员服务协会工联会，覆盖全省内河、沿海外资、民营企业海（船）员近5万人。

【着力提升海员职工素质】 一是继续办好全省首个省级产业工会出版物《南方海员》及首个省级产业工会网页“中国海员工会广东省委员会网”，培育一批通讯员、网络员和舆情员；二是举办各类职工文体活动，活跃职工业余生活；三是推进职工书屋建设，提升职工文化素质；四是创办书香企业活动，引导广大职工爱读书、读好书，陶冶职工的思想情操；五是切实加强海员俱乐部建设，开展文化服务活动，努力打造文化海员。

【深入开展职工帮扶活动】 一是深入开展冬送温暖活动。2013年，省海员系统各单位大力开展元旦春节期间送温暖活动，深入基层、深入船舶，走访慰问困难职工、劳动模范和一线职工，努力推动和帮助困难职工解决实际困难和问题。省海员工会安排春节船员及工地慰问单位16个，慰问资金达20多万元。二是深入开展夏送清凉活动。在本系统各有关单位的协助下，省海员工会深入到港珠澳大桥工程建设工地、汕头港、广航局、四航局、南海救助局阳江基地等本系统单位，慰问生产一线的海船员、职工和家属，给他们送上慰问金和清凉饮料。系统内各单位也分别开展送清凉活动，走访慰问一线职工。截至2013年10月，省海员系统各单位送清凉慰问金多达100多万元，用于节假日、高温、寒冷天为一线和艰苦环境里工作的职工送清凉、送温暖费用已经超过600万元。三是出资超过150万元，开展2013年“金秋助学”、“特困职工帮扶”活动。四是大力实施在职职工大病和女职工安康保障计划，切实提高职工互助保障计划的参保率、续保率和覆盖面。五是发挥海员人关爱之心，倡导和弘扬中华民族“扶弱济困，乐善好施”的美德，为韶关新丰县黄磜镇中学捐资35万元。

【以“面对面、心贴心、实打实”活动为契机，转变省海员工会工作作风】 一是以“三真”（真情、真实、真效）精神，推动“面对面、心贴心、实打实服务职工在基层”活动制度化、规范化、常态化；二是采取“请进来送出去”的办法，分别在井冈山干部学院、中国劳动关系学院和省总工会举办省海员系统工会干部培训班，宣贯和践行党的十八大精神、中国特色社会主义工会发展道路；三是深入开展“职工之家”建设活动，把基层工会建设成为服务职工的窗口；

四是建立工会工作挂钩基层联系点制度，前后对口联系云浮、惠州两地，联系三家企业、三名特困职工，下拨帮扶基金数十万元。

【加强与港澳台海员工会的联系】 一是坚持与香港、澳门、台湾海员工会的交往与联系，积极宣传党和国家的方针政策；二是积极协助香港、澳门海员工会，处理海（船）员突发事情，维护海（船）员合法权益；三是按照国际海事劳工公约要求，加强对广州海员俱乐部、汕头、湛江国际海员俱乐部的帮助和指导，从资金上不断支持俱乐部事业发展，扶持汕头、湛江国际海员俱乐部做好外籍海（船）员接待外宣工作。（曹芬）

广东省教科文卫工会

【领导班子】

主　席：陈昭庆

副主席：吴思思

【综述】 2013年，在省总工会和中国教科文卫体工会的正确领导下，省教科文卫工会坚持以邓小平理论、“三个代表”重要思想和科学发展观为指导，积极围绕中国教科文卫体工会和省总工会的中心工作和重点工作，全面深入学习贯彻党的十八大、十八届三中全会和中国工会十六大精神，认真落实《学校教职工代表大会规定》，进一步深入基层，面向群众，打造品牌，把“面对面、心贴心、实打实服务职工在基层双百活动”和群众路线教育实践活动引向深入，团结和引领广大职工共筑中国梦，同创教工美好生活。省教科文卫工会被中国教科文卫体工会评为工会工作先进单位，“面对面、心贴心、实打实服务职工在基层”双百活动被省总工会评为工会工作创新优秀奖。

【坚持正确方向，进一步筑牢走中国特色社会主义工会发展道路的理论基础】 省教科文卫工会始终把学习贯彻中央、省委和全国总工会的有关指导精神作为一项政治任务抓好抓实。党的十八届三中全会和工会十六大胜利召开后，省教科文卫工会迅速召开直属基层工会主席会议，学习宣传有关文件精神；特别是习近平总书记4月28日同劳模代表座谈、10月23日与新一届全国总工会领导班子的集体谈话，以及中共中央政治局委员、省委书记胡春华在全省工青妇工作汇报会上的讲话和省委副书记马兴瑞来省总工会调研的讲话精神，都专门安排学习，在不同的场合宣传普及，部署贯彻落实。省教科文卫工会主席陈昭庆还到暨南大学、华南农业大学和广州医科大学做辅导报告，用中央和省委的精神指导实际工作。各基层工会通过座谈会、专题会及参观学习等不同形式，掀起学习热潮，深刻领会中央和全总的一系列新观点、新理论、新举措。通过学习，深刻理解习近平总书记和中央的重托与厚望，进一步增强责任感和使命感；深刻理解“走什么样的工会发展道路、建设什么样的工会、工会发挥什么样的作用”这个重大时代课题，进一步坚定走中国特色社会主义工会发展道路的信念；深刻理解我国工人运动的时代主题，进一步团结动员广大职工为实现中国梦而奋斗；深刻理解现阶段全面深化改革的重大意义，进一步坚定社会主义理论自信、制度自信和道路自信，支持改革、参与改革，永远跟党走。

【切实维护教职工权益，进一步发展和谐的劳动关系】 积极参与处理广州中医药大学第一附属医院部分护工上访事件，认真做好与大学及医院的沟通协调，倾听职工的诉求，主动在劳资双方及有关部门间斡旋，使136名护工全部得到合理补偿。开展有关护工情况调研，推动政府尽早出台护工管理条例。高度重视每日舆情，凡有教育系统的网络舆情发生，立即联系基层工会，核清事实，对有侵害教职工合法权益的事件，坚决督促处理。召开部分地区教育工会主席座谈会，商讨处置因发放义务教育学校山区教师岗位津贴引发的教职工不稳定事件，共同化解教育系统的不稳定因素，维护校园和谐稳定。

【深入基层调研，进一步接通工会组织与基层群众的地气】 一是高度重视并积极投入群众路线教育实践活动。根据省总工会党的群众路线教育实践活动有关安排，省教科文卫工会积极开展群众路线教育实践活动的自查、自改工作，并到联系点华南农业大学、南方医科大学开展调研，向基层职工详细了解在实际工作和生活中存在的问题，听取建议和意见，指导、帮助基层工会解决实际问题。二是高度重视理论研究及调查研究工作。通过政策激励引导，有效地提高了本系统工会干部发现问题、分析问题、解决问题的能力；通过理论与实践相结合，推动教科文卫工会系统的改革和发展。深入中山大学附属第一医院、附属肿瘤医院和南方医科大学南方医院就高校附属医院工会工作的创新与发展进行调研，总结了《突出医院工会特色，打造高校工会品牌》的经验在全国高校附属医院工会工作经验交流会议上交流。配合中国教科文卫体工会做好有关知识分子思想状况调查，承办中国教科文卫体工会第六届理论研究会议。介绍广东省开展工会理论研究经验，获得全国教科文卫体工会理论研究贡献奖。认真做好第三届全省优秀调研成果和论文评选工作。选送参加广东工运理论政策研究论文评选的6篇论文全部获奖，一篇论文获得中国教科文卫体工会优秀论文评选一等奖。三是高度重视主动为职工帮扶解困工作。春节期间，到汕头市港务集团集装箱码头公司、汕头市南澳县、梅州兴宁市和茂名化州市慰问病困教职工；教师节前省总工会领导到广州中医药大学、华南师范大学及附属中学，召开劳动模范、优秀教师代表座谈会，向全省教职员工致以节日问候。2013年发放困难帮扶资金15万元，金秋助学资金10万元。各地教育工会关心教职工疾苦，切实帮扶困难职工。汕尾市在台风袭击后迅速深入基层，走访帮助受灾职工家庭；惠州市成立教职工“帮扶中心”。广东外语外贸大学、广东财经大学、广东药学院、广州体育学院等学校关心新进校青年教职工及引进人才的工作、学习、生活情况，想方设法帮助教职工解决子女上学难问题。中山大学积极参与承担学校对口帮扶工作。

【打造活动品牌，进一步增强工会组织的凝聚力、吸引力和影响力】 继续以开展“面对面、心贴心、实打实服务职工在基层双百活动”为抓手，创新活动品牌，为更广大教职工的幸福美好生活添砖加瓦。举办“幸福教师”系列讲座3期，“共创幸福”青年联谊活动2期。建立省级教工活动基地5个，分别是：暨南大学“广东省高校女性发展研究中心”、广州大学“广东省教职工文化艺术活动示范基地”、汕头市南澳县“广东省教职工海岛活动基地”、广东海洋大学“广东省教工海洋科普教育活动示范基地”、雷州市第八中学“广东省青年教师成长发展示范基地”。多种形式举办系列活动，为教职工提供相互交流的平台：“三八”妇女节举办电影招待会；与省教育厅举办首届高校书法篆刻作品展；组织粤西地区高校工会第24次年会暨工会工作研究会；举办“中国梦·育人美”广东省教工演讲比赛；组织省属高校现场观摩广州大学教职工活动；在南澳县举办“双百”活动汕头专场，送医送教到海岛。华南师范大学建立爱心互助基金，积极推进教职工重大疾病医疗爱心互助基金相关文件的修改和完善；广州市“广州教师e家”已有近9万多名教师会员在线；湛江市在广东医学院附属医院设立教职工心理咨询中心；肇庆、南方医科大学、广东工业大学、广东轻工职业技术学院、广东白云学院等先后组织单身青年教师联谊；广州、清远、韶关、江门、河源和广东海洋大学、广东技术师范学院等开展形式多样的师德建设主题教育活动；茂名、华南理工大学、广东第二师范学院和广东科学技术职业学院等开展丰富多彩的文体活动；暨南大学、华南师范大学、华南农业大学和广东外语艺术职业学院等举办的新年文艺晚会已成为学校的文化名片。

【注重业务培训，进一步提升工会干部的综合素质】　召开省教科文卫工会六届三次全体（扩大）会议，黄业斌、陈宗文等省总工会领导亲切接见与会代表；与省总工会组织部和省总工会干部学校联合举办全省县（区、市）教育工会主席培训班，近百名教育工会主席参加培训。做好工会经费税务代收宣传培训工作。召开年度财务工作会议，传达省经费税务代收工作会议精神，介绍工会经费税务代收政策；举办财务人员培训班，就经费代收有关技术进行辅导；召开统计工作会议，对离线版基层统计表的填报进行培训。加强对外交流，首次组团访问台湾，与台湾有关产业工会以及教职工代表进行广泛交流，加深两岸同胞情谊。（徐喜溶）

广东省工业工会

【领导班子】

主　席：孙高山

副主席：傅培德

【综述】　2013年，省工业工会紧密结合本单位、本行业的实际，坚持为职工服务、坚持为基层工会服务为指导，突出做好特色工会工作，特别是在广泛深入开展群众性经济技术创新活动，精心组织劳动竞赛和职工技能大赛，努力打造好省产业工会与行业协会合作平台，发挥工会参与社会组织管理的作用；不断规范完善职工代表大会和厂务公开制度；积极为职工群众办好事办实事等方面做了大量卓有成效的工作，取得了可喜的成绩。2013年，省工业工会获得全省工会重点工作考核经费收缴工作先进奖，省总工会年度工作创新先进单位。

【服务好大局，工会自身建设进一步加强】

2013年，省工业工会着力于加强基层组织建设为切入点，抓住推进党的群众路线教育实践活动，推动企业和谐稳定发展建立和谐劳动关系这条主线，注重工会干部队伍建设。4月23日，首批“工会工作示范岗”“巾帼示范岗”活动，在中建四局举行，首批“创牌”的5名基层单位的工会主席和5名基层单位的女工主任接受了评审，同时组织认真贯彻《企业工会工作条例》和“两个普遍”要求，以“职工之家”建设为抓手，不断规范、完善工会自身组织建设，按法定程序选好、配强工会领导班子，着力打造职工群众满意的“职工之家”。

【服务好职工，建设一支高素质的职工队伍有新举措】 2013年，省工业工会着重围绕围绕建设一支高素质的职工队伍的总目标，制定职工发展战略，开启“岗位成才在一线”活动，努力推动让普通职工也能成长的平台建设，制定《职工发展报告》及“岗位成才在一线”活动实施方案，全面反映员工权益维护和职工发展情况，实现员工职业发展与企业共同发展，大部分企业集团公司工会普遍开展了以提高职工队伍技术素质，促进企业经济发展为目标的职工技能比赛，取得较好成绩。继续与广东省装饰行业协会、广东省酒类协会、省建材协会等8个协会联合举办了全省性行业技能比赛，成功地搭建了让普通的、年轻的职工能展示自己的技艺、走向成功的平台，通过优秀选手的榜样的作用，提高了全行业重视设计、重视学习的氛围，使职工深入学习专业理论知识，并与实践相结合，提高了职工的素质和专业水平。

【服务好企业，组织引导职工在经济和社会建设中发挥主力军作用】 2013年，省工业工会继续着重围绕“推动科技、产业协同创新，为经济加油，助力广东经济转型”的主题，就加强科研院所与企业的合作进行交流构建了协同创新平台建设。4月4日，广东省工业系统院企合作交流会在广州汽车研究院举行，广东省工业技术研究院与广州汽车签订了具体合作协议，标标志着“院企合作协同创新平台”建设推向新阶段。在新十项重点工程建设中各赛区坚持把劳动竞赛与工程实际相结合，通过劳动竞赛推动工程建设的思路，围绕“抓竞赛、保质量、增效益、创一流工程”的工作思路，组织广大职工在建设新十项重点工程中创先争优，其中中建钢构公司工会在广州“东塔”工程中开展贯穿技术创优工作全过程的技术创优竞赛，增强个人创优积极性，以技术创优手段，提高现场施工效率，提高现场安全质量实现率，最终提高项目整体效益；南方电网超高压公司继续在“两渡”工程中举办了“六比、六赛”的劳动竞赛，掀起工程建设的高潮。广州汽车集团工会为了把优秀职工力量凝聚起来，为公司创新发展注入新的活力，开展了职工创新工作室活动，举行了职工创新工作室现场交流会，取得很好效果。省建工集团工会紧紧围绕服务集团科学发展这一中心任务，大力开展建功立业劳动竞赛、保障性安居工程建设劳动竞赛，充分发挥职工主力军作用。韶钢集团公司工会继续针对下属企业的管理“短板”，在促进企业技术创新、降本增效、节能降耗等方面扎实开展最佳实践者活动，取得明显效果，此项活动得到各级管理者和广大员工的广泛认同。

（傅培德）

广东省财贸工会

【领导班子】

主　席：卢晓露

副主席：余德武

【深入开展行业特色技能竞赛，积极培育高级技能人才】 2013年，省直财贸金融系统坚持立足行业实际，认真谋划具有示范性的服务业职工职业技能竞赛项目，先后有7个行业12个工种竞赛项目纳入全省性职工职业技能大赛范畴，涉及商业、旅游、餐饮、电子、物业、营销、银行、保险等行业，在全省56个行业60个工程竞赛项目中，分别占到12.5%和20%，再创新高，所有竞赛项目均圆满完成。其中，60名优胜选手荣获省职工经济技术创新能手称号，

12名优胜选手获得申报省五一劳动奖章称号，一大批参赛职工取得中高级技术职称。在全省职工职业技能示范竞赛项目带动下，省财贸金融系统掀起了新一轮职工技能竞赛新高潮。据统计，省财贸工会所联系单位中，超过80%单位结合企业实际开展职工技能竞赛活动，参赛职工逾10万人次。

【广泛开展创先争优活动，努力提升职工队伍素质】 在全系统开展全国劳动奖状、全国和省“工人先锋号”、全国和省五一劳动奖章、全国职工之家评选活动，培育选树一批先进集体和先进个人。2013年，省直及四市财贸金融系统有3家单位荣获全国五一劳动奖状（占全省1/5），2人荣获全国五一劳动奖章，2家单位获全国“工人先锋号”，7家市先进集体（五一劳动奖状），17人荣获市劳动模范（五一劳动奖章）。4个基层班组荣获全国五一巾帼标兵岗，2人荣获全国五一巾帼标兵，1家企业荣获全国五一巾帼奖。在开展“建功立业”活动中注意培育树立品牌，先后打造出“广发服务之星”、“产险优秀服务标兵”、“寿险优秀服务标兵”各5名，“产检优质服务窗口”3个和“寿险优质服务窗口”2个。2013年，省财贸金融系统工会坚持以建设模范职工之家为抓手，推动系统各级工会职工之家建设。省直及四市财贸金融系统有5家工会被评为全国模范职工之家，5家基层工会被评为全国模范职工小家；6名工会干部被授予全国优秀工会工作者和全国工会工作积极分子称号；1家基层企业被授予广东省十大书香企业。

【深化困难职工帮扶工作，拓展服务职工范畴】 一是在省总工会、省解困基金会支持下，省财贸工会先后拨出元旦春节送温暖慰问款20万元，慰问基层单位24家，慰问200人次。全年慰问省级以上劳模19人次，发放慰问金4.4万元；发放劳模帮扶金额和春节慰问金31.4万元，金秋助学130人次，发放助学金13万元。深入粤北铁路山区机务段、中石化、中石油广东公司等加油站开展送清凉活动。二是不断扩大职工互助保障计划覆盖面。2013年省直财贸金融系统职工“省职工医疗互助保障计划”新参保3650人，保费944，160元；续保4225人，保费875，680元；29名职工因病获得赔付，赔付金计85万元。三是关注职工生产生命安全，深化安康杯竞赛活动。全年省直财贸金融系统新增安康杯竞赛活动单位6家，覆盖班组1983个，职工人数10，166人。

【开展金融文学大奖赛，推进职工文化建设】 2012至2013年间，省财贸工会举办全省金融系统首届金融文学大奖赛活动，共征集金融职工原创作品200多篇，并按小说、报告文学、诗歌、散文等四类体裁分别评出一、二、三等奖和优秀奖作品共47篇，获奖作品全部在《金融文学》2013年二、三期发表。这次活动，体现几方面的特色：模式新。这次活动与中国金融作家协会合作，获奖作品由《金融文学》专刊登载，突破了省界，创新了职工文化传播模式，开启了地方产业工会与全国行业组织及其载体的合作，开启了《金融文学》单省专刊，全国金融系统首创。规格高。此次大赛由省财贸工会与《金融作家》杂志社协同举办，参赛作品全部由中国金融作家协会组织国家级专家评定，体现权威性、公正性，获奖作品全部在《金融文学》以专刊发表，获奖作者破格推荐成为中国金融文协会会员和广东省金融作协个人理事。活动得到各级金融机构的高度重视和广大职工参与，参赛职工来自全省金融系统在职职工和退休人员，不分职务、性别、年龄，获奖作者有高管、中层、一线员工、离退休人员。所有参赛作品均为原创作品，作品内容基本上都是反映广东省金融界身边事、身边人，传递金融人的正能量；有效地带动全省金融系统职工文化发展，突破广东金融业职工横向间的文化交流，丰富职工的精神文化生活，催生人民银行广州分行工会牵头成立职工文化艺术联合会。中国金融作家协会专家高度评价，认为这批推荐作品具有较高文学价值；《金融文学》为全国发行期刊，专刊的刊发即引起兄弟省市的关注和良好反响。在穗各金融机构及工会负责人出席表彰颁奖大会，并高度评价该活动。

【稳步推进女职工工作，不断取得新成绩】

一是认真贯彻落实《女职工劳动保护特别规定》，组织财贸金融系统近200名女工干部参加学习培训。组织财贸金融系统女职工参加《女职工劳动保护特别规定》知识竞赛活动，答题正确率达98%，省财贸工会女职委由此还获得了全总女职委颁发的优秀组织奖。2013年，有3家单位荣获全国五一巾帼岗、2人荣获全国五一巾帼标兵、1个单位荣获广东省五一巾帼奖。二是积极推广女职工安康互助保障计划行动，3年来，省直财贸金融系统参保女工累计42262人，位居产行业前列，参保金额累计414.395万元，累计赔付金额315万元，103名患病女职工受益；141名患病女职工受到慰问，慰问金额8.13万元。三是集体协商建制率、集体合同签订率、女职工专项集体合同均完成年底工作任务。已建会企业签订女职工专项集体合同84份，签订率80%，覆盖女职工28100人。四是积极推荐选派女工干部参加省女职委组织的“员工心理援助专项能力认证班”、北京大学广东省总工会女工干部高级研修班等学习培训活动。五是举办以“引领健康生活方式、共奔健康幸福生活”为主题的女工主任交流活动，邀请省保健协会专家开设健康生活方式、家居保健、食品健康等专题讲座，带动系统女职工崇尚、追求健康生活方式。

【切实加强自身建设，推进产业工会组织建设】 一是省财贸工会积极配合省总工会组织部和基层工作部，协调理顺财贸金融行业工会组织关系和工会组建工作。全年新建或接转工会组织关系6家；新认证基层工会法人资格60家，变更67家。同时还积极配合做好工会经费税务代收申报审核工作，从开展申报审核至今，合计审核通过428家。深圳市财贸金融工会着重抓好基层工会民主选举，同时加强工会新组建及到期换届的工作力度。全年新组建11家，按期完成112家基层工会换届工作。二是依托省总工会干部学校举办了基层工会干部培训班，培训70多人次；结合专项工作举办工会信息员、统计员专项培训，100多人次参加培训。选调15名工会干部参加全国总工会北戴河和北京大学学习培训。2013年，《广东财贸工会信息》进行升级改版，增加信息采用容量，全年采用基层工会信息59条。积极联络工会宣传单位，广东工会网站报道14条；《南方工报》报道新闻稿件25篇。2013年，省财贸工会荣获了全省工会工作创新奖先进奖、全省工会经费收缴工作优秀奖。（迟斯窈）

广东省林业工会委员会

【领导班子】

专职主席：黄映辉

副 主 席：彭尚德、罗俊芳（女）

【机构设置】

办公室、女职工委员会、经费审查委员会

【综述】 2013年，广东省林业工会委员会用先进理论武装职工和工会，坚定走中国特色社会主义工会发展道路的信心和决心。认真组织职工学习党的十八大、十八届三中全会精神，帮助职工及时学习了解党和国家事业的新进展新成就，深入开展中国特色社会主义道路和理论宣传，增强道路自信、理论自信和制度自信。组织工会干部认真学习习近平总书记一系列重要讲话精神，特别是“4.28”重要讲话精神以及视察广东讲话精神，进一步凝聚广大工会干部的思想共识和行动智慧，激发工会干部进一步做好新形势下工会工作的荣誉感和责任感。中国工会十六大召开后，按照省总工会统一部署，及时召开全省林业工会主席会议，传达学习习近平总书记重要讲话和大会精神，并结合省总工会建会60周年，在全省林业系统工会中开展“大讲中国特色社会主义工会发展道路内涵、大讲中国工会五年来取得的成绩、大讲党中央国务院对职工的关心爱护、大讲我国工人运动的时代主题”的“四大讲”活动。通过活动，帮助工会干部和职工深刻领会中国工会十六大精神，切实做到用十六大精神统揽工会工作。

【以创先争优建功立业活动为载体，动员广大林业职工积极投身生态文明建设】 一是围绕省委省政府《关于全面推进新一轮绿化广东大行动的决定》中提出的目标任务，在生态景观林带、森林碳汇、森林进城围城和乡村美化绿化四大林业生态重点工程建设中，组织职工开展形式多样的劳动竞赛活动。二是通过各种形式联合党、青、妇组织动员广大职工积极投身生态文明建设。三是组织省林业厅直属国有林场职工参加国家林业局和中国农林水利工会在河北塞罕坝林场联合举办的首届国有林场职业技能竞赛，其中广东省连山林场邓战彪获得二等奖，并被授予“林业技术能手”，广东省林业厅代表队获得“最佳风尚奖”称号。四是开展“工人先锋号”创建活动，大力弘扬劳模精神，号召广大职工学劳模、赶先进。及时向省林业厅直属单位省部级老劳模发放医疗帮扶金和困难补助金，真诚帮助患病和困难劳模解决实际困难，并在“五一”期间，向全省林业系统劳模和先进工作者发出慰问信。2013年，一批职工和单位受到表彰，其中省林业科学研究院赵奋成荣获广东省五一劳动奖章，省沙头角林场资产开发管理科荣获全国“工人先锋号”荣誉称号，省林业调查规划院规划设计分院荣获广东省“工人先锋号”荣誉称号。

【以帮扶困难职工为重点，为林业职工办好事、做实事、解难事】 一是继续实施“一二三四五”工程，即：为职工群众做一次学习培训辅导；做好“送温暖”、金秋助学两项困难职工帮扶工作；每个基层单位工会委员必须联系三户困难职工家庭，掌握了解情况；工会干部做到“四必访”：职工家中有急难事情必访、职工有病住院必访、职工办丧事必访、女职工生育必访；工会组织为职工提供五种帮助：发展自营经济、签订劳动合同、调解劳动纠纷、调解家庭矛盾、提供法律咨询。在上述基础上着重加强困难职工电子档案建设工作，为厅11个直属单位183名困难职工建立电子档案，通过帮扶管理系统帮扶500余人次，总金额25万余元。二是及时慰问帮扶洪水受灾职工。8月，受台风“尤特”影响，全省共有51户林业职工房屋被洪水冲毁。灾情发生后，及时向受灾单位工会拨付救灾慰问资金，帮助灾区职工抗灾复产、重建家园。三是加强林区安全生产和劳动保护工作，维护职工生产劳动安全。2013年将“安康杯”竞赛活动的组织范围从省林业厅直属单位扩大到各地市林业部门，共组织40个单位参加全国和省“安康杯”竞赛，参赛单位比往年增加一倍，有效推动林区安全生产和职工劳动保护工作的开展。其中，省林业职业技术学校获得全国“安康杯”竞赛优胜单位，省龙眼洞林场安全生产与森林防火办公室获得全国“安康杯”竞赛优胜班组，省乐昌林场获得全国“安康杯”竞赛广东省优胜单位，省沙头角林场安全生产委员会办公室获得全国“安康杯”竞赛广东省优胜班组，省森林公安局获得全国“安康杯”竞赛广东省组织工作优秀单位，省森林公安局熊桂秋获得全国“安康杯”竞赛广东省组织工作优秀个人称号。四是实施职工素质工程。积极响应省总工会“千万职工大培训行动”，12月组织职工参加省总工会“技能圆梦”培训班，帮助职工提高素质和技能水平。五是推进基层民主建设。通过对各基层单位的检查督促，指导其按照五部委《企业民主管理规定》和《广东省厂务公开条例》履行职责，认真开好职代会，最大限度落实职工的民主管理和监督权。六是广泛开展调查研究，摸清基层职工情况，为职工反映心声。撰写的《关于广东省国有林场职工生活状况的调查报告》荣获中国农林水利工会一等奖，省总工会二等奖。

【以“中国梦·劳动美”等主题活动为平台，积极开展职工文化体育活动】 一是举办“中国梦·劳动美”征文演讲比赛，被省总工会授予活动优秀组织奖。5—7月份，按照省总工会的部署，在全省林业系统范围内举办“中国梦·劳动美”征文演讲比赛，经层层选拔的13名选手参加省林业工会举办的演讲比赛决赛，省总工会副主席郭泽宇亲临现场指导，和来自省林业厅机关、直属单位的干部职工100余人观看比赛。征文比赛共收到征文60篇，评选出5篇文章参加省总工会评比，其中1篇获得二等奖，4篇获得优秀奖。挑选出44篇征文和13篇演讲稿汇编成书免费发放全省各级林业工会。二是举办林业职工摄影展活动，展示省林业生态文明建设成果。选取2013年全省林业职工摄影比赛中的126幅优秀作品，制作成展板在省林业厅机关、直属单位和各市林业局巡回展出。三是职工羽毛球运动蓬勃开展。9月，举办省林业厅直属单位“生态杯”职工羽毛球比赛，共有9个单位的62名运动员参加3个组8个项目的角逐。12月，选拔派出8名运动员组成“广东林业职工羽毛球代表队”参加中国林业体协举办的全国林业第二届羽毛球比赛，一举夺得三个项目冠军。四是完成厅机关推行“工间操”工作，号召林业职工“每天锻炼一小时，健康工作50年，幸福生活一辈子”，通过在厅机关安装广播操播放系统，在每个工作日的上午10:00准时播放两遍第九套广播体操音乐。五是举办省林业厅职工登山比赛，省林业厅机关30个处室、单位的160多名干部职工一同参加了登山活动。

【以加强自身建设为依托，不断增强工会组织凝聚力影响力】 一是深入开展党的群众路线教育实践活动。坚持将教育实践活动与工会具体工作相结合，通过广泛征求意见建议、开展批评和自我批评，着力发现和解决自身存在的问题，大力弘扬党的优良作风和工会光荣传统。二是进一步加强基层组织建设。全面完成工会费税务代收工作，并借此督促下属工会领取工会法人资格证，开设工会独立账户，健全工会组织网络。指导下属基层工会全部完成换届工作，使基层工会领导班子得到进一步优化，工作活力得到进一步增强。三是认真开展工会干部培训。6月在广州举办“工会经费收缴和帮扶管理系统管理员培训班”，组织基层工会干部20余人参加培训，提升基层工会干部业务水平和工作能力。四是工会宣传阵地进一步扩大。积极与《广东工会信息》和《南方工报》联系，以纪实专栏、简讯等多种形式及时报道全省林业工会系统大事、要事，共有10余篇稿件被《广东工会信息》和《南方工报》刊载。此外，积极向中国农林水利工会网站和厅门户网站供稿，宣传报道各基层单位工会活动，15篇被中国农林水利工会网站采用，13篇被广东林业网刊登。五是财务管理工作不断优化。2012年度财务工作通过省总工会审计，并在2013年省总工会财务工作评比中获得特等奖。 （代欣）

广东省地质工会委员会

【领导班子】

主　席：丘红娜（女）

【综述】 2013年，在省总工会和地质局党委的正确领导下，地质工会认真贯彻落实党的十八大精神，坚持围绕中心工作，广泛开展建功立业活动，加大维权帮扶工作力度，组织开展职工文体活动，加强工会组织自身建设，促进地质事业科学发展，构建和谐地勘队伍，推动工会工作深入开展，建设地质幸福家园。

【广泛开展建功立业活动，促进地质事业科学发展】 做好技能竞赛工作，实施职工素质建设工程，培养高素质职工队伍。2013年11月举办广东省地质矿产专业技术人员技能竞赛，省地质局领导、省总工会领导和肇庆市委、市总工会领导亲临现场指导。大力培育班组建设的示范点和先进典型，五一前夕，省地质灾害应急抢险技术中心主任陈政民获得全国五一劳动奖章；省地质调查院职工邸文和七一九队李中明及七五六队的彭珊获得广东省五一劳动奖章。湛江粤西地质工程勘察院地调所被评为全国“工人先锋号”；七〇三地质大队大亚湾工程勘察处被评为广东省“工人先锋号”；七二三队地质调查所工会分会被评为中国能源化学系统“工人先锋号”。省地质工会和省地质灾害应急抢险技术中心工会被评为“全国模范职工之家”；省地质调查院矿产工会小组被评为“全国模范职工小家”；七五六队工会主席黄金平被评为“全国优秀工会工作者”；有色局932队职工的黄伟娟被评为“全国优秀工会积极分子”；组织表彰了一批局系统先进集体和先进个人。6个单位被评为“广东省地质局先进单位”，25个集体被评为“广东省地质局先进班组”，31名职工被评为“广东省地质局劳动模范”。

【加大维权帮扶工作力度，促进和谐地勘队伍建设】 各基层工会坚持召开本年度“双代会”（职代会和工代会），把本单位的工作计划、发展目标、工资调整涉及职工切身利益的重大事项都交职代会审议、通过或表决，民主评议领导干部。开展集体协商工作，把局党委规定的职工收入增长率和福利待遇纳入集体合同，建立规范有序、互利共赢的和谐劳动关系。召开厂务公开工作专题会议，交流厂务公开工作经验，明确工作目标要求，集思广益解决发展难题，提高决策民主化、科学化水平。春节前开展送温暖慰问活动，局领导带队到基层单位慰问困难职工，帮助解决生产生活中的困难和问题。开展送清凉活动，深入野外、矿区、重点工程工地慰问在炎热酷暑季节坚持一线工地工作的职工。开展金秋助学活动，帮助困难职工子女解决入学难的问题。安排重大疾病帮扶金，从局、队两个层次对上年度诊断患有癌症等重大疾病的职工进行救助。

【组织开展职工文体活动，促进地质文化繁荣发展】 组织召开局职工运动会，设置七人小型足球赛；羽毛球团体赛；网球双打比赛。各地勘单位职工参加分区预赛，32 个运动队共 200 多名职工参加了决赛。5 月举办桥牌培训班，6 月组织开展“广东省地质局职工桥牌赛”，7 月成立局桥牌队，聘请教练集训队员，8 月参加中国能源化学工会国土资源工作部在云南举办的全国地勘系统桥牌赛，获第十三名。

【加强工会组织自身建设，促进工会工作深入开展】 加强组织建设，5 月召开地质工会全体委员会议，选举补充工会常委、经审委和女工委委员人选。2 月从基层工会借用 1 名工会干部，增加工会工作力量。在省总工会对外交流中心的支持下，组织基层工会新任主席到台湾工会学习考察。开展工会工作考核，把“会员评家”结果作为衡量工会工作成效的重要依据，将评议结果与工会工作考核名次挂钩。加强枢纽型社会组织建设。加强对省珠宝玉石首饰行业工会联合会的领导，完善珠宝玉石首饰行业工会联合会的工作体系，加强规范化建设。向全国能源化学工会国土资源工作部汇报珠宝工联会的工作情况，5 月初配合全国能源化学工会对珠宝工联会进行专题调研，开展珠宝行业的职业技能竞赛活动。11 月召开省珠宝工联会一届二次全委会，开展全省珠宝行业玉石雕刻工和贵金属首饰手工制作工技能竞赛。加强工会女职工工作，组织 7 名工会女干部到北京大学培训。落实《女职工劳动保护特别规定》，实现女职工组织和女职工专项集体合同的全覆盖。做好工会财务和经费审查工作。做好税务代收工会经费的基础工作，新成立、新整合和已更名的地勘单位工会完成工会组织法人资格证的重新办理工作和基础数据录入工作。全面加强工会财务会计管理规范化建设，提升工会财务管理水平，加强预算管理，优化资金支出结构。加强基层工会经费审计工作，保证工会重点工作资金需要。

（胡斌）

广东省农垦工会委员会

【领导班子】

主　席：姜伟军

副主席：洪艳（女）

【机构设置】 办公室，财务部，女工部

【综述】 2013 年，广东农垦各级工会组织认真贯彻党的十八大、十八届三中全会和中国工会十六大精神，紧紧围绕广东省农垦总局党组提出的“率先实现农业现代化，率先全面建成小康垦区”目标任务，坚持服务大局、维护权益、履行职能的工作方向，积极推动垦区经济发展，全力帮扶一线职工，增加职工收入，进一步强化基层民主，努力夯实组织建设，不断丰富职工文化生活，各项工作取得较好的工作成效。垦区有多个工会组织和个人受到全国总工会和广东省总工会的表彰，广东省南华农场 7 队职工韦美菊荣获全国五一劳动奖章。广东省南华农场工会主席周康平当选为全国工会十六大代表，省农垦总局党组成员、副局长陈剑峰被授予“全国优秀工会之友”称号；广东省红峰农场工会被评为“全国模范职工之家”，广东

省红五月农场五队被评为“全国模范职工小家”，广东省华海糖业发展有限公司授予“全国厂务公开民主管理工作先进单位”称号，广东省火星农场、胜利农场被评为“全国安康杯竞赛优胜企业”，广东省红五月农场、燕塘投资公司、湛江市金丰糖业公司被授予“广东省安康杯竞赛优胜企业”称号。

【紧紧围绕“两个率先”的目标任务，积极主动参与垦区经济发展】 垦区各级工会充分发挥自身优势，积极主动参与企业经济发展。一是认真抓好职工发展自营经济工作。6月，省农垦工会在南华农场召开广东农垦职工自营经济现场会，推广南华、曙光等10个农场发展职工自营经济的经验；11月，在织篢农场召开观摩交流会，持续推动职工自营经济工作的发展。2013年垦区职工自营经济从业人数达43266人，覆盖垦区47个农场，垦区一线职工通过扩大经营规模，采取多种形式，提高了经济收入，垦区职工平均年收入达3.8万元，比上年增长10%。二是认真抓好广东农垦第三届割胶工技能大赛。湛江、茂名、阳江垦区共有25个农场，8875名胶工和辅导员参加技能比武，经过层层选拔，有80名选手进入决赛，最后红峰农场张世国以总分104.04分的夺得个人第一名。同时红峰农场张世国、丰收糖业公司黄永广、红旗农场杨秀文、胜利农场何升敏、曙光农场胡忠华被授予2013年度广东省职工经济技术创新能手称号。三是认真开展创先争优建功立业活动。阳江、揭阳、汕尾农垦工会组织职工广泛开展“抗灾复产”劳动竞赛活动，为垦区夺取抗灾胜利做出积极贡献。2013年垦区参加劳动竞赛的职工达8.5万人次，提合理化建议1079件，已实施合理化建议419件，产生效益1329万元。华海糖业公司动力车间水处理班组荣获“全国五一巾帼标兵岗”称号，红峰农场二队职工卢彩由荣获“全国五一巾帼标兵”称号。

【加大帮扶力度，积极维护职工合法权益】

2013年，垦区开展“送温暖”活动受到总局党组的高度重视，五位党组成员分别带队到各垦区慰问困难职工，垦区送温暖活动共慰问职工5736人，发放慰问金264.2万元；垦区建立送温暖工程基金26个，工会建立困难职工联系户2906个。垦区各级工会坚持源头参与、全程监督，认真解决职工关心的热点问题，维权工作得到进一步加强。2013年垦区有73个基层工会为职工签订了劳动合同，单位数增长10%，签订劳动合同的职工达42686，占职工数的88.3%，同比增长4个百分点，签订集体合同和工资专项合同的工会同比增长都达到10%，工会受理违法违规案件同比减少50%，劳动争议案件调解成功率达88%，比2012年大幅增长53个百分点。

【加强工会干部素质教育，不断规范企业民主管理工作】 省农垦工会在广东农工商学院举办垦区基层工会主席培训班，从工会理念和专业技能上对基层工会主席进行培训。各级工会组织坚持做好企业民主管理工作，重点在职代会和会员代表大会上推行“三重一大”表决制度、领导干部评议制度、职工代表提案落实监督制度和联席会议议事制度，加大职代会中一线职工代表比例，提高职工的民主意识和参与热情。2013年垦区企事业单位职代会制度做到全覆盖，职代会中职工代表的比例增加5.4%。垦区的厂务公开民主管理工作借助广东农垦文化资源信息共享平台，逐步推行基层厂务公开网上操作，队务公开率达85%。

【推进垦区生态文明建设，不断丰富职工文化生活】 省农垦工会制定“广东农垦生态文明示范社区评选表彰方案”，推广阳江农垦开展“文明示范队”的经验做法，在织篢农场召开“生态文明示范社区”工作现场会。各局工会坚持把推进垦区新农场建设、“美丽乡村”建设与生态文明社区建设相结合，不断注入绿色环保以及人文教育的元素，使垦区职工居住环境得到明显改善，职工的文明素质得到进一步提高。2013 年垦区职工参加义务植树造林活动达 1.9 万人次，植树 33.3 万株，组织卫生清洁活动 1078 次，参加活动职工达 8.5 万人次。垦区各级工会组织大力开展职工喜闻乐见、形式多样的文体活动，活跃职工的业余文化生活。2013 年五个管理局工会都组织全局性的职工文体活动，揭阳、汕尾农垦工会举办建局以来首次职工运动会和职工文艺晚会。省农垦工会与总局直属党委举办直属单位职工运动会，共有 16 个单位的 400 名运动员参加比赛。

【全面推动工会经费税务代收工作】 根据省总工会要求，省农垦工会及时转发《广东省工会经费收缴管理暂行办法》，对广东农垦各级工会组织贯彻工会经费税务代收的工作提出具体意见。规范和完善对垦区基层工会组织法人资格证和组织机构代码证管理；分别举办各局工会和直属单位工会财务人员培训班，30 多位工会专职干部参加培训。加强与省总工会财务部的联系，积极协调解决在实行税务代收前垦区各级工会组织遇到的问题，认真指导基层工会做好基础信息录入工作。截至 2013 年 12 月底，垦区有 170 个单位完成工会信息录入工作，实际缴费单位 106 个。（何志刚）

广东省交通工会委员会

【领导班子】

主　席：阮国廉

副主席：陈和平

【综述】 2013 年，广东省交通工会在上级工会和广东省交通运输厅党组的正确领导下，认真学习贯彻党的十八大和中国工会十六大精神，以开展党的群众路线教育实践活动为抓手，紧紧围绕交通运输发展的中心任务，从工会组织自身实际出发，充分调动交通运输系统广大职工的积极性和创造性，团结动员广大职工为推动交通运输事业发展建功立业，在广东省交通运输发展中充分发挥了产业工会的职能作用。

【开展劳动竞赛活动，激发职工岗位建功热情】 一是继续开展春运农民工平安返乡（岗）安全优质服务竞赛活动。40 天的春运工作中，交通系统各级工会积极协调，全力以赴，实现了“安全春运”的总体目标，确保农民工兄弟返乡（岗）和广大旅客安全、便捷、舒适出行，得到社会各界广泛好评。其中，有 10 家单位和 5 名个人被交通运输部评为竞赛先进单位和个人。二是结合自身实际开展劳动竞赛。公路施工企业和业主单位各级工会组织各参建单位在高速公路项目工程建设中根据各自实际，开展以“双标（标准化和标杆）”和“优质、高效、按期、安全、创新、廉洁”为主要内容的劳动竞赛活动；道路客运企业工会继续把节油节胎作为主要内容组织开展节能减排竞赛活动。

【服务大局，开展群众性经济技术活动】

2013 年，省交通工会先后组织开展全

省交通运输行业公路桥梁养护管理从业人员技能竞赛、公路路政管理员技能竞赛、综合行政执法人员技能竞赛和机动车检测维修技能竞赛。全省交通系统共有近10万名职工参加技能竞赛活动。通过选拔的10名选手代表广东省分别参加交通运输部组织的全国机动车检测维修及机动车驾驶技能的竞赛并取得优异成绩，来自广州市选手张会军获得涂漆项目第一名，有9名选手荣获交通运输部授予的“全国交通技术能手”称号，广东省代表队分别获得机动车检测维修竞赛团体第二名和机动车驾驶技能竞赛团体第十名，广东省交通运输厅获得最佳组织奖。

【推进民主管理，促进劳动关系和谐】　一是加强和创新以职工代表大会和厂务公开为主要形式的民主管理制度建设，强化职工当家做主的主人翁地位，指导、督促单位开好职代会；加强源头参与，发动职工参与企业管理，为企业经营发展建言献策，推进民主管理。二是以和谐劳动关系创建为载体，推动企业贯彻劳动法律、履行社会责任，促进企业增强凝聚力、提升竞争力。结合交通运输部的部署，继续开展以提高出租车的服务质量，保障出租车司机合法权益为重点内容的出租汽车企业和谐劳动关系创建活动，有2个基层单位由于成绩显著被中华全国总工会授予全国“工人先锋号”。

【强本固基，加强工会自身建设】　广东省交通工会接管了晶通公路工程建设集团有限公司、冠粤路桥建设有限公司公路勘察规划设计院、航运规划设计院等4家改制企业工会组织的归属关系；指导新成立的省道路运输管理局、南粤交通投资建设有限公司等单位及时成立工会组织。交通运输系统各级工会结合群众路线教育实践活动，不断加强工会组织自身建设，服务大局、服务职工能力水平不断提高，涌现出一批先进集体和先进个人。全省交通运输系统2013年6家基层工会分别获得全国模范职工之家和全国模范职工小家的光荣称号，2名个人分别获得全国优秀工会工作者和工会积极分子称号。

（林猛光）

广州铁路（集团）公司工会

【领导班子】

主　席：孙洁（女）

副主席：汪一飞、李玉文

【机构设置】

综合（财务）部、组织部、生产和文体部、保障和女工工作部、体协、经审办

【综述】　2013年，在省总工会、全国铁路总工会和集团公司党委的正确领导下，广铁集团工会以深入学习党的十八大、十八届三中全会精神为主线，围绕深入开展党的群众教育实践活动，不断深化服务职工在基层“十送十搭建”活动，切实改善职工生产生活环境，解决职工实际困难。围绕服务广东经济社会发展和推动广东省“三个定位、两个率先”总目标的实现，突出铁路工作特色，广泛积极组织职工建功立业，工会工作进一步创新和发展。

【广泛组织职工建功立业】　围绕铁路进一步走向市场和货运改革，组织开展职工思想状况综合调查，发动职工广泛开展“五比五创”、旅客货主“两满意”等竞赛活动，引导职工主动支持改革、投身改革。围绕铁路安全生产中心任务，广泛开展安康杯、百千万、家属保安全、暑运杯等竞赛，积极发挥

群众保安全的作用。集团公司连续第八年被评为“全国安康杯竞赛优胜单位”，获评全国“工人先锋号”先进集体 1 个、全国五一劳动奖章 1 人，广东省“工人先锋号”先进集体 2 个、广东省五一劳动奖章 2 人，火车头奖杯 7 个，火车头奖章 44 人。围绕提升职工主人翁意识，常态化开展合理化建议和学技练功活动，2013 年收集职工建议 27193 多条，评选合理化建议金点子 171 项，并推动以班组名称或职工姓名，命名一批先进作业法。与行政联合举办 3 个系统的职工职业技能竞赛，培养和挖掘一大批技术能手。

【努力改善沿线职工生活】 根据集团公司《改善沿线职工生产生活设施建设三年规划》(2011—2013 年)，为 1378 个沿线车间、班组同步配套生活设施，尤其是及时为 2013 年集团管内新开通的衡柳、茂湛、厦深铁路沿线 191 个新设车间、班组配套急需、必备的生产生活设施，使职工生活条件得到改善。大力倡导“自己的家园自己建、共同的梦想共同圆”理念，组织职工自己设计、自己动手建设职工安全文化活动阵地，年内在沿线各单位建设了 168 个示范推进点。制定“最佳管理站区”评比办法，全面开展“最美家园”和“最佳管理”两项竞赛，推进职工生产生活设施的建、管、用同步。

【不断深化工会服务保障】 集团工会牢固树立服务职工的意识，不断提升服务职工的水平。在困难帮扶工作中，坚持落实“三不让”帮扶机制，全年资助职工 13971 人/次。积极健全铁路异地通勤乘务职工家庭帮扶机制和帮扶网络，全年组织 1400 多个“亲情帮扶小组”帮助职工家庭解决家人突发疾病、遭遇自然灾害、老人小孩无人照顾等急难问题 4045 件/次。在日常帮扶工作中，坚持在重要节日期间，下拨送温暖专项资金，大力开展“进千家门、知千家情、暖千家心”、“千干帮千户”活动。在重点任务中，及时做好后勤服务。暑运高温季节，下拨专款，大力开展送清凉活动。抗击台风灾害天气期间，及时慰问坚守抢险一线的职工，帮助受灾职工家庭开展灾后重建。定期为 536 个沿线偏僻小站、中途工区送米送油送菜，为职工全力以赴投入安全生产做好服务保障。

【切实维护职工合法权益】 不断推进民主管理工作的规范化建设，高质量召开集团本级及 80 多个基层单位职工代表大会。及时跟踪督办职代会提案和职代会期间行政向职工承诺的好事实事。坚持落实职代会团（组）长联席会议审议涉及职工切身利益政策的研究、决策的制度，认真审议增加职工工资、调整职工保健食品费标准及企业年金理事会改选等重要事项。不断拓展厂务公开的深度和广度，推进基层车间、班组厂务公开建栏率的持续提高。积极推动科学维权，继续办好职工维权帮扶热线，全年共处理职工、家属来电 2068 个。强化依法维权和劳动争议调处工作，举办劳动争议调解员和工会劳动法律监督员培训班。认真贯彻《女职工劳动保护特别规定》，成立女职工“维权之家”，切实维护女职工特殊权益。

【积极营造和谐人文环境】 认真学习宣传贯彻习近平总书记在劳模座谈会上的讲话精神。通过举办劳模座谈会和开展“中国梦·劳动美”演讲征文比赛等活动，大力弘扬劳模精神，营造“劳动光荣、劳动者伟大”氛围。精心组织参加全国铁路第二届“职工才艺大赛”和职工摄影、书画大赛，排演节目和推荐作品在职工中获得广泛好评。坚持举办《广铁佳缘》电视相亲节目，全年共录制节目 8 期，30 多对单身职工通过活动成功牵手。中央电视台“朝闻天下”栏目以“铁路线上的爱情”为题，连续4天进行专题报道。充分发挥文体事业单位的作用，扎实做好群众体育工作，组队参加省第三届体育节，获得好成绩。集团公司获评四年一届的“全国群众体育先进单位”。

【切实加强工会自身建设】　针对铁路体制机制改革不断深化的实际，及时指导新组建的铁路货运中心和调整单位及时建立健全工会组织，做好工会关系、资产的转接。组织职工按照上级党委部署，深入开展党的群众路线实践教育活动，对照“四风”问题进行深刻检查，制定措施，严格督促工会党员干部作风转变。切实抓好工会工作常态化机制建设，不断细化工作日常管理程序，编发基层《工会主席应知应会》，实行站段工会主席和车间专兼职工会主席季度绩效考核，各项工作得到进一步规范。（周合林）

广东省邮政工会

【领导班子】

主　席：张晓红

副主席：詹　华

【机构设置】

办公室、基层工作部、权益维护部

【综述】　2013年，广东省邮政工会围绕推动企业转型发展，在广大员工中开展经济技术创新工程活动，重点围绕促进业务结构调整，业务收入增长、服务质量提高和经营生产中的重点难点，组织员工开展技术创新、业务攻关、合理化建议和岗位创新创效等活动，坚持引导、发动广大员工为推动企业转型发展建功立业。组织参加中国邮政集团公司、集团工会开展的“我为发展做贡献”合理化建议征集月活动，发动广大干部员工围绕企业重点工作，针对设计创新服务型产品、邮务板块的业务重组和流程优化、拓宽渠道、整合资源等方面向集团公司推荐7条合理化建议。大力弘扬劳模精神和中国工人阶级伟大品格，为企业发展凝聚强大精神动力。各单位通过表彰会、报告会、媒体宣传、班组学习讨论等多种形式，营造宣传学习劳模先进的氛围，加大对先进典型的宣传力度，广泛宣传劳模、先进的感人事迹、优秀品质和高尚情操。省邮政工会组织省邮政部分在职劳模先进28人进行革命传统教育、座谈和短期休养。2013年，省邮政系统荣获上级表彰奖励的有全国五一劳动奖章2人、省五一劳动奖章2人、全国“工人先锋号”1个、广东省“工人先锋号”5个；通报表彰了2010—2012年度广东省邮政系统先进集体59个、先进个人109名。

【坚持扎实推进服务型工会建设，全面提升工会服务员工群众的能力和效果】　一是帮助员工提升自身素质，适应企业转型、参与企业转型。充分发挥工会“大学校”作用，围绕省公司“人才强邮”战略，深入推进员工素质建设工程，积极开展各项创争活动、群众性岗位练功比赛活动，帮助广大员工提高思想道德、科学文化、职业技能、身心健康等自身素质。省邮政公司、省邮政工会连续9年联合举办全省邮政储蓄合规经理、电子商务专业营销员、信息技术岗位三大工种的技能比赛，其中邮政储蓄合规经理工种比赛入选2013年广东省职工职业技能大赛项目。二是加强员工文化建设，打造广大员工共同的精神家园。坚持活动深入基层开展、资源面向基层倾斜，重视支局班组、职工小家文化体育活动场所的建设，广泛开展员工喜闻乐见、有益身心健康的业余文体活动，积极倡导员工读书等群众性文体活动，在省邮政员工中掀起全民健身热潮，增强企业的凝聚力和向心力。省邮政工会举办广东省邮政员工“和谐杯”网球比赛。广东省邮政体育协会荣获 2009－2012 年全国群众体育先进单位、2013 年广东省第三届体育大会体育道德风尚奖。三是进一步加强员工帮扶工作。以办实事、办好事为切入点，想方设法解决员工特别是一线员工在生产生活方面的热点、难点问题。全年省邮政职工重病互助会和困难员工帮扶中心共帮扶重病和困难补助的职工 315 人，补助金额 165.10 万元。对台风灾损支局和员工补助 135 万元。

【坚持做好固本强基工作，激发基层工会组织活力】 一是健全完善工会管理体制，加强全系统工会组织建设。在邮政企业、邮储银行、速递物流三大板块工会组织组建的基础上，健全完善三大板块工会组织的管理体制和工作机制，强化垂直管理的领导体制，充分发挥省邮政工会属地管理的职能，保持邮政系统工会组织体系的完整性和工作的连续性。三大板块工会在邮政一面大旗下，加强沟通和联系，联手开展形式多样富有邮政行业特色的工会活动。二是加强工会干部队伍建设。2013 年省邮政工会举办全省邮政新任工会干部轮训班、市局工会主席北大培训班、全省邮政工会专职干事实务培训班。开展工会理论研究及调研活动和优秀研究成果评选活动，活动收到 28 个基层工会推荐上报的 143 篇论文。三是按照“完善功能、加强管理、发挥作用、提升效果”的原则，继续推进职工之家（小家）、城市“投递员之家”、“网运职工之家”建设工作，切实改善一线员工的生产生活条件。2013 年省邮政工会投入 377.82 万元，建设（提升）53 个之家、293 个小家。四是进一步加强劳务工入会和管理工作。积极落实全国总工会关于“两个普遍”的要求，扩大覆盖面，增强凝聚力，在确保合同制员工全部入会的基础上，着力解决好劳务工入会问题。除未过试用期的员工外，全省邮政员工已基本实现全面入会。（蔡 欣）

中国电信集团工会广东省委员会

【领导班子】

主 席：钟平

副主席：辛钢平

【机构设置】

办公室、权益保障部、经济工作部、组织宣传部

【综述】 2013 年，中国电信广东省工会在省公司党组和上级工会的正确领导下，认真贯彻落实中国电信“一去两化新三者”的战略思路，按照集团工会“强基层、铸品牌”的工作要求，继续坚持“融入中心、服务大局”，认真“规范、创新、完善”工会工作内涵，实施全方位帮扶关爱员工的“爱心行动”，保障和改善员工的工作生活条件；积极推进员工岗位创新、劳动技能竞赛活动，服务企业创新发展；走群众路线，深入推进“面心实”活动，推进工会自身建设，实现工会工作新的突破。

【不断丰富、扩大“四小”建设成果】 进一步推进“四小”（完善小食堂、小浴室、小厕所、小学习活动室）建设实施计划，省公司、省电信工会共投入 3631 万元，用作“四小”更新配置的常态运作、“四小”扩大

外延建设、优化粤东西北地区“四小”建设以及职工之家建设，将“四小”建设延伸到51个营业厅、7个10000号客户服务中心、69个装维班组、61个县区分公司。组织“四小”常态运作经验交流现场会，规范常态运作资金的使用管理。组织评审一批星级家园式营销中心，家园式营销中心创建达标率达69%。“四小”建设成效显著，基层员工对改善工作生活条件的满意度同比提高6.1%。

【积极发挥互助会济难解困作用】 组织修订互助会章程和管理办法，对家庭困难员工实施“三类九级”帮扶，困难员工的帮扶人数同比增加25.4%。2013年起慢性病门诊资助标准上调到1200元/年，缓解了需长期用药而造成家庭经济困难的情况。2013年共向5128名会员发放资助金1663.1万元，受惠员工超过会员总数的8.8%，其中，“三类九级”帮扶中有912名困难会员受惠，向困难会员发放资助金736.7万元；重大疾病资助金共发放310.4万元；慢性病门诊资助金金共发放290.1万元等，彰显互助会的济难解困作用。

【加大对一线员工的慰问力度】 指导基层工会实施关爱员工的“爱心行动”。继续坚持开展元旦春节送温暖慰问活动，省公司、省电信工会共向900名困难员工发放慰问金90万元。广东接连遭受自然灾害造成员工家庭财产损失，省电信工会及时组织慰问并采取有针对性的救助措施，向受灾严重的单位下拨救灾援助款274万元，对受灾严重的39名员工发放互助会“自然灾害救助金”共30.5万元，并开展心理帮扶工作，帮助灾区员工消除灾后不良情绪。及时有效开展暑期送清凉活动，向30个基层工会划拨30万元送清凉慰问款，及时将集团划拨广东的一线外勤员工防暑降温专项慰问补贴发到基层员工手中，没有发生员工高温中暑事件。各级分公司及员工共向四川雅安地震灾区电信员工捐款总计401万元。

【加强员工关怀机制建设】 向基层“送健康送服务”，2013年共举办4期“天翼健康讲堂”系列讲座，下发《中医四季养生》、《实面‘霾’伏》等书籍，到基层开展3场心理知识培训，引导员工正确面对各种情绪，健康生活。出台员工心理危机应急工作预案，有7位突发心理危机的员工得到妥善的帮扶。举办员工心理压力舒缓工作培训班，培养骨干人员。

【组织开展丰富多彩的文体活动】 各级工会，继续以“翼起来，我健康，我快乐”为主题，依托“四小”和职工之家建设，依托已经形成的场地、活动、组织、服务四大网络体系，动员和组织广大员工参加文体活动。2013年省电信工会举办或组队参加文体活动14项，包括举办为员工减压的养生操《八段锦》、员工摄影等培训班，为基层培育了一批文体骨干；组队参加集团公司气排球比赛获得亚军、参加全国通信职工气排球比赛获得季军的好成绩，有效地激励、普及推广各单位气排球的发展。

【组织全省开展劳动技能竞赛活动】 不断创新竞赛形式，完善“劳动竞赛＋技能竞赛”模式。组织参加集团公司举办的移动网络优化竞赛等12项竞赛活动，组织全省开展服务提升等10项劳动竞赛活动，有2人在省十项工程劳动竞赛中被授予省五一劳动奖章。组织全省开展IT数据应用等2项技能竞赛活动，有2人获省五一劳动奖章、5人获省技术能手、10人获省职工经济技术创新能手。

【深入推进员工岗位创新活动】 以创新带动业务发展，开展服务、运营、营销、基层管理和技能创新，在集团10000号岗位创新成果评选表彰会上，获得一金、一银、两铜的优异成绩。以创新成果带动员工岗位创新，有8个单位建立“员工岗位创新工作坊”，中山分公司获得关键指标大幅度改善的成果。以创新竞赛平台激发全员创新意识，开展“员工岗位创新擂台赛”，聚焦微创新、小技改等立足员工本职岗位的创新活动。首创促销竞赛形式推进业绩提升，在天翼3G互联网手机交易会上，实现超额完成销售智能终端的目标任务。以创新服务手段实现服务模式的转变，在服务提升劳动竞赛活动中，进一步提升客户满意度。

【选树劳模先进激励员工为企业发展贡献力量】 中国电信广东公司荣获全国五一劳动奖状，这是11年来广东公司取得大发展，得到上级肯定而获得的荣誉。另外，有1个集体获 全国“工人先锋号”、9个人获广东省五一劳动奖章、7个集体获广东省“工人先锋号”、1个集体获“中央企业先进集体”、2人获“中央企业劳动模范”、6个集体获“中国电信集团先进集体”、12人获“中国电信集团劳动模范”。省公司评选表彰了1512名标兵、2名岗位练兵状元、36名岗位练兵能手、197个先锋号，表彰10个“金点子”合理化建议、6个优秀操作法。关心爱护劳模先进，春节及节日向劳模先进发放慰问金共计21.32万元，开展劳模先进代表荣誉休养、学习交流活动。

【不断规范完善企业民主管理工作】 贯彻落实上级关于转变工作作风的要求，以电话会议形式召开省公司二届三次职代会，会议务实高效、规范有序，提高了职代会的运行效率。深化职代会制度建设，开展职代会质量评估、提案征集和职工代表增替补工作，对修订后的4项职代会制度办法进行宣贯落实。坚持推进企务公开的制度化、规范化建设，广东公司获全省厂务公开民主管理贯标认证工作先进单位。为员工建言献策搭建平台，开展“和谐之声—企务直通车”第二季度“员工权益”为主题的网上沟通活动，活动采取“预约+实时交流”的方式，最高在线人数720人，预约加上现场提问共有107个问题。

【加强工会组织建设】 组织召开省电信工会三届三次委员电视电话会议、三届四次委员扩大会议，总结工作，研究下一步工作任务，履行补选委员的民主程序及进行工会业务培训。落实议事规则，召开主席办公会议12次，审议、表决事项46件。指导17个基层工会做好换届选举和届内委员增替补工作，规范基层工会组织建设。推进业务外包单位建会入会工作，组织相关单位专题研究并达成五点共识，完成业务外包人员入会率40%的阶段性指标。举办8个工会工作培训班，修订完善4项制度办法，不断提升工会的规范化建设与能力水平。继续大力推进基层职工之家建设，有2个基层工会被评为“全国模范职工之家”，2个基层工会小组被评为“全国模范职工小家”，2个基层工会被评为集团“模范职工之家”，6个基层工会分会（小组）被评为集团“模范职工小家”。省电信工会女职委召开三届二次会议暨女工工作培训班，研究部署女工工作，进行女性心理的调适与人际交往培训。组织女员工参加省总工会举办的女职工劳动保护特别规定知识竞赛活动，举办幸福女人养生经讲座等。开展女员工建功立业活动，有4个女工集体获“全国五一巾帼标兵岗”、2名女员工获省五一劳动奖章、2名女员工获省公司2013年技能竞赛巾帼能手。规范工会财务管理工作，从8月开始，按省总工会的要求在全省实施工会经费地税代收工作。根据省公司内控管理要求，将省电信工会、省公司本部工会、互助会的财务委托省公司财务共享中心代理记账，实现会计核算集中监控。加强工会经费使用监督，省电信工会年度预决算报表接受经审委、会计师事务所的审查审计。对惠州等6家工会开展工会主席任中财务检查，对深圳工会进行主席任期经济责任审计，修订工会经济事项审批权限列表，举办市县级工会财务、审计工作培训班。加强工会信息工作，在省电信工会网页刊登稿件1160篇，向集团工会网站报送并刊登稿件870篇，向国防邮电工会、广东省总工会报送稿件73篇，省电信工会发表宣传稿件33篇，省电信工会获得了集团工会信息工作先进单位、通信体协信息工作先进单位的称号，同时还获得了国防邮电工会、集团工会信息工作先进个人。（肖爱平）

广州打捞局工会委员会

【领导班子】

主　席：徐华

副主席：余构平

【机构设置】

办公室

【综述】　2013年，广州打捞局工会在上级工会和局党组的正确领导下，以邓小平理论、“三个代表”重要思想和科学发展观为指导，积极开展党的群众路线教育实践活动，不断深化“面对面、心贴心、实打实，服务职工在基层”活动，深入基层，紧贴群众，紧紧围绕局的中心工作，以发展生产、构建和谐打捞为主线，通过开展劳动竞赛、帮扶济困、职工民主管理和职工文体等活动，全面履行工会职责，积极发挥桥梁纽带作用，受到领导和职工的好评。

【扎根职工，积极开展服务职工活动】　一是开展“冬送温暖、夏送清凉”活动。“冬送温暖”活动慰问船舶16艘，工地5个，走访慰问职工（含退休人员）527人，送上慰问金171300.7元；“夏送清凉”活动慰问了船舶11艘，工地、车间、班组10个，送上清凉饮料折合人民币28680元。二是做好局职工互助医疗基金的管理服务工作，全年共发放互助医疗补助659385元，慢性病医疗补助189600元，789人次职工受益。三是开展“金秋助学”活动，共发放助学金17600元，12名困难职工子女受益；发放免息助学贷款24000元，帮助4名职工解决筹措学费的困难；奖励职工优秀子女123人，奖励金额达41800元。四是叫响做实“有困难找工会”，职工服务热线活动共为27人次职工家属提供了帮助。

【围绕中心、服务生产，积极开展职工劳动竞赛活动】　一是开展安全竞赛活动。开展安全生产知识答题竞赛活动，发出和收回答卷1082份，其中满分答卷234份；组织“华天龙”船参加了广东省企业班组安全文化DV短片比赛获优胜奖。二是开展“导师带徒”竞赛活动，来自救工处、海工处、第一船队、船舶修造厂四个单位的36对师徒参加了潜水技能、水手技能和机工技能3个项目的比赛；组织职工参加广东省直系统职工技能竞赛计算机和英语的比赛。三是完善激励机制，修订并印发了《交通运输部广州打捞局劳动竞赛年度奖励办法》。四是做好评先推优工作。全年评选表彰了局先进集体3个，先进个人54名；获交通运输部救捞局表彰的先进集体5个，先进个人17名；“华海龙”船获得广东省“工人先锋号”光荣称号和全国海员工会“安全优秀船舶”称号，纪学军获全国优秀船员称号，救工处海南昌江项目部荣获全国海员工会“安全优秀班组”称号，廖雪瑜获广东省海员系统第二届“十佳海嫂”称号。五是组织慰问劳模13人，组织劳模2人参加上级工会组织举办的疗养活动，组织3名先进职工参加部局座谈学习交流活动。

【履行职责，发挥作用，认真做好“双维护”工作】 组织召开局四届一次职代会暨工代会，并落实好提案意见；组织开展职工代表巡查活动。坚持集体合同制度，组织职工代表开展集体合同履行情况巡查，保障职工的总体权益。做好女工工作，维护女职工的特殊权益。完善女工组织；组织开展“美丽打捞巾帼行赏春欢乐会”三八女工活动，开展女职工征文比赛和女职工摄影比赛；开展“救助贫困母亲”活动；开展女工培训，共选送3名女职工参加上级工会举办的学习班，举办一期女工健康知识讲座；组织开展女工健康体检；开展《女职工劳动保护特别规定》贯彻落实情况巡查。做好信访工作，共接到职工（含退休人员）来信来访49份，对职工反映的问题已全部得到落实或解释答复。做好群众性安全监督工作，维护职工的劳动安全权。

【开展小型多样的文体活动，促进打捞文化建设】 成立职工足球协会、篮球协会。2013年，组织举办迎春拔河比赛暨职工篮球表演赛、贺岁杯足球赛、职工羽毛球比赛、船员家属迎春联欢会、摄影知识讲座、职工摄影比赛，组队参加广州市“市长杯”羽毛球比赛，开展“中国梦.劳动美”征文比赛，与外单位开展羽毛球、乒乓球、篮球、扑克等友谊赛。

【固本强基，不断加强自身建设】 局工会委员会进行换届选举，理顺了海工处、隧道处工会的组织及工作。修订《工会工作规范》、《困难职工帮扶基金管理办法》、《困难职工帮扶基金章程》、《劳动竞赛年度奖励办法》、《职代会实施细则》等5个规章制度，新制定《工会经费收支使用管理办法》、《工会固定资产管理办法》。开展工会干部培训，选送9名工会干部外出学习，举办一期职工代表培训班。开展“双亮”工作。在办公场所悬挂工会牌子，公布办事流程，在每个工会干部的办公桌上摆放岗位牌，向职工会员亮出工会干部的身份。加强工会经费管理，做好工会财务工作。 （麦亚民）

中国南方电网有限责任公司工会委员会

【领导班子】

副主席：王静辉

经费审查委员会主任：周鹏举

女职工委员会主任：武立娟

【机构设置】

办公室、员工权益部

【综述】 2013年，南方电网公司工会在上级工会、公司党组的领导下，以党的十八大精神为指引，围绕公司中长期发展战略，认真履行职能使命，扎实推进制度建设、职工维权、素质提升和文化建设工作，强基础、抓管理，将工会工作有效融入公司创先的整体布局，团结带领广大职工在推动公司战略落地和一体化建设上开展卓有成效的工作，为公司和谐、稳定发展和幸福南网建设作出新的贡献。

【扎实推进民主管理，构建和谐南网】 严格执行职代会工作制度。按期组织公司职代会换届改选工作。规范提案管理，公司三级以上单位职代会2013年共征集交办提案1499件，并动态跟踪各项提案落实办理情况，将办理情况及时答复提案人。公司各级职代会闭会期间共召开联席会议457次、开展职工代表巡视检查1379次。首次通过视频会议方式召开了公司二届一次职代会第一次联席会议，审议并通过《公司劳动用工管理办法》等三项涉及职工切身利益的管理制度，民主选举公司2名职工作为国有企业监事会兼职监事，进一步强化了民主监督。将ISO9000质量管理体系贯标认证引入民主管理工作，明确以“体系认证”为主要措施的今后三年工作思路；编制印发公司厂务公开民主管理贯标认证指导文本，组织两期共195名工会干部参加的贯标认证专题培训。2013年，公司所属单位整体贯标申报自评达23.52%，广东地区单位贯标申报自评达100%，为2015年实现公司三级及以上单位贯标认证全覆盖奠定良好基础。公司荣获“全国厂务公开民主管理工作先进单位”称号。

【深化维权帮扶工作，落实对职工关爱】

建立工会联系职工代表、工会干部联系基层单位（联系点）制度，设置工会主席信箱，职工诉求渠道得到进一步畅通。处级以上工会干部建立联系点54个。各级主席信箱全年共收到信件376件，办理信件307件，确保职工诉求得到及时反馈和解决。深入“急、难、险、重”工程现场开展慰问，不但送物资，还送演出，切实为职工排忧解难、加油鼓劲。编制《公司帮扶慰问工作管理办法》，明确帮扶对象和帮扶类别，广东、云南电网公司还设立扶贫帮困爱心基金，促进了帮扶工作的常态化。雅安地震发生后，组织全网职工捐款741万元，全力支援灾后重建工作。公司捐资500万参与建设的青海省玉树州第二高级民族中学现已正式挂牌，在雪域高原建起了南方电网博爱楼，2700名少数民族学生的学习生活得到保障。

【搭建建功立业平台，促进职工素质提升】

开展“创先杯”职工技能竞赛，建立“三方合办、四级开展”的技能竞赛机制，从业人员参考率达90%以上，有效提升职工的专业技能水平。圆满承办国资委央企职工财会专业职业技能大赛，公司三位选手勇夺个人竞赛金奖，并以团体第一荣获大赛团体特等奖，出色的竞赛组织工作还被大赛组委会授予特殊贡献奖。启动职工技术创新工作，编制并印发《公司劳动模范（技术能手）工作室指导意见》，成立公司劳模（技术能手）工作室及QC攻关小组共95个，组织开展两期职工技术创新培训班，通过邀请外部专家授课和到宝钢集团实地参观，让劳模先进、工会干部学到工作室管理的先进经验。积极推动群众性创新纳入公司科技创新体系，在公司科技费预算中明确职工技术创新工作的经费来源，在南网技术论坛中首次设立群众性创新分论坛。召开首次工作室创新成果交流会，搭建成果推广应用和工作室负责人间的沟通交流平台。2013年，工作室共开展攻关项目145项，投入资金740万元，经济效益达11626万元，工作室成员获职称晋升65人，获地市级及以上荣誉称号70人，创新工作初见成效。

【规范劳模评选表彰，大力弘扬劳模精神】

编制《公司劳动模范管理办法》，强调评选对象向一线倾斜，严格执行“两审三公示”制度。2013年共评选公司先进工作者45名。公司系统共5家单位荣获全国五一劳动奖状，6名职工荣获全国五一劳动奖章，4个车间班组荣获全国工人先锋号，20名一线职工和11家基层单位分别荣获中央企业劳动模范和先进集体。五一期间组织召开了劳模先进座会，参加全国劳模代表座谈会的“南网兄弟”黄春强现场传达习近平总书记重要讲话精神，大力弘扬新时期劳模精神。

【丰富职工文化生活，着力建设职工之家】

各级工会积极推进“职工温馨家庭工作站”、“和谐温馨变电站、供电所”、职工书屋等“职工之家”软硬件建设，不断拓展活动载体，丰富建家内涵。公司举办的“幸福南网梦之声”员工歌唱比赛，15个分赛区共4000多名员工参与比赛，12.3万名员工注册参与投票。在全国能源系统“能源蒙电杯”网球赛中，公司代表队连续4年蝉联团体冠军；全国电力行业职工桥牌锦标赛中，公司代表队智取团体第一名；由公司承办的2013年全国电力行业职工乒乓球赛中，公司健儿勇夺全部7个项目的4个冠军。

【加强自身建设，提升工会一体化管理水平】

发挥全面人力资源管理委员会成员应有职能，梳理并明确全面人力资源管理信息系统中工会业务涉及的外部协同流程、节点和表单，为人力资源管理信息系统建设和工会一体化工作的深入推进打好了基础。集中力量编制工会管理制度，已发布13项制度和1项业务指导书，初步形成了以制度约束为保障的长效机制。组织召开了公司一届十二、十三次全委会，增、替补了4名委员，16名女工委委员，审议通过三项工作草案，进一步强化了工会组织建设。（吴晓川）

粤电集团公司工会

【领导班子】

主　席：钟伟民

副主席：张兴栋、赖树川

【机构设置】

女职委、办公室、劳动保护分部、组宣分部、计生办

【综述】 2013年，粤电集团公司工会在集团公司党委和上级工会的领导下，认真学习贯彻党的十八大精神，以邓小平理论、“三个代表”重要思想和科学发展观为指导，积极开展党的群众路线教育活动，以深入开展“面对面、心贴心、实打实服务职工在基层活动”为主线，认真履行工会职责，加强维权帮扶，积极发挥桥梁纽带作用，推进企业的和谐稳定，团结动员广大职工充分发挥主力军作用，为集团公司持续健康发展作出新贡献。

【加强工会建设，夯实基础管理】 不断完善工会组织建设，加强对基层工会建设的指导和服务。积极筹备集团公司第三届第一次职工（会员）代表大会及集团公司工会换届选举工作。完成直属工会换届选举工作，进一步理顺直属工会与直属公司工会的关系，指导7个基层工会完成换届改选工作。加强工会工作人员培训，积极组织参加上级工会培训并举办了集团公司工会干部培训班，共有110多人参加了培训，促进了工会干部的学习交流和能力提升。

【坚持推进民主管理，促进企业和谐稳定】

进一步完善以职代会为基本形式的民主

管理制度，推进厂务公开，支持职工参与企业管理。一是认真学习《企业民主管理规定》，进一步健全以职代会为基本形式的民主管理工作。2013 年，系统各单位共收到职代会提案 330 件，立案 282 件，职代会成为职工建言献策、参与管理，促进企业科学民主决策的重要途径；继续规范和推进厂务公开工作，保证了员工的参与权、知情权和监督权。共有 3 个单位荣获“全国厂务公开民主管理先进单位”。二是广泛开展合理化建议等和谐劳动关系创建活动，进一步畅通和拓宽民主管理和职工沟通渠道，充分发挥职工参与民主管理积极性和创造性。全年共提合理化建议 2847 条，其中 1713 条被采纳。三是认真贯彻执行劳动保护法律法规，围绕职工职业安全健康开展各种宣传活动，积极开展劳动保护监督检查。

【激发劳动热情和创造力，发挥主力军作用】

一是积极组织基层单位参加省十项工程劳动竞赛。1 个集体荣获省十项工程劳动竞赛模范集体称号，同时被授予广东省五一劳动奖状；共计 2 人分别获得省十项工程劳动竞赛模范工人、模范科技工作者称号，同时被授予广东省五一劳动奖章。二是与集团公司安全监察及生产技术部联合举办了集团公司水力发电机组节能降耗劳动竞赛，系统内 9 个水电厂参赛，有力促进了水电厂节能降耗工作。2013 年，系统各单位围绕企业安全生产经营管理工作，共组织开展劳动竞赛 232 项，2 万多人次参与竞赛活动，大大提高了职工队伍的整体技能素质。三是大力弘扬劳模精神，积极做好劳模的选树、推荐和服务工作。共有 3 人获得广东省五一劳动奖章，2 个集体获得全国“工人先锋号”，2 个集体获得广东省“工人先锋号”。

【突出特色，女工工作进一步加强】　一是围绕企业中心工作，继续深入开展女工“建功立业工程”和“素质提升工程”创建活动，1 个集体获得“全国五一巾帼标兵岗”，1 个集体获得“广东省三八红旗集体”、“巾帼文明岗”。二是以贯彻《女职工劳动特别规定》为契机，积极维护女工特殊权益，深化女工关爱行动。三是不断提升《粤电女工》的办刊质量，为服务女职工创建更好的服务平台，增强了工会女工组织的活力和吸引力。四是举办了“走进中大、提升自我”业务培训，近 70 名女工干部参加培训，提高了女工干部的综合素质和业务工作水平。五是成功举办“风采杯”花样跳绳比赛，29 支队伍、近 200 名队员参赛，增进了职工间团结协作能力。

【培育健康向上、充满活力的职工队伍】

集团公司工会及系统各单位工会组织开展丰富多彩的文体活动，活跃职工业余生活，营造出“用心工作、健康生活、激情奉献、追求卓越”的企业文化氛围。一是精心组织、成功举办“粤电杯”第三届足球比赛，26 支代表队共 350 余人参加赛事；举办“粤电杯”第五届羽毛球比赛，30 个单位组队近 400 人参加赛事。二是成立集团公司书画摄影协会，选拔骨干近 140 人参加中国电力摄影家协会和省国有企业职工书画摄影协会。2013 年，2 个单位获得“全国群众体育先进单位”，3 个单位获得“广东省群众体育先进单位”，1 人获得首届中国电力职工摄影大赛铜奖。

【做好工会财务和经费审查工作】　按照省总工会的部署，重点做好工会经费地税代收的宣贯工作，确保集团公司各级工会经费及时足额拨缴。加强工会经费预决管管理，保障工会经费合理使用。不断完善工会经审制度体系，开展经费审查和自查工作。做好省

总经审会对集团公司工会财务审计意见的整改工作。（陆寅）

中交广州航道局有限公司工会委员会

【领导班子】

主　席：范强

副主席：林朝钦

【综述】 2013年，紧密围绕构建公司竞争新优势的工作要求，大力弘扬劳模精神和工人阶级伟大品格，持续提升工会整体工作能力和水平，组织和引导广大职工在实施“十二五”规划承上启下的关键之年建功立业，为公司的可持续发展贡献力量。

【素质提升工程科学规范，建功立业活动成效突出】 （1）以降本增效为主线，劳动竞赛成效显著。以“创新发展争一流，降本增效立新功”为主题开展劳动竞赛，取得了显著成效：船舶施工效率和施工质量得到了提高；标准船型劳动竞赛实施方案更趋于科学合理发展；各专业公司各具特色劳动竞赛进一步丰富了公司劳动竞赛内容，一些专业公司的劳动竞赛成功实现向智慧型、管理型转变。（2）以技能提升为重点，岗位比武形式多样。组织开展了第三届船舶岗位（水手）技能竞赛，来自23条船舶62名优秀选手进行激烈角逐，“浚海5”水手长全华利以总分第一名被授予广东省海员系统“金锚奖”。组织参加省直机关英语技能比赛，提升职工岗位综合能力和展示良好的职业形象。（3）以经济实用为基础，技术创新取得突破。编辑出版《首届职工经济技术创新成果》集，成果集收录2009～2012年职工群众性经济技术创新优秀成果共52项，为公司创造可观的经济效益，成为推动职工经济技术创新成果展示的里程碑工作，受到各界的高度评价和职工的广泛好评。（4）以“安康杯”竞赛为载体，群众安全监督得到强化。组织开展“安康杯”竞赛活动，扎实深化“三项行动”和“三项建设”；积极开展职业危害防治基础知识和职工安全知识等竞赛活动。与安监部联合开展“危险就在身边”危险源辨识竞赛活动，共有68个司属单位、项目部、船舶识别危险因素595项，促进公司职业健康安全管理规范化。

【民主管理工作日益完善，和谐劳动关系持续稳固】 深化职代会作用，规范民主管理程序。突出搭建职工提案平台，广泛收集职工代表提案32个共54条建议，形成《提案报告》向职工代表通报。广泛听取职工代表对公司集体合同、劳动合同管理办法等多个企业规章制度的意见，使制度更贴近企业、职工的实际，更具人性化。在公司第八届职代会暨第十届工代会第五次会议上，审议通过修订的《中交广州航道局有限公司集体合同》，并经广东省劳动和社会保障厅审核通过后，由工会代表和行政代表共同签订生效，促进劳动关系和谐。

【扶贫帮困渠道拓宽加深，人文关怀质量稳步提升】 继续深化为职工送温暖、送清凉、贺生日和疗养等关爱活动。针对公司“走出去”战略部署，将工会的服务工作从国内向国外延伸，协助境外项目部和船舶在国内购置食品，解决境外食品贫乏的现象，让境外职工可以尝上“中国味”，使服务的方式和方法上有了进一步的提升。筹措专项资金，帮扶、救济困难职工达131人次。开展金秋助学活动，支持困难职工子女上学。做好境外职工家属和退休职工的服务工作，举办境外职工家属迎春茶话会和中秋国庆慰问活动，为退休职工发放慰问品，持续增强贴心服务意识。

【劳模选树实现点面开花，品牌创建取得重大成果】 深度推进重点工程劳模选树工作。以测量公司等为首的港珠澳大桥参建者，成功为岛隧工程基槽开挖装上精明的“眼睛”，以“海底绣花”的精湛工艺得到社会各界的高度评价。在港珠澳大桥工程全国劳动竞赛第一阶段的评比中，喜获多个大奖：测量公司获评全国五一劳动奖状；维修公司机务部、“金雄”获评全国“工人先锋号”；“金雄”船长唐少鸣获评全国五一劳动奖章；“浚海5”、“广州号”、“捷龙”和交建公司工管部获评广东省“工人先锋号”；技术中心自控室主任刘国生获评广东省五一劳动奖章。切实提升常规项目参评的培育基础。深入推进“工人先锋号”、“安康杯”竞赛的组织实施，切实提升常规品牌的培育基础。2013年，交建公司荣获全国“工人先锋号”；“浚海2”船长张裕山荣获“中央企业劳模”；“浚海5”船长翁国隆荣获“全国优秀海员”；“浚海5”见习船长谢兆俊妻子吴珍荣获“全国优秀海员家属”和省海员系统第二届“十佳海嫂”；“浚海1”、测量公司技术部分获全国水运系统安全优秀船舶和班组；“华安龙”荣获福建省“安康杯”竞赛先进班组；“剑龙”荣获全国“安康杯”竞赛广东省优胜班组。

【工会自身建设取得实效，服务群众本领有效提升】 加强业务学习，先后组织20名专兼职工会干部参加以税代收、工会财务系统的培训学习；先后组织8名专兼职工会主席参加省总工会组织的培训。强化工会“建家”工作，2013年，先后完成交建公司等6个单位建设“职工之家”、“浚海5”等2艘船舶建设“职工小家”的工作，充分利用共青团工作职能划入工会办公室的有利时机和良好开局，乘势而上进一步整合群团组织有效资源，形成良性互动合作，充分发挥各自优势，实现群团工作的良好助推，取得明显效果，受到上级组织的高度评价。（林芳）

中国海员工会
中交第四航务工程局
有限公司委员会

【领导班子】

主　席：张　猛

副主席：陈东港

【机构设置】

办公室、女职工委员会、经费审查委员会

【综述】 2013年，四航局工会在公司党委和上级工会的正确领导下，在行政的大力支持下，以党的十八大精神为指导，以中交率先建成世界一流企业和四航局打造华南地区知名企业的总目标为推动力，坚持中国特色社会主义工会发展道路，积极实践“中国梦·劳动美”主题活动，认真落实习近平总书记“4·28”讲话精神，求真务实、焕发工会组织的生机活力，坚持“促进企业发展、维护职工权益”的企业工会工作原则，大力推进和谐劳动关系建设和职工素质工程建设，为促进企业科学发展发挥积极作用。

【深入推进民主管理，认真履行职代会职责】

公司工会深入推进民主制度建设，坚持以职代会为基本形式的民主管理和厂务公开制度，切实维护职工合法权益。按照职代会提案处理的有关规定，共处理职代会提案16份。组织开展职工代表巡视活动，不断提升职工代表参与企业民主管理的质量和效果。进一步将厂务公开民主管理工作融入到企业的经营生产管理和制度建设之中，不断规范厂务公开运作程序。

【强化源头参与，切实维护职工合法权益】

为贯彻执行《劳动合同法》（修正案），公司对《工资分配管理规定（试行）》进行了修订。2013年7月9日，公司工会组织召开十届职代会第四次联席会议，审议通过《工资分配管理规定（审议稿）》。修订后的《工资分配管理规定》更适应目前的市场经济环境及公司的经营发展形势，对建立和谐稳定的劳动关系起到更好的保障作用。

【有效推进劳动竞赛活动深入开展】 在上级工会的统一部署和指导下，公司工会紧紧围绕四航局中心工作，深入扎实地开展劳动竞赛活动，为推动企业科学发展建功立业做出积极贡献。4月，公司召开2013年重点工程建设“金锚杯”劳动竞赛推进大会。会后，各单位纷纷结合实际，迅速掀起劳动竞赛热潮，为全面实现公司各项生产经营目标鼓劲加油并抓好各项工作的落实。通过劳动竞赛的扎实开展，公司3人获得全国五一劳动奖章，2个集体获得全国“工人先锋号”，2人获得广东省五一劳动奖章，3个集体获得广东省“工人先锋号”。

【扎实推进群众性经济技术创新】 公司工会坚持实施职工素质工程，深入开展技术比武、岗位练兵等活动。结合生产经营、标准化管理、管理提升活动等组织开展合理化建议、双增双节等职工经济技术创新活动，不断推动技术创新、管理创新、服务创新。2013年，公司各级工会组织职工提出合理化建议、双增双节成果64项。

【围绕安全生产推进安全文化建设】 公司各级工会深入开展以“弘扬企业安全文化、加强班组安全管理”为主题的“安康杯”竞赛活动。健全工会劳动保护监督检查组织，积极履行职责，结合四标三体系要求和项目管理标准化的实施，持续深入开展“安全生产月”活动，为确保企业安全生产保驾护航。二公司四航砼1荣获“全国水运系统安全优秀船舶”；航通公司机使二班荣获“全国水运系统安全优秀班组”；二公司多哈项目部、港珠澳岛隧项目部分别荣获广东省企业班组安全文化DV短片比赛优秀奖。

【服务职工，帮扶工作明显深化】 公司工会扎实开展“面对面、心贴心、实打实服务职工在基层”活动。按照公司领导关于进一步加大扶贫帮困工作力度的要求，各级工会组织进一步加强“困难职工帮扶中心”建设，叫响做实“海外职工家属有困难找工会”工作，进一步提高帮扶工作的制度化水平，实现帮扶送温暖常态化、长效化。继续为职工购买有关保险，做到不错不漏，认真做好理赔工作，努力提高广大职工的医疗保障水平。2013年共发放解困资金61.52万元，为625位困难职工提供帮扶，为海外职工家属送慰问720人次，为20位困难职工子弟提供助学，发放助学金2万元；5人获得省医疗互助保障金5万元；272人次获得商业保险理赔54.01万元。

【不断加强工会自身建设】 公司工会坚持深入开展“创建学习型工会组织”活动，分别组织两级工会干部参加省海员系统工会干部业务培训；各级工会干部认真学习贯彻习近平总书记系列讲话精神和中共中央政治局委员、省委书记胡春华在听取省工、青、妇工作情况汇报时的讲话精神，认真研究新时期工会工作的特点和规律，加大工作创新创优创特色的力度，二公司荣获全国模范职工之家称号，研究院荣获中央企业先进集体称号，三公司黄祥波荣获“全国优秀工会工作者”荣誉称号。

【发挥优势，办好公司第五届企业文化节】

2013年公司举办第五届企业文化节。期间协同公司团委组织“和谐四航·真爱永恒”青年集体婚礼，主办“我的中国梦”职工书画摄影展等一系列丰富多彩的文化活动。9月6日晚，以“共筑中交梦、同传四航情”为主题的中交四航局第五届企业文化节闭幕式文艺晚会在广州白云国际会议中心圆满闭幕。晚会节目由公司员工自编自演，精彩纷呈，表达了四航人传承优秀四航文化、携手同心筑梦的情怀和心声。

【进一步激发女职工工作热情】 公司各级工会以培养和造就知识型、技术型、创新型女职工队伍为目标，广泛深入实施女职工“建功立业工程”和“素质提升工程”，促进女职工队伍的整体素质和能力的进一步提高。二公司洲头咀项目部张芳映荣获“全国优秀海员家属”称号。航通公司举办的第六届员工技术比武活动，伍国燕、岑程、郭先会三名女同志分别获得前三名。 （汪琳）

广东省海洋与渔业局工会委员会

【领导班子】

主　席：黄棕棕

副主席：夏思源

【机构设置】

工会委员会、女职工委员会、工会经费审查委员会；下属七个基层工会。

【综述】 2013年，省海洋与渔业局工会以党的十八大精神为指导，围绕“三个定位、两个率先”总目标，按照局党组和上级工会的工作部署，准确把握工会工作定位，坚定贯彻党的群众路线，重点在为推动海洋强省建设凝心聚力和加强服务上下功夫，扎实有效地完成各项工作。

【深入帮扶维护，促职工队伍和谐稳定】

一是关心职工生活，做好慰问帮扶。2013年春节、“五一”、“七一”等节日，局工会联合党办、老干等部门上门慰问困难职工、退休劳模及特困职工遗属，共计慰问56人次，发放慰问金4.02万元；慰问伤病职工18人次，发放补助金2.65万元；金秋助学24人次，发放助学金1.89万元。各基层工会慰问困难职工、伤病职工、职工遗属等119人次，发放慰问金和慰问品6万元；机关工会为3名患重大疾病会员申请和办理医疗互助保障理赔金18万元；省渔政总队工会发动全省队伍为因公殉职职工捐款31.7万元，极大地缓解了职工家庭的经济困难。二是关心职工健康，做好保障。下发《关于认真组织人员积极参与工间操活动的通知》，请各处室（单位）动员和组织人员积极参与工间操锻炼。联合广州中医药大学附属骨伤科医院举办了两场保健知识系列讲座，深受职工欢迎。各基层工会为职工干部办理《广东省职工医疗互助保障计划》、《女职工安康互助保障》、《独生子女保险》、《住院医疗综合保险》等健康保障；组织年度职工体检、配合局计生办组织人员参加“免费孕前优生检查”活动；出资定期租用乒乓球、羽毛球、篮球、足球等运动场所，整理了

《局系统各单位文体活动场地时间列表》，指引大家合理安排锻炼时间。三是反映职工诉求，维护职工合法权益。妥善处理部分职工不满广建公司不能拿出2011年拍卖大沙围基地所得资金来提高职工的生活待遇的问题，平息职工的不满情绪，维护企业的稳定。广建公司工会制订《职工住房货币补贴办法》和《职工住房津贴办法》，落实职工住房面积差额补贴和职工住房货币分配工作，职工呼吁了十几年的问题终于得到解决。广远集团工会在公司整体经营欠佳的情况下，努力为2011、2012年有效益的部门申请到绩效工资，结合企业改制方案，重点提出维护职工权益问题。四是支持公益事业，真情关爱社会。开展向广州市残联“展翅南天碧空，点亮幸福之梦”—帮扶残疾儿童及残疾儿童困难家庭捐助活动捐款活动。支持局关工委响应省关工委和省直关工委“关于大力扶持灾区和贫困地区中小学校教学设施建设”的呼吁，捐助1.5万元购买学生课桌椅赠与粤北贫困山区九峰小学。各基层工会也积极组织会员参加义务献血、海珠区慈善募捐、扶贫济困日捐款等公益慈善活动。

【开展文体活动，营造团结向上氛围】 举办局系统2013年羽毛球比赛局系统羽毛球比赛、局系统趣味运动会、局系统“强身健体、快乐和谐”登山活动三个大型活动；组队参加省直机关首届趣味运动会；举办首届“海洋杯”篮球联赛，与国家海洋局南海分局等5个涉海单位交流互动。联合局直属机关团委、局关工委、共同举办“海洋日”参观中国海监第八支队“中国海监83”船展馆活动。联合局机关中心、中国银行同福路支行举办“走进社区 同贺国庆”游园活动。

【加强宣传教育，促海洋渔业事业发展】

一是开展参观学习，引导职工追求社会主义核心价值。“三八”节期间，向女职工送出温馨节日礼物《牵手幸福》，积极参与广东省民政厅开展的广东省社会组织模范单位和模范个人评选表彰申报工作。基层工会组织会员观看了《周恩来的四个昼夜》、《杨善洲》等有教育意义的影视作品和举办“好书大家读”读书会。二是开展技能竞赛，引导职工争创一流、建功立业。与省水产技术推广总站联合举办首届全省水产技术推广技能竞赛，共有来自各市的18个单位54名人员参赛，在广东省是第一次，在全国也具有首创性。与局党办共同组织局系统干部职工参加“广东省直单位首届工作技能大赛”、与局安委办共同组织职工参加全国安全生产领域“打非治违”知识竞赛。三是开展宣传展览，引导社会关注和支持海洋渔业事业。局工会积极发挥群众组织优势和宣教职能，举办两个大型的海洋文化宣传展览活动。利用市二宫的社会资源优势和便利的地理位置，联合广州市第二工人文化宫、所在街道文化站等组织举办“海洋文化进社区”活动，以海情、战略、知识、法规、蓝色畅想等五个篇目向市民宣传海洋文化，并现场派发宣传手册。在全省海洋与渔业行业的干部职工中征集以“美丽海洋 和谐渔业”为主题，反映和展现我省海洋与渔业的发展成就，具有广东海洋与渔业特色的书画摄影艺术作品，组织专家对作品进行评审，获奖作品进行展览并给予适当奖励。

【加强自身建设，促工会工作提升】 一是认真参加党的群众路线教育实践活动。学习中央、省委文件和领导讲话精神，组织召开局系统工会、青年、妇女干部座谈会，征求对局工会在精神面貌、工作作风、干群关系和纪律意识和对工、青、妇工作重视支持等方面的意见和建议。二是进一步加强组织建设。指导协助省海洋资源研究发展中心成立基层工会，健全相关制度，进一步加强工会的组织力量和保障能力。广建公司工会对公司组织机构调整带来的分会组织的变动，及时进行调整，重新选举分会负责人，保持工会工作的连续性。三是进一步加大干部培训力度。举办局系统工会干部培训班，邀请省总工会有关专家授课，局系统各级工会正副主席、工会委员、工会经审委委员、工会女职委委员、工会财务人员，基层工会小组长等约 50 人参加了培训。四是进一步加强工会经费收管。及时做好工会经费预决算上报；认真贯彻省总工会关于全省税务代收工会经费工作进行动员部署会议精神，做好基层工会信息采集录入、注册审核工作，参加省总财务部组织开展的业务培训；下达经费上缴指标，及时上缴工会经费。（张莉莉）

广东省食品药品监督管理局工会委员会

【领导班子】

主　席：陈鲁峰

【机构设置】

工会委员会、局女职工委员会、经费审查委员会，下设八个基层工会

【综述】 2013 年，省食品药品监督管理局按照省财贸工会和局党组的工作部署，坚持以邓小平理论、“三个代表”重要思想和科学发展观为指导，以党的十八大精神和习近平总书记视察广东重要讲话精神为统领，努力打造学习型服务型创新型工会，围绕中心，服务大局，工会各项工作取得可喜的成绩。

【深入学习贯彻党的十八大精神，开展群众路线教育活动】 组织学习习近平总书记在党的十八大以来的一系列重要讲话精神，机关各处室和直属各单位基层工会制定具体学习活动方案，精心组织开展多种形式的学习活动。局机关开展党的群众路线专题学习讨论，发放省委教育实践活动学习资料，专门编印下发学习手册，组织参观反腐教育基地，组织开展“群众在我心中”学习讨论和征文评比活动，组织参加省直机关十八大知识竞赛，开展“深入基层一线”实践体验活动。审评中心工会发放一批中国共产党的唯物史观和有关群众路线的重要论述的党政辅导读本。组织工会干部认真学习深刻领会。组织全体工会干部到广州农讲所参观《永远把人民群众放在第一位——中国共产党群众路线教育实践》展览。

【加强培训，提高工会干部和职工素质】

各基层工会按照《工会法》和《工会章程》的有关规定，组织对新进人员开展工会知识讲座，组织人员参加省总工会举办的工会主席、工会干部培训班和妇女干部培训班。器械所定期召开工委会会议，讨论工会日常工作，对阶段性重点工作进行分工和布置，较好地发挥工会和工会委员的作用、南方所召开职工代表大会，听取职工意见，审议管理制度和薪酬福利政策。组织 6 场 200 人次参加的管理人员培训，学习管理者的情商、职业经理人容易犯的 11 种错误和管理者沟通和激励技巧。举办 2 场 60 人次参加的员工职业化培训，学习不断进取的职业化精神、做一行爱一行钻一行的专业化、商务礼仪、沟通技巧和会议组织等课程。药检所开展安全检查教育活动，积极配合办公室，会同质保科、物业管理等部门以药品检验为主线，确定抓好安全生产的重点，用定期检查与不定期检查相结合的方式方法在所内各

科室开展检查，全年共组织安全教育检查12次，确保安全问题随时发现随时解决，为所安全生产安全工作提供良好的安全环境。

【配合做好地税代收工会经费工作】 各基层工会按省总工会要求开设工会银行账户，准确申报工会基层信息，做好工会经费税务代收的工作，按时足额上缴工会经费。审评中心工会财务坚持量入为出，管好用好工会经费，做好工会全年经费预算和决算工作。

【实施服务职工活动，增强工会组织凝聚力、影响力】 （1）做好送温暖帮扶工作。省局机关工会帮助解决4名机关干部子女的入托问题，为在编在职人员购买“职工医疗互助保障”，局机关和省药检所的“职工医疗互助保障”参保覆盖面达到100%。局机关工会和各基层单位工会每年都组织干部职工和离退休人员体检，并根据近年来的常见病及一些重大疾病增加了体检项目。各基层工会建立长期送温暖机制，做到对每一个职工生日、结婚、生育有贺金，对患有疾病的员工实时给予特殊补助。审评中心工会针对中心新进员工多为年轻同志，尚未成立家庭，住宿方面多有不便的情况，积极联系，多方协调，为其提供临时周转集体宿舍，为保障职工身体健康及安全，在每层办公楼为职工配备小药箱，添置常用药及应急药物。（2）组织全体干部职工抗震救灾捐款活动，局机关和直属单位共捐款12万余元。响应省残联关于“展翅南天碧空，点亮幸福之梦”帮扶残疾儿童及残疾儿童困难家庭捐助活动，共筹得905元。

【关心职工身心健康，开展丰富多彩的文体活动】 各基层工会积极组织各类活动，举办2013年省局机关及直属单位运动会，运动会比赛项目包括乒乓球、羽毛球、网球、跳大绳、五人六足、拔河等32个个人项目和5个团体项目。举办省局机关趣味运动会。药检所工会举办2013年迎春晚会，举办所第十八届职工运动会，定期开展了羽毛球、篮球、足球、瑜伽班、舞蹈班等系列活动，组织干部职工观看优秀电影。器械所工会在羽毛球、乒乓球、足球、篮球、游泳等活动小组的基础上，工会委员分工运动项目，把体育运动常态化，规范化。审评中心面向全体在职人员开设瑜伽班，举办摄影讲座，开展六一亲子活动，组织职工参观“无用品下的艺术”作品展，增强职工环境保护的意识。 （张一帆）

广东省建筑工程集团有限公司工会

【领导班子】

主　席：程石岭

副主席：唐志强、李雪美

【综述】 2013年，集团工会按照“三十字”工作思路，紧扣“学习宣传实践中国特色社会主义工会发展道路”这一主题，全面按照上级工会的要求和集团党委的领导，全力服务企业中心，切实维护会员、职工权益，不断增强工会自身活力，取得了良好成绩。集团系统共有36个集体分别荣获全国“安康杯”竞赛活动“优胜单位”、“全国厂务公开民主管理先进单位”、“全国农民工业余学校示范项目部”、省五一劳动奖状、省“工人先锋号”等荣誉称号；16人次分别被评为“全国住房城乡建设系统劳动模范”、“全国群众体育先进个人”及在各类竞赛活动中获奖。集团工会连续三期在《南方工报》上宣传集团关注职工、和谐发展的事迹，获得广泛好评。

【坚持正确的政治方向，完善工会组织自身建设】 一是始终坚持党的领导，积极开展党的群众路线教育实践活动，广泛征求全集团对工会工作的意见和建议，不断改进工作作风，克服“四风”对工作的消极影响，增强政治坚定性、工作实效性和工作自觉性，达到团结、务实、勤俭、高效的效果。二是开展“会员评家民主测评”满意度评议和基层工会对“建家”标准量化自评活动，继续探索在项目建会的新途径、新举措，通过农民工业余学校，坚持“四不方式”吸纳农民工入会。积极主动开展送清凉活动，集团及所属单位共投入清凉饮料费用约288万元，慰问一线职工8万余人。三是依照《广东省工会经费收缴管理暂行办法》规定，加强与企业财务部门的沟通合作，及时、准确地完成集团及基层工会基础信息的录入工作，将工会经费由地税代收的工作抓好落实，为工会工作的顺利开展提供坚实的经费保障。集团工会荣获全国“2012年度市级工会财务工作先进单位”荣誉称号。

【坚持推进职代会制度和厂务公开民主管理，构建和谐劳动关系】 一是积极发挥职工代表大会的作用。积极协调有关部门把职工代表大会的决议落到实处，逐步提高职工收入，让职工与企业共享发展成果，职工的生活福利水平得到一定的保障和改善。引导广大职工通过理性、合法方式表达利益诉求，努力营造企业与职工和谐相处、共谋发展的良好氛围。二是稳步推进厂务公开民主管理工作。贯彻广东省厂务公开民主管理贯标认证新标准，按照创建省级厂务公开民主管理示范点的要求和《广东省企事业单位厂务公开民主管理标准体系（2）》的文件精神，及时修订本单位的有关文件制度，做到组织、人员、责任三落实。省安装公司被授予“全国厂务公开民主管理先进单位”称号；省四建公司、省一建公司、省机施公司等单位通过认真整改和不断完善，成功完成B级升A级的任务；省建科院、省源天公司、装饰有限公司圆满通过广东省厂务公开贯标认证A级认证。

【坚持开展劳动竞赛活动，服务集团发展大局】 围绕集团经济发展大局，集团工会坚持开展各项劳动竞赛，打造“安康杯”竞赛、“保障性住房工程建设”劳动竞赛等多个品牌，成绩显著。一是“安康杯”竞赛喜获全国“十连胜”杯。全国“安康杯”竞赛活动已成为建工集团工会和行政的工作品牌，并在保持荣誉的基础上常赛常新，各单位在活动中呈现出不同的亮点，取得良好成效。其中，省安装公司还创造性地提出了“1234”的“安康杯”竞赛活动思路，即：“紧扣一条主线，强化两个抓手，深化‘三项建设’，继续推行PDCA循环管理模式，强化安全管理”。二是开展企业班组安全文化DV比赛。围绕“弘扬企业安全文化，加强班组安全管理”主题，结合各单位的实际和特点，组织举办企业班组安全文化DV比赛，共有14个单位20个DV短片参加，另有20个单位各派观众评委参与评分，宣传班组在开展安全建设与管理过程中形成的优秀成果，展示出有特色的班组、企业安全文化。集团推荐两个一等奖作品参加全省的比赛，分别获得三等奖和优秀奖，集团获得优秀组织奖。三是举办保障性安居工程建设劳动竞赛经验交流会。紧紧围绕提高班组素质、推动安全生产和技术进步等中心环节，结合安全生产、工程质量、工程进度、节能降耗、科技创新、劳务管理等内容，打造精品工程、和谐工地，促进了集团及所属单位工程项目管理水平的提升。省机施公司荣获“全国保障性安居工程建设劳动竞赛先进单位”称号。

【坚持抓好职工教育，提升工会活力效能】

一是成立集团职工教育中心。以集团人才发展规划和创建学习型组织为依托，以培训中心、农民工业余学校、女子学校为主要场所，成立职工教育中心，针对一线职工素质差异较大、农民工特别多的特点，大力开展农民工职业技能培训，重点加强对一线员工的操作技能、安全生产知识和基本职业道德等方面的教育，着力推进以技能竞赛、职工培训、技术鉴定一体化的职工技能提升计划。集团所属各单位纷纷成立教育分校，并积极开展培训和竞赛等活动。集团职工教育中心被中华全国总工会授予“全国职工教育培训优秀示范点”称号，两所农民工学校被中国建筑业协会评为“2013年度全国建筑企业创建农民工业余学校优秀示范项目部”。二是评先创优，弘扬劳模精神。2个项目评为全国“工人先锋号”，1个单位荣获省五一劳动奖状，2人荣获“全国住房城乡建设系统劳动模范”称号。继续关心劳模的工作、学习和生活，组织劳模和先进生产（工作）者分批分别赴西安、延安学习和休养。三是组织开展纪念广东建工60周年系列活动。集团及所属单位工会组织在开展“筑彩60年——广东建工60周年纪念活动”中具体承担了一系列大型活动的牵头和组织工作，开展了大型广播体操、三人篮球赛、主题征文、书法、绘画、摄影和CI导入及企业文化理念征集等活动。集团工会主席程石岭荣获“全国群众体育先进个人”称号，集团工会荣获“广东省第十三届‘体育节’活动优秀组织奖”，省建科院、水电三局荣获“广东省第十三届‘体育节’活动先进单位”称号。

【坚持加大帮扶力度，继续实施困难职工帮扶机制】 2013年，集团帮困扶助金管理委员会认真履行集团帮困扶助金管理工作职能，做到收好、管好、用好帮困扶助金，取得良好成效。一是调整困难职工建档新标准。集团根据广州地区颁布困难职工建档新标准，将困难帮扶标准由原来家庭人均收入650元/月上调到810元/月，重新建立了困难职工档案，让原来处于建档标准边缘未能进入帮扶范围的职工得到有效帮扶。二是充分发挥集团系统帮困扶助网络的作用，为困难职工办实事，解难事。集团已经有12个单位成立了困难职工帮扶中心，集团建档的困难职工中有88人已经脱离了困境，包括27名特困职工，56名困难职工，2名困难劳模和3名残疾军人。其中，有25名因病至困的职工随着病情好转而脱困，有18人随着收入水平的提高而脱困，有27个家庭随着子女完成学业而脱困，有13人重新上岗收入增加而脱困。三是扩大参加省总工会“职工医疗互助保障计划”和“女职工安康互助保障计划”的覆盖面。2013年，集团已有21家下属单位组织职工参加保障计划，部分单位增加了购买份数，为维护职工身体健康增加一份保障。

【坚持素质提升，独立自主开展女工工作】

一是健全机制，多渠道维护女职工权益。积极推进女职工权益保护专项集体合同的续签和落实，从机制上维护女职工权益。继续参与省总工会“女职工安康互助保障计划”，确保女职工参保率100%，女职工体检率100%。注重文化活动和心理疏导，举办了三八趣味运动会和各种有益女职工身心健康的系列知识讲座，促进女职工快乐工作、健康生活。二是积极组织广大女职工参与全总首届书香“三八”——幸福中国·喜迎“国际幸福日”读书征文活动，购买《牵手幸福》、《拥抱快乐》等征文活动用书发放给女职工，收到10个单位44篇征文，省基础公司选手获得全国总工会读书征文活动三等奖。三是组织“女子学校”三年达标验收暨经验交流活动。广东安装女子学校坚持以工会主席挂帅、女职委落实，强化办学责任，在网上公开学习计划，办学以来开设10余项课程和“手工艺”等3个兴趣班，在女职工中倡导“五个一”和“读书——助我素质提升”活动，对每一个教学课程的参与人数、学习情况、教学效果纳入目标管理，确保办学的实际效果。通过总结、展示广东安装“女子学校”创办三年来所取得的成果，搭建起集团内部各女工组织之间互相交流、互相学习的平台，在集团所属各单位女工组织之间掀起品牌酝酿和素质提升的热潮。（刘冬）

广东中旅（集团）有限公司工会工作委员会

【领导班子】

副主席：左群基

【机构设置】

综合部、业务部、女工与计生部

【综述】　2013年，广东中旅（集团）有限公司工会在上级工会和集团党委的领导下，深入学习贯彻党的十八大精神及省第十一次党代会精神，突出旅游行业特点，聚力发挥职工在推动集团创新发展中的主力军作用，维护职工合法权益，积极构建和谐劳动关系，加强工会自身建设，振奋精神、转变作风，突出重点、务求实效，努力推动集团工会工作上新台阶。

【加强人文关怀，打造和谐企业】　2013年集团三重医疗保障网报销医疗费1489人次，报销医药费42.7万多元，其中住院106人次，报销金额近17.9万元，门诊约1383人次，报销金额近24.8万元，在很大程度上减轻了职工医疗费的负担。大力开展困难职工的帮扶工作，深入实施送温暖工程，集团每月定期为15户特困职工发放补贴，在中秋、春节等重大节日召开“结对帮扶现场会”，对走动不便及患重病的困难职工进行走访慰问。向集团5位困难职工子女发放助学金10000元，解决了他们上学难的问题。2013年集团共为职工发放福利补助13500元，26人次，特困职工结队帮扶补助71800元，196人次。集团与省建筑工程集团联合举办了8·18青年联谊活动，为适龄单身青年搭建了一个良好的交友、交流平台。

【开展职工岗位练兵技能比武活动，提高职工队伍素质】　推动华厦大酒店参加全国“安康杯”竞赛活动，组织广东省第七届安全生产知识竞赛活动等。通过开展岗位练兵技能比武活动，进一步提高职工的业务水平和工作能力，为企业转型升级提供精神动力和智力支持。

【开展“2013年广东扶贫济困日”活动】

“4·20”四川芦山地震发生后，集团向灾区捐款128323.5元。集团积极响应省委、省政府的号召，参加省委省政府6月30日举行的“2013年广东扶贫济困日活动启动仪式”，为广东扶贫济困捐款200万元。

【充分发挥女职工组织的作用，不断增强凝聚力和战斗力】　推进女职工安康互助保险和职工互助保障计划，增强职工抵御风险的能力。严格按照《女职工劳动保护特别规定》的要求，切实维护女职工的特殊利益，保障职工的安全和身心健康。营造良好的女工工作氛围，调动女职工的积极性，发挥女职工在企业经营发展中的主力军作用。“三八”妇女节组织集团本部全体女职工参观南海西岸产业园，属下各级工会女工组织也开展三八妇女节外出游览活动，并组织“女人三养”健康知识讲座，丰富女职工的业余文化生活。

【倡导积极向上的企业文化，促进企业和谐发展】 坚持开展“每月一星”评选活动。2013年通过推荐评比出12名“每月一星”，激励员工积极向上的精神，营造团结、和谐、共进的良好氛围。广泛开展文体活动，包括登山、羽毛球比赛、读书演讲比赛、城市乐跑赛、舞蹈班、瑜伽班等。集团公司推荐的天河华厦国际商务酒店工程部于12月获评“全国模范职工小家”荣誉称号。（刘丹丹）

广东省旅游集团有限公司工会工作委员会

【领导班子】

主　席：杨康荣

副主席：刘书琪

【机构设置】

综合部、业务部、女工部

【综述】 2013年，广东省旅游集团有限公司工会按照省总工会、省财贸工会的工作部署，紧密围绕集团公司正在开展的党的群众路线教育实践活动，把工会工作作为教育实践活动的一项重要内容，在维护员工权益、保持队伍稳定、创建和谐企业、提升员工素质、弘扬企业文化等方面发挥了重要作用，为集团公司圆满完成年度的各项指标任务作出了积极贡献。

【严格落实企务公开制度】 集团公司引导各企业深化厂务公开工作，做到信息公开化、透明化，通过网站、内刊、宣传栏等途径向职工公开企业发展和职工关心的热点问题，使企业经营管理更加民主化。

【深入开展困难职工慰问活动，加大金秋助学力度】 集团职工互助济困会按照章程及其补充条例规定，全年为24人次提供补助12.58万元，在很大程度上减轻职工医疗费的负担。开展2013年元旦、春节“双节”慰问活动，共计慰问各企业困难职工35人，发放慰问金35000元。2013年共投入8000元，资助8位困难职工子女读书和接受教育，减轻这部分职工的子女教育负担。

【组织开展劳动技能竞赛，提高职工队伍的素质】 集团各企业组织开展服务技能大赛、消防演练比赛、工衣大赛、英语知识团体竞赛、安全生产知识竞赛等活动，增强职工的专业技能水平，使广大职工的精神面貌得到提升。

【丰富职工文化体育活动，不断增强凝聚力和战斗力】 “三八”妇女节，集团工会组织本部女职工到黄埔古港活动，丰富女职工的业余文化生活。12月，集团工会组织登山和广播体操展演活动，增强员工体质。集团各企业工会相继开展丰富多彩的文化体育活动，包括羽毛球比赛、篮球比赛、读书演讲比赛、“庆双节”趣味游园活动、水果雕花表演、南湖摄影比赛等。

【建立健全劳动仲裁机构】 根据省人社厅

要求，集团公司设立劳动人事争议调解委员会，并配备工会代表、企业代表和职工代表等5名工作人员。（刘丹丹）

白天鹅酒店集团有限公司工会工作委员会

【领导班子】

主　席：陈乃发

副主席：黄维城

【机构设置】

综合部、业务部、女工与计生部

【综述】　2013年，白天鹅酒店集团工会在集团党委、上级工会的领导下，认真贯彻落实以人为本的理念，紧紧围绕集团转型升级的任务，在推动科学发展、维护职工权益、促进职工队伍和企业稳定中发挥应有的作用，充分调动和发挥工会会员的积极性和创造性，推动了集团工会工作的创新发展。

【稳定职工队伍建设，促进企业和谐发展】

针对白天鹅宾馆更新改造特殊时期的具体特点，工会积极协助人力资源部，通过召开座谈会、讨论会等多途径了解员工思想动态，广泛听取员工的意见和建议，并通过合法有序渠道，进一步完善人员安排及薪酬发放办法，较好协调酒店内部利益关系。先后组织3次专项工作会议，发放调查问卷530份，召开7次329人次的座谈会，个别谈话118多人次，保持企业和职工队伍的稳定，为促进集团公司转型升级和可持续发展打基础。

【履行职代会职责，积极维护职工合法权益】

3月，集团组织召开第一届二次职工代表大会，共梳理与会职工代表议案70条，交职能部门答复意见66条，充分体现职工民主管理、参政议政的主人翁精神；6月，组织召开白天鹅宾馆第五届十五次职工代表大会，审议通过《白天鹅宾馆下一阶段人员安排及薪酬发放办法》（2013年7月至2014年3月），为员工提供3个（服从分配、停工休假、内退）自愿选择的方案，既考虑企业发展储备人才需要，又兼顾员工个人需求，保障全体员工的切身利益。

【开展员工素质工程，为企业转型升级提供智力支持】　一是认真开展“每周一题，每月一课，每季一书”活动。通过每周安排一个讨论主题，每月讲授一个培训课程，每季度共读一本好书，全方位激励全体员工在学习上比学赶超，推动学习型企业建设的蓬勃发展。先后学习了《正能量》、《自营销》、《世界最赚钱零售店的经营课》等三本书籍，举办读书沙龙3次，举办悦读会3次，通过短信平台发送经典好句171次，收集到学习心得体会征文51篇，评选优秀征文25篇。二是举办了4场“对标一流”管理论坛。结合省国资委关于对标管理的部署要求，举办了“跨国酒店集团的管理模式”、“跨国酒店集团核心竞争力与竞争优势”、“中外酒店品牌文化对比”、《速度与激情——工作效能提升技巧》等四场“对标一流”管理论坛，参加人数达320多人次。通过邀请中山大学、华南师师范大学等高校的老师授业解惑，组织中高层管理人员进行案例分析学习和员工互动及小组头脑风暴式讨论，拓展视野，完善结构，提高员工的思维能力和综合概括能力，为企业转型升级提供精神动力和智力支持。三是开展丰富多彩的文体活动。积极开展“贺馆庆、迎新春”、“关爱学习生活、登山强身健体”和“乐跑千里”健身活动等系列活动，积极组织参加省国资委系统“国企对标，活力党建”书画摄影大赛，广州城市乐跑赛，向各部门下发活动经费组织联欢会、座谈会、登山、慰问等活动，丰富了职工生活，凝聚了团队精神。

【重视舆论引导，充分发挥舆论的宣传导向作用】 一是开展新时期“白天鹅精神”表述语征集和宣传活动。通过广泛发动、公开征集、集中创作，报集团党委审定，确定了“领其先，同其心，善其事”为新时期白天鹅精神的表述语，通过设计和张贴宣传海报、召开专题讨论会等方式积极开展宣传活动，进一步提高白天鹅企业文化的凝聚力和感召力。二是加强《白天鹅之家》、《白天鹅报道》和简报等报纸杂志的编辑出版工作。结合有线电视、微博、OA、网站、电子邮箱、论坛、宣传橱窗、短信平台等宣传工具，紧紧把握企业中心工作，通过动态跟踪、典型报道等诸多形式，构建相互沟通的平台，做到上情下达，下情上达，使干部职工能够及时掌握了解各项企业动态，消除思想上的疑虑、认识上的困惑，为集团的经营管理营造正确的舆论氛围，2013 年共出版《白天鹅之家》2 期，《白天鹅报道》2 期，各类专栏 25 期。

【关怀员工冷暖，推动幸福企业建设再上新台阶】 2013 年，集团工会共慰问 45 位患病、困难员工，慰问费约 2.24 万元；给予 9 位员工的直系亲属丧葬补助金 0.09 万元；发给员工生日慰问金共 9 万元；给予 4 位特困员工发放特殊困难救助金共 6 万元，给予 4 位住院治疗人员报销自费费用共 7.92 万元，让全体员工感受到企业的关怀。 （刘丹丹）

中国人民银行广州分行工会工作委员会

【领导班子】

主　任：徐维

副主任：徐蔚萍

【机构设置】

综合岗、组宣岗、经保岗、女工岗、财务岗、文体岗

【综述】 2013 年，人行广州分行工会在总行工会、分行党委的正确领导下，以“围绕中心，学习宣传，弘扬先进，改进作风”为工作思路，结合分行工作实际，坚持文化引领、精细管理、和谐发展，认真履行“维护、建设、参与、教育”四项职能，创新开展一系列以“引领力、管控力、践行力”（简称“三力”）为主题活动，有力地配合广州分行中心工作，取得一定的成效。

【充分发挥工会组织桥梁纽带作用】 一是贯彻落实党的十八大精神，组织开展主题学习系列活动。广州分行和辖内部分中心支行通过开辟专栏、工作简报，举办知识竞赛、征文活动、成果展示会、电子杂志制作大赛等活动，进一步激发员工学习好、遵守好、贯彻好、维护好新党章和党的十八大精神。二是严格执行中央“八项规定”，密切联系群众。广州分行工会主任徐维强调在新形势下工会要进一步加强对县支行的调研，密切关注基层央行发展、“职工之家”建设和干部职工思想状况，把群众路线贯彻落实到位。4 月，分行工会牵头主办的分行职工“健康绿色通道”正式向广东全辖开通，并作为工会的一项特色工作长期开展。

【不断提高央行职工“参政议政”意识】

一是完善民主管理制度，促进民主管理工作规范化。广州分行工会在制定《中国人民银行广州分行职工民主管理工作实施办法》基础上，进一步加强对民主管理工作理论学习和对现实的研究，及时总结经验，推动民主管理工作的创新与发展。二是不断健全以职工代表大会为基本形式的民主管理制度，提升职代会质量的政策指导。辖内各中心支行均按规定召开一年一次的职工代表大会，坚持做到会前有提案、会中有解答、会后有落实、事后有监督，使职代会真正成为职工民主议事、参政议政的载体。分行工会还对辖内中心支行职代会进行了现场指导，进一步提高了辖内中心支行职代会的质量，促进辖内民主管理制度的规范化和实效性。三是积极探索推行以行务公开、工会小组长联席会议、民主评议领导干部、合理化建议等为补充形式的职工民主管理，畅通民主管理渠道，延伸民主管理的触角。广州分行辖内各级党委坚持将党委会、行长办公会等会议形成会议纪要下发各科部室，坚持对提拔任用干部、发展入党对象、评选先进等事项进行公示。同时，还在局域网上建立职工论坛，设置了行领导信箱等，使全体职工随时都可以在网上与行领导进行交流、沟通、对话，从而扩大职工的知情权、参与权和监督权。

【努力做好“弘扬先进、选树标杆”工作】

一是做好2008－2013年度广州分行先进集体、先进工作者评选表彰工作。根据《中国人民银行工会工作委员会关于印发＜中国人民银行工会先进个人管理办法＞的通知》（银工委〔2012〕28号）和《关于印发＜中国人民银行广州分行先进集体和先进工作者评选表彰及管理办法＞的通知》（广州银办发〔2012〕431号）要求，从7月中旬发通知布置到9月下旬完成，历时两个多月，经过严格评选程序，最终评选出7个先进集体、17名个人，并进行了表彰。二是做好广州分行2013年“十大亮点”评选工作。根据《2011年广州分行“十大亮点工作”评选活动方案》及相关规定，向分行处室和广东辖内中支征集亮点工作，分行处室及广东辖内中支共有39个单位申报了48项工作，涵盖广州分行2013年的重点工作。作为检验和衡量人行广州分行履职服务水平的“十大亮点工作”评选活动历经四个年头，得到了全行的充分认可，“十大亮点工作”评选活动已经成为广州分行特色品牌。三是利用各种宣传载体，开展向先进典型学习活动。广州分行辖内各级工会大力宣传在各类评选表彰活动中先进集体、先进工作者事迹，培养职工树立社会主义核心价值观，积极引导职工在平凡工作岗位上创先争优、建功立业。2013年，茂名中支获得“全国金融模范职工之家”光荣称号，中支机关工会荣获“茂名市先进公有制企业工会”和“茂名市工会工作创新奖”，云浮中支甘昌松荣获全国五一劳动奖章，湛江中支工会主任陈忠培荣获湛江市五一劳动奖章。

【进一步加强工会组织自身建设】 广州分行工会通过加大调查研究力度，提升工会履职水平。2013年分行工会特别注重课题调研，通过加强调查研究，贴近实际，贴近基层，贴近职工，增强工会组织的凝聚力。广州分行工会以组宣为立脚点，做了大量工作。主要有：4月17日至18日，广州分行第二届职工“岭南杯”气排球邀请赛于在广东惠州市隆重举行，比赛有来自广州分行机关、广东省内各中心支行及直属支行的24支代表队参加了本次比赛；5月25日至26日，广州分行组队参加人行系统第五届职工乒乓球比赛，勇夺团体第三名；5月19日至6月2日，广州分行组队参加首届“金交会杯”金融行业羽毛球大赛，勇夺团体季军。

【成功举办2013年广东省国库业务技能竞赛】 广州分行工会把“锐意进取、敢为人先”的职工理念融入到竞赛活动的组织中，找准基层央行发挥金融核心作用、支持地方经济转型发展的着力点，创新举办广东省国库业务技能竞赛，进一步深化“两创一促”竞赛活动的内涵。9月8日至9日，广州分行举办的“金融创新，服务创优，大力促进转型发展——2013年广东省国库业务技能竞赛”圆满结束。此项赛事历时三个月，共组织700多人参加选拔，最终选出21支代表队、63名选手进入总决赛。总决赛决出广州分行营管部业务一处等六个单位获得团体前6名；周勤栋等十人获得前10名，陶凡俐等十人获得优胜奖；竞赛个人前五名选手同时获得了省总工会、省人力资源和社会保障厅、省经济和信息化委员会、省科学技术厅四个部门联合授予的“广东省职工经济技术创新能手称号”，获得第一名的云浮中支周勤栋将按竞赛规定申报广东省总工会广东省五一劳动奖章。

【努力开创央行文化建设新局面】 一是搭建文化特色平台“广州分行大讲堂”。4月19日，“广州分行大讲堂”正式开讲。“大讲堂”不局限于经济金融领域，将视野拓展到历史、文化、哲学等方面，截止2013年底，已经成功举办13期。二是打开一扇文化展示之窗“广州金交会”。6月21日至23日，广州第二届“金交会”在琶洲举行。金交会期间，分批共组织分行机关干部职工300余人和中心支行干部职工600多人到会参观。金交会三天，人民银行展位共接待参观者过万人，现场派发征信宣传折页1200多份，为627名参观者查询、打印并解读信用报告，提供反假币和金融消费权益保护咨询100多次，免费派发期刊900余册。三是建成一个文化聚集之家“两个文联”。9月13日，全国首家省级金融文联——广东省金融文学艺术联合会在人行广州分行召开了成立大会暨一届一次理事会。会议邀请了广东省文联、广州市文联、广东省总工会财贸工会等有关领导，以及部分著名画家、作家、知名学者、教授等作为嘉宾出席。分行行长王景武、工会主任徐维，广东省内各金融监管机构、商业银行、证券、保险业务机构共29家的理事会成员参加会议。王景武被大会推选为广东省金融文联主席，徐维为副主席。9月14日，广州分行召开了中国人民银行文学艺术联合会广州分行分会成立大会暨一届一次理事会。来自广州分行机关、南宁中心支行、海口中心支行、广东省辖内各中心支行、分行直属支行共80多人出席大会。

【充分发挥女职委先锋作用】 一是深化“三项创建”，发挥示范作用。2013年，广州分行女职委认真开展女职工文明示范岗、巾帼建功标兵、文明家庭“三项创建”活动，召开多次专题会议，研究部署工作，加强对创建活动的组织领导，为2014年申报创建总行“女职工文明示范岗”做好准备，打下基础。二是开展特色活动，尽展巾帼风采。分行女职委结合“我们的节日”开展多姿多彩的各种活动，通过电视电话会议系统在辖内中支开展“女性魅力与发展”演讲比赛的初赛与决赛，选出代表参加总行的比赛，并以此次比赛为契机，要求辖内中支组织女职工召开座谈会和开展征文活动，共收到女职工征文36篇，从中评选出18篇获奖征文，并推荐了2篇优秀文章至总行工会。三是落实权益做保障，快乐工作少忧虑。分行女职委大力开展《女职工劳动保护特别规定》系列学习宣传活动，女职委干部带头学，并将内容上挂分行网页；组织全辖女职工参加《特别规定》知识竞赛，共2243名女职工参加了知识竞赛，答题正确率达到99.3%；开展《特别规定》贯彻落实情况问卷调查，经调查，辖内中支在女工保护方面完全执行国家有关法律制度。四是彰显大爱精神，体现人文关怀。在分行每年一次的“爱心帮扶互助金”捐款活动中，分行机关和辖内中支干部职工捐款69316元。在“广东关爱妇女儿童慈善汇10元捐”活动中，女职工人人献爱心，将全部捐款捐给市妇女联合会，为贫困妇女儿童办实事做善事，用实际行动践行我们的大爱。积极响应省妇联“关于开展为留守儿童捐书活动”的号召，在全行女职工中开展捐书活动，为留守儿童捐出一批有益的书籍。

【逐步规范工会经审财务工作】　一是认真完成工会经费的收缴工作，管好用好工会经费。广州分行工会按照经总行工会财务部核批的预算，及时组织各单位做好2013年经费上解工作。其中：上解总行工会117万元，上解广东省总工会16.85万元，上解广西壮族自治区总工会4.5万元，上解海南省总工会4.5万元。广州分行工会2013年工会经费主要用于：建设模范职工之家、工会信息系统培训班等业务支出48万元；发放特困职工及特困女职工慰问金17.8万元；举办书法美术摄影活动、气排球比赛等文体活动57.2万元。二是不断强化经审制度建设，大力提升经审履职效能。广州分行工会经审会，以贯彻落实总行工会审计实施办法为契机，加强领导，建章立制，深入调研，积极举措，全面推进辖内工会审计规范化建设，大力提升经审履职效能和审计权威。2013年以新的检查方式完成对本级100%、辖区50%单位18个中支的审计审查任务。在审计审查过程中做到政策上把关，原则上强调，方法上引导，务实上指正，坚持“五查五看”和“四个转变”，使工会经费的收缴、使用和管理纳入规范化运行轨道。

（赖文）

中国工商银行
广东省分行工委会

【领导班子】

纪委书记、工委会主任：卢卓雄

【机构设置】

工会办公室

【综述】　2013年，工行广东省分行工委会认真学习贯彻十八大和十届三中全会精神，根据总行提出的“围绕中心，服务大局”这一主题，紧紧围绕省行“新三年盈利超千亿”、“深化转型发展”的中心工作，不断强化“四大标杆”，深化“四大理念”，团结动员全行员工以主人翁的姿态和创造活力，积极营造“共创共健共享”的家园文化，为深入推进和谐发展再立新功，为全面完成全年工作任务和新三年发展规划作出新的贡献。

【切实维护员工合法权益，促进员工稳定】

一是进一步加强职工之家（小家）建设并取得好成绩。江门分行工会、韶关分行西河支行工会、清远分行工会、珠海分行工会、惠州分行工会、省行营业部番禺支行工会、省行营业部高新技术开发区支行工会被评为“中国工商银行模范职工之家”，东莞分行石龙绿化路支行工会小组、中山分行高新技术开发区支行工会、潮州分行潮安古巷支行工会、汕头分行汕樟支行工会、湛江分行营业部工会、省行营业部南沙金岭路支行工会、省行营业部银山支行工会小组被评为“中国工商银行模范职工小家”。二是加大特困员工帮扶救助力度，建立特困员工救助机制。元旦、春节期间，省行工委会组成3个慰问小组开展两节送温暖活动，分别深入各分行对部分离退休老干部、劳动模范和特困员工、军属进行节日慰问，先后上门慰问了130多人，发放慰问金15万多元。为全行925名特困员工发放救济金176万元，其中代总行发放救济金76万元，救济特困员工240名；省行配套发放救济金100万元，救济特困员工685名。

【努力营造“共创共健共享”家园文化，提升员工队伍凝聚力】 1. 省行于1月17日晚举办“身边的感动，无穷的力量”2013年新春员工文艺晚会。省行领导、出席全省分支行行长会议的全体代表、省行本部和各分行员工代表共1600多人观看演出。参加演出的21个节目反映全行员工在开展金融服务中的精彩场面；颂扬工行员工对金融事业的热爱与奉献精神。2. 成功举办第一届员工篮球比赛、网球比赛和员工趣味运动会。第一阶段的分区赛于6月份进行，第二阶段决赛于7月12日—13日隆重举行。4月举办员工网球赛并选拔出参加总行网球比赛的选手。在参加总行第二届员工网球比赛福州赛区的比赛中，张作华勇夺女子单打亚军，陈泳斌、黄新英荣获混合双打亚军，黄润刚荣获男子单打季军。在参加总行决赛中，也取得了较好的成绩。省行本部还于11月30日举办员工趣味运动会。行领导、各部室、中心负责人和省行本部700多名员工、300多名员工家属共同参与。3. 参加广东金融文联筹备和金融文学征文活动取得好成绩。省行纪委书记、工委会主任卢卓雄当选为广东省金融文联副主席。同时，积极组织稿件参加广东金融系统第一届金融文学奖征文评选活动，在全部获奖的47篇作品中，工行占了15篇。还有两篇调研文章分别荣获全国金融系统和广东省总工会优秀论文奖。4. 深入开展“创建学习型银行，争做知识型员工”活动。有3名员工、1个单位、3个班组被评为先进。5. 和党委办联合发文，组织员工开展庆祝工商银行成立30周年系列活动，主要内容为文学征文和书法、美术、摄影作品的征稿和评选工作。6. 抓好家园文化建设工作。办好省行员工俱乐部。各专业性协会积极组织员工开展活动；完成总行下达的编写综合教材工会工作五个案例的编写任务；统一组织订制员工个性化邮票册。

【深入开展创先争优竞赛活动，提高员工队伍素质】 1. 组织开展系列评先和表彰活动。河源分行罗海华、省行营业部陈健生获得全国金融五一劳动奖章；中山张家边支行荣获全国“工人先锋号”；清远分行、省行营业部南方支行被授予职工职业道德建设先进单位；肇庆第一支行、惠州惠阳支行营业部、省行营业部天河支行个人金融业务部、省行营业部克山支行被授予职工职业道德建设先进班组。唐佩玲、余彬、谭加利、杜燕梅、蔡治平、李小燕六位员工被授予首届总行级职工职业道德建设先进个人。2. 积极参加总行优秀工会干部评选，省行工会办陈惠芬、清远分行工委会主任何忠明、湛江分行工委会副主任兼工会办主任苏洁、江门分行工会办主任陈自权、汕头分行工会办主任陈忠勇五位同志被评为总行级优秀工会干部。3. 对先进女员工进行评选表彰。潮州分行营业部被全国妇联授予“全国巾帼文明岗”荣誉称号；东莞分行郭葵当、清远分行王小雅被全国总工会授予“全国五一巾帼标兵”荣誉称号。东莞分行营业部被总行授予“优秀巾帼文明岗”、佛山分行温景奕被总行授予“优秀巾帼岗位标兵”。

【认真做好女工各项工作，保障女员工特殊权益】　1. 开展庆祝“三八”国际劳动妇女节活动，省行本部和各分行均组织女职工进行春游、登山、骑自行车游绿道等活动。2. 举办工行广东省分行“女性魅力与发展”论坛活动，并向总行工会女职工委员会推荐优秀征文6篇，其中有1篇获奖。3. 切实为女员工办实事、好事，在每年常规体检基础上，专门组织省行本部女员工增加一次有针对性的体检，把防范、预防妇科杂病工作的关口前移。

【加强制度和机制建设，提升民主管理水平】

1. 做好开展职代会制度规范工作调研，做好职工代表大会筹备和提案办理工作。完成省行第二届职代会第一次会议职工代表提案的办理和答复工作，做到件有着落、有答复。对如何规范职代会制度进行调研，对部分职工代表进行一期业务培训。2. 进一步完善行务公开制度实施办法和职代会规程。充分调动和保护广大员工民主参与、民主监督、民主管理的积极性和主动性。抓好行务公开制度。采取职代会、行务会、公布栏、内部信息网络等形式对单位的经营情况、费用、人事任免、评先奖励等情况予以公开，确保职工的知情权和监督权。

【抓好工会基础和组织捐款工作，落实社会责任】　1. 做好工会信息报送工作。2013年，先后向省行、总行网讯和《中国城市金融》、《金融文学》、《金融队伍建设》、《南方工报》等报刊报送各类新闻、信息稿件100多篇，被采用近百篇。2. 组织员工向四川省雅安灾区捐款。至4月28日止，全行共募捐到救灾捐款321万多元，为支持灾区人民抗震救灾、重建家园作出了积极的贡献。3. 组织开展“广东扶贫济困日”员工献爱心募捐活动。全行员工募捐200多万元。同时，积极支持社会公益事业，组织省行本部54名员工参加2013年无偿献血活动。

中国人寿财险
广东省分公司工会委员会

【领导班子】

工会主任：梁　勇

工会副主任：黄惠珊

【机构设置】

预算审查委员会、女工委员会

【综述】　2013年，中国人寿财险广东省分公司工会全面贯彻落实科学发展观，认真学习中国工会十六大会议精神，在公司领导和上级工会的正确领导下，在各基层分会的大力支持与配合下，紧紧围绕企业发展目标，强化自身建设，以构建和谐劳动关系，促进企业发展为主题，引导职工积极参与企业各项文体活动，推进企业民主管理、推进职工素质工程，增强企业凝聚力和战斗力。

【开展查勘定损和理赔服务工作，获得多项荣誉】　2013年8月，广东省连续遭受“尤特”、“天兔”等超强台风袭击，公司积极贯彻落实广东保监局、省委、省政府要求，迅速开展查勘定损和理赔服务工作，获得“2013年广东保险业台风灾害保险服务工作先进集体”称号；8月至11月，公司积极响应由广东保监局、省财贸工会、广东省保险行业协会联合举办的“2013年广东机动车辆保险查勘定损岗位技能竞赛”，充分展示了参赛队伍扎实的专业功底、机敏的应变能力和良好的个人风貌，最终荣获优胜公司铜奖。

【创优争先，推动公司健康可持续发展】

2013年3月至6月，积极响应集团公司号召，开展“女性魅力与创新驱动发展”主题征文活动，展示战斗在不同岗位的广大国寿女职工迷人的魅力与风采；4月至7月，组织参加广东保险业“感恩中国、美丽广东”书法摄影大赛，荣获二等奖；6月，组织开展“2013年车险业管能力达标竞赛活动”全面提升全省车险业务管理能力，为广大客户提供更为专业的服务；开展“创新驱动 奋力拓展”建功立业劳动竞赛活动，团结和动员广大职工紧紧围绕集团公司提出的“总基调、总战略、总目标”而奋力拼搏，创新进取，扎实推动公司健康可持续发展。

【积极开展文体活动，陶冶职工情操】 2013年3月，工会组织女员工前往番禺百万葵园开展“三八”国际劳动妇女节庆祝活动；10月，为唤起广大客户对防灾减灾的关注，以及增强公司职工防灾减灾意识，自救互救知识及技能，开展2013年国际减灾日主题宣传活动；11月，为培养职工爱岗敬业精神，陶冶情操，工会组织举办“道德大讲堂”，向广大员工传递道德正能量。

【积极开展送温暖活动】 公司工会对不同层次的困难职工进行慰问，2013年慰问困难职工5人次，慰问金额共3000元；组织了“6.30扶贫济困日”捐款活动，调动广大职工踊跃参与，总计捐款2000元；组织全体职工参与“雅安地震”捐款活动，总筹得善款52957元。 （龙 霓）

市总工会

广州市总工会

【领导班子】

主　席：赵小穗（女）

副主席：钟　诚（常务）、李德球、程莉莉（女）、周志坚

纪检组长：刘　斌

【机构设置】

办公室、组织部（监察室、机关党委办公室与其合署办公）、财务部、宣传教育部、经济工作与劳动保护部、生活保障部、基层工作部、法律工作部、女职工部、国际联络部、事业发展部、审计室、离退休干部管理处。

【综述】 2013年，广州市总工会围绕市委、市政府推进新型城市化发展的决策部署，在充分调研、反复论证的基础上，提出了全市工会“1135”工作部署：以党的十八大精神为指导，围绕一个中心（即进一步发挥工会枢纽型组织作用，全力推进广州新型城市化发展），贯穿一条主线（即创先争优下基层，转变作风为职工），突出三项重点（即突出建功立业，团结动员广大职工投身新型城市化建设宏伟事业；突出发展和谐劳动关系，切实履行维护职工合法权益的基本职能；突出以职工为本，努力构建社会化服务工作格局），实施“五大工程”（即建功立业工程、和谐劳动关系工程、服务职工工程、文化素质工程、自身建设工程）。通过搭建涵盖20项重点工作、77项具体内容的工作平台，向职工承诺办好13件好事实事，把务实创新、问责问效的理念贯穿各项工作，将资源主要用于三个“千万工程”等服务基层和职工的项目上，工会工作取得明显的成绩。

【实施建功立业工程】 围绕推进新型城市化发展的中心任务，广泛开展劳动竞赛活动，大力实施建功立业工程。一是通过在先进制造业、现代服务业、战略性新兴产业和转型升级的传统产业中组织开展“双百双重点”劳动竞赛，114.8万人次的职工参加了100个工种（项目）的技能竞赛，职工开展技术革新项目5765项，324项成果获省部级以上奖项，603项成果获国家专利。广州市总工会与市人社局联合选送的选手在参加2013年广东省职业技能大赛的8个项目中取得6个第一名。二是通过工程建设劳动竞赛与工程项目施工同步启动、同步实施，建立“培训、练兵、竞赛、晋级”四位一体的劳动竞赛模式，做到将职业技能竞赛与技能培训、岗位练兵、技能等级晋升“三个结合”，增强劳动竞赛的吸引力，共提升职工技术等级1.86万人次。三是通过创建55个劳模、技师创新工作室并提供资金保障，注重发挥劳模、技师的引领作用和技术专长，为企业的重点、难点问题开展技术攻关，解决技术难题。

【实施和谐劳动关系工程】 加大法律服务力度，扎实开展维权工作，努力构建和谐劳动关系。一是搭建平台。公开遴选10家律师事务所并聘请73名专业律师组成“工会法律服务律师团队”，与中山大学、广州大学等7所高校法学院建立“工会法律服务合作联盟”，完善市总工会天一网法律服务网络，建成“三位一体”法律服务平台。二是广泛宣传。组织各级工会依托法律服务平台开展各类法律宣传服务活动1332场，解答各类法律咨询7000多宗，服务职工10万多人次。三是依法处置。深入70家企业开展工会劳动法律监督，纠正违法违规现象。处

理职工来信来访来电9191件，调处劳动争议2932件，依法办理法律援助212件，有效维护职工合法权益。四是机制建设。出台《广州市总工会关于完善企事业单位民主管理制度项目实施方案》，加强职代会六项制度建设。在12个区县健全三方协商机制，总结编写100个劳动关系维权案例，在签订劳动合同、计算加班工资和应对群体性事件方面提供分类指导，培训1500名工会主席、社会化职业工会干部和劳动关系协调人员。五是源头参与。对《广东省安全生产条例（修订草案）》等6项法律法规草案和11项地方政策文件的制定进行修改，积极反映职工群众的诉求。广州市协调劳动关系三方会议的建议得到市政府采纳，广州最低工资标准由1300元调整为1550元。联合市城管委工会、环卫行业工联会推动出台《广州市人民政府办公厅关于规范广州市环卫行业用工的意见》，在环卫行业最低工资和环卫岗位津贴、公积金标准方面取得突破。工资集体协商制度覆盖企业7.56万家，覆盖职工186.47万人，已建会企业建制率为84.7%；160家世界500强在穗已建会法人单位企业中的152家建立了工资协商制度，建制率96%；女职工权益保护专项集体合同覆盖企业12.83万家。

【实施服务职工工程】　划拨1300多万元专项资金，为10万名一线职工提供体检、组织1万名优秀职工参加疗休养，为困难企业4500名女职工提供免费妇检。通过“千人包饺子，万人尝大盆菜”、“心系职工情，欢乐到基层”、“共筑广州梦，同走幸福路”和“南粤幸福活动周”之“幸福异乡人”等工会特色的送温暖活动，加大新春慰问等项目的帮扶力度，共发出慰问金、救助金以及慰问品等价值近900万元。四项职工医疗互助保障计划在保人数79.78万人，全年补助患病职工9508人次，补助金额2579.66万元。“金秋助学”将帮扶对象扩大到高中阶段学生；职工红娘协会为5000多名单身职工创造牵手结良缘的机会。广州市人力资源市场市总工会分市场举办招聘会12场，累计吸引入场企业1174家，提供就业岗位3.07万个，入场招聘人数达2.15万人次，当场达成就业意向者4883人。牵头成立“广州市职工服务类社会组织联合会”。广州市总工会职工服务中心正式挂牌，花都、从化等区县总工会职工服务中心顺利建成。海珠区将工会枢纽型组织工作纳入区财政年度预算，18个街道全部设立工会工作站；白云、天河等区总工会积极推进异地务工人员服务站点建设；南沙区各镇街均依托工友和谐家园设立工会工作站。

【实施文化素质工程】　启动广州市百万职工素质大提升计划，拨出一千万元用于资助职工学历教育和技能培训。9.38万名职工参加了广州职工教育网的各项学习。劳工大学堂免费培训职工逾1.7万人次。全市100多家工友和谐家园全部向包括异地务工人员在内的职工免费开放。“百堂课程送基层”活动受到职工特别是非公企业、偏远地区职工欢迎。广州市第八届职工运动会创造性地把群众性体育竞赛活动与职工职业技能竞赛相结合，127个代表团、757支代表队、近万名运动员参加18个项目的比赛。羊城春节体育花会在五个工人文化宫同时联动，被市委、市政府纳入广州市迎春花市节庆活动。广州市工人合唱团等816个职工文化团队协会成为推动全市职工文化发展的骨干力量。

【实施自身建设工程】　深入开展“心系企业、情暖职工”、“加强作风建设、深入基层服务职工”等下基层进企业活动，走访企业

200 多家，收集意见建议 1600 多条。在党的群众路线教育实践活动中，广州市总工会党组就加强作风建设作出十项公开承诺。全市基层工会达 3.89 万家，涵盖单位 15.33 万家，会员 375.62 万人。市总工会及增城等 7 个区县总工会成立社会组织工会工作委员会。出租车行业工会组建率达 98.3%。培训基层工会干部 9200 人次，工会干部队伍素质得到提升。12 个区县总工会全部实现工会主席由同级人大常委会副主任兼任并配备常务副主席。组织员管理实现“凡进必考、公开招聘、及时培训、持证上岗”。贯彻“重在建制，稳步推进”的工作思路，坚持直管工会和基层工会经费分成比例最大化、经费主要用于直接服务基层工会和职工群众、基层工会经费及时足额返还到账“三个原则”，工会经费税务代收工作开局良好。市总工会本级经费预算工作实现全口径、全覆盖，经审委员提前介入、全程监督，各重大项目预算均以可行性研究为依据。经费支出结构优化，对下补助及服务支出占总支出的 60%以上。经费审查工作广度和深度不断拓展，促进了工会经费收、管、用的加强。

（林小元）

深圳市总工会

【领导班子】

主　席：罗　莉（女）

副主席：李少梅（女）、王同信、张素芬（女）

【机构设置】

办公室、财务审计部、组织部、宣教部、基层组织建设部、法律工作部、生产保护部、生活女工部、工交工会、财贸金融工会、建设工会、直属机关工会

【综述】　2013 年，深圳市总工会在上级工会的领导下，各项工作取得了明显的成绩。中共中央政治局委员、省委书记胡春华、省委常委、深圳市委书记王荣先后到理光公司、盐田国际公司调研基层工会工作，对市总工会的工作思路及工会基层组织建设取得的成绩给予充分肯定。胡春华特别关心、亲自过问理光公司民主建会的情况并作出重要批示。省人大常委会副主任、省总工会黄业斌专门听取了市总工会的工作情况汇报，指出“深圳工会扎实有效的工作为全省工会工作作出了表率，是名副其实的排头兵”，深受鼓舞和鞭策。在深圳市委和上级工会的领导下，坚定不移地以企业为主战场，把基层工会建设作为重点工作，积极推进工会组织的群众化、民主化，努力建设广大职工信赖的“职工之家”。

【按照“民主选举产生、规范化运作、向职工群众负责”的工作思路，推动基层工会建设取得新突破】　直接面对企业，直接联系职工，重点抓千人以上企业，从落实规范化的民主选举入手，发动和组织广大职工参与企业工会建设，特别是在会员代表、工会委员和主席的产生上，强调充分尊重职工意愿，扩大职工的参与度，落实好职工的民主权利。同时，由市总工会领导班子带队，定期走访 50 家重点企业，倾听基层工会和职工群众的呼声，推动解决企业工会工作中存在的困难和问题，总结和推广企业工会发挥作用的经验做法，从而带动整个深圳基层工会组织建设。2013 年全年共有 100 家重点企业工会完成规范化的民主建会。在这些企业中，职工对工会的认可度和参与度大大增强，企业对劳资协商合作的期望更强烈。由于工会切实发挥了作用，劳动关系中的矛盾

和问题大部分都能通过制度化的协商来解决，既维护职工群众的权益，又促进企业的健康持续发展。

【坚持“靠前一步、主动维权”的工作要求，切实维护好职工群众的合法权益】 积极推进工资集体协商机制化建设，以工资增长为核心，开展真谈、实谈的集体协商。2013年全市共签订工资集体协议7479份，覆盖企业8.56万家，员工341.45万人。充分发挥“百人律师团”的作用，为职工提供免费的法律咨询、法律援助等服务，共受理劳动争议案件886宗，惠及职工3617人。首次开展“律师入企”活动，通过向46家企业工会指派73名律师，为企业工会和职工提供法律服务和指导，参与企业集体协商。与深圳社工组织合作，以龙岗区为试点，探索实践“工会+社工”工伤探视工作机制，共探视慰问工伤职工456人，发放慰问金达22.8万元。健全职工服务中心网络体系，深入开展送温暖、金秋助学、职工重大疾病救助和互助保障等一系列帮扶活动，共投入资金416.4万元，帮扶困难职工2054人次。

【贯彻“新工人、新市民，深圳有你更精彩”的大培训理念，职工队伍整体素质不断提升】 面向一线职工，以技能提升为重点，全面实施职工素质提升工程。重点围绕着200个鉴定工种和更多的企业或行业岗位技能工种，调动企业积极性，并与24家教育培训类社会组织合作，开设技能培训项目559个、涵盖28个重点行业，培训职工达10万人次。首创职业核心能力培训，开通职工教育服务网，健全完善了职工大培训配套制度和操作流程。大力推进“圆梦计划”及一系列群众性的劳动竞赛、职工技能比赛和“安康杯竞赛”，参与职工达420多万人次，促进高素质、高技能人才队伍建设。

【着力凝聚共识、增强本领，突出抓好基层工会干部队伍建设】 联手中国劳动关系学院共同举办两期劳动关系高级研修班，对市、区、街道和社区四级工会干部进行高规格、高水平的深度培训，得到学员们的高度评价。分别开展企业工会主席论坛及重点企业、街道、社区工会干部专题培训班等多样化、专题化、深度化的培训活动，培训各级工会干部2000多人次，进一步凝聚共识，增强他们的专业性和履职能力。在全市推广龙岗区职业化工会工作者改革试点的经验，在扩大规模、规范管理上作出积极的探索，建设一支稳定高效的职业化工会工作者队伍。

【努力做好工会维稳和防范抵御工作，切实维护职工队伍稳定】 率先将化解劳资矛盾与改造和提升企业工会、应对和引导舆情等工作紧密结合起来，形成了多部门、多层面的协同工作机制，稳妥解决了盐田国际“9.1停工事件”等一批重大群体性事件，有效应对了“欧姆工会主席罢免案”、“九所高校学生调研工会”等舆情事件。同时，与相关部门积极合作，遏制了敌对势力利用“沃尔玛员工状告工会事件”诋毁工会形象等破坏活动，维护职工队伍稳定。

【开展党的群众路线教育实践活动，工会自身建设呈现新面貌】 聚焦“四风”问题，做到领导班子带头、层层示范、抓好整改，并突出工会工作的特色，主动谋划开展领导带队走访基层企业、公务接待厉行节约、“废改立”一批政务制度等“专题行动”，规范了运作，弥补了漏洞，弘扬了正气，得到深圳市委督导组的高度肯定，被市委实践办评为整改落实阶段示范单位。同时，统筹兼顾，认真抓好产业工会、女职工工作及工会宣传、财务、经费审查和资产监管、生产保护、对外交流、机关党的建设等各项工作。

（柯聪生）

珠海市总工会

【领导班子】

主　席：尤镇城

副主席：李奕根（常务）、薛俊忠、黄萃（女）、叶文国

【机构设置】

办公室、组织部、宣传教育部、维护权益部（社会工作部）、

劳动保护部、财务部

【综述】　2013 年，珠海市总工会在珠海市委和省总工会的领导下，以党的十八大和中国工会十六大精神为指导，围绕全市工作大局，突出维护职工合法权益的基本职责，建设服务职工工作体系，努力构建稳定和谐的劳动关系，较好地完成全年工作任务。

【服务大局，广泛开展劳动竞赛】　在全市开展以“当好主力军、建功十二五、争创先锋号”为主题的劳动竞赛，并在卫生、金融、旅游、电力、零售百货、物业管理、汽车维修、特种设备等行业开展技能比赛，建立了行业技能竞赛组织工作标准化体系；抓好横琴新区促进区域发展全国示范性劳动竞赛，发挥工会在推动横琴新区建设中的积极作用。积极推进“安康杯”竞赛工作，重点开展安检、消防等一线生产岗位、工种的安全技能培训和岗位练兵，一批先进集体和个人在全国和省“安康杯”竞赛活动中受到表彰，其中珠海金湾发电公司荣获全国“安康杯”竞赛优胜单位，斗门区旭日陶瓷有限公司一分厂瓷砖制造课荣获全国“安康杯”竞赛优胜班组，珠海藤仓电装有限公司、天大药业（珠海）有限公司、珠海宝塔石化有限公司荣获广东省“安康杯”竞赛优胜单位，得理乐器（珠海）有限公司装配车间荣获广东省“安康杯”竞赛优胜班组。

【弘扬劳模精神，做好劳模评选和服务工作】

五一前夕，市委、市政府召开劳模表彰大会，通过媒体对市级以上劳模的先进事迹进行广泛宣传，在全社会营造尊重劳动、争当劳模的良好氛围。斗门区第一中学教师兰卫军、珠海格力电器股份有限公司总工程师黄辉等 2 人荣获全国五一劳动奖章，珠海亿邦制药股份有限公司粉针冻干粉针剂车间被授予全国“工人先锋号”；市文园中学教务主任宋朝华、佳能珠海有限公司系长张朝燚等 6 人荣获广东省五一劳动奖章，横琴新区地税局办税服务厅等 7 个单位被授予广东省“工人先锋号”。积极探索劳模服务长效机制，开发完成劳动模范管理软件。组织 100 多名劳模开展劳模进工厂、进校园、进社区的“三进”活动。认真做好劳模“三金”发放工作，及时慰问困难劳模，组织劳模参加各类型活动，组织全国、省劳模 8 批 10 人到北戴河等地疗休养，得到劳模们一致好评。

【突出维权主业，注重维权实效】　2013 年，珠海市总工会参与起草《珠海市欠薪周转金实施办法》，将欠薪保障资金纳入工会服务中心统筹管理发放，从人社部门主导的模式转为工会主动服务、人社部门监督管理的模式。做好涉及职工权益相关文件的意见咨询和回复，24 小时服务维权热线“2134567”和“12351”直接面向职工，维权服务便捷顺畅。全年对《劳务派遣若干规定》、《广东省企业集体协商和集体合同条

例》、《珠海市异地务工人员服务管理工作要点》等17份涉及职工权益的征求意见稿提出48条修改意见。推进行业工资集体协商实现新突破，重点抓好行业工资集体协商典型培育和机制建设工作，市总工会代表行业职工与市旅行社（导游）行业协会、市旅游景区景点行业协会和市餐饮行业协会签署行业工资协议，惠及职工2万多人。发挥工会法律顾问团作用，每周一至周五在市总工会值班，解答法律咨询、提供法律意见；承办工会法律援助案件，为职工提供免费法律服务。全年市总工会提供法律援助23件，涉及职工77人，金额108.01万元；全年受理职工信访974件，涉及职工1773人，涉及金额3088.8万元；成功调处12件重大劳动纠纷，有效维护职工合法权益。

【主动服务，做实帮扶工作】 2013年，珠海市总工会受理职工信访974件，涉及职工1773人，涉及金额3088.8万元，直接办理和发放帮扶服务资金153.85万元，人数1024人。联合市人力资源中心在市总工会职工服务中心开设就业服务窗口，同步提供市人力资源中心招聘信息，现场办理相关业务。元旦春节期间，全市各级工会组织走访慰问困难职工、劳模2000余户，发放慰问金221.18万元；与有关部门联合开展各种主题的帮扶活动，如与市人社局联合开展“工伤伤残职工春节慰问”活动，与市关工委联合开展“关爱困难职工家庭帮扶慰问”活动，与市妇联联合开展“困难女职工帮扶”活动，与市关爱协会联合开展“异地务工人员子女成长关爱行动”等。深入困难职工家庭调查走访，对全市困难职工进行调查摸底，对档案资料进行审核，实现帮扶系统动态管理，全市符合建档条件的困难职工1769户；对困难职工的群体情况进行梳理分析，形成专题调研报告，为政府和工会决策提供参考。发挥市职工服务类社会组织联合会和志愿者总队的作用，联合开展各种志愿帮扶活动。

【整合社会资源，打造工会志愿服务品牌】

2013年，珠海市总工会广泛吸纳社会各界精英，充实志愿服务团队，提升和打造工会法律志愿服务律师团、职工心理疏导讲师团和职工政治思想讲师团“三个专业志愿服务团队”品牌。由珠海市各律师事务所48名专业律师组成的工会法律志愿服务律师团，服务内容是每周一至周五在市总工会值班，解答法律咨询、提供法律意见；承办工会法律援助案件，为职工提供免费代理仲裁、诉讼等。由47名珠海市心理服务专业人员组成的工会职工心理疏导讲师团，服务内容是深入基层开展“幸福课堂进工厂”专题讲座；在市总工会定期值班，开展心理咨询和个案义诊；帮助企业开展员工心理援助活动。由珠海市各大专院校专家学者、劳动模范、优秀异地务工人员、优秀企业家、媒体精英等46人组成的工会职工政治思想讲师团，服务内容是深入开展以“立德树人”“职业规划”“中国梦·劳动美”为主题的“幸福课堂进工厂”专题讲座，加强职工思想引导、职业道德提升。2013年，新一届志愿服务团队总人数达93人。发挥职工服务类社会组织联合会作用，建立一支4000多人的工会志愿者队伍，参与创建全国文明城市活动，组织机关干部深入社区开展万名干部进万家宣传调研活动。举办“我在等你、牵手珠海”相亲联谊活动、志愿者组织负责人培训和“工会志愿服务显文明，群众红红火火过大年”等主题志愿服务活动。

【大力开展职工文体活动，丰富职工业余文化生活】 2013年，珠海市总工会举办历时半年的“幸福珠海，欢乐启航”职工文化节，职工诗朗诵比赛、声乐比赛、舞蹈比赛、戏剧曲艺比赛、全健排舞表演赛、职工书画摄影精品展，参与职工5000多人；在全市各区打造平民舞台“工友大家乐”，通过职工、社区群众自编自导自演的文艺节目，拓宽公益文化活动的内涵，深受工业园区职工和社区居民喜爱；大力推广职工全健排舞，邀请全国排舞知名高级教练举办4期免费培训班，在全市60家基层工会培养300名排舞骨干，举办全市职工全健排舞表演赛。同时举办羽毛球赛、合唱比赛等一系列职工文体活动。做实“情系职工”品牌和广场文化活动，全年举办“情系职工”慰问演出及各类主题晚会、电影晚会84场次。创新职工思想教育形式，与珠海惠诚心理学校合作推出心理情景剧《圆梦》。

【提升工会干部素质，加强工会干部队伍建设】　2013年，珠海市总工会采取送课上门方式，深入基层一线办学，让基层工会干部就近接受培训；创新培训内容，将理论教学和现身说法、情景再现融为一体，寓教于乐。全年举办培训班5期，培训520人次。不断加强社会化工会干部的管理，加强培训和考核，对优秀工会工作者进行表彰奖励。斗门区总工会周仰光、市卫生工会章婉等2人分别获得“全国优秀工会工作者”和“全国优秀工会积极分子”称号。　（杜红梅）

汕头市总工会

【领导班子】

主　席：王扬泽

副主席：高耿浩、王述宗、陈　菲（女）、周　波

纪检组组长：江玩趸

【机构设置】

办公室、组织部、纪检监察室、宣传教育部、经济技术部、保障工作部、财务部、市文教卫工会工作委员会、市直属机关工会工作委员会、市经贸工会工作委员会、市外资与私营企业工会工作委员会、法律工作部、国际联络部（设在国际海员俱乐部）

【综述】　2013年，全市各级工会组织和广大工会干部面对新的形势和要求，以党的十八大精神和习近平总书记视察广东重要讲话精神为统领，深入贯彻中国工会十六大精神，坚持走中国特色社会主义工会发展道路，推动全心全意依靠工人阶级指导方针贯彻落实，全面贯彻市委十届三次全会和省总工会十二届六次全委会精神，积极落实汕头市委书记陈茂辉调研工青妇工作的讲话精神，着力深化劳动竞赛建功立业活动，充分发挥广大职工在“两个率先”中的主力军作用；着力加强基础建设，推动基层工会作用进一步发挥；着力发展和谐劳动关系，切实维护职工合法权益；着力实施服务职工六大行动，增强工会组织的凝聚力和影响力；着力构建枢纽型社会组织，拓展工会工作新领域；着力以改革创新精神推进工会自身建设，打造学习型服务型创新型工会，各项工作取得新进展。

【继续开展“百万职工共建美丽幸福汕头”系列活动】　举行庆祝五一国际劳动节暨“百万职工共建美丽幸福汕头”推进大会，表彰荣获全国五一劳动奖状、奖章、工人先锋号和广东省、汕头市五一劳动奖章、工人先锋号的先进集体和个人。由省委宣传部、省总工会联合举办的“中国梦·劳动美”广东省劳动模范先进事迹报告会在汕头举行。创新劳模精神宣传形式，组织市作家协会会员对汕头市30名劳模代表人物进行事迹采

写，结集出版《脊梁——汕头劳模风采录》一书。启动“创新圆梦—劳模创新工作室”活动，为发挥劳模示范带动作用搭建实体平台，中国移动汕头分公司、西陇化工股份有限公司等六家单位被确定为首批创建“劳模创新工作室”的企业。开展全国、省劳模和改革开放前的省部级以上劳模生活情况调查，并对困难劳模进行帮扶。汕头供电局“大型风电场柔性直流输电接入技术研究与开发”示范工程列入省十项工程劳动竞赛项目。参加市安委办开展的安全生产责任制检查和考核。继续组织发动企事业单位参加全国“安康杯”竞赛，全市520家单位的113413名职工踊跃参与。举办企业班组安全文化DV短片比赛和安全生产竞赛等宣传活动。突出文化建设，在全市选调职工优秀文艺节目参加2013年汕头市“庆五一”职工文艺汇演，推动全市职工文化建设健康发展。

【不断提升服务职工的能力和水平】 各级工会将实施服务职工六大行动作为工会工作的重点，不断拓展工会服务的品牌效益。做好省春节慰问团莅汕慰问困难企业和困难职工群众相关工作，市总工会与热心单位联合开展以“协力送温暖、同心构和谐”为主题的系列送温暖活动，筹集资金536万元，以送文化、送节日慰问金、送医疗帮扶金等形式慰问、救助困难职工和异地务工人员17720人次。盛夏期间，市总工会领导到华能广东海门港务公司煤码头建设工地和市交警支队为一线职工送上清凉饮品。与省总工会共同组织名师、名医到南澳县开展义教、义诊活动，服务基层职工群众。通过“技能圆梦”班培训一批职工，其中，初级工晋升中级工150名，中级工晋升高级工90名，高级工晋升技师30名，实现职工技能升级，提升职工技能素质；组织职工（异地务工人员）200名，免费参加《建筑防水工（中级工）》技能培训和计算机应用（初级）培训。实施法律援助行动，共为企业职工提供法律咨询服务260宗，为职工代书法律文书3份，提供法律援助20宗。建立职工心灵驿站，培训100名心理援助专门人才，走进企业走进社区，为外来务工人员提供心理服务。充实金秋助学圆梦行动，全市工会组织共筹集资金142万元，为811名非义务教育阶段的困难职工、困难异地务工人员子女困难职工子女提供学费资助；出资帮助家庭困难、工作表现优秀的职工（异地务工人员）实现继续深造的梦想，有33名农民工通过成人高考入学考试。积极推广省女职工安康互助保障计划、医疗互助保障计划工作和在职职工住院医疗综合互助保障计划，2013年共赔付155例，金额近55万元，有效提升职工医疗保障水平。

【积极参与社会建设不断发展和谐劳动关系】

依托市职工服务社会组织联合会这一平台，多种形式开展普法活动，先后在华侨公园、南国商场和华南矢崎（汕头）汽车配件有限公司等地开展法律咨询和宣传活动。联合会还与汕头大学法学院法律援助中心开展大学生实习基地共建项目，搭建汕头市第一个以职工法律服务为内容的大学生实习基地，进一步增强工会枢纽型社会组织的凝聚力和影响力。进一步推进以非公有制企业为重点的区域性、行业性职代会制度。举办民主管理培训班，提高基层工会和职工参与民主管理的水平和积极性。市厂务公开领导小组办公室获得“全国推动厂务公开工作先进单位”称号。完善日常信访工作，坚持主席接待来访职工群众轮值制度，扎实、稳妥、依法、合理、及时化解企业与职工之间的矛盾，进一步消除社会不稳定因素，维护职工队伍和社会的稳定。全年共接待企业和职工来信来访603宗，涉及职工1011人（其中集体访8宗，涉及职工186人）。各区（县）在处理群体性事件时能够做到及时掌握企业和职工动态，有效控制和化解劳资矛盾。

【努力提升自身素质】 在全市工会系统中坚决贯彻中央政治局关于改进工作作风、密切联系群众“八项规定”、“六项禁令”的要求。落实“庸懒散奢”专项整治行动，改进工作作风、增强服务效能，实现治庸提能力、治懒增效率、治散凝心力、治奢保清廉的目标要求，增强工会组织的凝聚力、执行力和战斗力。开展廉政风险防控工作，增强单位干部职工岗位廉政建设风险防范意识，提高了干部防治腐败的能力和水平。做好新一轮扶贫开发“双到”工作的对口衔接。进一步规范和完善工会法人资格登记管理工作。市总工会女职委组织开展《女职工劳动保护特别规定》知识竞赛活动和“快乐阅读、书香致远”为主题的读书活动。市总工会经审会建立市总工会特邀审计员队伍参与审计工作，并在审计中采取手工审计与计算机辅助审计相结合的方式，有效提高审计效率和效果。

【工会组织抗击“8·17”重大洪涝灾害】 受台风“尤特”影响，连续暴雨，造成汕头潮南、潮阳区多个镇村水浸严重的“8·17”重大洪涝灾害，使不少农田损毁、房屋倒塌、河堤决口。受省人大常委会副主任、省总工会主席黄业斌的委托，省总工会副主席郭泽宇到潮南重灾区了解企业和职工受灾情况，看望慰问受灾职工群众。市总工会主要领导第一时间指示潮南、潮阳区总工会，要求畅通与各级工会组织和广大工会干部的联系，协助各级党政安抚受灾职工情绪，尽力帮助解决受灾职工群众的生活问题。市总工会先后共筹集专项救灾资金和物资160.5万元，积极帮助受灾企业和受灾职工，为1400多户受灾职工家庭提供物资和资金帮扶。潮阳区、潮南区总工会组织工作人员组成救灾工作组，及时赶赴受灾严重村居帮助抗灾救灾，转移安置受灾职工群众900多人，为灾区职工群众送上矿泉水、面包食品。市职工义工协会立即做出反应，迅速向社会发出倡议，举办慈善募捐晚会，得到热心企业和人士的大力支持，筹集价值近10万元的矿泉水、面包、奶粉、药品、手电等急需品。汕头供电局工会领导也在第一时间指示潮南、潮阳局工会，畅通与各级工会组织和基层员工的联系，协助党政安抚受灾职工情绪，帮助解决受灾职工的生活问题，慰问抗灾受伤住院的职工，全力支援灾区复电工作。

【学习宣传贯彻中国工会十六大精神】 10月31日上午，汕头市召开学习中国工会十六大精神报告会，市委常委、组织部部长冯玲出席会议并讲话，中国工会十六大代表、市人大常委会副主任、市总工会主席王扬泽结合自己参会的感受传达大会精神。中国工会十六大代表王秋明、王广平、李红梅，市总工会领导班子成员，市工会十六届委员会委员、经审委员会委员，各区（县）总工会班子成员，市直局、（集团）公司工会主席和市总工会机关全体干部职工、市总工会直属各单位班子成员共140多人参加会议。市总工会还在各区巡回举办“汇聚正能量，共筑中国梦”职工大舞台工会十六大精神文艺宣传活动，通过快板、独唱、歌舞、职工自报文艺节目、工会十六大精神有奖问答和猜灯谜等活泼热烈的形式宣传工会十六大精神，现场还邀请书法家为职工现场赠写书法作品，在全市范围内营造深入学习贯彻中国工会十六大精神的热烈氛围。

【“两个普遍”三年规划工作圆满完成】 根据全国总工会关于依法推动企业普遍建立工会组织，依法推动企业普遍开展工资集体协商的要求，市总工会分别制定《市总工会2011－2013推动企业普遍建立工会组织工作规划》和《市总工会2011－2013年深入推进工资集体协商工作规划》。经过各级工会组织的共同努力，两个三年规划工作圆满完成。至2013年底，全市共有独立基层工会11258家，基层工会涵盖单位32503家，工会会员935817人，农民工会员46134人，分别比2012年度增长6.64%、4.64%、7.28%和5.98%。全市已签订各类工资集体合同总数5455份，合同覆盖企业18000家，覆盖职工461184人。其中，行业性工资集体合同45份，覆盖企业6708家，覆盖职工55682人；区域性工资集体合同803份，覆盖企业6685家，覆盖职工129491人，超额完成省总工会下达完成建制率80%的目标。

【实施地税代收工会经费工作】 省工会经费收缴工作会议之后，5月23日，市人大常委会副主任、市总工会主席王扬泽在市委常委会作《关于全省实行工会经费由地方税务机关代收有关情况的汇报》，并获得通过，会议同意按照省里的要求于2013年7月1日在全市实行工会经费由地税局代收，并同意以市委市政府的名义召开全市的工作启动会议。6月13日，召开全市工会经费收缴工作会议，市委常委、常务副市长郑通声到会讲话，会议传达上级精神并对地税代收工会经费工作进行具体的部署，市直、各区（县）有关单位，地税局工作人员250多人参加会议。经市地税局、人民银行汕头中心支行等单位的通力协作，地税代收工会经费工作进展较为顺利。

【规范基层工会建设】 市总工会制定下发《关于进一步抓好基层工会规范化建设的通知》，进一步明确基层工会规范化建设8大项内容及要求，促进基层工会活力。全市有一批基层工会组织和工会干部被评为全国模范职工之家、全国模范职工小家、全国优秀工会工作者和全国优秀工会积极分子。

【汕头市“劳模创新工作室”创建活动启动】 5月28日，汕头市总工会在市图书馆举行“创新圆梦——劳模创新工作室”活动启动仪式。仪式上，市人大常委会副主任、市总工会主席王扬泽为中国移动汕头分公司、超声集团、西陇化工股份有限公司、太安堂药业股份有限公司、广东潮宏基实业股份有限公司和广东三凌塑料管材有限公司等首批创建“劳模创新工作室”的企业授牌。劳模创新工作室是以在技术、业务、教育、科研等方面有专长，有一定的理论水平、工作经验和创新能力的知名劳模为带领人的专家型团队，围绕本单位生产经营活动和工作重点、难点问题，产学研相结合，开展技术创新、管理创新、科技创新、服务创新、经营创新和业务创新活动，将先进技术、经验、方法和成果转化为现实生产力的技能人才组织。开展创建劳模创新工作室活动，旨在为劳模和职工群众搭建一个锐意创新、展示才能的平台，从而不断提高劳模和职工群众的自主创新能力，解决生产经营中的热点、难点问题，推动企业转型发展和创新发展；发挥劳模的示范带头作用及品牌效应，培养出更多的先进人才和技术能手。 （陈 宇）

佛山市总工会

【领导班子】

主　席：黄建丰（女）

副主席：杨玉瑞、刘光辉、陈再勋

【机构设置】

办公室、组织部、权益保障部、经济工作部、宣传教育部、财务事业部、教育工会

【综述】　2013年，佛山市总工会在市委和省总工会的正确领导下，深入贯彻落实党的十八大、十八届三中全会、工会十六大和市委十一届四次全会精神，深入开展服务职工“三大行动”，着力抓好工会重点工作的落实，各项工作都取得了新的进展。

【以助推改革实现中国梦为目标，进一步推动经济社会发展】　一是组织广大职工干部掀起学习热潮。全市各级工会组织和广大职工群众认真学习党的十八届三中全会和工会十六大会议精神，把思想和行动统一到中央的决策和部署上来，凝聚职工群众的智慧力量为推动全面深化改革做贡献。市总工会召开全市工会干部参加的学习传达贯彻会议和各级劳模代表参加的座谈会，并组织各级工会干部、广大职工通过电视、报纸、网站、微博等信息平台，深入学习领会党的十八届三中全会、习近平总书记重要讲话和工会十六大会议精神。全市共举办工会干部学习培训会议159次，培训工会干部近1.5万人次。二是弘扬工人阶级伟大品格。2013年，全市获得了全国五一劳动奖状1个，全国五一劳动奖章4人，全国“工人先锋号”1个；省五一劳动奖章8人，省“工人先锋号”8个；市“工人先锋号”113个。三是开展群众性技术创新活动。加大“劳动模范创新室”创建力度，为第一批41家创建达标的“劳动模范创新室”进行授牌。举办“2013年佛山市职工科技创新成果展示月”活动，全市共有16万人次参观科技创新巡展。其中，省六建公司“古建筑保护修复新技术及其应用”项目获得全国职工科技创新成果二等奖，佛塑科技集团经纬分公司“多层复合塑料编织农用防渗膜”项目参加全国总工会在福建举办的海峡两岸职工科技创新成果展中被评为金奖。先后举办了全市职工汽车维修职业技能和焊工技能竞赛，授予“佛山市技术能手”15名、“汽车维修职业技能竞赛职工技术能手”20名，共有51名参赛选手获得高级资格证书。继续开展城市升级重点工程劳动竞赛，全市推进的竞赛项目10个，参赛职工达10万多人。四是实施职工素质提升工程。继续开展职工培训阳光行动，市、区总工会共投入培训资金240多万元，培训职工20多万人次。加大职工普法工作力度，举办职工普法活动180多场次，现场参与职工近9万人次，发放普法宣传资料11万份。

【以维护职工合法权益为核心，进一步构建和谐劳动关系】　一是工会法律服务工作稳步推进。三级总工会受理承办各种法律服务个案650多宗，受惠职工近3600人次。组织市、区两级主要工会维权干部前往深圳学习考察工会法律服务工作，开展了近200名各级工会干部参加的业务培训。2013年，市总工会获评首批“全国工会职工法律援助维权服务示范单位”。二是工资集体协商工作深入开展。截至2013年底，全市共签订工资集体合同3000多份，覆盖企业近2万多家，覆盖职工93万人。其中区域性、行业工资集体合同近700份，覆盖企业1.8万家，覆盖职工65.5万人；企业单独签订工

资集体合同近 2200 家，覆盖职工近 30 万人，企业职工工资逐年稳步增长。三是劳动争议调解工作成效明显。召开全市企业人民调解工作会议，促进劳动争议调解与人民调解的衔接配套。2013 年，全市建立劳动争议调解委员会的区、镇（街道）总工会和工业园区（村、居）工联会 452 个，300 人以上已组建工会企业建立劳动争议调解委员会 600 多个。全市有劳动争议调解员 6600 多人，全年调解劳动争议 1800 多件，涉及职工近 1.3 万人次。

【以普惠型服务体系建设为重点，进一步服务职工】 一是继续做好工会帮扶工作。2013 年各级工会共帮扶困难职工 1.3 万人次，使用帮扶资金 1400 多万元。开展困难职工子女助学近 1000 多人次，金额 280 多万元；探视帮扶工伤职工近 1000 人次，金额 160 多万元。加大劳模帮扶服务工作力度，向全国或省部级劳模发放低收入困难补助金、特殊困难帮扶金、春节慰问金和医疗帮扶金等近 530 人次，共计 116 万元。二是继续开展主题鲜明服务职工群众活动。市总工会举办由 99 对新人参与的“囍爱佛山·圆梦新城”首届职工集体婚礼；举办 2013 年慰问外来工新春团年晚宴，500 多名外来工代表共迎新春佳节；组织开展佛山市劳模义诊暨关爱外来务工人员巡回免费体检活动，为全市各区 1500 多名职工免费体检。市、区、镇（街道）三级总工会共举办返城外来工专场招聘会近 70 场，提供工作岗位 11 万个，帮助 5.2 万名职工实现就业或再就业。2013 年春运期间，市总工会联合市路桥公司在全市 15 个异地务工人员自行摩托车返乡的主要站点路口设置服务站，为 6000 多名返乡异地务工人员提供便民服务。举办“知识就是力量”外来工子女科普日活动，组织 200 多名外来工子女参观广东科技中心。三是继续开展职工群众性文体活动。各级工会共开展职工文化体育活动 8000 多场次，参与职工 230 多万人次；大力推动职工快乐大舞台和心灵驿站创建；超额完成创建 500 家职工书屋工作任务。在外来工工作和居住集中的 450 多个工业园区、村居（社区）、企业单位免费放映电影 1400 多场，观影职工人数达 50 多万人次。

【以加强工会自身建设为基础，进一步做好党的群众工作】 一是积极推进工会组织建设规范化。扩大工会组织覆盖面，全市新建基层工会 1200 多家，涵盖法人单位 1800 多家，新发展会员 10 万多人。2013 年，全市累计基层工会近 2.2 万家，涵盖法人单位 3.2 万家，会员 142 万人。加强基层组织民主政治建设，推动基层工会民主化、法制化进程，全年共有 2300 多家基层工会开展民主选举工作，实现基层工会主席民主选举全覆盖。加强干部队伍培训，在开展工会干部理论、业务等素质培训的同时，重点加强新上岗工会干部的履职能力建设。各级工会共开展各类培训 1400 多期，培训工会干部近 8 万人次。市职工服务类社会组织联合会继续扩大成员单位覆盖面，共有成员单位 110 家。二是积极推进工会经费地税代收有序化。组织市、区工会财务人员赴肇庆、深圳学习工会经费地税代收工作经验，并与市地税局、人民银行等部门沟通协商，共同探讨处理代收工作遇到的热点难点问题。印发相关配套文件、操作规程和政策宣传资料共 60 多万份，借助各大媒体、各级工会和地税局网站等进行广泛宣传，提高企业缴费意识，促使地税代收工作有序稳步推进。2013 年，市总工会获全国总工会“市级工会财务会计工作竞赛特等奖”，经审工作获得全省经审工作特等奖。三是积极推进工会宣传工作网络化。市、区总工会官方微博群累计发布信息4310条，拥有粉丝13.7万人。全市各级工会获全国总工会、省总工会刊物、网站采纳的信息有145篇次，获佛山市政府网转载483篇。全国总工会中工网全年共采用佛山市工会信息221条，其中135条信息获得首页显示，并有3条信息获得二等奖。三是积极推进工会各项工作制度化。工会经审工作加大对各项经济活动的审查审计监督力度；教育工会开展教职工活动，协助抓好教职工队伍建设；女职委认真履行职责，开展女职工“庆三八 展英姿 齐聚力 奔小康”欢乐日和女性心理健康讲座等活动；努力协调下属事业单位拆迁安置工作，确保工会资产保值增值；加强对外联谊交流、退休职工管理工作等都正常有序开展。（蓝星）

韶关市总工会

【领导班子】

主　席：杨小明

副主席：张　莉（女）、谢广明（2013年2月病逝）、林贵贱

纪检组长：傅勇（2013.12离任）、高照（2013.12任职）

【机构设置】

办公室、组织部、宣传教育部、保障工作部、生产保护部、女职工部、财务部、审计室

【综述】 2013年，在市委和省总工会的正确领导下，韶关市各级工会紧紧围绕市委市政府工作大局，找准工会的切入点和着力点，广泛开展建功立业活动，继续深化帮扶工作，切实维护职工合法权益，推进落实“两个普遍”，不断加强自身建设，在经济社会发展中发挥积极作用。

【认真学习贯彻十八大精神】 学习宣传贯彻党的十八大、十八届三中全会和习近平总书记系列重要讲话精神作为贯穿全年工会工作的一项重要任务，引领广大职工群众和各级工会组织自觉把思想和行动统一到中央的决策部署上来。一是与贯彻落实中国工会十六大精神相结合。中国工会十六大胜利闭幕后，市总工会主动向市委常委会汇报大会精神，并召开全市工会学习贯彻工作会议，精心组织各种形式的学习宣传活动，迅速掀起学习贯彻大会精神的热潮。二是与职工关心的热点问题相结合。组织开展以“中国梦·劳动美”为主题的系列宣传活动，通过征文、演讲比赛和“工人伟大、劳动光荣”专题宣传，及时反映职工群众和基层工会的进展和经验，关注和掌握职工的思想动态，帮助职工解答学习的难点、疑点问题，真正使有关精神深入人心。三是与工会工作实际相结合。把学习贯彻有关精神的过程作为推进各项工作的过程，带领各级工会坚持学以致用、以用促学，用大会精神武装头脑、指导实践、推动工作，展现出人心思进、激情干事的良好精神面貌，开创工会工作新局面。

【开展劳动竞赛活动】 围绕市委提出的“加快绿色转型，实现振兴发展”工作部署，市总工会牵头各县（市、区）总工会大力开展劳动竞赛活动，积极推动经济发展。2013年，仁化县总工会举办第四届全县劳动技能大赛；曲江区总工会举办23场劳动竞赛；始兴县总工会评选出26名“全县技术能手”；乐昌县总工会在十个行业开展小发明小创造、技术革新活动；南雄县总工会组织职工广提合理化建议。乳源、翁源、新丰等县总工会也纷纷开展技术比武活动。2013年，全市开展各类劳动竞赛的企业520家，

参赛职工约 20 万人，开展岗位练兵技能竞赛的企业 395 家，参赛职工达 9.6 万人次，职工技术革新成果 1000 多项。

【进一步弘扬劳模精神】 2013 年，市劳模评选工作得到市委市政府的高度重视支持，评选人数由 60 人增加至 80 人，奖励标准也由 5000 元/人增加至 8000 元/人。五一节前夕，市委市政府召开大会，对各级劳模进行了隆重表彰。同时，通过座谈会、报告会以及新闻媒体宣传等形式，大力宣传劳模事迹，激励广大职工争当时代先锋和劳动楷模。继续加强对劳模的管理服务工作。全年发放 97 人次的全国劳模“三金”127 万元，并安排 47 名全国劳模免费体检；发放 745 人次的省部级劳模“三金”130 万元，并筹措了 15.7 万元为 315 名省部级劳模安排了免费体检。春节送温暖期间，市领导带队走访慰问了 112 名市劳模。

【为职工群众办好十件实事】 按照“为困难职工解难，为党委政府分忧”的要求，针对困难职工的困难程度、致困原因、帮扶需求，采取多种措施开展帮扶，努力实现困难职工走访慰问全覆盖。一是牵头协助党委政府开展春节送温暖活动，共走访慰问困难企业 100 多家，慰问困难职工 3200 多人，发放慰问金 160 多万元。二是筹措 60 万元救灾资金，帮助全市各地遭受洪涝灾害的企业和职工灾后重建、复工复产。三是筹集 6 万元为广乐高速和韶冶厂等重点工程的生产一线员工开展送清凉活动，并督促全市企业按要求发放高温补贴。各地也纷纷筹措资金开展了送清凉活动。四是筹集 240 万元开展第六届百万帮扶暖千家活动暨金秋助学活动，帮扶困难职工、异地务工人员子女 2100 人。五是积极配合市人社局开展多场招聘活动，提供就业岗位 5000 多个，市职工服务中心推荐就业 100 多人次。六是开展员工专项培训工作。邀请专家在科艺公司等企业开展员工管理和心理咨询等方面培训，并在市委党校举办了一期 100 多人参加的心理援助专项职业能力培训班。七是大力推进职工医疗互助保障工作，累计参保 22 万人，当年新增职工、女职工医疗安康保险 5000 多份，赔付 100 多人，赔付金额 200 多万元。八是通过开展“六五”普法、送法上门等活动，深入基层进行法律宣传，增强职工法制意识。九是进一步加大法律援助服务。持《特困职工证》或市总工会介绍函的困难职工、异地务工人员免费获得市司法局法援处的法律服务。2013 年，共为数名职工提供免费法律援助，帮助追讨欠薪 2 万多元。十是进一步加大扶贫双到工作力度，市总工会为扶贫点新丰县丰城街道文长村落实帮扶资金 31 万多元，为文长村顺利脱贫打下了坚实基础。在第一轮扶贫开发双到工作中，市总工会获得省委省政府扶贫开发双到工作先进集体荣誉称号。

【维权工作取得新成效】 一是加大源头参与力度，发挥政府与工会联席会议和劳动关系三方协商机制的作用。2013 年，市总工会参与了医疗卫生改革、工资集体协商等涉及职工权益的法规政策的起草制定，提出工会主张，反映职工的心声。二是积极协调帮助困难职工和异地务工人员解决劳动关系纠纷及有关劳动权益、民主管理和工伤保险等方面的问题。市总工会反复多次与教育、卫生、住建、交通、公安等部门沟通协调，帮助解决职工反映的一批关于读书难、看病难、住房难和交通治安管理等问题。此外，市总工会共处理职工来信来电来访 130 件次，处理率 100%。三是安康杯竞赛活动的蓬勃发展。全年共有 370 多家企业，20 余万职工参赛，举办各类培训班 98 期，演讲比赛36场，征集合理化建议4000多条。四是注重利用职代会和集体合同等工作机制，把劳动安全、工作时间、休息休假和工伤保险等事项作为重点协商谈判内容，从机制上维护职工的劳动健康权利。五是大力维护女职工健康权益。邀请专家到企业开展60多场女性健康知识讲座，4000多名女职工参加了学习，并免费为300多名女职工提供“两癌”检查。六是组织全市职工服务类社团组织，为职工提供多方面的公益服务。6月，牵头成立韶关市职工服务类社会组织联合会，共50个社会团体和热心人士成为首批会员，12月，牵头成立韶关市社会组织工会工作委员会。

【工会组建工作稳步发展】　市、县两级总工会严格按照三年规划目标任务和各项工作要求，围绕非公企业建会和会员发展这个重点，对非公企业法人数据库内的未建会企业逐一排查摸底，共成立79个建会筹备组，多次深入企业调研和分类指导，确保任务完成。曲江经济开发区及其工会联合会高度重视组建工作，领导亲自上门做工作，采取各种有力措施，使开发区企业建会率达到100%，成为全市第一个工会组织全覆盖的园区。截至2013年9月底，全市基层工会累计6979家，基层工会涵盖单位30848家，工会会员665536人，农民工会员133181人，其中全市企业工会累计4710家，企业工会涵盖单位16853家，企业工会会员489917人，企业农民工会员113467人，圆满完成省总工会下达的三年规划组建任务。各级工会围绕推动企业发展、促进企业稳定、维护职工权益，通过开展“双亮工程”、“职工之家”和厂务公开民主管理等活动，积极发挥工会参与、服务、建设作用。2013年，完成厂务公开民主管理贯标认证单位35家，受到全国总工会表彰全国模范职工之家3个、全国模范职工小家3个、全国双爱双评先进企业1个。

【顺利完成工资集体协商工作任务】　各级工会因地制宜，积极争取地方党政重视支持，深入园区与企业宣传动员，不断完善相关制度，规范协商工作流程，取得了明显成效。主要措施有：一是参照省的做法，把协商工作列入对下一级政府科学发展观考核和社会建设考核的内容，列入三方协商会议的内容，为工作的推进提供切实的保障。二是采取派发宣传资料、召开各类人员会议、举办培训班、开展宣传活动周等各种形式，向企业和职工双方广泛宣传建立协商制度的重要意义，解答有关政策措施。三是组建1000多人的协商指导员队伍，通过集中培训、交流经验、典型示范等措施，使其掌握协商的原则、方法、程序和技巧，提高协商水平。四是充分利用各种资源，巧借外力，形成推进合力。经与人社、司法、工商、税务等部门的协商，将是否开展协商列入和谐企业评选、诚信守法企业评选、劳动年审、综合工时工作制或不定时工作制申请的条件，形成工作合力，推进工作有序开展。2013年，工资集体协商覆盖企业12523家，覆盖率为82.3%，其中1000人以上非公企业7家，区域性集体合同63份，行业性集体合同56份，覆盖职工40多万人，顺利完成三年规划任务。

【扎实推进工会经费税务代收】　扎实推进工会经费税务代收工作，覆盖面和收缴率稳步增长，同时进一步加大对基层经费支持力度，市总工会全年对各级基层工会的补助经费达801万元，比2012年增加112万元，在一定程度上解决了基层工会工作经费不足的问题。

（吴柳亭）

河源市总工会

【领导班子】

主　席：温文斐

副主席：何安琼（常务，女）、向更祥、廖洪滨、徐志强

纪检组组长：罗杰锋（2013 年 12 月任职）

【机构设置】

办公室、组宣部 、维权部 财务部 、经济工作部

【综述】 2013 年，全市工会按照市委和省总工会的统一部署，解放思想、转变作风，突出维权、优化服务，狠抓要务、攻坚克难，积极协助党委政府破解推进改革、促进发展和维护稳定的难题，开创了工运事业科学、和谐、可持续发展的新局面。

【抓学习，用十八大精神引领工会创新发展】

2013 年，各级工会认真学习领会党的十八大、十八届三中全会、中国工会十六大和习近平总书记一系列重要讲话精神，紧密结合实践中国特色社会主义工会发展道路，从加强和改进工会自身建设出发，认真分析和把握工会自身建设面临的新形势新任务，把思想和行动统一到中央、省和市委的决策部署上来，继续以改革创新精神推进工会的思想建设、组织建设、作风建设、制度建设。组织举办近 500 名工会干部参加的培训班，学习习近平总书记 4・28 讲话精神，开展了劳模先进事迹报告会和“书香河源”全民阅读活动等主题教育活动，使之进基层、进班组，在全市掀起学习贯彻的高潮。组织动员广大职工投身改革和发展的实践，涌现出一批工会工作先进集体，过江龙酒业公司工会等 45 个单位被授予“2013 年度河源市工会工作先进单位”称号。

【激活力，工人阶级主力军作用有效发挥】

紧紧围绕市委提出的发展目标，充分激发职工的积极性和创造力，主力军作用日益明显。一是弘扬劳模精神，充分发挥劳模的重要作用。五一节前夕，河源市举行劳动模范协会第二次会员代表大会，选举产生新一届市劳模协会领导班子。各级工会通过召开庆五一劳模代表座谈会、节日上门慰问等多种形式，运用新闻媒体开设专栏，广泛宣传劳模先进事迹，大力弘扬新时代劳模精神，引导广大职工学赶先进，争做贡献，营造“尊重劳动、尊重知识、尊重创造”的社会风尚，维护和保障了劳动模范的合法权益。二是服务科学发展，职工建功立业掀起新高潮。将劳动竞赛与提升职工综合素质、企业创新发展相结合，组织金融、供电、制造业等 3 个行业（系统）1945 家企事业单位的近 12 万名职工参加普训普练，295 人参加 14 个项目（工种）比赛，评比出金牌工人 26 名、岗位技术能手 54 名，表彰一批先进的集体。东源县总工会承办的银行业务系统劳动竞赛，广东电网河源供电局组织变电运行工和送电线路工开展技能竞赛，广东汉能光伏有限公司以“创争”活动提素质，开设层压操作等 8 个项目比赛，各具特色，均达到预期目的。

【强基层，工会组织的凝聚力持续增强】

始终把“党建带工建”作为推进建会的有效机制，开展“广普查、深组建、全覆盖”行动，依法推动企业组建工会组织。2013 年，全市共有基层工会组织 3601 个，工会会员 333970 人；其中新组建企业工会 289 个（外商企业 55 个，私营企业 178

个），发展会员25050人。创建“职工之家”活动深入开展，紫金县公路局工会、河源职业技术学院工会获得“全国模范职工之家”称号，中国移动河源市区分公司工会小组、中国邮政储蓄银行和平县东山营业部工会小组、和平县公路局合水养护中心工会小组获得“全国模范职工小家”称号，徐志强、彭雪贤，蔡春婵、丘志勇，梁国华等分别获得“全国优秀工会工作者”、“全国优秀工会积极分子”、“全国优秀工会之友”称号。龙川县总工会扎实推进职工道德文化建设，东源县总工会认真抓好基层工会组建，和平县总工会丰富职工文化生活等均亮点纷呈。市总组织各级工会、劳模踊跃参与“十年再造绿色河源”活动，筹集23万元在市区客家文化公园植造“劳模林”、“工会林”。同时，启动《河源工会志》（1988－2013年）编撰工作。

【重维权，保障职工合法权益力度加大】

工资集体协商稳步推进，已建工会企业完成工资集体协商2289份，覆盖企业4718家，建制率85.8%，超额完成省下达的三年规划任务。市、县区总工会积极协调，帮助困难职工和异地务工人员解决因裁员、欠薪、断保等引发的劳动关系纠纷及有关劳动权益、民主管理和工伤保险等方面的问题。共受理职工群众来信来访264件次、476人次，其中集体信访54宗，涉及职工368人次，处理率达100%。加大政策咨询和法律援助，注重对职工尤其是异地务工人员的人文关怀和心理疏导，加强形势政策、民主法治和社会责任意识教育，引导广大职工通过协商来解决劳动关系矛盾。在市高新区、东源蝴蝶岭工业区等地推行工会法律服务律师团进园区制度，为职工提供专业的法律服务。民主管理有效发挥，全市已建工会的国有、集体及其控股企业和公办学校、医院厂（校、院）务公开建制率达到100%，职代会建制率达到100%；已建工会的非公有制企业厂务公开建制率达到80%以上，职代会建制率达到80%以上。广东粤电新丰江发电有限责任公司被授予“全国厂务公开民主管理先进单位”称号。积极推动“安康杯”竞赛活动向异地务工人员聚集行业、非公有制企业延伸，加大对高危行业企业的作业现场劳动安全卫生监督检查，加强企业工会劳动保护。全市共有1640家企业参与竞赛活动，参赛车间（班组）6087个，覆盖职工138583人。

【送温暖，工会人文关怀成效显著】 不断扩大困难职工帮扶覆盖面，把符合帮扶救助条件的申报对象全部纳入三级帮扶档案和网络。针对困难职工的困难程度、致困原因、帮扶需求，因人施助，因难施帮，采取送政策、送岗位、送培训、送医疗、送助学、送文化、送物资、送资金等多种方式开展帮扶，实现困难职工走访慰问全覆盖。协助党委政府开展全市范围的春节送温暖活动，共走访慰问困难企业80多家，慰问困难职工（含异地务工人员）2万余名，发放慰问金615.13万元；慰问困难劳模330人，发放慰问金200多万元。继续深入开展金秋助学活动，共帮扶困难职工、异地务工人员子女2009人，发放帮扶金258.56万元。筹措15万元开展技能培训，培训下岗失业职工、异地务工人员150多人。筹措救灾资金60万元，慰问各类受灾职工823人。大力推进职工医疗互助保障，当年新增职工医疗、女职工安康保险21819份。加强职工特别是女职工的安康防护，联合省第二工人医院为全市近千名一线员工免费健康检查。围绕政府重点工程建设，积极开展“送清凉”活动，督促企业按要求发放高温补贴。

【广发动，税务代收工作扎实推进】 河源市制定实施方案，各级成立领导小组，组成调研组深入企业，做好宣传发动；以市政府名义召开全市税务代收工会经费工作会议和座谈会；加强培训和协调。7月1日，河源市与全省同步正式启动税务代收工会经费工作。全市实行由地税代收企事业单位445家，经费收缴稳步增长。

【争创先，工会队伍素质不断提升】 以创先争优活动为契机，全面加强工会干部的思想作风和能力建设。充分发挥工会“大学校”的作用，积极开展转岗培训、学历教育培训和技能培训。按照市“工会干部培训五年规划”，共举办各类业务知识培训班20期，培训工会干部3200多人次。分期分批组织工会干部参加全国总工会、省总工会组织的各类业务培训。（李赋）

梅州市总工会

【领导班子】

主　席：钟勇生

副主席：巫敏和（常务）、钟立强、侯炜勤、刘胜东、曾燕萍（女）

【机构设置】

办公室、组宣部、经济工作部、保障工作部、女工部、财务部、教育工会、非公有制企业工会、职工文化宫、事业发展中心

【综述】 2013年，在市委和省总工会的坚强领导下，全市各级工会深入学习贯彻党的十八大和十八届三中全会精神，深入学习贯彻习近平总书记系列重要讲话特别是关于工会工作的两次重要讲话精神，坚定不移走中国特色社会主义工会发展道路，紧紧围绕实现梅州振兴发展这一目标，牢牢抓住维护职工合法权益这一核心，扎实做好新形势下职工群众工作，增强各级工会干部坚定不移走中国特色社会主义工会发展道路的自觉自信。各项工作取得显著成效。

【扎实推进“两个普遍”工作】 扎实推进“两个普遍”（即依法推动企业普遍建立工会组织、依法推动企业工会普遍开展工资集体协商）工作，截至2013年9月底，全市已建工会8191家，企业工会涵盖单位9526家，发展会员38.89万人，工会固本强基工作获全省工会重点工作考核特等奖；推行区域性、行业性工资集体协商，全市共签订工资集体协议575份，覆盖企业4172家，职工145519人，建制率达到131%，工资集体协商工作获全省工会重点工作考核一等奖。

【实施各类帮扶救助】 全市各级工会共筹集元旦春节送温暖资金715.49万元，走访慰问困难企业1600个、困难职工8835户；筹集金秋助学款135.59万元，资助1006名困难职工和异地务工人员子女上学；筹资16.41万元开展“送清凉”活动。积极争取专项资金，及时为在“5.19”、“8.17”特大洪涝灾害中受灾严重的企业、职工和劳模发放受灾补助86万元。筹集14.16万元为市直59名特困职工、特困异地务工人员发放粮油救助。筹资20万元为部分企业困难职工进行免费体检和女职工“两癌”检查。试点推进在职职工住院医疗综合互助保障计划工作，抓好职工安康互助保障计划的投保、理赔工作，共办理7861份在职职工住院医疗综合互助保障计划、7221份女职工安康互助保险手续和8152份职工保障计划，发放互助保障计划给付金37.6万元。扶贫开

发“双到”工作扎实推进，挂点帮扶平远县升平村以来，共安排、协调项目资金108万多元，实施惠民项目18个。

【依法维护职工合法权益】 畅通职工诉求表达渠道，做好职工来信来访工作，2013年共处理信访案件44宗。协助党政处理3宗集体上访事件和1宗工人罢工上访事件，进一步完善处置职工群体性事件长效机制，维护职工队伍的稳定。组织151家企业开展“安康杯”竞赛活动，参与5起较大事故调查处理，切实维护职工安全健康权益。实行工会法律服务律师团律师坐班制度，为70多位职工免费提供法律咨询服务。举办全市心理援助专项职业能力认证培训班，为加强职工人文关怀培训人才。完善工会服务体系建设，全市基本构建以市职工服务中心为骨干、县级服务中心为支撑、乡镇（街道）村（社区）和企业服务站（点）为基础的五级职工社会服务工作体系。积极开展普法宣传活动，引导职工理性合法维权，共发放各类宣传资料3000多份。继续推进厂务公开民主管理工作，选树全市首批20家市级厂务公开民主管理示范单位。

【引导广大职工建功立业】 围绕市委、市政府推进“三区三城”（即梅州高新技术产业园区、广东梅州文化旅游特色区、丰顺新区和江南新城、梅县新城、兴宁新城）。建设和打好“五大会战”（指招引资大会战、交通水利建设大会战、资源整合大会战、耕山致富大会战、城乡环境整治大会战）等重大决策部署，在重点工程和重大项目开展劳动竞赛活动。认真做好劳模评选表彰和服务工作，共评选全国五一劳动奖状1个、全国五一劳动奖章2名、全国“工人先锋号”1个和省五一劳动奖章5名、广东省“工人先锋号”7个，向全国劳模发放“三金”专项补助资金84万多元，向省部级劳模发放春节慰问金和帮扶金136万元，组织安排26名劳模进行休养。召开全市庆五一暨劳动模范和先进集体表彰大会，表彰100名市劳动模范和50个先进集体。联合梅州日报社、梅州网等单位举办“回访全国劳模”活动。追授梅江区三角镇龙上村村支书李清梅州市五一劳动奖章。与市人行联合举办全市国库业务技能竞赛活动，与市人社局和市旅游局联合举办全市导游员讲解员职业技能大赛，配合选派3名选手参加全省女法官业务能力竞赛。成功举办全市职工篮球赛和首届全市职工足球联赛，举办全市职工全健排舞培训班，选派广东鸿艺集团客天下队代表梅州市赴省参加排舞大赛获职工组金奖。组织全市2864家基层单位13.6万名女职工参加《女职工劳动保护特别规定》知识竞赛。

【加强工会自身建设】 推选钟勇生、饶智华、李胜文参加中国工会十六大，丰顺县总工会吴云芳被评为全国工会系统先进工作者。在已建会企业中大力开展“工会组织亮牌子、工会主席亮身份”活动，完成规范化建设企业213家，荣获全国模范职工之家4个、全国模范职工小家3个。选派新任工会主席参加各级培训班，在省总工会干部学校开办工会女职工干部培训班，全年累计培训工会干部100多人次。市总工会网站于2013年底正式开通运行，编辑出版《梅州工会信息》6期，工会信息宣传工作得到加强。完善财务管理制度，工会经费实行税务代收，有效增强各级工会的经济实力。产业工会作用更加突出，工会经审规范化建设、工会资产监管和统计等工作都取得积极进展。

（黄康威）

惠州市总工会

【领导班子】

主　席：朱挺青

副主席：杨慧红（女、常务）、张宏君、曾红艳（女）、刘楚周

【机构设置】

办公室、组织建设部、维护工作部、宣传教育部、财务部、经审办、女工部

【综述】 2013年，惠州市总工会落实惠州市委书记陈奕威两次听取惠州工会工作汇报、并在与市总工会新一届领导班子成员座谈时对如何开展好工会工作提出的明确要求，在市委和省总工会的正确领导下，全市各级工会坚定不移走中国特色社会主义工会发展道路，紧紧围绕尽快进入珠三角第二梯队的总目标，认真履行工会职责，扎实做好新形势下职工群众工作，各项工作取得积极进展，得到了市委和省总工会的充分肯定。

【认真学习贯彻系列重要指示精神】 全市各级工会及时对学习贯彻党的十八届三中全会精神、习近平总书记系列重要讲话精神、中国工会十六大精神和省委、市委关于工会工作的重要指示精神作出部署，切实把广大职工的思想和行动统一到中央、省委、市委精神上来。市总工会和各级工会领导机关、领导干部带头学习、提高认识、统一思想，并通过举办培训班、召开工作会议等形式，研究谋划工会工作。通过深入学习和广泛宣传，进一步激发广大职工为谱写中国梦广东篇惠州章而奋斗的信心和决心；广大工会干部进一步明确新形势下惠州工会工作的前进方向，增强了在党中央领导下坚定不移走中国特色社会主义工会发展道路的自觉自信，增强了做好新形势下工会工作的责任感和使命感。

【召开市工会第十四次代表大会】 2013年8月26日至28日，召开市工会第十四次代表大会。市四套班子主要领导和市委常委出席大会开幕式。市委副书记陈训廷代表市委、市政府作讲话，充分肯定全市广大职工和工会组织在过去五年中取得的成绩，并对新形势下工会工作提出新的要求。省总工会纪检组长廖汝捷出席大会，高度评价惠州市工会工作取得的可喜成绩。这次大会职工代表350名、列席代表150名、特邀嘉宾18名。选举产生35名市总工会十四届委员会委员和7名经费审查委员会委员。

【开展各类技能竞赛活动】 围绕推动科学发展、加快转变经济发展方式和重点工程建设开展“当好主力军、建功十二五”主题劳动竞赛和职工职业技能大赛，组织职工开展合理化建议、技术革新、发明创造、新产品开发等技术创新活动，依靠职工促进企业提高自主创新能力。其中，惠州电信的“宽带中国·光网城市”宽带用户光纤平移改造项目入围了省十项工程劳动竞赛项目。2013年共评选出全国五一劳动奖章获得者2名，全国“工人先锋号”1个，全国“五一巾帼标兵”1个，全国“五一巾帼标兵岗”2个，广东省五一劳动奖章获得者5名，广东省“工人先锋号”7个，金牌工人100名，为广大职工群众树立“比、学、赶、超”的榜样。

【开展各类主题活动传播正能量】 2013年，先后举办以“唱响劳动光荣、工人伟大主旋律”、“中国梦·劳动美”等为主题的文艺进园区巡演、职工征文、演讲比赛、职工

歌手大赛等活动。深入开展“创建学习型组织、争做知识型职工”活动，加强职工技术技能培训、技能比赛，培养一大批知识型、技术型、创新型职工。加强职工文化建设，建设“职工书屋”示范点。成功申报住润电装有限公司等4家企业为2013年全国职工书屋示范点，建设省市职工书屋示范点60家。截止至2013年底，全市共建成“职工书屋”320家，其中全国“职工书屋示范点”达到23家。

【全力推进基层工会组织建设】 认真贯彻“组织起来，切实维权”的工作方针，坚持“党工共建”工作机制，落实“促进企业发展、维护职工权益”的企业工会工作原则，全力推进基层工会组织建设。截至2013年底，全市已建立工会组织23724家，其中：独立基层工会9868家，工联会255家，建会率为92.7%；驻惠世界500强等跨国公司49家，100%建会；工会会员125.5万人(其中：农民工会员88.7万人，占会员总数的70.6%)，入会率达86%。各级工会积极推进会员评家工作的深入开展，93%的基层工会基本做到有独立的办公场地、有牌子、有公章，依法设立独立经费账户，工会组织亮出牌子，工会主席亮出身份；83%的基层工会基本做到每半年召开一次会员（代表）大会，坚持会员评议职工之家制度，有效地落实了会员的知情权、参与权、选举权、监督权。

【和谐劳动关系建设扎实推进】 2013年，完成工资集体协商三年规划目标任务的115%，全市共签订集体协商合同3624份，覆盖企业9570家，覆盖职工925008人，分别比2012年增长14.5%和12.2%和19.1%，其中，1088家企业签订女职工特殊权益保护专项集体合同，覆盖女职工37282名。在惠州500强企业共23家已全部建立工资集体协商制度。强化教育、卫生系统“亮点”工程建设，以非公有规模企业为重点和突破口，积极推行职代会和厂务公开制度，严格按照省厂务公开民主管理要求进行贯标认证，完成153家大型企事业单位的贯标认证工作，走在全省先进行列。2013年共上报维稳维权信息周报50期，特报4期，其中劳资纠纷信息21期，市领导批示21次，及时有效地化解了劳资矛盾和群体性事件。2013年全市职工群体性事件224宗，比2012年（386宗）下降42%。联合有关部门处理了18宗较大的群众性事件，成功化解了市公共汽车总公司司乘人员怠工和罢运的群体性事件，妥善调处了天缘电子、同圣灯饰、纳伟仕、荣光密部件等企业因欠薪逃匿、拖欠工资等原因引发的群体性事件。积极调处职工信访工作，2013年共接待上访职工132人次，接听12351维权热线电话840多个，工会法律律师服务团共为14宗劳资纠纷案件900多名员工提供法律援助。联合有关部门开展农民工工资支付专项检查，责令支付农民工工资2070.3万元；加强工会劳动保护网络建设，开展安康杯竞赛活动，参赛企业1千多家；参与重大安全生产事故调查处理，促进职业病防治工作，维护职工安全健康权益。

【人文关怀活动扎实有效开展】 积极开展职工心理援助活动，对员工心理援助义工服务队队员进行再培训，66名队员通过了心理援助专项职业能力认证考试，通过率达90%。在13家大中型企业中开展职工婚恋身心健康系列知识讲座，3000多名职工受到普及教育。联合市心理健康文化协会成功化解罗格朗国际电工、科锐半导体照明等企业女职工企图跳楼事件。“关爱直通车”异地务工人员心理援助项目获评为惠州市社会管理创新十大项目，并荣获三等奖。深化拓展女职工关爱行动，依法维护女职工合法权益和特殊利益，2013 年共免费为 1000 多名困难女职工、女性异地务工人员进行“两癌”检查。开展“情系职工”电影放映活动，在博罗县、仲恺高新区的 6 家企业为职工免费放映电影，并在活动现场发放安全生产、劳动保护宣传资料及开展免费法律咨询。深入开展“农民工平安返乡行动”，开展异地务工人员 2014 年春运期间返乡返程“送温暖”服务活动，设立“异地务工人员春运期间返乡返程服务咨询热线”，24 小时专人接听登记，为订购员工团体票较多、较集中的企业提供送票上门服务，为需要包车、租车、改乘汽运公司汽车的员工购票提供服务，为企业员工送上返乡途中矿泉水、面包、快餐面等必需品，真正体现暖人心、娘家人的作用。广泛开展职工文体活动，丰富职工业余文化生活，推动企业精神文明建设。

【困难职工帮扶体系不断完善】 完善全市困难职工档案 9000 多户，实行动态管理。2013 年元旦春节期间共筹集 367.8 万元资金，走访慰问特困职工、劳模 217 户（次）。“金秋助学”成为常态化的品牌工作，2013 年全市共发放“金秋助学”资金 48.9 万元，资助 228 名困难职工子女上大学。积极推进职工互助保障事业健康发展，不断提升全市职工医疗保障水平。2013 年全市职工参保人数达 12989 人，上缴保障金额为 1127540 元，共完成 25 名职工病案调查，赔付医疗保障金 48.5 万元。定期为劳模进行免费体检和慰问探视，全市共有 208 名劳模受益；对一般生活困难或大病致困的职工和劳模给予一次 3000－5000 元的帮扶，对患癌症的困难职工和劳模一次性一万元以上的帮扶。截至 2013 年底，共有 3 名患癌症职工、劳模和 14 名困难职工得到帮扶。

【工会自身建设得到进一步加强】 深入开展“四查四看”活动，认真查找和整改“四风”问题。共征求到的 41 条意见建议，并制定了切实可行的整改措施，责任到人抓落实。严格落实中央八项规定，进一步改进工作作风。先后修订完善财务管理、请休假管理、干部外出学习（培训）审批制度，有效防治“慵懒散奢”等“四风”突出问题，工作作风更加务实。顺利完成市总工会女工委换届工作，深入实施女职工素质工程，大力推进工会女职工组织建设，不断增强工会女职工组织的凝聚力和影响力，充分发挥了女职工组织在维护女职工权益和促进经济社会发展中的作用。教育工会在推动教育发展中找准位置，结合学校工作实际，在加强师德建设、学校民主管理工作、维护教职工合法权益、开展丰富多彩的工会活动等方面发挥积极作用。 （沈莹）

汕尾市总工会

【领导班子】

主　席：郑少棉

副主席：高木水（常务）、林传兴（2013 年 4 月离任）、邓海燕（女、2013 年 4 月任职）

【机构设置】

办公室、组织宣传教育部、经济保障部、财务部。

【综述】 2013 年，汕尾市总工会按照中国工会十六大精神和省总工会工作部署，自觉落实汕尾“四大行动”（指平安建设行动、招商引资行动、政务整治行动、形象提升行动）工作要求，坚持围绕中心、服务大局，强化学习意识，科学安排学习活动，把学习贯彻十八届三中全会精神与中国工会十六大精神和党的群众路线教育实践活动结合起来并引向深入，确保学习和实践活动富有成效。进一步强化大局意识，充分认识改革过程中的困难和风险，教育、引导正确处理个人、集体和国家利益，自觉全力支持改革。进一步强化责任意识，把学习贯彻三中全会精神，落实群众路线教育实践活动与汕尾实施“四大行动”具体要求结合起来，保护好、调动好、发挥好广大职工在改革建设进程中的主力军作用。进一步强化服务意识，全面履行工会职责，坚持推动经济发展和维护职工权益的有效统一，让职工群众真正感受到工会是“职工之家”，工会干部是最可信赖的“娘家人”。

【广泛开展劳动竞赛和群众性经济创新工程】

2013年，汕尾通过在非公有制企业建立培训教育园地、开展诚信企业示范活动、开展岗位练兵和技术比武、提合理化建议、科技攻关小组活动等载体，努力探索在非公有制企业中开展职工经济技术创新活动的有效形式，全市各级工会积极组织团结动员广大职工、广泛开展劳动竞赛和群众性经济创新工程，激励和引导全市广大职工勤奋劳动、诚实劳动、创新劳动，提高广大职工的劳动技能和整体素质。全市组织开展技术技能比赛项目148个，参加劳动竞赛企业1350家，职工20万名，其中非公有制企业486家，职工14万名，为汕尾经济社会发展、促进社会和谐稳定做出积极贡献。

【积极做好固本强基工作】 市总工会根据《2011年—2013年推动企业普遍建立工会组织工作规划》，将全市各类企业作为基数，将组建工作任务分解落实到市直和各县（市、区），各级工会组织紧紧依靠各级党委组织部门，发挥“党工共建”工作机制作用，积极推进全市各类企业的工会组建工作。结合汕尾市非公企业规模小，从业人员分散，流动性较大的特点，市总工会各地采取多个企业联合建会方式，将业内农民工组织联合会中来，使职工有了“娘家”。例如，陆丰碣石手工艺、甲子五金、民办学校、海丰金银珠宝玉石首饰、制衣，汕尾电器零售行业等都成立了行业工会联合会，积极参与协商劳动关系三方机制的工作，充分发挥行业工会的积极作用。至2013年底，汕尾已建立工会组织2126家，会员302217人，其中，非公有制企业工会1439家，涵盖企业3865家，会员247593人，家民工180076人。超额完成省总工会下达汕尾的工会组建工作目标和任务。

【开展扶贫帮困】 深入开展“面对面、心贴心、实打实服务职工在基层”活动，对全市困难职工信息实行动态化管理，通过各级工会走访和调查，为困难职工家庭建立电子信息帮扶档案，2013年，市县两级工会慰问困难职工家庭3570户次，实名发放帮扶资金近322万元，及时缓解部分困难职工生活困难。大力开展工会“金秋助学”活动，通过工会、社会、财政等渠道筹集专项资金，帮助困难职工（包括农民工）家庭子女就读大学或继续学业，2013年，市县两级工会共筹集资金422.25万元，资助困难职工家庭子女近2670人次。

【加强职工人文关怀】 市总工会加强职工人文关怀，积极在企业创建工会职工“心灵驿站”服务基地，开展员工心理辅导服务，举办幸福课堂员工心理专题讲座，积极化解职工心理问题，提高职工应对心理危机的能力。2013年7月，举办员工心理援助职业能力认证培训班，在全市首次培训100名职工心理援助专业人员，为具备条件的企业建立市总工会“心灵驿站”服务基地提供重要的专业人才保障。11月5日，根据汕尾市委组织部2013年干部培训计划的部署安排，汕尾市总工会在市委党校举办为期18天的第一期全市工会干部培训班，学习贯彻习近平总书记重要讲话和中国工会十六大精神，来自市直和乡镇工会主席、工会专职干部、基层工会干部等68人参加培训学习。

【加强职工维权维稳工作】 市总工会不断发展充实工会劳资矛盾调解员队伍，在职工人数超过200人的企业建立劳资矛盾调解委员会，并配备适当数量专业调解员。通过调解员队伍渠道，及时收集劳资矛盾信息，定期分析、测控本区域劳动关系状况，及时预防、化解争议。发挥工会法律服务律师团作用，积极开展送法进企业、进社区活动，发挥工会法律服务律师团作用，结合“五五普法”“六五普法”和法律“六进”活动要求，汕尾工会法律服务律师团10名律师，按地域或行业，每名律师具体挂钩联系10家企业，为100家企业工会和职工提供免费法律服务、发放职工法律手册，教育企业依法用工、守法经营，引导职工依法理性维权。

【救灾复产、积极帮扶受灾失业人员再就业】 在抗击“天兔”强台风和救灾复产过程中，市总工会在汕尾市委、市政府的领导下，在上级工会的支持下，反应迅速及时，措施科学得力，宣传准确到位、救灾活动务实及时，共向受灾职工和劳模实名发放救灾款132万元。10月10日，汕尾、深圳、惠州三市人力资源社会保障局联合在汕尾市区玉台山慈云公园举办2013年汕尾市“救灾复产”专场招聘会，近百家企业提供就业岗位10000多个。市总工会联合城区总工会在招聘会现场设立了咨询点，发放《劳动合同法》、《职工劳动权益手册》、《女职工劳动保护特别规定》等各类法制宣传资料，接收职工群众有关权益、劳动保护、法律援助等咨询，积极帮扶受灾失业人员再就业。

【女工工作有新成绩】 市总工会着力推进“女职工组织全覆盖和女职工权益保护专项集体合同全覆盖”。推广“三同时”、“三同步”（女职工组织与工会组建筹备、产生、报批“三同时”，女职工专项合同与集体合同协商、签订、履约“三同步”），鼓励基层创造好经验好做法，两个全覆盖工作取得明显的成效。2013年全市基层工会组织2126个，已建工会女职工组织2126个；女职工权益保护专项集体合同（含女职工合法权益条款写进集体合同）覆盖企业3550家，完成上级下达的任务。市总工会积极配合有关部门开展女职工、未成年工、工资支付等专项执法检查和调研。广泛开展法律法规的宣传工作，利用讲座、知识竞赛、咨询活动、报刊等多种形式，大力宣传维护女职工合法权益和特殊利益的法律法规内容，促进广大女职工知法、懂法、守法，善于用法律武器维护自身合法权益和特殊利益。

【加强信息宣传工作】 市总工会做好信息发布风险评估工作，把好信息宣传关，组建一支100人的工会宣传员队伍。在宣传工会工作、弘扬劳模精神、构建和谐劳动关系、反映职工诉求和心声等方面，引领正确舆论导向，发挥工会宣传员的积极作用。开通“汕尾工会”官方微博、微信平台，做好网络管理，确保网络畅通，积极与网友和职工群众开展交流互动，及时答复职工群众咨询，及时处理信访问题，依法依规、合理合法处理信访案件，做好全市劳资关系监测工作，加强信息收集、分析、整理，及时发现、通报、督办基层劳资矛盾等，有效维护社会和谐稳定。2013 年，汕尾市总工会被评为全省工会信息工作先进单位。

（王木林、李驿宿）

东莞市总工会

【领导班子】

主 席：郭 水

副主席：马凤彪（常务）、黎卓荣、何志雄、谢苑华（女）

【机构设置】

办公室、组织宣教部、权益保障部、劳动保护部、财务部、经审办。

【综述】 2013 年，在广东省总工会和东莞市委、市政府的正确领导下，东莞市各级工会以服务改革发展稳定为使命，紧紧抓住维权服务核心工作，找准定位、突出主业、积极作为，各项工作取得明显成效。

【大力加强工会组建】 以开展落实科学发展观考核为契机，推动镇街党政更加重视工会工作，全面掀起工会组建和规范化建设热潮，涌现出寮步、麻涌、常平、大岭山、桥头等一批工会固本强基好的典型。经过努力，2013 年全市有工会组织 5.5 万家，会员 380 多万人。

【切实发挥企业工会作用】 全市认定标杆工会 100 家，积极推进企业党支部书记、工会主席"一肩挑"，会员民主直选工会主席，工会社工进驻企业等试点工作，有力推动企业工会真正发挥作用。市轨道交通、万好食品、广安电气等 8 家企业工会被评为全国模范职工之家。

【全面加强工会队伍建设】 严格把好直管下属工会主席审批关，选优配强中层工会"带头人"。举办工资集体协商、厂务公开、工会法律维权等各类培训班，培训工会干部 4320 人。翟肖如、黄兰秀等 8 名工会主席被评为全国优秀工会工作者。

【深入推进工会法律服务】 成立第二届工会法律服务律师团，工会律师志愿者队伍扩充至 85 人，每周定点值班为广大职工提供方便高效的法律服务，办理援助案件 495 宗，深入企业开展法律讲座 126 场，为近 10 万名企业职工提供普法宣传教育。

【切实抓好工资集体协商】 探索建立多种形式集体协商的模式，全市已建工会企业签订工资集体合同 18453 份，覆盖职工 275 万多人。积极开展行业性工资集体协商，选取家政行业为突破口，签订我市首份行业性工资集体合同。建立一支 586 名工资集体协商指导员队伍，派驻各企业开展指导工作，提高协商质量。培育选树东莞京滨、恩克斯、创富眼镜等 20 多家过硬的集体协商先进典型企业，以点带面，带动一批真谈实谈的企业。

【主动参与职工信访维稳】 健全 12351 职工维权热线和各级工会信访窗口建设，畅通职工诉求渠道，受理各类劳资纠纷案件 1955 宗，办结率 100%，调解成功率达 99%。全市各级工会建立处置职工群体性事件长效机制，主动参与调处各类劳动关系不和谐事件，维护职工队伍稳定。

【有力引导社会组织参与职工服务】 以市

职工服务类社会组织联合会为平台，分别与市心理卫生协会、市企业联合会、市足球协会等社会组织，联合开展心理关爱、工伤职工再就业、“企业杯”足球赛等项目，为职工办实事、好事。

【创新打造先锋号服务品牌】 将工会原有的心灵驿站、工伤探视、法律援助等职工服务项目进行整合，在工业园区和大型企业建立先锋号职工服务中心，把工会各项服务送到企业，送到职工身边。企石、莞城科技园、南城新科电子厂等7家先锋号试点取得明显成效，逐步形成以市“先锋号”为龙头，各镇街、社区“先锋号”为中枢，企业“先锋号”为支撑的枢纽型服务体系。

【加快培育职工文体服务类社会组织】 成立市职工文体活动指导中心，整合各方面资源，为职工文体活动的开展提供指导和支持。推广市职工文体协会、市职工书画协会的成功培育模式，在全市开展职工草根文体团队普查，挖掘各类文体活动领头人，指导其发起成立相关协会并进行注册登记。市工会系统文联、市职工舞蹈协会、市职工篮球协会正有序筹备中。

【扎实开展劳动竞赛，努力提高职工素质】

举办轨道交通、银行金融、职工叉车等12项市一级劳动竞赛活动，引导广大职工争先创优。选树了市五一劳动奖章10名，市“工人先锋号”10个，市职工技术标兵84名。深入开展“安康杯”竞赛，推动企业树立“安全发展、科学发展”的理念。开展职工“技能圆梦”系列培训，帮助600多名职工成功晋升技能等级。加强基层职工培训场所建设，技研新阳等3家企业被评为全国职工教育培训优秀示范点。加大对职工书屋购置新书和报刊的投入，奥达铝业等4家单位被评为全国职工书屋示范点。

【着力转变工作观念，突出维权服务主业】

围绕工会如何转型，全市工会系统多次组织专题学习，开展大调研大讨论系列活动，进一步形成“自觉接受党的领导，突出维权服务主业，用群众方法开展工会工作”的转型思路。以“先锋号”职工服务中心为依托，深入园区、企业开展法律咨询、文艺汇演、帮困助学、健康体检等各类活动500多场，惠及职工近30万人，建立起一批直接联系和服务群众的抓手和载体。利用工会网站、微博等新媒体大力加强与职工联系，做好职工服务工作，“东莞工会”被评为全国工会优秀官方微博。坚持“主席接访日”制度，开通工会主席直通车，每个工会领导干部分片联系基层工会、一线职工和劳动模范，定期见面交流，听取意见建议，“下基层、转作风、办实事”成为工会的常态化工作。

（尹淑芬）

中山市总工会

【领导班子】

主　席：区碧群（女）

副主席：杜绮玲（女、常务）、黄哲明、冯勇

【机构设置】

办公室、组织部、经济工作部、保障工作部、宣传教育部、财经事业部

【综述】 2013年，在市委和省总工会的正确领导下，中山市各级工会组织全面贯彻落实党的十八大、十八届三中全会和中国工会十六大会议精神，主动适应新形势，构建贴

近基层、贴近职工群众的工会工作大格局，搭建服务平台，创新机制、提升能力、强化维权、塑造品牌，团结带领全市广大职工，为开创“三个适宜”（指适宜居住、适宜创业、适宜创新）幸福和美中山共同事业新局面做出积极贡献。

【着力提升组织动员能力，助推经济转型升级成果显著】 大力推进技术练兵、技术比武活动，举办“超级工人”之“超级警察”大型电视竞赛活动，并在全市电力、卫生、通信、邮政等系统开展10个大类32项职工技术技能竞赛，参赛职工人数达39100人。录播《咱们工人有力量》专题片，总结回顾“超级工人”系列活动历程，收到良好反响。继续深入开展“安康杯”劳动竞赛，吸引参赛企业4500多家，10万名职工在活动中参加不同形式的安全生产知识培训学习。深入开展全市职工群众性经济技术创新和合理化建议活动，收集合理化建议91200多件，创造效益4.16亿元。联合市质量技术协会等有关部门举行第三次中山市质量管理（QC）小组代表大会成果发表会，对31个优秀成果进行现场发表，并组织参加“南粤之星”发表会，获得一个金钻奖，两个金奖和六个银奖的优异成绩。

【着力提升落实执行能力，“两个普遍”三年规划全面完成】 切实抓好“两个普遍”，在加强和创新社会管理工作中积极彰显工会作为。一是启动为期3个月的集中建会行动，借工会经费税务代收之势，全力推进未建会单位工会筹建工作。重点帮助和指导投产开业3年以上、职工人数25人以上的未建会企业筹建工会委员会；对于25人以下企业，由区域性工联会或行业工联会覆盖。2013年，全市新建基层工会组织1829家，涵盖单位4435个，发展工会会员16万多人，全面完成工会组建三年规划任务。深入推进职工之家创建活动，加强基层工会规范化建设，打造一批作用发挥明显、职工群众信赖的星级职工之家示范点。召开全市创建星级职工之家示范点暨基层工会规范化建设工作会议，及时总结经验，推广典型，要求全市各级工会将建会与建制、建家紧密结合起来，进一步巩固建会成果，增强基层工会凝聚力和向心力。2013年，全市有4家基层工会被评为全国模范职工之家，5家基层工会分会（小组）被评为全国模范职工小家。二是依托市、镇两级劳动关系三方协调机制，帮助指导企业特别是非公有制企业建立健全工资集体协商制度，并将工资集体协议的履行情况纳入劳动保障监察书面审查内容和企业劳动保障守法诚信档案，及时纠正和处理违法违约行为。2013年，全市已建立工资集体协商的企业14846家，覆盖职工874764人，其中行业性工资集体协议13份，覆盖企业932家；区域性工资集体协议162份，覆盖企业5011家，全面完成了工资集体协商三年规划的目标任务。

【着力提升维权保障能力，服务职工成效明显】 以各级职工服务中心、12351职工维权热线、工会领导干部接访日、律师接待日为载体，做好工会信访工作，主动倾听职工诉求，维护职工合法权益。2013年共接待职工来电来访2402宗，涉及2436人次，为职工群众挽回经济损失370多万元。积极协助党政有关部门，及时介入调处职工群体性事件28宗。继续推进在规模企业建立劳动争议调解委员会，着力将劳动争议化解在基层，成功调解劳动纠纷6555宗。不断深化工会传统帮扶品牌活动。2013年春节送温暖慰问157户特困职工、847户困难职工家庭，发放慰问金112.9万元；“春风行动”吸引招聘企业180家，提供就业岗位4000

多个，求职人数超4000人；夏季送清凉活动市总工会拨款36.5万元，慰问高温作业岗位职工近10万人；大病救助、“金秋助学”、“阳光就业”行动等活动共对668名困难职工进行救助，帮扶额度达75.52万元。坚持开展“职工解困互助月”活动，募集资金148.2万元，为职工解困工作奠定坚实的物质基础。向167名特困职工赠送保障计划，有效缓解了职工看病难、看病贵的问题。着力打造工会大服务体系，积极发展职工服务类社会组织。建立工会社工综合服务中心、“心灵港湾”职工心理咨询服务中心、五一工人艺术团、职工文艺创作工作室等，探索建立起“工会为主导，社工为承担，义工为配合”的“三工”联动职工服务新机制。加大义工队伍建设力度，围绕帮扶救助、法律援助等工作重点，组织策划“主题活动统一行动日”，开展春运返乡服务、“送岗位、送法律、送技能、送保健”、劳动保护法律法规宣传日等活动。

【着力提升职工发展能力，工人阶级时代风采全面展现】 紧密结合党的十八大、十八届三中全会及中国工会十六大会议精神，广泛开展“共筑中国梦”百姓宣讲进企业、“增值·圆梦”女职工修身学堂进企业、“千人修身感悟”征集等各种主题鲜明、内涵丰富的宣传教育活动。通过委托培训和发放培训补贴等方式广泛推动职工技能培训工作，促进职工技能提升。组织了中、高级平版印刷工及维修电工技能培训，带动各级工会积极整合资源，全力推动实用型技能人才的培养，全市4万多名职工参与培训并取得职业资格证书。中山供电局技能培训学校被评为“全国职工教育培训优秀示范点”，中山金港源金属制造有限公司、广东依顿电子科技股份有限公司被评为“全国职工教育培训示范点”。开展“四送下乡”活动，丰富职工群众的文化生活。2013年全年送戏下乡194场，举办文艺演出40场，惠及职工群众125870人次，送书下乡11528册。推进职工书屋建设。全年新建省市级职工书屋49家，并开展赠书活动，举办职工阅读感想分享会，引导职工积极阅读。市公安局等4个单位被评为全国职工书屋示范点，三乡宝元鞋厂被评为“广东省十大书香企业”。

【着力提升创新拓展能力，工会自身建设不断加强】 继续开展“面对面、心贴心、实打实服务职工在基层”活动，深入整治庸懒散奢等不良风气，切实改进工作作风。按照全省统一部署，全面推进工会经费税务代收工作，以市府办的名义转发《广东省工会经费收缴管理暂行办法》，召开政策宣传会议40余场，争取缴费单位的理解和支持，使税务代收工会经费工作逐步走上正轨。进一步规范工会经费使用管理，制定《关于加强基层工会经费使用管理的若干意见》，并在全市24个镇区开展工会经费收缴使用规范化培训。与高校合作开展以“中山市职工队伍现状、劳动关系特点与工会工作对策研究”为主题的专项调研，掌握职工思想动态和劳动经济权益实现等方面的第一手资料。积极开展工会舆情研判工作，在新浪和腾讯网注册中山工会官方微博，以方便快捷的“微言大义”，实现与全市职工群众的“微距离”沟通交流。中山工会官方微博被评为全国总工会“劳动我最美”微博大赛优秀官方微博。此外，工会经审、女职工、宣传、信息、档案、保密等工作也得到进一步加强。

【中山市“心灵港湾”职工心理咨询服务中心举行揭牌仪式】 2013年3月27日上午，中山市首家“心灵港湾”职工心理咨询服务中心举行揭牌仪式，正式投入服务。市人大常委会副主任、市总工会主席区碧群，常务副主席杜绮玲出席仪式并为服务中心揭牌。该中心是由市总工会发起并推动实施，旨在为全市职工提供免费心理援助的服务平台，坐落于新工人文化宫三楼，由具备多年心理学研究与实践经验的专业咨询师主理。其功能设置包括心理咨询室、心理测评区、电子阅读区、绘画测评区、多媒体活动区以及团体活动区等，并推出网上信息平台与互动平台，构建了融服务预约、在线咨询、知识普及、交流分享为一体的网络空间，为职工提供更友好、便捷的求助渠道。

【召开庆祝五一国际劳动节暨劳动模范表彰大会】 2013年4月26日上午，召开中山市庆祝五一国际劳动节暨劳动模范表彰大会，隆重表彰为促进科学发展做出突出贡献的全国、省五一劳动奖章获得者和“工人先锋号”。市委常委、统战部部长梁丽娴，市人大常委会副主任、市总工会主席区碧群等领导出席大会，副市长冯煜荣主持会议。大会代全国总工会、广东省总工会向获得全国五一劳动奖章的宋璋、李俊峰、闫文静，获得全国“工人先锋号”称号的广东美味鲜调味食品有限公司调味车间以及获得广东省五一劳动奖章的李元娟等6名先进个人，获得广东省“工人先锋号”称号的中山市金马科技娱乐设备有限公司生产部等8个先进集体进行表彰。

【中山市工会社工综合服务中心举行揭牌仪式】 2013年11月5日上午，中山市工会社工综合服务中心在市总工会职工服务中心举行揭牌仪式，正式投入使用。市人大常委会副主任、市总工会主席区碧群，常务副主席杜绮玲出席仪式并为服务中心揭牌。该中心旨在通过引入专业社工力量，构建工会为主导，社工为承担，义工为配合的工会服务队伍，运用个案工作、小组工作和社区工作等专业社工手法，建立集职工帮扶、工伤（职业病）职工关爱、职业安康、维权支持、就业与再就业、义工指导等服务于一体的专业社工综合服务基地，为广大职工群众提供无门槛、全方位的免费社工服务。（覃立剑）

江门市工会

【领导班子】

主　席：秦有朋

副主席：王　雄、罗荣华、薛丽瑶（女）

纪检组长：熊庆平

【机构设置】

办公室、基层建设部、保障工作部、经济工作部、宣传教育部、人事工作部（经费审查委员会办公室）、财务部

【综述】 2013年，江门市各级工会紧紧围绕党和政府的工作大局，创新工作思路和方法，按照市总工会十二届二次全委（扩大）会议提出的关于做好新形势下职工群众工作的主要任务、为广大职工办好事实事的目标和加强工会自身建设以适应新形势新任务的工作要求，着力建立健全职工服务长效机制，充分发挥工人阶级主力军作用，取得良好的成绩。

【引导职工为“加快转型升级、建设幸福侨乡”发挥作用】 江门市总工会牵头与有关部门在卫生、邮政、电力、旅游、环卫、监狱、机械、纺织、交通、电信、金融、饮食服务、教育等13个行业或系统联合举办了职工职业技能比赛；在30多个重点工程项目开展重点工程劳动竞赛。发挥劳模先进的

引领作用，全市共推荐评选出全国五一劳动奖状获得单位1家、全国五一劳动奖章获得者2人、全国“工人先锋号”1家，广东省五一劳动奖章获得者6人、广东省“工人先锋号”7家，另有2人获评广东省十项工程劳动竞赛模范工人、模范科技工作者并获省五一劳动奖章。创新劳模传帮带载体，在各市、区开展试点，建立劳模（技能人才、职工）创新工作室共13个。开展职工技能提升培训，江门市总工会筹集160万元，在全市共组织300多家企业5400多名一线工人参加培训。

【进一步擦亮工会帮扶困难的工作品牌】

江门市总工会着力整合社会资源，壮大工会帮扶实力，经市总工会牵头并与蓬江区总工会、区慈善会和区环卫局、区公安分局共同出资，分别建立了蓬江区环卫工人和治安队员读书子女奖学助学资金各30万元/年；市总工会督导各市、区总工会争取有关部门支持设立了各市、区的环卫工人、治安队员的专项帮扶资金；市总工会与广东缤果动漫集团有限公司签约每年各出资10万元设立缤果助学金，资助在江门职业技术学院和江门技师学院就读的五邑地区困难职工子女；市总工会联合江门新光电讯有限公司、江门市骏兴建设有限公司共同出资开展关爱异地务工人员子女读书活动。2013年全市各级工会共慰问或救助困难职工8354人次，帮扶资金783万多元；助学5714人，助学金额534万多元；为13374名一线女职工进行免费“两癌”筛查和妇科检查；高温季节慰问一线高温作业职工4万多人、送出慰问金及清凉饮料40多万元。此外，开展职工互助保障，发动41031人次参加职工医疗互助保障计划和女职工安康互助保障计划共62289份、保费441.5万多元；全年帮扶患大病职工145人，发放互助保障金241万元。

【切实履行工会维权职责】 2013年，江门市总工会及各级工会与人社、安监等政府有关部门联动，联合开展工资支付、安全生产等专项检查，协同有关部门共印发宣传资料7.57万份，检查各类用人单位662户，涉及劳动者10万多人，解决被拖欠农民工工资224万多元；联合有关部门开展送法上门咨询活动；发挥工会律师团成员的作用，为上门求助的职工提供免费法律援助服务，工会律师援助职工参与劳动争议诉讼53宗；改善市总工会网站，开通网上信访窗口；做好工会信访维权维稳工作，江门市总工会和各市、区总工会共处理职工来访来信来电160宗，涉及职工759人次，结案率100%。其中，10人以上集体信访13宗，涉及职工481人。发挥各级劳动关系三方协调作用，推进企业建立工资集体协商机制，全市共签订工资专项集体合同3239份、覆盖企业17454家。继续组织以提高企业安全生产水平和职工安全意识为宗旨的“安康杯”竞赛活动，参赛企业达1621家，比2012年增加11.2%；参赛职工267972人，比上年增加10.9%；参赛班组20298个，比上年增加7.5%。

【着力把工会服务职工载体延伸到基层】

江门市总工会与蓬江区总工会共同出资，打造职工服务中心进开发区的示范点，在江沙先进制造业示范园区，与有关单位合作建造占地1万多平方米的职工服务中心，通过购买服务，在服务中心室内设置职工书屋、书画练习室、电脑培训室、桌球室、乒乓球室、棋牌室、电影放映室；在室外设置了2个标准灯光篮球场和12款健身器材。该中心每周放映1次免费电影，每月开展1次主题活动，每季度开展一次职工交流活动；除电脑培训室、桌球室、棋牌室优惠职工外，其余项目均免费向园区职工开放。市总工会加强职工“心灵驿站”建设，与五邑大学心理健康教育中心、市心理学会等机构合作，成立了江门市职工“心灵驿站”讲师团，在各市、区巡回为基层单位和广大职工提供心理专题辅导。积极孵化和培育职工服务类的社会组织，在抓好已建的市劳模协会、工人运动学会、工人龙狮武术协会、职工体育协会等协会和市职工服务类社会组织联合会的基础上，成立市职工书法家协会、职工摄影协会、职工棋院等职工社会组织，开展职工喜闻乐见的文体活动。在全市举办20场“牵手侨乡、快乐有约”未婚青年职工联谊活动，搭建了跨单位、跨行业的未婚青年职工交友平台。

【弘扬优秀劳动文化和工运文化】 一是继续在釜山公园兴建劳动广场二期工程，在2012年已建劳动者雕塑、全国劳模手印台、劳动文化石刻和种植劳模林基础上，新建省部级劳模墙和扩种劳模林、增加劳动文化石刻，让公园成为全省首个劳动文化主题公园。二是实施劳动文化进校园、进医院项目，在江门职业技术学院和妇幼保健院建造劳动文化园，置放劳动文化石刻，在江门职业技术学院赠建起航铁锚雕塑，为纪念江门潮连籍工运先驱李少石烈士和廖梦醒女士，建造事迹石刻和种植纪念树。三是继续筹建“江门工运博物馆”、“劳动文化馆”，广泛征集文物史料，同时做好迁建江门市工人文化宫工程的立项工作。

【在地方主流媒体上开办工会宣传和服务职工阵地】 为进一步扩大工会的宣传影响力，江门市总工会从2013年1月开始在《江门日报》开办《侨乡工人》专版，每月1期，1—10月份每期半版；11月开始每期一个整版。开办该专版的宗旨是，展示当代职工精神风貌，表达职工心声，传播先进文化，交流各级工会服务职工经验，推动工会维权工作发展，让工会的声音进企业、进机关、进事业单位、进家庭、进商户。该专版每期力求做到内容丰富、版面新颖活泼、可读性强，既有市总工会工作方面的全面报道，也有专项工作的重点报道；既有对人物的报道，也有对企业的报道，还有工会工作的一些动态信息，形式上以通讯和简讯为主，插入配图。为出好专版，每月市总工会宣教部都主动与报社记者确定下一期主题和主要稿件内容，同时发动基层工会的通讯员提供新闻线索和动态信息，满足每期专版的稿件需求。

【不断加强工会自身建设】 各级工会不断推进组建基层工会和发展会员工作。2013年，全市共有基层工会委员会（含工联会）5696个，涵盖法人单位18973家，工会会员852151人，与2012年底相比，分别净增了703个、1283家、110438人，全面完成了省总工会下达的组建工作三年。抓好非公有制企业工会“十有两满意”规范化建设，培育示范点25个；有4个企业工会被全国总工会表彰为全国模范职工之家，6个工会分会或小组被表彰为全国模范职工小家。为改进工作作风，完善联系基层、服务职工的长效机制，各级工会在领导干部和部室分片联系下级及基层工会基础上，建立工会主席约见职工代表制度，领导带队深入企业车间、工地调研走访，倾听职工的呼声；工会领导机关党建和廉政建设继续加强，贯彻中央八项规定，坚决刹住“四风”。按照全省的统一部署，稳步推进工会经费委托地税代收工作和加强经审工作，依法强化工会经费收缴、管理和使用，工会资产监管有效落实，保障工会各项工作的正常开展。

（周慧剑）

阳江市总工会

【领导班子】

主　席：叶光沛

副主席：张洪发、张进生、何伟帼（女）

副调研员：陈　敏、罗培平、徒阳刚

【机构设置】

办公室、组织宣传教育部、生活女工部、经济工作部、劳动保护监督部、财务事业管理部

【综　述】　2013 年，阳江市总工会在市委和省总工会的正确领导下，以党的十八大精神为指导，紧紧围绕“在加快发展中转变方式，实现幸福追赶”核心任务，以学习宣传实践中国特色社会主义工会发展道路为主题，继续落实“两个普遍”，构建和谐劳动关系，加强维权帮扶，积极参与加强和创新社会管理，充分发挥全市工人阶级在阳江实现“跨越发展、创新发展、合作发展、绿色发展、和谐发展”中的主力军作用，取得较好的成绩。在全省工会重点工作考核中，阳江市总工会被评为 2013 年度全省工会工作先进单位，并分别获得固本强基工作、工资集体协商工作一等奖，经费审查工作规范化建设考核特等奖；“开办市总工会职工大讲堂”的项目获得工会工作创新优秀奖。

【固本强基工作进一步加强】　全市新组建行业性工会联合会 9 个，新组建基层工会 320 个，覆盖企业（单位）增加 400 多个，发展会员 3 万多名。组建了全省第一个市级海员工会——中国海员工会阳江市委员会。组建了阳江市社会组织工会工作委员会。发出《关于进一步做好以“双亮六有五健全四上墙”为主要内容的基层工会规范化建设的通知》，印制了 1000 份基层工会规范化建设一览表分发到全市的非公有制企业工会。召开全市工会组织建设工作会议，举办市直基层工会规范化建设培训班，指导、督促 60 多个基层工会完成换届或补选健全工会工作，有效地推动基层工会的规范化建设。

【依法维权工作进一步拓展】　1. 在企业中普遍实行签订工资集体协商合同。2013 年全市工资集体协商指导员有 527 人，市总工会举办工资集体协商指导员培训班，举行阳江市工资集体协商签订仪式，成立阳江市工资集体协商工作研究会，大力推动全市工资集体协商工作向前发展。签订工资集体协商合同 3355 份，覆盖企业 5463 个，覆盖职工 240580 人（其中：区域性工资集体合同 56 份，覆盖企业 1984 个，覆盖职工 70232 人；行业性工资集体合同 19 份，覆盖企业 168 个，覆盖职工 11716 人）。工资集体合同覆盖企业占建立工会组织（涵盖）企业的 89%，提前完成省下达的任务。2. 全市 2341 家国有、集体、事业单位在推行厂务公开，公开率达 100%，非公有制企业实行厂务公开民主管理制度的共有 2849 家，实施省指导文本贯标认证的企事业单位 191 家。开展网上公开的企事业单位已达 469 家。11 月，全省厂务公开民主管理工作会议在阳江市召开，阳江市总工会在会上作经验发言。3. 进一步建立健全维权机制。成立了市职工法律援助服务协会、市职工维权工作研究会。继续完善网络问政平台、县级工会信访网络、阳江市工会法律服务律师团和处理职工群体性事件协调处置专责小组工

作制度，通过网络问政平台受理网上投诉10宗，回复处理10宗。发挥劳动争议调解委员会的作用，调处劳动争议89起，接通职工的维权热线239次，解答及处理217件，办理率达91%，接待职工来信来访1015人次，调处率达90%，有效地维护了职工队伍的安定团结和企业的和谐发展。

【推进“心灵驿站”建设】 成立阳江市职工心理援助协会，举办职工心理援助专项职业能力认证培训班，培训80名职工心理援助工作者。组织各县相关人员到云浮、肇庆市总工会学习开展“心灵驿站”的工作经验。

【困难帮扶工作进一步延伸】 1. 开展送温暖活动，把党和政府对工人群众的关怀送到千家万户。在2013年元旦春节期间送温暖活动中，全市工会系统共筹集慰问金270.24万元，发放慰问金267.55万元；慰问困难企业156个；慰问困难职工5812户；慰问农民工1935人。为各级劳模发放生活困难补助金、慰问金等专款共44.2万元，慰问劳模215人。关心劳模的身心健康，先后组织4批全国、省劳模代表参加省总工会组织的劳模外出疗养活动；组织21名全国劳模、142名省劳模参加免费体检。2. 打造“工会助学”品牌，为职工办实事、办好事、解难事。在开展“春季助学”活动中，向市直单位63名困难职工子女和困难农民工子女发放助学金6万多元。举行中国梦·助学行“金秋助学”活动十周年回顾暨2013年阳光就业行动启动仪式，为全市符合助学和就业援助帮扶的困难职工、农民工子女发放140多万元，受益者共900多名（其中：农民工子女300多名）。对298名市直困难职工、困难农民工积极开展生活救助、医疗救助等活动，发放救助金62.32万元。3. 维护职工健康权益和女职工特殊权益，全年共为1739名职工办理省职工医疗互助保障计划，为2740名女职工办理省女职工安康互助保障计划，为符合条件的13名职工送去赔付金19万元，缓解患病职工医疗资金的压力。开展女职工“关爱行动”，共为3万名女职工提供免费的妇科、乳腺普查。筹集6万元对企业职工开展夏日送清凉活动，为两阳中学建设工地、阳江蝶岭变电站和十八子集团打磨车间等建筑工地和高温环境作业职工赠送清凉饮料等降暑食品。认真做好扶贫开发“规划到户、责任到人”工作，投入5万元为挂点扶贫村开展困难救助工作。4. 为解决困难职工帮扶工作经费欠缺问题。发出《关于印发〈阳江市企业困难职工帮扶中心资金筹措“四个一点”工程活动实施方案〉的通知》，要求全市各级工会为整合各方资源，广开渠道筹集帮扶资金，进一步建立、延伸困难职工帮扶工作网络，深化送温暖工程。

【大力弘扬劳模精神】 成功推荐全国五一劳动奖章获得者2人，全国“工人先锋号”集体1个，广东省五一劳动奖章5人，广东省“工人先锋号”5个；评选市“工人先锋号”36个。大力宣传劳模先进事迹。开展正面宣传，传递正能量。组织开展“中国梦·劳动美”阳江市劳模事迹巡回报告活动，受到各县（市、区）和社会的好评。结合党的群众路线教育实践活动，将劳模事迹和“中国梦·劳动美”征文演讲比赛的获奖作品编纂为《筑梦阳江》一书赠送给各基层工会。配合市委、市政府召开庆祝五一国际劳动节暨劳动模范表彰大会，邀请阳江日报、广播电视台等宣传媒体对新评选的全国、省、市先进个人和集体进行广泛宣传报道，使先进事迹家喻户晓，在全市职工中形成一个学先进、赶先进的热潮。发挥劳模先进集体在社会建中的作用，发动全市有能力的企业和劳动模范为广东省扶贫济困日作贡献，捐助扶贫款 10 万元。

【推进工会“建家”活动】 成功推荐全国模范职工之家 3 个，全国模范职工小家 3 个，全国优秀工会工作者 2 名，全国工会积极分子 2 名，全国优秀工会之友 1 名。开展了评选 2013 年度“十佳企业”和“十佳职工之家”活动。帮助 26 家企业（单位）建设“职工书屋”，为基层工会赠送了 15 万元的书籍。成功推荐全国职工书屋示范点 3 家、全国职工教育示范点 3 家。

【深入开展“当好主力军、建功‘十二五’”劳动竞赛活动】 市总工会分别与市人社局等相关部门联合举办全市焊工技能比赛、供电系统职工职业技能劳动竞赛以及“我为节能减排献一策”活动，广大职工踊跃参加，取得了较好的成效。3 名职工参加了全省职工焊接技能比赛，2 人分别获得第三、第七名的好成绩，获得“广东省技术能手”、“广东省职工经济技术创新能手”称号。阳江市总工会获得了组委会颁发的“最佳组织奖”。全市各行各业结合自身的实际，积极开展劳动竞赛。如阳江农垦局分别举行了本系统第十一届职工割胶技能竞赛，橡胶 6 龄苗工程示范岗竞赛和橡胶高产示范岗等多项活动；市公路局把公路养护职业技能全方位纳入每年开展的劳动竞赛中，成为全省“规范化管理先进市公路局”；中国电信阳江分公司，长期开展“以提高员工综合素质、提高企业综合竞争力”为主要内容的群众性经济技术创新活动，分公司在全省的排名从原来的倒数第五名跃升为前五名，连续四年被评为广东电信优质服务先进单位；还有市城建、金融、卫生、饮服系统和市工交公司、中国移动通信阳江分公司、阳江核电站等都通过举办技能大赛来推动本系统职工劳动竞赛活动，调动广大职工的积极性和创造性。

【扎实抓好企业安全生产监督工作】 积极参与市政府组织的节假日期间安全生产检查以及职业卫生执法监察联合督查活动、市政府部门对阳春“4.20”较大生产安全事故的调查和处理和市工伤评残鉴定委员会对职工工伤评残劳动能力的鉴定，切实维护职工的合法权益。

【坚持开展“安康杯”竞赛活动】 充分发挥各基层工会在创建企业安全文化中的重要作用，培养、树立一批先进典型。广东烟草阳江市有限责任公司、阳东县东鹏实业开发集团公司阳东县建筑工程公司分别荣获全国“安康杯”竞赛优胜企业和优胜班组称号，阳西县房地产总公司、嘉吉粮油阳江有限公司压榨厂 A 班和红五月农场五队分别荣获广东省“安康杯”竞赛优胜企业和优胜班组称号，阳东县总工会和阳春自来水公司黄昌贵分别荣获广东省“安康杯”竞赛组织工作优秀单位和优秀组织者称号。

【积极开展职工文体活动】 组织开展阳江市“中国梦·劳动美”征文演讲比赛，推荐选手参加省总工会的比赛，在省级征文比赛中一人获征文比赛一等奖，一人获三等奖，七人获优秀奖；演讲比赛一人获得三等奖；市总工会获征文、演讲活动优秀组织奖。配合省总工会开展“情系职工”电影放映活动，为企业职工送电影 5 场。组织举办职工象棋比赛和 7 人足球赛，活跃职工的文化生活，促进和谐企业创建活动。

【工会干部、职工队伍素质进一步提高】

1. 先后组织工会干部到北京大学、中国劳动关系学院和省总工会干部学校参加培训。举办工会通讯员、网络宣传员等职工骨干培训班，共培训各级工会干部700多人次，职工骨干450人次。组织耗能大户企业相关人员参加第六期广东省职工节能减排义务监督员培训班。2. 开设“阳江市总工会职工大讲堂”。邀请省总工会干部学校的教授深入基层，面向第一线职工进行党的十八届三中全会、中国工会十六大精神和社会主义核心价值观、道德观、心理健康等方面教育，收到了良好的效果，受到基层工会和职工群众的广泛好评。

【扎实做好女职工工作】 在全市女职工中开展新一轮《女职工劳动保护特别规定》的学习和知识竞赛，全市2200多个基层工会近6万名女职工参加了学习竞赛活动。成功推荐阳春市一中教师黄显莲为“全国五一巾帼标兵”，阳江市自来水公司制水班为“全国五一巾帼标兵岗”。

【加强工会自身建设】 1. 积极开展效能提升年活动。制定《市总工会2013年效能提升年活动实施方案》、《市总工会关于贯彻中央改进工作作风密切联系群众八项规定的实施办法》和《市总工会关于整治庸懒散奢等不良风气的实施方案》，在市总机关干部队伍中开展转变机关作风、整治庸懒散奢不良风气的活动，使市总工会机关干部的工作作风实现好转，取得良好的效果。2. 发挥职工服务类社会组织联合会的“孵化器”作用，成立“阳江市工资集体协商工作研究会”等6个为职工服务的社会组织，超额完成市委下达的创新社会管理工作任务。开展“阳江市年度十佳非公企业工会”创建命名活动。激励非公有制企业工会按照规范化建设的标准加强建设，培养树立非公企业工会规范化建设的榜样，培育非公企业工会工作亮点。

（陈敏）

湛江市总工会

【领导班子】

主　席：梁　涛（女）

副主席：江少霞（女，常务）、陈江泓、蔡德才、董辉

调研员：陈全（女）

副调研员：王伟

【机构设置】 办公室、组织部、宣传教育部、经济工作部、财务部、保障工作部、产业工会工作部

【综述】 2013年，在省总工会和市委的正确领导下，湛江市总工会认真贯彻党的十八大以及中国工会十六大精神，不断创新思路，拓展工作载体，以维权为主业，以完善服务职工工作体系为抓手，以构建稳定和谐的劳动关系为目的，全面推进工会工作，为推动科学发展、实现五年崛起湛江梦发挥了积极作用。分别获得中华全国总工会市级工会财务工作先进单位、广东省工会工作优秀单位，固本强基工作一等奖、工资集体协商工作一等奖，职工群体性事件信息报告处理工作优秀奖，工会工作创新奖和优秀奖，以及市党委系统信息工作先进单位。

【深入开展“两个普遍”工作】 对接税务、工商部门提供的有关企业、参保职工业务数据，厘清下发《基层工会组织建设指南》实务操作手册，以明星光环企业和规模效益企业为抓手，重点突破非公有制企业工会组建，整体推动组建工作。截止2013年底，全市基层工会已组建7635家，涵盖单位17971家，发展工会会员704798人（其中，2013年全市新建基层工会委员会616个，

涵盖单位数新增424个，新发展工会会员76432人）。工资集体协商扩面提效，全市企业开展工资集体协商5139家（其中2013年新建制企业983家），涵盖单位数14720个，惠及职工49万多人，建制率达96%（以2011年工会组织涵盖单数为基数）；区域性、行业性工资集体协商专项合同共176份（其中新签区域性和行业性合同58份）；重点企业（世界500强在湛企业和1000人以上非公企业）建制率达到100%。

【深入开展职工维权工作】 继续发挥市职工维权律师志愿团作用，新建网上法律咨询平台，建立“信访接待、法律咨询、诉讼代理”三位一体的工会法律维权工作模式。2013年，各级工会共接待来访职工13500多人次，办理法律援助案件140多宗，市、县（区）级工会通过提供法律援助、参与联合执法检查等为职工挽回经济损失1480多万元。开展百名律师志愿服务企业“结对”活动，全市志愿参与活动的工会律师106名首期对接520家企业，解答企业工会、职工咨询1083次，进企业普法宣传157场次，为职工代写法律文书18起，调解劳动争议71宗。在全市建立了一支830多名劳资矛盾调解员队伍和1641个基层劳动争议调解组织，探索与人社、信访、维稳、法院、检察院等职能部门建立常态化维权维稳协调联动机制，推动形成人民调解、行政调解、司法调解“三位一体”的劳动争议大调解格局。进一步推广创建劳动关系和谐企业活动，规模以上企业参与创建率100%。

【深入开展职工帮扶工作】 “节日送温暖、炎夏送清凉、金秋送助学、工伤送探视、病困送救助、平安送体检、日常送保险”的工会帮扶工作常态化。全市各级工会共筹集帮扶资金2600余万元，帮扶困难职工（包括异地务工人员）2.75多万人次；深入推进金秋助学活动，为4530多名困难职工（包括异地务工人员）家庭子女助学圆梦；推广职工医疗互助保障计划，新参加互助保险职工15960人，为51名职工送出赔付金83万元；联合举办“关爱职工健康、共创美好生活”职工健康检查活动，为2300多名困难职工和异地务工人员进行免费健康检查；利用各种培训基地，为2197名下岗失业职工、异地务工人员进行技能免费培训并推荐就业。争取省市财政支持，分别为特困及困难、孤寡职工提高50、100元的帮扶金额，为市劳模以及省五一劳动奖章获得者、荣立二等功的退役军人提高了每月荣誉津贴25元。制定下发帮扶专项资金管理使用办法和《湛江市申报全国劳模“三金”、省劳模“两金”和市劳模特殊困难帮扶金管理办法》等，进一步规范各类帮扶专项资金的使用。探索实行困难劳模重点帮扶，湛江市、吴川市两级工会成功督办完成吴川市困难省级劳模李瑞明住房重建任务。重视职工心理健康，举办湛江市员工心理援助专项职业能力认证培训班，让基层工会干部具备更为专业的心理辅导能力；市教卫工会组织职工心理健康咨询服务专家志愿团心理专家到开发区、遂溪县、廉江市等地，举办11场“心灵驿站·幸福教工”心理健康知识巡回讲座，缓解教师工作和心理压力，惠及1万多名教职工。

【深入开展建功立业活动】 全市组织开展22.6万多名职工开展各种技能竞赛70多场次，参与技术革新1320多项，发明创造74项，合理化建议2万多条，创经济效益6千余万元。主办了电力行业变电工职业技能竞赛、“智慧移动杯”员工业务技能劳动竞赛等全市行业（系统）性的职工技能劳动竞赛；依托市厨师协会及烹饪协会，会同市旅游局联合举办市美食节厨艺大赛，开启依托行业协会开展非公有制企业劳动竞赛新模式。成立湛江市职工技术人才库，为全市经济发展建设储备人才资源。共评选全国、省、市各类先进人物66名和先进集体班组29个，并通过省、市新闻媒体“劳模风采”专题系列报道宣传活动、在全省率先举办7场劳动模范事迹巡回报告会，多形式、多角度、全方位地宣传劳模事迹，让劳模精神成为社会的主流意识、主流思想。

【深入开展职工文化宣传教育活动】 牢牢把握职工队伍思想多元、多样、多变的发展趋势，利用湛江电视台、湛江日报等媒体，打造市总工会门户网站、“湛江工会视窗”官方微博、微信、湛江信息动态等工会宣教平台，构建立体化宣教新格局，引导全市广大职工践行社会主义核心价值观，全面加强工人阶级和工会组织的宣传力度，把握舆论主导权，扩大工会影响力，提升工会地位。充分依托工会“大学校”、农民工业余学校、职工书屋等，继续开展“创建学习型组织，争创知识型职工”活动，大力开展“技能圆梦”活动，深入实施“职工素质提升工程”，共为25876名职工提供了技能培训或技能提升培训。主动适应企业发展需求与职工精神文化需求，成功举办全市首届职工全健排舞电视大赛、“中秋鹊桥会？浪漫花灯节”大型相亲活动、“蓝色湛江、科学崛起”职工摄影比赛、“中国梦·劳动美”演讲征文比赛、庆祝湛江市总工会成立60周年系列活动等。成立湛江市职工文化体育协会，下设市职工艺术团等“六会一团”，吸纳更多的专业团队和专业人才、社会人才，组织开展了丰富多彩的职工文体活动。

【自身建设得到提高】 深入贯彻党的十八大精神和中国工会十六大精神，积极开展机关作风整治活动“回头看”活动，进一步健全并认真执行有关制度机制，查找制约工作的瓶颈因素，制定整改措施。加强工会干部队伍建设，不断充实工会事业发展的新生力量，同时将系统培训、短期轮训、在职学习三者结合，着重提高工会干部实务操作能力。工会经费顺利实行地税代收，基层分成从50%增加到60%。对各县（市、区）总工会和直属事业单位的财务收支情况审计覆盖面分别达到90%、100%，经费审计监督工作取得新成效。女职工委员会充分发挥作用，工会女职工组织和女职工权益保护专项集体合同全面覆盖。加强行业工会新建工作，强化已建产业工会组织自身建设，进一步发挥湛江市产业工会的重要作用。积极推进湛江市职工之家项目建设筹备工作，工会综合治理、创卫、信息网络、扶贫“双到”等工作，也取得较大成效。工人文化宫、职工业余学校、困难职工帮扶中心、国际海员俱乐部等直属事业单位认真履行自身职责，充分发挥在工会工作全局中的积极作用。（胡菁）

茂名市总工会

【领导班子】

主　席：梁昌灿

副主席：黄家进（常务）、丘仲宜（兼）、刘文海、许丹（女）

副调研员：朱培斌

【机构设置】

办公室、经济工作部、权益保障部、财务部、党总支、经审纪检人事室、法律援助部、组织部、宣教文体部

【综述】 2013年，在市委和省总工会的正

确领导下，茂名市工会深入学习贯彻党的十八大、十八届三中全会、习近平总书记系列重要讲话、中共中央政治局委员、省委书记胡春华在省工青妇汇报会上的讲话和中国工会十六大精神，围绕建设美丽的现代化滨海新茂名和全面建成小康社会的目标任务，开拓创新，真抓实干，较好地完成了各项重点工作任务，得到省总工会和市委的充分肯定。市总工会被全国总工会、省总工会评为全国“安康杯”竞赛优秀组织单位，获得学习宣传《女职工劳动保护特别规定》系列活动全国优秀组织奖，在全省工会重点工作考核中，市总工会获得固本强基工作一等奖、工资集体协商工作特等奖，两项工作获得工会工作创新优秀奖，市总工会也被评为2013年度广东省工会工作优秀单位，在省总工会十二届七次全委会上介绍工作经验。

【围绕中心，广泛开展建功立业活动】 紧紧围绕建设现代化滨海新茂名的目标任务，深入开展技能竞赛、岗位练兵、安全生产、重点工程等“重实效，创一流”的竞赛活动。全市各基层工会组织参加劳动竞赛的企事业单位达2853家，参与职工27.6万人，其中技术革新316项，提合理化建议28934条，发明创造23项，总结推广先进操作法12项；开展技能竞赛工种48个，参加技能竞赛职工1.89万人；开展重大工程劳动竞赛53个，各级职工技能培训机构共培训职工5950人，为茂名经济发展作出积极的贡献。

【抓住重点，推动落实“两个普遍”工作】 召开组建工作会议分解工作任务，协调滨海新区和高新技术产业开发区有关部门抓好工会组建，抓好行业性区域性工联会、难点企业、25人以上企业工会组建。2013年全市新组建工会2462家，净增长率30.42%；新发展会员113803人，净增长率32.35%，组建率93.04%，入会率95.10%，为基层办理工会法人资格证600多份，均超额完成任务。依法推动企业普遍开展工资集体协商，邀请中国劳动关系学院、武汉市总工会以及省总工会专家授课，组织130名工会干部参加工资集体协商指导员业务培训。六类企业36家重点单位及七大行业开展“百日要约”行动，建立协商工作激励机制，在餐饮行业开展工资集体协商工作调研。组织县区协商工作交叉检查和市级劳动关系三方协商工作督查调研，召开各县（市、区）及重点企业、行业协商工作交流研讨会。推动全市3家世界500强企业和11家千人以上非公企业签订工资集体协议。全市签订工资集体协议432份（其中企业单签264份、区域协议124份、行业协议44份），覆盖企业6502家，分别比上年增长32%和17%，建制率达81%。

【关注民生，帮扶救助贴近职工需求】 扎实开展每月一次的主题探访，全市4552家基层工会开展了主题探访活动，累计慰问困难职工71717人次，投入帮扶慰问资金3615万元，为职工解决实际困难16242件。积极动员职工参加互助保障，为遭受重大疾病、特殊疾病的58名职工赔付71.26万元。送温暖和金秋助学工程持续深入开展，全市筹集送温暖资金1937万元，慰问困难企业672家、慰问困难职工28376人，其中困难农民工3837人、困难劳模675人；筹集助学金52.96万元、助学676人次。具有茂名特色的“爱心超市”和关爱重症职工的大病救助工程，分别为600户特困职工定期提供生活救助，为129名身患癌症等重大疾病的职工发放医疗救助金，为39名职工提供临时生活及医疗救助，发放资金105.09万元。实施关爱职工行动，为528名困难职工（农民工）提供免费健康体检、328名困难女职工免费普查“两癌”。关心和帮扶困难劳模，共接待劳模21人次，解决劳模提出的各种问题15件，为劳模服务上门11宗，慰问困难劳模24人次，发放慰问金5万多元。关爱离退休职工，市总工会领导带队分组上门慰问30多名离退休老职工；开展“情系老职工”百名长者滨海公园健步行活动，让退休职工亲自感受和见证茂名滨海新区的建设和发展步伐。

【突出维权，法律服务下基层到企业】 深入推进“六五”普法工作，开展“送法律、送文化”下基层活动，分别开展“12月4日”全国法制宣传和计生法律宣传。配合做好省“南粤春暖”就业服务茂名专场招聘会，免费为求职者提供就业、社保、工伤保险、职工权益等政策法规咨询服务。与有关部门联合建立企业劳动争议调解委员会备案制度，全市900多家企业建立劳动争议调解委员会，配备1300多名调解员。配合市人社局开展全市农民工工资支付情况专项检查，全市共检查用人单位567家，责令57家有欠薪行为的企业支付1934名职工欠薪1613.84万元。推动各级工会职工服务中心设立“12351”职工热线电话，为职工提供“一站式”的服务。受理职工来信16件、来访623人次、来电430人次，为困难职工提供劳动争议调解等服务15宗29人次，挽回经济损失33万元；积极参与协助处理高州日资企业停工事件、协调处理一批职工劳动争议仲裁案件、职工集体上访事件、劳资纠纷事件和网络舆情事件。组织全市职工开展全国“安康杯”竞赛活动，全市共有448企业、120653名工人、6633个班组参加，分别比去年同期增长3.4%、4.8%和4.2%。联合市安监等部门开展职业病联合监察活动。选送3个优秀作品参加全省企业班组安全文化DV比赛，茂石化公司作品获得二等奖。组织开展学习宣传《女职工劳动保护特别规定》系列活动，有32名女职工获得全国总工会优秀个人奖。组织参加广东省女法官业务能力竞赛，参赛选手被授予“南粤建功立业女能手”称号和获得优秀奖。

【活跃基层，文化活动广受职工欢迎】 大力开展职工业余文工团送戏下乡活动，为基层举办11场文艺晚会，举办全市女职工“庆三八、和谐家庭我当先”趣味文体晚会。召开全市工会“职工书屋”建设总结推进会，表彰全国“职工书屋”示范点13家、全省“职工书屋”示范点10家、全市“职工书屋”示范点30家。大力推广全健排舞，开展“南粤幸福活动周”排舞天天跳活动，积极组队参加全国亿万职工全健排舞大赛，市代表队荣获专业组金奖第一名，参加广东省首届千万人群广场健身排舞展示大赛，市派出4支代表队参赛都荣获金奖第一名，全市排舞爱好者发展到7万多人。开展“中国梦·劳动美”职工演讲比赛、文艺晚会等系列活动，承办全省工会宣传文化工作会议。

【深入建家，工会基础建设更加扎实】 深入开展建家和“会员评家”活动。2013年，全市已经建立工会组织的企事业单位全都开展了职工之家建设和“会员评家”活动，职工之家合格率85%以上。推荐评选全国模范职工之家4家，模范职工小家4家，先进个人6名。推动非公有制企业直选工会主席工作，指导督促全市近300个基层工会及时完成换届选举工作。抓好职代会建制和厂务公开，全市100%的国有、集体及其控股企业和事业单位，80%非公有制企业单位实行了职代会制度和厂务公开。开展工会干部培训，选派80多名专职干部到省总干校和中国工运学院学习，指导各县区举办了6期工会干部培训班，700多名工会干部参加了培训。召开全市工会经费税务代收动员会议，稳步推进工会经费税务代收。加强县级工会经审工作，继续开展“十有”达标考核。加强机关作风建设，重新修订机关作风管理制度，实行重点工作督查和工作考勤，市总工会机关干部工作作风进一步好转。（梁冲）

肇庆市总工会

【领导班子】

主　席：温桂安

副主席：蓝达青（常务）、郭继光、陈广俊、陈锡友、陈婷（女）

纪检组组长、直属机关党委副书记、纪委书记：岳汉广

【机构设置】

办公室、组织部、宣教部、民主管理和经济技术工作部、保障工作部、财务部、经审室、财贸工会、教科文卫工会、法律工作室

【综述】 2013年，肇庆市总工会在省总工会和肇庆市委的正确领导下，围绕中心，服务大局，突出重点，主动作为，创新为职工服务、为党政分忧、为企业和谐、为经济加油，充分发挥工会枢纽型社会组织作用，为推动肇庆经济社会发展作出新贡献，得到全国总工会、省总工会和市委的充分肯定。

【凝聚共识，增强信心】 全市各级工会坚持把深入学习宣传贯彻党的十八大、十八届三中全会、习近平总书记系列重要讲话、中国工会十六大和中共中央政治局委员、省委书记胡春华在听取工青妇工作汇报后的讲话精神作为重要政治任务来抓。市总工会通过召开系列学习贯彻会议、开展调研活动等形式，切实把中央、省委和市委决策部署落到实处，进一步增强全市各级工会干部做好新形势下工会工作的责任感和使命感，大大激发广大职工为把肇庆建设成为珠三角连接大西南的枢纽门户城市、实现“三个定位、两个率先”目标和中华民族伟大复兴“中国梦”而奋斗的信心和决心。

【创先争优，建功立业】 广泛开展“劳动创造肇庆美·竞赛编织中国梦”活动，大力推进以“八比八赛”为主要内容的重点工程劳动竞赛。与梧州市总工会签订《肇庆—梧州工会合作框架协议》，成功举办第一届肇梧职工职业技能竞赛，搭建肇梧两市职工学习交流平台。全市有18万人（次）职工参与各类竞赛活动，取得技术革新成果164项。大力弘扬劳模精神。2013年，全市涌现全国五一劳动奖章获得者3名，全国“工人先锋号”1个，广东省五一劳动奖章获得者5名，广东省“工人先锋号”7个，肇庆市劳动模范（先进工作者）79名，肇庆市先进集体35个。

【突出主业，强化维权】 2013年，全市工会系统共接待职工来信来电来访18625件（次），受理劳动争议案件91件，涉及4286人，做到件件有回复，事事有回音。参与政府有关部门开展农民工工资支付专项检查，协助追回欠薪3500万元。全市3338家企业开展工资集体协商，建制率达90%，世界500强在肇企业全部建立工资集体协商制度，全市工资集体协商指导员队伍达708名。全市非公有制企业厂务公开、职代会建制率分别达已建工会数的85%和83%；建成省级厂务公开民主管理示范单位3个，市级厂务公开民主管理示范单位16个。在省

厂务公开民主管理联席会议上，《肇庆市厂务公开民主管理示范单位创建办法》和高新区工作经验在全省推广。积极维护职工安全健康权益，组织发动全市192家企业、2961个班组、8.38多万名职工参加“安康杯”竞赛。

【强基固本，夯实基层】 2013年，全市基层工会累计4743家，涵盖单位2.8万个，发展会员42万人，其中农民工会员15万人；已建会社会组织506家，组建率达86.7%；市职工服务类社会组织联合会影响力进一步增强，会员单位增至60家。全市合格职工之家达到85%以上；会员评议职工之家和会员评议工会主席活动开展比例达80%以上。全市表彰优秀镇（街道）工会组织20个、优秀工会干部20人。高新区总工会荣获2013年度“全国工会先进集体”称号，一批基层工会组织和个人荣获全国总工会表彰，肇庆市委副书记吴华钦荣获“全国优秀工会之友”称号。

【服务职工，擦亮品牌】 在坚持办好“十送”好事实事的基础上，大力实施服务职工“五大行动”。其中2013年元旦、春节期间，全市各级工会共筹集送温暖活动资金319万元，慰问企业87家、困难职工（农民工）3818人；为960名困难职工（困难农民工）子女发放助学金238.61万元；发放全国、省劳模、省部级老劳模慰问帮扶金和市级困难医疗补助114.84万元，为329名劳模免费提供体检。大力推进市、县、企业三级“职工心灵驿站”建设，全市已建“职工心灵驿站”22个。继续打响肇庆工会特色品牌——“暖流行动”。2013年春运期间设置14个服务点，全市各级工会共有15000人（次）志愿者参与行动，累计为75万辆摩托车、150多万人（次）提供热姜粥、热开水、摩托车维修、电话等暖心服务，达到内容更多、质量更高、服务更好的目标。新华社、中央电视台、凤凰卫视、韩国KBS电视台等30多家国内外知名媒体进行采访报道，受到社会各界的广泛好评和广大返乡外来工的赞誉。

【打造平台，增强活力】 发挥市工会俱乐部协会引领作用，广泛开展一系列职工文体活动。元旦、春节、国庆等节假日期间举办游园会等职工文娱活动，为农村、社区、企业免费放映电影18000场。举办第一届单身职工联谊会，为40对单身职工成功牵手搭建平台。各县（市、区）总工会和全市各基层工会积极开展丰富多彩的职工文体活动，增强工会的凝聚力和影响力。全国第一家地级市工会微博“肇庆工人”听众已达35万多人，发表广播信息4000多条。

【推广百万职工排舞活动】 市总工会成立全省第一家职工排舞协会，先后举办排舞师资培训班、排舞推广启动仪式、排舞汇报展演和排舞比赛。10月份，全国原创广场操（舞）展示交流活动和广东省首届千万人群广场健身排舞在肇庆举办，肇庆荣获四项国家一等奖、三项省级一等奖。各县（市、区）总工会积极响应，全市共有200多支队伍、约10万人参与跳排舞。市委副书记吴华钦高度赞扬：工会的排舞活动组织得很好，是工会走出大门，从更大的层面上把全市职工群众组织起来的一个好做法，是服务职工群众的一个好载体。

【转变作风，提升素质】 深入开展“机关作风建设年”活动。认真学习贯彻中央“八项规定”要求，积极开展“五查”教育，大力整治“庸懒散奢”等不良风气，深入基层调研“接地气”，实践探索提炼肇庆工会

“主动作为”的工作作风，主动为职工群众做实事办好事解难事，得到职工群众的充分肯定。市总工会连续十年被市委、市政府评为“文明单位”或“文明标兵单位”。全市工会经费地税代收工作管理系统运行正常、效果良好，实现“双零”（零投诉、零差错）目标。2013年全省工会经费收缴工作会议上总结推广肇庆市的经验做法。工会经费审查规范化建设取得明显成效，被全国总工会评为“全国工会经审工作先进单位”。女职工组织基本实现两个“全覆盖”，女职工培训基地获全国总工会“女职工培训学校示范点”称号。市财贸工会、市教科文卫工会举办多种特色职工活动。工会直属事业单位的各项工作稳中有进，蓝宫宾馆全面完成升级改造，成为市“两会”指定接待宾馆和会址之一；市职工业余中等学校通过省家政服务工程验收；创新建立“惠农院线”，成为全市唯一一家具有农村电影发行资格的院线公司。（郑少和）

清远市总工会

【领导班子】

主　席：林文钊

副主席：朱平（常务）、张国柱（2013年11月8日任职）、麦燕滇（女）、刘兆雄

【机构设置】　办公室、组宣部、维权部、财务部

【综述】　2013年，全市各级工会组织在市委的正确领导下，紧紧围绕市委全面实施“桥头堡”战略的核心任务，按照省总工会的工作安排和部署，全面推进工会组织建设，积极引导职工发挥主力军作用，进一步强化服务职工意识，加大维权力度，全面完成省总工会“两个普遍”三年规划任务，顺利完成“五城同创”、“平安清远建设”、“公诉民评”、“六五普法”、党建和党风廉政建设、枢纽型社会组织建设、“扶贫双到”及美丽乡村建设等市委市政府安排的各项工作任务，工会整体工作得到进一步提高，服务能力进一步增强，工会枢纽型作用得到显著发挥。

【组织广大职工参与经济社会建设，主力军作用进一步发挥】　组织开展行业劳动竞赛、企业岗位技能竞赛以及“安康杯”和职工技术创新活动，推动企业转型升级、加快发展；在市政府重点工程领域开展节能增效、安全生产竞赛活动，有效加快工程进度；全市参加各类劳动竞赛的职工人数达到20多万人次。大力弘扬劳模精神，选树和表彰全国五一劳动奖章2人、全国“工人先锋号”1个，广东省五一劳动奖章5人、广东省“工人先锋号”6个。

【开展技能培训服务，职工素质进一步提升】

充分利用市总工会“职工技能培训中心”，免费为企业职工进行岗前培训和专项技能培训，不断提高职工的就业能力和技术水平。2013年举办职工技能培训班7期，培训企业职工357人次，其中221人取得特殊岗位上岗操作证书；举办安全生产知识培训班21期，培训职工2150人，经过考核全部取得岗位合格证书。利用工会各级培训网络，积极开展基层工会干部培训，为全市各县（市、区）和企业工会培训工会干部1000多人，为企业的发展和基层工会规范化建设奠定良好基础。

【开展帮扶解困活动，工会帮扶水平进一步提高】　为进一步强化工会帮扶和服务职工

的能力，市总工会和8个县（市、区）总工会均在帮扶中心加挂“职工服务中心”牌子，进一步拓展向职工服务的项目和覆盖面。开展元旦、春节对困难职工的送温暖慰问活动，全市各级工会慰问困难职工1万多人，发放慰问金650多万元；开展困难职工大病重病救助活动，全市发放救助金319万元，帮助病人21900多人次；开展夏季慰问一线职工送清凉活动，慰问工人2500多人，赠送清凉饮料2000多箱；开展“金秋助学”活动，资助困难职工家庭学生1200多人，发放助学金100多万元。

【探索科学维权手段，职工维权维稳工作进一步规范】 进一步加强了工会法律服务律师团建设，完善律师接访值班制度、送法进企业制度、诉讼代理和法律援助制度等，使工会法律服务律师团成为职工依法维权、表达合理诉求的重要渠道之一。充分利用这一平台，开展一系列法律咨询、法律援助和代理诉讼活动，免费为职工群众解答疑难、主张诉求，对困难职工进行法律援助。市总工会全年接受职工法律咨询500多人次，调解劳动争议33宗，代理仲裁案件46宗，代理诉讼204宗，在维护职工合法权益、调解劳动纠纷、促进和谐企业建设和维护社会稳定中作出了积极努力。各级工会进一步强化信访制度，从上至下形成一套完整的工会信访机制，建立相应的信访队伍，并与政府信访部门建立密切联系，积极承办党委、政府交办的信访任务，配合党政做好涉及职工的信访和预警工作，及时化解基层矛盾，共同维护社会的和谐稳定，全年未发生一宗职工集体上访事件。

【培育和打造社会组织体系，工会枢纽型作用进一步强化】 进一步加强工会组建工作，全面开展“两个普遍”活动，为打造工会枢纽型组织夯实自身基础。2013年，全市新建工会组织774个，发展新会员8.6万人。全市工会组织已到达4809个，工会会员61.5万人。在加快工会组建的同时，全面推进工资集体协商工作，签订工资集体协商合同1246份，覆盖已建工会企业3389个；在已建工会企业全面推进工会经费税务代收工作，从7月份开始，企业工会经费已基本实现由市地税局代收，工会经费收缴得到进一步规范。按照省委和市委关于加强社会组织建设的精神，培育和发展社会组织，积极构建工会枢纽型社会组织体系，着力打造了三大枢纽型社会组织新平台。一是清远市职工服务类社会组织联合会；二是清远市总工会职工服务中心，该中心由全市8个困难职工帮扶中心整合提升组成，并在各县（市、区）挂牌成立；三是清远市职工“心灵驿站”孵化基地，全市首批孵化建设9个职工“心灵驿站”，其中市区1个，全市8个县（市、区）各1个。市区的职工“心灵驿站”已在双汇集团公司建成开放。

【推进党风廉政建设，自身能力进一步增强】 一是全面加强党风廉政建设。按照政治坚定、业务扎实、作风过硬、廉洁自律的要求，组织各级工会党员干部认真执行党风廉政建设责任制度，严格执行《干部选拔任用工作四项监督制度》、《廉政准则》、中央“八项规定”等制度。二是努力提高领导干部的理论素养。把深入学习贯彻科学发展观以及党的十八大、十八届三中全会和习近平总书记一系列讲话精神作为理论学习的重点任务，努力做到真学、真懂、真信、真用。三是努力增强领导干部的工作能力。全面开展整治“庸懒散软奢”活动，着力建设学习型机关、创新型机关、服务型机关、廉洁型机关和节约型机关；强化领导干部深入基层调查研究制度，全面开展“面对面、心贴心、实打实，服务职工在基层”活动，认真倾听职工愿望，了解职工诉求，积极帮助职工解决实际问题。切实抓好市委市政府布置的各项工作任务，全面完成“五城同创”、“平安清远建设”、“公诉民评”、“六五普法”、党建和党风廉政建设、枢纽型社会组织建设、“扶贫双到”及美丽乡村建设等市委市政府安排的各项工作。 （林婉丹）

潮州市总工会

【领导班子】

主　席：黄潮标

副主席：钟炼（女、常务）、李锦才、文及泰（2013年3月任职）、王剑锋（2013年3月任职）

【机构设置】

办公室（财务部）组宣部、权益部、生活女工部

【综述】 2013年，在市委和省总工会的正确领导下，全市各级工会以学习、宣传和贯彻党的十八大、十八届三中全会、中国工会十六大和习近平总书记系列重要讲话精神为强大动力，认真贯彻落实全国总工会、省总工会的工作部署，坚定不移地走中国特色社会主义工会发展道路，围绕中心、服务大局，充分发挥工会组织在推动经济社会发展中的积极作用，较好地完成2013年度的各项工作任务，不断开创潮州工会工作新局面。

【学习宣传贯彻习近平总书记系列重要讲话精神】 印发《潮州市总工会关于学习宣传贯彻习近平总书记在劳动模范座谈会上重要讲话精神的通知》（潮工发［2013］17号）等有关文件。组织干部职工收看收听中央电视台《新闻联播》，召开传达会、报告会、宣讲会、学习会、座谈会，开辟学习宣传专栏，举办专题培训、举行知识竞赛；4月，配合省总工会宣讲团到市直和各县区宣讲党的十八大，在广大工会干部和职工中掀起学习党的十八大精神新热潮。在工会网站开辟学习宣传专栏，在市工人文化宫设立《中国梦·劳动美》宣传专栏，通过多种形式的学习宣传，进一步激发广大职工为实现中华民族伟大复兴的中国梦而奋斗的信心和决心，增强坚定不移走中国特色社会主义工会发展道路的自觉自信，增强做好新形势下工会工作的责任感和使命感。

【召开潮州市工会第十四次代表大会】 成立大会筹备领导小组和组织宣传、文件资料、会务后勤等3个筹备组；制订工作方案，明确工作任务、落实工作责任；做好代表及“两委”名额分配，认真起草大会三大报告。加强对各县区总工会，市直工委会和基层工会换届的支持和指导，专门拨出专款，帮助部分困难基层工会解决换届工作经费困难问题，并为18个市直工委会订做牌匾。11月20至21日，市工会十四大在市党政机关会堂召开，来自全市各行各业的近300名代表出席大会。市委、市人大、市政府、市政协主要领导和省总工会领导出席大会开幕式。市工会第十四次代表大会的胜利召开，提出未来五年全市工会工作的目标任务，极大凝聚各级工会组织和广大工会干部的共识，增强为党的工运事业奋斗的信心和决心。

【广泛开展劳动竞赛和职工技术创新活动】

围绕加快转变经济发展方式和重大工程建设、重点区域发展开展劳动竞赛，在非公

有制企业中广泛开展职工技术创新活动，依靠职工促进企业提高自主创新能力。2013年，全市共有190家企事业单位开展劳动竞赛，13893名职工参加比赛，48个单位开展技能比赛，共有7640名职工参赛；全市各级职工技协组织开展技术革新13项，发明创造3项，合理化建议99件，产生效益376万元。深化职工素质工程，通过培训提升职工技术等级，培养了一批知识型、技术型、创新型职工。市职工服务中心投入培训资金27.2万元，共有170人次异地务工人员接受职业技能培训。

【强力推进“两个普遍”工作】 进一步采取措施，突出了四个“抓手”（即：以党建带工建为“抓手”、以“规范化建设”为“抓手”、以非公有制经济组织为“抓手”、以区域性、行业性工资集体协商为“抓手”），强力推进“两个普遍”各项目标任务的落实。至2013年底，已全面完成2011－2013年三年工作规划目标任务：完成新增建会2344家，其中本年度新增740家；完成新增会员99688人，其中本年度新增28793。新签订工资集体合同3845份，覆盖企业4869家，建会企业工资集体协商制度覆盖率达85%，覆盖职工341945人；其中本年度新签订工资集体合同626份，覆盖企业682家，覆盖职工60427人。

【着力构建和谐劳动关系】 深化创建劳动关系和谐企业、工业园区活动，完善协调劳动关系各项机制，充分发挥协调劳动关系三方机制的作用。推动健全以职代会为基本形式的企事业单位厂务公开民主管理制度，对市厂务公开协调联席会议成员进行调整充实，2013年底对4家单位贯标认证工作进行验收。加强劳动关系矛盾排查预警，及时化解隐患，维护职工队伍与社会稳定。以“安全生产月”活动为载体，积极配合有关部门联合开展劳动保护监督检查活动；同时，加强工会劳动保护网络建设，开展“安康杯”竞赛活动，参赛企业67家，职工超过21280人。

【扎实推进工会规范化建设】 确定2013年为基层工会“规范化建设年”，提出“八有一基本”的规范化建设要求，即“有班子、有牌印、有场所、有经费、有制度、有活动、有资料、有作为和建立一个工会经费基本账户”的工作标准。通过加强规范化建设，基层工会面貌有了较大改变，一大批“软、散、瘫、懒”的基层组织得到整顿，新建工会也从源头上得以规范。截至2013年12月底，全市完成年初制订的80%工会组织基本达到规范要求的目标。一批单位和个人荣获全国模范职工之家、全国模范职工小家和全国优秀工会工作者、全国优秀工会积极分子。

【扎实推进工会经费地税代收工作】 成立工会经费地税代收工作领导小组，操作技术应急小组、网络舆情应急小组和法律政策应急小组；制订工作方案、工作计划，加强对县、区总工会的督查、指导，加强与市地税、人行、工行等部门的联系，推动工作开展，代收过程企业没有过激的行为、零投诉，实现工会经费地税代收的建制工作。通过做好工会经费地税代收工作，进一步夯实工会工作的经济基础。2013年7－12月代收经费是15443205.59元，地税和人行的手续费是849377.04元，应分配金额是14593828.55元，实际分配13240107.41元，分配率达到90.73%，待分配金额1353721.14元，省总工会的留成是1456516.81元，市总工会留成1667000.99元。

（许奕飞）

揭阳市总工会

【领导班子】

主　席：黄水利

副主席：刘琼忠（常务）、罗秋鹏、张木奋

【机构设置】

办公室（加挂经费审查办公室、法律顾问室牌子）、组织部、财务部、生产保护部、宣传教育部、生活女工部（加挂市退休职工管理委员会牌子）。

【综述】 2013年，揭阳市总工会在市委和省总工会的正确领导下，全市各级工会组织深入贯彻上级有关会议精神，紧紧围绕市委中心任务，积极参与社会管理和创新工作，切实维护职工合法权益，团结动员全市广大职工在实现中国梦历史进程中充分发挥主力军作用，凝心聚力，务实进取，为“打造粤东发展极，建设幸福新揭阳”做出积极的贡献。

【发挥思想引领作用】 认真组织各级工会组织和广大工会干部学习领会党的十八大、十八届三中全会、中国工会十六大和市委五届五次全体会议精神，学习贯彻市委书记陈绿平在揭阳工会第四次代表大会及听取市社工委、工青妇工作汇报后的讲话精神，把全市工会干部和广大职工群众的思想和行动统一到市委的决策部署上来。加强职工思想建设，市总工会利用学习会、讲座、培训班等形式组织工会干部认真学习上级有关会议精神，2013年，市总工会及各级工会组织举办20期以上的职工思想道德教育培训班，提高广大职工的综合素质，发挥思想导向作用，引领广大职工参与揭阳的各项建设。

【擦亮服务职工品牌】 一是积极开展帮扶救助工作。以职工服务中心为平台，建立健全帮扶阵地窗口运行管理机制，2013年共筹集资金近1000万元，惠及职工群众达1.5万人，成为了党委、政府的帮扶平台、工会的重要窗口、群众的温馨之家。在2013年的春节送温暖活动中，共筹集慰问款物总额546.868万元。在2013年开展“金秋助学”活动中，全市共资助困难职工和异地务工人员在读子女800多人次，共发放助学金84.1万元，比2012年增加20%。开展对全市重大项目建设及环卫系统等高温下作业职工的送清凉活动，扎实开展工伤探视、法律援助和“送法律进企业”等活动，形成了春送慰问，夏送清凉，秋送助学，冬送温暖的服务职工帮扶体系。在关键时刻，更加注重对困难职工的帮扶。如今年因强台风“尤特”“天兔”而受灾地区，市总工会第一时间参与救助，向灾区拨付救灾专款共计110万元，用于慰问资助受灾的困难职工和企业，把党和政府的关怀送到了受灾职工群众的心坎上。二是开展职工人文关怀活动。建立完善困难职工档案和电子台账，扎实开展职工医疗互助、女职工安康互助保障等专项帮扶工作，邀请省第二工人医院医生到普宁等地区为1000名困难职工开展免费健康检查，关爱职工身心健康。利用揭阳市职工“心灵驿站”这一载体，举办员工心理援助专项职业能力认证等项目的培训班，开展健康知识讲座10多期，发放心理援助读本17000多本，引导一线职工健康生活、快乐工作，为维护揭阳职工群体和谐稳定做出积极的贡献。

【丰富职工文化生活】 全市各地工会组织利用节假日积极开展职工知识竞赛、灯谜会猜、各种球类比赛，组织送戏、送电影进企业活动，进一步丰富广大职工的精神文化生活。联合市直工委等部门举办揭阳市市直机关“中国移动杯”乒乓球、象棋比赛，通过开展机关文体活动，丰富机关文化生活，在职工中打造和谐、团结、奋进的良好精神风貌；举办市移动杯“中国梦·劳动美”职工演讲比赛，通过比赛，阐述和表达职工对“中国梦·劳动美”的理解；举办社区职工幸福周系列活动，通过举办职工现场绘画秀、职工文化演出等活动，充分展示新时期职工的时代风采和精神风貌。同时，抓好职工书屋示范点的建设，向全市6家“职工书屋”开展送书活动，以点带面，全面推进企业文化建设和职工文化建设。

【扎实抓好“两个普遍”工作】 一是抓好工会组建工作。2013年是“两个普遍”三年规划任务的收官之年，利用实施税务代收工会经费的契机，加大工会组建的工作力度，最大限度地把职工组织到工会中来。全市2013年新组建工会556（涵盖数）家，完成全年任务的131%。新发展会员36526人，完成全年任务的145%，比上一年增长9488人，并实现女职工组织的同步组建。二是扎实做好工资集体协商工作。2013年，市总工会多次召开会议进行布置，培训500多名工资集体协商指导员，指导面上工作。经多方努力，至12月底，全市共签约工资集体合同1833份，覆盖企业6835家，覆盖职工231353人，占所有企业的87%，已超额完成省总工会下达的任务指标，其中签订行业性工资集体合同15份，覆盖企业467家，覆盖职工5478人；1000人以上非公有制企业签订工资集体合同7家。三是规范基层工会建设。以开展“双亮”工作为契机，扎实开展基层工会“规范化建设年”活动，进一步增强基层工会组织的活力。加强厂务公开规范化建设工作，全市已有80%以上的企业开展厂务公开制度，广东粤电靖海发电有限公司2013年获得全国厂务公开先进单位。积极组织开展创建先进职工之家活动，通过抓典型，促建家，涌现了一批先进职工之家。2013年，普宁市地方税务局等三家单位被授予全国模范职工之家，揭东区烟草专卖局等三家单位荣获“全国模范职工小家”称号，还有一批先进集体和个人受到全国总工会、省总工会的表彰。还开展评选一批职工之家等活动，依法规范工会基层组织建设，切实履行工会维护职工合法权益的基本职责，焕发基层工会组织的活力，切实把企业工会建设成为职工信赖的“职工之家”。

【努力打造枢纽型社会组织】 围绕创新社会管理这一主题，市总工会继续做好“四个五百”工程，通过组织动员全市广大工会干部特别是工会领导机关干部走出机关“接地气”，深入基层，关爱职工，维护企业的和谐稳定。市总工会“四个五百”工程作为全市第一批社会创新试点项目受到市委的表彰。建立“面对面、心贴心、实打实服务职工在基层”长效机制，依托职工服务类社会组织联合会等载体，按照工资集体协商指导员、劳资矛盾调解员、工会网络宣传员各自的职责积极开展法律援助、职工维权、协调劳资矛盾纠纷等工作，积极构建和谐劳动关系，有效地维护社会的和谐稳定。

【凝聚力量建功立业】 一是认真开展重点工程劳动竞赛、行业性职工技能大赛和企业群众性技术创新等活动，在全市掀起了岗位练兵、技术比武的热潮。联合市移动、市消防局分别举办各类技能比赛活动，引导广大职工立足岗位、务实进取，为全市经济社会发展多作贡献。二是认真组织开展“安康杯”竞赛活动，2013 年，共组织全市 239 家企业，2068 个班组，48264 名职工参赛。通过各类技能比赛和岗位练兵活动，为企业培养了一大批知识型技能型职工。三是加强劳模管理工作。2013 年，评选推荐一批全国、广东省五一劳动奖章、奖状、“工人先锋号”，依托新闻媒体，在揭阳日报、揭阳电视台开辟“劳模风采”栏目进行宣传，举办“中国梦·劳动美”劳动模范先进事迹报告会，大力弘扬劳模精神。争取上级下拨全国劳模生活困难补助金、特殊困难帮扶金 74.19 万元，及时把这些资金发放到困难劳模手中。认真做好组织劳模外出疗养和慰问困难劳模等工作。

【依法维护职工合法权益】 揭阳市总工会组织动员各级工会切实维护职工合法权益，争取企业改善职工生产生活环境，拓展职工发展空间，使广大职工共建共享改革发展成果。同时认真处理好维权与维稳的关系，建立畅通的信息报告制度；继续利用工会律师团的职能，进一步维护职工的合法权益；建立健全矛盾纠纷排查调处信息网络，坚持网络维权，积极参与工人在线活动，认真做好职工信访和维权热线电话工作；利用揭阳市职工维权服务中心这一平台，加大职工维权力度，对来信来访的职工群众，做到热情接待，依法依规、依情依理做工作，为他们解疑释惑，疏解情绪、化解矛盾。2013 年共接待来信来访者 86 人次，提供法律咨询 29 件次，提供法律援助 13 件次，做到宗宗有答复、件件有回音；同时制订“职工维权热线电话规范用语”，认真做好对“12351”职工维权热线电话接听工作，畅通职工诉求渠道，共接听职工热线电话 33 宗，直接处理或转办 33 宗，办结率 100%，有效促进全市劳动关系和谐和职工队伍的稳定。

【激活工会组织活力】 一是稳步推进税务代收工会经费工作。2013 年，按照省的统一部署，扎实有效的开展税务代收工会经费的各项工作，积极做好政策宣传、引导和解读工作，解疑释惑，上下沟通，及时克服解决我市中小企业偏多所带来的困难和问题，多次主动与地税部门沟通、协调，并取得其他相关部门的大力支持，使工会经费税务代收工作得以按时顺利开展。二是加强工会自身建设。召开揭阳市第四次工会代表大会，选出新一届领导班子，加强领导班子和干部队伍建设；选好揭阳市出席全国工会十六大的代表，利用省市媒体宣传代表风采，履行好代表的各项职能；利用揭阳市总工会职业培训学校这一载体，积极抓好对工会干部的培训工作。举办在自然灾害中发挥先锋模范作用业务培训班和女职工干部等培训班，有效提高工会干部服务职工的能力和水平。揭阳市职工培训学校和揭阳捷和职业技术学校被授予“全国职工教育培训示范点”。重视工会经费的管理工作，开展对各县（市、区）工会组织的经费审查工作，严格规范经费的合法使用。加强机关作风建设，做好党的群众路线教育，开展“四风”整治活动，努力克服工会行政化、机关化倾向，深入企业和基层工会，密切同职工群众的血肉联系。加强机关党建工作，市总工会机关党支部 2013 年被评为市直先进基层党组织；加大宣传力度，通过工会信息和工会网站，做好对工会工作的宣传，扩大工会的影响力。三是做好服务中心工作。认真完成绿色单位建设、双联双促活动、帮扶困难村等市委交给的各项中心任务；在绿色单位建设上，2013 年，全市“绿色单位”建设已开工共有 206 个单位，其中 200 个已完成建设，“绿色单位”建设取得明显成效。该项工作受到市长陈东的充分肯定。（孙俊雄）

云浮市总工会

【领导班子】

主　席：金繁丰

副主席：邱生成、钟卓鹏、张连珍（女）

【机构设置】

办公室、职工权益维护部、组织宣教部（经济技术工作部）

财务事业部、教育工会

【综述】　2013年，云浮市总工会在市委和省总工会的正确领导下，在各级工会共同努力下，深入贯彻落实党的十八大和十八届三中全会精神，以及习近平总书记系列讲话精神，围绕省总工会“五个着力”的工作重点，以实施“三个全员”行动计划为抓手，以争当粤东西北工会工作排头兵为目标，稳步推进全市工会各项工作，为“争创生态文明发展示范区、建设美丽幸福新云浮”作出积极贡献。

【困难帮扶有新成效】　2013年，云浮市各级工会累计投入帮扶资金600多万元。其中，元旦、春节送温暖活动共筹集资金305.4万元，慰问困难职工2774户、困难异地务工人员1026户、困难劳模573户，向困难职工和农民工赠送省职工医疗互助保障计划375份；为全市550名困难职工、外来务工人员免费健康体检，为380名困难女职工免费进行“两癌”检查；与云浮市妇幼保健院联合开展送体检活动，免费为市直特困女职工健康体检55人/次；按要求开展新一轮扶贫开发“双到”工作，累计投入帮扶资金近70万元；开展金秋助学圆梦行动，共筹集资金123万元，为云浮市528名困难学生提供助学帮扶。为459名劳模送上慰问金31万多元，为59名困难劳模申报困难补助金51万多元。

【代表履职有新载体】　云浮市总工会充分发挥职工（工会会员）代表工作室，特别是企业工会职工（工会会员）代表工作室作用，直接与职工谈心事、倾听职工诉求、解决职工热点难点问题，实现代表履职常态化。云浮市累计建设“一中心一室”207个，接访、下访1500多人次，收集意见、建议2500多条，办结率100%。

【劳动竞赛有新亮点】　2013年，云浮市有2611家企业、近10多万名职工参加劳动竞赛和群众性经济技术创新活动；1204家企事业单位参加“安康杯”竞赛活动。评选表彰全国五一劳动奖章2名、广东省五一劳动奖章6名，全国“工人先锋号”2个、广东省“工人先锋号”5个，全国五一巾帼标兵岗1个、五一巾帼标兵1名，云浮市七项工程劳动竞赛先进集体8个、优秀组织单位3个、模范个人10名。5月31日，在云浮市举行“中国梦·劳动美”广东省劳动模范先进事迹报告会。

【工会维权工作有新作为】　2013年，云浮市1356家企业建立工资集体协商制度，建制率82.3%。充分发挥工会法律服务律师团作用。免费提供法律咨询45宗，涉及职工100多人，解决欠薪案件15宗，追回被拖欠工资67.5万元，涉及职工195人；为困难职工提供免费法律援助2宗，挽回经济损失33.6万元。云浮市职工服务类社会组织联合会承接社会服务项目4个，购买委托金额100多万元。

【工会信访工作有新业绩】 2013年，云浮市工会系统连续5年实现信访工作“零投诉”（没有出现职工因对信访问题不满而投诉或重复上访现象）、职工越级“零上访”（没有出现职工越级上访、违规集体上访现象）、职工安全生产“零事故”（没有发生职工因信访问题而导致的安全生产事故）的“三个零”工作目标。其中，职工来访来信（含网上、微博）案件25宗，成功化解25宗，涉及职工1580人次。

【工会组织建设有新进展】 2013年，新建工会组织255家，新发展会员25904名，企业工会组建率达90%，企业职工入会率达96%；镇（街）总工会“十有四满意”、村（社区）工会“四有”、企业工会“四亮三感受”规范化建设，以及社会工作者队伍和工会志愿者队伍建设有效推进；工会“大学校”作用有效发展，全面实施工会主席和县以上工会领导干部培训，镇（街）工会干部和非公有制企业工会干部轮训，共培训工会干部12307人次、培训职工10万多人次。

【工会经费税务代收有新举措】 2013年，云浮市总工会对云浮市基层工会进行摸底调查，召开云浮市工会经费税务代收工作会议，下发相关文件，组织专题培训，规范相关配套文件和操作规程，完善各项基础性工作和管理系统建设项目。1—6月份，云浮市实收2%工会经费为767万元，实施工会经费税务代收后，7—11月云浮市收取2%工会经费为1592万元，比上年同期增长61%。

【佛山（云浮）产业转移工业园工会有新发展】 2013年，云浮市总工会按照“双措并举、二次覆盖”的要求和办公“三有”（有人员、有机构、有地址）的标准，抓好佛山（云浮）产业转移工业园工会规范化建设。对符合单独建会的企业，创造条件组建工会；对不符合单独建会条件的企业，通过各工会联合会对其发展会员、建立联络员制度进行覆盖，消除空白点。2013年，佛山（云浮）产业转移工业园建会单位已达36家，其中企业20家，机关单位1家，事业单位15家，发展会员1300多名。（钟海玲）

顺德区总工会

【领导班子】

主　席：霍兆忠

副主席：丁庚山（常务）、陈万铨、何小莹（女）

【机构设置】

秘书科（外来务工人员服务科）、基层工会科、职工权益维护科、生活保障科（直属工委会办会室）

【综述】 2013年，顺德各级工会突出维权主业，强化集体协商，健全维权机制，提升维权能力，大力构建和谐劳动关系；建设职工服务中心站点，细化职工服务，创新服务品牌，大力构建职工服务体系；大力推进机关工会建设、工会经费地税代收、工会自身改革和组织规范化建设等工作，夯实基础增进活力。

【突出维权主业，构建和谐劳动关系】 以日资和世界五百强投资企业为重点，开展工资集体协商集中要约行动。针对镇街产业和小微企业特点，大力开展行业集体协商，在勒流五金、陈村花卉、均安纺织服装等行业签订工资集体协议。按季度分析研判全区职工队伍稳定状况，掌握区内职工动态，梳理分析补缴住房公积金争议、企业关停结业多发、家具电子等行业欠薪逃匿等热点焦点问题，指导基层工会维权。在五沙建立全区首个工业园区工会法律援助服务站点，每周有律师驻点工作。系统整理基层常用的法律法规，精选典型劳动争议案例，编印1000册《顺德工会劳动保障法律法规及案例汇编》下发基层工会，方便普法和劳动争议调处。以工会维权、和谐劳动关系创建为重点，以新建企业工会干部为主要对象，区、镇街两级工会举办各类业务培训班28期次，培训工会干部7000多人次。

【职工服务中心站点建设成效明显】　2013年4月27日，区总工会在北滘召开全区职工服务中心站点建设推进现场会，总结推广北滘职工（异地务工人员）服务中心、五沙工业园职工服务站和伊之密企业社工服务站建设经验，出台《关于推动职工服务中心（站）建设的意见》，年内陈村、容桂、杏坛、伦教建立起各具特色的职工服务中心，新增村居、工业园区、企业职工服务站12个。各职工服务中心和站点引入社工专业服务，主动承接政府转移的公共服务职能和向社会购买的服务项目。容桂劳动者之家（容桂职工服务中心）由容桂企业工会自发组建，首批会员有伊之密、万和、海信科龙、松下环境、顺德海尔等10家理事成员单位，按照“工会干部＋社工＋志愿者”模式联动服务，开展心理辅导、法律咨询及联谊、培训等服务。杏坛镇职工服务中心综合工会、人社、教育、文体、综治、卫计等服务职能，为职工特别是异地务工人员提供全方位、一站式服务。

【创新“顺德一家人”服务品牌运作模式】

服务内容在原来“一日游”、“顺德缘”基础上，增加“心灵之旅”顺德职工心理关怀行动、“顺德大团圆”关爱行动两大项目。四大项目均以招投标的方式由专业社工机构承接，推动工会职工服务的社会化、专业化。2013年，“一日游”吸引15000多异地务工人员及其子女参与；“心灵之旅”顺德职工心理关怀行动举办以心理辅导为主题的培训36场，在全区开展职工心理状态和社会服务需求调查；举办“顺德缘”活动12场，参与单身职工2300余人；“顺德大团圆”关爱行动在元宵节、五一、中秋节共组织3000名异地务工人员参加新春游园、烹饪赛和大团圆晚会。

【出台《顺德区优化工会运行机制拓宽社会职能实施方案》】　顺德区委区政府《关于推进社会体制综合改革加强社会建设的意见》（顺发〔2011〕25号），就拓宽工会组织社会职能提出明确要求，强调“重点探索工会体制改革，强化工会代表职工开展劳资谈判等职责，进一步完善独立运作机制”。区总工会结合顺德社会体制综合改革实际，起草《顺德区优化工会运行机制拓宽社会职能实施方案》，经区委区政府同意，于2013年9月5日以区委区政府办公室名义印发该该方案。方案旨在着力破解制约工会自身建设的突出问题，探索建立与社会主义市场经济体制相适应的工会组织体制和运行机制，重点从深化组织制度改革、激发工会组织的生机和活力，增强社会职能、切实维护劳动者合法权益，优化工作机制、增强工会组织枢纽功能等三方面，提出具体改革措施。

【深入开展“五送”服务惠及各类职工】

2013年，全区工会通过各种形式帮扶慰问困难职工2.2万人次，发放帮扶资金1016万元；组织各类职工文体活动855场、免费播放电影208场，参加职工超过24万人次；区总工会组织专业培训力量到镇街企业开展 26 场专题知识讲座，6000 多名职工参加；启动在职职工住院医疗综合互助保障计划，办理职工医疗互助保障计划 41350 人次，为 181 人办理总额为 526 万元的赔付；在职工中倡导健康生活方式，定期组织职工体检，开展女职工“两癌”普查；区总工会“三八”期间慰问 51 名困难女职工、联合表彰一批“巾帼文明岗”，“五一”节期间组织全区历届各级劳模参观顺德建设新成就，老人节期间慰问孤寡困难退休职工 683 人次，组织 200 名退休职工代表参观体验顺德经济社会发展新成就，在杏坛开展敬老联谊慰问活动。

【顺德日资企业工会主席联谊会成立】 区总工会非常重视日资企业工会建设，推进企业工会主席民主选举，开展工资集体协商，推动全区日资企业工会间的交流互动，成立顺德日资企业工会主席联谊会。联谊会成员为全区已建工会的 21 家日资企业工会，占全区日资企业总数的 80%，职工总人数 10615 人，覆盖汽配、家电电子、零售百货、电机制造、化工涂料、医药、食品、钢材加工、印刷包装等行业。联谊会定期活动，组织参观交流，实现自我管理、自我服务、自我提升，在活动统筹、资源共享以及和谐劳动关系建设等方面发挥着积极作用。在中日钓鱼岛争议关系恶化的特殊时期，区总工会发挥联谊会作用，互通信息，早介入，将工作做在前面，防患于未燃，得到区领导的肯定。

【顺德机关文明服务风采大赛】 大赛由区总工会牵头主办，旨在树立工会形象，展示机关党员干部、工会会员文明礼仪风采，提升机关文明服务水平和执行力，历时 2 个多月，6997 名区级机关的党员干部、工会会员参加个人赛，参赛率达 96%，20 个区级机关参加团体初赛和决赛。（张昌涛）

县（区）总工会

广州市

【越秀区总工会唱响“劳动创造幸福”主旋律】 2013年，广州市越秀区总工会组织、开展“劳动创造幸福”系列活动。一是发挥劳模精神引领作用。开辟“劳模讲堂”，依托“道德讲堂”资源，采取“唱歌曲、学模范、诵经典、谈感悟、送吉祥”等形式，与区文明委联合举办“道德讲堂·劳模和先进集体专场”活动；在评选活动基础上，将获得全国“工人先锋号”和省、市劳动模范、先进集体殊荣的事迹汇编成《劳动者风采》，用劳模的先进思想和高尚情操影响带动全社会；开展“下基层·访先进·强组织”主题调研活动，挖掘、培育先进典型。二是打造职工劳动竞赛品牌。通过在东濠涌二期工程、广州金融街二期工程、中式烹调师职业技能、职工动漫设计等项目开展“岗位练兵”和“技术比武”，把“中国梦·劳动创造幸福”系列劳动竞赛打造成服务职工、服务科学发展的品牌，努力实现企业发展和职工利益互利双赢。三是团结动员全区职工建功立业。增强率先发展的主体意识、找准服务大局的切入点和着力点，进一步健全职工劳动竞赛长效机制，完善群众性经济技术创新活动领导机构；注重整合优势资源，不断拓宽领域、创新方式、提高质量，在重点工程、现代服务业、中小型企业和窗口单位广泛组织群众性劳动竞赛和经济技术创新等活动，发挥投资对经济增长的拉动作用，创一批上档次服务明星和服务窗口，帮助企业实现健康稳定发展，促进职工综合素质同步提升。

【海珠区总工会在社会管理中发挥枢纽作用】
2013年，广州市海珠区总工会把服务职工作为彰显工会独特优势，全力打造工会特色服务窗口和服务品牌。累计建成职工活动中心3个、街道工会工作站15个、社区工会工作站18个，职工书屋、工友和谐家园15个，覆盖1768个工会组织、13731个单位和22.4万人工会会员。同时，各职工服务类组织帮扶职工9241人次，发放慰问金410多万元，助学金、助学品43万多元，向2万多名高温作业职工送去清凉饮料，申请发放患病补助金51.45万元，免费为7005名一线职工进行体检。加强与社会培训机构、人才市场合作，开展各类职业介绍及岗位技能培训、创业指导，帮助1.3万多名下岗失业职工实现再就业。引入专业社工机构和社工人才，在异地务工人员凤阳站、南华西职工活动中心、海珠区工会出租汽车行业职工活动中心开展法律咨询、心理辅导、生活帮扶、就业培训、文体康乐、社区融入等20多项服务，给广大职工提供心理服务，帮助减轻工作、生活压力。成立一支由108名专家、律师和工会工作者组成的工会工资集体协商指导员队伍，推动区域性、行业性工资集体协商。金成潮州酒家公司工资集体协商工作得到全国总工会和省总工会肯定，其做法收入全国总工会经验材料汇编。与区有关部门建立劳动争议处置联动机制，联合开展安全生产、劳动法律监督和工资支付专项检查、劳资关系检查治理，综合运用法律、政策、经济、行政等手段，预防和化解矛盾纠纷，构建和谐劳动关系，妥善处理了包括百事可乐饮料公司和沃尔玛前进店职工停工事件等10宗劳资纠纷，涉及职工416人。

【荔湾区总工会建立企业服务点化解劳资纠纷】 2013年，广州市荔湾区总工会在23家企业建立企业职工权益法律服务点，开辟职工维权的“绿色通道”，有效促进了企业和谐劳动关系的健康发展。一是成立领导小组，主要领导任组长，分管领导为副组长，下设办公室负责具体工作；在全区22条街道也建立了工会主席任组长，专职副主席任副组长，社区工会组织员为成员的街“企业职工权益法律服务点”；深入各街道、社区和企业进行调研，积极向企业负责人宣传工会维护职工合法权益职责的法律依据和企业劳动关系对促进企业健康发展的辩证关系，促使企业为职工权益法律服务点提供工作场所；召集20多家基础条件较好的企业研究建立服务点的实施和推进工作，促成广东大翔药业有限公司作为全区企业职工权益法律服务点试点挂牌单位，召开全区维权服务点现场推广会，认真总结经验，分步推进布点工作。二是加强服务和指导，规范制度建设，定期检查督促，协调解决工作中存在的实际问题；举办专题培训班，增进企业工会干部对建立职工权益法律服务点建设的理解和掌握；聘请法律人士设点现场进行维权咨询服务，着力化解劳资矛盾、消除隔阂，努力把矛盾纠纷解决在企业，解决在萌芽状态。三是构建“区—街—企业”工会维权工作体系，实现对企业职工法律服务全覆盖，引导职工学法、懂法、用法，提高自我保护意识，以理性合法的方式有序表达利益诉求。

【天河区总工会服务职工群众打造凝聚工程】

2013年，广州市天河区总工会加大困难职工帮扶力度，建立1100余名困难职工家庭档案，初步实现常态、动态管理，帮扶对象从职工拓展到外来工，帮扶内容从单纯的生活救助扩展到医疗、就业、子女入学、法律援助等方面。同时，推出系列特色活动，努力为职工群众办实事、做好事、解难事。一是“幸福面对面”活动，区总工会领导到企业一线倾听职工心声，解决实际困难，全年到企业或上职工家慰问达190次。二是“幸福健康行”活动，先后组织11520名劳动模范和一线职工进行体检和疗养休养，联合区城管局组织近2000名环卫工人体检，并组织发动全区职工参加特种重病医疗保障计划和女工安康互助医疗保障计划。三是“幸福手牵手”活动，举办“情系天河·幸福手牵手”专属交友派对，为350名单身男女搭建相识和交往的平台。四是“幸福心连心”活动，筛选出44个困难家庭，为其考入大专以上高等院校子女给予学费资助，并举办“关爱小候鸟，快乐广州游”活动，让未成年的外来工子女偕同父母一起，近距离感受文化科技知识带来的力量，更多地认识父母所工作的这个城市。此外，区总工会还在龙洞、车陂两街道试点建起了外来工工作站，把区一级的服务职工阵地延伸到街道，整合人力财力和政策资源，形成多渠道、多层次的帮扶体系。

【白云区总工会扩大组织覆盖面增强凝聚力】

2013年，广州市白云区总工会异地务工人员聚集的街镇设立工作服务站，使工会组织能更广泛覆盖企业、服务更多的劳动者。一是提供免费工会会员申请、求职登记和职业介绍服务，实现异地务工人员和用人单位的有效对接，共成功推荐就业2500人次，成功率达89%。二是根据企业用工需求和异地务工人员的就业需求，组织订单式、定向式职业技能培训，参培人员达到700人次。三是通过提供免费劳动保障政策法规咨询服务，切实提高异地务工人员职业安全防护、权益保障等维权意识，服务人数超过1500人次。四是举办各类大型知识、才艺、职业技能大比拼等活动和联谊活动，让外来工感受到温暖，避免其因业余时间无聊而误入歧途。五是在夏季为异地务工者派发清凉饮料，关心其工作环境，并给予企业负责人应如何适当安排异地务工者高温工作岗位的建议。六是为见义勇为负伤住院青年申请困难补助金，联系有关福利医院对其的伤势进行后期检查及治疗。七是不定期组织对求助的异地务工者采用一对一或一对多的帮助形式，缓解他们工作中的情绪、压力、人际交往、同事相处等方面的困扰。同时，开办免费专业课程，帮助异地务工者进行职业规划和职业推介，全方位提高区内异地务工者的素质。

【黄埔区总工会发挥合唱团作用活跃职工文化】 2013年，广州市黄埔区总工会注重发挥工人合唱团的作用，使其在活跃基层职工文化生活上发挥积极的作用。一是整合队伍，增强实力。区总工会针对区工人合唱团成立初期队伍稳定性差的问题，多次召开座谈会和深入企业工会进行调研，通过与区文广新局、区文化馆进行沟通和协调，将区教师合唱团和黄埔合唱团进行整合，挑选优秀的队员加入区工人合唱团，并从云埔工业区进行合唱队员筛选，使区工人合唱团队员从66名扩大到102名。二是加强训练，提高水平。区工人合唱团整合后队员的素质参差不齐，区总工会选择广州石化的一名职工为团长，指定一名同志负责组织队员训练等事项，出资邀请钢琴老师和声乐老师进行指导和训练，建立训练考勤制度并与出勤补贴直接挂钩，调动队员的积极性，提高队伍的整体水平。三是倾心演出，活跃基层。区工人合唱团通过参加“五一”国际劳动节的演出，走进社区和企业，走近职工，在基层企业中大力营造出充满生机、积极进取、奋发向上的良好氛围。

【花都区总工会扎实推进经费税务代收工作】 2013年，广州市花都区总工会按照上级工会的统一部署，多措并举，扎实推进工会经费税务代收工作。一是宣传到位。成立四个工作组到街镇和企业较集中的单位进行宣传发动，做好重点单位建会缴费的政策宣传和指导工作；召开全区动员大会，派发宣传资料；有针对性地召开企业负责人座谈会，及时消除企业疑问。二是沟通到位。及时向区委书记、区长、分管工会工作的区领导专题汇报工会经费税务代收工作，取得重视和支持；通过联合区委组织部发文，加强党建带工建工作，进一步明确工会组织隶属关系和开展工会工作的主体职责；保持与区人大、政协的密切联系，及时沟通情况，紧紧抓住区领导、人大代表、政协委员下企业调研等机会，宣传工会作用，督促企业依法缴交工会经费。三是责任到位。成立由区总工会主要领导为组长的税务代收工作领导小组，下设四个工作组，明确各自职责任务；建立每周例会制度，汇总问题，研究对策，提出可行的解决方法；定期将情况进行通报，及时推广好的经验和做法，促进工作全面铺开。四是方法到位。联合街、镇工会利用地税部门提供的纳税信息、非公有制企业法人数据库等资料逐一核对，对1263家未建会企业发出工会筹建通知书，成立164个工会筹建组；对已经发出工会筹建通知书但仍未建会的465家25人以上的企业发出筹建告知书，督促其依法建立工会组织，为经费收缴奠定基础。五是配合到位。与区地税机关密切配合，利用地税短信平台向企业发送有关信息，在办税点发放《工会经费缴费指引》，现场指导督促、指引缴费单位按期申报缴纳工会经费；与地税部门联系沟通，传递有关信息，达成共识，形成征缴合力。

【番禺区总工会开展法律服务促进劳动关系和谐稳定】 2013年，广州市番禺区总工会加大工会法律服务力度，充分发挥工会在参与社会管理、促进社会和谐稳定中的作用。一是通过购买社会律师专业法律服务的方式，扩大工会法律服务队伍，聘请两名律师参与处理劳资纠纷和群体性事件，通过律师参与工会“上代下”维权，积极配合和指导区、镇街的工会干部参与处理重大劳资纠纷案件，及时化解劳资矛盾，维护社会稳定。二以区职工法律援助站为龙头，以镇街工会与司法所、劳动争议仲裁等机构合作成立的镇街职工法律维权工作站为纽带，以企业工会劳动法律监督组织和企业劳动争议调解组织为基础，建立区、镇街、村居、企业四级职工法律工作网络。三是运用法律服务网络平台，组织发动服务团队成员深入基层，开展基层工会干部、企业经营者和职工的法律宣传教育。四是通过推动完善工会与政府联席会议制度、协调劳动关系三方机制，建立和完善与区有关部门的工作联动机制，借助各方力量，推动工会工作发展。五是探索实施基层专职工会工作者社会化改革，区总工会拟面向社会公开招聘一批人员，派驻到企业数量、职工人数较多的社区、村（居）和行业工会担任社会化专职工会工作者，强化工会的法律服务和法律监督职能，从源头上预防和化解劳资纠纷。

【南沙区总工会扎实推进工友和谐家园建设】　2013年，广州市南沙区总工会共投入资金约40万元，在全区九个街镇全面完成工友和谐家园建设，并在南沙街太涌村、万顷沙镇同兴村建成了村（居）级工友和谐家园。区总工会对工友和谐家园的建设坚持“四五六”的工作法：即“四个落实”：场地落实、人员落实、设施落实、经费落实。“五个统一”：统一名称、统一标识、统一平台、统一内容、统一标准。“六个有”：有窗口、有牌子、有人员、有制度、有台账、有热线。针对外来技能人才初来乍到、生活不便的实际，工友和谐家园免费提供“一站式”的服务，包括提供就业推荐、劳动政策咨询服务、房屋租赁咨询、子女就学政策咨询等各项服务；在职职工还可以得到困难帮扶、技能培训、互助保障、劳动争议调解、法律咨询、情绪疏导宣泄、心理援助、上网学习、书报阅览等服务内容；双职工子女下课后在家无人照顾，工友和谐家园免费提供职工子女托管并有专业社工人员给予课外辅导，让职工放心上班工作。工友和谐家园还为职工家庭中的长者提供日间活动场所，长者们可以在这里进行棋类游戏、报刊阅读、休闲饮茶、保健活动、书法练习等。工友和谐家园还为女职工提供妇女权益保护、女性生殖健康知识、亲子关系调适、儿童成长期教育，婚姻家庭关系辅导等服务。

【广州开发区总工会加强人文关怀推进体面劳动】　2013年，广州开发区总工会以人文关怀为切入点，对推进体面劳动进行积极探索和实践。一是党政高度重视，把人文关怀工作纳入年度财政经费预算，写入区委、区政府工作报告，为异地务工人员入户、住房、教育、医疗、社保、就业、培训、文化娱乐、法律援助和子女入学等提供全方位、多层次的政策支持。二是完善工作网络，在60个大型员工公寓和企业员工集体宿舍建立“金雁工程”项目点，配备100名专（兼）职指导员，有异地务工人员自己管理的各类金雁文体协会几十个、会员6000多人，“金雁艺术团”分团18个、艺术骨干1000多人，金雁文化志愿者10000多名，还利用短信、微博等开展人文关怀服务。三是真情贴心服务，通过推荐优秀异地务工人员当选党代表、人大代表、政协委员和行风政风评议员，引导他们参与社会管理；通过组织创文、创卫“千支服务队、万名志愿者”，让他们成为社会管理的参与者、幸福家园的建设者。同时在各公寓、企业、社区免费放映电影 1000 多场，举办员工生日同乐会、中秋游园、化装舞会、文艺晚会、慰问演出等活动 100 多场次，不定期开展篮球、羽毛球、乒乓球友谊赛、交流赛，举办留区过年异地务工人员年夜大餐，开展“情缘梦·圆起来”第二届金雁集体婚礼、“金雁梦·炫起来”第四届才艺大比拼活动，举办关爱异地务工人员子女夏令营，并拿出专项资金，为职工取得更高一级的学历和技术职称提供经济资助，鼓励他们成长成才。

【从化市总工会加强工会组织员队伍建设】

2013 年，广州从化市总工会高度重视工会组织员队伍建设。一是将工会组织员队伍作为市总工会机关内部的一个“单独部门”来管理，指定一名副主席专门分管，并在机关为工会组织员配备专门办公室。工会组织员的日常管理、培训学习、福利待遇等与市总工会机关人员“一体化”，切实增强队伍的归属感。二是搭建市总工会和街镇（园区）两个工作平台，工会组织员在服从市总工会领导的同时，还服从业务部门和驻点工会的领导，实行向市、街镇（园区）两级工会报告制度，既明确了组织员的管理权，又有效解决街镇工会组织员兼职过多的问题，更有利于工会组织员与街镇其他部门的融合，有效提高队伍工作效能。三是推行工会组织员工资补贴“三个一点”模式，即：在广州市总工会每月每人 2300 元补贴的基础上，从化市总工会每月每人补贴 800 元，街镇或工业园区工会再从工会经费中每月每人补贴不少于 500 元，有效改善工会组织员工资待遇，提高队伍稳定性。四是坚持工会组织员工作例会、年度总结考核、教育培训和公开招聘四项工作制度。并邀请市纪委、市委组织部派员全程参与指导选聘工作，切实保障了工会组织员选拔任用工作的公平、公开、公正。

【增城市总工会稳步推进工会经费地税代收工作】 2013 年，广州增城市总工会坚持“稳步是办法，推进是目的，建制是关键”的工作思路，循序渐进，建章立制、稳步推进工会经费地税代收工作。一是成立地税代收工作领导小组及办公室，明确负责各镇街的工会经费地税代收宣传培训工作；与地税局每季度召开一次协调会，积极沟通代收工作进度，及时解决代收工作中存在的问题和困难。二是通过学习、培训和座谈会等形式，积极宣传缴纳工会经费的重要性、必要性、合法性，明确工会经费管理独立、专款专用的原则，并做好有关法律法规和政策的解释工作。三是严格做好事前预算控制、事中执行预算控制、事后经审审查，问责问效，确保工会经费主要用于基层，用于职工，并突出在职工维权、困难帮扶、疗养、培训、教育等方面，扎扎实实为职工群众做好事、办实事、解难事。全市实现地税代收工会经费和建会筹备金较之 2012 年成倍增长，并已及时返还 139 家企业。

珠海市

【香洲区总工会积极搭建政产学研培训平台】

充分利用珠海高校资源优势，与北京理工大学珠海学院达成政产学研意向并签订合作协议，在香洲区总工会技能培训研发基地挂牌成立“大学生就业和创业培训基地”，在赛纳科技、威丝曼服饰、海源教育等 3 家企业建立培训基地工作站。香洲区总工会利用与企业密切联系的优势为北理工珠海学院提供良好的生产试验条件和校外实训基地，联系企业接纳高校毕业生进行实习、实训和就业，协助安排学院教师到企业开展实践、科研等活动，合作完成科研任务。北理工珠海学院根据香洲区总工会提出的高新技术研发项目需求和企业技术难题，积极组织力量进行研究开发、成果转化和技术攻关，支持企业技术创新，促进科研成果尽快转化为生产力。同时学院还为企业在职员工提供专业技能学习和学历晋升的通道，提升职工的技能水平。（张华）

汕头市

【金平区总工会开展送戏进企业慰问演出】

9月16日，金平区总工会在广东“富味”制果厂有限公司厂区开展以“欢歌庆双节，和谐满厂区”为主题的送戏进企业慰问演出活动。企业员工和特邀嘉宾在台上表演独唱、舞蹈、歌伴舞、器乐演奏等丰富多彩的节目。同时，厂区内还搭起了灯谜台，喜好灯谜的职工云集台下展露才艺，竞相猜出了一条条以宣传十八大精神、安全生产、法律法规及生活常识等为内容的灯谜。活动受到广大职工的欢迎和群众的好评。

【龙湖区成立职工服务类社会组织联合会】

根据区委和省、市总工会有关加强工会构建枢纽型社会组织体系工作的要求，龙湖区总工会牵头组织19个社会组织和个人，成立职工服务类社会组织联合会。职工服务类社会组织联合会于9月27日上午召开第一次会员大会。会议介绍联合会筹备工作过程，审议通过《汕头市龙湖区职工服务类社会组织联合会章程（草案）》，选举并通过联合会第一届理事会理事、理事长、秘书长的人选。会上，区委副书记王卫平代表区委区政府对职工服务类社会组织联合会的成立表示祝贺并提出工作要求。

【濠江区工会第三次代表大会召开】 12月24日，濠江区工会第三次代表大会在区委七楼会议中心召开。区委副书记、区长邓夏思出席会议并讲话，区政协主席陈木鹏，区委副书记王奕杰，区人大常务副主任郭建龙，区委常委、区纪委书记陈跃文等领导出席大会。市总工会副主席王述宗代表市总工会对大会的召开表示祝贺，并就下一步的工会工作提出要求。团区委书记翁锦銮代表全区各群众团体致辞。会议审议通过区人大常委会副主任、区总工会主席肖汉智作的《开拓进取、改革创新、真抓实干、团结动员广大职工为建设幸福濠江而努力奋斗》工作报告，审议通过区工会第二届经费审查工作报告，选举产生区总工会第三届委员会和经费审查委员会。在当天下午召开的第一次全体会议上，通过无记名投票的方式选举产生区总工会第三届常委会委员，选举肖汉智为区总工会主席，郑少銮为副主席。

【澄海区总工会开展“关爱职工，夏送清凉”服务活动】 澄海区总工会于8月1日上午在凤翔街道、澄华街道、广益街道和莲下镇等工业园区企业较密集、企业员工较多地方开展“关爱职工，夏送清凉”服务活动。区委常委、组织部部长庄素桦和区总工会主要领导参加活动。活动主要慰问在高温中坚持生产劳动的一线职工，得到职工所在街道、镇工会的大力支持。通过在园区中广泛宣传、在厂区张贴通告等形式进行发动，受到了所在地企业和员工的热烈响应，场面十分热烈。共服务职工4000多人，送去夏桑菊、金银花、板蓝根、蛇舌草、参地饮等清凉冲剂5000多份。

【潮阳区总工会编辑灯谜集】 潮阳区总工会为响应区委、区政府“打造文化强区，建设美丽幸福新潮阳”的号召，编辑一册充满潮阳本土特色的灯谜集——《新潮春风》。9月29日上午，潮阳区总工会举行《新潮春风》灯谜集赠书仪式。中华灯谜学术委员会名誉主任郑百川，中华灯谜学术委员会副主任张哲源，中华灯谜学术委员会常务委员、广东省灯谜学术委员会副主任鄞镇凯，潮阳区委书记、区人大常委会主任陈新造等领导以及来自潮汕地区各地灯谜界谜友230多人参加了会议。仪式上，区人大常委会副主任、区总工会主席马泽武介绍《新潮春风》灯谜集编辑简况，中华灯谜学术委员会名誉主任郑百川先生致辞，陈新造作了讲话。仪式上还向潮汕谜友、劳模代表、基层工会代表、职工代表赠书。仪式结束后，区总工会召开潮汕地区谜友学术交流会。

【潮南区举行首家异地务工人员服务站揭牌仪式】 11月1日，潮南区总工会、区社工委在广东华杰实业有限公司举行异地务工人员服务站揭牌仪式，为服务站赠送图书，为异地务工人员子女赠送爱心学习用品。区人大常委会副主任、区总工会主席吴锡海出席活动。异地务工人员服务站是区总工会积极参与社会管理创新、直接面向一线异地务工人员、维护异地务工人员合法权益，在汕头地区首家引入社工机构服务，集帮扶、维权以及开展活动于一体的服务站点。服务站整合企业和工会的资源，进一步完善职工幼儿园、职工书屋、职工医务室、职工多功能厅、职工生活服务部、职工食堂、职工培训中心等工会服务资源，为异地务工人员提供无门槛、全免费服务，提高企业异地务工人员的劳动技能和文明程度，加强异地务工人员对潮南的认同感，促进异地务工人员与潮南居民的融合，把活动中心打造成集宣传教育、法律咨询、心理辅导、生活帮扶、就业培训、文体康乐等内容于一体的一站式服务平台，体现工会组织把社工的工作理念与工会工作理念相结合，直接服务一线务工人员，真正做到“面对面、心贴心、实打实服务职工在基层”。

【南澳县首家职工心灵驿站正式挂牌】 10月9日，南澳县首家职工“心灵驿站”建设示范点——汕头市欣涛度假村职工心灵驿站正式挂牌，县人大常委会副主任、县总工会主席黄卫丹出席活动并为职工“心灵驿站”揭牌。

佛山市

【禅城区总工会全力打造“让阳光照亮心房”系列活动品牌】 2013年，借助社会组织的专业社工服务与心理辅导力量，深入企业为3200多人次职工开展51场心理咨询、心理辅导和“历奇”团队培训，开展社工个案跟踪辅导，进一步提升异地务工人员抗挫应激的心理水平与心理承载能力。主要做法：一是借助社会专业力量。与佛山市青少年培育发展中心合作，为广大职工群众开展专题培训活动。二是围绕企业与职工需求开展活动。根据企业与职工的需求，开展不同形式与内容的心理咨询、心理辅导与历奇培训。三是开通心灵热线。及时开通心灵QQ与心灵热线，通过聆听职工烦恼，分享身边人事迹，并认真加以正确引导，进一步缓解职工压力。全年共有近200人加入心灵QQ，300多人次通过心灵QQ与心理咨询师开展交流，12人次通过心灵热线进行交流。四是完善“心灵驿站”建设。一方面积极筹建职工“心灵驿”站，开展心理咨询辅导。通过定期与不定期聘请心理咨询师深入企业为职工开展心理辅导与咨询，着力打造职工心灵港湾。另一方面，大力加强职工书屋建设，力求把职工书屋建成静态“心灵驿站”。全年投入 8.8 万元新建“职工书屋”8 家，购买一批畅销书籍与 40 台电脑进一步充实职工书屋，加强“职工书屋”网络化、电子化建设。

【南海区总工会创新服务职工新模式】

2013 年，南海区总工会紧扣“家·南海”主题，推行工会“普惠化、常态化、社会化”服务职工新模式，全面铺开镇（街道）和工业园区、企业“职工·家”服务中心建设，彰显了“大服务”理念，搭建了一个实现“职工梦”的平台。全区共创建“职工？家”服务中心 20 家，累计开展各类活动 396 项（场），为 15 万余人次职工提供维权帮扶、职业发展、文娱康乐、心理疏导等各类服务。成立“家 FUN”南海工会事业发展基金，为基层工会 45 个“协助职工个人成长”特色服务项目提供 69 万元资金资助。举办“家 FUN”资金购买专业服务“安全生产顾问服务”活动 150 场，助企业安全生产。深入开展“百千万厂企和谐家园创建活动”。强力推进以“家”为主题的企业和谐劳动关系建设，有近 300 家企业参与创建活动，选树 20 家和谐家园建设示范企业、10 家和谐家园建设标兵企业。

【高明区总工会构建和谐劳动关系】 2013 年，高明区总工会进一步完善三种机制，确保劳动关系和谐稳定。一是完善职工维权机制。继续推进工资集体协商职工维权工作的规范管理。全区已建工会企业新签订（续签）工资集体协议 130 份，覆盖企业 130 家；签订（续签）工资集体协议 1220 份，覆盖企业 1220 家。完善企业劳动争议调解委员会的运作机制。制定《高明区总工会推进规模以上企业劳动争议调解委员会规范化建设工作方案》，明确工作目标和考核办法。2013 年，300 人以上已组建工会企业建立劳动争议调解委员会 52 个，建制率超 80%；500 人以上已建工会企业建立劳动争议调解委员会并加挂人民调解委员会牌子 14 个，建制率 80%。二是完善法律服务长效机制。进一步健全“两中心”（即“困难职工帮扶中心”和“外来工维权服务中心”）工作制度，为广大职工提供更方便更快捷的帮扶服务，全年共受理承办法律服务个案 82 宗，办结 72 宗；接待职工来信、来访、来电等信访案件 182 宗，都已得到成功处理。三是完善困难职工帮扶机制。出台《高明区职工重大治病帮扶办法》，建立职工重大疾病帮扶机制，加大对患重大疾病职工的帮扶力度。2013 年，共帮扶困难职工 248 人次，帮扶资金 45.71 万元；提供就业服务 8 场次，提供工作岗位 3200 个，帮助 1.2 万名职工实现就业或再就业；为 848 名职工购买职工医疗互助保障计划全部品种共 1760 份，投保金额 13.09 万元，理赔 1.5 万元。

【三水区总工会切实维护职工合法权益】

2013 年，三水区总工会以建立和谐劳动关系为目标，切实维护职工合法权益。一是广泛开展帮扶解困活动。发挥帮扶中心、外来工维权服务中心的作用，打造维权绿色通道，致力为职工排忧解难。开展走访慰问活动，共走访困难职工家庭 292 户（次），送上慰问金 13.61 万元。为 6 名患大病困难职工发放临时性救助款 1.5 万元。开展“金秋助学”，向 8 名寒门学子发放助学款 2.3 万元。认真做好职工信访和法律服务工作，共受理职工信访 30 件，其中法律援助 18 件。推广省职工医疗互助保障计划，共有 1438 人次购买 4077 份职工互助保险，为 9 人办理了 24.5 万元理赔款。二是依法推进工资集体协商。按照普遍建立工资集体协商制度的要求，在全区范围内组织开展工资集体协商“要约行动”，不断规范协商程序，提高工资集体协商质量和实效。签订了行业性工资集体协议3家。2013年，已建工会企业开展工资集体协商1270家，覆盖率80%，世界500强企业工资集体协议签订率100%。三是积极实施工会劳动保护工作。依照有关法律法规，做好职工安全保护工作。开展以“弘扬企业安全文化，加强班组安全管理”为主题的“安康杯”竞赛活动，推动企业工会主动参与安全生产机制建设。参赛企业478家，参赛班组1572个，覆盖职工81865人。

韶关市

【始兴县总工会积极推进工资集体协商】

韶关市始兴县总工会积极探索，稳步实施工资集体协商工作。至2013年12月，全县有674家企业签订工资集体协议，覆盖率达87.8%。主要做法：一是争取党政重视。及时向县委汇报上级工作部署和要求，得到高度重视和支持，将此项工作纳入经济社会发展规划、科学发展观和社会建设考核。二是健全工作格局。通过政府与工会联席会议和劳动关系三方协调会议，积极争取各方支持，形成“党政主导、三方协作、工会力推、各方配合、企业和职工参与”的工作格局。三是广泛宣传发动。通过印发有关资料、召开各类人员会议、举办培训班、招聘会、“3.15”消费者权益日、“12.4”法制宣传日、设立政策咨询站等多种途径和形式，向社会广泛宣传。四是加强队伍建设。建立一支100多人的协商指导员队伍，通过举办全县培训班，组织参加省、市的相关培训，提高协商水平。五是建立奖惩机制。针对企业工会积极性不高的问题，及时研究，制定措施，充分调动各企业工会的主观能动性。六是坚持分类指导。积极帮助各企业工会与资方协商，分层次推进，提高针对性、实效性。七是突出行业难点。针对县行业协会少，成立行业工会也较少，工作基础比较薄弱的局面，采取抓行业工会组建及其规范化建设、推进行业协商双管齐下的措施，取得明显成效。

河源市

【源城区总工会着力建功立业，提升组织动员能力】　2013年，河源市源城区总工会紧紧围绕建设“首善之区、幸福源城”区委中心工作，通过提升组织动员职工能力来服务大局：一是举行“百名优秀务工人员河源一日游”活动。4月22日，组织在河源源城务工的100名优秀务工青年先后参观河源市恐龙博物馆、文化广场、万绿湖等景区。使优秀工人员进一步了解河源的风土人情，增加他们的归属感，激发他们做好本职工作，带动其他的外来务工人员为美丽的源城服务。二是联合区卫生局举办“2013年源城区卫生系统医护人员技能大赛”活动。大赛设置心肺复苏、鼻饲、密闭式静脉输液技术操作3个项目，全区9家医疗机构27名医护人员参加比赛。

【东源县总工会着力抓组建帮扶工作】　坚持“哪里有职工，哪里就要建立工会组织”的原则，以全国总工会数据库为依据，组成3个工作组，联合乡镇工会干部，按照企业名录逐一进行实地核查，大力推进“广普查、深组建、全覆盖”集中建会行动。同时实行“六有”建会标准，即门前有牌子、组织有机构、工会有印章、办公有场所、工作有制度、活动有记录。2013 年新建基层工会 126 家，其中外商企业 8 家；发展会员 8109 人，其中农民工会员 2542 人。在元旦春节期间组织开展“心系职工情、温暖进万家”慰问活动，走访慰问困难职工 48 户，筹集资金 23.6 万元，对全县 365 名困难职工进行生活救助和医疗救助等多种形式的救助慰问活动。联合县人社局、工业区管委会举办“春风送岗位，服务你我他”企业用工招聘会，组织 13 家企业参加，提供岗位 5010 个，为广大求职者就业提供平台。召开“金秋助学”暨爱心帮扶座谈会，资助了 100 名困难职工子女上大学及对 30 名特困职工进行生活、医疗救助，发放帮扶款 13 万元。扎实做好受灾职工的帮扶救助工作。争取上级工会支持，为遭受“5.12”特大水灾职工发放帮扶金 5 万元，看望慰问失踪职工家属。做好平时帮扶救助工作，对职工因病因灾等突发困难进行帮扶求助，发放帮扶金 8 万多元，体现工会组织作为“职工之家”的温暖。

【紫金县总工会发挥餐饮行业协会作用】 为贯彻落实省委、省政府《关于发挥行业协会商会作用的决定》精神，紫金县总工会坚持“抓发挥作用”，拓宽餐饮业职工建功立业的平台，服务经济建设。一是搭建平台为职工技艺水平的提高提供智力支持。紫金县有餐饮食铺近 350 家，在县总工会的支持下，成立“紫金县厨师厨艺协会”。县总工会帮助该厨艺协会多方筹措资金 20 多万元，建立“紫金县厨师厨艺协会活动中心”，作为厨师会员的活动场所，扩展会员学习交流技艺的空间平台，并与市高级技工学校联合举办第一期厨师培训班，培训厨师 90 多人。二是通过竞赛活动为经济社会发展服务。承办全市中式烹调师厨艺大赛。县总工会与协会一起宣传发动，周密部署，紫金厨师在大赛中荣获第一名和第三名，得到县委、县政府及市总的肯定和兄弟县区一致好评。依托县厨师厨艺协会于 2013 年底在县城成功举办客家美食节，将紫金客家饮食文化进一步推上新台阶。

【和平县总工会建设职工文化活动中心】

和平县总工会将位于南堤路旧办公大楼以置换形式自筹解决建设资金，在新社行政规划区建设职工文化活动中心，占地面积 2000 多平方米，共七层，主体及附属总建筑面积 4000 多平方米，总投资 1300 多万元，集办公、职工教育、文体娱乐、健身于一体的多功能综合性场所。2011 年 1 月份开工以来，省总工会副主席王丽华、张国兴、林锡明，市总工会领导温文斐、李为民、邱巧莲，县领导蓝岸、何伟光、黄刚毅等亲临建设现场指导。历经一年多，未发生任何安全质量事故。2012 年 12 月份底竣工并投入，2013 于 1 月 9 日举行职工文化活动中心落成剪彩暨职工文化服务中心揭幕仪式。活动中心落成为全县干部职工提供一个良好的活动场所，为服务和帮扶职工搭建一个新的工作平台，它的建成对于推进和平县工运事业实现科学发展具有里程碑意义。

【连平县总工会着力帮扶服务困难职工】

一是动态跟踪管理每一位困难职工。建立了困难职工信息数据库和困难职工一网通，为困难职工提供快捷方便的服务。二是做大做强“职工有困难找工会、农民工有困难找工会”活动品牌。在春节送温暖、关爱劳模、夏日高温送清凉、金秋助学、职工医疗互助保险、职业技能培训等方面，努力为困难职工、困难农民工办好事做实事，取得较好成效。2013 年共帮扶 1972 人（户）次，帮扶款 72.3 万元，创历史新高。其中春节送温暖帮扶 1583 人次，帮扶款 60.3 万元；慰问企业1户，帮扶款1万元；助学帮扶45人次，帮扶款4.5万元；帮扶困难劳模41人次，帮扶金3.4万元；援助农民工242人，帮扶金7.9万元。

惠州市

【惠城区总工会率先建立下拨区属镇办工会工作经费制度】　2013年，惠城区总工会以实施工会经费税务代收为契机，制定并下发《惠城区关于下拨工会工作经费管理暂行办法》，提出了从2013年7月起实施"下拨区属镇办工会工作经费机制"，率先建立下拨区属镇办工会工作经费制度，解决了区属镇办工会缺乏工作经费的难题。主要做法是：惠城区总工会按季度根据"工会经费收缴管理系统"核算出该镇办工会辖区企、事业单位上解到区总工会的工会经费总额，按此金额的3%给予下拨工作经费。如遇到双重管理性质的企业，则按其上解到区总工会金额的3%再对半分配给其行政管理上级工会及辖区管理上级工会；同时，区总工会还对镇办机关工会经费返还措施作出调整，对年终完成区总工会年初下达的年度工会经费任务的镇办工会由原来的奖励上解区总工会总额的5%调整为统一给予60%返还。此机制实施以来，惠城区属各镇办工会工作经费得到了保障，工作积极性、主动性大大提高，各方面工作有了质的提升。组建工作方面，2013年下半年新建工会比2012年同期增加了944家；维稳维权方面，镇办工会干部加大了下基层、深排查的力度，2013年下半年上报维稳信息63条，比上年同期增加了25条；宣传教育方面，镇办一级工会组织开展更多面向基层单位的活动，如送春联下企业活动，企业间篮球比赛，送电影进企业等活动。　（朱彩云）

【惠阳区总工会健全帮扶解困制度用"爱"暖人心】　2013年，惠阳区总工会广泛开展帮扶解困，加强人文关怀活动。区总工会调整帮扶中心领导小组成员，进一步完善困难职工帮扶机制，加强资金管理发放工作，进一步规范帮扶资金申请程序，对困难职工档案归档整理并全部录入电脑，实行电脑化档案管理。积极开展走基层和人文关怀活动，用"爱"暖人心的方式及时把党和政府的关爱传达到广大职工心中。积极开展关爱女职工活动，邀请省工人医院体检中心10多名医生深入企业免费为女职工开展"两癌"（乳腺癌、宫颈癌）筛查，得到企业和女职工的好评。在伯恩光学（惠州）有限公司举办"关爱生命·快乐生活"员工婚恋身心健康知识讲座，邀请惠州市心理健康文化协会讲师班睦云主讲。联合区妇联、区计生服务站在秋长街道办伯恩光学（惠州）有限公司举办"爱自己·爱健康"关爱外来女工活动，筹集资金为外来女工做免费身体检查。成立"心灵驿站"，加强广大职工的心理辅导，建立了一支心理咨询服务队伍，提供多种形式的心理健康咨询服务。2013年，惠阳区总工会筹集中央专项帮扶资金17万元，区财政专项帮扶金54万元，共帮扶职工134人次，对困难职工开展医疗救助、生活救助、"金秋助学"、再就业培训。大力开展送温暖活动，走访慰问困难职工669户及部分劳模，发放慰问金57.1万元（其中上级工会12.6万元，惠阳区44.5万元）。　（叶惠丽）

【博罗县总工会深入开展"工会道德讲堂"活动】　博罗县总工会依托县职工活动中心、退管会、"职工书屋"等文化阵地深入开展"道德讲堂"活动，全面加强干部职工群众的社会公德、职业道德、家庭美德和个人品德建设。“道德讲堂”课内每堂设定一个专题，按照“唱一首歌曲”、“看一部短片”、“诵一段经典”、“学一点礼仪”、“讲一个故事”、“作一个承诺”、“作一番点评”、“送一份吉祥”的“八个一”活动流程，以“我听、我看、我讲、我议、我选、我行”的课堂形式，用身边人身边事诠释道德内涵，启迪心智，让“道德讲堂”贴近基层、贴近群众、贴近生活，走进群众的心里，促进道德素养的提升。2013 年，共开展 9 场（次）道德讲堂活动，群众高度关注，积极参与，场场座无虚席，反应热烈。同时，县总工会积极拓展活动讲堂的外延，将课外讲堂与机关效能建设、志愿者队伍建设、先进班组创建有机结合，不断赋予道德讲堂新的内涵、亮点。多次组织干部职工和企业员工开展街头卫生清扫、创文创卫宣传、交通文明劝导、禁毒知识宣传、爱心一元捐等志愿活动，使干部职工、企业员工在接受“道德讲堂”熏陶后，将高尚的道德理念转化实践的道德行为，以实际行动诠释道德的力量。

（胡小刚）

【龙门县总工会为外来工子女和留守儿童圆幸福之梦】 惠州市龙门县全县总人口约 32 万人，其中，农业人口约 23 万人，占总人口 72%；流出人口 45200 人；流入人口 20349 人，全县共有 33 所中小学，2013 年秋季在校学生人数为 39422 人，其中留守儿童 3994 人，外来工子女 2273 人。龙门县总工会和县关工委牵头，联合县委组织部、县科教局、团县委、县妇联、县计生局、县文明办等八个单位实行“八方联动”，共建“外来工子女之家”和“留守儿童之家”。经过深入调查研究，以条件较成熟的龙江中心小学为试点，通过以点带面，对全县中小学进行全面铺开。全县共有 23 所中小学建立了“两家”，占学校总数的 70%。通过创建“两家”活动的开展，龙门县的外来工子女和留守儿童都能够“进得来，学得好，留得住，得温暖”，真正感受到“校园”就是他们的“家园”，基本实现“六个没有”：没有出现因父母工作变动中途失学；没有出现因家庭突发经济困难而辍学；没有出现因家庭困难无法在校开膳；没有出现学习退步现象；没有发生过矛盾纠纷的事件；没有发生黄、赌、毒、邪等违法违纪现象。（黎飞）

【大亚湾区总工会广泛开展春节关爱慰问异地务工人员活动】 2013 年，大亚湾区总工会先后开展节日送温暖、夏季送清凉、日常送电影、送晚会、送培训、送讲座等活动，在春节前各级工会上下联动，广泛开展春节关爱慰问异地务工人员的活动。为解决外来务工人员春运期间返乡购票难、乘车难问题，大亚湾区总工会通过启动“平安返乡万家团圆”为主题的大亚湾区外来务工人员平安返乡活动，免费送 2000 名企业员工回家过年，并在年后接回大亚湾上班。在外来务工人员返乡高峰期，根据全区企业职工的报名人数，租用相应数量的客运大巴，环绕广大企业职工普遍知晓的 5 个接驳点，将选择乘坐火车方式返乡的外工务人员分别送到广州站、广州南站、东莞东站、深圳西站、惠州北站等珠三角地区的 8 大火车站，并帮助他们转乘返乡火车。同时为加大企业人文关怀力度、丰富职工的文化生活、增强职工的归属感，大亚湾区总工会在东风本田汽车零部件有限公司职工饭堂主办以“关爱员工团圆共聚”为主题的大亚湾区企业留守员工团年饭活动，来自全区各行各业、节日坚守生产岗位的 666 名异地务工人员欢聚一堂，同吃欢乐团年饭，共迎马年新春的到来。2013 年内，大亚湾区总工会通过各种方式的关爱留住企业员工的心，促进全区企业劳资关系更加和谐，进一步增强广大干部职工

的凝聚力、向心力和归属感，为加快大亚湾经济发展、促进大亚湾社会和谐稳定作出重要贡献。（曾海雁）

【仲恺高新区总工会举办“随手拍·美在仲恺”第一届产业工人手机摄影大赛】 为贴合高新区产业工人较多，基础娱乐设施较少的实际，仲恺高新区总工会以举办“随手拍·美在仲恺”第一届产业工人手机摄影大赛为载体，丰富职工业余生活。形式创新，内容接地气，奖励丰厚，以手机作为拍摄工具，吸引区内众多产业工人参加。活动历时半年，反响热烈，效果良好。仲恺高新区总工会在半年的赛程中精心组织，在历时半年的赛程中，遴选出600多幅优秀作品在高新区各大广场和企业中进行展览，最终评选出65幅最佳作品及5个优秀组织单位。大赛的举办得到高新区和市总工会领导的充分肯定和赞扬，高新区和市总工会领导出席晚会并亲自为获奖个人及单位颁奖。（胡丹霞）

【惠南高新科技产业园总工会统筹兼顾创新开展工会工作】 2013年，惠州市惠南高新科技产业园总工会根据全国总工会“两个普遍”总体规划和市总工会提出的“三个100%”任务指标，以工会经费税务代收为契机，以组织建设为抓手，以签订工资集体协商为重点，切实做好职工维权服务，坚定不移走中国特色社会主义工会发展道路，建设枢纽型工会组织，被惠州市总工会评为2013年“维稳维权工作先进单位”和“工会工作先进单位”。截至2013年12月，园区内基层工会组织管理系统登记企业数37家，建会企业37家（其中单独建会28个，覆盖企业28家；建立联合工会委员会2个，覆盖企业9家），建会率达100%，入会率达94.69%。签订单独工资集体协议企业17家，签订区域性集体合同1份，覆盖企业17家。签订工资集体协议建会企业数占2012年底已建会企业数的155%。2013年，惠南园总工会加强维稳维权信息员队伍的建设，形成周报长效机制。充分发挥信息员“来自一线，掌握一线情况”的有利条件，对企业和员工的思想动态和可能引发职工群体性事件的苗头性、倾向性问题，做到第一时间了解，第一时间报告，第一时间协调，第一时间处理，妥善处理了天缘员工的分流和遣散，化解了天缘老板欠薪出逃导致600多名员工被欠薪680多万的事件；全年共接待涉及劳资纠纷、婚恋纠葛等的职工上访95宗，结案率达100%。大力推广《职工安康互助保障计划》和《女职工安康互助保障计划》，广大职工普遍受益；开展有关劳动关系、法律援助、身心健康的法律宣传达7000人次；慰问帮扶劳模、金牌工人、困难职工等近100人次，金额达20万。举办了2013年迎春文艺晚会、“仲恺欢乐行——走进惠南”文艺晚会、“中国梦·劳动美”惠南专场等3场文艺晚会，组织乒乓球赛、羽毛球赛等丰富员工业余生活的文体活动。惠南园总工会着力整合上级和社会资源，募集资金，投入园区的职工服务中心和职工心理驿站的建设和服务人员的培训，把两个中心建成生活救助、就业扶助、医疗互助保障、法律援助、心灵咨询等五位一体的服务中心，进一步完善服务体系，为新生代职工提供贴心的心理辅导和心理援助，帮助职工掌握职场减压和排压的有效方法，促进劳动关系和谐稳定。（陈招雪）

汕尾市

【陆丰市总工会“服务、救助、维权”三位一体，打造工会帮扶精品】 2013年，陆丰市总工会充分发挥困难职工帮扶中心作用，加大帮扶力度，积极宣传发动社会各界捐款献爱心，参与“金秋助学”、送温暖等活动，树立工会帮扶品牌形象，维护职工队伍和谐稳定。一是积极开展送温暖关爱活动。筹集资金52万元，慰问全市因病致困教师和一线教师共811名，春节期间筹集资金41.5万元，慰问特困、下岗职工和困难劳模207户。二是开展“金秋助学”活动。陆丰全市79个单位的干部职工和69位个人踊跃捐款献爱心，共接受捐款114.5万元，为756名困难职工子女发放助学金。三是切实维护职工合法权益。帮扶中心为职工（异地务工人员）免费提供法律援助5宗，处理工资拖欠15宗，帮助340人追回工资446.72万元，免费培训下岗失业人员1115人，介绍再就业人员504人。

【海丰县总工会以工资集体协商工作为抓手，夯实职工维权基础】 2013年，海丰县总工会以工资集体协商工作为抓手，夯实职工维权基础，积极组织工作人员分批参加全省工资集体协商指导员师资培训班，及时召开工资集体协商工作会议，传达部署上级工会任务要求，在全县各镇和有关单位聘用了44名工资集体协商指导员，结合工作实际制定行之有效的实施方案，扎实推进工资集体协商工作，取得了可喜成绩。全县已签订工资专项集体合同13份，覆盖职工47782人。其中，海城镇、城东镇、梅陇镇、可塘镇等四大镇签订区域性工资集体协议，覆盖非公有制企业592家，覆盖职工34002人。公平服装行业商会、海丰县服装行业商会签订了行业性工资集体合同，覆盖非公企业142家，覆盖职工10060人。海丰县敏兴毛织有限公司、百斯盾服装有限公司等7家非公有制企业单独签订工资集体协议，覆盖职工3720人。2013年海丰县实行工资集体协商企业数达到741家，覆盖率达80.1%。

【城区总工会“四个加强”助推“平安城区”建设】 一是加强提高劳动合同签订率和扩大集体合同覆盖面，全区各企业签订劳动合同29000多份，有300多个用人单位参加劳动年审。二是加强完善职工民主管理和民主监督制度，全区事业单位厂务公开建制率达100%，国有、集体、非公有制企业厂务公开建制率达80%，全区厂务公开通过省贯标认证的单位55个。三是加强安全卫生检查和安全事故调查处理，联合安监、劳动等部门对全区乡镇（街道）中小型企业的珠宝、制鞋、毛织等特殊行业的劳动安全卫生进行定期检查，并组织开展职工安全生产知识培训活动，发放法律法规、安全卫生小册子28000多份，培训职工4.6万多人次，有效提高生产管理人员和一线工人的安全意识和对应急情况的处理、自救能力。四是加强做好职工信访工作，健全职工群体性上访及重大事件信息快报制度，建立以基层工会主席、工会委员、工会积极分子为骨干的劳动关系信息员队伍，形成“早发现、早介入、早解决”的劳动关系预警机制。2013年，全区有省总工会发证的工资集体协商指导员50名，劳动关系信息员40名。

【陆河县总工会积极开展普法工作，规范企业依法用工引导职工依法维权】 2013年，陆河县总工会根据市总工会部署要求，积极开展以“送法进企业，依法维权”为主题的普法宣传活动，规范企业依法用工，引导职工依法维权，联合县法律援助站律师深入企业（公司）开展送法活动，为企业（公司）员工赠送法律宣传手册和法律读本。工会法律服务律师还着重就《工会法》、《劳动合同法》等相关法律知识通过现场咨询的方式进行了详细地讲解和宣传。

【红海湾开发区总工会以创建职工之家为载体，推动工会工作】 2013年，红海湾开发区总工会以创建职工之家为载体，积极发动基层工会着重从依法维护员工合法权益，建立稳定和谐的劳动关系，积极开展群众性经济技术创新活动，建立和完善员工民主管理制度，努力建设一支高素质的职工队伍，实行依法治会，促进工会自身建设等方面扎实开展职工之家创建活动，增强工会组织的活力，提升工会工作的地位。红海湾开发区共有合格职工之家28个，其中先进职工之家3个。

【华侨管理区总工会建立劳资矛盾监测调解机制，及时化解基层矛盾】 2013年，华侨管理区总工会加强劳资矛盾调解员队伍建设，通过与人社部门、企业、经贸、工商、信访等部门的积极联动，健全和完善劳动争议调解工作机制，在企业中设立基层劳动争议调解工作室，认真开展劳动争议调解委员会建设情况调研，查找问题，提出对应的建设性措施，加强调解员队伍的培训，重点对劳动争议调解员骨干的培训，认真加强劳动关系矛盾预防、预警及处理机制建设，指导劳资矛盾调解员积极协助党政妥善处理职工群体性事件，及时化解基层矛盾。联合有关部门成功协调处理6宗异地务工人员和企业的工资纠纷案件，为异地务工人员全数追回拖欠工资。

江门市

【蓬江区职工心灵驿站正式揭牌成立】 经过5个多月的试运作，2013年12月19日，由蓬江区总工会组建的蓬江区职工“心灵驿站”正式揭牌成立。蓬江区职工“心灵驿站”是区总工会以购买服务的形式，与江门市心理学会合作共同建立，并依托环市街文化站，配置了专业的心理咨询室、心理沙盘游戏室、情绪宣泄室等设施，为有需要的职工群众提供专业、免费的电话咨询、网络咨询、面谈咨询等服务，并开通微信开展心理辅导。职工心灵驿站的咨询服务试运作以来，得到了职工群众的广泛好评。区人大常委会副主任、区总工会主席张长齐等各级工会干部代表70多人参加了揭牌仪式；仪式结束后，职工“心灵驿站”还邀请市心理学会讲师团成员、国家一级心理咨询师、中级心理治疗师任俊凤老师，以“人际沟通技巧”为题，为社区工联会干部进行培训。

（蓬江区总工会　卢林）

【江海区表彰“江海区十大和谐劳动关系企业”】 2013年2月1日，江门市安诺特炊具制造有限公司等10家企业被表彰为“江海区十大和谐劳动关系企业”。为在全区开展“和谐企业”创建活动，江海区总工会早在2012年下半年，按自下而上原则，在各街道工委会推荐企业的基础上，积极与区委宣传部、区人社局和区工商联等部门沟通协商，推荐12家候选企业，陆续在《江门日报》江海新闻和江海区政务网上刊登候选企业情况，于2012年11月经过网上投票、专家评议、综合评定等步骤，评选出了江门市安诺特炊具制造有限公司、广东恒健制药有限公司、江门科隆生物技术股份有限公司、江门市中港宝田摩托车实业有限公司、江门市文昌集团有限公司、江门市长威电缆厂有限公司、广东银帆化学有限公司、江门隆固机械制造有限公司、新时代粘合胶企业有限公司、江门市安磁电子有限公司等10家和谐劳动关系企业。这项评选活动是区总工会工作创新项目之一。 （江海区总工会）

【新会区总工会主办全区第三届职工技术竞赛运动会】 由江门市新会区总工会主办的新会区第三届职工技术竞赛运动会自2013年5月30日在新会体育馆隆重开幕，至9月13日在新会人民会堂圆满落下帷幕，历时4个多月。此届职工技术运动会共设25个赛区，包括机械、纺织、供电、交通、电信、邮政、金融、饮食服务、卫生、旅游、教育等行业，共有70个大项262个竞赛项目，吸引近5万名职工参加技术练兵和选拔赛，有9100多名选手参加决赛，获得各种名次奖励的共1260多人，最后有120名职工获新会区职工技术标兵的称号。通过竞赛，有122项技术获得突破，间接产生经济效益2000万多元，通过成果转化预计有关企业年增效益近8亿元。此届职工技术运动会历时之长、规模之大、产生的影响之广，均为江门市同类职工职业技能大赛之最。

（新会区总工会　吴灏远）

【台山市工会第十四次代表大会召开】

2013年1月6日，台山市工会第十四次代表大会召开。江门市人大常委会副主任、市总工会主席秦有朋，台山市委书记、市人大常委会主任谢伯欣等领导出席开幕式并致辞。台山市总工会副主席万北生代表台山市总工会十三届委员会向大会作题为《团结引领广大职工，为建设幸福台山而努力奋斗》的工作报告。大会选举产生台山市总工会第十四届委员会和第十四届经费审查委员会；在台山市总工会十四届一次全体委员会议上，温建强当选为台山市总工会主席，万北生、郑立雄、谭新叶当选为副主席。大会提出，今后五年各级工会要做到：一是深入学习贯彻党的十八大精神，引领广大职工为建设“幸福台山”再立新功；二是主动参与社会管理和建设，积极构建工会枢纽型社会组织；三是扩大工会组织覆盖面，扎实开展基层组织规范化建设活动；四是主动、依法、科学维权，关注民生，努力构建和谐稳定劳动关系；五是以改革创新为动力，加强工会自身建设。（台山市总工会　李丽慈）

【开平市总工会为未婚青年职工搭建联谊交友平台】 根据江门市总工会关于为全市未婚青年职工开展“牵手侨乡、快乐有约”联谊活动的目标要求，开平市总工会精心策划、认真部署，得到了各级工会和基层单位未婚青年职工的热烈响应，共有300多人报名，先后于2013年5月、6月和9月份分别举办了3场联谊活动，来自各企业、机关、事业单位的200多名未婚青年职工参加。各场联谊活动，通过形式多样的游戏互动，让青年职工登台展示才艺、增进彼此了解，有20多对男女青年成功牵手，其中1对于2013年12月28日举行婚礼。

（开平市总工会　谭灿炬）

【鹤山市总工会为职工办好事实事】 2013年，鹤山市总工会致力落实服务职工的六件实事：一是提升职工技能水平，组织了雅图仕印刷有限公司和汽车总站、华登高质时装有限公司等企业在江门雅图仕职业技术学校和鹤山树人职业技术学校开设了印刷、物流、电子商务等多个培训班，近300名职工经过岗位技能培训取得中高级职业资格证书；二是提升职工文明素质，通过举办“文明礼仪知识讲座”等多种形式，加强礼仪知识普及教育，营造“学礼仪，讲文明，促和谐”的良好氛围；三是举办未婚青年职工联谊活动，帮助他们解决终身大事，近300名未婚青年参加活动；四是积极推进职工心灵驿站建设，为广大职工特别是新生代产业工人、异地务工人员提供心理援助服务；五是开展法律宣传和法律援助活动，结合创建省文明城市工作，开展普法宣传活动以及禁毒宣传教育活动和艾滋病防治知识宣传，并通过职工服务中心为广大职工提供日常的法律咨询，对有需要的困难职工提供法律援助；六是开展情系职工送电影下基层放映活动。

（鹤山市总工会　李镔泰）

【恩平市总工会帮扶特困职工“规划到户、责任到人”】 2013年初，恩平市总工会就如何破解特困职工脱贫在全市开展专题调研，形成《关于如何加快我市特困职工脱贫步伐》调研报告，呈报恩平市委、市政府，得到批转。6月6日，恩平市总工会召开全市工会帮扶特困职工“规划到户、责任到人”工作会议，部署帮扶特困职工脱贫工作，安排全市88位工会干部一对一联系帮扶88户特困职工，并下发《恩平市工会帮扶特困职工“规划到户、责任到人”工作实施意见》，提出从2013年至2015年底止，将这些特困职工纳入工会系统帮扶范围，实施“规划到户、责任到人”责任制，采取“包户到人，一包三年”的帮扶措施，从资金、就业、创业、技能提升、医疗救助、子女助学等方面予以帮扶，确保特困职工全部脱贫，达到家庭年人均收入6000元以上。2013年，各联系帮扶特困职工的工会干部纷纷到各自联系对象家庭探访慰问、了解情况，帮助制订脱贫措施，恩平市总工会和有关单位工会共投入帮扶资金达30多万元，同时向市政府请示批准扩大特困职工优惠项目7个，每年每户增加补助800元，收到较好的效果，受到上级工会和恩平市委、市政府的充分肯定。（恩平市总工会　甄双盛）

茂名市

【茂港区总工会新举措促进工会组建和经费税务代收】 2013年，茂港区总工会根据部分25人以上企业组建工会业务不熟悉以及时间安排不科学的实际情况，成立组建工作组，采取一站式服务方式，带备有关资料到企业，现场组建工会，帮助办理法人资格证，办理组织机构代码证，办理工会账户，此举有效促进该区企业组建工会工作的开展。全年新组建工会231家，其中包括茂名市长晟油脂工业有限公司在内25人以上企业23家；较好促进工会费征收工作的开展，每月工会费收缴达20多万元。

（茂港区总工会）

【茂港区总工会突破海产品干果工会联合会推动开展工资集体协商工作】 茂港区总工会高度重视抓好工资集体协商工作，创新工作思路，按照“哪里有企业，哪里有职工，哪里就要开展工资集体协商”的工作原则，采取有力措施，于2013年11月组建茂港区海产品干果工会联合会。联合会下辖40个企业，发展会员1602人，积极开展区域性工资集体协议，覆盖企业40家，覆盖职工1602人。此举有力地带动全区工资集体协商工作的开展。全区2013年签订工资集体合同48份，覆盖企业957家，覆盖职工43468人，超额完成任务。（茂港区总工会）

【高州市总工会扎实推进工会工作】 2013年，高州市总工会重点加强固本强基建设，工会企业组建83家、发展会员8320人，超额完成茂名市总工会任务的166%和166.4%；签订500人以上企业工资集体协议6家，100%完成任务。工会财务工作花大力气抓好税务代收工会经费工作，每月企事业单位申报缴纳工会经费达52万多元，居各县（市）区前列。职工群体性事件信息报告处理及时果断，有效遏制群体性上访事件的发生。2013年接待信访职工296人次，调处劳资纠纷和提供法律援助 112 人次，为职工挽回经济损失 12.3 万元。工会劳动竞赛、帮扶困难、依法维权、自身建设、文体活动、参与社会建设和管理等工作创造性地开展，为高州经济发展、社会稳定作出积极贡献。（高州市总工会）

【茂南区总工会开展“暖心”行动进百家活动】 活动对象主要是尚未覆盖或按政策救助后仍存在困难的职工家庭，具体包括纳入困难职工档案的职工家庭，因待岗失业、患病、子女上学、自然灾害、突发事件等原因造成临时生活困难的职工家庭，困难劳模、残疾职工、单亲职工、以及农民工 100 户等，区总工会为每户每半年发放救助金 500 元，送上工会组织的关心和温暖。

（茂南区总工会）

【信宜市总工会开展“温暖万家电器扶贫助困活动月”活动】 信宜市总工会积极拓展帮扶工作思路，联合团市委争取商家支持专项帮扶资金 3 千多万元，开展“信宜市温暖万家电器扶贫助困活动月”活动。活动通过联合品牌电器公司共同发放代金券到指定电器商场购买的方式进行。启动仪式上，主办单位和爱心企业向 10 户特困职工、群众赠送价值 2000 多元的洗衣机。活动共向全市困难职工、群众发放了 2.5 万张面值 700 元的“吉德冰箱（洗衣机）代金券”和 2.5 万张面值 500 元的“TCL 液晶电视机代金券”，减轻具有一定购买力困难职工购买电器的经济负担，使他们真正得到实惠，进一步改善他们的生活质量。（信宜市总工会）

肇庆市

【端州区总工会组织开展“优秀异地务工人员”评选活动】 2013 年，端州区总工会联合端州区社会工作委员会等部门开展以“和谐共融，美丽端州”为主题的“优秀异地务工人员”评选活动。活动经过基层工会、工委会和各党（工）委逐级推荐以及评选委员会审核评定、社会公示等程序，最终评选出 10 名为端州经济社会作出突出贡献的优秀异地务工人员，并对符合端州区入户条件的优秀异地务工人员优先办理入户手续。此次活动还创新评选程序，在公示阶段增加大众参与投票环节，利用中国移动通信平台、《西江日报》、端州综合新闻网、端州工会网站、端州工人微博等媒体公示候选人及其事迹，发动全区广大市民通过中国移动通信平台参与评选投票，接受社会各界的监督，营造一种成果共享、生活互通、工作互助、文化互动的和谐共融气氛。

（端州区总工会 石钟良）

【高要市总工会大力加强工会干部队伍建设】

2013 年，高要市总工会联同高要市委组织部、市司法局举办 17 期培训班，免费对全市各级工会干部和企业管理人员进行相关业务知识轮训。同时，在全市工会系统开展“三服务一落实”行动计划（指服务职工、服务基层工会、服务企业，落实 2013 年全市工会主要工作目标任务），推动全市各级工会干部常态化、有规律下基层、访职工，面对面、心贴心、实打实服务职工在基层。活动共走访企业、事业、机关单位工会 481 家，与 5300 多名生产一线职工进行“零距离”接触交谈，为基层单位和职工解决实际困难和问题 203 宗。同时，市总工会创新工会会员证发放工作，将“小红本”变成“服务卡”，向全市工会会员免费发放，并与有关商家合作开展工会会员消费折扣优惠活动。凭高要市工会会员证到与高要市总工会合作商家消费的工会会员可获折扣优惠，深受广大职工好评。2013年已发放高要市工会会员证4万多张，签约合作商家34家包括有酒店、餐饮、文化旅游、影视、医药、体育、美发、商场购物等项目。

（高要市总工会）

【鼎湖区总工会创新开展基层工会干部会员互动恳谈活动】 2013年，鼎湖区总工会在全区中广泛开展基层工会干部会员互动恳谈活动，更好地倾听职工群众意见呼声，了解各级工会组织需求，增进职工、会员对工会工作的理解、信任与支持，进一步建立完善工会干部与职工、会员互动长效机制，实现工会干部联系职工、会员工作常态化、制度化。活动主要采取“请进来谈、走出去听”等方式，主动深入到职工群众中，做职工的知心朋友，把职工当成亲人，把职工的柴米油盐酱醋茶作为工作的重中之重，想职工之所想，忧职工之所忧，解职工之所难。鼎湖区总工会、7个镇（街道）总工会先后出动工会干部125人（次），举办恳谈活动7场，倾听500多名职工意见和建议200多条，当场解决100多个问题，移交政府相关部门解决20多个问题，在基层工会形成以“工会干部职工恳谈”为载体的民意主导机制，构筑起了和谐劳动关系的桥梁。

（鼎湖区总工会 邹锡雄）

【四会市总工会在社会组织中加强工会组织建设】 2013年，四会市总工会切实抓好行业协会、民办非公有制企业单位中的民办学校、民办医院以及民办职业培训机构等社会组织工会的组建工作。坚持“党建带工建、党工共建”的原则，根据社会组织在党建、管理体制等方面的实际情况，实行条块结合以及属地管理的办法，有针对性地采取多种灵活的办法推动社会组织建立工会组织。在整合四会市珠宝玉石首饰行业协会、四会市玉器商会、四会市玉雕商会、四会市工艺美术协会等珠宝玉石首饰类社会组织组建四会市玉器行业工会联合会的基础上，针对珠宝玉石行业中单位规模小、变动大的特点，以各大卖场为单位，单独建立基层工会委员会。对数量多、规模大、相对稳定、具有明显行业特点的社会组织由行业管理部门负责。如市教育工会负责全市民办学校的工会组建和管理，每个民办学校单独建立基层工会委员会；建筑和房地产行业工会联合会由市总工会和市住建局党委双重领导等。至2013年底，四会市的社会组织组建工会53家，组建率88%，其中行业工联会4家，民办非企业单位中的民办学校工会40家、民办医院工会4家、事务所工会5家。

（四会市总工会办公室）

【广宁县总工会举办玉雕技能竞赛，促进玉雕文化产业发展】 2013年8月—12月，广宁县总工会与广宁县南粤珠宝玉石首饰行业协会成功举办广宁县“南粤杯”玉雕工艺技能大奖赛活动，玉雕行业500多名职工参加竞赛，最后表彰奖励金奖5名，银奖10名，铜奖20名，最佳创意奖10名，最佳工艺奖10名。12月1日，省总工会副主席张国兴、省玉石行业协会会长佘定常、肇庆市总工会常务副主席蓝达青等参加颁奖仪式，并为获奖者颁奖。活动中，为推动帮扶救助工作，促进社会稳定和谐，广宁县总工会牵头举办一场玉雕工艺作品义卖慈善会，众多玉雕爱好者和社会各界热心人士纷纷慷慨解囊，现场竞拍气氛热烈，共筹集善款25多万元。义卖活动所筹集的善款全部用于广宁县困难职工和贫困农民工的助学、生活救助、医疗救助等一系列的帮扶活动。

（广宁县总工会办公室）

【怀集县总工会积极维护职工合法权益】

怀集县总工会成立法律服务团（办公室设在保障部），并与基层法律援助站相衔接，完善怀集县总工会、县直工委会、镇（乡）总工会三级职工维权网络。2013年，办结法律援助案件9宗，涉及职工（含农民工）55人次。其中，帮助职工（农民工）追讨欠薪2宗，共解决了被拖欠工资4 4万元；工伤索赔2宗，追索赔偿款31万元；工伤死亡索赔4宗，追索赔偿款281万元。

（怀集县总工会办公室）

【德庆县总工会整合资源创建职工“心灵驿站”】 2013年，德庆县总工会筹集资金近20万元，创建了职工“心灵驿站”。驿站内设心理宣泄室、团体辅导室、“职工书屋”、“心灵氧吧”、心理测疗室、书法治疗区、涂鸦空间、音乐理疗室等功能室，并配备一名专职工作人员进行日常管理。职工“心灵驿站”通过窗口、热线接待职工心理咨询，组织心理学专家进企业、进园区、进社区开展心理健康知识讲座，举办心理沙龙等一系列活动，帮助职工减轻压力，预防及处理各种心理问题，引导职工以健康、阳光、积极的心态面对工作和生活。同时，德庆县总工会把物质帮扶与精神帮扶相结合，积极开展心理关爱、生育关怀、法律援助、企业和谐等四大服务项目，为全县职工构建起一个全方位立体化的“心灵驿站”，更好地服务职工群众。（德庆县总工会　黎志英）

【封开县总工会加强镇级工会工作规范化建设】 缺乏工作经费是阻碍镇级总工会开展各项工作和活动的瓶颈。封开县总工会采取“下拨一点”的办法，为各镇级总工会解决部分经费，但镇级总工会的工作经费还是十分有限，严重影响镇级总工会各项工作和活动的开展。为让镇级总工会有一定的经费开展工作和活动，在之前县总工会每年下拨少量工作经费给各镇级总工会的基础上，县总工会努力协调各方关系，积极争取县委、县政府的重视和大力支持，从2013年起，把全县16个镇级总工会年度工作经费共16万元列入县财政预算。县财政分季度把经费划拨到县总工会，由县总工会统一划拨到各镇总工会的工会经费账户，初步解决了镇级总工会工作经费困难的问题。

（封开县总工会　岑钊冰）

【高新区总工会创新社会管理，大力开展“五个一”活动】 2013年，高新区总工会找准工作切入点，不断拓展工会工作领域，深入推进社会管理创新，让工会工作走进社区，组织居委会开展建立“五个一”活动，即在每个社区成立一支醒狮队、一支篮球队、一支拔河队、一支义工队、一支舞蹈队，通过出钱为各社区购置器材，组织教练到社区培训队员等方式，开展各类文娱活动，活跃社会职工群众的文化生活。此外，高新区总工会还以“一活四力”为理念，即“社区要开展活动才有活力，有活力才有动力，有动力才有凝聚力，有凝聚力才有生命力”，积极组织各社区的醒狮队、篮球队、拔河队、义工队、舞蹈队在节假日举办比赛、表演等。各社区的篮球队、义工队参加高新区总工会举办的篮球巡回赛以及区义工总队开展的“千名义工服务百名独居老人”活动。各社区的队伍全年参加100多场次活动，极大地活跃社区氛围，受到广大企业和职工的欢迎。（高新区总工会　梁嘉欣）

清远市

【清城区总工会组建行业工联会推动工会运作新模式】 清城区总工会进一步创新工会组织体制，积极探索建立行业工会联合会的有效途径和方式，先后组建网吧协会工联会、制衣行业工联会、房地产行业工会联合会、律师行业工联会、珠宝玉石工会联合会、医药行业工联会、人力资源服务（劳务派遣）行业工联会等七大行业工会联合会。通过工会联合会实现了对同一行业内不同规模非公有制企业工会组织的二次覆盖。经过一段时间的运行实践，七大行业工会联合会的作用已初步显现，工会组建更加有力，工会组织更有作为，集体协商更具实效，行业协会和企业行政对工会更加支持。

（清城区总工会办公室）

【清新区总工会设立鹊桥服务部服务未婚青年职工】 根据清新区大量外来务工人员因交友范围较窄等原因，个人婚姻大事迟迟得不到解决的现实情况，2013 年 5 月，区总工会专门成立为未婚青年职工服务的机构——鹊桥服务部，办公室设在区总工会组宣部。经过半年多的努力实践，已有 6 对青年领取结婚证，36 对确立恋爱关系，取得了良好的社会效果，得到了广大青年职工的普遍称赞。一是建立未婚青年职工个人档案。5 月，区总工会发出通知，要求全区机关事业单位和企业工会填写未婚青年职工档案和择偶条件，已收录 768 名未婚青年职工个人档案，其中男职工 358 人，女职工 410 人；二是开设未婚青年职工网上交流平台，供各机关事业单位和企业未婚青年职工交友聊天，入群人数 136 人，同时在 QQ 群上传个人生活照片，通过 QQ 群每星期组织 1 至 2 次小型聚会，加强群友之间的沟通，增进群友之间的感情；三是举办大型相亲联谊晚会、分期举办企业间交流活动，如海螺水泥厂与广硕鞋厂的“玄真拓展”活动、忠华棉纺厂与先导公司的烧烤晚会、未婚青年相聚牛仔谷、粤北明珠欢乐之夜、新乐酒店欢乐之夜、北江夜游等。（清新区总工会办公室）

【英德市总工会致力推动帮扶工作】 一是搭建平台，构筑帮扶基础。各级工会干部走千家，访万户，摸实情，按照家庭状况、特困原因、技术特长、就业要求、思想状况等情况，层层建立困难职工档案，统一输入电脑实行信息化管理，做到随时发现随时输入，随时变化随时调整，随时脱困随时注销，建立了覆盖全市的困难职工动态管理网络。建档立卡并纳入工会系统“特困职工动态管理信息一网通”进行动态管理的特困职工有 4095 人。二是健全制度，建立帮扶模式。制定《英德市困难职工帮扶工作方案》，建立帮扶中心日常工作制度、帮扶工作程序及帮扶项目和内容。建立联席会议制度，每年由市政府主持召开一至二次联席会议，听取帮扶中心的工作情况汇报，研究解决职工群众的困难问题，使特别困难的职工群众得到及时、有效的帮扶。建立困难帮扶公示和监督制度。对帮扶的对象名单、申报程序、帮扶金额，分别予以公示，做到公平、公正、公开，使帮扶工作做到规范化。三是加大力度，拓展帮扶领域。元旦、春节期间，慰问 23 家破产、转制、停产困难企业职工 1094 人、特困职工 464 人和 110 位市级以上劳动模范，发放慰问金 77.15 万元，帮助特困职工排忧解难。（英德市总工会办公室）

【连州市总工会创新信访联动机制促工会维权】 一是加强突发事件的预警网络建设。为了使突发信访矛盾纠纷能真正做到早发现、早预防和早处置，连州市总工会建立起信息畅通、反应迅速、内外结合、上下联动、主辅交叉的预警网络。二是建立突发信访事件的前置稳控机制。构建起强有力的组织领导机制，制定有关工作制度，定期开展对矛盾隐患的排查工作。在处置突发信访矛盾纠纷时，积极协调参与事件处置调解工作，充分发挥工会对信访突发事件整体联动协调处理的作用。注重变被动“等访”为主动约访或“下访”。每年的敏感时期，都提前召开班子会议，研究可能发生的突发信访问题，及早制定预案，做到心中有数。三是灵活运用各种手段调解。突发事件发生后市总工会争取第一时间带领信访工作人员赶赴现场、控制局面。细致耐心地进行疏导，以尽快取得信访群众的信任。然后密切注视事件性质的发展变化，做到既坚持原则、区分性质，又因情施策。对一些涉及职工利益和权益的群体事件的信访，市总工会都第一时间及时介入调查，情况属实的，一方面积极与企业协调，另一面联动相关部门，依法处理。（连州市总工会办公室）

【佛冈县总工会设置组织工作Q群】 作为工会工作信息交流服务平台，“佛冈工会组织工作Q群”具有如下鲜明特点：一是权威性，是县总工会的工会工作信息发布平台，县总工会常务副主席、副主席作为管理员实名上线，答疑解惑，互动交流；二是广泛性，全县各级、各类工会组织和工会工作者都可以加入群，分享交流，共享信息；三是平等性，在群里，群成员可以就工会工作等话题平等讨论交流，也可以直接向县总工会任何工作人员发问、质疑，既可以赞，也可以弹；四是服务性，平台直接面对基层工会和工会干部，县总工会将《工会法》、《中国工会章程》、《基层工会经费收支管理办法》、《税务代收宣传手册》等法律法规、相关政策和工会信息及时上传群共享，并在对话栏发布，方便基层工会及时了解掌握信息。县总工会各部门工作人员随时掌握Q群动态，及时在群里回复咨询，热情服务基层、服务职工。通过搭建QQ群交流平台，有利于基层工会和工会干部之间的业务交流，取长补短，共同提高，也有利于县总工会及时了解各基层工会工作进展，掌握工作动态，实现县总工会机关工作人员和基层工会干部的实时交流，使业务指导和思想沟通无障碍、“零时差”。（佛冈县总工会办公室）

【连山壮族瑶族自治县总工会创建“女职工建功立业示范岗”，助推工会女职工组织建设再上新台阶】 连山县总工会加强与连山汽车客运站工会女职委的工作联系，结合车站工作特点，引导广大女职工以“立足本职岗位、提高业务技能、强化职业道德、提高服务水平”为主题，积极开展“女职工建功立业示范岗”创建活动。通过会议推介、座谈交流等多种形式，一方面，引导各基层工会女职工组织积极参与到“女职工建功立业示范岗”创建活动中，充分发挥女职工主力军的作用，为各基层工会的建功立业工程增添新亮点；另一方面，通过推广“女职工建功立业示范岗”创建活动，进一步发挥各基层工会女职工组织的职能作用，进一步提升女职工队伍整体素质，从而推动工会女职工组织建设再上新台阶。结合“女职工建功立业示范岗”创建活动，推动各基层工会女职工组织积极参与和开展各种女工活动，如：组织参与“中国梦·劳动美”征文活动、组织开展“学习雷锋志愿者”便民活动等。同时通过继续做好女职工安康互助保险工作、签订女职工权益保护专项合同、落实女职工定期体检等一系列举措，切实把关心和保护女职工的特殊利益工作落到实处。

（连山壮族瑶族自治县总工会办公室）

【连南瑶族自治县总工会加强组织保障，全面推进税务代收工会经费】 为确保税务代收工会经费工作顺利开展，连南县总工会健全完善工作机制，认真做好税务代收工会经费各项工作。县成立由县委副书记任组长、常务副县长任副组长，有关部门任成员的县委托税务代收工会经费工作领导小组，加强与地税、工行等相关职能部门沟通联系，互通信息；县总工会也成立县总工会委托税务代收工会经费工作领导小组，负责组织实施税务代收工会经费工作。利用下发文件、开设专栏、发放宣传小册子等形式做好宣传解释工作，以取得缴费企业和社会的理解和支持。认真做好企业税务代收工会经费的摸底工作和申报工作，结合税务代收进一步做好企业未建工会组建工作。组织全县企事业单位举办税务代收工会经费业务培训班，进行基层工会财务培训，全面系统的为基层财务人员讲解了工会经费在工会工作中的重要性，增强基层工会财务人员的认识，以保证工会经费的足额上缴。做好企业信息录入工作，为开展税务代收工会经费工作提供基础保障。　（连南瑶族自治县总工会办公室）

【阳山县总工会开展“政风行风热线”上线工作】 县总工会成立工作机构，制定上线方案及预案，认真做好上线节目的工作。在2013年5月10日、20日作客阳山电台的“政风行风热线”直播节目两期当中，通过热线电话直接与职工群众交流、沟通，宣传工会职能、作用和工会的有关法律法规及工会内设机构有关工作的办事程序等，探讨有关工会组建、集体合同和工资集体协商的签订、困难职工帮扶等方面问题。对职工群众提出的问题、意见和建议，热情、细致地给予答复，对不能及时答复的，进行认真梳理、分析和调查，并在“回音壁”进行反馈。　（阳山县总工会办公室）

潮州市

【潮安区总工会在社会组织中建立工会】 潮安区总工会把加强工会组织建设作为重要工作来抓，创新工作方法和组织机制，采取以党建带工建方式，在全区具有一定影响力的社会组织——潮安县武术协会建立工会组织。潮安武术协会是一个具有400多名会员并且组织机构健全的社会组织，成立党支部、团支部、志愿者联合会等。区总工会领导多次到协会中开展宣传发动，讲清建立工会的作用、工作特点及要求，从而获得协会领导支持。2013年12月，潮安武术协会召开理事会，一致通过组建工会，成立筹备组。筹备组积极开展工作，发放会员申请表，吸收首批会员50多人，并于12月18日召开成立大会，依法选举由7人组成的首届工会委员会，杨应烈当选为主席，另设副主席2名，委员4名。潮安武术协会工会委员会的成立，在当地社会组织中起到一定反响，对今后全区在社会组织中建立工会起到以点带面，示范带动作用。　（谢晓淳）

【饶平县总工会成立女职工互助会】 饶平县总工会积极探索新时期工会女职工工作，把握新时期广大女职工的新动态、新情况，在深入调研和广泛宣传的基础上，组建开展互助互济活动的非盈利性社团组织——饶平县女职工互助会，于2013年8月5日召开成立大会暨第一届会员代表大会。互助会拥有会员667名，她们都是各基层单位的爱心人士，按规定遵守《饶平县女职工互助会章程》并交纳会费，每人每月10元，现已接受捐款和会员费30多万元。女职工互助会成立以来，共为41名特困女职工发放慰问金4.1万元；上门为5位生病住院的女职工送上慰问金 4600 元；投入资金约 2.3 万元，为互助会每位会员购买了一份安康保险。为关心未婚青年职工生活，县总工会和县女职工互助会联合于 11 月在饶平绿岛山庄举办“人海遇见你”未婚青年交友联谊活动，参加活动的有 270 多名单身青年。互助会被评为 2013 年度市级培育发展社会组织。

（饶平县总工会办公室）

【湘桥区总工会全面完成“两个普遍”三年目标任务】 湘桥区总工会切实加强领导，采取措施，制订工作方案、分解工作任务、落实工作责任、扎实推进“两个普遍”工作，形成主要领导亲自抓、分管领导负责抓、职能部室尽力抓、机关同志协助抓的工作格局，超额完成“两个普遍”三年规划目标任务。2013 年新组建 13 个工会联合会（10 个村和 3 个社区），覆盖 121 个基层工会，比年度计划 68 个，增加 53 个，增长 78%；新发展会员 4715 人，比年度计划 4279 人增加 436 人，增长 10.18%。采取编制辅导材料、加强人员培训、抓好业务指导、严格工作程序、统一合同文本的做法，大力推行工资集体协商制度。在全区 10 个街道（镇）和网吧组织中建立 10 个区域性和 1 个行业性工资集体协商制度，覆盖 1044 个非公企业，比上级工会下达 855 个增加 189 个，增长 22.%。（湘桥区总工会）

【枫溪区总工会采取措施做好地税代收工会经费工作】 枫溪区总工会认真按照《广东省工会经费收缴管理暂行办法》（粤工总〔2013〕63 号）规定，采取措施做好地税代收工会经费工作。一是主动与地税、工行等部门联系、协调、沟通，对相关培训、开户要求、开户的优惠措施、经费的具体分配进行探讨。二是按要求对工会基础信息进行录入，清理暂不纳入地税代收范围的实行财政统发工资的行政、事业单位名录，汇报市总工会。三是对本辖区在地税纳税的 588 家企业进行梳理，对 125 家企业已建工会的，发出要求其办理法人资格证和银行开立账户的通知，对 463 家企业未建工会，发出筹建通知书。四是逐月对各单位已登记已缴费的、已登记未缴费的、已缴费未登记的、未登记未缴费的进行清理。五是上门到已建工会未缴费的企业，宣传落实工会经费解缴工作，力争地税代收工会经费工作的进一步落实和效果的提高。（陆晓纯）

【枫溪区总工会五一劳动节开展送文化进企业活动】 “五一”前夕，枫溪区总工会到长城公司、顺祥公司等企业举办“庆‘五一’职工书画摄影进企业巡回展览”活动。活动展出的作品近 100 件，是本区书画、摄影作者深入基层，体验生活，创作出反映地方文化风貌的精品力作。作者中既有企业一线工人，也有从事艺术专业的国家级工艺大师，以及全国、省、市书法、美术、摄影各协会会员。（陆晓纯）

揭阳市

【榕城区总工会创新职工教育培训工作】

2013 年，榕城区总工会在原来职工培训工作的基础上，贯彻落实党的十八大提出的产教融合、校企合作的精神，与揭阳捷和职业技术学校合作，利用学校师资优势和优美环境优势，因地制宜开展职工教育培训创新工作，具体是：一是与工会各项相关业务开展结合起来，举办工资集体协商指导员和劳资矛盾调解员等培训班。二是与揭阳捷和职业技术学校特别是即将毕业的学生，通过联合劳动人事促进就业，提高影响力。三是与区属规模以上企业开展常态化联系工作，就在岗职工技能技术实行定点定向培训。合作收到了很好的效果，揭阳捷和职业技术学校被中华全国总工会评为“全国职工教育培训示范点”。

云浮市

【云城区总工会与区国税局联合举办“十八大精神耀职工”演讲比赛】 为促进全区职工交流学习实践党的十八大精神的心得体会和经验做法，进一步深化对科学发展观的认识，2013年4月23日，云城区总工会在区国税局举办了“十八大精神耀职工”演讲比赛。演讲比赛由区总工会主办、区国税局协办。来自各镇（街）、区直各系统的15名干部职工参加比赛。经过激烈角逐，云城区国税局陈敏获得一等奖。

（云城区总工会　谭剑英）

【罗定市总工会固本强基工程有新突破】

2013年，罗定市总工会以工会经费税务代收为契机，抓好工会固本强基工作，增强工会的影响力和凝聚力。一是以发展非公有制企业为重点，大力发展壮大工会基层组织和工会会员。5月，成立未建会单位工会筹建领导小组，下发《关于依法做好辖区内企业工会组建工会的通知》114份，新组建工会32家，发展会员6889人，已建工会的较大非公有制企业有中达电子，磁电实业有限公司、银利纺织厂等。二是各基层工会积极按“十有四满意、四亮三感受”的标准做好规范化建设。同时以构建“3+1”工作体系为重点，打造全新的服务管理平台，推动工会转型发展。工人文化宫和职工学校撤并为市总工会职工服务中心，成为公益一类事业单位。罗定市总工会“一中心一室”按标准重新装修，方便职工群众办事，提升服务水平。2013年，三级“一中心一室”接待来访职工160余人，职工维权30人次，帮扶困难职工400多人次，1200名职工受益。三是各级工会把开展党工共建、“创先争优”活动与建家活动结合起来，活动开展得有声有色、丰富多彩、成效显著。2008年以来，全市共涌现出全国模范职工之家1个，省级模范职工之家1个，模范职工小家1个，地级先进职工之家12个。（罗定市总工会　冼文军）

【新兴县总工会第十一次代表大会召开】

2013年2月28日，新兴县工会第十一次代表大会召开。云浮市委常委、新兴县委书记、县人大常委会主任吴伟鹏到会祝贺并讲话，市人大常委会副主任、市总工会主席金繁丰和区耀启、许行、梁锦钊、赖家豪、陈就庆、苏伟雄等县领导以及181名正式代表、21名特邀代表出席了会议。大会回顾总结过去五年的工作，明确今后五年的工作思路，并选举产生新兴县总工会第十一届委员会和经费审查委员会。苏伟雄当选为新兴县总工会第十一届委员会主席，伍世平、蔡浩平、叶浩波当选为副主席。伍世平当选为新兴县总工会第十一届经费审查委员会主任。（新兴县总工会办公室　李杰龙）

【郁南县总工会创新载体，服务职工有新平台】 一是筹建职工游泳基地。2013年初，郁南县总工会为发挥广东大王山国家森林公园引水工程的效益，让广大职工有一个好的健身场所，经郁南县委县政府同意，牵头与县妇联、团县委、县工商联等社会团体共同筹资，在公园内建设一个占地面积约1万平方米，由4个游泳池组成的郁南县职工游泳基地，预算资金360万元，通过多方筹资，解决了180万元的建设资金，2013年工程已基本完成，计划2014年6月投入使用。游泳基地将成为郁南县广大职工最好的健身场所，对提升全县职工的身体素质，培育健康职工发挥积极作用。二是建设工人先锋林。郁南县总工会围绕县委、县政府“科学赶超，绿色崛起”的奋斗目标，通过征求各工委会主席、县总工会委员及职工代表的意见，计划在郁南县大王山国家森林公园建设一片工人先锋林，种植茶花和紫玉兰等景观林，为全县广大职工群众提供一个休闲娱乐的场所。2013年初，郁南县各级工会组织及广大职工通过自愿捐资的形式筹措造林资金13万多元。

（郁南县总工会办公室　周文芳）

【云安县总工会推进“两个普遍”，夯实基层基础】 2013年，县总工会专门研究制订组建村级工会联合会的实施方案，明确2月—5月为建会的集中行动月，要求村辖区内有5家企业以上的村要成立村工联会，由各镇总工会抓好村级工联合会的组建工作。在县总工会推进下，2013年新成立村工联会21个。全县已成立村级工联会23个，同时建立职工服务中心和工会会员代表工作室。

（云安县总工会　陈伟庆）

【云安县总工会开展“三个全员”服务，提升服务职工质量】 2013年5月8日，云安县总工会联合县劳动和社会保障局、云安县安监局共同举办工会、劳动保障、安全生产知识的必学必懂必用的知识竞赛，云安县私营企业、国有集体企业等16家企业组队参加比赛。10月18日，组织云安县各镇总工会工会主席、副主席、各机关企事业单位工会主席及其出纳、会计等共130人参加工会业务知识培训班。不断健全困难职工帮扶体系，工会帮扶工作逐渐常态化、长效化，2013年开展困难帮扶6批239人次，共发放帮扶资金30.15万元。10月21至29日，组织“南粤幸福活动周”活动的职工篮球赛，各系统工委会、县循环经济工业园区内企业等共14支篮球队参加比赛。

（云安县总工会　陈伟庆）

【云浮工业园总工会为园区职工办好事实事】

2013年，佛山（云浮）产业转移工业园总工会加大对各企业的督查力度，积极开展职工维权服务，扎实开展慰问帮扶工作。佛山（云浮）产业转移工业园自成立工会以来，工业园总工会同园区劳动和社会保障局、综治信访维中心等部门一起，协调解决了5宗企业欠薪案件和1宗工伤维权案件，切实保障了职工的合法权益。佛山（云浮）产业转移工业园总工会高度重视困难职工的帮扶工作，认真做好困难职工情况调查，建立困难职工档案，全年共发放帮扶资金15000元。在“五一”、春节等节日期间，组织开展走访慰问活动，为20名困难职工送上慰问金和慰问品。在六一期间，联合园区妇联开展儿童节慰问活动，为100多名困难家庭儿童和留守儿童发放慰问金4万多元。［佛山（云浮）产业转移工业园总工会　雷志强］

镇、街道、社区工会

为职工办实事好事

【广州市荔湾区站前街工会认真开展关爱农民工志愿服务活动】　2013年，广州市荔湾区站前街道总工会与街社区中心在春节期间开展一系列关爱农民工志愿服务工作。一是与劳动监察中队一起，查办拖欠农民工工资案件，帮助19个农民工追讨工资78900元，维护了农民工的合法权益；二是举办“春风行动送岗位，促进外来务工人员就业”现场招聘会，通过协调辖内单位提供职位，为农民工就业提供方便；三是在辖内各大专业批发市场、出租屋等农民工较多的地方，派发《荔湾区火车票取票点》和《荔湾区志愿者驿站信息表》共2500多张，为农民工买票提供正确指引；四是积极开展送温暖活动，依托职工帮扶指导站，为困难环卫工人向市、区总工会申请困难职工济难金，争取节前送到他们的手上。根据环卫工人的实际，街党工委、办事处召开专门会议，研究环卫工人待遇问题，并通过环卫站工会向环卫工人传递党和政府的关怀。

【广州市白云区江高镇采取切实措施让环卫工人更有尊严】　一是提高工资福利待遇。为全镇162名在岗环卫工人办理社保、医保；将每月基本工资提高至1600元；办理公积金，落实加班、节日费，设立年终奖及绩效奖励。二是解决安居问题。利用闲置用房建设环卫工人公寓，解决外来环卫工人的居住问题；成立员工食堂，环卫工人免费就餐，降低生活成本；加大对环卫工人困难家庭的帮扶力度。三是丰富业余生活。建设文娱活动室，设立“道德讲堂”，提升一线环卫工人的精神文化素质。四是完善工作机制。完善环卫工人工会组织，落实维权保障机制，保障环卫工人权益；安排专项资金对环卫工人进行常规体检。

【广州市海珠区南华西街工会努力为职工提供优质服务】　2013年，广州市海珠区南华西街道总工会创新工会工作和职工服务方式，提升工会工作水平。一是拓宽工会工作空间、构建工会维权、服务工作新平台，为职工提供入会登记、宣传教育、信访接待、困难救助、法律援助、医疗互助和就业指导等工作的“一站式”服务。年初在街道家庭综合服务中心建立了工会工作站；4月在工业园区建立外来务工人员职工活动中心，为2000多名异地务工人员提供教育、帮扶、文娱等服务；5月在洲头咀社区建立了社区工会工作站，并配有工作人员和专业社工，为职工提供专业化、个性化的社工服务。二是加大企业工会组建力度和会员发展力度，完成新建独立基层工会3个，新涵盖单位34个，新发展会员1126人。协助企业签订集体合同或工资集体协议53份，覆盖企业355家；签订《女工权益保护合同》50份，覆盖企业有435家。三是对辖内79名市、区在册困难职工、单亲职工进行建档登记，个案追踪。定期对困难职工家庭开展帮扶活动，并争取上级帮扶资金10万元和救助金6.6万元，资助贫困家庭学生8人，帮扶慰问困难职工178人，不断提高职工幸福指数。四是与劳动和社会保障部门联手，为下岗失业职工提供免费技能培训、职业介绍、创业指导等服务，先后举办计算机操作、见工面试技巧和创业技能培训等下岗失业人员再就业培训讲座，培训职工378人次；举办“春风行动”招聘会，组织102个企业参加，提供415个岗位，有184人达成用工意向。

【汕尾市红海湾遮浪街道工会为职工做好事、办实事】 一是进一步建立健全困难职工动态管理制度，落实对困难职工生活、就业、医疗、子女教育等方面的帮扶救助，不断创新帮扶形式，拓展帮困内容，推动送温暖工作逐步实现经常化。2013 年，遮浪街道工会帮扶困难职工 35 户，共资助 8 名特困职工子女上大学。二是加强学习培训，举办两期干部职工综合培训班，共有 186 名干部职工参加了培训。三是派员参加汕尾员工心理援助职业能力认证培训，为“心灵驿站”储备员工心理援助专业人才，引导和帮助企业开展心理宣传、心理咨询、心理疏导等心理援助活动，给广大职工提供优质心理服务平台。

【潮州市潮安区文祠镇工会切实提高农民工生产技能】 文祠镇现有杨梅种植面积 10000 余亩，是促进生态观光游，增加农业效益，农民收入的又一大特色经济水果。5 月，镇工会充分发挥职能作用，通过多方面努力，邀请市农业科技发展中心副主任、高级农艺师蔡素炳到本镇举办农民工杨梅生产技术培训班，为杨梅种植户讲授杨梅栽培管理技术，共有 80 多名农民工前来听讲。培训班上，农艺专家结合本镇的实际情况，传授栽培管理技术，还针对种植户的疑问做了细致解答，并就栽植时间、种植方法、套种、施肥等方面进行交流探讨。通过学习，使农民工系统掌握杨梅种植的高新技术，增强做好杨梅种植的信心和决心。（潮安区文祠镇工会）

【云浮市云城街天马社区工联会深入开展服务职工在基层活动】 云城街天马社区工联会在上级工会的具体指导下，创建“一中心一室”［困难职工帮扶中心、职工（工会会员）代表工作室］，按要求落实办公台椅、电脑等硬件设施，安排两名社区干部具体负责工联会工作。“一中心一室”做到了办公有地点，人员配套落实，牌子、制度上墙，办公设施齐全，帮扶系统操作正常化，为服务职工提供了良好环境。2013 年云城街天马社区工会联合会建档立卡的困难职工有 8 人，共接待职工群众来信、来访 36 人次，收集意见、建议 40 条。帮扶困难职工 13 人次，发放帮扶资金 45800 元；助学 5 人次，发放助学帮扶资金 38000 元；生活救助困难职工 6 人次，发放生活救助资金 4000 元；医疗救助困难职工 2 人次，发放医疗救助资金 2000 元。

（云浮市云城街总工会　林惠群）

加强工会自身建设

【汕尾市城区红草镇工会扎实推进工会工作创新发展】 2013 年，红草镇工会在镇党委和上级工会的正确领导下，在全镇各基层工会的大力支持下，认真贯彻落实党的十八大精神，紧紧围绕全区工作大局，以非公有制企业工会组建为重点、以职工维权帮扶为核心，扎实推进工会工作创新发展。一是深入实施固本强基工程，以区域性、行业性工会联合会建设作为重点，经过多方沟通协调联系，最广泛地把职工组织到工会中来。二是制定工作计划、合理部署，每季度召开会议，听取企业汇报工会工作，定期研究解决工会工作重大问题。三是成立镇工会法律援助站，广泛开展法律宣传活动，不断提高广大职工的法律意识，为困难职工和异地务工人员提供法律援助。四是深入实施依法维权工程，积极开展联合执法检查活动，促进涉及职工切身利益的有关问题的解决，切实保障广大职工的权益。

【汕尾市陆河县河田镇总工会突破传统模式，创新建会思路】　陆河县河田镇总工会是汕尾市第一个镇级总工会，在推进工会组建工作过程中，镇党委、政府统一认识，加强领导，把工会组建工作纳入到党建工作中去，认真贯彻落实“党工共建”的方针政策，与党政一起调查研究，一起督促检查，形成党政工齐抓共管的良好局面。河田镇总工会按照“抓大带小、以点带面，创新模式、突破难点，深组建、全覆盖”的建会工作思路，在非公企业建会方面，大胆进行创新实践，实行重点突破，动员不具备单独建会的小企业和小作坊加入镇总工会，扩大了工会组织覆盖面。截至2013年底，镇总工会共有基层工会委员会29个，其中非公企业单独基层工会18个，覆盖25人以下的非公企业84个，发展工会会员933人。

【东莞市寮步镇一把手亲抓工会组建，推动工会工作上新台阶】　在寮步镇委镇政府的重视和支持下，镇总工会扎实推进工会各项工作，取得良好成效。2013年底，寮步镇非公有制企业建会率达97.12%，企业职工入会率为99%，在2013年东莞市委落实科学发展观工会固本强基工作考核中，镇总工会综合总分排名全市第一，获得工会固本强基工作“单打冠军”称号。一是领导重视，加强组织领导。镇委镇政府成立工会工作领导小组，由时任镇委书记何绍田和镇长刘裕昌分别任组长和副组长，统筹和督导工会工作。二是积极动员，做好工作部署。何绍田专门召开全镇工会工作会议，就工会相关工作作全面部署。三是部门联动，共推工会工作。镇总工会联合镇督查室对工会组建工作完成情况进行统计、核实、督查，以保证建会进度和建会质量。四是加强培训，提高业务水平。镇总工会多次召开工会组建专题工作会议，加强对基层工会干部的动员培训、组织督导工作，提高工会干部相关业务水平。五是加大投入，加强工作保障。2013年，镇委镇政府提高了工会办公经费。同时，由原来只有1名兼职工作人员，增加至7名专职人员，充实了工会干部队伍，确保工会日常工作顺利运作。

【东莞市黄江镇田美社区借力劳动年审推动企业工会组建】　黄江镇田美社区工联会创新工会组建模式，把企业劳动年审和工会组建有机地结合起来，有效促进企业工会工作开展。2013年，田美社区新建工会组织110家，25人以上企业基本建立工会，工会组建工作名列全镇第一。一是争取党政支持，将企业工会组建纳入劳动年审。社区工联会积极争取社区党委和镇人力资源分局支持，出台企业组建工作方案和劳动年审相关制度，明确企业工会组建与劳动年审挂钩，对符合组建条件但没有建立工会的企业，当年劳动年审一票否决。二是加强宣传沟通，做好企业组建工会指导服务工作。社区工联会明确“先搭台、后充实、再逐步规范”的建会思路，列出辖区内未建工会企业名录，逐一到企业进行走访，与厂长、企业老板座谈，讲解劳动年审要求，宣传组建工会的必要性和工作流程，同时建立工会服务Q群，切实做好网上服务引导工作。三是抓好巩固提升，强化企业工会规范化建设。新建工会要求保证企业工会有牌子、有印章、有经费、有制度、有活动，切实解决“空壳工会”的问题；对已建工会企业，着力在规范制度建设上下工夫，指导企业工会结合实际制定有关制度，坚持按期换届选举，定期向会员大会或会员代表大会报告工作；指导企业工会根据企业和员工的需要，积极开展工资集体协商、安全生产培训、困难职工救助、职工文体活动等工作，在发挥作用中体现工会组织的价值。

【江门市蓬江区棠下镇多措并举，稳步推行工会经费税务代收工作】 为确保2013年7月起在全省统一实施的工会经费地税代收政策有效落实，蓬江区棠下镇工会采取多项措施，稳步推行该项工作。一是广泛宣传，营造代收工作氛围。及时召开辖区内大中型企业工会经费地税代收宣传工作会议，宣传相关政策。并通过村、社区工联会上门派发的方式，将有关工会组建、经费收缴法律法规及政策文件，以及工会组建通知书、工会经费税务代收工作流程、工会财务制度等资料送到企业。二是明确工作重点。对辖区内有较大社会影响的重点企业，采取区、镇工会领导班子送服务上门的形式，积极做好相关工作的宣传、发动工作；对于缓报、迟报和零申报的企业，领导班子成员多次上门宣传、电话沟通。三是规范工作程序，优化服务质量。一方面，统一整理工会组建、刻制公章、办理工会社会团体法人资格证、办理组织机构代码证、办理独立账户、网上信息注册录入的规范手续、表格样式，派发到各基层工会，优化服务质量，减少企业来回取资料的麻烦；另一方面，加强与各大银行之间的沟通，充分利用各银行与企业之间的客户关系，加强与企业的沟通，指导企业组建工会和开设工会银行账户。

（蓬江区棠下镇工会　吴海祈）

【江门市鹤山市鹤城镇工委会创新工作方式，切实履行工会职能】 一是积极开展职工服务工作。鹤城镇工委会着力开展企业职工风采展演活动，鼓励企业根据自身特点各自组建一支职工文艺小组，镇工委会还邀请老师为文艺小组进行辅导培训，给有不同需求的员工提供展示、锻炼的舞台和机会。二是实施外来职工幸福家庭计划。依托镇卫计局和卫生院，建成集宣传、服务、咨询、生殖健康诊治等为一体的职工家庭服务中心。三是维护职工队伍和社会稳定。镇工委会联合劳动所、维稳办、司法所等部门，成立鹤城镇劳动争议调解委员会，并督促各基层工会成立劳动争议调解委员会或小组，2013年在全镇受理的67起劳动纠纷中，调解成功62起，追回劳动者工资及经济补偿近30万元。

（鹤山市鹤城镇工委会　冯杰聪）

【肇庆市鼎湖区坑口街道总工会加强基层工会建设】 2013年，坑口街道总工会在工会组建中勇于创新，探索属地管理，组建和规范化建设齐头并进，该项工作走在全区镇（街道）总工会前列。一是注重调查研究，集思广益，创新工作方法。坑口街道总工会将工会组建和规范化建设作为工作的重中之重，多次下企业走访、调研，广泛听取基层企业意见，并就多次召开专题研讨会。核实辖区经济组织基本情况，设立专门的台账，并建立每周更新制度，对经济组织增减变化情况随时掌握，实行动态管理。做到情况明、底数清，心中有数。二是将经济组织按经营规模、经营性质、进驻时间、难易程度等因素进行分类，采取“先易后难，重点攻坚、全面推进”等措施，有计划、有步骤开展组建活动，并以单独组建和区域性、行业性基层工会联合会相结合的方式，不断扩大覆盖面。三是将组建和规范化建设对象，按辖区分片包干，建立目标责任制，并建立组建进度周报制度。同时，建立指导督查制度，责任到人，组织到位，任务落实。2013年，成功组建肇庆金鼎龙湖酒店有限公司等10间基层企业工会，同时建立女职工委员会；在9月底前完成微小工会组建工作，微小工会联合会包括200多家个体工商户。

（肇庆市鼎湖区坑口街道总工会）

【潮州市饶平县黄冈镇总工会大力推进工会规范化建设】 潮州市饶平县黄冈镇总工会

认真贯彻落实市、县工会规范化建设工作会议精神，大力推进基层工会组织规范化建设。对已建工会和未建会企业进行全面梳理、分类排队。一方面，对已建立的工会组织，在原有基础上按“八有一基本”的要求，进行检查对照，查缺补漏，逐步规范，力求做到工会组织有班子、有牌子、有场所、有经费、有制度、有活动、有资料、有作为，并建立一个工会经费基本账户。2013年，全镇已有约60家企业工会进行社团法人登记并在银行开立工会经费基本账户。另一方面，抓住工会经费地税代收这一有利契机，全面推进未建会企业组建工作，规范组建程序，全年新建企业工会38家。新建企业工会按“八有一基本”的要求进行规范。工会建立起来之后，积极协助企业做好安全生产，劳动竞赛，职工文体活动，对职工及周边村民送温暖等方面发挥了工会应有的作用。（余扬辉）

【潮州市湘桥区太平街道总工会全面加强工会工作】 潮州市湘桥区太平街道总工会以加强工会规范化建设为契机，按照组织、规范制度规范、工作规范的基本要求，全面加强工会工作，充分发挥工会在协调劳动关系、维护社会稳定、促进经济发展中的重要作用。一是加强领导，不断强化街道工会工作。街道由党工委副书记兼任工会主席，配备一名专职工会副主席；总工会与街道办事处建立联席会议制度，定期讨论和研究工会工作，党政工作主动征求工会意见，大力推动工会工作顺利开展。二是结合实际，切实加强工会规范化建设。按照“八有一基本”为主要内容，切实加强工会规范化建设，不断深化“四个两百”和“工会双亮”活动，使街道总工会达到有班子、有牌印、有场所、有经费、有制度、有活动、有资料、有作为和办理“工会三证”的要求，扎实有予开展各项工作。三是转变作风，切实做好服务工作。深入开展“实打实、面对面、心贴心”服务职工在基层活动，坚持“四个在一线”的工作方式：即职工思想状况在一线掌握、工会维权帮扶在一线开展、构建和谐劳动关系在一线推进、密切联系职工群众在一线深入。（黄勇岩）

【潮州市湘桥街道开元社区工会切实做好新形势下社区工会工作】 一是认真抓好职工技能培训工作。利用街道办事处举办劳动就业培训班的机会，积极组织职工参加岗前技能培训：有35人参加初级电脑技能培训、12人参加烹调技能培训、15人参加服装设计和电脑绣培训、120人参加消防安全知识培训。二是开展形式多样的职工文体活动。积极筹集资金，在居委会办公楼设立文化活动室和图书阅览室，配备健身器材和图书2000多册，组织职工广泛开展文化活动。三是切实为社区职工群众做好事办实事。充分发挥困难职工帮扶站的作用，积极主动地为社区职工群众全程代理社保医保，对辖区职工群众的困难情况和子女就学情况进行调查摸底、分别类型、登记造册，切实帮助困难职工群众解决最关心最直接最现实私益问题。（陈庆贤）

【云浮市新兴县车岗镇总工会进一步加强自身建设】 一是加强规范化建设。镇总工会建设达到“五有”要求，即有独立办公室、有工作人员、有牌子、有制度、有电脑和办公台椅等硬件设备。二是加强学习型工会建设。镇总工会坚持“外树形象、内强素质”，把学习制度化，定期组织学习。三是加强目标责任管理。镇总工会进一步明确分工，落实责任，做到年初有计划、日常有检查、年终总结。（新兴县总工会办公室　李杰龙）

【云浮市郁南县南江口镇总工会积极配合地税代收工会经费工作】 南江口镇企业数量不多，规模较小，效益不高，收取工会经费难度大。2013 年 7 月，广东省全面开展委托税务代收工会经费工作，南江口镇总工会按照郁南县总工会的要求，积极做好税务代收工会经费的前期工作。一是做好工会组建工作。对南江口镇企业进行摸底，核准应建未建企业数，工作人员上门发动，以情感人，以理服人，通过全方位、多层次的宣传发动，25 人以上的企业都成立工会组织。二是做好工会社会团体法人资格登记工作。发动企业成立工会组织之后，镇总工会人员下基层细心指引企业工会办理工会社会团体法人资格登记和银行开设工会账户等工作。三是做好信息录入工作。镇总工会积极组织镇内企业参加郁南县总工会举办的工会经费收缴培训班，为做好企业工会组织信息资料录入工作打下坚实基础。通过广泛宣传，细心引导，确保了地税代收工会经费在该镇顺利实行。 （郁南县总工会 周文芳）

和谐企业建设

【河源市东源县蓝口镇总工会积极推进区域性工资集体协商】 2013 年，蓝口镇总工会认真履行工作职责，大力推进区域性工资集体协商。积极向镇委、镇政府主要领导汇报，形成“党委领导、政府主抓、工会力推、各方协同、劳资互动”的工作格局。深入企业、加强沟通、主动作为，多措并举，签订《蓝口镇区域工资集体协议书》，覆盖企业 27 家，受益职工达 1500 余人，企业覆盖率达 91.3%。

【江门市开平市三埠街道工会以人为本促服务、打造亮点促和谐】 2013 年，三埠街道工会以“促服务、促和谐”为目标，积极履行工会工作职能，扎实推进工会各项工作。一是依法普遍开展工资集体协商。通过广泛的宣传发动及上门做好解释工作，共完成 23 家企业单位的工资集体合同签订工作。二是积极调解劳资纠纷。配合街道人社局和社保人事中心做好劳资纠纷调处工作，维护社会和谐稳定，共调处劳资纠纷事件 36 起，涉及金额 400 多万元。三是认真做好送温暖和扶困助学工作。开展元旦、春节期间慰问活动，为困难职工发放慰问金、被子和米油等。四是以安全促生产，保障企业发展。认真做好劳动保护、安全生产检查、管理、培训工作，组织辖区 200 多家企业参加安全培训、讲座以及消防演练，不断提高职工安全知识和安全意识。五是组织开展丰富多彩的文体活动。街道工会与文体中心、妇联、团委联合组织企业员工参加“创建文明 舞动青春——幸福我来秀”百姓健康舞比赛、异地务工青年玫瑰节活动、拔河比赛、乒乓球比赛等各类丰富多彩的文体活动，满足职工多样化的精神文化需求。 （开平市总工会）

【肇庆市端州区城东街道总工会大力发展和谐劳动关系，促进企业职工双赢】 2013 年，城东街道总工会以建立稳定协调的劳动关系为着力点，建立健全劳动争议调解机制和集体合同、工资集体协商机制，帮助职工与企业签订劳动合同，完善劳动关系。在集体合同及工资集体协议的签订工作方面，以街道总工会为核心，以点带面，全面覆盖各基层工会，实现 100%签订率，有效地保障和维护职工合法权益。紧紧抓住发展和谐劳动关系这一主线，着力推动建立规范有序、公正合理、互利共赢、和谐稳定的新型劳动关系，当好职工合法权益的代言人和维护者，进一步实现好、维护好、发展好员工群众的切身利益，保护好、发挥好员工群众的积极性。教育和引导广大员工坚定信心、顾全大局，正确处理个人利益与企业利益、当前利益与长远利益、局部利益和全局利益的关系，真正在维护企业大局和长远利益的同时维护好员工群众的具体利益，使员工群众热爱企业，投身改革，为企业改革创新与发展创造和谐的环境。

（肇庆市端州区城东街道总工会）

【肇庆市四会市贞山街道总工会加强企业廉政文化示范点建设，促进企业和谐发展】

贞山街道总工会结合企业实际，以“依法经营、规范运作、廉洁管理、和谐平安”为主题，坚持把廉政文化建设作为企业文化建设的重要组成部分来抓，倡导公司依法经营，廉洁诚信。2013年，街道总工会以四会市碧海湾实业有限公司廉政文化示范点建设带动全街道的企业廉政文化建设，将企业廉政文化建设与企业管理、生产经营、企业文化和民主管理结合起来。一是结合“面对面、心贴心、实打实服务职工在基层”活动，街道总工会干部深入企业，现场指导企业开展廉政文化建设。二是指导碧海湾实业有限公司制定《廉政管理制度》，做到廉政建设真正为企业的生产经营服务。三是完善职工代表会大会（职工大会）建设，鼓励职工代表（职工）在职工代表会大会（职工大会）上提出廉政建议，推动企业改进民主决策机制。四是充分利用公司资源，在职工办公大楼和小区的LED屏循环播放廉政标语、张贴图文并茂、生动具体的廉政宣传画。通过企业廉政文化建设，有效增强企业的凝聚力和核心竞争力，实现企业的健康、持续、快速、科学、和谐发展。

（四会市贞山街道总工会）

【肇庆高新区城区街道办工会积极开展职工文体活动】 一是举办职工篮球赛。城区街道办工会积极筹划，举行街道干部职工和6个社区工作人员的职工篮球赛。二是开展“走基层 送文化”活动。先后在龙湖、正隆、将军岗、一村等社区及大旺公园工人文化广场开展多场活动，内容包括醒狮表演、“彩龙船”、舞蹈展演等，吸引了5000多人次到场观看。三是开展醒狮表演进企业活动。配合区总工会开展的“送文化进企业”活动，组织6个社区的狮子队定期到企业进行醒狮表演，增进社区与外来投资企业的沟通联系。

（肇庆高新区城区街道办工会　付奇娜）

【云浮市罗定市附城街道总工会积极搭建职工文体活动平台，发展职工广场文化】 罗定市附城街道辖区内有企业25个，职工8500人。2013年，在上级工会和街道办的支持和指导下，附城街道总工会开展职工健身广场建设，利用街道办门前的广场进行扩建改造，还对广场周围环境进行美化绿化，使广场的规划更科学、设施更齐全、活动更丰富。职工健身广场配置有篮球场、溜冰场、乒乓球台、广场舞练习场、晚会活动舞台、电子多功能宣传牌等文化娱乐设施。在五一劳动节，八一建军节和春节期间，附城街道总工会联系组织20多家企业举办篮球、乒乓球、拔河、象棋、卡拉OK比赛，大大丰富职工群众业余生活，增强职工身体素质。（罗定市附城街道总工会　梁维泰）

基层工会

开展集体协商

【东莞京滨汽车电喷装置有限公司工会以开展集体协商取得劳资双赢】 东莞京滨汽车电喷装置有限公司，2002年在莞投的日资企业，主要生产与销售四轮车用电子控制式燃料喷射装置及电子控制单元、空调压缩机、空调送气总成、新型电子单元。京滨公司工会成立于2008年6月，到2013年有会员1420人，入会率为100%。公司曾被授予东莞市“员工满意企业”、“劳动关系和谐企业”等荣誉称号。2010年，京滨公司建立工资集体协商制度以来，员工流动率和离职率同比下降了0.8%，劳资矛盾隐忧基本消除。一是提出协商要约。企业工会主动提出要约，内容包括：协商理由、时间、议题（员工基本工资涨幅、年度平均调薪幅度、平均调薪额或平均调薪比例、各项补贴发放等事项）、议程（重点是明确协商结束的期限）等。二是举行事前交流会。以非正式会议形式举行，会上劳资双方沟通安排工资集体协商的大体日程，就工资调整幅度进行简单说明，明确协商方向，避免在协商过程中双方意见差异过大。三是做好协商前各项准备。为避免在协商过程中处于被动，职工方深入了解有关政策法规、同城同行薪资水平、公司收益情况、职工整体状况等，汇总形成协商数据，作为职工方工资协商时提出调薪的标准以及下限。四是召开工资集体协商会议。以正式会议的形式召开，由双方首席代表轮流主持。双方各自通过列举相关数据依据，各自详细陈述工资集体协商方案。五是达成最终协议。双方协商达成初步一致后，形成工资专项集体合同（草案）。2013年，劳资双方通过一个多月，召开10次协商会议，最终确定本年度职工基本工资增加200元/月，住房补贴增加50元/月，全勤奖金增加10元/月。

【东莞市家政行业工联会扎实推进工资集体协商工作】 东莞市家政行业工联会成立于2012年4月，有会员企业11家，会员450人，2013年5月签订《家政行业工资专项集体合同》。截至2013年底，全市有8家家政企业与家政工联会签订了《家政行业工资专项集体合同》，覆盖职工近2000人。一是充分沟通，平等协商。家政行业工联会广泛听取家政行业职工的意见，与家政企业方进行沟通，在达成初步共识的基础上，拟定初步方案。最后由劳资双方代表就合同主要条款进行平等协商，逐条确定，使《家政行业工资专项集体合同》最大限度地体现劳资双方共同意愿。二是真抓实干，注重实效。协商内容以最低工资标准为重点，涉及职工的社会保险、劳动安全、假期等与职工权益息息相关的内容。通过劳资双方充分协商沟通，最终双方对家政行业17个不同级别、不同岗位的最低工资标准达成共识。三是重视反馈，抓好落实。借助家政行业“会员活动日”平台，定期听取职工对企业执行《家政行业工资专项集体合同》情况的反馈，及时与企业方沟通，不断提高集体合同的执行质量。

【广东唯美陶瓷有限公司工会大力推进工资集体协商工作】 广东唯美陶瓷有限公司位于东莞市高埗镇，成立于1988年4月，1999年12月经转制成为一家股份制民营企业，是国内规模居于前列的建筑陶瓷制造商和销售商。唯美公司工会成立于1990年，到2013年有会员2600多人，入会率超过90%。公司工会大力推动建立工资集体协商机制，促进企业生产经营和健康发展。一是提高公司上下对工资集体协商的认识。公司工会通过在各级会议、企业内刊、宣传栏中宣传，使大家认识到在企业中建立开展工资集体协商不但是企业工资分配的重要内容，也是建立员工工资正常增长机制的需要。二是全面掌握职工关注的利益诉求。2013年工会开展专项职工问卷调查2次，协助企业方完成全面问卷调查1次，深入了解员工真正的想法和需求。三是规范开展工资集体协商。严格按照产生代表、启动要约、协商准备、正式协商、审议审查。五个步骤，规范协商程序。2013年，通过协商，按级别为“三高人才”争取到每月1000—2000元不等的特殊津贴，为职称人才争取到中级每年3000元，高级每年6000元的津贴。同时，根据员工奖金实际情况，提出采用优化劳动力的方式，大幅度增加员工的实际收入，提高员工的积极性，促进企业效益，取得劳资双赢的良好效果。

【江门辉隆公司“三读三审制”工资集体协商成全省先进典型】 2013年7月9日至11日，江门市辉隆塑料机械有限公司“三读三审制”工资集体协商的经验，在广东省总工会举办的全省工资集体协商指导员师资培训会上作介绍。该公司是一家200多人的高科技私营企业，自2007年建立工资集体协商制度以来，逐步形成“三读三审制”工资集体协商的模式。此模式是借鉴西方国家议会讨论或案件审判、裁决的“三读”、“三审”制度，经优化创新，明确工资集体协商过程中所有协商的议定事项实行“三读三审制”。“三读”即每次议定内容或修改后再次议定内容时要经过三次讨论，并将讨论文本逐条宣读解释三遍，以确保参加协商的每位代表均能明确理解协商内容；“三审”即每次议定内容或修改后再次议定内容一般在企业内要经过初审、复审、终审核准与正式文本公示三次审核，议定形成的文件要做到参与集体协商的代表签名同意、工会主席审核签名和企业法人代表（总经理）审核签名。此模式确保集体协商不流于形式。根据3月8日出台的该公司2013年度工资集体协议和员工工资普调方案，制造部生产一线员工计时工资、计件工资均按10%普调增长，并新调整了餐费补贴。

（江海区总工会　戴宏明）

职工之家建设

【中国电信紫金分公司深入开展“四小”建设，推动企业和谐发展】 2013年，中国电信紫金分公司工会充分发挥工会组织的作用，积极转变工作作风，主动倾听员工的呼声，听取基层单位的意见和建议，深入开展“四小”（指小卫生间、小食堂、小浴室、小活动室建设）建设及创建学习型企业活动，促进企业持续、稳定、健康地发展。进一步解决一线员工“吃饭难、洗澡难、如厕难、文化体育活动难、交通难”等问题，协助上级工会筹集“四小”改造，完成了相关营销中心的“四小”改造项目，不断完善“四小”建设。调查摸底设备维修和置换设备，为各营销中心购置煤气瓶；龙窝等10个营销中心添置电视机、煤气炉、电风扇等设施；完成龙窝、南岭、洋头、黄塘营销中心太阳能的维修，全面改善基层员工工作生活条件。大力倡导“健康生活，快乐工作”理念，广泛开展周三下午全员健身活动，并进行积分管理，为基层员工营造温馨和谐的小家氛围。

【汕头移动工会开展星级职工小家创建评选活动】 汕头移动工会2013年下半年在内部启动星级职工小家创建评选活动。星级职工小家共分三星、四星、五星三个等级，采取逐级申报的原则开展，分别从基础建设、维权建设、民主管理、思想教育、员工关怀等五个方面进行考评，当选相应等级职工小家称号将获推荐参加市级、省级和全国“模范职工小家”评选资格。活动分三个阶段，第一阶段是发布评选标准，各基层工会小组开展自评和申报；第二阶段是开展竞选演示；第三阶段是进行实地考察。评选采取专家评委评分占60%、工会小组长大众评审占20%、实地考察占20%进行综合评估，最终评出了澄海分公司等五星职工小家1个，网络管理中心等四星职工小家2个，龙湖分公司等三星职工小家3个。

【东莞市广安电气检测中心有限公司荣获“全国模范职工之家”称号】　东莞市广安电气检测中心有限公司成立于2005年7月，主要经营高、中、低压电器的检测和试验认证技术服务。广安公司自成立工会以来，以建设职工之家为载体，以构建和谐劳动关系为主线，以增强基层工作活力为重点，全面加强基层工会固本强基工作，积极推行职工代表大会和厂务公开民主管理制度，依法维护广大职工的合法权益。公司工会积极协调，改善办公条件、发放伙食补贴、定期组织员工进行免费体检、主动关心困难职工。深入开展劳动关系和谐企业创建活动和员工业务培训、技术练兵活动，充分发挥工人阶级的主力军作用，有力促成“企业得发展、职工得实惠”的可喜局面，真正把工会建设成为“组织健全、工作规范、依法维权、活动正常、行政支持、会员拥护”的职工之家。2013年11月，广安公司荣获“全国模范职工之家”称号。

【潮州市潮安区实验学校工会建设职工之家见实效】　潮安区实验学校工会积极开展建设职工之家活动，不断增强工会组织的战斗力和凝聚力，取得较好的效果，学校工会2013年被评为“全国模范职工之家”。在开展建家活动中，学校工会结合新形势下的人文特点，多层面推进“以人为本”的民主管理模式，让教职工在人文关怀下活出精彩。一方面，致力于培养教职工愿意作为的情结。在校内营造浓厚的民主氛围，让教职工全方位参与规划办学体系，使教职工切实感受到被依靠和当家作主的自豪，并自觉地把它作为爱校如家、以校为荣的责任感和做好本职工作的动力。另一方面，致力于提高教职工能够作为的能力。积极组织教职工开展“品牌服务”、“教师形象设计”、“我为师德献一句”、“我爱我家”、“名师培训”、“职工书屋建设”等系列活动，鼓励教职工积极进取，勇于创新，使“人人要发展，个个会创新”成为工会的人文主流，培养出一批像省劳动模范陈燕娇、全国优秀教师傅卓英为代表的优秀教职工。　（姚壁浩）

【广东松发陶瓷股份有限公司工会着力构建和谐劳动关系】　广东松发陶瓷股份有限公司工会结合企业实际，认真贯彻落实《工会法》、《企业工会工作条例》、《劳动法》等法律法规，着力构建和谐劳动关系，促进企业健康发展。一是落实职工的知情权、参与权、监督权。通过员工意见箱、职工代表提案表、企业QQ群、企业微信群、总经理电子邮箱等各种渠道，及时收集、反馈职工对公司经营发展的意见和建议，增加了公司各项重大工作流程、信息的透明性，让职工的知情权、参与权、监督权被充分尊重，激发职工的主人翁精神和意识。二是切实解决职工的后顾之忧。举办松发暑期来访员工子女托管班，为来访员工子女免费提供一个休息娱乐学习的场所。三是营造浓烈的文化氛围。举办“美丽中国，腾飞松发”等大型联

欢晚会、“唱响松发，我最响亮”员工卡拉OK大赛、“快乐运动，爱我松发等大型主题文体活动。（松发工会委员会）

【雅达电子罗定分公司工会在转型升级中发挥作用】 雅达电子（罗定）分公司是一家外商投资企业，由于市场竞争激烈和企业的自身发展需要，公司需不断进行转型升级改造，公司工会积极配合公司进行相关各项工作，在转型升级中发挥积极的作用。一是与员工沟通协调，留住员工。工会与人力资源部加强沟通合作，组织员工开展谈心，倾听员工的心声，收集员工的意见建议，并按照员工提出的要求进行逐项解决完善，使大部分员工都能自愿接受公司的要求，为公司的转型升级打下坚实的人力基础。二是加强员工培训，提高职工素质。尊重员工的意愿，安排部分的员工到深圳及中山的兄弟公司进行技术培训，提前掌握转型产品的生产技术。三是扶贫济困、关爱职工。工会对公司的员工进行调查，建立困难职工档案，帮扶制度，对特困员工给予帮扶。2013年，共对15名特困员工进行慰问援助。四是加强人文体关怀，活跃职工。工会每年组织的活动有：迎春抽奖文艺晚会，既有文艺表演又有丰富的抽奖活动；组织各类棋牌、篮球、羽毛球、乒乓球等比赛；对服务满10年以上的职工发放长期服务金币奖；三八妇女节开展女职工免费健康咨询及体检活动；对生日的员工派发生日礼物；修建新的篮球场及羽毛球场，成立羽毛球协会，为职工提供文体活动平台。

（雅达电子（罗定）分公司工会　侯锦泉）

【中国人民银行新兴县支行工会深入开展建家活动，不断增强工会活力】 中国人民银行新兴县支行工会充分发挥工会的职能作用，深入开展建设职工之家活动，形成党组统一领导、行政积极支持、工会具体实施、职工广泛参与的工作格局。一是积极争取党政对建家工作的重视和支持。支行党组把建家工作摆上重要议事日程，保证必要的经费投入，为职工提供一个宽松、舒适的学习、工作和活动场所。支行建有篮球场、羽毛球场、乒乓球室、桌球室、健身室、职工道德讲堂、图书阅览室、荣誉室、行史室、多功能厅等各类职工活动场所。还设立内部网的工会网页、宣传橱窗等，定期宣传工会工作动态和职工之家建设情况。二是实行民主管理，发挥民主监督作用。支行坚持每年召开职工民主管理大会，对涉及支行的重大决策和职工切身利益的问题，提交大会讨论后决定。建立健全干部提拔、公开竞聘、公示制度、大宗物品采购、财务开支等行务公开制度。三是关心职工，实实在在为职工办好事、办实事。支行工会在日常工作中，坚持婚丧大事必访，生活上有较大困难必访，生育必访，留院就医必访，有重大家庭问题必访的“五必访”制度，做到“职工利益无小事”。积极组织开展职工文体活动，如举办篮球、乒乓球、桌球、羽毛球比赛和诗歌朗诵、摄影、歌唱比赛等。

（新兴县总工会办公室　李杰龙）

【广东华能达电器有限公司以人为本重和谐、关爱员工促发展】 广东华能达电器有限公司一直以创造和谐的工作环境和人性化的管理为己任，强调人文共进，协调发展。省人大常委会副主任、省总工会主席黄业斌、省总工会常务副主席陈宗文等领导到该企业调研后，对该企业的关爱员工工作，为职工打造和谐的职工之家给予了高度的评价。一是强化制度建设，打造和谐的企业用工环境。全面落实劳动合同制度。依法签订劳动合同，并不断推进劳动合同管理信息化建设，提高企业劳动合同履约质量。同时按规定办理招用工登记备案，规范用工管理。全面建立集体协商制度。全面开展工资集体协商，提高企业薪酬管理水平，建立企业职工工资共决机制和正常增长机制。全面落实职工收入分配制度。依法按时足额支付职工工资，合理确定职工工资水平和增长幅度，吸引和稳定职工。全面完善安全生产制度。严格执行工时管理规定，加强劳动保护措施，不断改善劳动安全条件，建立安全隐患定期清查制度。开展工伤预防与安全生产培训，提高预防意识。同时为职工提供劳动保护用品，并加强女职工特殊劳动保护。二是关爱职工，营造和谐的职工之家。维护职工合法权益，以建立规章制度保障职工享有劳动权利、履行劳动义务，对涉及职工切身利益的的重大事项决定依照法定民主程序，与工会或职工代表平等协商确定，并实行公示告知制度，听取工会和职工对规章制度的合理化建议。公司每年都进行员工大聚餐，举办联欢晚会，组织全体员工外出旅游，在公司内部建设职工之家卡拉OK厅，篮球场、乒乓球室，让员工在工作之余进行文娱活动。推行职工职业生涯规划，建立晋升机制，帮助职工实现自我价值。公司设立“职工书屋”，为职工提供良好的业余学习环境，并定期对职工进行各种培训、宣传和教育活动，提高职工队伍的知识技能水平。全面执行社会保险制度。依法为职工办理社会保险，按时足额缴纳社会保险费。加强企业和职工之间的有效沟通，充分听取职工意见，发挥企业自我协调劳动关系的能力，以达到预防和解决纠纷的目的。

【中国移动云浮云城区分公司深化员工关爱工程】 中国移动通信集团广东有限公司云浮云城区分公司（以下简称云城移动）以“健康与和谐”为主线，着力打造健康活力平台，努力维护队伍的和谐稳定，有效提升员工幸福感。一是全力推进落实“关爱大家庭”，让员工多一分凝聚。云城移动积极建立和完善以为员工办实事为内容的关爱机制，把为员工办好事、办实事纳入人本管理的工作计划，建立“三送工程”工作机制，为困难员工送温暖，为婚嫁育儿、生日等喜庆员工送祝福，为生病住院员工送问候。同时，分公司实施“节日关怀”、“健康关怀”和“特殊关怀”工作机制，利用各种节假日关心、慰问和表彰员工，让员工感受到企业大家庭的温暖。二是全力推进落实“护爱全家福”，让员工多一分感动。云城移动在全公司范围内开展员工劳动时长问卷调查，及时了解员工心声，确保员工劳动权益得到有效保障。同时定期召开职代会，审议通过相关工作报告及征集员工对公司薪酬、福利、晋升等政策出台前后的意见，提高政策制定和落实的透明度。此外定期安排工会主席接访日、职工代表轮流驻室接待广大职工来访约谈，建立了直接与职工谈心事、倾听职工诉求、解决员工热点难点问题，当好员工的知情人，构建职工自下而上的民意畅通表达渠道。三是全力推进落实“快乐畅享家”，让员工多一分动力。云城移动积极深化员工“活力之家”文体俱乐部的建设。以俱乐部为载体组织足球、篮球、网球、羽毛球等员工喜爱的兴趣小组，轻松有趣的文体活动，得到广大员工的欢迎和积极参与，到2013年举办200多场，员工参与达80多人次。参与市公司首届职工运动会，进行篮球、足球、体操、跳绳等比赛，分公司集体取得总分排名第一的成绩。同时，分公司围绕“跨越心精彩”的工会主题，开展“全城加加油”、“员工悠闲平台”“齐齐动手、丰衣足食”野炊等工会活动，进一步促进员工的凝聚力。（中国移动云城区分公司　梁燕妮）

【广东三A不锈钢制品集团有限公司工会积

极为职工办好事实事】 广东凌丰集广东三A不锈钢制品集团有限公司工会坚持“以人为本”，热忱服务职工，积极为职工办好事实事。2013年3月和10月，邀请新兴县消防大队到企业组织职工进行消防演习，提高职工的消防意识和掌握消防操作本领。7月，组织60多名青年工会会员参加无偿献血。8月，开展工会“金秋助学”活动，帮助公司12户困难职工家庭解决子女“读书难”问题。9月，组织举办法律法规知识讲座，聘请盈科（广州）律师事务所4名律师为职工讲授《劳动合同法》、签订外贸合同的注意事项等知识。10月，举办职工运动会，比赛项目包括篮球、接力跑、跳绳、拔河、闭眼打钢锅、投砂包等。12月，邀请新兴县疾控中心的医务人员到公司对723名员工进行体检。

（新兴县总工会办公室 李杰龙）

基层工会建设

【广汽工业集团工会创新审计方式提高审计实效】 2013年，广州汽车工业集团工会经审会对二级、三级基层工会实行统一管理，根据工作需要统一安排审计力量，提高审计覆盖面。通过下审和互审相结合，加强经审人员与财务人员沟通等手段，提高审计效能。一是根据下属企业性质、企业成立年限、工会财会人员变动状况、工会主席任期、各企业经审工作开展情况等因素，将各基层工会进行分类，分别采取不同的审计方式。二是对于国有企业、成立年限长、工会财务人员比较固定、工会主席经验丰富，对经审工作重视且工作扎实的基层工会，采取“三级联动审计”的模式，进行交叉互审。三是对于新建企业、财务人员变动频繁、财务人员新上岗、工会主席新任职、非公企业等对经审工作不够重视和经审工作有待加强的基层工会，采取由集团经审委员直接审计的方式进行重点审计。四是采取集中财务人员现场旁听，及时通报审计情况等方式，最大限度提高审计效能。通过重点下审和联动交叉互审相结合的方式，有效解决审计力量不足的问题，培养出大批能独立开展审查审计的经审干部，各级工会财务管理更加规范，资金使用更加安全。

【潮州市邮政局工会认真学习贯彻中国工会十六大精神】 潮州市邮政局工会认真学习贯彻中国工会第十六次全国代表大会精神，结合实际情况，提出六条贯彻意见：一是认真学习习近平总书记讲话和大会精神，统一广大工会干部的思想和行动，努力增强做好新时期工会工作的光荣感、责任感和使命感；二是营造劳动光荣的氛围，激励广大职工争当改革发展的主力军，助力潮州市邮政闯出发展升级的新天地；三是努力构建和谐劳动关系，着力抓好四个推进，即：推进企业民主管理、推进企业工资集体协商、推进劳资纠纷调解、推进企业和谐劳动关系建立；四是大力加强工会组织建设，努力使工会成为职工的援手、成为党政工作的助手、成为企业发展的推手、社会稳定的帮手；五是健全服务体系，努力为职工办实事解难事，争取更多的资源和平台，扎实开展春送岗位、夏送清凉、金秋助学、冬送温暖等活动，在改善民生、加强和创新社会管理方面发挥工会的独特作用；六是加强工会自身建设，提高工作水平。抓学习、抓服务、抓创新，推进全市邮政工会工作全面发展。

（潮州市邮政局工会）

开展劳动竞赛

【广州无线电集团工会以劳动竞赛服务企业发展】 2013年，广州无线电集团工会围绕企业发展战略、人才培养导向，从高端制造业向高端服务业、企业管理层、技术研发队伍拓展，劳动竞赛活动全年统筹、点面兼顾、阶段开展，既确保全员覆盖、又贴合人才发展需求。如：3月—6月面向全员的“让理想在岗位闪光”技能竞赛，全年面向项目管理团队的“省十项工程建设”竞赛，6月启动的面向一线技术人员的“较真功 展才华”职工发明大赛，9月启动的面向软件设计开发人员与广东省软件协会联合举办首届“软件设计”大赛等。一是通过竞赛让不同岗位、不同专业领域、不同技术层级的职工都参与到竞赛活动中来，在更高层次竞赛中展示自己的实力与风采，从而提高社会与企业的认可度。二是整合多方资源，实现“三方联动”，既得到市总工会、市人社局、市职业技能鉴定指导中心的支持，又得到承办项目单位的行政和工会的重视。三是强化竞赛效果，立足“三个结合”：与战略结合，着力服务企业战略需求；与短板结合，紧扣生产经营薄弱环节；与培训结合，强化职工技能水平提升。

【广州电气装备集团工会创建劳模（技师）工作室成绩显著】 2013年，广州电气装备集团有限公司工会在广大职工中开展“生产技术创新，职工建功立业”劳动竞赛活动，其中在创建劳模（技师）创新工作室方面成绩尤为显著。一年来共开展技术创新、攻关项目30个，已完成28个，创造效益1223万元，为集团完成年度生产经营目标作出应有的贡献。一是领导重视，制定《关于创建技师（劳模）创新工作室的通知》，对创建劳模（技师）工作室目的、任务、条件、组织管理、创建要求等方面提出了明确的要求；二是鼓励创建，召开工作会议进行布置，积极发动基层工会主席到地铁、汽车集团参观学习；三是落实保障，在资金方面给予大力的支持，共筹措资金145.8万元用于10家企业创建劳模（技师）工作室共12个，并积极开展项目创新工作；四是狠抓落实，集团工会主席带队到广重集团、机床厂、导新模具公司等企业进行交流总结，及时推广创建工作中好的经验等。这些工作室围绕着企业的生产、技术、工艺、工装中的重点、难点问题进行立项，积极发挥企业劳模和高级技师的职业道德、优秀技艺和先进工艺技术专长，实现传、帮、带，广泛开展技术攻关活动，带动职工群众掌握技能技艺，形成学习型团队。（林小元）

【汕头港务集团公司举办2013年电焊工技能比赛】 汕头港务集团举办2013年电焊工技能比赛，来自该集团公司7个二级单位的电焊工技术能手展开年度电焊技能头筹的角逐。竞赛活动由汕头港务集团工会主办，竞赛内容为标杆座制作，形式为单人实操竞赛。

【宝钢集团韶关钢铁有限公司工会搭建职工创新平台】 韶钢工会积极借鉴宝钢经验，组织动员广大职工，以小改小革项目为龙头，以职工创新小组为基本形式，以职工创新工作室规范化建设为重点，扎实推进基层职工创新工作，为企业发展提供了强大的正能量。一是出台《韶钢职工创新工作组织实施办法》，对创新工作进行整体规划，系统推进。二是加强职工创新工作室规范化建设，确保工作从一开始就在高起点、规范化的轨道上运行。三是对职工创新工作室领军人物的条件和资质进行严格的界定，确保工作取得成效（创新工作室负责人必须是先进模范或技术专家，还要有一定的专利、成果数量等）。四是加大扶持力度，对每个职工创新工作室给予3万元的启动费用支持。五是通过举办职工创新专题培训，邀请专家对创新工作室建设、创新课题活动进行点评，定期召开创新工作现场推进会，营造氛围，提高能力，形成合力。六是积极争取省总工会、市总工会、宝钢集团工会等上级重视支持，促进工作开展。2013年，韶钢工会规范组建了5个公司级职工创新工作室，共提出技术创新项目80多项，已经完成或正在实施的创新项目75项；基层工会组建职工创新小组98个，实施的现场改善或技术革新课题600余项。创新（或现场改善）项目实施达效后，可为企业年创效益超过1.3亿元。

【力升树灯（河源）有限公司开展劳动竞赛活动，提升职工技能水平】 力升树灯（河源）有限公司工会在2013年4月至9月期间，连续6个月举办26次扎灯、拉单边和装柜比赛活动，分别对获得一、二、三等奖职工186人颁发“优秀职工”、“技术能手”和“佼佼者”证书，并分别给予3000元、2000元和1000元现金奖励，提升职工业务技能水平，激发广大职工学技术、钻业务的热情。

【汕尾市审计局工会开展形式多样的建功立业活动】 2013年，汕尾市审计局工会紧紧围绕汕尾审计中心工作任务，突出重点、依法审计、求真务实、勇于创新，通过开展提合理化建议、评先评优、争当“审计能手”和组织发动女职工开展“巾帼建功”等一系列建功立业活动，大大提高审计工作质量与水平，促进审计成了果转化，成效显著。

【粤泷发电有限责任公司维修部热工班积极开展创建“工人先锋号”活动】 广东省粤泷发电有限责任公司维修部热工班有员工10人，班组秉承建设一流团队的理念，积极开展创建“工人先锋号”活动，取得良好成绩。一是坚持学习提高技能，通过互相探讨，传帮带，自学、授课和实操相结合的方式提高技能，员工90%通过高级工考评。二是深入推贯“三标一体化”、“安全性评价”、“南非NOSA五星管理体系”、“创五星级优秀班组”等先进管理体系。三是注重自主创新，助力节能环保，自主开发吹灰程控系统控制终端，为公司节省200万元，完成增压风机变频改造工程，每年节省生产成本近200万元，完成消防水系统消除水锤危害的节能改造、锅炉微油点火改造等节能项目，年节电40万千瓦时。至2013年底，共进行技术革新20余项，其中获得粤泷公司科技进步一等奖4项，二等奖2项，三等奖12项。四是及时检收机组，坚持每天巡查设备，及时更新设备台账，确保机组大修期间实现仪表校验率，设备修复率，保护校验率，均、自动试验合格率100%，实现机组自投产至今连续安全运行3400多天的纪录。班组在2008年被评为云浮市“工人先锋号”和广东省电力行业2008年度优秀QC小组；2009年被评为广东省“工人先锋号”；2010年被评为广东省电力行业优秀QC小组；2013年被评为全国“工人先锋号”。

（粤泷发电有限责任公司　姚庆迎）

【云浮发电厂工会以赛促学强素质】 2013年，云浮发电厂工会紧密结合生产实际需要，通过开展劳动竞赛等方式，积极为员工搭建成长成才舞台，有效实现企业与员工共同发展。一是举办“第四届运行人员技能竞赛”、“钳工技能大比拼竞赛”等活动，以赛促培、以赛促练，提高广大员工学技术、练本领的热情。二是积极引导员工参与“职业生涯通道”建设。以实施《粤电集团系统发电企业员工职业生涯管理指导意见》为抓手，通过“培训公开课授课”、“技术职务职系竞聘”等方式，有效引导广大员工积极参与职业生涯建设活动，为员工拓展新的发展空间。三是以新知识引导员工拓展新视野。通过举办“现场紧急救护知识培训讲座”、“消防知识讲座”、“节能知识讲座”和“基层管理人员拓展训练”等活动，引导员工踊跃参与学习新知识，拓展新视野。四是积极搭建员工学习新平台。结合安健环推贯和员工学习需要，先后新建“热工培训室”、“标准化作业平台展示厅”等新的学习场所。同时，还与粤泷发电公司合作，开展13.5万千瓦机组仿真机操作技能培训。五是积极组队参与省或集团技能竞赛。先后组队参与“粤电集团水处理值班员技能竞赛”、“广东省焊工技能竞赛”和“广东火力发电厂煤质检验人员技能竞赛”等活动。其中，在“广东火力发电厂煤质检验人员技能竞赛”中表现出色，获团体赛特等奖，参赛选手付清敏获个人赛一等奖。云浮发电厂劳动竞赛活动的踊跃开展，有效助推员工素质的提升。期间，先后涌现出“全国电力行业设备管理工作先进个人”、“广东省十项工程劳动竞赛模范工人”、广东省五一劳动奖章和“云浮市七项工程劳动竞赛模范个人”等先进典型。（云浮发电厂　白巧贤、丁石生）

【云硫工会拓展劳动竞赛新领域】　云浮广业硫铁矿集团有限公司工会把建设职工之家与企业的中心工作紧密结合，大胆拓展劳动竞赛新领域，不断加强工会组织建设，开展“三看、“三赛”、“三公开”系列活动，工会组织整体工作水平又迈上新的台阶。“三看”为：一看哪个单位勇于战斗；二看哪个单位执行公司决策最坚定，完成最好；三看哪个单位思想最稳定，最有学习精神，最有开拓精神，最有发展眼光。“三赛”为：一赛谁完成工作最好、最快、最多；二赛谁创造的效益最好；三赛谁的责任心最强。“三公开”为：一是公开谁的产量最高，谁的产量最少；二是公开谁的消耗最少，谁的消耗最高；三是公开谁的操作最标准，谁的纪律最差。企业工会把建家活动与生产经营有机地结合，大大激发广大职工的参与热情，工会组织的桥梁纽带和参谋助手作用成为节能降耗、挖潜增效主题活动的助推器，为云硫实现年度目标注入强劲活力。

（云硫工会办公室　魏德双、李红莲）

提高职工素质

【汕尾市粮食企业集团公司工会狠抓安全生产工作】　市粮食企业集团公司工会切实抓好粮食企业安全生产及保卫工作，按照“谁主管、谁负责”原则，狠抓安全生产工作，明确职责，提高职工队伍安全事故防范意识，定期组织对企业职工进行安全生产教育、培训，通过学习演练等方式，有效提高全体员工安全生产意识，促进企业平安、和谐、稳定发展。

【汕尾市国税局工会、市检验检疫局工会等单位开展干部职工道德讲堂建设活动】

2013年，汕尾市国税局工会、汕尾市检验检疫局工会等单位按照以德育人、以文化人的工作理念不断推进思想道德建设的工作思路，认真组织干部职工定期参加道德讲堂活动，学习古今优秀文化经典著作和身边好人好事等形式，并通过组织讨论、讲心得谈体会促行动，达到知行合一，有效提高干部职工思想道德和心理综合素质，进一步丰富和谐文化建设。

【汕尾银监分局工会切实抓好职工专业知识培训】 2013 年，汕尾银监分局工会发挥工会组织“大学校”的作用，切实抓好职工专业知识培训，通过多种形式、多种渠道，为职工队伍整体素质的提高搭建学习平台，创造条件，提供服务。工会以理论系统为框架，以监管实务为主体，以实际案例为补充，积极组织针对热点、难点、焦点问题的理论研讨；建立“主讲人”制度，聘请业内行家里手对监管工作人员现场、非现场监管工作培训；利用中心组学习（扩大）会议、每月职工讲坛、科室和党支部学习会等形式进行学习，相互交流与启发。同时鼓励分局广大干部职工业余自修，激励职工不断进行知识更新，使每个干部职工逐渐养成良好的学习习惯，持续充实知识，提升素质，努力造就一支扎实、高效的监管队伍。

【广东凌丰集团股份有限公司工会开展形式多样的培训活动，切实提高职工素质】 广东凌丰集团股份有限公司工会高度重视职工培训教育，通过各种途径促进职工的学习成长。购买书籍发放给职工自学的方式；成立企业培训师团队，利用经验丰富的老员工授课的方式教育辅导青年员工成长；聘请专业培训师为企业职工授课，为企业员工讲授新理念、新技术。2013 年，公司工会组织开展了丰富多彩的培训学习活动，内容包括“财务管理”、“十八大与企业发展的机遇”、“劳动关系管理”、“新入职员工户外拓展”等，并与肇庆市技师学院、新兴县理工学校等合作开办中专班、大专班，提升职工的学历层次等。（新兴县总工会办公室　李杰龙）

企业文化建设

【广州地铁工会以职工文体活动凝聚正能量】 2013 年，广州地铁总公司工会以“群众性、普及性、时效性”为宗旨，通过广泛开展职工文体活动，促进职工之间的沟通和交流，形成企业关心职工，职工热爱企业的良好局面。一是建立职工文化建设长效机制，纳入企业发展的总体规划和企业文化建设，作为落实以人为本的一项重要措施，年初对全年的文体活动项目、时间、经费进行统筹安排，每月开展一项体育竞赛活动的制度。二是建立职工文化建设组织网络，先后成立羽毛球、乒乓球、篮球、足球、保龄球、台球、游泳、棋牌、集邮、书画、摄影等 11 个职工文体协会。各协会根据年度工作计划，制定活动项目、经费需求和活动安排，经总公司职工文体协会和总公司工会审定后实施，使职工文体活动的开展做到有组织、有计划、有经费、有检查、有总结、有评比。各协会都设有“公开日”，所有职工都可以免费参加协会组织的活动。

【汕尾市公路局工会营造积极向上的行业文化氛围】 2013 年，汕尾市公路局工会充分发挥工会组织优势，从工会的教育职能出发，积极组织职工参与公路文化建设，营造积极向上的行业文化氛围，推动工会文化建设不断向前发展。一是扎实开展劳动竞赛活动，制定公路检查工作考评办法和考核指标，创新管理模式，积极组织参加省桥梁养护管理从业人员技能竞赛，取得优异成绩；二是积极开展爱心帮扶活动，表彰先进，激发公路系统广大干部职工的归属感和荣誉感，弘扬团结互助、爱岗敬业的传统美德；三是活跃丰富职工的文体生活，利用重大节假日或周末组织干部职工参加登山、踢足球、打羽毛球等活动，展现当代公路人的青春活力与积极向上的精神风貌。

【汕尾市邮政工会加强企业文化建设】　一是发挥工会宣传教育作用，利用《汕尾邮政报》和上级《工会网站》、《工会信息》等载体，及时宣传企业的好人好事，大力弘扬劳模、先进的精神和事迹，为企业发展凝聚强大精神动力。二是结合全国总工会开展“劳动我最美”微博大赛的活动，根据市总工会安排部署，加大舆论宣传力度，唱响“工人伟大、劳动光荣”的主旋律，在员工中树立“劳动创造美好生活”的理念，在企业中营造“尊重劳动、尊重知识、尊重人才、尊重创造”良好氛围，激励广大邮政员工为企业的转型发展努力拼搏，作出更大贡献。三是结合自身工作实际，继续开展工会理论研究和调查研究工作，通过认真研究、不懈探索，不断提高工会理论研究的前瞻性、预见性、实践性，以工会理论创新带动工会工作创新。

【东莞市石龙博爱医院职工文体活动精彩纷呈】　石龙博爱医院工会在院党总支的大力支持下，深入开展各项文体活动，丰富职工业余文化生活，逐渐形成自身特色和亮点。一是加大硬件建设力度，完善职工文体活动设施。工会积极争取医院财政支持，经过连续多年投入，医院现建有多功能厅、继续教育中心、演讲厅等多个职工活动场所；篮球场、网球场、羽毛球场、游泳池一应俱全的博爱体育中心；健身房、舞蹈训练室、桌球室等俱有员工俱乐部；拥有15000多册，电脑20多台的职工书屋，不断满足职工科研、教学和自我提升的需求。二是组织丰富文体活动，满足职工文化生活需求。医院工会定期举办员工读书活动，各类征文、书画、摄影比赛，以及医疗急救技能比赛；组织员工举办节假日庆祝活动、主题晚会等；每年举行全院职工运动会，营造医院和谐氛围。三是打造文艺骨干队伍，推动医院特色文化建设。医院工会先后成立合唱团、文工团和管乐团（简称“三团”），并聘任专业老师指导开展业余文艺培训。经过多年努力，“三团”建设逐渐走向成熟，成为医院文化建设的一面旗帜：曾参加省职工庆祝建党90周年合唱比赛、省职工电视排舞大赛、东莞市庆“五一”国际劳动节文艺演出、东莞市第二届合唱节、深圳第14届管乐节等，并均获佳绩。

【江门市恩平市锦兴纺织印染企业有限公司工会自编自导文艺节目】　恩平市锦兴纺织印染企业有限公司是由香港上市的跨国集团公司锦兴国际控股有限公司投资18亿元兴办的，集纺、织、染、制衣于一体的大型外商投资纺织企业，是恩平市的明星企业。公司历来重视企业文化建设，采取以人为本的人性化管理，努力为每一位员工创造一个实现人生价值的良好工作环境和生活环境，厂区配套有员工生活、运动、休闲、娱乐等公共设施，积极打造成一个和谐的、现代化的小区，经常开展各种形式的员工业余文体活动。2013年中秋节前夕，恩平市总工会工人业余艺术团赴该公司慰问演出，该公司工会自编自导了丰富多彩、引人入胜的节目参与演出，包括舞蹈《中国朝前走》、独唱《兄弟抱一下》等节目，为企业员工增添了节日气氛，并演绎恩平锦兴纺织工人的风采。（江门市总工会、恩平市总工会）

【广东无穷食品有限公司工会积极开展富有特色的活动】　广东无穷食品有限公司工会坚持围绕企业生产经营，以“专业、执着、力求完美”为目标，动员组织广大职工开展形色多样的劳动竞赛活动，坚持做到竞赛有方案、有检查评比、有总结表彰。结合企业生产状况常年开展员工旅游、学习培训、文化体育、送温暖慰问等活动。主要有“关爱女同胞，春风送健康”体检活动、“青春嘉年华，共建幸福钱东”联谊活动、“春风送温暖，无穷的爱在行动”帮扶活动、文化知识竞赛等。通过开展内容丰富，各有特色的活动，凝聚广大职工的力量，调动职工的生产积极性和创造性，促进企业经济效益提高。（李佳骏）

【云浮市汽车运输集团有限公司罗定分公司工会凝心聚力促进企业文化健康发展】 云浮市汽车运输集团有限公司罗定分公司工会坚持以人为本，服务生产，促进和谐。一是工会代表全体员工与企业签订集体劳动合同，企业在册员工劳动合同签订达100%，员工收入持续增长，职工权益得到保障。二是开展工作质量竞赛活动，细化劳动纪律、每季度进行综合考评，给考评达优的员工予以奖励，激发了员工的劳动热情和干劲。三是帮扶和送温暖工作落到实处。建立困难员工档案，向困难员工发放帮扶慰问金12000元，募资8000元“金秋助学”。四是开展员工培训教育。2013年，累计参加各类在职学习培训有700多人次。五是开展安全生产知识与质量体系知识竞赛，驾驶员、客运服务员职业技能竞赛。六是举办庆祝改制十周年系列文体活动，在重大节日举办联欢晚会，丰富职工的文化生活。七是对一批创誉创利的先进和好人好事给予奖励。2013年，拾金不昧等受奖的员工共计37人次。（云浮市汽车运输集团有限公司罗定分公司工会　陈友杰）

【中国移动通信集团广东有限公司云浮分公司举办首届职工运动会】 2013年4至6月，中移动广东云浮分公司举办题为“活力移动人 幸福竞技场”的首届职工运动会，比赛项目设有第九套广播体操、男子篮球、男子足球、团体跳绳、乒乓球等五项赛事，共五个县区分公司和三大线条分会八支队伍673人次参赛。本届职工运动会历时3个月，得到公司领导、各分公司、市公司各部门的高度重视和大力支持，员工广泛参与、通力合作。经过各团队的积极拼搏，激烈角逐，最后，云城区分公司、罗定分公司、云安分公司和市场线（并列第三名）获得中国移动广东公司云浮分公司首届职工运动会的团体总分前三名。其中足球超级联赛冠军奖杯由云安分公司获得，篮球超级联赛冠军奖杯由云城区分公司获得。运动会培养员工拼搏向上、超越自我的品质，在公司内部形成一种团结、积极、向上、健康、活力的良好氛围。（中国移动通信集团工会云浮分公司委员会　冯伟平）

关爱帮扶职工

【广船国际工会开展骨干员工家庭慰问活动】

2013年，广州广船国际股份有限公司涌现出许多爱岗敬业的先进生产工作者，他们立足本职岗位，加班加点、不辞辛苦，无私奉献、默默付出；广船国际厂区扩展至南沙区龙穴岛，部分职工以厂为家，舍弃较多与家人团聚的时光。为此，广船国际公司工会组织开展“工厂·家庭心连心”骨干员工家庭慰问活动，共慰问12批次600户家庭。一是组织职工家庭参观龙穴岛新厂区，亲身感受船厂热火朝天的工作氛围，目睹千万吨级船舶的制造过程，使职工家属对职工工作产生自豪感。二是安排专家对女工及骨干员工家庭进行《寻找幸福的钥匙》专题讲座，就幸福家庭建设、家庭和谐关系处理及子女教育等方面的知识进行深入细致地讲解，为职工解决后顾之忧，提高职工家庭幸福感。三是组织参观游览南沙湿地公园，营造一家同游、其乐融融的和谐家庭氛围。四是开展“送温暖、送祝福”女工和骨干家庭走访活动，与职工进行面对面交流，了解职工家庭情况，及时为职工排忧解难。通过活动的开展，促进家庭的和谐稳定，从而增加职工对企业的归属感，增强企业的凝聚力。

【广州越德企业公司工会认真打造服务职工工程】 2013年，广州市越德企业管理咨询有限公司工会开展“服务职工、打造凝聚工程”主题活动。一是向行政提出改善员工工作环境的建议并被采纳，改善了车间、班组的办公条件，添置了桌椅、空调、饮水机等。二是采取多种形式建立帮困资金，为困难员工提供必要的生活保障。三是开展“创建学习型班组、争做知识型员工”活动，为员工规划好职业发展生涯，帮助员工拓展职业生涯发展空间，鼓励员工终生学习，使员工感觉到自己在企业被关心和受尊重。四是建立健全员工诉求表达渠道，每月定期下基层了解员工思想动态，通过直接或间接方式，掌握员工的生产生活和思想动态，保证员工的诉求能够得到及时畅通和反馈。五是定期召开员工座谈会，广泛听取对公司工作的意见并进行归纳整理，对员工提出的问题，能解决的立即解决，暂时不能解决的，也要答复员工。六是根据生产经营任务周期性变化的规律，采取“分段休假”、“替班休假”等多种形式，尽可能安排员工带薪休假，保证了员工劳逸结合。七是分期分批组织员工外出疗养、拓展和学习培训，加强干群关系的交流与沟通。八是对患病员工、困难员工、在外驻守员工定期慰问，想员工所想，急员工所急，尽可能帮助员工排忧解难。九是员工体检一年一次，女员工妇检一年两次，拨出专项经费为员工建立多层次的医疗保障体系。十是关心青年员工的成长，想办法为他们成家立业牵线搭桥。

【广州港集团西基分公司工会贴心服务员工】

2013年，广州港集团西基分公司工会工作面对新形势，将党的群众路线教育实践活动与“面对面、心贴心、实打实服务职工在基层”活动结合起来，推出服务员工八项措施，点面结合，在把困难职工群体、劳模先进群体、劳务工群体的利益需求作为活动的主要对象和工作重点的同时兼顾全体员工，实实在在为职工办事。分公司工会设立多个长期便民服务点，在洗衣房增加缝补衣服的服务，在员工宿舍的门岗、办公楼门岗增设了单车打气服务，在员工饭堂免费提供老火靓汤和凉茶的服务，在码头和办公楼安装净水设备20台，进一步保证员工饮水健康。同时，对《分公司困难职工帮扶办法》进行修订，进一步完善困难职工帮扶体系，提高大病、重病的帮扶额度，减轻患病困难职工的经济负担。工会主席带队走访劳务承包公司，对劳务工工资福利的落实开展调研。坚持在各类评选中，劳务工与职工同比例，2013年30多名劳务工受到各类表彰。此外，还开展全体职工普访活动，与会员话家常、谈心事，积极帮助解难事；在重大节日发放牛奶、粮油等物品，让职工充分享受工会组织贴身的普惠服务。

【河源移动公司开展“心服务·新里程”员工关怀项目】 2013年，河源移动公司大力开展“心服务·新里程”员工关怀项目，从成长沟通、支撑保障、关怀慰问、快乐我家、关爱健康、汇聚活力、创先争优七个篇章开展员工关怀项目共32项，为员工的工作、生活和成长提供更优质的服务和保障。

一是办公生活环境改善。完成兴业居面积为569.38 ㎡的办公场所、三个服营厅总面积为384 ㎡的办公后台的装修配置，并为相关办公场所配置卡座、桌椅等办公家具共45万元，为宿舍配置消毒柜、电饭煲、洗衣机等家电共26.3万元。二是开展节日慰问。结合中层挂点区域工作开展传统重大节日员工慰问活动达600多人次，特别针对向困难员工或是职级低、15年以上的老员工进行慰问。三是关爱员工工作生活。修订和完善员工互助基金管理细则，倡导员工加入互助会，为5位困难员工申请员工互助关爱基金共3万元。利用公司车辆持续开展酒后代驾、“夜行无忧”加班接送、市区县城接送、上下班接送等车辆接送服务，为员工日常出行提供安全的保障。开展员工家庭电脑的软硬件故障基本维修服务，食堂对生病员工提供中药代煎服务，为员工提供方便。

【广东霸王花食品有限公司深化困难职工帮扶，促进劳动关系和谐】 广东霸王花食品有限公司工会着力构建困难职工帮扶救助长效机制，帮助职工解决实际困难，促进劳动关系和谐。2013年看望慰问生病住院职工12人次，困难职工37人次，对8名考上大学院校的职工子女，分别给予了3000元至8000元的助学金，使职工感受到工会组织的温暖，融入公司这个大家庭，全身心地投入到工作中，为公司的发展作贡献。全年共有87名职工子女考上大学，工会给予帮扶，累计资助金额达100多万元。

【河源市紫金县公路局为职工办实事、办好事】 2013年，紫金县公路局工会重点抓好切实为职工办实事、办好事。一是对困难职工家庭做到有困必扶，有难必帮。一年来慰问住院干部职工51人；共帮助困难职工家庭58户，帮扶资金46500元；对特别困难的（意外致困户）做好向上申报救助工作。共向市、县申报8户救助对象，得到帮扶资金12000元；向省、市申报了13户扶贫助学对象，发放了9800元；为解决困难职工子女上学难问题，对每位考取高中以上学校的干部职工子女给予资助，共发放补助资金21800元。及时做好死亡职工遗属的慰问及安抚工作，帮助其办理相关的抚恤费补助等手续。二是着重关心关爱职工健康。高温季节，开展了送清凉到一线职工活动，共投入资金19188元；为全局132名女职工购买了“女职工安康保险”共7860元，减轻女职工患重大疾病的经济负担。三是重视解决一线职工的生产生活问题。对职工的用水用电维修及生活设施问题都能给予最快解决，一年来共投入资金36500元。

【汕尾市烟草专卖局工会切实维护女职工合法权益】 一是切实维护女职工的合法权益，完善有关女职工参与企业管理的各项规定，强化女职工在企业发展中主人翁地位。二是为女职工平等签订集体合同，突出维护女职工的特殊权益，切实保障女职工的生育、保险、劳动安全等有关权益。三是关心女职工生活，实施女职工爱心帮扶工程，多渠道关心了解女职工疾苦，为女职工排忧解难，充分调动女职工的积极性和创造性，如组织开展一年一次的健康体检，建立女职工建康档案，开展“六一”节、母亲节慰问活动，邀请健康保健专家学者为女职工授课，优化广大女职工的知识结构，扩大知识面。

【江门市蓬江区环卫局工会建立“金秋助学”长效机制】 为发挥好由江门市总工会牵头并与蓬江区总工会、区慈善会和区环卫局共同出资建立的，蓬江区环卫工人读书子女助学资金的作用，把上级党政和工会的关爱送到环卫工人心坎上，蓬江区环卫局工会积极打通服务职工的最后一公里环节，在市、区两级总工会、区慈善总会的大力支持下，建立“金秋助学”长效机制，对环卫困难职工读书子女给予一定额度的资助；在发放程序中，通过个人申请，基层审核，局领导会议集体研究，务求把助学资金用到实处。自专项助学资金制度建立以来，共资助167名环卫困难职工读书子女，发放助学金35.7万元。（蓬江区环卫局工会　林慧莲）

【广东金辉华集团有限公司工会实施民心工程】　广东金辉华集团有限公司是一家建筑民营企业，2013年，公司工会以人为本，制定实施了一系列民心工程措施，调动了职工的工作积极性和创造性：指导帮助326名员工签订劳动合同，开展了工资集体协商；注重人文关怀与心理疏导，工会主席陈维民开通工会QQ专线，职工有困难可以随时找工会；关爱女职工权益和做好女职工四期保护，3月举办有82名女职工参加的“和谐工作、家庭和女性维权知识讲座”，6月举办有96名女职工参加的女性健康知识讲座；工会主席等领导经常深入一线工地，与职工群众实行零距离沟通，听取职工群众意见和了解他们的需求；经常举办各类文体活动，如三八组织集团全体女职工肇庆游、五四组织篮球赛和举办趣味运动会等；开展读书学习活动、经典诵读活动、知识交流、演讲比赛、专业知识竞赛等，营造浓厚的学习氛围；举办“道德讲堂”和学习身边好人事迹，传递诚信道德和人性道德底线正能量。通过公司拨款50万元，设立“关爱帮扶发展基金”，已帮助2名困难职工，共帮扶2.5万元；另发动职工为这2名困难职工捐款4万多元。（开平市总工会）

【潮州市潮安区交运局工委会切实做好困难职工帮扶工作】　潮安区交运局工委会高度重视困难职工帮扶工作，多形式开展帮扶活动。一是建立联系特困职工制度。工委会要求每一个工会组织要联系一户以上的下岗特困职工，建立扶持档案，从资金、技术等方面给予联系扶持；2013年共投入扶持资金2万元，为3名下岗特困职工解决实际困难。二是开展送温暖和“金秋助学”等活动。春节期间，多方筹集送温暖资金18.2万元，深入特困职工家中开展送温暖活动，慰问救助困难职工4259人；配合区总工会“金秋助学”活动，资助困难职工子女4人，让他们圆了大学梦。三是开展日常应急帮扶。对一些因病致贫的下岗特困职工，积极向区总工会反映情况，及时给予医疗救助、生活救助，全年给予日常救助12人次，救助资金1.3万元；发动局干部、职工及非公运输企业主捐款18600元及大米、食用油等物资一批，救助水运总公司下岗职工10人次。四是做好医疗保障工作。积极推广广东省职工医疗互助保障计划，参保职工50人次；协助下属企业为退休职工办理医疗保险，为下岗职工办理社会保险。（陈华昌）

企业民主管理

【河源市紫金县自来水有限责任公司厂务公开有新成效】　紫金县自来水有限责任公司2013年有会员150人。2013年，大力推行以厂务公开为主要内容的民主管理，充分调动了员工的工作积极性，公司创造全年总产值860万元的历史最好成绩的基础上，出色地完成管网改造近20公里、抗洪抢险、新水厂建设等重大任务。一是领导重视。成立以公司党支部书记、经理朱林标为组长，工会、财务、监事会等为成员的厂务公开领导小组，明确责任、各负其职、切实推进。二是制定规章，有效监督。根据公司是政府控股的有限责任公司，设有监事会，规定公司的一切财务收支须经监事会监督、审查后，由工会负责向员工公开。三是对公开的内容，虚心接受职代会的监督，允许职工发表意见，提出疑问，工会收集意见，并提出改正措施。四是规定厂务公开的时间及内容。财务收支情况每季度一次，其他政务每半年一次。主要内容包括：生产计划、企业经营、职工奖惩、福利待遇、工程项目、人事安排。通过实行厂务公开规范化，人人参与监督，消除职工的误会，理顺职工的心理，公司的实际困难得到职工的理解。

【汕尾市道路运输车辆综合性能第一监测站工会充分发挥职代会作用】 2013年，汕尾市道路运输车辆综合性能第一监测站工会充分发挥职代会作用，由职工代表讨论通过形成决议，制订一系列管理制度，并得到全体干部职工严格有效执行，健全完善干部职工的行为准则，加强内部管理，进一步提高干部职工工作的积极性和纪律性，提高工作效率。

【汕尾市实验小学工会深化校务公开制度，促进学校民主管理建设】 汕尾市实验小学工会全面贯彻落实市委、市总工会和市教育局关于做好“校务公开”工作的意见精神，积极组织实施学校校务公开和民主评议活动。2013年，学校党小组和工会向全校教职工全面公布学校党建、财务、评先、考核、教学等工作情况，做到公开内容全面准确，公开形式灵活多样，公开程序合理规范，切实发挥教职工民主参与、民主监督的作用，全面调动广大教职工的工作积极性，扎实推进学校民主管理和廉政建设。

【江门市江海区礼乐中学开展教职代会代表竞选试点】 2013年初，江门市江海区礼乐中学为进一步完善学校教职工民主管理制度，在江海区总工会指导下，开展探索拓宽教职代会代表提名渠道的试点工作，拿出一部分教职工代表大会代表名额进行公开竞选。经宣传发动，全校有12名教职员工自我提名。4月18日，这12名教职员工进行公开竞选演讲活动，着重阐述自己的竞选目的、竞选优势、当选后的工作目标，接受由区总工会、街道工会、上级教工会、兄弟学校工会和本校党政、本校工会的代表共11人组成联合评委团的打分评选，有10人获得候选资格，最后由全校教职员工投票选举为学校教职代会的正式代表。这次竞选试点，有效激发全校教职员工参与民主管理的积极性，也为其他企事业单位探索基层民主管理制度的完善提供借鉴经验。

（江海区总工会　戴宏明）

【广东三友集团公司着力加强民主管理和民主监督】 2013年，三友工会联合会围绕企业生产经营目标，积极履行工会职能，充分调动和发挥职工的积极性和创造性，推动公司各项工作的创新发展。一是做好厂务公开工作，成立股权激励机制工作小组，职工参与制定并享有企业分红激励机制，加强民主管理与民主监督。鼓励员工积极建言献策，协助集团做好《试用期员工考评管理规定》、《员工子女教育补助金申领规定》等制度公开征求意见工作，充分发挥桥梁纽带作用。二是建立良好学习氛围，有计划地组织职工参加岗位技能培训和就业知识培训，促使职工提高本岗位的业务水平和技能水平；不断完善“职工书屋”建设，开展“三友梦·我的梦”读书征文活动。三是关心职工生活，开展“困难职工送温暖”、“金秋助学”、“健康体检”；成立“三友文艺队”、组织“网球培训”、“植树活动”、“羽毛球”赛等，增强了工会活力和凝聚力。公司先后被评为“省十大书香企业”、“省厂务公开民主管理工作示范单位”、“市工会工作先进单位”。

政策法规和重要文件

国务院各部委重要意见

人力资源社会保障部关于执行《工伤保险条例》若干问题的意见

（人社部发〔2013〕34号）

各省、自治区、直辖市及新疆生产建设兵团人力资源社会保障厅（局）：

《国务院关于修改〈工伤保险条例〉的决定》（国务院令第586号）已经于2011年1月1日实施。为贯彻执行新修订的《工伤保险条例》，妥善解决实际工作中的问题，更好地保障职工和用人单位的合法权益，现提出如下意见。

一、《工伤保险条例》（以下简称《条例》）第十四条第（五）项规定的“因工外出期间”的认定，应当考虑职工外出是否属于用人单位指派的因工作外出，遭受的事故伤害是否因工作原因所致。

二、《条例》第十四条第（六）项规定的“非本人主要责任”的认定，应当以有关机关出具的法律文书或者人民法院的生效裁决为依据。

三、《条例》第十六条第（一）项“故意犯罪”的认定，应当以司法机关的生效法律文书或者结论性意见为依据。

四、《条例》第十六条第（二）项“醉酒或者吸毒”的认定，应当以有关机关出具的法律文书或者人民法院的生效裁决为依据。无法获得上述证据的，可以结合相关证据认定。

五、社会保险行政部门受理工伤认定申请后，发现劳动关系存在争议且无法确认的，应告知当事人可以向劳动人事争议仲裁委员会申请仲裁。在此期间，作出工伤认定决定的时限中止，并书面通知申请工伤认定的当事人。劳动关系依法确认后，当事人应将有关法律文书送交受理工伤认定申请的社会保险行政部门，该部门自收到生效法律文书之日起恢复工伤认定程序。

六、符合《条例》第十五条第（一）项情形的，职工所在用人单位原则上应自职工死亡之日起5个工作日内向用人单位所在统筹地区社会保险行政部门报告。

七、具备用工主体资格的承包单位违反法律、法规规定，将承包业务转包、分包给不具备用工主体资格的组织或者自然人，该组织或者自然人招用的劳动者从事承包业务时因工伤亡的，由该具备用工主体资格的承包单位承担用人单位依法应承担的工伤保险责任。

八、曾经从事接触职业病危害作业、当时没有发现罹患职业病、离开工作岗位后被诊断或鉴定为职业病的符合下列条件的人员，可以自诊断、鉴定为职业病之日起一年内申请工伤认定，社会保险行政部门应当受理：

（一）办理退休手续后，未再从事接触职业病危害作业的退休人员；

（二）劳动或聘用合同期满后或者本人提出而解除劳动或聘用合同后，未再从事接触职业病危害作业的人员。

经工伤认定和劳动能力鉴定，前款第（一）项人员符合领取一次性伤残补助金条件的，按就高原则以本人退休前12个月平均月缴费工资或者确诊职业病前12个月的月平均养老金为基数计发。前款第（二）项人员被鉴定为一级至十级伤残、按《条例》规定应以本人工资作为基数享受相关待遇的，按本人终止或者解除劳动、聘用合同前12个月平均月缴费工资计发。

九、按照本意见第八条规定被认定为工伤的职业病人员，职业病诊断证明书（或职业病诊断鉴定书）中明确的用人单位，在该职工从业期间依法为其缴纳工伤保险费的，按《条例》的规定，分别由工伤保险基金和用人单位支付工伤保险待遇；未依法为该职工缴纳工伤保险费的，由用人单位按照《条例》规定的相关项目和标准支付待遇。

十、职工在同一用人单位连续工作期间多次发生工伤的，符合《条例》第三十六、第三十七条规定领取相关待遇时，按照其在同一用人单位发生工伤的最高伤残级别，计发一次性伤残就业补助金和一次性工伤医疗补助金。

十一、依据《条例》第四十二条的规定停止支付工伤保险待遇的，在停止支付待遇的情形消失后，自下月起恢复工伤保险待遇，停止支付的工伤保险待遇不予补发。

十二、《条例》第六十二条第三款规定的“新发生的费用”，是指用人单位职工参加工伤保险前发生工伤的，在参加工伤保险后新发生的费用。

十三、由工伤保险基金支付的各项待遇应按《条例》相关规定支付，不得采取将长期待遇改为一次性支付的办法。

十四、核定工伤职工工伤保险待遇时，若上一年度相关数据尚未公布，可暂按前一年度的全国城镇居民人均可支配收入、统筹地区职工月平均工资核定和计发，待相关数据公布后再重新核定，社会保险经办机构或者用人单位予以补发差额部分。

本意见自发文之日起执行，此前有关规定与本意见不一致的，按本意见执行。执行中有重大问题，请及时报告我部。

中华全国总工会重要文件和通知

中国工会章程

（中国工会第十六次全国代表大会部分修改，2013年10月22日通过）

总　则

中国工会是中国共产党领导的职工自愿结合的工人阶级群众组织，是党联系职工群众的桥梁和纽带，是国家政权的重要社会支柱，是会员和职工利益的代表。

中国工会以宪法为根本活动准则，按照《中华人民共和国工会法》和本章程独立自主地开展工作，依法行使权利和履行义务。

工人阶级是我国的领导阶级，是先进生产力和生产关系的代表，是改革开放和社会主义现代化建设的主力军，是维护社会安定的强大而集中的社会力量。中国工会高举中国特色社会主义伟大旗帜，以马克思列宁主义、毛泽东思想、邓小平理论、“三个代表”重要思想、科学发展观为指导，贯彻执行党的以经济建设为中心，坚持四项基本原则，坚持改革开放的基本路线，坚定不移地走中国特色社会主义工会发展道路，推动党的全心全意依靠工人阶级的根本指导方针的贯彻落实，全面履行工会的社会职能，在维护全国人民总体利益的同时，更好地表达和维护职工的具体利益，团结和动员全国职工自力更生、艰苦创业，坚持和发展中国特色社会主义，为全面建成小康社会、把我国建设成为富强民主文明和谐的社会主义现代化国家、实现中华民族伟大复兴的中国梦而奋斗。

中国工会的基本职责是维护职工合法

权益。

中国工会动员和组织职工积极参加建设和改革，努力促进经济、政治、文化、社会和生态文明建设；代表和组织职工参与国家和社会事务管理，参与企业、事业单位和机关的民主管理；教育职工不断提高思想道德素质和科学文化素质，建设有理想、有道德、有文化、有纪律的职工队伍，不断发展工人阶级先进性。

中国工会坚持组织起来、切实维权的工作方针，坚持以职工为本，主动依法科学维权的维权观，促进完善社会主义劳动法律，维护职工的经济、政治、文化和社会权利，参与协调劳动关系和社会利益关系，努力构建和谐劳动关系，促进经济发展和社会的长期稳定，为构建社会主义和谐社会作贡献。

中国工会维护工人阶级领导的、以工农联盟为基础的人民民主专政的社会主义国家政权，协助人民政府开展工作，依法发挥民主参与和社会监督作用。

中国工会在企业、事业单位中，按照促进企事业发展、维护职工权益的原则，支持行政依法行使管理权力，组织职工参加民主管理和民主监督，与行政方面建立协商制度，保障职工的合法权益，调动职工的积极性，促进企业、事业的发展。

中国工会实行产业和地方相结合的组织领导原则，坚持民主集中制。

中国工会坚持以改革创新精神加强自身建设，坚持群众化、民主化，保持同会员群众的密切联系，依靠会员群众开展工会工作。各级工会领导机关坚持把工作重点放到基层，全心全意为基层、为职工服务，增强基层工会的活力，把工会建设成为深受职工群众信赖的学习型、服务型、创新型“职工之家”。

工会兴办的企业、事业，坚持为改革开放和发展社会生产力服务，为职工群众服务，为推进工运事业服务。

中国工会努力巩固和发展工农联盟，坚持爱国统一战线，加强包括香港特别行政区同胞、澳门特别行政区同胞、台湾同胞和海外侨胞在内的全国各族人民的大团结，促进祖国的统一、繁荣和富强。

中国工会在国际事务中坚持独立自主、互相尊重、求同存异、加强合作、增进友谊的方针，在独立、平等、互相尊重、互不干涉内部事务的原则基础上，广泛建立和发展同国际和各国工会组织的友好关系，推动形成公正合理、民主和谐的国际工运新秩序，同全世界工人和工会一起，为世界的和平、发展、工人权益和社会进步而共同努力。

第一章　会员

第一条　凡在中国境内的企业、事业单位、机关和其他社会组织中，以工资收入为主要生活来源或者与用人单位建立劳动关系的体力劳动者和脑力劳动者，不分民族、种族、性别、职业、宗教信仰、教育程度，承认工会章程，都可以加入工会为会员。

第二条　职工加入工会，由本人自愿申请，经工会基层委员会批准并发给会员证。

第三条　会员享有以下权利：

（一）选举权、被选举权和表决权。

（二）对工会工作进行监督，提出意见和建议，要求撤换或者罢免不称职的工会工作人员。

（三）对国家和社会生活问题及本单位工作提出批评与建议，要求工会组织向有关方面如实反映。

（四）在合法权益受到侵犯时，要求工会给予保护。

（五）工会提供的文化、教育、体育、旅游、疗休养事业、生活救助、法律服务、就业服务等优惠待遇；工会给予的各种奖励。

（六）在工会会议和工会媒体上，参加

关于工会工作和职工关心问题的讨论。

第四条　会员履行下列义务：

（一）学习政治、经济、文化、法律、科学、技术和工会基本知识。

（二）积极参加民主管理，努力完成生产和工作任务。

（三）遵守宪法和法律，践行社会主义核心价值观，维护社会公德和职业道德，遵守劳动纪律。

（四）正确处理国家、集体、个人三者利益关系，向危害国家、社会利益的行为作斗争。

（五）维护中国工人阶级和工会组织的团结统一，发扬阶级友爱，搞好互助互济。

（六）遵守工会章程，执行工会决议，参加工会活动，按月交纳会费。

第五条　会员组织关系随劳动（工作）关系变动，凭会员证明接转。

第六条　会员有退会自由。会员退会由本人向工会小组提出，由工会基层委员会宣布其退会并收回会员证。

会员没有正当理由连续六个月不交纳会费、不参加工会组织生活，经教育拒不改正，应当视为自动退会。

第七条　对不执行工会决议、违反工会章程的会员，给予批评教育。对严重违法犯罪并受到刑事处分的会员，开除会籍。开除会员会籍，须经工会小组讨论，提出意见，由工会基层委员会决定，报上一级工会备案。

第八条　会员离休、退休和失业，可保留会籍。保留会籍期间免交会费。

工会组织要关心离休、退休和失业会员的生活，积极向有关方面反映他们的愿望和要求。

第二章　组织制度

第九条　中国工会实行民主集中制，主要内容是：

（一）个人服从组织，少数服从多数，下级组织服从上级组织。

（二）工会的各级领导机关，除它们派出的代表机关外，都由民主选举产生。

（三）工会的最高领导机关，是工会的全国代表大会和它所产生的中华全国总工会执行委员会。工会的地方各级领导机关，是工会的地方各级代表大会和它所产生的总工会委员会。

（四）工会各级委员会，向同级会员大会或者会员代表大会负责并报告工作，接受会员监督。会员大会和会员代表大会有权撤换或者罢免其所选举的代表和工会委员会组成人员。

（五）工会各级委员会，实行集体领导和分工负责相结合的制度。凡属重大问题由委员会民主讨论，作出决定，委员会成员根据集体的决定和分工，履行自己的职责。

（六）工会各级领导机关，经常向下级组织通报情况，听取下级组织和会员的意见，研究和解决他们提出的问题。下级组织向上级组织请示报告工作。

第十条　工会各级代表大会的代表和委员会的产生，要充分体现选举人的意志。候选人名单，要反复酝酿，充分讨论。选举采用无记名投票方式，可以直接采用候选人数多于应选人数的差额选举办法进行正式选举，也可以先采用差额选举办法进行预选，产生候选人名单，然后进行正式选举。任何组织和个人，不得以任何方式强迫选举人选举或不选举某个人。

第十一条　中国工会实行产业和地方相结合的组织领导原则。同一企业、事业单位、机关和其他社会组织中的会员，组织在一个工会基层组织中；同一行业或者性质相近的几个行业，根据需要建立全国的或者地方的产业工会组织。除少数行政管理体制实行垂直管理的产业，其产业工会实行产业工会和地方工会双重领导，以产业工会领导为主外，其他产业工会均实行以地方工会领导为主，同时接受上级产业工会领导的体制。各产业工会的领导体制，由中华全国总工会确定。

省、自治区、直辖市，设区的市和自治州，县（旗）、自治县、不设区的市建立地方总工会。地方总工会是当地地方工会组织和产业工会地方组织的领导机关。全国建立统一的中华全国总工会。中华全国总工会是各级地方总工会和各产业工会全国组织的领导机关。

中华全国总工会执行委员会委员和产业工会全国委员会委员实行替补制，各级地方总工会委员会委员和地方产业工会委员会委员，也可以实行替补制。

第十二条　县和县以上各级地方总工会委员会，根据工作需要可以派出代表机关。

县和县以上各级工会委员会，在两次代表大会之间，认为有必要时，可以召集代表会议，讨论和决定需要及时解决的重大问题。代表会议代表的名额和产生办法，由召集代表会议的总工会决定。

全国产业工会、各级地方产业工会、乡镇工会和城市街道工会的委员会，可以按照联合制、代表制原则，由下一级工会组织民主选举的主要负责人和适当比例的有关方面代表组成。

上级工会可以派员帮助和指导用人单位的职工组建工会。

第十三条　各级工会代表大会选举产生同级经费审查委员会。中华全国总工会经费审查委员会设常务委员会，省、自治区、直辖市总工会经费审查委员会和独立管理经费的全国产业工会经费审查委员会，应当设常务委员会。经费审查委员会负责审查同级工会组织及其直属企业、事业单位的经费收支和资产管理情况，监督财经法纪的贯彻执行和工会经费的使用，并接受上级工会经费审查委员会的指导。工会经费审查委员会向同级会员大会或会员代表大会负责并报告工作；在大会闭会期间，向同级工会委员会负责并报告工作。

上级经费审查委员会应当对下一级工会及其直属企业、事业单位的经费收支和资产管理情况进行审查。

中华全国总工会经费审查委员会委员实行替补制，各级地方总工会经费审查委员会委员和独立管理经费的产业工会经费审查委员会委员，也可以实行替补制。

第十四条　各级工会建立女职工委员会，表达和维护女职工的合法权益。女职工委员会由同级工会委员会提名，在充分协商的基础上组成或者选举产生，女职工委员会与工会委员会同时建立，在同级工会委员会领导下开展工作。企业工会女职工委员会是县或者县以上妇联的团体会员，通过县以上地方工会接受妇联的业务指导。

第十五条　县和县以上各级工会组织应当建立法律服务机构，为保护职工和工会组织的合法权益提供服务。

各级工会组织应当组织和代表职工开展劳动法律监督。

第十六条　成立或者撤销工会组织，必须经会员大会或者会员代表大会通过，并报上一级工会批准。工会基层组织所在的企业终止，或者所在的事业单位、机关和其他社会组织被撤销，该工会组织相应撤销，并报上级工会备案。其他组织和个人不得随意撤销工会组织，也不得把工会组织的机构撤销、合并或者归属其他工作部门。

第三章　全国组织

第十七条　中国工会全国代表大会，每五年举行一次，由中华全国总工会执行委员会召集。在特殊情况下，由中华全国总工会执行委员会主席团提议，经执行委员会全体会议通过，可以提前或者延期举行。代表名额和代表选举办法由中华全国总工会决定。

第十八条　中国工会全国代表大会的职权是：

（一）审议和批准中华全国总工会执行委员会的工作报告。

（二）审议和批准中华全国总工会执行委员会的经费收支情况报告和经费审查委员会的工作报告。

（三）修改中国工会章程。

（四）选举中华全国总工会执行委员会和经费审查委员会。

第十九条　中华全国总工会执行委员会，在全国代表大会闭会期间，负责贯彻执行全国代表大会的决议，领导全国工会工作。

执行委员会全体会议选举主席一人、副主席若干人、主席团委员若干人，组成主席团。

执行委员会全体会议由主席团召集，每年至少举行一次。

第二十条　中华全国总工会执行委员会全体会议闭会期间，由主席团行使执行委员会的职权。主席团全体会议，由主席召集。

主席团闭会期间，由主席、副主席组成的主席会议行使主席团职权。主席会议由中华全国总工会主席召集并主持。

主席团下设书记处，由主席团在主席团成员中推选第一书记一人，书记若干人组成。书记处在主席团领导下，主持中华全国总工会的日常工作。

第二十一条　产业工会全国组织的设置，由中华全国总工会根据需要确定。

产业工会全国委员会的建立，经中华全国总工会批准，可以按照联合制、代表制原则组成，也可以由产业工会全国代表大会选举产生。全国委员会每届任期五年。任期届满，应当如期召开会议，进行换届选举。在特殊情况下，经中华全国总工会批准，可以提前或者延期举行。

产业工会全国代表大会和按照联合制、代表制原则组成的产业工会全国委员会全体会议的职权是：审议和批准产业工会全国委员会的工作报告；选举产业工会全国委员会或者产业工会全国委员会常务委员会。独立管理经费的产业工会，选举经费审查委员会，并向产业工会全国代表大会或者委员会全体会议报告工作。产业工会全国委员会常务委员会由主席一人、副主席若干人、常务委员若干人组成。

第四章　地方组织

第二十二条　省、自治区、直辖市，设区的市和自治州，县（旗）、自治县、不设区的市的工会代表大会，由同级总工会委员会召集，每五年举行一次。在特殊情况下，由同级总工会委员会提议，经上一级工会批准，可以提前或者延期举行。工会的地方各级代表大会的职权是：

（一）审议和批准同级总工会委员会的工作报告。

（二）审议和批准同级总工会委员会的经费收支情况报告和经费审查委员会的工作报告。

（三）选举同级总工会委员会和经费审查委员会。

各级地方总工会委员会，在代表大会闭会期间，执行上级工会的决定和同级工会代表大会的决议，领导本地区的工会工作，定期向上级总工会委员会报告工作。

根据工作需要，省、自治区总工会可在地区设派出代表机关。直辖市和设区的市总工会可在区建立区一级工会组织或者设派出代表机关。

县和城市的区可在乡镇和街道建立乡镇工会和街道工会组织，具备条件的，建立总工会。

第二十三条　各级地方总工会委员会选举主席一人、副主席若干人、常务委员若干人，组成常务委员会。工会委员会、常务委员会和主席、副主席以及经费审查委员会的选举结果，报上一级总工会批准。

各级地方总工会委员会全体会议，每年至少举行一次，由常务委员会召集。各级地方总工会常务委员会，在委员会全体会议闭会期间，行使委员会的职权。

第二十四条　各级地方产业工会组织的设置，由同级地方总工会根据本地区的实际情况确定。

第五章　基层组织

第二十五条　企业、事业单位、机关和其他社会组织等基层单位，应当依法建立工会组织。社区和行政村可以建立工会组织。有会员二十五人以上的，应当成立工会基层委员会；不足二十五人的，可以单独建立工会基层委员会，也可以由两个以上单位的会员联合建立工会基层委员会，也可以选举组织员或者工会主席一人，主持基层工会工作。工会基层委员会有女会员十人以上的建立女职工委员会，不足十人的设女职工委员。

职工二百人以上企业、事业单位的工会设专职工会主席。工会专职工作人员的人数由工会与企业、事业单位协商确定。

基层工会具备法人条件，依法取得社团法人资格，工会主席为法定代表人。

第二十六条　工会基层组织的会员大会或者会员代表大会，每年至少召开一次。经基层工会委员会或者三分之一以上的工会会员提议，可以临时召开会员大会或者会员代表大会。工会会员在一百人以下的基层工会应当召开会员大会。

工会会员大会或者会员代表大会的职权是：

（一）审议和批准工会基层委员会的工作报告。

（二）审议和批准工会基层委员会的经费收支情况报告和经费审查委员会的工作报告。

（三）选举工会基层委员会和经费审查委员会。

（四）撤换或者罢免其所选举的代表或者工会委员会组成人员。

（五）讨论决定工会工作的重大问题。

工会基层委员会和经费审查委员会每届任期三年至五年，具体任期由会员大会或者会员代表大会决定。任期届满，应当如期召开会议，进行换届选举。在特殊情况下，经上一级工会批准，可以提前或者延期举行。

会员代表大会的代表实行常任制，任期与本单位工会委员会相同。

第二十七条　工会基层委员会的委员，应当在会员或者会员代表充分酝酿协商的基础上选举产生；主席、副主席，可以由会员大会或者会员代表大会直接选举产生，也可以由工会基层委员会选举产生。大型企业、事业单位的工会委员会，根据工作需要，经上级工会委员会批准，可以设立常务委员会。工会基层委员会、常务委员会和主席、副主席以及经费审查委员会的选举结果，报上一级工会批准。

第二十八条　工会基层委员会的基本任务是：

（一）执行会员大会或者会员代表大会的决议和上级工会的决定，主持基层工会的日常工作。

（二）代表和组织职工依照法律规定，通过职工代表大会、厂务公开和其他形式，参加本单位民主管理和民主监督。企业、事业单位工会委员会是职工代表大会工作机构，负责职工代表大会的日常工作，检查、督促职工代表大会决议的执行。

（三）参与协调劳动关系和调解劳动争

议，与企业、事业单位行政方面建立协商制度，协商解决涉及职工切身利益问题。帮助和指导职工与企业、事业单位行政方面签订和履行劳动合同，代表职工与企业、事业单位行政方面签订集体合同或者其他专项协议，并监督执行。

（四）组织职工开展劳动竞赛、合理化建议、技术革新和技术协作等活动，总结推广先进经验。做好先进生产（工作）者和劳动模范的评选、表彰、培养和管理服务工作。

（五）对职工进行思想政治教育，鼓励支持职工学习文化科学技术和管理知识，开展健康的文化体育活动。推进企业文化职工文化建设，办好工会文化、教育、体育事业。

（六）监督有关法律、法规的贯彻执行。协助和督促行政方面做好工资、劳动安全卫生和社会保险等方面的工作，办好职工集体福利事业，改善职工生活，对困难职工开展帮扶。依法参与劳动安全卫生事故的调查处理。

（七）维护女职工的特殊利益，同歧视、虐待、摧残、迫害女职工的现象作斗争。

（八）搞好工会组织建设，健全民主制度和民主生活。建立和发展工会积极分子队伍。做好会员的发展、接收、教育和会籍管理工作。加强职工之家建设。

（九）收好、管好、用好工会经费，管理好工会资产和工会的企业、事业。

第二十九条　教育、科研、文化、卫生、体育等事业单位和机关工会，从脑力劳动者比较集中的特点出发开展工作，积极了解和关心职工的思想、工作和生活，推动党的知识分子政策的贯彻落实。组织职工搞好本单位的民主管理和民主监督，为发挥职工的聪明才智，创造良好的条件。

第三十条　工会基层委员会根据工作需要，可以在分厂、车间（科室）建立分厂、车间（科室）工会委员会。分厂、车间（科室）工会委员会由分厂、车间（科室）会员大会或者会员代表大会选举产生，任期和工会基层委员会相同。

工会基层委员会和分厂、车间（科室）委员会，可以根据需要设若干专门委员会或者专门小组。

按照生产（行政）班组建立工会小组，民主选举工会小组长，积极开展工会小组活动。

第六章　工会干部

第三十一条　各级工会组织按照革命化、年轻化、知识化、专业化的要求，努力建设一支坚持党的基本路线，熟悉本职业务，热爱工会工作，受到职工信赖的干部队伍。

第三十二条　工会干部要努力做到：

（一）认真学习马克思列宁主义、毛泽东思想、邓小平理论、“三个代表”重要思想和科学发展观，学习经济、法律和工会业务知识。

（二）执行党的基本路线和各项方针政策，遵守国家法律、法规，在改革开放和社会主义现代化建设中勇于开拓创新。

（三）忠于职守，勤奋工作，廉洁奉公，顾全大局，维护团结。

（四）坚持实事求是，认真调查研究，如实反映职工的意见、愿望和要求。

（五）坚持原则，不谋私利，热心为职工说话办事，依法维护职工的合法权益。

（六）作风民主，联系群众，自觉接受职工群众的批评和监督。

第三十三条　各级工会组织根据有关规定管理工会干部，重视培养和选拔青年干部、妇女干部、少数民族干部，成为培养干部的重要基地。

基层工会主席、副主席任期未满不得随

意调动其工作。因工作需要调动时，应事先征得本级工会委员会和上一级工会同意。

第三十四条　各级工会组织建立与健全干部培训制度。办好工会干部院校和各种培训班。

第三十五条　各级工会组织关心工会干部的思想、学习和生活，督促落实相应的待遇，支持他们的工作，坚决同打击报复工会干部的行为作斗争。

县和县以上工会设立工会干部权益保障金，保障工会干部依法履行职责。

县和县以上工会可以为基层工会选派、聘用工作人员。

第七章　工会经费和资产

第三十六条　工会经费的来源：

（一）会员缴纳的会费。

（二）企业、事业单位、机关和其他社会组织按全部职工工资总额的百分之二向工会拨缴的经费或者建会筹备金。

（三）工会所属的企业、事业单位上缴的收入。

（四）人民政府和企业、事业单位、机关和其他社会组织的补助。

（五）其他收入。

第三十七条　县和县以上各级工会应当与税务、财政等有关部门合作，依照规定做好工会经费收缴和应当由财政负担的工会经费拨缴工作。

未成立工会的企业、事业单位、机关和其他社会组织，按工资总额的百分之二向上级工会拨缴工会建会筹备金。

具备社团法人资格的工会可以设立独立经费账户。

第三十八条　工会资产是社会团体资产，中华全国总工会对各级工会的资产拥有终极所有权。各级工会应当加强对工会资产的监督、管理，保护工会资产不受损害，促进工会资产保值增值。根据经费独立原则，建立预算、决算、资产监管和经费审查监督制度。实行“统一领导、分级管理”的财务体制、“统一所有、分级监管、单位使用”的资产监管体制和“统一领导、分级管理、分级负责”的经费审查监督体制。工会经费、资产的管理和使用办法以及工会经费审查监督制度，由中华全国总工会制定。

第三十九条　各级工会委员会按照规定编制和审批预算、决算，定期向会员大会或者会员代表大会和上一级工会委员会报告经费收支和资产管理情况，接受上级和同级工会经费审查委员会审查监督。

第四十条　工会经费、资产和国家及企业、事业单位等拨给工会的不动产和拨付资金形成的资产受法律保护，任何单位和个人不得侵占、挪用和任意调拨；不经批准，不得改变工会所属企业、事业单位的隶属关系和产权关系。

工会组织合并，其经费资产归合并后的工会所有；工会组织撤销或者解散，其经费资产由上级工会处置。

第八章　会徽

第四十一条　中国工会会徽，选用汉字“中”、“工”两字，经艺术造型呈圆形重叠组成，并在两字外加一圆线，象征中国工会和中国工人阶级的团结统一。会徽的制作标准，由中华全国总工会规定。

第四十二条　中国工会会徽，可在工会办公地点、活动场所、会议会场悬挂，可作为纪念品、办公用品上的工会标志，也可以作为徽章佩戴。

第九章　附则

第四十三条　本章程解释权属于中华全国总工会。

中华全国总工会办公厅关于印发《工会财务会计管理规范》（修订）的通知

（2013 年 5 月 23 日）

各省、自治区、直辖市总工会，中华全国铁路总工会、中国民航工会全国委员会、中国金融工会全国委员会，中共中央直属机关工会联合会、中央国家机关工会联合会：

为进一步加强工会财务会计管理工作规范化建设，形成长效机制，全国总工会对2009 年印发的《工会财务会计管理规范》进行了修订。现印发给你们，请认真贯彻实施，并将执行中遇到的问题及时报告全国总工会财务部。

工会财务会计管理规范

为切实加强各级工会财务会计管理，规范财务会计行为，提高资金使用效益，保证资金安全，根据国家有关法律法规和工会财务会计制度，制定本规范。

第一章　指导思想和总体目标

第一条　指导思想。以邓小平理论、“三个代表”重要思想和科学发展观为指导，全面推进工会财务会计管理规范化，切实提高工会财务会计管理水平，收好、管好、用好工会经费，为工会工作的开展提供可靠的物质保障。

第二条　总体目标。各级工会应在初步达到规范化要求的基础上，不断完善工会财务会计管理规范化工作，使之制度化、常态化、长期化，形成工会财务会计规范管理的长效机制。

第二章　工会财务会计管理规范

第三条　按照《会计法》、《会计基础工作规范》以及全国总工会的有关规定设置财务会计机构、配备业务素质相适应的会计人员。

第四条　设置会计人员工作岗位并明确工作职责。

第五条　会计人员的任免符合法定手续。会计人员调动或离职按照国家有关规定办理交接手续。

第六条　会计工作人员持有会计从业资格证书，每年接受继续教育培训。

第七条　各级工会应当根据财务会计业务的需要，建立健全内部财务会计管理制度。主要包括：收支预算、决算制度，货币资金管理制度，票据管理制度，财务收支管理制度，专项资金管理制度，债权债务管理制度，账务处理程序制度，内部会计控制制度，经费定额管理制度，财产清查制度，财务会计分析制度，岗位责任制度，会计档案管理制度等。

第八条　严格遵守《预算法》等法律法规以及《工会预算管理办法》。

第九条　各级工会要按照《工会预算管理办法》编制工会经费预算、决算和组织预算执行；县级和县级以上工会要按照政府财政部门的要求编制政府补助资金部门预算、决算。预算编制做到程序规范、方法科学、编制及时、内容完整、项目细化、数据准确。

第十条　各级工会按照规定及时、足额拨缴工会经费。依法取得的各项收入全部列入预算。

第十一条　厉行节约，有效控制“三公经费”等行政支出。

第十二条　严肃财经纪律，没有“小金库”或账外设账行为。

第十三条　根据批复的预算安排各项收支，确保预算严格有效的执行。调整或追加预算，严格履行规定的程序。决算真实、完整、准确、及时。

第十四条　年度预算、决算按照规定程序审核、报批。实行预算绩效管理，建立“预算编制有目标、预算执行有监控、预算完成有评价、评价结果有反馈、反馈结果有应用”的全过程预算绩效管理和责任追究制度。

第十五条　按照《会计法》、《会计基础工作规范》、《工会会计制度》等规定建账。

第十六条　原始凭证的格式、内容、填制方法、审核程序等符合国家有关规定和工会会计制度的要求。

第十七条　记账凭证内容、填制方法、所附原始凭证、更正错误方法等符合国家有关规定和工会会计制度的要求，经有关人员签章，字迹清楚，装订整齐。

第十八条　会计账簿设置齐全，有总账、明细账（如各类收入明细账、各类支出明细账、拨缴经费收入台账、固定资产明细账、往来款项明细账等）、日记账（现金日记账、银行存款日记账），设有必要的辅助账簿（如财政划拨、税务代收工会经费辅助账等）和备查账簿（如低值易耗品、呆坏账处理备查账等）。各类账簿的启用、登记、结账、错误更正方法符合国家有关规定和工会会计制度，记账及时，文字规范。

第十九条　定期对会计账簿记录的有关数字与库存实物、货币资金、有价证券、往来单位或个人等进行相互核对，保证账证相符（会计账簿记录与原始凭证、记账凭证相符）、账账相符（不同会计账簿之间的账簿记录相符）、账实相符（会计账簿记录与财产等实有数额相符）。

第二十条　按照《工会会计制度》的规定，根据经过审核的记账凭证登记会计账簿，编制会计报表。

第二十一条　财务报告数字真实、计算准确、内容完整、说明清楚、报送及时，并经分管财务的工会主席、财务负责人审阅并签章。

第二十二条　实行会计电算化的单位，根据财政部《会计电算化工作规范》的要求，制定本单位会计电算化实施工作的具体方案，做好会计电算化工作。

第二十三条　用于账务处理的计算机应保证财务会计工作专用，不能联入单位局域网及互联网；需要联网的，应通过物理隔离等技术，保证账务数据的安全。

第二十四条　账务处理等电子数据定期备份。

第二十五条　下级工会财务软件、报表软件应能满足上级工会数据上报、报表上报的要求。

第二十六条　按照《工会法》和中国人民银行关于规范人民币银行结算账户管理的有关规定，开立银行账户，实行工会经费独立核算。

第二十七条　现金管理符合《现金管理暂行条例》；银行存款管理符合《人民币银行结算账户管理办法》；支付结算符合《支付结算办法》。

第二十八条　没有下列违反人民币银行结算账户管理规定的行为：擅自多头开设银行结算账户；将单位款项以个人名义在金融机构存储；出租、出借银行账户。

第二十九条　按照不相容职务相分离的原则，明确相关岗位的职责权限，确保不相容岗位相互分离、制约和监督。

第三十条　出纳人员不得兼任稽核、会计档案保管和收入、支出、费用、债权债务账目的登记工作。

第三十一条　单位不得由一人办理货币资金业务的全过程。

第三十二条　建立严格的经费开支程序和授权批准制度，明确授权批准的范围、权限、程序、责任和相关控制措施，做到申请、经办、证明、验收、审核、签批等经费开支手续完备，原始凭证合法有效，相关附件齐全。

第三十三条　重大资金支出实行集体决策和审批，并建立责任追究制度。

第三十四条　财务专用章由专人保管，个人名章由本人或其授权人保管。严禁一人保管支付款项所需的全部印章。

第三十五条　发票、收据等各种票据由不直接经办货币资金收付的人员保管，申领、启用、核销、销毁履行规定手续。

第三十六条　发票、收据做到手续清、账目清、责任清；使用专柜、专账、专表；防火、防盗、防霉烂损毁、防虫蛀鼠咬、防丢失；不准相互转借、转让，不准擅自处理空白联和其它质量残次的无效联。

第三十七条　银行票据明确购买、保管、领用、背书转让、注销等环节的职责权限和程序，设置登记簿进行记录。

第三十八条　严格按照财政部、全国总工会的规定管理和使用“工会经费收入专用收据”。

第三十九条　会计凭证、会计账簿、会计报表和其它会计资料按照国家有关规定，定期整理归档，妥善保管，调阅和销毁符合规定手续。

第三章　附则

第四十条　各级工会要加强对工会财务会计管理规范化建设的组织领导，建立健全长效机制。按照“统一领导，分级管理”的财务体制，全国总工会财务部负责对省级工会财务会计管理规范化的指导和检查。省级工会财务部门负责对本地区、本产业工会财务会计管理规范化的指导和检查。省、市级工会财务部门要加强对县级工会、乡镇（街道）工会和基层工会财务会计管理规范化的指导和检查，将工会财务会计规范化建设纳入工会财务竞赛考核指标。

第四十一条　各级工会要根据本规范，结合本单位的实际情况，制定具体实施办法。

第四十二条　本规范自发布之日起执行，2009年11月以中华全国总工会办公厅名义印发的《工会财务会计管理规范》（总工办发〔2009〕32号）同时废止。

中华全国总工会、司法部关于进一步加强工会公职律师试点工作的意见

（2013年12月4日）

工会公职律师制度建立实施以来，有效地发挥了工会法律专业人才的作用，在强化工会依法维护职工合法权益、依法开展工会工作、构建和谐稳定劳动关系方面取得了明显成效。为进一步深化工会公职律师试点工作，完善工会公职律师制度，加大工会组织和司法行政机关的业务管理和工作指导力度，根据《司法部关于开展公职律师试点工作的意见》（司发通〔2002〕80号）、《工会公职律师试点工作方案》和《工会公职律师管理办法》（试行）（总工发〔2006〕27号）的有关规定，提出以下意见。

一、充分认识工会公职律师制度的意义，高度重视工会公职律师试点工作。工会公职律师制度是发挥工会法律人才专业优势、提升工会服务职工能力的有效平台，是切实维护职工和工会组织合法权益、推进依法治国基本方略的重要举措。工会公职律师制度作为一项长效机制，必须常抓不懈，稳步推进，为工会组织优化法律人才结构、实现主动依法科学维权提供有力支撑。各地县级以上工会要把工会公职律师试点工作作为一项重要的基础性工作，作为市场经济条件下有效维护职工合法权益的重要手段和保障机制，认真贯彻执行相关文件规定，全面落实工会公职律师制度。司法行政机关要积极

支持工会开展公职律师试点工作。

二、切实做好工会公职律师组织管理，建立健全工会公职律师制度。各地县级以上工会要对具备律师资格或法律职业资格的工作人员情况进行核实，凡有人员具备资格的，均纳入工会公职律师试点范围。纳入试点的工会应当在法律工作部门或综合部门设立专门机构或指定专人，负责本级工会公职律师的申报、培训、监督、考核等事务。省级和地市级工会要建立工会公职律师档案管理制度和信息报送制度，每年对本地工会公职律师试点工作情况进行总结，于翌年3月底前报送上一级工会，并抄送同级司法行政机关。省级工会还要加强对本地区工会公职律师试点工作的统一组织协调，制定本省工会公职律师管理考核办法，加强监督管理，对表现优秀的工会公职律师，采取有效措施给予鼓励。司法行政机关要加强对工会公职律师的资质管理和业务指导监督，指导工会做好公职律师年度考核工作，并指导律师协会加大对工会公职律师的会员管理和执业保障力度。

三、持续强化工会公职律师队伍建设，充分发挥工会公职律师专业特长。各地县级以上工会要加强工会公职律师队伍建设，鼓励、支持工作人员考取法律职业资格证书，同时招聘更多具备律师资格或法律职业资格的社会人士加入工会公职律师队伍。对符合《工会公职律师试点工作方案》中工会公职律师任职条件的工作人员，及时向所在地司法行政机关申请办理公职律师证书。要建立健全工会公职律师执业制度，制定量化考核指标，进一步明确其业务职责，不断规范其执业行为。要为工会公职律师提供更多平台和机会，推动其为工会参与立法和制定规范性文件提供意见建议，并全面参与劳动法律监督、工资集体协商、劳动争议调处、职工法律援助、普法宣传等各项工作。定期安排工会公职律师到职工服务中心或法律援助机构提供咨询、代书、代理等法律服务，委派其承办维护职工或工会组织权益案件的调解、仲裁或诉讼等事务。

四、努力改善工会公职律师执业条件，切实保障工会公职律师执业经费。各地县级以上工会组织要继续扩大工会经费用于法律援助的比例，同时积极争取财政资金对工会法律援助工作的支持。要在工会法律援助工作经费中设立工会公职律师执业专项经费，制定经费使用办法，列支本级工会公职律师办案经费和办案补贴。办案经费实报实销，包括：工会公职律师在办理法律援助案件过程中产生的调查取证、司法鉴定、文书印制、通讯、差旅等办案费用。办案补贴以案件数量为计算单位，每案补贴数额可参照同级司法行政机关给予法律援助律师的办案补贴标准确定。疑难复杂案件和群体性案件的办案补贴，根据具体情况酌情确定。

五、规范申领工会公职律师执业许可，积极支持工会公职律师开展服务。省级和地市级司法行政机关要继续做好工会公职律师证书办理工作。地市级和县级工会申请办理公职律师证书，应当向设区的市级或者直辖市的区级司法局提出申请。受理申请的司法局应当自受理之日起20日内予以审查，并将审查意见和全部申请材料报送省级司法厅（局）。省级司法厅（局）应当自收到报送材料之日起10日内予以审核，作出是否准予执业的决定。省级工会申请办理公职律师证书，应当向省级司法（厅）局提出申请。省级司法（厅）局应当自受理之日起15日内予以审核，作出是否准予执业的决定。各级司法行政机关按照司法部批准的《工会公职律师试点工作方案》和《工会公职律师管理办法》（试行）的规定及本意见的要求，按规定的条件、程序和时限认真做好工会公职律师的审核、颁证工作，不断改进提高审批工作效率。

各地司法行政机关要指导律师协会把工会公职律师纳入行业管理范围，会同工会加强公职律师的职业培训工作和业务交流活动，加强对工会公职律师执业活动的指导和监督，增进公职律师与社会律师的交流与合作。

各级工会、司法行政机关和各地律师协会要加强沟通，密切合作，建立会商、协调工作机制，及时研究解决工会公职律师工作遇到的问题和困难，不断总结推广好的经验和做法，健全完善相关制度和机制，共同推动工会公职律师制度在维护职工合法权益、构建和谐稳定劳动关系中发挥更大作用。

广东省重要条例和规定

广东省安全生产条例

（2002年10月13日广东省第九届人民代表大会常务委员会第三十七次会议通过。根据2006年9月28日广东省第十届人民代表大会常务委员会第二十七次会议《关于修改〈广东省安全生产条例〉的决定》修正。2013年9月27日广东省第十二届人民代表大会常务委员会第四次会议修订。2013年9月27日公布。自2014年1月1日起施行）

第一章　总则

第一条　为了加强安全生产工作，防止和减少生产安全事故（以下简称事故），保障人民群众生命、健康和财产安全，促进经济社会协调发展，根据《中华人民共和国安全生产法》等有关法律、法规，结合本省实际，制定本条例。

第二条　本条例适用于本省行政区域内生产经营单位的安全生产以及相关的监督管理活动。法律、法规对消防安全和道路交通安全、铁路交通安全、水上交通安全、民用航空安全另有规定的，适用其规定。

第三条　安全生产工作应当坚持安全第一、预防为主、综合治理的方针，建立生产经营单位负责、政府监管、职工参与、行业自律和社会监督的机制。

第四条　生产经营单位是安全生产的责任主体，其主要负责人对本单位的安全生产工作全面负责；分管安全生产工作的负责人直接监督管理安全生产工作；其他分管负责人、相关人员在履行岗位业务工作职责的同时履行安全生产工作职责。

第五条　县级以上人民政府应当将安全生产工作纳入国民经济和社会发展规划，落实安全生产监督管理责任制，建立、健全由有关部门和单位组成的安全生产领导协调机制，统筹协调本行政区域内安全生产工作的重大事项。

县级以上人民政府安全生产监督管理部门依法对本行政区域内的安全生产工作实施综合监督管理。其他负有安全生产监督管理职责的部门（以下简称其他监管部门）依法在各自的职责范围内对安全生产工作实施监督管理。

各级人民政府及其有关部门的主要负责人对本地区、本部门安全生产工作全面负责；分管安全生产工作的负责人直接领导安全生产工作；其他分管负责人在履行岗位业务工作职责的同时履行安全生产工作职责。

第六条　工会应当依法组织职工参与本单位安全生产工作的民主管理和民主监督，督促落实安全生产责任制以及隐患排查、事故整改等制度，参与检查、事故调查等安全生产工作，并提出建议、批评和意见，维护职工的合法权益。

第七条　各级人民政府及其有关部门和

生产经营单位应当采取多种形式普及安全生产法律、法规和安全生产知识，开展安全生产宣传，支持职业学校、技工学校等开展安全生产知识和技能教育，增强全社会和从业人员的安全生产意识以及事故预防、自救互救的能力。

新闻、出版、广播、电视等单位有对安全生产进行舆论监督的权利，有开展安全生产公益宣传的义务，开展切实有效的安全生产公益宣传。

第八条　各级人民政府及其有关部门应当鼓励、支持安全生产科学技术研究和安全生产先进技术推广应用，培育和发展安全生产有关行业协会和社会组织。

安全生产有关行业协会、社会组织应当加强行业自律和内部管理，依照法律、法规和有关标准，提供安全生产服务，并接受安全生产监督管理部门和其他监管部门的指导和监督。

第九条　各级人民政府及其有关部门应当对在改善安全生产条件、防止事故发生、参加事故抢险救护、举报安全生产违法行为、研究和推广应用安全生产先进科学技术等方面取得显著成绩的单位和个人给予表彰和奖励。

第二章　生产经营单位的安全生产保障

第十条　生产经营单位应当具备法律、行政法规和国家标准或者行业标准规定的安全生产条件，制定安全生产操作规程，并建立和实施下列安全生产制度：

（一）安全生产责任制度和安全生产考核、奖惩制度；

（二）安全生产岗位检查、日常安全检查和专业性安全检查制度；

（三）重大危险源辨识、监控和隐患排查、登记、治理制度；

（四）安全生产资金投入和设备、设施保障制度；

（五）具有较大危险、危害因素的生产经营场所、设备和设施的安全管理制度以及危险作业管理制度；

（六）安全生产教育、培训和持证上岗制度；

（七）劳动防护用品配备和使用管理制度以及职业健康措施保障制度；

（八）事故报告应急救援和调查处理制度；

（九）安全生产管理台账、档案制度。

第十一条　生产经营单位的主要负责人应当履行下列安全生产职责：

（一）组织制定本条例第十条规定的安全生产制度并督促实施；

（二）每半年至少组织一次安全生产全面检查，研究分析安全生产存在问题，并督促事故防范、隐患排查和整改措施的落实；

（三）每年至少组织和参与一次事故应急救援演练；

（四）发生事故时迅速组织抢险救援，并及时向安全生产监督管理等有关部门报告事故情况，做好善后处理工作，配合调查处理；

（五）每年向职工大会或者职工代表大会、股东会或者股东大会报告安全生产情况，接受工会、从业人员、股东对安全生产工作的监督；

（六）法律、法规规定的其他安全生产职责。

第十二条　生产经营单位分管安全生产工作的负责人应当履行下列安全生产职责：

（一）指导制定本条例第十条规定的安全生产制度并指导组织实施；

（二）每季度至少组织一次安全生产全面检查，听取安全生产管理机构和安全生产管理人员工作汇报，及时研究解决安全生产存在问题，并向主要负责人报告安全生产工作情况；

（三）组织落实事故防范、重大危险源监控、隐患排查整改和职业危害防治措施；

（四）每半年至少组织和参与一次事故应急救援演练；

（五）法律、法规规定的其他安全生产职责。

生产经营单位其他分管负责人应当在各自职责范围内按照前款规定履行安全生产工作职责。

第十三条　下列生产经营单位应当设置安全生产管理机构：

（一）从业人员超过五十人的矿山、建筑施工单位、危险物品生产、经营、储存、运输和废弃处置单位；

（二）从业人员超过一百人的危险物品使用、船舶修造单位；

（三）从业人员超过三百人的金属冶炼、机械制造、建材、电力、交通运输单位、农业机械作业合作组织；

（四）从业人员超过一千人的其他生产经营单位。

前款规定以外的其他生产经营单位，从业人员超过三百人的，应当设置安全生产管理机构或者配备专职安全生产管理人员；从业人员在三百人以下的，应当配备专职或者兼职的安全生产管理人员，或者委托具备相应资质的为安全生产工作和职业卫生提供服务的机构或者具有国家规定的相关专业技术资格的工程技术人员提供安全生产管理技术服务。

第十四条　生产经营单位的安全生产管理机构应当履行下列职责：

（一）参与制定本条例第十条规定的安全生产制度并具体组织实施；

（二）组织安全生产岗位检查、日常安全检查和专业性安全检查，并每月至少组织一次安全生产全面检查；

（三）制止和纠正违章指挥、违规操作等违反安全生产规定的行为，具体落实事故防范及重大危险源监控、隐患排查整改和职业病危害防治措施；

（四）组织开展安全生产宣传、教育和培训；

（五）督促各部门、安全生产管理人员履行安全生产职责，组织安全生产考核，提出奖惩意见；

（六）法律、法规规定的其他安全生产职责。

第十五条　安全生产管理人员应当履行以下职责：

（一）协助所在单位建立、完善安全生产制度，拟定年度安全生产工作计划，审核所在单位上报的有关安全生产报告、安全生产资金投入计划及资金落实和使用情况，并具体检查督促实施；

（二）每周至少组织一次班组安全生产检查，督促生产技术部门加强对生产设备、安全设施等进行定期检查维护，并督促部门负责人和职工进行生产岗位安全检查；

（三）对检查发现的事故隐患，应当提出整改意见，并及时报告安全生产负责人，督促落实整改，并将检查整改情况记录在案。发现有危及职工人身安全的紧急情况，应当指令职工暂停作业或者在采取可能的应急措施后撤离作业现场；

（四）参与所在单位事故调查，并对所在单位受委托组织事故调查的调查报告提出审查意见；

（五）法律、法规规定的其他安全生产职责。

第十六条　生产经营单位的从业人员应当在每天工作前进行本岗位安全检查，确认安全后方可进行操作。

岗位安全检查主要包括以下事项：

（一）设备的安全状态良好，安全防护装置有效；

（二）规定的安全措施落实；

（三）所用的设备、工具符合安全操作规定；

（四）作业场地以及物品堆放符合安全规范；

（五）个人防护用品、用具齐全、完好，并正确佩戴和使用；

（六）操作要领、操作规程明确。

从业人员发现安全隐患应当停止操作、采取措施解决，对无法自行解决的隐患应当向主管人员或者安全生产管理机构报告，主管人员或者安全生产管理机构应当及时解决。

在当天生产活动结束后，从业人员应当对本岗位负责的设备、设施、电器、电路、作业场地、物品存放等进行安全检查，防止非生产时间发生事故。

第十七条　生产经营单位应当在危险作业场所和生产、储存设施等设置明显的安全警示和标志、标识，将作业场所和工作岗位存在的危险、危害因素和防范措施，以及发生直接危及人身安全的紧急情况时的应急措施等事项告知从业人员，保障从业人员的知情权。

第十八条　矿山、建筑施工单位以及危险物品的生产、经营、储存单位的主要负责人和安全生产管理人员，应当依法经安全生产知识和管理能力考核合格后方可任职。

生产经营单位应当对从业人员进行安全操作基本技能、防范措施以及事故应急措施等安全生产培训，提高从业人员认识危险、规避危险和排查安全隐患的能力。未经安全生产培训合格的人员不得上岗作业。

生产经营单位应当对离岗六个月以上的或者换岗的从业人员，采用新工艺、新技术、新材料或者使用新设备后的有关从业人员，进行专门的安全生产培训。

从事特种作业的从业人员，应当按照国家有关规定经专门的安全技术培训，取得特种作业操作资格证书，方可从事特种作业。

第十九条　生产经营单位应当依法保障其从业人员享有下列权利：

（一）依法享受工伤保险待遇；

（二）参加安全生产教育和培训；

（三）了解作业场所、工作岗位存在的危险、危害因素及防范和应急措施，获得工作所需的合格劳动防护用品；

（四）对本单位安全生产工作提出建议，对存在的问题提出批评、检举和控告；

（五）拒绝违章指挥和强令冒险作业，发现直接危及人身安全紧急情况时，有权停止作业或者采取可能的应急措施后撤离作业场所；

（六）因事故受到损害后依法要求赔偿；

（七）法律、法规规定的其他权利。

第二十条　生产经营单位从业人员应当履行下列义务：

（一）遵守本单位安全生产规章制度和安全操作规程；

（二）接受安全生产教育和培训，参加应急演练；

（三）检查作业岗位（场所）事故隐患或者不安全因素并及时报告；

（四）发生事故时，应及时报告和处置。紧急撤离时，服从现场统一指挥；

（五）配合事故调查，如实提供有关情况；

（六）法律、法规规定的其他义务。

第二十一条　生产经营单位新建、改建、扩建工程项目（以下统称建设项目）的安全设施必须与主体工程同时设计、同时施工、同时投入生产和使用。安全设施投资应当纳入建设项目概算。

建设项目设计单位应当按照有关法律、法规、国家标准或者行业标准，在编制项目设计文件时，同时编制安全设施的设计文件，并对建设项目设计全面负责。

生产经营单位应当按照国家和省有关规定，对需要报经项目投资主管部门批准的建设项目，在报批时，同时报送安全设施设计文件。

从事建设项目施工的单位应当按照安全设施的设计图纸和施工技术标准进行施工。

建设项目主体工程完工后，需要进行试生产的，安全设施应当与主体工程同时投入试运行；安全设施验收应当与主体工程验收同时进行。

第二十二条　生产经营单位应当将安全生产资金纳入年度生产经营计划和财务预算，保证安全生产资金用于下列支出：

（一）安全生产宣传、教育、培训、奖励和应急救援演练；

（二）安全设施、设备和应急救援器材的购置、改造、维护；

（三）安全生产技术措施的采用；

（四）危险源、事故隐患的辨识、评估、整改、监控；

（五）职业病危害防治和劳动防护用品购置；

（六）安全条件论证、安全评价、评估和检测检验；

（七）法律、法规规定的安全生产必需的其他支出。

第二十三条　生产经营单位应当加强劳动防护用品采购和使用管理，建立采购、发放和使用登记建档制度，及时为从业人员无偿提供符合国家标准、行业标准或者地方标准的劳动防护用品，并指导和督促从业人员正确佩戴、使用，不得以现金或者其他物品替代劳动防护用品。

第二十四条　本省推行安全生产责任保险制度。矿山、建筑施工、金属冶炼、机械制造、交通运输单位和危险物品生产、经营、储存等单位，应当按照国家有关规定参加安全生产责任保险。鼓励其他生产经营单位参加安全生产责任保险。

推行安全生产责任保险制度的具体办法由省人民政府制定。

第二十五条　生产经营单位对重大危险源应当登记建档。登记建档内容包括重大危险源的名称、位置、性质、应急措施和可能造成的危害等。

生产经营单位应当对重大危险源进行实时监控，建立事故预警预报机制，定期向安全生产监督管理部门及其他监管部门报送安全生产数据信息。

第二十六条　生产经营单位应当建立隐患排查、治理、登记制度，明确日常排查、岗位排查和专业排查的内容、范围和责任。

生产经营单位的主要负责人、分管负责人、安全生产管理机构、安全生产管理人员和职工应当在各自职责范围内开展经常性的隐患排查；对排查出的隐患应当立即组织整改，在隐患整改前或者整改过程中无法保证安全的，应当采取应急防范措施，必要时应当停产、停业整改；对排查出的重大隐患及隐患整改情况应当向所在地县级人民政府安全生产监督管理部门和其他监管部门报告。

生产经营单位的主要负责人、分管负责人和安全生产管理人员应当对隐患的治理进行定期督办。

生产经营单位应当设立隐患登记台账，实时登记安全生产隐患排查治理信息。登记的信息应当准确、明晰。

第二十七条　生产经营单位的生产经营场所应当符合以下要求：

（一）整洁通风，消防通道、安全出口符合紧急疏散、救援要求；

（二）安全警示标志、标识应当明显、保持完好，便于从业人员和社会公众识别以及紧急情况下的应急救援；

（三）根据生产、使用、储存化学危险

品的种类设置相应的通风、防火、防爆、防毒、防静电、隔离操作等安全设施；

（四）生产作业场所、仓库严禁住宿和从事与生产经营无关的活动；

（五）国家安全生产标准规定的其他要求。

第二十八条　生产经营单位应当确保其设备及相关安全设施符合以下要求：

（一）进行正常维护保养，定期检测、检修，保持安全防护性能良好；

（二）电气设备、线路安装符合国家标准或者行业标准；

（三）有爆炸危险的工作场所使用防爆型电气设备；

（四）对可能发生职业中毒、人身伤害或者其他事故的，根据实际需要配备必要的抢救药品、器材，并定期检查更换；

（五）对特种设备依法进行安全性能检验；

（六）国家安全生产标准规定的其他要求。

第二十九条　生产经营单位应当确保生产、经营、储存、使用危险物品的车间、商店、仓库与人员宿舍不在同一座建筑物内，并与人员宿舍保持符合国家标准规定的安全距离。

生产经营单位应当对生产经营场所和职工宿舍的安全出口进行检查，确保安全出口标志明显、保持畅通并符合紧急疏散和救援要求。发现占用、封闭、堵塞生产经营场所或者职工宿舍的疏散通道、安全出口等安全隐患，应当即时整改。

同一生产经营场所和职工宿舍由两个以上单位管理和使用的，应当明确各方的安全责任，并确定责任人对公用的疏散通道、安全出口进行统一管理。

第三十条　生产经营单位进行爆破、吊装、悬吊、挖掘、建设工程拆除等作业，临近高压输电线路、输油（气）管线、通信光（电）缆作业，有限空间内作业，应当执行危险作业管理规定以及本单位的危险作业管理制度，安排专门人员进行现场安全管理，落实下列现场安全管理措施：

（一）确认现场作业条件符合安全作业要求；

（二）确认作业人员的上岗资质、身体状况及配备的劳动防护用品符合安全作业要求；

（三）向作业人员说明危险因素、作业安全要求和应急措施；

（四）发现直接危及人身安全的紧急情况时，采取应急措施，停止作业并撤出作业人员。

生产经营单位委托其他有专业资质的单位进行危险作业的，应当在作业前与受委托方签订安全生产管理协议，明确各自的安全生产管理职责。

第三十一条　生产经营单位将生产经营项目、场所、设备发包或者出租的，应当与承包单位、承租单位签订专门的安全生产管理协议，或者在承包合同、租赁合同中规定各自的安全生产管理职责。

同一建筑物内的多个生产经营单位共同委托物业服务企业或者其他管理人进行管理的，由物业服务企业或者其他管理人依照委托协议承担其管理范围内的安全生产管理职责。

第三十二条　为安全生产工作和职业卫生提供服务的机构开展安全生产检测、检验、认证、评价、评估、教育培训、咨询等活动，应当依法取得相应的资质，并对其作出的结果负责。

第三章　安全生产的监督管理

第三十三条　县级以上人民政府安全生产监督管理部门和其他监管部门依法对生产经营单位执行有关安全生产法律、法规和国家标准、行业标准或者地方标准的情况进行监督管理，并履行下列职责：

（一）建立安全生产监督管理和行政执法责任制，并指导、监督、检查生产经营单位建立、健全和落实安全生产责任制，事故防范、隐患排查和整改，重大危险源辨识、评估、监控等制度；

（二）对生产经营单位的安全生产情况组织检查，并根据检查情况分析安全生产形势，制定有针对性的监督管理方案；

（三）对监督检查中发现的事故隐患，应当责令立即排除，重大事故隐患排除前或者排除过程中无法保证安全的，应当责令从危险区域内撤出作业人员，责令暂时停产停业或者停止使用；

（四）按照规定报告事故情况，参加上级主管部门组织的事故调查，依法组织或者参与由本级人民政府负责的事故调查处理，指导、协调有关应急救援工作，协助做好事故善后工作，督促落实事故处理的有关决定；

（五）法律、法规规定的其他安全生产监督管理职责。

县级以上人民政府安全生产监督管理部门履行前款职责的同时，应当指导协调、监督检查同级人民政府其他监管部门和下级人民政府履行安全生产监督管理职责，依法对生产经营单位的安全生产工作实施监督管理。

第三十四条　县级以上人民政府安全生产监督管理部门和其他监管部门应当依照各自职责，对以下生产经营单位和场所进行重点检查：

（一）矿山、建筑施工、金属冶炼、机械制造、交通运输和危险物品生产、使用、储存、经营等生产经营单位；

（二）生产、经营、储存、使用危险物品的车间、商店、仓库涉嫌与职工宿舍在同一座建筑物内的生产经营场所；

（三）有安全生产不良记录和被举报、投诉的生产经营单位。

第三十五条　县级以上人民政府安全生产监督管理部门和其他监管部门应当建立安全生产日常检查制度，对本行政区域内的生产经营单位进行定期检查。

县级以上人民政府安全生产监督管理部门和其他监管部门开展日常检查应当对有关信息登记、建档，对检查中发现的安全生产隐患和违法行为提出整改要求，对拒不整改的依法予以查处。

第三十六条　县级以上人民政府安全生产监督管理部门及其他有关监管部门应当建立隐患排查治理监督管理制度，对重大隐患及其整改情况应当及时登记，并督促生产经营单位制定整改方案、落实整改措施。

隐患排查治理监督管理的具体办法由省人民政府另行制定。

第三十七条　县级以上人民政府安全生产监督管理部门和其他监管部门应当通过信息网络、新闻传媒、政务公开栏等方式，将安全生产检查结果和生产经营单位隐患排查、治理等情况向社会公开。

第三十八条　乡镇人民政府应当依法加强对安全生产工作的领导，根据安全生产工作的需要，明确安全生产工作机构或者人员并为其提供必要的保障。

街道办事处应当根据安全生产工作的需要，明确安全生产工作机构或者人员并为其提供必要的保障，按照不设区的市、市辖区人民政府确定的职责做好安全生产工作。

居民委员会、村民委员会应当协助开展安全生产宣传、教育活动，及时向当地人民政府及其有关部门报告事故隐患、安全生产违法行为和事故。

第三十九条　安全生产监督管理部门和其他监管部门应当加强安全生产信息化和安

全生产诚信管理制度建设，并实现部门间信息资源共享。

安全生产监督管理部门和其他监管部门应当对生产经营单位实行安全生产诚信分类管理，建立激励和惩戒制度。

安全生产监督管理部门和其他监管部门应当将生产经营单位安全生产诚信管理信息向社会公开，为银行、保险等金融机构和行业协会、社会公众查询提供便利。公开事项包括违法单位的名称、字号、地址、法定代表人、违法行为、行政处罚决定、公开起止日期等信息。

第四十条　生产经营单位职工和社会公众对生产经营单位的事故隐患和安全生产违法行为有权向安全生产监督管理部门和其他监管部门举报。

安全生产监督管理部门和其他监管部门接到举报后，应当及时组织核查，对确有安全事故隐患和安全生产违法行为的生产经营单位进行督促整改，并依法查处。

安全生产监督管理部门和其他监管部门应当对举报者的有关信息予以保密，对经查证属实的举报，应当对举报者予以奖励。

第四章　应急救援与事故调查处理

第四十一条　县级以上人民政府应当组织制定事故应急救援预案，建立安全生产应急救援体系和指挥机构，并按照规定将本级人民政府应当承担的应急救援工作经费纳入财政预算。

安全生产监督管理部门和其他监管部门应当设立专门的值班室和值班电话，实行二十四小时值班制度，并向社会公布值班电话，受理事故报告和举报，上报事故情况。

第四十二条　事故发生后，事故发生单位及事故现场有关人员应当按照规定及时报告安全生产监督管理部门和其他监管部门。县级以上人民政府安全生产监督管理部门和其他监管部门接到事故报告后，应当立即按照规定上报事故情况、组织事故抢救、开展事故调查。

事故发生单位负责人接到事故报告后，应当立即启动事故应急预案，根据具体情况采取有效措施，组织抢救，防止事故扩大。

发生较大以上等级（含较大等级）生产安全事故的，当地人民政府应当组织有关部门及时赶赴现场进行救援；当地公安、司法机关应当依法采取有效措施，防止有关责任人员逃逸或者转移、隐匿财产。

第四十三条　负责事故调查的人民政府可以直接组织事故调查组进行调查，也可以授权或者委托本级人民政府安全生产监督管理部门或者其他监管部门组织事故调查组进行调查。

未造成人员伤亡的一般事故，负责事故调查的人民政府也可以委托事故发生单位组织事故调查组进行调查。被委托的事故发生单位应当在当地安全生产监督管理部门或者其他监管部门的指导下进行事故的调查工作。

在法定期限内，因事故伤亡人数或者直接经济损失变化导致事故等级发生变化的，应当按照变化后的事故等级组织事故调查组进行调查。

第四十四条　事故调查处理应当按照实事求是、尊重科学的原则，及时、准确地查清事故原因，查明事故性质和责任，总结事故教训，提出整改措施，并对事故责任者提出处理意见。

事故调查组对事故原因和责任认定等不能取得一致意见时，应当根据调查组多数成员的意见作出结论性意见。事故调查组成员的不同意见应当在事故调查报告的附件中说明。

第四十五条　有关机关应当依照法律、行政法规规定的权限和程序，对负有事故责任的单位和有关人员追究法律责任，并向社会公布事故调查处理结果。

事故发生单位应当对本单位负有事故责任的人员进行处理，采取安全评价等方式分析事故成因，总结经验教训，制定防范和整改方案，落实防范和整改措施，将整改落实情况向全体职工公开，并向当地安全生产监督管理部门和其他监管部门报告。

安全生产监督管理部门和其他监管部门应当采取相应措施对事故发生单位落实防范和整改措施的情况进行跟踪检查，并将检查结果向社会公开。

第五章　法律责任

第四十六条　生产经营单位未依法设置安全生产管理机构或者配备安全生产管理人员、进行安全生产考核和培训、为从业人员提供劳动防护用品的，由具体实施安全生产监督管理的部门责令限期改正；逾期未改正的，责令停产停业，并可以依法处以罚款。

第四十七条　生产经营单位未依法对重大危险源登记建档或者进行实时监控的，由具体实施安全生产监督管理的部门责令限期改正；逾期未改正的，责令停产停业，并可以依法处以罚款；构成犯罪的，依法追究刑事责任。

第四十八条　生产经营单位违反本条例第二十九条规定，生产经营场所或者宿舍不符合相关要求的，责令限期改正；逾期未改正的，责令停产停业；构成犯罪的，依法追究刑事责任。

第四十九条　为安全生产工作和职业卫生提供服务的机构为生产经营单位提供检测、检验、认证、评价、教育培训、咨询等服务时弄虚作假的，或者违反有关法律、法规受到司法机关、行政监管等部门、行业自律组织处罚或者处理的，有关部门五年内不得委托其承担政府投资项目的相关业务；尚不够刑事处罚的，依法没收违法所得、处以罚款，并对其直接负责的主管人员和其他直接责任人员依法处以罚款；构成犯罪的，依法追究刑事责任。

对有前款违法行为的机构，由发证单位依法吊销其相应资格。

第五十条　生产经营单位违反法律法规规定，经停产停业整顿仍不具备安全生产条件的，予以关闭；有关部门应当依法吊销其有关证照。未依法取得许可证、营业执照或者其他批准文件，擅自从事经营活动的场所，有关部门应当依法予以取缔，并追究相关责任人的责任。

第五十一条　各级人民政府、安全生产监督管理部门和其他监管部门及其工作人员，有下列行为之一的，由其上级机关或者监察机关责令改正；对主管人员和其他直接责任人员依法给予处分；构成犯罪的，依法追究刑事责任：

（一）未依照本条例规定建立安全生产监督管理和行政执法责任制的；

（二）未依照本条例规定对生产经营单位的安全生产情况进行检查的；

（三）对检查中发现的或者生产经营单位报告的事故隐患，未依照本条例规定采取责令排除隐患、督促落实整改等措施的；

（四）接到生产经营单位职工和社会公众举报后，未依照本条例规定及时依法查处的；

（五）未依照规定报告事故情况或参加事故调查，在事故调查处理、应急救援、善后工作和督促落实事故处理有关工作中失职、渎职的；

（六）有其他失职、渎职行为的。

第六章　附　则

第五十二条　本条例下列用语的含义：

（一）生产经营单位包括从事生产或者经营活动的企业法人、不具备企业法人资格的合伙组织、个体工商户和自然人等生产经营主体。

（二）生产经营单位的主要负责人包括生产经营单位参与经营管理的法定代表人、投资人和实际负有本单位生产经营最高管理权限的人员。

（三）安全生产管理人员包括安全主任和注册安全工程师等专职或者兼职从事安全生产管理工作的人员。

（四）从业人员包括生产经营单位从事生产经营活动的负责人、管理人员、技术人员、岗位工人和被派遣劳动者等人员。

第五十三条　本条例自2014年1月1日起施行。

广东省失业保险条例

（2002年7月25日广东省第九届人民代表大会常务委员会第三十五次会议通过。2013年11月21日广东省第十二届人民代表大会常务委员会第五次会议修订）

第一章　总　则

第一条　为了保障失业人员的基本生活，预防失业，促进就业，根据《中华人民共和国社会保险法》等有关法律、法规，结合本省实际，制定本条例。

第二条　本省行政区域内下列单位和人员应当参加失业保险：

（一）企业、非参照公务员法管理的事业单位和社会团体、民办非企业单位、基金会、律师事务所、会计师事务所等组织及其职工；

（二）与劳动者建立劳动关系的国家机关、参照公务员法管理的事业单位和社会团体及与其建立劳动关系的劳动者；

（三）有非军籍职工的军队、武警部队所属用人单位及其非军籍职工；

（四）有雇工的个体经济组织及其雇工；

（五）法律、法规、规章规定的其他单位和人员。

前款所列单位，以下统称用人单位；前款所列人员，以下统称职工。

第三条　用人单位和职工应当在用人单位注册登记地参加失业保险，依法按月缴纳失业保险费。

第四条　县级以上人民政府应当依法保证失业保险基金的征集和失业保险待遇的支付，在失业保险基金出现支付不足时给予补贴。

失业保险基金、失业保险待遇按照国家规定不计征税、费。

第五条　县级以上人民政府社会保险行政部门负责本行政区域的失业保险管理工作，其他有关部门在各自的职责范围内负责有关的失业保险工作。

社会保险费征收机构负责失业保险费的征收工作。

社会保险经办机构应当依照国家和省的规定具体承办失业保险事务，建立、健全失业保险业务、财务、安全和风险管理制度。

第六条　失业保险基金按照国家规定逐步实行省级统筹。

实行省级统筹前，失业保险基金由各地级以上市统筹。各统筹地区应当按照省人民政府规定的比例向省上缴调剂金，用于失业保险基金不敷使用时的调剂和省人民政府批准的预防失业、促进就业支出。

各统筹地区按时足额上缴调剂金后，失业保险基金不敷使用时，由省级调剂金调剂、地方财政补贴。

第二章　失业保险基金

第七条　失业保险基金由下列各项构成：

（一）失业保险费；

（二）失业保险基金的利息；

（三）滞纳金；

（四）财政补贴；

（五）依法纳入失业保险基金的其他

资金。

第八条　用人单位以应当参加失业保险的职工的缴费工资之和为基数，按照国家和省规定的费率缴纳失业保险费。

职工以本人工资为基数，按照国家和省规定的费率缴纳失业保险费。

职工缴费工资不得低于失业保险关系所在地级以上市最低工资标准。本人工资高于失业保险关系所在地级以上市上年度在岗职工月平均工资三倍的，以失业保险关系所在地级以上市上年度在岗职工月平均工资的三倍为基数计算缴费。

第九条　省人民政府根据国家规定，可以结合本省经济社会发展形势、失业人员数量、失业保险基金数额等情况，合理调整失业保险费的费率。

统筹地区人民政府可以按照省人民政府的规定实行浮动费率，对稳定就业的用人单位适当下调费率。

第十条　用人单位应当自行申报、按时足额缴纳失业保险费，职工应当缴纳的失业保险费由用人单位代扣代缴。

社会保险费征收机构应当依法按时足额征收失业保险费，并提供失业保险缴费记录供用人单位和职工免费查询。

第十一条　用人单位破产、解散的，管理人、清算组应当通知统筹地区社会保险费征收机构和社会保险经办机构，并依法清偿失业保险费及其利息、滞纳金。

用人单位分立、合并的，承继单位享有原用人单位的失业保险权利并承担相应义务。

第十二条　失业保险基金用于下列支出：

（一）失业保险金；

（二）失业人员领取失业保险金期间的职工基本医疗保险费；

（三）失业人员在领取失业保险金期间死亡的，其遗属领取的丧葬补助金和抚恤金；

（四）失业人员领取失业保险金期间的求职补贴和接受职业介绍、职业培训的补贴；

（五）省人民政府按照国家有关规定批准的职业技能鉴定补贴等预防失业、促进就业支出；

（六）国务院规定或者批准的与失业保险有关的其他费用。

第十三条　失业保险基金应当列入预算管理。

社会保险费征收机构、社会保险经办机构所需经费列入预算，由财政拨付，不得从失业保险基金中提取任何费用。

第三章　失业保险待遇

第十四条　在法定劳动年龄内、有劳动能力、有就业意愿、处于无业状态的人员，可以到公共就业服务机构依法办理失业登记。

劳动者申请办理失业登记时，应当如实填写失业登记申请表，并提供本人身份证件和证明原身份的有关证明，以及与原单位解除或者终止劳动关系的证明。

第十五条　失业人员同时符合下列条件的，可以领取失业保险金，并按照规定享受其他失业保险待遇：

（一）失业前用人单位和本人已经缴纳失业保险费累计满一年，或者不满一年但本人有失业保险金领取期限的；

（二）非因本人意愿中断就业的；

（三）已经办理失业登记，并有求职要求的。

第十六条　非因本人意愿中断就业包括下列情形：

（一）依照《中华人民共和国劳动合同法》第四十四条第一项、第四项、第五项规定终止劳动合同的；

（二）用人单位依照《中华人民共和国劳动合同法》第三十九条、第四十条、第四十一条规定解除劳动合同的；

（三）用人单位依照《中华人民共和国劳动合同法》第三十六条规定向劳动者提出解除劳动合同并与劳动者协商一致解除劳动合同的；

（四）用人单位提出解除聘用合同或者被用人单位辞退、除名、开除的；

（五）劳动者本人依照《中华人民共和国劳动合同法》第三十八条规定解除劳动合同的；

（六）法律、法规、规章规定的其他情形。

第十七条　失业人员缴费时间一至四年的，每满一年，失业保险金领取期限为一个月；四年以上的，超过四年的部分，每满半年，失业保险金领取期限增加一个月。失业保险金领取期限最长为二十四个月。

第十八条　失业人员领取失业保险金后重新就业并参加失业保险的，缴费时间重新计算；再次失业的，失业保险金领取期限与前次失业应当领取而尚未领取的期限合并计算，最长不超过二十四个月。

失业人员未领取失业保险金的，原缴费时间予以保留，重新就业并参加失业保险的，缴费时间累计计算。

已经参加失业保险的国有和县以上集体所有制单位原干部和固定工，在当地实施失业保险制度前按照国家规定计算的连续工龄视同缴费时间。

第十九条　失业保险金由社会保险经办机构按照失业保险关系所在地级以上市最低工资标准的百分之八十按月计发，省人民政府根据国家规定，可以结合居民基本生活费用价格指数变动情况，适当调整失业保险金标准。

失业保险金标准不得低于当地城市居民最低生活保障标准。

第二十条　失业人员在领取失业保险金期间可以领取求职补贴，标准为本人失业前十二个月平均缴费工资的百分之十五，不足十二个月的，按照实际月数的平均缴费工资计算，领取期限最长不超过六个月。求职补贴随失业保险金按月发放。

失业人员在领取失业保险金期间达到法定退休年龄的，从次月开始，不再发放求职补贴。

第二十一条　女性失业人员在领取失业保险金期间生育的，可以向失业保险关系所在地社会保险经办机构申请一次性加发失业保险金，标准为生育当月本人失业保险金的三倍。

第二十二条　失业人员在失业保险金领取期限未满前重新就业，就业后签订一年以上劳动合同并参加失业保险满三个月的，可以向原失业保险金领取地社会保险经办机构申请一次性领取已经核定而尚未领取期限一半的失业保险金，不足一个月的部分按照一个月计算，并相应计算为领取期限。剩余的尚未领取期限与再次失业时的领取期限合并计算。

第二十三条　失业人员在失业保险金领取期限未满前开办企业、民办非企业单位或者从事个体经营的，凭营业执照或者登记证书及纳税证明，可以向原失业保险金领取地社会保险经办机构申请一次性领取已经核定而尚未领取期限的失业保险金，并相应计算为领取期限。

第二十四条　失业人员领取失业保险金期间在失业保险关系所在地参加职工基本医疗保险，享受基本医疗保险待遇。

失业人员应当缴纳的基本医疗保险费从失业保险关系所在地失业保险基金中支付，个人不缴纳基本医疗保险费。

第二十五条　失业人员在领取失业保险

金期间死亡的，其遗属可以一次性领取丧葬补助金和抚恤金以及当月尚未领取的失业保险金。

丧葬补助金按照失业人员死亡时失业保险关系所在地级以上市上年度在岗职工月平均工资的三倍计发，抚恤金按照失业人员死亡时失业保险关系所在地级以上市上年度在岗职工月平均工资的六倍计发。

失业人员的遗属应当在失业人员死亡或者收到宣告失业人员死亡判决书之日起六个月内，凭本人身份证明、与失业人员的关系证明和失业人员的死亡证明，到社会保险经办机构办理领取丧葬补助金、抚恤金和失业保险金的手续。

失业人员死亡同时符合领取失业保险丧葬补助金、基本养老保险丧葬补助金和工伤保险丧葬补助金条件的，其遗属只能选择领取其中的一项。

第二十六条　参加失业保险的失业人员可以按照省人民政府的规定，享受免费的职业介绍和减免费的职业培训。

第二十七条　失业人员领取失业保险金期间在本省参加职业技能鉴定的，在取得相应国家职业资格证书后可以领取职业技能鉴定补贴。失业人员在每一次领取失业保险金期间，领取职业技能鉴定补贴的次数不超过两次。

失业人员申请领取职业技能鉴定补贴的，应当在证书颁发之日起九十日内向失业保险关系所在地社会保险经办机构提出。超过时限申请的，不予受理。

职业技能鉴定补贴的标准为当次职业技能鉴定费。同一次职业技能鉴定已经享受就业专项资金、农村劳动力培训转移就业补贴资金等财政性资金补贴的，不再享受本条规定的补贴。

第二十八条　失业人员在领取失业保险金期间有下列情形之一的，停止领取失业保险金，并同时停止享受其他失业保险待遇：

（一）重新就业的；

（二）应征服兵役的；

（三）移居境外的；

（四）按月享受基本养老保险待遇的；

（五）无正当理由，累计三次拒不接受当地人民政府指定部门或者机构介绍的适当工作或者提供的培训的。

失业人员在领取失业保险金期间被判刑收监执行或者被强制隔离戒毒的，中断领取失业保险金，其失业保险金领取期间中断计算。中断原因消除后，失业人员可以继续申领失业保险金。

第四章　失业保险关系转移

第二十九条　失业人员领取失业保险金期间在本省行政区域内跨统筹地区重新就业并参加失业保险的，失业保险关系随本人转移，转移前的尚未领取期限与再次失业时的领取期限合并计算。

职工、未领取失业保险金的失业人员在本省行政区域内跨统筹地区就业并参加失业保险的，失业保险关系随本人转移，缴费时间累计计算。

第三十条　职工、失业人员按照本条例第二十九条规定转移失业保险关系的，应当凭本人身份证明及失业保险参保凭证，向转入地社会保险经办机构提出书面转移申请。

转入地社会保险经办机构应当在受理申请之日起七个工作日内进行审核，对符合本条例第二十九条规定条件的，向转出地社会保险经办机构发出同意接收函；对不符合本条例第二十九条规定条件的，书面说明理由并告知申请人。

转出地社会保险经办机构应当在收到同意接收函之日起七个工作日内，向转入地社会保险经办机构转移参保人员的失业保险缴费记录、缴费工资记录、享受待遇记录等材料。

转入地社会保险经办机构应当在收齐失业保险关系转移材料之日起七个工作日内办结转移手续，并书面告知申请人。

第三十一条　户籍在本省行政区域内、统筹地区外的失业人员，符合失业保险金领取条件的，可以选择在统筹地区或者户籍所在地享受失业保险待遇。选择在户籍所在地享受失业保险待遇的，应当办理失业保险关系转移手续，失业保险待遇按照户籍所在地标准执行，由户籍所在地社会保险经办机构支付。

第三十二条　失业人员按照本条例第三十一条规定选择在户籍所在地享受失业保险待遇的，应当在办理失业登记后，凭本人身份证明、户籍证明、就业失业登记凭证到统筹地区社会保险经办机构开具失业保险关系转移凭证。

失业人员在取得失业保险关系转移凭证后，凭本人身份证明、失业保险关系转移凭证，向户籍所在地社会保险经办机构书面申请享受失业保险待遇。

户籍所在地社会保险经办机构应当在受理申请之日起七个工作日内进行审核，对符合本条例第二十一条规定条件的，向统筹地区社会保险经办机构发出同意接收函；对不符合本条例第三十一条规定条件的，书面说明理由并告知申请人。

统筹地区社会保险经办机构应当在收到同意接收函之日起七个工作日内，向户籍所在地社会保险经办机构转移参保人员的失业保险缴费记录、缴费工资记录、享受待遇记录等材料和失业保险基金。

户籍所在地社会保险经办机构应当在收齐失业保险关系转移材料和失业保险基金之日起七个工作日内办结转移手续，并作出书面支付决定，送达申请人，次月起发放失业保险金。失业保险金领取期限自户籍所在地社会保险经办机构作出书面支付决定之日起计算。

第三十三条　职工、失业人员按照本条例第二十九条规定转移失业保险关系的，失业保险基金不转移。失业人员按照本条例第三十一条规定选择在户籍所在地享受失业保险待遇的，社会保险经办机构应当办理失业保险基金转移手续，转移的基金数额为按照统筹地区标准核定的失业人员的失业保险金总额的一点五倍。

第三十四条　跨省、自治区、直辖市转移失业保险关系或者享受失业保险待遇的，按照国家有关规定执行。

符合失业保险金领取条件但不具有本省户籍的失业人员，要求不在参保地按月享受失业保险待遇且不转移失业保险关系的，可以向失业保险关系所在地社会保险经办机构申请领取一次性失业保险金。领取一次性失业保险金的，不再享受按月领取失业保险金以及其他失业保险待遇，同时终止失业保险关系。一次性失业保险金标准由省人民政府制定。

第五章　监督管理

第三十五条　社会保险行政部门依法对用人单位和个人遵守社会保险法律、法规情况，以及社会保险基金的收支、管理和投资运营情况进行监督检查。

财政部门和审计机关依法对失业保险基金的收支、管理情况进行监督。

社会保险监督委员会依法对失业保险基金的收支、管理情况实施社会监督。

第三十六条　任何组织或者个人有权对违反失业保险法律、法规的行为进行举报、投诉。

社会保险行政部门、社会保险经办机构、社会保险费征收机构和财政部门、审计机关对属于本部门、本机构职责范围的举报、投诉，应当依法处理；对不属于本部门、本机构职责范围的举报、投诉，应当按照规定书面告知举报人、投诉人，并移交有权处理的部门、机构处理。

第三十七条　社会保险经办机构提供失业保险服务，负责失业保险登记、失业保险费核定、失业保险待遇支付、失业保险关系转移、出具失业保险参保凭证等工作，每年向社会公布失业保险基金的收入、支出、结余和收益等情况，并建立失业保险缴费和享受待遇记录供用人单位和职工免费查询、核对。

公共就业服务机构负责办理失业登记工作，依法发放就业失业登记凭证，为失业人员提供就业服务和出具相关证明，并将失业人员就业、失业的相关信息告知失业保险关系所在地社会保险经办机构。

社会保险经办机构和公共就业服务机构应当公开失业保险的有关规定和办事制度，严格审核有关情况，加强信息交换网络和设施建设，完善就业、失业等相关信息的交换机制。

第三十八条　用人单位应当在终止或者解除劳动合同时为失业人员出具终止或者解除劳动关系证明，据实写明终止或者解除劳动关系的原因，告知其享有按照规定享受失业保险待遇的权利，并自终止或者解除劳动关系之日起十五日内将失业人员名单告知社会保险经办机构。

第三十九条　失业人员申请领取失业保险金，应当向最后参保地社会保险经办机构提出申请，并提供本人身份证明、就业失业登记凭证。需要办理失业保险关系转移的，应当办结转移手续后再提出申请。社会保险经办机构可以委托公共就业服务机构在办理失业登记的同时接受领取失业保险金的申请。

社会保险经办机构应当自受理申请之日起七个工作日内进行审核，对符合失业保险金领取条件的，作出书面支付决定，送达申请人，次月起发放失业保险金；对不符合失业保险金领取条件的，书面说明理由并告知申请人。

失业人员在办理失业登记之日起七个工作日内申请领取失业保险金的，失业保险金领取期限自失业登记之日起计算；超过时限申请的，失业保险金领取期限自申请领取失业保险金之日起计算。

第四十条　失业人员应当凭本人身份证明、就业失业登记凭证按月到社会保险经办机构办理领取失业保险金手续，说明求职和接受职业指导、职业培训情况。

失业人员有停止享受失业保险待遇情形的，应当及时告知社会保险经办机构。

失业人员无正当理由连续两个月不按照规定办理领取手续或者说明求职等情况的，视同重新就业。

第四十一条　用人单位或者个人认为社会保险费征收机构、社会保险经办机构的具体行政行为侵害自己合法权益的，可以依法申请行政复议或者提起行政诉讼。

第六章　法律责任

第四十二条　用人单位有下列行为之一的，由社会保险行政部门或者社会保险费征收机构依法处理；致使失业人员不能享受或者不能完全享受失业保险待遇的，用人单位依法承担赔偿责任：

（一）未参加失业保险的；

（二）未如实出具终止或者解除劳动关系证明的；

（三）未如实申报职工缴费工资的；

（四）未按时足额缴纳失业保险费的；

（五）违反失业保险法律、法规的其他行为。

对赔偿发生争议的，按照劳动争议处理程序处理。

第四十三条　以欺诈、伪造证明材料或者其他手段骗取失业保险待遇或者失业保险基金支出的，由社会保险行政部门责令退还，处骗取金额二倍以上五倍以下的罚款。

第四十四条　侵占、挪用或者违规投资运营失业保险基金的，由有权机关依法责令追回；有违法所得的，没收违法所得；对直接负责的主管人员和其他直接责任人员依法给予处分。

第四十五条　社会保险经办机构及其工作人员有下列行为之一的，由社会保险行政部门责令改正；给失业保险基金、用人单位或者个人造成损失的，依法承担赔偿责任；对直接负责的主管人员和其他直接责任人员依法给予处分：

（一）未履行失业保险法定职责的；

（二）未将失业保险基金存入财政专户的；

（三）克扣或者未按时支付失业保险待遇的；

（四）丢失或者篡改缴费记录、享受失业保险待遇记录等失业保险数据、个人权益记录的；

（五）违反失业保险法律、法规的其他行为。

第四十六条　社会保险费征收机构擅自更改失业保险费缴费基数、费率，导致少收或者多收失业保险费的，由有关行政部门责令其追缴少收的失业保险费或者退还多收的失业保险费；对直接负责的主管人员和其他直接责任人员依法给予处分。

第七章　附　则

第四十七条　本条例规定的缴费时间按月计算。

本条例规定的领取失业保险金期间，是指自失业保险金领取期限开始计算之日起至领取失业保险金最后一个自然月的最后一日。

本条例规定的正当理由包括失业人员在住院治疗期间、女性失业人员在怀孕期间、女性失业人员子女未满一周岁等情形。

第四十八条　失业人员在本条例施行时处于领取失业保险金期间的，失业保险待遇按照本条例执行。

第四十九条　本条例施行前按照原农民合同制工人办法参加失业保险的职工，在本条例施行前失业的，失业保险待遇按照原规定执行；在本条例施行时处于参保状态，本条例施行后失业的，失业保险待遇按照以下规定处理：

（一）在本条例施行前的连续缴费时间不满十二个月的，本条例施行前的连续缴费时间与本条例施行后的累计缴费时间合并计算，失业保险待遇按照本条例执行。

（二）在本条例施行前的连续缴费时间满十二个月的，其中的十二个月缴费时间与施行后的累计缴费时间合并计算，失业保险待遇按照本条例执行；施行前缴费时间超出十二个月的部分，每满一个月按照失业前十二个月平均缴费工资的百分之二的标准计发一次性生活补助。

第五十条　本条例自2014年7月1日起施行。

广东省人力资源和社会保障厅关于劳动人事争议调解的规定

（广东省人力资源和社会保障厅2013年5月10日以粤人社规〔2013〕1号发布，自2013年6月10日起施行）

第一章　总　则

第一条　为规范我省劳动人事争议调解行为，促进劳动人事关系和谐稳定，根据《中华人民共和国劳动争议调解仲裁法》、《人事争议处理规定》、《劳动人事争议仲裁办案规则》、《企业劳动争议协商调解规定》，结合我省实际，制定本规定。

第二条　调解劳动人事争议应当根据事实，遵循平等、自愿、合法、公正、及时的原则，依法保护当事人的合法权益。

第三条　发生劳动争议，可以到下列劳动争议调解组织申请调解：

（一）企业劳动争议调解委员会；

（二）依法设立的基层人民调解组织；

（三）各级企业联合会和各级工商联及其商会、协会设立的劳动争议调解组织；

（四）乡镇、街道（包括村、居委、社区）设立的具有劳动争议调解职能的组织；

（五）依法设立的具有劳动争议调解职能的其他组织。

第四条　发生人事争议，可以向下列人事争议调解组织申请调解：

（一）事业单位依法设立的人事争议调解委员会；

（二）事业单位主管部门依法设立的人事争议调解委员会；

（三）社团组织依法设立的人事争议调解组织；

（四）依法设立的具有人事争议调解职能的其他组织。

第五条　县级以上人力资源和社会保障行政部门会同司法行政部门、总工会和企业代表组织加强对劳动人事争议调解工作的指导，履行以下工作职责：

（一）建立健全劳动人事争议调解指导工作协调机制，完善调解指导工作制度；

（二）指导辖区内劳动人事争议调解组织建设、制度建设和队伍建设；

（三）组织调解员参加人力资源和社会保障法律政策知识、调解技巧等专业培训，提高调解工作能力；

（四）共同研究解决劳动人事争议的重大问题，对劳动人事争议处理情况进行汇总分析。

第二章　调解组织

第六条　大中型企业应当依法设立劳动争议调解委员会，并配备专职或者兼职工作人员。

有分公司、分店、分厂的企业，可以根据需要在分支机构设立调解委员会。总部调解委员会指导分支机构调解委员会开展劳动争议预防调解工作。

企业调解委员会可以根据需要在车间、工段、班组设立调解小组。

第七条　小微型企业应当建立劳资双方沟通协商机制。根据需要，可以设立调解委员会，也可以由劳动者和企业共同推举人员，开展调解工作。

第八条　各级企业联合会和各级工商联及其商会、协会设立的调解组织应当加载劳动争议预防调解职能。尚未设立调解组织的，应当设立劳动争议预防调解工作联系点。

第九条　基层人民调解组织应当加载劳动争议预防调解职能，依法开展劳动争议调解工作。

第十条　事业单位、社团组织及其主管部门依法设立人事争议调解委员会。

尚未成立人事争议调解委员会的事业单位、社团组织及其主管部门，可以设立人事争议预防调解工作联系点，依法开展人事争议预防调解工作。

第十一条　乡镇（街道）人力资源社会保障服务站（所、中心）依法设立劳动人事争议调解组织，指导和帮助辖区内企事业单位开展劳动人事争议预防和调解工作，建立劳动人事争议预防调解工作定期联系和重大情况报告制度，组织协调处理重大集体劳动人事争议。

第十二条　建立劳动人事争议仲裁委员会与劳动人事争议调解组织信息沟通与共享机制。各级劳动人事争议仲裁委员会要及时了解和掌握管辖范围内劳动人事争议预防调解情况以及调解组织、调解员队伍建设情况。

第十三条　设立劳动人事争议调解组织的单位，应当支持调解组织开展调解活动，提供必要的办公场所和工作经费，并按需要配备一定数量的工作人员承担调解组织的日常工作。

第十四条　劳动人事争议调解组织应当建立健全调解登记、调解记录、督促履行、档案管理、业务培训、统计报告、工作考评等制度，并定期向当地劳动人事争议仲裁委员会报告案件调解情况，接受业务指导。

第三章　调解员

第十五条　劳动人事争议调解组织可以聘请专职或者兼职调解员开展争议预防调解工作。调解员应当由公道正派、联系群众、热心调解工作，并具有一定法律知识、政策水平和文化水平的成年公民担任。

第十六条　担任劳动人事调解员应当具备下列条件：

（一）拥护党的路线、方针、政策，坚持四项基本原则；

（二）公道正派，勤政廉洁，热爱调解工作；

（三）熟悉人力资源和社会保障法律、法规、政策知识，具备一定的沟通协调和分析解决问题的能力；

（四）从事劳动人事争议调解工作1年以上，或者从事与劳动人事争议处理工作有关的（人力资源社会保障、信访、工会、企业管理等）工作1年以上。

第十七条　地级以上市人力资源社会保障部门组织开展劳动人事争议调解员聘前培训工作。

县级以上人力资源社会保障部门建立劳动人事争议调解员名录，实行信息化动态管理。

第十八条　调解员的任期或者聘期至少为一年，可以连任或者续聘。调解员不能履行职责时，劳动人事争议调解组织应当及时调整。

第十九条　调解员依法履行调解职责，需要占用生产或者工作时间的，所在单位应当予以支持，并按照正常出勤对待。

第四章　调解程序

第二十条　发生劳动人事争议的用人单位和劳动者为劳动人事争议调解案件的当事人。

第二十一条　当事人有权委托代理人参加劳动人事争议调解活动。委托他人参加调解活动，应当向劳动人事争议调解组织提交有委托人签名或者盖章的特别授权委托书。

第二十二条　发生劳动人事争议的当事人，一般以书面形式向劳动人事争议调解组织申请调解。书面申请确有困难的，可以口头申请，调解组织应当当场记录申请人基本情况、申请调解的争议事项、理由和时间。

第二十三条　劳动人事争议调解组织在收到调解申请后，对属于劳动人事争议受理范围且双方当事人同意调解的，应当在3个工作日内受理。对不属于劳动人事争议受理范围或者一方当事人不同意调解的，应当做好记录，并书面通知申请人。

发生劳动人事争议，当事人没有提出调解申请，劳动人事争议调解组织可以在征得双方当事人同意后主动调解。

第二十四条　劳动人事争议调解组织根据案件情况指定调解员或者调解小组进行调解，在征得当事人同意后，也可以邀请有关单位和个人协助调解。

第二十五条　调解劳动人事争议，应当全面听取当事人双方对事实和理由的陈述，采取灵活多样的方式方法，耐心疏导，帮助当事人自愿达成调解协议。

调解程序开始后，调解员可以单独或者同时会见当事人及其代理人；在调解过程中，调解员可以要求当事人提出书面或者口头建议或方案；或者根据已掌握的事实，依据公平合理原则，向当事人提出解决争议的建议。

调解员在调解争议过程中，应当保持中立、客观，避免对有关案情进行预测或者倾向性表述。

第二十六条　调解劳动人事争议，除当事人要求公开调解外，一般不公开进行。

调解员、双方当事人及其代理人以及其他调解参与人对调解事项均负有保密义务。一方当事人要求调解员对其所提供的情况保密的，调解员应当保密。

第二十七条　出现下列情形之一的，调解程序终止：

（一）双方当事人已自行和解；

（二）一方当事人通知劳动人事争议调解组织终止调解程序；

（三）一方当事人已向劳动人事争议仲裁委员会申请仲裁；

（四）法律法规规定可以终止的其他情形。

第二十八条　调解达成协议的，由劳动人事争议调解组织制作调解协议书。调解协议书应当写明双方当事人的基本情况、调解请求事项、调解的结果和协议履行期限、履行方式等。

调解协议书由双方当事人签名或者盖章，经调解员签名并加盖调解组织印章后生效。

调解协议书一式三份，双方当事人和劳动人事争议调解组织各执一份。

第二十九条　生效的调解协议书对双方当事人具有约束力，当事人应当履行。

双方当事人可以自调解协议书生效之日起 15 日内共同向有管辖权的劳动人事争议仲裁委员会提出仲裁审查申请。劳动人事争议仲裁委员会受理后，应当对调解协议书进行审查，并根据《劳动人事争议仲裁办案规则》第五十四条规定，对程序和内容合法有效的调解协议书，出具调解书。

调解书经双方当事人签收后发生法律效力，一方不履行调解书，另一方可以申请人民法院强制执行。

第三十条　双方当事人未按前条规定提出仲裁审查申请，一方当事人在约定的期限内不履行调解协议的，另一方当事人可以依法申请仲裁。

劳动人事争议仲裁委员会受理仲裁申请后，应当对调解协议进行审查，调解协议合法有效且不损害公共利益或者第三人合法利益的，在没有新证据出现的情况下，劳动人事争议仲裁委员会可以依据调解协议作出裁决。

第三十一条　劳动人事争议调解组织调解劳动人事争议，应当自受理调解申请之日起十五日内结束。但是，双方当事人同意延期的可以延长。

在前款规定期限内未达成调解协议的，视为调解不成。

第三十二条　当事人不愿调解、调解不成或者达成调解协议后，一方当事人在约定的期限内不履行调解协议的，劳动人事争议调解组织应当做好记录，并书面告知当事人可以向仲裁委员会申请仲裁。

第三十三条　有下列情形之一的，属于仲裁时效中断。从中断时起，仲裁时效期间重新计算：

（一）一方当事人提出调解申请后，另一方当事人不同意调解的；

（二）调解组织受理调解申请后，在本规定第三十一条规定的期限内一方或双方当事人不同意调解的；

（三）在本规定第三十一条规定的期限内，未达成调解协议的；

（四）达成调解协议后，一方当事人在约定期限内不履行调解协议的。

第五章　附　则

第三十四条　劳动人事争议调解组织调解劳动人事争议不收费。

第三十五条　本规定自2013年6月10日起施行。

记功榜

2013年全国五一劳动奖章获得者事迹简介

冯锦德 广东广州人，1970年出生，研究生学历，广州燃气集团有限公司西区分公司管网运营部管理员，工程师，中共党员。先后荣获广州市优秀青年志愿者、广州市劳动模范、广东省劳动模范、广州市优秀党员等荣誉称号。他所负责的东山区2400多个调压箱、122个调压柜、10个调压井、6个调压站，连续实现设备安全零事故，带领人员消除安全隐患100余宗。2010年至2012年间，他带领东山维修抢险队，完成管道气抢险985宗，液化气抢险465宗，哪里有危险，他就出现在那里，用自己的实际行动捍卫着广州城市燃气安全。2010年11月12日晚，世人瞩目的广州亚运会开幕，他作为亚运主火炬供气保障组负责人准确控制着主火炬的压力数据，火炬保障组16名成员经受住了亚组委11次的彩排考验，克服了“尘堵”事故等困难，出色地完成了亚运会开幕式当天主火炬的点火保障任务。

潘桂林 广东新丰人，1970年出生，大专学历，广州从化市吕田中学教师，中级教师，中共党员。自参加工作至今，他扎根山区从事教育事业近18年。先后帮助4名孤儿完成义务教育，支助2名贫困学生读完大学。他是教师的楷模，是学生的好老师，先后获得广东省“南粤山区优秀教师”、“广州市优秀中小学班主任”、“广东省师德标兵”、“广东省劳动模范”等光荣称号。“不为圣贤，誓为良师”是他的择业和人生价值观。他身体力行，言传身教，始终以良师形象影响教化学生。十几年来，他不知为多少学生熬过药，垫过医药费，买过学习用品，给特困生拉赞助、补贴生活费用等。尽管薪金微薄，妻子待业，母亲瘫痪8年，但他从无怨言，从未向组织、学校提出过半点要求。他把教书育人视为自己的天职，把桃李满园视为自己追求的财富，把学生的健康成长视为自己最大的心愿

石添春 福建龙岩人，1970年出生，本科学历，沙伯基础创新塑料（中国）有限公司生产及营运部运营经理工程师，中共党员。他见证了一个年产值数千万的工厂发展到年产18万吨、产值超过50亿元的世界最全、最大的工程塑料生产基地及世界领先的聚碳酸酯薄膜生产基地。他从车间技术员、生产班长、车间主管、成本控制/工艺经理、运营经理，一步一步走来，不断提高自己的技术及管理水平，并赴日本、马来西亚、新加坡等交流学习，成长为工程塑料改性及薄膜加工领域的专家。他熟悉世界流行的六西格玛工具及精益生产思想，擅长于工艺及质量的改进，领导了数十个工艺质量改进的项目，产品一次合格率从95%提高到98%以上，每年可节约9000万元。他领导的薄膜车间，曾创造连续两年没有客户投诉的记录（同时期美国兄弟工厂客户投诉每年高达百次），获总公司颁发的“全球质量之星”奖。

冯珊珊 广东广州人，1989年出生，高中学历，广州市高尔夫球协会副队长。她是广州市直接培养出来的优秀高尔夫球运动员。1999年加入广州青少年高尔夫球队，曾先后5次获全国青少年冠军，连续两年获中国业余巡回赛年度总冠军，2006年参加全国体育大会获个人和团体冠军，2006年参加多哈亚运会获团体第四、个人第八名。2007年，她赴美国训练，当年考取美国女子职业巡回赛参赛金卡，是中国第一个也是唯一涉足美国巡回赛的中国选手。2010年加入广东省高尔夫球运动中心高尔夫球队当运动

员，2011年和2012年，她在日本和欧洲女子高尔夫球巡回赛中分获5个和2个冠军。2012年6月，她夺得LPGA锦标赛的冠军，是中国选手在世界高尔夫球职业大赛中首次问鼎冠军。

王锐祥 广东广州人，1972年出生，本科学历，广州市锐丰音响科技股份有限公司董事长，高级调音师。通过20年的艰苦拼搏和自主创新，把一家普通的音响器材个体工商户，发展壮大为国内唯一一家集研发、生产、工程、销售、售后服务且有自主知识产权的集团化专业音响系统供应商、集成商。锐丰音响在国内拥有多个分支机构、年产值3.8亿多元，精心打造出举国知名的民族品牌—LAX专业音响，成为国内最耀眼的专业音响“明星”，是世界上大型体育赛事营运直接参与度最高的专业音响公司之一。锐丰音响先后承接了故宫、中宣部、新华社、最高检察院、九运会主场馆、十运会开闭幕式演出、第8届全国少数民族运动会、悉尼大使馆、喀麦隆国家体育馆、第一至第三届亚洲沙滩运动会、国家大剧院等国内外上千例极具影响力的声光电工程项目。

胡新嵩 湖南衡东人，1968年出生，本科学历，广州市高士实业有限公司技术工程中心主任工程师、民建会员。从事有机硅高分子材料的生产、品质控制和产品研发工作20年，取得了优异成绩，使所在企业得以高速发展。在专利方面，他先后将开发的9项核心技术申请了国家发明专利，其中5项获得授权，2项实用新型专利和2项外观设计均获得了授权，为公司的快速增长提供强有力的保障。在标准制定方面，他于2003年加入全国专业标准化技术委员会，并成为SAC/TC195全国轻质与装饰装修建筑材料标准化委员会的技术委员和SAC/TC195/SC3建筑密封材料分技术委员会观察员，被聘任为广州市标准化专家，先后参与制订、修订了国家标准和行业标准11项，并为本公司标准化良好行为做出了重大贡献。由他带领的研发团队具有卓越的研发能力，并逐年带动公司的产值、固定资产等大幅增长。

陈小青 湖南湘潭人，1964年出生，大专学历，深圳巴士集团股份有限公司退管办干事，中共党员。多次获得国家无偿献血最高奖，“无偿献血促进奖”，1995年10月起已无偿捐血160次。她儿子、丈夫分别累计捐血28次和36次，一家三口同获全国无偿献血金奖，被授予市“最具爱心家庭”，用实际行动感召了一批批周围的人和市民参加捐血。1993年她担任点钞员，刻苦钻研业务，在全市工交系统技术竞赛中，夺得点钞冠军，技术能手。她带领姐妹们每天完成280多辆公交车营收款的清点、捆扎、出入库工作，做到绝对准确。10中，她经手的零钞约6千多万张，差错为零。2006年，她到退管办工作。退休员工已从280多人增至1 050人，只有她一个人负责工作。她经常探望生病、住院老员工，帮助病逝员工家里料理后事，赢得了退管人员的信任和爱戴。

童山东 湖南岳阳人，1957年出生，硕士学历，深圳信息职业技术学院高职教育研究所讲师，教授，中共党员。从事高教管理与教学33年，勤勉工作，不断创新，取得多项有影响的成果。在担任学校教务处长、校办主任、职教研究所所长和学报编辑部主任工作中，主持制定学院发展规划，不断开展教改，提出了“三个面向”、“三全教育”等先进的教育理念，培育了5项国家级、省级教学和科研成果，为学院以优异成绩通过教育部人才培养水平评估、获得国家骨干院校和省级示范校建设单位作出了突出贡献。10

年来，担任劳动部职业技能鉴定专家委员会核心能力专业委员会副主任、副秘书长，牵头主持《国家技能振兴战略》项目研发，主持和参与制订了7个国家职业核心能力培训测评标准，主编国家职业院校和企事业单位能力培训专用系列教材16部，完成了国家职业核心能力测评题库的开发。

方远程　广东惠州人，1966年出生，大学学历，深圳市公安局南山分局刑警大队一级警员，中共党员。自从事视频研判工作以来，勤思考，勤钻研，探索出一套运用视频监控技术服务打防控工作的新路子，受到省厅、市局等领导高度肯定，其总结的视频监控实战应用经验在全市、全省推广。公安部在深圳召开全国公安机关视频监控应用经验交流会，他作为唯一的个人代表受邀在大会上介绍了视频监控在侦查破案工作中的应用经验，受到高度评价。2008年以来，他通过视频研判准确锁定作案嫌疑车车牌或嫌疑人姓名，指导办案单位破获驾车抢劫、盗窃汽车、抢劫杀人、绑架杀人等重特大案件百余起。他从分局指挥处调到刑警大队图像侦查中队担任负责人后，克服中队人员少队伍新的困难，以身作则，艰苦工作，运用图像侦查手段协助侦破抢劫杀人、“两抢两盗”、督办类案等重特大案件百余起。

彭久高　江西吉安人，1974年出生，大学学历，深圳市冠旭电子有限公司研发主管，工程师。他对耳机相关领域有深入的了解，特别是对主动降噪技术有深入的研究，其学习能力、分析问题、解决问题的能力非常强。他参与主导了冠旭大量研发项目，积累了大量的研发设计经验，已成长为研发的中坚力量。他始终将新产品研发作为企业发展的核心，主导研发了具有自主知识产权的智能降噪耳机，通过降噪系统产生与外界噪音相等的反向声波，将噪音中和，从而实现主动降噪的效果。产品研发团队在他的带领下，冠旭电子已成为国内最大的智能降噪技术和服务提供商之一，从环境降噪应用到空间降噪，再到为个人提供的智能降噪的耳机产品，为航空、交通、环保、消费电子、居民生活、城市管理等领域不断提供新的智能降噪解决方案。

兰卫军　湖南岳阳人，1971年出生，大学学历，珠海市斗门区第一中学高级教师。以深厚的知识底蕴承担了省市多项课题的研究，有多篇论文在省级刊物发表，参与编辑的《零壹零美术基础完全教程》、《教学对话》等专业教材，分别由新华出版社和江西出版社出版。他带领美术科研组开拓进取，把斗门一中美术发展成为珠海市高中特长生教学的一面旗帜。他所带的班级高考本科上线率达98%以上，近700名学生考上清华大学、中央美术学院、中国美术学院等著名高等学府。2011年高考，他所带班级有4人上清华大学分数线，10人上中央美术学院分数线。2012年高考，更是有16人通过清华大学专业分数线，12人上中央美术学院分数线，重点本科上线率63%，本科上线率98%。2004年被评为珠海市劳动模范，2006年评为珠海市斗门区首届十大杰出青年。

黄　辉　湖北荆州人，1963年生，硕士学历，珠海格力电器股份有限公司总工程师。长期主持产品质量领导工作，为建立和完善格力电器质量保证体系做了大量卓有成效的工作，推行“零缺陷”工程、六西格玛和卓越绩效管理模式，狠抓产品一次性验收合格率，大力降低售后故障率，产品质量水平不断提高。格力空调凭借过硬的品质获得了空调行业中唯一的“世界名牌”称号，公司通过了“出口免检企业”认定，获得了“全国质量工作先进集体”称号。作为总工程师，他带领技术团队坚持自主技术创新，屡屡突破技术难关，并领导和组织实施了100多项新产品的开发工作，取得了一系列科研成果。2010年被评为珠海市劳动模范。2011年，他主持完成的《变频空调关键技术的研究及应用》项目，获得2011年度国家科举进步奖二等奖。2011年荣获广东省五一劳动奖章。

黄贵松　广东饶平人，1977年生，本科学历，汕头超声显示器（二厂）有限公司项目工程师，中共党员。自参加工作就一直致力于液晶显示器件和触控器件的制造工艺提高与推广应用，个人申请及获得13项专利技术，其中2项获市专利奖金奖与优秀奖。承担并顺利完成多个重点项目产品的产业化工作，其中《电容式多指触控模组产业化项目》获市科技进步一等奖、省科技进步二等奖。在其不懈的努力与带动下，公司的触控器件制造技术快速提升并顺利完成产品产业化，奠定了公司在国内触控行业的先进地位。2012年公司销售收入实现历史性突破，达到12.6亿元，同比增长53%。2008年，公司前瞻性地切入电容式触摸屏产品应用领域。在完成触摸屏产品技术开发与设计后，他主动请缨，攻关试产瓶颈，经过刻苦钻研，在规定时间内完成触摸屏产品的小批试产，产品得到客户端的认可与赞许。

许海雄　广东汕头人，1960年出生，本科学历，汕头市中心医院院长，主任医师，中共党员。从最基层的乡村医生做起，逐步成长为粤东地区知名神经外科专家。在微创神经外科领域有较高的造诣，先后成功开展了多项高难度手术，如岩斜区脑膜瘤、脑干肿瘤、脊髓内肿瘤等切除术，达到国内先进水平。发表学术论文100余篇，其中SCI论文2篇，主持或参与科研项目20余项，获市科技进步奖4项，是中山大学硕士生导师、汕头市科协副主席。2006年8月起担任汕头市中心医院院长，勤奋敬业，大胆创新，成绩显著，在短短6年时间内，医院床位数从950张扩大至近1500张，年住院病人数从2.5万人次增加到近5.3万人次，门急诊量从61万人次增加至91万人次，手术量从1万例次增长到近1.6万例次；业务收入从3.8亿元增长到9.1亿元，平均年增长近20%。

田志刚　湖南洪江人，1974年出生，本科学历，深圳市中金岭南有色金属股份有限公司凡口铅锌矿采矿车间主任，工程师，中共党员。十几年如一日，在矿山建设中尽职尽责、开拓创新、锐意进取，使采矿生产效率得到明显提高，为凡口铅锌矿的采矿技术进步、管理进步、安全生产做出了突出贡献。近年来，采矿车间在他的带领下，始终坚持“安全第一、预防为主、综合治理、环境友好”的安全环保方针，狠抓各项制度的落实，提高执行力，做到了科学组织采掘生产，有序调整生产节奏，创造了建矿以来日产铅锌金属830吨的最高历史纪录，年铅锌产量保持了建矿50多年来的最高水平，为实现矿山安全生产六周年及稳产高产的目标，为凡口矿的生产与发展做出了重要贡献。

谢乐机　广东乐昌人，1967年出生，本科学历，广东中烟工业有限责任公司韶关卷烟厂副厂长，工程师，中共党员。自担任副厂长以来，恰是广东卷烟工业实现跨越式发展的时期。他认清定位，服务大局，积极推动企业技术改造步伐，不断提升生产设备的技术含量，先后完成了动力中心建设项目、

C02膨胀烟丝生产线、制丝梗线、条包输送带、成型机搬迁等技术改造工作。仓储及生产指挥中心建设项目也稳步推进。他认真组织和策划制丝线及配套工程改造项目，使其顺利通过了国家烟草专卖局项目预审组的审议，并已获得国家局投资委员会的批准。这个项目的落地，使该厂的发展迈上了一个新台阶。2012年韶关卷烟厂共完成卷烟产量41万箱、实现产值55亿元、实现税金30.43亿元，分别同比增长2.5%、6.7%和5.71%，创韶关卷烟厂历史最好水平。

曾明泉　广东连平人，1969年出生，本科学历，连平县高速公路建设协调办公室主任，助理工程师，中共党员。坚持以九连山革命老区早日通高速公路为己任，以连平人民早日走上幸福路为目标，为公路事业发展做出了突出贡献，赢得了各级领导的充分肯定和广大群众的好评。他爱岗敬业，勤奋工作；敢于碰硬，勇当行业创新；大胆创新身先士卒，临危不惧。2010年5月6日，连平遭遇百年不遇的特大洪灾，他亲临一线指挥抢险，率领抢险队在省道S341线陂头山路段解救受困车辆43部、受困旅客和群众160余人，创造了特大洪灾无一伤亡的奇迹。他关注民生，扶贫济困，积极开展各类帮扶活动，近年来共帮助5名困难学生完成了从初中到高中的学业，帮助26名贫困职工子女解决了上学难，帮助35户困难职工解决了住房难问题。

饶智华　广东梅县人，1964年出生，在职研究生学历，广东中烟工业有限责任公司梅州卷烟厂副厂长，助理经济师，中共党员。带领干部职工积极开展新技术和创新研究，严格管理，科学生产，严保质量，做好储运保障和行政管理，为“五叶神”品牌发展和企业经济建设做出了积极的贡献。他于2003年、2004年分别荣获“广东省优秀质量管理工作者”、“广东省QC小组活动优秀领导者”称号；连续四次荣获“梅州市开展质量管理小组活动优秀领导者”称号。他主持和参与多项行业科研项目，其中“卷烟降焦减害技术的研究与开发”项目荣获梅州市科学技术进步一等奖。2005年撰写的论文《五叶神品牌研究》在广东烟草学会学术研讨会上发表。2007年被评为“梅州市十佳青年”，2009年被评为梅州市劳动模范。2010年以来，他积极组织扶困济贫等社会公益活动，为建设绿色梅州、幸福梅州做出积极贡献。

梁邦泽　广西崇左人，1984年出生，高中学历，丰顺县供水服务中心污水处理厂班长。在工作中不怕苦不怕累，凡事身先士卒。2010年7月，一级泵站拦污栅出现问题，致使大量污物进入集水池，在短时间内造成五台潜泵因卡阻出现不同程度的损坏或烧毁，眼看就要全面瘫痪。在这千钧一发之际，他不顾集水池发出的恶臭和有毒气体的侵袭，纵身跳入污水池，用手清除垃圾，对五台潜泵进行抢救性清污工作，为生产不出现问题赢得了时间。污水处理厂几乎每年都有一次大的水下机械维护工作，每次都要放空曝气池混合液后局部用木板隔开取出2米多高的淤泥进行设备维护。虽然这项工作又脏又累，但他从不马虎，认真干好。他经常利用旧的配件进行设备组装，每年累计节约维修费用近5万元。

林大康　广东惠州人，1964年出生，大专学历，惠州环宇国际旅行社专职导游，中共党员。1998年3月11日，他带着31名惠州游客前往江西庐山旅游，因大巴刹车突然失去控制，司机又不在车上，致使车辆向一条约6米宽、4米深的小河倒退滑行。眼看一场车毁人亡的事故就要发生了，他顾不得自身的安危，一个箭步冲上去死死拉住车门一侧，想借车子的惯性摆正车身，一名当地导游和其他 3 名团友见状过来帮助。但由于大巴车的惯性太大，滑行的速度越来越快，帮助的 4 个人都及时抽身跑开，他心里只有一个念头：决不能伤着自己一个团友！他使尽了浑身的力气，终于在最后一刻将大巴车的滑行方向引导到了安全的垂直方向。而就在大巴车平稳滑落河中的那一刻，他则被车身的惯性重重地抛入 4 米深的河床中。为了 28 名游客的生命安全，落下终身残疾。

曹孙辉　湖北当阳人，1965 年出生，大学学历，中海石油炼化有限责任公司惠州炼化分公司生产指挥中心主任，工程师，中共党员。任职运行一部时，装置投料开车已经连续运行一年多，各方面的问题开始逐渐显露，如减压装置多台大型机泵振动超标，催化裂化装置由于衬里缺陷，温度过热点频出；MTBE 装置受上游原料影响导致催化剂失活等。他利用自己多年积累的生产技术知识和管理经验，解决了这些生产技术和管理上的难题，确保五套装置安全平稳运行，使装置由一套达标到五套全部达标，并顺利地完成了两次大检修，取得了装置停、开车一次成功的好成绩。2012 年，他任职指挥中心期间，通过信息化、卡片化和 E 化管理提升生产管理水平，使生产指令下达、执行反馈、交接班日志、生产异常管理、消项操作、定期工作等全部实现信息化管控，规范了作业行为，提高了生产管控效果和效率。

曾光槐　广东兴宁人，1979 年出生，高中学历，佛山市交通技工学校教练员。凭着过硬的理论知识、教学方法和操作技术，2012 年获“广东省交通技术能手”、“广东省技术能手”、“广东省职工经济技术创新能手”等称号，并获得广东省五一劳动奖章。他苦练技术，练就了常人难以想象的本领。如：“蝶型入库”科目，120 秒完成就合格，他仅用 37.8 秒就能完美入库。不仅训练科目优秀，他的理论知识也是非常突出。在 2012 年广东省机动车驾驶教练员职业技能竞赛决赛获得第一名，其中理论成绩达到 100 分。他经常利用业务时间，加强理论学习，并巧妙地将理论运用到实际中，使学员们容易接受。在执教中认真负责，因材施教，将一些难于记忆的操作技术编成“顺口溜”，并自创一套“全方位练习法”，主动延长工作时间教授重点科目。

江志坚　江西南昌人，1982 年出生，大专学历，东莞市塘厦三正半山酒店有限公司调酒师。努力提升自己的专业水平，很快成为调酒方面的技术能手。鉴于他的出色表现，酒店不断给他提供平台和舞台，使他逐渐成长为资深调酒师，并多次参加东莞市及广东省的服务技能大赛。他先后获得 2010 年东莞市饭店业服务技能大赛鸡尾酒调制第一名、2010 年全国旅游饭店服务技能大赛广东赛区选拔赛第二名、2012 年广东职业技能比赛调酒大赛英式调酒一等奖，并被授予广东省技术能手称号。他在日常工作中不断创新求变，在 2012 年 8 月由广东省人力资源和社会保障厅主办的 2012 年广东省职业技能竞赛调酒项目竞赛中脱颖而出，荣获英式调酒一等奖，同时被授予“广东省技术能手”称号。

吴通礼　贵州剑河人，1973 年出生，高中学历，东莞市以纯集团有限公司安全科主任，中共党员。坚持“预防为主，防消结合”的工作方针，打造出一支确保企业和员工安全的“铁军”，以纯集团因此从未发生过火警等安全事故，连续多年被虎门镇人民政府评为“安全生产先进单位”。他严把企业消防队伍用人关，企业消防员全部为消防部队转业、获得“初级安全主任”上岗证的退伍军人。他像部队一样严抓业务学习、消防技能训练，发挥自己丰富实战经验、专业技能过硬的优势，制定严格培训方案，以师徒结对方式带动新队员成长，大大提升了全队的专业技能水平，多次在虎门镇的消防技能大赛中获得优异成绩。他把预防为主、群防群治的消防工作理念，融入到制度设计和机制建设中，构筑消防安全防线。

宋　璋　陕西西安人，1979 年出生，大学学历，中山广播电视台导演，三级导演，中共党员。刻苦钻研业务，有时为了写出精美的解说词而通宵达旦。正是这种不屈不挠的精神，使得他不断超越自我，创作出了一部又一部电视精品。他是《海外中山人》大型系列片的总编导，带领摄制组走过了五大洲的 17 个国家几十个知名城市，寻访了近 500 位生活在海外的中山人，讲述了 180 集海外中山人的故事。9 年来，他和《海外中山人》摄制组行程超过了 20 万公里，相当于绕地球赤道 5 周，拍摄的磁带 1500 多盒，总时间多达 45000 分钟，如果在电视台 24 小时连续播放，可以播放整整一个月。

李俊峰　广东中山人，1976 年出生，本科学历，中山市公路局路政管理科科长，经济师，中共党员。18 年如一日，兢兢业业、勤学好思、爱岗敬业、勇挑重担。从中山市劳动模范到省公路系统勤政廉政先进个人、省优秀驻村干部、省先进工作者，每一项荣誉都凝聚着他辛勤的汗水。在他和全体执法人员的努力下，中山路政管理实现了网上审批，稳步推进了交通综合执法改革施行，探索健全了路政管理工作制度，提高了管理效能，建立了治理超限运输的新机制。在 2010 年、2011 年的行政审批工作中，认真制订并落实路政审批监督制度，有效追偿路产补（赔）偿费近 4000 万元。大力支持广东绿道建设、市污水工程建设、平安中山等市、镇重点民生工程近 120 项，多项工作成果在全省公路路政工作会议中作为大会经验介绍，为公路同行提供了鲜活经验。

闫文静　内蒙古兴和人，1986 年出生，大专学历，中山大洋电机股份有限公司行政管理部部长，中共党员。想员工之所想，急员工之所急，积极改善员工的后勤生活问题。她除了尽职尽责地完成本职工作之外，还积极组织并开展党团等企业文化活动与志愿服务活动，并于 2009 年在公司成立团总支和“义工志愿者服务队”。多年来，她除了保障食堂、宿舍、班车等基本问题，还积极为员工适龄子女解决上学等问题，共有 100 余名公司员工子女就读于当地公办学校。她积极促成上级部门将 050 路公共汽车在广丰厂区设站；积极组织与开展帮扶活动，使有困难的员工能及时得到公司送出的温暖，多年来，受惠员工已达数十位之多。她作为一名“新”中山人，帮助了更多的外来工更快地融入中山、为外来工子女解决读书等实际问题。

杨亚璋　湖北孝感人，1974 年出生，大学学历，台山核电合营有限公司施工分部副经理，高级工程师，中共党员。以高度的敬业精神，主持完成了台山核电站施工总体组织规划，领衔台山核电一期工程重大工程节点的推进，先后解决了一项项重大施工管理和技术难题。如台山核岛筏基浇筑，打破国内核电站一次浇筑量和浇筑厚度最大记录；首次在国内核电站核岛钢衬里施工中采用模块化施工方案，在质量、技术、进度等方面取得显著效果；在施工方面，坚持自主化研制，各项参数最终满足设计要求，打破国外技术垄断；在国内首条海底盾构隧道台山海底取水隧道工程施工中，针对地质软硬不均、基岩凸起等问题，采用爆破预处理技术，做到工程提前贯通，使外方专家由最初的极力反对到完全折服；通过现场对比试验和研究，在满足设计功能前提下，说服设计，取消泵房砼中纤维，一次节约投资近2000万元。

区泽能 广东江门人，1974年出生，本科学历，中华人民共和国江门海关缉私局海上缉私处二中队中队长，中共党员。始终以打击走私为一名海关缉私人员的天职，十八年如一日战斗在江门关区的大海上。他克服了晕船呕吐、风吹雨打和各种“海缉病”，始终战斗在反走私的战场上；克服了与家人聚少离多的苦楚，践行着从警时的铮铮誓言。他出色完成了数千次查缉行动，查获走私案件200多宗，案值近5000万元。他锤炼出了过硬的驾驶技能、查缉能力。在2007年全国海关缉私系统海上缉私岗位练兵中，被海关总署缉私局评为海关缉私警察岗位能手。同时，他密切关注海上走私形势，加强缉私战法研究。2010年6月，他带领二中队采取“声东击西”、“回马枪”等战术，成功查获了走私穿山甲特大野生动物走私大案，现场查获装有大量去鳞片和内脏的穿山甲冻体、鳞片等。

唐　奇 黑龙江伊春人，1978年出生，研究生学历，佛山欧神诺陶瓷股份有限公司研发中心主任，高级工程师，中共党员。全身心地投入到材料科学的研究开发工作中去。2008年佛山市广佛地铁工程材料进行招标，该产品既要体现佛山作为闻名陶都的经济人文气息，同时必须要解决地铁工程的安装施工实际问题，是建筑陶瓷行业需要突破的技术难题。他带领研发团队对该课题攻关，开发成功了一种建筑节能型多孔陶瓷材料，体现了建筑特种陶瓷及工业废渣资源化综合利用的优点，具有优良的隔热、隔音、质轻、强吸附等优良特性，应用于建筑物上，可有效减少因建筑物本身所带来的能量损失，同时也可起到隔音及减轻建筑承重的效果。该产品成功应用在广佛地铁工程中，是国际轨道交通上首次采用轻质陶瓷墙板。

刘志伟 广东饶平人，1964年出生，大学学历，佛山市南海区九江镇初级中学科技处主任，高级教师。自任教以来，先后荣获广东省劳动模范、世界创意名师等30多项省级以上荣誉和奖励。科技教育成绩在全国领先，指导师生参加科技比赛获省级以上奖励超过100人次，科技作品获国家专利16件，三项处于全国首位。他带领创新室团队辅导学生于2010年和2012年参加世界头脑奥林匹克创新大赛均获冠军，又二次刷新了本项比赛成绩的最好世界纪录；辅导学生参加第五届全国少年儿童“争当小实验家”科学体验活动获金奖第一名；辅导学生参加近三届全国青少年创意大赛均获金奖。他作为广东省中小学名师工作室主持人、广东省中小学教师培训实践基地导师、广东省“百千万人才工程”名教师的实践指导导师，指导了一批又一批学员。

程祖彬 四川泸县人，1975年出生，高中学历，广东中泰家具实业有限公司采购部负责人，培训师，中共党员。采取了许多降低成本的办法，如：从经销商处采购原料更改成直接从上游厂家采购原料；从笼统采购变更成分级采购；从按订单分批次采购优化为设置安全库存统一采购；对气候影响材料运输成本采取提前做好节气备料等等。他还利用新环保低能耗材料，改善了工厂和周边的环境，每年为公司节约材料成本600多万元。他勇于创新，前后推出了38项技术改革，并极力推荐公司学习运用知名企业的管理模式，明显地提高了产品质量、缩短了交货周期、降低了制造成本。他关爱他人，经常慰问公司困难职工，并组织工友们一起募捐扶贫。他时常帮助邻居，尤其是高龄的老人每周都能得到他的帮助。

郑素梅 广东阳西人，1964年出生，大学学历，阳西县第一中学教师，中学特级教师。先后获得阳江市高中教学能手、广东省南粤教坛新秀、广东省三八红旗手、阳江市劳动模范等荣誉称号。2002年被确定为广东省名教师进行培养，2010年被评为广东省中学特级教师。从教25年来，长期工作在教学第一线，历任生物科组长、综合科组长，多年承担高三毕业班教学工作。她工作一直勤勤恳恳，任劳任怨，勇于开拓创新，积极进行教学改革，刻苦学习计算机网络知识，率先将信息技术与学科教学进行整合，创设了“多媒体优化组合教学”、“自主——互动——探究”等高效课堂教学模式，教学效果显著，培养了多位省级、市级、县级的高考状元；所教学科连续四年获阳江市高考单科第一名。

陈瑞炳 广东阳东人，1975年出生，大学学历，阳江市农业和林业局山林调处办副主任，高级工程师，中共党员。带领科技人员以林业生态为主体与城市绿化结合的优美生态环境开展课题研究，深入农村，深入高山试验林地，搞试验调查，记录数据，深入分析，形成学术文章。为推广种植阔叶树种提供了丰富的种源选择、苗木培育和造林技术的科学依据；组织举办林业技术讲座，组织湿地松、加勒比松、马占相思、桉树、杂交松、杜鹃红山茶、木兰科植物等树种的育苗、造林技术及速生桉树的造林技术培训等；营造了以马占相思为主的工业原料基地和以高脂松、国外松为主的林脂两用基地，开展的“国外松母树林营建及优质、高产技术研究”项目，填补了国内科研技术空白，为国内商品林、生态公益林建设提供较优种质材料；开发利用价值较高的野生花卉品种，丰富了花卉市场，满足了人们美化环境的需要。

赖德中 广东信宜人，1964年出生，大学学历，信宜市地方税务局开发区税务分局副主任科员，助理会计师，中共党员。始终坚持“廉洁开拓、团结奋进、服务大局、创先争优”的工作方针，努力带好队，收好税，服好务。他所在的税务分局税源底子薄，但为保障地方经济和社会科学发展财力，每年承担的税收任务的增幅都在40%以上。面对如此艰巨的收入压力，他从不跟组织讲条件，摆困难，坚定办法总比困难多的决心和勇气，积极实施法治化、科学化、精细化和专业化的税收管理。，年年税收收入工作都有新的思路、新的突破。组织税收收入从2008年的1240万元增长到2012年的6177万元，四年增长近500%，翻了两番多，年均增幅达57%以上。他连续8年被信宜市地税局评为先进工作者、优秀党支部书记，并在2006年被评为茂名市劳动模范。

杨芒生 江西信丰人，1973年出生，大学学历，广东电网公司茂名茂港供电局七迳供电所所长，中共党员。作为茂名电力系统第一个主动申请到农电生产第一线的大学生，他18年如一日扎根基层，爱岗敬业，取得显著成绩，曾获得劳动模范、省市优秀共产党员、感动南方电网一线员工等荣誉。他对工作永远是“拼命三郎”，抗台风、抗冰灾、抗泥石流等，总在难、危、苦、险时有着他活跃的身影，组织委以他的重任，从没让组织失望过。他是工农关系处理专家。真诚热情的优质服务，让他在当地有着良好的声誉和群众基础，对处理协调工农关系，他总是得心应手，水到渠成，面对围攻、漫骂、威胁，他始终坚持不亢不卑，据理力争，所有问题在他面前都得到圆满解决。他是犯罪分子的克星，孤身亲手抓获犯罪分子 1 名，配合警方破获盗窃破坏电力设施案件 4 宗，抓获犯罪分子 20 多名。

余夕志 安徽岳西人，1962 年出生，博士学历，中国石化集团茂名石油化工公司总经理，教授级高工，中共党员。团结带领全体员工比学赶超，创先争优，企业各方面工作又上新台阶，创造了多项历史纪录和系统第一。2012 年茂名石化上缴税金 241 .42 亿元，成为广东省纳税状元“三连冠”，效益连续三年在中国石化同规模炼化企业中排第一；企业发展实现新突破，成为国内第三家原油加工能力超 2000 万吨的炼化企业。公司获得全国“国土绿化突出贡献单位”等省部级以上荣誉 105 个。公司工作得到省委、省政府以及中国石化集团公司党组主要领导的高度评价。2010 年以来，连续三年职代会民主评议领导干部都获优秀称职。他提出并践行一系列安全管理先进理念，企业消灭了二级单位以上级安全环保事故和非计划停工，实现了重大生产、火灾、人身伤亡事故“三个零”的目标。

孟凡超 山东临沂人，1980 年出生，大学学历，中华人民共和国湛江海关技术处运行科副科长，工程师，中共党员。作为湛江海关的一名高级技术人员，紧跟湛江发展大局，牢固树立“湛江发展我发展”的工作思路，积极贯彻技术创新与低碳经济并重的理念，先后参与完成了湛江海关网络安全扩容改造试点工程、环形网网络改造工程、湛江海关带宽加速工程、湛江海关网络警察系统、全国海关“一机两网”工程、三网融合改造、智能客户端、监管通等重大技术革新，受到了海关总署信息中心以及兄弟海关的关注和赞誉，全国海关信息中心、南京海关、西宁海关等单位均参考借鉴了他的多项研究成果。带宽资源整合加速工程每年可为该关节约线路租费 60 万元，该项技术已在全国海关大面积推广，节约效果十分突出；全国海关“一机两网”工程在北京顺利通过了解放军总参三部技术专家评审。

于英桓 河北唐山人，1976 年出生，大学学历，湛江德利化油器有限公司产品科科长，工程师，中共党员。从事产品设计工作十多年来，在工作中勇挑重担，不断提升创新能力。先后独立完成了 CP18、BP18、CP15、PS32、PS28、PS23、PD20JA、P226ST 和 P226ST（NEW）化油器、MTB22 节流阀体、EP226 电涌化油器等十多种产品的研发；主持并主要参加完成了 PD20JA 化油器、DELPHl 夏利 2000 节流阀体、TB30 节流阀体、EPD24J、EBP226 电控化油器、EAFR 电控化油器系统等许多新产品的开发。在开发新产品上勤于思索、肯于钻研，具有创新意识和开创性思维。她所设计的 P226ST 新型摩托车化油器成功地解决了普遍存在的冷启动难的问题，获得国家颁发的实用新型专利证书，是德利公司第一个获得专利的产品。

柴　金 贵州六枝特区人，1972 年出生，高中学历，吴川市博铺镇环卫站个体清洁工。被誉为农民工贴心“土律师”。他自学法律十多年，为农民工义务打官司，足迹遍及茂名、湛江两市，办理各类案件近 400

件，为农民工获得各种赔偿金额620万多元。2012年为农民维权68宗，其中劳动争议、工伤赔偿20多宗；交通事故18宗；拖欠工资4宗；涉及土地争议、行政复议6宗；涉及民事纠纷、治安管理等案件近20宗、为农民工追讨欠薪近4万元，争取赔偿金额21万多元。他来吴川打工20年，一直居住在“中国塑料鞋之乡”的博铺，常年从事垃圾装运的环卫工作。前十多年是负责博铺全街道的垃圾装运，近年延伸到振文镇及周边村庄的垃圾装运。他工作不怕苦和累，有时碰上突击任务，从早上清理垃圾到晚上，一天工作十多个小时。

林水栖 广东湛江人，1961年出生，研究生学历，广东金岭糖业集团有限公司董事长。重视技术创新，在全国第一个成功地运用了甘蔗直接生产绵白糖产品先进技术，使产品走上高端食品行列；实行差异化生产，改变了传统的生产模式，使公司既能榨季榨蔗生产又能在非榨季期间进行原糖加工，并推动公司的原糖加工量跃上全国的前列；公司已形成了榨季榨蔗产糖与炼糖加工生产相结合，制糖生产与仓库储运相结合，自主制糖生产经营与国储糖储运加工生产相结合，制糖产销和白糖期货金融相结合的“四结合”经营平台，一跃成为我国糖业产业链最齐全、最完善的企业。通过建立自有甘蔗12000亩“双高”基地，推广良种良法，发展订单农业，实现农户增收、企业增效、国家增益，2012年发展订单农业10332户，年户平均增加收入5200元。

黄鸿成 广东海丰人，1960年出生，大学学历，广东电网公司汕尾海丰供电局局长，中共党员。狠抓管理促效益，苦练内功树形象，取得了企业经济效益和社会效益的双丰收。500千伏惠茅甲线单改双线路工程是广东省政府重点工程之一，被誉为南网“天字号”工程。该工程跨越海丰境内七个乡镇，119座铁塔，全长53.8公里。线路穿越多种复杂地段，青赔、征地拆迁工作举步维艰。他不畏艰难，跑遍了沿线的镇场、村委会，苦口婆心地做好“钉子户”的思想工作，认真细致地做好征地、青赔协调工作，使“天字号”工程提前65天投产。他时刻把“万家灯火，南网情深”的核心价值观放在心上，创新开展“一对一”重点客户服务、“一站妥服务”、24小时抢修服务，完善95598服务平台等系列服务活动，营造了和谐的供用电环境。

蔡应锐 广东陆丰人，1966年出生，本科学历，广东省陆丰市龙山中学教导处副主任，高级教师，中共党员。多次用微薄工资给学生缴学杂费，使学生不因贫困而辍学。为了提高学生实验动手能力，他多次掏钱购买实验设备或教学资料。在履行教导处副主任工作职责的同时，还主动承担实验班的班主任工作和两个教学班的教学工作。23年来，他一直在教育教学第一线，忠于职守，任劳任怨，严谨治学，无私奉献。他早出晚归，一心扑在教育教学工作上，为学生的终生发展着想，不断探索教育教学规律，取得了优异的业绩。2007年高考，他所带的班级2B以上上线率达100%，成为自恢复高考以来龙山中学第一个全上大学的班级，其中第一批重点本科有26人，第二批本科32人；学生郭志伟以全省理科数学唯一满分(150分)，勇夺省理数单科状元。他成为汕尾市教师学习的楷模。

王野英 辽宁锦县人，1958年出生，本科学历，广东电网公司肇庆供电局副局长，高级工程师，中共党员。与全局上下共同努力，积极克服电力紧缺等不利因素影响，尽最大努力保障全市经济社会发展和人民的正常用电。2012 年，克服了工程量大、停电安排难等多方面困难，完成了肇庆电网史上最艰难的停电改造工程，建成了肇庆第二座 500 千伏变电站，有效提升了整个电网的安全供电能力。2012 年肇庆全社会用电量、售电量分别达 131 亿千瓦时、123 亿千瓦时，同比增 8.07%、6.4%，全市变电容量突破 1000 万千伏安，为肇庆经济社会的发展做出了积极贡献。作为广东地区唯一的南方区域居民用电服务质量监管专项行动示范点，自 2012 年以来，他不仅在人力、物力、财力给予四会供电局充分支持，还身先士卒，经常深入供电所加班如点，全身心投入"示范点"建设工作中。

覃家松 广西钦州人，1973 年出生，初中学历，肇庆市公共汽车有限公司司机。始终贯彻"安全第一、预防为主"的安全理念和"以理服人、以情感人、以优胜人、有理让人、无理认错"的公交服务宗旨，待乘客如亲人，没有发生行车服务有责投诉，没有发生有责安全行车事故。由于工作主动积极、服务态度优质，在 2010 年、2011 年连续两年获得公司和交通集团"先进自营车驾驶员"、"先进驾驶员小组长"和"先进个人"称号，2012 年获得"肇庆首届十佳公交司机"称号。他深知违章是事故的根源，因此总结出安全行车的三大法宝：一是不急不躁，在驾驶中注重职业道德，做到起步平稳、行车中平稳、靠站平稳；二是精通城区公交线网道路状况，对危险点进行预控分析，做到安全行驶心中有数；三是坚持人、车不带病工作。他累计安全驾驶里程 40 万公里。

陈瑞爱 广东新兴人，1971 年出生，博士研究生学历，肇庆大华农生物药品有限公司董事长，教授。扎根基层、服务"三农"二十载，为我国畜禽规模化养殖的疫病防控工作解决了多项关键技术难题，在禽流感、猪蓝耳病等重大动物疫病防控方面做出了突出贡献，获得了"中国畜牧行业先进工作者"、"新中国 60 年畜牧兽医科技贡献奖（杰出人物）"等诸多殊荣，并被评为广东省"千百十工程"第七批省级培养对象、被推荐为享受国务院政府特殊津贴专家。她不仅是企业技术和研发的带头人，也是华南农业大学教授，创建了广东省兽用生物制品技术研究与应用企业重点实验室、广东省院士专家企业工作站；与全国各大科研机构和高校建立长期产学研合作关系，使公司每年投入的科研经费约为销售收入的 7.4%。她主持的省部级以上科研项目共 19 项，获得国家资助资金约 2828 万元。

房玉红 广东连南人，1976 年出生，大专学历，广东省连南瑶族自治县农机安全监理站监理员。2003 年毅然扛起扫把、推着垃圾车走向了大街、广场，成了连南瑶族自治县第一个年轻、有文化的女清洁工。她上街第一天就遭到了许多人的白眼，甚至更难听的议论都有。当时，她也曾经彷徨、动摇。但她在丈夫的支持、领导的鼓励下坚定了做一个"称职的城市美容师"的信心和决心，一干就是十年。十年来，她起早摸黑，寒来暑往，日晒雨淋，忍辱负重。曾经遭遇过醉鬼的围攻、嘲笑、刁难，曾经因产后体弱晕倒在街头，也曾经连续 8 个月在街边为女儿喂奶，曾经带病坚持上岗。她一心扑在环卫工作上，从不懈怠，从不讲条件，没有请过一天事假，没有缺席过一次卫生突击行动，真正做到了月月满勤，年年满勤。

罗镜文 广东四会人，1964 年出生，研究生学历，广东省清远市地方税务局党组书记、局长，政工师，中共党员。牢固树立大局观念，坚持以组织收入为中心，科学判断形势，大胆改革创新，牢牢把握组织收入工作的主动权，坚持“税费并重”观念，实施税费一体化征管，保证了税费收入连续多年的稳步增长。2011 年，组织税费收入 107.8 亿元，成功突破百亿元大关；2012 年，组织税费收入 121.8 亿元，增长 13.5%，仅次于珠三角九市，稳居山区五市首位，为清远市民生改善和保障提供了坚实的财力基础，为“加快转型升级，建设幸福广东”做出了积极贡献。他大胆探索，求真务实，狠抓税收征管改革创新，加强税种管理，全面推进税源管理平台建设，构建起“征评管查督”五分离的信息管税新模式，规范了税收秩序，为推动市场经济的健康发展做出突出贡献。

卢春梅　广东潮州人，1964 年出生，本科学历，广东省潮州市湘桥区城南小学校长，中学高级教师，中共党员。从事教育工作 29 年来，在教育战线上取得显著成绩，先后被评为广东省小学语文特级教师、广东省基础教育首届名校长、首届名校长工作室主持人。多年来，她先后主持了《小学互动教学模式》、《阳光德育策略研究》等多项省、国家级的教育研究课题实验。积极投身于课程改革，有五项研究成果在国家级、省级获一、二等奖。2012 年 6 月成功举办第二届全国阳光德育现场交流会，她作了《德育如光，沐浴生命》的阳光德育探索与实践的报告，受到来自各级领导和社会各界的关注和高度评价。她通过多年对教育工作的不断探索和研究，形成了“以人育人、以智启智、师生互动、阳光发展”的阳光教育办学特色，为推动潮州市、广东省的德育创新发展做出了有益的探索，成为专家型、创新型的现代化校长。

蔡镇宏　广东潮州人，1961 年出生，初中学历，广东顺祥陶瓷有限公司安全办公室主任。建立健全了企业安全生产工作制度，充分履行安全生产办公室的综合协调职能，完善了企业的安全生产环境，使公司的安全生产工作很快步入了正轨。正是在他的带领下，公司从上到下把安全生产工作作为长期任务来抓，坚持一切为安全生产让路，一切服从于安全的原则，把安全第一放在重中之重的位置上，不断引向深入，落到实处，早动手，早准备，超前预防，超前管理。积极实施“人本管理”理念，强化职工教育培训，让职工真正做到愿意管理，参与管理。通过每年举办两次消防演练，定期或不定期地开展全员消防安全讲座，定时检查完善公司的消防器材等安全生产措施，保证企业安全生产的稳定发展，实现安全生产的长治久安，公司连续九年无安全生产事故发生，受到各级安监部门的嘉奖。

李　莉　广东揭阳人，1970 年出生，硕士学位，揭阳市科学技术协会常委、主任科员，政工师，中共党员。通过开展实实在在的科普活动，致力营造浓厚的社会科普氛围，为建设幸福新揭阳做出贡献。她满怀传播科学的热情，带领科普工作队多次走进榕城、揭东等地，开展“科普大篷车进校园”活动。通过组织专题图展、机器人表演等活动，充分发挥科普大篷车展教功能，激发青少年学科学、爱科学的兴趣，培养科学创新精神，让科技成果惠及广大公众与青少年。2012 年共举办科普活动 120 多场，参与群众约 12.5 万人。组织了一支以机关干部、职工、学校师生企业员工以及热心科普工作人员为主体的 160 人科普志愿者服务队，深入各社区开展大型志愿科普服务活动。她把科普宣传与扶贫工作相结合，前往扶贫点开展科普宣传、义医义诊活动，为山区群众送去知识和温暖，推动贫困村农业产业化发展。

杨瑞雄 广东普宁人，1976年出生，研究生学历，普宁市源丰电器有限公司技术中心主任。在天线产品设计和突破方面，不断超越自己，追求创新，努力超越国际同行的技术水平。他自主研发80多项技术，获得了国内专利技术30多项，国际专利3项，获得国际同行和合作客户的认可。他积极做好传帮带工作，培养了一批优秀的技术开发人才，指导技术团队完成上百项技术开发工作，获得国内外专利上百项。在申请和获得数十项国内外专利技术的基础上，主导开发创新的技术获得多项社会荣誉。2012年，专利技术“室外天线”获得了第十四届中国专利金奖，另外一款专利技术产品获得波兰“年度最佳产品奖”。2010年，获得广东省“省长杯”优良工业设计奖。他本人获得“揭阳市优秀专家和拔尖人才”和“普宁市拔尖人才”称号，2012年被选为广东省知识产权研究会常务理事。

陈前忠 湖南道县人，1969年出生，大专学历，云浮广业硫铁矿集团有限公司化工厂仪表车间主任，工程师，中共党员。为降低生产一线工人的劳动强度和各生产装置的运行成本，他带领技术人员进行了多项技术改造，使各生产装置运行的自动化程度得到了很大提高，尤其是该厂年产12万吨硫酸装置的各项运行指标在国内同行中具有领先地位和标杆作用。对年产3万吨精制酸生产线进行的一系列技术改造，不仅确保了该装置的安全，还使操作系统的劳动强度降低80%以上，操作工由原来的12个减少到现在的2个，使整个生产系统的技术水平上升到一个新高度。该工艺技术开辟了我国精制硫酸行业蒸馏装置自动化控制的先河。该系统在2012年还取得了两项国家实用新型技术专利权。他大胆提出“三个敢于突破”的管理理念，实现了理论创新、技术创新和管理创新，节能降耗成果显著。

甘昌松 湖北武汉人，1961年出生，大学学历，中国人民银行罗定市支行党组书记、行长，经济师，中共党员。十分注重发挥班子的三个表率作用：一是抓好中心组理论学习，发挥引领带动作用，做学习表率；二是将班子锻造成心往一处想、劲往一处使的和谐集体，做团结协作表率；三是求真务实，以班子的人格力量和廉洁行动赢得群众的信任与支持，做廉政勤政表率。通过抓班子、带队伍、促业务，深化文明单位建设，先后荣获云浮市先进职工之家，人民银行广州分行文明单位、广东省模范职工之家等荣誉称号。充分发挥促进地方经济与金融协调发展的作用，积极搭建政银企沟通合作平台，加大对产业转移升级和信贷薄弱环节的支持力度，悉心指导帮助罗定农村信用社深化改革。建设征信中心并不断拓展征信共建单位达31个，指导加快“信用村、信用户”建设，使全市57.4%的行政村创建为信用村。

许钟武 广西博白人，1986年出生，本科学历，广东达美新材料有限公司研发工程师。把全部精力和心血都倾注在研发岗位上，主要研发保护膜用压敏胶及其涂布工艺。他所负责的开发项目是电子行业用保护膜，其中网纹保护膜的性能达到进口产品的性能要求，已进行批量生产，丰富了公司的产品结构，带动了公司电子保护膜的销售。他还负责开发抗静电保护膜，主要用于电子制造行业中的精密元件上，该类抗静电保护膜完全自主化、大批量生产，其性能达到国际先进水平，给公司带来新的利润增长点。2011年和2012年，他先后参与了2项国家标准的编写工作，上述3个项目均已实现产业化，累积实现产值2.9亿元，为公司创造了巨大的经济效益。2012年，参与解决了3项生产技术难题，极大地降低了能耗。

刘兆田 重庆万州人，1978年出生，中专学历，广东联塑科技实业有限公司铝塑铜件车间主任助理，技术员。虽然只有中专文化，但是凭着自身的努力，在业余时间刻苦自学PLC编程、CNC全自动控制、机械设计等技术课程，在技术创新方面做出了突出的贡献。公司一批新型数控车床，送料器噪音大，他经过多次分析和试验设计出一种长棒料拉料机械手，有效地解决了问题。后来他又发明了长棒料数控车床全自动加料机来提高产量，做到一人多机来优化生产流程，有效地降低了生产成本。这两项发明在参加国家级QC发表中均获得了国优奖。他带领维修组同事发明了一次出6个产品的全自动铣槽机，将产量提高了近6倍。后来又进一步优化，由一次出6个产品提高到一次出8个产品，稳定性又提高了2个系数。

吴一龙 广东汕头人，1956年出生，本科学历，广东省人民医院副院长、肿瘤中心主任、主任医师，中共党员。以“大医精诚、医者父母心”的情怀为广大人民群众热情服务，深受患者信赖。2011年被评为广东省“我最喜爱的健康卫士”、获得广东省五一劳动奖章。他尤其擅长肺癌的综合治疗，对肺癌进行全面的基础与临床研究，取得了系统性和开创性成果。迄今他主刀了4000多台胸部大手术，每年接诊和治疗上千例的肺癌新患者，享有“广东肺癌第一刀”的尊称。作为国际肺癌研究协会分期委员会中唯一中国专家，近年来，他的精力更多地用于全国肺癌诊疗指南的制定和肿瘤新药的临床研究。主持并执笔制定了《中国肺癌临床指南》。2011年主持制定了我国《原发性肺癌诊疗规范》。他牵头研究描画“中国人肺癌驱动基因图谱”，根据基因检测再制订治疗方法。

陈光昶 福建三明人，1969年出生，大学学历，广东省高级人民法院，副处级审判员，中共党员。经常牺牲业余时间，忘我工作。他先后负责许建强、林国钦阳江“3.26”特大黑社会性质组织案、深圳律师刘尧故意毁坏财物案、雷州教师陈康炳校园故意杀人案等一系列重大、复杂、疑难案件的审理工作，均能依法公正处理，实现了法律效果、政治效果和社会效果的有机统一。自2005年以来，共审结400多宗案件，结案数始终名列前茅，无一超审限无一错案。他先后发现了多宗案件存在伪造材料意图逃避惩罚的情况，使罪犯得到应有的惩罚。他始终牢记“司法为民”宗旨，注重维护弱势百姓的利益。他心系百姓，始终注重维护被害人的权益，所在的合议庭成功促使五十余宗刑事案件的被告人、被害人达成和解协议，真正实现了案结事了，促进了社会和谐。

张桂权 广东高要人，1957年出生，博士研究生学历，华南农业大学农学院实验室主任，教授，中共党员。主编的《普通遗传学》多年来一直是全国有关高校本科生遗传学的教材。他的讲课深入浅出，理论联系实际，注重培养学生的学习积极性和创造力，深受学生的欢迎。他与他的教学团队一起努力，使本校的遗传学课程成为广东省和国家级的精品课程，使农学专业成为广东省重点专业和国家特色专业。十多年来，他一直潜心指导研究生，重视培养研究生的实际工作能力，注重提高研究生的综合素质和创新能力，多次被学校评为“优秀研究生导师”，被学校研究生会评为“我最喜爱的导师”。他指导的博士研究生作为第一作者在国际顶级学术刊物《自然遗传学》上发表学术论文，在国际上产生了较大的影响。他的研究成果丰硕，先后获得省部级科学技术奖一等奖2项，二等奖2项，三等奖3项。

陈铨添 广东南海人，1953年出生，高中学历，广东省珠江航运有限公司蓝海豚游船分公司船长，中共党员。在三十年如一日的船舶驾驶生涯中，一直坚持“安全至上”的原则，从未发生过一起安全事故。每当船舶进、出港口和靠、离码头，或通过狭窄水道、危险航段，或遇上恶劣天气的时候，他必定亲自驾驶；每当有新航线开通，哪怕是休息日，他也必定回船，时刻守候在驾驶台。为确保船舶的航行安全，他坚持“游船无小事”的观念，每天都根据水流、航行时间、预测会船位置，做好航行计划，做到心中有数，并根据顺、逆水变化掌握好尺度；在日常工作中，狠抓船舶三级保养，平时细心观察机械的运转情况，及早发现问题当即化解，使船舶长年处于正常状态，在航行中未出现停航抢修的现象，确保了每个航班的正常运行。在他的带领下，游船被授予“2011年度全国交通建设系统工人先锋号”称号。

刘贞太 福建福州人，1965年出生，大专学历，中海散货运输有限公司船长。2011年他担任第一艘36万吨散装矿砂船“中海繁华”轮船长，亲自参与3次海上试验，带领轮机部的技术干部白天试验船舶设备，仔细查找可能存在的各种问题，并与中外专家一起研究解决技术难题，晚上翻阅各种船舶技术资料、技术图纸和相关技术信息，熟悉掌握船舶操纵技术和管理要求。他以书面报告的形式向船厂提出船舶设备问题1000多条，落实整改缺陷700多项，确保了新造船的技术质量，得到了国内外航海技术专家的一致好评。他着力推进船舶“节能减排”工作，在不影响安全的前提下，选择经济航线，提高航行率，节约船期；尝试降主机低负荷运转，每天节约燃油约20吨，汽缸油每天节约1.53万美元，单船经营效益位于公司船舶最前列。

毕　军 四川荣县人，1965年出生，大学学历，广东省食品药品监督管理局审评认证中心主任，主任药师，中共党员。长期从事药品认证检查工作，是中国首批国际药品GMP检查员、国家药品GMP、GSP、GCP、GAP检查员、广东省医药系列药学专业高级技术资格评审专家。药品GMP是各国政府或有关组织制订的药品生产质量管理的“基本大法”。2 006年，国家局组织全国最优秀的GMP专家对我国药品GMP的进行修订，他自始至终全程参与。2009年，他受国家局委派对澳门特区政府药政事务厅进行为期10天的药品GMP培训，澳门卫生局药物事务厅全体人员全程参与、场场爆满、赞声不绝。2012年10月，他再次受国家局委派，赴印度瑞迪博士制药有限公司执行境外药品检查任务，并担任检查组组长一职，对于彰显我国主权、提高我国药品监管国际影响力具有重要意义。

黄宗彦 福建尤溪人，1979年出生，大学学历，广东省潮州供水枢纽水力发电中心安全技术部部长，高级工程师，中共党员。具有良好的职业道德和技能水平，成功解决了枢纽电站生产过程中遇到的各种缺陷、故障，保障和提高了电站发电效益。2012年枢纽电站上网发电量约1.9亿千瓦时，未发生一例安全责任事故，实现发电收入约9000万元，经济效益显著。2010年他被授予“广东省五一劳动奖章”，2013 年被授予“第三届南粤技术能手奖”称号，多次被单位评为年度先进工作者。他熟练掌握水利机电技术专业基础理论和专业技术知识，熟练掌握本专业的标准、规范、规程，能独立解决本专业复杂疑难技术问题，先后负责编写了枢纽电站及拦河闸设备运行操作、检修、试验及事故处理规程，在电站及闸门机电专业方面，尤其是水轮机调速器方面具有丰富经验，成功分析解决了生产过程中出现的各种技术难题。

骆仕群　广东河源人，1972 年出生，大专学历，广东省建设工程质量安全监督检测总站科员，助理工程师，中共党员。十年如一日，出色地完成了大量的培训工作任务。她组织完成各类培训班 1000 多期，培训人员 32.85 万人次，制发各类合格证书 26 万多个。她注意总结，敢于探索，积极为提高培训工作效率出谋献策。建立了培训教师的师资库，确保各种培训班的顺利开展；积极协助科室开发了对外教育培训网上报名系统，提高了工作效率，节约了人力和物力，实现网上报名、交费、核查和管理，既方便了群众，又让全站的培训工作减轻了工作压力。她始终把服务群众、服务基层作为培训工作的第一宗旨，积极响应和践行站领导提出的“迎进来，走出去”的服务模式，努力做细服务，确保“迎进来”的学员满意，积极实施“走出去”服务模式，把培训班办到基层。

刘仕君　广东梅县人，1972 年出生，大专学历，广东省梅州市梅县邮政局府前路支局营业员，中共党员。爱岗敬业，以市场为导向，积极拓展业务，为支局创收做出贡献。他在工作中坚持“以服务求生存、求发展”的理念，以优质服务留住客户的心，热情引导客户办理邮政各项业务。遇到客户办理业务不熟悉，她耐心解答，引导办理；对不识字的老人，主动为其代填单椐办好业务。经常抽出业余时间走村串巷，宣传和拓展邮政业务，使支局经济效益明显提高。她还乐于助人，经常为群众办理代缴电费、话费或购买物品等，受到群众的热情赞扬。在她与员工的共同努力下，支局连续多年超额完成收入任务，仅 2012 年度，支局储蓄余额和保险业务分别比上年增长 91%和 417%，总收入达到 413 万元，名列全市邮政系统同行榜首。

林可茹　广东广州人，1972 年出生，大学学历，广州白云国际机场股份有限公司运营提升部副部长，经济师，中共党员。始终严于律己，真抓实干，无论业务素质还是个人品质，均受到高度评价。1997 年，她作为公司国际业务筹备组的副组长，不分昼夜，攻坚克难，3 个月内获得白云机场海关唯一授权的国际海关二类监管仓的许可证，为机场国际业务发展奠定坚实的基础。2005 年至 2007 年任国际部经理期间，整章建制，使国际部从 50 多人的小团队发展为 400 多人的重点创利大户，三年内使国际货运吞吐量从 1.6 万吨突破 10 万吨大关，并带领团队获得全日空和美国西北航空公司亚太区货站服务第一名的殊荣。到运营提升部工作后，牵头负责 18 个亚运改造项目，积极与政府部门沟通，带领团队整理拟定了 50 万字的亚运改造项目资料，协助机场获得市政府 2 亿元建设专项资金补贴。

韦美菊　广西巴马人，1967 年出生，初中学历，广东省国营南华农场 7 队割胶工，中共党员。担任 7 队的割胶辅导员职务，为确保割胶生产做到步步到位，她坚持做到勤上山、多指导、严把关，认认真真做好全队胶工的科学割胶辅导工作，割胶年收入9000多元。在做好辅导员工作的同时，她积极发展甘蔗生产和自营经济，把好甘蔗种植关、施肥关及抗旱保苗关，甘蔗生产取得较好成绩。2011年，她承包高糖早熟甘蔗35亩，年产甘蔗270.46吨；培育秋植良种甘蔗21亩，生产甘蔗种65吨，种蔗总收入85000元，纯收入38000元。她还承包抚管橡胶小苗25亩共1045株，成活率100%；利用橡胶小苗地间种菠萝19亩，年产菠萝57吨，收入8.5万元，纯收入5.4万元。一年来，她的个人岗位纯收入超10万元，为农场的发展建设做出了突出的贡献。

陈政民 河南舞阳人，1962年出生，本科学历，广东省地质灾害应急抢险技术中心主任，工程师，中共党员。带领全体职工跻身广东省地质勘查和工程施工先进行列，完成了三峡水库地质灾害防治、亚运场馆地质灾害评估检测、壳牌大亚湾项目海上钻探等500多项国家省市重点工程，成为省地质局的龙头单位，在落实科学发展观综合考评中连续多年名列前茅，为经济社会发展做出了显著贡献。他先后荣获广东省五一劳动奖章、广东省直机关优秀共产党员等称号。所在单位先后被评为广东省文明单位、先进集体、先进基层工会、省地质局先进单位、先进基层党组织，连续14年获安全生产单位等称号。他常年深入生产第一线，工作扎实，作风民主，勤政廉洁，以身作则，在群众中威信较高。在职工民主评议中，他的优秀率连续10年为省地质局所属基层领导干部之最。

刘伟清 广东兴宁人，1957年出生，硕士学历，广东省航运集团有限公司董事长、党委书记，高级经济师，中共党员。以振兴航运事业为己任，引领全体员工把航运集团打造成传统产业转型升级的范例，竞争性国有企业持续发展的样板，省属国有企业整体上市的先行者，使集团成为全国第四家以航运业务为核心的5A级综合服务型物流企业和广东省物流龙头企业。他提出“二次创业”的发展战略，践行“短期有效益、长期可持续、企业有发展、员工得实惠”的发展理念，带领企业在经济危机中保持稳健发展的良好态势，并着力成为行业资源的整合者及产业价值链高端的引领者，向资产营收双百亿目标奋力迈进。近三年集团实现营业收入106.38亿元，净利润7.87亿元，2010年、2011年经营考核获优秀等级。他高度重视企业文化建设，构建具有航运特色的文化体系，在履行企业社会责任方面做出贡献。

李迪愉 广东台山人，1970年出生，大专学历，广东中烟工业有限责任公司广州卷烟厂卷接包车间班长，技师。立足岗位，大胆创新，为提升车间设备管理水平出谋献策。熟练掌握和应用专业管理知识，积极协助车间搞好班组管理以及设备管理，在生产、质量、管理、安全、节能降耗等方面提出合理化建议和措施。多年来，他凭着丰富的实践经验和专业理论知识，积极带领职工出色完成车间的各项任务。他技能高超娴熟，工作独当一面，积极发挥技术排头兵作用。同时，积极做好传帮带，带领整个团队不断提升，得到领导和同事的高度评价。他苦练技能，积极参与修理，对提高企业设备的有限作业率成效显著。在职业技能竞赛活动中，荣获公司、厂多项技能奖项。他通过自身的不懈努力，在2012年第十届全国烟草行业职业技能竞赛暨“双喜杯”第四届烟机设备修理职业技能竞赛中，获得总分第一名。

张恒珍 山东淄博人，1969年出生，大专学历，中国石油化工股份有限公司茂名分公司化工分部裂解车间首席技师，助理工程师，中共党员。长期扎根一线，厚积薄发，在探索乙烯装置长周期生产运行的道路上艰难跋涉，和同事一举建起全国首座百万吨乙烯生产基地，为茂名乙烯开出全国最好水平、创造多项国内纪录、达到国际先进水平做出了突出贡献。她先后荣获广东省第一届“南粤技术能手”、广东省第六届“南粤巾帼十杰”、广东省“三八红旗手”标兵、中国石化“技术能手”、中国石化“巾帼建功标兵”、中国石化劳动模范、中央企业劳动模范、第八届“全国技术能手”、“全国知识性职工先进个人”、中国能源化学工会首届“加油中国　传承铁人”年度人物等荣誉称号，并且作为高技能人才享受国务院政府特殊津贴。当选为广东省第十一届人大代表，2012 年当选中国共产党第十八次全国代表大会代表。

转发《中华全国总工会关于表彰全国五一巾帼奖状（奖章）、全国五一巾帼标兵岗（标兵）的决定》的通知

（粤工总〔2013〕43 号）
（2013 年 3 月 25 日）

各地级以上市及顺德区总工会，省级产业工会，省直机关工会，中央驻穗单位和省属（集团）公司及有关厅（局）工会：

现将《中华全国总工会关于表彰全国五一巾帼奖状（奖章）、全国五一巾帼标兵岗（标兵）的决定》（总工发〔2013〕7 号）转发给你们。广东省女子监狱监狱长、党委书记吕玲荣获“全国五一巾帼奖章”，广州市精神病医院神经内科二区等 58 个单位荣获“全国五一巾帼标兵岗”称号，广州市花都区梯面镇梯面小学教导主任张燕霞等 58 名个人荣获“全国五一巾帼标兵”称号。

全省各级工会组织和广大工会女职工，要以受表彰的先进单位和先进个人为榜样，爱岗敬业，勤奋学习，锐意进取，争创一流，为我省率先全面建成小康社会做出更大的贡献。

广东省总工会关于表彰广东省五一劳动奖章和广东省工人先锋号的决定

（粤工总〔2013〕67 号）
（2013 年 4 月 27 日）

2012 年是我省实施“十二五”规划承上启下的重要一年，是加快转型升级、建设幸福广东取得新成就的一年。在省委、省政府的正确领导下，全省广大职工高举中国特色社会主义伟大旗帜，牢牢把握主题主线，继续解放思想，坚持改革开放，全面实施《珠三角规划纲要》，立足本职，深入开展“当好主力军、建功十二五”劳动竞赛活动，为我省经济建设、政治建设、文化建设、社会建设以及生态文明建设做出了重要贡献，涌现出一批先进集体和先进个人。为表彰先进，动员激励全省广大职工为加快转型升级、建设幸福广东建功立业，省总工会决定，授予金发科技股份有限公司国家级技术中心副主任黄险波等 180 名职工广东省五一劳动奖章，授予广州花都宝井汽车钢材部件有限公司生产部落料机组等 199 个集体广东省工人先锋号。

希望受到表彰的先进集体和个人珍惜荣誉，再接再厉，为党和人民再立新功。全省广大职工要紧密团结在以习近平同志为总书记的党中央周围，高举中国特色社会主义伟大旗帜，以邓小平理论、“三个代表”重要思想、科学发展观为指导，全面贯彻落实党

的十八大精神、习近平总书记视察广东重要讲话精神和省委十一届二次全会精神，以先进集体和个人为榜样，凝聚力量，攻坚克难，继续发扬工人阶级艰苦奋斗、甘于奉献的光荣传统，大力弘扬劳模精神，切实开展“中国梦·劳动美”主题宣传活动，动员广大职工为推动我省经济社会全面协调可持续发展建功立业，为实现中华民族伟大复兴的中国梦和“三个定位、两个率先”的目标作出新的更大的贡献！

附件：2013 年广东省五一劳动奖章和广东省工人先锋号名单

广东省五一劳动奖章获得者名单（180 人）

黄险波　金发科技股份有限公司国家级技术中心副主任
许鸿飞　广州雕塑院院长
卢　飒（女）　广州汽车集团股份有限公司董事会秘书
赖志伟　中共广州市海珠区琶洲街道工作委员会党工委书记
邵晓叶（女）　广州市天河中学数学科组长
王　文（女）　广州市白云区人民法院主任科员
罗仲翔　广州市黄埔区人力资源和社会保障局主任科员
陈忠华　广州万宝集团压缩机有限公司总工程师
赵文秀（女）　广州市公路管理局工程研究所总工程师
郭奇峰　广州市第一人民医院鹤洞分院骨科主任
杨胜利　广州经济技术开发区保安服务公司机动大队大队长
罗发进　广州机床厂有限公司车间副主任
陈灿毅　广州铜材厂有限公司工段长
韩远立　广州越秀水泥集团有限公司二级主管
李惠明　中国联合网络通信有限公司广州市分公司无线技术支持岗员工
陈庆城　广州广船国际股份有限公司电焊工长
杨小杰　东方电气（广州）重型机器有限公司焊接工艺室主任
李亚军　增城市运豪五金塑料有限公司人力资源部副经理
杨玉君　广州中船黄埔造船有限公司副作业长
韦立忠　深圳市龙运发汽车服务有限公司驾驶员
秦兴梅（女）　深圳报业集团深圳商报主任记者
张毅君　深圳市罗湖区机械化清扫所工人
陈海平　深圳市永高塑业发展有限公司机电科主任
周霞平　深圳市第二人民医院妇产科主任
王军宏　先端精密金属制品（深圳）有限公司部门经理
孙荔安　深圳市体工大队教练
陈中湛　中华商务联合印刷（广东）有限公司印刷机长
杨飞飞　富士康科技集团工程师
牛冠兴　安信证券股份有限公司董事长
黄旺标　珠海市公安局交警支队南湾大队科员
赵旺飞　中国移动通信集团广东有限公司珠海分公司网络维护
宋朝华（女）　珠海市文园中学教务主任
张朝燚　佳能珠海有限公司系长
吕简承　珠海市妇幼保健院院长
潘惠妮（女）　珠海市第二人民医院儿内科

科主任兼新生儿科主任
吴泽和　广东三凌塑料管材有限公司业务员
戴俊妹（女）　广东省粤东航道局澄海航标测绘所南澳航道站站长
李韩鹏　汕头市澄海区公路局道班长
黄志雄　汕头市达濠市政建设有限公司项目经理
林福荣　汕头大学教师
郑少武　中国建设银行汕头市分行金砂支行营业室经理
吴则昌　佛山石湾鹰牌陶瓷有限公司二车间主任
孙明冬　广东正野电器有限公司研发中心负责人
唐建新　佛山市三水区运发有限公司驾驶员
彭永健　广东电网公司佛山供电局运维班班员
李长虹　佛山市华鸿铜管有限公司设备部主管
王康平　广东好帮手电子科技股份有限公司夹具工程师
江　笑（女）　佛山市光大服装有限公司总经理
舒　悦（女）　佛山市教育局教育教学研究室副主任
赖朝华　南雄市中医院内科主任
吴春明　广东电网韶关翁源供电局供电所所长
黄岳龙　韶关梅子窝矿业有限责任公司风钻台班长
周能良　乳源瑶族自治县东阳光化成箔有限公司生产计划科科长
黄桂兰（女）　仁化县仁化中学教研室副主任
刘伟辉　广东电网公司韶关供电局局长
黄东云（女）　龙川威达绝缘材料有限公司女工主任
赵毅逞　和平县福和高级中学教研室副主任
李阳新　河源市源城区对外加工装配服务公司源力塑胶玩具厂技术人员
罗　强　广东省河源市东源县国家税务局局长
陈宏香（女）　梅州市人民医院新生儿科主任
罗伟群　兴宁市龙田中学教师
李云凤（女）　五华县富翊达实业有限公司职工
丘汉松　广东昌隆陶瓷股份有限公司陶瓷美术设计室设计师
李志强　梅州市梅江区西郊街道西郊社区卫生服务中心主任
陈树丹　惠州市中心人民医院老年病区主任
文燕翔　惠州市公安局惠阳区分局巡警大队特警中队干警
谢雪峰　惠州住润电装有限公司技术员
王　萍（女）　中国电信股份有限公司惠城分公司政企客户中心主任
张　宋　惠州市四季绿农产品有限公司董事长
张洪刚　广东红海湾发电有限公司总经理
吴海容（女）　中国建设银行股份有限公司汕尾市分行营业部个人业务顾问
刘建业　汕尾市城区捷胜文昌中学副教导主任
魏贤俊　海丰县地方税务局城东分局副科级干部
韦金香（女）　东莞市家宝园林绿化有限公

司环卫工人
梁崇德 东莞市制糖厂有限公司厂长助理
张秋英（女） 广东唯美陶瓷有限公司工会主席
侯光远 东莞市公安局望牛墩分局望牛墩派出所科员
彭秋丽（女） 东莞市搜于特服装股份有限公司研发设计中心总监
李元娟（女） 中山市公共交通运输集团有限公司仓库发料员
周凯泳（女） 中山博爱医院护理组长
卢伟坚 广东电网公司中山供电局民众镇供电分局主任
吴楚萍（女） 中山市火炬开发区组织人事办副主任
尹启禄 中国移动通信集团广东有限公司中山分公司总经理
林伟坚 江门市广悦电化有限公司动力车间副主任
李晓亮 中烟摩迪（江门）纸业有限公司仪表自控主管
杨炫召 广东高新凯特精密机械股份有限公司研发人员
袁天秀（女） 鹤山市新红阳实业有限公司业务员
舒长红 江门市长优实业有限公司生产部经理
李国进 江门市动物卫生监督所检疫监督室主任
许红明 广东粤运朗日股份有限公司驾驶员
李子波 阳江市江城区国家税务局征收管理股股长
罗才新 阳春市交通运输局地方公路管理站道班班长
李　蔼（女） 阳江市纳丽德工贸有限公司计划员
曹学源 广东省湛江汽车运输集团有限公司湛江汽车客运总站客车司机
杨向东 湛江港（集团）股份有限公司铁路分公司机修段班长
徐葵武 遂溪县第一中学教师
陈康贵 广东电网公司湛江供电局南三供电所副所长
林巧才 广东粤凯机械有限公司总工程师
黄恩予（女） 雷州市公安局城内派出所所长
汤艳明 广东粤海饲料集团有限公司生产部长助理
谢汝炎 茂名石化炼油分部联合四车间副主任
梁金儒 广东省茂名市交通运输集团有限公司电白分公司安全员
邱　麟 广东电白汉山锁业有限公司组长
谢　坤 茂名市东亚药业有限公司职工
杨增良 茂名高岭科技有限公司研发中心主任
李儒昌 广东省化州市海利集团有限公司董事长
邓卓恒 肇庆市第一人民医院内科主任
陈立峰 高要市金田电热有限公司设备部主任
王惠敏（女） 广东羚光新材料股份有限公司电子银浆开发项目负责人
冯惠红（女） 中国电信股份有限公司肇庆城区分公司营业厅销售支撑岗职工
许银华（女） 高要市中杰鞋业有限公司广宁分公司总务人事课三等专员

董　林　佛冈建滔实业有限公司动力车间主管
邓治勇　中国电信股份有限公司连州分公司班长
左晓佛　广东聚石化学股份有限公司开发技术员
林伟彪　广东粤电长湖发电有限责任公司班长
江军芳（女）　广东忠华棉纺织实业有限公司行政部主任
陈　沂　潮安县自来水公司营业副股长
罗火松　潮州市亚太港口有限公司职员
陈燕花（女）　潮州三环（集团）股份有限公司技术课长
张伟忠　中国电信股份有限公司潮州分公司总经理
张泽如（女）　揭阳市天诚密封件有限公司车间主任
陈经宇　广东揭阳农村商业银行渔湖支行市场营销主管
林春鹏　广东电网揭阳揭东供电局新亨供电所运维班班长
陈淡龙　广东电网公司揭阳供电局局长
梁建秀（女）　广东凌丰集团股份有限公司工程技术中心副主任
陈沃铭　广东中兴液力传动有限公司铸造车间主任
李元喜　中材天山（云浮）水泥有限公司车间主任
杜杰雄　中国移动通信集团广东有限公司云浮分公司总经理
周伟建　广东美涂士建材股份有限公司董事长
周新旺　广州出入境检验检疫局主任科员兼副科长
李　霞（女）　广东南方电视台南方卫视总监助理
伍胜波　南海区渔政局中国渔政南海总队 311 船轮机长
周国逸　中国科学院华南植物园职工
尚　平　广东省工商行政管理局外资企业注册处主任科员
吴国村　广东省二沙体育训练中心副院长
梅志清（女）　南方日报社机动记者部主任
梁振彪　东莞市第一人民法院南城人民法庭副庭长
罗再红（女）　中山市第二市区人民检察院办公室主任
周亚萍（女）　广州市公安局水上分局刑事侦查大队主任科员
陈春生　肇庆市公安局端州分局巡警警察大队大队长
王　涛　广东省南丰劳教（强戒）所四分所一大队副大队长
刘奕志　中山大学中山眼科中心主任
谢华汉　广东商学院政治与教育学院专任教师
槐咏梅（女）　华南师范大学附属中学工会副主席
黄伟侨　粤港汽车运输联营有限公司客运分公司客车驾驶员
黄锦文　广东省东莞航道局东莞航标与测绘所龙城航道站站长
梅晓亮　广东省交通运输厅基建管理处副主任科员
曹长志　深圳海事局南山海事处海事监督员
杨军华　交通运输部南海救助局应急分队队长
韩方仁　中交第四航务工程勘察设计院有限公司党委副书记
熊韶辉　广东振戎能源有限公司董事

长、总经理
陈乃发　白天鹅酒店集团有限公司工会主席
邓兴旺　中国石油广东销售深圳分公司先进加油站经理
曹品亮　广东地方铁路有限责任公司粤北铁路分公司关春线路领工区领工员
王　峰　交通银行广州番禺支行高级客户经理
吴　梅（女）　平安养老保险股份有限公司广东分公司市场营销部主任
吴海鸣（女）　中信银行股份有限公司广州分行花城支行客户经理
曾　翌　中铁二十五局集团第五工程有限公司青岛湾底疏港路高架桥项目总工程师
刘小兰（女）　广东省粤电集团有限公司沙角C电厂运行部化验员
邓锦先　广东省广晟资产经营有限公司党委副书记
濮志梁　中国石化销售有限公司华南分公司总经理
蒋　礼　中建钢构广州分公司东塔项目指挥长
易志峰　中国石化股份有限公司广州分公司炼油四部首席技师
陈兆全　中国电信股份有限公司佛山南海区分公司里水营销中心大班组长
禄　杰　中国移动通信集团广东有限公司总会计师
王　峰　中国联合网络通信有限公司深圳市分公司集团客户营销中心主任
黄卓华　中国铁通集团有限公司广东分公司网络支撑中心工程师
龚映新　韶关市邮政投递局浈江投递部投递员
林映坤　广东省阳江监狱狱警
黄　雁　广东省惠州监狱狱警
邸　文　广东省地质调查院矿产一室工程师
赵奋成　广东省林业科学研究院研究员
胡忠华　广东省曙光农场三队割胶工
李健明　广东省建设信息中心主任
张曲明　广东省机场管理集团公司梅县机场公司生产生活基地副主任
宋乐平　中国南方航空股份有限公司珠海直升机分公司飞机维修厂主管
艾国胜　中国民用航空深圳空中交通管理站管制运行部管制员
岳春华　广州铁路（集团）公司电务处处长
陈绍青　广深铁路股份有限公司广州机务段火车司机

（广东省国家安全厅1名）

广东省工人先锋号（199个）

广州花都宝井汽车钢材部件有限公司生产部落料机组
广州东塑石油钻采专用设备有限公司技术研发中心
广州纺联进出口有限公司进口贸易部
广州海格通信集团股份有限公司路明实验室
广汽部件广州华德汽车弹簧有限公司张春新劳模创新工作室
广州港（集团）有限公司新港港务分公司机械操作部107班
广州皇上皇集团有限公司肉食制品厂皇上皇腊味店
广州市长途汽车运输公司省汽车客运站售票

二班
中国建设银行股份有限公司广州花都支行广州花都雅居乐支行
广州市越秀区北京街道办事处盐运西居委会
中国电信股份有限公司广州分公司接入维护中心
深圳市宝安中学艺术科组
创世纪转基因技术有限公司生物技术中心科研组
新东江塑胶（深圳）有限公司技术部
中国石油化工股份有限公司深圳石油分公司深港加油站
深圳市公安局交通警察支队机动大队
中铁建工集团有限公司广深铁路布吉辅助客运站项目部（深圳东站）
深圳广播电影电视集团新闻中心《直播港澳台》栏目组
深圳市爱迪尔珠宝股份有限公司注蜡班组
深圳市航嘉驰源电气股份有限公司制造二处P12B插件组
沃尔玛（中国）投资有限公司深圳配送中心
珠海横琴新区地方税务局办税服务厅
珠海市免税企业集团有限公司关外免税店公司拱北门店超市班
珠海宝塔石化有限公司催化车间
珠海市邮政局投递局香洲投递部
拱北海关隶属闸口海关旅检六科
珠海高速客轮有限公司“海威”轮
珠海保税区摩天宇航空发动机维修有限公司发动机测试车间
汕头市邮政局投递局广场投递部
华能国际电力股份有限公司海门电厂设备管理部汽机班
汕头易初莲花连锁超市有限公司百货部
中国工商银行股份有限公司汕头分行汕头高新技术开发区支行
广东电网公司汕头供电局变电管理所500KV胪岗巡维中心
中国电信股份有限公司南澳分公司后宅营销服务中心营业班
汕头市潮南区工商行政管理局登记注册股
广东汕头华侨中学政治教研组
广东天安新材料股份有限公司人造革事业部
广东省九江酒厂有限公司包装车间
佛山双鹤药业有限责任公司灌装班组
佛山市川东磁电股份有限公司温控车间
佛山市三水区邮政局营业支局宝南营业班
广东省佛山市烟草专卖局（公司）直属分局办证窗口
佛山市禅城区房地产交易所
广东省佛山市地方税务局纳税服务科
韶关市新丰县人民医院内二区
韶关市曲江区供水管理处供水维修班
广东省韶铸集团有限公司热精锻分厂精锻车间
中国石油化工股份有限公司广东韶关石油分公司云岩服务区（东西）加油站
韶关市中机重工锻压有限公司锻造班
韶关市武江区环境卫生管理所收集队
乐昌市广播电视台电视中心
河源市环境保护局河源市环境监测站
河源理工学校招生就业科
中国石油化工股份有限公司广东河源石油分公司紫金经销部
河源旗滨硅业有限公司制造一部锡退乙班
中国联合网络通信有限公司河源市分公司网络建设部
广东宝丽华电力有限公司发电部一值
中国建设银行股份有限公司梅州市分行嘉应支行
广东烟草梅州市有限公司大埔县分公司营销部
广东省平远县地方税务局城区税务分局办税服务厅
广东电网公司梅州蕉岭供电局输变电管理所巡维中心

丰顺县人民医院质控科
广东烟草梅州市有限公司五华县分公司营销部
惠州市中心人民医院产科二区
惠州市惠城区行政服务中心
广东惠州市平海发电厂有限公司运行部发电B值
惠州市惠阳公路管理局平潭养护中心
龙门县自来水公司供水监察队
敏华家具制造（惠州）有限公司五金部高铁项目一组
惠州三星电子有限公司制品技术部手机新品导入小组
广东红海湾发电有限公司运行部发电己值
海丰县海丰中学九年级组
陆河县地方税务局办税服务厅
汕尾市美顿食品有限公司生产部
陆丰市汽车运输总公司营运部（815 车队）
东莞出入境检验检疫局检验检疫综合技术中心
东莞徐记食品有限公司总厂沙琪玛车间
中国建设银行股份有限公司东莞黄江支行
东莞振兴纸品有限公司企业管理部
东莞市质量技术监督局稽查分局
中国电信股份有限公司东莞莞城营销服务中心东城营业厅
东莞市东江水务有限公司工程（项目）管理部
中山市金马科技娱乐设备有限公司生产部
广东奥马电器股份有限公司三分厂总装五车间
广东依顿电子科技股份有限公司人力资源部
中国电信股份有限公司中山分公司横栏营销服务中心
中国移动通信集团广东有限公司中山分公司政企客户部
中山职业技术学院机械工程系
中山市第二人民医院肝病综合科
广东电网公司江门供电局江门 500KV 第二业主项目部
广东银帆化学有限公司环保涂料研发项目组
江门气派摩托车有限公司发动机装配车间
广东海鸿变压器有限公司技术中心
中国电信股份有限公司恩平分公司恩城营业班
江门市疾病预防控制中心艾滋病预防控制科
江门市社会保险基金管理局医疗保险待遇科（生育工伤保险待遇科）
阳东县同利五金制品有限公司滚桶车间
阳江市公共卫生医院感染内科
阳春市环境卫生管理站河西保洁区
广东银鹰实业集团有限公司包刀车间
嘉吉粮油（阳江）有限公司良港码头生产部
广东省湛江市家用电器工业有限公司五金车间
徐闻县海安港装卸运输公司“海装壹号船”
中海油服油田技术事业部湛江基地装备支持部
广东海洋大学食品科学与工程学科团队
湛江市第二人民医院药剂科
广东南粤银行股份有限公司海昌支行
中国移动通信集团广东有限公司遂溪分公司文东路服务厅
高州市三角湾电厂机修班
茂名市地方税务局机关党委办公室
中国建设银行股份有限公司茂名市分行公司业务部
茂名市第一中学 2012 届高三年级组
茂名市人民医院心血管内二科
茂名海事局船舶检验处
茂名市茂港电力设备厂有限公司设计室
广东风华高新科技股份有限公司英达电感器件分公司功率车间
肇庆市人民检察院案件管理中心
肇庆市端州区地方税务局重点税源管理股
德庆泰禾实业发展有限公司织造总厂挡车班

组丙班
肇庆市贺江电力发展有限公司江口电厂运行车间
中国农业银行股份有限公司怀集县支行客户部
广东电网公司肇庆大旺供电局配电部急修班
广东电网清远阳山供电局生产技术部配电运行维护及急修班
清远市住房公积金管理中心英德管理部
广东省清远市连山壮族瑶族自治县小水电发展有限公司那贺第三级水电站
广东先导稀材股份有限公司高纯碲车间
新联达（清远）玩具塑料制品有限公司生产计划部
清远市中医院普外肛肠科
广东电网公司潮州潮安供电局生产技术部
潮州市南科电子实业有限公司模具设计研发中心
广东东宝集团有限公司窑炉车间
广东电网公司潮州饶平供电局海山供电所汛洲岛运维班
潮州出入境检验检疫局检务科
中国建设银行股份有限公司揭阳市分行营业部
普宁市人民医院体检（客服）中心
广东揭西农村商业银行股份有限公司棉湖支行
广东省惠来县烟草专卖局专卖稽查大队
揭阳市东山区第一人民医院内科
中国银行股份有限公司云浮分行兴云中路支行
中国电信股份有限公司云浮分公司政企客户中心
新兴县翔顺生态旅游发展有限公司茶叶加工部
云浮市郁南县自来水公司管道维修组
云浮市交通运输管理总站业务窗口
佛山市顺德区汽车运输有限公司305线
佛山市顺德区地方税务局纳税服务局
广东省人民检察院反贪污贿赂工作局侦查一处
广东省储备粮管理总公司东莞直属库
中国远洋物流有限公司华南核电项目部
中国人民解放军第四八零一工厂信息化装备修理分厂机电一体化装备修理班（机电班）
东莞市人民检察院公诉一科
广东省三水劳教（强戒）所四分所三大队
南方医科大学珠江医院心血管内科
广州航海高等专科学校航海系
广东省长大公路工程有限公司第四分公司
广东省佛开高速公路有限公司路政大队
广州番禺莲花山港客运有限公司“南桂”轮
广东省公路管理局韶赣高速公路管理中心梅关收费站
广东省交通运输规划研究中心港航工程咨询室
广州新海医院内二科
湛江海事局湛江徐闻海事处
中交四航局第五工程有限公司双鱼岛填海工程项目经理部
交通运输部广州打捞局第一船队“华海龙”轮
广州港新沙港务有限公司煤矿作业部卸船机中队
湛江港（集团）股份有限公司第三分公司机械一队司机二班
中国石油天然气股份有限公司广东销售深圳分公司先进加油站
中国石化广东石油分公司黄埔油库
广东天禾农资股份有限公司农业化工部
广东联合电子服务股份有限公司粤通卡客户服务中心
广东省商业企业集团公司托管部综合组
中华联合财产保险股份有限公司广东分公司中山中心支行
中国保险监督管理委员会广东监管局保险中

介监管处
中国证券监督管理委员会广东监管局办公室
中国平安财产保险股份有限公司广东分公司惠州中心支公司
广发银行股份有限公司信息技术部
广东华兴银行金融市场部
中国建筑第四工程局有限公司广州市珠江新城猎德西区综合发展项目C区三、四及六号线地块项目部
广东省基础工程公司梅州城区广州大桥项目经理部
中国海洋石油南海东部石油管理局深水钻井项目组
广东粤电靖海发电有限公司设备部继保一班
中国石油化工股份有限公司广州分公司仪控中心四车间加裂班
广东电网公司教育培训评价中心评价鉴定部
中国能源建设集团有限公司广东火电工程总公司特种吊装运输事业部大件班
中国电信股份有限公司广州海珠区分公司鹭江营销服务中心
中国移动通信集团广东有限公司数据业务运营中心
中国邮政储蓄银行股份有限公司广东省分行平远县支行
广东省邮政速递物流有限公司11183客服中心
中国铁通集团有限公司东莞分公司南区营销中心
广东省地质局七〇三地质大队大亚湾工程勘察处
广东省怀集监狱七监区
广东农垦燕岭大厦有限公司市场营销部
广东省林业调查规划院规划设计分院
广东省城乡规划设计研究院城市发展研究中心
华南蓝天航空油料有限公司广东分公司广州机场油库
中国南方航空股份有限公司地面服务保障部国际处国际值机科向日葵班组
广州供电段轨道车间深圳轨道车指导组
广州铁路集团公司广州动车段广州东动车运用所检修三班
中建三局建设工程股份有限公司（粤）深圳市石厦村改造项目（04和05地块）AB塔楼房屋建筑工程项目工程技术部
广州市地下铁道总公司运营事业总部车辆中心大修部
广深珠高速公路有限公司广深珠高速公路东莞路政所D班

广东省总工会关于授予在2012年度劳动竞赛中涌现的先进集体和个人广东省五一劳动奖状奖章、工人先锋号的决定

（粤工总〔2013〕126号）
（2013年8月8日）

2012年以来，全省广大职工在省委、省政府的正确领导下，围绕建设一流工程、廉洁工程，促进企业自主创新、节能减排、提高效益等目标，广泛深入开展创先争优劳动竞赛活动，立足岗位、勤学苦练，攻坚克难、求实奉献，为推动我省经济建设、政治建设、文化建设、社会建设以及生态文明建设做出了重要贡献，涌现出一批先进集体和先进个人。

为表彰先进，动员激励全省广大职工深入开展“当好主力军，建功十二五”主题竞赛，为加快转型升级、建设幸福广东建功立业，省总工会决定：

一、授予在2012年度广东省十项工程劳动竞赛中获得模范集体称号的广东博大高速公路有限公司博深分公司等6个集体广东省五一劳动奖状，授予在2012年度广东省

十项工程劳动竞赛中获得先进个人（模范工人、模范科技工作者和模范企业家）称号的广东省长大公路工程有限公司机械设备维修班长周爱民等35名个人广东省五一劳动奖章（名单见粤竞组［2013］3号文）。

二、授予在2012年度广东省职工职业技能大赛中获得各工种决赛第一名的暨南大学经济学院经济系主任王兵等61名选手广东省五一劳动奖章（名单见附件）。

三、授予在广东省第六届省长杯工业设计大赛中获得团队第一名的广州汽车集团股份有限公司汽车工程研究院概念和造型设计中心广东省工人先锋号。

希望受到表彰的先进集体和个人发扬成绩，再接再厉，再立新功。全省广大职工要以先进集体和个人为榜样，自觉做中国道路的实践者、中国精神的承载者、中国力量的主力军，紧密团结在以习近平同志为总书记的党中央周围，高举中国特色社会主义伟大旗帜，大力弘扬工人阶级伟大品格和劳模精神，深入开展形式多样的建功立业劳动竞赛和岗位练兵、技术比武活动，爱岗敬业、奋发进取，以实际行动为实现中华民族伟大复兴的中国梦和广东“三个定位、两个率先”总目标作出新的更大的贡献！

附件：授予2012年度广东省职工职业技能大赛各工种决赛第一名选手广东省五一劳动奖章名单（61名）

王　兵	暨南大学经济学院经济系主任（广东省高校青年教师教学技能大赛第一名）
吴　芃	南方医科大学南方医院泌尿外科主治医生（广东省高校青年教师教学技能大赛第一名）
熊　巍	华南理工大学设计学院讲师（广东省高校青年教师教学技能大赛第一名）
李中明	广东省地质局七一九地质大队地质钻探队钻探工（广东省地质钻探工人技能竞赛第一名）
曾光槐	佛山市交通技工学校培训部教练员（广东省交通行业机动车驾驶教练员技能竞赛第一名）
郭碧燕（女）	广东省路桥建设发展有限公司广韶分公司鱼湾收费站收费员（广东省高速公路车辆通行费收费员技能竞赛第一名）
李海晖	中顺大围工程管理处东河水利枢纽工程管理所工程股股长（广东省水利行业灌排工程工工种竞赛第一名）
李祖荣	广州南沙海港集装箱码头有限公司操作部作业三大队龙门吊班吊机司机（广东省海员“金锚杯”集装箱场桥司机竞赛第一名）
罗桂森	广东省佛冈县气象局预报股股长（广东省气象行业公共气象服务技能竞赛第一名）
谭永殿	中国南方电网超高压输电公司百色局生产技术部输电管理专责（“安康杯”电力高压输电线路带电检修技能竞赛第一名）
王　斌	南方电网调峰调频发电公司惠州蓄能发电有限公司运行中心专责（广东省调峰调频发电公司水电厂运行专业技能竞赛第一名）
杜健翔	深圳市大晟环境艺术有限公司总经理（广东省“岭南

杯”装饰工程项目设计技能竞赛第一名）

杨　松　　东莞供电局变电管理一所检修分部检修二班技术员（广东省电力行业变电检修工竞赛第一名）

何国良　　广东石湾酒厂有限公司品质控制部部长（广东省酒类行业品酒师技能竞赛第一名）

蔡伟岳　　汕头市天辉毛织制品有限公司车间组长（广东省纺织行业电脑横机挡车工竞赛第一名）

孔庆福　　广东嘉俊陶瓷有限公司检验室主任（广东省建材行业材料物理性能检验工技能竞赛第一名）

刘　桔（女）　　广东烟草韶关市有限公司烟叶生产购销科副科长（广东省烟草商业系统烟叶分级技能竞赛第一名）

王郁鑫（女）　　深圳市道禾服装设计公司设计部设计师（广东省女服装设计师技能竞赛第一名）

马　良　　广东粤电靖海发电有限公司财务部会计（广东省企业工资集体协商指导员业务能力竞赛第一名）

王民欢　　中国人寿保险股份有限公司佛山分公司客户服务中心合同室员工（中国人寿广东省分公司客户服务中心人员技能竞赛第一名）

邝　威　　广州市广百股份有限公司风尚广百北京路店副店长（广东省零售业职业经理人技能竞赛第一名）

陈满龙　　中国平安人寿保险股份有限公司广东分公司两核服务部理赔服务室内勤员工（广东人身保险业理赔岗位技能竞赛第一名）

陈浩峰　　广东联合电子服务股份有限公司资金结算中心技术研发组工程师（广东省高速公路联网收费拆分结算技能竞赛第一名）

关德生　　广州市广百股份有限公司北京路分公司折扣商场收款员（广东省“银联杯”商业服务业收银员职业技能竞赛第一名）

龙　飞　　中国联合网路通信有限公司广东省分公司客户服务部3G客服中心人事主管（广东省客户服务管理师职业技能竞赛第一名）

李虹浒（女）　　中国民生银行广州分行珠江支行运营流程岗（广东省银行系统员工点钞竞赛第一名）

梁　雁　　广东省乐昌监狱十一监区正科级警察（广东省监狱系统狱内侦查业务技能竞赛第一名）

赖之中　　广东省惠州市惠裕实业有限公司生产科科员（广东省广裕集团系统生产经营能手竞赛第一名）

尉迟琳澜（女）　　广东省未成年劳动教育人员管理所管教室科员［广东省劳教（戒毒）系统教育矫治能手竞赛第一名］

曾　凤（女）　　广州白云国际机场股份有限公司安检护卫部二中队班长（广东省机场管理集团公

司安检技能竞赛第一名）

李　琳（女）　中国南方航空股份有限公司货运部市场销售处舱位总控室职员（南航股份公司货运技能竞赛第一名）

卢天龙　广东电网公司佛山三水供电局乐平供电所计量班高级作业员（广东电网公司装表接电工竞赛第一名）

张　毅　广东电网公司佛山供电局计量中心电能量数据管理分部计量自动化班班长（广东电网公司电能表校验工竞赛第一名）

郑大鹏　广东省粤电集团有限公司沙角C电厂运行部C值值长助理（广东省“粤电杯”火力发电机组运行值长技能竞赛第一名）

崔宇杰　广东省粤电集团公司沙角A电厂运行部B值值长助理（广东省“粤电杯”300MW火电机组电气值班员技能竞赛第一名）

张兰松　广东拓奇电力技术发展有限公司潮电维护项目部综合班班长（广东火电起重工技能竞赛第一名）

林树文　广东省工业设备安装公司第五分公司利通广场项目管道班组焊工（广东建工集团焊工技能竞赛第一名）

李冬梅（女）　中国移动通信集团广东有限公司清远分公司网络服务中心服务支撑室全业务支撑管理（中国移动通信集团广东有限公司全业务网络支撑技能竞赛第一名）

赵孟君（女）　中国移动通信集团广东有限公司珠海分公司财务部会计核算室会计核算管理（中国移动通信集团公司广东分公司财务管理技能竞赛第一名）

陈　丽（女）　广东邮电人才服务有限公司东莞分公司销售经理（中国电信广东公司政企客户销售经理技能竞赛第一名）

陈杰生　中国电信股份有限公司广东分公司省网络监控维护中心监控室服务支撑（中国电信广东公司网络监控技能竞赛第一名）

林冬霞（女）　中国联合网络通信有限公司惠州市分公司客户服务部呼叫中心质检员（广东联通服务技能竞赛第一名）

秦晓川（女）　中国联通中山分公司集团客户事业部室主任（广东联通基站开通及维护技能竞赛第一名）

王　川　中国铁通广州分公司西区装维中心业务主管（中国铁通广东分公司光缆接续技术竞赛第一名）

肖守勇　中国广东核电集团大亚湾核电运营管理有限责任公司生产部运行二处主控室操纵员（中国广东核电集团核电厂运行操纵员工种竞赛第一名）

潘俊宇　广东省输变电工程公司变电第一分公司安装四队安装二次专责（广东省输变电行业变电二次安装工竞赛第一名）

邓玉烨　广州市地下铁道总公司运营事业总部车务中心车务一部烈士陵园站值班员（广州地铁车站值班员工种竞赛第一名）

陈耀明　广汽本田汽车有限公司总装部总装二科外装复合系外装1A班班长（广东省汽车行业汽车装配工职业技能竞赛第一名）

张　帆　广汽集团汽车工程研究院专业总师、主任（广东省第六届省长杯工业设计大赛第一名）

王利平（女）　广东省医学科学院广东省人民医院护士长（广东省女职工医疗护理岗位创新技能大赛临床护理项目特等奖）

杨文华（女）　东莞东华医院护理组长（广东省女职工医疗护理岗位创新技能大赛儿科护理项目特等奖）

杨仲毅（女）　中山大学附属第一医院区护士长（广东省女职工医疗护理岗位创新技能大赛重症监护护理项目特等奖）

李超云（女）　广州市番禺区中医院护士（广东省养老护理职业技能大赛第一名）

周孝平　广州市流溪河灌区总管理处副科长（广东省渠道维护工技能大赛第一名）

张裕红（女）　深圳市邮政局固戍支局理财经理（广东省职业技能大赛储汇业务员工种个人全能第一名）

张国华　广东省机械高级技工学校教师（广东省职业技能大赛暨第五届全国数控大赛广东选拔赛数控车职工组第一名）

潘小春　广东省机械技师学院教师（第五届全国数控技能大赛广东省选拔赛数控铣教师组第一名）

黄小锋　广东省机械高级技工学校教师（第五届全国数控技能大赛广东决赛加工中心教师组、职工组第一名）

饶生辉　中山市气象局中山国家气象观测站副站长（广东省气象行业地面测报技能竞赛个人全能第一名）

邓文剑（女）　广东省气象台技术人员（广东省气象行业天气预报技能竞赛个人全能第一名）

彭庆翔　广州市高级技工学校教师（广东省机电一体化技能竞赛暨全国可编程序控制系统设计师职业技能大赛广东选拔赛教师组第一名）

广东省总工会关于授予在第十二届全运会上取得优异成绩的先进集体和个人广东省五一劳动奖状、奖章和工人先锋号的决定

（粤工总〔2013〕157号）
（2013年10月17日）

在举国关注的第十二届全国运动会上，广东体育健儿不畏强手，顽强拼搏，奋勇争先，取得了50.5枚金牌、34.5枚银牌、36枚铜牌，总分2696.5分，位居全国前三，运动成绩和精神文明取得双丰收，完成了省委、省政府确定的任务目标，向全省人民交

了一份满意的答卷。

为弘扬全运会精神，进一步激励和鼓舞全省广大职工奋发图强，锐意进取，为推动科学发展、促进社会和谐团结奋斗，广东省总工会决定，授予广东省田径运动管理中心等4个单位广东省五一劳动奖状，授予何冲等6名运动员广东省五一劳动奖章，授予广东省蹦床队等8个集体广东省工人先锋号。

希望受到表彰的先进集体和个人发扬成绩，再接再厉，为我省体育事业再立新功。全省运动员和广大职工要以受表彰的运动员为榜样，大力弘扬“敢于拼、善于战、勇于胜”的广东体育军团精神，充分发挥主观能动性和创造性，为推动我省体育事业的发展、实现“三个定位、两个率先”总目标和中华民族伟大复兴的中国梦作出新的更大的贡献！

附件：广东省五一劳动奖状、奖章和工人先锋号名单

一、广东省五一劳动奖状（4个）

广东省田径运动管理中心

广东省跳水运动管理中心

广东省击剑运动管理中心

广东省体操运动管理中心

二、广东省五一劳动奖章（6名）

何　冲	跳水男子团体、男子三米板冠军
李　丹（女）	蹦床女子团体、女子网上个人冠军
周施雄	体操男子全能、男子双杠冠军
梁锐基	马术三项赛团体、三项赛个人冠军
张　全	赛艇男子双人双桨、男子四人双桨冠军
李　强	皮划艇男1000米单划、男1000米双划冠军

三、广东省工人先锋号（8个）

广东省蹦床队

广东省篮球男子成年队

广东省男子水球队

广东省射击队

广东省马术队

广东省赛艇队

广东省皮划艇队

广东省男子拳击队

广东省总工会关于追授陈华明同志广东省五一劳动奖章的决定

（粤工总〔2013〕25号）

（2013年2月20日）

陈华明同志生前是广州市侨联办公室副主任。2011年9月，他勇于担当，主动请缨，代表市侨联参与贯彻落实省委、省政府扶贫开发“规划到户、责任到人”部署安排，前往梅州市丰顺县建桥镇三社村担任驻村干部。2013年1月28日因肺癌并伴有多发性转移恶化，经抢救无效，不幸去世，年仅46岁。

陈华明同志驻村一年多来，无私奉献，全心全意为民办实事，办好事，带领群众脱贫致富，带病坚持工作，出色完成了扶贫开发“规划到户、责任到人”工作。陈华明同志是学习贯彻党的十八大精神、全面推进新型城市化发展进程中涌现出来的先进典型，是全省广大职工学习的楷模。陈华明同志在扶贫驻村工作岗位上战斗到了生命的最后一刻，以实际行动践行了“敢为人先、务实进取、开放兼容、敬业奉献”的新时期广东人精神，体现了劳动模范的无私奉献和忘我工作的精神，是全省广大职工的骄傲。

为表彰先进、树立典型，动员和激励全省广大职工认真学习贯彻党的十八大精神，为广东率先全面建成小康社会、率先基本实现社会主义现代化作出更大贡献，广东省总工会决定，追授陈华明同志广东省五一劳动奖章。

省总工会号召，全省广大职工要以陈华明同志为榜样，学习他牢记宗旨、一心为民的优秀品格，学习他心系基层、贴近群众的优良作风，学习他敢于担当、埋头苦干的实干精神，学习他生命不息、服务不止的崇高思想境界，以实际行动和工作业绩，为推进我省加快转型升级，建设幸福广东作出新的更大的贡献！

广东省总工会关于授予在全国“安康杯”竞赛中涌现的先进集体广东省五一劳动奖状和广东省工人先锋号的决定

（粤工总〔2013〕76 号）

（2013 年 5 月 7 日）

2012 年是我省实施“十二五”规划承上启下的重要一年，是加快转型升级、建设幸福广东取得新成就的一年。为进一步推动全省“安康杯”竞赛活动的发展，表彰在全国“安康杯”竞赛活动中取得优异成绩的单位和班组，鼓励全省广大职工为实现安全生产形势的进一步好转和加快转型升级、建设幸福广东建功立业，广东省总工会决定，授予广东省第一建筑工程有限公司、中国移动通信集团广东有限公司潮州分公司、广东电网公司汕尾供电局等 3 个单位广东省五一劳动奖状称号；授予中国石化茂名分公司炼油分部联合一车间四号常减压一班、广东电网公司中山供电局变电管理二所继保自动化 2 班、广东省水利水电第三工程局清林径工程二标项目部、广东省粤电集团有限公司沙角 C 电厂设备管理部电气继保班、中远远达航运有限公司安技部等 5 个班组广东省工人先锋号称号。

希望受到表彰的集体珍惜荣誉，再接再厉，在全国“安康杯”竞赛活动中再创佳绩。全省各地、各企事业单位要以先进集体为榜样，积极投身到安全生产活动中来，紧密团结在以习近平同志为总书记的党中央周围，高举中国特色社会主义伟大旗帜，以邓小平理论、“三个代表”重要思想、科学发展观为指导，为推动我省安全生产形势的进一步好转，为实现中华民族伟大复兴的中国梦和“三个定位、两个率先”的目标作出新的更大的贡献！

广东省总工会关于授予广东省五一巾帼奖荣誉称号的决定

（粤工总〔2013〕29 号）

（2013 年 2 月 25 日）

为贯彻落实党的十八大精神，大力弘扬工人阶级伟大品格和劳模精神，宣传展示女职工在经济社会发展中作出的突出贡献，激励广大女职工为完成“十二五”规划创先争优、建功立业，广东省总工会决定：授予广东松发陶瓷股份有限公司品质管理部等 5 个集体和张建华等 5 名女职工“广东省五一巾帼奖”荣誉称号（同时授予广东省五一劳动奖状和广东省五一劳动奖章称号）。

希望受表彰的先进集体和先进个人珍惜荣誉，再接再厉，再建新功勋，再创新业绩。广大女职工要以受表彰的先进集体和先进个人为榜样，爱岗敬业，勤奋学习，锐意进取、争创一流，为我省率先全面建成小康社会做出更大的贡献。

附件：广东省五一巾帼奖（集体）名单、广东省五一巾帼奖（个人）名单

广东省五一巾帼奖（集体）名单：

广东松发陶瓷股份有限公司品质管理部

揭阳第一中学英语教研组

广东珠江桥生物科技股份有限公司研发工程中心

中国铁通集团有限公司广东分公司10050中心

广东省机场集团公司民航广州医院外科护理组

广东省五一巾帼奖（个人）名单：

张建华　肇庆市奥威斯实验小学书记、校长

黄碧焕　新联达（清远）玩具塑料制品有限公司人事文员，公司党支部组织委员，工会副主席

柳思燕　中国移动通信集团广东有限公司郁南分公司高级市场运营管理主管

邓广义　中国能源建设集团广东省电力设计研究院副总工程师、高级工程师

彭　珊　广东省地质局七五六地质大队监察审计科副科长、高级政工师

广东省总工会关于授予工业系统开展“职工有困难找工会”活动成绩突出的先进集体广东省五一劳动奖状的决定

（粤工总〔2013〕47号）

（2013年3月29日）

2012年，我省工业系统广大基层工会组织大力开展“职工有困难找工会”活动，并将开展活动与“工会干部进班组，面对面、心贴心、实打实服务职工在基层”活动结合起来，与构建和谐企业的实际需要结合起来，以“用真心，用真情，暖人心”的工作态度，切实帮助困难职工解决实际困难，热情为职工服务，努力为职工做好事、办实事，受到职工广泛好评，充分体现了工业系统基层工会干部求真务实的优良作风、甘于奉献的高尚品质和奋发有为的进取精神。

为表彰在“职工有困难找工会”活动中成绩突出的先进集体，省总工会决定，授予中国能源建设集团广东省电力第一工程局工会、广东粤港供水有限公司工会、中建钢构广州分公司工会广东省五一劳动奖状。

希望受到表彰的先进集体珍惜荣誉，再接再厉，不断创造新业绩，继续作出新贡献。全省各基层工会要以先进模范为榜样，进一步增强责任感和使命感，肩负起时代赋予的重任，继续坚持为职工服务、为党政分忧、为企业和谐、为经济加油的工作指导方针，开拓进取，扎实工作，为实现我省“三个定位，两个率先”总目标作出新的更大的贡献。

广东省总工会关于授予港珠澳大桥劳动竞赛先进个人和先进集体广东省五一劳动奖章和广东省工人先锋号的批复

（粤工总〔2013〕210号）

（2013年12月6日）

中国海员工会广东省委员会：

你会《关于上报在港珠澳大桥劳动竞赛中做出突出贡献的先进个人和集体授予广东省五一劳动奖章和广东省工人先锋号初审名单的请示》收悉。经省总工会主席办公会议批准，决定授予钟辉虹等17名同志广东省五一劳动奖章，港珠澳大桥管理局安全环保部等27个单位广东省工人先锋号荣誉称号。

此复。

附件：广东省五一劳动奖章和工人先锋号名单

一、广东省五一劳动奖章（17人）

1. 钟辉虹　港珠澳大桥管理局工程管理部副部长

2. 刘晓东　中交股份联合体港珠澳大桥岛隧工程项目总经理部副总工程师

3. 畅三军　中铁山桥港珠澳大桥桥梁工程CB01标项目部质量管理部部长

4. 阮家顺　武船重工程港珠澳大桥CB02标项目部总工程师

5. 梁　桁　中交第四航务工程勘察设计院有限公司大桥设计组副组长

6. 靳　胜　中交股份联合体港珠澳大桥岛隧工程Ⅰ工区项目经理部抛石夯平班班长

7. 唐　维　港珠澳大桥桥梁工程CB04标项目部技术员

8. 李　刚　中铁十八局集团第一工程有限公司管幕工程总工

9. 叶建州　中交一航局第五工程有限公司CB03标三工区调度

10. 刘国生　中交广州航道局有限公司港珠澳大桥岛隧项目部技术服务小组副组长

11. 陈灼波　南海航海保障中心监督员广州航标处

12. 张鸣功　港珠澳大桥主体工程钢箱梁制造厂质检员

13. 李建业　中交四航工程研究院港珠澳大桥岛隧工程沉管预制厂试验室检验员

14. 周树民　中交第二公路局第一工程有限公司青州航道桥56＃平台任工班长

15. 陈　翔　中铁大桥局港珠澳大桥桥梁工程CB05标项目部生产副经理

16. 刘志刚　港珠澳大桥珠海连接线管理中心副经理

17. 陈　利（女）　珠海格力港珠澳大桥人工岛发展有限公司办公室主任

二、广东省工人先锋号（27个）

1. 港珠澳大桥管理局安全环保部

2. 中交联合体港珠澳大桥岛隧工程项目总经理部港珠澳大桥岛隧工程第Ⅳ工区项目经理部“捷龙”轮

3. 中交联合体港珠澳大桥岛隧工程项目总经理部港珠澳大桥岛隧工程东人工岛项目经理部工程部

4. 中交联合体港珠澳大桥岛隧工程项目总经理部岛隧工程沉管预制厂二分厂设备部

5. 中交联合体港珠澳大桥岛隧工程项目总经理部港珠澳大桥岛隧工程Ⅲ工区一分区项目经理部混凝土拌和站班组

6. 中交联合体港珠澳大桥岛隧工程项目总经理部港珠澳大桥岛隧工程第Ⅰ工区项目经理部抛石夯平班组

7. 港珠澳大桥岛隧工程项目总经理部岛隧工程中心测量队

8. 中交联合体港珠澳大桥岛隧工程项目总经理部港珠澳大桥岛隧项目总经理部HSE部

9. 中铁山桥集团港珠澳大桥桥梁工程CB01标项目经理部HSE管理部

10. 广东省长大公路工程有限公司港珠澳大桥桥梁工程CB04标项目经理部测量监控室

11. 广东省长大公路工程有限公司港珠澳大桥桥梁工程CB04标项目经理部宁波易通钻孔班

12. 中铁大桥局港珠澳大桥桥梁工程CB05标项目经理部九洲航道桥施工工区

13. 中交第二公路勘察设计研究院有限公司隧道与地下工程设计院港珠澳大桥珠海连接线管理中心

14. 广东华路交通科技有限公司港港珠

澳大桥珠海连接线试验检测中心

15. 珠海格力港珠澳大桥人工岛发展有限公司中交广航局交建工程分公司工程管理部

16. 珠海格力港珠澳大桥人工岛发展有限公司中交天津航道局有限公司港珠澳大桥项目经理部

17. 武汉桥梁建筑工程监理有限公司港珠澳大桥桥梁工程港珠澳大桥桥梁工程SB02标总监办拼装组

18. 中铁第四勘察设计院（湖北）工程监理咨询有限公司联合体港珠澳大桥桥梁工程SB03标总监办桥梁基础驻地办

19. 西安方舟工程咨询有限责任公司联合体港珠澳大桥桥梁工程SB04标总监办土建监理组

20. 中交四航局第二工程有限公司港珠澳大桥岛隧工程Ⅲ工区二分区项目部工程部

21. 中交四航工程研究院有限公司结构工程研究所

22. 中交广州航道局有限公司广州号

23. 中交广州航道局有限公司浚海5

24. 中交第四航务工程勘察设计院有限公司勘察处港珠澳大桥项目部

25. 中铁港航局集团南方工程装备公司指挥部

26. 广州海事测绘中心测量队

27. 广州南华工程管理有限公司港珠澳大桥珠澳口岸人工岛填海工程项目监理部

统计

2013 广东基层表汇总表

表 1

工会组织建设状况

分组	基层工会	独立基层工会	联合基层工会	基层工会涵盖单位	职工	女性	农民工	女性农民工	工会会员	女性	农民工	女性农民工
	个	个	个	个	人	人	人	人	人	人	人	人
指标序号		c904=1	c904=2	z001	z002	z003	z004	z005	z006	z007	z008	z009
总计	247 173	233 756	13 417	678 145	29 121 418	12 673 372	15 831 088	7 015 764	26 889 932	11 753 896	14 813 682	6 471 068
(110)国有企业(仅指非公司制企业不包括国有独资公司、国有控股公司)	5 559	5 375	184	17 653	1 054 522	348 245	263 230	69 718	983 388	332 149	238 832	63 688
(120)集体企业	5 617	5 152	465	14 658	640 167	264 128	310 287	132 822	567 740	231 072	270 004	110 227
(130)股份合作企业	1 988	1 905	83	7 327	379 011	189 004	232 936	122 443	344 280	172 938	213 349	113 965
(140)联营企业	358	319	39	3 085	84 771	35 622	29 589	14 060	72 580	30 884	22 693	11 281
(151)国有独资公司	798	776	22	903	186 631	58 725	35 791	11 016	168 679	54 468	29 813	9 247
(159)其他有限责任公司	14 074	13 679	395	25 473	1 500 507	650 595	813 487	339 104	1 395 034	606 304	762 678	312 500
(161)股份有限公司中的国有控股公司	1 085	1 054	31	2 138	434 438	166 641	131 191	39 336	406 672	156 551	121 192	36 097
(169)其他股份有限公司	1 960	1 866	94	5 731	649 367	254 754	353 289	164 876	605 347	234 552	335 999	154 676
(170)私营企业	149 470	141 730	7 740	381 405	11 995 244	5 254 572	7 172 587	3 103 840	11 070 249	4 917 660	6 775 404	2 915 556
(190)其他内资企业	1 733	1 578	155	6 808	194 021	86 775	133 078	56 312	180 733	80 888	125 567	52 071
(200)港澳台商投资企业	17 610	17 422	188	23 797	4 759 905	2 214 359	3 298 448	1 650 345	4 333 430	1 983 419	3 063 158	1 488 845
(300)外商投资企业	11 581	11 304	277	28 427	3 259 867	1 469 230	1 958 546	965 416	2 968 001	1 334 689	1 803 710	873 469
(401)财政拨款的事业单位	10 893	10 178	715	24 795	1 214 745	641 272	117 218	54 433	1 172 686	623 799	108 815	51 115
(402)其他事业单位	6 561	5 809	752	27 695	777 613	372 219	174 792	75 826	729 271	355 658	161 880	71 060
(500)机关	8 151	7 627	524	16 670	703 039	239 980	99 783	23 067	668 714	228 545	94 834	20 806
(600)个体经济组织	8 583	7 533	1 050	64 221	719 852	296 224	274 759	129 691	670 357	284 892	260 607	125 569
(700)其他工会组织形式	1 152	449	703	27 359	567 718	131 027	432 077	63 459	552 771	125 428	425 147	60 896

表 2

工会组织建设状况

分组	专职工会工作人员	女性	专职工会工作人员年龄构成			专职工会工作人员文化程度构成				
			35 岁及以下	36 岁～50 岁	51 岁及以上	研究生	大学本科	大专	高中(中专、中技)	初中及以下
	人	人	人	人	人	人	人	人	人	人
指标序号	z010	z011	z012	z013	z014	z015	z016	z017	z018	z019
总　计	58 679	22 033	25 353	25 328	7 998	1 240	15 332	22 414	15 584	4 115
(110)国有企业(仅指非公司制企业不包括国有独资公司、国有控股公司)	3 062	1 329	659	1 621	782	80	985	1 144	715	138
(120)集体企业	1 462	491	632	600	230	7	271	533	506	145
(130)股份合作企业	1 271	223	762	448	61	48	622	397	173	31
(140)联营企业	152	86	33	69	50	10	34	57	40	11
(151)国有独资公司	458	208	74	249	135	27	219	161	47	4
(159)其他有限责任公司	3 106	1 239	1 511	1 393	202	129	524	1 074	1 013	366
(161)股份有限公司中的国有控股公司	1 252	509	425	569	258	53	606	435	112	46
(169)其他股份有限公司	566	223	277	219	70	34	190	186	133	23
(170)私营企业	25 316	9 432	11 731	10 470	3 115	251	5 837	9 901	7 618	1 710
(190)其他内资企业	110	42	63	39	8	2	9	42	52	5
(200)港澳台商投资企业	7 775	3 168	3 728	3 119	928	160	1 581	2 881	2 421	732
(300)外商投资企业	4 664	1 504	2 336	1 866	462	96	1 282	1 572	1 201	513
(401)财政拨款的事业单位	3 009	1 112	1 147	1 283	579	194	1 114	1 272	326	106
(402)其他事业单位	1 973	826	571	1 093	309	39	618	878	396	43
(500)机关	3 542	1 243	905	1 909	728	103	1 273	1 464	500	203
(600)个体经济组织	410	201	184	177	49	6	54	160	161	29
(700)其他工会组织形式	551	197	315	204	32	1	113	257	170	10

表 3

工会组织建设状况

分组	兼职工会工作人员		有女职工的工会数	女职工组织的覆盖率	本级工会建立女职工组织			本级工会女职工工作人员	
		女性						专职	兼职
	人	人	个	建立女职工委员会		设立女职工委	未建立	人	人
指标序号	z020	z021			z022	z022	z022	z023	z024
总　计	698 250	261 380	230 367	98.04%	169 515	56 327	20 750	16 491	301 843
(110)国有企业(仅指非公司制企业不包括国有独资公司、国有控股公司)	22 148	8 210	5 396	97.35%	3 852	1 401	306	957	8 166
(120)集体企业	15 873	5 978	5 425	93.86%	3 861	1 231	525	404	7 742
(130)股份合作企业	5 761	2 099	1 971	97.97%	1 560	371	57	176	2 847
(140)联营企业	1 030	378	354	93.22%	245	85	28	21	411
(151)国有独资公司	3 967	1 793	783	96.42%	508	247	43	124	1 398
(159)其他有限责任公司	37 930	13 447	14 018	97.35%	9 901	3 745	428	1 031	16 779
(161)股份有限公司中的国有控股公司	7 750	3 182	1 084	98.15%	881	183	21	415	2 589
(169)其他股份有限公司	6 667	2 654	1 947	97.64%	1 472	429	59	165	2 691
(170)私营企业	347 357	122 677	135 175	98.11%	99 911	32 704	16 281	6 979	163 038
(190)其他内资企业	6 180	2 830	1 710	98.71%	1 404	284	45	28	2 429
(200)港澳台商投资企业	83 946	33 998	17 087	99.47%	13 119	3 878	613	2 539	26 885
(300)外商投资企业	41 002	15 220	10 571	97.58%	8 429	1 886	1 266	1 233	15 889
(401)财政拨款的事业单位	44 001	19 636	10 814	98.65%	8 229	2 439	225	637	18 038
(402)其他事业单位	22 445	9 012	6 421	98.72%	4 916	1 423	219	631	9 441
(500)机关	27 919	10 645	8 091	98.64%	5 972	2 009	169	801	10 933
(600)个体经济组织	20 165	8 137	8 376	97.47%	4 555	3 609	416	181	11 122
(700)其他工会组织形式	4 109	1 484	1 144	96.42%	700	403	49	169	1 445

表 4

工会保障工作

分组	工会所在单位本年度经济性裁员		工会所在单位拖欠工资				工会所在单位月工资水平低于当地最低工资	本年度领导干部联系生活困难职工户活动	
	裁员人数	得到经济性补偿	涉及职工	涉及农民工	拖欠金额	拖欠农民工金额		参加活动的领导干部	联系的困难职工家庭
	人	人	人	人	元	元	人	人	户
指标序号	b001	b002	b003	b004	b005	b006	b007	b008	b009
总 计	25 408	6 467	9 010	201	54 225 950	887 198	7 414	46 462	56 784
(110)国有企业(仅指非公司制企业不包括国有独资公司、国有控股公司)	3 665	755	5 219		23 265 940		4 663	5 295	12 807
(120)集体企业	680	531	1 695	21	13 067 678	25 000	913	1 227	2 238
(130)股份合作企业	777	76	96		252 000		74	616	611
(140)联营企业	1	1						190	126
(151)国有独资公司	1 022	874	100		856 154		37	1 022	2 020
(159)其他有限责任公司 901	280	17	1	102 000	2 000	205	1 812	2 350	
(161)股份有限公司中的国有控股公司		600	23						1 316
(169)其他股份有限公司	134	75	19	4	67 150	3 650		643	730
(170)私营企业	10 878	1 312	131	110	813 514	685 513	609	11 339	8 838
(190)其他内资企业	5	5	33		88 100		23	126	86
(200)港澳台商投资企业	3 043	1 287	86	65	235 131	171 035	160	3 648	2 219
(300)外商投资企业	2 387	803	16		26 283		84	2 495	1 667
(401)财政拨款的事业单位	408	69	1 436		9 500 000		266	7 473	7 766
(402)其他事业单位	92	50	162		5 952 000		375	3 227	3 749
(500)机关	259	3					5	5 514	7 580
(600)个体经济组织	59	5						250	338
(700)其他工会组织形式	497	318						269	402

表 5

工会保障工作

分组	工会送温暖工程工作			工会所在单位离退休人员	工会所在单位参加社会保险的人数						
	建立了送温暖工程基(资)金	没有建立送温暖工程基(资)金	送温暖工程基(资)金结存额		养老保险		医疗保险		工伤保险	失业保险	生育保险
					在职	退休	在职	退休			
	个	个	元	人	人	人	人	人	人	人	人
指标序号	b010	b010	b011	b012	b013	b014	b015	b016	b017	b018	b019
总　计	11 385	222 687	335 698 388	1 137 465	11 934 911	598 419	12 188 301	664 168	12 128 846	8 146 799	6 242 582
(110)国有企业(仅指非公司制企业不包括国有独资公司、国有控股公司)	407	5 058	66 724 096	321 456	661 037	229 148	658 063	247 946	624 479	579 573	515 023
(120)集体企业	208	5 286	820 818	58 195	197 790	34 803	192 499	38 043	186 026	126 314	93 906
(130)股份合作企业	114	1 692	713 608	7 583	208 166	4 626	205 054	4 736	200 263	77 037	62 184
(140)联营企业	23	329	9 374	1 707	37 061	1 572	36 169	1 574	37 762	30 065	30 164
(151)国有独资公司	99	698	16 935 606	58 688	156 895	37 064	157 063	39 366	156 852	154 395	146 077
(159)其他有限责任公司	1 134	9 314	5 003 176	196 711	692 056	24 428	677 494	23 720	767 082	453 517	329 332
(161)股份有限公司中的国有控股公司	143	942	93 961 118	69 221	341 920	42 984	334 143	48 284	332 353	330 856	304 562
(169)其他股份有限公司	126	1 796	45 852 569	11 697	230 993	6 975	241 761	7 532	329 069	284 415	149 720
(170)私营企业	4 137	138 258	12 293 521	30 826	3 540 108	13 830	3 543 557	10 864	3 438 398	2 077 476	1 647 659
(190)其他内资企业	54	1 676	154 500	1 419	87 268	340	93 167	360	73 828	53 975	19 413
(200)港澳台商投资企业	2 085	15 357	42 926 248	13 141	2 525 009	4 695	2 729 570	4 977	2 965 404	1 773 500	1 200 212
(300)外商投资企业	861	10 313	18 325 801	20 997	1 495 766	7 137	1 597 920	6 472	1 638 359	1 045 065	781 149
(401)财政拨款的事业单位	858	9 948	6 057 355	186 188	723 283	102 711	686 210	119 968	517 983	483 883	389 675
(402)其他事业单位	390	6 158	5 129 633	80 797	408 632	45 168	388 544	56 796	323 336	283 840	216 828
(500)机关	458	7 668	20 380 838	75 640	329 031	41 998	331 990	52 265	203 116	160 327	174 281
(600)个体经济组织	176	7 157	77 460	1 249	196 958	327	205 126	559	199 132	153 048	120 417
(700)其他工会组织形式	112	1 037	332 667	1 950	102 938	613	109 971	706	135 404	79 513	61 980

表 6

工会保障工作

分 组	参加本单位工会开展的职工互助互济保障活动人数				本年度从职工互助互济保障活动中获得经济资助		工会所在单位是否已参加住房公积金	
		医疗	特殊疾病	意外伤害	人数	金额	是	否
	人	人	人	人	人	元	个	个
指标序号	b020	b021	b022	b023	b024	b025	b026	b026
总 计	1 293 232	386 189	298 725	229 381	48 128	85 543 249	32 192	198 093
(110)国有企业(仅指非公司制企业不包括国有独资公司、国有控股公司)	188 808	80 990	55 434	45 480	8 215	15 536 577	2 284	3 265
(120)集体企业	6 943	3 277	1 624	1 102	169	347 737	607	4 937
(130)股份合作企业	7 779	2 137	1 219	1 222	579	289 580	396	1 589
(140)联营企业	336	328	25	25	60	75 573	35	323
(151)国有独资公司	59 309	36 243	28 812	22 451	3 034	4 564 602	557	241
(159)其他有限责任公司	70 764	18 984	15 959	12 456	2 296	20 684 490	1 408	12 576
(161)股份有限公司中的国有控股公司	162 195	41 147	41 660	23 670	6 028	10 640 633	599	473
(169)其他股份有限公司	33 718	16 849	12 310	12 604	4 303	2 028 227	341	1 591
(170)私营企业	62 121	27 203	16 579	10 824	4 621	6 496 384	9 407	124 199
(190)其他内资企业	871	39	29	14	51	121 506	61	1 668
(200)港澳台商投资企业	407 926	35 898	31 725	32 196	8 007	5 178 965	2 022	15 146
(300)外商投资企业	101 018	39 115	31 245	33 883	2 732	4 715 126	1 458	9 879
(401)财政拨款的事业单位	107 004	43 718	29 735	12 987	4 666	7 840 336	5 574	5 319
(402)其他事业单位	42 906	22 452	18 631	9 950	1 526	2 749 020	2 259	4 274
(500)机关	35 549	13 031	9 284	6 614	1 643	3 962 645	4 221	3 898
(600)个体经济组织	5 372	4 426	4 303	3 768	139	229 248	821	7 707
(700)其他工会组织形式	613	352	151	135	59	82 600	142	1 008

表 7

工会保障工作

分组	工会所在单位是否建立企业年金		工会所在单位是否建立企业补充医疗保险		本年度工会所在单位职工工资总额
	是	否	是	否	
	个	个	个	个	万元
指标序号	b027	b027	b028	b028	b029
总　计	8 377	218 634	11 216	215 795	2 420 094 906
(110)国有企业(仅指非公司制企业不包括国有独资公司、国有控股公司)	976	4 507	1 382	4 101	72 151 684
(120)集体企业	108	5 394	232	5 270	7 372 323
(130)股份合作企业	159	1 826	205	1 780	875 765
(140)联营企业	13	345	18	340	15 220
(151)国有独资公司	247	551	316	482	867 726
(159)其他有限责任公司	388	13 593	641	13 340	25 478 535
(161)股份有限公司中的国有控股公司	345	727	339	733	25 816 521
(169)其他股份有限公司	87	1 841	158	1 770	359 258 256
(170)私营企业	4 216	127 315	5 401	126 130	1 438 744 881
(190)其他内资企业	19	1 710	32	1 697	146 839
(200)港澳台商投资企业	783	16 328	1 040	16 071	116 853 821
(300)外商投资企业	528	10 118	725	9 921	107 944 908
(401)财政拨款的事业单位	141	10 752	140	10 753	38 374 462
(402)其他事业单位	102	6 254	101	6 255	220 689 994
(500)机关	89	7 871	130	7 830	4 426 175
(600)个体经济组织	153	8 375	312	8 216	959 535
(700)其他工会组织形式	23	1 127	44	1 106	118 261

表 8 **工会劳动合同、集体合同和民主管理工作(限企事业单位填报)**

分组	工会所在单位签订劳动合同					工会签订了集体合同		签订工资专项集体合同	
	基层工会	涵盖单位	签订劳动合同的职工	签订劳动合同的农民工	签订劳动合同的女性农民工	基层工会	涵盖单位	基层工会	涵盖单位
	个	个	人	人	人	个	个	个	个
指标序号			h001	h002	h003	h004		h005	
总　计	176 968	465 116	19 125 354	10 113 237	4 842 560	144 645	417 484	91 409	277 566
(110)国有企业(仅指非公司制企业不包括国有独资公司、国有控股公司)	3 964	14 151	785 000	130 201	40 398	3 567	11 418	2 782	9 758
(120)集体企业	3 784	8 822	373 395	168 490	78 554	3 613	9 418	2 687	6 857
(130)股份合作企业	1 616	6 512	282 074	156 888	85 712	1 175	4 798	847	1 650
(140)联营企业	236	1 645	48 842	14 174	7 650	187	2 077	104	1 116
(151)国有独资公司	722	808	162 917	25 022	8 654	486	550	257	318
(159)其他有限责任公司	12 168	21 423	1 163 258	559 811	268 290	9 461	18 108	5 793	9 572
(161)股份有限公司中的国有控股公司	786	1 512	363 844	97 544	30 610	517	1 193	319	586
(169)其他股份有限公司	1 417	4 524	438 502	238 300	116 783	1 284	4 121	926	3 003
(170)私营企业	110 956	280 043	7 792 642	4 330 790	1 943 991	94 827	251 596	58 709	175 949
(190)其他内资企业	1 567	4 506	138 222	84 059	41 941	1 222	3 794	1 031	2 432
(200)港澳台商投资企业	14 817	19 210	3 689 031	2 532 299	1 307 324	10 457	15 697	6 178	10 054
(300)外商投资企业	8 796	18 440	2 315 509	1 386 358	732 400	6 722	18 879	3 897	11 776
(401)财政拨款的事业单位	5 254	12 066	630 546	61 239	36 121	3 123	11 848	1 934	6 480
(402)其他事业单位	3 397	12 398	381 357	80 275	37 210	2 261	14 050	1 500	9 150
(500)机关	284	1 102	43 857	13 657	1 970	118	590	29	104
(600)个体经济组织	6 561	40 190	353 906	137 195	63 921	5 142	36 967	4 119	20 728
(700)其他工会组织形式	643	17 764	162 452	96 935	41 031	483	12 380	297	8 033

表 9

工会劳动合同、集体合同和民主管理工作（限企事业单位填报）

分　组	建立了职代会制度			建立了职工大会制度			总计		
	基层工会	涵盖单位	涵盖职工	基层工会	涵盖单位	涵盖职工	基层工会	涵盖单位	涵盖职工
	个	个	人	个	个	人	个	个	人
指标序号							h006		
总　计	117 041	367 013	18 543 105	80 527	168 258	6 078 824	197 568	535 271	24 621 929
(110)国有企业(仅指非公司制企业,不包括国有独资公司、国有控股公司)	2 706	10 564	678 587	1 877	4 490	179 144	4 583	15 054	857 731
(120)集体企业	2 969	9 178	336 973	1 912	2 806	219 933	4 881	11 984	556 906
(130)股份合作企业	1 116	5 958	295 688	644	934	59 071	1 760	6 892	354 759
(140)联营企业	187	2 539	66 969	104	468	13 702	291	3 007	80 671
(151)国有独资公司	519	591	166 271	185	202	14 293	704	793	180 564
(159)其他有限责任公司	9 218	16 357	1 005 643	2 910	5 514	255 861	12 128	21 871	1 261 504
(161)股份有限公司中的国有控股公司	668	1 719	380 427	305	307	38 232	973	2 026	418 659
(169)其他股份有限公司	1 097	4 009	537 985	535	1 146	69 811	1 632	5 155	607 796
(170)私营企业	65 894	191 848	6 717 420	55 690	112 214	3 308 304	121 584	304 062	10 025 724
(190)其他内资企业	1 336	3 367	129 192	241	3 127	47 683	1 577	6 494	176 875
(200)港澳台商投资企业	10 330	15 500	3 597 451	4 611	5 090	688 069	14 941	20 590	4 285 520
(300)外商投资企业	6 406	22 701	2 324 539	3 391	3 717	603 911	9 797	26 418	2 928 450
(401)财政拨款的事业单位	5 416	13 696	823 627	3 519	5 943	242 610	8 935	19 639	1 066 237
(402)其他事业单位	3 241	19 389	549 812	2 015	5 535	133 573	5 256	24 924	683 385
(500)机关	1 031	3 813	142 146	179	292	13 177	1 210	4 105	155 323
(600)个体经济组织	4 282	28 762	389 342	2 287	14 265	160 706	6 569	43 027	550 048
(700)其他工会组织形式	625	17 022	401 033	122	2 208	30 744	747	19 230	431 777

表 10

工会劳动合同、集体合同和民主管理工作(限企事业单位填报)

分组	工会主席进入了董事会		工会所在单位建立了监事会	监事	女性	职工监事	女性	工会主席进入了监事会	
	是	否	涵盖单位					是	否
	人	人	个	人	人	人	人	个	个
指标序号	h016	h016		h018	h019	h020	h021	h022	h022
总计	1 969	244 145	10 309	8 547	2 444	3 046	1 375	1 496	244 522
(110)国有企业(仅指非公司制企业不包括国有独资公司、国有控股公司)	83	5 476	85	233	6	1	1	77	5 482
(120)集体企业	105	5 490	479	403	92	159	62	69	5 526
(130)股份合作企业	89	1 896	367	380	88	133	35	47	1 938
(140)联营企业	7	351	8	18	5	4	3	2	356
(151)国有独资公司	103	695	292	694	203	235	90	73	725
(159)其他有限责任公司	246	13 748	1 119	1 084	302	381	142	181	13 755
(161)股份有限公司中的国有控股公司	92	993	321	586	123	172	53	95	990
(169)其他股份有限公司	78	1 864	341	502	117	169	59	65	1 872
(170)私营企业	808	147 864	4 292	2 776	838	1 069	570	652	147 987
(190)其他内资企业	6	1 725	9	25	6	12	5	2	1 729
(200)港澳台商投资企业	207	17 378	667	1 108	423	454	247	146	17 439
(300)外商投资企业	126	11 426	415	621	217	196	98	81	11 471
(401)财政拨款的事业单位		10 893							10 893
(402)其他事业单位	6	6 550	15	33	13	7	5	3	6 553
(500)机关		8 117							8 117
(600)个体经济组织		8 541							8 541
(700)其他工会组织形式	13	1 138	1 899	84	11	54	5	3	1 148

表 11

工会劳动保护工作（限企事业单位填报）

分　组	工会建立了劳动保护监督检查委员会		工会建立分公司、分厂、车间一级工会劳动保护监督检查委员会个数	工会小组劳动保护检查员	本年度本级工会劳动保护监督组织受理举报案件		本年度工会参加“三同时”审查验
	是	否				提请劳动安全卫生监督部门处理案件	
	个	个	个	人	件	件	项
指标序号	l001	l001	l002	l003	l004	l005	l006
总　计	84 530	161 928	45 543	149 538	5 231	1 103	79 256
(110)国有企业(仅指非公司制企业不包括国有独资公司、国有控股公司)	1 613	3 946	3 360	10 794	543	179	3 282
(120)集体企业	1 697	3 900	755	2 760	84	21	2 316
(130)股份合作企业	1 044	943	521	1 582	25	5	1 347
(140)联营企业	121	237	238	181			166
(151)国有独资公司	469	329	1 172	4 290	6	3	2 098
(159)其他有限责任公司	7 124	6 891	1 732	10 231	248	24	2 383
(161)股份有限公司中的国有控股公司	317	768	779	3 960	35		854
(169)其他股份有限公司	666	1 282	656	1 739	300	23	1 318
(170)私营企业	50 064	98 888	21 061	73 979	1 125	394	41 819
(190)其他内资企业	1 148	583	1 541	423	283		2 932
(200)港澳台商投资企业	7 512	10 087	5 384	13 433	1 017	200	4 550
(300)外商投资企业	4 477	7 084	2 980	9 806	579	35	4 260
(401)财政拨款的事业单位	2 582	8 311	1 516	4 765	141	48	3 966
(402)其他事业单位	1 838	4 719	1 434	4 035	436	85	4 316
(500)机关	68	8 055	55	79	6	3	63
(600)个体经济组织	3 422	5 121	2 045	6 600	56	13	3 157
(700)其他工会组织形式	368	784	314	881	347	70	429

表 12

工会劳动保护工作(限企事业单位填报)

分组	本年度工会参加安全生产检查	本年度工会组织职工查找事故隐患和职业危害数量	事故隐患和职业危害整改数	本年度工会参加处理工伤事故	女职工劳动保护					
					执行禁止安排女职工从事矿山井下及第四级体力劳动强度的劳动和经期、孕期、产期、哺乳期间禁忌从事劳动的有关规定			执行女职工在孕期、产期、哺乳期享有特殊待遇的有关规定		
	次	件	件	件	个	个	人	个	个	个
指标序号	l007	l008	l009	l009	l010	l010	l011			l012
总　计	388 748	58 304	46 286	14 219	135 091	387 129	7 522 519	141 476	402 506	7 686 973
(110)国有企业(仅指非公司制企业不包括国有独资公司、国有控股公司)	17 480	7 307	5 714	727	2 973	12 454	217 814	3 063	12 765	223 747
(120)集体企业	9 624	572	253	196	2 769	6 566	124 657	2 792	6 530	123 989
(130)股份合作企业	5 591	543	239	186	1 221	5 116	137 234	1 284	5 199	140 274
(140)联营企业	436	35	21	47	175	1 724	18 224	175	1 756	19 114
(151)国有独资公司	6 969	2 615	2 311	131	621	707	50 564	640	726	51 707
(159)其他有限责任公司	28 712	6 753	6 028	1 043	10 128	18 609	453 262	10 200	18 896	454 570
(161)股份有限公司中的国有控股公司	5 539	3 478	3 144	277	709	1 500	120 056	723	1 514	126 098
(169)其他股份有限公司	7 568	329	235	324	1 012	2 396	160 001	1 025	2 442	172 895
(170)私营企业	183 795	8 358	4 872	6 078	82 406	226 144	2 804 968	87 307	236 524	2 881 670
(190)其他内资企业	4 201	65	61	56	513	2 173	38 831	513	2 173	38 486
(200)港澳台商投资企业	44 162	4 077	2 879	1 908	11 737	16 367	1 626 734	11 711	16 838	1 632 201
(300)外商投资企业	23 558	8 228	7 689	1 222	6 373	14 561	989 618	7 072	15 473	1 000 192
(401)财政拨款的事业单位	22 417	12 738	11 786	799	5 045	12 457	336 840	5 326	12 934	358 802
(402)其他事业单位	15 086	2 538	594	552	2 772	11 721	191 048	2 954	12 561	206 642
(500)机关	126	5	5	9	479	1 454	25 376	480	1 455	25 376
(600)个体经济组织	10 378	316	258	578	5 727	40 502	171 643	5 751	41 134	173 231
(700)其他工会组织形式	3 106	347	197	86	431	12 678	55 649	460	13 586	57 979

表 13

工会法律工作(限企事业单位填报)

分组	领取了工会法人资格证书		领取了全国组织机构代码		建立了工会劳动法律监督组织		工会劳动法律监督员	劳动保障法律监督员	本年度工会劳动法律监督组织受理违法、违规案件			工会所在单位建立了劳动争议调解委员会		劳动争议调解委员会委员		本年度劳动争议调解委员会预防劳动争议
	是	否	是	否	是	否				本组织自行处理的案件	提请劳动监察部门处理的案件	是	否		劳动争议调解委员会中工会成员(职工代表)	
	个	个	个	个	个	个	人	人	件	件	件	个	个	人	人	件
指标序号	f001	f001	f002	f002	f003	f003	f004	f005	f006	f007	f008	f009	f009	f010	f011	f012
总计	59 225	166 928	42 714	183 429	67 141	177 778	125 377	86 684	6 390	4 412	1 173	85 050	161 406	229 311	113 652	7 443
(110)国有企业(仅指非公司制企业不包括国有独资公司、国有控股公司)	2 787	2 746	2 201	3 332	1 518	3 961	3 704	3 157	313	214	72	1 723	3 836	7 044	3 657	257
(120)集体企业	1 377	4 035	996	4 416	1 602	3 941	3 311	2 646	81	38	37	2 493	3 114	6 587	3 156	161
(130)股份合作企业	823	1 128	714	1 237	829	1 156	1 730	1 040	34	16	9	845	1 140	2 394	1 235	43
(140)联营企业	96	262	68	290	103	255	176	114				98	260	279	135	32
(151)国有独资公司	519	279	494	304	370	428	1 503	1 213	5		2	381	417	1 840	1 066	32
(159)其他有限责任公司	2 772	11 230	1 922	12 080	6 474	7 542	9 560	4 660	212	142	50	7 161	6 863	16 960	8 558	470
(161)股份有限公司中的国有控股公司	580	488	498	570	247	837	867	814	62	18	32	313	772	1 883	1 060	65
(169)其他股份有限公司	555	1 370	376	1 549	510	1 427	1 002	784	219	195	8	543	1 412	1 540	757	233
(170)私营企业	29 764	100 957	21 194	109 516	38 707	109 141	70 190	48 926	2 413	1 419	576	50 669	98 260	129 888	63 527	2 353
(190)其他内资企业	175	1 552	95	1 632	203	1 522	487	390	12	10	2	348	1 383	1 133	578	3
(200)港澳台商投资企业	6 355	10 690	3 939	13 105	5 654	11 941	11 405	8 462	1 575	1 334	193	6 790	10 804	20 075	10 002	1 894
(300)外商投资企业	4 367	6 233	3 335	7 265	3 716	7 828	7 556	4 607	465	332	50	4 096	7 468	12 300	6 033	610
(401)财政拨款的事业单位	4 210	6 611	3 513	7 308	2 250	8 495	4 538	3 497	221	102	23	2 556	8 337	8 761	4 598	118
(402)其他事业单位	2 677	3 778	1 940	4 515	1 446	5 111	3 046	2 338	263	175	41	1 919	4 637	6 191	3 135	638
(500)机关	487	7 591	380	7 701	96	7 974	131	23	15			118	8 001	308	163	
(600)个体经济组织	1 333	7 174	868	7 638	3 162	5 361	5 578	3 525	25	14	10	4 752	3 796	11 350	5 589	92
(700)其他工会组织形式	348	804	181	971	254	858	593	488	475	403	68	245	906	778	403	442

表 14

工会法律工作(限企事业单位填报)

分 组	受理的劳动争议案件按引发原因分类										本年度劳动争议调解委员会调解成功劳动争议	集体劳动争议
	变更、解除、终止、续订劳动合同	除名、辞退职工与职工自动离职、辞职	劳动报酬	保险福利	工作时间和休息休假	劳动安全卫生	职业培训	未成年工	女职工特殊保护	其他原因		
	件	件	件	件	件	件	件	件	件	件	件	件
指标序号	f015	f016	f017	f018	f019	f020	f021	f022	f023	f024	f025	f026
总 计	12 468	6 958	3 084	1 742	1 505	738	952	21	628	1 147	11 678	1 029
(110)国有企业(仅指非公司制企业不包括国有独资公司、国有控股公司)	426	361	548	387	529	251	391		292	15	249	54
(120)集体企业	52	64	95	27	21	19	10		23	18	156	21
(130)股份合作企业	23	14	23	5	1	1	7	1	1	9	66	2
(140)联营企业	7	20	11	1		2					32	1
(151)国有独资公司	176	32	10	11	1	2				1	69	7
(159)其他有限责任公司	522	393	86	33	41	8	19		5	29	535	12
(161)股份有限公司中的国有控股公司	55	48	9		1					25	72	1
(169)其他股份有限公司	77	67	38	28	10	5				12	231	2
(170)私营企业	1 169	1 091	817	311	318	105	94	6	11	413	3 226	242
(190)其他内资企业			15	10	10	10	10		10			
(200)港澳台商投资企业	1 568	1 270	411	218	138	59	79	2	27	401	1 816	322
(300)外商投资企业	5 046	2 688	139	42	33	4	4		2	104	731	80
(401)财政拨款的事业单位	242	130	117	103	103	53	100	3	66	37	144	40
(402)其他事业单位	2 880	576	502	270	252	191	234	8	191	46	3 475	225
(500)机关												
(600)个体经济组织	21	44	14		3	1	1			3	69	1
(700)其他工会组织形式	204	160	249	296	44	27	3	1		34	807	19

表 15

工会经济技术工作(限企事业单位填报)

分组	技术工人						工会开展了劳动竞赛		本年度参加劳动竞赛职工	本年度职工提出合理化建议	本年度已实施合理化建议	本年度已实施合理化建议产生的效益	本年度技术革新项目	本年度职工发明创造项目
	人	初级工	中级工	高级工	技师	高级技师	是	否						
		人	人	人	人	人	个	个	人次	件	件	元	项	项
指标序号	j001	j002	j003	j004	j005	j006	j007	j007	j008	j009	j010	j011	j012	j013
总　计	1 180 273	577 992	272 499	157 788	47 027	23 661	25 242	220 975	3 401 232	958 379	415 203	2 376 627 618	22 263	4 084
(110)国有企业(仅指非公司制企业不包括国有独资公司、国有控股公司)	160 915	54 117	44 382	38 463	9 792	2 524	1 236	4 323	464 747	25 539	15 616	376 126 515	1 332	320
(120)集体企业	12 562	6 227	3 034	1 620	531	226	550	5 046	44 708	1 261	477	6 031 795	124	18
(130)股份合作企业	20 477	10 368	5 093	1 344	414	153	198	1 787	18 309	9 825	4 842	11 002 195	96	21
(140)联营企业	1 980	509	366	145	72	34	36	322	7 894	38	26	397 018	3	
(151)国有独资公司	52 165	23 581	14 032	9 625	2 391	635	309	489	152 731	11 229	4 687	51 443 381	408	36
(159)其他有限责任公司	75 597	38 240	16 049	12 239	3 091	1 339	1 217	12 776	227 502	287 518	12 010	853 152 427	1 017	341
(161)股份有限公司中的国有控股公司	57 898	22 700	17 620	9 573	2 691	1 468	353	732	238 061	32 584	19 027	387 671 827	1 549	727
(169)其他股份有限公司	28 452	12 163	6 132	3 642	1 361	691	236	1 706	139 230	24 195	13 964	47 307 698	1 418	1 105
(170)私营企业	280 868	159 266	51 628	21 925	8 066	5 505	13 277	135 513	883 130	54 449	7 264	128 665 281	11 758	230
(190)其他内资企业	4 428	2 631	874	451	119	93	145	1 586	37 213	270	38	361 430	19	15
(200)港澳台商投资企业	193 294	119 821	35 519	14 844	6 570	2 977	2 457	15 118	394 251	33 429	23 112	111 384 841	471	146
(300)外商投资企业	137 386	75 443	33 178	12 182	4 444	2 575	1 267	10 291	383 102	460 884	305 109	342 769 828	2 837	506
(401)财政拨款的事业单位	83 593	24 457	26 725	20 495	5 255	2 871	2 200	8 689	215 821	12 679	6 837	26 965 715	625	385
(402)其他事业单位	49 168	17 974	14 852	10 368	1 825	1 677	1 203	5 353	125 945	3 608	1 973	31 069 037	579	229
(500)机关	3 083	2 062	1 021				46	8 071	4 856	2	1	5 000		
(600)个体经济组织	12 133	3 541	1 155	572	315	864	443	8 091	30 205	544	114	907 628	12	4
(700)其他工会组织形式	6 274	4 892	839	300	90	29	69	1 082	33 527	325	106	1 366 002	15	1

表 16

工会经济技术工作(限企事业单位填报)

分组	本年度荣获国家专利项目	本年度推广先进操作法项目	本年度开展岗位练兵活动		本年度开展选树技能带头人活动		选树技能带头人(“金牌工人”、“首席技师”、“首席员工”)	技能人才(劳模)师徒结对	本年度建立技能人才(劳模)创新工作室		聘用职工节能减排义务监督员	建有职工技协组织		技协会员
			是	否	是	否			是	否		是	否	
	项	项	个	个	个	个	人	对	个	个	人	个	个	人
指标序号	j014	j015	j016	j016	j017	j017	j018	j019	j020	j020	j021	j022	j022	j023
总计	6 805	4 864	11 044	216 126	1 648	225 523	12 117	16 853	766	226 253	7 043	682	245 595	66 135
(110)国有企业(仅指非公司制企业不包括国有独资公司、国有控股公司)	552	389	631	4 912	138	5 405	1 242	1 100	59	5 453	868	120	5 439	35 077
(120)集体企业	15	68	296	5 159	11	5 444	32	24	6	5 405	101	20	5 581	257
(130)股份合作企业	28	47	112	1 856	21	1 947	319	318	21	1 947	68	11	1 974	195
(140)联营企业			4	354		358				358	2	1	357	2
(151)国有独资公司	121	231	192	604	48	748	477	1 250	19	777	298	30	768	1 829
(159)其他有限责任公司	498	597	602	13 378	125	13 855	1 272	1 121	40	13 940	798	51	13 942	2 930
(161)股份有限公司中的国有控股公司	780	313	206	865	46	1 025	577	1 858	14	1 057	416	27	1 058	10 668
(169)其他股份有限公司	3 436	1 240	141	1 775	29	1 887	587	3 433	13	1 903	1 535	11	1 931	789
(170)私营企业	327	458	5 490	125 970	544	130 917	2 197	2 056	312	131 149	949	121	148 696	2 552
(190)其他内资企业	15	5	100	1 627	2	1 725	51	28	1	1 726	11	1	1 730	3
(200)港澳台商投资企业	117	319	653	16 447	131	16 969	859	924	101	16 999	567	89	17 497	3 840
(300)外商投资企业	267	531	473	10 140	70	10 543	898	1 040	62	10 551	624	47	11 511	2 197
(401)财政拨款的事业单位	316	207	1 331	9 561	384	10 508	2 632	3 204	85	10 805	613	87	10 806	3 460
(402)其他事业单位	326	451	614	5 912	75	6 451	896	432	12	6 514	157	58	6 498	2 315
(500)机关			41	8 041	1	8 081	1			8 007			8 123	
(600)个体经济组织	7	5	153	8 379	18	8 514	39	47	20	8 512	26	2	8 539	6
(700)其他工会组织形式		3	5	1 146	5	1 146	38	18	1	1 150	10	6	1 145	15

表 17

职工文化体育工作

分组	工会直属文化宫、俱乐部	工会直属体育场（馆）	工会直属图书馆（藏书1万册以上）	本年度工会开展了“创建学习型组织、争做知识型职工”活动	
	个	个	个	是	否
指标序号	w001	w002	w003	w004	w004
总计	10 666	6 591	5 179	56 498	182 120
(110)国有企业(仅指非公司制企业不包括国有独资公司、国有控股公司)	475	306	198	1 652	3 905
(120)集体企业	190	133	112	1 111	4 467
(130)股份合作企业	116	66	67	474	1 511
(140)联营企业	23	16	21	69	289
(151)国有独资公司	87	58	37	296	500
(159)其他有限责任公司	348	342	116	4 987	9 026
(161)股份有限公司中的国有控股公司	110	100	40	318	766
(169)其他股份有限公司	124	75	53	303	1 636
(170)私营企业	5 129	2 232	1 752	33 239	108 966
(190)其他内资企业	33	21	31	98	1 631
(200)港澳台商投资企业	1 061	983	653	2 776	14 560
(300)外商投资企业	761	648	418	2 129	8 638
(401)财政拨款的事业单位	797	847	840	2 991	7 902
(402)其他事业单位	571	383	332	1 417	5 116
(500)机关	633	244	264	2 113	6 034
(600)个体经济组织	95	49	172	2 405	6 141
(700)其他工会组织形式	113	88	73	120	1 032

表 18

工会财务和经审工作

分组	工会经费情况			是否建立了工会经费审查组织				工会经费审查组织是否开展了本级经费年度预、决算审查	
				建立了经费审查委员会		建立了经费审查办公室			
	开设工会经费独立银行账户	工会经费由行政代管	没有工会经费	是	否	是	否	是	否
				个	个	个	个	个	个
指标序号	s001	s001	s001	s002	s002	s003	s003	s004	s004
总　计	66 878	74 740	103 701	130 516	114 803	25 524	196 758	63 931	177 550
(110)国有企业(仅指非公司制企业不包括国有独资公司、国有控股公司)	2 331	996	2 152	2 888	2 591	864	4 485	2 190	3 184
(120)集体企业	1 294	1 593	2 673	2 684	2 876	504	4 821	1 374	4 002
(130)股份合作企业	763	516	707	1 151	835	252	1 707	817	1 160
(140)联营企业	98	82	178	150	208	75	281	102	252
(151)国有独资公司	529	149	120	627	171	182	612	488	310
(159)其他有限责任公司	5 862	3 273	4 912	8 537	5 510	1 428	12 496	5 689	8 238
(161)股份有限公司中的国有控股公司	580	144	360	640	444	192	873	524	559
(169)其他股份有限公司	504	502	943	817	1 132	238	1 607	414	1 458
(170)私营企业	35 711	48 809	63 605	79 022	69 103	13 133	115 545	33 842	112 231
(190)其他内资企业	122	412	1 191	486	1 239	111	1 612	149	1 575
(200)港澳台商投资企业	4 795	5 594	7 214	9 377	8 226	2 359	14 607	4 807	12 678
(300)外商投资企业	3 714	3 505	4 337	6 483	5 073	1 401	8 914	3 703	7 531
(401)财政拨款的事业单位	3 619	2 717	4 409	5 730	5 015	1 795	8 581	3 973	6 385
(402)其他事业单位	2 030	1 561	2 966	3 089	3 468	820	5 582	1 837	4 597
(500)机关	3 119	1 635	3 352	4 177	3 929	1 405	6 445	2 482	5 427
(600)个体经济组织	1 588	2 893	4 048	4 122	4 407	687	7 558	1 328	7 065
(700)其他工会组织形式	219	359	534	536	576	78	1 032	212	898

2013 广东基层以上汇总表

表 19

工会组织建设状况

工会层次	基层以上工会	本级工会专职工会干部	女性	通过选聘方式任用人员	专职工会干部文化程度构成：研究生	大学本科	大专	高中(中专、中技)及以下	本级工会兼职工会干部	女性
	个	人	人	人	人	人	人	人	人	人
指标序号		z001	z002	z003	z004	z005	z006	z007	z008	z009
总　计	4 803	14 200	5 584	2 622	711	4 982	4 851	3 656	25 170	9 552
(1)省级地方工会	1	123	54		33	72	18			
(2)地市级地方工会	21	453	172	22	54	262	98	39	105	39
(3)县级地方工会	121	1 250	508	87	47	445	546	212	328	106
(4)省级产业(厅、局、公司)工会	25	101	45	23	6	56	34	5	325	136
(5)地市级产业(局、公司)工会	277	4 000	1 264	2 035	310	1 771	1 232	687	2 932	1 193
(6)县级产业(局、公司)工会	779	925	331	25	14	385	397	129	3 888	1 529
(71)归属中央的企业集团工会	23	133	64	29	13	78	37	5	467	157
(72)归属地方的企业集团工会	74	409	87	11	23	205	132	49	509	234
(81)乡镇、街道总工会	625	1 392	535	128	29	387	638	338	4 179	1 555
(82)其他乡镇、街道级工会	493	443	137	57	12	155	205	71	2 298	696
(9)村工会(联合会)	971	754	235	34	28	151	186	389	4 546	1 400
(10)社区工会	1 292	4 093	2 112	149	140	973	1 262	1 718	5 177	2 348
(11)工业园区	101	124	40	22	2	42	66	14	416	159

表 20

工会组织建设状况

工会层次	本级工会是否建立了女职工委员会		本级工会女职工委员会设立办公室(女职工部)			本级工会女职工委员会主任			本级工会女职工工作干部		本年度本级工会举办女职工工作培训		劳务输出地工会吸纳的农民工会员	是否建立乡镇(街道)基层工会联合会	
	是	否	1. 单独设立	2. 与其他部门合并设立	3. 未设立	1. 由同级工会正副女主席担任	2. 不是正副女主席担任,但享受同级工会副主席待遇	3. 不享受副主席待遇	专职	兼职	培训班	培训干部		是	否
	个	个	个	个	个	个	个	个	人	人	次	人次	人	个	个
指标序号	z010	z010	z011	z011	z011	z012	z012	z012	z013	z014	z015	z016	z017	z018	z018
总　计	4 151	625	223	738	483	1 399	526	1 228	1 567	8 166	8 282	263 519	11 770	486	4 072
(1)省级地方工会	1		1				1		3		5	500			1
(2)地市级地方工会	20	1	9	7		13	2	2	32	40	57	5 343			21
(3)县级地方工会	117	4	5	2	4	66	11	20	180	177	202	16 293	11 724		121
(4)省级产业(厅、局、公司)工会	25		2	9	2	6	8	7	14	87	16	838			25
(5)地市级产业(局、公司)工会	258	19	38	88	44	98	40	47	443	827	378	13 908			277
(6)县级产业(局、公司)工会	702	75	100	323	63	198	115	185	155	1 265	337	11 390			772
(71)归属中央的企业集团工会	21	2	2	10	4	5	7	5	17	77	22	776			23
(72)归属地方的企业集团工会	69	5	27	19	9	26	21	12	35	141	49	2 959			74
(81)乡镇、街道总工会	573	51	1	35	22	211	111	117	233	1 347	622	48 006		201	421
(82)其他乡镇、街道级工会	444	25	17	30	15	128	69	101	88	757	433	39 989		153	315
(9)村工会(联合会)	841	130	18	198	223	322	66	347	69	1 618	5 445	93 363	46	106	669
(10)社区工会	994	298	2	3	86	313	65	359	282	1 699	683	16 520		23	1 266
(11)工业园区	86	15	1	14	11	13	10	26	16	131	33	13 634		3	87

表 21

工会干部协管工作

工会层次	本级工会领导班子成员	女性	正副主席	本级工会主席是否在同级党政机关、人大、政协担任以下职务：党委常委 是	党委常委 否	人大副主任 是	人大副主任 否	政协副主席 是	政协副主席 否	其他党政副职级干部 是	其他党政副职级干部 否	本级工会正副主席在同级党委、人大、政协任职人数：党委委员	人大代表	人大常委	政协委员	政协常委
	人	人	人	个	个	个	个	个	个	个	个	人	人	人	人	人
指标序号	x001	x002	x003	x004	x004	x005	x005	x006	x006	x007	x007	x008	x009	x010	x011	x012
合　计	13 929	3 928	7 276	517	4 228	171	4 574	49	4 696	376	4 369	978	239	120	156	45
(1)省级地方工会	9	1	7		1		1		1		1		1	1	1	1
(2)地市级地方工会	92	21	69	3	18	15	6		21		21	9	18	15	12	4
(3)县级地方工会	455	131	343	10	111	74	47		121	6	115	28	69	46	59	12
(4)省级产业(厅、局、公司)工会	62	9	40	9	16		25		25	4	21	10	1			
(5)地市级产业(局、公司)工会	1 159	300	478	54	223	8	269	8	269	35	242	129	23	11	22	11
(6)县级产业(局、公司)工会	2 103	622	1 175	88	689	5	772	7	770	79	698	158	10	2	12	
(71)归属中央的企业集团工会	67	9	41	10	13		23		23	6	17	12	4		1	1
(72)归属地方的企业集团工会	179	48	86	5	69	1	73	5	69	7	67	18	1		1	
(81)乡镇、街道总工会	2 130	508	1 048	161	463	33	591	5	619	122	502	295	48	26	16	3
(82)其他乡镇、街道级工会	1 265	299	714	101	368	30	439	20	449	78	391	214	23	3	17	3
(9)村工会(联合会)	2 438	636	1 318	24	935		959		959	3	956	12	1			
(10)社区工会	3 692	1 278	1 805	50	1 225	5	1 270	3	1 272	32	1 243	79	33	9	8	5
(11)工业园区	278	66	152	2	97		99	1	98	4	95	14	7	7	7	5

表 22

工会干部教育培训工作

统计指标	本年度参加本级工会开展的各类培训班的培训人员							
	工会干部任职培训(轮训)	工会干部适应性岗位培训	工会领导干部研讨班	企业工会干部培训班	非公有制企业工会干部培训班	工会专业人才培训班	工会师资培训班	乡镇、街道（社区）工会干部培训班
	人次	人次	人次	人次	人次	人次	人次	人次
指标序号	p001	p002	p003	p004	p005	p006	p007	p008
总　计	34 810	54 539	11 017	124 215	90 495	17 334	13 459	30 829
(1)省级地方工会	16	45	13					
(2)地市级地方工会	2 789	12 673	220	10 297	6 383	1 256	251	1 646
(3)县级地方工会	6 598	9 557	1 476	30 184	24 805	1 741	269	3 869
(4)省级产业(厅、局、公司)工会	177	297	65	626		191	1	
(5)地市级产业(局、公司)工会	3 458	8 512	1 641	5 665	1 778	4 365	8 263	295
(6)县级产业(局、公司)工会	3 551	3 679	698	982	41	728	27	27
(71)归属中央的企业集团工会	256	457	104	770	110	132	5	2
(72)归属地方的企业集团工会	562	1 486	115	6 374		569	37	23
(81)乡镇、街道总工会	5 986	7 004	1 677	31 084	24 645	2 034	548	7 578
(82)其他乡镇、街道级工会	3 840	4 122	954	13 827	10 386	984	67	2 876
(9)村工会(联合会)	1 320	1 271	378	5 542	4 922	763	675	6 679
(10)社区工会	5 969	5 072	3 596	16 432	15 085	4 209	3 151	6 663
(11)工业园区	288	364	80	2 432	2 340	362	165	1 171

表 23

工会保障工作

工会层次	是否建立了困难职工档案		困难职工			困难职工家庭			困难职工家庭人口	本级领导干部联系生活困难职工户活动	
	是	否		困难女职工	单亲困难女职工		享受低保待遇家庭	低保边缘职工家庭		参加活动领导干部	困难职工家庭
	个	个	人	人	人	户	户	户	人	人	户
指标序号	b001	b001	b002	b003	b004	b005	b006	b007	b008	b009	b010
总　计	2 375	2 401	229 018	71 601	14 099	175 201	50 453	51 176	547 823	9 785	22 495
(1)省级地方工会		1									
(2)地市级地方工会	16	5	70 316	23 040	4 106	65 097	16 756	14 330	187 611	536	2 233
(3)县级地方工会	104	17	105 468	30 676	5 969	72 304	25 087	26 145	242 262	2 002	4 605
(4)省级产业(厅、局、公司)工会	16	9	1 900	587	75	1 662	614	138	3 832	96	164
(5)地市级产业(局、公司)工会	176	101	9 007	2 639	598	6 623	1 115	1 840	23 703	2 086	2 895
(6)县级产业(局、公司)工会	283	494	12 453	4 512	669	5 541	1 531	1 746	20 734	1 106	2 257
(71)归属中央的企业集团工会	18	5	3 448	860	228	2 365	178	1 352	6 165	309	1 053
(72)归属地方的企业集团工会	50	24	1 140	297	93	1 018	238	110	3 296	276	694
(81)乡镇、街道总工会	329	295	11 239	4 041	1 133	8 678	1 724	2 406	23 592	1 500	5 285
(82)其他乡镇、街道级工会	214	255	4 168	1 416	440	3 745	1 038	840	12 869	880	1 294
(9)村工会(联合会)	589	382	1 446	759	258	851	530	528	3 888	314	635
(10)社区工会	513	779	7 742	2 472	502	6 648	1 608	1 417	15 498	629	1 302
(11)工业园区	67	34	691	302	28	669	34	324	4 373	51	78

表 24

工会保障工作

工会层次	是否推动将困难职工纳入廉租住房制度		工会推动纳入廉租住房制度的困难职工家庭	建立了送温暖工程基(资)金		本级工会送温暖工程基(资)金结存额	本级工会开办的职业介绍机构	获得政府有关部门资质认定的机构		本年度本级工会职业介绍机构成功介绍人次			
	是	否		是	否			机构数	本年度政府职业介绍经费补贴		农民工	下岗失业人员	零就业家庭下岗失业人员
	个	个	户	个	个	元	个	个	元	人次	人次	人次	人次
指标序号	b011	b011	b012	b013	b013	b014	b015	b016	b017	b018	b019	b020	b021
总　计	344	4 149	1 260	1 009	3 748	135 008 824	31	18	110 002	54 852	4 563	46 943	1 833
(1)省级地方工会	1			1									
(2)地市级地方工会	6	15	175	12	9	933 500	10	7	40 000	21 382	3 002	15 717	1 515
(3)县级地方工会	23	98	1 085	62	59	37 723 537	21	11	70 002	33 470	1 561	31 226	318
(4)省级产业(厅、局、公司)工会		25		13	12	10 032 046							
(5)地市级产业(局、公司)工会		277		84	193	49 770 260							
(6)县级产业(局、公司)工会		771		78	699	1 192 624							
(71)归属中央的企业集团工会		23		9	14	22 829 510							
(72)归属地方的企业集团工会	3	71		19	55	2 991 536							
(81)乡镇、街道总工会		594		96	509	2 880 070							
(82)其他乡镇、街道级工会	1	464		63	406	4 233 043							
(9)村工会(联合会)	230	532		398	573	1 669 433							
(10)社区工会	69	1 203		147	1 145	473 129							
(11)工业园区	11	76		27	74	280 136							

表 25

工会保障工作

工会层次	本级工会开办的职业培训机构	获得政府有关部门资质认定的机构		本年度本级工会职业培训机构培训人次					本级工会再就业基地		本年度工会投入的再就业资金	本年度本级工会小额借(贷)款		
		机构数	本年度政府再就业培训专项经费补贴		农民工	下岗失业人员	零就业家庭下岗失业人员	经培训实现再就业	基地数	吸纳下岗失业人员		获得本级工会小额借(贷)款的下岗失业人员	自我创业成功人员	获得小额借(贷)款金额
	个	个	元	人次	人次	人次	人次	人次	个	人次	元	人次	人次	元
指标序号	b022	b023	b024	b025	b026	b027	b028	b029	b030	b031	b032	b033	b034	b035
总　计	32	24	2 305 586	49 374	24 952	8 674	970	3 977	24	3 657	488 008	87	45	60 000
(1)省级地方工会														
(2)地市级地方工会	13	11	2 215 586	36 790	18 706	3 908	316	2 677	3	1 520	222 000			
(3)县级地方工会	19	13	90 000	12 584	6 246	4 766	654	1 300	21	2 137	266 008	87	45	60 000
(4)省级产业(厅、局、公司)工会														
(5)地市级产业(局、公司)工会														
(6)县级产业(局、公司)工会														
(71)归属中央的企业集团工会														
(72)归属地方的企业集团工会														
(81)乡镇、街道总工会														
(82)其他乡镇、街道级工会														
(9)村工会(联合会)														
(10)社区工会														
(11)工业园区														

表 26

工会保障工作

工会层次	本年度本级工会举办创业培训班					下岗失业人员自我创业成功人员带动就业人员	本年度本级工会经多种形式、渠道帮助和扶持实现再就业人员
	期数	接受培训的下岗失业人员	获得工会小额借款人员	获得工会小额借款金额	自我创业成功人员		
	期	人次	人次	元	人次	人	人
指标序号	b036	b037	b038	b039	b040	b041	b042
总　计	44	25 742			493	2 696	13 533
(1)省级地方工会							
(2)地市级地方工会	20	24 415			2	155	3 724
(3)县级地方工会	24	1 327			491	2 541	9 809
(4)省级产业(厅、局、公司)工会							
(5)地市级产业(局、公司)工会							
(6)县级产业(局、公司)工会							
(71)归属中央的企业集团工会							
(72)归属地方的企业集团工会							
(81)乡镇、街道总工会							
(82)其他乡镇、街道级工会							
(9)村工会(联合会)							
(10)社区工会							
(11)工业园区							

表 27

工会保障工作

工会层次	本年度领导干部联系困难企业活动		本级工会开展职工医疗互助活动		参加本级工会开展的职工医疗互助活动人数	本年度职工医疗互助活动		
	参加活动的领导干部	联系的困难企业	是	否		享受经济资助人数	经济资助金额	资助款结存额
	人	个	个	个	人	人	元	元
指标序号	b043	b044	b045	b045	b046	b047	b048	b049
总　计	3 519	3 644	631	4 099	11 334 698	24 242	668 245 631	183 504 506
(1)省级地方工会				1				
(2)地市级地方工会	197	214	11	10	1 074 042	9 890	646 556 533	114 875 453
(3)县级地方工会	469	561	47	74	390 491	957	3 354 611	11 095 219
(4)省级产业(厅、局、公司)工会	20	40	7	18	9 312	556	957 438	336 772
(5)地市级产业(局、公司)工会	900	288	73	204	161 809	8 134	10 833 855	33 553 307
(6)县级产业(局、公司)工会	250	374	76	701	28 599	317	355 334	317 377
(71)归属中央的企业集团工会	188	12	5	18	9 576 639	481	3 388 610	18 612 140
(72)归属地方的企业集团工会	15	23	8	66	11 950	1 103	361 586	3 696 042
(81)乡镇、街道总工会	519	1 013	91	518	15 356	1 933	1 230 450	20 003
(82)其他乡镇、街道级工会	467	455	41	428	23 724	107	523 842	86 852
(9)村工会(联合会)	235	250	142	817	24 111	534	491 112	701 011
(10)社区工会	215	305	114	1 161	17 692	214	112 260	30 330
(11)工业园区	44	109	16	83	973	16	80 000	180 000

表 28

工会法律工作

工会层次	领取了法人资格证书的基层工会	所在地人大是否具有地方立法权		本年度工会参与制定的地方法规、地方规章			本年度工会参与制定的地方性规范文件(除法规、规章外)	所在区域或行业设立了区域性、行业性劳动争议调解组织		区域性、行业性劳动争议调解组织人数
		是	否		涉及职工权益的法规、规章	涉及工会权益的法规、规章		是	否	
	个	个	个	个	个	个	个	个	个	人
指标序号	f001	f002	f002	f003	f004	f005	f006	f007	f007	f008
总　计	145 685	5	4 723	19	19		47	1 368	3 408	21 854
(1)省级地方工会	895	1		11	11		36		1	
(2)地市级地方工会	19 258	4	17	8	8		11	6	15	2 565
(3)县级地方工会	68 151		121					42	79	3 616
(4)省级产业(厅、局、公司)工会	264		25					2	23	28
(5)地市级产业(局、公司)工会	1 882		277					32	245	343
(6)县级产业(局、公司)工会	2 492		765					123	654	421
(71)归属中央的企业集团工会	120		23					10	13	91
(72)归属地方的企业集团工会	380		74					11	63	37
(81)乡镇、街道总工会	42 785		624					157	467	6 655
(82)其他乡镇、街道级工会	4 901		464					105	364	3 522
(9)村工会(联合会)	573		959					458	513	2 357
(10)社区工会	3 509		1 275					389	903	2 087
(11)工业园区	475		99					33	68	132

表 29

工会法律工作

工会层次	本年度区域性、行业性劳动争议调解组织受理争议	调解成功数	本级工会及以上劳动人事争议仲裁培训的工会干部	受聘担任仲裁员人数	本年度工会劳动人事争议仲裁员参与处理案件	是否已建立劳动关系预警机制		建立了工会劳动法律监督组织	
						是	否	是	否
	件	件	人	人	件	个	个	个	个
指标序号	f009	f010	f011	f012	f013	f014	f014	f015	f015
总　计	12 186	9 514	311	156	2 986	1 319	3 426	1 236	3 509
(1)省级地方工会			4	2		1		1	
(2)地市级地方工会	3 265	3 166	30	17	2 594	11	10	11	10
(3)县级地方工会	183	152	88	52	174	44	77	53	68
(4)省级产业(厅、局、公司)工会	2					7	18	3	22
(5)地市级产业(局、公司)工会	50	42	92	48	29	52	225	66	211
(6)县级产业(局、公司)工会	1 442	373	13	6	2	125	652	174	603
(71)归属中央的企业集团工会	15	14	7			8	15	10	13
(72)归属地方的企业集团工会	25	7				15	59	15	59
(81)乡镇、街道总工会	1 668	1 547	6	4	2	142	482	199	425
(82)其他乡镇、街道级工会	1 801	1 561	12	2	3	109	360	125	344
(9)村工会(联合会)	2 313	1 467	51	22	181	554	405	359	600
(10)社区工会	1 340	1 111	7	3	1	212	1 063	197	1 078
(11)工业园区	82	74	1			39	60	23	76

表 30

工会法律工作

工会层次	本级工会劳动法律监督员	工会劳动法律监督组织本年度受理案件	本组织自行处理的案件	提请劳动监察部门处理的案件	本级劳动保障法律监督员	本级工会具有律师或法律职业资格的人数	已取得公职律师执业证书的人数	建有工会法律援助服务机构 是	建有工会法律援助服务机构 否
	人	件	件	件	人	人	人	个	个
指标序号	f016	f017	f018	f019	f020	f021	f022	f023	f023
总　计	8 285	4 656	3 515	758	5 981	147	63	1 268	3 458
(1)省级地方工会	20	36	36		5	4	2	1	
(2)地市级地方工会	3 235	2 320	1 808	309	3 000	8	2	14	7
(3)县级地方工会	361	326	226	91	145	7	6	60	61
(4)省级产业(厅、局、公司)工会	10	3	3		1			2	23
(5)地市级产业(局、公司)工会	440	31	15	14	368	69	37	66	211
(6)县级产业(局、公司)工会	511	108	72	30	247	23	4	230	547
(71)归属中央的企业集团工会	153	7	6	1	111	5		6	17
(72)归属地方的企业集团工会	89	14	9	4	28	1		13	61
(81)乡镇、街道总工会	652	509	369	121	795	20	10	227	378
(82)其他乡镇、街道级工会	1 037	175	118	34	159	1		185	284
(9)村工会(联合会)	1 269	867	669	124	882	3		229	730
(10)社区工会	465	221	159	19	225	6	2	213	1 062
(11)工业园区	43	39	25	11	15			22	77

表 31

工会法律工作

工会层次	工会法律援助服务机构工作人员	取得律师或法律职业资格的工会干部	工会法律援助志愿者	通过购买法律服务建立法律援助办案补贴制度		本年度工会法律援助服务机构受理案件	劳动争议	侵犯职工人身权利	侵犯工会经费财产权	其他	本年度工会法律援助服务机构处理案件	本年度工会法律援助服务机构提供咨询代书等服务
				是	否							
	人	人	人	个	个	件	件	件	件	件	件	件
指标序号	f024	f025	f026	f027	f027	f028	f029	f030	f031	f032	f033	f034
总　计	2 632	260	7 556	1 477	3 020	4 096	2 333	109	33	1 621	3 817	7 086
(1)省级地方工会	7	1		1		33	33				33	1 250
(2)地市级地方工会	209	47	5 283	11	10	565	491	19	15	40	565	4 324
(3)县级地方工会	325	31	527	36	85	3 061	1 493	62	4	1 502	2 971	1 149
(4)省级产业(厅、局、公司)工会	5			10	15							
(5)地市级产业(局、公司)工会	258	47	419	123	154	60	22	14	10	14	29	19
(6)县级产业(局、公司)工会	376	31	294	233	540	39	39					
(71)归属中央的企业集团工会	21	2	15	5	18	6	6				6	
(72)归属地方的企业集团工会	17	1	3	28	46							
(81)乡镇、街道总工会	537	52	176	181	412	221	175	7		39	156	279
(82)其他乡镇、街道级工会	269	33	364	91	378	72	49	2	4	17	54	45
(9)村工会(联合会)	267		2	145	616	1	1					
(10)社区工会	313	15	471	585	687	36	23	5		8	2	15
(11)工业园区	28		2	28	59	2	1			1	1	5

表 32

工会劳动保护工作

工会层次	本级工会是否建立了劳动保护监督检查组织		工会劳动保护监督检查员	本年度工会劳动保护监督组织受理举报案件	本级工会本年度参加劳动安全工作				
	是	否			安全生产检查	提出事故隐患和职业危害整改意见	提出事故隐患和职业危害整改数	处理工伤事故	“三同时”审查验收项目
	个	个	人	件	次	件	件	件	项
指标序号	l001	l001	l002	l003	l004	l005	l006	l007	
总　计	2 048	2 697	16 023	2 242	40 623	34 791	21 848	2 204	961
(1)省级地方工会	1		3	10	8	51		12	
(2)地市级地方工会	16	5	2 435	293	5 240	2 802	1 799	317	153
(3)县级地方工会	88	33	3 941	381	1 106	2 612	1 715	243	139
(4)省级产业(厅、局、公司)工会	14	11	99	23	886	35	3		26
(5)地市级产业(局、公司)工会	129	148	1 887	68	3 309	1 915	571	87	179
(6)县级产业(局、公司)工会	305	472	1 009	81	6 321	12 567	11 501	77	13
(71)归属中央的企业集团工会	16	7	454	8	257	1 144	774	3	20
(72)归属地方的企业集团工会	35	39	575	6	358	1 243	862	19	80
(81)乡镇、街道总工会	318	306	1 904	338	5 100	2 613	1 673	154	72
(82)其他乡镇、街道级工会	234	235	732	268	3 653	1 982	1 082	78	101
(9)村工会(联合会)	457	502	1 946	505	5 599	4 304	197	408	113
(10)社区工会	393	882	951	214	8 488	3 447	1 634	773	45
(11)工业园区	42	57	87	47	298	76	37	33	20

表 33

工会民主参与工作

工会层次	本级工会是否建立了三方协调机制		本级工会本年度是否与同级政府开过联席(联系)会		本级工会建立区域(行业)职代会		
	是	否	是	否	职代会	覆盖企业	覆盖职工
	个	个	个	个	个	个	人
指标序号	h001	h001	h002	h002	h003	h004	h005
总　计	1 225	3 520	70	4 631	4 573	86 341	4 301 561
(1)省级地方工会	1		1				
(2)地市级地方工会	14	7	9	12			
(3)县级地方工会	75	46	45	76	1 058	5 561	285 075
(4)省级产业(厅、局、公司)工会	4	21		25			
(5)地市级产业(局、公司)工会	31	246	14	263			
(6)县级产业(局、公司)工会	72	705	1	762	350	2 678	122 583
(71)归属中央的企业集团工会	7	16		23			
(72)归属地方的企业集团工会	2	72		74			
(81)乡镇、街道总工会	183	441		603	2 013	37 069	827 736
(82)其他乡镇、街道级工会	85	384		460	624	10 832	2 131 537
(9)村工会(联合会)	422	537		959	210	10 599	454 164
(10)社区工会	300	975		1 275	314	19 387	442 334
(11)工业园区	29	70		99	4	215	38 132

表 34

工会经济技术工作

工会层次	现有省部级劳动模范		本年度本级工会授予			本年度职工技术创新所取得的奖项			本级工会组织省级及以上劳动模范和全国五一劳动奖章获得者休养	本年度参加本级工会组织的技能比赛的职工	通过技能比赛晋升技术等级
	省级	部级	五一奖状	五一奖章	工人先锋号	国家级	省级	部级			
	人	人	个	个	个	个	个	个	人次	人次	人次
指标序号	j001	j002	j003	j004	j005	j006	j007	j008	j009	j010	j011
总　计	9 302	500	26	123	4				3 098	1 284 721	100 968
(1)省级地方工会	9 302	500	26	123	4				150	153 000	84 000
(2)地市级地方工会									1 225	854 557	4 090
(3)县级地方工会									714	115 454	1 993
(4)省级产业(厅、局、公司)工会									84	11 352	80
(5)地市级产业(局、公司)工会									274	77 279	1 381
(6)县级产业(局、公司)工会									438	18 062	4 984
(71)归属中央的企业集团工会									44	12 764	590
(72)归属地方的企业集团工会									89	13 924	616
(81)乡镇、街道总工会									32	7 729	1 014
(82)其他乡镇、街道级工会									16	5 579	1 317
(9)村工会(联合会)									6	3 500	362
(10)社区工会									22	11 036	229
(11)工业园区									4	485	312

表 35

工会经济技术工作

工会层次	本年度本级工会组织的技术培训			本级工会是否建有职工技协组织		开展技术交易活动的职工技协		本年度职工技协开展技术交易活动情况				
								技协提供的交易项目（包括未成功交易的项目）		属于职工技术创新成果的交易项目成功签订技术合同		
	培训班	参加职工	通过培训提升技术等级	是	否	是	否	项目数	总价值		完成合同	实现效益
	班次	人次	人次	个	个	个	个	项	元	项	项	元
指标序号	j012	j013	j014	j015	j015	j016	j016	j017	j018	j019	j020	j021
总　计	2 418	313 529	32 504	183	4 556	68	4 671	492	164 173 070	221	211	180 287 500
(1)省级地方工会				1			1					
(2)地市级地方工会	328	65 245	13 053	11	10	2	19	110	27 203 500	110	110	27 203 500
(3)县级地方工会	200	34 392	2 103	24	97	8	113	153	90 000 000	65	65	87 680 000
(4)省级产业(厅、局、公司)工会	16	2 166		2	23		25					
(5)地市级产业(局、公司)工会	474	63 979	1 395	20	257	14	263	116	16 322 450	42	32	404 000
(6)县级产业(局、公司)工会	114	15 034	4 427	32	743	17	758	2	300 000			
(71)归属中央的企业集团工会	481	20 310	1 176	4	19	2	21	105	47 120			
(72)归属地方的企业集团工会	80	7 608	537	1	73	1	73					
(81)乡镇、街道总工会	324	62 375	2 965	21	603	11	613					
(82)其他乡镇、街道级工会	84	12 177	2 168	18	447	3	462					
(9)村工会(联合会)	68	10 819	1 616	11	948		959					
(10)社区工会	229	16 018	1 611	34	1 241	8	1 267	2	300 000			
(11)工业园区	20	3406	1453	4	95	2	97	4	30 000 000	4	4	65 000 000

表 36

工会财务和经审工作

工会层次	本级工会经费收缴是否委托税务代收		本级工会是否实行建会筹备金制度		本级行政事业单位工会经费是否由财政统一划拨		本级工会设有资产管理机构		本级工会设有经费审查委员会		设有经审会办公室		本级工会经审会办公室干部	
	是	否	是	否	是	否	是	否	是	否	是	否	专职	兼职
	个	个	个	个	个	个	个	个	个	个	个	个	人	人
指标序号	s001	s001	s002	s002	s003	s003	s004	s004	s005	s005	s006	s006	s007	s008
总　计	318	4 427	390	4 355	122	4 425	634	4 111	2 273	2 472	1 016	3 729	621	2 396
(1)省级地方工会		1		1		1	1		1		1		4	
(2)地市级地方工会	13	8	13	8	13	8	12	9	15	6	13	8	19	15
(3)县级地方工会	68	53	56	65	40	81	50	71	102	19	78	43	50	184
(4)省级产业(厅、局、公司)工会		25		25		25	8	17	21	4	14	11	2	43
(5)地市级产业(局、公司)工会		277	1	276	1	276	70	207	197	80	107	170	418	437
(6)县级产业(局、公司)工会	4	773	4	773		773	104	673	325	452	174	603	30	349
(71)归属中央的企业集团工会		23		23		23	9	14	21	2	11	12	2	36
(72)归属地方的企业集团工会		74	1	73		74	6	68	30	44	17	57	4	54
(81)乡镇、街道总工会	19	605	19	605	22	602	88	536	311	313	182	442	45	600
(82)其他乡镇、街道级工会		469		469		469	60	409	205	264	132	337	22	248
(9)村工会(联合会)	198	761	259	700	46	720	87	872	595	364	86	873	7	112
(10)社区工会	3	1 272	23	1 252		1 274	127	1 148	403	872	186	1 089	15	300
(11)工业园区	13	86	14	85		99	12	87	47	52	15	84	3	18

表 37

工会财务和经审工作

工会层次	本级工会经审会是否开展了预、决算年度审查审计工作				开展了下级工会、直属单位审计工作				本年度工会基本建设和维修改造工程审计项目
	预算审查		预算(决算)执行情况审计		下级工会经费年度收支情况执行审计		直属单位年度财务收支情况执行审计		
	是	否	是	否	是	否	是	否	
	个	个	个	个	个	个	个	个	项
指标序号	s009	s009	s010	s010	s011	s011	s012	s012	s013
总　计	1 154	3 591	1 070	3 675	742	4 003	738	4 007	297
(1)省级地方工会	1		1		1		1		1
(2)地市级地方工会	15	6	15	6	13	8	13	8	39
(3)县级地方工会	87	34	78	43	61	60	62	59	26
(4)省级产业(厅、局、公司)工会	19	6	17	8	6	19	10	15	4
(5)地市级产业(局、公司)工会	151	126	146	131	99	178	113	164	107
(6)县级产业(局、公司)工会	259	518	231	546	169	608	151	626	2
(71)归属中央的企业集团工会	19	4	19	4	11	12	10	13	1
(72)归属地方的企业集团工会	26	48	24	50	13	61	16	58	4
(81)乡镇、街道总工会	202	422	184	440	144	480	126	498	6
(82)其他乡镇、街道级工会	154	315	143	326	82	387	83	386	25
(9)村工会(联合会)	69	890	65	894	53	906	55	904	50
(10)社区工会	133	1 142	132	1 143	79	1 196	90	1 185	21
(11)工业园区	19	80	15	84	11	88	8	91	11

表 38

工会宣传教育和职工文化体育工作

工会层次	本级工会直属文体设施			本级工会直属职工文化、体育协会		本级工会独立兴办职工教育机构					
	文化宫、俱乐部	体育场、体育馆	图书馆(藏书1万册以上)	个数	会员		职工高等院校	职工中等学校	农民工业余学校	女职工培训学校	职业技能实训基地
	个	个	个	个	人	所	所	所	所	所	个
指标序号	w001	w002	w003	w004	w005	w006	w007	w008	w009	w010	w011
总　计	372	544	3 620	1 752	111 059	38	2	11	4	3	16
(1)省级地方工会											
(2)地市级地方工会	15	13	3	18	6 725	17	1	3	1	1	10
(3)县级地方工会	54	24	19	29	2 373	21	1	8	3	2	6
(4)省级产业(厅、局、公司)工会	3	8	3	105	6 478						
(5)地市级产业(局、公司)工会	87	142	93	276	50 425						
(6)县级产业(局、公司)工会	8	21	13	23	6 091						
(71)归属中央的企业集团工会	10	18	4	84	15 948						
(72)归属地方的企业集团工会	24	15	5	33	3 108						
(81)乡镇、街道总工会	91	83	61	21	2 252						
(82)其他乡镇、街道级工会	13	17	19	2	45						
(9)村工会(联合会)	19	54	21	141	2 950						
(10)社区工会	47	143	3 376	1 019	14 652						
(11)工业园区	1	6	3	1	12						

表 39

工会国际工作和对外经济技术交流工作

工会层次	本级工会本年度应邀来访国际交往代表团		本级工会本年度应邀出访国际交往代表团		本级工会本年度应邀来访业务考察代表团		本级工会本年度应邀出访业务考察代表团	
	团数	人数	团数	人数	团数	人数	团数	人数
	个	人	个	人	个	人	个	人
指标序号	g001	g002	g003	g004	g005	g006	g007	g008
总　计	41	544	27	281	55	745	32	271
(1)省级地方工会	8	40	5	24	8	117	5	44
(2)地市级地方工会	1	7			2	128		
(3)县级地方工会			1	12	8	50	1	4
(4)省级产业(厅、局、公司)工会					1	50	1	14
(5)地市级产业(局、公司)工会	29	412	17	194	29	294	22	167
(6)县级产业(局、公司)工会					1	3		
(71)归属中央的企业集团工会					1	5	1	4
(72)归属地方的企业集团工会								
(81)乡镇、街道总工会								
(82)其他乡镇、街道级工会	2	80	3	35	4	78	1	18
(9)村工会(联合会)	1	5	1	16				
(10)社区工会					1	20	1	20
(11)工业园区								

表 40

开展创建劳动关系和谐企业与工业园区活动

工会层次	本级工会是否开展了创建活动		创建活动组织情况									
			联合领导小组组长				办公室所在单位				本级工会是否成立了创建活动领导小组	
	是	否	同级党委政府领导	同级其他领导	本级三方领导	本级总工会领导	工会	劳动部门	三方办公室	其他单位	是	否
	个	个	个	个	个	个	个	个	个	个	个	个
指标序号	c001	c001	c002	c002	c002	c002	c003	c003	c003	c003	c004	c004
总　计	56	4 714	27	7	12	10	34	20	2		50	4 720
(1)省级地方工会	1				1			1				1
(2)地市级地方工会	11	10	5	1	3	2	6	4	1		9	12
(3)县级地方工会	44	77	22	6	8	8	28	15	1		41	80
(4)省级产业(厅、局、公司)工会		25										25
(5)地市级产业(局、公司)工会		277										277
(6)县级产业(局、公司)工会		775										775
(71)归属中央的企业集团工会		23										23
(72)归属地方的企业集团工会		74										74
(81)乡镇、街道总工会		624										624
(82)其他乡镇、街道级工会		465										465
(9)村工会(联合会)		971										971
(10)社区工会		1 292										1 292
(11)工业园区		101										101

表 41

开展创建劳动关系和谐企业与工业园区活动

工会层次	企业开展创建活动情况				是否开展了创建活动		企业总数					
	开展活动企业	达标(表彰)企业	以同级党委、政府名义认定	享受优惠政策	是	否		已建工会企业	建立职代会制度企业	集体合同覆盖企业	开展创建活动企业	达标(表彰)企业
	个	个	个	个	个	个	个	个	个	个	个	个
指标序号	c005	c006	c007	c008	c009	c009	c010	c011	c012	c013	c014	c015
总　计	26 977	4 551	538	28	133	4 633	29 908	17 020	8 157	15 492	6 623	3 006
(1)省级地方工会	24	24				1						
(2)地市级地方工会	15 060	578	227			21						
(3)县级地方工会	11 893	3 949	311	28	1	120						
(4)省级产业(厅、局、公司)工会						25						
(5)地市级产业(局、公司)工会					2	275						
(6)县级产业(局、公司)工会						777						
(71)归属中央的企业集团工会						23						
(72)归属地方的企业集团工会						74						
(81)乡镇、街道总工会					67	558	16 729	8 748	5 770	8 514	4 927	2 479
(82)其他乡镇、街道级工会					49	440	11 149	7 849	2 177	5 136	1 560	456
(9)村工会(联合会)						959						
(10)社区工会					2	1 273	35	27				
(11)工业园区					12	87	1 995	396	210	1 842	136	71

表 42

开展创建劳动关系和谐企业与工业园区活动

工会层次	企业职工总数	工会会员	签订劳动合同职工	养老、医疗、失业三项社会保险覆盖职工	本年度发生职工群体性事件	本年度发生劳动安全事故事件
	人	人	人	人	人	人
指标序号	c016	c017	c018	c019	c020	c021
总　计	1 537 339	1 231 588	1 369 197	584 548	72	32
(1)省级地方工会						
(2)地市级地方工会						
(3)县级地方工会						
(4)省级产业(厅、局、公司)工会						
(5)地市级产业(局、公司)工会						
(6)县级产业(局、公司)工会						
(71)归属中央的企业集团工会						
(72)归属地方的企业集团工会						
(81)乡镇、街道总工会	753 039	628 372	650 831	337 807	55	18
(82)其他乡镇、街道级工会	737 602	567 374	676 759	207 425	17	12
(9)村工会(联合会)						
(10)社区工会	718	646	646	646		
(11)工业园区	45 980	35 196	40 961	38 670		2

富阳年鉴

FUYANG YEARBOOK

2007

富阳市地方志编纂委员会

（总第12卷）

方志出版社

富阳市地方志编纂委员会

顾　问：徐文光

主　任：张锦铭

副主任：汤金华　王　炅　赵玉龙　郎卫国　张志根　蒋寿南

委　员：喻中汉　吕建新　裘富水　潘国明　骆安全　张树根

包荣祥　徐建平　申屠裕仁　陈　新　缪坤延　华之江

张国繁　张松泉　何志洪　张建华　雷　君

《富阳年鉴》编辑部

主　编：蒋寿南

副主编：雷　君　陈炜祥

责任编辑（以姓氏笔画为序）：

于卫国　孙希成　张建华　陈炜祥　金关治　胡丽芬

骆小峰　洪菁龙　章金桥　蒋虹瑶　雷　君

摄　影：洪菁龙等

编　务：严能英　盛无畏　吕炳权

校　对：各责任编辑

编辑说明

一、《富阳年鉴》是综合性地方年鉴，它以大型资料性工具书形式，较全面、系统、连贯地逐年记载富阳市政治、经济、文化及社会发展的主要情况，为广大读者了解富阳，提供了丰富、翔实的信息资料。自1996年开始编纂至今，已连续公开出版12部。

二、《富阳年鉴（2007）》以邓小平理论、“三个代表”重要思想和科学发展观为指导，紧紧围绕党的路线、方针、政策，全面、客观地反映富阳市人民在2006年勇于开拓创新，在社会主义物质文明、政治文明、精神文明建设中，取得的新成就、新经验，以及在前进道路上遇到的新情况、新问题。本部年鉴的记述时间为2006年1～12月。

三、《富阳年鉴（2007）》集资料、信息、知识于一体，以文字记述为主要形式，采用分类编纂法，由卷首、百科、卷尾3个基本部分组成，以类目、分目、条目3个层次为框架结构。卷首设特辑、特载、大事记、总述；百科部分设国土资源管理、环境保护、中国共产党富阳市委员会、纪律检查 监察、富阳市人民代表大会、富阳市人民政府、政协富阳市委员会、民主党派 工商业联合会 社会团体、政法、人民武装、农业经济、工业经济、交通 运输、邮政 电信、城市建设与管理、商业经济、富阳经济开发区、旅游、财政 税务、金融 保险、市场、经济管理、教育、科学技术、文化、卫生、体育、社会 生活、乡镇街道；卷尾设名录、附录。全书共设类目35个，分目239个，条目1458个。类目之首一般设综述，分目之首一般设概况，以集中记述各行各业的总体情况。

四、《富阳年鉴（2007）》的文稿大部分由富阳市各部门和各乡镇、街道提供，部分由史志办公室和有关人员撰写，领导审核，文后作者署名。凡涉及全市性国民经济和社会发展的数据，均以富阳市统计局《统计年鉴》为准；《统计年鉴》未收录的采用各专业部门提供的数据。个别数据由于来源不同、统计口径不一而不尽相同的，以该行业主管部门提供的为准。各业所涉及产值凡未注明“1990年不变价”的，均指当年价。

五、名录中的党政机关、群众团体、乡镇、街道负责人名单，由市委组织部提供。收录范围为市四副班子领导成员，市级党政机关、事业单位、群众团体的正副职，乡镇、街道党委、人大、政府正副职，均列年底在任者。先进名录由各部门单独提供，收录标准为国家级和国家属部门级、省级和省属部门（厅）及杭州市人民政府以上评定命名的先进集体和先进个人。

六、附录中的人物选录范围为富阳市四副班子领导人简介。

《富阳年鉴》编辑部

2007年8月

中共浙江省委常委、杭州市委书记、杭州市人大常委会主任王国平（左一）在富阳调研

杭州市市长蔡奇（左二）在富阳调研

中国共产党富阳市第十二次代表大会会场

富阳市第十四届人民代表大会第一次会议会场

中国人民政治协商会议富阳市第七届委员会第一次会议会场

著名作家郁达夫烈士诞辰110周年纪念大会会场

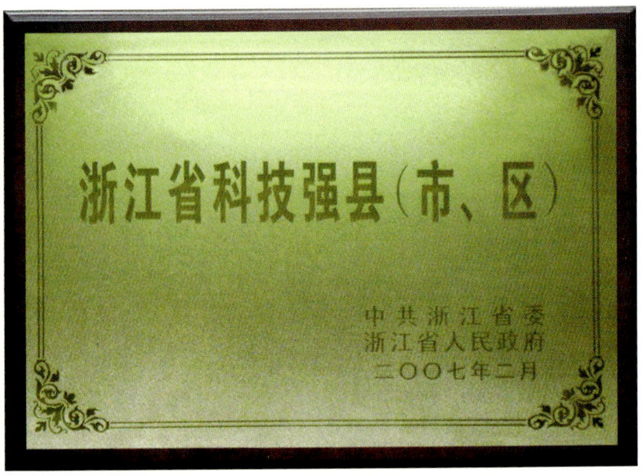

①	②
③	④
	⑤

①2006年1月，富阳市荣获浙江省文化先进县称号

②2006年1月，富阳市荣获双拥模范城称号

③2006年12月，富阳市荣获浙江省体育强县（市、区）称号

④2007年2月，富阳市荣获浙江省科技强县（市、区）称号

⑤2006年6月，富阳市竹纸制作技艺入选国家级非物质文化遗产

中共富阳市委党校

领导班子

富阳市委党校是市委一个重要的职能部门，是全市党员干部培训轮训的主渠道、主阵地。党校注重加强领导班子和教职工队伍建设，紧紧围绕提高广大党员干部的理论素养、执政能力和加强党性锻炼这个重点，积极探索教学组织、教学内容、教学方式、教学管理的有效途径，不断提高教学质量，圆满完成市委下达的干部培训计划。近5年来，党校每年完成党员干部主体培训班20余期，培训学员10000余人。同时，坚持“社会效益第一、教育质量第一”办函授，培养了大批合格的本科和大专生，为建设学习型社会，提高富阳市党员干部的理论和文化素养，培养造就一支高素质的干部队伍作出了贡献。

函授教育

充分发挥职能作用和师资优势，认真做好乡镇街道党校的业务指导工作，积极探索乡镇、村党员干部小班化教育的新路子，组织与乡镇街道联合办学，服务基层培训。积极配合市委的主题教育活动，为乡镇街道、部门、社区和企事业单位提供宣讲服务，每年作各种形势教育和理论辅导100余场次，直接受教育者7000人次以上，取得了良好的社会效益。

外出宣讲

始终坚持党校姓“党”这一根本原则，搭建《党校论坛》交流平台，积极组织教师加强对改革开放、现代化建设中的重大理论和现实问题的研究，在以研促教的同时，积极为市委市政府的中心工作和决策服务。近年来，科研工作取得新突破，有10多篇科研论文获得浙江省、杭州市党校系统理论研讨会一二三等奖，还有多篇论文在省市级刊物上发表。

党校科研成果和校刊

富阳市史志办公室

FUYANGSHISHIZHIBANGONGSHI

2006年，富阳市史志办公室在市委、市政府的正确领导和上级业务部门的指导下，以邓小平理论、“三个代表”重要思想和科学发展观为指导，围绕市委、市政府中心工作，切实履行“存史、资政、育人”的部门职责，圆满完成年初确定的各项工作目标。《中国共产党富阳历史》（第二卷）在全省率先出版发行；党史、地方志宣传有效开展；抗战课题调研工作进展在全省领先；《富阳年鉴（2006）》按时出版，并荣获全省年鉴评比优秀成果三等奖；《富阳市志》初稿初审基本完成。9月，该办荣获“全国党史系统先进集体”荣誉称号；12月，被评为2006年度“浙江省地方志工作先进集体”和“杭州市党史工作先进集体”、“杭州市党史学会先进会员单位”。

全省国税系统“四项工程”建设座谈会在富阳召开

召开各乡镇、街道工办主任出口退税政策座谈会，宣传出口退税政策

全局中层以上干部参加国家税务总局党风廉政建设工作视频会议

富阳市国家税务局

2006年，富阳市国家税务局在省、市国税局和富阳市委、市政府的正确领导下，牢固树立和落实科学发展观，坚持把“聚财为国、执法为民”作为税收工作的根本出发点和落脚点，全面实施富阳国税“十一五”发展规划，紧紧围绕组织收入这一中心，大力推进依法治税，积极开展管理创新，强化科学管理，坚持以人为本，切实加强干部队伍建设，各项国税工作都取得了可喜成绩。全年入库税收收入168288万元（其中免抵调8206万元），完成年度计划的110.13%，同比增长24.64%，增收33271万元，超额完成了省国税局和富阳市政府下达的收入任务目标。国税局组织的财政收入占富阳市财政总收入的比重达到50.56%，较上年上升了0.29%。全年共办理各类退免税和免抵调库69786万元，比上年增长58.99%，增加25893万元，有力地推动了富阳经济又快又好发展。严格税收执法，强化执法监督，整治和规范税收秩序，税收执法能力和水平明显增强。深入开展“管理创新年”活动，税收管理科学化精细化水平显著提高。坚持以人为本，实施国税党建、国税人才、国税文化、平安国税“四项工程”建设，干部队伍建设跃上新台阶。2006年国税局分别荣获省局和杭州市局“工作目标考核优秀单位”称号，在富阳市级机关单位综合考评中被评为“2006年度富阳市满意单位”，获得“杭州市国税系统文明单位”称号。此外，青云税务所荣获“全省国税系统文明单位”称号，办税服务厅被中共杭州市纪律检查委员会评为“人民满意基层办事窗口”，计划征收科被团省委授予“青年文明号”称号。

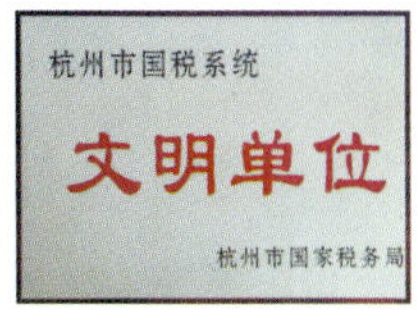

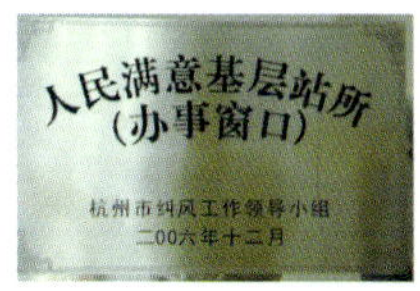

纳税人在自助服务区办理涉税事项

实行一条龙服务，连续奋战一个多月升级企业一机多票开票子系统

在税务登记证换证过程中，税务人员实行上门服务，把税务登记证送到纳税人手中

国税干部在参观反腐倡廉图片展

举办第三届乒乓球比赛和首届羽毛球比赛，丰富干部业余文化生活

国税大楼

富阳市
城市管理综合行政执法局

2006年，市城管执法局根据市委、市政府“融入大都市，建设新富阳”的战略决策要求，坚持以“依法行政、执法为民”为宗旨，围绕年初确定的“争创一流队伍，争做满意机关”目标，全面深化队伍建设，切实提高城市管理水平，着重推进市容管理示范工程、城市管理亲民工程、城区亮灯工程等建设，在完善城管综合执法体系、改进执法方式方法、提高长效管控水平、提升队伍形象等方面取得了一定成效。据统计，2006年全局各执法中队共教育纠正各类违法（章）行为66287人次，办结行政处罚案件8105起，其中办理量是2005年的三倍。全局共受理群众来电11380件，其中12345市长公开电话交办876件，96310自行受理10504件，处理率和反馈率均为100%，办结满意率为99%。

富阳夜景

富阳市原市委书记佟桂莉在执法局调研

学党章、知荣辱教育动员大会

日常巡查

聘请执法监督员

金桥违章建筑拆除

富阳市司法局

FU YANG SHI SI FA JU

局领导班子

"五五"普法动员大会

2006年，市司法局围绕富阳市委、市政府中心工作，充分发挥法制宣传、法律服务和法律保障职能，开拓创新，狠抓落实，各项工作成效显著。制定、实施《富阳市2006~2010年普法教育依法治市规划》，探索创新普法宣传载体，开办了《法在身边》电视专栏，创作《工伤之后》、《一辆轮椅》、《一分也勿欠》等优秀节目，大力推进"法制文艺下乡"巡演，共开办法制讲座19场，送法下乡18场次，发放相关宣传资料5万余份，受教育群众25万余人次。积极开展《杭州市人民调解条例》宣传月活动，健全调解组织网络，全市共建有各级各类调委会687个，其中乡镇（街道）25个，村（居、社区）637个，企业24个，总工会1个，调解员2189名。2006年共排查调处各类矛盾纠纷2897起，调处成功2828起，成功率达97.6%。全年共承办法律援助案件719件（其中刑事案件87件，同比增长36%；民事案件632件，同比增长28%）；"12348"中心受理来电1308件，接待来访2542人次；各律师事务所承办各类民事和经济案件539件，刑事案件142件，行政案件6件；各基层法律服务所办理诉讼代理306件，非诉讼代理30件，代写法律文书306份；市公证处办理各类公证事项4487件。

市公证处召开公证质量分析会

开展法律援助宣传和现场咨询

富阳市公安局

2006年，市公安局围绕创建“平安和谐富阳”的目标，履行公安职能，维护社会稳定。坚持情报信息主导警务理念，开展“三基”工程建设，提高驾驭社会治安局势的能力；推进勤务机制改革，构筑全市三级巡防网络，严密社会防控体系，探索科技强警路子，提升警务效能；规范内部机构设置，增设巡特警大队、禁毒大队、网监大队、龙门派出所等单位；注重队伍正规化建设，开展以警务技能、计算机知识、执法规范等为主要内容的大练兵活动，民警综合素质明显提高；建立完善警务监督体系，规范民警日常行为，培养民警良好纪律作风，队伍整体形象得到提升。2006年，富阳市看守所被国家公安部评为一级看守所，荣立集体二等功。全年破获刑事案件2421起，打击处理违法犯罪人员1198人；侦破经济案件52起，追回经济损失1608万元，顺利实现“发案下降、破案上升、交通消防事故死亡人数零增长”的工作目标，为全市经济发展提供良好的社会治安环境。

国家公安部领导莅临视察

国家公安部政治部主任蔡安季视察队伍正规化建设

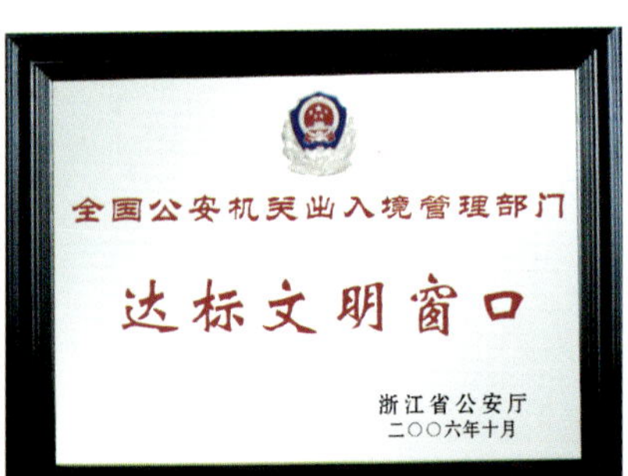

大力推进“平安畅通县市”创建活动

富阳市公安局交通警察大队

大张旗鼓开展交通安全宣传

深入研究交通安全形势建立交通安全长效管理勤务机制

领导一线检查指导交管工作

2006年，在富阳市委、市政府和市公安局党委的正确领导及上级主管业务部门的指导下，大队紧紧围绕“降事故、保安全、保畅通，实现零增长”的工作目标，深入落实“五整顿”、“三加强”等各项交通安全管理工作措施，大力推进“平安畅通县市”创建活动。广大民警团结一心，通过上下努力工作，全年道路交通事故死亡人数在2005年减少14人的基础上又减少了12人，同比下降9.82%，圆满实现了连续三年交通事故零增长目标，富阳市被省人民政府评为2006年度“平安畅通县市”创建免检单位。2006年共查处各类交通违法行为217636起，行政拘留413人，吊销机动车驾驶证43本，强制报废各类机动车1902辆。2006年对交通肇事犯罪嫌疑人采取刑事拘留83人，其中逮捕81人，取保候审24人。全年发生交通肇事死亡逃逸案件25起，侦破19起,侦破率为76%。全年共办理摩托车上牌3325辆，汽车上牌4760辆，新增汽车驾驶证9315本、摩托车驾驶证2762本。此外大队还完成保卫任务130多批次。

积极接受市民群众法律咨询

关爱学生寓管理于服务中

富阳市环境保护局

富春江水质自动监测站

2006年，富阳市环境保护工作在市委、市政府和上级环保部门的正确领导下，以科学发展观为指导，以改善和提高环境质量为目标，以环境污染整治为抓手，以生态市建设为载体，坚持环境立市，勇于开拓创新，认真贯彻落实各项环保工作任务，全面推进环境保护和生态建设。环保投入继续保持较高力度，环保投入达54348万元，占国内生产总值（GDP）2.28%。争取省、市专项补助资金800余万元，市政府以奖代补发放生态建设和环境保护专项资金近2000万元。市人民政府被评为杭州市环保目标责任制完成情况良好单位。

生态建设取得新的突破。高桥镇、受降镇、龙门镇成功创建富阳市第一批全国环境优美乡镇；龙门生态镇通过浙江省级考核验收；春建乡、永昌镇、富春街道通过杭州市级考核验收；25个乡镇、街道的生态规划均通过杭州市环保局组织的专家论证。杭州市“1250”生态工程进展顺利。

环境污染整治不断加强。淘汰白板纸1万吨以下和薄型纸2000吨以下“低小散”造纸生产线29条，完成74家重点污染源企业清洁生产的年度任务。开展大源溪、松溪流域环境污染整治。启动工业污水处理收费，征收307家造纸企业的工业污水处理费890万元。集中式污水处理设施运行正常；5月春南污水处理厂25万吨/日处理工程动工建设；年底完成大源污水处理厂截纳管网工程。

环保依法行政能力不断增强。审查、审批956个工业性、建设性项目，审批、变更城市餐饮服务业939家，组织51个项目的“三同时”竣工验收。不断加强队伍建设，10月，成立江南、富春江和新登三个环境监察中队，进一步加强基层环境监察力量，加大对环境违法行为的执法力度。公众举报深入推行，受理举报电话474个，查实违法企业153家，兑现奖金44万元；主动监察和查处环境违法案件308件，申请人民法院强制执行案件145件。全年收缴罚款910万元，征收总量排污费2120万元，分别比上年增长190%和100%。全年取得各类环境监测数据3.99万个。

环境质量逐步改善。开展城市空气质量日报、预报，空气质量状况保持良好，全年空气质量指数API为66，空气质量为良，空气质量级别为Ⅱ级。境内“一江十溪”、饮用水源地与城市内河各水体水质总体基本保持稳定，富春江水质稳定在Ⅱ类水标准。市区声环境质量与上年相比有所改善，达到功能区要求。

杭州市领导检查我市生态建设与环境保护工作

富阳市环保局生态办检查生态村生活污水情况

省“绿色学校”考核验收组考核验收富阳“绿色学校”

19省道安保工程

富阳市交通局

坚持以民为本 认真履行部门职能

2006年，富阳市交通局以科学发展观为统领，突出交通建设和行业管理两大重点，做好发展、服务两篇文章，坚持以民为本，认真履行部门职能，全市交通事业建设得到新的发展。

交通重点工程建设在克难攻坚中有序推进，两大续建工程建成通车。新中线二期改建工程（新建至南峰段）经过近两年的努力，于8月份建成通车；19省道富阳上官至常绿段改建工程于10月份建成通车。两大续建项目总投资1.84亿元，建设里程17.114公里。

农村道路建设和公路养护工作投入增加，力度加大，道路交通安全畅通。全市实施国道、省道和县道路面整治工程106公里，总投入资金1.25亿元。富阳市在全省率先完成了乡道砂石路面改造工程。总里程55.2公里，总投资2475万元。

交通行业管理工作举措有力，城乡客运交通网络建设加快，成效明显。169辆旧出租车全部更新完毕，上路营运。52辆无人售票公交车投入运营。建成准四级客运站9个，港湾式停靠站60个。

全年征收养路费8649万元，公建金1400万元；征收航政规费2069.12万元，港政规费939.82万元。

2006年8月胥高线（万市洞桥段）改建工程开工典礼

2006年1月1日富阳市旧出租汽车更新升级启动，玛莉公司20辆索纳塔上路

改建后的05省道新貌

富阳市规划局

规划科学 规划超前 规划刚性

富春夜景

恩波公园二期

富阳市规划局是主管全市城市规划和村镇规划的市政府工作部门。规划局内设综合科、城市规划科（测绘办）、村镇建设科三个职能科室，下属富阳市规划编制中心、富阳市政园林设计所。

富阳市规划局成立以来，在中共富阳市委、富阳市政府的正确领导下，按照“融入大都市、建设新富阳”的战略思想，以科学发展观为指导，组织编制《富阳市战略规划》、《富阳市市域总体规划（2003~2020）》，恩波广场、江滨西大道景观规划、东吴文化公园规划等重大规划项目。按照“山水文化名市、现代产业新城、人居休闲胜地”的城市战略目标，把富阳建设成为“个性鲜明、布局合理、功能齐全、品味高雅、景美人和、崇尚文化、健康向上”的阳光山水城市。

2006年，市规划局共受理各类规划审批项目3791件，其中规划科发放规划选址意见书271件；建设用地规划许可证201件；审批建设工程规划许可证452件；其他确权、装修装饰、杂项工程共381件；根据阳光规划要求完成32个项目的批前公示，并对公示反馈意见积极做好答复与处理。村镇科共完成规划“一书两证”审批534件，农民私房审批1920件。

2007年，市规划局将以新一届市委、市政府确定的“四个一”战略体系为指引，树立“规划立城”的理念，以构建“富裕阳光之城”为目标，以融入大都市战略为主线，围绕“一城二带四动四区四片”的发展框架，按照统筹城乡发展，提升城市化，建设新农村，促进城乡一体化的要求，完善规划编制体系，提高规划编制水平，健全规划决策机制，强化规划实施监督。

高尔夫球场

龙门古镇

东吴夜色

富阳市安全生产监督管理局

市安委会暨全员安全培训工作会议

富阳市安全生产监督管理局（市安全生产委员会办公室）作为主管全市安全生产工作的工作部门，承担法律法规赋予的安全生产综合监管职责，全面落实中央、省市关于安全生产方针，严格落实安全生产责任制，完善生产管理体制机制，执行安全生产规章制度，加大事故处罚力度，积极推行安全生产行政许可制度，深入开展矿山、危险化学品、烟花爆竹等高危行业领域的专项整治。近年来，不断创新安全管理模式，推行矿山、造纸、冶金、化工、水泥等行业领域的集体管理办法，提升企业安全管理水平，迅速扭转事故多发的被动局面。同时大力发展安全文化，实施全员安全培训工程，着力提高从业人员的安全素质，形成全社会共同参与的良好安全氛围，为安全发展打下坚实的基础。

富阳市安全生产工作，通过全市上下共同努力，安全生产形势趋于平稳，事故起数、死亡人数、直接经济损失“三项指标”有所下降，连续几年实现“零增长”目标，为创建“平安富阳”，构建“和谐富阳”发挥了积极作用。

杭州市人大常委会副主任杨耀梁率执法检查组来我市进行安全生产执法检查

省安监局副局长董国庆来我市调研烟花爆竹安全管理工作

造纸企业安全生产信用程度评估现场

全国安全生产咨询日活动

即将竣工的标准厂房

富阳经济开发区

FU YANG JING JI KAI FA QU

富阳经济开发区坚持以提高吸收外资质量为主，以发展现代制造业为主，以优化出口结构为主，致力于发展高新技术产业，致力于发展高附加值服务业，促进开发区向多功能综合性产业区发展的“三为主、二致力、一促进”的发展方针，大力开展招商引资，新引进项目10个，外资项目总投资13620万美元，内资总投资11000万元；增资项目2个，新增总投资1060万美元。完成合同利用外资8449万美元，完成年度目标任务的106%。实际利用外资6408万美元，完成年度目标任务的160.2%。投入基础配套及工程建设资金8600万元，完善配套设施，推进创业基地建设。

纳入开发区统计的工业企业实现产值64.2亿元，比上年增长45.6%，销售收入58亿元，比上年增长48.7%，企业增加值13.7亿元,比上年增加33%，企业固定资产投资4.33亿元，企业利润2.21亿元，自营出口1863万美元，实际上缴税金1.45亿元。

富阳市市长张锦铭视察富阳科技创业中心

清风 · 万和苑

富阳市工贸资产经营有限公司

富阳市工贸资产经营有限公司成立于2002年4月，由原市工业集团公司、商业总公司、物资总公司、协作办等四家行政公司撤并组建而成，是一家经市政府授权专门从事资本运营、经营管理国有资产的国有独资有限责任公司。公司组建以来，在富阳市委、市政府的正确领导和关心支持下，牢牢把握“改革、发展、稳定”大局，紧紧围绕深化国有企业改革，以建立完善国有资产出资人制度和法人治理结构为主线，以构建国有资产监督、运营体系为重点，以国有资产最大限度保值增值为目标，重组、整合、盘活国有资产，加快市场运作，提高经济效益，注重社会效益，已逐步走上持续、良性发展的轨道。至2006年底，总资产已达29600万元，比2002年增长5.03倍；所有者权益8760万元，比2002年增长3.81倍；累计上缴税金1000多万元。

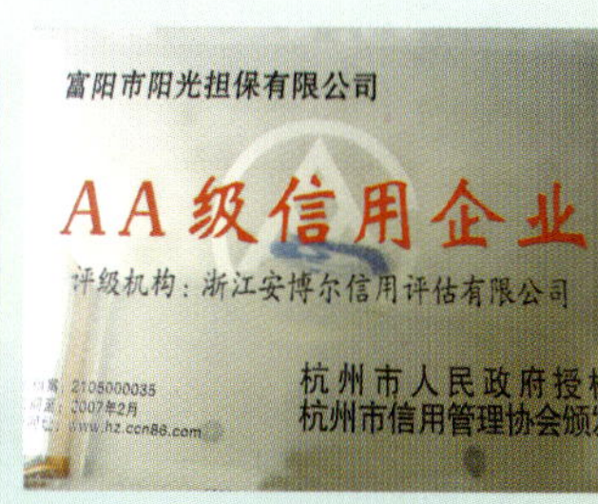

以质为纲 精雕细刻 以人为本 安居乐业

富阳市工贸资产经营有限公司房地产开发分公司成立于2002年8月，国有独资企业雄厚的实力和优良的信誉，始终坚持“以质为纲、精雕细刻、以人为本、安居乐业”的经营发展理念，注重“品牌”建设。公司先后开发了“清风公寓”楼盘以及与富春江房地产公司合作开发的“春江花月”楼盘。目前，公司着重于开发“清风·万和苑”楼盘和自建“清风·阳光苑”经济适用房楼盘。

让我们的努力获得你的青睐，让你的快乐成为我们的骄傲！

清风 · 万和苑

富阳市供销合作总社

富阳市供销合作总社始终坚持服务“三农”的办社宗旨，近年来以“夯实基础，开拓新业，服务三农”为工作主线，充分利用传统优势，在构建农村现代流通网络、兴办农民专业合作社、坚持为农服务等方面，走上了良性发展之路。2006年实现销售总额8.32亿元，实现利润总额6577.1万元，上缴国家税费5666万元，社会贡献额6130万元，荣获杭州市供销系统综合考核第一名，连续三年荣获省供销社考核特等奖。根据中华全国供销合作总社考评综合经济指标进入“全国十强县级供销社”。

大力兴办农民专业合作社，农民不断受益。供销社牵头建办了30家专业合作社，拥有基地5200公顷，连接农户2.75万户，年带动农业产值4.5亿元，通过专业社加工出口农副产品销售累计1.6亿元。

实施“新网工程”，服务领域持续开拓，实力不断增强。供销社投资组建了华辰超市、百合医药、惠多利农资、烟花爆竹、农副产品销售五个网络经营体系，建立了38家乡镇生活超市、388家放心便利店配送、52家药品连锁店、95家惠多利农资连锁店，20家烟花爆竹配送站，营业面积3.9万平方米，年度连锁经营额达3亿元。

新的时期，富阳市供销合作总社将进一步加快改革创新步伐，加快发展，强化服务，为共筑富裕阳光、和谐新富阳和社会主义新农村建设作出贡献。

富阳最大的品牌服饰直销中心——新世界服饰商场

富阳市烟草专卖局（公司）

富阳市烟草专卖局（公司）主要承担富阳市卷烟市场秩序的监督和管理，主营卷烟的批发销售。执法管理的对象是全市各地的4000余家卷烟零售户，主要查处无证经营、无证运输和乱渠道进货。

2006年是烟草行业改革发展之年和管理之年，富阳市烟草专卖局（公司）在围绕以地市公司为市场主体的业务流程建设的基础上，积极配合实行全市经营一体化管理，加快提升经济运行质量，狠抓专卖管理，深入开展了社会主义荣辱观教育以及行业“国家利益至上，消费者利益至上”的共同价值观教育活动，大力加强了“三个文明”建设，各项工作继续保持良好的发展态势。全年实现批发销售5.58亿元，同比增长14.58%；完成批发销量29840箱，同比增长5.18%；实现利润11588万元，同比增长18.4%。

局长(经理)裘建新在局长接待日耐心听取零售客户建议

党组班子成员

召开首次职工代表大会

杭州地区首次环保型假烟销毁活动在富阳举行

发展求通 管理求变 素质求精

富阳农村合作银行

坚持“发展求通、管理求变、素质求精”的经营理念，以支持地方经济发展为己任，紧紧围绕“稳、精、强”三字方针，聚精会神抓改革，一心一意谋发展，专心致志搞管理。

至2006年12月末，各项存款余额达65.2亿元，增幅为23.2%，在富阳市的存款市场份额达到30.6%。各项贷款余额达48.4亿元，增幅达23.2%，占全市金融机构中的贷款市场份额的25.9%，其中农户贷款余额16.04亿元，农贷覆盖面达9%；支持农业龙头企业25家，贷款余额13854万元。综合实力位居富阳市金融系统榜首，对地方经济的支持能力和贡献度明显增强。

在实现全行资产质量、规模、效益在良性互动中协调运行的同时，该行的公众满意度也显著提高，2005年、2006年连续两年被富阳市委、市政府授予“满意单位”称号，并先后获得“2004~2005年度富阳市文明单位”、“富阳市2005年度金融服务地方经济模范单位”等荣誉。

管理人员企业文化建设专题讲座

为种粮大户送贷上门

环山乡信用乡授牌

发展中的富阳市政园林事业

富阳市市政园林管理局

富春阁

富阳市市政园林管理局(前身为市政绿化管理处)成立于1980年9月,隶属于市建设局，下辖富阳市市政养护队和富阳市公园管理处两家企事业单位，在编职工81名，其中专业技术人员28名。26年来，主要担负着全市市政设施、园林绿化以及公园、广场等养护与管理的重任。

迎宾苑

随着城市建设的发展，全市市政道路和园林绿化养护面积也日益增多。据统计，目前市区已拥有大小道路120余条，总长126.47公里，排水管道长度179公里；各类绿地面积480公顷，绿地率33.09%，绿化覆盖率36.08%。拥有公共绿地180公顷，人均绿地面积9.91平方米。市政绿化，不仅塑造了富春明珠的旖旎风光，还极大地改善了广大市民的生活质量。

鹿山书院

2006年，市政园林管理局在市建设局的正确领导下，认真贯彻执行党的十六大精神，紧紧围绕巩固“国家园林城市”创建成果这个中心，继续坚持市政园林工作“养管”并重的原则，发扬艰苦奋斗的创业精神，开展扎实有效的工作，圆满完成了富阳市委、市政府和建设局交给的各项工作任务。

全年累计修复各类路面、人行道10万平方米，疏通下水道8000米；修剪维护城区园林绿化480万平方米，摆放和种植鲜花55万盆；承办落实市长公开电话142个。单位先后获得2006年度“市长公开电话承办工作先进集体”、“先进党支部”、“先进职工之家”等荣誉称号。

东吴公园垂钓处

2007年，市政绿化工作任重道远，为了美化城市环境，创造更美好的明天，市政园林工作者将继续辛苦耕耘。

富阳市住房制度改革办公室

第一二期经济适用房全景

荣誉 责任 效率 公正 廉洁

2006年是富阳市“十一五”的开局之年，也是富阳市房改办在“机构分设”之后，进一步深入推进房改工作进程，全面推进住房保障工作持续稳定发展的重要年。根据建设局年初制定的工作目标，开拓创新，求真务实，扎实推进各项工作。努力完善经济适用住房分配销售机制，规范经济适用住房分配销售行为，认真做好经济适用住房分配销售工作；严格按照保安全、保质量、保进度、保廉洁要求，抓好经济适用住房、经济适用租赁住房建设和房源保障工作；进一步建立健全廉租住房制度；加快住房分配货币化改革步伐，稳步推进富阳市机关事业单位住房货币化分配工作，全年共审批发放住房补贴1447人，共计2851.5万元；继续做好存量公有住房出售和租金改革工作；切实加强对住房资金的监督管理；不断加强作风建设，强化宗旨意识，推进和谐社会建设。

住房保障进社区座谈会

第三期经济适用住房公开选号现场会

经济适用房区块鸟瞰设计图

第一二期经济适用房小区内一角

第三期经济适用房工程

上路况 强管理 优服务 创文明

富阳市公路管理段

公路养护施工

富阳市公路管理段以构建和谐公路为发展方向，积极参加全省开展的干线公路养护管理“百日公路保洁畅通”活动，以“上路况、强管理、优服务、创文明”为目标，进一步深化提高公路管养水平，强化行业管理、行政执法及行业文明建设等基础工作。

2006年，继续坚持以科学养护为主，做到全面养护和长效养护相结合，好路率等主要考核指标与去年同期相比增加2个百分点以上；全面推进干线路面整治工程、县道养护大中修工程及绿色通道工程等，超额完成乡道砂改油工程，文明开展超限运输路面执法工作，努力提升行业管理形象工程、增强管理基础，强化提高人员素质工程，实现了公路“畅、洁、绿、美、安”的目标。

23省道路面施工

规范路政执法行为，提高了路政队员的业务素质

办公大楼

富阳市 争先领先 和谐富春

富春街道

FUYANGSHIFUCHUNJIEDAO

富春街道位于富阳市中部，为市政府所在地。全境地域面积103.95平方公里，行政村33个，社区19个，总人口118109人。全年实现工农业总产值121.85亿元，比上年增长11.5%，全年实现财政总收入23800万元，农村经济总收入1404937万元，农民人均所得10625元。

2006年，富春街道紧紧围绕“争先领先、和谐富春”的工作目标，提升了新农村建设、社区服务两大水平，加大了选商引资、干部队伍建设、社会事业建设三项力度，获得了精神文明一等奖；物质文明三等奖；招商引资一等奖；重点工程建设一等奖。全年实现工业总产值120.76亿元，工业销售产值118.6亿元，完成工业性投入8.2亿元，自营出口1.1亿美元。着力抓好社区工作，积极开展“特色型社区”创建工作，确定秋月社区、春晖社区为服务型创建试点单位；鹳山社区、苋浦社区为文化型创建试点单位；江滨社区、春秋社区为生态型创建试点单位。全力推进新农村建设，围绕“培育五新”目标，开展产业新结构、建设新局面、管理新机制、环境新面貌、社会新风尚等7个村试点示范村建设。

党工委书记：董毓民

办事处主任：何春兰

行政大楼

融入大都市 建设新东洲

前华村

富阳市东洲街道

富阳市东洲街道位于富阳市东部，东接杭州市西湖区，南临富春江，距杭州市中心15公里，交通便捷。街道区域面积73平方公里，下辖27个行政村，2006年末，全街道总农户数 10686户，常住农业人口37268人，流动人口超过1万多人。山林面积1400公顷，耕地面1272.37公顷。东洲街道党工委下辖党支部52个，其中行政村党支部27个，非公企业党支部13个，涉及企业数16个。街道党员总数1450名，其中男1249名，女201名，农村党员1034名。初中以下875名，高中及以上575名。35周岁以下318名，36~45周岁305名，46~59周岁501名，60周岁以上326名。中共预备党员73人。

东洲街道成立于2001年8月，街道党工委、办事处提出了“融入大都市，建设新东洲”的目标，扬长避短、发挥地域优势，逐步形成“三片特色”、“三片联动”的经济发展格局，走城郊型经济发展路子，即新民片以山水休闲为特色，加快休闲旅游、餐饮服务业齐发展；江丰片以工业功能区为支柱，打造微电机、五金、机械三大特色的先进制造业基地；东洲片依靠和发挥土地资源优势，依托农业科技示范园区和农业龙头企业，努力建立高效农业、种养加工业的农业产业化园区。经过近几年的努力，2006年街道实现国内生产总值15.03亿元，工业总产值58.07亿元，农业总产值2.27亿元，三产产值11.32亿元，服务业增加值1.48亿元，固定资产投入9.49亿元，外贸出口交货值13.55亿元，自营出口供货值2777万美元，协议利用外资1122.5万美元，财政收入8987万元，农民人均收入达到10352元。经济的快速发展，有力地促进了社会事业的全面进步，东洲交通四通八达，城市建设日新月异，教育事业突飞猛进，文化艺术精彩纷呈。

党工委书记：王龙华

办事处主任：刘加均

华墅村健身园

高尔夫球场

富阳市 鹿山街道

LUSHANJIEDAO

鹿山春安村公园

浙江省副省长茅临生视察新农村建设情况

鹿山街道地域总面积66.3平方公里，辖行政村17个，总人口20730人，其中非农业人口920人。全年实现工农业总产值59.5亿元，比上年增长50.9%。全年实现财政总收入4989万元。农村经济总收入217800万元，农村经济净收入26000万元，农民人均所得10361元。街道共有工业企业322家，其中规模以上工业企业43家，比上年新增5家，完成产值51.65亿元，增幅达66.7%，位列全市第一，超20亿元企业1家。完成固定资产投入9.4亿元，增幅达15%。合同外资1586万美元，增幅达58%，实到外资413万美元，增幅达69%，实到内资1.5亿元，增幅达51.7%。

街道位于富阳市西部，距市政府所在地6公里。街道目前正处于城市新区开发时期，区位优势明显，基础设施日臻完善，交通便捷。休闲度假、房地产等三产行业初露端倪，农村面貌明显改善，经济社会发展态势良好。

党工委书记：胡海龙

办事处主任：袁　月

建设社会主义新农村动员大会

杭州日月电器（集团）股份有限公司

整洁的新区道路

目　　录

特　辑

地方志工作条例 ……………………………………（1）

杭州市人民政府关于印发杭州市实施《地方志工作条例》办法的通知 ……………………………（3）

特　载

以科学发展观为统领　加快融入大都市　建设和谐新富阳

——在中国共产党富阳市第十二次代表大会上的报告

………………………………………………… 徐文光（5）

富阳市人民代表大会常务委员会工作报告

——2007年2月3日在富阳市第十四届人民代表大会第一次会议上

………………………………………………… 汪锦汉（16）

政府工作报告

——2007年2月2日在富阳市第十四届人民代表大会第一次会议上

………………………………………………… 张锦铭（22）

中国人民政治协商会议富阳市第六届委员会常务委员会工作报告

——2007年2月1日在政协富阳市第七届委员会第一次会议上

………………………………………………… 胡志坚（35）

大　事　记

2006年大事记 ……………………………………（42）

总　述

·地理位置· ……………………………………（46）

概况

·地貌特征· ……………………………………（46）

概况

·建置沿革· ……………………………………（46）

概况

·行政区划· ……………………………………（47）

概况

·人口变迁· ……………………………………（47）

概况

·国民经济和社会发展情况· ……………………（48）

经济总量

农业

工业

固定资产投资

建筑业

商业和物价

旅游业

对外经济

交通和邮电通讯

金融保险

科技

教育

文化

卫生

体育

就业

居民收入

社会保障

居住
城市基础设施
公用事业
环境保护
城市绿化
资源利用
·气　象·……………………………………………(52)
概况
气温
降水
光照
灾害性天气
·水　文·……………………………………………(54)
概况

国土资源管理

·综　述·……………………………………………(55)
开展干部竞争上岗和双向选择工作
国土法律法规宣传
基层国土资源所建设
国土窗口建设
·土地管理·…………………………………………(55)
耕地资源保护
用地项目报批
土地利用管理
土地市场建设
国土执法和信访
征地补偿安置
地籍基础业务建设
新一轮土地利用总体规划报省政府审批
宅基地复垦
批而未供及供而未用项目清查
集体农用地所有权登记发证工作
土地、房屋登记发证进社区
·地矿管理·…………………………………………(57)
概况
采矿权有偿出让
矿产资源规划
矿山生态环境治理
地质灾害防治

环　境　保　护

·综　述·……………………………………………(58)
概况
·生态市建设·………………………………………(58)
签订生态建设环境保护责任书
生态乡镇及街道建设
生态示范村建设
生态建设工程
生态建设绩效评估
“绿色单位”创建
生态市建设教育培训
·污染控制·…………………………………………(59)
概况
产业结构调整
启动工业污水收费
环境基础设施建设
·环境管理·…………………………………………(59)
环保审批
成立环境监察中队
环境执法
环境监测
创建饮用水源保护区
创建杭千高速富阳段烟控区
宣传教育

中国共产党富阳市委员会

·市第十二次党代会·………………………………(61)
中国共产党富阳市第十二次代表大会
·市委全委会·………………………………………(61)
市委十一届八次全体（扩大）会议
市委十一届九次全体（扩大）会议
市委十一届十次全体会议
市委十二届一次全体会议
·市委重要会议·……………………………………(62)

市委常委会会议
机关干部大会
农村工作会议
重要工作会议
·市委重要决策及重要活动·……………………（63）
制定《富阳市国民经济和社会发展第十一个五年规划的建议》
创建全国文化先进县（市）活动
“学党章、保先进、促发展”教育活动
出台《2006～2010年普法教育依法治市规划》
制定《富阳市社会主义新农村建设规划》
赴香港招商引资
对口支援帮扶活动
赴上海开展招商活动
重点项目督查
陪同于辉达调研民营经济
龙游——富阳“山海协作工程”
市委新设立和调整的非常设机构
·政策研究、信息、报道工作·…………………（65）
政策研究
信息工作
市委报道工作
·组织工作·……………………………………（66）
党组织和党员基本情况
领导班子和干部队伍的思想政治建设
市委及乡镇换届
干部人事制度改革
干部监督工作
干部教育培训与党管人才工作
基层组织建设
中共党员发展、教育、管理
非公有制企业和社区党建
·宣传工作·……………………………………（69）
理论学习与理论宣传
社会宣传和舆论引导
文化事业与文化产业
精神文明创建
对外宣传
党报党刊发行工作
龙门古镇民俗风情节
郁达夫烈士诞辰110周年纪念系列活动
·统一战线工作·………………………………（71）
开展统战工作创新奖评比
联络员队伍建设
台胞接待和交流交往
台资企业服务
对台宣传和涉台教育
侨情及港澳台同胞调查
侨务宣传
海外联谊
·市级机关党的建设·…………………………（72）
机关党的思想建设
机关党的组织建设
机关党的作风建设
·党校教育·……………………………………（73）
党校干部教育
党校教学管理
党校函授与学历教育
理论宣讲
党校科研
党校建设
·信访工作·……………………………………（74）
概况
市长公开电话受理中心
·老干部工作·…………………………………（75）
概况
老干部工作的组织领导
落实老干部政治待遇
落实老干部生活待遇
市老年大学建设
市老干部活动中心建设
·关心下一代工作·……………………………（76）
概况
抓农村关心下一代工作
青少年思想教育
为青少年办实事
·党史及地方志工作·…………………………（77）
《中国共产党富阳历史（第二卷）》出版发行

《中国共产党富阳历史（第二卷）》首发式召开
发挥省级试点单位作用
市史志办被评为“全国党史系统先进集体”
围绕党史二卷和“七一”建党节，开展党史宣传教育
制定党史地方志工作五年规划
《富阳年鉴（2006）》出版发行
召开全市年鉴工作会议
召开《富阳县志》勘误补遗专家座谈会
举办《富阳市志》责任编辑培训班
市史志办被评为“2006年度全省地方志工作先进集体”

纪律检查　监察

·纪委全体会议·……（80）
市纪委七次全会
·党风廉政建设·……（80）
构建富阳特色的惩防体系
党风廉政建设责任制
廉政文化建设
农村基层党风廉政建设
·党风党纪教育·……（81）
党员干部廉洁自律教育
宣教网络建设
·执纪办案·……（81）
查处违纪案件
信访受理
·执法监察与纠风治乱·……（82）
执法监察
纠风治乱
效能监察

富阳市人民代表大会

·重要会议·……（83）
市十三届人大四次会议
市人大常委会会议
·常委会重要工作·……（84）
监督工作
“两项”评议
·代表工作·……（86）
市乡两级人大代表换届选举
代表活动
指导乡镇人大工作
·议案建议·……（86）
议案建议办理
修订议案建议处理办法

富阳市人民政府

·重要会议·……（87）
概况
市政府全体会议
市政府常务会议
市长办公会议
·重要政事·……（88）
新设立非常设机构
调整非常设机构
·政务工作·……（89）
外事工作
督办工作
“两会”议案建议和提案办理
法制工作
政务信息
电子政务
公文处理
·行政服务·……（91）
行政服务中心大楼正式启用
行政审批
公共资源交易管理
·人民防空·……（91）
人防宣传教育
指挥通信工作
人防工程规划与建设
·人事工作·……（92）
人才强市活动月
人才政策

毕业生就业
人才培养
职称管理
博士后科研工作站
国家公务员录用
公务员培训及考核
军队转业干部安置
公务员登记
工资福利
行政管理体制改革
乡镇管理体制改革
事业单位改革
事业单位登记管理
·档案工作·……………………………………（93）
档案目标管理工作
新农村示范档案室建设
档案馆主体建设
档案信息化建设
民营企业档案工作
先进表彰
“五五”普法教育

政协富阳市委员会

·重要会议·……………………………………（95）
政协六届四次会议
政协常委会议
·重要活动·……………………………………（95）
新农村建设调研
环保视察
民主监督“回头看”
举办《中国富阳纸业》首发式
文史工作
团结联谊
内设机构调整
·提案工作·……………………………………（96）
审查立案
提案督办

民主党派　工商业联合会　社会团体

·农工民主党富阳总支委员会·……………………（97）
概况
参政议政
社会服务
·中国民主同盟富阳支部·…………………………（97）
概况
·市工商业联合会·…………………………………（98）
概况
“双爱双评”活动
参政议政
企业调研
工商联执委（扩大）会议
“村企结对”共建新农村
商务培训、交流及考察活动
体检疗养
基层商会活动
·市总工会·…………………………………………（99）
概况
工会十五次代表大会召开
上级领导调研活动
劳动竞赛和技能培训
职工技协
维护职工合法权益
厂务公开工作
和谐劳动关系建设
帮扶救助送温暖活动
就业再就业工作
“百场电影免费下基层”活动
女职工组织活动
工会财务和经审工作
工会干校培训
工会工作创新
·共青团富阳市委·………………………………（101）
概况
十七届三次全委（扩大）会议
市第六次少代会

团内民主化建设
志愿者服务活动
“手拉手”助学行动
农村青年劳动力转移就业专场招聘会
富春“十杰”青年颁奖晚会
富通集团电子线制造课获“全国青年文明号”称号
·市妇女联合会·……………………………(103)
概况
第十三次妇女代表大会
女性就业专场招聘会
“平安家庭”创建活动
妇女富余劳力转移培训
开展“家庭资源节约”行动
开展“家庭教育阳光计划”巡回报告
举办“外来妇女与法同行”活动
“六进”工程
“岗村”对接
·市科学技术协会·…………………………(104)
概况
富阳市科学技术普及第十一个五年规划
科普宣传周和科普日活动
富阳市列入创建全国科普示范市
建立标准科普宣传栏长效管理机制
农函大农民素质培训
“金桥工程”
开展青少年科普教育
京杭两地高科技交流会
富阳市首届青年科技奖评选
科普调研与信息
学术活动
科技工作者之家
科技先进评比
·文学艺术界联合会·………………………(107)
概况
郁达夫诞辰110周年纪念大会暨国际学术研讨会
“当代作家眼里的郁达夫”主题论坛
第十一届郁达夫文艺奖
“走进新农村”大型文艺采风活动
第三届富春江诗会
富阳市绘画、书法及摄影20年作品选
重要创作成果

政　法

·综　述·……………………………………(109)
概况
机构网络建设
落实平安创建责任制
夯实综治基层基础工作
富阳市平安巡防支队成立
维护稳定、化解矛盾
评选人民满意政法单位和政法干警活动
奖励见义勇为
·公　安·……………………………………(111)
概况
攻破重特大案件
打击团伙系列犯罪
审核刑事案件
打击经济犯罪
禁毒
出入境管理
监所管理
狱内政治攻势
禁赌扫丑
爆炸物品及枪支等管理
推行勤务岗点进社区
特业场所管理
水上治安
外来人口管理
第二代居民身份证换发
受理信访
指挥中心
信息中心
执法办案
队伍正规化建设
中层干部缺位竞聘
计算机应用考核
开门评警

公安宣传
年鉴编纂
执法执纪
行风建设
大型活动保卫
道路交通管理
武警工作
消防整治
灭火救援
刑事案例
经侦案例
·检　察· …………………………………………（116）
概况
刑事检察
参与社会治安综合治理
控告申诉检察
职务犯罪侦查
职务犯罪预防
法律监督
教育培训
科技强检
·法　院· …………………………………………（118）
概况
刑事审判工作
民商事审判工作
行政审判工作
强化执行工作
落实便民措施
参与社会治安综合治理
落实人民陪审员制度
·司法行政· ………………………………………（119）
概况
法制宣传和依法治理
司法所建设
人民调解
安置帮教和社区矫正
法律援助和法律服务
·案例选录· ………………………………………（120）
执行规模最大的一起执行案
全市首例利用网络传播淫秽物品案
涉及56名农民工工资案

人　民　武　装

·综　述· …………………………………………（122）
概况
党管武装
·民兵和预备役· …………………………………（122）
民兵训练
预备役训练
防卫演练
退伍军人登记、核对和统计
民兵整组和点验
武器装备管理
·兵　役· …………………………………………（123）
兵役登记
兵员征集
提高义务兵优待金
·国防教育· ………………………………………（123）
领导干部国防教育
学校国防教育
纪念红军长征胜利70周年
·军民共建· ………………………………………（123）
双拥创建
国防权益维护
军训学生

农　业　经　济

·综　述· …………………………………………（124）
开展“三农”工作调研
农业产业化
发展休闲观光农业
农业招商引资
举办首届优质农产品展销会
“百千”工程
“扶欠”及“扶贫”工程
农民素质培训工程

农村信息化工程建设
社会主义新农村建设成果
·种植业·……………………………………(125)
粮油生产概况
粮油高产示范与竞赛
种粮政策补贴
富阳市被列为全国测土配方施肥项目补助县(市)
中低产田改造
受重金属污染农田联合修复技术列入“863”项目
建立杭州市级肥药双控示范畈
水稻病虫害大发生
农作物病虫害防治
茶叶生产概况
举办首届龙井茶炒制大赛
水果生产概况
蚕桑生产概况
蚕茧价格继续攀升
蔬菜生产概况
航天芦笋发生优良变异
产业化基地建设
都市农业园区和专业村建设
·养殖业·……………………………………(128)
畜牧业概况
市畜牧兽医局成立
首家家禽股份制专业合作社成立
重大禽畜疫病防控
动物卫生监督执法和畜产品安全监测
水产生产概况
“千场无公害万户信得过”活动
省级百万亩标准鱼塘建设工程
·农业机械·…………………………………(129)
农机具推广
富阳市首次被列为中央财政农机购置补贴示范县(市)
农机跨区作业
农机具普查
方家井村通过省农机安全村验收
·国有农场·…………………………………(130)
原大青农垦场自建经济适用房工程开工
中国宋庆龄基金会青少年生命教育基地落户富阳
原大青农垦场成为首批省级现代农业示范农场
·农村能源·…………………………………(130)
畜禽养殖场污染治理工程
农村生活污水集中净化工程
农村清洁能源推广
·农村经济管理·……………………………(130)
建立网络监控中心
村级财务审计监督
农村专业合作组织建设
农经知识培训
·林 业·……………………………………(131)
概况
兴林富民工程
“一江两路”景观林工程
绿化造林
生态公益林
义务植树
特色基地
山林延包
资源管理
病虫害防治
·水利工程建设·……………………………(132)
概况
水利工程建设管理
城市防洪工程
水库保安与标准化建设
农村饮用水工程
·水利工程管理·……………………………(132)
小型水库管理
岩石岭水库管理
堤防管理
皇天畈水利工程管理
城区河道配水
小水电管理
中型水闸注册登记
·防汛防旱·…………………………………(133)
防汛物资管理
防汛信息化建设
预案修编

汛前准备
台风影响
防台抗台
“七·七”洪灾
防洪抢险
·行政执法·……………………………………（135）
农业执法概况
全国农业综合执法试点通过验收
食用农产品质量安全检测
林业执法
水政巡查
水资源管理
水土保持监督管理
富春江河道采砂管理
·科教宣传·……………………………………（136）
农村适用技术培训
农技人员继续教育培训
组建富阳市农业技术培训实习辅导教师团
农广校学历教育
农民信箱工程
农技110咨询电话受理
农村经纪人培训
农业丰收计划项目奖
科技发展项目奖
农业科技下乡
林业科研宣教
水法宣传

工 业 经 济

·综　述·……………………………………（138）
概况
工业投入
工业功能区
规模工业企业
发展循环经济
“工业企业服务年”活动
扶持重点成长型中小企业
15个新产品列入省试制计划
2个项目列入省技术创新重点计划
5个“五小”科技项目获奖
4个项目列入杭州市第二批重点技改项目
2家企业列入杭州市技术中心
8家企业信息化建设项目获奖
5项新产品新技术获杭州市奖励
12个项目获杭州市成长型中小企业技改财政资助
5项目获杭州市技术创新奖
2项目在省推进自主创新结构调整会上签约
场口厂房基地确认为省级小企业基地
4个产品列入省高新技术产品
6家企业申报制订“国家标准”
高桥镇成为杭州市循环经济试点单位
3家企业入围全国竞争力500强
11种产品成为杭州市名牌产品
4家企业境外投资
11个项目入选杭州市科技成果转化项目
11家企业进入杭州市信息化应用示范试点企业
全市举行2006年银企洽谈会
·造纸及纸制品业·……………………………（141）
概况
“永泰集团”专利产品开发项目列入省技术创新项目
“正大控股”清洁生产取得成效
“永泰”牌涂布白纸板认定为国家免检产品
“永泰集团”防伪白板纸被列为国家重点新产品
“三星”涂布白纸板获“浙江名牌”称号
“永泰集团”新开发防伪涂布白纸板
“永泰集团”与华南工大签订技术服务协议
全市造纸行业实施自律规则
全市造纸技能大赛
“永泰集团”办公废纸脱墨生产线试车成功
“永泰集团”通过ISO体系审核
灵桥污水处理工程动工
“永泰集团”获“省守法诚信进出口企业”称号
南京林业大学教授推广造纸废水排放技术
“正大集团”被列为杭州市企业信息化应用示范单位
“永森集团”被评为省级优秀创新型企业
八一污水处理工程投用
·通信设备制造及加工业·……………………（143）

概况
“富春江集团”五大重点投资项目
“富春江集团”铜包铝电缆试制成功
“华达集团”开展劳动竞赛
3家企业入围“全国民企500强”
“富通”获“全国信息产业科技创新先进集体”称号
“富通”品牌价值超24亿元
富通哈缆铜业公司投入试生产
“富通”通信光缆荣获“中国名牌产品”称号
“富通”参加“长三角民营企业自主创新论坛”
2家企业入围浙江“百强民企”榜
王建沂获“全国优秀建设者”称号
“富春江集团”三种产品获国家免检
“富杭线缆”万吨电解铜项目投产
·轻纺工业·……………………………………（145）
概况
“春江轻纺集团”两种新产品通过省级鉴定
“春江轻纺集团”举行操作比武
“金富春”获中国纺织工业协会科技进步奖
“春江轻纺集团”获“中国纺织品牌文化创新奖”
“春江轻纺集团”成立“企业科学技术协会”
盛建祥荣获全国纺织工业劳动模范
“金富春”新产品通过省级鉴定
“春江轻纺集团”一科技项目通过市级验收
“春江轻纺集团”技术中心被认定为省级技术中心
“春江轻纺集团”获全国设计奖
“春江轻纺集团”技改项目竣工投产
·建筑材料制造业·……………………………（146）
概况
2家企业成为省级新墙材示范生产线
全市新墙材产量创新高
“尖峰”牌水泥被确定为浙江名牌
“金鑫集团”成立科技协会
龙门镇提前完成粘土砖瓦企业整顿
东洲新型墙体砖替代老式轮窑红砖
“尖峰水泥”首销非洲几内亚
“华达钢业”二期技改项目施工
“尖峰登城”通过清洁生产评审
“宏丰集团”通过“三标一体”认证
鑫磊公司石灰石脱硫剂投产
·机械电子及制造业·…………………………（147）
概况
“日月电器”召开QC成果发表会
“鸿世电器”通过信息化项目评审
“富生”小功率电机获“国家免检产品”称号
“鸿世电器”举办网络信息化管理培训
“鸿世电器”“SWE”商标名牌产品通过复评
发展中国家智力引进组织官员到“日月电器”现场交流
“方圆塑机”产品销往中东
“鸿世电器”获杭州市出口品牌
“日月电器”成为杭州市高新技术企业
“鸿世电器”通过省计量检测体系审核
“新颖电子”LED路灯照明“天津工大”
2家企业列入杭州市专利试点企业
“富生电器”获五项专利
“富生电器”列入省级中小企业技术中心
“日月电器”入选省学习型中小企业“百佳”
“金固”成为国家汽车及零部件出口基地企业
“方圆塑机”联合开发新产品
·化学原料及制造业·…………………………（149）
概况
“富轮集团”节能降耗创佳绩
“富春江化工”废气利用
“富春江化工”F 370技改项目投产
“富轮集团”通过质量体系复评
“富轮集团”鼓励员工自学成才
“富轮集团”奖励“金点子”员工
“富轮集团”推进品牌建设
“东亚化工”实现安全生产目标
“杭园”获“特种再生橡胶制造示范企业”称号
“富轮集团”获全国橡胶行业“三优”表彰
“富轮集团”研制成功“绿色轮胎”
·食品饮料制造业·……………………………（151）
概况
林海菌种场引进“庆元香菇”
蒋敏德捐资助学功德碑揭碑
半山水果合作社促桃农增收
5个水果品种在浙江精品水果展上获奖

"鸿利食品"获"省骨干农业企业"称号
6种农产品获省农博会金奖
富阳食品亮相中国"食博会"
富藤食品研究室被确定为省技术创新机构
2种名茶参展富阳首届农展会
·文教体育用品制造业·……………………(152)
概况
世界冠军青睐"无敌"牌赛艇
北京奥组委考察富阳赛艇企业
飞鹰奥运赛艇入展中国体育博物馆
"无敌"牌赛艇多哈亚运会取得好成绩
"上官球拍"一高科技项目获奖
·其他制造业·……………………………(152)
概况
"容大电力"被认定为省高新技术企业
"邦德集团"被列为"省民营经济自主创新示范基地"
"富春江冶炼"污水处理总站投入运行
"容大电力"低压电力有源滤波装置通过省级鉴定
含铜废料冶炼样板炉试产成功
"邦德集团"被认定为省高新技术研发中心
"邦德集团"被授予杭州市专利试点企业
"华源电热"制定的国家标准在全国实施
"邦德集团"加入省防火门行业自律会
"海正药业"基本形成投产条件
"容大电力"通过CQC工厂监督检查
8家船舶修造企业通过杭州市验收
"昌顺家俬"出口韩美等国
罗忠平被评为杭州市优秀创业企业家
"容大电力"再获"3A"级信用企业称号
"容大电力"两种产品被列为省高新技术产品
·供　电·………………………………(156)
概况
电网建设
110千伏松溪变电所二期投产
110千伏华共变电所投产
市供电局获"全国用户满意企业"称号
市供电局获"浙江省文明单位"称号
市供电局荣获"农电供电可靠性管理标杆单位"称号
实行有序用电方案
优质服务月活动
线路运行检修
变电运行检修
农电工职业技能比武

交通　运输

·综　述·………………………………(159)
概况
承办人大代表建议案和政协委员提案
·重点工程建设·…………………………(159)
新中线建成通车
19省道富阳上官至常绿段建成通车
·公　路·………………………………(160)
概况
干线路面整治工程
乡道砂改油工程
县道养护大中修工程
绿色通道工程
安保工程和道路交通安全隐患点（段）整治工程
公路路政管理
出租汽车更新
农村客运站场建设
外挂车辆专项整治
·水　路·………………………………(161)
概况
航道码头
水上安全管理

邮政　电信

·邮　政·………………………………(162)
概况
邮政业务
服务管理
邮政网点改造
网络优化
通过ISO 9000质量管理体系认证
信报箱建设获政策保障

特色邮品赠萨马兰奇
·电　信·……………………………………（164）
概况
网络综合整治
召开公司第一届第三次职工代表大会暨电信工作会议
开展管理效能建设活动
世界电信日营销活动
"全球眼"落户环山乡
果农用上电话彩铃
10户商家加盟号码百事通话机热键
·移动公司·…………………………………（165）
概况
网络无缝覆盖
客户经理深受集团客户欢迎
·联通公司·…………………………………（166）
概况
桂花西路营业厅开业
网络覆盖及工程建设

城市建设与管理

·综　述·……………………………………（167）
概况
·规划编制和管理·…………………………（167）
概况
规划编制
城乡规划效能监察
·村镇建设·…………………………………（168）
概况
城区私人建房审批管理
·市政公用事业·……………………………（169）
概况
市政公用工程管理
市政公用行业管理
社区基础设施改造
江南水厂竣工
完善应急供水机制
市政公用行业行风评议
·建筑业·……………………………………（171）
概况
文明施工年
规范建设工程招投标市场
首届富阳市建筑职工技能大赛
举办建筑工人文艺晚会
·住房与房地产业·…………………………（173）
概况
房地产开发和住宅装修企业诚信评定
产权产籍一类业务现场办结
·住房改革与公积金管理·…………………（174）
概况
建立经济适用住房售后监督机制
住房公积金归集
住房公积金支取
住房公积金贷款
规范公积金管理
·城市管理·…………………………………（175）
概况
共建考核
开辟农副产品季节性城区直销点
江滨西大道获省级示范路称号
城市"牛皮癣"治理实行市场化运作
完成城区亮灯工程方案设计
规范城区犬类限养管理
·行政执法·…………………………………（176）
概况
城东及城西中队荣获"规范化中队"称号
城管执法监督员队伍成立
公开招录城管执法队员
金桥村违法建设专项整治
城区户外广告专项整治
完善人行道违停查处机制
"绿色护考及控制噪声"专项执法
城管执法进社区服务活动
实现城管执法全覆盖
"数字执法"信息系统启用
·环境卫生·…………………………………（177）
概况
城区流动保洁队成立

生活垃圾实行焚烧处理
提高环卫作业机械化水平

商　业　经　济

·综　述·……………………………………（178）
概况
农村现代流通连锁网建设
商业设施建设
开展特种商品交易
“放心肉”工程
创建“绿色市场”
专项商品储备管理
22 家连锁超市成为省“放心店”工程示范商店
全市首次奖励“绿色市场”及“星级市场”
举办连锁超市培训班
“百强县市车展”在富阳举行
华辰超市发展农村连锁店
华辰超市被国家商务部列为试点企业
大润发举行消防演练
3 选手在杭州美容美发技能赛中获奖
富春街道加大肉品市场检查力度
·资产经营·……………………………………（180）
概况
企业改制
项目建设
技改投入
拆迁
资产管理
市工贸资产经营有限公司直属子公司
·供销合作商业·………………………………（180）
概况
农民专业合作社稳步发展
四网建设成果不断扩大
引进两大市场
完成花月楼区块搬迁安置工作
开展农资“三下乡”活动
开展中晚稻病虫害防治工作
·粮油商业·……………………………………（182）
概况
储备粮轮换
粮食安全
市中心粮库通过星级考评
国家粮食局领导到富阳调研
省粮食局领导视察中心粮库
·住宿及餐饮业·………………………………（183）
概况
富春宾馆有限公司举行技术比武
7 家酒店评上餐饮卫生优秀等级
举办饮食业专题讲座
天地生态休闲农庄开业
·烟草专卖·……………………………………（183）
概况
提升网络运转水平
“双能”竞赛
打假打私
人事机构改革
·盐业专营·……………………………………（184）
概况
食盐供应
300 克日晒自然盐上市
盐政执法
开展碘缺乏病宣传
新建食盐仓库一期工程完工
食盐配送
·对外贸易·……………………………………（185）
概况
出口产品结构
2 企业被评为杭州市级出口名牌企业
产品展销
·经济合作·……………………………………（186）
概况
上海工作处发挥招商引资桥梁作用
·口岸监管·……………………………………（186）
概况
税收征管
货运监管
加工贸易监管

风险管理
打击走私违法活动
规范企业进出口行为
服务地方经济

富阳经济开发区

·综　述·……………………………………（188）
概况
规划及建设项目审批
土地报批
政策处理
基础设施及工程建设
项目推进
国有企业管理
社会综合管理
·招商引资·……………………………………（189）
概况
合同利用外资
实际利用外资
实际利用内资
·园区建设·……………………………………（190）
高新园区建设
富阳创业基地建设

旅　　游

·综　述·……………………………………（191）
概况
领导视察
世界休博会执行官考察龙门
全省旅游质监女干部考察富阳
省建设厅检查组检查富阳风景名胜区工作
·旅游开发·……………………………………（192）
“生活品质”点评组成员到富阳考察
龙门古镇及富春桃源荣获“2005十大最受欢迎杭州景点”
富春桃源举办4A级旅游区授牌仪式
乡村旅游又获殊荣
富阳市旅游购物中心开业
专家评审龙门古镇二期工程规划
杭州野生动物世界二期召开项目论证会
举行旅游业发展“十一五”规划论证会
乡村旅游点上星级
参加2006年江南古镇保护与持续发展论坛
龙门古镇打造影视采风基地
旅游精品参展“旅洽会”
龙门古镇通过国家4A级旅游景区验收
富阳又添两家三星级酒店
·宣传促销·……………………………………（193）
第二届浙西旅游合作峰会召开
中国乡村游浙江开游式隆重举行
赴沪宁通促销
拍摄中国生肖文化纪录片
赴上海旅游推介
长三角万人春江行启动
举行首届长三角自驾车旅游合作峰会
龙门民俗风情节暨杭州休博会富阳分会场开幕式举行
参加中国精品景区展示会
无锡市作协到富阳采风
美国大学生到富阳体验中国文化
杭州市日本市场联合体考察龙门古镇
参加陕西甘肃两地旅游推介会
参加北京国际旅游博览会
日本记者到富阳采风
浙台两地共谋旅游发展
首次组团赴济南促销
休博园杭州馆富阳市主题双周活动启动
富阳旅游广场咨询活动在杭州举行
参加省旅游交易会
蓝宝石马戏团节目荣获黄鹤铜奖
参加上海国际旅交会
·旅游管理·……………………………………（196）
市旅游协会召开会员大会
旅游企业签订安全生产责任状
贯彻《杭州市旅游条例》
富阳旅游打响“诚信”牌
召开市旅游统计工作会议

白鹤农家乐协会成立
开展旅游市场联合执法检查
5企业获“百佳诚信旅游企业”称号
富春旅游学校通过杭州市示范专业考核
旅游行业举办人才招聘会
富春桃源举行水上救生演习
举办首届旅游市场营销员培训班
举办首届乡村旅游研讨班
旅游饭店老板温台取经
旅行社经理赴诸暨龙泉培训考察
举行旅游行业第二届青工技能比武

财政　税务

·财　政· ……………………………………（198）
财政收支
支持经济发展
非税收入征管
推进部门预算
规范政府采购
基建财务监督
周转金清理与财政监督
优化支出结构
国有资产管理
财政资金管理
会计集中核算
会计队伍管理
·国家税务· ……………………………………（200）
组织收入
支持地方经济
税收征管
依法治税
税务稽查
纳税服务
信息化建设
·地方税务· ……………………………………（202）
组织收入
征管改革
征收管理
税务稽查
税收法制建设
税收宣传

金融　保险

·综　述· ……………………………………（204）
概况
·监管机构· ……………………………………（206）
人行富阳市支行
浙江省银监局富阳监管办
·商业银行· ……………………………………（207）
工行富阳市支行
农行富阳市支行
中行富阳支行
建行富阳支行
交行富阳市支行
中信实业银行富阳支行
杭州商业银行富阳支行
浙江富阳农村合作银行
·政策银行· ……………………………………（209）
农发行富阳市支行
·财产保险业· ……………………………………（209）
概况
中国人民财产保险富阳支公司
天安财产保险富阳支公司
平安财产保险富阳支公司
中华联合财产保险富阳支公司
华安财产保险富阳市营销服务部
永安财产保险富阳支公司
中国大地财产保险富阳支公司
太平财产保险富阳营销服务部
都邦财产保险富阳服务部
·人寿保险业· ……………………………………（211）
概况
中国人寿保险股份有限公司富阳市支公司
太平洋人寿保险富阳营销服务部
中国平安人寿保险富阳市营销服务部
新华人寿保险富阳营销服务部

民生人寿保险富阳营销服务部
中国生命人寿保险富阳迎宾路营销服务部
华泰人寿保险富阳营销服务部
国民（嘉禾）人寿保险富阳营销服务部
·保险代理业·……………………………………（213）
概况
富阳国通保险代理有限公司
富阳市鑫康保险代理有限公司
大家保险代理有限公司
·证券业·………………………………………（214）
概况
浙江财通证券经纪有限公司富阳营业部
浙江方正证券有限责任公司富阳服务部
·担保业·………………………………………（214）
概况
富阳市诚信担保有限公司
富阳市农信担保有限责任公司
富阳市阳光担保公司
富阳鑫立担保有限公司
富阳民信担保有限公司

市　　场

·人才市场·……………………………………（216）
概况
人才交流大会
人才集市
网络建设
人才智力引进
人事代理服务
·劳动力市场·…………………………………（217）
概况
举办招聘会
职业介绍
劳动保障事务代理
规范职业中介行为
劳动力市场网站开发试运行
·技术市场·……………………………………（217）
概况
网上技术市场
·商品市场·……………………………………（218）
概况
创星级文明规范市场
农贸市场推行家禽无毒脱毛法
商品市场品牌建设活动
商品检测网络
开展商品交易专项整治
全面实施商品准入制度
·拍卖市场·……………………………………（219）
概况
加强拍卖活动监管
·文化市场·……………………………………（219）
概况
行政管理
发展广播及电影事业
印刷业管理
宣传培训
文化市场管理协作机制
专项整治
行业协会

经　济　管　理

·发展改革·……………………………………（221）
概况
新增2个省重点建设项目
春南污水处理回用工程动工
实施污泥焚烧工程
2家外商独资经营项目落户富阳
胥高线公路改建工程通过省交通厅审查
启动汽车南站工程项目建设
国家（富阳）光纤光缆产业园联手浙江大学
新颖电子有限公司获省重大科技攻关课题补助
富阳燃气公司国有资产出让工作
·工商行政管理·………………………………（222）
概况
“万村放心店”工程建设
企业信用工程

商标品牌工程
酒类备案登记全面铺开
企业教育培训
整顿和规范市场经济秩序
服务新农村建设
消费维权
网上年检和滚动验照
广告市场整治
·审　计·……………………………………(224)
概况
财政审计
行政事业单位审计
固定资产投资审计
领导干部经济责任审计
政府交办事项
内部审计指导工作
·统　计·……………………………………(225)
列全国百强县（市）第30位
4镇列全省百强乡镇
统计基础
统计法制
统计服务
统计改革
农业普查
编印《富阳统计年鉴（2006）》
·价格管理·…………………………………(227)
概况
召开中介服务价格政策告诫会
开展涉农价格和收费专项检查
取消67项行政性事业收费
·质量技术监督·……………………………(227)
概况
标准化监督与管理
计量监督与管理
产品质量监督与管理
创名牌工程
特种设备安全管理
整顿规范市场经济秩序
统一代码标识和商品条形码
·食品药品监督·……………………………(229)
概况
药品生产监管
药品流通监管
医疗器械监管
药品市场稽查
药品抽验检查
食品安全综合监管
药品广告监测
食品安全专项执法检查
特殊药品监管
药品不良反应监测网络
培训与宣传
·安全生产监督管理·………………………(231)
概况
“全国安全生产月”活动
宣传教育
专项整治
安全生产行政许可制度
完善安全生产应急救援体系

教　育

·综　述·……………………………………(234)
概况
《富阳市教育事业“十一五”发展规划》制定完成
全市城乡义务教育免收杂费
为贫困住校生“送温暖”
·学前教育·…………………………………(235)
概况
优化学前教育资源
富春二幼成为杭州幼师的实验幼儿园
·中小学教育·………………………………(236)
概况
召开加强和改进未成年人思想道德建设推进会
富阳二中首届中加国际班开学
杭州市城乡中小学结对互助工作现场会在富阳市召开
富阳二中和新登中学分别通过省一级重点中学复查
富春二小舞蹈队赴港演出

成立民工子女艺术团
富春四小成为杭州市青少年科技教育特色学校
·中等职业教育·……………………………（238）
概况
富阳市现代技术培训学校成立
富春职高和城镇职高分别通过省二级重点职高督导评估
2所成人文化学校被确认为杭州市职工教育培训示范基地
市职高成为市内首个省级示范实训基地
·高等教育·……………………………（239）
概况
电大富阳学院成为浙江省网络教育“统考”考点
·特殊教育·……………………………（240）
概况
特殊教育学校学生受到各界关爱
中美盲人教育研讨会在省盲校召开
残疾人各类体育文艺比赛获得好成绩
·学校管理·……………………………（240）
概况
杭州市中小学校学生接送车管理工作现场会在富阳召开
市委市政府高度重视幼儿接送车和学校安全工作
5家学校食堂餐饮卫生获省A级
·师资队伍·……………………………（241）
概况
全市教育系统干部接受党风廉政警示教育
市教育局开展现职省特级教师跨校带徒结对活动
全市首轮开放式中小学校长任职资格培训
举行中小学音乐教师声乐技能展示评比活动
·教学与教育科研·………………………（242）
概况
心理健康教育研究有新突破
培训青春期性健康教育师资
举行农村小学校本研训活动
富春一幼承办杭州市首届园本教研展示观摩活动
举行全市小班化教育研讨活动
·经费设施·……………………………（244）
概况
6所学校迁新址

科　学　技　术

·综　述·……………………………（245）
概况
富阳市被授予“浙江省科技强市”称号
科技进步目标责任制考核
·技术创新、科研与推广·…………………（245）
科技计划编制与项目管理
国家“863”计划成果产业化基地
企业创新能力建设
制造业信息化工程建设
产学研合作
知识产权工作
农业科技
科技进步成果
·中国水稻研究所·………………………（247）
概况
在富阳举办超级稻生产技术培训班
参加第二届国际水稻大会
“中早22”再创全国早稻最高单产记录
水稻生物学国家重点实验室通过验收
浙江省水稻产业科技创新服务平台正式启动
·亚热带林业研究所·……………………（249）
概况
参加2006年浙江农业博览会
贾治邦视察亚林所
浙江省油茶低产林改造现场会在亚林所试验基地召开
参加浙江省第三届林业科技周
科技特派员
国际交流合作
·第七一五研究所·………………………（251）
概况
科学研究
产品开发
科研成果
外事和引智工作
知识产权和专利工作

人才培养

文　化

·综　述·……………………………………（252）
概况
创建全国文化先进县（市）动员大会
庆祝越剧百年华诞暨陈书君艺术研讨会
富春宗谱研究会成立
非物质文化遗产保护
富阳竹纸制作技艺入选首批“国遗”
·专业艺术表演团体·……………………（252）
杭州越剧院三团
《十八双绣花鞋》参加首届中国越剧艺术节汇演
·群众文化·………………………………（253）
概况
廉政文化进农村
第三届乡镇（街道）文艺汇演
首届越剧戏迷擂台赛
迎新年综艺晚会
·图　书·……………………………………（253）
概况
馆舍维修
“党的知识”竞赛活动
富春书屋建立
郁达夫研究资料库成立
·文　物·……………………………………（254）
考古与保护
陈列与利用
古民居普查
·广播电视·………………………………（254）
概况
获奖作品
栏目改革
对外宣传
事业发展
安顶山发射台投入运行
城区数字电视整体转换第一阶段结束
大型电视专题片《追寻郁达夫》在杭举行首播发布会
·富阳日报·………………………………（256）
概况
栏目改版
培育名专栏与名记者
《富阳日报》成立首个小记者团
《报研》面世
富阳新闻网正式开通
注重新闻策划

卫　生

·综　述·……………………………………（257）
概况
治理商业贿赂
公共卫生目标管理
农村社区卫生服务
新型农村合作医疗
创建等级医院
·卫生保健·………………………………（258）
孕产妇系统管理
妇女病普查
计划生育技术服务和婚前保健
儿童保健
·卫生监督·………………………………（258）
食品卫生监督
公共场所卫生监督
学校卫生监督
职业卫生监督
医疗机构卫生监督
·疾病预防·………………………………（259）
健康教育
传染病管理
计划免疫
地方病防治
结核病防治
艾滋病防治
慢性病防治
生活饮用水监测
·爱国卫生运动·…………………………（262）

爱国卫生
改水改厕
除“四害”
·医政管理·……………………………………（263）
医疗质量管理
惠民医疗服务
精神卫生
机构审批校验
·中医·……………………………………………（263）
概况
中医建设
·医教科技·………………………………………（264）
医学教育
科技兴医
·红十字会·………………………………………（264）
概况
献血

体 育

·综　述·…………………………………………（265）
概况
富阳成为浙江省体育强市
完善体育中心设施建设
·学校体育·………………………………………（265）
概况
举办第35届全市中小学田径运动会
参加杭州市“祥龙杯”跆拳道比赛
富春三小射击队杭州夺冠
举办全市小学生乒乓球赛
市少儿“三棋”公开赛
富阳市特殊学校杭州获奖
·社会体育·………………………………………（266）
概况
参加浙江省第十三届运动会
参加浙江省国标舞公开赛
参加杭州市第七届残运会
魏玉祥获国际半程马拉松赛第六名
王玲儿国际自行车赛获奖
组建新一届篮球协会及举办篮球赛事
中美男子篮球邀请赛
中国门球冠军赛浙江赛区比赛在富阳举行
“中信银行杯”乒乓球赛
“世博会”横渡富春江游泳赛
首届广播体操与拍手操比赛
·老年体育·………………………………………（268）
概况
开展送体育下乡活动
柔力球与健身球队参加全国比赛
门球队全国获奖
创省“小康型”老年体育乡镇
·体育产业·………………………………………（269）
概况
体育健身业
体育用品销售业
体育用品制造业
体育彩票

社会　生活

·社会救助·………………………………………（270）
概况
城乡居民最低生活保障
建立乡镇（街道）级救助圈
农村特困户住房救助
五保集中供养
城乡困难人员医疗救助
救灾救济
社救对象困难补助
·优抚 双拥 安置·………………………………（271）
巩固双拥创建成果
拥军慰问活动
落实优抚政策
退役士兵（官）安置
复退军人信息采集
·基层政权和社区建设·…………………………（272）
村务公开民主管理
开展示范创建活动

社区建设
·社会福利·……………………………………（272）
福利企业管理
慈善活动
市社会福利院
·民政事务管理·………………………………（273）
地名整治工作
数字地名建设工作
富阳市地名命名
富阳市建筑物名称命名
殡葬管理
大中型水库移民扶持人口登记
新安江与三峡库区移民扶持
婚姻收养登记管理
民间组织登记管理
流浪乞讨人员救助管理
·老龄工作·……………………………………（278）
概况
老年福利设施建设
特困老人调研与救助
中国城乡老年人口状况追踪调查
执法调研
换发浙江省老年人优待证
·计划生育·……………………………………（279）
概况
宣传教育
利益导向
依法管理
流动人口管理
优质服务
协会工作
·劳动与社会保障·……………………………（280）
概况
劳动工资
就业与再就业
社会保险
社会保险信息管理系统成功试运行
职业技能培训鉴定
规范劳动关系管理
·民族 宗教·……………………………………（282）
帮助民族村搞好经济社会发展
落实少数民族政策
依法管理宗教事务
引导宗教自觉与社会主义社会相适应
·人民生活·……………………………………（283）
城镇居民生活
农村居民生活
居民消费品价格
居民住房和储蓄
·残疾人工作·…………………………………（284）
残疾人抽样调查
残疾人扶贫解困
残疾人种养殖业扶持
残疾人“安居工程”
残疾人培训就业
残疾人康复
残联组织建设
残疾人维权
残疾人文体活动

乡镇　　街道

·富春街道·……………………………………（286）
概况
通过杭州市“生态街道”验收
完成全国残疾人二次抽样调查
举办首届社区运动会
9个社区成立工会
城西村被评为“全国敬老示范村”
·春江街道·……………………………………（287）
概况
通过“杭州市文化示范街道”验收
通过“杭州市体育先进街道”验收
举办富阳首届“情满春江、玫瑰婚典”活动
·东洲街道·……………………………………（287）
概况
通过“杭州市体育先进街道”验收
东洲中学“三并一”一期工程竣工

白鹤村举办金秋火柿节
株林坞村被评为“浙江省全面小康建设示范村”
推行村干部工作季度评议通报制
·鹿山街道·……………………………………(289)
概况
工业经济增幅居前
通过“富阳市卫生街道”验收
通过“杭州市体育先进街道”验收
组建巡防大队
·高桥镇·……………………………………(290)
概况
举办镇第五届体育运动会
通过“浙江省体育强镇”验收
通过“浙江省卫生镇”验收
被命名为“全国环境优美乡镇”
通过“富阳市文化示范乡镇”验收
·受降镇·……………………………………(291)
概况
获“全国环境优美乡镇”称号
九龙大道拓宽改造工程开工
水利建设成效明显
·春建乡·……………………………………(292)
概况
竹制品产业发展迅速
横桐线春建段竣工通车
铁坎大桥建成通车
完成山林延包试点工作
·新登镇·……………………………………(292)
概况
被评为全国“千强镇”和省“百强镇”
举办第三届新登半山桃花节
镇计划生育服务站荣获“全国计划生育技术服务先进单位”
获2004～2005年度“省社会治安综合治理先进集体”
新登镇中易地新建工程全面完工
市老年大学新登分校举行成立10周年庆祝活动
镇机关老干部支部被评为“杭州市示范性党支部”
“百村示范、千村整治”工程
镇敬老院获“浙江省先进农村敬老院”
“向阳”牌商标获省级著名商标
·胥口镇·……………………………………(294)
概况
举办首届农业新品种新技术推广交流大会
陆九畴书画艺术陈列馆开馆
通过“杭州市体育强镇”验收
·渌渚镇·……………………………………(295)
概况
颁发首届“周雄孝心”奖
举办镇第七届全民运动会
通过“浙江省体育强镇”验收
上畈村被命名为浙江省第四批“全面小康建设示范村”
·永昌镇·……………………………………(296)
概况
获“杭州市先锋工程‘五好’乡镇党委”
食用竹笋示范园区获“杭州市都市农业示范园区”称号
镇新街延伸二期工程完工
获“杭州市生态镇”称号
获“浙江省体育强镇”称号
获“杭州市卫生镇”称号
·万市镇·……………………………………(297)
概况
万市中学举行建校50周年庆典
何奉奇被国家科技部授予“星火科技致富能人”称号
石门等村遭受“七·七”洪灾
龙羊豆制品厂成为“市农业龙头企业”
被命名为“富阳市科普示范乡镇”
举办“苛美杯”全民健身运动会
社区卫生服务中心挂牌
龙羊盆景苗木专业合作社被命名为“杭州市十佳农民专业合作组织”
·洞桥镇·……………………………………(299)
概况
吕公等村遭遇“七·七”特大山洪泥石流灾害
贤德叶巨公路完成全线大修
杂交水稻“国稻6号”亩产创杭州地区单产新高

· 大源镇 · ……………………………………………（300）
概况
截污纳管工程完工
来料加工业发展迅速
举行全市首次国有土地使用权拍卖
实施农民“培训券”制度
镇敬老院竣工投入使用
举办农民篮球赛
创建民工子弟学校
通过“浙江省体育强镇”验收
· 灵桥镇 · ……………………………………………（301）
概况
创建“中国书画之乡”
镇中心小学教学楼建成投入使用
杭千连接线灵桥支线动工兴建
· 常绿镇 · ……………………………………………（302）
概况
“生态镇”建设初见成效
19 省道常绿至上官段工程基本完工
通过“浙江省体育强乡镇”验收
· 里山镇 · ……………………………………………（303）
概况
汤山岭石宕整治工程基本完工
举办首届安顶云雾茶开茶节
获“富阳市卫生镇”称号
安顶公路实现硬化
获“富阳市文化示范镇”称号
· 渔山乡 · ……………………………………………（304）
概况
注册“五丰沙”农产品商标
生态整治成效明显
· 上官乡 · ……………………………………………（305）
概况
上官球拍研发检测中心成立
乡农贸市场完工
通过“杭州市体育强乡镇”验收
· 场口镇 · ……………………………………………（305）
概况
赵村坞公路开通
完成场口镇中“六合一”工作
接通市政饮水网络
田贩村发现 5000 年前文物
白石矻村鹏源蔬菜基地被命名为“杭州市都市农业示范园区”
· 新桐乡 · ……………………………………………（306）
概况
四号渠水利工程完工
成立省内首家股份制山村土鸡专业合作社
程坟村文化活动中心落成
包家淇村初具集镇规模
后山边村至渌渚港东段公路全部硬化
· 常安镇 · ……………………………………………（307）
概况
合并传统时节
被命名为“富阳市文明乡镇”
连续 3 年获市“农村经济发展先进单位”
永安高山农庄被评为浙江省二星级乡村旅游点
集镇建设成效显著
· 环山乡 · ……………………………………………（308）
概况
桐树坞水库建成
乡中心小学“四并一”工程完工
炼铜业健康发展
被评为“浙江省信用乡”
· 龙门镇 · ……………………………………………（309）
概况
举行龙门孙氏后裔祭祖大典
· 湖源乡 · ……………………………………………（310）
概况
获得“富阳市科普示范乡镇”称号
生态环境整治初见成效
乡政府办公大楼落成

名　录

· 党政机关、人民团体及乡镇街道主要负责人 · ……………………………………………（311）
市委及其工作部门

市人大常委会及其工作部门
市人民政府及其工作部门
市政协及其工作部门
军事机关
审判与检察机关
企事业单位
人民团体
经济开发区
乡镇与街道
·先进集体·……………………………………(319)
国家级和国家属部门级先进集体
省级和省属部门级先进集体
·先进个人·……………………………………(321)
国家级和国家属部门级先进个人
省级和省属部门级先进个人
省第十九届“春蚕奖”获得者
·科研获奖项目·………………………………(323)
农业科研奖
教育科研奖
·名优产品·……………………………………(326)
名牌产品
免检产品
获奖产品

附　录

·新任市领导简历·……………………………(329)
中共富阳市委书记、副书记、常委
富阳市第十四届人大常委会主任及副主任
富阳市人民政府市长及副市长
政协富阳市第七届委员会主席及副主席
富阳市人民法院院长及市人民检察院检察长
·行业最佳单位·………………………………(334)
2006年度十佳农业龙头企业
2006年度十佳种养大户
2006年度十佳农产品营销大户
2006年度十佳农民专业合作社
2006年度富阳市城乡“双建设、双整治”活动先进村（社区）
2006年度富阳市文明乡镇（街道）
2006年度新命名的富阳市文明村
2006年度富阳市文明社区
2006年度全面小康建设示范村
2006年度富阳市突出贡献外商投资企业
2006年度富阳市高新技术产品出口企业
2006年度富阳市创出口名牌企业
2006年度富阳市“走出去”先进企业
2006年度富阳市突出贡献工业企业和优秀经营者
2006年度富阳市金融服务地方经济模范单位
2006年度富阳市发展开放型经济先进单位
2006年度开放型经济优秀服务单位
·重要文件目录·………………………………(337)
中共富阳市委文件
富阳市人大常委会文件
富阳市人民政府文件
中共富阳市委办公室文件

特　辑

中华人民共和国国务院令

第　467　号

现公布《地方志工作条例》，自公布之日起施行。

总　理　温家宝

二〇〇六年五月十八日

地方志工作条例

第一条　为了继承和发扬中华民族优秀文化传统，全面、客观、系统地编纂地方志，科学、合理地开发利用地方志，发挥地方志在促进经济社会发展中的作用，制定本条例。

第二条　中华人民共和国境内地方志的组织编纂、管理、开发利用工作，适用本条例。

第三条　本条例所称地方志，包括地方志书、地方综合年鉴。

地方志书，是指全面系统地记述本行政区域自然、政治、经济、文化和社会的历史与现状的资料性文献。

地方综合年鉴，是指系统记述本行政区域自然、政治、经济、文化、社会等方面情况的年度资料性文献。

地方志分为：省（自治区、直辖市）编纂的地方志，设区的市（自治州）编纂的地方志，县（自治县、不设区的市、市辖区）编纂的地方志。

第四条　县级以上地方人民政府应当加强对本行政区域地方志工作的领导。地方志工作所需经费列入本级财政预算。

第五条　国家地方志工作指导机构统筹规划、组织协调、督促指导全国地方志工作。

县级以上地方人民政府负责地方志工作的机构主管本行政区域的地方志工作，履行下列职责：

（一）组织、指导、督促和检查地方志工作；

（二）拟定地方志工作规划和编纂方案；

（三）组织编纂地方志书、地方综合年鉴；

（四）搜集、保存地方志文献和资料，组织整理旧志，推动方志理论研究；

（五）组织开发利用地方志资源。

第六条　编纂地方志应当做到存真求实，确保质量，全面、客观地记述本行政区域自然、政治、经济、文化和社会的历史与现状。

第七条　省、自治区、直辖市人民政府制定本行政区域地方志编纂的总体工作规划（以下简称规划），并报国家地方志工作指导机构备案。

第八条 以县级以上行政区域名称冠名的地方志书、地方综合年鉴，分别由本级人民政府负责地方志工作的机构按照规划组织编纂，其他组织和个人不得编纂。

第九条 编纂地方志应当吸收有关方面的专家、学者参加。地方志编纂人员实行专兼职相结合，专职编纂人员应当具备相应的专业知识。

第十条 地方志书每20年左右编修一次。每一轮地方志书编修工作完成后，负责地方志工作的机构在编纂地方综合年鉴、搜集资料以及向社会提供咨询服务的同时，启动新一轮地方志书的续修工作。

第十一条 县级以上地方人民政府负责地方志工作的机构可以向机关、社会团体、企业事业单位、其他组织以及个人征集有关地方志资料，有关单位和个人应当提供支持。负责地方志工作的机构可以对有关资料进行查阅、摘抄、复制，但涉及国家秘密、商业秘密和个人隐私以及不符合档案开放条件的除外。

地方志资料所有人或者持有人提供有关资料，可以获得适当报酬。地方志资料所有人或者持有人不得故意提供虚假资料。

第十二条 以县级以上行政区域名称冠名、列入规划的地方志书经审查验收，方可以公开出版。

对地方志书进行审查验收，应当组织有关保密、档案、历史、法律、经济、军事等方面的专家参加，重点审查地方志书的内容是否符合宪法和保密、档案等法律、法规的规定，是否全面、客观地反映本行政区域自然、政治、经济、文化和社会的历史与现状。

对地方志书进行审查验收的主体、程序等由省、自治区、直辖市人民政府规定。

第十三条 以县级以上行政区域名称冠名的地方综合年鉴，经本级人民政府或者其确定的部门批准，方可以公开出版。

第十四条 地方志应当在出版后3个月内报送上级人民政府负责地方志工作的机构备案。

在地方志编纂过程中收集到的文字资料、图表、照片、音像资料、实物等以及形成的地方志文稿，由本级人民政府负责地方志工作的机构指定专职人员集中统一管理，妥善保存，不得损毁；修志工作完成后，应当依法移交本级国家档案馆或者方志馆保存、管理，个人不得据为己有或者出租、出让、转借。

第十五条 以县级以上行政区域名称冠名的地方志书、地方综合年鉴为职务作品，依照《中华人民共和国著作权法》第十六条第二款的规定，其著作权由组织编纂的负责地方志工作的机构享有，参与编纂的人员享有署名权。

第十六条 地方志工作应当为地方经济社会的全面发展服务。县级以上地方人民政府负责地方志工作的机构应当积极开拓社会用志途径，可以通过建设资料库、网站等方式，加强地方志工作的信息化建设。公民、法人和其他组织可以利用上述资料库、网站查阅、摘抄地方志。

第十七条 县级以上地方人民政府对在地方志工作中作出突出成绩和贡献的单位、个人，给予表彰和奖励。

第十八条 违反本条例规定，擅自编纂出版以县级以上行政区域名称冠名的地方志书、地方综合年鉴的，由县级以上地方人民政府负责地方志工作的机构提请本级人民政府出版行政部门依法查处。

第十九条 违反本条例规定，未经审查验收、批准将地方志文稿交付出版，或者地方志存在违反宪法、法律、法规规定内容的，由上级人民政府或者本级人民政府责令采取相应措施予以纠正，并视情节追究有关单位和个人的责任；构成犯罪的，依法追究刑事责任。

第二十条 负责地方志工作的机构的工作人员违反本条例第十四条第二款规定的，由其所在单位责令改正，依法给予处分。

第二十一条 编纂地方志涉及军事内容的，还应当遵守中央军委关于军事志编纂的有关规定。

国务院部门志书的编纂，参照本条例的相关规定执行。

第二十二条 本条例自公布之日起施行。

杭州市人民政府关于印发杭州市实施《地方志工作条例》办法的通知

杭政〔2006〕6号

各区、县（市）人民政府，市政府各部门、各直属单位：

《杭州市实施〈地方志工作条例〉办法》已经市政府同意，现印发给你们，请遵照执行。

二○○六年九月十四日

为继承和发扬中华民族优秀文化传统，全面、客观、系统地编纂地方志，科学、合理地开发利用地方志，发挥地方志在促进杭州经济社会发展中的作用，为文化名城建设作出应有贡献，根据国务院《地方志工作条例》的规定，结合本市实际，制定本办法。

一、杭州市行政区域内地方志的组织编纂、管理和开发利用工作，适用本办法。

二、本办法所称地方志，包括地方志书、地方综合年鉴。

地方志书，是指全面系统地记述本行政区域自然、政治、经济、文化和社会的历史与现状的资料性文献。

地方综合年鉴，是指系统记述本行政区域自然、政治、经济、文化、社会等方面情况的年度资料性文献。

地方志分为：杭州市编纂的地方志，区、县（市）编纂的地方志。

三、市、区县（市）人民政府应当加强对本行政区域地方志工作的领导，将其纳入国民经济和社会发展规划及年度目标考核内容，切实做到领导到位、组织到位、经费到位、队伍到位、条件到位。地方志工作所需经费列入本级财政预算。

四、杭州市人民政府地方志办公室（以下简称市地方志工作机构）是主管本行政区域地方志工作的常设机构。

县（市）人民政府根据工作需要设立的地方志工作机构主管本行政区域的地方志工作。

市、县（市）人民政府地方志工作机构履行下列职责：

（一）组织、指导、督促和检查地方志工作；

（二）拟定地方志工作规划和编纂方案；

（三）组织编纂地方志书、地方综合年鉴；

（四）搜集、保存和管理地方志文献和资料，组织整理旧志，推动方志理论研究；

（五）组织开发利用地方志资源。

五、编纂地方志应当吸收有关方面的专家、学者参加。地方志编纂人员实行专兼职相结合，专职编纂人员应当具备相应的专业知识。

六、具有编修任务的机关、社会团体、企业事业单位应当从所承担工作的实际需要出发，配备专（兼）职编纂人员，并明确一位分管负责人负责地方志工作。各机关、社会团体、企业事业单位应接受本级人民政府地方志工作机构的业务指导与工作督查，完成地方志各类年度基础资料的日常收集整理、报送、初稿编写等相关工作。报送和编写的资料必须客观、真实、完整。

七、地方志的编纂工作应当做到存真求实，确保质量，全面、客观地反映本行政区域自然、政治、经济、文化和社会的历史与现状。

八、市、区县（市）地方志书每20年左右编修一次。综合性年鉴经本级人民政府或其确定的部门批准，每年编辑出版一次。

九、市、县（市）人民政府地方志工作机构可以向机关、社会团体、企业事业单位、其他组织以及个人征集有关地方志资料，有关单位和个人应当提供支持。地方志工作机构可以对有关资料进行查阅、摘抄、复制，但涉及国家秘密、商业秘密和个人隐私以及不符合档案开放条件的除外。

地方志资料所有人或持有人提供有关资料，可以获得适当报酬。

十、以市、区县（市）行政区域名称冠名的地方志，由地方志工作机构按照规划组织编纂，其他组织和个人不得编纂。

十一、以市、区县（市）行政区域名称冠名、列入规划的地方志书经依法审查验收合格后，方可公开出版。

对地方志书进行审查验收，应当组织有关保密、档案、历史、法律、经济、军事等方面的专家参加，重点审查地方志书的内容是否符合宪法和保密、档案等法律、法规的规定，是否全面客观地反映本行政区域自然、政治、经济、文化和社会的历史与现状。

十二、在地方志编纂过程和年度资料上报中收集到的文字资料、图表、照片、音像资料、实物等以及形成的地方志文稿，由地方志工作机构指定的专职人员集中统一管理，妥善保存，不得损毁；修志工作完成后，应当依法移交本级国家档案馆或者方志馆保存、管理，个人不得据为己有或者出租、出让、转借。

十三、以市、区县（市）行政区域名称冠名的地方志书、地方综合年鉴为职务作品，依照《中华人民共和国著作权法》第十六条第二款的规定，其著作权由组织编纂的地方志工作机构享有，参与编纂的人员享有署名权。

十四、地方志工作应当为地方经济社会的全面发展服务。地方志工作机构应当积极开拓社会用志途径，可以通过建立方志馆或地情文献资料中心收藏、保存、管理各类地方志文献资料，积极开展地情咨询活动；可以通过建设资料库、网站等方式，加强地方志工作的信息化建设；对已编纂出版的地方志要及时加载到各政府门户网站中。公民、法人和其他组织可以利用上述资料库、网站查阅、摘抄地方志。

十五、各机关、社会团体、企业事业单位要认真保存、推广、利用地方志。

十六、各机关、社会团体、企业事业单位和新闻媒体对公众交流或发布的非本年度地情信息，如与地方志记载有抵触，应当与地方志工作机构商议后交流或发布。

十七、市、区县（市）人民政府对在地方志工作中做出突出成绩和贡献的单位、个人，给予表彰和奖励。

十八、违反本办法规定，擅自编纂出版以县级以上行政区域名称冠名的地方志书、地方综合年鉴的，由县级以上地方志工作机构提请本级人民政府出版行政部门依法查处。

十九、违反本办法规定，未经依法审查验收批准将地方志文稿交付出版，或地方志存在违反宪法和有关法律、法规规定内容的，由上级人民政府或者本级人民政府依法责令予以纠正，并视情追究有关单位和个人的责任；构成犯罪的，依法追究刑事责任。

二十、地方志工作机构的工作人员违反本办法第十二条规定的，由其所在单位依法责令其改正。

二十一、编纂地方志涉及军事内容的，应当遵守中央军委关于军事志编纂的有关规定。

二十二、实行地方志保密审查分级分单位负责制。地方志的保密审查由提供资料和编写初稿的单位负责，各级保密主管部门会同地方志工作机构对本级地方志进行保密审定。地方志泄露国家秘密的，由有关部门依法查处；构成犯罪的，依法追究刑事责任。

二十三、在地方志编纂中，有关部门或者单位拒绝提供有关资料或提供虚假资料的，由所在地地方志工作机构责令限期改正。

二十四、对市、区县（市）编纂的地方志书、地方综合年鉴以外的其他地方志，如乡镇志、部门志、专业志、专业年鉴等，应报所在地地方志工作机构备案。地方志工作机构对组织编纂的单位，应当参照编纂地方志的有关要求，加强业务指导。

二十五、本办法自公布之日起施行。

【责任编辑　雷　君】

特　　　载

以科学发展观为统领
加快融入大都市　建设和谐新富阳

——在中国共产党富阳市第十二次代表大会上的报告

2006年12月27日

徐　文　光

同志们：

中国共产党富阳市第十二次代表大会，是在全市深入贯彻科学发展观、全面构建和谐社会的新形势下召开的一次十分重要的大会。大会的主题是：以科学发展观为统领，加快融入大都市，建设和谐新富阳。

现在，我受中共富阳市第十一届委员会委托，向大会作报告。

一、第十一次党代会以来的工作回顾

市第十一次党代会以来的四年，市委高举邓小平理论和“三个代表”重要思想伟大旗帜，以科学发展观统领经济社会发展全局，按照“一三五七九”的总体部署，突出“加快发展、协调发展”主题，团结和带领全市人民解放思想、抢抓机遇，迎难而上、克难攻坚，干在实处、走在前列，经济社会发展跃上新的台阶，成为历史上发展最快最好的时期之一。

——过去的四年，是经济实现又快又好发展的四年。都市型效益农业稳步发展，优势特色农业发展步伐加快，农业结构不断优化，农业产业化进一步推进。工业结构调整力度加大，造纸、通信器材等传统支柱行业继续发展，医药化工、新型建材、机械电子等新兴行业比重不断提高，形成“国家（富阳）光纤光缆

产业园”、“中国白板纸基地”、“中国球拍之乡”三大产业品牌，工业功能区建设扎实推进，成为经济发展新的增长点。服务业发展提速，旅游业呈现发展新活力，商贸流通业态不断创新，金融业、房地产业较快发展，成功保护开发龙门古镇。科技创新步伐加快，连续两次被评为全国科技进步先进县（市），成为省科技强市，品牌建设成效初显，金富春、富通两项产品获“中国名牌”称号。招商引资实现三年翻番目标，开放型经济迈上新台阶。预计，2006年全市实现生产总值233亿元，是2002年的1.9倍，年均增长17.2%，人

均GDP达到4700美元；财政总收入30.3亿元，是2002年的2.1倍，年均增长20.6%；工业总产值776亿元，是2002年的2.5倍，年均增长26.2%；农业总产值29.1亿元，是2002年的1.6倍，年均增长13.2%；全社会固定资产投资额115亿元，是2002年的3倍，年均增长31.5%；社会消费品零售总额44.8亿元，是2002年的1.8倍，年均增长15.1%；自营出口3.95亿美元，是2002年的2.9倍，年均增长31%；四年累计实际到位外资2.89亿美元，内资(杭外)40.68亿元；三次产业比重从2002年的9.9:61.8:28.3调整为2006年的9:60:31；社会经济综合发展指数列全国百强县（市）第30位，成为中国大陆最适宜民营企业投资创业百强城市和长三角最具投资价值十强县（市）。

——过去的四年，是城乡面貌发生显著变化的四年。完成新一轮城市总体规划修编，确立“一城六组团”城市发展框架。城市基础设施建设不断加快，改造完成桂花路等一批城市道路，建成东吴文化公园、恩波广场二期等一批城市特色公园，完成江南水厂一期、城市污水处理厂二期等一批市政设施建设，启动建设鹿山新区，鹿山、东洲、春江、高桥等组团的城市道路框架全面拉开，山水型城市特色进一步显现。“一圈十线”工程顺利推进，完成杭千高速富阳段等一大批交通道路建设，基本实现“半小时交通圈”。全面完成“七项创建”，成为国家园林城市、国家卫生城市、中国优秀旅游城市、国家环境保护模范城市、省文明城市、省双拥模范城市、省文化先进县(市)，城市形象进一步提升。以“百村示范、千村整治”工程为主要载体，加快城乡统筹，大力推进城乡一体化，率先在全省完成村级道路改造，农村饮用水、农村垃圾收集处理、“千镇连锁超市、万村放心店”、“万名农民素质培训”等工程成效明显，农村面貌明显改善。大力开展环境整治，关停一批小造纸、小冶炼、小化工生产线，全面淘汰落后水泥生产工艺，建成八一污水处理厂、富春江环保热电等一批环保基础设施，剡溪、松溪等小流域综合整治成效初显，环保监管和处罚力度进一步加大，环境污染得到初步遏制。大力推行清洁生产和节能降耗技术，循环经济向纵深推进。全面开展生态市建设，深入开展生态乡镇、生态村、生态示范工业功能区创建，基本建成富春江“百里绿色长廊”，生态环境进一步好转。

——过去的四年，是人民群众得到实惠明显增多的四年。城乡居民收入持续增长，预计2006年，城镇居民人均可支配收入16680元，是2002年的1.54倍，年均增长11.4%；农民人均纯收入8497元，是2002年的1.52倍，年均增长11%。大力开展破解“七难”工作，每年开展10件实事工程，群众高度关注的热点难点问题逐步得到解决，生产生活条件明显改善。社会保障功能不断完善，在全省率先建立城乡统筹就业机制，实现企业养老保险全覆盖，完善被征地人员社会保险办法，出台困难家庭子女入学资助和城乡困难人员医疗救助办法，实施五保对象集中供养、新型农村合作医疗、城镇非医保居民合作医疗、农村特困户住房救助等制度，加大经济适用房、廉租房建设力度，进一步完善住房公积金制度，初步建立起覆盖城乡的社会保障和新型社会救助体系。实施新一轮教育规划，教育布局不断优化，十五年教育高标准普及，教育质量稳步提升，省和杭州市教育强乡镇覆盖了全市85%的人口。医疗卫生条件不断改善，完成非建制乡镇卫生院改制，建成一批乡镇社区卫生服务中心，“农民健康工程”全面实施，非典、禽流感等传染性疾病得到有效防治。计生工作水平进一步提高，成为省计生优质服务市。建成市体育中心，体育设施达标村覆盖面达60.3%，成为省体育强市。完成农村有线广播进村入户和村村通有线电视工程，启动数字电视整体转换工程，乡镇“东海明珠工程”覆盖率达到100%。建立市行政服务中心，办事效率进一步提高。

——过去的四年，是文明法治建设协调推进的四年。加强对人大、政协工作的领导，人大、政协积极围绕中心履行职责，工作卓有成效。党管武装、统一战线和民族宗教工作进一步加强，工会、共青团、妇联、工商联、残联、科协、文联、关工委等群团组织职能作用得到充分发挥。宣传舆论和思想道德建设进一步加强，以“七项创建”为载体，群众性精神文明创建和社会主义荣辱观教育活动广泛开展，公民道德素质不断提高。成功举办首届富春江文化节、龙门古镇民俗风情节、纪念郁达夫诞辰110周年等系列活动，孙权、郁达夫等名人文化得到较好挖掘，文化体制改革逐步推进，群众性文化活动蓬勃开展，群众精神文化生活不断丰富。顺利完成“四五普法”教育和“二五”依法治市工作，全社会法制意识明显增强。深化村务公开，规范村级管理，推进民主选举，基层民主权利进一步得到保障。大力开展“平安富阳”创建，进一步加大维稳机制建设，强化社会治安综合治理，加强信访工作和人民调解组织建设，依法打击各种犯罪活动，社会治安状况总体稳定，群众安全感不断增强。

——过去的四年，是党的执政能力全面加强的四年。圆满完成先进性教育活动，党员队伍整体素质明显提高。完善党委内部的议事和决策机制，出台乡镇党委和市级机关集体决策议事规则，建立党代表经常性活动制度，党内民主建设进一步加强。深化干部人事制度改革，制订出台多个干部人事配套制度，干部选拔任用逐步走上科学化、民主化和制度化轨道，一大批干事创业的优秀干部走上了领导岗位。党管人才工作机制初步建立，干部教育培训不断加强。顺利完成村级组织换届选举工作，大力整顿一批薄弱村级班子，全面实施“三心工程”，加强机关、社区、非公企业和新经济组织党建工作，全面完成村级办公活动场所和党员远程教育网络建设，基层基础工作进一步夯实。广泛开展“抓教育、刹三风、树正气、促发展”等一系列主题教育活动，初步建立起惩治和预防腐败体系，查处一批违纪违法案件，深入开展专项治理和政风行风评议活动，党风廉政建设和反腐败工作成效明显。

四年来的成就为富阳未来的发展奠定了坚实的基础，我们要倍加珍惜；四年来积累的经验是指导今后工作的宝贵精神财富，我们要牢牢记取。

*1.必须与时俱进，科学发展，始终把“加快发展、协调发展”作为工作主题。*四年来，我们始终把科学发展观作为想问题、作决策、办事情的根本指针，鲜明地提出了“加快发展、协调发展”的工作主题。我们坚持发展这个第一要务，积极抢抓发展机遇，深入实施“五大战略”，推动经济社会快速发展。我们积极推进产业结构调整，努力转变经济增长方式，推动各项产业协调发展。我们牢牢把握“两个趋向”，加大城乡统筹力度，推动城乡协调发展。我们加强精神文明、政治文明和社会事业建设，推动经济与社会协调发展。我们加大环境整治力度，全面开展生态市建设，推动经济与环境协调发展。

*2.必须以人为本，以民为先，始终把“立党为公、执政为民”作为工作宗旨。*四年来，我们坚持发展为

了人民、发展依靠人民、发展成果由人民共享，不断实现好、维护好、发展好最广大人民群众的根本利益。我们牢记群众利益无小事，高度关注民生，大力开展破解“七难”工作，努力确保群众的发展权。我们不断完善民主选举制度，加强民主管理工作，畅通群众诉求渠道，努力确保群众的民主权利。我们大力开展“平安富阳”创建，不断增强群众的安全感。我们扎实推进反腐倡廉工作，不断加强干部队伍作风建设，进一步密切党同人民群众的联系。

3.必须务实创新，攻坚克难，始终把“三敢”精神作为工作动力。四年来，面对非典侵袭、宏观调控趋紧、要素制约加剧、环保压力增大、人民内部矛盾增多等各类挑战和困难，我们坚定“只要精神不滑坡，办法总比困难多”的信念，在干部队伍中大力倡导“敢于负责、敢为人先、敢争一流”的“三敢”精神，激励各级干部敢作敢为、勇挑重担，大胆实践、勇于创新，争先创优、走在前列。正是由于“三敢”精神的大力发扬，我们走出了一个个困境，破解了一道道难题，使经济社会保持了良好的发展态势。

4.必须凝心聚力，团结一致，始终把“合力兴市”作为工作保证。四年来，我们聚精会神搞建设、一心一意谋发展，以发展的目标和成果来统一思想、凝聚人心。我们总揽全局、协调各方，充分发挥四套班子、各个部门、各级组织的作用，合心合力合拍共谋发展。我们进一步树立正确的用人导向，以先进性要求锤炼队伍，充分调动广大干部的积极性。我们充分尊重基层和群众的首创精神，善于把基层和群众的创新实践转化为市委的决策，全市上下形成了心齐气顺劲足实干的良好氛围。

这四年，我们共同谱写了富阳发展史上的新篇章。四年的成就，是在省委、杭州市委的正确领导下，全市各级党组织、广大党员和干部群众团结拼搏、艰苦创业的结果，是历届市委打下良好基础以及广大老同志、各民主党派、工商联、人民团体、无党派人士、驻富省部属单位、部队和科研院所大力支持的结果。在此，我代表中共富阳市第十一届委员会向全市广大党员、干部、群众，向所有为富阳发展做出贡献的各界人士，表示衷心的感谢并致以崇高的敬意！

在充分肯定成绩的同时，更应清醒地看到存在的问题和不足。主要是：生产力布局不够合理，产业层次较低，行业知名度不高，服务业发展滞后，农业特色缺乏，自主创新能力不强，环保压力与日俱增，经济增长方式依然粗放，调整产业结构、转变经济增长方式任重道远；城市特色不够鲜明，城市建设不够大气，城市新区建设步伐不快，乡镇、村布局不尽合理，中心镇、中心村集聚能力不强，城乡二元结构依然突出，城市化和新农村建设任务艰巨；社会发展依然滞后于经济发展，社会管理公共服务职能依然薄弱，因利益调整引发的社会矛盾依然较多，维护社会和谐稳定任务繁重；政府管理体制有待进一步创新，统筹整合能力有待进一步增强，干部思想观念、能力水平和工作作风与新形势、新要求还不相适应，部分基层组织缺乏凝聚力、战斗力，党的建设需进一步加强。这些问题和不足，我们要积极面对、认真审视、切实解决。

二、今后五年工作的总体要求和奋斗目标

今后五年，是我市率先基本建成全面小康社会，并向率先基本实现现代化阔步迈进的关键时期。我们面临的发展机遇更多。世界多极化、经济全球化深入推进，为我们创造了和平的发展环境和广阔的发展空间。党中央科学发展观和和谐社会理论的确立，以及转变经济增长方式、建设社会主义新农村、构建“两型”社会等目标任务的提出，不仅为我们指明了发展方向，也为我们捕捉新机遇创造了条件。长三角一体化步伐加快，杭州构筑市域网络化大都市、推动五县(市)从郊县向郊区转变，为我们找到了新的发展途径。我市“十五”计划的顺利完成和“十一五”规划的良好开局，为我市向更高层次发展奠定了坚实的基础。我们面临的发展要求更高。落实科学发展观、构建和谐社会，以及我市总体上已处于小康社会的新阶段，不仅要求我们更快发展，提高经济总量，增强竞争实力，缩小与发达地区的差距，更要求我们以实现人的全面发展为目标，转变发展观念，创新发展模式，提高发展质量，加快推进经济转型、社会转型、城市转型、政府转型，实现更好发展，不断满足人的物质财富需求、精神文化需求、民主政治需求和生活环境需求。我们面临的发展难度更大。今后五年，国家将进一步加强和改善宏观调控，我们面对的发展不确定因素越来越多，发展回旋余地越来越小，特别是国家强调又好又快发展，把单位GDP能耗、主要污染

物排放总量、耕地保有量等作为约束性指标来强制考核，我们将面对更趋严重的土地要素制约、更趋突出的环境保护压力、更趋紧迫的节能降耗要求。同时，我市经济长期以来存在的产业“低小散”、服务业比重不高等结构性、素质性矛盾，以及近几年来工业性投入逐步下滑的趋势，使我们既面临优化产业结构、转变经济增长方式的巨大压力，又面临发展后劲不足的考验。可以说，今后发展的成本和代价将越来越高，发展的难度和压力将越来越大，如果我们不积极应对、主动求变，发展的道路就将越走越窄。另外，随着体制机制、社会结构的深刻变化和民主法制建设的深入推进，利益关系进一步复杂化，维护社会和谐稳定的难度进一步增大。我们面临的区域竞争更加激烈。随着各地环境的日益改善，特别是高速公路的普遍建成，我市的比较优势正在弱化，而周边县（市）却在强化，他们的发展战略十分鲜明，发展举措十分有力，发展态势十分逼人，如果我们仍然固步自封、孤芳自赏、亦步亦趋、步人后尘，不重新思考未来、调整发展策略、加快打造城市个性特色品牌，就将丧失机遇、步步落后、直至被彻底边缘化。总之，今后五年，我们面临的机遇前所未有，面临的挑战也前所未有。我们一定要增强忧患意识、机遇意识和责任意识，清醒地看到经济社会发展中存在的突出矛盾和问题，特别要充分认识影响我市发展大局的重大问题，充分认识长期积累的体制性、机制性和结构性矛盾，充分认识发展中出现的新情况、新问题，居安思危，未雨绸缪，顺应发展环境变化趋势，做好应对各种挑战和风险的准备，更加积极主动地做好工作，增强主导力，把握主动权，把富阳的各项事业推向一个崭新的发展阶段。

根据这样的形势和要求，今后五年工作的指导思想是：**高举邓小平理论和“三个代表”重要思想伟大旗帜，以科学发展观为统领，深入实施融入大都市战略，全面实施环境升级工程，大力推进“工业兴市、科技强市、环境立市、开放活市、特色建市”，加快工业化，推进城市化，着力调整经济结构，转变经济增长方式，统筹城乡发展，创建“平安富阳”，打响“山水文化名市、现代产业新城、人居休闲胜地”三大区域品牌，打造城市个性特色，增强城市综合竞争力，全面建设和谐新富阳。**

今后五年的奋斗目标是：**率先基本建成全面小康社会，并向率先基本实现现代化奋力冲刺，实现经济发展更加高效、社会进步更加全面、城市特色更加鲜明、居民生活更加宽裕、生态环境更加优美、体制机制更加完善，努力建设一个网络化大都市、长三角城市群中“定位准确、扬长避短、错位发展、差异竞争、功能互补、设施配套、个性鲜明、优势突出”的特色城市，一个“生活富裕、生命阳光”的和谐新富阳。**五年内，力争实现生产总值年均增长12%，人均GDP比2005年翻一番，突破8000美元；财政总收入年均增长12%；万元生产总值综合能耗五年下降25%，化学需氧量排放量五年下降16%，二氧化硫排放量五年下降15%；城镇居民人均可支配收入年均增长10%，农民人均纯收入年均增长10%；每年新增就业岗位8000个，城镇登记失业率控制在4%以内；人口自然增长率控制在5‰以下。

为实现上述目标，必须坚持“**融入、发展、开放、统筹、创新、务实**”六条原则。

1．坚持融入。融入大都市、长三角，是富阳发展的重大机遇和根本依托，是大势所趋、形势所迫。必须因势利导、顺势而为、乘势而上，抢吃“头口水”，抢抓新机遇，先人一步，快人一拍，把融入大都市、长三角作为今后发展的主导战略，贯穿于和谐新富阳建设的方方面面，引领和带动其他工作的开展。要通过融入，大力推进新型城市化进程，大力推进环境升级工程，实现环境再造、功能再造、活力再造，推动观念更新、功能完善、产业升级。要以城市化带动工业化、信息化、市场化和国际化，促进工业化与城市化良性互动，全面推进经济、社会、城市的转型提升，使富阳发展步入更宽领域、迈上更高平台、跃上更高层次。

2．坚持发展。发展是富民强市的基础、决定一切的根本。要牢固坚持科学发展观，突出“好”字，不放“快”字，制定科学发展战略，建立科学发展机制，出台科学发展政策，走具有富阳特色的科学发展之路，推动我市经济社会又好又快发展。要大力推进经济结构调整和增长方式转变，打破“对立论”，树立“统一论”，大力优化工业结构，加快发展服务业，着力提高自主创新能力，实现先进制造业和现代服务业“两轮驱动”。要大力统筹城乡和区域发展，着力推进市域一体化，坚定不移走新型城市化道路，实现城市化进程和新农村建设并驾齐驱。要大力加强资源节约和环境保护，接长经济社会发展中的“短板”，努力建设“两型”社会，实现人与自然和谐发展。要大力统筹经济社会发展，加强社会建设，一手抓发展、一手抓和谐，以民为先、以民为本，高度关注民生，着力解决人民群众最关心、最直接、最现实的热点难点问题，实现经济、政治、文化、社会建设统筹推进，让全体人民共享发展成果。

3.坚持开放。海纳百川，有容乃大。过去，富阳主要走的是“内生型”发展道路，在市场日趋完善、社会日趋开放的新形势下，走“外源型”发展之路的重要性日益凸显，成为富阳寻求更大发展的必由之路。要进一步解放思想，转变观念，树立新的开放观，实施新的开放战略，开创新的开放格局。要坚持“引进来、走出去”相结合，既要立足富阳发展富阳，又要跳出富阳发展富阳，一方面充分利用国内外和上级部门的各种要素资源为我所用，借力发展，另一方面大胆走出去，不断拓展新的发展空间。

4.坚持统筹。对外开放、对内统筹，是抓工作的两个方面，缺一不可。开放引外力，统筹聚内力，实行“计划统定、财力统揽、监管统一”，是富阳应对宏观调控、战胜各种困难、提高工作效能的必然要求，必须做好“统”的文章，增强“统”的功能，发挥“统”的作用。要按照“分清工作轻重缓急，实行梯度有序推进”的要求，强调工作理念，淡化部门概念，突出计划性，增强实效性，资源要素合理配置，部门力量集中使用，聚焦点、攻重点、破难点、呈亮点，使有限的资源得到最大利用、发挥最大效益。

5.坚持创新。创新是金，特色是金。创新就是与时俱进，创新就是理性之否定。要敢于摒弃一切与现代市场经济不相适应的思想瓶颈、体制障碍，敢于打破常规、标新立异、无中生有，催生新动力、激发新活力、赢得新发展。要创新工作思路，强化“战略”意识，打破思维定势，找准比较优势，打造竞争优势，扬长避短，科学定位，积极谋划体现富阳特色、符合长远发展的新战略、新思路，走差异化、个性化发展道路，全面提高战略引导力。要创新政府管理方式，树立“经营政府”理念，进一步转变政府职能，全面提高政府执行力。要创新工作举措，鼓励创新、奖励成功、宽容失败，敢走前人没走过的路、干前人没干过的事，用创新的办法和手段，克服前进道路上的一切困难和问题。

6.坚持务实。空谈误国、实干兴邦。只有干，才能推进科学发展；只有干，才能促进社会和谐。要敢想、敢为、敢抓、敢管，勤于谋划、善于决策、勇于落实、敢于挑担，不跟风、不作秀，不劳民、不伤财，不追求表面的热闹，不在意个人的得失，把科学发展观和构建和谐社会的要求，实实在在地落到每项具体工作中。要少唱高调、少喊口号，求真务实、真抓实干，一抓到底、抓出成效，坚决改变坐而论道、品头论足、墨守成规、不思进取、患得患失、瞻前顾后的消极态度。要从市级领导做起，一级带着一级干，一层做给一层看，努力在全社会形成干事创业、实干兴市的良好氛围。

三、今后五年工作的主要任务

围绕上述奋斗目标和总体要求，今后五年必须着力抓好六方面工作：

(一)加快产业优化升级，在转变经济增长方式上再创新优势

优化生产力布局。按照“宜工则工、宜农则农、宜商则商”的原则，合理引导生产力布局和要素流向，加快明确优化开发、重点开发、限制开发和禁止开发主体功能区，逐步形成功能定位清晰、发展导向明确、开发秩序规范、经济发展与人口资源环境相协调的区域开发格局。

大力发展先进制造业。坚持走新型工业化道路，全面实施《富阳市先进制造业基地建设规划》，打造“三大两新”先进制造业基地，打响“国家（富阳）光纤光缆产业园”、“中国白板纸基地”、“中国球拍之乡”三大产业品牌，推进制造业向高度化发展。提升发展传统优势产业，大力发展高新技术产业，积极培育新兴产业，加大高新技术和先进适用技术对通信器材、造纸、运动器材、轻纺服装等一批传统特色产业的改造提升，下大气力承接杭州市区产业的辐射和扩展，着力培育发展现代医药化工、新型建材、机械电子等高新技术产业和新兴产业。以集约化、规模化为方向，巩固发展大源金属门窗、上官球拍、洞桥自行车配件、常绿织布、环山铜业等块状特色经济。着力整合提升各类工业功能区，加快场口工业新区建设，加大标准

厂房建设力度，引导各类企业向功能区集中，打造产业集聚新平台。

大力发展都市型农业。发挥富阳毗邻杭州主城优势和农产品资源优势，以提质增效为核心，积极发展高效生态农业，成为杭州大都市重要的绿色农产品供应基地。在稳定粮食生产能力的前提下，加快农业园区和专业村建设，重点发展蔬菜、茶叶、花卉苗木、干鲜果、畜禽、水产养殖、中药材、竹产业等优势特色农业和休闲观光农业。进一步培育农业龙头企业和农村专业合作组织，大力实施农业品牌战略，完善农产品质量标准体系与检验检测体系，积极发展农产品精深加工，提高农产品知名度和附加值，提升农业产业化经营水平。

大力发展现代服务业。坚持把发展服务业作为新的经济增长点和结构调整的战略重点，改变经济增长过多依赖工业拉动的格局，主动顺应现代服务业发展浪潮，紧紧抓住杭州建设“服务业大市”有利时机，以全面融入杭州大都市为契机，充分发挥山水综合优势，加快个性化特色城市建设步伐，整体带动服务业发展。从改革体制机制、加大资金投入、完善政策等方面，采取综合有效措施，积极鼓励和支持服务业加快发展，不断提高服务业的比重和水平。坚持改造提升传统服务业与拓展新兴服务业、整体推进与突出重点相结合，有所为、有所不为，大力发展运动休闲、观光旅游、商贸物流、文化、金融、房地产、中介和社区等服务业，形成特色明显、功能完善、结构合理的服务业发展新格局，努力把富阳打造成为长三角山水运动休闲大本营、富春江流域物流中心和大都市人居胜地，提升现代服务业竞争力。

以自主创新推动产业升级。加快创新型城市建设，推动经济增长方式由投资拉动型向创新驱动型转变。围绕特色产业的改造提升和新兴科技产业培育，强化以企业为主体、市场为导向、人才为依托、产学研相结合的区域创新体系，大力鼓励企业建立研发中心，加大企业技术和研发投入，加强企业博士后工作站建设，加快建设和有效运行市级科技孵化大楼以及造纸、球拍等行业研发中心，积极培育科技中介服务机构。加强与大专院校、科研院所的合作，积极引进先进技术，推动科研成果在我市的转化。以信息化带动工业化，加快信息技术在制造业的应用。大力实施“品牌培育、质量振兴”工程，培育知名品牌，争创驰名商标。深入实施人才强市战略，建立完善人才培养、引进、使用、评价、激励的机制，滚动实施 “新世纪135人才培养计划”，进一步加强企业家队伍建设，注重人才创新能力培养，大力引进高层次人才和国外智力，全面实施“全民科学素质行动计划”。

（二）加快城乡统筹，在构建新型城乡关系上再创新优势

优化城乡规划布局。树立“规划立城”理念，突出规划“刚性”，清理现有规划，完善规划体系，健全规划机制，严格规划执法，充分发挥规划的龙头和先导作用。完善城乡空间发展布局，形成“一轴两心两翼”空间发展结构；完善市域城镇体系，构建“一主一副特色镇”城镇体系架构；积极推进城乡规划全覆盖，抓紧修编和完善市域总体规划、分区规划、控制性详规、乡镇布局规划、村庄布局规划等城乡各类规划，走城市化与工业化良性互动、城乡互促共进的新型城市化道路。

加强城市建设和管理。按照“依托杭州、主动融入，沿江开发、跨江发展，优化老城、拓展新区”的城市发展战略，转变城市发展思路，功能定位由自成独立体系向融入杭州、成为大都市重要功能组团转变，开发策略由老城扩张向沿江跨江发展、成为“一城六组团”城市转变，建设重点由偏重老城向新老城区并重、突出鹿山组团转变，做到“西面新区启动、北面环线拉动、南面协调联动、东面呼应带动”。全力缓解要素制约，着力破除土地瓶颈，完善规划，加大投入，集中力量建设鹿山新区，力争鹿山新区核心区块基本成形；其他组团要深化规划，强化控制，优化建设，协调推进。坚持交通先行、项目带动，努力实施320国道受降至场口段环线外移，打造一条富阳未来发展“生命线”、经济发展“新走廊”；积极实施鹿山大桥、320国道金家岭至新桥段和杭富沿江公路改扩建、320国道与余杭02省道连接线、东洲综合码头等重大工程，进一步推进“一圈十线”工程，加快形成对内城乡一体、对外与杭州主城融合的交通网络；进一步加强城市路网建设，着力拉开主城道路框架，形成以“一环三横三纵”为重点的城市道路网络。大力推进城市供水、排污、供电、天然气、宽带网络等工程建设，加快设施配套，提升城市功能。加快新登副

城建设，提升市域副中心城市地位。坚持“建管并举、重在管理”方针，理顺城市管理体系，强化城市长效管理，全面实施“数字城管”，推进市政领域的管养分离、市场化运作和社会化管理，逐步妥善解决“四自”道路收费问题。

加快新农村建设。紧紧抓住“规划是前提、生产力是核心、中心城区是龙头、中心镇中心村是抓手、农民是主体、班子是关键”六原则，牢牢把握“区划调整、规划完善、功能布局、项目带动”四步曲，加快基础设施延伸、公用事业覆盖、城市文明辐射，增强造血功能、形成集聚功能，梯度分布、梯度推进、梯度集聚，扎实开展新农村建设。完善农村空间布局，加快实施新一轮乡镇行政区划调整，适时开展村庄撤并，整合行政村、培育中心村、建设新农村，强化中心镇、中心村的集聚、辐射和带动功能。加强农村基础设施建设，深入实施“百千工程”，全面开展新农村建设示范乡镇、街道和标兵村创建，推进农村布局优化、道路硬化、村庄绿化、路灯亮化、卫生洁化、河道净化；加强农村改水改厕工作，加快农村饮用水库建设，不断扩大四线供水范围，基本解决农村“饮水难”；大力推进城乡公交一体化。加快“城中村”改造，稳妥推行农村住宅公寓化。加强农村信息、文化、教育、卫生、法律等服务，建立和健全农村公共服务体系。加强乡风建设，深入实施“万名农民素质培训工程”，培育新型农民，提高农村文明程度。加大财政支农力度，梳理整合支农政策，加快推进户籍管理、土地征用、劳动就业、社会保障等城乡配套改革和乡镇公共财政管理体制、农村集体资产管理体制、农村金融体制为主要内容的农村综合改革，积极探索强镇扩权新路子，为新农村建设提供政策体制保证。完善“扶欠”政策，健全财政转移支付制度，加强“百村(企)结对”等对口帮扶活动，促进区域协调发展。

(三)加快“两型”社会建设，在改善生态环境上再创新优势

加大环境整治力度。加快环保基础设施建设，力争到2007年底全面建成江南片五个污水处理回用工程，实现造纸废水及污染物排放总量减半目标，摘除全省“811”环境重点监管区帽子；加快推进城市污水处理厂三期、新登污水处理厂、其他城镇污水处理厂以及垃圾无害化项目建设，提高城镇污水和垃圾无害化处理率。以大源溪和松溪为重点，进一步加快小流域综合治理和城区河道整治，全面改善水环境。结合新农村建设和“百千”工程，抓好农村污水、垃圾收集处理及农业面源污染治理。加大环保执法力度，积极推行在线监测监控系统建设，促使企业切实履行环境保护义务和社会责任。

大力发展循环经济。建立比较完善的循环经济政策支持体系、技术创新体系和激励约束机制，逐步形成引导生产和消费模式向资源节约型和环境友好型转变的机制。以造纸业为重点，加大清洁生产推进力度，积极创建绿色企业和环境友好型企业，把造纸工业功能区打造成为发展循环经济的示范区。大力推广农业生态良性循环利用技术，努力创建循环农业发展示范区。大力推广可回收再生利用材料的使用，扶植资源再生利用产业。严格控制高能耗、高水耗项目的引进和建设，加快淘汰落后生产工艺和生产能力。强化土地集约利用，严格“双控”指标，严格土地执法，盘活存量，激活增量，抓紧新一轮土地利用总体规划修编，加大土地开发整理力度，有效保障发展用地。

加强生态建设。实施“一江两路景观林工程”，在富春江两岸及干线公路两侧实现全面绿化、美化。进一步开展生态乡镇、生态村、绿色单位创建，优化城镇公共绿地布局，营造优美的生态景观。加大矿山开发的整治力度，科学有序开采矿山资源和江砂资源，加快推进重点区域的复绿工程。建立生态建设评价体系，健全生态补偿机制，力争到2010年全面建成生态市。

(四)加快改革开放步伐，在激发体制活力上再创新优势

积极推进体制机制创新。进一步转变政府职能，努力建设有限政府、法治政府、效能政府、责任政府。改进政府管理和服务方式，实行精细化、企业化管理，建立“计划一个头、土地一只口、规划一张图、建设一盘棋、资金一本账、监管一条龙”管理制度，形成“大规划、大财政、大国土、大三农、大工业、大商贸、大建设、大交通、大环保、大社保、大监管”工作格局，真正实现“计划统定、财力统揽、监管统一”。深化行政审批制度改革，强化市行政服务中心功能，办好市公共资源交易中心，推进政务公开，建设电子政务，进一步破解“办事难”。健全重大决策事项专家论

证、社会听证与公示制度，提高政府工作效率和决策的科学性。加强政府投资项目管理，完善配套实施细则，强化专业审计监管，积极推行政府投资项目代建制。完善财政体制，建立“大计划、大财政，大收支、大预算”，变单一财政为综合财政、管理财政为运营财政。加快投融资体制改革，鼓励民间和外来投资积极进入教育、科研、文化、卫生、体育、社会福利等公共领域和城市基础设施建设领域，高度重视中小企业融资体系建设。加快建设社会信用体系，加强信用监督和失信惩戒制度建设，切实提高社会诚信水平。优化政绩考核机制，建立分层次、分类型的乡镇和部门目标责任制考核办法，形成科学有效的考核体系。

全方位扩大对外开放。切实转变利用外资理念，把引进外资同促进增长方式转变和产业结构优化紧密结合起来，实现从招商引资向选商引资的转变，大力引进对我市产业结构升级具有重大带动作用的大项目、大企业，大力引进医药化工、机械电子、新材料等高新技术产业，大力引进现代服务业。注重引资、引智、引技相结合，引导本地企业与国内外大公司、大集团在技术、资金、品牌等方面开展多种形式的合作，不断提高企业管理能力、技术水平和产品档次。加快转变外贸增长方式，优化出口商品结构，鼓励企业出口高附加值产品，推动出口主体、出口市场多元化。加快“走出去”步伐，积极参与国内区域经济合作，进一步拓展发展空间，实现互利共赢。

（五）加快山水文化名市建设，在增强文化软实力上再创新优势

加强精神文明建设。以创建全国文明城市为目标，深化群众性精神文明创建活动，深入开展社会主义荣辱观教育，加强和改进未成年人思想道德建设，大力推进文明素质工程，着力培育和弘扬新时代富阳人文精神，全面提高城市文明程度。

弘扬特色文化。以创建全国文化先进县（市）为目标，凸显山水文化名市特色，努力繁荣文化事业。加大文化设施建设力度，加快市文化中心建设，大力开展文化示范村创建。加强历史文化保护，深入挖掘和保护民间历史文化遗产，做深做透“孙权、郁达夫”等历史名人文章，做好《富阳市志》编纂工作，努力展现富阳文化魅力。繁荣文艺创作，推进文艺精品生产，创作出一批能体现东吴文化和富春山水的文艺精品。以龙门古镇民俗风情节等重大节庆活动为依托，扩大我市特色文化、精品文化和品牌文化的对外交流。进一步推进文化体制改革，大力发展文化产业。重视文化传播主体建设，全面提升我市精神产品档次。

加快发展社会事业。以创建科技、教育、卫生、体育“四个强市”为载体，推动社会事业全面发展。进一步优化城乡教育布局，整合城乡教育资源，促进城乡教育均衡发展；高质量、高标准普及十五年教育，重视幼儿教育，积极发展职业教育、成人教育和社区教育，建设学习型社会；鼓励发展民办学校，支持名校探索集团化办学，增加优质教育资源供给；妥善解决弱势群体和外来务工人员子女的教育问题，切实破解“上学难”，到2010年基本实现教育现代化。深化医疗卫生体制改革，优化城乡医疗卫生资源配置，加强城乡社区卫生服务建设，大力推进公共卫生网络体系和机构的标准化建设，建立健全突发公共卫生事件应急机制；加大医疗卫生事业投入和设施建设，积极鼓励发展多种形式的民办特色医院；推进公立医院改革，激活内部机制，提升医疗和服务水平；整顿药品生产流通秩序，努力解决“看病难”。积极创建全国体育先进县（市），大力开展全民健身活动，到2010年实现村级体育设施全覆盖。建立健全人口与计生长效工作机制，积极创建国家计生优质服务县（市），进一步做好人口与计生工作。

（六）加快和谐社会建设，在增强人民群众幸福感和安全感上再创新优势

加强民主法治建设。深入贯彻“法治杭州”建设，坚持和完善人民代表大会制度、中国共产党领导的多党合作和政治协商制度。巩固和发展爱国统一战线，充分发挥民主党派、工商联和无党派人士的作用，认真贯彻民族、宗教、侨务等方面的政策，支持工会、共青团、妇联等群众团体依法按章创造性地开展工作。重视发挥民兵预备役部队作用，切实加强党管武装工作。依法完善村民自治、社区居民自治和企业民主管理制度，进一步推进村务公开、厂务公开，切实保障人民群众参与基层事务民主管理、民主监督的权利。认真组织实施《2006～2010年普法教育依法治市规划》，深入开展“五五”普法教育，加强司法救助和法律援助，全面推进依法行政，加快建设公正、高效、权威的司法制度。

切实保障民生。加强利益协调，大力推进16项举措，进一步破解“七难”问题，建立健全解决群众关注的热点难点问题的长效机制。健全城乡一体化的就业市场体系，深化乡镇街道就业服务平台建设，完善劳动者自主择业、市场调节就业和政府促进就业的机制，加大职业培训力度，整合培训资源，加快实施高技能人才培训计划，逐步建立起政府主导、市场辅助的培训体系。优化就业环境，规范企业用工行为，切实维护劳动者的合法权益。完善城镇养老、医疗、工伤、生育和失业保险制度，深入实施新型农村合作医疗制度，深化被征地人员养老保障政策，积极实施农村社会养老保险制度，逐步把农民养老、失业、医疗保障纳入城镇居民社会保障范畴，建立健全多层次、广覆盖的社会保障体系。不断提高城乡居民最低生活保障水平，加大社会救助力度，积极探索社会福利社会化途径，加快发展老年福利事业，有效保障残疾人、孤残儿童等弱势群体的基本生活，提升“五保户”和“三无”对象集中供养水平，构建以最低生活保障为基础、以专项救助为支撑、慈善帮扶为补助、覆盖城乡的新型救助体系。进一步完善经济适用房和廉租房制度，扩大住房公积金覆盖面，努力解决“住房难”。

全力维护社会稳定。把维护稳定放在重中之重的位置，深化“平安富阳”创建，进一步加强打防控一体化建设，切实负起“促一方发展、保一方平安”的政治责任。全面落实社会治安综合治理各项措施，依法严厉打击各种违法犯罪活动，坚决遏制“黄赌毒”等社会丑恶现象。完善基层群防群治网络，加强流动人口管理，进一步做好科技强警工作。正确处理人民内部矛盾，妥善处理群体性事件，高度重视信访和人民调解工作，引导群众合法、合理表达利益诉求，努力把矛盾解决在萌芽、化解在基层。加快公共安全应急体系建设，有效应对自然灾害、事故灾害、公共卫生事件、社会安全事件。严格落实安全生产责任制，加强安全生产和食品、药品、交通、消防、旅游安全监管，杜绝重特大事故的发生，保障人民群众生命财产安全。

四、全面加强党的执政能力和先进性建设

建设和谐新富阳，关键在党，关键在人。要始终把党的执政能力建设和先进性建设贯穿于党的思想、组织、作风和制度建设之中，全面推进党的建设新的伟大工程，为建设和谐新富阳提供坚强政治保证。

1．加强思想政治建设，始终保持政治上的清醒和坚定。深入开展科学发展观、和谐社会理论的学习，深化十六届六中全会精神的学习贯彻，扎实开展党的十七大精神主题教育活动，不断用先进的理论武装党员干部的头脑，增强贯彻上级精神的自觉性和坚定性。大规模开展干部教育培训，建设学习型组织，培养学习型干部，努力消除干部的旧思想、旧观念、旧思维、旧习惯，培养战略眼光、全局思维、创新精神、实干作风，克服“本领恐慌”，不断提高贯彻科学发展观、建设和谐新富阳的本领。

2．加强干部队伍建设，始终保持奋发有为的精神状态。坚持以人为本、抓人促事，紧紧抓住“教育培训、选拔任用、监督管理”三个环节，加大对干部队伍的建设力度，确立一种干事的导向，形成一种向上的风气，强化一种人格的力量，倡导一种勤勉敬业、甘于吃苦、乐于奉献的精神，让干事的干部有荣誉感，在干部群众中高人一头，让不干事的干部有危机感，在干部群众中抬不起头，激励干部想干事、敢干事、能干事、干成事，由此带动全社会形成一股汹涌澎湃的干事创业激流。深化干部人事制度改革，巩固和完善公开选拔、民主推荐、考察预告、任前公示、任职试用、“两圈”考察、常委会票决等制度，实行市委全会推荐和票决干部制度，探索建立用人失察失误责任追究制度，逐步建立干部公推制、自荐制、评议制、试用制、考核制、奖惩制，畅通干部能上能下渠道，建立起选人用人的良好机制。加大对年轻干部、妇女干部、党外干部的培养使用力度，调动不同年龄段干部的工作积极性，优化干部队伍结构。加强对干部的锻炼和交流，让干部在艰苦环境、关键岗位、重大工程一线接受锻炼、增长才干、提高素质。认真实施体现科学发展观要求的干部综合考核评价办法，全面客观准确地评价干部。完善后备干部“带教”制度，优化后备干部结构。加强老干部工作，进一步发挥老干部的作用。

3．加强党内民主建设，始终保持党的团结和活力。坚持总揽全局、协调各方原则，完善“一个党委、三个党组”的组织框架。按照集体领导、民主集中、个别酝酿、会议决定的原则，不断完善党委内部议事规则和决策程序，提高决策的民主化、科学化水平。完

善党代会闭会期间代表发挥作用的途径和形式，进一步行使党代表的权利。建立健全党内情况通报、重大决策征求意见等制度，畅通党内民主渠道。贯彻《党员权利保障条例》，推进党务公开，落实党员的知情权、参与权、监督权。

4.加强基层组织建设，始终保持执政基石的坚实稳固。深化农村基层组织“三级联创”、“先锋工程”和“领头雁工程”，不断提高村级组织带领群众致富、建设社会主义新农村的本领。选准配强村党组织书记，加大对后进村的整顿力度，健全村干部述职、诫勉、辞职等制度，完善村两委工作协调、村务管理、村务决策、民主监督、民意沟通等机制，充分发挥好村级财务网络化监管体系作用，强化对村干部的教育、管理和监督。进一步做好机关、社区、非公企业的党建工作，高度重视新经济组织等新领域的党建工作，不断扩大党的工作覆盖面。全面推行发展党员“三公开”制度，完善不合格党员的退出机制，推行本地村企党员“双向联系、双重管理”的做法，严格流动党员的组织管理，始终保持党员队伍的先进性和纯洁性。落实“三真”要求，建立健全考评激励、待遇保障等制度，充分调动基层干部的积极性。

5.加强党风廉政建设，始终保持党同人民群众的血肉联系。坚持“标本兼治、综合治理、惩防并举、注重预防”的方针，认真落实党风廉政建设责任制，进一步构建教育、制度、监督并重的惩治和预防腐败体系，促进反腐倡廉工作深入开展。强化思想道德教育和纪律教育，深入开展廉政文化建设，确保广大党员干部特别是领导干部稳得住心神、管得住手脚、抗得起诱惑、经得起考验，踏踏实实做事、坦坦荡荡做人、清清白白做官。以正确行使权力为重点，加强执法监察、效能监察、廉政监察及源头治理工作，进一步加强对领导干部、重要岗位中层干部和村干部的监督。严肃查处各类违纪违法案件，进一步开展商业贿赂专项治理，切实纠正损害群众利益的不正之风。大力提倡勤俭节约，牢记“两个务必”，继续狠刹党员干部赌博风、“三礼”风等不良风气，以优良党风促政风带民风，营造和谐的党群干群关系。

各位代表、同志们，富阳发展已经站在一个新的历史起点，新的蓝图催人奋进，新的征程任重道远。让我们更加紧密地团结在以胡锦涛同志为总书记的党中央周围，在省委和杭州市委的正确领导下，承前启后、继往开来，与时俱进、开拓创新，脚踏实地、埋头苦干，为建设一个“生活富裕、生命阳光”的和谐新富阳而努力奋斗！

富阳市人民代表大会常务委员会工作报告

（2007年2月3日在富阳市第十四届人民代表大会第一次会议上）

汪　锦　汉

各位代表:

现在，我受富阳市第十三届人民代表大会常务委员会的委托，向大会报告本届常委会的工作，请予审议。

过去四年的主要工作

市十三届人大常委会任期的四年，是我市政治、经济、文化和社会建设取得丰硕成果的四年，也是我市人大各项工作不断规范、深化和提高，取得新进展的四年。四年来，在中共富阳市委的领导下，常委会坚持以邓小平理论、“三个代表”重要思想和科学发展观统领人大工作，认真学习贯彻党的十六大和胡锦涛总书记在纪念全国人大成立50周年大会上的讲话精神，学习贯彻中央和省委、市委关于进一步加强人大工作的若干意见精神，按照市委的工作部署，依靠全体代表和全市人民，围绕中心，服务发展，关注民生，促进和谐，认真行使宪法和法律赋予的各项职权。四年中，共举行常委会会议29次，主任会议62次，听取和审议 “一府两院”工作报告85个，作出决议决定45项，依法任免国家机关工作人员269人（次）。各项工作在历届的基础上取得了新的进展，为推进我市民主法制建设、促进经济社会又好又快发展发挥了重要作用。

一、紧贴经济社会发展全局，进一步提高监督工作实效

常委会以促进经济社会全面协调可持续发展、保证法律法规正确实施为目标，紧紧抓住关系改革发展稳定的重大问题和人民群众关心的热点难点问题，加强和改进监督工作，不断提高监督实效，促进了“一府两院”依法行政、公正司法。

围绕推动法律法规的正确实施，加强执法监督。根据上级执法检查计划和本市经济社会发展中出现的新情况、新问题，有计划、有重点地开展执法检查。

四年来，先后组织或配合省、杭州市人大对环保法、劳动法、安全生产法、消费者权益保护法、食品卫生法、刑事诉讼法以及法律援助条例、杭州市全民健身条例等30多部法律法规在我市的执行情况进行检查，实事求是地提出执法中存在的问题和改进执法工作的建议。2003年以来，连续三年开展生态建设和环保法联动执法检查，连续两年开展《杭州市生活饮用水源保护条例》联动执法检查，两次组织视察富春江采砂管理。为规范政府行政行为，常委会每年都听取和审议市政府行政执法情况报告，调查了解年度行政诉讼情况，根据存在的问题要求政府相关职能部门落实整改。先后组织市人大代表对市文广新局、人口与计划生育局、质量技术监督局、工商富阳分局等部门的行政执法工作进行实事求是、客观公正地评议，注重评议整改意见落实情况的跟踪检查，确保评议取得实效。

围绕预决算和经济工作的重大事项，加强经济工作的监督。把发展计划和财政预决算的审查放在重要位置，坚持每年2次听取发展计划和财政预算执行情况报告，结合实际情况提出审议意见，支持审计部门开展审计活动。要求和支持政府强化预算约束，规范税收征管秩序，加强财政监管，科学设定政府举债规模，避免负债风险。督促做好市级部门预算的编制工作，不断深化部门预算审查监督，提高依法理财、科学理财水平。根据我市各个时期的工作重点，先后对工业功能区建设、高新技术产业发展、招商引资、三农工作、公有资产管理等工作以及杭千高速、龙门古镇保护和旅游开发、江南片污水处理工程等重点建设项目开展视察、检查，听取和审议相关工作汇报，有针对性地提出审议意见。

围绕群众关注的热点问题，加强重点监督。近年来，常委会围绕破解“七难”问题、各项创建活动、政府为民办实事项目、非典防治、劳动和社会保障等工作开展视察、检查和调研，从为民、利民的角度，提出审议意见和工作建议，推动了政府工作，维护了群众利益。围绕群众“上学难”问题，近年来，组织部分市人大代表先后对我市普及15年教育、基础教育、职业教育、学前教育等工作进行检查，分别向市政府提出了有关意见和建议。2004年11月，认真审议《富阳市新一轮教育发展专项规划（2004～2020）》，全力推进我市城乡教育均衡协调发展。2006年初，开展了非农居民医疗保障工作调研，向市政府提出做好非医保居民医疗保障的意见和建议。市政府通过政策扶持和宣传发动，到2006年底有1.5万名城镇非医保居民参保，享受新型农村合作医疗待遇。

围绕公正司法，加强对司法工作的监督。为使普法工作在依法治市、构建和谐社会中发挥更大的作用，常委会多次通过听取工作汇报、开展执法检查、组织代表评议等形式，加强对普法工作的监督指导，全社会法治意识明显增强。总结多年司法监督工作实践，制定监督司法机关工作制度，进一步明确司法监督的方式、内容和程序。每年听取和审议市人民法院、市人民检察院执法执纪情况报告，要求两院加强执法队伍建设，推进司法改革，公正司法，文明办案；就减刑、假释、暂予监外执行工作开展视察检查，进一步规范了监管秩序；先后组织开展对市人民法院执行工作和人民法庭建设情况的调研，对市公安局执法工作和看守所管理情况的视察检查，提出了工作建议。着力解决涉法信访案件，四年来共办理涉法信访案件300余件，通过转办督办回复、听取案件汇报、参与案件协调，着力解决了一批影响重大的涉法信访案件，保障了公民的合法权益，维护了社会稳定，促进了司法公正。

二、依法行使决定权和任免权，有序开展两级人大换届选举工作

人大常委会依法行使好重大事项决定权和人事任免权，并认真抓好市、乡镇人大换届选举工作，为保障和促进全市经济社会发展发挥好作用。

依法行使重大事项决定权。根据我市经济社会发展态势，组织对“十一五”规划纲要草案进行审议，并提交市十三届人大四次会议讨论通过，明确了我市新一轮发展目标。依法作出生态市建设规划的决定，对于保护和改善富阳生态环境，打造绿色富阳，促进经济可持续发展起到了有力的推动作用。为巩固和深化“四五”普法成果，常委会第二十六次会议依法作出关于加强普法教育依法治市工作的决议，促进我市普法教育的深入开展。常委会还围绕财政预算调整、财政决算、城市总体规划，以及场口镇、东图乡行政区划调整等重大事项，深入调查，认真审议，作出决议、决定。并根据这些重大事项涉及的部门和范围，认真督促检查，保障作出的决议、决定的贯彻实施。

依法行使人事任免权。为把好人事任免关，增强国家机关工作人员的宪政意识和法律意识，促进依法行政，推进依法治市，制定了提任国家机关工作人员法律知识考试办法、法官检察官法律职务任职资格审查办法，并坚持对法院、检察院拟任法律职务人员做好调查了解工作，确保任命工作的准确性。注重把行使任免权和监督权结合起来，加强对常委会任命人员的监督。本届常委会依法对24名市政府组成人员和“两院”6名副职进行了述职评议。被评议干部对评议意见十分重视，按要求认真落实整改。通过评议，增强了干部的法治意识和公仆意识，促进了依法行政和公正司法。

依法做好市、乡镇人大换届选举工作。市、乡镇两级人大换届选举，是全市上下深入实施“十一五”规划、全面建设小康社会关键时期进行的一次换届选举。市人大常委会高度重视，把坚持党的领导、充分发扬民主、严格依法办事有机结合起来，精心组织，周密安排，切实发挥职能作用。扎实做好换届选举前期准备工作，认真分析换届选举的新情况、新问题，及时提出指导性意见，依法作出相关决定。把依法办事贯穿于选举工作全过程，严格把握选举各个阶段、各个环节的法律关，保障选民的民主权利，督促有关部门依法查处选举中出现的各种违法行为。通过做好这些工作，确保了市、乡镇人大换届选举工作依法有序进行，选举产生了新一届市、乡镇两级人大代表和乡镇国家机关领导人员。

三、不断探索代表工作，充分发挥代表作用

认真贯彻代表法和中共中央转发《中共全国人大常委会党组关于进一步发挥全国人大代表作用，加强全国人大常委会制度建设的若干意见》(中发〔2005〕9号）文件，通过拓宽代表知情知政渠道，强化代表服务工作，督办代表建议等措施，充分发挥人大代表依法管理国家事务的作用。

努力拓宽代表知政渠道。在坚持常委会组成人员分工联系、走访代表制度的同时，创新性地开展了市政府领导分工联系、走访代表制度，听取代表意见，密切与代表的联系；每年召开政情通报会，邀请代表列席常委会会议，参加常委会组织的视察、执法检查、专题调研等活动，为代表参与管理国家事务创造有利条件；在分期分批对新当选的市人大代表进行集中培训的基础上，以乡镇街道人大和代表小组为单位，经常性地组织代表学习法律法规和人大业务知识，强化代表意识，提高代表议政能力。

积极督办代表议案建议。在每次人代会召开前，常委会都组织人大代表进行会前视察，并通过调查、座谈等形式，为议案、建议的提出做好服务工作。本届以来，代表在各次大会期间共提出议案和建议579件，其中10件被确定为大会议案。每次会议后，及时将代表提出的议案和建议交市政府和有关机关研究办理，并通过走访代表、召开座谈会、听取办理情况汇报等形式，不断改进督办工作。四年来，10件大会议案和569件代表建议已全部办理完毕，代表建议办理的满意率和基本满意率为99.8%，面商率100%。去年，常委会对代表议案建议处理办法进行了修改、完善，进一步促进了代表议案、建议办理工作的规范化。

加强代表活动指导。坚持代表中心组、代表小组活动和定向视察制度，有计划地组织代表围绕常委会工作重点开展视察和调研，切实提高代表活动质量。深入开展“代表之家，代表进社区”的建设活动，全市共组织代表接待选民1500多人次，收集意见建议500多条，已解决320件，密切了代表与选民的关系，丰富了闭会期间代表活动的形式。在富春街道和灵桥镇开展了代表向选民述职的试点活动，探索了代表接受选民监督的新途径。

重视乡镇街道人大工作和建设。坚持每季召开乡镇街道人大工作分片汇报会，交流经验，指导工作，促进乡镇、街道人大工作的平衡发展。指导乡镇依法开好每年的人代例会。加强对乡镇、街道人大干部业务培训，提高政治理论和业务素质。积极探索乡镇人大对乡镇政府工作监督的有效办法，全市有8个乡镇的280多名乡镇人大代表对21名副乡镇长进行了述职评议，增强了乡镇政府组成人员依法行政和接受人大监督的自觉性，促进了基层民主政治建设。

四、加强常委会自身建设，不断提高工作水平

主动适应民主政治建设和人大工作的新要求，切实加强常委会自身建设，不断提高履职能力和工作水平。

认真学习《宪法》、《地方组织法》、《选举法》、《代表法》、《监督法》等法律法规和中央、省、市关于加强人大工作的有关文件精神。通过系统的学习，有效增强了常委会组成人员的法律素质，进一步提高了履职能力和人大工作水平。常委会机关通过开展保持共产党员先进性教育活动，以及争创学习型机关、争创满意单位活动，强化党员意识，提高党员素质，完善工作制度，促进各项工作。

常委会严格执行民主集中制原则，在开展监督、任免干部、讨论决定重大事项等各项工作中，认真执行议事规则、组成人员守则，发扬民主，依法办事，集体行使职权。把调查研究作为依法行使各项职权的基础和前提，在每次视察、检查和听取审议“一府两院”工作报告前，都采取上门了解、召开座谈会等形式进行专题调研，形成调研报告，为审议“一府两院”工作，提供了大量的事实依据，增强了依法监督的力度。

常委会十分重视人民代表大会制度和人大工作的宣传，开展人民代表大会制度建立五十周年宣传活动，并通过各级新闻媒体的力量，加大人大宣传工作的力度，提高人大宣传工作的质量，增强宣传实效。

对照法律赋予的职责和人民群众的要求，常委会工作还存在一些不足，主要是：监督工作的针对性和实效性有待进一步增强；代表工作服务水平有待进一步提高；与乡镇人大联系和指导工作需进一步加强；常委会制度建设有待进一步适应形势和任务的要求等。这些都必须在今后的工作中认真加以解决。

各位代表，在中共富阳市委的领导下，在全市人民和全体代表的支持、监督下，在“一府两院”和各乡镇人大主席团、人大街道工委的配合下，经过常委会全体组成人员的共同努力，市十三届人大常委会即将完成历史使命。在此，我谨代表市十三届人大常委会，向重视、关心、支持人大工作和为人大工作做出贡献的各位代表、领导、同志们，表示衷心的感谢和崇高的敬意！

四年工作体会

回顾总结四年来的工作，我们深切地体会到，做好新时期的人大工作，充分发挥人大常委会的法定职能，必须高举邓小平理论和“三个代表”重要思想伟大旗帜，牢固树立和全面落实科学发展观，紧紧围绕市委的中心工作，认真履行宪法和法律赋予的职权，在实践中探索，在开拓中前进。只有这样，人大工作才能与时俱进，取得新成就。

一、做好人大工作必须始终坚持和依靠党的领导

人大工作是党和国家工作的重要组成部分，是一项政治性、全局性、原则性都很强的工作。本届以来，市人大常委会始终严格遵循党的领导原则，认真领会和贯彻党的路线、方针、政策，把党委的主张通过法定程序上升为国家意志。对人大工作的重要事项都及时向市委请示报告；人大及其常委会作出的决议决定，事先都征得市委的原则意见；在行使职权过程中遇到问题，也及时向市委汇报，争取市委支持，保证了人大工作的顺利开展。实践证明，坚持和依靠党的领导，是我市人大工作保持正确的政治方向，工作取得新成绩的最重要原因，也是今后我市人大工作继续向前发展的最根本保证。

二、做好人大工作必须始终坚持围绕中心、服务大局

发展是党执政兴国的第一要务，也是人大工作的第一要务。四年来，常委会自觉把围绕中心、服务大局、促进发展作为人大工作的着力点，通过行使监督权，保证宪法和法律、法规在本行政区域的遵守和执行，促进和维护改革发展稳定的大局；通过行使重大事项决定权，把党委的主张和人民的要求经过法定程序变为全市人民的意志，促进经济和社会事业协调发展；通过行使人事任免权，知人善任、任人唯贤，为全面建设小康社会提供重要的组织保证。实践证明，只有坚持以科学发展观为指导，不断增强中心意识、大局意识、服务意识，紧紧围绕全面建设小康社会、构建社会主义和谐社会这个目标，认真履行人大及其常委会的各项职权，才能更好地发挥人大的作用，取得更大的工作成效。

三、做好人大工作必须始终坚持以人为本、以民为先

人大是由人民通过民主选举产生的国家权力机关，是代表人民行使国家权力，它的根基在人民，血脉在人民，力量在人民。坚持以人为本、以民为先，是立党为公、执政为民在人大工作的具体体现。本届以来，常委会始终坚持从人民的利益出发正确履行职责，把事关人民群众切身利益的重大问题作为监督工作的重点，通过开展执法检查、听取工作汇报、组织视察调研等方式，督促“一府两院”采取有效措施，为人民群众办实事、做好事。始终把加强调查研究作为增强人大监督工作针对性和实效性的重要方法，注重发挥人大代表广泛联系社会各界、反映人民群众利益诉求的优势和特点，密切与人大代表和人民群众的联系，努力形成体察民情、集中民智、珍惜民力的工作机制，确保作出的决议决定体现民意，符合实际。只有坚持把群众利益放在首位，紧紧依靠全体代表和全市人民，常委会的工作才能做到目标明确，基础扎实，富有成效。

四、做好人大工作必须始终坚持依法办事、集体行使职权

民主集中制是国家政权组成的原则，也是人大及其常委会依法行使职权必须遵循的准则。四年来，常委会认真执行议事规则和组成人员守则，完善议事程序，严格会议纪律，不断提高常委会审议质量和议事决策水平。注意发挥各工作委员会的积极性，鼓励和支持他们围绕常委会工作重点，搞好各项专题调研，创造性地开展工作。正确处理与“一府两院”的关系，增进相互理解和沟通，共同研究解决工作中的困难和问题，寓支持、促进于制约、监督之中，合力推进我市加快发展、协调发展。四年的工作实践使我们进一步认识到，只有依法依程序行使职权，认真贯彻民主集中制原则，才能确保人大工作既不越权，又不失职。

五、做好人大工作必须始终坚持人大代表的主体地位、发挥好代表作用

人大代表是国家权力机关的主体。人大代表主体作用是常委会行使好法定职权的智慧源泉和可靠根基。四年来，制定和采取了一系列联系代表的制度和措施，指导乡镇、街道广泛开展代表视察、执法检查、评议行政执法单位和代表向选民述职等活动，不断加强和改进代表工作，密切与代表的联系，为代表执行职务提供服务。全体代表认真履行职责，积极提出对各方面工作的建议，参加管理地方国家事务、管理经济和文化事业、管理社会事务，共同推进人大及其常委会的工作。实践证明，只有充分发挥代表主体作用，提高代表议政能力，丰富代表活动内容，为代表履行职务创造条件，才能不断夯实人大工作的基础。

今年工作建议

各位代表：市十四届人民代表大会第一次会议即将选举产生新一届的人大常委会。当前是我市深入实施融入大都市战略，大力推进“工业兴市、科技强市、环境立市、开放活市、特色建市”，打响“山水文化名市、现代产业新城、人居休闲胜地”三大区域品牌，全面建设和谐新富阳的关键时期。做好新一届人大工作，对于坚持和完善人民代表大会制度，保障和促进富阳科学发展、和谐发展具有十分重要的意义。建议常委会继续高举邓小平理论和“三个代表”重要思想伟大旗帜，以科学发展观为统领，全面贯彻落实市第十二次党代会精神，坚持党的领导、人民当家作主和依法治市的有机统一，认真履行宪法和法律赋予的各项职权，为构建富强民主文明和谐新富阳作出新的贡献。为便于新一届人大常委会做好开局之年的各项工作，提出以下建议：

一、以党的十六届六中全会精神为指导，进一步增强做好人大工作的紧迫感和责任感

党的十六届六中全会通过了《关于构建社会主义和谐社会若干重大问题的决定》，全面分析了我国当前的形势和任务，提出了建设社会主义和谐社会的新命题，这体现了广大人民群众的根本利益和共同愿望。构建社会主义和谐社会，把党的主张通过一定的法律程序变为国家和人民的意志，变为全体人民的不懈追求，这是地方国家权力机关义不容辞的责任。要认真学习贯彻党的十六届六中全会精神，深刻领会精神实质，把坚持和维护党的领导、构建社会主义和谐社会放在人大工作更加突出的位置，落实到依法开展的各项工作中去；要认真研究新的形势和任务对人大工作提出的新要求，更加积极主动、富有成效地履行宪法和法律赋予的各项职能，充分发挥人大在构建和谐社会中的作用。要围绕市第十二次党代会确定的各项目标任务，坚持抓大事，抓重点，抓关键，积极开展调查研究，提出建设性意见和建议，促进我市经济社会持续健康协调发展，为构建和谐富阳发挥积极的作用。

二、以贯彻实施监督法为契机，依法充分履行职权

监督法明确规定了监督工作的原则、内容、方式和程序，使人大监督工作有法可依，为做好人大监督工作提供了制度保障。要认真贯彻实施监督法，按照落实科学发展观和构建和谐社会的要求，坚持把保证宪法和法律、法规在我市的贯彻和执行放在首位，紧紧围绕改革发展稳定大局和人民群众切身利益、社会普遍关注的问题进行监督。在监督工作中，突出发展计划和预算执行、生态环境保护、城市建设管理、新农村建设、和谐社会建设和公共财政投入、社会治安综合治理等重点工作，确定好审议调研课题，综合运用听取和审议专项报告、开展工作视察和执法检查等手段，加强对“一府两院”工作的监督，加快推进依法治市进程，促进依法行政和公正司法。要进一步健全监督机制，完善监督程序，尤其要加强对常委会决议、决定和审议意见的跟踪督办，督促政府和有关部门认真整改，切实增强监督实效。要紧紧围绕我市经济社会发展过程中带有根本性、全局性、长远性以及人民群众普遍关心的重大事项，不失时机地依法行使决议、决定权，促进行政机关的科学决策、民主决策、依法决策。要按照党管干部和人大依法任免干部相统一的要求，不断健全人事任免制度，完善人事任免程序，推进人事任免工作规范化、程序化和法制化。同时要加强对常委会任命干部的监督，促进国家机关工作人员勤政廉洁、务实高效、依法行政。

三、以保障代表依法执行职务为前提，加强和改进代表工作

进一步贯彻中央〔2005〕9号文件精神，拓宽代表工作思路，创新代表工作机制，服务和保障代表依法履职。切实抓好新一届人大代表的教育培训工作，组织代表开展工作调研、执法评议等活动，提高代表的履职能力和议政水平。坚持和完善代表持证视察、定向视察制度，深入开展“代表之家”、“代表进社区”建设活动，提高闭会期间代表活动质量。扩大代表对常委会工作的参与，密切与代表的联系，自觉接受代表的监督。及时向代表通报“一府两院”工作情况，为代表知情知政提供信息。加强和改进大会议案和代表建议的办理工作，加强闭会期间代表建议的办理，着重抓好交办、督办两个环节，提高实际问题的解决率；开展办理工作先进集体和先进个人评选活动，促进办理质量的提高。加强人大信访工作，畅通人民群众反映意愿、表达诉求的渠道，维护人民群众的根本利益。

四、以提高履职能力为重点，切实抓好常委会自身建设

常委会要进一步加强政治理论、人大业务知识和法律法规的学习，注重理论联系实际，切实提高自身的思想素质、业务素质和工作能力。进一步改进作风，积极参加代表小组和常委会各项活动，深入调研，体察民情，集中民智，反映民意，自觉接受群众监督。修改完善常委会各项工作制度，提高常委会工作的制度化、规范化水平。要在依法办事的前提下，积极探索行使职权、开展工作的有效途径和方法，增强人大工作的活力。坚持不懈地抓好人大机关的组织建设、制度建设、作风建设和廉政建设，努力建设一支勇于创新，奋发向上的人大干部队伍。认真贯彻落实市委关于加强人大工作的若干意见，进一步加强对乡镇、街道人大工作的联系、指导和服务，推进全市人大工作再上一个新台阶。

各位代表，市十四届人大任期的五年，是富阳面临新机遇、迎接新挑战、取得新成就、实现新跨越的五年。我们正处在一个大有希望、大有作为的时代，能否把一个充满生机与活力的富阳更好地融入改革开放的大潮，社会各界在关注着我们！能否把一份殷实的基业留给后人，历史将检验我们！让我们在中共富阳市委的领导下，以邓小平理论和“三个代表”重要思想为指导，全面落实科学发展观，求真务实，锐意进取，扎实工作，为推动我市经济社会更好更快发展，建设“生活富裕、生命阳光”的和谐新富阳而努力奋斗！

政府工作报告

（2007年2月2日在富阳市第十四届人民代表大会第一次会议上）

张　锦　铭

各位代表：

现在，我代表市人民政府向大会作工作报告，请予审议，并请市政协委员和其他列席人员提出意见。

一、本届政府工作回顾

过去的四年，我们坚持以邓小平理论和“三个代表”重要思想为指导，全面贯彻党的十六大以及十六大以来的历次中央全会精神，众志成城，开拓创新，努力克服诸多不利因素，较好地完成了市第十三届人大历次会议提出的各项目标任务，全市经济建设和社会事业取得了丰硕的成果。

（一）综合实力显著增强

2006年全市生产总值达到238.4亿元，四年来年均增长17.9%；人均GDP达到 37618元，年均增长17.2%；财政总收入30.26亿元，年均增长20.6%，其中地方财政收入15.96亿元，年均增长27.5%；全社会固定资产投资114.8亿元，年均增长31.3%；社会消费品零售总额达到44.8亿元，年均增长15.1%；三次产业结构比例调整到8.3：61.3：30.4，产业结构更趋优化。综合实力名列全国百强县(市)第30位，跻身中国最适宜民营企业投资创业的百强城市和长三角最具投资价值的十强县（市）。

农业经济稳步发展。2006年全市农业总产值29.2亿元，年均增长13.3%。农业和农村基础设施建设扎实推进，累计投入水利建设资金6.67亿元，建成皇天畈排涝站等一批重要水利工程。都市效益农业稳步发展，建成产业化基地147个、农产品基地10万亩。农业产业化经营步伐加快，龙头企业增至56家，销售收入突破21亿元。农村专业合作组织增加到81家，成为省农民专业合作社发展先进县。农产品质量安全不断提高，两个农产品基地获得“浙江森林食品基地”称号，两只农产品被评为杭州市名牌。防汛防旱、森林防火和重大动植物疫情防控成效明显。

工业经济健康发展。坚持“工业立市”战略，2006年实现工业总产值776.5亿元，年均增长26.2%，其中规模以上工业企业产值584.4亿元，年均增长35.4%，获“国家（富阳）光纤光缆产业园”、“中国白板纸基地”、“中国球拍之乡”称号。机械电子、新型建材、生物医药等新兴行业发展较快。工业功能区2006年实到外资2198万美元，实到内资5.2亿元，四年累计实到外资8049万美元，实到内资11.9亿元；2006年实现工业产值336.3亿元，增长27.3%，占全市工业总量的43.3%。企业信用担保服务体系进一步完善。拥有中国名牌产品2只，国家免检产品8只，省著名商标19件，省名牌产品17只。在造纸等高能耗行业推广变频节电技术。淘汰机立窑水泥生产线10条，关停“低小散”造纸生产线97条。

现代服务业迅速发展。围绕深化、拓展、提升，坚持“商旅活市”。第三产业增加值72.6亿元，年均递增20%。旅游总收入21亿元，年均增长16.8%；接待国内游客373.8万人次，增长21%。拥有富春桃源等3家国家4A级景区、白鹤村等3处“浙江省星级乡村旅游点”。成功举办“龙门古镇民俗风情节暨杭州世界休闲博览会富阳分会场开幕式”、“2006年中国乡村游浙江开游式”等活动，完成龙门古镇保护与开发一期工程，启动杭州野生动物世界二期等旅游项目，建成南国大酒店等一批高档次的旅游设施，先后引进“世纪联华”、“大润发”等大型连锁超市。发展农村连锁超市、农资连锁店和“放心店”。餐饮服务、休闲消费健康增长。房地产、金融、保险、文化、通信和中介服务等其他服务业迅速成长壮大。

（二）城乡面貌明显改善

城市建设不断推进。成立城市规划委员会和规划局，完成新一轮《城市总体规划》修编和旧城改造、鹿山新区控规及其他专项规划的编制。城市建成区面积拓展到23平方公里。完成全市社区居委会调整及城东村撤村建居和股份制改革试点工作。基础设施进一步改善。自来水、天然气利用和电网建设成绩显著。实施生态市建设及江南片污水综合处理和集中供热规划，建成市污水处理厂二期等一批污水处理和富春江、三星等热电项目。恩波公园和东吴文化公园建成，市民文化中心奠基。“一江两路”景观林工程扎实推进。交通条件进一步优化。“一圈十线”项目顺利推进，杭千高速、05省道、19省道富阳段和新中线竣工通车。完成桂花路等一批城市道路的综合改造、干线畅通等工程。

农村建设加快步伐。以“百千”工程、“扶欠”工程、农村饮用水建设、特困户危房改造、“空心村”整治等工程和活动为载体，有序推进新农村建设。投入资金16.1亿元，新增通村公路287.3公里、绿化面积173.1万平方米，完成场口片供水工程，着力推进“四线供水”管网建设改造，新增自来水使用人口10.7万人。完成农村特困户危房改造工作，改造危房60640平方米。连续三年获得省“百千”工程优胜奖。

（三）改革开放不断深入

开放型经济快速发展。出台一系列扶持外贸出口政策，加大出口产品调整和出口市场拓展力度。全市自营出口额增加到3.95亿美元，年均增长31%。深入实施招商引资“三个一”制度，“以民引外、以外引外”工作取得实效，四年累计利用外资2.89亿美元，年均递增25.1%。引进市外资金52.62亿元，年均递增24.8%。积极实施“走出去”战略，有40多家企业在江苏、江西等12个省市投资21亿元，另有9家企业在海外投资1000万美元。

科技创新步伐加快。四年累计完成工业性技改投入220.4亿元，年均增长21.1%，政府扶持资金8738万元。出台人才储备政策，鼓励企业建立研发中心，拓展产学研合作领域，与清华大学、华南理工大学等名校开展合作。高新技术产业取得较快发展，初步形成光通信、机械电子、生物医药等产业格局。动建市科技孵化大楼，市造纸行业技术研发中心和上官球拍行业技术研发中心通过杭州市认定，省、杭州市级高新技术企业和省级科技型中小企业的数量不断增加，省科技强市创建成功。

各项改革不断深化。深化农村税费改革，取消农业税。完成土地二轮承包和山林延包工作。深化农村集体资产管理体制改革，发展壮大村级集体经济。完善劳动和社会保障配套改革，建立政府帮助就业和劳动者自主择业的新型就业机制，基本养老保险全覆盖工作出色。完成非建制乡镇的卫生院改制工作。全面完成农村信用社改革，成立农村合作银行。加快事业单位改革，完成企业二次改制工作。稳步推进行政管理体制改革。推行城市管理综合执法，率先在省内成立城管综合行政执法局。加大行政审批制度改革，组建市行政服务中心，实行一站式服务新机制。进一步理顺部门行政职能，全面完成乡镇（街道）机构设置的调整，产权制度改革继续推进。推行国有资产公开拍卖、招租，确保国有资产的保值增值。

（四）社会事业加快发展

启动制造业信息化工程，培育多家信息化试点示范企业，引导企业投资6500万元用于信息化建设，成为杭州市制造业信息化示范区域。启动新一轮教育布局调整，成立富阳社区学院，迁建场口中学，建成市实验小学虎山校区。整合区域性初中教学资源，组建场口镇中，新建富春三中、东洲中学、新登镇中。免除九年制义务教育学杂费，推进弱势群体子女入学帮扶工程，创办民工子弟学校。建立健全突发性公共卫生事件应急处置机制，成功抵御“非典型性肺炎”、“禽流感”等重大传染性疾病的侵袭。市中医骨伤医院易地扩建，市人民医院新病房大楼建成。扎实推进药品流通领域改革，增加平价药店。大力实施食品药品放心工程，加强监管工作。加快文化体制改革，组建市文化广电新闻出版局，完成电影发行放映公司改制。完成“东海明珠”工程，建成一批公共文化设施，非物质文化遗产得到较好的保护和开发。广播电视事业顺利发展，实现有线电视全覆盖，数字电视开始推广。加快城乡居民保障性住房建设，共投入资金1365.6万元，完成部分租住房配租和经济适用房配售工作。城乡公交不断发展，完成出租车更新工作。计生工作扎实推进，成为省计生优质服务市。完善体育健身设施，丰富群众业余生活。积极开展“春风行动”，倡导慈善捐助、爱心奉献。开展民风民质提升活动，重视诚信、科普和公民道德教育，推进社区建设，提前完成“七项创建”。加强安全生产监管工作，组建成立市安全生产监督管理局。认真做好信访工作。大力查处“黄赌毒”等违法行为，启用智能监控系统，进一步完善社会治安打防控体系，着力打造“平安富阳”。 加强工商、审计、统计、质监和食品药品监管等工作，进一步整顿和规范市场经济秩序。开展普法教育，完善法律服务，健全村民自治、村务公开和城市居民自治制度，扎实推进民主法制建设。工会、青少年、妇女、残疾人事业有了更大的进步，人武、人防、民族宗教、外事、侨务、台务、科协、史志、档案等工作取得更好的发展。

（五）人民生活日益改善

坚持以“七难”问题、“十件实事”为抓手，脚踏实地，尽心为民，成果丰硕。城镇居民人均可支配收入达到16680元，年均增长11.4%。农民人均纯收入8497元，年均增长11%。城乡居民储蓄存款余额97.5亿元。居民消费结构得到改善，城镇居民恩格尔系数下降到36.3%。就业再就业工作成效明显：四年净增城镇就业岗位52446个，发放促进就业专项资金2500多万，城镇登记失业率控制在3.89%。社会保障取得突破性进展：12.44万城镇职工参加企业基本养老保险，完成省政府下达的全覆盖任务。建立新型农村合作医疗制度，1.5万非农人员参加合作医疗，51万农村人口参加新型农村合作医疗。实行养老、医保、失业、工伤、生育五类社会保险费合征制度。农民社会保障工作顺利起步，初步建立起覆盖城乡的新型社会救助体系，农村“五保”和城镇“三无”集中供养率达到93%。妥善安置三峡移民。全面改善城乡医疗卫生条件，居民平均期望寿命由74.63岁提高到76.21岁。

（六）政府建设稳步推进

改进管理方式，由经济管理职能逐步转到服务市场主体和创造发展环境上来。加强政府投资领域监管，成立国家建设项目投资审计分局。加强社会管理和公共服务，开展保持共产党员先进性教育。推进政府管理体制创新和行政审批制度改革，发展电子政务，提高行政效率。认真落实《行政许可法》，促进依法行政。自觉接受市人大监督，办理大会议案10件、代表议案和建议579件，主动接受市政协的民主监督，办理政协提案1008件。贯彻落实《公务员法》，推行机关事业单位“凡进必考”的用人机制。调整乡镇机构设置，精简人员编制。坚持政务公开，建立完善政府与公众对话机制，保障人民群众的知情权、参与权和监督权。深入推进反腐倡廉，强化体制机制和制度建设。加强审计和行政监察工作，有效防止和惩处腐败行为。

各位代表，回顾四年来的工作，我们在组织实施市委决策、市人大决议和履行政府职责的过程中，有以下几点体会：

必须加快发展，协调发展。始终把加快发展作为政府工作的第一要务，不断提升区域经济的竞争力；始终把协调发展作为政府工作的第一责任，不断满足人民群众日益增长的物质文化需求。

必须心系群众，服务群众。始终把解决民生问题作为政府工作的出发点和落脚点，密切关注“七难”问题，多办顺应民意、化解民忧、为民谋利的实事，努力让人民群众得到实实在在的利益，共享改革开放的成果。

必须解放思想，改革创新。没有思想的解放和改革的深化，就没有富阳持续快速增长的四年，就不会有今天的良好局面。要始终解放思想，以先进的理念谋划新思路，以改革的办法解决新问题，以体制机制创新取得新发展。

必须发挥优势，差异发展。要善于把握富阳发展的优势和劣势，因地制宜，扬长避短，充分发挥区位条件、山水文化、传统工业、块状经济等优势，大力发展先进制造业和现代服务业，推进传统产业的改造提升，走差异化发展的路子。

必须转变职能，优化服务。始终坚持以人民满意为价值取向，转变政府职能，推动政府转型，更加注重社会管理和公共服务，着力解决政府职能缺位、越位和错位问题，树立勤政廉政、法治高效的政府形象。

必须精诚团结，和衷共济。始终保持政府和人民群众的血肉联系，注重集聚民智、发挥民力，引导和激发全社会创新、创业的积极性；始终坚持"重党性、讲责任、顾大局"，对市委的决策、市人大的决定、市政协的提议，做到认真研究，抓好落实，共同营造"合力干事"的良好氛围。

各位代表，上述成绩的取得，是杭州市委、市政府和中共富阳市委正确领导的结果，是富阳人民共同努力的结果，是市人大及其常委会和市政协监督支持的结果，是全社会关心支持的结果。在此，我代表市人民政府，向广大工人、农民、知识分子和社会各界人士，向对政府工作给予热情支持和帮助的人大代表、政协委员、各民主党派、工商联、群众团体、公安政法干警、人民解放军、武警官兵、民兵预备役部队，国家、省、杭州等驻富单位以及国内外的投资创业者表示衷心的感谢！向所有参与、支持、关心富阳建设和发展的同志们、朋友们致以崇高的敬意！

在充分肯定成绩的同时，也要清醒地看到，我们还面临着一些亟待解决的问题：增长方式比较粗放，经济结构不够合理，自主创新能力不强，能源资源、土地资金、科技人才和生态环境等要素制约正在加剧；市场经济体制不够完善，生产力发展面临许多体制性、机制性障碍；经济与社会发展不够协调，城乡、区域发展不够平衡，城乡居民收入差距呈扩大趋势，部分群众生活还存在困难；社会事业相对滞后，群众对"七难"问题意见较多，政府统筹发展的任务艰巨；解决"三农"问题任重道远，化解不稳定因素，保持社会和谐稳定的压力很重；干部作风问题还没有从根本上得到解决，办事难问题依然存在，推进依法行政、加快服务型政府建设任务艰巨。

二、今后五年政府工作的指导思想和奋斗目标

今后五年，是我市落实科学发展观，加快推进经济社会发展的重要战略机遇期。我们要充分发挥区位条件较好、经济实力较强、产业特色比较明显等有利条件，敢于负责、争创一流，确保富阳经济社会实现又好又快发展。

今后五年工作的指导思想是：**以邓小平理论和"三个代表"重要思想为指导，以科学发展观为统领，加快融入杭州，接轨长三角，深入实施"工业兴市、科技强市、环境立市、开放活市、特色建市"战略，调整经济结构，转变增长方式，统筹社会事业发展，努力建设"和谐富阳"。**

今后五年的奋斗目标是：**率先基本建成全面小康社会，并向率先基本实现现代化迈进。经济发展更加科学高效，综合实力明显提高。环境保护更加富有成效，"两型"社会建设不断推进。农民生活更加富裕，农村环境更加洁净，各项事业全面进步。城市建成区进一步扩大，功能得到提升，特色更加鲜明。"五个统筹"扎实推进，城乡建设卓有成效，为富阳成为"生活富裕、生命阳光"的山水文化名市、现代产业新城和人居休闲胜地奠定基础。**具体目标是：

*——经济结构不断优化，增长方式加速转变。*初步形成以生物制药、机械电子、新型建材等新兴产业为先导，通信、造纸、轻纺等传统产业为支撑的新型工业结构；以现代农业为标志的新型农业结构和以运动休闲、旅游休闲为特色的三产服务业结构。增长方式更加集约，绿色、环保型发展模式得到普遍认同。力争实现生产总值400亿元，人均生产总值比2005年翻一番，突破8000美元，财政总收入达到50亿元，区域经济竞争力显著增强。

*——城乡面貌大为改善，功能布局更为合理。*经过启动鹿山新区建设、实施跨江发展，初步形成一城两区东西互动、一江两岸南北呼应的中心城市发展格局，沿江单侧发展的局面得到初步改变，集聚功能明显增强；经过推进新登副城、场口扩容区和受降、高桥等区块的建设，从一个中心城市发展为主走向一主一副六组团全面发展。基本形成开放型交通网络，进入杭州更加便捷。城乡一体化水平显著提升，农村环

境面貌显著优化，高桥、受降、东洲区块的整体环境与杭州基本相融，富阳主城成为设施良好、布局合理、个性鲜明、环境优美的滨江城市。

——改革开放扎实推进，创新创业更为活跃。服务型政府基本形成，政府管理理念和方式全面创新，统筹城乡发展的体制机制进一步建立和健全。创新创业的氛围更加浓厚，产学研合作更加紧密，各类经济主体和生产要素的活力得到进一步激发，投资和创业的环境明显优化。

——循环经济发展迅速，环境质量明显提高。生态市建设扎实有成，基本控制工业污染，全面推行清洁生产，大力推进循环经济。城市环境显著优化，单位生产总值综合能耗下降25%，化学需氧量排放量下降30%，二氧化硫排放量下降20%。城区绿化覆盖率达到40%，人均公共绿地达到12平方米，生态环境更趋好转，园林城市更具风采。

——社会事业全面发展，人民生活更为富裕。形成比较完善的现代国民教育、医疗卫生和社会保障体系，人民生活更加宽裕，城镇居民人均可支配收入达到2.6万元，农民人均纯收入达到1.3万元，城镇登记失业率控制在4%以内，使富阳成为科教领先、文化繁荣、平安和谐的现代文明城市。

为实现上述目标，在实际工作中，我们必须解放思想，干在实处，走在前列，认真把握五个“坚持”：

（一）坚持以科学发展为取向，加快发展，统筹发展

发展是硬道理，是解决富阳所有问题的关键。要紧紧抓住发展这个“牛鼻子”，坚持以经济建设为中心，坚持依靠发展解决前进中的困难和问题，大力推进“五大战略”，努力在推进产业结构提升、加快经济发展方面走在前列。要按照科学发展观的要求，转变发展观念，创新发展模式，提高发展质量，更加注重改革发展稳定相统一，更加注重“五个统筹”相协调，更加注重“四大建设”同推进，努力在统筹发展、加快社会主义新农村建设方面走在前列，确保富阳经济社会实现又好又快发展。

（二）坚持以富民强市为目的，克难攻坚，奋发有为

面对日益严峻的要素制约和区域竞争，我们不能怨天尤人，不能等待观望，而要大力弘扬克难攻坚、争创一流、敢于负责的精神，坚决克服“满”的观念、“浮”的作风、“僵”的痼疾，化压力为动力，变困难为希望。要牢固树立“无功便是过”的观念，凡是对人民群众有益的事，凡是对经济又好又快发展有利的事，就要敢做敢为、敢闯敢试、敢抓敢管；对经济社会发展中的突出问题，要敢于碰硬，敢于较真，敢于得罪人；对工作中的失误，要敢于负责，勇于自我批评，及时予以纠正。要营造宽松的发展环境、和谐的工作氛围，放心、放手、放胆支持下级工作，多一些鼓励支持，少一些埋怨指责，勇于为下级承担责任，保护好广大干部群众的积极性、主动性和创造性。

（三）坚持以融入杭州为主线，功能互补，错位发展

融入杭州、接轨长三角，是富阳经济社会持续快速发展最为强大的动力，是富阳老百姓生活富裕、生命阳光最为根本的依托。要坚持以理念融入为先导，把融入杭州贯穿于富阳经济社会建设的方方面面，树立富阳就是杭州、杭州包含富阳的理念，既做富阳人，又做杭州人；要坚持以规划融入为基础，大到产业布局、城市框架、基础设施，小到功能定位、要素流向、开发次序等，所有规划都要体现更好、更快融入杭州，互补错位发展的原则，实现规划共绘；要坚持以项目建设为载体，加快推进基础设施、交通道路、中心集镇、产业园区等建设，提升主城区的功能和品位，为富阳全面融入杭州创造条件、建立平台；要坚持以产业融入为根本，让杭州成为富阳产业发展的“支撑”，让富阳成为承接杭州产业梯度转移的“首选”，实现功能互补、错位发展。

（四）坚持以改革开放为动力，大力创新，推动发展

要用发展和改革解决前进中的问题，就是以改革促发展，以创新促发展。要以解放思想为先导，坚决冲破一切阻碍发展的思想观念，坚决改变一切束缚发展的做法和规定，坚决革除一切影响发展的体制弊端，创造良好的投资和发展环境。突出企业自主创新，在若干领域掌握一批核心技术，拥有一批自主知识产权，造就一批具有相当竞争力的人才、企业和品牌；推进产业组织创新，鼓励企业联合和兼并，发展核心企业主导的企业战略联盟，增强产业竞争力；推进开放模式创新，把开放型经济与结构调整、产业升级和

经济转型有机结合起来；深化行政管理体制改革，推进财政体制、扶持政策、用人导向、激励机制、政府服务的改革创新，不断转变政府职能，建设现代政府。

（五）坚持以关注民生为重点，破解七难，推进和谐

人民群众是我们的衣食父母，人民利益高于一切。要始终坚持以人为本、以民为先，急群众所急，想群众所想，努力化解社会矛盾、协调各方利益、缩小城乡差距、统筹区域发展，着力解决人民群众最关心、最直接、最现实的“七难”问题，让全体富阳人民越来越多地享受到改革发展的成果。进一步健全社会保障体系和社会救助体系，大力推进教育的均衡发展，加快文化事业和文化产业的发展，切实维护公共安全和社会稳定。要加快推进卫生、体育等各项社会事业的发展，促进人的全面发展，努力在构建和谐社会、提升人民生活品质方面走在前列。

三、2007年政府工作建议

2007年是新一届政府的开局之年。我们要以高度的责任感、使命感，只争朝夕，真抓实干，努力做好今年工作，向全市人民交上一份满意的答卷。今年政府工作的指导思想是：**认真贯彻党的十六大、十六届六中全会精神，按照市十二次党代会的总体部署，扎实推进经济建设和社会发展，为富阳今后几年的发展打好坚实的基础。**2007年全市国民经济和社会发展的主要预期指标为：**生产总值增长13%，工业总产值增长20%，农业总产值增长8%，社会消费品零售总额增长15%，自营出口增长16%，全社会固定资产投资增长12%，财政总收入增长13%，城镇居民人均可支配收入增长10%，农民人均纯收入增长10%，城镇职工登记失业率控制在4%以内，人口自然增长率控制在4.34‰以内，单位生产总值综合能耗下降6%，化学需氧量和二氧化硫年排放量分别减少6.9%、4.4%。**

根据上述指导思想和预期目标，经过认真研究，市政府对今年的政府工作提出以下建议：

（一）突出农村发展、农民增收，扎实推进社会主义新农村建设

农业、农村和农民问题攸关富阳经济社会发展全局。要认真贯彻中央“二十字”方针和支农投入“三个高于”的要求，认真落实市十二次党代会提出的新农村建设“六原则”、“四步骤”，切实把解决好“三农”问题放在重中之重。

促进农业经济发展。**进一步优化农业产业结构。**在保护和增强粮食综合生产能力的基础上，完善农业基础设施，加快农业产业带建设，引导农业重点项目向都市农业、生态农业、休闲观光农业集聚，大力发展无公害、绿色、有机农产品，提高农产品附加值和农业产出。**进一步推进农业产业化进程。**提高财政资金的使用效率，着力培育一批能真正带动本市农民致富的加工型、流通型和外向型农业龙头企业，促进农业增产、农民增收；培育专业合作组织、示范性专业合作社，壮大经纪人队伍，拓宽农产品流通渠道。大力发展农产品精深加工，延长农产品加工销售链；积极开展“兴林富民”示范乡（镇）村建设，完善信息服务网络，搞活农产品流通，拓宽农业招商渠道，吸引社会资本投资农业项目。实施科技入户工程，提升农业科技创新能力。**进一步实施质量品牌建设。**加快农产品质量安全体系建设，推进标准化示范工作，开展品牌建设，增强农产品的市场竞争力。要着眼长远，积极培育“鹳山”、“东坞山”等特色农产品品牌。

促进农民增收。以中心镇和工业功能区建设为抓手，培育发展农村二、三产业，为农村富余劳动力开辟就近就业的途径，加快农村劳动力向中心镇集聚和非农产业转移，形成发展、转移，再发展、再转移的良性循环。积极实施农民素质培训工程，加大农村劳动力的技能培训，增强农民致富能力。加强“富阳农网”和“农民信箱”建设，帮助农民掌握更多的就业、致富信息。

促进农村全面进步。按照“多予少取放活”的方针，完善各项支农政策，加大公共财政扶持力度，加快建立工业反哺农业、城市支持农村的长效机制。以“百千工程”为抓手，完善乡镇布局规划、小城镇总体规划和村庄布点规划，强化中心镇、中心村建设，增强集聚和带动功能，建设一批设施较为完善、具备一定辐射能力的特色中心镇，积极培育一批基础条件好、发展潜力大的中心村。继续推进农村饮用水、污水处理和“四线供水”工程，大力实施垃圾无害化处理、河道整治等活动，加快基础设施向农村延伸。规范农村私人建房，开展“空心村”、“赤膊墙”整治，进一步改善农村面貌。稳妥推进农村综合改革，不断

优化体制机制。加强农村水利建设，提高农业生产的保障水平。加强村级班子和社区文明建设，推进管理民主，促进乡风文明。开展“村企结对”活动，鼓励社会各界参与新农村建设。开展新农村示范乡镇(街道)和标兵村创建活动。

（二）突出结构优化、产业升级，扎实推进“工业兴市”战略

在今后相当长的时期内，工业仍将是富阳经济发展的主要依托、财政收入的主要来源、群众就业的主要渠道。大力发展高新技术产业、改造提升传统特色工业、实施“工业兴市”战略是富阳保持经济持续快速增长的战略选择。

着力推进结构调整优化。结构调整优化是一个长期的过程。我们要把握好目标与现实、当前与长远的关系，既要加强引导、加大力度，又要循序渐进、顺势而为。**大力推进产业结构优化，**坚持改造提升传统产业与培育发展高新技术产业相结合，通过政策引导、经济杠杆、市场机制等手段，全力促进造纸、通信、铜冶炼、运动器材等传统产业的技术改造，整体提高其装备水平、技术水平、生产能力，增强市场竞争力；通过外部引进、内部培育等手段，**大力发展高新技术产业，**培育壮大现代医药、机械仪表、电子信息、新型建材等新兴行业，努力培育新的经济增长点。要坚持大项目带动，实施一批对增强发展后劲有重大保障作用的基础设施项目；实施一批带动力强、技术含量高、市场前景好的重点技改项目；实施一批高新技术产业化项目，以投资结构的优化，带动产业结构的优化升级。**大力推进企业结构优化，**坚持扶持大企业、大集团和培育优强中小企业相结合，努力培育一批对富阳工业发展、经济发展和对外形象起到重要作用的大企业、大集团；努力培育一批成长性好、发展潜力大的中小企业；加大关停并转力度，鼓励企业之间实行合作联合、兼并重组。**大力推进产品结构优化，**鼓励企业大力开发科技含量较高、市场前景较好的新产品，提高产品的附加值；鼓励企业进军关联产业，延长产业链，提高抗风险能力；鼓励企业加大产品宣传，提升产品质量，努力培育一批拥有自主知识产权的知名品牌。

着力引导推进企业技术和制度创新。创新是企业核心竞争力的关键所在。要坚定“科技强市”战略，强化一批企业、行业和产业集聚区域的研发中心建设，加快实施重点行业和龙头企业技术赶超计划，瞄准国际国内先进水平，围绕造纸、通信、铜冶炼等重要行业，大力实施一批重大科技项目，提升产业层次和市场竞争力，支持龙头企业加大自主创新力度，赶超先进水平，增强核心竞争力和行业的带动力。积极引导和支持企业制度创新、管理创新、市场创新。加强人才队伍建设，为创新做好人才储备和智力支持。加强企业家培训，提高企业家经营管理水平和驾驭市场经济能力，增强企业家的使命感和社会责任感。

着力推进工业功能区建设。精心打造“三大两新”先进制造业基地，重点建设富阳经济开发区场口扩容区，整合提升工业功能区，强化产业分工协作，优势互补、错位发展；继续鼓励企业“退城入园”，同时严把项目准入关，使入园的企业成为全市工业结构调整和增长方式转变的“排头兵”。加大扶持力度，引导特色块状经济逐步实现改造提升，增强市场竞争力；推进标准厂房建设，为中小企业的发展提供创业平台和发展空间。

（三）突出山水文化优势，扎实推进现代服务业发展

富阳具有独特的山水、文化、区位优势，发展服务业具有雄厚的基础条件。要以大旅游与房地产为先导，以商贸物流与其他服务业为支撑，逐步形成重点突出、特色明显的现代服务业发展体系。

积极发展旅游休闲产业。以市旅游发展“十一五”规划为指导，积极推进“一带三区”建设，着重做好白鹤村等乡村民俗风情游、龙门文化休闲游、碧湖双洞观光游、永安山与安顶山运动游文章，推进野生动物世界二期项目建设。突出区域文化特色，充分利用受降厅、郁氏故居和华宝斋等旅游资源，大力挖掘抗战、造纸等文化的内涵，提高文化展示和经营的水平。研究策划运动休闲城市课题，打造个性化城市新名片。积极利用高山、沙洲等自然资源，开展旅游招商引资工作。以旅游星级饭店建设和旅游设施完善为抓手，丰富服务内容，提升服务水平，打造服务品牌。

提升改造传统服务业。进一步完善《富阳市商业网点发展规划》，推进商业网点合理布局；以“千万”工程为载体，巩固完善农村“三网”建设；规范和整顿市场经济秩序，倡导诚信兴商；加快“银行卡”工

程建设，激励信用消费。加快商贸项目建设，提升综合市场，加快建设秋丰建材等专业市场，启动建设龙山饭店等一批商贸项目。积极推进商业信息化和电子商务发展，积极开发特色餐饮，大力发展家政、洗染、修理等服务业。

着力培育现代服务业。进一步完善《富阳市现代服务业发展规划》，依托支柱产业，大力发展水、电、气、物流、金融等生产性服务业，加大中介、流通、教育、资讯、会展等新兴服务业培育力度，加快现代服务业管理体制改革，明确管理机构，优化政策环境，健全制度，规范秩序，培养和引进现代服务业经营管理人才，增强现代服务业竞争力。

稳步发展房地产业。以持续发展为目标、以山水区位优势为依托，树立经营城市的理念，深化完善居住区规划，优化房地产资源配置。引进国内外著名企业，大力提升我市的房地产品位，提高土地的产出和利用率，推进房产与富春山水的协调融合，塑造城市新形象，增强城市吸引力和辐射力。

（四）突出规划优化、统筹发展，扎实推进城市化进程

规划是前提，建设是基础，投入是保障，管理是根本。

优化城乡发展规划。要突出规划职能，加强规划管理，严格规划执法，充分发挥规划在优化资源配置、促进社会公平中的作用。要完善规划体系，按照市十二次党代会要求，进一步完善市域总体规划、产业发展规划，抓紧编制与总规相配套的分区规划、控制性详规。

有序推进城市建设。按照“绩效优先、民生优先”的原则，着力推进群众急需的、事关长远发展的项目建设。**着力推进城镇建设。**要优化改造老城，以亮化美化、完善功能、提升档次为目标，改造提升老城区的基础设施，将滨江风貌渗透至城市内部，进一步凸现“天蓝地绿、山青水秀”的优良人居环境。要激活鹿山新区，以土地规划修编为先导、项目建设为抓手，积极创造条件，启动鹿山新区建设工作。推进新登副城建设，完善污水处理等基础设施，拓展工业功能区，增强集聚、辐射、带动能力。协调推进其他组团建设，逐步形成各具特色、功能互补的城镇网络格局。**着力推进基础设施建设。**推进自来水厂二期、天然气利用、富阳至新登供水管、新登污水处理厂等重大市政工程，进一步完善城市公用配套设施。**着力推进交通道路建设。**拉框架，拓主干，推进东洲中心路和江滨东大道、南大道等续建工程，启动鹿山大桥建设，新建江滨西大道延伸、鹿山中心路等工程，改造提升320国道金家岭至新桥段，加快推进320国道过境线项目的前期报批及工程建设，逐步完成以“一环三横三纵”为重点的城市新路网建设，进一步优化城市路网布局。**着力改善城市环境。**启动第五期经济适用房项目建设，加快“城中村”改造，建设城市新型社区，大力提升城市品位。

切实加强城市管理。要完善城管体系，创新城管手段，推进“数字城管”，综合运用经济、行政、法律等手段，加强城市管理。要加强社区建设，充分发挥全社会参与城市管理的积极性和能动性。要狠抓薄弱环节，采取措施，有效解决城郊结合部脏、乱、差状况，坚决打击违法建房、人行道停车、“二噪一污”等违法行为。

（五）突出要素破解、节能降耗，扎实推进“两型”社会建设

土地、资金、环境等要素将长期制约我市的经济社会发展，我们一定要增强忧患意识，采取果断措施，积极有所作为。

破解土地制约。**采取措施提高土地利用率。**在符合城市总体规划的前提下，合理调整存量土地的规划功能和指标，放宽容积率，放宽建筑高度，严控投资强度和建设密度，积极推行多层厂房建设，大力推进农村住宅公寓化，做到节约用地、集约用地。**想方设法盘活存量土地。**对存量土地进行一次全面盘查、清理，多管齐下加以盘活，对已批未供的，要想办法加快供地；对已供未用的，要采取坚决措施，安排给急需的建设项目使用。**全力以赴争取用地指标。**要用足用好现有国家用地审批政策，采取一切措施、尽最大努力做好用地审批工作，保证重大基础设施项目、重要引进企业、重大技改项目、鹿山新区和住宅用地。要加强与衢州等“山海协作”和友好县（市）的合作，实行基本农田异地代保和标准农田外移。**千方百计开展土地整理。**加强用地的计划和调控，加大土地整理特别是农村宅基地复垦力度，充分利用山地、林地，积极开发低丘缓坡，拓展用地空间。

破解资金制约。要千方百计培育财源，通过加快发展、增加财源，筹措更多的建设资金。要千方百计节省开支，加强政府支出管理，严格概算，严格预算，严格决算，勤俭办事，努力提高资金的使用效率。要多渠道筹措资金，坚持财政拨款和向上争取相结合、银行融资和市场筹措相结合、借地生财和存量盘活相结合。加快构建和完善多层次的中小企业融资担保体系，积极鼓励优强企业进入资本市场融资，缓解企业资金矛盾。

破解环境制约。环境问题已成为我市可持续发展的重中之重问题，一定要坚定“环境立市”战略，采取铁的决心、铁的手腕整治环境。**要坚定目标。**要按照省“811”环境污染整治任务的要求，完善和落实水污染排放总量控制和削减机制，于年内通过省、杭州市验收。**要多管齐下。**以生态市建设为载体，健全污水排放收费等政策，加快环保设施建设，增强环境监管，加强教育引导，提高企业的环保意识。有关部门和乡镇、街道要从大局出发，以高度负责的精神，投入到污染企业的关停工作中，确保监管到位、查处到位、关停到位、考核到位。

加强节能降耗。**大力发展循环经济。**采取经济和技术手段，引导企业逐步推进节能降耗和清洁生产，积极推进资源综合利用，提高工业废水、废气和固体废物的综合回收利用率。加快造纸、铜冶炼等方面的核心技术研究，积极培育循环经济示范企业，带动整个行业和产业的升级。努力建设造纸行业国家级循环经济示范区。逐步推进城乡社区生活垃圾分类收集，促进再生资源的回收利用。**严格技术准入和淘汰制度。**围绕产业结构调整，制订环保、节能等市场准入标准，严格控制粗放型的新上项目，禁止高污染项目进入。采取措施推动企业结构、产品结构调整，加速淘汰小造纸、小化工、小冶炼、实心粘土砖等企业。

（六）突出增强活力、提升层次，扎实推进开放型经济发展

坚持“开放活市”战略。实践证明，开放型经济是我市加快发展、协调发展的重要抓手。面对汹涌澎湃的全球化浪潮，面对更趋激烈的区域性竞争，我们更应该充分利用国际、国内两个市场、两种资源，继续把招商引资当作“一把手”工程来抓，明确目标，落实责任；继续加强外向型经济发展，加快培育出口导向型企业，转变外贸增长方式；继续开展“两项制度、两项活动”，不断改善投资环境；继续加强区域经济合作，坚持“引进来”和“走出去”相结合，积极引进国外智力、技术、装备，提升我市的对外开放水平。

突出招商引资重点。**要加强产业链招商。**鼓励我市的行业优势企业，从企业做强做大、产业整体提升出发，加强同国外、市外的大企业合作、合资，引进先进技术、装备和管理，形成示范和放大效应，促进整个产业的升级改造。**要加强高新技术产业和现代服务业的招商。**高新技术产业和现代服务业是富阳未来的发展方向，又是当前我市的薄弱环节，必须采取措施，加大力度，争取有所突破，促进产业结构的调整优化。**要加强“以民引外”工作。**民营企业是我市经济发展的主力军，也应成为招商引资的主力军。要鼓励民营企业积极与国内外资本对接，以股权换技术、换市场、换管理，进一步做强做大企业。**要加强对杭州市属企业的招商。**目前，杭州一大批市属企业面临“退二进三”，我们要抓抢机遇，掌握信息，落实责任，务求更多的杭州企业落户富阳，增强富阳工业的实力。**要加大对大企业、大项目的招商。**采取措施，重点引进与产业发展相配套的大企业、大项目，引进资金、管理、技术、人才等一系列现代经济要素，带动富阳经济的整体提升。开发区和工业功能区是富阳工业发展的希望，也是招商引资的主力军，一定要增强责任感和使命感，务求招商引资取得新突破。

加强对外来投资创业者的服务。招商引资工作是一项系统工程，既要千方百计地引进资金、项目和企业，更要做好引进后的服务工作，维护和保障外商投资企业的合法权益，解决他们的实际困难。政府各部门要进一步强化责任意识，多服务、少干预，多帮忙、不添乱，绝不允许任何个人、任何单位，以任何理由强迫或变相强迫外来投资企业接受工程施工、设备采购、摊派赞助等行为，绝不允许因为一个人或一个单位的问题而影响我市的整体形象，真正做到以一流的环境吸引一流的企业、一流的人才。今年，我们将采取一切可行的措施，重点解决好海正药业、中策橡胶等重大项目的建设用地问题。

（七）突出以人为本、以民为先，扎实推进和谐富阳建设

保持社会和谐稳定，是发展的目标，也是发展的

保证。要从解决人民群众最关心的利益问题入手，从我们能够做到的事情做起，扎实推进和谐富阳建设。

高度关注民生问题。以深化破解“七难”工作为载体，加大财政投入力度，进一步解决群众关心的热点难点问题。健全城乡困难群众三级救助体系，加大扶贫帮困力度，积极开展“春风行动”、慈善救助等活动。提高农村五保户和城镇“三无”人员集中供养率，完成新建扩建敬老院项目，加快建设经济适用房、租住房等保障性住房，进一步解决城乡困难群众的生活难题。实施积极的就业政策，制定出台小额担保贷款、《社区公益性岗位管理暂行办法》等一系列配套政策。加强各项社会保险基金的扩面与征管，努力推进“五费”合征，研究制定新型农村养老保险办法。积极推进退休人员的社会化管理服务工作。注重协调劳资关系，加大维权执法力度，进一步保障劳动者的合法权益。

深化“平安富阳”建设。贯彻“法治杭州”建设精神，以“平安富阳”创建为载体，以科技强警为抓手，全面推进治安打防控体系建设，**确保社会长治久安。**妥善处理不同利益群体之间的关系，优化社会风气和发展环境，加大对违法犯罪活动的打击力度，提高市民安全感和幸福感。进一步建立和完善社会治安综合治理长效管理机制。大力推广“枫桥经验”，完善信访工作目标责任制，健全人民内部矛盾疏导、化解机制，妥善处置群体性事件，**确保群众安居乐业。**健全突发性公共事件应急预案和运行机制，提高应对能力。牢固树立防大汛抗大旱思想，未雨绸缪，积极做好森林防火、动植物防疫和地质灾害防治等工作。创新安全生产管理机制，加大安全投入力度，降低事故发生率，**确保群众生命财产安全。**

推进社会事业发展。积极实施新一轮**教育**发展专项规划，推进城乡教育的均衡发展。高质量、高标准普及十五年教育，重视幼儿教育、职业教育、成人教育和社区教育。整合教育资源，启动大源中学、新关初中、大源镇中和万市中学、万市镇中、洞桥镇中的撤并和东洲中学二期建设工程。深化医疗**卫生**体制改革。切实加强公共卫生体系建设，建立应急处置指挥中心，加强重大、重点传染病的防治工作。鼓励民营资本依法兴办上规模、上档次的医院，提升医疗服务水平。实施市妇幼保健医院二期、市人民医院惠民（康复）楼改造、场口人民医院迁建等工程，高标准通过国家卫生城市的复评考核。加快文化体制改革，加强文化市场管理。强化精品意识，大力发展文化广电新闻出版事业。加快发展文化产业。进一步推广数字电视。培育发展文化中介机构，加强**文化**经纪人队伍建设。开展文化示范乡镇、街道、社区和村的建设。做好全国**体育**强市创建准备工作，加快推进体育强乡（镇）创建，举办市第六届运动会，争取国家羽毛球训练与比赛基地落户富阳。完善监管网络，加大执法力度，整顿规范**食品、药品**（药械）市场，健全**工商**执法整治和消费维权长效机制。坚持依法**统计**，夯实统计基础。深化**计生**优质服务，转变群众生育观念，巩固提高计生工作水平，建设和谐的人口生态体系。以创建省“示范文明城市”为目标，广泛开展群众性文明创建活动，不断推进新型社区建设。充分利用历史人文等资源，加强爱国主义教育和未成年人思想道德教育。全面推进“五五”普法教育。进一步加强国防后备力量建设，做好双拥、民兵预备役部队和人民防空工作。维护老年人、未成年人和残疾人的权益，支持工会、共青团、妇联等人民团体的工作，进一步做好民族、宗教、侨务、台务、工商联、文联、关工委、史志、档案等工作。

尽心尽职办好十件实事：

1. 积极开发就业岗位，全年新增就业岗位8000个，帮助4800名城镇失业人员实现再就业。

2. 改善群众居住条件，启动第5期500套4.5万平方米经济适用房和第2批100套6000平方米经济适用租赁住房的建设。

3. 新建、扩建、加固农村饮用水水库10座，新增饮用自来水人口1万人，解决农村3.5万人“饮水难”问题。

4. 提高新型农村合作医疗的筹资标准，达到农民人均纯收入的1.3%。扩大工伤保险、基本医疗保险覆盖面，加大对城乡困难群众的医疗救助力度。

5. 进一步美化农村环境，完成2个乡镇、街道的连片整治和5个示范村、30个重点整治村的环境整治工作。

6. 动建环山中学、灵桥中学“四合一”、富中江南校区暨春江中学等工程。推进电大富阳学院的立项与报批工作。

7. 加快发展公共交通，建设客运南站，新建5个农村准四级客运站，进一步完善城乡客运网络。完善城市公共交通网络，加大公交覆盖面，实现公交软硬件升级，缓解群众出行难问题。

8. 完成杭千高速富阳连接线灵桥支线、横大线蒋家村至包家淇段、胥高线三溪口至界桥、大源过镇公路、环金线窈口段和双坝大桥等交通续建工程，优化胥高线岩石岭库区段建设方案，进一步改善农村交通条件。

9. 加强食品药品安全监管工作，加大对蔬菜农药残留、豆制品和奶制品的食品添加剂等监测力度。深入实施道路交通安全隐患点（段）整治，做好县乡道路的安保工程。

10. 进一步加快文体设施建设步伐，文化示范乡镇覆盖率达到50%以上，体育健身苑（点、场、室）覆盖率达到70%以上。启动体育中心健身训练楼工程。

四、全面加强政府自身建设

目前，我们正处于体制转轨、社会转型的关键时期，社会矛盾层出不穷。政府一方面要千方百计地促进经济健康快速发展，另一方面又要自觉转变政府职能，加强公共管理，协调社会矛盾，促进公平正义，保证社会和谐和稳定。

推进政府管理改革创新。**要创新考核激励机制，**逐步建立综合考核和目标责任考核相结合、以目标责任考核为主的考核体系，形成有利于激发创造活力和干事激情、促进经济快速发展的利益机制。**要创新用人机制，**逐步建立“基层导向、干事导向、业绩导向”用人机制，大胆起用那些富有创新精神和实干能力的各类人才，激励干部想干事、敢干事、能干事、干成事。**要创新财政体制，**逐步构建“一个笼子管收入，一个盘子编预算，一个口子管支出”的公共财政框架；以理顺乡镇财政体制为抓手，以激发乡镇创造活力为目标，根据乡镇的功能定位，合理确定市和乡镇的利益分配关系，共同致力于扩大财源、加快发展；完善市与乡镇财政转移支付制度，建立与事权划分相适应的财政转移支付制度，整合、归并转移支付内容，完善激励和约束机制。**要创新政府服务，**以行政服务中心为平台，稳步推进行政职能的改革，减少行政审批事项，简化办事程序；以建立公共资源交易中心为抓手，建设“管办分离”的公共资源交易新体制。**要深化企事业单位改革，**通过脱钩、转制等措施，转换经营机制，提高运行效率；加强国有、集体资产的监管，加大资产运作，提升资产效用，建立绩效考核机制。**要完善产业扶持政策，**在清理、整合现有产业扶持政策的基础上，制订有利于促进传统产业改造提升、新兴产业发展、资源集约利用、企业兼并重组、重大技术攻关、退城进园、品牌培育等扶持政策体系，用政策导向促进产业的结构优化，促进造纸等传统企业的“两极分化”。

全面推进依法行政。大力推进政府决策的科学化和民主化，完善政府科学决策的机制，积极开展民情民意调查，对群众利益密切相关的重大事项实行社会公示，对专业性、技术性较强的重大决策、规划方案，邀请专家参与咨询论证。要强化审计监督，着重推行政府项目事前、事中、事后的全过程监管。要创新行政执法机制，健全行政执法程序，实行行政执法责任制、过错追究制。认真执行人民代表大会及其常委会的有关决议、决定，自觉接受人民代表大会及其常委会的监督，积极支持人民政协充分发挥政治协商、民主监督、参政议政的职能，认真办理人大议案、建议和政协提案。

努力打造现代政府。面对加快发展、协调发展的巨大压力，面对人民群众的热切期盼，政府各部门和各级领导干部一定要牢固树立执政为民的思想，坚持一切为了群众、一切依靠群众，实现好、维护好、发展好最广大人民的根本利益。**努力打造责任政府。**政府各部门和各级领导干部要大力弘扬新时期的“亮剑”精神，争创一流、敢于负责，积极营造有利于发展的政策环境、政务环境和“公正、公平、公开”的竞争环境，努力激发全社会创新创业的活力，承担起引领发展的责任；要统筹发展、协调发展，**努力维护社会稳定，**承担起构建和谐富阳的责任；要努力破解群众生产生活难题，不断提高群众生活品质，承担起为民谋利的责任。努力打造效能政府。政府各部门和各级领导干部要大兴求真务实之风，增强工作的责任感、紧迫感，在克难攻坚上下功夫，敢于直面困难、正视问题，主动到条件艰苦、环境复杂、矛盾集中的地方去开创工作新局面。要在抓好落实上下功夫，察实情、办实事、求实效，定下来的事情就要雷厉风行、抓紧实施，部署了的工作就要督促检查、一抓到底，一步一个脚印把我们的事业推向前进，努力提高政府运行的质量和效率。**努力打造信用政府。**政府各部门和各级领导干部务必树立诚信观念，务必做到有诺必践，讲究信用。对老百姓作出的承诺，一定要做到言必行、行必果，确因主、客观原因无法按时或完全兑现，也应说明原因，寻求老百姓理解、谅解。**努力打造廉洁政府。**政府各部门和各级领导干部都要经常想一想自己手中的权力从哪来、手中的权力为谁用这个重要问题。自觉加强从政道德，自觉遵守从政纪律和国家的法律法规，始终牢记“两个务必”，常修为政之德，常思贪欲之害，常怀律己之心，守得住清苦、抵得住诱惑、管得住小节，真正做到廉洁从政。

各位代表，今后五年，将是富阳再上新台阶、实现新跨越的五年，也将是我们大展鸿图、大干事业、大显身手、大有作为的五年。前程似锦，任重道远。让我们在中共杭州市委、市政府和中共富阳市委的正确领导下，全面贯彻“三个代表”重要思想，团结和依靠全市人民，抢抓机遇，扎实工作，奋发有为，为全面建设“生活富裕、生命阳光”的和谐新富阳而努力奋斗！

【附】名词解释

1.“二十字”方针：中共第十六届五中全会上提出了要按照“生产发展、生活宽裕、乡风文明、村容整洁、管理民主”的要求来进行社会主义新农村建设。

2.三个“高于”：2007年中共中央一号文件明确提出三个“高于”，即国家财政支农资金增量高于上年，国债和预算内资金用于农村建设的比重高于上年，其中直接用于改善农村生产生活条件的资金要高于上年。

3.“百千”工程：根据浙江省提出的“千村示范，万村整治”工程，杭州市提出要相应开展“百村示范、千村整治”工程。

4.“千万”工程：“千村连锁超市、万村放心店”工程。此项工作由省政府提出，富阳市的目标是：从2005年至2007年，在每个乡镇（街道）至少建设一家连锁超市，各行政村（社区）至少建设一家放心示范店，逐步形成市有配送中心（站）、乡镇（街道）有连锁超市、村有便利放心店的农村连锁经营网络。

5.“一圈十线”工程：中共富阳市第十一次代表大会提出的九大工程之一。一圈是指市区环城公路圈，途经高桥—春华—蒋家村—中埠—灵桥—东洲—高桥，由320国道、杭新景高速公路、杭富沿江公路、高尔夫路组成。十线是指以环城公路为起点向各乡镇、街道及周边县市的辐射公路：一是320国道北线经高桥、受降至杭州；二是高桥至余杭；三是春华至松溪分三条线，分别经永昌至临安，经胥口、洞桥、万市至临安，经胥口至桐庐；四是汤家埠经鹿山、新桐、渌渚至桐庐；五是中埠经环山、场口、东图至桐庐（320国道南线），中埠经环山、场口至桐庐（杭新景高速公路）；六是中埠经环山、常安、湖源至诸暨；七是中埠经环山、龙门、上官、常绿至萧山；八是大源经大黄岭至萧山；九是灵桥经里山、渔山至萧山；十是东洲至杭州（经高速公路、沿江公路）。

6.一江两路：即富春江和320国道、杭千高速公路。

7.七项创建：富阳市2003年以前提出，于2005年完成，具体内容为：创建国家卫生城市（2003年验收）、国家园林城市（2003年验收）、中国优秀旅游城市（2003年验收）、国家环境保护模范城市（2004年验收）、省文明城市（2004年验收）、省文化先进市（2005年验收）和省双拥模范城市（2005年验收）。

8.“东海明珠”工程：省政府办公厅和省文化厅为推动城镇和农村文化发展而设立的工程。主要内容为乡镇要拥有较为完善的文化设施，包括有独立的文化大楼、有藏书5000册以上的图书馆、阅览室等，有专职文化工作人员，有文化经费保障，每年有丰富多彩的文化活动，出一定的文化作品，培养一定的文化人才。

9.四线供水：《富阳市国民经济和社会发展第十一个五年规划纲要》中提出，通过自来水厂分东南西北四个方向向城市周边农村供水。

10.五大战略：富阳市第十二次党代会提出，内容为“工业兴市、科技强市、环境立市、开放活市、特色建市”五大战略。

11.五个统筹：中共党的十六届三中全会通过的《中共中央关于完善社会主义市场经济体制若干问题的决定》中提出，具体内容为统筹城乡发展、统筹区域发展、统筹经济社会发展、统筹人与自然和谐发展、统筹国内发展和对外开放。

12.“811”重点监管区：2004年始，浙江省人民政府在全省开展以8大水系和11个省级环境保护重点监管区为重点的环境污染整治行动（简称“811环境整治行动”），主要针对化工、医药、制革、印染、味精、水泥、冶炼、造纸8个重污染行业。

13.一城六组团：根据新一轮城市总体规划，富阳中心城市由受降—高桥、富春、鹿山、东洲、春江（含大源、灵桥）、场口六大组团组成。

14.“千库保安”工程：2003年浙江省水利厅“千库保安工作会议”上提出，十五期间要加固1000座水库，大幅度提高浙江水库的安全度。

15.“两型”社会：资源节约型社会和环境友好型社会。

16.以民引外：现有民营企业与境外经济组织或自然人，通过开展多种方式的有效经济合作，实现共同发展。“以民引外”不是仅指民营企业引进外方资金，而是泛指民营企业与外方开展的多形式、多途径合作，即除了引进资金，还包括引进技术、引进管理制度、引进市场等。

17.以外引外：利用在富阳市兴办三资企业的外国公司和客商，进一步招商引资，通过与这些外商的友好合作，让他们介绍新客户，投资新项目。

18.“三大两新”：《富阳市先进制造业基地建设规划》中提出，“三大”指全国重要的通信器材生产基地、造纸及纸制品基地、运动器材基地；“两新”指省现代医药生产中心、新型建材生产中心。

19.新农村建设的“六原则”、“四步曲”：富阳市第十二次党代会上提出，六原则是“规划是前提、生产力是核心、中心城区是龙头、中心镇中心村是抓手、农民是主体、班子是关键”。四步曲是“区划调整、规划完善、功能布局、项目带动”。

20.两个“务必”：2002年胡锦涛总书记视察西柏坡时讲话中提出，广大干部务必继续保持谦虚、谨慎、不骄、不躁的作风，务必继续保持艰苦奋斗的作风。

21.两项制度、两项活动：前者指项目推进协调和领导干部联系重大项目制度。后者指深化“工业企业服务年”和“外商投资企业服务月”活动。

22.“四大建设”：即经济、政治、文化、社会“四大建设”。

23.“七难”：即困难群众生产生活难、住房难、行路停车难、农村饮水难、上学难、看病难、办事难问题。

中国人民政治协商会议富阳市第六届委员会常务委员会工作报告

——2007年2月1日在政协富阳市第七届委员会第一次会议上

胡 志 坚

各位委员：

我受政协富阳市第六届委员会常务委员会的委托，向大会报告工作，请予审议，并请列席会议的同志提出意见。

一、六届政协工作回顾

自2003年换届以来，政协富阳市第六届委员会在中共富阳市委的正确领导下，在全体委员的共同努力下，广泛团结民主党派、工商联、人民团体和社会各界人士，坚持以邓小平理论和“三个代表”重要思想为指导，牢牢把握团结、民主两大主题，紧紧围绕市委、市政府中心工作，认真履行政治协商、民主监督、参政议政职能，在历届政协工作的基础上，进一步开拓创新，各项工作取得了新进展、新成效，为巩固和发展爱国统一战线，维护团结稳定的政治局面，推进富阳改革开放和现代化建设作出了积极贡献。

（一）着眼全局，紧扣中心，提高政治协商水平

政治协商是人民政协的首要职能。市政协充分利用全体会议、常委会议和主席会议等形式，围绕党委政府的重大决策部署以及经济社会发展中的重要问题，因时而动，顺势而谋，政治协商水平进一步提高。

围绕重大问题集中协商。四年来，市政协坚持着眼全局商大事，紧紧围绕事关全市发展大局的重大问题和重大事务，组织委员集中协商讨论，并通过报送

《政协情况反映》、列席党委政府重要会议等途径，认真提出意见建议。2005年，市政协主席会议就我市“十一五”规划的编制进行协商讨论，提出了科学制定发展目标、优化空间布局以及加快生态市建设等30条意见建议，为市委、市政府采纳并为科学制定“十一五”规划提供了重要参考依据。2006年，市政协六届十五次常委会就“如何推进我市新农村建设”进行协商讨论，提出了加快出台实施方案、认真搞好科学规划、着力解决资金问题、重视培育新型农民等九大方面意见建议，为制订《富阳市社会主义新农村建设规划》、推进我市新农村建设做出了积极贡献。

围绕重要问题专题协商。四年来，市政协坚持紧

扣中心商要事，就促进“工业立市”、统筹城乡发展等经济社会发展中的重要问题，组织委员专题协商讨论，并通过大会发言 、小组讨论、政协建议案等形式，提出具体建议500余条。这些建议来自基层，有理有据，有较强的针对性和可操作性，引起了市委、市政府领导的高度关注，并得到较好落实。前几年，我市工业功能区初建，不少企业未批先建，管理部门难以发放权证，融资担保困难，企业发展受到严重制约，为此，市政协组织委员深入调研，并在六届六次政协常委会议上进行专题协商，通过了《关于切实解决企业房产权证遗留问题的建议案》，引起市领导高度关注。市政府为此专门成立了工作班子，对256家企业进行了实地调查，为135家企业补办了房产证，缓解了企业融资担保难题，盘活企业和银行流动资金达几十亿，有效促进了我市工业经济的健康快速发展。

（二）关注民生，反映民意，加大民主监督力度

民主监督是我国社会主义监督体系的重要组成部分。市政协坚持把民主监督与关注民生、倾听民声、反映民意有机结合起来，积极探索民主监督的有效途径，民主监督力度进一步加大。

深入开展专项监督。2005年，市政协选择与群众生活直接相关的饮用水问题，首次组织委员对城区供水工作开展专项民主监督活动。针对供水设施、供水水质、供水服务等方面存在的问题，提出了加快供水设施改造、加强水源监测管理、建立应急预案、规划建设城市备用水源等21条意见建议。市委、市政府主要领导高度重视，分别作出批示，要求全市各相关部门认真采纳政协意见建议，落实整改措施。通过努力，实行停水预告、建成富春江水源监测系统、更新改造城区管网以及《富阳市城市供水应急预案》等一系列政策措施相继出台并落实，城区供水设施进一步改善、工作机制进一步健全、服务质量和管理水平进一步加强。

认真抓好专题视察。四年来，共组织政协委员开展各类专题视察活动达三十余次，有针对性地提出意见建议，促成了相关问题的解决。如2003年，组织政协委员对工业功能区的财务管理运行情况进行专项监督视察，发现资金管理不规范，部分功能区负责人随意外借或违规动用管理建设资金竟达几千万元。市政协及时提出意见建议后，市委、市政府领导非常重视，专题进行研究，督促相关部门加强审计管理，出台规范性文件予以有效防范，从源头上加强了预防，有效遏制了违纪和违规行为的发生。同年，组织政协委员实地视察富春江采砂作业和两岸江堤塌陷状况，提出了进一步加强富春江黄砂管理的“一限、二严、三导、四敢”意见。市委书记办公会议专题研究了政协意见，

并成立由市四副班子领导成员参加的黄砂管理领导小组以及联合执法大队，采取一系列措施，确保黄砂采挖的有序管理和市场化运作。

积极反映社情民意。按照“真实、快速、特色”的要求，市政协重视和加强了反映社情民意工作，并取得较好成效。四年来，共编印主送市委市政府的《政协委员反映》25期、《政协情况反映》32期；向杭州市政协报送《富阳市政协为制止乱砍滥伐青柴献良策》、《关于失地农民安置与保障问题的建议》等信息31件，其中5件被全国政协采用，1件得到国务院副总理回良玉批示。

此外，市政协多次对监督员队伍进行调整和充实，先后有数十名政协委员担任了特约监督员。他们开展形式多样的民主监督活动，针对国家工作人员在遵纪守法、勤政廉政等方面存在的问题，适时提出意见建议，促进部门工作，维护群众利益，延伸了政协监督职能，提高了政协履职成效。

（三）精选课题，深入调研，增强参政议政实效

参政议政是人民政协履行职能的重要形式。市政协注重发挥政协优势和委员专长，按照“参政参到点子上，议政议到关键处”的工作要求，精心选择课题，深入开展调研，参政议政实效进一步增强。

抓住重点献良策。围绕我市经济社会发展中的重点问题，组织委员就“加快工业经济发展，促进农业增效、农民增收，深化‘平安富阳’创建”等，认真细致地开展调研活动，实事求是地提出中肯意见。2003年，组织政协委员对工业功能区及重点项目开展了为期3天的专题调研，针对工业功能区及其企业面临的各种手续办理难、招商容易动工难等问题，提出了《众志成城抓园区，大赶快上促发展》的调研报告，为加快工业功能区建设呐喊呼吁，为推进“工业立市”战略出谋划策。市委书记办公会议专题研究，要求全市各级有关部门逐一分析并解决政协委员对功能区建设调研中发现的问题。通过多个层面专题研究，各相关职能部门制定并落实“开展‘工业企业服务月’活动”等具体措施，有效帮助工业功能区及其企业解决了许多实际困难。2004年，组织政协委员就禽流感对我市的影响进行专题调研，向市政府提出多条建设性意见。对此，市政府领导及时研究出台政策，帮助养殖户度过难关，扶助了养殖业的发展。

聚焦热点谋善计。围绕我市广大群众普遍关心的热点问题，深入调查研究，积极献策出力，帮助解决一些实际问题。2003年，针对我市农村存在“因病致贫、因病返贫”、“看病难、住院难”等实际问题，提出了《关于在我市推行农村住院医疗保障制度的建议案》，分析了推行新型农村合作医疗制度的现实意义，并提出许多建设性意见。市政府吸纳政协建议，出台《富阳市新型农村合作医疗实施办法》，于2004年1月1日正式全面实施。至2006年底，全市98.7%的农民参加了农村合作医疗保险，从机制上有效缓解了部分农民群众“看病难、看病贵”问题。2005年，针对群众关注的城区道路收费问题，提出了《关于实行市域交通一卡制，深化道路畅通工程的建议案》。市政府在继续调研的基础上，结合我市实际，出台了《富阳市机动车辆办理“四自”公路统缴通行证实施办法》，进一步优化投资环境，有效缓解了社会矛盾。

关注难点进诤言。环境污染治理工作一直是困扰我市经济发展和群众生活的难点问题，也是加快生态市建设、打造环境友好型社会的当务之急。对此，市政协组织委员多次开展了专题调研，提出对富春江及支流水系进行综合整治等建设性意见，得到市委、市政府的采纳和落实。近几年，我市先后投资近20亿元建成和在建“永泰”、“八一”、“春南”等5个污水处理厂，日处理污水能力达70余万吨；关停“低、小、散”造纸生产线；建设大源溪截污纳管等工程，大力加强污染整治，较好地保护了我市生态环境。2005年，市政协紧紧围绕市委提出的破解“七难”工作，抽调政协委员组成多个调研组，分赴各乡镇(街道)、村(社区）开展专题调研，形成了分析透彻、建议具体的7份调研报告，引起市委领导的高度重视和社会各界的广泛关注。市委常委扩大会议作了专题研究，要求全市“破七难”的7个协调小组及相关部门认真阅读政协报告并积极采纳各项建议，从而促进了我市“破七难”工作的有效开展。

（四）改进方法，创新机制，提高委员提案质量

提案工作是人民政协一项具有全局意义的重要工作。市政协通过改进提案工作方法，创新工作机制，着力提高委员提案的内容质量、办理质量和服务质量，委员提案作用进一步发挥。

市政协重点从三个方面加强了提案工作：一是在提高提案的内容质量上下功夫。通过每年全会前向委员寄发提案征集要求、邀请省市专家对提案工作进行

专题辅导以及表彰优秀提案等措施，引导委员围绕党委政府的工作重点和人民群众关心的热点、难点问题开展调研，提高针对性，减少盲目性，写出高质量的提案。二是在提高提案的办理质量上下功夫。首次召开了提案承办工作现场会，通过面商办案进一步提高提案承办单位工作积极性，增强办理实效；采取“日常催办”、“重点提案主席分工督办”、“回头看”等方式，加强了提案的督办落实。三是在提高提案的服务质量上下功夫。学习外地政协提案工作经验，进一步规范办理程序；主动加强同提案者和承办单位的联系沟通，听取意见建议，促成办理落实。

六届政协共收到委员以提案形式提出的意见建议1025件，经审查，立案1008件，作意见处理17件。这些提案无论是内容广泛性，还是格式规范性、建议针对性等方面都有明显提高，并得到了较好的办理落实，有效发挥了委员提案在维护社会稳定、促进改革开放和现代化建设中的积极作用。

（五）注重特色，拓宽领域，扩大文史工作成果

文史工作是人民政协的一项特色工作。市政协围绕我市创建山水文化名市和全国文化先进县（市）战略目标，着力加强文史资料的征集、编撰和出版工作，拓宽领域，提高档次，文史工作成果进一步扩大。

为发掘历史文化遗存、丰富富阳文化内涵，先后编撰出版了《富阳的祠堂》、《中国富阳纸业》、《鹳山与郁氏双烈园》、《郁达夫故居》、《杭州龙门楹联书法集锦》、《富阳的古民居》等文史书籍。这些书籍不仅在政协系统获得高度好评，而且在其他系统内得到了一等奖等奖项。特别是《中国富阳纸业》这部35万字、300多幅图片的专著，立足于弘扬中华文明、承载纸乡历史、展示产业风采，经人民出版社出版，对于提升富阳纸业品位、扩大富阳纸乡知名度具有深远意义，并在我市传统竹纸工艺申报国家非物质文化遗产中发挥了重要作用。此外，我们还向海内外富阳籍知名人士致函并寄赠《富阳的祠堂》一书广获好评；另有《富阳市政协志》和《富阳古树名木》两书也正在编撰中。四年来，市政协在参与地方文化建设中献智出力，高起点完成了“东吴文化公园”文化布置整体方案的策划制定工作；认真做好龙门古镇旅游文化开发建设的牵头协调工作和郁达夫纪念馆等前期筹备工作。这些工作的开展，既充分发挥了文史工作“存史、资政、团结、育人”的功能，同时也为传承富阳历史文脉、提升富阳文化品位和扩大富阳知名度作出了积极贡献。

（六）团结各界，凝聚人心，营造友好合作氛围

团结和民主是政协工作的两大主题。市政协始终把团结各界人士、凝聚各方力量作为重要工作任务，密切与各方面的联系，努力营造合作共事、友好往来、风正气顺、政通人和的良好氛围。

注重发挥党派团体作用。坚持贯彻“长期共存、互相监督、肝胆相照、荣辱与共”的方针，加强与民主党派、工商联和人民团体的联系，努力在政协内部营造求同存异、团结合作的良好氛围。按照有关要求，确保民主党派和无党派人士在政协委员、常务委员和政协领导班子中占有较大比例，并以落实富委〔2005〕66号文件为抓手，积极创造条件支持他们通过撰写提案、反映社情民意等方式参政议政、建言献策，进一步巩固了合作共事的基础。如农工民主党总支，在六届政协期间共递交较高质量的集体提案22件，个人提案37件，有效发挥了参政党的作用。

广泛开展友好交往活动。六届政协期间，先后接待上级政协和省内外兄弟县（市）政协领导78批900余人（次）来我市考察交流；结合工作实际，组织常委和部分委员赴外省、市及本省兄弟县（市）考察学习；成功承办了全省政协主席读书班、杭州市区县（市）政协主席联谊会，尤其是全省政协主席读书班期间的接待工作得到省市和各地政协领导的一致好评。四年来，我们还先后接待港澳台同胞、侨胞和海外客人30批300余人次，并组织21位委员赴台交流；邀请“三胞”参加市政协举办的联谊会、座谈会等活动。交往中，我们热情宣传“和平统一、一国两制”的方针以及祖国的改革开放政策和社会主义现代化建设成就，同时为我市招商引资牵线搭桥。如2005年5月，组团赴台并与台湾各方人士广泛接触；7月，台湾农业旅游考察团应邀来我市参观考察，并举行了“富阳市藁台湾农业、旅游洽谈会”。

此外，市政协通过走访政协委员、各乡镇（街道）和部门领导以及少数民族和宗教界人士，了解情况，听取意见，努力促进各方关系的协调，营造团结和谐的氛围；成立了政协艺术团和政协书画院，开展文艺演出和书画展览等活动，加强团结联谊；重视发挥政协联谊会的作用，加强与历届老委员的联系，支持并帮助他们继续为促进我市经济社会发展献计出力；积

极开展扶贫帮困、送温暖、献爱心活动，组织委员为受灾群众、特困学生、特困家庭等捐助各类物资和现金累计达500多万元。

（七）适应形势，强化管理，推进政协自身建设

加强自身建设是做好政协工作的重要基础。新形势下的政协工作，需要有高素质的政协委员和机关工作人员，需要有完善的规章制度和良好的工作环境。为此，市政协高度重视，常抓不懈，政协自身建设进一步推进。

加强委员队伍建设。制订“三个三”学习制度，通过常委会、读书会、报告会以及印发学习资料等形式，认真组织委员学习“三个代表”重要思想和中共十六大及其历次全会精神；学习党的基本理论、基本路线和政协统战理论知识；学习中发〔2005〕5号、〔2006〕5号文件和有关政协工作的重要会议精神，进一步明确履行职能的方向和重点，提高履行职能的能力和水平。建立委员“五个一”制度，充分调动委员工作积极性和主动性，着力发挥委员的主体作用。

加强政协“三化”建设。市政协在以往实践的基础上，大力加强政协工作“规范化、制度化、程序化”建设，协助市委制定了《关于进一步推进政协履行职能制度化规范化程序化建设的实施意见》、《关于进一步加强中国共产党领导的多党合作和政治协商制度建设的实施意见》以及《关于加强政协提案办理工作的意见》；制定或修改完善了《政协富阳市委员会常务委员会工作规则》等十六项规章制度，进一步明确和规范了政协履职的内容、形式、方法和程序，保障了各项工作规范有序进行，提高了政协工作的整体效率和水平。

加强政协宣传工作。四年来，除加强与市内新闻媒体的联系和配合，搞好政协例会、重点调研视察、委组活动、委员风采的宣传报道外，还在全国、省、杭州市级报刊杂志上发表文章58篇，出刊《富阳政协》56期；与《富阳日报》合办“政协之声”专栏，进一步丰富宣传形式，提高宣传质量。本届政协在宣传、理论和信息工作方面分别获得杭州市政协一、二、三等奖的好成绩。举办富阳市政协成立20周年庆祝活动，广泛宣传市政协20年的光辉历程和光辉业绩，进一步扩大了政协工作的社会影响。

加强政协机关建设。一是调整内设机构设置，根据杭州市的要求，在市委的关心支持下，先后将政协内设机构调整为“一办四委”、“一办五委”，进一步规范管理，健全组织，理顺关系；二是加强干部队伍建设，按照市委的部署，组织开展保持共产党员先进性教育活动，增强政协机关干部的政治意识、大局意识和责任意识，促进工作作风转变和工作质量提高；三是深化机关效能建设，组织开展“五个不让”等活动，提高服务质量，改进工作方法。政协机关在“争创满意单位，争做满意公仆”活动中多次被评为“满意单位”。

各位委员、各位同志，积力之所举则无不胜，众智之所为则无不成。六届政协之所以能取得以上工作成绩，归根结底得益于邓小平理论和“三个代表”重要思想的指导；得益于中共富阳市委的正确领导；得益于市人大的热情关心和市政府的大力支持；得益于民主党派、工商联和人民团体的通力合作；得益于广大政协委员和机关工作人员的共同努力。同时，也离不开历届政协打下的良好工作基础，离不开社会各界的关心和帮助。在此，我谨代表市政协第六届常务委员会，向所有为人民政协辛勤劳动和所有关心、支持市政协工作的同志们、朋友们致以崇高的敬意和衷心的感谢！

在肯定成绩的同时，我们也清醒地认识到，对照党的要求和广大人民群众的期望，我们的工作还存在不少差距。主要表现在：政治协商“三在前、三在先”制度有待进一步落实；民主监督有效途径有待进一步探索；专委会和界别小组作用有待进一步发挥；政协建议案和委员提案办理落实有待进一步加强；社情民意反映渠道有待进一步畅通等。对于这些问题，我们建议在今后的工作中予以高度重视，进一步加强研究，以更好地适应新形势，担负新任务，开创新局面。

二、六届政协工作体会

四年来，市政协坚持在继承中前进，在前进中开拓，积极探索新形势下政协工作的新路子，在实践中积累了一些经验和体会，主要有：

（一）坚持和依靠党的领导，是做好政协工作的根本保证

坚持中国共产党的领导，是多党合作和政治协商这一基本政治制度的前提，是巩固和发展爱国统一战线的根本保证。在实际工作中，我们充分发挥政协党组在政协组织中的领导核心作用，主动向党委请示汇报工作，积极争取党的领导和支持，始终把政协工作的着力点放在保证党的路线、方针、政策的贯彻落实上，自觉把政协工作的重点融入党政工作大局之中，

坚持“献策不决策、议政不行政、立论不立法、宽松不放松”的工作方位，认真履行职能，做到与党委思想同心、目标同向、工作同步，到位不越位，切实不表面。实践证明，只有始终坚持中国共产党的领导，人民政协的工作才不会偏离正确的政治方向，人民政协的特点和优势才能得到充分体现和发挥。

（二）围绕和服务发展大局，是做好政协工作的必然要求

发展是执政兴国的第一要务，也是政协履行职能的第一要务。围绕发展目标履行职能，按照发展要求建言献策，是对政协工作提出的必然要求。四年来，市政协始终坚持围绕中心，服务大局，以科学发展观统揽政协工作，按照“一般不建言，建言不一般”的要求，紧紧抓住我市经济社会发展中综合性、全局性、前瞻性的课题，深入调研视察，认真协商议政，通过政协提案、调研报告等形式，向市委、市政府提出许多具有科学性、针对性和可操作性的意见建议，为市委、市政府科学决策提供了可靠依据，也使政协工作不断迈上新的台阶。

（三）把握和弘扬团结民主，是做好政协工作的永恒主题

团结和民主，是人民政协性质的集中体现，也是人民政协产生和发展的历史依据，更是政协事业继往开来必须坚持的永恒主题。工作中，我们始终把履行职能作为发扬民主的重要形式和增进团结的重要途径，团结各界人士，凝聚各方力量，共同致力于“和谐富阳”建设：一是增强团结观念，加强与各参加单位及各界人士的联系，促进共同基础上的大团结、大联合；二是强化民主意识，鼓励各党派团体和委员在政协的各种会议和活动中畅所欲言地发表观点、表达意见；三是树立人本理念，坚持把实现和维护好最广大人民的根本利益作为政协工作的出发点和落脚点，深入体察民情、广泛了解民意、如实反映民声、切实维护民权，积极协助党委政府解决好群众最关心、最直接、最现实的利益问题。实践证明，只有营造团结民主的良好氛围，调动各界人士参政议政的积极性，凝聚社会各方的力量和智慧，政协工作才能更具活力，更富成效。

（四）加强和推进“三化”建设，是做好政协工作的重要保障

加强和推进“三化”建设，实现社会主义民主政治的制度化、规范化和程序化，是推进社会主义政治体制改革的需要，也是政协履行职能、发挥作用的重要保障。四年来，我们以实践证明了的成功经验、行之有效的做法为基础，以合法性、科学性、系统性、针对性和可操作性为原则，建制度、立规范、设程序，坚持不懈地推进“三化”建设，健全政协履行职能的工作机制，确保各项工作有制度可依、有规范可守、有程序可循，促进政治协商郑重经常、民主监督规范有序、参政议政生动活跃。实践证明，政协“三化”建设是带根本性的建设，没有制度化，就谈不上规范化和程序化；没有政协工作的制度化、规范化、程序化，政协工作奋发有为、与时俱进也将成为一句空话。

（五）激励和发挥委员主体作用，是做好政协工作的坚实基础

政协委员是政协工作的主体。政协的优势在委员，潜力在委员，活力也在委员。发挥委员主体作用，是做好政协工作的坚实基础。实践中，为激励和发挥委员作用，我们着重抓了“四个环节”：一是抓政协换届环节，认真做好委员协商推荐工作，把好委员“入口关”，优化委员履职素质和结构；二是抓学习培训环节，通过举办报告会、读书会等形式，为委员知情参政提供服务，提高委员履职能力和水平；三是抓委组活动环节，通过调研视察、参观考察、座谈讨论等活动，扩大委员参与面，提高委员履职质量和成效；四是抓委员管理环节，通过开展优秀委员、优秀提案评比以及建立“五个一”、走访委员制度等，强化委员管理，调动委员履职激情和活力。实践证明，委员的主体作用发挥得好，参政议政的积极性高、主动性强，人民政协才能更有作为，更有地位。

（六）培养和提高创新能力，是做好政协工作的不竭动力

创新是民族进步的灵魂、时代发展的要求，也是推动政协事业不断发展的不竭动力。四年中，我们坚持在求实中创新，在创新中发展，自觉增强“观念创新、机制创新、载体创新、内容创新、方法创新”等创新意识，着力培养和提高创新能力，在原有工作经验的基础上，积极探索行之有效的履职方法和途径，通过深化政治协商内容、探索民主监督形式、改进提案办理机制、丰富宣传工作载体、加强组织网络建设等，促使政协工作的内容更为丰富，形式更为多样，方

法更加灵活，效果更加明显。实践证明，唯有解放思想，更新观念，与时俱进，开拓创新，政协工作才能发挥主动性、体现时代性、把握规律性、富有创造性。

三、七届政协工作建议

各位委员，回顾过去，硕果累累；展望未来，蓝图宏伟。新形势、新起点、新任务，为人民政协事业的发展提供了更广阔的空间，同时也提出了新的更高的要求。新一届政协要继续高举邓小平理论和“三个代表”重要思想伟大旗帜，以科学发展观为统领，深入贯彻落实中共十六大和十六届六中全会以及《中共中央关于加强人民政协工作的意见》精神，按照市第十二次党代会确定的奋斗目标，牢牢把握团结、民主两大主题，积极履行政治协商、民主监督、参政议政职能，不断开创政协工作的新局面，为富阳的经济、政治、文化、社会建设作出新的贡献。为此，我代表市政协第六届常务委员会向市七届政协工作提出以下几点建议：

（一）加强学习，提高认识，应对工作新挑战

面对新阶段全面建设小康社会的崇高使命，面对“十一五”期间我市实现科学发展、建设和谐富阳的艰巨任务，我们比任何时候都应该强调学习、注重学习、努力学习。新一届政协中许多同志都是新委员，因此，加强学习就显得尤为重要。我们要深入学习邓小平理论、“三个代表”重要思想和中共十六届六中全会精神；学习党的路线、方针、政策以及中央、省、市关于加强人民政协工作的一系列指示精神；学习市第十二次党代会精神。通过学习，统一思想，提高履职能力和水平，增强做好政协工作的光荣感、责任感和使命感。

（二）围绕中心，服务大局，促进发展新跨越

深入贯彻落实科学发展观，坚持把促进发展作为履行职能的第一要务，紧紧围绕市委提出的“率先基本建成全面小康社会，率先基本实现现代化”的奋斗目标，选择“党政所思、群众所盼、社会所需、政协所能”的课题创造性地开展工作。特别要在加快产业优化升级、加快城乡统筹、加快“两型”社会建设、加快改革开放步伐、加快山水文化名市建设以及加快运动休闲之都建设等方面进一步解放思想，拓宽思路，认真履行职能，勤建有用之言、善谋发展之策、力做务实之事，着力推进我市经济社会又好又快发展。

（三）发扬民主，增进团结，共建和谐新富阳

政协有人才库、智囊团之称，因此，我们既要礼贤下士，又要举贤荐能，更要坚持广开言路，集思广益，求同存异，互相尊重，组织好各种形式、多种层面的协商议政和联谊交流活动，切实加强与民主党派、工商联以及社会各界人士的联系，沟通思想，达成共识，增强凝聚力，激发创造力，提高生产力；要广泛开展对外友好往来活动，交朋友、促友谊、聚人心；要充分发挥政协委员联系广泛、代表性强的优势，积极宣传党的路线、方针、政策和市委、市政府的重大决策，并通过各种渠道，及时反映广大群众的意见、呼声和要求，努力做好理顺情绪、化解矛盾、增进团结的工作，为党委政府分忧解难，为改革发展稳定添油加力。

（四）夯实基础，发挥作用，提高履职新成效

要以促进党派合作、突出界别特色、发挥委员作用和加强机关建设“四位一体”为重点，全面推进政协自身建设：一是要深入贯彻中发〔2005〕5号、〔2006〕5号文件精神，积极为民主党派和无党派人士在政协发挥作用搭建平台、创造条件；二是要切实发挥专委会作用，进一步加强界别建设、突出界别优势、发挥界别作用，增强履职成效；三是要着力强化委员队伍管理，倡导“有作为才有地位”的共识，支持和帮助委员通过提出提案、开展调研视察以及反映社情民意等形式，发挥主体作用；四是要继续加强政协机关建设，以创建学习型、服务型、团结型、实干型机关为目标，努力造就一支政治意识强、服务态度好、业务水平高的政协工作者队伍；五是要全面推进“三化”建设，进一步完善工作机制，规范工作程序，为提高政协履职水平、开创工作新局面奠定坚实基础。

各位委员、同志们，天高碧宇随鹏举，路远轻风任马驰。政协富阳市第七届委员会即将肩负起承前启后、继往开来的历史重任。发展前景催人奋进，政协事业大有可为。我们衷心祝愿新一届政协在邓小平理论和“三个代表”重要思想的指引下，在中共富阳市委的正确领导下，充分发挥政协的优势，认真落实科学发展观，同心同德，奋发进取，不断开创政协工作新局面，为建设一个“生活富裕、生命阳光”的和谐新富阳做出新的更大的贡献！

【责任编辑　雷　君】

2006年大事记

1月

1日 全市旧出租车更新升级启动仪式举行，20辆旧出租车率先完成更新。

5日 市委十一届八次全会暨市政府十三届七次全会召开，审议通过《中共富阳市委关于制定富阳市国民经济和社会发展第十一个五年规划的建议》，提出“十一五”工作思路。

是日 浙西第三届旅游合作峰会在富阳召开。

是日 市长戚哮虎在市委十一届八次全会暨市政府十三届七次全会上，倡导市级机关购本鸡，支持养禽户渡过禽流感困难期。9日，市政府向全市各级各部门发出号召，各单位纷纷响应。

是日 市救助管理站正式启用。

6日 市工商分局与市经贸局、市消费者协会，富春街道联合举办的“消费安全知识进万家”活动在富春街道启动。

9日 中共杭州市委先进性教育活动办公室、杭州市委宣传部联合主办的“走进新农村”大型主题采访活动在东洲街道白鹤村启动，50家媒体、100多位记者参加。

是日 富阳当选中国国际住宅与建筑科技展览会主办、上海东方早报社承办的首届“长三角最具投资价值县市”称号。

11日 市污水处理厂二期工程通过省级验收。

12日 市审计局国家建设项目审计分局成立。

13日 富阳荣获“浙江省双拥模范城”称号。

是日 富阳日报社举办的2005年度富阳百姓十大新闻人物评选揭晓，蒋敏德等10人当选。

22日 国家公安部政治部主任蔡安季视察新登派出所公安队伍正规化建设情况。

是月 全市农村共产党员先进性教育活动转入分析评议阶段。

是月 市第二人民医院成为全市首家省级绿色医院。

2月

10日 2006中国乡村游浙江开游式在龙门镇开幕，副省长钟山授予富阳龙门“浙江魅力乡村”匾牌。

14日 富阳书画院举行开院仪式。

是日 市政协文史委员会编撰、人民出版社出版的《中国富阳纸业》举行首发式。

16日 人民日报社、新华社、工人日报社、农民日报社、浙江日报社、杭州日报社等中央、省、杭州市主流媒体到富阳参加“循环经济在富阳”大型主题采访活动。

22～24日 召开市政协六届四次会议。会议听取《中国人民政治协商会议富阳市第六届委员会第四次会议提案收集和初审情况的报告》，通过《中国人民政治协商会议富阳市第六届委员会第四次会议决议》。

23～25日 召开市十三届人大四次会议。会议通过《富阳市第十三届人民代表大会第四次会议关于政府工作报告的决议》、《关于富阳市国民经济和社会发展第十一个五年规划纲要的决议》、《关于富阳市2005年国民经济和社会发展计划执行情况与2006年国民经济和社会发展计划的决议》等。

是月 全市农村共产党员先进性教育转入整改提高阶段。

是月 桂花路被评为“省级城市街容示范路”。

3月

1日 富阳城区19条道路实行咪表收费。

6～7日 市第十三次妇女代表大会召开。

8～10日 市委书记佟桂莉、副市长陆献德、陆洪勤及有关部门赴香港招商。

18日 国家林业局局长贾治邦、副局长张建龙等到富阳视察中国林科院亚热带林业研究所。

22日 省委先进性教育巡回检查组到富阳检查第三批先进性教育活动整改提高阶段工作和群众满意度测评开展情况。

24日 中国农工民主党浙江省委员会到新登中学开展“送文化进校园”系列活动。

27日 市委召开生态市建设暨环境保护工作会议，市委书记佟桂莉提出要牢固树立“发展经济是政绩、保护好生态环境是更大政绩”理念。

28日 富阳第三届新登半山桃花节开幕。至4月2日结束，游客近10万人次，创造全市大型活动公众参与人数最高纪录。

30日 浙江平湖市考察团到富阳考察基层文化建设和社会力量办公益文化工作。

是月 富阳命名“富阳市首批文化示范户”50户。

4月

4日 市委举行“弘扬新时代创业精神，共建文明和谐新富阳”暨党员干部群众祭扫革命烈士陵园活动。

4～6日 市委书记佟桂莉率富阳市党政代表团赴重庆涪陵和四川南充两地进行对口支援帮扶工作考察和交流。

6日 省重点工程项目春南污水处理回用工程动工兴建，总投资5.2亿元。

11日 市第三届公益文化项目推介会在富阳宾馆举行，24个项目达成协议。

14日 举行城区环境卫生千人整治活动。

是日 长三角万人春江行暨首届长三角自驾车旅游合作富阳峰会在东吴文化公园举行。

是日 里山镇举行安顶山云雾茶开茶节。

21日 安徽省濉溪县党政代表团到富阳考察。

是日 市环境保护局助理调研员周兆木荣获2006年度“地球奖”，成为富阳获此荣誉第一人。

23日 书画家陆九畴书画艺术陈列馆在胥口镇开馆，并被列为市爱国主义教育基地。

26日 龙门古镇民俗风情节暨杭州休闲博览会富阳分会场开幕式在龙门古镇校场开幕，近3万群众参加。

27日 富春“十杰青年”颁奖晚会在影剧院举行。

29日 钱塘江流域污染防治工作会议在富阳召开，副省长陈加元到会讲话。

是月 杭州金富春丝绸化纤有限公司1车间甲班和市供电局工会主席华平分获中华全国总工会颁发的全国“五一”劳动奖状和奖章。

是月 龙门镇成为全市首个“省级生态乡镇”。

5月

8日 位于体育场路237号的市行政服务中心正式启用，总建筑面积1.8万余平方米，设88个服务窗口，为市民提供“一站式”服务。

10日 国家水利部副部长翟浩辉率国家防总太湖流域防汛抗旱检查组到富阳检查城市防洪体系。

是日 大源镇一块国有土地使用权在全市首次以小型商住地形式进行拍卖。

12～14日 主题“好山好水好生活，人居胜地在富阳”的富春人居展暨市第四届房交会在市体育中心举行，近40家房产公司参展。

22日 全国政协副主席陈奎元一行到富阳考察华宝斋。

23日 电视传记艺术片《郁达夫》在郁达夫故居前举行开机仪式。

26～27日 台湾工业总会“两岸智慧财产权交流参访团”一行18人到富阳进行投资考察。

是月 富春、新登等11个街道、乡镇生活垃圾开始集中收集，用于焚烧发电。

6月

2日 国务院公布首批国家级非物质文化遗产名录，富阳市竹纸制作技艺入选。

5日 市八一城市综合污水处理工程正式投入运行。

7日 清华大学—富阳产研合作洽谈会在清华大学紫光国际交流中心举行。

13日 河南省灵宝市考察团到富阳考察。

14日 省人大常委会副主任李志雄到富阳调研环保工作。

20日 富春江经济开发区作为首批省级开发区通过国家发改委审核，正式更命为浙江富阳经济开发区。

是日 江南水厂暨场口地区供水工程正式启用。

21日 省政协常务副主席梁平波一行到富阳视察富春江集团和永泰集团。

26日 市委召开纪念建党85周年暨先进性教育总结表彰大会，历时一年半的保持共产党员先进性教育活动顺利完成。

是日 全省首部公开出版的社会主义时期县级地方党史《中国共产党富阳历史(第二卷)》举行首发式。

是月 上海城市化发展研究中心公布"2005年度长三角37个县级市综合竞争力排行榜"，富阳排名第16位。

是月 龙门镇、白鹤村、永安山3处乡村旅游点荣获首批"浙江省星级乡村旅游点"称号。

7月

6日 市委十一届九次暨市政府十三届八次全体(扩大)会议召开，会议提出要大力实施融入杭州大都市战略，全面推动富阳从郊县向郊区转变。

7日 万市、洞桥2镇遭50年未遇暴雨袭击，直接经济损失近千万元。

11日 省委、杭州市委决定戚哮虎任桐庐县委书记，提名徐文光富阳市长候选人。

12日 富阳市十三届人大常委会召开第24次会议，决定任命徐文光为富阳市人民政府副市长、代市长。

是日 市公安局龙门派出所、巡（特）警大队成立。

18日 中共杭州市委书记王国平到龙门镇视察。

28日 市物业管理协会正式成立。

8月

2日 胥高公路万市洞桥段改建工程开工建设。

3日 省政协主席李金明带领省政协督查组到富阳督查调研关于贯彻中发[2006]5号文件有关情况。

是日 香港凤凰卫视摄制组到富阳拍摄郁达夫纪录片。

5日 "2006心手相连——浙台旅游业高峰论坛"嘉宾到富阳考察龙门古镇。

8日 常务副省长章猛进到富阳考察。

9日 副省长金德水到富阳视察富通银湖工场。

19日 2006杭州世界休闲博览会富阳分会场活动之一，横渡富春江游泳邀请赛在郁达夫公园举行，来自杭州等地12支代表队、近500名选手参加比赛。

28日 市实验中学一期工程竣工。

29日 2006年银企洽谈会暨重点工业项目贷款签约仪式举行，达成意向17.43亿元。

9月

15日 有线电视数字化整体转换工作在秋月小区启动。

是日 富阳男子篮球队获杭州地区七县市（区）联赛冠军。

是日 《福布斯》中文版组织评选的"2006中国大陆最佳商业城市排行榜"揭晓，富阳位列第88位。

16日 富阳首次外来务工人员运动会——"永泰杯"新富阳人运动会在春江中心小学举行，28家企业、461名运动员参加拔河等5个项目角逐。

25日～10月8日 2006杭州世界休博会杭州馆"富阳双周"主题活动在杭州休博园举行。

28日～10月6日 东洲街道白鹤村举办首届金秋火柿节暨乡村游黄金周活动。

是月 全市开展社会主义劳动竞赛活动，主题为"当好主力军"、"建功'十一五'"、"和谐奔小康"。

是月 市党政代表团赴西藏慰问富阳市援藏干部并考察援藏工作。

是月 富通集团生产的"富通"牌通信光缆被评为中国名牌产品。

10月

2日 富阳二中举行20周年校庆，5000余名历届校友参加。

12～13日 富阳市工会第十五次代表大会召开。

13～15日 富阳市首届优质农产品展销会在市体育中心举行，58家企业、专业合作社和种养殖大户在现场设立62个展销摊位。

15日 由中央档案馆和中国人民解放军档案馆共同编辑，中国档案出版社和华宝斋古籍书社联合出版的线装本《红军将帅手迹选》在富阳举行首发式。

18日 市社会保险管理中心正式挂牌，养老、医疗、工伤、生育和失业保险5类险种全部纳入社会保障服务大厅集中办理。

20日 富阳日报社和市体育局联合举办第八套广播体操比赛，7支队伍参赛。

21日 纪念红军长征胜利70周年暨张承军演唱会在市影剧院举行。

是月 国家统计局发布2005年度全国百强县测评结果，富阳位列第30位，比2004年后移1位。

是月 市史志办公室获“2001～2005年度全国党史系统先进集体”。

11月

5日 “灵桥杯”第三届浙江省青年书法选拔赛在灵桥镇政府广场举行颁奖典礼。

7日 市首届十佳名专栏、名记者评选揭晓，《富阳日报》的《小辣椒》等5个栏目、富阳广播电视台李楠等5人入选。

13～14日 富阳创建浙江省体育强市工作通过验收。

18日 场口中学举行50周年校庆暨新校园落成典礼，历届校友5000余人参加庆典。

21日 龙游县党政领导考察团到富阳进行“山海协作工程”对口经济技术与交流活动。

26日 万市中学举行50周年校庆，历届校友3000余人参加。

28日 杭州市首个“信用乡”在富阳市环山乡挂牌。

是日 富阳通过浙江省第二批科技强县（市、区）答辩，创强成功。

30日 副省长茅临生带领省农办、农业厅等部门领导到富阳调研农民信箱使用情况。

12月

1日 富阳首个综合性新闻门户网站——富阳新闻网正式开通。

是日 省人大常委会副主任鲁松庭到富阳视察。

2日 杭州市市长孙忠焕视察龙门镇。

4日 郁达夫研究资料库在市图书馆举行揭牌仪式。

5日 召开市级领导班子会议和全市领导干部会议。杭州市委组织部常务副部长贺建强宣读有关任免文件。佟桂莉不再担任富阳市委书记、市人大常委会主任职务；任命徐文光为富阳市委书记、提名市人大常委会主任人选；任命张锦铭为市委副书记、提名富阳市市长人选。

是日 第十一届郁达夫文艺奖颁奖，34件作品获奖。

6日 由中国文联、中国作协、省文联、省作协联合主办，富阳市委、市政府承办的作家郁达夫烈士诞辰110周年纪念大会在富阳召开。

6～8日 由中国现代文学研究会、中国现代文学馆主办的郁达夫诞辰110周年国际学术研讨会在富阳举行。

8日 富阳市第十三届人大常委会召开第27次会议，任命张锦铭为副市长、代市长。

12日 杭州未来食品有限公司董事长蒋敏德在省首届慈善大会上获浙江省慈善奖个人奖。

15～16日 富阳市第十四届人大代表选举工作完成。

20日 富通集团董事长王建沂获中共中央统战部、国家发展和改革委员会、人事部、国家工商总局、全国工商联联合颁发的“优秀中国特色社会主义事业建设者”称号。

26～29日 中国共产党富阳市第十二次代表大会召开，大会选举产生中共富阳市第十二届委员会、中共富阳市纪律检查委员会，徐文光当选中共富阳市委书记，张锦铭、金志强当选副书记，大会通过徐文光代表十一届市委所作的报告和关于十一届市委报告的决议。

29日 2007年富阳新年大型文艺晚会在市体育馆举行。

30日 市老年大学新登分校举行建校10周年庆典。

【责任编辑 陈炜祥】

总　述

·地理位置·

【概况】　富阳市位于浙江省西北部，富春江下游，属杭州市所辖。地理坐标为北纬29°44′～30°12′、东经119°25′～120°09′，东接杭州市萧山区，南连诸暨市，西倚桐庐县，北与临安市、杭州市余杭区接壤，东北与杭州市西湖区毗邻。最东端位于渔山乡五丰村境内，北纬30°06′、东经120°09′；最西端位于万市镇何务村境内，北纬30°06′、东经119°25′；最南端位于湖源乡南坑村境内，北纬29°44′、东经119°55′；最北端位于万市镇东叙村境内，北纬30°12′、东经119°34′。市域东西长69.7千米，南北宽49.7千米，总面积1831.21平方千米。富春江斜贯中部，320国道穿越全境。市政府驻地富春街道桂花路25号，距杭州市区37千米，为杭州市西南屏障。

·地貌特征·

【概况】　全市整体地貌以“两山夹江”为最大特征。天目山余脉绵亘西北，仙霞岭余脉蜿蜒东南，富春江西入东出，斜贯市境中部。地势由东南、西北向中部倾斜。依其地表水陆形态分，山地、丘陵面积1439.6平方千米，占市境总面积的78.62%；平原、盆地面积299.63平方千米，占16.36%；水域面积91.98平方千米，占5.02%，故有“八山半水分半田”之称。

西北天目山余脉分布区以高丘为主，其特点是丘体混乱，丘顶浑圆，丘坡平缓，脉络不清，多数呈馒头型。坡度组合15°～25°，山丘间岗地众多，土层深厚，有利于发展粮、林和各种经济特产，为境内茶叶、蚕桑、板栗、银杏等主要产区。

东南仙霞岭余脉分布区以低山为主，其特点是山势挺拔，脉络清晰，重峦叠嶂，山重水复，海拔均在500米以上。主峰杏梅尖，海拔1065.8米，为全境最高峰。由于山体高大，气候、土壤适宜竹木生长，是境内木材、毛竹主要产区。

富春江为钱塘江上游，发源于安徽省休宁县六股尖，在建德市境内分为兰江和新安江，汇合入桐庐县即名富春江，经富阳至杭州市萧山区闻家堰，与浦阳江汇流后始称钱塘江，东流经杭州湾入东海，全长117千米，境内流长52千米，江宽700米～1000米，平均水深7米。两岸群山叠翠，江水平缓清澈，山川相映，农林相间，构成了一幅美丽的山水画图，古今多少名人学士曾为之咏叹。南朝吴均有“奇山异水，天下独绝”的赞誉，宋李恒有“天下佳山水，古今推富春”的绝句。历代诗画名家谢灵运、李白、白居易、苏轼、王十朋、陆游、黄公望、郁达夫、郭沫若、叶浅予等都为富春山水留下千古名篇。1982年，经国务院批准，富春江—新安江—千岛湖“两江一湖”列为国家级风景名胜区。

·建置沿革·

【概况】　富阳历史悠久，秦始皇二十六年（前221）置县，县治即今富阳市市政府所在地。初置县时幅员辽阔，辖境含今桐庐、建德等地。三国吴黄武四年（225），析富春县地置建德、新昌（后改寿昌）、桐庐3县。次年（226），又置新城（后改新登）县。富阳、新登两县建置以此而始。

富阳秦汉称富春。新莽始建国元年（9），改名诛岁。东汉建武元年（25），复名富春。东晋太元十九年（394），为避简文帝生母宣太后郑阿春讳，更名富阳，富阳之名始于此。五代梁开平二年（908）复改名富春，北宋太平兴国三年（978）又改为富阳县，此后富阳之名沿袭至今。新登初名新城，五代梁开平元年（907）太祖朱温为避其父朱诚讳，改名新登，新登之名始于此。

富春之地，春秋属越，越亡属楚。秦汉以后，隶属多变。隋、唐直至宋、元、明、清，均归杭州府（临安府、杭州路）所辖。民国时期，初属钱塘道，民国16年（1927），废道直属于省。27年（1938）改属第一行政区，后又多次变更，至民国37年（1948），改隶第四行政区。1949年5月4日富阳解放，初属临安专署。1952年改为省直辖，1955年划归建德专署。1958年12月，改属杭州市至今。

富阳历史上曾两度撤并。隋开皇九年（589）并入钱唐（后改钱塘）县，大业三年（607）复置。新中国成立后，1960年8月并入桐庐县，1961年12月复置。新登历史上曾5次撤并。三国吴黄武五年（226）析富春县地置新城县，治所即今富阳市西南新登镇。黄武七年（228）并入桐庐县，西晋太康十年（289）复置；旋又废入富春县，东晋咸和九年（334）复置；隋开皇九年（589）并入钱塘县，大业十四年（618）复置；唐武德七年（624）并入富阳县，永淳元年（682）复置；五代梁开平元年（907）吴越改名新登县。北宋太平兴国四年（979）复为新城县。1914年改名新登县。新中国成立后，1958年10月撤销，并入桐庐县；1961年12月又从桐庐县析出，划归富阳县。

1994年1月18日，经中华人民共和国国务院批准，撤销富阳县，设立富阳市，行政区域不变，隶属关系依旧。2月4日，浙江省人民政府发出《关于撤销富阳县设立富阳市的通知》。3月28日，富阳市举行撤县设市庆典活动。

·行政区划·

【概况】 2006年底，富阳市设乡、镇、街道25个，其中乡6个、镇15个、街道4个。全市有行政村611个，村民小组4995个、居民区3个、社区23个（乡镇街道概况见表1）。

表1 **2006年富阳市乡镇街道概况**

乡镇（街道）	面积（平方千米）	行政村数(个)	村民小组数(个)	居民区数(个)	社区(个)
富春街道	103.95	33	286		19
春江街道	36.00	22	162		
东洲街道	73.00	27	251		
鹿山街道	66.30	17	151		
高桥镇	104.04	37	266		
受降镇	54.30	11	140		
春建乡	44.73	11	84		
新登镇	179.92	71	704		4
胥口镇	67.97	24	243		
渌渚镇	83.19	26	182		
永昌镇	49.54	11	138		
万市镇	155.14	29	292	1	

续表1

乡镇（街道）	面积（平方千米）	行政村数(个)	村民小组数(个)	居民区数(个)	社区(个)
洞桥镇	147.63	25	248		
大源镇	104.27	34	228	1	
灵桥镇	55.94	27	174		
常绿镇	49.31	15	140		
里山镇	25.43	13	74		
渔山乡	41.42	12	107		
上官乡	27.07	9	97		
场口镇	58.36	50	332	1	
新桐乡	47.00	14	83		
常安镇	63.31	36	264		
环山乡	38.47	19	114		
龙门镇	27.17	11	72		
湖源乡	127.75	27	163		
总　计	1831.21	611	4995	3	23

·人口变迁·

【概况】 2006年底，全市总户数212801户，总人口635871人，平均每户2.99人，总人口比上年增加4090人。在总人口中，男性323812人，占总人口50.9%；女性312059人，占49.1%。性别比为103.77∶1。全市农业人口512939人，占总人口的80.67%，比上年增加809人，增长率为0.15%；非农业人口122932人，占总人口的19.33%，比上年增加3281人，增长2.47%。

全市全年出生6412人（含本年前出生而在本年申报户口的），比上年少出生278人，出生率为10.15‰，比上年下降0.5‰；死亡4117人，比上年多死亡529人，死亡率为6.55‰，比上年上升0.83‰；自然增长2295人，自然增长率为3.63‰。

全市全年迁入7398人，比上年多迁入383人，其中省内迁入5437人，省外迁入1961人；全年迁出5045人，比上年少迁出662人，其中迁往省内4245人，迁往省外800人。全市人口机械增长2353人。

在全市总人口中，年底未落实常住户口的2460人，占总人口的0.39%，主要是户主未及时申报户口。

（章金桥）

·国民经济和社会发展情况·

【经济总量】 经济总量保持较快增长。经杭州市统计局初步核定，2006年全市实现生产总值238.4亿元，比上年增长18.5%。其中第一产业增加值19.8亿元，增长8.1%；第二产业增加值146.4亿元，增长21.1%；第三产业增加值72.2亿元，增长16.7%。三次产业增加值结构由上年的9.1:60.1:30.8调整为8.3:61.4:30.3。人均生产总值37621元，按国家公布的2006年末美元兑人民币汇率7.8087计算，达4817美元。富阳县(市)域社会经济综合发展指数列全国百强县第30位。

财政收入稳步增长。全年实现财政总收入30.26亿元，比上年增长23.1%，其中地方财政收入15.96亿元，增长25.1%。全年地方财政一般预算支出16.4亿元，增长14.8%。

【农业】 2006年，全市突出农业产业结构优化，大力推进特色效益农业和都市生态农业建设，农业农村经济稳步提高。全年实现农业总产值29.2亿元，比上年增长10.5%；农村经济总收入799.5亿元，增长30.1%。

农业生产稳步发展。全年农业产值16.7亿元，比上年增长16.6%。农作物总播种面积49.58千公顷，比上年末增加1200公顷，增长2.5%。其中粮食播种面积23.66千公顷，增加213公顷，增长0.9%；粮食产量总15.1万吨，增长5.4%。花卉、茶桑果、药材等效益农业实现产值6亿元，增长15.8%。

林、牧、渔业生产持续发展。全年林业产值3.6亿元，比上年增长10.2%。牧业产值6.6亿元，比上年下降3.8%。猪牛羊禽等肉产量4.17万吨，禽蛋产量5771吨，蚕茧产量1338吨。渔业产值2.1亿元，增长3.9%。淡水养殖面积1503公顷，淡水产品产量8380吨，增长4.8%。

农业产业化加快推进。成功举办富阳首届优质农产品展销会。年末全市已有农业龙头企业56家，其中杭州市级以上14家，实现销售收入突破20亿元、达21亿元，出口创汇1亿美元，带动联系农户12万户。各类专业合作组织和行业协会81家，其中农民专业合作社54家，农业专业技术协会21家，市级产业性行业协会6家。加快都市农业园区和专业村建设，全年新建7个杭州市都市农业示范园区、7个都市农业专业示范村。加强农产品品牌建设，有7种农产品被评为富阳市名牌，2种农产品被评为杭州市名牌。农信担保稳步发展，全年共办理担保贷款144笔，担保金额782万元。

农业生产条件继续改善。全年投入水利建设资金1.4亿元。市财政投入“三农”建设资金3.9亿元，增长17.2%。金融系统农业短期贷款17.2亿元，增长21.8%。年末全市拥有农业机械总动力36.3万千瓦。全年投入农田水利基本建设劳动力341万工，完成土石方397万立方米。年末耕地有效灌溉面积19.59千公顷，占耕地面积的95.1%。

【工业】 积极推进产业结构调整，强化企业自主创新，推进产业优化升级，全市工业经济快速发展。全年实现工业总产值776.5亿元，比上年增长28.6%。其中规模以上工业产值585.4亿元，增长36.3%，占工业总量的75.4%；规模以下工业产值191.1亿元，增长9.8%。初步测算，2006年工业经济对全市GDP增长的贡献率为67.5%，拉动GDP增长12.5%。亿元企业不断壮大，年末全市工业产值超亿元企业91家，其中超10亿元10家，超20亿元4家，超30亿元2家，实现工业产值416.7亿元，增长41.8%，高于全市规模工业平均增幅5.5%，占规模工业经济的71.3%。经济效益有所提高。全市929家规模以上工业企业全年实现主营业务收入548.6亿元，比上年增长34.7%。实现利税37.3亿元，增长29.9%；实现利润19.6亿元，增长32.8%。

工业功能区加快推进。2006年，全市10个工业功能区和1个开发区完成固定资产投资45.8亿元，完成基础设施投入1.7亿元，合同入区企业613家，建成投产企业517家，实现工业产值400.5亿元，占全市工业总产值的51.6%。

【固定资产投资】 固定资产投资适度增长。全年全社会固定资产投资完成114.8亿元，比上年增长15.5%。其中限额以上投资101.7亿元，增长16.1%。从限额以上投资结构看，第二产业投资57.7亿元，增长14%；第三产业投资44亿元，增长19.7%。

房地产业较快增长。全年房地产开发完成投资29.3亿元，比上年增长32.8%。商品房施工面积282.9万平方米，增长28.8%。销售面积66.5万平方米，增长66.2%。其中住宅销售59.2万平方米，增长63.2%。

工业性投资稳步增长。全年完成工业性投资59.3亿元，比上年增长14%，其中限额以上工业性投资57.7亿元，增长15.6%，占工业性投资总量的97.3%。从完成项目情况看，全年完成500万元以上工业投资项目227个，其中完成1000万元以上工业投资项目147个，全年投资额最高的为春江集团紧密纺生产线项目共投入2.17亿元。

【建筑业】 建筑业保持稳定发展。2006年全市实现建筑业增加值9亿元，比上年增长3.5%。全市各类房屋建筑施工面积608.5万平方米，增长20.2%；竣工面积301.7万平方米，增长11.4%。

【商业和物价】 消费品市场活跃。出台《富阳市发展商贸服务业财政资助管理暂行办法》。全年实现社会消费品零售额44.8亿元，比上年增长 17.2%。分行业看，批发零售贸易业零售额39.3亿元，增长16.7%；住宿餐饮业零售额5.5亿元，增长21.3%。分区域看，城镇零售额35.1亿元，增长17.4%；农村零售额9.7亿元，增长16.6%。

连锁超市快速发展。国美家电、苏宁家电等大型连锁企业落户富阳，华辰物流配送中心即将动工兴建。年末全市限额以上连锁零售、餐饮和住宿企业4家，年零售额达到5.6亿元，比上年增长25.4%，占全部社会消费品零售总额的12.5%。商品市场交易活跃，年末全市商品交易市场达44个，其中年成交额超亿元市场9个，全年消费品市场成交额38.6亿元，比上年增长7.5%。

市场物价平稳运行。全年居民消费价格总水平比上年略涨0.1%，服务项目价格下降3.4%。从八大类商品和服务项目价格看，呈“四涨四降”格局，其中交通和通讯类、食品类、居住类、医疗保健和个人用品类价格分别上涨0.2%、2.7%、2.1%、3.3%，衣着类、烟酒及用品类、家庭设备用品及维修服务类、娱乐文化教育用品及服务类价格分别下降0.1%、0.3%、2.4%、8.1%。农业生产资料价格上涨0.8%，其中化肥价格上涨0.3%，农药价格上涨6.9%。

【旅游业】 旅游业实现较高增长。成功举办杭州龙门古镇民俗风情节暨休博会富阳分会场开幕式、2006年中国乡村游浙江开游式、第三届半山桃花节、首届“安顶云雾茶”开茶节和第二届浙西旅游合作峰会等，启动杭州野生动物世界二期旅游项目开发。龙门古镇、永安山庄、白鹤村成为全省首批19个星级乡村旅游点。全年各主要旅游景点接待游客187.9万人次，比上年增长34.3%；旅游景点门票收入9104.1万元，增长36.3%。

【对外经济】 利用内外资规模逐步扩大。全年新批外商投资项目60个，合同利用外资21185万美元，比上年增长8.5%；实到外资9027万美元，增长13.6%。在全部项目中，合同投资1000万美元以上项目7个，合同外资16535万美元，占合同外资总额的78.1%。引进内资快速增长。全年引进内资项目（杭州市外）78个，比上年增加43个。协议内资（杭州市外）31亿元，增长70.7%；实到内资（杭州市外）13.8亿元，增长30.8%。

进出口平稳增长。全年完成进出口总额81616万美元，比上年增长12.8%。其中：自营出口39543万美元，同比增长17.6%；自营进口42073万美元，同比增长8.7%。从出口产品结构看，机电类产品占出口总额的49%，同比增长18%；服饰类产品占14%，与上年基本持平；轻工类产品占9%，增长21%；化工类产品占6%，增长11%；纸类产品占3%，增长130.5%。“金固”钢圈和“鸿世”电器获得杭州市出口品牌称号。加快实施“走出去”战略，全年完成境外投资项目5个，其中注册公司3家，设立办事处2家。

【交通和邮电通讯】 交通建设取得新突破。新中线二期、19省道上官至常绿段改建工程建成通车，富阳船舶锚地服务区竣工，杭千高速富阳连接线灵桥支线、横大线蒋家村至包家淇段、胥高线三溪口至界桥段、大源过镇公路等工程开工建设。年末全市公路通车里程892千米。全年全社会货物运输量1614万吨，比上年增长3.7%。其中公路运输976万吨，增长0.8%；水路运输638万吨，增长8.5%。全年货物周转量89223万吨公里，下降7.8%。其中公路货物周转量35274万吨公里，增长8.2%；水路货物周转量53949万吨公里，增长13.3%。完成公路旅客运输量1721万人次，增长5.8%。公路旅客周转量73585万人公里，增长2.5%。

全年邮电业务收入19126万元，比上年下降6.4%。邮政特快专递业务12.7万件，增长88.7%。年末城乡交换机总容量26.96万门，增长2.1%。固定电话用户30.56万户，其中小灵通用户9.8万户；公用电话2.1万部。全市移动电话用户36.7万户。全市电话普及率为105.7部/百人。全市国际互联网用户5.8万户。

【金融保险】 金融业务不断扩大。年末全市金融机构本外币各项存款余额212.84亿元，比年初增加34.53亿元，比上年末增长19.4%；各项贷款余额187.16亿元，比年初增加34亿元，增长22.2%。人民币信贷中，短期贷款余额127.64亿元，增长27.8%，其中工业、农业贷款余额为49.82亿元和17.24亿元，分别增长54.5%和21.8%；中长期贷款余额46.56亿元，增长5.6%，其中个人中长期消费贷款余额19.73亿元，增长8.4%。

保险事业平稳运行。全年保险费收入14136万元，比上年增长0.8%。其中：财产保险费收入6333万元，增长8.8%；人身保险费收入7803万元，下降4.8%。全年各类保险赔款与给付支出5229万元，增长14.3%。

【科技】 自主创新步伐加快。动工建设场口科技孵化大楼，市造纸行业技术研发中心和上官球拍行业技术研发中心得到杭州市认定。年末全市被认定的杭州市级以上高新技术企业研发中心20家，其中省级以上9家。高新技术产业发展加快，年末全市已有高新技术企业41家，其中国家级3家，省级25家，杭州市级13家。全年规模以上企业科技活动经费支出比上年增长32.7%，新产品产值增长131.8%。全年组织实施各类科技计划项目93项，其中国家级12项，省级18项。专利申请605项，授权396项。认定登记技术合同126项，总金额2932万元。创新引才机制，加大引才力度，全年引进非富阳籍各类人才超过500名。年末全市拥有各类专业技术人员24473人，比上年增长6.9%，其中具有中高级职称的有8694人，增长5.7%。

【教育】教育事业取得新成绩。场口中学迁建、东洲中学“三并一”、新登镇中“三并一”和实验中学等工程竣工投入使用。年末全市有23个乡镇（街道）成为省和杭州市教育强乡镇，覆盖率达95%。各类教育协调发展。全市学龄儿童入学率100%，初中入学率100%，初中升高中段比例95.6%。全市共有幼儿园164所，在园幼儿1.8万人；小学49所，在校学生4.9万人；普通中学37所，在校学生3.8万人。中等职业学校（机构）9所，在校学生1.1万人。成人教育、民办教育、特殊教育进一步发展。民办学校在校学生4251人，增长7.3%，其中民办小学在校学生1794人，增长13%。积极破解“上学难”，共解决6400名外来务工子女在富入学。学校设施继续改善，全年普通中小学新增校舍7.6万平方米。年末拥有专任教师5871人，中小学校每位教师负担学生16.8人。

【文化】 文化、广播电视、新闻出版事业加快发展。举办了第三届新年音乐会、纪念长征胜利70周年文艺晚会、第三届乡镇（街道）文艺汇演、“关爱民工、共建和谐”文艺晚会等。全年越剧团国内演出255场次，观众76.5万人次。市广播电台每日播音17.5小时，市电视台每日播出17小时。有线广播电视用户18.73万户，其中城区数字电视整体转换已安装基本型2.1万户、增强型4700户。《富阳日报》全年出版313期，日发行2万份。市图书馆藏书152.4千册（件），书刊外借14.5万人次。

【卫生】 医疗卫生基础设施水平提高。春建乡社区卫生服务中心竣工投入使用，市中医骨伤科医院迁建一期工程基本完成，启动场口人民医院和灵桥卫生院建设工程。年末全市有各类医疗卫生机构90个，其中医院、卫生院46个，医疗床位1377张。拥有各类专业技术人员2427人，其中执业医师843人，执业助理医师277人，注册护士641人，药剂人员237人，检验人员118人。

无偿献血深入开展。全年完成无偿献血6497人次，其中流动献血4716人次，献血总量129.9万毫升。农村合作医疗制度进一步完善，年末全市参加新型农村合作医疗的人数达到51万人，覆盖率98.7%。全市儿童“五苗”接种率99.25%，“四苗”接种率99.37%，婴儿死亡率4.5‰。计划生育率97.5%。

【体育】 体育事业蓬勃发展。组织举办了中美男子篮球邀请赛、西博会横渡富春江游泳邀请赛、中国门球冠军公开赛等，全年举办各类群众性体育比赛22场，参赛运动员1.8万人。体育设施建设力度加大，全年新建健身苑点65个、篮球场39个、乒乓球室98个，全市611个行政村中有369个行政村体育设施达到省级标准，农村健身设施覆盖率达60.4%。竞技体育成绩良好，全年共取得杭州市级以上比赛团体冠军5个，单项金牌48.5枚。

【就业】 年末全社会从业人员45.8万人，二三产业从业人员占75.5%，其中私营个体从业人员20.6万人。全年新增就业岗位10708个，就业安置人数1.8万人；帮扶5681名城镇失业人员实现再就业，其中帮扶1163名就业困难人员再就业。年末全市城镇登记失业人数11432人，城镇登记失业率3.89%。

【居民收入】 城乡居民收入持续增加。全年城镇居民人均可支配收入16680元，比上年增长10.9%；人均消费性支出12764元，增长10.2%，其中食品支出占生活消费支出的比重（恩格尔系数）为36.3%，交通通讯文化教育娱乐消费占25.1%。农民人均纯收入8497元，比去年增长12%；人均生活消费支出7396元，增长18.8%，其中交通通讯文化教育娱乐消费占25.6%。居民储蓄继续增加。年末城乡居民本外币储蓄余额97.53亿元，比年初增加15.81亿元，增长19.3%。人均储蓄余额15387元，增长18.6%。

【社会保障】 社会保险覆盖范围进一步扩大。年末全市参加养老保险人数达19.5万人，比上年末净增14675人，机关事业单位、企业、农村养老保险人数分别达1.9万人、12.4万人、5.2万人；工伤保险8.4万人，净增17803人；生育保险7.1万人，净增11675人；基本医疗保险6.6万人，净增5028人；失业保险8.4万人，净增7990人。养老、工伤、生育、医疗、失业和被征地农民生活保障等社保基金累计积余8.99亿元，其中企业养老保险基金累计积余5.38亿元、基本医疗保险基金累计积余2.24亿元。年末全市住房公积金缴存登记单位850户，职工29299人。2006年公积金归集总额19859万元，发放公积金个人住房贷款1124户，贷款总额18871万元，支持职工购房面积14.6万平方米。提高城乡居民最低生活标准，城镇居民最低生活保障线标准由家庭月人均250元调整为270元，农民最低生活保障线标准由家庭月人均150元调整为165元。“五保”集中供养率提高，年末全市共有“五保”对象815人，集中供养756人，占“五保”总人数的92.8%。开展慈善专项救助工作，全年市慈善总会共支出各项救助款396万元。

【居住】 城乡居民居住条件不断改善。年末城镇居民人均居住面积25.7平方米，比上年末增加0.83平方米；农民人均72.32平方米，增加2.88平方米。

【城市基础设施】 完成江南自来水厂、恩波广场二期、桂花西路综合改造、花坞路拓宽、花坞桥改建、华庭路延伸等工程，公园西路、文教路延伸、西堤路改建、东大道拓宽、九龙大道改造等工程进展顺利。年末市区道路126.5公里，全年客运总量2181万人次。

【公用事业】 公用事业综合服务能力不断提高。电力设施建设加快推进，完成500千伏宣城至富阳变线路工程、110千伏华共变和松溪变二期扩建工程，110千伏万市变和九龙变工程进展顺利。全年全社会用电量39.5亿千瓦时，比上年增长10.9%，其中居民生活用电2.6亿千瓦时，增长17.1%。全年城区供水总量3088万立方米。年末市区管道天然气家庭用户达到2.51万户，增长19.5%；液化石油气用户4.65万户，下降4.1%。市区营运公交车辆167辆，出租车269辆。年末实有公园14个，公园面积71公顷。

【环境保护】 环保基础设施建设力度加大，大源溪截污纳管工程主管网铺设和松溪流域整治工程基本完成，春南污水处理工程即将竣工。深入推进造纸业结构调整，全年关停28条“低小散”造纸生产线。工业废气中二氧化硫排放达标率为100%，工业废水综合排放达标率70%。城镇生活污水集中处理率达到75%。开展生态示范村、生态乡镇（街道）、环境优美乡镇创建，60多个生态示范村通过验收，龙门、高桥和受降镇申报全国环境优美乡镇通过国家环保总局审议，春建、永昌和富春成为杭州市生态乡镇（街道）。

【城市绿化】 建成区绿化覆盖率23.55%。年末市区园林绿地面积480公顷，市区公共绿地面积201公顷，人均公园绿地面积23.72平方米。

【资源利用】 资源利用效能提高。出台《富阳市工业循环经济发展规划》。集中供热工程顺利推进，164家企业的228台锅炉被拆除，年节约煤炭约13万吨。2006年万元工业增加值工业废水排放量195吨，比上年下降39.8%；万元工业产值用电447千瓦时，下降14%。土地集约利用得到加强，富阳经济开发区场口标准厂房一二期建设完成。　（富阳市统计局）

·气　象·

【概况】　根据富阳市气象台镬子山观测点全年测得的气象数据判定，2006年，富阳市气候特征为雨量偏少，分布不均；气温特高，高温干旱明显；台风活动频繁，但影响不重；梅雨不梅，为历史罕见。总的仍属一般性年景。四季气候特点为春季气温偏高，雨量略偏少，日照略偏多；夏季气温偏高，雨量偏少，日照正常；秋季气温特高，雨量偏少，日照偏少；冬季气温偏高，雨量偏多，日照偏少（各月气象要素见表2）

【气温】　年平均气温17.9℃，比上年高0.7℃，比常年高1.6℃，创有记录以来历史新高。全年有11个月气温在常年平均之上，其中偏高1.0℃以上的月份有1月、3月、4月、6月、7月、8月、10月、11月和12月，气温依次为5.7℃、12.2℃、18.1℃、25.9℃、29.9℃、30.1℃、21.3℃、14.6℃和7.1℃，分别偏高1.7℃、2.6℃、2.2℃、1.4℃、1.5℃、2.3℃、3.5℃、2.9℃和1.0℃，其中10月、11月创历史新高，8月为历史第2高，3月为历史第3高，1月、4月均为历史第4高；全年只有9月比常年偏低0.5℃。

气温持续偏高，出现了明显的高温和罕见秋旱。全年日最高气温≥35℃的高温达46天，其中6月6天、7月17天、8月21天、9月2天；日最高气温≥37℃的高温出现20天。高温持续时间之长，为历史少见。

年内未出现“倒春寒”和“五月寒”天气，但4月13～14日连续2天日平均气温≤10℃，出现了“春寒”。

全年出现3次寒潮：分别出现在2月14～16日、3月10～12日和4月11～13日。

年极端最低气温-5.7℃，出现在1月7日。

年极端最高气温38.9℃，出现在8月13日和28日。

日平均气温稳定通过≥10℃的初日（入春）为3月16日，比上年提前10天，比常年平均提前11天。

日平均气温稳定通过＞22℃的初日（入夏）出现在6月6日，比上年推迟9天，比常年平均提前7天。

日平均气温稳定通过≤22℃的初日（入秋）为10月20日，比上年推迟17天，比常年平均推迟21天。

表2　**2006年富阳市气象要素与上年及常年对照情况**

月　份	平均气温（℃）			降水量（毫米）			降水日数（天）			日照时数（小时）		
	2005年	2006年	常年平均	2005年	2006年	常年平均	2005年	2006年	常年平均	2005年	2006年	常年平均
1	3.1	5.7	4.0	90.8	148.2	70.2	14	15	15	90.6	69.8	106.5
2	4.4	6.0	5.6	164.0	95.0	83.4	20	18	14	50.4	62.4	99.2
3	9.5	12.2	9.6	81.2	44.3	137.5	14	11	18	143.3	165.5	110.1
4	18.9	18.1	15.9	87.9	122.2	138.2	9	12	16	189.4	165.3	141.4
5	21.0	21.2	20.8	115.5	224.3	158.1	18	14	16	121.7	127.6	161.7
6	27.3	25.9	24.5	44.3	126.2	229.2	7	17	16	229.2	165.1	145.2
7	29.8	29.9	28.4	185.4	141.1	176.1	11	13	14	206.2	192.0	222.6
8	28.3	30.1	27.8	147.4	102.0	157.3	12	11	14	176.0	270.8	212.6
9	26.9	22.6	23.1	110.7	163.5	143.5	6	13	14	217.0	120.9	145.5
10	18.4	21.3	17.8	78.9	4.1	82.2	10	4	12	143.7	134.8	144.2
11	14.4	14.6	11.7	115.4	81.5	58.3	12	13	11	88.2	96.1	135.6
12	4.9	7.1	6.1	39.9	20.3	45.3	10	6	11	138.0	124.2	134.4
合　计	17.2	17.9	16.3	1261.4	1272.7	1479.3	143	147	170	1793.7	1694.5	1759.0

注：数据记录地点富阳市气象台镬子山观察点

日平均气温稳定通过＜10℃的初日（入冬）出现在11月28日，比上年提前2天，比常年平均提前6天。

连续三天日平均气温≤23℃的秋季低温出现在9月9日，比上年早24天，比常年偏早3天；连续三天日平均气温≤20℃的秋季低温出现在9月10日，比上年早20天，比常年早17天。

终霜日3月14日，和上年相同，比常年3月15日早1天；初霜日12月16日，比上年迟16天，比常年11月16日迟30天；无霜期276天，比常年多31天。

【降水】 年降水量1272.7毫米，比常年平均少206.6毫米，和上年持平，仅多了11.3毫米。各月雨量比常年偏多较明显的只有1月和5月，分别比常年偏多78毫米和66.2毫米，其中1月雨量为有记录以来的第2多。比常年明显偏少的月份为3月、6月、10月和12月，分别比常年偏少93.2毫米、103毫米、78.1毫米和25毫米，其中3月不足常年的1/3，为有记录以来第1低值年，10月雨量不足常年的1/20，也为有记录以来第2低值年。

自6月13日入梅到6月18日出梅，梅雨雨日仅5天，梅雨量22.7毫米，仅为常年的8%，而且6月雨量126.2毫米，也只有常年同期的一半。因此，继上年“空梅”后，再次出现历史罕见的“空梅”。

整个梅汛期间，5月雨量比常年偏多66.2毫米；6月雨量比常年偏少103毫米；7月上旬雨量比常年偏多3.8毫米。

全年出现6次暴雨，分别出现在1月19日、4月12日、5月9日、5月18日、7月5日和8月22日。

年降水日数147天，比常年少23天。

【光照】 年日照时数1694.5小时，比上年少99.2小时，比常年偏少64.5小时。偏多较明显的月份有3月和8月，分别比常年多55.4小时和58.2小时。偏少较明显的月份有1月、2月和11月，分别比常年少36.7小时、36.8小时和39.5小时。

【灾害性天气】 全年灾害性天气主要为3次寒潮、6次暴雨、1次暴雪、8次大风和秋旱。

寒潮　2月14～16日，日平均气温从18.8℃下降到6.0 ℃，48小时降温幅度达12.8℃。17日、18日气温继续下降，17日夜里到18日白天出现大雪。由于寒潮来临之前的13～14日气温猛升，14日最高气温达27.1℃，两天后的16日最低气温为3.6℃，高低相差悬殊，对人和动植物影响较大。

镬子山气象观测点

3月10～12日，日平均气温从16.5℃下降到4.5℃，48小时降温12.0 ℃，13日最低气温为1.8℃，12日下午出现降雪，14日最低气温为0.6℃。已开始吐芽的早茶品种在寒潮过程中受害尤深。

4月11～13日，日平均气温从21.5℃下降到7.1 ℃，48小时降温幅度达14.4℃，13日最低气温为4.9℃，由于过程较短，12日夜间又有降水，没有霜冻，未对人畜和农作物造成太大影响。

暴雨　日雨量50毫米以上的暴雨出现6次。分别出现在1月19日、4月12日、5月9日、5月18日、7月5日和8月22日，雨量分别为55.3毫米、52.6毫米、62.3毫米、54.0毫米、55.5毫米和54.8毫米。

1月19日出现少见的冬季暴雨，而且前期1月12～21日出现连续10天的阴雨天气，造成田间积水作物渍害；常安镇古城村公路路基毁坏，致该地交通中断。

7月7日下午2时30分开始，受强对流影响，万市、洞桥两镇遭受暴雨袭击，两小时内降雨量达80多毫米，造成山洪爆发、山体塌方和泥石流，损失严重。

暴雪　受寒潮影响，2月17日夜里到18日白天出现暴雪，18日8时积雪深度3厘米，11时最大积雪深度5厘米。暴雪持续时间虽短，融化较快，但仍对农作物和交通造成一定影响。

大风（台风）　瞬间风速≥17米/秒的大风共有6次。分别出现在4月5日、6月10日、6月23日、7月5日、7月22日和7月25日。6次大风中6月10日这次大风损失最为惨重。

6月10日9时到11时，受冷暖气流共同影响，全市出现大范围的雷雨大风，富阳市区于10时11分瞬间风速达20.9米/秒，造成2人死亡，近百处房屋、建筑工棚被掀翻，全市各乡镇街道的果园均不同程度受灾，桃、梨落果率最小达30%，最高达50%以上，直接经济损失2000余万元。

秋旱　从9月18日开始至11月15日的59天中，降水仅4.1毫米，出现了罕见秋旱，大源、洞桥、高桥等地的一些水库干涸见底，溪涧断流，人民生活用水发生严重困难。（尹跃虎）

·水　文·

【概况】　2006年，富春江富阳断面全年最高水位8.10米，出现时间5月20日；最低水位4.72米，出现时间9月4日。年最大潮差1.26米，全年平均水位5.91米。

窄溪水文站断面最高水位8.57米，出现时间5月19日；最低水位4.74米，出现时间9月4日，年最大潮差1.56米。

全年汛期总的特点是，灾害较少，总体平衡，属一般年景。除局部地区暴雨造成洪灾外，无较大旱灾和台灾，人员伤亡事故和水利工程安全事故均未发生。汛期降雨总量为808.1毫米，出现大雨以上13次，其中暴雨6次。全市于6月13日入梅，18日出梅，梅雨量21.4毫米，基本“空梅”。出梅后因暖湿气流活跃，午后雷阵雨较多，降雨比较均匀，未出现大旱情。前半段雨量偏少，特别是出梅早，梅期短，梅雨少，气温高；后半段台风多，雨量接近正常，由于降水量时段不均，需求不同，出现一定的旱情和台灾，但损失不重，总体平稳。台风雨天数较多，前后7次台风影响富阳，其中直接影响3次。

1月，富阳站降水量156.2毫米，比上年同期多62.9毫米；2月95.7毫米，比上年少65.3毫米；3月50.2毫米，比上年同期少39.1毫米；4月118.5毫米，5月247.4毫米，分别比上年同期多18.2毫米和132.3毫米。主讯期6～8月，降水量明显偏少。6月100.2毫米，比上年同期多59.0毫米；7月158.4毫米；8月100.8毫米，分别比上年同期少14.4毫米和55.4毫米。主汛期降水量主要集中在5月18日“珍珠”台风影响、6月29日“杰拉华”台风影响，7月5日、7月22日“碧利”台风影响，8月22日、9月4日、9月11日等几天暴雨日。7月5日，大源站降水量99.9毫米，为年最大降水日。5月，窄溪站降水量290.7毫米，为年最大降水月。9～12月，降水量分布不均匀。9月为192.7毫米，比上年同期多84.7毫米；10月为4.3毫米，比上年同期少78.7毫米；11月为84.6毫米，比上年同期少40.7毫米；12月为20.4毫米，比上年同期少19.4毫米。

富阳站梅雨量为21.4毫米，为20年来最少。汛期4月15日～10月15日的降水量，全市平均为717.3毫米。其中：富阳站为808.1毫米，比上年同期多128.3毫米；徐畈站为690.5毫米，比上年同期少90.1毫米。全年全市平均降水量1234.2毫米，比上年少105.7毫米，降水日146天（平均各月降水量，降水日见表3）。年降水量最多的大源站为1363.5毫米，最小的小樟村站为1078.3毫米。年蒸发量窄溪站为845.6毫米。7月3日，蒸发量6.9毫米，为年最大日蒸发量；2月1日，蒸发量为0毫米，为年最小日蒸发量。（邵勇）

表3　**富阳市平均各月降水量及降水日一览**

月　份	降水量(毫米)	降水日(天)
1	151.1	15
2	101.0	16
3	50.3	10
4	117.2	12
5	254.5	15
6	130.0	15
7	138.1	13
8	60.2	9
9	122.4	14
10	5.0	5
11	83.0	15
12	21.4	7
合　计	1234.2	146

【责任编辑　章金桥】

国土资源管理

·综 述·

【开展干部竞争上岗和双向选择工作】 5月31日，国土局开展为期一个月的中层干部竞争上岗和一般干部双向选择工作，全局135名干部职工参与。通过民主推荐和公开报名、竞聘演讲、民主测评、面试、组织考察等一系列程序，公开、公正、公平择优选拔中层干部37名，有40余名一般干部进行岗位交流。其中，中层干部交流率78%，一般干部交流率30%。

【国土法律法规宣传】 充分利用各种宣传工具，加强土地法律法规宣传。在“世界地球日”、“全国土地日”开展集中宣传。《富阳日报》刊登专版和市领导署名文章；城区广场与富阳人民广播电台举办国土知识咨询和有奖问答现场直播活动，分发宣传资料500余份；市内道路醒目处新设大型宣传广告牌5块；全市各主要乡镇（街道）的主要路段悬挂宣传横幅30余条；与富阳人民广播电台合作联办《八面来风》专题栏目，宣传国土知识。9月12日，在东洲街道木桥头村举行“服务新农村国土资源法规政策宣传咨询”活动，宣传国土资源法律法规政策和国土知识，解答群众提出的热点难点问题，拉开了全市“百名人才进百村，服务新农村建设”活动序幕。该活动先后在东洲、高桥、大源、湖源、渌渚和洞桥等乡镇（街道）开展。共选派业务骨干120余人次，发放宣传资料600余件，接待咨询群众800余人，现场解答咨询课题240余个。全年在《中国国土资源报》、《浙江国土资源通讯》、《杭州国土资讯》等刊物发稿100余篇。

【基层国土资源所建设】 新建成的新登国土所办公楼于10月投入使用，场口国土所办公楼建成，大源国土所办公楼动工兴建。开展“创建文明国土所”活动，完善落实工作例会、考勤考核、执法监察、政策学习、节假日和午休值班等制度。创新服务举措，提供上门服务、发放“便民联系卡”、缩短办文时限、开辟“绿色通道”等等。各基层国土所日常管理走上制度化、规范化、服务化的轨道。

【国土窗口建设】 7月，成立局行政审批内部监督小组，监督窗口行政审批工作。8月，制定《关于改进行政服务中心局窗口审批工作的意见（试行）》，调整窗口审批程序。10月，出台《关于对局驻市行政服务中心工作的相关工作人员实施考核奖惩的意见（试行）》，对窗口工作人员实施奖惩考核。通过授权、提速、考核、监督等措施，为用户提供优质、便捷、高效的服务，树立了国土部门的良好形象。土地登记窗口分别被市政府和市行政服务中心评为年度优秀服务窗口和年度红旗单位。

·土地管理·

【耕地资源保护】 全年落实土地整理项目12个，土地总面积2382.6公顷，可新增耕地254公顷，拟建成标准农田1600公顷，完成杭州市代垦项目50公顷。全市14个重点项目占用耕地93.9公顷由万市镇众源村等4个土地开发项目补充完成，实现耕地占补平衡。开展基本农田清理和重新登记工作，全市共登记基本农田2105块，对全市123块农保牌和2431个界址桩进行检查维修，重新设计制作农保牌55块。

【用地项目报批】 7月，调整局项目报批协调小组成员，协调小组定期开会，通报项目报批进展情况，协调解决存在的问题，提出下一阶段具体目标要求。全年报批各类用地项目267个，农用地面积243.5公顷，其中已批准项目135个，农用地面积150公顷。

【土地利用管理】 严格土地用途管制，加强土地预审管理，严格按土地利用总体规划组织实施。市国土资源局与市发改、建设等部门共同对1999～2005年期间城市建成区范围内改变土地用途、改变建筑物使用性质的单位和企业开展专项清理。强化土地集约利用。全年办理具体项目供地332宗，面积430公顷，所供项目全部符合“双控”指标规定。开展基准地价更新工作，完成基础资料收集、组织听证、征询意见、部门论证等前期工作，报市政府常务会议讨论。

【土地市场建设】 重新拟订《富阳市土地收购储备实施办法》，经富阳市土地收购储备委员会讨论通过，于3月31日正式发文实施。实行经营性土地用地预申请制度，降低土地流标风险，稳定土地交易市场。严格执行协议出让操作程序和协议出让最低价制度，规范协议出让行为，不折不扣执行经营性用地招拍挂制度。全年公开出让经营性土地使用权25宗，出让土地面积85.5公顷，成交额10.9亿元，超额完成市政府确定的10亿元的任务。解除一家单位的土地使用权出让合同，依法收回土地使用权，土地面积1公顷。

【国土执法和信访】 全年信访总量1681件，群众来访113起。立案查处各类土地违法案件86起，涉及土地面积32.86公顷，其中耕地14.4公顷，收缴罚没款429万元，责令复垦土地25起，面积7.4公顷。申请法院强制执行案件34起，移送公安机关2起，建议党纪处分3人。市国土资源局与富春街道、城管执法、建设及公安等部门组织800余人开展两次大规模联合拆违行动，强制拆除富春街道金桥、虎山及秋丰的32户违法建筑，面积7200多平方米。开展查处土地违法违规案件专项行动，通过电视、报纸曝光典型土地违法案例7件、矿产资源违法案件1件。

【征地补偿安置】 全年上报征地批次82个，涉及用地单位267个，总用地面积303公顷，其中已批准征地批次43个，面积173公顷。所有批次项目都依法进行征地公告和安置补偿公告，所涉征地补偿费全部补偿到位。做好被征地农民生活保障工作，全年共办理失地农民保险6351人。调整征地区片综合价，完成科学测算、乡镇（街道）分片讨论、相关部门论证、组织听证、征求意见等前期工作，形成送审稿报市政府常务会议讨论。

【地籍基础业务建设】 全年完成土地登记发证9979件，其中宅基地登记发证1107件。办理土地抵押登记201宗。推行土地登记公开查询制度、公告制度和持证上岗制度。全年土地登记公开查询1130人次，土地登记公告率100%，持证上岗率90%。进一步规范和完善房地产开发建设项目复核验收制度。全年通过验收房地产开发项目55个，发放分割登记凭证11101份。完成2006年度土地变更调查，与土地更新调查成果成功并轨，建立图、数、实地相一致的土地利用现状调查信息库。完成城区已测19.8平方公里地籍数据入库工作，建立图形、属性一体化管理平台。

【新一轮土地利用总体规划报省政府审批】 在2005年全市土地利用总体规划大纲（2004～2020年）通过杭州市政府初步论证的基础上，按上级有关要求，继续组织开展新一轮土地利用总体规划修编工作。完成基础资料收集调查，现行土地利用总体规划实施评价，“四清查、四对照”以及有关问题的专题研究。规划前期工作成果通过杭州市政府审查，规划大纲和规划前期工作成果一并上报省政府审批。

【宅基地复垦】 拟定并报市政府下发了《关于开展农村建设用地复垦工作实施意见》和《关于规范建设用地复垦指标使用和管理的若干意见》，规范农村建设用地复垦行为，全年落实宅基地复垦项目40个，可新增耕地面积77.5公顷。

【批而未供及供而未用项目清查】 4～5月、8～9月分别组织开展全市批而未供、供而未用项目专项清查，建立每月通报制度。对各项目进行跟踪督查，了解进展状况，每月进行通报。针对不同情况区分归类，提出八条针对性处理意见，有的催办、督办；有的纳入土地储备；有的进行盘活。全市供地率得到很大提高， 2004年、2005年、2006年的供地率分别达到91.3%、95.6%、63.8%。

【集体农用地所有权登记发证工作】 根据省国土资源厅和杭州市政府要求，继续开展集体农用土地所有权登记发证工作，在全市25个乡镇（街道）全面开展。至年底，基本完成全市集体农用土地所有权登记发证工作，共发放集体土地所有权证1123本，处于全省前列。4月28日，全省集体农用土地所有权登记暨地籍管理工作现场会专门在富阳市召开，市国土资源局作典型发言，介绍全市集体农用土地所有权登记发证工作经验。会议期间，与会代表进行了实地考察。

【土地及房屋登记发证进社区】 为方便群众土地确权登记和房屋产权登记，宣传土地确权登记和房屋产权登记有关法律法规政策和相应的程序，解答群众提出的热点难点问题。3月25日，市国土资源局联合市房地产管理处和富春街道苋浦社区在苋浦社区广场，共同举办“土地、房屋登记进社区活动”。现场发放宣传资料300余件，接待咨询群众150余人，受理土地确权登记和房屋产权登记12件。

·地矿管理·

【概况】 根据国务院全面整顿和规范矿产资源开发秩序的要求，按照省、杭州市国土资源部门的部署，对全市矿产资源的管理、开发和利用进行整顿和规范。至年底，关闭开发利用率低的小型矿山23家，矿山总数减少到159家，其中大中型矿山57家，超额完成上级下达的矿山总数减少8家的任务，提高了全市矿山开发利用率。

4月，对全市矿山的开发利用情况进行排查，整顿矿山开采中存在的问题。查处无证开采矿山1处、越界开采矿山16处。矿山企业年度检查121家，年检率100%，实地抽查35家，抽查率28.9%。

全年征收矿产资源补偿费235.79万元，超额完成入库任务。

【采矿权有偿出让】 为推进矿业权市场建设，根据部、省和杭州市国土资源部门要求，全市采矿权全部实行公开有偿出让，全年通过《富阳日报》刊登采矿权有偿出让公告，出让采矿权35宗，收缴采矿权出让金2445.6万元。办理采矿权登记（变更、延续）手续100家，发放采矿许可证100本。

【矿产资源规划】 为全面贯彻落实科学发展观，促进资源利用方式和管理方式的根本转变，提高矿产资源对国民经济和社会可持续发展的保障能力，按省、杭州市国土资源部门的要求，9月1日起，开展了“十一五”《富阳市矿产资源规划》编制工作，并于11月25日完成了规划调研工作。

【矿山生态环境治理】 为进一步贯彻落实“谁开发、谁保护，谁破坏、谁恢复，谁受益、谁补偿”的原则，对全市矿山全面实行矿山生态环境治理备用金制度，全年征收治理备用金339.85万元。启动废弃矿山生态环境治理8家，累计治理宕面面积24.1441万平方米，平整矿区土地约12万平方米。

【地质灾害防治】 紧紧围绕“以人为本，科学发展，构建和谐”的时代要求，认真贯彻以防为主，防治结合的方针，3月7日～5月31日对全市现存的68处隐患点开展汛前地质灾害巡查。结合全市地质灾害现状和发展趋势，编制了《2006年度地质灾害防治方案》，由市政府批准执行。督促各部门和乡镇（街道）开展地质灾害防治工作。市国土资源局会同乡镇(街道)地质灾害防治工作人员检查受威胁住户“防灾避险明白卡”保存情况，对失卡住户及时进行补发；给监测责任人讲授监测要点，发“地质灾害隐患监测记录本”，规范监测工作；国土、城建、交通、水利和旅游等部门对城市主要地质灾害隐患地段、交通道路沿线及旅游风景区进行巡查。

开展地质灾害防治24小时值班，在每次台风来临之际，建立24小时值班制度，及时掌握地质灾害的动态情况，迅速处置突发性险情和灾情。特别是对2006年第一号（珍珠）台风及7月7日局部强降雨，造成全市多处发生山体滑坡和泥石流地质灾害。对万市镇、洞桥镇、新桐乡、胥口镇等8处新发现的地质灾害隐患点进行应急调查，提出应急治理和防治措施，做好及时搬迁，及时治理。台汛期无人员伤亡。

加强地质灾害危险性评估工作，开展切坡建房地质灾害评价工作。全年备案建设项目地质灾害危险性评估35宗。

（骆鸿波　彭捷）

【责任编辑　孙希成】

环境保护

·综　述·

【概况】 全市环境保护工作，以改善和提高环境质量为目标，以环境污染整治为抓手，以生态市建设为载体，强化环境执法，提高监管能力，实施部门联动，建立长效机制，全面推进环境保护和生态建设。突出生态建设、环境整治和“创模”巩固三个重点，实现环境宣传、部门配合和执法机制上的新突破，不断加强宣传、执法、整治、生态和队伍建设力度，促进经济、社会全面协调发展。2006年富阳市人民政府被评为杭州市环保目标责任制完成情况良好单位。

继续加大生态建设和环境保护力度，坚持树立“保持青山绿水是最大的政绩”的执政理念，把加大环境保护力度，加快推进生态建设作为构建和谐社会的首要任务。全年争取省、杭州市专项补助资金800余万元，市政府以奖代补发放生态建设和环境保护专项资金2000余万元。

全年排放工业废水2.50亿吨，达标率57.95%；排放化学需氧量3.59万吨；城镇生活污水处理率91.91%。年工业废气排放量324.6亿标立方米，其中二氧化硫、烟尘、工业粉尘排放量分别为1.49万吨、4817吨和1754吨。工业固体废物产生量90.9万吨。各项污染物排放量控制在国家规定的指标内。

城市大气年平均环境质量为II级。在一个大气压和相对0℃的条件下，主要大气污染物二氧化硫、二氧化氮、可吸入颗粒物年均值分别为0.039毫克/立方米、0.037毫克/立方米、0.080毫克/立方米。全市降水酸碱度平均值4.95，酸碱度范围3.31～6.11，酸雨率77.8%。全市12个地表水监测断面，符合II类4个、III类3个、IV类4个。城市区域环境噪声平均值54.6分贝，交通干线噪声平均值66.8分贝。环境质量同比有明显改善。

·生态市建设·

【签订生态建设环境保护责任书】 3月，市政府根据杭州市生态建设和环境保护目标责任书要求，召开全市环境保护和生态市建设工作会议，分解落实责任项目，分别与21个乡镇、4个街道和9个部门签订生态建设和环境保护目标责任书。结合年度乡镇、街道精神文明建设考核，一并进行环保考核验收，各乡镇、街道目标责任完成情况良好。

【生态乡镇及街道建设】 6月高桥镇、受降镇、龙门镇申报全国环境优美乡镇，12月通过国家环保总局的审议。11月，春建乡、永昌镇、富春街道通过杭州市级生态乡镇、街道考核验收；12月，常绿镇完成杭州市生态乡镇申报。全市25个乡镇、街道编制的生态乡镇、街道建设规划均通过杭州市环保局的专家论证，22个完成修编的生态乡镇、街道建设规划由市政府批复实施。12月，龙门生态镇通过浙江省环保局的考核验收。

【生态示范村建设】 4月，下达第四批周公坞村等82个生态示范村建设名单；12月，完成白鹤村、水坞村等4个杭州市级生态村和唐家坞村、石岭村等73个富阳市级生态村的考核验收。

【生态建设工程】 2006年生态建设工程进展顺利，列入杭州市"1250"生态建设与保护工程的105个项目总体完成较好。全年完成24个农居点生活污水处理工程，建成6170立方米污水处理池，新增污水处理能力78万立方米/年；完成8家养殖场排泄物治理工程，工程总规模1400立方米，污水处理能力3.47万吨/年；完成10个农村生活垃圾示范工程项目、7个废弃矿山生态恢复工程、7个生态墓地建设工程、6个清洁能源村建设项目、6条河道综合整治等任务。

【生态建设绩效评估】 根据杭州市部署，开展2003～2005年绩效评估，完成评估工作报告、技术报告，编印成果图集。经评估，生态市建设考核预验收6项基本条件中，除80%乡镇未达到环境优美乡镇外，其余5项条件基本符合，39项考核指标中达标数由13项增加到21项。

【"绿色单位"创建】 全年新增富阳市第二中学等浙江省级"绿色学校"3所，香溢花园工地等杭州市级"绿色工地"4个，八一城市污水处理厂被命名为杭州市级"环境教育基地"，金桥社区等富阳市级"绿色社区"5个，富春职业高级中学等富阳市级"绿色学校"4所，百合景苑工地等富阳市级"绿色工地"8个，周永泰等富阳市级"绿色家庭"48户，八一城市污水处理厂和富轮造纸厂被命名富阳市级"环境教育基地"。

【生态市建设教育培训】 8月，富阳市生态办组织全市25个乡镇、街道分管领导参加杭州市生态建设培训班；全年按计划举办生态建设培训班10期，受训300余人次。

·污染控制·

【概况】 2006年，全市继续加快产业结构调整和环境基础设施建设，环境污染整治力度进一步加大。市委、市政府坚持把水环境保护，特别是造纸行业污染控制作为全市环境保护的重点，制定措施，狠抓落实。环境基础设施的完善、产业结构的调整、清洁生产的开展，有效地控制削减了污染物的排放量。

【产业结构调整】 根据省环境保护重点监管区的"摘帽"任务和市政府造纸业污染整治规划，各相关责任部门加大淘汰白板纸1万吨以下和薄型纸2000吨以下"低、小、散"造纸生产线的力度，开展重点污染源企业清洁生产审核。至年底，关停29条"低、小、散"造纸生产线，完成74家企业清洁生产的年度任务。

【启动工业污水收费】 9月，市政府出台征收工业污水处理费的新政策，成立富阳市工业污水处理管理办公室，由环保局具体操作。10月，开征工业污水处理费，实行分步推行，分档计费办法，并最终实现污水处理收费标准与污染物排放浓度相结合的计价方法。年底，征收307家造纸企业的工业污水处理费890万元，征收率98%。

【环境基础设施建设】 6月，八一城市综合污水处厂15万吨/日污水处理设施投入运行；5月，春南污水处理厂25万吨/日处理工程动工建设；12月，完成大源污水处理厂截纳管网工程。

·环境管理·

【环保审批】 严格建设项目环保审批，执行国家产业发展的导向目录，停止审批造纸项目，全年完成956个工业性、建设性项目的审查、审批。审批、变更城市餐饮服务业939家，书面和口头否决32个项目。完成《富阳市环保局建设项目环保跟踪管理有关规定》的征求意见稿。组织51个项目同时设计、同时施工、同时投产的“三同时”竣工验收。

【成立环境监察中队】 10月，成立江南、富春江和新登三个环境监察中队，进一步加强基层环境监察力量，加大对环境违法行为的执法力度。

【环境执法】 继续实行环境公众有奖举报和主动出击相结合的治污设施长效管理机制，受理举报电话474个，查实违法企业153家，兑现奖金44万元；主动监察和查处环境违法案件308件，申请人民法院强制执行案件145件。全年收缴罚款910万元，征收总量排污费2120万元，分别比上年增长190%和100%。处理信访1310件（次），办结率和反馈率保持100%，满意率99%。发放和年审工业企业排污许可证226家，审查资源综合利用100余家，开展杭州市级和富阳市级74家企业的清洁生产试点，加强放射源清查和烟控区管理。

在文明执法、公平公正执法的基础上，不断创新环境执法和管理机制。推出环境巡查制度、建立联合执法机制、完善错时执法机制，采取“划分环保信誉、媒体曝光、有序用电、加大处罚”的综合措施，打破“守法成本高、违法成本低”的局面，震慑违法企业，提高执法效果。同时，开展系列执法活动，4～11月，开展“绿箭—灭鼠1号”严打暗管偷排专项行动；8月，市政府根据国家、省和杭州市的要求，开展全市打击违法排污企业保障群众健康环保专项行动，加大对环境违法行为打击力度，至年底，查处各类环境违法行为150余起，限电停产70余家，罚款300万元，专项行动取得阶段性成果。

【环境监测】 全年取得各类环境监测数据3.99万个。开展城市空气质量日报、预报，完成浙江省、杭州市规定的地面水、饮用水源、区域环境噪声、功能区噪声、交通噪声等常规监测，获0.98万个监测数据；获得环境监督管理、城市综合整治定量考核、排污申报、环保目标责任制考核等非常规监测2.99万个监测数据；获得大源溪、松溪、湘溪、苋浦水系等重点监管流域226个监测数据。

【创建饮用水源保护区】 4月，启动富阳市自来水总厂新登分厂饮用水源保护区创建，成立生活饮用水源保护工作领导小组；利用电视、广播、报纸、网络宣传饮用水源保护的重要性，设立保护区地理界碑；完善制度；大力整治保护区周边的污染。12月，杭州市饮用水源保护工作领导小组验收富阳自来水总厂新登分厂饮用水源达标区创建工作，在听取汇报、踏勘现场后认为，富阳自来水总厂新登分厂饮用水源保护区符合《杭州市生活饮用水源达标区创建标准（试行）》中保护措施、水质指标及其公告要求的各项基本条件，保护区创建通过验收。

【创建杭千高速富阳段烟控区】 4月，制订创建方案，确定创建范围，报市政府批准实施，申报登记创建范围内所有炉、窑、灶222台，涉及单位175家，对问题单位进行整改。12月14日，该项工作通过杭州市验收。

【宣传教育】 全年环境宣传教育重点面向决策层、企业界、青少年，同时抓好面上的教育，在《中国环境报》、杭州市级新闻媒体和富阳市一报二台发表各类宣传文章，开辟生态建设与环境保护专栏专版。富阳电视台每天滚动播放生态建设与环境保护公益广告，富阳广播电台每天黄金时间宣传环保政策法规、环境科普知识等。

不断创新环保宣传形式，首次举办乡镇、街道干部环保知识竞赛，全市25个乡镇、街道全部参加预赛，富阳电视台现场直播决赛；6月5日，第35个世界环境日，首次举办大型环保文艺晚会。实施桂花路环保灯箱一条街和富春江大桥环保标语一座桥，通过征集环保标语，增强人们的环保意识。

举办各种培训班，组织专家、学者到乡镇、社区、学校等基层宣讲环保形势和环保知识；坚持环境宣传进社区、进机关、进学校、进企业、下农村，利用多种渠道宣传环保法规和环保知识，营造环境保护的良好氛围。

（方忠民）

【责任编辑　于卫国】

中国共产党富阳市委员会

·市第十二次党代会·

【中国共产党富阳市第十二次代表大会】 12月26～29日，在富阳影剧院召开。会议主要议题是以邓小平理论和“三个代表”重要思想为指导，以科学发展观为统领，加快融入大都市，建设和谐新富阳。会议听取并通过市委书记徐文光代表十一届市委所作的《以科学发展观为统领，加快融入大都市，建设和谐新富阳》的报告。会议全面回顾了十一届市委过去4年的工作，总结了4个方面的经验启示，指出今后5年工作的指导思想是高举邓小平理论和“三个代表”重要思想伟大旗帜，以科学发展观为统领，深入实施融入大都市战略，全面实施环境升级工程，大力推进“工业兴市、科技强市、环境立市、开放活市、特色建市”，加快工业化，推进城市化，着力调整经济结构，转变经济增长方式，统筹城乡发展，创建“平安富阳”，打响“山水文化名市、现代产业新城、人居休闲胜地”三大区域品牌，打造城市个性特色，增强城市综合竞争力，全面建设和谐新富阳。会议确定今后5年的奋斗目标是率先基本建成全面小康社会，并向率先基本实现现代化奋力冲刺，实现经济发展更加高效、社会进步更加全面、城市特色更加鲜明、居民生活更加宽裕、生态环境更加优美、体制机制更加完善，努力建设一个网络化大都市、长三角城市群中“定位准确、扬长避短、错位发展、差异竞争、功能互补、设施配套、个性鲜明、优势突出”的特色城市，一个“生活富裕、生命阳光”的和谐新富阳。力争实现生产总值年均增长12%，人均GDP突破8000美元；财政总收入年均增长12%；万元生产总值综合能耗五年下降25%，化学需氧量排放量五年下降16%，二氧化硫排放量五年下降15%；城镇居民人均可支配收入年均增长10%，农民人均纯收入年均增长10%；每年新增就业岗位8000个，城镇登记失业率控制在4%以内；人口自然增长率控制在5‰以下。会议选举徐文光、张锦铭、金志强、汤金华、王炅、陆洪勤、韦兴华、应敏扬、魏平岩、童定干、赵玉龙担任新一届市委领导班子，由徐文光担任市委书记，张锦铭、金志强担任市委副书记。会议听取和通过中共富阳市纪律检查委员会向市第十二次党代会所作的工作报告，选举产生了新的纪委领导班子。

（孙桂明）

·市委全委会·

【市委十一届八次全体（扩大）会议】 1月5日，在市政府会议中心召开。会议主要议题是学习贯彻中共十六届五中全会、省委十一届九次全会、杭州市委九届十次全会和中央、省经济工作会议精神，总结2005年工作，理清明确“十一五”发展总体思路，研究部署2006年工作，为“十一五”发展开好局、起好步。会议审议通过了《中共富阳市委关于制定富阳市国民经济和社会发展第十一个五年规划的建议》，听取并通过了市委书记佟桂莉所作的《以科学发展观为统领，发挥“六大优势”，实现“六大突破”，为“十一五”发展开好局、起好步》的报告。出席会议的有：市委委员、候补委员；市纪委委员；市人大、政府、政协班子领导、巡视员、市长助理；有关老干部；各乡镇党委书记、街道党工委书记；市级机关各单位党组织主要负责人；重点企业主要负责人。

【市委十一届九次全体（扩大）会议】 7月7日，在市政府会议中心召开。会议主要议题是进一步树立和落实科学发展观，认真贯彻省委十一届十次全会和杭州市委九届十一次全会精神，针对当前形势，进一步统一思想，凝心聚力，狠抓工作落实，确保十一届党委任期圆满完成；研究和部署全面融入杭州大都市工作，推动富阳向更高层次发展。会议提出融入杭州大都市的指导思想是：以科学发展观为指导，认真贯彻落实杭州市委关于构筑市域网络化大都市的战略部署，从富阳自身发展需要出发，以观念融入为先导，以规划融入为龙头，以设施融入为基础，以产业融入为支撑，以环境融入为保障，坚持“规划共绘、政策共享、设施共建、产业共兴、环境共保”，发挥优势，主动对接，全方位融入，率先推动富阳从郊县向郊区转变，打造竞争新优势，全面建设新富阳。融入杭州大都市的目标是：通过努力，使富阳成为杭州大都市不可缺少的重要功能组团，真正成为杭州的休闲后花园、人居新卧城、产业新高地，实现经济发展和杭州相协调、基础设施与杭州相配套、市民素质和生活质量与杭州相接近。会议听取并通过了市委书记佟桂莉所作的《善始善终抓落实，加大力度促融入，圆满完成十一届党委任期》的报告。出席会议的有：市委委员、候补委员；市纪委委员；市人大、政府、政协班子领导、巡视员、市长助理；有关老干部；各乡镇党委书记、街道党工委书记；市级机关各单位党组织主要负责人；重点企业主要负责人。

【市委十一届十次全体会议】 10月30日，在市政府综合楼三楼会议室召开。会议由市委书记佟桂莉主持，主要是审议通过了《关于召开中国共产党富阳市第十二次代表大会的决议》。市委书记佟桂莉针对会议的召开进行了讲话。参加人员：全体市委委员、候补委员。

【市委十二届一次全体会议】 12月29日，在富春宾馆多功能厅召开。会议由市委书记徐文光主持。会议差额选举产生了中共富阳市第十二届委员会常务委员会委员，由徐文光、张锦铭、金志强、汤金华、王炅、陆洪勤、韦兴华、应敏扬、魏平岩、童定干、赵玉龙担任市委常委；等额选举产生了书记、副书记。由徐文光担任市委书记，张锦铭、金志强担任市委副书记。会议通过了中共富阳市纪律检查委员会第一次全体会议选举结果。参加人员：全体委员、候补委员。

（孙桂明）

·市委重要会议·

【市委常委会会议】 全年召开市委常务委员会会议15次，其中3月3日第57次市委常委会，为议军会议，研究全市2006年武装工作；4月20日第58次市委常委会，专题研究“破七难”工作；5月9日第60次市委常委会，贯彻工业经济大会，专题研究全市经济运行情况；7月26日第63次市委常委会，学习胡锦涛“七一”重要讲话精神；8月10日第65次市委常委会，专题研究龙门古镇旅游风景区二期规划；12月19日第70次市委常委会，研究第十二次党代会有关会议议程安排。

【机关干部大会】 2月6日，在富阳影剧院召开。会议议题是强化“三种意识”，以奋发有为的精神状态，确保“十一五”发展开好局起好步。具体是要强化前列意识，敢争一流，做到清醒、坚定、有作为；要强化责任意识，敢于负责，做到敢抓、敢管、敢挑担；要强化创新意识，敢为人先，做到工作理念创新、工作思路创新、工作方法创新。动员广大机关干部在新的一年里，以新的面貌、新的工作作风、新的工作业绩，谋求富阳新的发展。市委书记佟桂莉代表市委、市政府作报告。全市机关干部参加会议。

【农村工作会议】 2月9日，在富阳影剧院召开。市委书记佟桂莉作题为《实施“五大工程”，全面推进社会主义新农村建设》的报告，市长戚哮虎在会上讲话。会议回顾总结了2005年全市“三农”工作，研究部署2006年全市农业和农村工作的任务和措施及“十一五”时期全市农业和农村工作的总体思路和目标。会议确定，2006年全市农业和农村工作的目标是：农村经济总收入增长18%，农业总产值增长10%，乡镇工业总产值增长20%，农民人均纯收入增长10%，粮食生产保持2005年水平；实际引进农业外资800万美元、内资1.5亿元。具体实施“五大工程”，即围绕“生产发展”，实施农业“提质增效”工程；围绕“生活富裕”，实施农民“转移保障”工程；围绕“乡风文明”，实施农村“文明素质”工程；围绕“村容整洁”，实施农村“新社区建设”工程；围绕“管理民主”，实施农村“固本强基”工程。会议确定全市“十一五”时期全市农业和农村工作的总体思路和目标是：以邓小平理论和“三个代表”重要思想为指导，全面贯彻落实科学发展观，把握“两个趋向”转换规律，按照“生产发展、生活富裕、乡风文明、村容整洁、管理民主”的要求，大力实施统筹城乡发展方略，全面推进农村经济、政治、文化、社会和党的建设，加快建立以工促农、以城带乡的长效机制，确保在发展新农村新产业、建设新社区、培育新农民、树立新风尚、建立新体制方面不断取得新进展，确保全市率先基本建设全面小康社会，确保全市社会主义新农村建设走在前列。市四副班子领导和市级机关、各乡镇、街道及建制村主要领导参加会议。

【重要工作会议】 2006年，市委、市政府先后召开以下内容的重要工作会议：

"平安富阳"创建暨"四五"普法总结和政法、综治、信访、人民调解工作、老干部和关工委工作、党政"一把手"年度总结工作、党建工作、农村工作、人口和计划生育工作、工业经济暨招商引资工作、品牌创建工作、创建全国文化先进县（市）暨全市文化工作、创建省示范文明城市工作、武装工作暨市国防动员会第六次会议、爱国卫生工作、创建省体育强市暨全市体育工作、生态建设暨环境保护工作、"百千"工程工作、食品药品安全工作、农村党员干部现代远程教育工作、"学党章、保先进、促发展"教育活动、共建文明卫生社区工作、延长山林承包期工作、创建全国科普示范市暨科普惠农行动计划试点工作、党史工作、禁毒工作、农民健康体检工作、乡镇党委换届工作、工业企业奋战百天暨节能工作、妇女儿童暨家庭教育工作、贯彻"法制杭州"建设暨依法治市、普法教育工作、实施公务员法工作、学校安全工作、换届选举工作、乡镇（街道）机构改革工作、第七次"春风行动"工作、七届政协委员协商推荐工作、人大换届选举工作、年鉴工作。（孙桂明）

·市委重要决策及重要活动·

【制定《富阳市国民经济和社会发展第十一个五年规划的建议》】 1月11日，市委下发了《中共富阳市委关于制定富阳市国民经济和社会发展第十一个五年规划的建议》（〔2006〕7号文件）。该建议于1月5日在中共富阳市委十一届八次全体会议上通过。包括全面建设小康社会的战略关键期；"十一五"时期经济社会发展的总体思路与奋斗目标；加快产业结构优化升级；全面加强城市建设和管理；全面推进社会注意新农村建设；构建资源节约型和环境友好型社会；推进文化名市建设；深化改革扩大开放；努力促进社会和谐；切实加强党的领导，确保"十一五"规划的实施等十项内容，对全市推进科学发展、和谐发展，率先基本建成全面小康社会，具有十分重大的意义。

【创建全国文化先进县（市）活动】 2月27日，为提升富阳市的城市文化品位，增强城市综合实力，优化投资环境，提高人民群众的文化生活质量，加快推进富阳山水文化名市建设，市委、市政府出台了《关于开展创建全国文化先进县（市）活动的决定》（〔2006〕19号）。文件规定：到2007年把富阳建设成为一个经济建设和文化建设协调发展、文化设施和城市建筑完美融合、传统文化与现代文化交相辉映、城市文化与乡村文化互补并进、文化市场与文化生活丰富多彩的现代化山水文化名市。并将创建任务进行了具体的分解。

【"学党章、保先进、促发展"教育活动】 4月12日，市委下发了《关于开展"学党章、保先进、促发展"教育活动的通知》，决定从4月15日开始，利用一个半月的时间，在全市党员干部中集中开展"学党章、保先进、促发展"教育活动。要求全市党员干部进一步学习、遵守、贯彻和维护党章，增强政治、责任、大局意识，严肃政治、组织、经济工作和群众工作纪律，为推进全市"十一五"规划实施与和谐社会建设作出努力。教育活动分4个阶段进行：宣传发动阶段，广泛宣传，深入发动，营造氛围；学习教育阶段，采取多种形式开展学习；自查自纠阶段，要求全体党员干部在"五个不许、四条禁令、效能建设、廉洁自律"等方面存在的问题进行自查，并切实采取有效措施，限期整改。提高完善阶段，对存在问题进行整改，并进一步健全和完善各项制度。整个活动于5月底结束，全市党员干部通过教育活动整体素质进一步得到提高。

【出台《2006～2010年普法教育依法治市规划》】 10月8日，为进一步营造良好的法治环境，市委、市政府制定了《富阳市2006～2010年普法教育依法治市规划》。规划的主要内容包括：指导思想、主要目标、基本原则、主要任务、主要措施、组织领导和保障。其中基本目标是通过规划的实施，进一步提高全市公民的法律意识和法律素质；进一步增强全市国家机关公职人员的社会主义法治理念，提高依法决策、依法行政、依法管理社会事务的能力和水平；进一步增强各级政府和社会组织依法治理的自觉性，提高区域、行业、基层依法治理的水平；进一步推动全社会法治文化建设，营造崇尚法律的浓厚氛围。主要任务是大力开展法制宣传教育；深入推进依法治市。主要措施是加强对重点对象的法制宣传教育；抓好依法治市创建活动；开展系列主题宣传活动；加强法制宣传平台建设。实施步骤从2006年起开始实施，到2010年结束。

【制定《富阳市社会主义新农村建设规划》】 11月30日，按照全市全面建设小康社会，率先基本实现现代化的战略部署，为全面推进全市农村的经济建设、政治建设、文化建设、社会建设和党的建设，加快富阳社会主义新农村建设步伐，市委、市政府制定了《富阳市社会主义新农村建设规划》。规范的总体目标是到2010年，基本建成全面小康社会，实现村镇布局合理、人均收入超万元、村容明显改善、社会全面覆盖、素质整体提高、社会和谐发展的局面，实现经济繁荣、生活富裕、乡风文明、城乡协调、生态良好、社会和谐的社会主义新农村。新农村建设的主要任务是实施城镇带动工程，促进城乡协调发展；实施提质增效工程，增强农业综合发展能力；实施新社区建设工程，改变农村环境面貌；实施文明素质工程，促进农村和谐发展；实施转移保障工程，提高生活保障水平；实施固本强基工程，落实民主管理。新农村建设的保障措施是建立强有力组织领导班子；完善建设规划体系；树立典型示范；构建多渠道的投入格局；加大新农村建设的绩效考核。

【赴香港招商引资】 3月8～10日，市委书记佟桂莉、副市长陆献德、陆洪勤及市外经贸局、经贸局等相关负责人赴香港招商。在香港招商期间，佟桂莉等领导分别与香港华润集团、森信集团、先进集团、衡益集团、万泽集团等大集团高层进行了洽谈，各家集团都有意将具体项目落户到富阳。

【对口支援帮扶活动】 4月4～6日，市委书记佟桂莉、副市长汤金华率领市党政代表团赴重庆涪陵和四川南充，进行对口支援帮扶工作考察和交流，向嘉陵区和崇义街道分别捐赠帮扶资金40万元和30万元。党政代表团考察了重庆涪陵区崇义街道的太极集团、城区第一小学、富阳市捐建的社区服务中心和四川南充嘉陵区的开发区、农业生态园区及富阳市的扶贫项目。浙江三江房地产有限公司为涪陵城区第一小学捐款20万元，市经贸局，外经贸局和富阳市永泰纸业集团、华伦集团、正大纸业集团、三江房地产公司、新世纪房产等单位分别与两地相关部门洽谈了对接合作和投资意向。

【赴上海开展招商活动】 4月11～12日，市委书记佟桂莉、市长戚哮虎、副市长陆洪勤参加了4月11日杭州在上海国际新闻中心举办的“2006杭州——上海经济合作项目、杭州世界休闲博览会推介会”。在推介会上，富阳的浙江飞鱼公司和上海斯雄复合材料有限公司合作投资5000万元的电力桥架项目以及台州鹰自达塑业公司和新登镇人民政府合作投资6800万元的装饰塑布项目进行了签约。4月11日下午，富阳市还在上海国际新闻中心举办了“接轨上海经济合作恳谈会”。邀请了台湾旺旺集团、台湾区电机电工业同业协会、中比友好贸易促进会、上海富春建业集团等企业进行了座谈。在会上还聘请了11名在沪招商顾问。4月12日，富阳赴上海招商代表团与上海杨浦区进行了友好的交流座谈。

【重点项目督查】 7月13日，为确保市重点项目保质保量如期完成，市委书记佟桂莉、常委副市长汤金华、副市长陆献德和有关部门负责人，实地督查了市污水处理厂三期工程、实验中学校区、横大线、文化中心、320国道鹿山便道、恩波公园二期及市政配套等市重点项目的施工现场，部分重点项目的实施进展情况，并就具体事项提出了要求。在听取了有关部门负责人的汇报后，指出，总体来说，大部分的项目进展顺利，要求有关部门重视项目建设，确保项目的正常推进，对项目的资金，政策处理，配套等具体问题提出了要求。

【陪同于辉达调研民营经济】 9月11日，杭州市委副书记于辉达、副市长沈坚到富阳调研民营经济。市委书记佟桂莉、代市长徐文光、市委副书记朱关泉、副市长陆洪勤、政协副主席王建沂陪同调研。调研组考察了富通银湖工场、三普机械、富阳口岸、富春江热电厂、八一污水处理厂等企业，并召开了座谈会。在座谈会上市委书记佟桂莉指出富阳市民营经济处在“二次创业”的重要关口，着重要做好五个方面的工作，一是进一步优化结构，以调整促发展；二是强化创新，以创新促发展；三是进一步扩大开放，以开放促发展；四是进一步强化责任，以和谐促发展；五是优化环境，以服务促发展。于辉达高度评价了富阳市民营经济，指出要更好的发展民营经济最关键是要转变经济增长方式；政府要为民营经济发展提供良好的舆论、政策等环境，企业家要注重学习，努力提高自身素质。

【龙游——富阳“山海协作工程”】 11月21日，龙游县党政领导考察团与富阳市开展“山海协作工程”对口经济技术与交流活动。代市长徐文光、副市长潘建平参加交流座谈会。在座谈会上，富阳市新登镇、灵桥镇分别与龙游县的龙洲街道、罗家乡签署友好经济合作协议，富阳市富春街道城西村、春江街道的浙江三星热电有限公司、大源镇的大同建设工程有限公司分别与龙游县的东华街道唐尧村、湖镇镇白地圩村、小南海镇树蓬村签署帮扶结对协议。市政府向龙游县捐赠30万元帮扶资金。通过帮扶结对，使两地合作平台进一步得到扩展。

【市委新设立和调整的非常设机构】 鉴于工作需要和人员变动，市委新设立和调整了一批非常设机构：2006年杭州世界休闲博览会富阳分会场组委会、富阳市“五好文明新家庭”创建活动协调小组、市委党史工作委员会、全市人才工作领导小组、富阳市领导干部经济责任审计工作联席会议、富阳市地方志编纂委员会、富阳市机构编制委员会、富阳市农村反邪教警示教育活动领导小组、富阳市创建全国文化先进县（市）领导小组、富阳市对外宣传工作领导小组、富阳市保密委员会、富阳市“双学双比”“巾帼建功”活动领导小组、富阳市精神文明建设委员会、富阳市禁毒委员会、富阳市创建省示范文明城市领导小组、富阳市创建浙江省体育强市领导小组、富阳市涉台突发事件处理领导小组、市委对台工作领导小组、富阳市复员退伍军人问题工作领导小组、富阳市延长山林承包期工作领导小组、富阳市家庭教育工作领导小组、富阳市宗教工作领导小组、富阳市维护稳定工作领导小组、富阳市农村党员干部现代远程教育工作领导小组、富阳市处理信访突出问题及群众性事件联席会议、富阳市创建全国科普示范县（市）和科普惠农计划“一站一栏一员”建设试点工作领导小组、富阳市治理商业贿赂领导小组、市级机关党政领导科技进步和人才工作目标责任制考核领导小组、富阳市防汛防旱指挥部、富阳市医疗卫生体制改革领导小组、富阳市城乡“双建设、双整治”领导小组、富阳生态市建设工作领导小组、富阳市实施公务员法领导小组、秋丰建材市场项目项目协调小组、富阳市文化体制改革工作领导小组、富阳市村级财务网络化监督管理工作领导小组、富阳市社会主义新农村建设领导小组、富阳市机关效能建设领导小组、富阳市乡镇换届工作领导小组、中共富阳市第十二次代表大会筹备工作领导小组、富阳市机构编制委员会、富阳市社会主义劳动竞赛委员会、富阳市依法治市教育领导小组、富阳市乡镇（街道）机构改革领导小组、富阳市数字电视“整体转换”工作领导小组、富阳市志愿服务工作委员会、党报党刊征订发行工作领导小组、富阳市再就业和帮扶工作领导小组、富阳市综合考评委员会、富阳市农村税费改革工作领导小组。 （孙桂明）

·政策研究、信息、报道工作·

【政策研究】 全年，市委、市政府确定19个重点调研课题，并由市委办、市政府办联合下发《关于认真做好2006年重点调研课题工作的通知》。课题内容涉及融入杭州大都市的战略研究、转变富阳经济增长方式、发展社会主义民主政治构建社会主义和谐社会、创新文化与创新能力建设的思考、社会救助的调查与思考、发挥农村党员作用的方法和途径探索、加快现代农业产业体系建设的研究、富阳市农村文化建设的实践与探索、加快发展富阳市工业循环经济的思考等，课题的调研成果陆续被市委、市政府所采纳应用，并以不同形式在各种媒体上发表。其中由市委书记佟桂莉主持的“融入杭州大都市的战略研究”课题，其成果直接被市委十一届八次全委会所吸收，并以文件的形式下发。市委办围绕市委中心工作完成了“发挥优势，主动对接，率先推进富阳从郊县向郊区转变”的调研报告；与浙江工业大学合作，完成杭州市科技局的软项目即“富阳市造纸业实施循环经济的对策研究”第一阶段工作，包括完成课题的3万余字可行性分析报告，以及大量的基础数据资料的搜集、分析、统计、核对工作。 （邵勇腾）

【信息工作】 全年，富阳市委办信息科共计编发《富阳信息通报》104期，录用各单位信息1107条。在编辑《富阳信息通报》过程中，新增加了《国内媒体有关富阳报道一周摘要》的内容，每周编一期。借鉴各地区单位的新措施和取得的重大成就，及时报送给杭州市委办公厅信息处，成为向信息处《今日要情》供稿的主要信息来源，录用77条。8月，供稿的《发展工业经济要着力处理好五个关系》还被《决策参考》采用。编发《国内媒体有关富阳报道一周摘要》33期，编辑各类媒体信息46条、报送“转报信息”381则，其中领导批示75则，准确、及时地向领导报告全市突发的重要情况和重大问题，供领导随时掌握全市重要情况，及时作出工作部署。向杭州市委办公厅信息处上报信息2383条，其中上报领导每日活动情况251则、主要领导干部工作简要情况报告49期，上报动态信息553条，贯彻各类会议精神8条，媒体信息1467条，约稿信息和专报信息44条，被杭州市委办公厅录用、转报371条，得分1402分，完成杭州市委办公厅信息处下达全年工作指标。 （徐明华）

【市委报道工作】 全年，市委报道组接待上级新闻媒体记者110批次，在各类报纸、新闻杂志发表新闻稿件190篇，其中重点稿件92篇，有50篇被《新华网》、《人民网》、《光明网》等中央媒体及日本《静冈新闻报》、法国《欧洲时报》等境外媒体转载。

报道组围绕市委、市政府中心工作，根据不同阶段工作特点，采写了一批能够体现中心工作意图、反映全市“三个文明”建设成就的重点文章。内容包括全市“十五”时期经济社会发展成就和“十一五”规划思路、目标、战略重点；围绕市委十一届八次、九次，市政府十三届七次、八次全体（扩大）会议，工业经济大会，农村工作会议等重要会议，及时做好亮点工作报道和远景规划报道；结合产业结构调整、休博会富阳分会场和龙门风情节活动、新农村建设、生态环境保护、全国文化先进市和省体育强市创建、破解“七难”工作、“三大区域品牌”建设、先进性教育活动、“八荣八耻”荣辱观教育、纪念郁达夫诞辰110周年、春风行动等，积极挖掘亮点，精心策划主题，推出了一批重点报道。参与接待杭州市新闻媒体“走进新农村”大型主题采访活动，协助40多位记者做好采访报道。协助做好“循环经济在富阳”主题宣传活动，接待中央、省、杭州市7家新闻媒体12位记者到富阳各点采访。协助做好“第三届半山桃花节”宣传报道工作，邀请10余家新闻媒体的记者到半山村采访。参与杭州日报策划的“寻找杭州最美丽的乡村”采访活动。参与休博会富阳分会场的宣传活动，邀请40多家新闻媒体的记者到龙门古镇采访风情节开幕式表演活动。参与接待“杭甬温生态环保行”采访团，采访报道全市造纸行业污染治理和发展循环经济的典型。两次参与接待国（境）内外记者“达夫故乡行”大型采访活动，接待省、市新闻单位“乡风文明千村行”采访团，采访报道湖源乡窈口村村民开展丰富多彩的精神文化生活。参与做好著名作家郁达夫诞辰110周年纪念活动的对外宣传报道，先后发表相关稿件14篇。结合“八荣八耻”社会主义荣辱观教育活动的开展，挖掘并推出了永兴中学开展“感恩教育”、胥口青年农民让老父老母同住新房、富阳论坛网友两年捐款救助孤儿等“知荣辱、讲公德”主题报道。富阳林业局实施的“绿色养老”工程、城管执法局开放城区道路免费让农民卖瓜果、卫生局实施职业危害明示制度、东洲街道实施“持证拾荒”、富阳非医保居民参加新型农村合作医疗、富阳民营企业用职工名字冠名新工艺、常安传统时节变身文化宣传月、富阳法院降低立案大厅柜台高度、富阳劳动部门推行建筑工人用工册等，也都被作为典型在《浙江日报》、《杭州日报》上作报道。 （夏叶锋）

·组织工作·

【党组织和党员基本情况】 全市设党工委6个、党组27个、党委73个。其中，市级部、委、办、局（公司）党委29个，乡镇党委21个，其他基层党委23个。全市有党总支部115个，其中：系统党总支部37个，乡镇街道党总支部78个。全市有基层党支部1934个。全市有党员36666名，其中有女党员6351名、少数民族党员43名。

【领导班子和干部队伍的思想政治建设】 坚持市领导谈心谈话制度和部长访谈、约谈制度，深入基层调查研究，及时了解掌握领导班子建设情况和领导干部的思想动态。进一步严肃换届期间的组织人事纪律，起草下发《关于在全市领导班子换届工作中严肃组织人事纪律的通知》，坚决防止和严肃查处拉票贿选、跑官要官等违纪违法行为，为换届工作营造良好氛围。

【市委及乡镇换届】 做好市党代表选举的指导工作和党代会的组织工作。11月8日～12月6日，全市56个选举单位严格按照《党章》和市委要求，认真贯彻民主集中制原则，通过广泛提名推荐、公示考察、征求意见和正式选举，产生了出席市第十二次党代会代表346名。其中各级领导干部代表181名、各类专业技术人员和各条战线的先进模范人物代表165名、妇女代表58名、大专以上文化程度代表258名、45周岁以下代表201名。在党代表选举过程中，始终做到加强指导，严格程序，从严审查把关，确保选出的代表素质较高、结构合理。12月26～29日，市第十二次党代会正式召开，各项选举任务圆满完成。

认真抓好乡镇领导班子换届工作。市委建立换届工作领导小组并成立4个工作指导组，分片加强对各乡镇换届工作的业务指导，认真组织学习中共中央、省委和杭州市委关于换届选举工作的文件精神。从提升乡镇党委、人大、政府差额候选人的素质着手，严格把握资格条件，在各乡镇党委会研究把关的基础上，由市委组织部部务会议研究确定。全市21个乡镇的党委、人大、政府班子领导成员全部以满票或高票当选，选举成功率达100%。

【干部人事制度改革】 以贯彻实施《公务员法》为契机，在继续严格贯彻执行《干部任用条例》等法规性文件的基础上，认真落实中共中央新近颁发的《党政领导干部职务任期暂行规定》、《党政领导干部交流工作规定》、《党政领导干部任职回避暂行规定》3个法规文件，抓好省、杭州市委出台的有关文件的贯彻落实，加大干部人事制度改革力度。下发实施考察预告、差额考察、两圈考察、任前公示等6个干部制度。在换届考察中，对所有新提拔人选均实施了领导干部生活圈和社交圈考察，建立全方位、立体式的干部考察机制。在乡镇党委换届中，党委委员候选人提名参考人选普遍实行组织推荐、群众推荐和自荐相结合的“公推”制度，严格把握“公推”人选资格和“公推”对象条件。

【干部监督工作】 认真受理干部群众的来信来访，着力解决干部队伍作风建设中存在的问题，全年受理各种来信47件，来访96人次。加强对领导干部出国（境）的审查，办理因公出国（境）政审121批次233人。加强市管领导干部经济责任审计工作，全年确定市管领导干部为审计对象16名。出台《富阳市领导干部离任经济责任事项交接办法》，规定担任正职或主持工作的副职市管领导干部在调任、转任、轮岗、免职、辞职、退职之前，应当书面办理离任经济责任事项的交接手续。抓好《干部任用条例》、中组部防止干部“带病上岗”、“带病提职”11条措施及省、杭州市委、市委有关干部工作文件的学习宣传培训和贯彻落实。

【干部教育培训与党管人才工作】 认真组织领导干部全面系统、深入扎实地学习中共十六大和十六届四中、五中、六中全会精神，积极推广小班化、个性化培训，将每期培训班的学员控制在50人以内，对有共性培训内容的则采取集中授课。全年举办主体培训班次23期，培训1500人次，选派10名县（处）级领导干部和24名科（局）级领导干部参加省、杭州市委党校的培训，选送2名干部参加第四期MPA出国培训班。继续完善干部学习培训学分考核制度，建立健全干部教育培训档案，严格干部调训制度和干部调训纪律，将干部学分考核情况列入领导班子和领导干部考核内容。

按照党管人才的要求，切实履行牵头抓总工作职责，科学编制“十一五”人才发展规划，制定出台《关于加强高层次人才引进工作的若干意见》和《关于做好富阳市高校毕业生就业工作的通知》，并对各单位贯彻落实《关于大力实施人才强市战略的决定》等政策性文件情况进行了一次督查。积极构筑人才成长和发展平台，开工建设总建筑面积为15000余平方米、预计投入资金2500万元左右的富阳市科技孵化楼，进一步加强博士后科研工作站暨大学生实习基地建设。拓宽技能人才成长通道，全年培训初中级人才2500人，高级以上350人。积极实施农民素质培训工程，培训实用人才1000名。

【基层组织建设】 继续把集体经济薄弱村村级组织活动场所建设工作作为基层组织工作重点来抓，着重抓好面积不足100平方米的231个村的活动场所建设工作，至6月，全面完成建设任务。在建设过程中，市财政一次性出资289.1万元，分别给予每个村0.8万元～1.5万元的补助，各乡镇（街道）落实以奖代补政策，对工程建设快、质量好的村予以奖励，激励建设村抓紧建设。通过印发《村级活动场所建设格局设置和上墙布置要求》和市、乡镇（街道）两级现场会示范推广，推进村级活动场所的规范化建设。

全力推进党员干部现代远程教育。全市分两批进行，第一批乡镇（街道）、村和社区完成终端接收站点建设659个；第二批机关、事业单位部分非公企业党员户完成站点建设162个，全市建点821个，市财政投入资金523万余元。在站点建设过程中，按照“因地制宜，适度超前”的思路，有170个站点安装了投影仪，远程教育设备（计算机、电视机和投影仪）均采用招投标方式采购，节约了资金。加强远程教育站点的安全管理，对有安全隐患的场所，全部落实防范措施。各乡镇（街道）与下属各播放站点均签订了安全管理责任书，明确责任人员和责任措施。建立了市、乡镇（街道）、村（社区）三级管理队伍和志愿服务队伍，并进行了远程教育操作系统培训。出台《关于加强党员干部现代远程教育教学使用工作的意见》。7月，在建成“富阳市党员干部远程教育网”的同时，切实抓好教学课件的收集制作和上网点播，发动各单位收集课件118部，部署制作30部新课件， 51部乡土教材传送上网。在杭州市开展的远程教育课件评比中，富阳市有1部课件被评为一等奖、1部被评为二等奖、2部被评为三等奖；在浙江省党员教育电视片评选中，富阳市专题片《种子》获得一等奖。建立了15人的远程教育农业技术教学辅导专家队伍，为全市党员干部现代远程教育提供相关的政策、技术咨询，开展技术讲座、专家答疑、现场示范等教学辅导活动。

扎实开展基层组织“三级联创”活动。确定6个乡镇和103个村作为“五好”乡镇党委和“五好”村党组织创建对象，并对103个创建村的党组织书记进行集中培训。经过年底考核，有4个乡镇党委被杭州市委命名为“五好”乡镇党委，有82个村党组织被市委授予“五好”村党组织。按照基层党建工作示范点建设的要求，在农村、企业、社区及其他领域开展了党建示范点建设活动，分别培植1～2个党建工作示范点。开展村级班子换届一年后的“回头看”活动，对后进村班子进行集中整顿，对村两委会班子成员素质不高、能力不强、工作不实、群众反响强烈的，采取批评教育、通报批评、诫勉、降职免职撤职、责令辞职、罢免职务等形式进行处理；对班子成员缺额不齐的进行充实加强；对村级财务混乱的进行清理。在“回头看”的基础上，整顿后进村30个，批评教育村干部105名，组织诫勉村干部26名，降、撤、免职村干部19人，新充实党组织班子成员61名。

【中共党员发展、教育、管理】 根据新形势下发展中共党员工作的要求，重点抓好农村发展党员工作，突出培养重点，着重在外出务工经商优秀青年、致富能手和村级组织中的非党干部中发展党员。全面落实发展中共党员“三公开”制度，全年新发展党员1067名，其中女党员351名，35岁以下党员668名，高中以上文化程度党员812名，发展私营企业主党员6名。建立党员发展预警机制，将3年以上没有发展党员、无35岁以下党员、无女党员、60岁以上党员超过三分之一等情况设置为“警戒线”，动态监控、跟踪督查。全面实施党员百分考核办法，严肃处置不合格党员，畅通不合格党员的出口渠道。开展党内民主评议，全市评出2005年度不合格党员201人，占参评党员的0.56%。其中受除名或劝退处置11人，受限期整改处置121人，受移交纪检部门处理等处置69人。

实施“党员人才工程”，坚持运用多种教育形式和教育方法，提高党员的工作本领，努力实现“双培”（把党员培养成致富能手和工作骨干，把致富能手和工作骨干培养成党员）目标。深化农村党员“双联”活动，进一步落实工作措施，充分发挥农村党员的作用，为全面推进社会主义新农村建设作出贡献。8月，对全市各乡镇（街道）开展党员“双联”活动情况进行了对口检查。在全市开展党员“亮身份，许承诺”活动，激发党员内动力，规范党员行为，发挥党员作用，树立党员良好形象。

【非公有制企业和社区党建】 深化非公企业党建工作，按照“30人以上的企业有党员、规模以上的企业有党组织”的非公企业党组织覆盖目标，继续开展以非公有制企业党的组织覆盖和工作覆盖为内容的“全覆盖”行动，全市30名职工以上有党员的企业比上年增加200余家。1～6月，在165家规模以上非公制企业中建立党组织，规模以上非公企业建立党组织比率达到100%。坚持非公企业党建工作例会制度，加强各级组织的横向和纵向联系，加大对非公企业党建工作的指导，推进全市非公企业党建工作纵深发展。围绕非公有制企业党组织“争星达标创五好”目标，在中共党员中开展“实施三心工程、争做技术能手”活动，创建中共党员“先锋岗”、“示范岗”、“责任区”，引导中共党员围绕企业生产经营发挥先锋模范作用，企业党组织的作用得到进一步增强。在杭州市非公企业党建工作会议上，中共富春江通信集团党委作为唯一的非公企业组织代表作了经验介绍。

继续开展社区“领头雁”工程建设，提高社区党组织领导班子战斗力，对社区中共组织班子集中进行了一次调整，进一步优化书记队伍结构，使社区党组织书记基本达到“三个80%”的要求。积极实施流动党员“安家工程”，建立健全在职中共党员联络站、流动党员服务站和生活困难党员援助站，继续做好企业退休、改制破产企业等党员进社区的接收管理工作。在社区工作者中开展记《民情日记》和争做“三心人”(社区工作的热心人、社区居民的贴心人、社区困难群众的知心人)活动，密切社区工作者与群众的联系，切实为社区居民服务。健全在职党员参加社区服务活动，定期组织在职党员到社区参加奉献服务活动，促使党员干部“进百家门，知百家情，解百家难，暖百家心”，并注意运用在职党员参与社区服务的结果。加强新社会组织党建工作，积极创造条件在新社会组织中建立党组织，通过选派党建工作联络员等途径，扩大党在新社会组织的组织和工作覆盖。 (詹永杰)

·宣传工作·

【理论学习与理论宣传】 2月，制定《中共富阳市委理论学习中心组2006年学习计划》；完成市委理论学习中心组成员和全市市管干部2005年度理论学习考核工作。全年举办了七期《春江论坛》。做好市委讲师团成员的调整工作，广泛开展社会主义荣辱观、“学党章、保先进、促发展”、《江泽民文选》和中共十六届六中全会精神主题学习教育活动，全年市委讲师团成员宣讲100余场次，受众有上万人次。3月，“一报两台”开辟专题和专栏，进行舆论宣传，广播电视台开辟了“树荣辱、树新风”、“坚持八荣八耻，促进和谐发展”专题，发稿20余篇；《富阳日报》开展“八荣八耻”好文章、好格言征集活动。确定了《2006年全市宣传思想文化工作调研课题》50余个并进行了评选。

【社会宣传和舆论引导】 舆论宣传紧紧围绕市委、市政府中心工作，组织了为期一年的富阳市“十五”成就和“十一五”规划思路、目标、战略重点的系列宣传报道，全面反映了全市“十五”期间经济社会发展成就和未来五年发展蓝图，围绕工业立市、招商引资、城市建设、生态建设和环境保护、新农村建设、破“七难”等中心工作，深入挖掘亮点和题材，推出了《贯彻七一讲话，实现跨越发展》、《深入推进破七难，建设和谐新富阳》、《春江两岸》、《新农村新家园》等专版、专栏、专题。先后承办和主办了杭州市“走进新农村”大型主题采访活动、“杭甬温生态环保行”采访活动等，在组织好市属媒体规模型、立体式报道的同时，邀请《人民日报》、新华社等70余家中央、省、市媒体的记者150余人次，对全市新农村建设、造纸行业污水治理和循环经济建设等工作进行了一系列报道，在杭州市级以上媒体发稿50余篇。开展了首届《富阳市十佳名专栏、名记者》评选活动和庆祝第七个中国记者节系列活动，召开了市记协四届一次会议，调整充实了协会领导班子。

【文化事业与文化产业】 1月，组织完成了欢庆新春“富春大地红”城区环境布置工作；牵头组织了2006年春节文化、科技、卫生“三下乡”活动；举办了元宵灯谜游园活动，参与群众逾8万人次；4月28日，与政法委联合举办了“文明从脚下起步——保护生命、平安出行”大型文艺晚会；6月28日，举办了“七月放歌”庆祝建党85周年大型文艺晚会；5～9月与市文联举办了“走进新农村”大型文艺采风活动。挖掘和保护民俗文化传承品牌，推荐和上报了龙门古镇、古亭音乐、竹制技艺、朱三与刘二姐、湖笔制作、春江水灯、东吴传龙7个典型案例。9月27日，会同亚林所举办了“亚林·中国金鸡百花电影月”活动；组织开展了“建设杯”第三届乡镇（街道）文艺汇演，演职人员达1200人，观众超过3万人，有81个节目参演。9月，组织富春三小参加第四届西湖合唱节，荣获少儿组一等奖。10月21日，举办了富阳市纪念红军长征胜利70周年暨张承军“歌唱祖国、颂扬人民”演唱会。在越剧百年华诞之际，推出杭越三团新编越剧《十八双绣花鞋》，10月22日，参加中国越剧艺术节汇演，获得铜奖。按照市委、市政府《关于深化文化体制改革促进文化产业发展若干意见》精神，进一步做好了A网整合工作，进行了月亮湾水上体育培训中心改制工作。积极向上争取文化项目资金，全年，争取3个项目（受降厅、华宝斋富翰有限公司、飞鹰赛艇公司）合计75万元，推进富阳文化事业和文化产业发展。

【精神文明创建】 4月4日，举办了以“弘扬新时代创业精神、共建文明和谐新富阳”为主题的富阳市干部群众清明节祭扫革命烈士陵园活动。7月，侵浙日军投降仪式旧址和千人坑遗址被评为杭州市爱国主义教育基地建设管理先进单位；新命名了一家市爱国主义教育地——陆九畴书画艺术陈列馆。贯彻落实《公民道德建设实施纲要》精神，在全市青少年中开展“知荣辱、树新风、促和谐”主题教育活动。9月20日，组织实施第四个全国公民道德宣传日暨富阳市首届“公民爱心日”活动，编印《富阳公民道德建设宣传手册》一万余册。开播《与文明同行》电视专栏12期。加强文明过时节的引导，召开了“富阳市乡风文明建设座谈会”。扎实开展“双建设、双整治”活动，深化“双百结对、共创文明”活动，9月22日，召开了“双百结对、共创文明”现场经验交流会，有110对文明单位、行政村结成了对子，双方投入资金250余万元。富阳市职业高级中学、中国林科院亚热带林业研究所两家文明单位被评为杭州市“双千结对、共创文明”活动先进集体。10月1日，举行了“十一”国庆升旗仪式。争创省先进爱国主义教育基地活动，向杭州市文明办推荐龙门古镇、东吴文化公园、富阳市革命烈士纪念碑参评杭州市级爱国主义教育基地。做好186家富阳市级文明单位的续报和48家单位的新申报工作。做好20个乡镇（街道）、12个社区、240个行政村的富阳市级文明乡镇（街道）、文明社区、文明村的申报、续报工作。全年，有5个行政村，被命名为杭州市文明村，3个社区被新命名为杭州文明社区，4个社区被命名为杭州市十五期间“百佳社区”，1个社区被确定为杭州市文化阵地建设扶持社区，7个乡镇、26个行政村、3个社区通过了杭州市文明委的复评，仍被命名为杭州市文明乡镇、文明村、文明社区。编印28期《精神文明简报》，向省市文明办报送38条信息。

【对外宣传】 策划了“循环经济在富阳”、“达夫故乡行”主题采访活动，邀请中央、省、杭州市媒体采访“龙门风情节”、“富春江游泳邀请赛”、“杭州馆富阳双周活动”等富阳分会场活动。开展了“媒体关注富阳”外宣新闻作品评比活动，收集到刊发的稿件300余篇。搞好了富阳市新登镇“第三届半山桃花节”、里山镇“开茶节”、白鹤“火柿节”等基层特色活动的对外宣传工作，向外推介了富阳市的特色名品和农业观光资源。与上海电视台合作拍摄制作的20分钟专题片《浆声灯影龙门古镇》，在上海电视台和杭州电视台播出，并参加由杭州市委外宣办与央视四套举办的全国上星电视台异地采访专题栏目摄制组走进富阳，聚集“富阳造纸”、“中国球拍之乡”等富阳特色制造业；杭州电视台综合频道专题部拍摄了《大型系列专题片——杭州历史文化名城》专题片。接待了由杭州市委外宣办与上海解放日报、上海画报、上海华视摄影沙龙组织40名摄影家采风龙门古镇、中国古代造纸文化村。举办了首批49名新闻发言人的专题培训，规范富阳市改进和加强新闻发布工作的工作。

【党报党刊发行工作】 全市“六报两刊”发行均超额完成计划数。其中发行《人民日报》1390份，《浙江日报》5890份，《杭州日报》10000份，《光明日报》104份，《经济日报》214份，《求是》746份，《今日浙江》798份，《富阳日报》20000份。

【龙门古镇民俗风情节】 4月26日，举办龙门古镇民俗风情节，紧紧围绕“东吴文化、龙门风情”主旨，力推“富春山水、孙权故里”品牌，设置了两大部分——三大篇章开幕式文艺表演和十二大风情体验活动。开幕式现场人数达3万人以上，省、市领导及中央、省、市40余家新闻媒体60余名记者和富阳市领导参加了开幕式。十二大风情体验活动，即孙记草编、藤编小院、书法剪纸小院、穿球拍活动、铁匠铺、童趣角、藏书角、御酒房、民俗风情表演、民俗婚庆演绎、龙门乡村老照片展览和龙门中华名小吃。该活动是富阳历史上规模最大的活动之一，向广大来宾和游客展示了龙门古镇的历史岁月、传统习俗、生产生活、休闲场所和龙门人的淳朴、勤劳、热情、好客、文化素养，并通过参与活动，零距离接触来体验龙门民俗的底蕴和厚度，使龙门古镇的品牌影响更广更远。

【郁达夫烈士诞辰110周年纪念系列活动】 12月4～9日，举办了著名作家郁达夫烈士诞辰110周年纪念系列活动，包括著名作家郁达夫烈士纪念大会、郁达夫研究国际学术讨论会、“达夫故乡行”采访活动、富阳市第十一届郁达夫文艺奖颁奖大会、《郁达夫》传记艺术片和套拍资料片的拍摄、《郁达夫全集》1卷～4卷再版和配套资料集的编撰出版等系列活动和工作等。邀请中央、省、市领导和海内外80余名学者、专家参加。中央、省、市23家媒体进行了全方位的报道。

（胡利明）

·统一战线工作·

【开展统战工作创新奖评比】 在全市开展“统战工作创新奖”评比，把评比结果与年终考核挂钩，增强乡镇街道统战工作争先创优内在动力，调动基层统战干部工作积极性。富春街道社区建立统战成员服务之家，开展为统战成员上门服务；春江街道开展以外来少数民族务工人员为服务对象的专项活动；新桐乡把统战工作纳入农村指导员考核体系；高桥镇建立侨胞侨眷台胞台属联络户制度；新登镇把握团结大联合主题开展心连心结对助学活动；洞桥镇落实少数民族子女就学优惠扎实做好民族统战工作；大源镇在非公有制企业中多渠道开展统战政策知识的宣传教育活动。通过创新奖活动的开展，研究统战工作中新情况，解决不断出现新问题，在全市基层统战工作中形成一种鼓励创新、大胆开拓的良好氛围，统战工作创新成为基层统战干部的自觉行动。

【联络员队伍建设】 完善基层统战工作职责，鼓励乡镇街道把年纪轻、文化程度高、热爱统战工作的人员及时充实到基层统战工作队伍，成为基层统战工作的生力军，全市有统战工作联络员230人。注重对基层统战联络员的教育培训，采取集中学习和分散学习相结合的方法，坚持定期统战联络员集中学习制度，将新时期统战工作理论、业务知识作为基层统战联络员教育培训的必修课，提高业务水平和工作能力；结合统战工作年度考核细则，修订完善基层统战联络员工作制度，制定出台“对照目标、明确任务、认真研究、逐条落实”的工作措施，统战联络员对照细则、查漏补缺，紧迫感和使命感普遍增强；统战工作联络员队伍成为统战工作新抓手，拓展统战工作新渠道，推动基层统战工作向纵深发展，完善村级统战工作网络，形成运转协调、有序推进的村级统战工作机制，确保统一战线政策在乡镇农村的有力执行，形成开展农村统战工作新气象。

【台胞接待和交流交往】 全年接待到访台胞4784人次，台办参与接待682人次，接待台湾团组到访和回乡探亲的重点台胞17批185人。3月，台湾画家罗永贵先生率台湾新竹文化交流团一行5人到富阳访问；5月，台湾工业总会副理事长林伯丰、潘俊荣率台湾两岸智慧财产权交流参访团一行22人在国台办经济局局长何世忠的陪同下到富阳访问；7月，80名台湾大学生访问“中国古代造纸印刷文化村”；10月，国民党荣誉主席连战及夫人一行21人在海协会常务副会长李炳才陪同下到富阳访问。全年全市赴台人员70人，单独组团赴台考察交流2批19人，赴台进行了为期10天的经贸考察，随浙江省、杭州市考察赴台交流8人。

【台资企业服务】 接待前往投资考察客商，努力做好牵线搭桥工作，加强对台资企业的指导和服务，开展“台资企业服务月”活动、建立台资企业联络员制度，全年走访台资企业33家，召开台商座谈会2次，组织台商聚会3次，处理台资企业来信来访23件，营造良好的亲商、富商、安商的投资氛围。全年新增台资企业3家，原台资企业增资3家。新增投资额2238.1万美元、注册资本1092.1万美元、合同台资794.83万美元。台资企业50家，投资总额为18674.78万美元，注册资本总额为11201.86万美元，协议台资总额为9158.76万美元。

【对台宣传和涉台教育】 积极宣传富阳悠久的人文历史、良好的投资环境和迅速发展的经济建设。3月，接待了台湾《中国时报》记者；4月，协助台湾“中天”电视台记者到富拍摄电视专题片；5月，向台湾“浙江省旅台湾同乡联谊总会”选送稿件5篇，接待台湾“中视”大中国际多媒体公司与中国华艺音像实业有限公司合作拍摄的大型电视系列片摄制组采访；6月，接待了台湾海峡两岸经贸时报社社长许水树采访。邀请国台办原副主任王在希、杭州市台办原主任钱炳富、杭州市台办副主任王小华到富阳作台海形势报告52场，听取报告有5300人次。

【侨情及港澳台同胞调查】 4～6月，开展侨情调查。通过调查，全市有华人华侨及港澳台同胞、留学生1407人，其中华人华侨821人、中国香港和澳门特别行政区居民155人、留学生431人。有归侨侨眷、留学生家属2904户，8210人，其中归侨6人，侨眷1745户，4863人，留学生家属1159户，3347人。海外华人华侨和留学生遍布五大洲33个国家和地区，在美国最多，占33 %。近几年，全市留学生数量增长迅猛，占华人华侨及港澳台同胞、留学生总数的30%，呈继续增长趋势，海外留学生成为新侨民的主体；街道城镇留学人员家属多，乡镇农村侨眷多，留学人员家属、侨眷“独居”“空巢”现象普遍。加强与海外留学生在各方面的沟通交流，关心照顾留学人员家属、侨眷的精神生活将成为全市为侨服务工作的两项重点内容。

【侨务宣传】 6月，在富春街道恩波广场举办大型涉侨法律法规宣传活动，展出45幅侨法宣传漫画和富春街道19个社区自己设计制作的62幅侨法宣传图版，分发有关侨务宣传资料250册。加强与浙江省、杭州市侨务宣传部门和地方媒体刊物的联系，通过多种渠道保持与海外知名华文报刊的沟通，交流信息。在各级媒体、刊物，海外华文媒体刊发侨务信息、专版、专题文章20多篇。

【海外联谊】 全年接待海内外人士120人。特别注重做好与海外留学生的联系，及时通过电子邮件渠道向富阳籍的海外留学生宣传以“八荣八耻”为主要内容的社会主义荣辱观。英国伦敦地铁发生爆炸后，及时向留英学生和家属取得联系，了解情况并表示慰问，送去党和政府的温暖。在圣诞节期间向海外侨胞、留学生寄贺卡250封，表示节日的问候。

（何宁枫　夏建华　张萍）

·市级机关党的建设·

【机关党的思想建设】 开展学习《江泽民文选》活动、“学党章、保先进、促发展”和“社会主义荣辱观”教育活动，组队参加纪念红军长征胜利70周年演唱会，坚定党员干部的理想信念。大兴机关党建理论调研之风，各支部根据工作实际开展机关理论调研工作，撰写理论调研文章56篇，经评选有12篇获奖，并编印成册。全年刊发《机关党建》15期，分系列对机关各级党组织各个阶段的重大活动进行了报道。坚持系统例会制度，每季召开一次党支部书记例会。举办了支部书记培训班，来自全市市直机关的107名机关支部书记参加了培训。举办一期有123名建党对象参加的建党对象培训班，提高了新党员发展的质量。在机关党员中开展“服务新农村，我献一本书”捐书活动，收到捐赠书籍7501册，杂志109本，书款200元，影像资料5大盒，为社会主义新农村建设作出一份贡献。大力开展“春风行动”，慰问困难群众献爱心，捐款5800元。高质量地承办了杭州市机关党建理论研究会议，来自全市13个区县市及杭州市直机关部分单位53人参加了会议。

【机关党的组织建设】 认真贯彻《中共富阳市委关于加强和改进机关党的建设工作的实施意见》，机关基层党组织的工作原则和目标任务进一步明确，工作关系进一步理顺。进一步细化《机关党支部工作目标百分考核细则》和《机关党员百分考核实施意见》，把机关党建各项任务纳入目标管理，加强督查和考核，促进机关党建工作的制度化、规范化。明确奖惩标准，调动积极因素，不断完善党内“双评”机制。8月，制定《关于加强机关文化建设的意见》，充分发挥机关党组织和党员干部在创建全国文化先进县（市）活动中的示范和表率作用。建立班子成员联系基层制度，机关工委每位班子成员分别联系1～2个系统和两个基层支部，及时掌握基层党建中出现的新情况、新问题。

为便于开展工作和管理，各单位根据实际，独立设置老干部支部。全年新建支部18个，换届支部(总支)22个。6月，表彰2005年度先进机关党组织25个、机关优秀党务工作者13名、机关党员积极分子255名。全年新发展党员40名，转正21名。

【机关党的作风建设】 在参加全市保持共产党员先进性教育活动面上的指导、督查工作的同时，扎实抓好机关工委自身的先进性教育活动。社会主义荣辱观教育深入扎实。专门下发文件，对机关党组织开展教育活动提出了要求。各单位党组织通过请专家讲座、辅导、上党课、考试、组织知识竞赛等形式，开展丰富多彩的教育活动。机关工委通过《机关党建》这个内部交流的有效载体，刊订专刊，对各单位教育情况进行了专题报道，引导党员干部知荣辱、讲正气、树新风。“双争”活动不断深化。在圆满完成2005年度“双争”活动工作任务的基础上，上半年及时将所有参评单位的评选结果、社会各界的意见建议，逐一进行反馈，督促各单位对存在的重点问题进行整改落实。并会同中共富阳市纪检委、组织部、宣传部对市级机关在“双争”活动中征求到的社会各界意见建议落实情况进行了专项督查，市级机关各单位均以书面形式反馈，取得了较好的成效，有力地推进了机关效能建设。根据市委的工作要求，重点做好市级机关各单位综合考评的调研工作，围绕建立符合科学发展观要求的综合考核评价体系这个重点，先后召开座谈会，发放征求意见表，听取各方的意见和建议，借鉴其他县（市）区的成功经验和做法，并积极与有关部门沟通和磋商。在此基础上牵头制定了《关于对市级机关单位实行综合考核评价的意见（试行)》，提交市委审定后发文。该意见将目标考核、领导考评和社会评价三部分有机地结合起来，初步构建了一个全方位、多层次、立体式的考核评价体系。4月，制定下发了《关于加强机关廉政文化建设的实施意见》，为机关反腐倡廉提供有力的文化支撑。专门邀请中纪委的领导和省委党校教授就廉政建设进行专题讲课，组织市直机关党员干部参观“杭州市反腐成果展”，和市纪委等单位联合举办反腐倡廉演讲和知识竞赛。全年处理各类违纪党员9名，其中警告7人、严重警告2人，处理局级干部6人，中层干部3人，恢复党员权利1名，看望并慰问困难党员22名。（周建军）

·党校教育·

【党校干部教育】 全年举办党政干部主体培训班21期，培训学员2066人。除以前常规所办的中青年干部、中层干部、初任公务员、工会、综治、宣传、团干部、建党对象等培训班外，顺应新形势发展的需要，举办第一期新闻发言人培训班。在办好各类主体班的同时，努力开辟干部培训新路子，由培训党政干部拓展到培训企业干部，首次联合浙江上游纸业有限公司举办了该公司中层管理人员培训班，探索了为全市企业人员培训学习提供平台的有效途径。积极与相关单位联系，联合举办春江街道预备党员培训班、春江街道俞家埠村党员、村民代表培训班、东洲街道综治基干培训班、经贸系统建党对象培训班，取得良好的社会效益。

【党校教学管理】 在教学实践中，优化教学资源配置。按照教师不同学科专业特长，把教师分为若干小组，根据全年设置的教学课题，分配各组进行集体备课，以集思广益，提升集体教学水平。创新教育内容设计。围绕中共中央建设社会主义新农村、深入学习贯彻党章、树立社会主义荣辱观等决策精神，精心设计有关研究富阳市重大理论问题和现实问题的系列课程内容为重点，并邀请市里有丰富实践经验的部门领导来校为学员讲课，突出教学的研究性和时代性。严格教学管理。修订完善一系列不同班次学员的培训考核制度，进一步严格教学管理，每期培训班都规定学员的座位，要求对号入座，班主任负责认真填写学员培训情况反馈表，严格考勤和听课纪律，突出管理的动态性和严肃性。特别是在为期两个月的中青班学习过程中，通过采用即兴演讲、辩论赛、案例教学、情景模拟、主题班会等教学活动，提高中青年干部驾驭全局、科学决策、审时应变、沟通协调能力和解决实际问题的能力。全班学员分成5个小组，深入到部分乡镇、街道和机关单位，就富阳市现代化建设中存在的一些热点、难点问题进行了为期一周的调研。通过和广大干部群众面对面的交流，收集了第一手的资料，调研结束后，每个调研小组写出了二篇高质量的调研报告，做到了课堂教学和社会实践的有机结合，进一步加强了对所学理论和知识的理解和运用。

【党校函授与学历教育】 函授教育始终坚持"社会效益第一、教育质量第一"的办学宗旨，坚持从严办学。学校今年招收中共中央党校函授学院公共管理专业本科学员55人。为适应村级基层组织建设的需要，与团市委联合招收以村团支部书记为主要对象的农村干部大专班学员112人。全年有49名公共管理本科学员毕业，有56名行政管理大专学员毕业，为各级部门输送了相当数量的高学历人才。至年底，在校注册函授学员517人，其中本科102人，大专415人。

【理论宣讲】 结合形势发展的需要，积极配合市委、市政府在全市开展科学发展观、社会主义新农村建设、社会主义荣辱观、《中国共产党章程》学习教育和中共十六届六中全会为主题的精神学习教育活动，全年组织教师集体备课、新课试讲，深入到乡镇、部门、社区和企事业单位宣讲100余场，直接听众7000余人次，提高了党校在全市干部教育和思想政治工作中的辐射力和覆盖面。还积极参与乡镇、街道党员小班化教学，选派优秀教师在精心备课的基础上，为党员宣讲国际形势、党建理论、新农村建设理论，社会反响普遍较好。

【党校科研】 加强对重大理论和现实问题的研究，依托《党校论坛》，鼓励教师加强了对改革开放、现代化建设中重大理论和现实问题的研究，积极撰写调研论文和理论文章。重点围绕"社会主义新农村建设"、"树立社会主义荣辱观"和"构建社会主义和谐社会"三大社会理论问题和现实问题，出台政策，鼓励教师深入开展调查研究，多出科研成果，并努力将之转化为课堂教学。全年《党校论坛》刊物出版四期。教师论文入选杭州市理论研讨会11篇，其中获二等奖2篇；4篇论文入选全省党校系统"科学发展观和社会主义新农村建设"理论研讨会，其中获一等奖1篇、二等奖2篇；论文获全省党校系统青年学者学术研讨会三等奖1篇，成绩位居全省县级党校前列，提升了中共富阳市委党校在周边乃至全省的知名度。论文发表在广西区委党校《桂海论丛》杂志上1篇，发表在省委党校《资料通讯》杂志上2篇，发表在吉林省行政学院《才智》杂志上1篇，荣获富阳市人民政府2004～2005年度优秀论文三等奖的1篇。

【党校建设】 以创建杭州市爱国卫生单位和杭州市文明单位为契机，加强基础设施建设，努力改善办学条件。在学校资金相当紧张的情况下，投入近10万元，对各办公室、楼道、大厅、教室、阳台的墙面进行重新粉刷；重新油漆党校大门和各办公室门窗，修整破旧篮球架，更新设置校园指示牌、政务公开牌、考勤牌的有关内容，调换补缺部分办公室窗帘等。按照卫生部门的要求，食堂厨房间的内墙贴上三米高的瓷砖，其余墙壁也粉刷一新。更换了多处门窗、多件餐具，办齐了食堂卫生许可证和从业人员健康证，确保了教职工和参训学员的饮食安全，为党校教育培训工作大局保驾护航。2006年，学校被命名为杭州市爱国卫生先进单位，并且已经通过杭州市文明委的初步验收。（俞小康）

·信访工作·

【概况】 全年全市各级各部门受理人民群众来信来访1.5万余件（人次），比上年同期下降31.8%。其中，市信访局受理人民群众来信来访4980件（人次），比上年同期减少11.0%。其中来信1030件，比上年同期减少23.9%。来信中重复信287件，占来信总量的27.9%；联名信166件，占来信的16.1%，联名人数12287人次。市主要领导批阅群众来信399件，占来信的38.7%。来访1225批3950人次，比上年同期批次减少5.3%，人次减少6.8%。来访中集体访135批2239人次，比上年同期批次减少6.3%，人次减少3.1%。全市信访工作出现了"信访总量下降、集体上访下降、初信初访下降、信访秩序好转"的"三个下降一个好转"良好局面。3月，召开全市信访工作会议，市党政主要领导分别与25个乡（镇）、街道党政"一把手"签订了《富阳市乡镇街道党委政府信访工作目标管理责任书》。要求乡镇（街道）与所管辖区域内的重点企业签订信访工作目标管理责任书，全面推行信访双向责任追究制度。认真做好市领导接待日及下访工作方案、接待问题的梳理以及督查落实和总结工作。全年市领导每月15日信访接待日接待群众122批453人次。建立健全劝返应急和协调工作机制，10月，成立了各相关单位共同参与的劝返工作领导小组和涉及土地、城建、环保、企业改制、涉法涉诉等13个问题专项工作协调小组。全年群众到市政府集体访135批2239人次，由于预案启动及时、处置方法得当，大部分问题都得到有效解决。开展信访工作基层基础建设年和“依法信访、依法处访”双向规范年活动，进一步完善了《处理人民来信工作规则》和《接待群众来访工作规则》，明确办信、督查、接访工作职责，规范工作行为和信访行为。开展《中华人民共和国国务院信访条例》实施一周年宣传活动。发挥信访督查员的作用，到信访局担任信访督查员的4名副局级部门领导，直接协调处理重点信访问题12件，有效地解决了部分信访难题。4月，制定下发了《关于做好信访事项复查（复核）工作的意见》，并建立了市信访事项复查（复核）工作小组。建立每月一次信访信息排查报送制度，对节假日、敏感时期建立信息日报制。对一些突发性、苗头性和可能引发社会不稳定的信息，及时通过《信息快报》、《重要信访信息快报》等向上级部门及领导反映，全年编写《信息快报》24期、《重要信访信息快报》24期。对掌握的信息及时梳理、分析、研判，并以简报、专报、建议等形式，及时向领导提供第一手资料，为领导决策当好参谋，全年编写《信访简报》17期。（张卫华）

【市长公开电话受理中心】 全年，63312345受理市民来电30806件，与上年同期相比减少2685件（上年为33491件），减幅为8.02%。其中交办10308件，交办率为33.46%；当场答复13753件，当场答复率为44.64%；当天办结6745件，当天办结率为21.09%。工作日日均受理96.35%，双休日、节假日日均受理42.68件。“三率”分别为：按时反馈率99.9%、办结率99.9%、市民满意率99.83%。承办杭州市12345交办件1327件，其承办数量比上年同期增加336件。市长信箱收到市民邮件883件，与上年同期相比增加283件。受理中心自编《简报》、《督导专报》和《内参》共计49期，送市级和上级新闻单位刊播新闻、信息稿件856件；全年“中心”收到市民表扬信电338件，锦旗4面。“中心”被杭州市市长公开电话评为2006年度先进单位。（金茂勇）

·老干部工作·

【概况】 全市现有离休干部258人，其中副县职以上离休干部5人，杭州市属代管17人，易地安置离休干部25人。退休干部4581人，其中副县级以上退休干部27人，机关单位退休干部1095人，事业单位退休干部3486人（包含企业退休干部）。

【老干部工作的组织领导】 建立和完善全市各单位老干部工作领导小组，2～3月调整老干部工作分管领导和老干部工作者，保证了老干部工作组织网络畅通。3月，召开市级机关牵头单位、乡镇（街道）老干部工作分管领导参加的老干部工作会议，研究部署老干部工作。建立乡镇（街道）老干部工作目标考核制度。把老干部工作纳入市委组织部《2006年度乡镇（街道）基层组织工作目标考核细则》内容之一，从组织健全、老干部政治生活待遇落实、老干部党支部建设、发挥老干部作用和教育培训、宣传信息工作5个方面16项内容，加强对乡镇（街道）老干部工作的考核。落实专职老干部工作人员岗位津贴，从2006年1月起，全市级机关专职老干部工作人员岗位津贴按每人每月60元标准由所在部门发放，所需经费列入部门预算。乡镇（街道）专职老干部工作人员参照市级机关执行。

【落实老干部政治待遇】 组织开展好老干部政治理论学习。每月20日，以报告会形式组织全体离休干部和副局级以上的退休干部进行专题理论学习，举办专题报告会10期。每季邀请市委、市政府主要领导为老干部通报全市社会经济发展情况。根据市委《关于开展社会主义荣辱观教育活动的通知》精神，在全市老干部中利用多种形式，广泛开展了社会主义荣辱观宣传教育活动，确保老干部“政治坚定、思想常新、理想永存”。加强老干部党支部建设。为贯彻落实中组部《关于进一步加强和改进离退休干部党支部建设工作的意见》，认真组织全市老干部中共支部开展创建“示范性老干部党支部”活动，制定并落实《富阳市老干部党支部考核实施办法》，坚持“三会一课”制度，定期组织政治学习，丰富组织生活内容，提高党员老干部的思想政治素质，增强老干部党支部的凝聚力和战斗力。10月，举办了为期3天的全市老干部党支部书记培训班。12月，新登镇老干部党支部通过了杭州市委组织部、杭州市委老干部局的考核验收，成为富阳市首个“示范性老干部党支部”。组织党内老同志参政议政。全市重要会议、出台重大政策、民主推荐处级领导干部均邀请有关老干部参加。全年，以正式代表或列席代表的身份参加市党代会、人代会、政协会的老干部有100等人次。

【落实老干部生活待遇】 按时、足额地发放离退休干部的生活、医疗、福利等经费。3月，制定出台了《富阳市离休干部医疗保障管理办法》，为改进和完善离休干部医疗保障管理制度，合理使用离休干部医疗保障经费提供了依据。4月，对全市125名离休干部遗孀进行调查登记，为做好服务工作提供依据。同时关心易地安置富阳市离休干部的思想和生活，及时做好“两费”催汇工作，力所能及地帮助他们解决一切实际困难。重视老干部的身体健康。认真落实离退休干部动态管理机制，每月对全市离休干部和县职退休干部的思想、身体、去向以及家庭情况及时进行了解掌握，并有针对性地做好工作，努力解决老干部的实际困难，每月底按时向市委主要领导汇报老干部的动态情况。市老年大学开设了保健课，老干部活动中心医务室为老干部建立医疗健康档案，根据老干部病情的需要为老干部送医、送药上门。6月，组织全市1904名离退休干部进行体格检查。对健康检查过程中发现的患有重大疾病嫌疑的35名老干部，及时组织复检，确保老干部在最短时间内得到有效医治。7月，组织红军时期入伍离休干部、享受地专级待遇以上离休干部；曾担任过市四副班子领导的离退休干部；解放战争时期入伍80岁以上和抗日战争时期入伍离休干部进行为期15天的夏季避暑疗养。8月，组织了1930年1月以后出生的离休干部，进行一年一度的为期一周的健康休养工作。

【市老年大学建设】 全年，在校注册学员790人，参加学习的老年人达4283人次。开设政治百科、卫生健康、英语、书法、国画、电脑、体育、文艺等八大类26个专业课程，完成1076学时的教学任务。2006年，市老年大学分别被省委老干部局和杭州市委老干部局授予“规范化建设示范校”荣誉称号。5月，杭州市老年大学规范化建设经验交流会在富阳市老年大学召开，副市长邵良作了“加大投入力度，改善办学条件，努力促进老年大学规范化建设”经验介绍。12月，市老年大学又在浙江省第十六次经验交流会上作了经验介绍。

【市老干部活动中心建设】 5月，开始以纪念建党85周年、红军长征胜利70周年为载体，组织老干部在全市开展老干部诗词书画展、花卉展，钓鱼、乒乓球、门球、象棋、桥牌、歌咏比赛以及游园活动等9个项目的系列纪念活动，参加活动的老干部达3800余人次。市老干部活动中心全年接待活动老干部达17万余人次。积极引导老干部六个协会两个队有计划开展文化体育活动，组织活动78次，参加人数13000余人次。2006年，全国“优秀老年活动团体”和“先进老年活动室”评选活动揭晓，市老干部（老年）活动中心获得全国“先进老年活动室”称号，成为浙江省唯一获得全国先进的活动室。市老干部活动中心被省委老干部局和杭州市委老干部局评为先进活动中心。

（陆志忠）

·关心下一代工作·

【概况】 全市有各级关心下一代工作委员会（下简称关工委）组织768个，参加做关心下一代工作的人员5046人，其中在职干部2362人，老干部、老军人、老专家、老教师、老模范“五老”人员2684人。对青少年进行爱国主义教育、理想信念教育，思想道德教育、法制法规教育和帮教归正青少年等工作，都作出了无私的奉献。市关工委围绕市委、市政府的中心工作，以培养有理想、有道德、有文化、有纪律社会主义接班人和建设者为目标，配合有关部门，充分发挥“五老”人员的作用，积极开展关心下一代工作，取得了明显成效。市关工委被评为“全国关心下一代宣传工作先进集体”、“浙江省关心下一代工作先进集体”，李章夫被评为“浙江省关心下一代工作先进个人”；市关工委在获得“杭州市关心下一代工作先进集体”5连贯（两年评比一次）的基础上，首次被评为“杭州市关心下一代工作优胜集体”。富春街道、高桥镇、渌渚镇、环山乡关工委被评为“杭州市关心下一代工作先进集体”；汤保炎等10人被评为“杭州市关心下一代工作先进个人”。团市委和鹿山街道、大源镇、湖源乡、胥口镇、春江街道、上官乡关工委被评为“富阳市关心下一代工作先进集体”，朱绪荣等17人被评为“富阳市关心下一代工作先进个人”。

【抓农村关心下一代工作】 抓好农村关心下一代工作

是市关工委工作重点，在继续抓好诸佳坞关心下一代工作示范村这个典型的基础上，按照“五有”(有以支部书记为关工委主任的领导班子，有以“五老”为主体的工作队伍，有青少年活动场地，有用于关心下一代工作的活动经费，有村关工委牌子，印子，办公房子)，“五无”(无赌博、无偷窃、无打架、无懒汉、无不孝子女）的要求，全年新建立关心下一代工作重点村55个，全市关心下一代工作重点村已达到126个，平均每个乡镇、街道有重点村5个。推进了全市农村关心下一代工作的全面开展。

市关工委抓农村、抓难点、抓重点，以点带面，开创农村关心下一代工作新局面的经验和诸佳坞示范村关心下一代工作的经验，得到省、杭州市关工委领导的充分肯定，并在全省、全杭州市推广。年底止，有17个县（市）、区的党政领导和关工委领导带队组团25批700多人，到诸佳坞村参观考察关心下一代工作的经验。

【青少年思想教育】 对青少年开展了以社会主义荣辱观为主题的各项教育活动。“八荣八耻”社会主义荣辱观教育活动，全市成立讲师团（队）26个，参加宣讲的“五老”人员531人。5月份为重点宣传月，讲师团（队）成员进学校、进农村、进社区、进企业，向青少年学生、青年职工、青年农民宣讲“八荣八耻”社会主义荣辱观。印发宣传资料31813份，宣讲594场次，受教育青少年112445人。各中小学在青少年学生中还开展了“行为规范”活动803次，参加活动的学生67400人，从我做起，从身边的小事做起，培养学生树立良好的思想道德观念。纪念中国工农红军长征胜利70周年宣传教育，在市关工委统一部署下，10～11月，在各中小学全面展开，宣讲220场次，受教育学生133455人。革命传统教育，全市有革命烈士陵墓45处，在清明节期间，各级关工委组织111名老干部当义务宣讲员，向前来祭扫革命烈士墓活动的青少年学生进行革命传统教育，宣讲183场次，受教育学生72995人。全市建立法制学校72所，聘请法制辅导员107人，参加宣讲法制和交通安全教育课的老干部有154人，宣传《未成年人保护法》、《预防未成年人犯罪法》和交通安全法规，讲课318场次，受教育学生76453人。配合有关部门举办各类科技培训班198期，培训青年农民11480人，使他们掌握一技之长，在发展农村经济奔小康活动中充分发挥作用。以上以社会主义荣辱观为主题的各项教育活动，受教育青少年达47万余人次。

【为青少年办实事】 改善办学条件，全年全市各级关工委发动社会各界捐资办学捐款1137万元，其中用于新建学校4所，修建37所；捐赠图书31148册、电脑87台、其他各项教学物资7161件。帮困助学，2005年下半年开始，市政府拨款500万元，通过发教育券形式解决7类贫困家庭子女读书困难，2006年上半年开始，又对九年制义务教育阶段的学生全部免收杂费。市政府的这些措施，缓解了义务教育阶段家庭经济困难的学生读书困难。帮困助学热点转向资助贫困大学生解决上大学的困难。市关工委对上大学有经济困难的大学生，发动市关工委成员单位和社会各界，通过《富阳日报》媒体报导，开展助学活动，纷纷推出“爱心助学”、“阳光助学”、“慈善助学”、“金秋助学”等活动，形成社会氛围，资助贫困大学生266人，资助金额142.9万元，圆了他们上大学的梦。全市新结对资助中、小学生575人，加上上年资助2006年继续资助的1705人，资助贫困中小学生2280人，资助金额229万余元。各级关工委在有关部门的密切配合下，为全市农村青少年兴办各种活动场所1703处，其中篮球场384个，健身场地324个，农村公园125个(计71282平方米)，图书室94个（拥有图书193500册)，台球室93个，乒乓球室343个，电脑室340个，丰富了青少年活动内容。巩固办好家长学校86所，读书家长21557人，上课294次，提高家教素质。成立帮教小组385个，参加帮教老干部656人，帮教归正青少年413人，经过一年帮教，明显进步的有298人，其中安排就业218人。（汤保炎）

·党史及地方志工作·

【《中国共产党富阳历史（第二卷）》出版发行】 “七一”前夕，由富阳市史志办公室组织编纂的《中国共产党富阳历史（第二卷）》(简称二卷)，经过3年时间的精心编纂，由中共党史出版社公开出版发行，向中国共产党建党85周年生日献了一份厚礼。该书是浙江省委党史研究室抓的二卷编写试点。它是浙江省首部公开出版发行的、有较高编撰质量的社会主义时期县级地方党史。

该书从总结历史经验、揭示历史规律出发，以尊重历史、存真求实的科学态度，系统地记叙了中华人民共和国成立后至中共十一届三中全会召开前近30年的时间里，中共富阳县委贯彻执行中央的路线、方针、政策，带领全县人民进行社会主义革命和建设的伟大实践历程，反映了富阳政治、经济、社会等各个方面在不同历史时期发生的深刻而巨大的变化。全书分5编，计20章、50节，近50万字，插入47幅历史照片。中共中央党史研究室副主任张启华、中共富阳市委书记佟桂莉，分别为该书作序。

中央党史研究室、省委和杭州市委党史研究室的领导、专家，认为该书立论准确、有鲜明的地域特色和明显的地方特点。中央党史研究室副主任张启华对该书作了高度评价，认为该书的整体框架设计得较好，与全国党史在宏观上能够较好地衔接；史料主线突出，全面、系统、科学、准确地反映了当地中共组织的发展历程，正确地把握了史书的编写原则，对一些敏感的和尚有争议的问题用“宜粗不宜细”的方法进行处理；书稿的地方特色突出，许多章节内容是本地所独有的，这是该书最为突出的一个亮点；书稿文字流畅，文风朴实、简洁，观点鲜明，是一部较为成熟的、质量上乘的县级地方党史。

【《中国共产党富阳历史(第二卷)》首发式召开】 6月26日，富阳市委隆重举行党史二卷首发式。首发式由市委副书记金志强主持，市委书记佟桂莉作了重要讲话。省委党史研究室副主任金延锋、杭州市委党史研究室主任叶建新和省、市党史部门的专家，杭州地区县（市）区党史部门负责人，二卷编委会成员和编辑部人员，市级机关各单位、乡镇、街道党委书记，老干部代表，图书馆、档案馆、学校、社区、关工委代表等100余人参加了首发式。首发式上，向图书馆、档案馆、关工委及学校、社区代表赠送书籍。

【发挥省级试点单位作用】 《中国共产党富阳历史（第二卷）》出版后，市史志办一方面做好二卷编写总结，做好省内外其他单位到富阳交流、学习的接待工作，继续发挥试点单位的作用；一方面根据省委党史研究室的要求，为全省各地党史部门传授二卷编写经验教训。12月20日，全省第五次地方党史（第二卷）编写工作座谈会上张建华和蒋虹瑶代表富阳市史志办分别作题为《创造条件，夯实基础，完成好地方党史二卷的编写任务》和《编写地方党史稿的基本要求》、《地方党史稿在内容上应注意处理好的几个问题》的交流发言。

【市史志办被评为“全国党史系统先进集体”】 9月，在北京召开的全国党史工作会议上，中央党史研究室对全国46个党史系统先进集体和178名先进工作者予以表彰。富阳市史志办为浙江省获此殊荣的4个单位之一（杭州、宁波、富阳、义乌）。“全国党史系统先进集体”，经各地层层推荐、投票，省委党史研究室严格筛选、票决，最后经中央党史研究室严格审核而产生。由于杭州市委党史研究室和富阳市史志办均成绩突出，故打破了以往评先进考虑地区平衡的惯例，杭州地区破例占了全省4席中的2席。

【围绕党史二卷和“七一”建党节，开展党史宣传教育】 由于二卷出版正值“七一”纪念日之际，为了使富阳人民了解富阳党史二卷出版所起的作用，反映富阳的党史二卷编写是省试点单位，展现二卷编写人员对历史负责的精神风貌，市史志办协助富阳电视台拍摄以介绍二卷编写出版及作用为主题的电视专题片。7月2日，专题片在富阳电视台《新闻观察》栏目中播出。

7月上旬，市史志办与杭州市委党史研究室联合开展赠书活动，纪念建党85周年，推动党史宣传教育，发挥党史成果的资政作用。赠书活动涉及全市各乡镇、街道以及市级机关各单位，赠送范围包括各单位的班子成员、调研员（助理调研员）、副局级以上离退休干部、离退休支部、党员活动室、图书室（档案室）和全市所有行政村。活动中，市史志办向他们赠送《中国共产党富阳历史（第二卷）》2500余套、《富阳年鉴（2004）》、《富阳年鉴（2005）》200余套，以及《西湖旭日》、《最忆是杭州》、《情满西湖》等书籍、画册1500余本。

【制定党史地方志工作五年规划】 为贯彻落实省和杭州市党史地方志工作有关文件精神及杭州市2006～2010年党史工作规划，明确富阳市2006～2010年党史地方志工作的主要目标和任务，进一步做好党史地方志工作，年初，市史志办制定《富阳市2006～2010年党史地方志工作规划》。“规划”提出“十一五”期间富阳市党史地方志工作的指导思想、基本原则、工作任务和保障措施等，“规划”确定以编写出版完成《中国共产党富阳历史(第二卷)》和编纂《富阳市志》、《富阳年鉴》为主要任务，着手地方党史第三卷编研的准备工作，拓宽党史地方志宣传渠道，加大党史地方志工作为现实服务的力度，推动史志资政工作取得突破性进展，为富阳市经济社会和谐发展作出的贡献。该规划初稿经多方征求意见，多次修改后，由市委办公室和市政府办公室于3月2日转发，同时报上级党史研究室和地方志办公室。（蒋虹瑶）

【《富阳年鉴（2006）》出版发行】 11月，《富阳年鉴(2006)》由方志出版社公开出版发行。全书采用分类编纂法，由卷首、百科、卷尾3个部分组成，以类目、分目、条目3个层次为框架结构。共设类目32个、分目202个、条目1447个，较为全面、系统记载2005年富阳市政治、经济、文化、社会发展的新成就、新经验、新情况和新问题。是全市历史上第11部年鉴。该年鉴在省地方志办公室组织的质量评比中荣获优秀成果三等奖。

【召开全市年鉴工作会议】 12月，市委、市政府召开全市年鉴工作会议，会议由市委常委、宣传部长章刚良主持，市委副书记金志强作重要讲话。市史志办主任蒋寿南回顾总结2006年年鉴工作，部署2007年年鉴工作。会上，市委、市政府表彰2006年年鉴先进工作者29名。市委组织部、市经贸局和新登镇代表在会上作交流发言。

【召开《富阳县志》勘误补遗专家座谈会】 根据市政府的工作部署，市史志办对《富阳县志》进行了勘误补遗。聘请1名文字功底较好、熟悉富阳历史的老干部专门从事该项工作，办内其他人员做好配合工作。经过近1年的工作，拿出《富阳县志》勘误补遗初稿，经《富阳县志》正、副主编和有关专家审阅后，于12月22日上午召开《富阳县志》勘误补遗专家座谈会。与会专家针对《富阳县志》勘误补遗工作，各抒己见，会议气氛热烈。会后，该办梳理汇总各方面意见，明确下一阶段工作重点。

【举办《富阳市志》责任编辑培训班】 为进一步提高《富阳市志》责任编辑业务水平，推动市志编修工作开展，3月29日，举办了一期市志责任编辑培训班，邀请杭州市地方志办公室2位专家前来讲课，10余名责任编辑参加培训。培训班上，2位专家就市志篇目的设置、初稿的修改以及志体行文规范作了详细讲解，还围绕《富阳市志·行政区划篇》开展了讨论。

【市史志办被评为“2006年度全省地方志工作先进集体”】 2006年，市史志办公室切实贯彻国务院新颁布的《地方志工作条例》，大力抓好《富阳市志》的续修和《富阳年鉴》的编纂，取得明显成效。《富阳市志》编纂工作克服难度大、要求高、人手少的困难，扎实开展，取得了突破性的进展，初稿初审工作基本完成。在抓好《富阳市志》续修的同时，认真完成《富阳年鉴》的编纂工作。围绕国务院颁布的《地方志工作条例》进行学习宣传贯彻。杭州市贯彻《地方志工作条例》办法由市政府办公室转发。将条例和杭州市贯彻《地方志工作条例》办法刊登在《富阳史志通讯》上，印发给全市各单位党政正职、分管领导和年鉴撰稿人，对全市层面宣传条例和地方志工作起到良好作用。年底，市史志办公室被省地方志编纂委员会评为“2006年度全省地方志工作先进集体”。（陈炜祥）

【责任编辑　胡丽芬】

纪律检查 监察

·纪委全体会议·

【市纪委七次全会】 1月19日，召开中共富阳市纪委第七次全体（扩大）会议，会议围绕市委十一届八次全会提出的各项目标任务，以邓小平理论和“三个代表”重要思想为指导，深入学习贯彻党的十六届五中全会和中央纪委六次全会、省纪委九次全会精神，回顾总结2005年党风廉政建设和反腐败工作，研究部署2006年工作任务。会议由市委副书记、市长戚哮虎主持，市委书记佟桂莉代表市委作重要讲话，市委副书记、市纪委书记朱永祥代表市纪委常委会向全会报告工作。市四副班子领导、市纪委委员、全市各单位党政正职、纪（工）委书记、监察室主任、监督员、非公企业纪委书记170余人参加了会议。

·党风廉政建设·

【构建富阳特色的惩防体系】 4月，制定出台《富阳市构建惩防体系2006年工作要点和责任分工》。2006年构建惩防体系工作要点分53项，11项为重点工作。为进一步推进惩防体系建设，市纪委建立内部督查机制，定期汇报、定期检查、定期整改。对重点工作课题责任人定期检查工作进展情况，指出存在的问题，提出整改意见，确保各项任务扎实推进。

9月4日，召开全市构建惩防体系成员单位座谈会，市建设局等7家单位对2006年以来构建工作进行交流，市委副书记、市纪委书记朱永祥作重要讲话，他充分肯定前段时间工作成效，对下阶段如何深入推进惩防体系构建工作提出具体要求。

【党风廉政建设责任制】 3月，制定了《富阳市2006年党风廉政建设和反腐败工作组织领导和责任分工》，根据市领导工作分工和市级机关的工作职责，把党风廉政建设和反腐败工作的57项任务分解到15位市级领导和21个职能部门，明确每项工作责任领导、牵头单位与配合单位。为保证责任制的贯彻落实，采取单位自查，组织人员督查等措施，进一步强化监督，狠抓落实。8月8～11日，由市纪委常委带队，分5组对乡镇、街道和有关市级机关进行党风廉政建设责任制办年度工作进行了督查。12月，由市委常委带队对11个单位党风廉政建设责任制落实情况进行重点督查，确保责任制落实到位。

【廉政文化建设】 深入开展廉政文化进机关、进农村、进社区、进学校、进企业、进家庭“六进”工作，着力营造全社会崇廉尊廉的氛围。积极开展廉政文化进农村、进家庭活动。抓好廉政文化进农村示范点建设，在每个乡镇都确定1～2个村为示范点，制作了1268块廉政文化宣传图板下发至511个行政村和32个社区，使廉政文化进农村工作稳步推进。会同市妇联在全市市管领导干部家庭中开展以“树荣辱新风、创廉洁家庭”为主题的家庭助廉教育读书活动，与家属签订承诺书，市管领导干部做到人手一册《家庭助廉教育读本》。并在全市各乡镇开展廉政文化进家庭讲座，使廉政文化进家庭活动丰富多彩。进一步推进廉政文化进企业工作。针对民营企业管理人员廉洁从业容易出现问题的一些环节，制定廉洁从业守则。抓好廉政文化示范企业建设，在巩固原有5个廉洁文化企业示范点的基础上，重点培植5个新的企业廉洁文化示范点。并通过企业廉洁文化书画展、企业廉政文化研讨会等各种活动的开展，促使廉洁文化进企业工作取得新成效。

【农村基层党风廉政建设】 为维护和促进农村改革发展稳定的大局，巩固党在农村的执政基础，调动广大农民群众建设社会主义新农村的积极性，更好地推动农村基层各项事业健康发展，市纪委实施“四廉”工程，着力推进农村党风廉政建设。开展廉洁班子建设。开展“廉洁班子”建设。建立健全农村党风廉政责任体系，在农村党组织中设立纪检人员，各乡镇（街道）与村支两委签订农村党风廉政责任状，深化三级服务体系，实施村级为民办事全程代理制，制定村干部上党课、培训、轮训等教育培训年度工作计划，建立并完善了民主考核评议村干部机制。开展“廉洁村务”建设。全面推进政务公开、村务公开、办事公开和党务公开，拓宽公开内容，积极探索党务公开，完善公开方式，建立健全村务公开监督小组、民主理财小组和其它村民监督小组，加大了群众监督、技术监督和审计监督的力度。开展“廉洁工程”建设。建立和完善村小型工程建设项目公开招投标制度，把握好工程项目审批环节，把好项目实施关和资金审批环节。开展“廉洁文化”建设。把廉政文化建设工程列入重要议事日程，认真开展廉政文化进农村活动，坚持以点带面，全面推进，实现农村廉洁文化工作全面开展。

·党风党纪教育·

【党员干部廉洁自律教育】 坚持全委抓教育的工作机制，完善“大宣教”格局，加大宣教力度，强化宣教工作的整合功能，不断创新教育形式、教育载体，以学习、遵守、贯彻、维护党章为主线，抓好“三支”干部队伍教育，进一步提高党员干部的廉洁自律意识。通过开展保持共产党员先进性教育活动，认真查找、解决党员领导干部在思想、组织、作风以及工作方面存在的突出问题，引导广大党员干部自觉树立马克思主义的世界观、人生观、价值观和正确的权力观、地位观、利益观。开展 “学党章，保先进，促发展”专题教育活动，从4月15 日开始，集中一个半月的时间，在全市党员干部中开展专题教育活动，通过开展学习党章知识竞赛、组织巡回报告和进行联合督查等形式，确保专题教育活动取得实效。利用正反典型教育、举办培训班、开展廉政谈话、观看警示教育片等形式，突出抓好农村党员干部、重点部门中层干部和市管领导干部这“三支”干部队伍教育。对全市市管领导干部开展一月一期的“读书思廉”活动和经常性的正反典型教育活动，全年收到市管领导干部“读书思廉”体会文章82篇；在节假日期间向市管领导干部及其家属寄发慰问信，开展“廉节”教育；对全市2004年11月以来新提拔的58名市管领导干部及家属进行集体廉政谈话；注重对重点部门重点岗位中层干部的党风廉政教育，市纪委领导多次到有关部门就中层干部队伍现状进行调研，并到教育、建设、交通等部门召开廉政建设报告会，组织了土管、城建等重点部门的中层干部到南郊监狱接受教育；抓好农村党风廉政建设，加强对农村党员干部的教育，3月开始开展农村党风廉政建设调研，认真查找农村党风廉政建设存在的问题、原因，积极探索开展基层党风廉政建设工作的有效途径。

【宣教网络建设】 构筑反腐倡廉宣教网络，努力实现廉政教育的“全覆盖”，办好每月一期的《廉政之窗》、《廉政视角》栏目；不断完善《富春廉政网》，每周至少一次加载、更新网站内容，目前点击人数超过51万余人次。同时把党风廉政宣传教育纳入各级党委（党组）中心组理论学习计划，纳入党校培训党员领导干部的必备内容，全年利用党校等阵地，上门讲课25场次，受教育人数达1.5万余人次。通过党风廉政宣传教育，全市党员干部的廉洁自律意识进一步增强，581账户收到党员干部上交的现金及礼金、礼卡、礼券计人民币12万余元。

·执纪办案·

【查处违纪案件】 根据中央、省、杭州市有关精神和要求，积极开展商业贿赂专项治理工作。充分发挥反腐败工作的组织协调作用，不断增强办案合力，认真履行纪律检查和行政监察的双重职能，严肃查处违纪违法案件。全年，全市各级纪检监察组织查处各类违纪违法案件147件，给予党纪政纪处分142人，处分乡科级领导干部10人，移送司法机关4人，通过执纪办案，为国家集体挽回经济损失120余万元。查处的典型案例有：市环境保护局原副局长李某受贿串案，市交通局大桥管理所原所长武某某等人贪污案件，市盐业公司副经理陈某某利用职务之便，收受包装袋供应商给予回扣的商业受贿案件等一系列大案要案。

认真履行组织协调职能，定期组织召开市公安局、检察院、法院、工商局、财政局、国税局、审计局等单位参加的办案联席会议，不断完善案件线索传递机制，增强办案合力。开展商业贿赂专项治理，及时制定下发了《富阳市治理商业贿赂专项工作实施方案》。注重做好查案的后半篇文章，对查处的案件，及时进行总结、分析，做到一案一析，对案发单位召开案件通报会，有针对性地加强教育、完善制度，强化监督，较好地发挥查办案件的防范作用。

【信访受理】 认真贯彻落实《中华人民共和国国务院信访条例》，制定下发全市信访举报工作意见，不断提高信访工作的水平。健全信访网络建设，完善信访督办机制，大胆探索信访举报办事公开工作，及时调查处理来信来访，积极化解矛盾，维护社会稳定。坚持信访排查制度，充分发挥信访主渠道作用，为查办案件提供重要线索。全年受理信访举报364件，与上年同期相比下降了25.56%，按分级管理，归口办理的要求分别作了处理。本着“该查处的坚决查处，该保护的坚决保护”的要求，澄清问题36个，保护干部52名。

·执法监察与纠风治乱·

【执法监察】 深入推进干部人事制度改革，严格执行《党政领导干部选拔任用工作条例》，加强对干部选拔任用工作的监督，坚决预防和治理选人用人上的不正之风，全程参与10名国家公务员公开招考的监督工作，对污水处理厂、自来水厂向社会公开招录工作人员进行全程监督。建立公共资源交易平台，确立了“发布信息、统一进场、规范交易、全程监管”的运作方式，把招投标交易中心、土地交易中心、政府采购中心统一进入到行政服务中心，开展集中统一的行政服务和集中交易工作，进一步拓宽行政服务范围，建立规范的运行体系。规范建设工程招投标工作，会同市建设局出台了《富阳市进一步规范有形建筑市场招投标工作实施意见》，进一步规范有形建筑市场招投标工作和小型工程建设招投标工作，全年完成招投标工作272项，造价17.34亿元。推行公车定点保险制度，在学习外地先进经验的基础上，出台并推行公车定点保险制度。积极开展统计工作执法监察、城乡规划效能监察、市文化艺术中心建设工程、大源镇综合污水处理回用工程和客运南站迁建工程等重点工程效能监察、政府采购专项执法检查等各类专项执法监察活动，确保政令畅通。

【纠风治乱】 围绕优化经济发展环境，服务经济建设中心，扎实工作，纠风治乱稳步推进。4月，制定下发《2006年纠风工作实施意见》、《关于进一步加强行风建设的工作意见》，转发了《关于对涉及农民负担案（事）件实行责任追究的暂行办法及若干问题解释的通知》，进一步明确了纠风工作的目标和任务。建立完善监督机制，聘请第四届特邀监督员，按照个人自愿、单位推荐的原则，聘请了25名由市党代表、人大代表、政协委员、各民主党派人士、退休退居二线干部、新闻单位等社会各层面人员组成的监督员。开展了专项治理和专项检查活动，组织行风监督员对全市部分学校教育收费情况和免收杂费执行情况进行专项检查；对21个部门和窗口行业进行明查；会同市工商局、卫生局等单位开展了虚假违法广告专项整治活动和专项检查；会同物价、减负办开展了涉农价格和收费专项检查，对农机监理及两所义务教育阶段学校的收费情况进行暗访。认真开展政风行风评议活动，全力提升机关行业作风建设。通过民主评议行风、开展“创建人民满意基层站所（办事窗口）”以及行风建设月等活动，群众反映强烈的重点、热点问题得到了较好的解决。

【效能监察】 建立和完善效能监察社会监督体系。坚持以督查促举措落实，促作风转变，促效能提高，充分发挥效能监督员的作用，组织效能监督员对全市相关部门、窗口和乡镇街道进行了明查暗访，把经常性督查和专项督查、联合督查等相结合。严格执行“四条禁令”、《富阳市机关工作人员服务态度和效能问题惩戒办法（试行）》等制度，对影响机关效能建设的人和事进行严肃处理。提高投诉件的办理时效和质量，全年受理群众投诉375件，对查实存在问题的33名工作人员作出了处理。进一步深化三级服务体系建设，巩固和完善乡镇（街道）、村级为民办事全程代理制工作，新建成的行政服务中心投入使用，按照“应进则进”的原则，全市有27个行政审批部门进驻中心并开展服务，共设88个服务窗口，272项行政服务内容，使各级政府、机关办事更加透明、高效。（黄鹤鸣）

【责任编辑　胡丽芬】

富阳市人民代表大会

·重要会议·

【市十三届人大四次会议】 2月22～25日举行，出席会议代表253名，列席会议人员215名。会议听取和审查市人大常委会工作报告、市人民政府工作报告、市人民法院工作报告、市人民检察院工作报告，审查和批准富阳市国民经济和社会发展第十一个五年规划纲要、富阳市2005年国民经济和社会发展计划执行情况的报告和2006年国民经济和社会发展、富阳市2005年财政预算执行情况的报告和2006年财政预算报告。

2月22日下午召开预备会议，选举产生由36名成员组成的大会主席团，并选举俞正言任大会秘书长，通过大会议程。大会期间举行3次全体会议，4次主席团会议。

大会收到代表提出的议案和建议156件。其中涉及城市（镇）建设、城市管理等内容的28件，涉及农、林、水等内容的37件，涉及环境保护和土地管理等内容的7件，涉及邮、电、交通和建设等内容的44件，涉及工业、贸易、旅游经济等内容的9件，涉及文、教、卫等社会事业内容的14件，涉及政法、法制建设等内容的3件，其他方面14件。大会主席团鉴于2006年是十三届人大任期的最后一年，为了集中精力把已列议案高质量地办理好、完成好，决定十三届人大四次会议不立议案，对大会收到的142件议案和11件建议作代表建议处理。

富阳市第十三届人民代表大会第四次会议

【市人大常委会会议】 富阳市十三届人大常委会年内举行会议8次，讨论审议议题22项，作出决议、决定21项，任免国家工作人员21人次。

第21次会议于1月19日召开。会议主要议题：（1）听取和初审市发展和改革局局长郎卫国受市政府委托所作的关于富阳市2005年国民经济和社会发展计划执行情况与2006年国民经济和社会发展计划草案的报告以及市政府关于富阳市国民经济和社会发展第十一个五年规划纲要草案及说明、市财政局局长孙柏平受市政府委托所作的关于富阳市2005年财政预算执行情况和2006年财政预算草案的报告；（2）听取和初审富阳市人民代表大会常务委员会工作报告；（3）听取和审议通过富阳市人大常委会2006年工作要点；（4）听取市人大常委会代表资格审查委员会关于市十三届人大四次会议代表资格审查情况的报告，并通过代表资格审查报告；（5）听取市人大常委会副主任俞正言所作的关于市十三届人大四次会议筹备工作情况的汇报，并通过有关建议事项和名单。

第22次会议于5月31日召开。会议主要议题：（1）听取和审议市公安局《要求许可对汪利荣行政拘留的报告》，以及市人民检察院《提请许可对汪利荣采取强制措施的报告》，作出《富阳市人大常委会关于许可对市十三届人大代表汪利荣依法采取强制措施的决定》；（2）表决通过市人民检察院检察长吴炳林提交的人事任免事项；（3）听取和审议市财政局局长孙柏平受市政府委托所作的关于市教育局等21个市级部门预算安排情况的汇报；（4）听取和审议市政府副市长陆洪勤所作的关于《杭州市生活饮用水源保护条例》执行情况的报告，并听取市人大常委会城建环保工委关于《杭州市生活饮用水源保护条例》执行情况跟踪检查的报告。

第23次会议于7月5日召开。会议主要议题：（1）听取和审议副市长邵良所作的关于富阳市贯彻实施《杭州市全民健身条例》情况的报告，并听取市人大常委会执法检查组关于检查《杭州市全民健身条例》实施情况的报告；（2）听取和审议市财政局局长孙柏平受市政府委托所作的关于富阳市2005年财政决算的报告，听取和审议市审计局局长陆菊仙受市政府委托所作的关于富阳市2005年财政预算执行和其他财政收支情况的审计工作报告，并通过关于批准富阳市2005年财政决算的决议；（3）听取和审议副市长陆洪勤所作的关于全市安全生产法律法规执行情况的报告，并听取市人大常委会执法检查组关于全市安全生产执法情况的报告；（4）审议通过市人大常委会关于开展“两项评议”工作的实施意见；（5）表决通过市人民法院院长王少青提交的人事任命事项。

第24次会议于8月12日召开。会议主要表决通过有关人事任免事项。

第25次会议于9月27日召开。会议主要议题：（1）表决通过市人大常委会主任佟桂莉、市人民政府代市长徐文光提交的人事任免事项，作出关于接受何勇、孙连娟辞去富阳市人大常委会委员职务的决定；（2）听取和审议市环保局局长吴祖仁受市政府委托所作的《关于生态市建设和环境保护法执行情况的报告》，并听取市人大常委会城建环保工委主任何培叶所作的《关于生态建设和环保执法情况跟踪督查的报告》。

第26次会议于10月26日召开。会议主要议题：（1）讨论决定市第十四届人民代表大会、乡镇第十五届人民代表大会换届选举有关事项；（2）听取和审议市政府关于市十三届人大四次会议代表建议办理情况的报告；（3）听取和审议市司法局局长孙洁受市人民政府委托所作的关于富阳市“四五”普法依法治理和2006～2010年普法教育依法治市工作情况的报告，审议通过了市人大常委会关于加强普法教育依法治市工作的决议；（4）审议通过《富阳市人民代表大会代表议案和建议处理办法》。

第27次会议于12月8日召开。会议主要议题：（1）会议根据主任会议的提请，决定接受佟桂莉辞去富阳市人大常委会主任职务；（2）会议根据主任会议的提请，决定任命汪锦汉为富阳市人大常委会代主任；（3）会议根据市人大常委会代主任汪锦汉的提请，决定接受邵立春辞去富阳市人大常委会委员职务；（4）会议根据市人民政府代市长徐文光的提请，决定任命张锦铭为富阳市人民政府副市长；（5）会议根据市人民政府代市长徐文光的提请，任命魏平岩为富阳市公安局局长，免去潘松萍的富阳市公安局局长职务；（6）会议根据市人大常委会代主任汪锦汉的提请，决定接受徐文光辞去富阳市人民政府副市长职务，同时徐文光不再履行代市长职务；（7）会议根据市人大常委会代主任汪锦汉的提请，决定任命张锦铭为富阳市人民政府代市长；（8）会议根据市人民法院院长王少青的提请，任命程建飞为富阳市人民法院审判员、审判委员会委员、副院长；（9）会议根据市人大常委会代主任汪锦汉的提请，决定接受王少青辞去富阳市人民法院院长职务；（10）会议根据市人大常委会代主任汪锦汉的提请，决定任命程建飞为富阳市人民法院代院长；（11）会议根据市人民检察院检察长吴炳林的提请，任命吕金芳为富阳市人民检察院检察员、检察委员会委员、副检察长；（12）会议根据市人大常委会代主任汪锦汉的提请，决定接受吴炳林辞去富阳市人民检察院检察长职务（需报经杭州市人民检察院提请杭州市人大常委会批准）；（13）会议根据市人大常委会代主任汪锦汉的提请，决定任命吕金芳为富阳市人民检察院代检察长。

第28次会议于12月23日召开。会议主要议题：（1）听取和审议市财政局局长孙柏平受市人民政府委托所作的关于调整2006年财政收支预算的报告，通过《关于批准市人民政府调整2006年财政收支预算的决定》；（2）审议通过《关于召开富阳市第十四届人民代表大会第一次会议的决定》。

·常委会重要工作·

【监督工作】 全年，市人大常委会组织视察调查和执法检查活动20次。其中：2～3月，常委会开展城镇非医保居民医疗保障工作专题调研，并赴开化县考察城镇非医保居民医疗保障工作的具体做法，推动全市1.5万名未参加城镇职工基本医疗保险的城镇居民参加了合作医疗，全市基本实现了医疗保障的全覆盖。3～4月，常委会对《杭州市生活饮用水源保护条例》执行情况进行两级人大联动跟踪检查。3月20～21日，组成2个执法检查组，对12个乡镇(街道)5个重点行业的21家企业、5条流域的综合治理情况、2座水质自动监测站以及6家污水处理厂的筹建、在建和运行情况进行了集中检查。市人大常委会主任会议听取了市政府关于《条例》执行情况的报告和市人大执法检查组关于《条例》执行情况跟踪检查的报告，并提出审议意见。4月下旬，常委会对《中华人民共和国水法》进行执法检查，通过检查有力推动全市水资源的开发利用和保护管理。4月，配合杭州市人大对《杭州市精神卫生条例（草案)》进行立法调研，对该条例提出修改意见和建议。4月26～28日，常委会组织法制工委、部分常委会委员、市人大代表对全市贯彻执行《法律援助条例》的情况进行了检查，提出提高对法律援助工作的认识、加强援助经费的保障、重视队伍建设等建议。4～5月，开展《杭州市全民健身条例》执法检查，提出进一步加大全民健身条例宣传力度、普及健身知识、推进全民健身活动大众化、经常化、多样化发展等建议。4～6月，常委会采取统一部署、上下联动的方式，对安全生产法律法规的执行情况进行检查。

5月29～6月6日，常委会对全市人民法庭的建设情况进行了调研。调研组分别到新登、大源、场口三个人民法庭进行调研，针对法庭队伍建设方面、基础设施和物质装备方面、司法环境方面和审判质量方面等法庭建设中存在的问题和困难，提出了4点意见和建议，推进了全市人民法庭的建设。

6～7月，常委会就生态建设和环保执法情况开展三级人大联动跟踪督查，组织人员先后赴重点流域、污染行业和企业进行调查了解。6月底，组成执法督查组，对13个乡镇、街道的20余家重点企业以及8条河流的污染治理情况进行了集中督查。

9月，教科文卫工委对社区卫生服务工作和少数民族工作进行视察调研。9月21日，市人大常委会副主任汪锦汉、俞正言带领市人大法制工委、代表工委等对市公安局执法工作进行视察。

10月20日，陪同省人大内司委副主任委员张孝林、林清和、杭州市人大常委会副主任杨耀梁对全市贯彻执行《中华人民共和国老年人权益保障法》的情况进行调研。

11月中旬，常委会副主任王晓带领城建环保工委和市环保局有关人员，采取听取汇报和实地走访的形式，对富阳市新型干法水泥回转窑生产企业环保情况进行调研。

常委会还对《中华人民共和国妇女权益保护法》、环保重点工程建设、土地利用情况、食品安全工作、教育重点工程建设、社区卫生、文物保护等工作开展视察调研。

全年，常委会继续加强对财政工作的监督，继2005年对8个市级部门开展预算审查的基础上，对农业局等21个部门实施部门预算审查，使人大对财政预算的审查监督方式得以深化和细化。常委会以支持和督促政府认真实施“十一五”规划纲要为着力点，高度关注经济结构调整、增长方式转变，对工作中的薄弱环节提出意见建议。同时，常委会围绕建设社会主义新农村的总体目标，高度关注市政府的“三农”工作进展情况，加强涉农资金的审查监督，督促市政府和有关部门提高支农资金的使用绩效，建立解决“三农”问题的长效机制，完善相关的配套政策措施，促进农业增效、农民增收。

【“两项”评议】 5～7月，常委会组织市人大代表对杭州市工商局富阳分局行政执法工作进行评议。代表们坚持实事求是、依法评议的原则，既充分肯定成绩，保护被评议单位的积极性，又敢于和善于提出意见和建议，指出整改方向，促进被评议单位依法行政和严格执法，取得了较好成效。同时，对本届以来未评议过且任职满一年的市政府办主任和市公安局、财政局、建设局、民政局、安监局、卫生局、民宗局、监察局局长进行了书面述职评议。常委会认真组织实施，成立工作班子，制定工作方案，深入基层调研，广泛听取意见。7月26日，召开主任会议进行了评议。在肯定成绩的同时，有针对性地指出了存在的问题和不足，提出了富有建设性的意见和建议。通过述职评议，增强了任命干部自觉接受人大监督的意识，促进了依法行政和公正司法。

·代表工作·

【市乡两级人大代表换届选举】 10月10日～12月21日，根据法律规定和省、杭州市人大常委会的统一部署，富阳市第十四届人民代表大会、乡镇第十五届人民代表大会进行代表换届选举工作。依法选出市第十四届人大代表255名、乡镇第十五届人大代表1128名。这是自国家宪法、选举法和地方组织法修订之后，基层两级国家权力机关的第一次同步换届选举实践。

当选的255名市代表中，领导干部 79名，占31%；工人农民 141名，占55.3%；知识分子34名，占13.3%；解放军1名，占0.4%；非党代表42名，占16.5%。妇女29名，占11.4%。文化结构：初中及以下学历20名，占7.8%；高中、中专学历65名，占25.5%；大专以上学历170名，占66.7%。年龄结构：35岁以下15名，占5.9%；36岁～55岁230名，占90.2%；56岁以上10名，占3.9%。

当选的1128名乡镇人大代表中，领导干部113名，占10%；工人、农民885名，占78.5%；知识分子130名，占11.5%；非党代表348名，占30.9%；妇女52名，占4.6%。文化结构：初中及以下学历352名，占31.2%；高中、中专学历501名，占44.4%；大专以上学历`275名，占24.4%。年龄结构：35岁以下146名，占12.9%；36岁～55岁934名，占82.8%；56岁以上48名，占4.3%。

【代表活动】 市人大常委会针对全市经济和社会发展的热点和难点问题，组织人大代表视察了教育工程建设、环保工作和生态建设等，组织开展了2次在富的杭州市代表活动，组织承办了省人大代表杭州第七代表小组活动；邀请人大代表旁听市人民法院的审议和审判；坚持人大代表列席人大常委会会议制度；坚持人大常委会组成人员和市政府领导分工联系、走访代表制度。

【指导乡镇人大工作】 指导全市各乡镇开展“代表之家，代表接待点”、街道开展“代表进社区，接待选民”活动，有21个乡镇街道建立代表之家，建立代表接待站、接待点40多家，全年接待联系选民220多人次，收集意见、建议250多条。富春街道第六、七、八3个代表小组以水电局、建设局、卫生局为联系单位，对其开展定向视察，进行工作监督。坚持乡镇、街道人大每季分片汇报制度，开展工作交流，提高工作水平。指导各乡镇街道人大按照年初工作计划，围绕常委会工作重点按时开展好各项活动。指导各乡镇依法进行换届选举、召开人代会、开展执法检查和视察等，充分发挥了乡镇街道人大在全市人大工作中的基础作用。

·议案建议·

【议案建议办理】 市十三届人大四次会议收到代表建议156件。代表建议集中反映了经济建设、社会发展以及社会生活等各个方面的重大问题。市人大代表工委对代表提出的建议进行了认真的梳理分析，及时召开交办会，并加大督办力度，督促承办单位按照办理要求，提出办理意见，按时答复代表。156件代表建议均按时办结，办理的满意率达到 81.4%，比上年提高1.4%。此外，将日常收集的代表意见建议，进行汇总整理后，作为闭会期间的代表建议意见，分别交政府有关职能部门办理，同样做到件件有回复。

【修订议案建议处理办法】 根据省、杭州市人民代表大会代表议案和建议处理办法的有关精神，在征求各方意见的基础上，常委会对已实施5年之久而随着形势发展需要亟需修改补充的《代表议案和建议处理规定》进行了修订，制定了《富阳市人民代表大会代表议案和建议处理办法》，10月26日，市十三届人大常委会第二十六次审议通过。 （沈立文）

市人大开展环保执法检查

【责任编辑　胡丽芬】

富阳市人民政府

·重要会议·

【概况】 全年，市政府主持召开的重要会议有：市政府全体会议，市政府常务会议，深化“平安富阳”创建暨“四五”普法总结和政法、综治、信访、人民调解工作会议，公安工作暨“基层基础建设年”动员大会，劳动保障工作会议，机关干部大会，农村工作广播电视会议，人口和计划生育工作会议，工业经济暨招商引资大会，2006年杭州世界休闲博览会富阳分会场组委会全体会议，创建全国文化先进县（市）暨全市文化工作会议，品牌建设工作会议，创建省示范文明城市动员大会，安全生产工作会议，创建浙江省体育强市暨全市体育工作会议，生态市建设暨环境保护工作会议，创建省科技强市（县）工作领导小组会议，“百千”工程工作会议，食品药品安全工作会议，山林延包工作动员大会，领导联系重点项目进展情况汇报会，房地产发展专题会议，庆祝2006年教师节暨先进教师表彰大会，贯彻“法治杭州”建设暨普法教育依法治市工作动员大会，工业企业奋战百日暨节能工作会议，新型农村合作医疗工作广播电视会议，创建省体育强市验收工作汇报会，第七次“春风行动”动员大会，第11届郁达夫文艺奖颁奖大会，著名作家郁达夫烈士诞辰110周年纪念大会，“平安富阳”创建工作迎检动员大会。

【市政府全体会议】 1月5日，召开市十三届政府第七次全体（扩大）会议，会议回顾总结了上年工作，研究部署了当前和新一年的政府主要工作。会议要求各级各部门和全市广大干部群众抓落实，必须坚定信心，自加压力；抓落实，必须把握重点，努力求进；抓落实，必须一以贯之，认真做好当前工作。会议强调，在新的一年里，各级各部门和全市广大干部群众要以自主创新为动力，优化经济结构，提升产业层次；要以新农村建设为契机，着力推进城乡一体化发展；要以破解“七难”工作为抓手，全面推进社会和谐稳定；要妥善安排群众生活，全力做好社会稳定工作，真抓实干，开拓创新，努力实现经济工作“开门红”，不断推动富阳走向实力强、百姓富、和谐平安、万象更新的美好明天。

7月6日，召开市十三届政府第八次全体（扩大）会议，会议回顾总结了上半年取得的成绩，分析了上半年全市经济社会发展中存在的问题和面临的形势，明确了当前和下半年政府工作的主要任务和工作措施。会议动员各级各部门和全市广大干部群众要坚定信心，努力克难求进；要围绕中心，优化经济结构；要突出重点，增强发展后劲；要坚定目标，推进生态市建设；要融入杭州，加快城乡发展；要关注民生，构建和谐富阳；要努力抓好当前其他各项工作。会议强调，做好下半年工作，事关“十一五”的开局之胜，事关富阳的新一轮发展。全市上下一定要把思想统一到这次全会精神上来，凝心聚力，鼓足干劲，真抓实干，确保完成全年各项工作目标任务，为圆满完成本届政府的工作任务和政治使命创造有利的工作条件，为富阳“十一五”的持续健康发展打下坚实的基础。

【市政府常务会议】 全年召开9次市政府常务会议，主要研究和讨论关系全市国民经济和社会各项事业发展的重大问题和重要事项。

1月16日，召开市十三届政府第40次常务会议，市长戚哮虎主持。会议讨论决定《富阳市国民经济和社会发展第十一个五年规划纲要（送审稿）》、《富阳市人民政府关于贯彻落实全面推进依法行政实施纲要的实施意见》、《富阳市2005年度财政预算执行情况和2006年财政预算草案》。

2月14日，召开市十三届政府第41次常务会议，市长戚哮虎主持。会议讨论决定《关于进一步深化医疗体制改革的意见》、《320国道沿线绿化改造方案》、《城市东入口综合整治方案》和《新桥区块综合改造工程方案》。

3月22日，召开市十三届政府第42次常务会议，市长戚哮虎主持。会议讨论决定《富阳市农村住宅公寓化建设实施细则》、《富阳市城区农户建房管理实施办法》、《富阳市生活垃圾收集焚烧处理实施办法》、《富阳市非医保居民合作医疗实施办法》、《富阳市国家建设项目审计办法》、《富阳市土地收购储备实施办法》。

4月13日，召开市十三届政府第43次常务会议，市长戚哮虎主持。会议讨论决定《关于推行工业污水集中处理的实施意见》、《富阳市工业污水处理收费管理暂行办法》、《关于推进富阳市客运出租汽车更新改造的意见》和《富阳市客运出租汽车更新改造实施细则》。

5月12日，召开市十三届政府第44次常务会议，市长戚哮虎主持。会议讨论决定《桂花西路改造方案》、《江滨东大道景观改造方案》；通报与中国水务集团有限公司合作情况和第二次全国农业普查有关情况。

6月22日，召开市十三届政府第45次常务会议，市长戚哮虎主持。会议讨论决定《富阳市城市地下管线管理办法（试行）》、《富阳市四线供水规划》、工业污水处理收费机构和环境监察机构设置问题、鹿山大厦地块和秋丰建材市场地块政策处理问题。

7月7日，召开市十三届政府第46次常务会议，市长戚哮虎主持。会议讨论决定市城建投资有限公司与中国水务集团有限公司有关合作问题、工业污水处理费标准及相关政策、客运车辆油运价格联动机制方案、第三轮行政审批制度改革情况。

9月16日，召开市十三届政府第47次常务会议，代市长徐文光主持。会议讨论决定融入杭州大都市重大基础设施项目、新区建设、政府投资项目计划编制、推进农村消费安全及食品生产加工创品牌的有关问题。

11月24日，召开市十三届政府第48次常务会议，代市长徐文光主持。会议讨论决定《富阳市工业循环经济规划》、《关于开展粘土砖瓦窑整顿淘汰工作的实施意见》、《富阳市城乡困难人员医疗救助办法》、《富阳市新农村建设规划》、华伦汽贸城建设有关政策、鹿山大桥项目招商引资有关问题、查处土地违法违规案件专项行动工作。

【市长办公会议】 全年召开1次市长办公室会议。4月20日，召开市十三届政府第9次市长办公会议，市长戚哮虎主持。会议回顾总结第一季度政府工作，对第二季度政府重点工作进行研究部署。

·重要政事·

【新设立非常设机构】 市政府依据工作需要新设了一批非常设机构，主要有：富阳市政府信息公开联席会议、富阳市城市建设领导小组、富阳市文物管理委员会、富阳市杭州东洲综合码头建设工作领导小组、富阳市基本农田保护检查工作领导小组、富阳市农村部分计划生育家庭奖励扶助工作领导小组、富阳市首届青年科技奖评选工作领导小组、富阳市人民政府信访事项复查（复核）工作小组、富阳市工业项目推进年活动领导小组、富阳市种子留样备查工作领导小组、富阳市龙门古镇保护与旅游开发管理委员会、富阳市创建杭千高速公路（富阳段）烟尘控制区工作领导小组、富阳市履行禁止化学武器公约工作领导小组、富阳市户外广告和标志标牌整治工作领导小组、富阳市云河福邸住宅小区综合整治工作组、富阳市石油价格改革财政补贴工作领导小组、浙江海正药业富阳工业园项目建设协调小组、富阳市交通建设投资有限公司管理委员会、浙江富阳经济开发区扩容申报工作领导小组、富阳市农村土地承包纠纷仲裁试点工作领导小组、富阳市查处土地违法案件工作领导小组、富阳市道路交通安全工作领导小组、富阳市桂花西路改造工程领导小组、富阳市创建和谐劳动关系先进企业活动领导小组、富阳市迎接土地执法检查工作领导小组、富阳市船厂治理工作推进领导小组、富阳市项目报批工作领导小组、富阳市农产品展销会领导小组、富阳市造纸污泥综合处置工作领导小组、富阳市水稻重大病虫害应急防控指挥部、富阳市矿产资源规划修编工作领导小组、富阳市大中型水库移民工作领导小组、富阳市惠民医院医疗救助资金管理委员会、富阳市融入杭州大都市重大基础设施项目专项工作领导小组、富阳市村庄基础设施和公共服务事业现状调查工作领导小组、富阳市工业污水处理收费管理工作领导小组、富阳市打击黑车专项整治行动工作领导小组、富阳市公共卫生委员会、富阳市生态环境功能区规划编制工作领导小组、富阳市农村土地承包仲裁委员会、富阳市111工程建设领导小组、富阳市休闲观光农业旅游工作协调小组、富阳市复员退伍军人信息采集工作领导小组、富阳市农资信用体系建设工作领导小组、富阳市查处土地违法违规案件专项行动领导小组、富阳市政策性农村住房保险工作领导小组、2007年中国女子篮球甲级联赛浙江富阳赛区筹备委员会。

【调整非常设机构】 市政府依据工作需要调整的非常设机构有：富阳市防治动物疫病指挥部、富阳市文化中心建设领导小组、富阳市防治高致病性禽流感工作领导小组、富阳市客运南站新站建设领导小组、富阳市社会保险委员会、大源溪流域环境综合整治领导小组、富阳市农民技术职称评定工作领导小组、中国农村致富技术函授大学浙江省富阳市分校校务委员会、富阳市科普工作领导小组、富阳市残疾人工作协调委员会、富阳市农村经济发展奖评审委员会、富阳市球拍产业品牌集聚工作领导小组、富阳市生活饮用水源保护工作领导小组、富阳市农信担保有限责任公司管理委员会、富阳市企业信用建设工程领导小组、富阳市残疾人社区康复工作领导小组、富阳市防火安全委员会、富阳市绿化委员会、富阳市计划生育行政执法工作领导小组、富阳市流动人口计划生育工作协调小组、富阳市电网建设领导小组、富阳市环境污染整治工作领导小组、富阳市安全生产委员会、富阳市交通建设投资有限公司管理委员会、富阳市劳动鉴定委员会、富阳市劳动争议仲裁委员会、富阳市酒类流通领导小组、富阳市爱国卫生运动委员会、富阳市农村经济发展奖评审委员会、富阳市征兵工作领导小组、富阳市土地估价委员会、富阳市森林防火指挥部、富阳市毒鼠强专项整治工作领导小组、富阳市城乡建设规划委员会、富阳市土地利用总体规划修编工作领导小组、富阳市全面推进依法行政工作领导小组、富阳市城市建设投资有限公司管理委员会、富阳市污水处理厂三期工程建设领导小组、富阳市城市入口和主要公路沿线绿化改造工程领导小组、富阳市造纸行业结构调整领导小组、国家火炬计划富阳光通信产业基地、杭州富阳国家光纤光缆制造产业园领导小组、富阳市食品安全委员会、富阳市城市建设领导小组、富阳市艾滋病防治工作领导小组、东洲北支江综合整治工程领导小组、富阳市金融工作协调小组、国家（富阳）光纤光缆产业园领导小组、富阳市“永胜公司”项目招商工作领导小组、浙江富阳经济开发区扩容申报工作领导小组。

·政务工作·

【外事工作】 制定出台《富阳市领导干部因公出国（境）管理有关规定》。全年办理因公出国（境）报批手续116批，共253人次；按照外事接待计划，接待外宾35批，共495人次；办理邀请外商或专家到富申报手续109批，共135人次。

【督办工作】 全年围绕市政府的中心工作和重要工作，通过会议督查、实地督查、电话催办、通知督办以及下发督查通报等形式，抓好督查督办各项工作。在督办内容上，突出抓好《政府工作报告》主要工作任务、实事工程、省重点建设项目报批及市政府领导批示件的督办工作。在督办时间上，根据市委、市政府重点性和阶段性工作的要求，做到定期督办和不定期督办相结合。全年督查转办群众或单位来信来访258件，认真督促相关部门办理，并做到书面反馈。此外，根据市政府及办公室领导的布置，认真抓好上级部门、市政府全体（扩大）会议和市委、市政府重要会议、专题会议贯彻落实及主要工作实施情况的督办反馈工作。全年下发督办通知13件，其中重大督办有：为民办实事工程项目建设情况、乡镇（街道）春运安全工作落实情况、村庄基础设施和公共服务事业现状调查工作情况、省重点建设项目报批工作和鹿山新区土地利用总体规划修编报批工作进展情况等。

【“两会”议案建议和提案办理】 市政府高度重视市十三届人大四次会议代表建议和市政协六届四次会议委员提案的承办工作，严格执行《办理人大代表建议和政协提案工作规则》，对事关全市经济和社会发展，内容涉及全市工农业经济发展、交通、水利、城市建设、体制改革和科教文卫等重大问题的建议、提案，进行全面梳理，专题研究，分解落实，限时办结，督促检查，书面反馈，努力使建议提案办理工作制度化和规范化。在办理过程中，创新方式，强化措施，使办理程序更加规范，办理质量有新的提高。全年办理完成156件人大代表建议和283件政协委员提案，办复率达到100%。其中人大代表建议满意率81.4%，基本满意率18.6%；政协委员提案满意率81.6%，基本满意率18.4%。同时，认真做好4件杭州市人大代表建议的办理工作。

【法制工作】 贯彻落实依法治国基本方略，全面推进依法行政，建设法治政府，制定《关于贯彻落实全面推进依法行政实施纲要的实施意见》和《富阳市全面推进依法行政工作任务及责任分解方案》，促进全市法制工作沿着法治轨道健康发展。全年审核规范性文件15件，作出行政处罚决定15件，完成杭州市人大、市政府法规和规章征求意见稿4件。制定《关于进一步深化完善行政执法责任制的实施意见》，公布第一批行政处罚实施主体。全面开展行政许可与非行政许可事项清理工作，确定公布全市197项行政审批项目。全年参与市领导信访接待日活动12次，认真开展专项行政执法监督检查和《中华人民共和国行政许可法》、《中华人民共和国行政处罚法》、《中华人民共和国行政复议法》等重要法律法规的学习培训工作。完成对全市250名行政执法人员培训、测试和申领行政执法证件工作。建立健全行政决策机制，提高行政决策水平，实施开展相对集中行政处罚权制度。创新工作方式，提高行政规范性文件质量，执行《富阳市行政机关文件公开发布管理规定》，对规范性文件定期进行清理。认真做好行政复议和行政应诉工作，全年办理行政复议案件25件，颁布《富阳市行政机关法定代表人出庭应诉工作暂行规定》，改进行政机关首长出庭应诉工作。

【政务信息】 严格按照《政务信息工作办法》，加强信息员队伍建设和对信息工作的日常指导，较好地执行了政务信息目标考核、登记通报、传阅学习、审批和奖励制度。制定《富阳市政府信息公开实施办法》，建立信息公开联席会议制度。抓好信息报送及发布平台建设，全年通过政府门户网站发布信息和文件32532件，办公内网发布信息和文件9885件，促进了政府及各级各部门的政务公开工作。全年编发《富政阅》41期、《富阳政务》87期，被《杭州政务》录用信息145条、调研报告6篇、专报1篇、参阅2篇、送阅2篇，被省政府办公厅录用信息22条，被评为2006年度杭州市政务信息工作先进单位。出台《对全市政务信息工作实行考核的通知》。7月，调整《富阳政务》刊物设置，增设《富阳政务·动态》，每周刊出3期。

【电子政务】 继续完善电子政务平台建设，对政府门户网站的页面组织形式、栏目以及内部流转机制进行改造，并按省政府要求对12类信息进行格式修改。根据省政府2006年电子政务建设任务指导书意见，对全市网络现状作了专题调研，制定网络改造方案，经专家论证后对党政办公网络进行升级改造。在网络信息中心安装短信猫，实现重要工作通知通过党政网和短信的双重方式发出，保证了信息的及时传递，提高了办公效率。同时，进一步加强技术力量配备，强化技能培训和网络系统维护，确保电子政务网安全高效运转。

【公文处理】 规范办文程序，切实做到分工负责，各司其职，认真把关，不断提高办文速度和质量。严格执行《国家行政机关公文处理办法》和市政府有关公文处理的各项规定，进一步加强文件起草、代拟稿、审核、校对等环节的管理。全年计收文3341件5754份，发文829件，基层来文回执254件。调整办文运作模式和市领导签批文件的方式、范围，并加强公文审核、

行政服务大厅

部门会签、办理时效等方面的管理。（李治钢）

·行政服务·

【行政服务中心大楼正式启用】 5月8日，市行政服务中心新办公大楼正式启用，27个部门进驻中心集中开展行政服务，设立行政服务窗口88个，市级机关行政服务事项229项（其中行政许可事项117项、保留事项47项、服务事项65项），3个公共资源交易单位集中开展交易活动，进驻中心工作人员161人。向社会公开招租的形式，建立商务中心，会计、审计、评估、咨询、测绘、规划设计等中介机构进入中心集中办公，为行政审批对象提供"一站式"配套服务。

【行政审批】 全年中心受理行政服务事项83191件，受理量是上年的18.8倍，办结83058件，办结率达99.8%，比上年提高2.5%。市政府办公室下发了《富阳市建设工程施工许可并联审批和投资项目两段收费实施办法》，确立"一窗告知、同步办理、一卡收费"的运作机制，该办法实施以来，办理建设工程施工许可证665项，每件平均提速达35%左右。积极推进部门之间、窗口之间的横向联系与合作，进一步简化办事程序。积极做好工业投资项目联合踏勘工作，全年中心组织由6个部门组成的现场联合踏勘50次，踏勘工业投资项目617项。中心主动与进驻部门沟通协调，通报窗口在中心的运作情况，促进授权到位和审批提速。全年先后有53个审批项目实现有效提速，累计压缩审批时间229天。围绕"建一流硬件，创一流服务"的目标，想群众所想，急群众所急，努力为群众提供优质便捷服务。全年收到来自宁波、杭州和本市群众的表扬信85封；办事群众抽样评议调查，满意率达98.8%，基本满意率1.2%，电话回访87人次，满意率100%。

【公共资源交易管理】 按照"管办分离"的原则和市委、市政府提出的要求，为进一步整合资源，规范全市公共资源交易活动，打造"公开、公平、公正"的交易平台，对分散在市级相关部门的建设工程交易、政府采购、土地交易、产权交易等交易中心进行有效整合、集中归并，经调研论证形成富阳市公共资源交易中心组建方案，报市委、市政府决策。先后制定《富阳市公共资源交易投诉暂行办法》、《富阳市公共资源交易交易信息发布暂行规定》、《关于实行中标公示的通知》等一系列规范性文件，规范信息发布、投诉受理、中标公示等各个程序工作，实现资源共享。启动实时监控系统，加强现场监管，提高招投标、拍卖等交易活动的公正性和严肃性。加强社会监督，市纪检、监察局在中心设立办公室。中心设立投诉电话，及时受理各类投诉，确保交易行为公正透明。全年市建设工程交易中心完成工程交易294项，计划投资18.32亿元；市政府采购中心完成交易金额0.45亿元；市土地交易中心完成交易金额10.9亿元。（骆洪祥）

·人民防空·

【人防宣传教育】 做好初级中学人防知识普及教育工作，为全市27所中学8300名学生征订人防教材，安排课时，落实教师，开课率达到100%。结合防空警报试鸣，开展现场随机采访活动，扩大防空知识宣传面，提高群众对防空警报作用的认识。将秋月社区与春

省人防重点镇授牌仪式

南、城东社区列为“人防知识进社区”试点单位，及时下拨试点经费，确保活动的有效开展。为全市19个社区征订《中国人民防空杂志》，分发《人民防空防灾手册》，实现人防教育全覆盖。继续开展人防知识进党校活动，邀请专家给中青班学员上好一堂人防课，不断增强广大后备干部的人防意识。

【指挥通信工作】 组织4个街道、5个人防重点镇开展人员防护方案编制工作，并上报杭州市人防办备案。7月18日，抽调5支分队130人组成人防抢险抢修专业队，动用车辆31辆，开展市政应急抢险抢修5个课目的演练，检验和锻炼了人防队伍。高标准完成警报建设规划制定工作以及警报安装任务，全年新增防空警报3台，超额完成任务1台，全市防空警报总数增至14台，并组织人员对14台防空警报进行试鸣，防空警报的完好率、鸣响率均达到100%。

【人防工程规划与建设】 制定《关于加强人民防空重点镇（街道）人民防空工作的实施意见》。积极推进“111”工程建设，完成施工招投标工作。恩波广场地下人防工程基本完工，12月19日已通过初步验收。加强项目审批和管理，出台收费新政策，抓好人防地下室结建及易地建设费收缴工作，人防地下室竣工结建面积超额完成上级下达的任务，全年收取人防易地建设费1600余万元，累计已达4500余万元，上缴省、杭州市人防办200多万元。（李治钢）

·人事工作·

【人才强市活动月】 7月15日～8月15日，举办第五届“人才强市活动月”活动。在强市月活动期间开展第四届网上人才交流会、百名人才进百村服务新农村建设、毕业生服务月、学历教育、技能比武等活动。

【人才政策】 制定出台《富阳市“十一五”人才发展规划》、《关于加强高层次人才引进工作的若干意见》、《关于做好富阳市高校毕业生就业工作的通知》、《关于建立富阳市领导干部联系优秀人才制度的通知》等政策文件。按照《富阳市人才居住证暂行规定》、《富阳市人才居住证办理实施办法》相关规定，为外地人才办理人才居住证33份。

【毕业生就业】 全年全市有普通院校大中专毕业生1804人，办理就业报到就业1480人。开展大学生社会实习和就业见习活动，建立实习基地20家，推出实习岗位200余个。

【人才培养】 开设计算机应用能力培训班晚班8期，培训445人，考核1962人；组织207人次参加浙江省外语水平等级二、三级培训，258人参加考核；举办专业技术人员公共科目培训班10期，培训考核1420人；举办中小企业经营管理者培训班、企业人力资源管理负责人培训班、ISO 90001环境管理内审员培训班、生产主管和车间主任等各类培训班，100余人参加了培训。实施优秀中青年人才培养工程，年初落实“135”人才培养资助经费36万元。高级人才市中医院张玉柱获享受杭州市政府特殊津贴荣誉。推荐列入杭州市“131”的 4名人选参加德国现代农业产业化与科技创新培训。组织首期“135”人才学术休假考察活动。组织45周岁以下公务员公共管理课程的培训与考核，有6180人次参与公务员公共管理课程考试。254人参加电子政务培训，230人参加考核。133人参加北京航空航天大学、西北工业大学、南京大学等全国知名重点大学的远程学历教育工作。32人参加南京大学公共管理专业研究生课程班的学习。

【职称管理】 开展建筑、经济等13类资格考试报名工作，报名1621人，办理各类专业技术资格证书1290本；办理年度职称评审申报1299人（高级163人，中级381人，初级755人）；发放各类职称考试教材1283本。

【博士后科研工作站】 完成富春江集团、富通集团、华伦集团3个博士后科研工作站的博士后进出站衔接工作，新引进博士后1名。全市有博士后3名。

【国家公务员录用】 市级机关、乡镇机关面向社会和应届普通高校毕业生招考国家公务员（机关工作人员）62名。其中市法院职位4名，市检察院检察职位6名，市公安局职位40名（其中女2名），富阳工商分局计算机管理职位、行政管理职位各1名，市乡镇机关公务员职位10名。

【公务员培训及考核】 全市机关事业单位参加个人年度考核人数15471名，其中优秀2164名，称职（合格）13078名，基本称职（基本合格）13名，不称职（不合格）10名，不定等次206名。市级机关公务员（含参照依照公务员制度管理事业单位）参加考核人数3089名，其中优秀434名，称职2559名，基本称职11名，不称职6名，不定等次79名。全市有 75名新录用公务员（机关工作人员）参加初任培训。

【军队转业干部安置】 全市接收军转干部43名，其中正团职2人，副团职3人，正营职5人，副营职7人，正连职9人，副连职3人，正排职1人，技术干部13人，按照“双考”办法实行安置。

【公务员登记】 贯彻实施《中华人民共和国公务员法》，开展公务员登记工作，全市有2568名公务员进行了登记，建立了全市公务员信息管理系统。

【工资福利】 根据个人年度考核结果，对符合晋级晋档人员增加工资。会同相关部门做好地方性津补贴的清理规范工作，做好工资信息数据采集等工改前期准备工作。理顺事业单位人员经费关系，通过考试、考核择优录用195名经费自理人员为财政补助事业编制人员。组织3批60名公务员赴贵州、广西及内蒙、云南等地疗休养。做好10300名财政补助人员的工资统发工作，月发放金额达1200万元。根据上级文件精神，两次提高精减退职人员、机关事业单位工作人员遗属、计划外长期临时工晚年生活困难补助等3类人员的生活困难补贴标准。

【行政管理体制改革】 完善畜牧兽医管理体制，组建富阳市畜牧兽医局，建立覆盖全市的检疫、防疫网络。健全应急管理体制，设立市政府应急管理办公室，建立健全公共安全、自然灾害等突发事件应急处置机制。调整社会保险管理体制，组建市社会保险管理中心，实行养老、医疗、失业、工伤、生育“五险合一”、“五费合征”。推进公共资源交易管理体制改革，调整市政府采购中心管理体制，建立完善统一的公共资源交易平台。加强市行政服务中心建设，将面向企业、群众、社会的行政审批项目全部纳入市行政服务中心，进行集中审批。

【乡镇管理体制改革】 适应农村税费改革新形势，积极稳妥地推进乡镇机构改革。规范乡镇党政机构设置，统一设置党政综合办公室、经济发展办公室、社会事务管理办公室、综合治理办公室、村镇建设办公室。人口较大、经济较发达的乡镇，适当增加计划生育办公室、财政统计办公室、组织人事办公室等1～3个机构。整合乡镇事业机构，撤销乡镇所属农业技术服务中心（村级财务管理服务中心）、企业服务中心（劳动和社会保障管理站、安全生产监察中队、安全生产监督管理办公室）、文化体育服务中心、计划生育服务站、村镇建设服务中心、会计核算中心，整合农技推广、动植物防疫、计生服务、社会保障、文化体育、村镇规划建设、环境保护、村级会计代理等社会公益性职能，组建乡镇综合服务中心，实现内部资源有机整合。

【事业单位改革】 合理调整事业单位布局，将富阳市新登镇松溪中学、富阳市永昌镇中学和富阳市新登镇中学合并，组建新的富阳市新登镇中学；将富阳市场口镇东图中学、富阳市场口镇王洲中学、富阳市常安镇中学和富阳市场口镇中学合并，组建新的富阳市场口镇中学。撤销了青云、大源、场口、新登、龙羊5个地区度量衡管理机构和市度量衡管理所，整合质量计量监测力量。理顺市属财政补助事业单位中经费自理人员关系，195名经费自理人员通过考试与考核相结合的办法转为财政编制。

【事业单位登记管理】 全年办理事业单位法人设立登记12家、变更登记63家、注销登记24家。全年审核事业单位法人年度报告书271家，占应年检单位总数的93%，督促38家登记事项发生变化的事业单位法人及时办理变更登记手续。 （周兴平）

·档案工作·

【档案目标管理工作】 机关、企事业单位档案目标管理认定考核工作继续在全市开展，上级档案行政管理部门考核验收通过目标管理认定有10家，其中富阳市人民医院、浙江富轮橡胶化工集团有限公司通过了档案管理省（部）级认定验收；富阳市体育局、富阳市城镇职业高级中学、富阳市特殊教育学校、南津中心学校档案管理达到杭州市一级先进标准；坑西辅导小学、场口人民医院、富阳市新型农村合作医疗管理办公室、富阳市人口和计划生育局档案管理进入富阳市级先进行列。

【新农村示范档案室建设】 5月，根据《浙江省档案局关于开展“浙江省行政村示范档案室”创建活动的通知》精神，富阳市档案局在全市611个行政村开展“新农村示范档案室”建设。重点在进一步建立健全村务、村民档案，改善设施条件，创新管理手段，增强服务功能，加强档案业务建设等方面下功夫，求实效，涌现了一批“档案完整，制度健全、管理规范、服务高效”的示范档案室。富春街道城东村、春江街道新建村经浙江省档案局审查复核批准为首批“浙江省行政村示范档案室”。

【档案馆主体建设】 市档案馆坚持以档案资源建设为重点，认真做好档案接收和征集工作，全年接收万市、洞桥等34个乡镇婚姻档案和市纪委监察局、市林业局等8个市级机关档案，合计接收档案8210卷进馆；征集接收了反映富阳地方特色的文献资料，其中征集史志3部，宗谱4套26册，知名人士著作12部进馆，充实和丰富了馆藏的地方特色；接待档案利用人次6065次，提供利用档案8797卷次，其中编史修志284卷次、工作查考6798卷次、经济建设192卷次、宣传教育134卷次、其他1389卷次。中华人民共和国成立前档案369卷次，中华人民共和国成立后档案8428卷次；复制档案资料4544页。

【档案信息化建设】 4月25日，经浙江省档案局考核，富阳市档案馆信息化评估得97.9分，列全省档案系统26位。7月25日，富阳市人民政府以富政函〔2006〕78号《关于印发〈富阳市国民经济和社会信息化“十一五”发展规划〉的通知》，将“加快富阳数字档案馆（室）建设，方便市民查阅”列入其中。12月8日，成立富阳市档案局信息化建设领导小组。完成婚姻档案专题数据库建设，累计录入完成婚姻档案条目数据146479条，并纳入计算机管理，实现婚姻档案信息资源的有效共享。全文数据库建设得到重视和加强，全年选定农村私人建房档案、清朝档案和市人民政府档案3个全宗，作为试点全宗，累计完成全文扫描145060页，刻录光盘50盘。

【民营企业档案工作】 9月26日，市档案局、市经贸局、市工商业联合会联合制发《关于开展民营企业档案工作的意见》。该意见提出全市民营企业档案工作采取先试点后铺开的做法，根据自愿原则，实行申报登记制度，有条件的民营企业要在市档案局的指导下开展档案工作目标管理认定工作，争取在2006年、2007年完成营业额（销售收入）上亿元民营企业的建档任务，力争档案工作目标上等级；2008年前完成营业额（销售收入）上5000万元民营企业的建档任务。

【先进表彰】 4月6日，根据杭州市人事局、杭州市档案局杭人〔2006〕132号《关于表彰“十五”期间全市档案工作先进集体和先进档案工作者的决定》精神，富阳市档案局、富阳市供电局、浙江永泰纸业集团股份有限公司被授予杭州市“十五”期间档案工作先进集体荣誉称号；富阳市档案局洪岸、董云霞，富阳富春江经济开发区郜庆芳、高桥镇叶金、杭州富通集团许超男被授予杭州市“十五”期间档案工作先进工作者荣誉称号。

【“五五”普法教育】 11月23日，市档案局成立局“五五”普法教育工作领导小组，并印发《富阳市档案局法制教育第五个五年规划》，系统提出了局“五五”普法宣传教育工作的指导思想、主要目标、基本原则、主要任务、具体要求、实施步骤、组织领导和保障机制，为“五五”普法教育工作开好头，起好步，打下基础。 （钱云祥）

【责任编辑　胡丽芬】

政协富阳市委员会

·重要会议·

【政协六届四次会议】 市政协六届四次会议于2月21～24日举行。全市21个界别的212名政协委员和98名特邀列席人员参加了大会。

会议审议通过政协主席胡志坚所作的政协六届常委会工作报告、副主席华爱金所作的六届三次会议以来提案处理情况报告以及副主席王建沂所作的大会委员提案收集和初审情况报告；审议通过大会决议；表彰2005年度政协工作先进工作小组和优秀提案。

与会人员列席了富阳市第十三届人大四次会议，听取并讨论了《政府工作报告》、《富阳市国民经济和社会发展第十一个五年规划纲要（草案）》以及会议的其他报告。

会议期间，有7名委员分别就实现造纸业持续发展、加强农业农村面源污染治理、加快农村幼教事业健康发展等问题作了大会发言。大会收到各民主党派、工商联、无党派人士、有关人民团体和政协委员以提案形式提出的意见建议283件，列席人员意见建议5件。

【政协常委会议】 1月12日，市政协召开六届十三次常委（扩大）会议，听取政协六届三次会议两个建议案办理情况和委员提案办理情况的通报；审议通过政协六届四次大会议程、日程，执行主席分组名单，秘书长、副秘书长名单，邀请列席人员和提案审查委员会成员名单等有关事项；评选2005年度先进工作小组和优秀提案；协商通过六届四次大会期间典型宣传的政协委员名单；讨论通过《六届政协常委会工作报告》（草案）和《政协六届三次会议以来委员提案处理情况的报告》（草案）；协商通过有关政协人事任免事项。市政协主席胡志坚主持会议。

2月24日下午，市政协召开六届十四次常委（扩大）会议，听取政协六届四次会议期间各工作小组对《政协六届常委会工作报告》、《政府工作报告》以及会议其他报告的讨论情况和意见建议。市政协主席胡志坚主持会议。

5月30～31日，市政协召开六届十五次常委（扩大）会议，政协主席胡志坚主持会议。会议听取德清县政协领导关于推进新农村建设的经验介绍；听取副市长潘建平关于富阳新农村建设情况的介绍，并就“如何推进富阳市新农村建设”进行发言讨论。会议学习了《中共中央关于加强人民政协工作的意见》（中共中央〔2006〕5号文件）；听取了政协六次四次会议提案审查和立案情况的报告。

11月21日，市政协召开六届十六次常委（扩大）会议。市政协主席胡志坚主持会议。会议回顾总结六届政协工作；学习中共十六届六中全会精神；听取市委统战部副部长兼民宗局局长叶臣欢所作的关于七届政协界别设置、委员和常委规模及名额分配方案的说明，并审议通过方案。会议还表决通过有关人事任免事项。

12月30日，市政协召开六届十七次常委（扩大）会议，听取副市长张志根关于政协六届四次会议以来提案办理情况的通报；协商通过2006年度政协优秀提案、先进工作小组以及六届政协优秀委员评选情况；宣读中共富阳市委关于召开政协七届一次会议的批复；审议通过七届一次会议议程、日程；审议通过七届一次会议政协委员名单；讨论通过《六届政协常委会工作报告》（草案）和《六届政协常委会关于提案工作情况的报告》（草案）；学习贯彻市第十二次党代会精神，并就大会前如何做好政协新、老委员工作作了总体安排。会议还表决通过了有关人事任命事项。市政协主席胡志坚主持会议。

·重要活动·

【新农村建设调研】 5月中旬～6月上旬，市政协组织政协委员围绕新农村建设“生产发展、生活宽裕、乡风文明、村容整洁、管理民主”的总体要求，通过召开有关部门、镇村干部座谈会，走访万市、高桥等10余个乡镇（街道），听取各层面的意见和建议，就新农村建设情况开展调研，提出了出台实施方案、搞好科学规划、解决资金问题、培育新型农民等9方面意见建议。

【环保视察】 6月2日，市政协组织政协委员，分别由正、副主席带队，分3路对全市环境污染整治情况进行专题视察，了解重点流域、重点区域、重点行业污染治理以及重点环保基础设施建设情况。针对视察中发现的企业铺设暗管偷排污水、小熔炼炉违法生产等问题，提出了要提高企业业主环保意识、加快环保基础设施建设、严格控制各类污染物排放、加强环保执法队伍建设等意见建议。营造加强环境保护的良好氛围，推进富阳市“生态市”建设，促进经济社会全面、协调、可持续发展。

【民主监督“回头看”】 9月20日，市政协召开城区供水工作民主监督情况反馈会，就2005年11月市政协开展城区供水工作民主监督活动以来整改落实情况进行“回头看”。截至8月底，实行停水预告、建成富春江水源监测系统、更新改造城区管网以及《富阳市城市供水应急预案》等一系列政策措施相继出台并落实。

【举办《中国富阳纸业》首发式】 2月14日，市政协举办了《中国富阳纸业》一书首发式。扩大富阳纸乡知名度，宣传富阳市改革开发成果。杭州市各县(市)区政协领导、市领导及各有关单位代表等122人参加。

【文史工作】 为发掘历史文化遗存、丰富富阳文化内涵，发挥文史工作“存史、资政、团结、育人”的功能，编撰出版文史书籍《鹳山与郁氏双烈园》、《郁达夫故居》、《杭州龙门楹联书法集锦》和《富阳的古民居》。认真做好龙门古镇旅游文化开发建设的牵头协调和郁达夫纪念馆等前期筹备工作，进一步传承富阳历史文脉、提升富阳文化品位。

【团结联谊】 全年接待上级政协和省内外其他县(市)政协领导19批200余人（次）到富考察交流；结合工作实际，组织政协常委和部分委员赴外省、市及本省兄弟县（市）考察学习；走访政协委员、各乡镇（街道）和部门领导以及少数民族和宗教界人士，了解情况，听取意见，促进各方关系协调，营造团结和谐的氛围；发挥政协艺术团和政协书画院作用，开展文艺演出和书画展览等活动；发挥政协联谊会的作用，加强与历届老委员的联系；开展扶贫帮困、送温暖、献爱心活动，为特困家庭和群众捐助各类物资和现金累计150余万元。

【内设机构调整】 根据杭州市的要求，将政协内设机构由“一办四委”(办公室，提案委员会，经济科技和城建、人口资源环境委员会，社会法制和港澳台侨委员会，文史和教文卫体委员会)调整为“一办五委”(办公室、提案委员会、经济科技委员会、城建和人口资源环境委员会、社会法制和港澳台侨委员会、文史和教文卫体委员会)，进一步规范管理，健全组织，理顺关系。

·提案工作·

【审查立案】 政协六届四次全会收到委员以提案形式提出的意见建议283件，经政协提案委员会审查，立案274件，作意见处理9件。其中城建交通环保方面立案113件，“三农”方面立案46件，教文卫体方面立案40件，社会法制、劳动人事方面立案35件，经济科技方面立案29件，机关效能、廉政建设方面立案11件。

【提案督办】 3月15日，市政协召开六届三十二次主席会议，从提案涉及的6大类别中筛选确定20件围绕全市中心工作和反映群众普遍关心的社会热点、难点问题的提案由政协正、副主席重点分工督办；3月22日，在政协提案交办工作会议之后，召开委员提案承办工作会议，以会代训，促进承办工作规范化运作；3月22～25日，市政协组织提案委员会成员赴温州等地政协学习考察提案工作，进一步规范提案办理程序，提高提案服务质量；加强同提案人和承办单位联系和沟通，听取提案人对办理工作的意见反馈，提高提案办理质量；采取“日常催办”以及提案办理情况“回头看”等形式，着力推进提案的办理落实。六届四次大会期间提交的委员提案，均在规定的时限内办结并作了书面答复，办复率达到100%。政协委员对提案办理的满意率达81.6%，基本满意率18.4%。其中“关于加强生活废弃物再生利用，建立资源节约型社会的建议”、“自主创新，实现造纸业持续发展”等15件提案被评为优秀提案。 (何建康)

【责任编辑 胡丽芬】

民主党派 工商业联合会 社会团体

·农工民主党富阳总支委员会·

【概况】　2006年底，农工民主党富阳总支有党员60人。比上年增加2人。全年发表论文10篇，朱水根完成2篇全国学术交流论文:《腹腔镜直肠癌手术方法研究》、《腹腔镜直肠癌手术的临床应用分析》。同时完成的《腹腔镜直肠癌外翻切除吻合器吻合疗效分析》获富阳市政府优秀论文二等奖。朱水根、闻立平完成的杭州市政府课题《腹腔镜直肠癌根治术的临床研究》获杭州市科技进步三等奖。张亚军完成课题《手法整复杉树皮外固定结合皮牵引治疗小儿股骨干骨折临床研究》获富阳市科技进步一等奖，论文获富阳市中医学会2006年度一等奖。沈霞发表论文5篇，其中2篇获奖，被评为电大富阳学院第四届"家庭事业兼顾型"先进个人。4月，成亚群、何文明被农工党杭州市委员会评为志愿服务先进青年党员。成亚群获2005年度杭州市无偿献血促进奖、2004年～2005年度浙江省无偿献血奉献奖、《杭州献血》优秀通讯员、浙江省首届现场救护师资技能竞赛（心肺复苏）二等奖。11月，张亚军被评为杭州市优秀医卫青年，被推荐为杭州市新世纪"131"人才培养人选。

【参政议政】　在富阳市政协六届四次会议上，总支共提交集体提案4件，个人提案14件。集体提案"加强乡镇(街道)医疗卫生建设，保障人民群众身体健康"，"改革公立医院，建平价医院"受到市委、市政府和相关部门的高度重视，出台了一些医卫方面惠及老百姓的政策措施，收到良好效果。党员吴加强以个人名义向大会提交多则提案和信息，通过总支提交的"关于用影子收费模式替代投资商直接向通行车辆收费的建议"、"关于改造龙门同兴塔下侧两只亭子的建议"、"关于改造龙门入口广场四周农民外墙的建议"等都有一定见地。陆桂云、王荣华、陈瑶、沈希平等成员的个人提案引起各界重视，有关部门出台一系列可操作性文件予以实施。吴加强提交的"关于建立和完善监督村、支两委工作制度的建议"被评为2005年度优秀提案并受到表彰。陈瑶被评为优秀政协委员。

【社会服务】　重阳节、教师节期间，总支组织各科专家分别到教育局、富阳镇中心敬老院为教职工和老年人义诊，受诊人数近300人次，并为敬老院老人免费提供常用药。5月9日，总支与市红十字会联手，组织党员赴上官乡开展义诊服务和医疗咨询活动。7月，总支倡议党员为共建单位鹿山社区图书馆建设出力，党员捐献各类健康书籍200册。8月上旬，总支凭借较好的医疗技术力量，联手春建卫生服务中心，为该中心长期提供医疗技术指导，每星期派内科、妇科、儿科医师轮流蹲点半天。12月5日国际志愿者日，会同高桥镇团委，由总支主委朱水根、副主委陆桂云带队，组织近10名专家医师赴高桥镇唐家坞村义诊。总支领导两次上门慰问结对户虎山村民患尿毒症肾移植病人赵来仁，送去慰问金并在疾病治疗方面给予一定帮助。

各支部积极发挥专业科技知识优势，搞好社会服务工作。人民医院支部全年组队下乡义诊3次，受诊500人次，开展咨询活动4次，大力宣传《献血法》及献血科普知识，为推动全市无偿献血作出贡献。医教支部几位组织骨干教师赴万市中学听课、开讲座，帮助边运乡村中学提高教学质量；10月，组织各科医师为新登中学教职工体检。联合支部派员参加全市乡村医生培训授课，到新登老年大学开展健康教育及科普讲座，并多次派员参加新登、高桥等地农民健康咨询和义诊活动。新登支部分别于3月、10月两次为新登中学学生体检，为敬老院老人体检，并为老人建立健康档案，送上水果及食品，为一位贫困病人捐款600元。

（孙晓华）

·中国民主同盟富阳支部·

【概况】　2006年底，中国民主同盟富阳支部有盟员11人，比上年增加2人。民盟支部于春节前夕，通过集体讨论，撰写了《加强工业园区物业建设，提升园区文化品位，促进经济和社会共同和谐发展》、《退城进园后的城区土地要合理布局、整体规划、分期开发》、《金桥北路等路段开通公交车已迫在眉睫》、《富阳造纸业要率先生产日用本色纸》、《造纸工业要向规模化、产业复合型方向发展，做大循环经济这篇文章》等5件提案。随后，又多次与提案承办单位进行磋商，寻找更好的解决方案，直至较圆满地解决问题，并取得满意的答案。年底，盟支部又组织部分盟员深入开展调研，经过集体讨论，向富阳市政协七届会议提交了《关于要求确保社区教育工作经费的建议》、《富阳城江南区块开发迫在眉睫》、《富阳城区禁止机动车使用远光灯的建议》、《造纸工业区对热电企业的规划还要做细》等5件提案。

4月，何双安盟员应邀参加中共杭州市委组织的行风督查活动。5月下旬，盟支部组织盟员参观杭州休闲博览园。7月，唐少华盟员应邀参加浙江省盟委主办的为期一周的盟务工作学习交流会。9月，丁仲元盟员出席杭州市盟委第十一届代表大会。12月，周国平、何双安、田凤兰等盟员参加全国民盟参政议政和信息工作经验交流会，周国平盟员再度被杭州市盟委评为盟务工作优秀宣传员。（何宁枫）

·市工商业联合会·

【概况】 2006年，市工商联新发展会员企业51家。至年底，会员总数达1460家。其中企业会员1347家，老工商业者113人。全市有基层商会和行业商会15家，与上年相同。

全年结对助学325人，为赈灾、扶贫、助学、修桥铺路等社会慈善事业和公益事业捐款1312万元。全年会员企业共安置再就业1996名。

继续开展争做优秀社会主义建设者活动，经层层推荐评选，永泰纸业集团董事长孙柏贵等5人被授予杭州市第二届非公有制经济人士“优秀社会主义事业建设者”荣誉称号，受到杭州市民营经济大会表彰。富通集团董事长王建沂荣获全国“优秀中国特色社会主义事业建设者”殊荣，受到中共中央政治局常委、全国政协主席贾庆林接见。

【“双爱双评”活动】 市工商联会同市总工会继续开展以“关爱员工，实现双赢”为主题的“双爱双评”活动，积极引导非公企业构建和谐稳定的企业劳动关系。飞虹集团董事长陆水木、春江轻纺集团董事长孙伯勇、日月电器集团董事长汪丁成等三家会员企业负责人被授予“杭州市非公企业关爱员工优秀企业家”荣誉称号，受到杭州市工商联、杭州市总工会联合表彰。

【参政议政】 “两会”期间，市工商联界别的市人大代表、政协委员，紧紧围绕全市经济和社会发展中的热点、难点问题，积极撰写议案和提案。汪关标代表的《关于加大专业职业技术人才培养力度的议案》、王培元委员的《关于加快江滨东大道和内江改造的建议》、邵明祥委员的《对自来水水质情况实行公开制》、俞泉龙委员的《关于发挥餐饮业的助推作用，为打造优秀山水旅游名城开好步》等等一批质量较高的议案、提案，代表了广大市民的呼声。全年共提供议案17件，提案29件，均受到有关部门重视。

【企业调研】 8月10日～9月10日，走访全市电信电缆、光缆、造纸、建筑、化工、冶炼、住宿餐饮、房地产、交通服务、信息服务等不同行业140家私营企业，与私营企业家进行面对面交流，听取私营企业家对进一步推进改革的意见和看法。调查涉及私营企业家在企业生产经营管理、社会参与、发展环境等诸多方面遇到的新情况。这次调查富阳私营企业家有关情况是省工商联在全省选择3个调查点之一。

【工商联执委（扩大）会议】 1月20日，召开市工商联七届四次执委（扩大）会议，会长王建沂向大会作《顺应形势，努力开创工商联工作新局面》工作报告。市有关领导和工商联全体执委、基层（行业）商会负责人等150人参加会议。

【“村企结对”共建新农村】 8月，执委企业“富通”、“富春江”、“永泰”、“华达”、“金富春”等18家骨干会员企业负责人联合向全市非公企业发出了《让我们积极投身到新农村建设中来》倡议书，倡议全市民营企业家积极参与社会主义新农村建设，开展多种形式的“村企结对、携手共建”活动。到年底，有53家企业与56个村结对，全年扶持结对村各项建设资金（含物资折价）2359万元。

【商务培训、交流及考察活动】 全年有针对性地组织非公会员企业家参加“沪杭浙商企业家交流会”、“香港／浙江 CFO 论坛”、“中日企业商务论坛”、“优秀建设者巡回演讲会”等交流活动5次；组织参加包括苏州等城市的招商引资、项目推荐等交流活动3次；组织13名民营企业家赴澳大利亚、新加坡等国进行商务考察。

【体检疗养】　2006年，全市各基层商会、行业商会共组织会员企业主230余人次，分别赴117医院、浙二医院、空军疗养院等省内较高级别的医疗机构开展健康体检及疗养，对凝聚和发挥会员企业积极性有一定作用。

【基层商会活动】　3月，制定下发《富阳市基层商会考核评比办法》，对现有的乡镇街道商会和行业商会实施工作考评制度，促进基层商会工作经常化、制度化、规范化。坚持每季商会工作例会制度，指导各基层商会开展社团民政登记，确保日常工作的顺利开展。组织考察学习，分别组织基层商会赴余杭区崇贤镇商会、奉化市尚田镇商会等先进商会考察学习。11月，饮食业商会举办名厨现场烹饪表演和培训活动，56名职工参加培训。10月，春江商会组织28家民营企业举办“首届新富阳人运动会”，461名民工参赛。

（朱欢英）

·市总工会·

【概况】　2006年，全市基层工会1472家，覆盖企事业、机关单位5432家。工会会员169813人，其中外来务工人员53942人。乡镇、街道、局工委调整组成人员11个，基层工会领导班子到期换届231个。

1月，中共市委、市政府召开全市工会维权工作会议，成立市工会维权工作领导小组，提出工会维权工作目标、任务和要求；9月，召开社会主义劳动竞赛动员大会，全面部署社会主义劳动竞赛；加强工会参与“私营企业主加入中共党组织政审”工作，审查入党私营企业主19名；完善工会工作列入乡镇（街道）精神文明考核内容工作机制，工会工作与精神文明建设工作同部署、同检查、同考核；加强非公企业工会建设，明确非公企业工会建设的目标任务。各乡镇（街道）总工会、工会工作委员会的工作环境也有较大改善，25个乡镇（街道）建立困难职工帮扶救助站和职工法律维权服务站，新建9家社区工会，试点建立村基层工会联合会。全市基本形成“党委重视、政府支持、工会运作、各方配合”的工会工作格局。

全年举办工会干部培训班4期，输送到杭州市和省总工会干校培训的工会干部1100人次。开展2006年度全国基层工会综合调查，完成全市乡镇街道、局（系统）工会重点工作目标考核，党建带工建“三级联创”活动继续深化。开展“非公有制企业组织建设推进月”活动。全年获得省级以上先进集体4个、先进个人2人；获得杭州市级各类先进集体表彰22个、先进个人23人。

【工会十五次代表大会召开】　10月，市工会十五次代表大会召开。会议选举产生市总工会第十五届委员会委员和第十五届经费审查委员会委员。并经市总工会十五届委员会第一次会议和十五届经费审查委员会选举，分别产生市总工会第十五届委员会主席和总工会第十五届经费审查委员会主任。市委书记佟桂莉致开幕词、副市长汤金华致闭幕词，杭州市总工会副主席刘英出席会议。

【上级领导调研活动】　2月，省总工会副主席顾秀秀带队到富阳就外来务工人员生产生活状况进行调研。9月，省总工会副主席陈定新、杭州市总工会主席陈永良一行到富轮集团调研企业工会工作。11月，省总工会、建设厅、卫生厅、安监部门组成的劳动保护监督检查组到富阳就劳动安全保护工作进行检查调研。

【劳动竞赛和技能培训】　全年有1000余家企业、2万余名职工参加各类劳动竞赛、岗位练兵和技术比武。10月，组织实施“万名职工免费技能培训”计划，先后培训10余类工种的1000余名职工。11月，与劳动和社会保障局、建设局等单位联合举办了“十大工种、千家企业、万名职工”参加的全市性“十项职业技能竞赛”，参赛职工2万余名，300名职工晋级为高级工，7名职工晋升为技师；深化“名师带高徒”活动，选树各条战线的职业技能带头人15人，其中评为杭州市职业技能带头人3人。开展“创争”活动知识竞赛20

次，参加职工1万人（次）。新增学习型组织101个、学习型班组116个、知识型职工650名。

【职工技协】 市职工技协全年举办岗位练兵、技术比武10次，参加人数2500人；技术培训5期，培训职工600名。开展技术咨询17项，成交金额373万元；技术服务10项，成交金额300万元。19家工会技协组织职工提合理化建议活动，共提合理化建议178条，被采纳应用145条，创造经济效益470万元。

【维护职工合法权益】 全年新增平等协商签订集体合同和企业工资集体协商制度企业178家；签订女职工权益保护区域性专项协议25份，覆盖单位3233家；建立职代会制度和实行民主评议单位领导干部制度企事业单位607家；实行业务招待费使用情况向职代会报告制度单位288家。各级工会全年组织开展“安康杯”知识竞赛企业863家，参赛职工2万余人次。6月，聘任108名工会干部担任富阳市劳动安全卫生监督员，推荐5名工会干部为杭州市劳动安全卫生监督员。全年举办职业病防治法培训班3期，培训职工300人。继续推广“安全检查提示卡”和“安全卫生隐患整改通知书”制度，至年底，全市80%企事业单位工会实行“一卡一书”制度。

【厂务公开工作】 11月，杭州市非公企业推行厂务公开工作交流会在富阳召开。12月，富阳市代表浙江省接受全国非公企业推行厂务公开工作监督检查组考核。至年底，全市288家非公企业实行厂（事）务公开。

【和谐劳动关系建设】 市职工法律维权服务中心全年受理工伤、劳动合同、休息休假、工资报酬等劳动争议案件17起，并依法成功处理。年底，25个乡镇街道全部建立职工法律维权服务站。4月，成立市总工会劳动争议调解委员会，举办全市首次劳动争议调解员培训班，60名工会干部取得劳动争议调解员资格；5月，成立富阳市创建和谐劳动关系先进企业活动领导小组，下发《关于开展创建劳动关系和谐企业活动的通知》，制定活动实施办法，开展多项创建活动。杭州富通集团有限公司、浙江正大纸业有限公司、富阳登城建材有限公司、浙江杭廷顿富轮公牛橡胶有限公司、浙江富春江通信集团公司、浙江春江轻纺集团有限公司等6家企业获得“杭州市和谐劳动关系先进企业”称号。

【帮扶救助送温暖活动】 1月，市总工会根据市政府关于开展第六次“春风行动”的精神，会同有关部门提出分类帮扶救助、建立联动机制、加大帮扶救助力度的意见和措施。慰问困难职工618户，发放慰问金52万元。6月，开展半年度特困职工家庭慰问工作，慰问特困职工家庭22户，发放慰问金1.32万元。全年对持“特困证”家庭实施定期救助，22户持有“特困证”的家庭按月领取救助金200元，全年发放特困家庭救助金5.28万元。9月，扩大“金秋助学”活动救助范围，对38户困难职工和“急、难、险”家庭子女实施500元～2000元不等的救助，全年发放“金秋助学”救助金5.3万元。全年市总“困难职工帮扶中心”帮扶“急、难、险”职工34人，发放救助金5.1万元。各乡镇街道、局、公司等基层工会困难职工救助站建立困难职工资料库，对困难职工实行动态化管理。全年累计发放各类救助款60余万元，帮扶救助困难职工480余人。

【就业再就业工作】 市总会同市劳动保障部门，全年为下岗失业职工实行职业技能培训128人，创业培训624人，就业适应性培训825人。

【“百场电影免费下基层”活动】 继续开展“百场电影免费下基层”活动，全年累计在乡镇街道、厂矿企业、街头路边免费放映电影168场，观众23万余人次。

【女职工组织活动】 4月，市工会女职委继续举办“女职工流动课堂”，先后开展女职工劳动保护法律法规、生理保健、礼仪等知识讲座4次，650余名女职工听取讲座。

【工会财务和经审工作】 10月，转发《关于开展杭州市非公有制企业工会财务规范化建设的通知》，组织全市非公企业工会开展财务规范化建设。认真履行监督职能，加大经审工作力度，全年审查工会经费单位 2个。市总工会全年经费总收入510.51万元，总支出445.57万元，其中上解杭州市总工会126.99万元，结余64.94万元。

【工会干校培训】 市工会干校实行联合办学，全年举办会计中专班、经济管理大专班7个，2006年毕业学员55人，在读学员100人。

【工会工作创新】 3月，在春江街道开展外来务工人员维权试点工作，提出“新富阳人”概念，为外来务工人员设立爱心超市、爱心医院，建立外来务工人员信息档案库，制订外来务工人员凭会员证看病享受优惠，举办“新富阳人运动会”等，为外来务工人员在富享受“同城同待遇”采取一系列实质性措施，获得广泛赞成。创新村级工会和社区工会组织形式，围绕本地区经济特色开展形式多样的劳动竞赛等工作，都得到党政领导和上级工会充分肯定。是年，市总组织实施的“制造、纺织行业规模以上非公企业实行职工技能补贴与技能等级同步并轨制”、“非公企业厂务公开工作机制”两项工作获杭州市2006年度工会工作创新奖。（盛　民）

·共青团富阳市委·

【概况】 至年末，全市有各类团组织1773个，建团率98.8%。其中基层团委104个、团工委6个、团总支70个、团支部1593个。全市14周岁～28周岁青年127918人，其中团员38899人，团青比例30,4 %。全年发展新团员4647人，365名团员经“推优”加入中国共产党组织。

以社会主义荣辱观教育为主线，通过演讲比赛、体验教育等开展“知荣辱、树新风”主题教育活动，营造学习社会主义荣辱观的良好氛围。以清明节祭扫烈士墓、参观爱国主义教育基地、中学生社团文化节等为主要形式，开展公民道德教育，提高青少年思想素质和道德品质。市青少年宫通过举办各类展览、社会实践活动、夏令营等，为7000多名青少年提供内容丰富的教育培训。《富阳团讯》全年出刊20期，“爱富阳·青少年在线”网站通过全面改版，已成为青少年交流学习的重要阵地。

春节前夕开展“送希望下乡”活动，为100户困难户和100名贫困学生送去价值8万余元的慰问金和物资。先后组织开展“我为家乡添份绿”义务植树、“6·5世界环境日”、“奉献爱心，共建和谐”等各类主题志愿服务活动，积极参与“资源节约型、环境友好型社会”建设，开展回收废旧饮料纸盒大行动，活动经验在杭州地区现场会上进行推广。联合“三江一湖”（钱塘江、富春江、新安江、千岛湖）沿线县市团组织开展“保护母亲河，共建绿色家园”环保实践活动，使“保护母亲河行动”逐步成为青少年和社会公众接受环保教育、提高环保意识、投身环保实践的生动课堂。通过组建平安巡防大队、深入开展农村反邪教警示教育活动、禁毒宣传、文化市场义务监督等，净化青少年健康成长的社会环境。以青年安全生产示范岗创建为载体，组织有关领导、专家、企业职工代表组成青年安全生产巡回演讲团，深入矿厂企业开展安全生产知识宣讲，数千名企业职工受到教育。以报告会、技术大比武、导师带徒、“五小”攻关、科技成果评选等为载体，激发广大青工创新热情，投身创新实践，在杭州市青工“五小”科技成果评选活动中，富阳市推荐的5个项目全部获奖。全年“手拉手”助学办公室共筹集社会资金19.88万元，帮助192名贫困学生继续就学。暑假期间，向广大青年学生提供300余个实践岗位，200多名富阳籍大学生在不同岗位上得到了锻炼。

【十七届三次全委（扩大）会议】 2月10日，召开共青团富阳市十七届三次全委（扩大）会议。团市委书记杨富强代表十七届常委会向大会作题为《落实科学发展观，引领全市团员青年在“十一五”开局之年奉献青春、建功立业》的工作报告。团市委委员、候补委员和各直属团组织正副书记共120余人参加会议。会议最后表彰了2005年度共青团信息工作先进集体6个。

【市第六次少代会】 10月19日下午，中国少年先锋队富阳市第六次代表大会在市体育中心举行。团杭州市委副书记、少工委主任柴宁宁，市有关领导和218名少代会代表以及城区小学近2000名少先队员参加了大会。团市委书记杨富强致贺词，柴宁宁、金志强分别代表团杭州市委、杭州市少工委和富阳市委、市人大、市政府、市政协作重要讲话。团市委副书记赖明诚受少先队富阳市第五届工作委员会委托，向大会作《高举火炬、固本强基、开拓创新，引领全市少年儿童为构建“和谐富阳”做好全面准备》的工作报告。开幕式上，还表彰了2005年度富阳市十佳少先队员、十佳少先队辅导员、“星星火炬”事业功臣。10月20日下午，经过全体代表的充分酝酿和举手表决，选举产生市第六届少工委领导班子，赖明诚、郭一莲当选为主任。

【团内民主化建设】 以镇、村两级团组织换届为契机，推出村一级团组织直选工作。3月15日，团杭州市委在秋丰村开展直选试点工作，并在全市推广。全市共有369个基层团组织通过直选，产生了一批有能力、有活力、青年公认的团组织班子，推进了基层团内民主化建设。

【志愿者服务活动】 1月20日和3月4日分别开展“新春送温暖志愿者阳光行动”和“百支小分队新农村志愿行”活动，分发各类资料2万余份，为农村困难群众送去价值8万余元的各类物资和慰问金。主动配合农村中共党员干部远程教育，联合市委组织部开展“远教”志愿服务，共招募125名计算机专业志愿者，全年累计出动志愿者近千次，解决各类技术难题625个，受到基层广大中共党员干部的好评。6月2日，成功举办杭州富阳“保护母亲河，共建绿色家园”志愿者环保实践活动，对“一江十溪”进行综合整治，联合各县市形成“三江一湖”环保共识。6月26日，与市禁毒办联合举办“全民禁毒、共享和谐”大型宣传活动，组织100名志愿者进行骑游宣传，动员15家大型休闲娱乐场所签订“让青春远离毒品”行业公约，形成禁毒工作齐抓共管的良好局面。11月中旬举办“参与志愿服务，共建和谐社会”统一大行动，为社区居民送去实实在在的服务和优惠。配合社区青少年事务管理工作，组织招募成立了“阳光使者”志愿服务队，开展“一对一”结对帮扶工作，积极引导失管、边缘青少年走上正轨。12月5日，组织华达集团、市供电局志愿者为省盲童学校和市特殊教育学校的残疾青少年送去3000多元慰问物资。9月28日，杭州市人大对富阳市贯彻执行《杭州市志愿服务条例》情况进行全面督察，并作出较高评价。

【“手拉手”助学行动】 8月31日，全市25个乡镇、街道的少工委主任从市“手拉手”助学办公室领取2006年度助学款总计19.88万元，资助全市192名贫困学生继续就学。2006年团市委“手拉手”助学办公室在不断扩大助学面的基础上，多措并举，不断丰富“手拉手”助学内涵。先后通过开展“城乡少年手拉手”、“同在蓝天下，我们共成长”等活动，加强城市青少年与农村青少年、富阳本地儿童与外来移民儿童、健康儿童与残疾儿童之间的沟通；积极推行“阳光作业”，通过规范化管理、严把审批关、定期向社会公开财务状况等方式，增强助学资金使用透明度，确保资金规范使用；首创“受助生承诺制”，发动受助大学生以捐献就业后首个月工资，为资助方提供志愿服务等方式，倡导感恩意识，丰富“手拉手”助学活动内涵。

【农村青年劳动力转移就业专场招聘会】 3月3日上午，团市委联合市劳动和社会保障局、市农业和农村工作办公室，在富阳市人力资源开发中心举办“富阳市第一届农村青年劳动力转移就业专场招聘会”。招聘会以“服务农村、服务青年”为宗旨，共有近60家企业的1600多个岗位供农村青年挑选。招聘会吸引了数千名农村青年及来富务工青年，600多名青年实现了就业。

【富春“十杰”青年颁奖晚会】 4月27日晚，在富阳影剧院举行以“青春 骄傲”为主题的第七届“富春十杰青年”颁奖晚会。晚会采用文艺表演与真情访谈相结合的方式进行，通过主持人与“十杰青年”的对话，让现场观众从他们平淡而充满激情的对话里，充分感受他们对事业的热烈追求，对社会的强烈责任感和使命感，对生活的无限热爱和憧憬。富阳电视台对晚会进行了全程录播。

【富通集团电子线制造课获“全国青年文明号”称号】 “富通集团”电子线制造课在争创“青年文明号”过程中，始终坚持将创建工作作为团组织参与企业生产经营的有效途径，围绕“培养一流员工队伍、建设一流现场管理、打造一流平安厂区、创造一流工作业绩”来开展。经过几年的摸索和实践，已建立起一套相对完善的创建模式和管理机制，曾先后被授予“杭州市青年文明号”、“浙江省青年文明号”、国家信息产业部QC活动二等奖等荣誉。2006年1月，被共青团中央授予“全国青年文明号”称号。（蒋立夫）

·市妇女联合会·

【概况】 至年底，全市有基层妇女组织2105个，其中基层妇联48个、机关妇委会31个、妇代会760个、妇女工作小组149个、工会女职工组织1093个。全市有妇女团体会员26个，其中，市女厂长经理知识分子联谊会1个，市工会女职委1个，乡镇街道农家女能手协会24个。全市有专职妇女干部33名，全部为大专以上文化程度。

2006年度，富阳市妇联获浙江省家庭教育工作先进集体、杭州市妇联系统信息工作先进集体、杭州市妇女富余劳动力转移培训成绩显著奖等荣誉称号，并获杭州市级妇女工作先进集体2个、妇女工作先进工作者3人。

【第十三次妇女代表大会】 3月6～7日，富阳市第十三次妇女代表大会在影剧院召开，来自全市各条战线的252名妇女代表和30名特邀、列席代表参加会议。会议审议通过市妇联主席徐肖芬代表市妇联第十二届执行委员会作的工作报告，选举产生了富阳市妇联第十三届执行委员会和主席、副主席、常委，表彰了“妇字号”工程先进个人、妇女工作先进集体（个人）、农村妇女劳动力培训转移工作先进个人、“双学双比”女能手、“巾帼建功”标兵、来料加工“十佳”女经纪人等31个妇女战线先进集体、40个先进个人。

【女性就业专场招聘会】 3月31日，市妇联会同市委农办、劳动和社会保障局，在市人力资源开发中心联合举办首次女性就业专场招聘会，60余家用工单位进场设摊，为妇女提供就业岗位1800余个，2000余名妇女进场招聘，当场达成就业意向820余人。

【“平安家庭”创建活动】 1月25日，市妇联与市公安局联合下发了《富阳市“平安家庭”创建活动实施意见》，对全市创建平安家庭工作作出部署。各乡镇（街道）、社区（村）等基层妇联通过发倡议书、文艺演出等形式多样的活动，营造浓厚的“平安家庭”创建氛围，使普法宣传、文化科技、道德礼仪、安全知识走进千家万户。经年底考核验收，“平安家庭”创建面达100%，96%的家庭达到了“平安家庭”标准。富春街道秋月社区、新登镇施村村、高桥镇洪庄村被评为杭州市“平安家庭” 创建示范社区（村）。

【妇女富余劳动力转移培训】 2006年，市妇联以“女性素质工程”、“科技致富工程”等项目，以“订单式”培训和岗前培训为主要形式，借助劳动、教育部门的培训基地，联合各乡镇（街道）妇联，举办各类培训班，提高妇女的就业技能。全年，市、乡镇（街道）两级妇联共举办家政服务、烹饪、家庭护理、电脑、服装、来料加工等各类实用技能培训班36期，受训人员1877名，经培训，实现就业转移1182名。

【开展“家庭资源节约”行动】 为充分发挥社会家庭在建设资源节约型、环境友好型中的积极作用，市妇联会同市环保局联合开展家庭资源节约行动。在6月5日世界环境日期间，开展“节约从我家做起”宣传活动、举办“修旧利废巧制作，精心扮靓新生活”——家庭资源节约创意作品展示和评选“绿色家庭”，号召全市家庭积极行动起来，从家庭做起，从自己做起，从日常生活的一点一滴做起，节约每一滴水、每一度电、每一张纸、树立厉行节约的绿色风尚。活动得到广大家庭的踊跃参与，共收到各地选送的“修旧利废巧制作”作品100余件，其中里山镇强烈村村民夏锡良的“农家山园”作品获特别奖。评选表彰富阳市级“绿色家庭”48户。富春街道、江滨社区、东洲街道白鹤村被评为杭州市“绿色家庭”创建活动示范点。

【开展“家庭教育阳光计划”巡回报告】 5月19～28日，市妇联会同市教育局，组织开展“家庭教育阳光计划”巡回报告，先后到高桥、常安、新登等地巡回报告27场次，着重向农村学校、学生家长、外来民工家长授课，内容包括《家庭中的挫折教育》、《今天我们如何当父母》等。全市共有13000余名家长到场听课，受到较高层次的家庭教育。6月2日《富阳日报》以“27场场场爆满，讲的是一个话题——家庭教育”为题作了专门报道。

【举办“外来妇女与法同行”活动】 3月9日，市妇联会同司法局、公安局、法院、卫生局、计生局、劳动局和社会保障局、总工会等7家单位，在外来妇女较多的春江街道举行“富阳市妇女权益保障法宣传年暨外来妇女与法同行”活动启动仪式，市四副班子有关领导亲自到场，并向外来妇女赠送《中华人民共和国妇女权益保障法》读本。活动期间，接待来访咨询妇女800余人次。并在富春、东洲、高桥、鹿山等地举办《中华人民共和国婚姻法》、《女职工劳动保护》、《预防艾滋病》等相关法律知识讲座及育龄妇女孕环情、妇科病、女职工劳动保护情况专项检查。活动历时7天，全市 1000余名妇女听取法律讲座，200名妇女接受健康检查。

【“六进”工程】 8月8日，市妇联下发富妇〔2006〕30号《关于动员组织广大妇女积极参与社会主义新农村建设的实施规划》，全面实施“素质培训进农家”、“科技致富进农家”、“文明礼仪进农家”、“绿色环保进农家”、“科学教子进农家”、“普法维权进农家”的“六进”工程。全年培训农村妇女9500名，转移就业1182名；创办以女性农户为主的种养、加工、营销等专业合作经济组织2个，协会5个，建立各种示范基地30余处。

【“岗村”对接】 10月31日，杭州市“巾帼文明岗与示范村妇代会牵手对接”仪式在东洲街道白鹤村举行。市妇联以此为契机，组织发动全市机关妇委会、“巾帼文明示范岗”和65个示范村妇代会，开展“科技牵手、信息牵手、互助牵手”对接活动，以“送信息、送科技、送培训、送法律、送医疗、送温暖”等形式，帮助农村妇女解决发展中的现实问题，收到了较好效果。 （祁江英）

·市科学技术协会·

【概况】 2006年底，市科协组织网络有市级学（协）会24个、非公企业协会6个、乡镇街道科协25个、社区科协19个；省级科普示范乡镇3个、示范街道1个、示范村1个、示范社区3个、示范户19户；有杭州市科普示范乡镇5个、示范街道1个、示范村10个、示范社区2个、文明社区7个、示范基地2个、青少年科普教育基地2个、十佳科普文明社区1个、科技特色学校1所；富阳市级科普示范乡镇10个、示范村20个、示范社区10个、示范基地20个、示范户350户、农村专业技术协会101个。

市科协紧紧围绕“创建全国科普示范市”和“全国科普惠农行动计划”这一中心，团结和动员全市广大科技工作者，突出重点，强化服务，扎实工作，在科学普及、学术交流、科技服务方面取得显著成绩，先后获得“全国科普惠农示范单位”、“浙江省‘十五’科普工作先进集体”、“杭州市2004～2005年度科普工作先进集体”、“杭州市科普宣传周优秀组织单位”、“杭州市2004～2005年度‘金桥工程’优秀项目”一等奖、二等奖、三等奖等荣誉称号。

【富阳市科学技术普及第十一个五年规划】 根据《富阳市国民经济和社会发展第十一个五年规划纲要》的实施要求，8月，组织专门人员深入调研，在广泛征求市科协常委、科协老干部、工作人员和乡镇街道科协、市级学（协）会意见、建议基础上，起草《富阳市科学技术普及第十一个五年规划》，并报请市委、市政府研究同意后由市委办、市府办联合发文，为“十一五”期间开展科普工作提供行动指南。

【科普宣传周和科普日活动】 5月20～26日，市科协会同市委宣传部、市科技局，开展以“携手建设创新型国家”为主题的第十九届科普宣传周活动。组织科技人员先后在富春街道、新登镇、洞桥镇、胥口镇、鹿山街道举办5次大型科普惠农宣传活动。组织开展大型送教下乡，在恩波广场举办第十九届科普宣传周大型综合性科技咨询、宣传活动等。活动期间，各级科协组织共推出178个活动项目，参加活动的单位384个，组织送科技下乡50次，新闻单位报道142场（篇），受益群众达20万人次，为推动全年科普工作奠定基础。经市科普工作领导小组办公室评定，19个项目获第十九届科普宣传周优秀项目奖，其中一等奖5个、二等奖6个、三等奖8个。4个项目被评为杭州市级优秀项目，市科协被杭州市科协评为先进组织单位。全年共举办科普讲座249场，听众1.13万人次。在全国科普日举办的“首届富阳市青年科技奖评选活动”、“富阳市科普惠农行动计划暨大型科普惠农活动”2个项目又获得杭州市全国科普日优秀项目奖。

【富阳市列入创建全国科普示范市】　2005年底，富阳市被中国科协列入2005～2007年创建全国科普示范市和2006年全国科普惠农行动计划“一站一栏一员”（科普活动站、科普宣传栏、科普宣传员）建设试点县（市）。为扎实开展创建工作，市科协积极做好市委、市政府参谋，成立由市长任组长、分管副书记和市四副班子分管领导任副组长、由27个成员单位领导参加组成富阳市创建工作领导小组，市委、市政府及相关部门先后下发《关于创建全国科普示范县（市）暨科普惠农行动计划“一站一栏一员”建设试点工作的实施意见》、《关于印发〈富阳市创建全国科普示范县（市）暨科普惠农行动计划“一站一栏一员”建设试点工作方案〉的通知》、《关于开展富阳市科普示范单位创建活动的通知》和《关于对科普惠农“一站一栏一员”建设实行以奖代补政策的通知》等一系列有关创建和试点工作的文件，督促25个乡镇街道全部建立相应的创建和试点工作领导小组，制定创建和试点工作方案，确保该项工作的顺利进行。经市政府批准，行政划拨1008平方米公房，用于市科协改善办公条件和建设市级科普活动中心。全市25个乡镇街道全部建立科普活动站及10米长的标准科普画廊；611个行政村全部建立5.4米标准科普宣传栏，配齐村级科普宣传员；19个社区全部成立科协分会，建立科普活动室和10米长的标准科普画廊，利用广播、电视、报纸、过街横幅、气球、灯箱广告、科普画廊、《创建动态》等宣传阵地，营造科普创建氛围。其中《创建动态》出版10期，编印通俗易懂科普读物5000本，下发到市级机关各单位、乡镇街道、村及社区，与电视台联合拍摄《富阳市全国科普惠农行动计划试点工作专题片》。11月，将富阳市全国科普惠农行动计划　“一站一栏一员”建设工作上报中国科协，并被列入全国示范性项目。

【建立标准科普宣传栏长效管理机制】　市科协在大量调查研究工作基础上，报请市政府批准，10月12日，由副市长沈华清召集市政府办、市人口和计划生育局、国土局、农业局、林业局、科技局、科协等部门和单位负责人，对充分利用全市各乡镇（街道）、村（社区）标准科普画廊这一平台，积极开展科普知识宣传工作有关问题进行协调。并就实行科普宣传栏长效管理、确保科普创建和试点工作的有效性及长期性、加大科普知识宣传力度和普及面等问题达成共识。首期科普宣传展出时间为2006年10月～2007年12月，市人口和计划生育局、市科协等15个部门为首批参与科普宣传的单位。

第十九届科普宣传周活动

【农函大农民素质培训】　2006年，全市举办各类农函大实用人才培训班7个，培训学员218名；举办各类农村实用技术培训班40个，培训学员2059名；举办各类农村实用技术短训班253期，受训农民21300人次。通过农函大各类培训，为推广普及全市农村实用技术，实施“农民素质工程”作出贡献。

【“金桥工程”】 2006年，市科协积极组织实施“金桥工程”项目，加强对2005年度16个立项项目的检查和指导，进一步加强管理，努力规范实施。年底，由市政府发文，批准奖励一、二、三等奖项目9个；做好2006年度项目的立项工作，下发《关于申报2006年度“金桥工程”立项项目的通知》，对乡镇街道和市级学会上报的24个项目进行认真筛选，确定19个项目为2007年度“金桥工程”重点项目；积极做好杭州市2006年度“金桥工程”优秀项目的推荐工作，经杭州市评选，富阳市上报的“高分子复合材料在球拍行业中的推广应用”、“芦笋新品种引进及黑地膜覆盖栽培技术推广”、“三眠蚕有色茧诱导推广”等三个项目分别获杭州市“金桥工程”一、二、三等奖；年底上报杭州市2007年度“金桥工程”重点项目5个，为促进科技与经济的结合再作努力。

【开展青少年科普教育】充分利用富阳市境内的中国古代造纸文化村、中国水稻研究所少年农校、杭州市野生动物世界等杭州市级青少年科普教育基地资源，积极引导青少年假日科普活动，分批分次地组织中小学生到上述青少年科普教育基地参观学习，开启青少年科普头脑。积极组织青少年科幻作品参加浙江省青少年科技创新大赛。参赛作品中荣获第二十届浙江省青少年科技创新大赛项目奖三等奖1个、科技实践活动一等奖1个、少儿科幻绘画一等奖1个。

【京杭两地高科技交流会】为进一步深化“工业兴市”战略，加快企业科技创新步伐，提升企业竞争力，市科协组织富通集团等5家民营企业，参加由杭州市科协、中科院信息咨询中心主办的第三届京杭两地高科技产业化合作交流会，杭州华威药业有限公司与中科院生化所签订正式合作协议。

【富阳市首届青年科技奖评选】 为激励全市广大青年科技工作者的进取积极性，经中共富阳市委、市政府批准，市委组织部、市人事局、市科协、富阳日报社等于4月联合开展首届富阳市青年科技奖评选工作。评选领导小组由副市长沈华清任组长，通过宣传发动，各条战线推荐优秀科技工作者候选人18名。经专家评审组初评、市评审领导小组复评，《富阳日报》公示，确定陆春校等8名为首届“富阳市青年科技奖”获得者。10月18日，市政府下文对8名青年科技工作者进行表彰通报。

【科普调研与信息】 继续实施《市科协系统宣传信息与调研工作奖励办法》，科协系统工作人员采写调研文章和信息的积极性进一步提高。全年编写《富阳科协简讯》12期 182 条信息，《创建动态》10期35篇信息，《杭州科协》录用调研文章3篇，《杭州科协信息》录用 26篇，《浙江科协》录用调研文章1篇，信息2篇，中国科协《科协论坛》录用调研文章1篇。采写的调研文章与信息数量，为历年最多。

【学术活动】 全年组织市级学(协)会开展专题调研、科技报告会、科普知识讲座、研讨会等17场次，参加人员2000人次；组织开展优秀论文评选活动，评选出优秀科技论文152篇，其中一等奖8篇、二等奖30篇、三等奖114篇，并由市政府发文表彰通报；全年共组织科技培训、技术咨询、技术论证、技术评估等活动102场次，参加人员1.23万人次。各级学（协）会分别开展国内和国际问题交流活动140余期；参加人数4000余人次。全年编辑介绍52种科普知识。组织参加杭州市科协第十二次自然科学优秀论文评选活动，市科协获优秀组织奖，2篇论文获三等奖。选送中国科协2006年年会学术论文7篇。

【科技工作者之家】 10月24日，举办农村科普与法律知识培训班，对全市乡镇街道、市级学会、企业科协、社区科协分会的秘书长及村级科普宣传员代表进行系统的业务培训，邀请省、杭州市领导和专家讲座。全年共组织3批116名优秀科技人员赴新疆、丹东、西藏等地疗（休）养。12月7日，为全市978名副高级以上职称的科技人员免费进行年度体检，体现党和政府对科技人员的关怀和重视。2006年，选送9名科技人员分批参加杭州市科协组织的赴欧美等国家进行科普考察，为科技人员跨出国门、开阔眼界提供机会。

【科技先进评比】 2006年，经富阳市科协系统年度考核评比，市环保学会、市教育学会等12个乡镇街道、社区、市级学（协）会为市级先进集体；巴关明等12人为先进个人。市农函大评出万市镇、洞桥镇等5个辅导站为先进集体；蒋炳华等5人为先进个人。

（徐丽霞）

·文学艺术界联合会·

【概况】 至年底，市文联有所属协（学）会11个，会员774名。其中国家级会员23名，省级会员72名，地市级会员167名。全年会员在市（地）级以上各类文艺刊物上发表作品400余件，其中文学作品250余件，约150万字，获奖作品100余件。

全年组织策划“郁达夫诞辰110周年纪念大会系列活动”；举办“走进新农村”大型文艺采风活动；配合创建全国文化先进县（市）工作，与浙江省青年书法家协会、灵桥镇政府联合举办“第三届浙江省青年书法选拔赛”；配合龙门风情节，举办“龙门人家”老照片展览，展出反映龙门人家历史变迁和社会发展的老照片64幅；配合半山桃花节，举办“书画雅集”活动及“散文、诗歌、摄影”征文大奖赛，创作以桃花为主题的书画作品30余幅，出版《半山桃花节散文·诗歌·摄影大奖赛获奖作品集》；与环保局、富阳日报社联合举办“环保杯”美丽家园征文比赛，与市禁毒办公室、市妇联联合举办“参与禁毒斗争，构建和谐社会”书法美术比赛，14幅作品在省级比赛中获奖；组织作者参加省纪委、省作协举办的“中国（浙江）廉政故事大奖赛”，获得二等奖2个，三等奖1个。

全年举办第十一届郁达夫文艺奖颁奖大会，第三届富春江诗会；越剧《十八双绣花鞋》获2006年“中国越剧艺术节”铜奖，此为富阳市越剧创作、演出获奖的第一个国家级奖项；市民间文艺家协会陈志炎获杭州市第二届“民间工艺大师”称号；全市文艺工作者正式出版的个人专著有《姜健林画集》、《文化人与富春江》、《郁达夫故居》、《鹳山与郁氏双烈园》等10余部。全年编发《富春江》4期，发表近百名作者的小说、散文、诗歌和郁达夫研究等文章约45万字。

【郁达夫诞辰110周年纪念大会暨国际学术研讨会】 12月6～8日，召开郁达夫诞辰110周年纪念大会暨国际学术研讨会。大会由中国现代文学研究会、中国现代文学馆主办，北京大学中文系、复旦大学中文系、华东师范大学中国现代文学资料与研究中心，浙江大学中国现代文学与文化研究所等8家单位协办，市文联、市郁达夫研究学会承办。全国各地以及新加坡、日本的专家学者、全国知名作家、郁氏家属等100余人参加，共收到论文、著作58篇（部）。研讨会的主题是“郁达夫与20世纪中国文学”，分主题发言、学术演讲、郁达夫人文资源考察、郁达夫与中外文化研究等专题单元展开。研讨活动紧凑有序，中心突出，观点鲜明，思路开阔。取得了检阅研究成果、开阔学术视野、拓宽研究领域、明确研究方向等成果。

【“当代作家眼里的郁达夫”主题论坛】 12月8日上午，在南国大酒店举行“当代作家眼里的郁达夫”主题论坛会。贾平凹、叶文玲、李杭育、马波、王旭峰、麦家6位当代文坛名家敞开心扉，用诗性语言解读郁达夫，给人以一种新的认识和启迪。

【第十一届郁达夫文艺奖】 12月5日下午，召开第十一届郁达夫文艺奖颁奖会议，全市100余名文艺界代表参加。会议由市委副书记金志强主持，市委书记徐文光勉励全市文艺工作者，做和谐文化的实践者，做人民群众的代言人，做艺术高峰的攀登者。该届文艺奖申报作品数量多，档次高，评委会共收到符合申报条件的作品50件。共评出一等奖2件，二等奖14件，三等奖17件。小说《上海一夜》、中国画《春水图》获得一等奖。

【“走进新农村”大型文艺采风活动】 5月23日，市文艺界“走进新农村”大型文艺采风活动正式启动。从5月23日开始至10月底结束，历时5月余。全市200余名文艺工作者分赴富春、常绿、高桥、灵桥、胥口、环山、新桐、场口等乡镇街道，走村穿巷，访幽探源，形式多样，内容丰富，以“新农村”为主题构思创作。经认真筛选，精心编辑后，出版《富春江·新农村专辑》、《富阳市文联走进新农村大型文艺采风优秀作品集》。

【第三届富春江诗会】 4月20～22日，与省作家协会诗创会、杭州市作家协会联合举办第三届富春江诗会。以“把诗歌献给春天”为主题，分“蒋立波诗歌研讨会”和“大型诗歌朗诵会”两项内容。王旭峰等

郁达夫诞生110周年纪念大会暨国际学术研讨会会场

20余位省内外著名作家、诗人参加。

【富阳市绘画、书法及摄影20年作品选】 该书汇集全市绘画、书法、摄影方面20年来所取得的创作成果143幅，其中绘画48幅、书法15幅、篆刻9幅、摄影41幅。3月由中国美术学院出版社出版。

【重要创作成果】

小说 《李市的早晨》，作者方格子，刊登于《小说选刊》7月号和《西湖》6月号；《深夜的冬青》，作者方格子，刊登于《人民文学》3月号。

散文 《寻找自己的深水区》，作者陆勇强，刊登于《人民文摘》2月号。

诗歌 《蒋立波的诗》，作者蒋立波，刊登于《六人诗选》大众文艺出版社1月版。

新故事 《站在明处说话》，作者赵和松，刊登于上海《故事会》8月号，获"中国最有影响力的故事"优秀作品奖；《浪漫的承诺》，作者赵和松，刊登于浙江《山海经》8月上半月号，获浙江《山海经》2006年度优秀作品一等奖；《再摔一跤也值得》，作者陈志荣，刊登于浙江《山海经》8月上半月号。

书法 《庄子·达生》作者方林华，9月获全国第二届扇面大展提名奖；《滕王阁序》，作者夏佳奇，9月入展"高恒杯"全国书法艺术大展；《篆书、行草》等5件，作者楼秋华，11月在浙江省文化厅"浙江书法二十家作品展"参展；《隶书》，作者羊晓君，9月获浙江省第三届中青年书法篆刻作品展银奖；《楷书中堂》，作者萧荣年，9月入选全国第四届正书大展。

篆刻 《将军令》，作者王孟春，12月入展第五届全国篆刻展。

摄影 《雾锁桃花潭》，作者徐昌平，《大众摄影》杂志风光风情全国摄影大展二等奖；《龙门古镇》、《喜庆的日子》，作者徐建华，6月在美国新泽西洲、洛杉矶洲展出；《永远的旅途》，作者徐建华，获瑞典"哈苏杯"国际摄影展优秀奖。

电影电视纪录片 《郁达夫笔下的富春风情》作者许哲军等，获浙江省广播电视奖三等奖。

专著 《恩波茶话》，作者蒋增福，12月由云南民族出版社出版；《文化人与富春江》，作者蒋增福，5月由北京燕山出版社出版；《鹳山与郁氏双烈园》，作者蒋增福、曹玮玲，10月由中国和平出版社出版。

随笔集 《抚摸村庄》，作者杨承尧，3月由大众文艺出版社出版；《郁达夫故居》，作者胡志坚、郁峻峰，7月由学林出版社出版。 （赵敏燕）

【责任编辑 章金桥】

政　法

·综　述·

【概况】　2006年全市社会治安综合治理工作，紧紧围绕“发展、创新、稳定、为民”的总要求，以维护社会稳定为目标，以创建“平安富阳”为载体，认真贯彻“打防结合、预防为主、专群结合、依靠群众”的方针，加强治安防范工作。通过完善维稳工作机制，重点抓好基层矛盾纠纷排查调处工作体系建设，提高化解矛盾纠纷、驾驭治安局势及服务经济建设的能力。严格实行社会治安综合治理责任制，按照“属地管理”原则，层层建立社会治安综合治理领导责任制，把各项任务落到实处。切实抓好政法队伍建设，组织开展评选“人民满意政法单位和人民满意政法干警”活动，不断提高政法部门执法能力。注重“平安富阳”的深化创建工作，扎实推进综治工作中心“三个延伸”，建立健全长效工作机制，落实平安建设措施，实现平安建设目标，完成各项工作任务。全年，全市没有发生平安创建一票否决内容，确保元旦、春节、国庆等重要节庆和大型文化活动的安全，保障全市经济建设和各项事业顺利进行。在省委、省政府3月28日召开的全省建设“平安浙江”电视电话会议上，富阳作为2005年度全省首批67个获得“平安县市”称号的县（市）之一，受到省委、省政府的表彰。

【机构网络建设】　3月13日，鉴于部分人员工作变动，市委调整充实市社会治安综合治理委员会组成人员，由市委、市人大、市政府、市政协、市人武部、市委政法委7名领导为正副主任，42名部委办局负责人担任委员。下设办公室，设主任1名，副主任3名。24日，调整市维护稳定工作领导小组成员。29日，调整市处理信访突出问题及群体性事件联席会议成员。9月27日，鉴于乡镇（街道）党（工）委副书记职数设置的减少，根据市委、市政府《关于加强乡镇（街道）社会治安综合治理基层组织建设的实施意见》精神，市委组织部、市委政法委联合发文，明确乡镇（街道）党（工）委副书记分管政法综治工作。再由乡镇（街道）党（工）委另明确1名副职协管政法综治工作并兼任综治办主任。规定在机构改革中必须保留乡镇（街道）综治办建制，理顺工作关系。

【落实平安创建责任制】　3月28日，富阳市获得省委、省政府“平安县市”命名后，市委、市政府注重“平安富阳”的深化创建工作。明确把平安创建的成效作为检验各级各部门党政班子和领导干部执政水平的重要标志，列入干部任期目标和年度述职报告的重要内容，分解创建平安工作责任。3月31日，市综治委印发“富阳市2006年社会治安综合治理、政法、信访工作责任分解表”的通知，把28项目标任务落实到有关责任部门。7月28日，市平安办将105项考核指标分解落实到51个职能部门，考核结果与部门机关目标考核直接挂钩。8月2日，继上年出台创安工作领导谈话告诫制度之后，市委、市政府从实际出发，针对

《杭州市"平安乡镇（街道）"考评办法》第五条第12款"发生其他重特大事件，造成严重影响的"作为平安乡镇(街道)"一票否决"条件的具体内容作了界定，即：乡镇（街道）发生群体性事件，由市委、市政府下派工作组予以解决的；乡镇（街道）工矿、商贸企业安全生产事故死亡人数超过3人（含3人)，且与上年相比未能实现"零增长"的；乡镇（街道）党政领导班子成员有被追究刑事责任的；乡镇（街道）信访问题突出，赴省进京上访造成"平安富阳"重大扣分的。凡发生以上4种情形之一的，平安乡镇（街道）申报资格予以否决。

【夯实综治基层基础工作】 2月24日，市综治委根据市委、市政府深化创建"平安富阳"的总体要求，围绕"治安防控力量得到有效整合；外来人口管理体系得到健全；企事业单位内保组织建设逐步完善"这一工作目标，印发《关于进一步深化综治基层基础工作的通知》。深化的具体工作措施：（1）综治牵头、部门落实，积极开展巡防力量挖潜。明确各乡镇（街道）继续强化5人以上的专职巡守队伍建设，确保人员和经费到位。（2）健全体系、强化管控，认真落实流动人口管理措施。建立专门的外来人口管理队伍，明确管理职责，完善管理台账。（3）部门指导、单位为主，切实抓好内保机构建设。建立"单位负责、政府监督"的内部治安保卫工作新机制。把整合群防群治力量作为全年综治基层基础工作的重点。6月14日，市综治委印发《关于"富阳市平安巡防支队"组建工作的实施意见》的通知，整合群防群治队伍。全市建立市、乡镇（街道）、社区（村、企业）三级管理网络，即市级组建平安巡防支队、乡镇（街道）组建平安巡防大队、社区（村、企业）组建平安巡防中队。全年，市委、市政府先后投入综治工作中心建设经费300万元，乡镇（街道）综治工作中心建成率达到100%，社区、村综治工作室建成率达到100%，53家200人以上的民营企业综治工作室建成率达到90.6%。

【富阳市平安巡防支队成立】 6月22日，市委、市政府召开"富阳市平安巡防支队"成立大会。会上，宣读了市综治委关于"富阳市平安巡防支队"支队部组成人员、各乡镇（街道）平安巡防大队、直属平安巡防大队以及直属志愿者大队大队长的任命文件。由市委政法委副书记、市综治办主任任支队长，1名市公安局副局长和1名市综治办副主任任副支队长。支队下设办公室，设主任1名、副主任3名，统一指挥全市平安巡防队伍的各项工作。到12月底，全市建立市直属平安巡防大队和志愿者平安巡防大队各1个，乡镇（街道）平安巡防大队25个、中队174个，专兼职巡防人员4000余人。按照"统一调度、统一布巡、统一培训、统一监督、统一考核"的群防群治队伍运行模式，做到平时按责巡逻，应急时统一调度。到年底，巡守队伍共抓获犯罪嫌疑人875人（其中逃犯13人），破获本地当年案件926起，被刑事拘留349人、劳动教养21人、治安拘留293人，为创建"平安富阳"发挥了积极作用。

【维护稳定、化解矛盾】 5月29日，市维护稳定工作领导小组办公室，根据富委办〔2005〕113号《关于积极预防和处置群体性事件的实施意见》有关规定，及时掌握维稳信息，有效预防和化解各类群体性事件，维护了全市社会稳定。制定了《富阳市群体性事件信息研判例会制度》，明确各级信息分析研判例会召集人，规定每月至少召开一次维稳信息研判会议（特殊情况随时召开），排查重大不稳定因素，梳理汇总各种维稳信息，分析本行政区和本部门职责范围内的稳定工作形势，预测各种不稳定因素引发群体性事件的可能性，提出针对性的工作建议。市维稳办接报重要信息后，迅速组织研判核实，及时向市维护社会稳定领导小组报告。根据领导的指示和群体性事件责任分工规定以及事件发生的规模、性质、紧急程度和发展趋势，发布预警通报，指令有关乡镇、街道和部门，做好防范和化解工作，或者指令处置责任单位进入应急处置状态，根据事件态势，部署处置各种不稳定因素引发的群体性事件。7月22日，市委政法委召集公安、检察、法院、司法等部门，对联合接访和集中处理涉法涉诉信访专项活动进行了部署，对全市涉法涉诉信访进行了排查，对排查出的7件重复信访件，落实了责任单位。7月28日，市平安办召开创建"平安富阳"六大专项组组长和主要职能部门负责人参加的平安创建形势分析会，分析了上半年平安创建过程中出现的安全生产事故上升、凶杀案增多、有效执结率偏低，造成半年度平安模拟考核分数不高的原因，明确下半年工作重点，确保各项措施落到实处。7月31日，市委政法委召开维稳、公安、信访等部门负责人工作汇报会，对影响不稳定因素的企业转制、征地拆迁、村级管理、劳务工资拖欠、周边边界矛盾等5个方面，进行了逐步排查，分析原因，研究落实对策。着重提出对容易引起群体性事件的不稳定因素，要认真对待妥善处置，确保不出现影响社会稳定的大事件。8月7日，市综治委下发《关于做好当前社会稳定工作的通知》，将17件影响全市不稳定因素的化解责任落实到各有关单位。明确按照“属地管理、条块结合”原则和“谁主管、谁负责”的原则，切实加强领导，认真梳理重点范围内的不稳定因素，强化责任意识，采取包案处理的办法，切实化解社会不稳定因素。全年共排查出各类矛盾纠纷2897起，调处成功2828起，调处成功率达97.6%。

【评选人民满意政法单位和政法干警活动】 12月12日，市委政法委决定在全市政法系统开展“人民满意政法单位”、“人民满意政法干警”评选活动，提出了评选的范围、名额分配和评选条件，将评出10个“人民满意政法单位”，其中公安局5个、检察院2个、法院2个、司法局1个；10名“人民满意政法干警”，其中公安局4名、检察院2名、法院2名、司法局1名、市委政法委1名。评选方法由政法各单位党委（党组）在本部门组织开展，将评选结果报市委政法委员会审定。通过精心组织、统筹安排、严格把关，最后评选出市公安局交警大队等10个单位为“人民满意政法单位”，蒋立伟等10人为“人民满意政法干警”。2007年1月30日，市委、市政府印发《关于表彰富阳市2006年度“人民满意政法单位”和“人民满意政法干警”的通报》。

【奖励见义勇为】 4月21日晚9时20分，位于高桥镇新桥村的杭州光明塑料助剂厂因反应锅炉出气阀突然发生故障，加之工人处理不当，引起一只锅炉爆炸，引燃地面废旧塑料及屋顶隔热设备，顿时锅炉房内火光冲天，浓烟滚滚。住在附近的村民方金玉、胡建平、徐加良听到爆炸声后，立即报警，并不顾个人安危冲进火场救人。经奋力抢救，救出已受伤的2名工人。为弘扬社会正气，倡导见义勇为精神，6月1日，富阳市见义勇为奖励基金会分别授予3名参与抢救的村民为“富阳市见义勇为积极分子称号”，每人奖励人民币500元。8月9日，他们还被杭州市见义勇为基金会分别授予“杭州市见义勇为积极分子称号”，奖励人民币各2000元。

7月29日上午7时许，富春街道店口村村民胡国华，在迎宾路81号自开店内营业时，发现店门口人行道上正发生一起故意伤害案。有2名歹徒扭打1名男子，其中1歹徒用螺丝刀向该男子猛刺数刀，该男子当即鲜血直流，不省人事。2名歹徒伤人后随即逃跑。胡国华见状，一边叫其妹报警，一边不顾自身安全追赶歹徒，紧紧抓住1名歹徒不放手。在其他市民的协助下将凶犯交给随后赶到的公安民警。8月7日，富阳市见义勇为奖励基金会授予胡国华“富阳市见义勇为积极分子称号”，奖励人民币1000元。12月11日，杭州市委宣传部、杭州市综治办、杭州市公安局、杭州市见义勇为基金会授予胡国华“杭州市见义勇为勇士”荣誉称号，奖励人民币1万元。 （曹新民）

·公 安·

【概况】 市公安局围绕“活阵地控制、聚群防资源、精专业打击、强信息导警、抓队伍正规、集监督合力”的工作思路，以社会稳定、人民满意为出发点，推进打防控一体化建设，实现“发案下降、破案上升、交通消防两个零增长”的工作目标，确保全市社会治安秩序持续平稳。全年刑事发案数及恶性程度下降，其中命案降6.25%；“五类”（强奸、爆炸、劫持、绑架、放火）恶性案件降10.53%；“两抢”（抢夺、抢劫）案件降12.5%；入室盗窃案件降7.67%；诈骗案件降5.08%；扒窃案件降3.82%。破获刑事案件2421起，巡守抓获现行875人，其中逃犯13人，刑事拘留349人，劳教21人。破获经济案件52起，追缴经济损失1608万元。查处治安行政案件3482起，查处违法人员5897人。

【攻破重特大案件】 刑侦大队坚持“命案必防、必救、必破”理念，完善多警联动机制，落实命案侦破责任制，快侦速破杀人等恶性案件。全年发生命案15起，破14起，破案率93.33%。破获“两抢”案件71起，破案率56.35%。22起“五类”恶性案件，全部破获。

【打击团伙系列犯罪】 3月底至4月初，杭州至千岛湖高速公路富阳段沿线区域居民住宅夜盗案件频发。市公安局组成专案组开展侦查，串并案件60余起。成功捕获韦云景、韦宝德、骆校（均为广西籍）3名犯罪嫌疑人。该团伙作案91起，总案值40余万元。全年共打处团伙系列案件作案人员331人，破案1775起，占全年打处总数的27.63%和73.32%。

【审核刑事案件】 预审中队参与疑难复杂案件分析、庭审旁听、法制培训、案件评判。重特大案件提前介入，加快报捕和移送起诉速度，并深挖余罪。9月9日孙权路入室抢劫案主犯王洋，初次交待抢劫钱物价值21万余元。突破口供，王又交待其他犯罪事实，后定案抢劫价值99.6万元。全年审核刑事强制措施988人，报捕409件619人，移送起诉509件785人，批捕率97.21%，起诉率100%。

【打击经济犯罪】 经侦大队为维护富阳经济秩序的稳定，开展专项整治和打击涉税犯罪集中行动。春、冬季组织追逃专项行动，7～10月组织破案会战。先后破获陈正贵、刘晶、郎卫炎、郑民丰等重特大合同诈骗案。全年受理各类案件102起，立案95起，破案52起，挽回经济损失1608万元，抓获犯罪嫌疑人54人，其中刑拘36人，取保候审38人，逮捕22人。

【禁毒】 5月，禁毒大队挂牌执法。按照“创建”无毒害社区工作要求，定期召开会议，分析毒情，通报情况，布置工作。8月22日，在富阳云龙大酒店等地先后抓获涉嫌贩卖毒品的包攀峰、包小飞、刘春雷、兰才龙、宋英鸽，缴获毒品“麻古”1232颗，成功破获富阳有史以来最大贩毒团伙案。全年破获涉毒案件53起，其中刑事案件8起；抓获涉毒人员75人，刑拘10人，劳教戒毒5人，强制戒毒26人，行政拘留36人；缴获毒品海洛因83.49克，麻古1283颗，氯胺酮1.29克。

【出入境管理】 开展文明窗口达标创建活动，实现窗口服务零投诉的工作目标。经上级业务部门达标考核验收，被评定为浙江省第一批出入境达标窗口。全年受理国外、境外人员申请20213人次，其中外国人83人。受理出国出境申请9896人次，其中出国申请3116人次、出境申请6730人次、赴台50人次。至年底，查处各类涉外案件15起，追究刑事责任1人，遣送出境1人，行政拘留2人。

【监所管理】 看守所以等级化管理为主线，改革勤务模式，严格监所执法，注重监管动态信息化建设，争创看守所一级工作目标。依托现有警力，设置所领导带班岗，巡视监控岗、管教岗和收押、提讯、会见岗、留所服刑现场管理岗等基本勤务岗位，突出特殊时段和特殊岗位的警力配置，勤务效率凸显。注重在押人犯的人性化管理。新建医务室，添置医疗设备，招聘医生，解决在押人犯看病难的问题。改善在押人犯的饮食质量，伙食标准从每月100元，提高到每月125元。炎热防暑，寒冬保暖。全年收押人犯1699人，接收拘留人员3161人，连续12年安全无事故，荣立集体二等功。

【狱内政治攻势】 6月，狱侦中队成立。坚持“狱侦强所”方针，完善狱侦线索传递反馈机制和考核、奖惩机制。激发狱侦民警工作主动性、责任性，敦促在押人犯交待罪行和检举揭发。对有功人犯以减刑、表彰，兑现政策。全年经狱侦工作破案682起，占全局破案总数的26.7%，破案实绩在全省领先。

【禁赌扫丑】 开展禁赌除恶专项整治活动，全年查处涉赌、涉黄、涉恶等案件519起，其中刑事案件33起，移送起诉43人，劳教、妇教14人，治安拘留1023人。

【爆炸物品及枪支等管理】 治安大队常年对爆炸物品、剧毒物品、枪支等物品进行检查、抽查及专项整治，组织业主和从业人员专门培训，落实国务院颁布的《民用爆炸物品安全管理条例》，规范物品管理，消除安全隐患。全年收缴炸药0.15公斤、黑火药0.175公斤、雷管229枚、导火索42.4米、手榴弹4枚、枪支9支、子弹341发、刀具150把、烟花爆竹563件。查破民爆、剧毒物品、枪支弹药及管制刀具等案件12起，查处各类违法犯罪人员12人，刑事拘留4人、行政拘留22人。

【推行勤务岗点进社区】 完善“有警接警、无警巡逻、就近处警”的值班巡逻接处警机制，在城区推行“勤务岗点进社区”工作。针对不同区域不同特点，将城区划分为8个巡区，依托原有社区警务室、治安岗亭等设置16个勤务岗点，并以岗点为中心开展分级叠加式巡防，把警力部署到重点区域、时段，有效提高巡防力度。

【特业场所管理】 对旅馆业、废旧金属收购业、寄卖业、机动车修理业等，开展不定期地抽查和检查。至年底，在旅馆业阵控中抓获部网逃犯16人，布控对象24人；其他行业阵控，破获各类刑事案件118起。

【水上治安】 水上派出所维护富春江水域治安，对涉水单位、行业、场所和重要部位进行管理，并配合交通、旅游等部门，整改各种不安全隐患，整个水域治安秩序良好。辖区有客货机动船舶784条，农用机动船舶16条，上牌率100%。登记非机动船舶6条，外港船舶127条，登记率100%。年审浙江户牌船舶756条，年审率98%。发放“客运船舶治安许可证”34本，办理“临时船民证”1842本。对18家渡口21艘渡船核查72次。调解水上交通、沉船、工伤及意外伤亡事件13起，打捞自杀、溺水及无名尸体10具。破获刑事案件9起，抓获犯罪嫌疑人4人。立治安行政案件19起，查结16起，当场处罚651人次。

【外来人口管理】 户政科以流动人口管理为重点，注重流动人口中“人户一致”率。各派出所设立流动人口管理办公室，制定制度，提高流动人口登记发证率、高危人群核查率。全年登记发证121066人，比上年净增25374人；经流动人口管理工作破获案件4起，抓获网上逃犯22人，人户一致率、案前管控率明显提高。

【第二代居民身份证换发】 发证任务按各辖区人口情况分派。全年受理上传二代证合格制证信息139290条，超额完成杭州市下达的13万张制证任务。

【受理信访】 全年受理群众来信来访192件，同比下降48.80%，实现公安归口对象“零进京”目标。经信访查处，破获各类案件41起，打击违法犯罪人员38人，追回经济损失20余万元。

【指挥中心】 围绕正规化建设目标，建立高效、规范的110接处警运行机制，严格城区智能监控系统管理、应用。注重各类报警求助的受理、指挥、处置和服务工作，群众满意率98.9%。全年有效接警56949接起，日均156起。汇同各单位利用监控系统直接破获刑事案件11起、治安案件5起，破获交通肇事逃逸案4起，抓获违法犯罪嫌疑人16人，提供各类案件线索83条。

【信息中心】 完善信息应用三级管理模式，推进“情报信息主导警务”工作。先后总结出：“同住人员轨迹分析法”、“二手机持有人高频分析法”、“同时上网人员分析法”、“指纹比对人员网上处置法”、“监控图像沿线分析法”、“监控图像叠加分析法”、“街面案件网上处置法”等信息应用技战法。经信息筛选、分析、查证、反馈和应用，破获各类刑事案件135起。

【执法办案】 法制科坚持执法质量月考核制度，强化执法监督力度。全年先后4次组成执法工作检查小组对全局各执法单位进行执法检查，对问题予以通报，督促整改，并纳入绩效考核。对严重执法问题，进行个案剖析，追究执法过错责任。对苗头性、倾向性问题发出法制预警。全年直接参与疑难复杂案件裁定38次，审核评判刑事案件568件，行政案件1530件。办理劳（少）教案件99件108人，批准率100%；收容教育7人，强制戒毒26人，强制措施准确率100%。行政（治安）处罚5897人次，其中拘留3143人次，准确率100%。审核刑事拘留1156人，取保候审460人，监视居住5人，呈请检察院逮捕775人，批准逮捕734人，批捕率94.1%。移送起诉1083人，起诉率100%，起诉准确率100%。办理行政复议案27件，经复议维持14件，申请人自动撤回8件，撤销重作1件，仍在审理4件。行政诉讼案5件，经法院一审维持1件，当事人自行撤诉2件；二审2件，维持2件，没有发生申请国家赔偿案件。

【队伍正规化建设】 把“构建警营先进文化，提升警务软实力”作为推进正规化建设的重要载体，从基础性、深层次问题着手，完善队伍长效管理机制。7月，对109名新民警进行强化训练。内容上以从警理念、纪律作风、习惯养成、法律法规、业务知识为主，突出执法办案、信息管理、打防控应用等实用性内容，新民警综合素质明显提高。全年召开正规化建设现场会3次，并进行检查验收。民警自我养成明显化、内务管理规范化、日常训练经常化，公安队伍形象得到改观。

【中层干部缺位竞聘】 5月9～14日，按照《关于党政机关推行竞争上岗的意见》、《党政领导干部选拔任用工作条例》等有关规定，结合机关工作实际，开展部分中层干部缺位竞聘工作。经个人报名、资格审查、民主推荐、民主测评、业绩考核、组织考察、党委研究等环节，原中层副职被提拔担任中层正职11人，普通民警被提拔担任中层副职16人。

【计算机应用考核】 市公安局被定为杭州地区打防控信息系统应用试点单位。局党委把全警计算机应用作为苦练基本功的重要内容抓，并制定基础训练、脱产培训、考核标准、奖金兑现等制度。经考核，全局50周岁以下民警通过国家公务员计算机应用三级能力考核516人，通过率99.4%。全局民警全部通过打防控计算机考核，通过率100%。

【开门评警】 10月9～18日，组织开展开门评警活动，邀请人大代表、政协委员、党代表、乡镇街道和企事业及学校负责人，社区（村）干部、群众以及外来务工人员等各界代表3648人，分别参加86名基层中层干部和56名责任区民警的述职述廉报告会。

【公安宣传】 通过报刊、电视、电台等各种媒体，宣传公安机关开展严打整治、队伍正规化建设、创满意活动等所取得的成果。全年在市级以上新闻媒体刊（播）发各类稿件1444篇；经富阳电视台《富春警视》电视专题宣传24期；制作“警营开放周”宣传图板29块；在安全防范、禁毒、道路交通安全管理等方面开展宣传，让群众理解、了解、支持公安工作。10月，市公安局选送反映主动型勤务机制改革成果的电视短片《主动应战我必胜》，在杭州市公安系统“基层风采”评选活动中，获三等奖。

【年鉴编纂】 2005年富阳市公安年鉴采用分类编纂法，直书其事。设25个分目，76个条目。卷首列概述、大事记。主体部分依次为：分类记事、机构沿革、要文目录、论文选载、经验交流、调查研究、案例精选、报刊文摘、数据汇编等部分。摄选图片51幅，图文并茂，相得益彰。年鉴体例规范、内容翔实、言简意赅，确保年鉴的资料性、连续性、史册性和实用性。7月完成编纂。

【执法执纪】 组织全体中层以上干部参观杭州市廉政教育基地、杭州市反腐倡廉成果巡回展览。组织全体民警观看《嫌疑人消失的背后》、《亲情错位酿悲剧》等警示教育片，筑牢民警拒腐防变的思想道德防线。着力纠正民警在执法办案、服务态度等方面的问题。督促有关警种建章立制，从源头上预防违纪违规问题的发生。全年受理查办“96666”、“110”以及群众来信来访等举报投诉150件，件有调查，事有反馈。查处民警违纪案件4起4人，予以纪律作风警告4人。

【行风建设】 以“创满意”为工作目标，创建群众满意基础站所（窗口）为载体，解决群众关注的热点、难点问题，推进公安行风建设。6月，开展行风建设月活动，邀请行风监督员等明察暗访，以开门评警、述职述廉，开辟外网舆情专栏等方式，听取和征求群众意见和建议，促进行风好转。全年邀请社会各界行风监督员5个批次、120余人，基层单位向辖区群众汇报工作43次，征求各类意见、建议18条。

【大型活动保卫】 组织开展保卫基础调查，制定线路、景点、场所、通信技术保障等保卫预案。3月28日，新登“半山桃花节”；4月26日，龙门古镇风情节暨2006杭州世界休闲博览会富阳分会场开幕式；10月14日，西湖烟花大会富阳责任段等大型活动，均出动警力260人次，确保活动平安、万无一失。

【道路交通管理】 交警大队围绕“降事故、保安全、保畅通、实现零增长”的工作目标，推进“平安畅通县市”创建活动。制定《预防重特大道路事故工作方案》、《处置重特大交通事故预案》、《恶劣天气交通管理工作预案》、《处置运输剧毒化学物品突发事件预案》等，落实各项管理措施。开展预防重特大交通事故“百日会战”、整顿无牌无证机动车、整治夏季交通秩序等工作，达到预期效果。完善城区“高峰站点、平峰巡线、错时工作”的勤务工作机制，提高民警上路率、管事率，加强路面巡逻管控力度。9月25日，省公安厅在绍兴召开现场会，富阳在会上作经验交流。

全年查处各类交通违法行为206721起，治安、行政拘留281人，追究交通肇事刑事责任人83人（逮捕81人），吊销机动车驾驶证43本。发生交通肇事死亡逃逸案件25起，侦破19起。上报交通事故330起，死亡110人，伤342人，经济损失121.33万元，“四项指标”全部下降，未发生特大死亡事故。

【武警工作】 武警中队规范执勤管理，注重对押解、安全检查、公开处理大会、宣判等临时勤务，并针对职能进行军事训练。全年完成军事训练日144个，主要科目增加警棍盾牌术、催泪弹投掷等。1月14日，中队协助公安机关，在春江街道徐家爿村附近小山上，抓获抢劫犯罪嫌疑人3人。全年出动兵力参与公安机关武装巡逻、设卡备勤和安全保卫活动等勤务122人次；押解人犯39批次、355人，确保目标单位连续12年安全无事故。

【消防整治】 消防大队先后开展学校、公共聚集场所、化学危险品企业、旅馆等单位专项整治及重大火灾隐患排查整治工作。检查单位1021家，发出《限期改正通知书》578份、《复查意见书》521份，违规处罚单位76家、74人，罚款57万余元。责令停止施工、停止使用、停产停业68家。排查重大火灾隐患单位21家，其中杭州市级重大火灾隐患2家、富阳市级2家。全年审批建筑项目875个，验收项目230个，总计建筑面积500余万平方米。

【灭火救援】 3月20日，消防大队成功处置富阳学院电梯卡人事件，中央、省、杭州电视台均作新闻报道。全年接处警545次，其中火灾451次，成灾120次，灭火率100%。参加事故抢险救援94次，营救遇险人员86人。

【刑事案例】 “四二四”故意杀人案。4月24日上午，市公安局接到群众报警：高桥镇郜村的过溪山上发现一具尸体。经刑侦大队技术人员现场勘查和调查走访，确定为他杀。死者名叫陈军（男，40岁，高桥镇观前村188号）系黄鱼车司机，丢失北京现代伊兰特轿车一辆，车牌号为浙A2V679。专案组组成，即从被害人被抢的伊兰特轿车入手，开展现场排查、赃物布控工作。4月25日下午1时许，侦查获悉有人急于出手一辆伊兰特轿车，线索引起专案组高度重视，随即派员跟踪、布控，很快锁定嫌疑对象。4月26日凌晨，先后在富春街道A8酒吧内抓获作案嫌疑人汪锦浩（男，42岁，高桥镇高桥北路56号），姜杭伟（男，30岁，新建路33幢101室），孙黎明（男，51岁，苋浦西路43号607室）。经审查，三人对蓄谋抢车杀人的犯罪事实供认不讳。

“一一·六”故意伤害致死案。11月6日18时40分，市公安局接警：富春街道桂花西路86号恒源网吧门外有人打架，一个去网吧送外卖的男青年被人捅一刀，倒在地上，情况危急，凶手逃之夭夭。110民警即赶至现场，将伤者送至医院，后抢救无效死亡。刑侦大队汇同城西派出所、网监大队等单位组成专案组。随即调取相关网吧监控录像，经目击者辨认，录像中有一男子与死者（张天来，男，17岁，辽宁省辽中县茨于坨镇茨于坨村人）发生争执的男子为同一人。线索获悉，专案组加大此类案件串并分析力度，对其实施阵地控制及技侦手段。11月10日，重大作案嫌疑人满全敏（男，24岁，辽宁省沈阳市皇姑区人）在嘉兴海宁地区出现。缉捕几经波折，最后于14日下午在临安汽车站将满某抓获。经审查，满对张天来被其捅伤致死供认不讳，并交代11月在富阳、余杭、海宁等地网吧用“丢钱拍肩”实施盗窃作案6起的犯罪事实。

【经侦案例】 蔡志荣集资贷款诈骗、抽逃出资案。2001年7月5日，蔡志荣（男，44岁，高桥镇唐家坞黄泥地11号）为成立杭州荣盛漂整有限公司，向他人借款筹集资金550万元，并通过验资。6日，公司成立，蔡志荣将550万元从杭州荣盛漂整有限公司全部取出并归还他人。2002年4月～2005年3月，蔡志荣以高额利息为引诱，利用诈骗手段非法集资，从李某、伍某某、王某某、浙江云森集团等17人（单位）处骗得474.58万元。2004年1～2月，蔡志荣利用虚假证明文件和担保合同，从深圳发展银行杭州高新支行骗得贷款307.125万元，非法占为已有，拒不归还。2005年6月9日，市公安局对其立案侦查。2006年7月17日，蔡志荣被杭州市中级人民法院以集资诈骗罪、贷款诈骗罪、抽逃出资罪判处死刑，缓期二年执行，并处没收个人全部财产。（陈南昌）

·检　察·

【概况】 市人民检察院以邓小平理论、"三个代表"重要思想和科学发展观为指导，围绕年初提出的"新的要求、新的进展、新的业绩、新的形象"目标，在切实抓好队伍建设的同时，有重点、有目标、有计划地积极推进各项检察工作有序开展，2006年各项工作均取得了新的成绩，民行、监所、控申等多项工作在杭州市检察机关年度考核中进入前三名。

【刑事检察】 进一步规范、加强提审和出庭公诉工作，着力构建快捕、快诉机制，全力维护社会稳定。全年受理各类提请批准逮捕案件522件796人，受理各类移送审查起诉案件689件1086人。经审查依法批准和决定逮捕490件744人，依法提起公诉628件996人，移送杭州市人民检察院审查起诉21件54人，向法院起诉后的有罪判决率100%，全年无错捕漏捕、错诉漏诉案件发生。依法主动提前介入公安机关侦查活动23次，参与重特大、疑难案件讨论25次。积极推行普通程序简化审改革和简易程序审理案件，适用简易程序审理案件370件499人，提高了办案效率。

【参与社会治安综合治理】 坚持"严打"方针与贯彻宽严相济政策有机统一，对由群体性事件和人民内部矛盾引发的刑事案件，坚持区别对待，缩小打击面，防止矛盾转化；深入开展"青少年维权岗"工作，对未成年人犯罪坚持"教育、感化、挽救"的办案方针，坚持可捕可不捕的不捕，可诉可不诉的不诉，防止"二次污染"；切实加强法制宣传，与有关部门联手开展"送法下乡、送法进校、送法进社区"宣教活动，在电大富阳学院、市技工学校开展"检校共建"活动；针对办案中发现的社会治安问题向有关部门提出整改堵漏意见，搞好社会综合预防。

【控告申诉检察】 受理各类线索174件，及时做好案件线索初查、批转工作，初查率100%。受理刑事申诉3件，依法立案复查2件，其中1件经复查改变原处理决定，并被评为全省优秀刑事申诉复查案件。进一步落实控告申诉首办责任制和检察长接待日制度，遇有重大信访正副检察长坚持随访随接。坚持"诚恳接访、重点回访、深入下访、主动约访"四访方式，不断完善线索管理、查办机制，积极探索涉法上访案件和群体性上访案件妥善处置机制，取得了一定的成效，全年无新的涉法上访案件和群体性上访案件发生。

【职务犯罪侦查】 坚持依法、文明、安全、规范办案，严格执行全程同步录音录像制度和各项办案制度。积极推进依法独立办案，精心组织开展商业贿赂专项治理工作，成功查办了市环保系统、盐业系统等国家工作人员职务犯罪窝串案。切实增强为新农村建设保驾

反渎职侵权局成立

护航和全力维护人民群众切身利益的意识，较好地办理了几起群众反映强烈的热点问题案件。全年受理贪污贿赂职务犯罪案件线索25件，立案侦查贪污贿赂职务犯罪案件9件17人，其中属商业贿赂案件6件8人。立案案件均为大要案，其中10万元以上特大案件6件9人，挪用公款300万元以上2件2人，科局级以上领导干部职务犯罪要案2件2人。全年受理渎职侵权线索15件，其中自行发现案件线索4件，已初查线索11件，办结7件，较好地促进了全市依法行政和党风廉政建设，取得了较好的社会效果。

【职务犯罪预防】 突出“行业预防、个案预防和重点工程专项预防”的重点，在市文化中心建设工程中开展职务犯罪专项预防工作，先后到有关部门以上法制课、联席会议等形式开展行业预防。与市纪委联合制作的《他被官欲所击倒》电视专题片，在富阳电视台《廉政视角》栏目播出，起到了较好的警示教育作用；结合办案向有关部门发出有针对性的检察建议，引起有关部门的高度重视，收到了良好效果。进一步建立完善行贿档案查询系统，并对外受理查询申请，推进了全市惩防体系的构建。

【法律监督】 刑事诉讼监督　立案监督方面，注重强化通知立案前的审查和调查。进一步规范和完善行政执法与刑事执法相衔接的工作机制，就制订统一移送文书、加强协作、规范工作等事项达成了共识。依法建议行政机关移送公安机关立案1件，依法向公安机关发出《要求说明不立案理由通知书》13份，公安机关主动立案侦查14件19人，监督公安机关不应立案而立案的案件16件16人。进一步加强侦查监督，经审查不批准逮捕31件51人，建议公安机关撤回起诉41件54人，纠正漏诉3件7人。进一步强化刑事审判监督，对认为确有错误的刑事判决、裁定依法提出抗诉1件，并已获改判。

民事行政监督　受理各类民事行政申诉案件25件，立案15件，提抗和建议提抗5件，法院再审改判5件（含上年结存1件）。运用检察建议协助法院做好执行和解工作，达成执行和解4件（其中1件系上年结存案件），执行监督1件；针对一些金融机构有部分已发放的借款的还款期限已到期，或部分借款单位已破产的情况，及时发出督促起诉意见书，督促起诉25件，为国家挽回经济损失1180万余元。

刑罚执行监督　积极做好刑罚执行监督和监管场所安全防范工作，着力抓好规范化建设。全年，初查监管场所职务犯罪案件相关线索2件，审查看守所呈报的减刑材料91份，同意呈报55人，对36名不符合减刑条件的罪犯提出不同意呈报或缓报意见。审查劳教人员加减劳教期限材料1118份，对4名劳教人员的加期提出不同的意见，均被采纳。对全市范围内“五类罪犯”的执行情况进行专项检察2次，并会同派出所对4名漏管罪犯落实了监管措施。

【教育培训】 进一步完善相关教育培训机制和岗位练兵制度。组织各类培训200余人次，全院50周岁以下干警全部通过公务员课程考试，4名干警通过司法考试，8名干警获得本科学历。深入开展多种形式的岗位技能训练，积极参加上级院开展的各类岗位练兵活动，有6名干警在上级院组织的竞赛中获奖。全院干警发表调研文章23篇，其中国家级刊物发表3篇，在各级报刊、广播、电视台发表宣传稿件200余篇。继续深入开展“规范执法行为、促进执法公正”专项整改活动，精心组织开展“学党章、保先进、促发展”教育，“社会主义荣辱观”教育，“社会主义法治理念教育”等学教活动。进一步修订党风廉政建设责任制和岗位目标管理责任制，抓好院对科室、科室对干警个人的层层落实。着力完善队伍监督管理机制和内部监督制约机制，强化对执法办案等关键环节的监督检查，切实抓好各项制度的落实和执行，确保了队伍建设良性、健康发展。

【科技强检】 着力加强科技装备建设，开通民行网上办案系统、网络版监所管理系统，预防业务统计软件、公文传输系统正式投入使用，院内数字监控系统与杭州市人民检察院成功联网，并对三级专线网和检察外网网站进行改版，做好日常技术维护，确保网络和各类办公、办案软件顺利投入使用。切实加大科技运用培训和装备应用，有效提高干警的科技运用能力，充分发挥信息化建设的现代效能。技术部门与相关业务部门密切配合，做好全程同步录音录像和多媒体示证等工作。全年运用多媒体示证15件，运用侦查监控系统对立案查办的9件职务犯罪案件全部进行全程同步录音录像，为办案业务提供了强有力的科技保障。

（沈欢芝）

·法　院·

【概况】　2006年，市人民法院坚持以“三个代表”重要思想为指导，全面落实科学发展观，以公正与效率为主题，以司法为民为基点，以队伍建设为根本，紧紧围绕市委的重大决策部署，全面加强审判和执行工作，各项工作取得新的进展。全年，新收各类案件9318件，同比上升2.1%；办结各类案件9311件，同比上升7.5%。收结案数均创历史最高纪录。一线办案人员年人均结案数达到了169.3件，结案数超过200件的有21人；被二审判决改判和发回重审的案件28件，占审结案总数的0.5%。

2月，新登、大源、场口三个人民法庭建立电子签章系统，与院机关实现了计算机局域联网。10月，数字化审判法庭投入使用。12月，审判流程管理软件系统升级。市政府先后批准新登、场口法庭审判办公楼立项。两个法庭将按国家一类标准异地重建，年末正在办理土地征用手续。

全年有11人参加学历教育，有4人毕（结）业，提高了干警业务素质。在职人员中，具有本科以上法律专业学历的68人，占总人数的56.7%，其中研究生5人。针对审判工作中新问题和新情况的不断增多，积极组织干警开展调研课题活动。全年被市法院刊物采用的调研文章25篇，其中9篇被上级刊物采用。

【刑事审判工作】　刑事审判以维护国家安全和社会稳定为首任，建立健全“严打”长效机制，依法打击各类刑事犯罪。全年审结刑事案件636件1012人。生效判决案件644件，判处罪犯1046人，其中判处3年以上有期徒刑 209人，占罪犯总数的20%；为国家挽回经济损失748万余元。在刑事审判中，突出打击重点，依法审结爆炸、投毒、杀人、抢劫、强奸等严重危害社会治安犯罪和抢夺、盗窃、诈骗等严重影响群众安全感的多发性犯罪案件353件，判处被告人536人；审结金融诈骗、偷漏税等破坏市场经济秩序犯罪案件22件，判处被告人35人；审结贪污、贿赂和挪用公款等职务犯罪案件4件，判处被告人4人；审结赌博、卖淫嫖娼、涉毒等犯罪案件22件，判处被告人46人。在强化“严惩”的同时，坚持“罪刑法定、罪刑相适应”原则和宽严相济的刑事政策，对罪行较轻、确有悔改表现的35人，予以缓刑、单处罚金和免予刑事处罚。针对未成年人犯罪的特点，坚持“寓教于审、惩教结合”，挽救失足青少年，共判决未成年人犯罪109人，其中管制10人、拘役9人、单处罚金4人，对41人适用了缓刑。对刑事附带民事案件，坚持依法审判与调解相结合，切实保护受害人的合法权益，共审结这类案件83件，为受害人执行经济赔偿500万余元。

【民商事审判工作】　民商事审判立足化解矛盾纠纷，不断强化法律手段调节经济社会关系的职能作用，认真贯彻“能调则调、当判则判、调判结合、案结事了”原则，强化诉讼调解，维护稳定保发展，定纷止争促和谐。全年审结各类民商事案件4882件，解决诉讼标的额5.3亿元。审结中，经调解或经调解息诉结案的1498件，占审结案总数30.7 %。认真审理婚姻家庭、劳动争议、侵权和邻里关系等纠纷案件以及土地承包、山林权属等涉农案件，依法保障当事人的合法权益，促进婚姻家庭、社区乡村邻里关系和睦，共审结此类案件3066件；妥善审理商事案件，规范了市场秩序，共审结此类案件1816件。审结股东权、保险合同等新类型案件20件。

【行政审判工作】　行政审判坚持保护行政相对人的合法权益和监督支持行政机关依法行政并重，依法拓展行政审判领域，认真审理与人民群众生产生活息息相关的各类行政案件，努力推动“官民”和谐社会关系的建立。全年审结行政案件43件，其中判决撤销或确认违法的行政诉讼案件4件，保护了行政相对人的合法权益；审查行政非诉执行案件310件，均裁定准予执行，有力地支持了行政机关依法行政。3月，市政府出台《富阳市行政机关法定代表人出庭应诉工作暂行规定》，法院大力宣传行政机关负责人出庭应诉制度。市国土资源局、市劳动和社会保障局、市工商分局、里山镇人民政府、市公安局三山派出所等单位的法定代表人积极出庭应诉，对推进富阳市依法治市起到了积极作用。

【强化执行工作】 执行工作以建立执行工作良性循环长效管理机制为目标，积极探索解决“执行难”的新举措，加强领导，配强执行力量，完善执行权分权运行、案件流程管理等工作机制，不断加大执行力度，努力提高有效执结率和执行标的实际到位率。全年，新收各类申请执行案件3818件，执结3719件，同比分别上升26.1%和32%；执行标的额 4亿余元，同比上升241.9%；执结率87.3%。同时，加大宣传力度，利用报纸、电视等新闻媒介对被执行人进行公告，督促其自觉履行义务；在被执行人居住的小区内张贴公告，争取社会各界的支持和协助，在全市范围内逐步形成了合力执行氛围，有效地缓解了执行难。全年被执行人自动履行法定义务407件。

【落实便民措施】 加强法院机关立案接待大厅的规范化建设，完善立案接待大厅的硬件设施，为人民群众提供良好的诉讼环境；开通涉及社会弱势群体诉讼“绿色通道”，对弱势群体诉讼案件实行快立、快审、快执。各人民法庭均采取固定地点与不固定地点相结合的巡回审理方式审理民事案件。新登人民法庭和龙羊巡回法庭，全年共巡回办案97次，办结案件171 件。认真落实省高院“三项承诺”，进一步加大司法救助力度，对81件经济确有困难的当事人，依法减、免、缓交诉讼费用金额达23.6万余元。继续强化审判监督，认真处理涉诉信访，共审结再审案件8件。

【参与社会治安综合治理】 依托审判职能，积极参与社会治安综合治理，把各庭积极参与综治工作列入庭科室“争先创优”的考核内容。对审判工作中带有普遍性的问题，积极向有关部门提出司法建议。不断完善公开审判、巡回办案、以案释法，指导人民调解组织等制度，加强与当地司法行政部门、人民调解委员会联系沟通，建立诉讼劝导机制，形成民间纠纷多层次、多元化解决机制，有效地化解了大量民间纠纷。加大法制宣传，开展法制宣传和法律咨询活动，与市检察院、司法局、电视台等联办《法在你身边》电视专题栏目；行政审判庭应邀到市国土资源局、市人口计划生育局等单位上法制课；刑事审判庭适时邀请学生参加有关案件审理旁听，加强对青少年的法制教育。

【落实人民陪审员制度】 严格贯彻全国人大《关于完善人民陪审员制度的决定》，认真落实《人民陪审员管理、使用和考核实施意见》，将市人大常委会任命的19名来自各阶层的人民陪审员参与到案件审理中来，保障了人民陪审员对审判活动的制约和监督，增强了审判工作的透明度。全年人民陪审员共参加合议庭审理案件241件。　（吴宇云）

·司法行政·

【概况】 市司法局围绕市委、市政府中心工作和构建和谐新富阳的目标要求，深入贯彻省、杭州市司法行政工作会议精神，顺利启动实施了“五五”普法规划，着力加强司法所规范化建设和人民调解组织网络建设，积极开展法制宣传、人民调解、法律援助、安置帮教、法律服务管理等工作，为促进全市经济社会发展和社会和谐稳定作出了积极的努力。全市现有律师事务所5家，法律服务所5家，公证处1家，执业律师37人，执业法律服务工作者37人，执业公证员3人。局机关干部职工46人，其中大专以上学历39人。

【法制宣传和依法治理】 在深入总结“四五”普法依法治理工作和广泛调研论证的基础上，制定了《富阳市2006～2010年普法教育依法治市规划》，10月8日，市委、市政府印发了该规划。10月26日，市人大常委会审议并通过了《关于加强普法教育依法治市工作的决议》，新一轮普法教育依法治市工作全面启动。探索创新普法教育工作方式方法，积极推进“法制文艺下乡”巡回演出，顺利启动了“法律六进”活动，会同有关部门开办了“法在身边”电视专栏，全年共播出电视专栏16期，开办法制讲座19场，法律咨询31场次，送法下乡18场次，编发《法律知识简明读本》3万册。经市司法局和民政局审核，全市509个行政村达到2006年度三星级以上“民主法治村”创建要求，创建率为83.3%，23个社区全部达到三星级以上“民主法治社区”创建要求，创建率为100%。其中塔山村被省普法办、省司法厅、省民政厅命名为全省首批五星级“民主法治村”，新民村等16个村和秋月社区等4个社区被杭州市依普办、市司法局、市民政局命名为首批四星级“民主法治村（社区）”。

【司法所建设】 着力开展司法所规范化建设，建立健全岗位目标责任制度，采用组织学习、开片会、集中指导等方式加强对乡镇（街道）司法所工作人员的业务培训指导。加强直属司法所队伍建设和软硬件建设，充实工作人员，改善办公条件，落实工作经费，并将场口、大源所与所在乡镇（街道）综治中心、司法所合署办公，资源共享，优势互补。经过创建，富春街道司法所、直属新登司法所被省司法厅评为省级示范司法所，鹿山街道司法所等10个司法所被杭州市司法局评为杭州市级规范化司法所。

【人民调解】 3月下旬～4月下旬，组织力量分赴6个主要乡镇（街道）及所属的村、社区、集贸市场，对2006年1月1日起施行的《杭州市人民调解条例》开展了宣传月活动，发放单行本800余册，挂图700余套，悬挂横幅100余幅，张贴标语1000余条，出墙报、宣传栏、黑板报1000余块，开展法律咨询28场次，调处疑难纠纷50余件，为群众解答法律疑惑550余人次。完善人民调解组织网络，新成立调解组织7个，新增人民调解员21名。至年底，全市共建有各级各类调解组织687个，其中乡镇（街道）25个，村（社区）637个，企业24个，总工会1个，共有调解员2210名。健全矛盾纠纷排查调处机制，深化人民调解"四有五无"创建活动。全年共排查调处各类矛盾纠纷2897起，调处成功2828起，成功率为97.6%，防止民转刑案46件，防止群体性上访25起，制止群体性械斗27起，无因民间纠纷调处不及时或不当引起的民转刑案、群体性事件和非正常死亡事件。

【安置帮教和社区矫正】 更新完善了刑释五年来、解教三年来的1221名归正人员数据库。对2006年187名富阳籍归正人员与各乡镇（街道）落实了帮教措施，并着重做好有重新违法犯罪倾向、"三无"和涉毒人员的帮教工作。充分调动和利用社会力量，在上海邮政包装用品厂富阳分厂和杭州富兴化纤有限公司建立了安置帮教基地。继续做好2001年度刑释人员定向监测调查统计和重新违法犯罪情况专项调查统计工作。为顺利开展好社区矫正工作，2006年底，对全市社区矫正五类人员进行了排查摸底，共排查出423人。

【法律援助和法律服务】 进一步健全法律援助网络，加强援助案件质量管理，切实维护社会弱势群体的合法权益。市法律援助中心和16个法律援助工作站，全年共承办各类援助案件719件（其中民事案件632件、刑事案件87件）。"12348"法律服务协调中心共受理来电1308件，接待来访2542人次。组织律师参与每月15日市领导集中接访及协助处理重大敏感事件，全年参与市领导接访12次，协助处理涉访敏感事件60余件，承办各类民事和经济案件539件、刑事案件142件、行政案件6件、刑民事法律援助案件72件、非诉讼法律事务800余件。担任企业法律顾问140余家。全市5家基层法律服务所担任法律顾问23家，诉讼代理237件，非诉讼代理30件，解答法律咨询630人次，代写法律文书306份。市公证处办理国内民事公证1114件，涉外公证567件，汽车贷款合同公证1151件，各类招投标公证334件，各类按揭公证1321件。

（臧湖军）

·案例选录·

【执行规模最大的一起执行案】 原告市百合房地产有限公司与被告市工贸资产有限公司、第三人许××等22人房屋腾空、拆除纠纷一案，市法院于2005年8月22日作出判决，判决第三人许××等22人于判决生效后十日内腾空富春街道工农路6号的集体宿舍，交付给被告工贸资产有限公司，由被告在十日之内自动拆除。判决生效后，被告及第三人未履行义务，原告遂向法院申请执行。市法院于2005年10月24日立案执行，并于同年10月27日发出腾房公告，限被告于2005年11月10日前自行腾空。期限届满后，许建军等22人拒不履行法定义务。市法院多次上门及召集当事人做了大量的思想教育疏导工作，但均未果，故该案进入了强制执行程序。

市法院党组针对该案涉及面广、人数众多、社会影响大这一特殊情况，认真分析研究，并形成书面报告于2005年12月中旬报请市政府。市政府及时召开了有关职能部门协调会议，落实了执行初步方案，并定于2006年1月6日实施强制执行措施。此后，市法院制定了由有关部门参与的执行方案、执行日执行细案、执行人员具体工作安排等，对整个执行过程进行了详细、周密的部署。组建了一支由院长任执行总指挥，由市法院、市公安局、市执法局、富春街道办事处等10多家单位200多人参与的执行队伍。1月6日上午8时，有关部门工作人员来到执行现场，各司其责，对要腾空的楼房进行断水、断电、断煤气，控制好出入口，拉好警戒线。在执行前一天，法院执行人员根据执行方案，对涉及本案的22户住户人员进行了通宵达旦的说服教育工作。因此，在执行这天，当执行队伍到达现场时，22户被执行户除2家外，其余均同意腾空房屋。对拒不同意腾空的2户被执行户，执行人员出示工作证和执行公务证，告知身份，再次讲明法律法规，晓之以理，要求其自动履行法定房屋腾空义务。2户被执行户最后也同意腾空房屋，不再进行对抗。案件进入搬运财产阶段，执行人员对22户30多个房间的财产一一清点并进行登记、公证，然后组织搬运工将财物搬运到过渡房。这是市法院有史以来规模最大的一起强制执行案件。

1月6日下午1时正，房屋腾空完毕，经执行人员反复清查确认没有遗留财物后，挖掘机进入现场，对房屋进行拆除。下午4时30分，房屋拆除完毕。整个过程全程录像，公开公正。期间，没有出现暴力抗法事件，也没有出现任何伤亡事故。至此，这一执行“骨头案”最终圆满结案。

【全市首例利用网络传播淫秽物品案】 2月28日上午9时，富阳市首例利用网络传播淫秽物品案在市法院审理后，当庭宣判。被告人周韡因犯传播淫秽物品罪被法院依法判处有期徒刑8个月。

周韡，男，系浙江省武义县人。2005年5月间，他向位于富阳市的浙江某学院租用了1000 M服务器空间，用于自建网站，并在该网站上建了一个论坛。为了吸引人气，周在该论坛上设立了一个专门用于发布色情图片的《一夜倾情》栏目，并通过“阿飞”和“playboy”两个账号，从其他色情网站上转贴了7474张污秽图片发布在《一夜倾情》，供他人上网点击浏览。到案发时，该论坛点击率已超万次。

案发后，周对所做事实供认不讳，并有悔改表现。法院经审理认为，被告人周韡在网上传播淫秽内容，情节严重，其行为已构成传播淫秽物品罪。鉴于案发后，被告人周韡认罪态度较好，遂依法对其作出从轻判决。

【涉及56名农民工工资案】 4月17日，原告56人诉被告杭州富阳国裕管桩有限公司劳动争议案件，经市法院场口法庭法官耐心做工作，双方最终达成了调解协议而圆满结案。

56名原告原系富阳铭达化工厂职工。2004年12月～2005年8月间，富阳铭达化工厂拖欠原告的工资各数千元不等。2005年8月28日，该化工厂与被告杭州富阳国裕管桩有限公司经过协商签订了一份协议，规定原富阳铭达化工厂欠56名职工的近11万元工资由被告支付，而富阳铭达化工厂将其土地、厂房及机器设备全部转让给被告。协议签订后富阳铭达化工厂即注销了工商登记。后被告一直未履行支付工资的承诺。2005年9月，原告向富阳市常安镇劳动和社会保障管理站反映拖欠工资一事，并要求解决。为此，常安镇政府及镇劳动和社会管理站多次召集双方协商处理，但均未果。2006年2月，原告向富阳市劳动争议仲裁委员会提起劳动争议申诉，仲裁委员会认为被申诉人主体不适格，作出不予受理案件的通知书。故原告诉至市法院场口法庭解决。场口法庭受理案件后，即进入了审理阶段。在审理中，承办法官了解到被告不按协议支付原告工资的主要原因是原富阳铭达化工厂未将土地转让相关手续办好，原、被告之间本不存在直接冲突，被告也具有完全的支付能力。因此，法官做被告的思想工作，以期更合理、妥善地解决纠纷。部分原告在知情后本着对法院的信任，也为了节省诉讼费，自动撤回了起诉。经过法官多次与被告沟通，被告最终表示愿意尽快支付原告的工资款。法官召集原、被告到庭，组织双方就具体的问题进行协商，最后双方自愿达成了调解协议，被告在两个月内付清拖欠原告（包括已自动撤诉的原告）的工资款计107595.95元，并承担相应的诉讼费。 （吴宇云）

【责任编辑 张建华】

人民武装

·综　述·

【概况】　按照“三个提供、一个发挥”（军队要为党巩固执政地位提供重要力量保证，为维护国家发展的重要战略机遇期提供坚强安全保障，为维护国家利益提供有力的战略支撑，为维护世界和平与促进共同发展发挥重要作用）的要求，突出党委班子建设和干部职工队伍的思想政治建设，严格落实“四个秩序”（工作、学习、训练、生活秩序），着力解决基层武装工作重难点问题；积极开展双拥共建活动，军民、军政关系融洽；完成年度兵员征集任务；民兵武器装备安全管理实现第27个安全年。

【党管武装】　2月，市委常委议军会议，明确市国动委指挥机构规范化、行业系统人武部以及人武部硬件设施建设。3月，召开市委武装工作会议暨市国动委第六次会议。10月，杭州市委组织部会同警备区政治部对党管武装工作进行考核。

·民兵和预备役·

【民兵训练】　3月20日～4月3日和5月12～18日，组织完成了2期基干民兵（含应急分队和水上应急分队）训练。市人武部干部和专（兼）职武装干部同步参加了训练。训练设1个训练大队，3个训练中队，各中队在训练期间都按大纲完成了必训课目和“四课”教育，驻训率100%。4月3日，警备区对民兵应急分队和工兵分队进行考核，成绩均为优秀。5月17日，军地领导对水上应急分队进行考核，成绩优秀。11～12月，考核推荐5名教练员参加警备区组织的“四会”教练员集训。

【预备役训练】　4月7～29日，预备役人员在余杭万石里训练基地进行为期23天的专业技术集训，所训的18个课目经考核，综合成绩优秀。6月9～18日，预备役人员在富春江进行10天训练。7月，派6名人员到舟山进行20天的海训。

【防卫演练】　6～9月，开展防卫方案的制定和演练，进一步完善方案。10月，抽调渌渚镇、鹿山街道、富春街道、高桥镇专武干部和民兵共200人组成综合保障分队，完成省军区组织“纪念红军长征胜利70周年”野营拉练活动中的现地勘察和综合演练任务。

【退伍军人登记、核对和统计】　6月初～7月，开展退伍军人登记、核对、统计工作，对全市符合服预备役条件的退伍军人（含专业技术兵）进行登记。

【民兵整组和点验】　6月10日～8月5日，分组织准备、具体实施、集中点验、总结汇报四个阶段完成年度民兵整组和部分退伍军人服预备役集结点验工作，并分3个小组对全市25个乡镇、街道的整组工作进行检查验收。

【武器装备管理】　贯彻南京军区打好安全工作“四个”

战役的指示，全年进行“条令学习月活动”等安全教育13次。重点清理武器装备库及训练器材库，销毁处理废旧子弹、信号弹、炸药、雷管和上缴全自动步枪。各项装备技术管理均符合技术指标，账物相符，收发无差错，装备库实现第27个安全无事故年。

·兵　役·

【兵役登记】 9月初，展开兵役登记、颁发“公民兵役义务证”和落实预征对象工作。登记和颁证对象为2006年12月31日以前年满18周岁的男性公民；年满17周岁的应届高中毕业生，本人自愿，也可发给“公民兵役义务证”；注销对象为2006年12月31日前年满23周岁以上的公民。预征对象中：农业户口的为2006年年满18周岁～20周岁、初中毕业以上文化程度的公民；非农业户口为同档年龄高中以上文化程度的应征公民；年满17周岁的应届高中生，本人自愿，也可定为预征对象。9月25日，兵役登记、颁发“公民兵役义务证”和落实预征对象工作结束，并给应征青年颁发了“公民兵役义务证”。

【兵员征集】 10月中旬～12月底，开展2006年度征兵工作。分组织准备、体格检查、政审定兵、集中运输、总结讲评五个阶段。市政府抽调公安部门业务骨干120余人、卫生部门医生27人参加征兵政审和体检工作，市征兵办组织2个目测组，对应征青年进行目测和初检，择优确定预征对象。11月1～12日，在市人武部实行封闭式体检，终检合格率68.1%。市征兵办批准入伍青年中，党团员占61.3%；高中以上文化程度青年占68.4%。

【提高义务兵优待金】 认真落实新的《革命伤残人员抚恤标准》，市政府进一步提高义务兵优待金。自2006年起，由原来的每人每年4800元提高到每人每年5300元。

·国防教育·

【领导干部国防教育】 11月，组织50人参加“春江论坛”专题讲座，听取中台办原副主任王在希所作的台海形势；8月，市人武部政委韦兴华分别给老干部和中青班培训干部介绍台海形势；12月，组织25个乡镇、街道党（工）委书记进行党管武装书面述职。

【学校国防教育】 6月、8月、9月，与市教育局一起分别召开富阳市各类学校国防教育工作研讨会议，编制下发三本《富阳学校国防教育参考资料》，规范幼儿园、小学、初中、高中不同层次国防教育的具体内容和操作标准。

【纪念红军长征胜利70周年】 举办“弘扬长征精神，建设美好家乡”主题活动，组织开展“心系国防”晚会、弘扬长征精神军事日、应征青年参观红军团、“纪念红军长征胜利70周年”暨张承军“歌唱祖国、颂扬人民”演唱会、电影周等活动。在全市中小学开展“弘扬长征精神，立志报国成才”和“六个一”活动，并举办“长征路、民族情、和谐颂”书画、诗歌、歌咏比赛等10多项活动。

·军民共建·

【双拥创建】 邀请解放军某部参与龙门民俗风情节暨杭州世界休闲博览会富阳分会场开幕式；协调驻军100余名干部参观省国防教育基地——受降厅和龙门古镇；7月4日，应市政府要求，并经上报批准，组织150名民兵参加金桥区块违章建筑拆除行动。全年，军地共建结对70余个，支持部队建设经费100余万元，物资50万元，建立流动赠送图书馆1个。

【国防权益维护】 完善市维护国防利益工作领导小组及其办公室，实行每季一次联席会议制度以及工作协调机制和流程。为军人军属提供法律援助5起，接受军人军属法律咨询100余人次，协调处理现役军人实际困难和纠纷30起。

【军训学生】 9～10月，富阳中学、市职业高中、教师进修学校等30余所中小学校、幼儿园1万余人次到解放军某部开展军事夏令营活动。（朱妙根）

【责任编辑　骆小峰】

农业经济

·综　述·

【开展“三农”工作调研】 全年市农办围绕社会主义新农村建设和“三农”工作的热点、难点问题，深入开展调查研究，完成调研报告12篇，其中加快农业主导产业发展、减轻农民负担、壮大村级集体经济和农村社会保障等7篇调研文章，分别发表于省、杭州市有关刊物。

【农业产业化】 以培育科技型、外向型、带动力强的农业龙头企业为目标，完善对农业龙头企业的考核机制。2006年，新增农业龙头企业7家，农业龙头企业总数56家，杭州市级以上农业龙头企业14家，其中省级骨干农业龙头企业3家。销售收入突破20亿元，其中销售额创亿元企业4家，带动联系农户10万余户，建立农产品基地0.67万公顷，收购市内农产品22万吨，金额6.8亿元。建设杭州市级都市农业园区（基地）7个，新增杭州市级都市农业专业示范村7个。制订出台鲜活农产品“绿色通道”管理办法，签订责任状，严格管理。全年发放绿色通道证1.52万张，运载1.4万车次，运载鲜活农产品1.66万吨。富阳半山水果合作社的有机转换农产品（桃）等7个农产品获有机食品认证证书，富阳场口镇王洲渔场的无公害农产品（鳙）等9个农产品获无公害食品认证证书，万市镇白马村的森林食品（高节竹笋）等2个农产品基地获“浙江森林食品基地”称号，富阳市顶顶水果合作社的“顶顶”牌水果等2个农产品被评为杭州名牌，富阳市杭富罐头食品有限公司的“杭富”牌果蔬罐头等7个农产品被评为富阳名牌，富阳市农业技术推广中心的“鹳山”等5个农产品商标被评为富阳市知名商标，杭州东吴食品有限公司的“东吴坊”牌方便型咸豆浆等6个农产品获浙江省农博会金奖。规范农村专业合作组织发展，扶持重质量、带动力强的农村专业合作组织，新发展合作社16家，农村专业合作组织共81家，其中农民专业合作社54家，农业专业技术协会21家，市级产业性行业协会6家。

【发展休闲观光农业】 市委、市政府重视培育和扶持休闲观光农业，成立领导小组，整合休闲观光农业扶持政策资源，促进休闲观光农业的发展。全年举办新登“半山桃花节”、里山“安顶开茶节”、东洲“白鹤火柿节”等集农业资源、文化资源和旅游资源于一体的“农家乐”特色项目。2006年，发展休闲观光农业旅游点12个，“农家乐”特色村11个，农家乐经营户1845家，接待旅客47.19万人次，收入4667万元，成为富阳农业和农村经济新的增长点。在首批公布的浙江省星级乡村旅游点中杭州龙门古镇乡村旅游点被评为三星级、白鹤村及永安山乡村旅游点评为二星级；白鹤村被评为省“农家乐特色示范村”，杭州云森生态农业发展有限公司被评为“杭州市休闲观光农业旅游示范单位”。

【农业招商引资】 全年引进外资项目14个，到位资金1193万美元；引进内资项目6个，到位资金1.87亿元人民币。

【举办首届优质农产品展销会】 10月13～15日，举办富阳首届优质农产品展销会，58家企业的15大类300多种农产品参展，吸引市民3万余人次，销售农产品120多万元，达成销售意向150余万元，发放《富阳农产品手册》1000册、农业技术咨询资料3万余份。

【“百千”工程】 全年完成6个示范村（其中省级5个）、31个重点整治村和137个一般整治村的整治建设。累计投入建设资金5.98亿元，拆除空旧房40万平方米，新增和改善自来水受益人口8万人，新增硬化道路99.3万平方米，新增和改进通村公路102.5公里，新建、改造河道（溪、沟）41公里，新增绿化面积40万平方米，新建公厕41座，新建垃圾房2551个，新装路灯3154盏，消除“赤膊房”65万平方米，完成24个农村生活污水集中处理工程和10个生活垃圾收集工程治理项目，完成村庄建设规划180个，整理新增耕地27.24公顷。开展农村基础设施现状专项调查，摸清市域范围内村庄道路、水、电、广播、电视、电信以及生活污水和垃圾处理等基础设施现状，了解农民群众最迫切最需要解决的事项，为下一步农村基础设施建设的投入方向、工作重点和具体村庄提供科学、合理的决策依据。

【“扶欠”及“扶贫”工程】 3月10日～4月10日，开展贫困农业人口户数调查，对2005年人均收入低于2000元的4332户（1.03万人）贫困农户逐户建档立卡，重点扶持欠发达地区农业生产基础设施建设项目和公益事业，累计投资1253万元，完成63个“扶欠”建设项目。投资198.65万元，完成杭州市“49100”工程7个扶贫项目，出资50万元完成富阳市与天台县雷峰乡结对扶助项目建设。

【农民素质培训工程】 根据省和杭州市农办下达的培训任务，及时将培训指标下达到各培训职能部门和培训示范基地。采用多种技能素质培训方式，提高培训质量；完善培训后的就业推荐机制，实行定向培训和订单式培训，举办农村青年劳动力就业专场招聘会和农村妇女就业专场招聘会，推进农村富余劳动力转移就业。全年培训农民3.9万人，其中农村富余劳动力培训0.54万人，后备劳动力技能培训0.33万人，失地农民培训0.2万人，已就业农村劳动力培训1.69万人（其中企业自主培训1.41万人），农村适用技术培训1.03万人，农村实用人才培训0.1万人，培训后转移劳动力0.56万人。发放各类证书0.66万本，其中培训合格证书0.34万本，职业资格证书0.32万本。7月，富阳市获农民素质培训工程全省考核二等奖。

【农村信息化工程建设】 制定出台农业信息服务体系建设考核办法，全年完成620个村级信息服务点建设，完成率101.3%。加强信息化人才的培训和业务指导，参训0.12万人次。全年发布本地农业新闻、农业科技信息0.19万条，收集网络信息典型事例40余条，产生直接经济效益600余万元。向杭州农网发布信息0.19万条，各乡镇、街道及村下载农业农村信息1万余条。为56家农业龙头企业开通农民信箱并注册浙江农业信息网网络名片，提供信息500余条；为专业合作组织提供信息300余条；为农户提供信息0.11万余条。市农办被评为杭州市新农村建设信息工作先进单位。

【社会主义新农村建设成果】 2006年，富阳市人民政府获杭州市社会主义新农村建设先进区、县(市)三等奖；高桥镇人民政府被命名为“杭州市社会主义新农村建设示范乡镇（街道）”；春建乡下唐村、高桥镇唐家坞村被命名为“杭州市社会主义新农村建设标兵村”；富阳市富春江罐头食品有限公司被评为“杭州市十佳农产品加工企业”；富阳市龙羊盆景苗木专业合作社被评为“杭州市十佳农民专业合作组织”；富春、东洲、新登、永昌、灵桥、常安、湖源、万市等乡镇、街道被评为“富阳市社会主义新农村建设先进单位”；铭卉蔬菜基地“三沼”综合利用工程等32个项目被评为“富阳市社会主义新农村建设技术推广项目奖”。

（蒋玉明）

·种植业·

【粮油生产概况】 全年种植粮食作物2.4万公顷，总产量15.1万吨，同比分别增0.9%和5.4%。其中春粮2211公顷，产量0.66万吨，同比减4.1%和增5%；早稻38公顷，产量223吨，同比减62.4%和60.6%；晚稻（包括单季晚稻）1.4万公顷，产量10.5万吨，与上年基本持平；夏秋杂粮7380公顷，产量4.2万吨，同比增7.4%和13.5%。种植油菜7462公顷，油菜籽产量1.5万吨，同比增1%和3.7%。

【粮油高产示范与竞赛】 6～10月，根据省农业厅、杭州市农业局的部署，市农业局组织开展单季晚稻优质高产示范与竞赛活动，在全市建立高产示范畈7个，推广水稻免耕直播技术、单季晚稻“双百”工程技术、测土配方施肥技术和水稻重大病虫无害化治理技术等新技术75公顷，示范畈内平均产粮9051公斤/公顷。经省、杭州市专家组评选，胥口镇下练畈示范方获得省级优秀示范方和杭州市高产示范一等奖；洞桥镇宜桥示范方、渌渚镇杨元示范方获得杭州市高产示范二等奖；渔山乡五一村示范方、富春街道步桥村早稻示范方获得杭州市高产示范三等奖。

【种粮政策补贴】 全年全市享受省、杭州市直接补助

油菜生产全程机械化作业项目推广

和良种补助种粮大户306户，享受补助资金63.67万元。

【富阳市被列为全国测土配方施肥项目补助县（市）】4月，富阳市被国家农业部列为全国测土配方施肥项目补助县，获国家财政补助100万元。市农业局承担项目实施，全年完成测土配方施肥2.71万公顷，其中水稻0.67万公顷、油菜0.55万公顷、水果0.21万公顷、桑树805.3公顷、竹笋340公顷、蔬菜0.45万公顷、茶叶0.14万公顷，配方肥应用面积1.04万公顷；培训市级骨干957人次，乡镇级0.68万人次，发放技术资料3.57万份；在611个行政村的水田、旱地采集土壤样本0.24万个，化验2万余项，完成水稻、油菜、草莓等29种主要农作物的施肥情况调查，发放施肥建议卡52种、7.02万份；建立杭州市、富阳市级示范畈7个、383.3公顷（核心示范方54.7公顷），乡镇级示范方20个计0.16万公顷，建立测土配方施肥科技示范户172户。该项目实施后，7个杭州市级、富阳市级示范畈水稻平均单位面积产量比全市平均产量高1500公斤/公顷，20个乡镇级示范方平均单产比全市平均产量高900公斤/公顷，其中胥口下练畈测土配方施肥示范方0.13公顷国稻6号产量1410公斤；各示范畈（方）平均减少施肥（折纯）57.2公斤/公顷，每公顷节本186.9元、增产426.45公斤、增收861.15元，总节肥0.15万吨，总增产1.37万吨，总节本增收2842.34万元；并且初步建立耕地地力信息系数和测土配方施肥管理系数。

【中低产田改造】 全年投入低改资金245.99万元，完成万市镇渔洲村邵家——王家畈、洞桥镇袁家大堰畈、里山镇安顶山茶区、常绿镇木坞村长垅畈等杭州市级中低产田改造示范畈4个。改造中低产田1398公顷；新建或整修灌溉渠7400米、硬化护坎机耕路5950米、毛石机耕路3950米、堰坝8座、机埠1座，改造电力线路4500米，增容变压器400千瓦；实施平衡配套施肥207.3公顷、秸秆还田116.7公顷次。

【受重金属污染农田联合修复技术列入“863”项目】8月，市农技推广中心土肥站与中科院南京土壤所协作的“重金属污染农田土壤超富集植物——微生物联合修复技术（2006 AA 10 Z 406）”项目列入国家高科技研究发展的“863”计划。该项目针对受铜、锌、铅、镉等重金属污染的农田土壤，开展包括重金属污染土壤的植物——微生物联合修复，农作物与超富集植物套作试验与示范，探索边修复边生产最适技术；天然有机络合剂活化污染土壤重金属技术研发；植物修复技术集成及其修复效率与风险评价；修复植物产后处置技术研发与示范，以及海州香薷黄酮与香料产品研制，伴矿景天甙提取与应用等，避免二次污染，增大植物修复过程的经济效益。该项目是土肥站参与实施的第4个“863”项目。

【建立杭州市级肥药双控示范畈】 6～10月，市农业局在渌渚镇杨袁村杨袁畈建立杭州市级肥药双控示范畈86.7公顷，实施减量施肥、减量用药和不同氮、磷、钾用量的田间试验。经测算，试验中的纯氮施用量比前三年平均值减少32.7公斤/公顷，水稻产量平均增1500余公斤/公顷。

【水稻病虫害大发生】 6～9月，境内水稻病虫害发生频繁，其中虫害重于病害。迁飞性害虫发生期提早，发生量持续增长；常规病害发生稳中有升，病毒性病害比往年提前发生且面积扩大迅速。全年稻纵卷叶螟发生2.77万公顷、稻飞虱发生5万公顷、水稻条纹叶枯病发生566.7公顷，其中稻纵卷叶螟连续第6年大发生，稻飞虱连续第2年大暴发。

【农作物病虫害防治】 全年，市农技推广中心植保站发布《病虫情报》18期0.5万余份，发放农药应用资料0.8万余份，实施植保新技术试验、示范项目7个，建立中心示范方477公顷，引进新农药品种12个。水稻病虫防治面积19.46万公顷次，挽回粮食损失3.96万吨。

【茶叶生产概况】 全市茶园3793.3公顷，年产干茶2411吨，总产值1.13亿元，同比分别增5.9%、9.13%和20.69%，茶叶产值首次突破亿元。其中扁茶1296吨，产值1.03亿元，同比增8.7%和 21%。新建杭州市都市农业示范园区1个、杭州市都市农业专业村2个、富阳市级农业产业化基地10个。全年新发展无性系良种茶园266.7公顷，出圃无性都市农业系良种茶苗3500万株。

【举办首届龙井茶炒制大赛】 3月29日，市农业局与富春街道办事处在富春街道拔山村联合举办首届“拔山高峰杯”鹳山龙井茶手工炒制比赛，全市13个乡镇、街道的30名选手参加比赛，里山镇安顶山村胡加忠获第一名，比赛作品经当场拍卖以每公斤3888元成交，创鹳山龙井茶价格之最。

【水果生产概况】 全市种植水果1208公顷，其中桃251公顷、柑桔113公顷、杨梅178公顷、葡萄48公顷，总产量3.46万吨，产值1.54亿元。种植西（甜）瓜1360公顷，产量4.75万吨。全年新建杭州市都市农业示范园区1个，富阳市农业产业化基地8个，引进蓝莓、蜜梨等优新品种12个，建立良种母本园20公顷。

【蚕桑生产概况】 全市桑园866公顷，有蚕桑生产的乡镇10个，行政村120个，养蚕农户7736户，其中洞桥、胥口、万市3个乡镇的桑园面积和蚕种饲养总量分别占全市的81.7%和85.8%。全年饲养蚕种1.88万张，平均张种产茧44.9公斤，产茧总量838.1吨，平均茧价1313元/50公斤，蚕桑总产值2860万元，同比分别增5.4%、1.1%、5.6%、34%和31.2%。全市新种植“农桑系列”优质品种苗96万株，改造老桑园13公顷，新建设杭州市蚕桑专业示范村1个。

【蚕茧价格继续攀升】 因国内外茧丝市场需求旺盛，全年蚕茧缺口25%左右，富阳市蚕茧收购价格继续攀升，其中秋茧价格1450元/50公斤，创1998年以来历史新高。

【蔬菜生产概况】 全市种植蔬菜9.9万公顷次，总产量33.7万吨，总产值5.4亿元，同比分别增14.3%、5.7%和41.9%。其中，全市种植芦笋866.7公顷，与上年持平，产绿芦笋1.4万吨，同比减2.3%，产值8238万元，同比增12.9%；种植秋菇100万平方尺，产鲜菇700吨，产值315万元，同比分别减50%、53.3%和55.7%。

【航天芦笋发生优良变异】 市农技推广中心蔬菜站承担的“芦笋航天育种”科研项目进入筛选变异株阶段。12月，蔬菜站选送13株航天芦笋植株到浙江大学蔬菜研究所检测，经DNA测定，8株芦笋植株发生优良变异。

【产业化基地建设】 根据《富阳市扶持农业综合开发资金使用实施细则》和《富阳市农业局农业项目和资金管理办法》，全年立项建设茶叶、蚕桑、水果、蔬菜、水产和粮食等优势特色农业产业化示范基地和品牌化、社会化服务项目42个，面积1115公顷，拨付以奖代补扶持资金100万元。

【都市农业园区和专业村建设】 根据《杭州市发展都市农业实施意见》，全年经杭州市立项并经杭州市农业部门组织专家验收，有5个园区和5个村被确定为杭州市都市农业示范园区和杭州市都市农业专业示范村(见表4和表5)。

·养殖业·

【畜牧业概况】 全市畜牧业产值6.56亿元，同比增4.8%，占农业总产值的22.5%。饲养生猪57.7万头，其中出栏40.8万头，年末存栏16.9万头；饲养家禽960.8万羽，其中出栏776.2万羽，年末存栏184.6万羽；饲养羊8.6万只，其中出栏5.9万只，年末存栏2.7万只。肉类总产量4.2万吨，禽蛋产量5771吨，牛奶产量5015吨。

【市畜牧兽医局成立】 根据富编〔2005〕72号文件精神，3月31日，富阳市畜牧兽医局成立。该局为农业局下属的监督管理类事业单位，加挂富阳市动物卫生监督所牌子，主要职责是：依法实施动物防疫、动物及其产品检疫，动物防疫监督、动物疫病扑灭、动物产品的安全执法；研究和制定畜禽养殖、饲料、兽药行业发展规划，指导畜牧业发展；负责饲料、兽药、种畜禽的日常管理和畜产品质量安全监控；负责畜牧兽医从业人员及动物疫病诊疗组织的监督管理；负责兽医实验室生物安全管理；协助乡镇政府做好动物防疫和疫病的扑灭等。

【首家家禽股份制专业合作社成立】 12月22日，由13个家禽养殖企业（户）自发组建的市内首家股份制农民专业合作社——“富阳市山村土鸡专业合作社”成立。该合作社成员分布于新桐乡、湖源乡等6个乡镇、街道，是富阳市“鹳山”牌本鸡、阉鸡重要生产基地，其中市志君生态农业园、市桃源生态养殖场为杭州市都市农业示范核心园，市环山中埠生态养殖场为杭州市级无公害农产品基地。

【重大禽畜疫病防控】 全年免疫禽类474.2万羽次，

2006年杭州市级都市农业示范园区

表4

建设单位	园区名称	产业类型	商标	规模
富阳市拔山茶叶协会	拔山茶叶示范园区	茶叶	鹳山	216.3公顷
富阳市环山中埠生态养殖场	环山优质土鸡生产示范园区	节粮型畜禽	鹳山	52.13万羽(核心区4.63万羽)
常安铭卉蔬菜基地	常安铭卉大棚蔬菜示范基地	蔬菜	铭卉	23.3公顷
鹏源农业开发有限公司	白石砹设施蔬菜示范基地	蔬菜	鹏发	13.9公顷
洞桥镇粮油协会	张家畈粮油示范园区	粮油	鹳山	100公顷

2006年杭州市级都市农业专业村

表5

建设单位	产业类型	商标	规模
新桐乡陆家坞村	杨梅	陆家坞	70.0公顷
春建乡下高村	茶叶	鹳山	63.3公顷
里山镇国富村	茶叶	鹳山	35.3公顷
东洲街道江岭村	蔬菜	鹳山	34.0公顷
洞桥镇菖蒲村	蚕桑	鹳山	39.7公顷

其中鸡405.6万羽次，鸭68.2万羽次，其他禽0.4万羽次；免疫生猪45.4万头次、牛0.7万头次、羊5.9万头次、猪瘟42万头次、犬8500只。抽查全市18个养猪场次、8个定点屠宰场次、32个养禽场次、1个羊场、4个农贸市场、2个奶牛场及2个散养村，采集血清样本2245份（其中猪血样327份、禽血样1132份、羊血样10份和奶牛血样776份），肛拭子和喉拭子930份，普查奶牛“两病” 1926头次。

【动物卫生监督执法和畜产品安全监测】 加强检疫监管，推进检疫规范化建设，全年全市12个定点屠宰厂（场），生猪屠宰后检疫21.63万头，检出病害内脏1.20万公斤，均进行无害化处理。检疫存栏生猪9.04万头，检出病猪42头；检疫存栏家禽129.74万羽。根据省、杭州市关于畜产品安全工作的要求，市畜牧兽医局自检和送检17个猪场、2家养禽场、2家奶牛场、2家饲料企业的8个猪饲料、8个鸡饲料、6个牛奶和15个鸡肉的样品。监测“瘦肉精”等违禁药物85个场次，检测尿样920个。

【水产生产概况】 全市养殖水产2520公顷，富春江增殖面积4800公顷，与上年持平。渔业总产量8380吨，总产值1.80亿元，同比增4.8%和12%。同时，渔业养殖结构进一步优化，成功引入黄颡鱼、青虾、澳洲笋壳鱼、中华绒毛蟹、美国鮰鱼、湘云鲫、日本中华鳖、优质珍珠蚌等8个新品种。

【“千场无公害万户信得过”活动】 根据省海洋与渔业局浙海渔业〔2006〕14号文件要求，市农业局加强对渔用药物使用情况和用药记录检查，强化投入品管理，并成功组织申报洞桥镇文和村水产合作社、东洲街道东洲渔场等2家杭州市水产养殖无公害产地认定和无公害水产品认证单位，渔山乡五丰村水产养殖户丁云飞等20个养殖户（场）获杭州市信得过养殖（户）场。

【省级百万亩标准鱼塘建设工程】 根据省政府浙政办发〔2006〕137号文件的要求，按照生态型水产养殖塘建设标准，全市改造建设标准鱼塘186.7公顷，其中皇天畈老鱼塘改造工程、汤家埠天井畈生态型水产养殖塘标准化建设工程列入省级标准渔塘建设项目。

·农业机械·

【农机具推广】 全年推广粮食生产作业环节的大、中型农业机械和龙井茶炒制、果蔬植保、耕作、茶园修剪等小型先进适用农业机械1100台套，其中符合农机购置补助条件的358台套。发放农机购置补助资金142.58万元，其中中央财政30.00万元，省财政18.01万元，杭州市财政38.28万元，富阳市财政56.29万元。

【富阳市首次被列为中央财政农机购置补贴示范县（市）】 是年，富阳市首次被列为中央财政农机购置补贴示范县（市），补贴资金30万元。有14户农户获得该项补贴，补贴全喂入收割机6台，半喂入联合收割机8台，补助额度为购机价格的30%。

【农机跨区作业】 全年，市农机推广站核发联合收割机跨省、跨地区作业证66本，组织农机户赴江苏、江西、安徽和金华、衢州等地跨区作业180台次，农机户直接收益181万元。

【农机具普查】 2～6月，根据省农业厅的部署，富阳市启动首次农机普查工作。发放宣传资料2000份，培训普查人员962人，发放工作手册800本，登记汇总相关表格1875本，汇总了全市25个乡镇、635个行政村和社区，7万多台（套）农机具的结构、使用状态及分布等情况。市农机推广站被杭州市农业局评为杭州市农机普查先进集体。

【方家井村通过省农机安全村验收】 10月17日，富春街道方家井村通过省农机安全村验收，并成为富阳市首个农机安全村。该村有拖拉机51台，农机维修网点3个，农副产品加工机械3台套，排灌机械70台套，农机总动力882千瓦，全村机耕水平95%，机收水平80%，机灌水平100%。3月，该村向省农业厅申报建设农机安全村，建立农机安全管理组织，制定安全管理制度，加强宣传教育等形式，强化源头管理，全年未发生一起农机重大道路交通安全责任事故。

·国有农场·

【原大青农垦场自建经济适用房工程开工】 2月15日，座落在大青农垦场皇天畈分场的原大青农垦场自建经济适用房（一期）开工建设，工程建筑面积1.09万平方米，预计投资1150万元。该工程由浙江正力建设有限公司承建。

【中国宋庆龄基金会青少年生命教育基地落户富阳】 12月30日，全国第二个中国宋庆龄基金会青少年生命教育基地——浙江大学生态园落户富阳市原大青农垦场。

【原大青农垦场成为首批省级现代农业示范农场】 根据浙政办发〔2005〕96号文件，经组织申报和杭州市、省农场管理局审核，原大青农垦场被确定为首批省级现代农业示范农场建设试点单位。

·农村能源·

【畜禽养殖场污染治理工程】 全年完成富春街道富春江农庄养殖场、东洲街道新沙奶牛场、胥口镇新沪养殖场和颜生平养殖场、渔山乡发明养殖场、新登镇杜家坞养殖场和袁坤生蛋鸡场、受降镇粮丰养殖场等8家规模养殖场废弃物治理工程，总投资156.9万元，建设厌氧发酵池1400立方米，年处理粪污能力3.5万吨。至年底，全市规模化畜禽养殖场污物综合利用率80%左右，规模化畜禽养殖场污染治理达标率85%左右。

【农村生活污水集中净化工程】 全年完成诸佳坞村、文村、水坞村等22家村级生活污水集中治理工程，总投资593.5万元，建设生活污水净化池5300立方米，污水管道总长10万余米，年处污能力54.8万吨。

【农村清洁能源推广】 是年，建设上畈村、南峰村、陈林村等清洁能源示范村6个，示范村的清洁能源利用率71%以上，省柴节煤灶热效率25%以上，太阳能用户普及率75%以上，受益农户1817户6364人。全市推广太阳能热水器6100台、节能“三灶”1250只。

（曹振宇等）

·农村经济管理·

【建立网络监控中心】 2006年，建立富阳市村级财务网络监控中心。年初，市村级财务网络化监督管理工作领导小组，在市农办设立办公室。5月，市村级财务网络监控中心建设报发改委批复，财政核拨经费65.8万元，配齐软硬件办公设施；6月，招考录用3名工作人员；7月，召开全市25个乡镇、街道业务骨干和部分村报账员会议，研究联网具体业务；9月，东洲和春江两街道作村级财务联网试点；12月，对60多名代理会计作财务软件知识更新和网络化专业知识的培训。至年底，实现市与乡镇、街道的村级会计代理服务中心二级联网，对村级财务实施三级监管。

【村级财务审计监督】 根据省、杭州市“万村审计、千村审计”的审计任务，指导乡镇、街道及行政村开展2005年度村级财务收支决算审计。全市611个行政村中，307个村由本村村务监督（民主理财）小组清理并将结果上墙公布；92个村由乡镇、街道农经站的审计组审计。全市各乡镇、街道和行政村两级清理审计资金4.2亿元，其中征地补偿费1.6亿元，催讨回笼应收款及社员内部往来1564万元。继续强化财务收支专项审计，市农经总站审计所根据市政府有关规定，按照三年一轮审计划，受乡镇、街道和村的委托，对一批集体经济实力较强，征地补偿费收入较多或村级财务管理存在某些问题引起群众不满的村实施重点审计。全年，专项审计36个村和单位的财务收支，审计资金2.9亿元，审出有经济问题的4人，涉及金额35.8万元，指导催讨应收款及外借资金567万元，提出管理建议315条，依法维护村级集体利益。

【农村专业合作组织建设】 2006年，市农经总站先后组织农民专业合作社发展情况检查2次，为指导各地有序发展、规范和提升农民专业合作社当好参谋。组织申报市农村专业合作组织资金扶持项目26个，组织申报富阳市百合水果专业合作社和湖源鹳山本鸡专业合作社等省级项目2个，杭州市富阳半山水果合作社等杭州市级示范性农民专业合作社4家。培训农村专业合作组织负责人和财会人员120余人，为全市规范农村专业合作组织发展统一政策。至年底，全市农村专业合作组织发展到81家。其中：农民专业合作社54家（2006年新发展16家、协会转为合作社6家），农业专业技术协会21家，市级产业性行业协会6家。

【农经知识培训】　2006年，针对《新会计制度》贯彻实施后碰到的新情况和新问题，进一步贯彻富委[2005] 31号和富委办[2005]79号文件，规范和提高农村财会人员从业水平，2月下旬起，历时20余天，分8期对全市乡镇、街道会计代理服务中心人员、611个村的报账员和部分村的村务监督小组组长进行业务培训，参训643人。配合市委组织部和市民政局对2600余名乡镇、街道联村干部、农村工作指导员、村干部和村民代表等开展财务管理知识培训。　（程雪松）

·林　业·

【概况】　2006年，市林业局围绕促进人与自然和谐相处、构建和谐社会的总体要求，以全面推进林业现代化建设为主线，全面完成绿化造林任务，重点实施生态公益林建设、“一江两路”景观林建设、城乡绿化一体化、兴林富民、森林资源保护管理等五大工程，全面完成山林延包工作。

2006年是浙江省下达“百乡千村兴林富民示范工程”建设任务的第一年，市林业局成立兴林富民工程建设领导小组，建立领导干部及技术人员联系镇、村制度，编制规划。至12月，建成兴林富民示范镇1个，兴林富民示范村20个，其中省级示范村4个。

按照统筹城乡发展的要求，以巩固、提升全国绿化模范城市、创建国家级生态市，“园林绿化村”、“十村示范、百村整治”等创建活动为载体，在城区加快公园、广场、入城口等公共绿地建设，提高城市绿化水平。在乡镇、街道重点建设“园林绿化村”和“生态村”，并建成8个“园林绿化村”，结合园林绿化村、生态重点村、古树名木村良好的自然风貌及配套设施情况，引导村民利用山、水、地、林等资源，发展生态农庄。

全年发生森林火灾4起，火警40起，过火63.24公顷，森林受害率0.34‰，发生率每10万公顷4.1次，控制率每次8.26公顷，没有发生重大森林火灾。渌渚、春江、渔山、灵桥、常绿、龙门、国有林场资产经营公司、亚林所等乡镇（单位），全年无火情。受理各类森林案（事）件260起，查处111起，处理违法人员152人（次）。

【兴林富民工程】　1月，市林业、财政两局联合出台《关于鼓励特色干鲜果产业发展有关经济扶持政策的通知》，重点扶持香榧、山核桃、日本甜柿等高效干鲜果造林，扶持标准为香榧、日本甜柿每株补助5元，山核桃每株补助2.5元。全年种植香榧30余万株、山核桃28万株、日本甜柿2.6万株，投入扶持资金230余万元。3月，市林业局、财政局联合下发《关于加快竹产业发展的通知》；12月，又联合下发《关于下达竹产业奖励资金的通知》，扶持竹产业资金50万元。6月，开展“毛竹之王”评比活动。根据小苗木销售难实际，在造林绿化等项目中，大量采用直径2厘米～7厘米苗木，召开育苗大户和房地产企业负责人、市政绿化公司等用苗大户座谈会，引导富阳的绿化工程尽量采用苗农培育的直径2～7厘米的苗木，帮助苗农销售小苗木15万株。

【“一江两路”景观林工程】　景观林带建设以场口镇、桐洲岛、新沙岛等富春江沿线乡镇为重点，采用直径2厘米～4厘米的常绿树种和色叶树种，采用块状整地、带土移栽、适当密植相结合的营造林模式。建成富春江生态景观林187.33公顷，使沿江的生态景观林逐步向群落结构优化、生态功能稳定、景观特色明显、生物多样性丰富的方向发展。

【绿化造林】　计划完成迹地更新任务266.67公顷，实际完成278.73公顷，幼林抚育360.6公顷。新建生物防火林带50.13公里，面积97.76公顷。其中宽度大于20米的47.63公里，宽度10～20米的2.5公里。

【生态公益林】　实施林业生态化，以省重点生态公益林建设为重点，根据统筹规划、分步实施、权责一致、分级负责原则，坚持严格保护、积极培育、保育结合、休养生息、科学经营、持续利用方针，构建生态公益林体系。完成杭州市级补助生态公益林0.2万公顷，省重点生态公益林3.07万公顷。

【义务植树】 深入开展以"建设绿色屏障，增强富民能力"为主题，以兴林富民工程和生态景观林建设为载体的全民义务植树活动，2006年，全市31万人次义务植树57万余株，建立各类纪念林126块。

【特色基地】 建成永昌青何村食用竹笋基地、新登半山村毛竹基地等5个毛竹高产高效基地，建成渌渚镇竹笋和新登镇半山村笋竹两用林无公害森林食品基地，建成洞桥杜坞村香榧、万市大青山核桃等5个特色干水果示范基地，永安山旅游休闲农庄和中亚苗业特色苗木培育基地。

【山林延包】 全市3.79万户农户与村委签订规范的承包合同，建立山林延包档案3258卷，核发"中华人民共和国林权证"8.18万本。

【资源管理】 全年批准采伐林木2.61万立方米，其中，商品材1.16万立方米，民用材0.71万立方米，分别为市府下达限额指标的66%、16%、62%。审核长期征用林地项目52宗，临时征占用林地项目16宗，农居点21项，林道16项；审批办理石矿开采企业临时使用林地项目132个。

【病虫害防治】 完成松材线虫病除治493.93公顷，其中皆伐47.73公顷，择伐446.20公顷；采伐疫木0.11万立方米；清理枝桠31.15万公斤。共投入劳力1.16万余工。防治全市的花卉苗木、杨树、食用笋竹、山核桃、毛竹及古树名木病虫害，重点防治新沙岛杨树林的蛀干害虫和食叶害虫、万市大青村山核桃的蛀干害虫和花蕾蛆、永昌龙峰和湖源后潘坞的毛竹卵圆蝽等虫害。 (顾怡)

·水利工程建设·

【概况】 全年主要建设千库保安、城市防洪、千万农民饮用水、万里清水河道、小流域治理工程及小型防洪排涝工程。开工工程520处，其中列入市重点水利工程79处，以奖代补工程206处，竣工480处。完成投工341万工日，完成土石方318万立方米，完成投资2.1亿元。加固水库18座；建设饮用水水源水库10座，新建水站31座；改造闸站23处200千瓦；投资2190万元，完成宋家溪、六石溪、灵山溪等6条9公里河溪道整治，治理小流域1条，改善灌溉面积1300公顷；新增蓄水量226万立方米，改善农村供水人口3.9万人，治理水土流失8平方公里。

全年完成江岭排涝站、六一排涝站、王家机埠3处泵站改造。

【水利工程建设管理】 全面实行"业主负责、施工保证、监理控制、政府监督"相结合的质量管理体系，按工程建设规范严格管理水利工程质量。总投资50万元以上的重点水利工程建设均通过规范的招投标确定施工单位，全面推行工程监理，政府强制性质量监督管理，市水利工程质量监督站承担51处水利工程质量监督，开展质监活动105次。加强工程资金管理，按国家有关基本建设资金管理办法，完善财务管理制度，工程资金按进度及时拨付。

【城市防洪工程】 全年投资650万元，加固北渠新桥石渠段1020米，12月完工；投资180万元，建设秦望浦出口段护岸工程233米，10月完工。

【水库保安与标准化建设】 全年投资2419万元，完成枫林坞、石壁寺、白仲坑、石塔坞、杨庚坞、大甘坑、青山垅、抗大、大洋坞等水库的标准化建设，直垅水库保安建设，金石坑、岔坞、塘坞、龙皇塘、新岭坞、野坞、鲍家岭、大坞等塘坝保安加固，提高水库塘坝安全系数，发挥水库综合功能。

【农村饮用水工程】 全年投资5000万元，完成高桥、里山、湖源、大源等20个乡镇街道57个村的46处农村饮用水工程，加固扩容望仙、溪东前山坞、五胜戴家坞、岔坞、直坞、中溪塘坞、芳地大坞、金石坑、老山坞、淡竹坞等10座水库塘坝，增加库容67万立方米，新建喻家湾供水工程、导岭供水工程等31座水站，新增饮用水供水能力6800立方米/日，3.9万农村人口的饮用水设计改善。

·水利工程管理·

【小型水库管理】 巩固小(二)型以上水库安全管理成

果，落实608座塘坝工程管理经费500元/（座•年），落实108座重点临村塘坝工程专人管理，管理经费1800元/（座•年），落实乡镇街道副局级以上干部担任132座小(二)型以上水库安全监管责任人。以乡镇为单位举办7次小（二）型水库及村头塘坝工程管理人员管理培训班，参训279人次。按小(二)型以上水库责任制考核办法，对全市132座小(二)型以上水库和108座临村塘坝管理工作进行考核，其中水库优秀9座，合格116座，基本合格5座，不合格2座；塘坝优秀1座，合格85座，基本合格16座，不合格6座。对考核优秀、合格的按2400元/（年•人）下拨管理经费，优秀的再奖励500元；基本合格的下拨1600元/（年•人）的管理经费；不合格的扣除全年管理经费。洞桥镇、受降镇、场口镇被评为水利工程管理先进集体。

【岩石岭水库管理】 是年遭遇连续第四年干旱，年降雨1215．2毫米，水源不足。用于农田抗旱灌溉放水20余次，800余万立方米。一、二级电站发电724万千瓦时，实现产值286万元，同比分别增加44万千瓦时和6万元；渔业产值80万元；全年实现工农业总产值366万元。10月，对二级电站的2号、3号调速器、蓄电池组进行技术改造。制定《大坝安全巡视、检查制度》、《大坝启闭闸门操作规程》、《大坝管理人员工作职责》、《大坝管理交接班制度》、《岩石岭总干渠堤防养护管理实施办法》、《总干渠巡查制度》、《渠道缺陷登记制度》，规范工程管理。

【堤防管理】 在场口镇堤防管理市场化运作试点的基础上，9月，市水利水电局出台《关于加强堤防管理养护若干意见的通知》，6个有20年一遇堤防管理职责的乡镇街道全面实行市场化运作，物业化管理，成立富阳市便利水利工程管理养护有限公司、富阳市大源镇建沅劳务队、富阳市灵大水利工程管理养护有限公司、富阳市东信水利管理有限公司、富阳市兴利水利工程管理养护有限公司、富阳市鹿山水利工程管理养护有限公司六家堤防养护单位。在杭州市林水局组织的标准堤塘管理养护考评中，富阳市获县市组二等奖。

【皇天畈水利工程管理】 落实皇天畈水利工程管理责任到人，签订闸、站、堤防安全管理责任书16份。投入养护经费47万元，清除杂草60万平方米，清除垃圾40余车，50公里堤防喷洒除草剂，埋设车辆限制桩11对，警示牌23块，维修平整堤防48公里，填筑宕碴670余方。

【城区河道配水】 由鹿山翻水站对城区20公里河道配水，除阴雨天外每天单机24小时配水，全年配水305天，设备运行5473台时，提富春江水4822余万立方米，更换苋浦水系城区河道水体118次，苋浦水系基本保持三类水体。抗旱与配水两不误，使皇天畈水利工程既服务于工农业生产，又促进城市河道环境的改善，实现翻水站工程效益最大化。

【小水电管理】 至年底，全市小水电站40座，总装机1.975万千瓦，全年上网电量3094万千瓦时，征收小水电费13.36万元。古城、山毛坞2座电站在建，装机2320千瓦。

【中型水闸注册登记】 根据国家水利部水建管〔2006〕263号文件的要求，完成皇天畈闸、北江闸、北渠受降和泗洲泄洪闸、北渠泗洲进口闸、北渠宋家塘灌溉闸、秦望闸、南渠鹿山出口闸、南渠青云桥泄洪闸等9座中型水闸注册登记。

·防汛防旱·

【防汛物资管理】 4月，市供销社于汛前剔除变质草包，及时补足防汛物资，储备10万条草包、1万条编织袋、500把铁锹、70把木榔头以及土工膜等防汛物资。

【防汛信息化建设】 进一步完善防汛网络建设，对防汛视频会商系统、灾情上报系统、水情信息采集系统的设备进行检查和维护，更新软件，系统运行更加稳定，完成场口、盛村等8个雨量站的标准化建设。

【预案修编】 重新修编《富阳市防御富春江洪水预案》、《皇天畈区域闸站防洪排涝调度运行预案（试行）》、《富阳市防御台风工作方案》，编制《富阳市水库、塘坝抢险管理办法（试行）》和《富阳市富春江堤防抢险管理办法（试行）》。4月27日，举办预案编制培训班。100个行政村完成山洪灾害防御预案编制。

【汛前准备】 2～3月，全市开展汛前防汛大检查，参与2436人次，检查各类水利工程3951处，其中中小型水库135座、塘坝1356座、防洪堤177公里、渠道253公里、排灌机埠633座、涵闸187座、水电站39座、溪堤329公里、堰坝484座、水文测站20多处。排查隐患工程200处，明确安全管理责任单位和责任人，制定度汛安全措施。5月，复查200处隐患工程，并督促整改。5月16日，市领导分两路检查部分山塘水库、在建工程及防汛物资储备等，听取防汛工作汇报；5月24日召开全市防汛工作会议；6月23日市政府再次召开全市山洪灾害防御工作现场会。汛前，调整市防指成员，新增市教育局、城管综合执法局为成员单位，乡镇街道成立防汛防旱领导小组和抢险突击队，安排汛期值班人员。市政府与各乡镇街道签订水利工程安全管理责任书，与中型岩石岭水库管理处签订《富阳市水库工程安全管理责任书》；市水电局与各乡镇街道签订《富阳市水库工程安全管理责任书》；各乡镇街道也同小（二）型及以上水库、村头塘坝管理人员签订安全管理责任书。制定上报中型水库岩石岭的汛期控制运用调度计划，下发7座小(一)型水库汛期控制运行计划。

【台风影响】 全年先后受1号（珍珠）、4号（碧利斯）、5号（格美）、8号（桑美）等台风影响。其中，1号台风（珍珠）给全市带来大到暴雨，平均降雨量55.3毫米，最大72.5毫米（盛村站）；受4号强热带风暴碧利斯影响，富阳站实测最大风力18.4米/秒，受降站实测最大风力20.5米/秒；受8号桑美超强台风影响，富阳站实测最大风力18.6米/秒，受降站实测最大风力20.5米/秒。因各个台风中心离富阳较远，均未造成台风灾害。

【防台抗台】 在每次台风中，都围绕“不死人、少伤人”目标，广泛宣传发动，精心部署，全力做好防台工作。市气象台连续跟踪8号超强台风动向，分析移动路径，及时发布台风警报。8月9日晚，市防汛办向全市发出防台紧急通知，经新闻媒体、短信平台通报台风消息。8月10日9时，市委、市政府召开防御第8号强台风紧急会议。会后，全市25个乡镇街道分别召开防台工作会议，动员干部群众，全力部署防台工作。市四副班子领导到各自联系乡镇、街道督促防台工作，市水电、国土部门各派出5个工作组，分赴各乡镇、街道检查指导防台工作，市防指成员单位根据各自职责，也迅速采取安全防范措施。在台风临近期间，及时启动防台预案，市领导及防指副指挥亲临防汛指挥部坐阵指挥防台。气象、交通、供销等部门负责人同时在指挥部值班，各乡镇街道负责人或坐镇指挥，或进重点区、村庄检查部署。全市6000余人参加防台值班。落实各项防范措施，确保人员、工程及财物安全。组织转移危房、病险山塘水库及地质灾害下游的民房、建筑工地、临时工棚等处人员5319人，其中68个地质灾害点转移665人；组织610艘船只回港避风，其中渔船162艘336人，运输船只430艘，砂机18艘；山塘水库巡查人员758人均赴现场巡查；落实在建及病险水利工程保安措施，并落实专职值班人员；成立3342人抢险队伍，随时待命。

【“七·七”洪灾】 7月7日，洞桥、万市两镇西面交界区域突降暴雨成灾。据离受灾区最近约3公里的徐畈站实测，2小时内降雨82毫米，其中60分钟最大降雨量81毫米，受强降雨影响，该站测得溪流水位上涨近1米，下游中型岩石岭水库一天上涨1.54米。洞桥吕公、万市石门等行政村山洪暴发，洪水漫过溪堤、冲毁道路，造成农田受淹、房屋冲塌等灾害。洞桥、万市两镇的19个行政村0.59万人受灾，432公顷农田受淹，冲毁农田49.2公顷，损坏溪堤11.8千米，其中冲毁8千米，发生山体滑坡30多处，房屋倒塌37间，“三线”受损1500多米，直接经济损失1029.7万元。

【防洪抢险】 7月7日16时许，富阳市气象台发布暴雨黄色警报，防汛指挥部值班人员按规定程序将暴雨预警信息通报全市有关单位和人员。根据遥测站监测数据，及时向乡镇通报情况。其间，洞桥、万市两镇派出由镇领导带队的检查组分赴强降雨区域了解汛情，落实防范措施，率领灾区村干部和群众抗灾，组织村民安全转移。万市派出所的10名干警赴遭受重灾的洞桥镇吕公村，帮助转移村民90余人；8日，副市长潘建平率水电局、防汛办、民政、广电等有关部门负责人和技术人员赶赴灾区，了解核实灾情，部署指导抗灾，慰问灾民，动员灾区干部群众积极开展自救，恢复生产。民政、国土、交通等职能管理部门帮助灾区抢险救灾，减轻灾害损失。（陈永平等）

·行政执法·

【农业执法概况】 全年编印农业法制宣传资料9种6340份，张贴宣传标语1.28万余张，举办种子管理、农药管理和肥料管理、《畜牧法》和《农产品质量安全法》等法制培训班24期。组织“春潮”行动，“绿剑”春、秋季集中执法行动，动物防疫春、秋季集中行动，瘦肉精专项整治和拖拉机专项整治等7次大规模执法行动，检查水产养殖场46家，检查种子、农药、肥料生产经营单位175家2120个农资品种，检查兽药、饲料、种畜禽生产、经营、使用单位和屠宰场347家的2677个兽药、饲料及添加剂品种，检查拖拉机5250台次，依法查处农业（渔业）违法案件40起，发出《责令停止（纠正、改正）违法行为通知书》52份，罚款2.6万元，与渔民签订《安全生产责任书》160份，与饲养量50头以上的生猪养殖场签订了瘦肉精专项整治“承诺书”267份，核发“动物防疫合格证”22份，检验渔船160艘、拖拉机4600台，换发拖拉机牌证3900台，检疫产地苗木413.53万株，检疫产地种子5个品种8公顷。

【全国农业综合执法试点通过验收】 1月1日，市农业局通过国家农业部全国农业综合执法试点的考核验收。11月29日，国家农业部法制工作领导小组办公室授予市农业局全国农业综合执法试点单位铜牌。（曹振宇等）

【食用农产品质量安全检测】 2006年，市农产品质量安全检测中心定性检测农产品1.28万批次，合格率99.6%；定量检测94批次，合格率100%。

【林业执法】 开展“绿剑”、“绿盾”行动，野生动物执法检查20组次，检查经营单位360余家次，农贸市场35场次，查扣并放生省级重点保护蛇类5条，省级一般保护蛇类12条，省级一般保护鸟类18只，青蛙180公斤。9月21日～10月31日，开展猎捕成灾野猪专项行动，出动狩猎队员2300人次，猎获野猪180头。办理及年审“浙江省陆生野生动物经营利用核准证”45家。

全年检查木材运输车辆1300多辆，查处违法违章车辆100宗，均为无证运输，依法没收木材165.5多立方米，毛竹1.08万余株。（顾怡）

【水政巡查】 11月，出台《富阳市水政监察巡查制度》，全年水政巡查1.5万余人次，发出责令停止违法行为通知书50份、责令整改通知书15份，行政处罚立案17起，结案17起。富春江采砂管理水政巡查2900余次，出动巡查人员1.2万余人次，办理违法采砂案件5起。堤防巡查180余次，出动水政执法人员800余人次，发出责令停止违法行为通知书12份、责令改正通知书1份，查处违章建筑19处，立案7起，清除违章种植物2500平方米、各类垃圾800余立方米、各类树木55立方米，强制拆除中沙、洋浦沙一带沿江的6只砂场码头。其他河溪道水政巡查每周不少于2次，全年230次、900余人次，发出责令停止违法行为通知书38份、责令整改通知书14份，立案5起。严厉打击渌渚江、月亮湾、青江口等非法采砂活动，依法处理渌渚江小型吸砂泵13只。

【水资源管理】 继续实行取水许可制度，做好全市主要河流、水库水质动态监测和水资源调研工作。继续对新立项的取水大户进行水资源论证，新发取水许可证5家，注销取水许可证21家，年审取水许可证率95%以上。富春江上、中、下游和大源溪、青江口、渌渚江、苋浦江和岩石岭等8个水质监测点，全年监测6次。完成水资源公报编制。完成全市水功能区确界立碑，设立界碑24块。

【水土保持监督管理】 继续实施开发建设项目水土保持方案编报审批制度，全年396家建设单位编报水土保持方案报告表，23家建设单位编制水土保持方案报告书，实施编报率95%，方案审批率100%。征收水土保持设施补偿费350万元。永昌溪水土保持综合治理工程被省水利厅立为2007年重点治理工程。富阳城区大桥路边裸露岩体进行水土保持再植复绿，复绿面积2900平方米。

【富春江河道采砂管理】 完成2005年7月1日～2006年6月30日的年度采砂控制计划，确定年采砂量260万吨。按照市委、市政府确立的采砂管理指导思想，制定第五轮富春江河道采砂权拍卖方案。富春江富阳与西湖区交界的应沙江段2.7公里划定为禁采区。确定渔山、场口2个可采区，总长10．9公里，采挖砂机18只，采砂期限6个月。实行24小时现场监管，保障采砂管理正常有序。 （陈永平等）

·科教宣传·

【农村适用技术培训】 全年举办农村适用技术培训班168期，培训农民8923名，其中绿色证书培训1495名，农村实用人才培训656名。

【农技人员继续教育培训】 5～6月，市农业局和人事局联合对全市在编农技人员进行继续教育培训，433名具有专业技术职称的农技人员参训并通过业务知识测试。9月，市农业局和人事局联合对全市从事农技工作但尚未具备规定学历的人员进行农技业务培训，101名农技人员被市人事局评定为初级专业技术职务任职资格。

【组建富阳市农业技术培训实习辅导教师团】 5月，市农广校组建农业技术培训实习辅导教师团，选聘渔山乡五丰村丁云飞等44位从事水产、粮油、干水果、蔬菜、畜牧、茶叶、蚕桑、竹笋、苗木等全市主要农业产业的农家能手担任实习辅导教师，并颁发聘书。实习辅导教师团的组建在杭州市属首例。

【农广校学历教育】 2006届农业推广和会计专业学员修完教学计划规定的全部课程，成绩合格，20名学员顺利毕业。尚有在校生38名。

【农民信箱工程】 至年底，全市注册农民信箱1.44

11月30日，副省长茅临生在鹿山街道视察农民信箱工程。

万户，提前两年完成省、杭州市下达的1.4万户的注册任务。启用信箱1.39万户，信箱用户覆盖全市25个乡镇、街道的611个行政村。全市建立市级农民信箱联络支站1个，市级部门联络室11个，乡镇、街道联络站25个，村级联络点611个。611个村级联络点均达到省提出的标准：有一个固定场所、有一台上网电脑、有一部固定电话、有一个兼职信息员、有一块牌子、有一套服务制度、有一批农民信箱注册用户、有一个信息公告栏。全年利用信箱发布公共信息1177条、有偿交换信息1488条，发送信件30.48万封、短信24.97万条，总结上报农民信箱应用典型事例20例。该工程全年使全市用户节省办公及通讯费用26.8万元，挽回灾害损失4680万元，产销对接网上农产品交易额695万余元，节省营销成本20.8万余元，信箱成为新农村建设中的重要信息化服务平台。11月30日，副省长茅临生赴鹿山街道童凤英养兔场，现场操作演示农民信箱，为种养大户讲解农民信箱操作使用知识。12月2日，中央电视七台《聚焦三农》栏目组记者到鹿山街道养兔大户童凤英、富春街道步桥树苗木种植大户沈建明、拔山茶叶协会高永林等处采访农民信箱应用成效。

【农技110咨询电话受理】 全年受理110热线咨询电话7300余个，接待上门咨询650人次，派出专家150人次，处理农业生产突发事件50余起。

【农村经纪人培训】 6月29日，市农业局组织9名农村经纪人赴杭州参加由杭州市农业局、工商局联合举办的“农村经纪人”培训班，通过两天培训，经考核获得农村经纪人资格证书。

【农业丰收计划项目奖】 全年通过验收评定的杭州市农业丰收计划项目6个，其中“龙井茶机械炒制技术推广应用”、“测土平衡施肥技术在粮油生产上的应用”、“富阳茶叶生产亿元工程配套技术推广”等3个项目荣获2006年杭州市人民政府颁发的农业丰收计划二等奖，“芦笋标准化生产技术示范与推广”、“水禽禽流感防治技术应用推广”、“35%丁硫克百威种衣剂水稻拌种技术推广”等3个项目获三等奖；通过验收评定的富阳市级农业丰收计划项目16个，其中“铭卉蔬菜基地三沼综合利用工程”等3个项目获2006年富阳市人民政府颁发的农业丰收计划一等奖，“老茶园改良及机械炒制技术推广”等5个项目获二等奖，“山羊痘综合防治技术推广”等8个项目获三等奖。

【科技发展项目奖】 全年通过富阳市科技局组织鉴定的富阳市科技发展计划项目24个，有9个项目经审核评定后获2004～2005年度富阳市科技进步奖，其中由市农技推广中心土肥站主持完成的“富阳市耕地质量评价指标体系研究”项目获一等奖，“富春江沿岸10万亩优质米基地建设相关技术研究”等3个项目获二等奖，“油菜机械收割技术试验研究”等5个项目获三等奖。农技推广中心水果站站长王勤红获富阳市“十佳人才”称号，农技推广中心茶叶站农艺师丁永君等4人被评为2004～2005年度先进科技工作者。

【农业科技下乡】 全年组织农业科技人员送科技下乡活动6次，参加的科技人员有155人次，接待技术咨询2420人次，发送各种科普资料4.06万份。

（曹振宇等）

【林业科研宣教】 聘请林科院和亚林所等科研机构的10名专家组成咨询组，开展送科技下乡等活动。全年举办技术培训班21期，培训林农1100人次。（顾怡）

【水法宣传】 3月22日是第十四届“世界水日”，3月22～28日是第十九届“中国水周”，期间在富阳电视台连续播出“人·水·法”水法宣传片，在《富阳日》报全文刊登《取水许可和水资源费征收管理条例》和“转变用水观念，创新发展模式”为主题的专版，更新灵桥、环山、常安三块水法宣传广告牌，在城区和集镇悬挂水法宣传横幅，张贴标语，召开水资源工作座谈会，分发宣传资料1000余册、塑料袋、纸杯、餐巾纸等宣传品万余份。

（陈永平等）

【责任编辑　于卫国】

工业经济

·综　述·

【概况】 全市工业经济坚持科学发展观总揽全局，围绕“工业兴市”的发展战略，调整工业结构，推进工业项目，积极开展工业循环经济和企业节能降耗工作，工业经济运行呈现稳定增长态势。至年底，全市工业企业10734家，从业人员19.65万人，固定资产原值282.97亿元。全年实现工业总产值776.5亿元，比上年增长28.6%；实现工业销售产值751.2亿元，增长28.9%，产销率96.6%。其中，规模以上企业实现工业总产值585.4亿元，占全市工业总量的75.4%；亿元企业实现工业总产值416.7亿元，占总量的53.7%。

工业结构调整成效显著。全年关停28条“低小散”造纸生产线，淘汰3家船舶企业，整顿粘土砖瓦窑，加大对不符合产业政策企业的整治力度。对造纸、通信行业进行技术改造和企业联合重组，富春江集团、富通集团、正大控股、永泰集团等企业规模扩大，实力增强。重点工业项目顺利推进，36个重点项目有33个项目启动，项目开工率91.7%。其中21个项目竣工投产，完成投资额30.5亿元。企业自主创新能力提高，全年有7种新产品在杭州市获奖，6只产品列入浙江省工业新产品试制计划，2种产品列入省重点高新技术产品项目计划。列入杭州市技术创新项目8个，省级2个；列杭州市信息化项目8个；富通通信光缆获“中国名牌产品”称号。全市有省级以上高新技术企业研发中心9家，省级企业技术中心7家（规模企业分乡镇街道情况见表10）。

【工业投入】 全市工业投入59.3亿元，同比增长14%，其中技改投入27.45亿元，同比增长20.6%。全市列入重点投入项目36个，涉及机械、电子、轻纺、化工、医药、造纸、建材等行业。其中轻纺、机械、电子、医药等行业投资占总投资的70%，成为全市工业投入的主要增长点。

【工业功能区】 全市有工业功能区10个。至年底，入区企业613家，投产企业517家，动工兴建企业37家，累计实到外资8049万美元，内资11.9亿元。10个工业功能区基础设施投入1.7亿元。区内企业全年实现工业总产值400.5亿元，占全市工业总量的51.6%，创利润16.2亿元，上缴税金10.3亿元。

【规模工业企业】 全市规模以上工业企业929家，比上年增加50家。其中亿元企业91家，比上年增加17家。规模以上企业全年实现工业总产值585.4亿元，占全市工业总量75.4%；其中亿元企业产值416.7亿元，占全市工业总量的53.7%。富春江集团和富春江冶炼公司全年实现工业产值各超30亿元（见表6～7）。

【发展循环经济】 全市69家重点耗能企业签订节能降耗目标责任书。被列为杭州市工业循环经济试点的高桥工业功能区与永泰集团、富春江环保热电经杭州市政府验收合格。被列入富阳市政府清洁生产审核计划的74家企业已完成审核，每年可节电2739万千瓦时，节煤2.15万吨，节水2132万吨。6月，日处理污水15万吨的八一污水处理厂投产。日处置污水25万吨的春南污水处理回用工程完成工程量的70%。拆除164家企业的228台锅炉，年节煤18万吨。全市推广应用新墙体材料，31家企业生产新墙材5.23亿块，与上年相比，产量增加27.1%，节约土地58.6公顷，减少废气排放826.15吨。

【“工业企业服务年”活动】 8月29日，全市举行2006年银企洽谈会暨重点工业项目贷款签约仪式，16家企业与9家银行签订《富阳市银企合作意向协议书》，贷款总额17.43亿元，比上年增加10.73亿元。市经贸局全年组织120家（次）企业参加各类洽谈会、博览会、交流会，组织5个工业项目参加在北京举办的浙江省推进结构调整重大项目推介签约会，项目总投资11.8亿元；组织2个项目参加在杭州举办的浙江省推进结构调整重大项目推介签约会，项目总投资7.23亿元。68名企业主参加市经贸局组织培训，举办工业企业管理培训班8期，参加人员800人次；举办企业统计人员培训班3期，参加人员250人次。

【扶持重点成长型中小企业】 7月27日，全市公布首批重点成长型中小企业，杭州富生电器有限公司、杭州三普机械有限公司、浙江光大电缆集团公司、杭州板桥纸业有限公司等68家中小企业首批挂上“重点成长”的牌子。市政府对年销售收入首次超1亿元的企业给予6万元一次性奖励。至年底，3家企业获得一次性奖励18万元。鼓励重点成长型中小企业新上项目和技术改造。对新上或技政项目竣工投产、设备投资在300万元以上的项目，市财政按设备投资额给予补助。全年市财政共兑现补助资金2000万元。

【15个新产品列入省试制计划】 7月25日，浙江省科技厅公布2006年第一批省级新产品试制计划名单，全市有15个项目新产品列入试制计划名单，其中电子与通信4个，机械5个，建筑建材2个，轻工纺织2个，生物与医药2个。

【2个项目列入省技术创新重点计划】 6月26日，浙江省经贸委下达2006年省技术创新重点项目计划。杭州永森特种纸业有限公司投资550万元的“多纹路多艺术全彩色高档装帧纸系列开发与产业化”项目、浙江华源电热有限公司投资800万元的“高性能智能型电伴热采样复合管理”项目2个技术创新项目列入该项目计划。

【5个“五小”科技项目获奖】 7月15日，全市5个青工“五小”科技项目在杭州市青工“五小”科技成果评选中获奖。浙江华源电热有限公司的“高湿型自限湿伴热带”项目获一等奖，浙江永泰纸业集团的“定位多色防伪涂布白纸板”项目获二等奖，富通集团的“取消成缆充油方式保证光缆品质”、杭州广安汽车电器有限公司的“具有嵌入式软件汽车空调控制装置”、浙江邦德光电集团有限公司的“电子可视防盗门”3项目获三等奖。

【4个项目列入杭州市第二批重点技改项目】 9月10日，杭州市经委公布《2006年杭州市第二批重点技术改造项目》名单，杭州富生电器有限公司年产200万台环保型无刷直流调速电机生产线、杭州富春江冶炼有限公司采用新型整流装置改造原有电解生产系统、杭州富兴地毯有限公司年产80万米高档羊毛簇绒地毯织造技改、杭州永利纸业有限公司建设100吨/天脱墨漂白办公废纸生产线等4个项目符合国家产业政策和行业发展规划，被列入重点技改项目。4项目总投资1.7762亿元。

【2家企业列入杭州市技术中心】 9月8日，杭州市经委公布2006年第一批杭州市企业技术中心名单。杭州富春江冶炼有限公司和杭州富阳新颖电子有限公司2家企业列入。至此，全市企业技术中心已有杭州市级10家、省级5家。

【8家企业信息化建设项目获奖】 10月15日，杭州市工业企业信息化推进工作领导小组办公室组织专家对全市积极开展信息化建设企业进行评审。浙江宏丰实业集团有限公司、富阳市中南纸业有限公司、浙江金东纸业有限公司、杭州众意纸业有限公司、富阳登城水泥有限公司、浙江云森集团有限公司、杭州希格尔工贸有限公司、富阳市中荷电子有限公司等8家企业实施的企业信息化建设项目获奖。领导小组办公室对获奖单位实行奖励，浙江宏丰实业集团有限公司获奖10万元，富阳中南纸业有限公司等7家企业分别获奖5万元。

【5项新产品新技术获杭州市奖励】 10月30日，杭州市经委公布2006年杭州市优秀新产品新技术获奖名单。全市5项新产品新技术获奖。浙江华源电热有限公司的高性能智能型电伴热采样复合管获二等奖，华伦集团的中草药猫人参片剂研发、杭州方圆塑料机械有限公司的PSB 300 MF牡蛎式板材机、杭州日月电器股份有限公司的12 P矩形连接器、杭州富阳新颖电子有限公司的光伏电源大功率半导体(LED)照明系统分别获三等奖。

【12个项目获杭州市成长型中小企业技改财政资助】 11月20日，杭州市财政局、杭州市经委公布，2006年杭州市重点培育成长型中小企业技术改造财政资助项目名单。全市有杭州方圆塑料机械有限公司的年产1000套沧塑成形机、杭州鸿世电器有限公司的插头电缆生产线、富阳正泰钢结构有限公司的钢结构生产线二期等12个项目共获得财政资助资金294.75万元。

【5项目获杭州市技术创新奖】 10月16日，杭州市经委根据《杭州市企业技术创新专项资金资助管理办法》公布杭州市技术创新奖获奖名单。富阳市5个项目获奖，每个项目奖金5万元。6个项目分别是：富阳茶叶机械总厂的新型绿茶自动化生产线、富阳市飞鹰公司的（PE）发泡材料冲浪板、杭州鼎立新型墙材有限公司的蒸压加气混凝土砌块、杭州方圆塑料机械有限公司的压缩机自动生产线、浙江华源电热有限公司的高性能型电伴热采样复合管。

【2项目在省推进自主创新结构调整会上签约】 11月18日，浙江省人民政府召开省推进自主创新结构调整重大项目签约会。富阳市“工业污水处理回用工程项目”、“光纤预制棒产业化项目”2个项目签约。项目总投资7.23亿元，其中协议引进资金4.44亿元，占总投资61.4%。

【场口厂房基地确认为省级小企业基地】 12月8日，经省中小企业局审定，场口标准厂房基地被确认为省小企业创业基地。场口标准厂房基地占地20余公顷，建筑面积17万平方米，总投资2.5亿元。创业基地北临320国道，南离杭千高速公路300米，集电子信息产业区、生物医药产业区、新材料产业区、机械设备产业区四大产业功能区，建有14000平方米的科技孵化楼。是全省最大的集聚型标准厂房基地。

【4个产品列入省高新技术产品】 8月8日，省科技厅公布2006年第二批省级高新技术产品，全市4只产品列入：杭州博大净化设备有限公司开发生产的“BXN变压吸附氮气设备”、浙江容大电力设备制造有限公司的“GXFW低压电力消谐柜（滤波装置）”、“KYN28A-12（Z）/T 3150-40户内金属铠移开式开关设备（中置开关柜）”和杭州三普机械有限公司生产的“HGSB型细线高速编织机”。

【6家企业申报制订“国家标准”】 2006年，全市6家企业的14个国家标准制（修）订项目申报立项，并组建2个专业技术标准化委员会的立项申请，申报数量占杭州市总数三分之一。6家企业是：杭州方圆塑料机械有限公司、浙江永泰纸业集团股份有限公司、杭州三普机械有限公司、富阳容大电力设备有限公司、富阳新兴纸业、富阳奥星电子有限公司。此前，全市有华源电热、金富春、浙江飞鱼、富阳特种纸业、新华机械等5家企业参与制（修）订8个国家标准、4个行业标准。浙江三方集团、富通集团、富春江通信集团、富阳茶机总厂和杭州盛大高科技机电有限公司等企业已取得立项，正在参与制（修）订1个国家标准和20个行业标准。

【高桥镇成为杭州市循环经济试点单位】 9月21日，高桥镇通过杭州市循环经济试点工作验收。试点工作选择在高桥工业功能区，有橡胶、化工、热电、纺织等10家单位作为循环经济配套单位，试点的目标是整合热电、橡胶、建材等产业循环，引导工业经济拓宽发展思路，走“生产、循环再生产”的新型工业化道路。

【3家企业入围全国竞争力500强】 9月21日，国家统计局根据上年统计资料公布了2006年中国企业集团竞争力500强名单，富阳市有3家企业入围，其中富春江集团列105位、富通集团列427位、华伦集团列448位。

【11种产品成为杭州市名牌产品】 2006年，全市共有14种产品申报杭州名牌产品，经杭州市名牌战略推进委员会综合评审，“日月”牌电接插件等11种产品被评为杭州市名牌产品。其中“云森”牌棉纺系列、“鹳山”牌本鸡、鸿世电器“SWE”牌家用电器装置件开关插座等3种产品通过复评。

【4家企业境外投资】 2006年，全市有4家企业在境外投资，比上年增加2家。其中设立办事处2家，注册公司3家。这5家企业是：杭州三普机械有限公司驻土耳其办事处、杭州方圆塑料机械有限公司驻阿联酋迪拜办事处、杭州富兴集团有限公司在德国汉堡的PET汉堡回收有限公司、杭州未来食品有限公司在加拿大温哥华注册的未来加拿大投资发展有限公司。全年累计对外投资金额566.5万美元，比上年增加331%。

【11个项目入选杭州市科技成果转化项目】 2006年，

全市11个项目被列入杭州市科技成果转化项目，共获得科技经费105万元。11个项目是：浙江杭廷顿公牛橡胶有限公司的中型载重子午线轮胎、杭州兴旺实业有限公司的保安平安报警系统、杭州金富春丝绸化纤有限公司的色织弹力丝特缎、富通集团的G·652D单模光纤、杭州三普机械有限公司的HGSB高速纺织机、杭州方圆塑料机械有限公司的间歇式预发机、杭州浙锚应力有限公司的碳纤复合材料双人新型赛艇、杭州富阳市动物保健药品厂的高效水产消毒剂、杭州天野通信设备有限公司的远程集中监测控制系统、杭州永德电气有限公司的交流高压隔离开关和接地开关。

【11家企业进入杭州市信息化应用示范试点企业】 8月25日，在杭州市第四批工业信息化应用示范、试点企业名单中，全市有11家企业榜上有名。其中：示范企业有杭州方圆塑料机械有限公司、浙江春江轻纺集团有限责任公司、杭州富生电器有限公司、浙江正大纸业集团有限公司4家；试点企业有杭州希格尔工贸有限公司、浙江金东纸业有限公司、富阳中南纸业有限公司、杭州鸿世电器有限公司、宏丰实业集团有限公司、杭州金固汽车部件制造有限公司7家。

【全市举行2006年银企洽谈会】 8月29日，全市举行2006年银企洽谈会暨重点工业项目贷款签约仪式。16个项目（企业）分别与9家银行签订了《富阳市银企合作意向协议书》，贷款总额达17.43亿元，比上年增加10.73亿元。市经贸局向金融部门推荐的32个项目（企业）中，有23个项目被银行选中，其中春江轻纺、浙江金固等企业被多家银行看中。23个项目（企业）共达成投放资金意向28.04亿元。

·造纸及纸制品业·

【概况】 全市造纸行业进行结构调整，重点限期淘汰“低小散”企业。全年共淘汰板纸单机产量1万吨以下、薄型纸单机产量2000吨以下的造纸生为线29条，兑现奖励资金476万元。年减少废水排放量3960万吨、COD排放5940吨、二氧化硫排放1408吨、烟尘排放485吨。全行业推行企业联合重组，“正大控股”、“永泰集团”等企业规模进一步扩大，“正大控股”涂布白纸板产量占全市同类总产量的10%。全行业开展清洁生产和循环经济。“永泰集团”列为杭州市工业循环经济试点。日处理污水15万吨的八一污水处理厂启用，日处理污水25万吨的春南污水处理回用工程已完成工程量的70%。有年产值超10亿元的企业2家，年产值超3亿元的企业5家。浙江三星纸业股份有限公司、浙江正大控股集团有限公司、浙江永泰纸业集团股份有限公司被评为富阳市突出贡献工业企业。全市造纸及纸制品业有规模工业企业328家，固定资产平均余额40.75亿元，从业人员31746人，实现工业总产值148.72亿元，实现销售146.82亿元，产销率98.73%。行业经济总量占全市工业经济总量的25.41%，为全市第一大支柱行业（10强企业主要经济指标见表9)。

【“永泰集团”专利产品开发项目列入省技术创新项目】 10月，永泰集团杭州永森特种纸业有限公司申报的“多纹路、多艺术、全彩色高档装帧纸系列开发与产业化”项目，被省经贸委列入2006年省技术创新重点项目计划的重点技术开发项目。该产品具有耐磨、抗水、防火等性能，纸张表面色彩鲜艳，有三维立体和艺术感，从而提高产品的附加值。该品种有皇朝纹、自在纹、超级竹系纹三大系列产品，获得国家外观设计专利。

【“正大控股”清洁生产取得成效】 12月25日，浙江正大控投集团有限公司正大分公司和宏盛分公司，分别获得杭州市经委和杭州市财政局的清洁生产审核验收奖励资金2万元和4万元，正大分公司同时还获得杭州市循环经济试点单位财政资助资金7万元。2005年开始，正大控股集团下属的正大、宏盛、文博3家公司投资298.3万元，完成对5号机的蒸汽系统、碎浆系统、7号机的烘箱风机变频控制等一系列技术改造，每年可节电77.7万千瓦时，节水52万吨，节煤3700吨，减少污水排放70万吨以上，直接经济效益达967.57万元。7月，宏盛分公司7号制浆车间加设一条长15米的斜筛，使尾浆回收率达90%以上。

【“永泰”牌涂布白纸板认定为国家免检产品】 12月20日，永泰集团生产的“永泰”牌涂布白纸板经国家质量监督检验检疫局组织专家审查，一致通过复评，继续享受国家免检产品资格。免检有效期延伸到2009年11月。

【“永泰集团”防伪白板纸被列为国家重点新产品】 12月10日，永泰纸业集团“定位多色防伪涂布白纸板”被列为2006年国家重点新产品计划。这是富阳造纸行业首次获得国家科技计划项目。永泰集团“定位多色防伪涂布白纸板”是2005年开发并进行生产的新产品。该产品曾获富阳市科技进步奖，被杭州市政府评为“2006年杭州市科技进步”三等奖。

【“三星”涂布白纸板获“浙江名牌”称号】 12月14日，《浙江日报》刊登“2006年浙江名牌产品公告”，浙江三星纸业股份有限公司生产的涂布白纸板名列其中。2002年12月，三星纸业公司获ISO 9001国际质量体系认证；2004年通过浙江省二级计量资格认定；2005年获“杭州名牌”称号；2006年，为使产品再上档次，公司特聘专家进行管理和技术培训，先后参训人员达1000多人次，最终夺得“浙江名牌”称号。

【“永泰集团”新开发防伪涂布白纸板】 11月5日，永泰集团5号机成功生产出350克/平方米新型防伪涂布白纸板——双色纤维三色防伪涂布白纸板。新型防伪白纸板是对原有内部分层染色防伪白纸板的创新，芯层浆料由三种鲜艳颜色构成，互不串色，从而达到双重三色，防伪效果更佳。该技术和产品属国内首创。

【“永泰集团”与华南工大签订技术服务协议】 7月11日，中国工程院院士、华南理工大学教授陈克复等3人参加共建富阳造纸技术研发中心和造纸检测中心签约仪式。“技术服务框架协议书”规定，华南理工大学以永泰集团技术中心为依托，派研究人员驻厂调研，提高产品质量、降低能源和原材料消耗；培训相关人才；每年开发1个～2个新产品；组织清洁生产攻关，发展循环经济；提供最新制浆技术及装备等信息；帮助申报国家、省企业创新基金和技术创新等科研项目；参与技术中心工作等8个方面进行合作，协议有效期5年。2006年服务项目：提高产品挺度和开发新产品3项，达到成本下降5%、挺度提高15%。

【全市造纸行业实施自律规则】 6月15日，召开造纸行业协会会议，通过《富阳市造纸行业协会自律规则》，为造纸协会自1998年成立以来首次出台自律规则。自律规则严禁115家会员单位以争夺客户或业务为目的而聘用其他公司员工，严禁会员单位恶意压价、倾销产品、扰乱市场秩序。要求会员单位在公平竞争、强化管理、整治污染、创新品牌等方面自律，并接受社会各界监督。

【全市造纸技能大赛】 12月7～9日，由市劳动和社会保障局、市总工会主办，春江街道办事处、正大控股集团承办的“富阳市2006年造纸技术技能大赛”在正大集团举行。此次大赛通过理论考试和现场操作，挑选出造纸行业中的能手，其中机修工组、电工组的前三名，破格评为高级工。10家造纸企业的300余名工人进行8个项目比武。杭州市文博纸业获团体第一名，文博制浆车间获消防团体总分第一名。正大纸业何渊波等7人分别获得叉车组、电工组、机修组、打包组、数纸组、计算机组、计算器组的个人项目第一名。

【“永泰集团”办公废纸脱墨生产线试车成功】 8月15日，永泰纸业集团120吨/天办公废纸脱墨生产线一次性试车成功。各项参数均达到设计要求。该项目属富阳市循环经济重点技改项目。

【“永泰集团”通过ISO体系审核】 9月14～16日，浙江永泰纸业集团通过了浙江万泰认证中心对ISO质量管理和环境管理两个体系的外部审核。质量体系为换证审核，环境体系为检验复审。审核覆盖了整个公司的所有部门和车间。

【灵桥污水处理工程动工】 8月23日，浙江省A级重点工程之一的灵桥综合污水处理回用工程动工建设。该工程位于灵桥镇王家宕村西侧，占地12.78公顷，总投资3.126亿元，工程设计能力日处理15万吨废水，囊括全功能区内43家造纸企业所排放的废水。至年底，完成工程总量的五分之一，计划2007年底建成投运。

【“永泰集团”获“省守法诚信进出口企业”称号】 10

月19日，永泰集团被浙江省打击走私与海防口岸办公室、杭州海关、省国家税务局、省工商行政管理局、省对外经济贸易合作厅等九个单位授予“浙江省第一批守法诚信进出口企业”称号，成为全市第一家享有此项荣誉的企业。各口岸查验单位将对享有这一荣誉的企业优先提供优惠措施。

【南京林业大学教授推广造纸废水排放技术】 10月20日，南京林业大学化学工程学院院长洪建国、副院长吴勇、教授吴解生、周小凡等专家到富阳市推广“制浆造纸废水动态平衡短流程循环零排放清洁生产”技术。南京“林大”专家结合富阳纸业实际，从技术推广的可行性、成本、社会效益和经济效益等方面对该技术作了深入介绍。富阳市造纸行业协会会员单位100多人听取了专家的技术报告。

【“正大集团”被列为杭州市企业信息化应用示范单位】 12月25日，在杭州市工业企业信息化推进工作领导小组办公室召开的工业企业信息化应用研讨会上，浙江正大控股集团有限公司正大分公司被列为杭州市工业企业信息化应用示范单位，会上举行了授牌仪式。

【“永森集团”被评为省级优秀创新型企业】 11月15日，浙江永泰纸业集团杭州永森特种纸业公司，被浙江省科学技术协会评为“浙江省优秀创新型企业”。

【八一污水处理工程投用】 6月5日，富阳八一城市综合污水处理工程正式投用。日处理污水15万吨的八一城市综合污水处理工程，是江南片五大污水处理工程之一。工程投用后，春江街道将有42家造纸企业实现工业污水清洁化。

·通信设备制造及加工业·

【概况】 全市通信器材行业已成为省内最大的通信器材生产基地，电缆、光缆、光纤产量均占全国总量的1/4以上。全行业已形成了以全合成技术光纤预制棒为技术标志、光纤光缆为基础、高中低元器件相配套的产业链。2006年，全市有通信器材行业国家级骨干企业3家、省级骨干企业6家。年产值超10亿企业有富春江集团、富通集团、华伦集团、华达集团、飞虹集团5家，其中富通集团超20亿元，富春江集团超30亿元。2家企业建立博士后工作科研站，5家企业建立省级技术中心，1家企业建立省级高新技术开发中心，22家企业与大专院校、科研机构建立长期稳定的科技合作关系（10强企业见表8）。全行业承担国家“863”计划项目1项，国家火炬计划项目4项，重大招标项目2项，省级火炬计划4项，省高新技术产业化项目2项，富阳市重点工业项目2项。1家企业被评为杭州市2006年度十大突出贡献工业企业，3家企业被评为富阳市2006年度突出贡献工业企业。全行业规模企业75家，总资产114.73亿元，从业人员11867名。全年实现工业总产值123.1亿元，规模企业总产值占全市工业总量的21.02%，为全市第二大支柱行业。

【“富春江集团”五大重点投资项目】 2006年，浙江富春江通信集团有限公司五大重点投资项目实现预期目标，完成投资总额12亿元。五大重点投资项目是：列入省重点项目、省循环经济“991行动计划”的环保热电“七炉四机”全面投入运行；列入省重点建设项目的杭缆500千伏超高压交联聚乙稀电力电缆项目完成设备安装；新登工业园富杭线缆公司万吨电解铜项目全部建成投产；新建集团行政中心工程项目进展顺利；杭缆导线制作基地升级改造项目进入设备基础施工阶段。

【“富春江集团”铜包铝电缆试制成功】 富春江集团中策电缆公司铜包铝超五类出口数据电缆是根据外商要求制造的。铜包铝能替代纯铜产品，具有比铜轻、节约成本30%的优点。中策电缆公司依据外商提出的产品技术要求，攻克对原有设备技术改造、产品模具选型等难关，经过单线颜色注、对绞成缆绞、护套模具配比等多道工序，于11月25日试制成功。产品经外商检查验收，多项性能指标合格。12月10日，第一批1000箱产品发往马来西亚。

【“华达集团”开展劳动竞赛】 9～12月，浙江华达通信器材集团有限公司开展劳动竞赛活动，收到员工提出的合理化建议158条，采纳并付诸实施23条。设备科何耀军改造的“剪刀式夹持器”、“微调锁紧螺母”等革新技术，每年可为企业节约生产成本30多万元；华达集团下的祥盛分公司职工何渭明解决了自承式电缆表面冷却水影响排线的难题，革新技术在护套生产中广泛推广；华达集团下的另一电缆公司工程师张志良改造和发明了单线护套剥离机，提高测试效率，减轻劳动强度；华达集团设备科何云生改造发明的“塑料铜线分离机”，每月可为企业节约生产成本5万余元。

【3家企业入围“全国民企500强”】 7月27日，全国工商联在北京公布2005年度“全国民营企业500强”，全市3家企业入围：富通集团位列168位，富春江集团位列170位，华伦集团位列296位。入围企业标准是根据营业收入总额指标排序的，2005年全国民营企业前500家入围标准由2004年的9.72亿元提升到13.36亿元，提升幅度37.45%。全市入围企业从2004年的6家减少到3家。

【“富通”获“全国信息产业科技创新先进集体”称号】 8月30日，在国家信息产业部、发改委、科技部联合召开的全国信息产业科技创新会议上，富通集团被评为全国信息产业科技创新先进集体。富通集团先后承担了国家重大科技攻关、863计划以及重点技术改造等国家级项目7项，省市级计划项目25项，获得科技成果26项。具有自主知识产权的光预制棒全合成技术获国家信息产业重大技术发明奖。

【“富通”品牌价值超24亿元】 10月5日，中国电子商会在首届中国电子企业品牌价值发布会上发布了300家电子企业的品牌价值。富通集团有限公司品牌价值24.15亿元。此次品牌价值发布会由中国电子商会主办，得到国家商务部、信息产业部和质检总局等相关部门的支持。

【富通哈缆铜业公司投入试生产】 9月1日，杭州富通哈缆铜业有限责任公司“浸涂法连铸连轧无氧铜杆生产线”投入试生产。该项目3月开始兴建，可形成年加工铜材7万吨、年销售额15亿元以上的生产能力。

【“富通”通信光缆荣获“中国名牌产品”称号】 9月11日，在2006年中国名牌产品表彰大会上，富通通信光纤光缆产品被国家质量检验检疫总局和中国名牌战略推进委员会联合授予“中国名牌产品”称号。这是国家首次将光缆产品列入中国名牌产品评价目录。

【“富通”参加“长三角民营企业自主创新论坛”】 7月31日，由浙江省、上海市、江苏省三地工商联联合举办的“长三角民营企业自主创新论坛”在上海举行。富通集团董事局主席王建沂在创新论坛上作题为《构建创新型企业，我们一直在努力》的发言。在论坛上，王建沂等6位民营企业家围绕企业创新的内部机制、产学研合作模式等议题，介绍成功经验，分析存在问题，提出各自建议。

【2家企业入围浙江“百强民企”榜】 7月26日，省工商局和省私营（民营）企业协会联合发布“2005年度浙江百强民营企业排序”榜，全市通信电缆行业两大龙头企业入围。富春江通信集团名列48位，富通集团名列57位。与2004年“百强榜”相比，全市入围企业由3家减少到2家。

【王建沂获“全国优秀建设者”称号】 12月20日，在中共中央统战部、国家发展和改革委员会、人事部、国家工商总局、全国工商联联合举办的第二届全国非公有制经济人士优秀中国特色社会主义事业建设者表彰大会上，富通集团董事长王建沂获“优秀中国特色社会主义事业建设者”称号，受到中共中央政治局常委、全国政协主席贾庆林接见。表彰会上，王建沂作为全国民营企业家代表宣读了题为《坚持“两个健康”、投身“四个建设”，为建设中国特色社会主义事业贡献力量》的倡议书。

【“富春江集团”三种产品获国家免检】 12月1日，富春江通信集团生产的“富杭”牌光缆、“富杭”牌通信电缆、“永通”牌电力电缆通过省级质量技术监督局初审、国家质检总局终审，获得2006国家免检产品资格，并颁发资格证书。迄今同时获得三类产品免检的企业，在全国线缆制造行业中尚属首家。

【“富杭线缆”万吨电解铜项目投产】 10月18日，富杭线缆有限公司总投资1亿元的万吨电解铜项目顺利投产，每月生产能力可达1000吨。新增项目可为企业增加年销售收入6亿元，创利税1500万元。

·轻纺工业·

【概况】 全市轻纺工业抓规模档次提升，加大结构调整和技术改造，全行业重点工业投入项目8个，总投资6.31亿元，占全市总投资的19%。富阳市浙江春江轻纺集团投资1.8亿元建设的紧密纺、高档花色纱技改项目的技术水平处国内领先水平。至年底，该行业有规模以上企业64家，固定资产平均余额7.24亿元，从业人员12817人。全年实现工业总产值33.64亿元，占全市工业总量的5.75%，销售收入31.75亿元，产销率94.37%。为富阳市第三大支柱行业。主要产品有棉纺、棉布、白厂丝、丝绸、真丝弹力面料、服装、鞋帽、化纤、玩具、工艺品及各类轻工业品。被市政府列入"515"工程14家。其中年销售收入超3亿元的重点骨干企业有"金富春化纤"、"云森集团"、"春江轻纺集团"3家。春江轻纺集团、金富春丝绸化纤公司被评为富阳市2006年度突出贡献工业企业。富阳市金富春化纤公司被认定为浙江省诚信示范企业、"金富春"牌真丝绸产品荣获中国名牌产品，2006年获全国纺织产品开发贡献奖和全国五一劳动奖状。富阳市春江轻纺集团连续5年被评为全国棉纺织行业经济效益前50名的排头企业，"春江"牌商标为浙江省著名商标，产品荣获浙江名牌产品。富阳市云森集团被评为浙江省知名商号、杭州市百强企业。

【"春江轻纺集团"两种新产品通过省级鉴定】 9月2日，浙江省科技厅委托杭州市科技局召开新产品鉴定会，通过了富阳市春江轻纺集团开发的大豆纤维纱线和牛奶纤维纱线2种省级新产品的鉴定。牛奶纤维纱线是现牛奶蛋纤维与天丝为原料所开发的混纺纱，大豆纤维纱线是以大豆蛋白纤维、细绒棉、细羊毛为原料开发的混纺纱。2种新产品的工艺技术在同类产品中处于国内领先水平。

【"春江轻纺集团"举行操作比武】 10月15～28日，富阳市浙江轻纺集团举行第二十一届操作比武，棉纺、制衣、仪机、科室、车队等部门的300多名选手，参加47项比赛。通过现场操作比赛，44名员工荣获此届"操作能手"称号。成品工区的朱玉萍成为"十一连冠"，前纺车间的徐凤军和徐成妹分别荣获"七连冠"和"六连冠"。

【"金富春"获中国纺织工业协会科技进步奖】 10月12日，中国纺织工业协会公布了2006年度中国纺织工业协会科学技术进步奖项目，杭州金富春丝绸化纤有限公司"织物风格可实现任意变化技术"项目荣获科技进步二等奖。该项目是对织物外观风格独特构思而实现的一项新技术，突破了传统纺织面料外观风格从有限向无限的变化过程，技术处于国内领先水平。

【"春江轻纺集团"获"中国纺织品牌文化创新奖"】 10月24日，中国纺织工业协会，中国纺织企业文化建设协会主办的"2006喜盈门杯中国纺织十大品牌文化推介大会"上，富阳市浙江春江轻纺集团有限责任公司荣获"中国纺织品牌文化创新奖"。中国纺织工业协会会长杜钰洲为获奖单位颁发了奖牌。

【"春江轻纺集团"成立"企业科学技术协会"】 12月9日，富阳市浙江春江轻纺集团有限公司召开"春江集团科学技术协会成立暨第一届会员大会"，67名科技人员代表参加了会议。市科协主席金仁蒙为"浙江春江轻纺集团有限公司科学技术协会"授牌。会议还通过了"春江集团科学技术协会章程"，选举出第一届科协委员及主席、秘书长。在一届一次科协委员会会议上，成立了纺纱工艺产品开发、设备管理、企业管理及信息化、机械及水电汽等4个专业学组。

【盛建祥荣获全国纺织工业劳动模范】 11月23日，国家人事部、中国纺织工业协会在北京人民大会堂召开全国纺织工业劳动模范、先进工作者和先进集体表彰大会，对在全国纺织工业发展中作出突出贡献的467名劳动模范、先进工作者和100个先进集体进行表彰。富阳市杭州金富春丝绸化纤有限公司技术中心主任盛建祥，被评为全国纺织工业劳动模范。

【"金富春"新产品通过省级鉴定】 12月2日，浙江省科技厅委托杭州市科技局召开新产品鉴定会，杭州金富春丝绸化纤有限公司开发的“弹力桑特缎”新产品项目通过了鉴定。弹力桑特缎是以低捻真丝作经，甲壳素棉抗菌纱/LYCYA色缠复合丝作纬，以缎纹组织交织而成，技术处国内领先水平。

【“春江轻纺集团”一科技项目通过市级验收】 12月13日，富阳市科技局、财政局、经贸局等部门组成的科技成果验收组，对富阳市浙江春江轻纺集团有限公司的“ERP系统在棉纺企业的应用”科技项目审核后通过验收。ERP系统项目，是以集团型企业为基础，结合棉纺为主的行业特点，根据企业管理需要而开发的系统。项目运行后的系统稳定可靠，功能满足生产经营需要，达到了预定的效果。

【“春江轻纺集团”技术中心被认定为省级技术中心】 10月16日，富阳市浙江春江集团新产品开发中心被浙江省经贸委、省财政厅、省国税局、省地税局、杭州海关等五部门组织的专家组认定为浙江省第十批省级企业（行业）技术中心。富阳市春江集团新产品开发中心配备先进的各种纱线产品质量及原料质量检测仪器 、有专门的市场调查人员、产品研发人员和新产品推广人员。在技术研究和产品开发上取得了显著成效。全年中心技术人员撰写的6篇学术文章发表在《棉纺织技术》、《现代纺织技术》等国家级刊物上，其中2篇被《全国新型纺纱学术会论文集》选中。

【“春江轻纺集团”获全国设计奖】 7月11日，在绍兴轻纺城召开的2006年全国棉纺织产品开发年会上，富阳市浙江春江轻纺集团的“天丝/牛奶/羊绒混纺强捻纱”新产品获该届年会颁发的“优秀创新奖”，全国共有16种纺纱新产品获此奖项。该集团已连续四届在全国棉纺织行业中获得新产品优秀设计奖。

【“春江轻纺集团”技改项目竣工投产】 9月5日，浙江春江轻纺集团重大技改工程项目（四期工程）竣工投产。此项目列入2005年度省重点技改建设项目，是富阳市2005年度制造业投资规模最大的项目，项目总投资1.1亿元，年产5000吨优质精梳纱，每年可增加销售收入1.5亿元。产品质量全部符合国家标准。

·建筑材料制造业·

【概况】 建材行业是富阳市资源储量多、投资规模大、发展前景大、效益增幅快的行业。钢结构、管桩业逐步形成规模，新型墙材快速发展，复合材料迅速崛起，成为建材行业新的经济增长点。日产5000吨新型干法水泥生产线的“尖峰登城”、日产4000吨新型干法水泥生产线的“三狮水泥”及日产4000吨新型干法水泥生产线的“钱潮水泥”，是富阳水泥三大“巨头”，为全市建材行业奠定基础。水泥生产行业通过企业结构调整，实现产业升级，成为全省五大熟料生产基地之一。至年底，建材行业有规模以上工业企业106家，固定资产平均余额20.22亿元，从业人数9477人。实现工业产值61.67亿元，占全市工业总量的10.54%，实现销售收入57.56亿元，产销率93.32%，成为富阳市第五大重点行业。

【2家企业成为省级新墙材示范生产线】 12月25日，省新墙材办发出《关于公布〔2006〕省级新墙材示范线名单的通知》，杭州鼎立新型建材有限公司和杭州宏大建材有限公司的蒸压加气砌块生产线被确定为浙江省新墙材示范线。此前，已有杭州时代新型建材有限公司烧结页砖生产线和杭州天衡新型建材有限公司蒸压砂加气混凝土砌块生产线被确定为省新墙材示范线。至此，富阳市已有4家企业成为省级新墙材示范生产线。

【全市新墙材产量创新高】 2006年，全市生产新墙材5.33亿标砖，比上年增长27.1%。新墙材生产利用了各种废渣、尾矿68.47万吨，节约标煤3.3万吨；按挖土两米深计算，节约土地58.6公顷，废气（SO_2）排放减少826.15吨。

【“尖峰”牌水泥被确定为浙江名牌】 12月21日，浙江名牌战略推进委员会根据《浙江名牌产品认定和管理办法（试行）》规定，经市质量技术监督局推荐、相关部门专业评审，确定富阳市浙江尖峰登城水泥有限公司生产的“尖峰”牌水泥为“浙江名牌产品”。

【“金鑫集团”成立科技协会】 12月28日，富阳市浙江金鑫集团成立科学技术协会。该集团84名科学技术代表出席会议，市科协负责人到会进行指导。刘金贤被选为浙江金鑫集团科学技术协会主席。

【龙门镇提前完成粘土砖瓦企业整顿】 5月，龙门镇开展对辖区内粘土砖瓦企业的整顿工作，两家粘土砖瓦企业先后自行拆除粘土窑，并完成厂区土地复耕工作。至12月28日，龙门镇提前三个月完成粘土砖瓦企业的整顿淘汰工作，并通过市整治淘汰粘土砖瓦窑工作领导小组验收。

【东洲新型墙体砖替代老式轮窑红砖】 东洲街道为节约土地资源，大力发展新墙体砖生产企业，逐步淘汰老式轮窑红砖生产。投资210余万元，分别在横山、鸡笼山等村兴建6家新型墙体砖厂。利用废渣、石子、水泥等材料，年产新型墙体砖7000万块。创工业产值1200余万元，实现销售收入1100多万元，利税132万元。以每块砖2.2公斤计算，年节约粘土15.5万吨。

【“尖峰水泥”首销非洲几内亚】 6月28日，富阳市浙江尖峰登城水泥有限公司25000吨水泥，经水路远洋货轮运往几内亚，这是富阳水泥首次出口。外销的P042.5R水泥通过瑞士CSC检测机构严格抽检，质量达到国际先进水平。至年底，尖峰登城水泥有限公司出口水泥30万吨。

【“华达钢业”二期技改项目施工】 9月20日，富阳市华达集团钢业公司投资5000万元的二期技改项目正式施工，在原厂区内新建厂房10500平方米、年生产热镀铝钢带30万吨的生产线，计划工期8个月。

【“尖峰登城”通过清洁生产评审】 6月，富阳市尖峰登城水泥有限公司开始组织实施创建清洁生产工作，在节能降耗、控制污染物排放、工业废弃物和资源综合利用、基础资料数据收集整理等方面做了大量工作。经5个多月努力，主要技术经济指标达到行业先进水平，正式申报省绿色企业。11月5日，杭州市经济委员会组织专家审核组，对尖峰登城水泥有限公司清洁生产工作进行审核。经资料核实和现场检查，尖峰登城水泥有限公司的清洁生产通过评审。

【“宏丰集团”通过“三标一体”认证】 10月25日，宏丰实业集团经北京三星质量认证中心审核，通过质量管理体系、环境管理体系、职业健康安全管理体系及HSE管理体系的“三标一体”认证，为全市钢结构行业中首个通过“三标一体”体系认证的企业，使企业管理向更规范化、标准化、程序化、人性化方面迈进一步。

【鑫磊公司石灰石脱硫剂投产】 9月15日，富阳市杭州鑫磊有限公司石灰石脱硫剂生产线投产。该项目列入富阳市2005年工业企业重点项目，征用土地2.5公顷，总投资5000多万元。该生产线月产量3.8万吨，首期产品发往福建等地。

·机械电子及制造业·

【概况】 机械电子及制造业为全市工业投资的主要增长点，全行业重点工业投入项目12个，总投资7.69亿元，占全市总投资的23%。富阳市杭州三普机械有限公司投资近亿元，年产350套风力发电机项目提升行业产业层次。“日月电器”和“三普机械”2种产品列入省2006年重点高新技术产品项目。全行业投资项目技术含量和产品档次不断提高，产业结构进一步优化。全市机械电子行业有规模以上工业企业127家，固定资产平均余额6.2亿元，从业人员11025人，实现工业总产值27.5亿元，实现销售收入26.52亿元，产销率96.42%。行业经济总量占全市工业经济总量的4.7%。行业的领头企业富生电器、日月电器、鸿世电器、华威医疗用品、杭州广安汽车电器、荣叶机械总厂、金城塑机、方圆塑机、飞鱼实业等9家企业被列入富阳市“515”工程企业。

【“日月电器”召开QC成果发表会】 11月16日，富阳市杭州日月电器股份有限公司举行第七届QC成果发表会，省信息产业厅市场与质量监管处处长胡蓓姿参加发表会。各子、分公司和第二工场共发表9项成果。经评委评选，电器制造公司装配车间舒雪莲的“降低自动保险簧片外观不良率”获一等奖；电器制造冲床车间潘小云的“梭线保护盒垫片不良之改善”获二等奖；电子一车间朱群的“降低产品报废率”和电子反光板车间邵素红的“降低DVG763客户投诉件”获三等奖。

【“鸿世电器”通过信息化项目评审】 12月3日，以浙江大学教授俞立为团长，由6位教授专家组成的评审团，听取富阳市杭州鸿世电器有限公司信息化项目的技术报告。评审团审阅相关文件资料，观看软件系统演示，对该公司实施的“综合信息化管理平台的开发与应用”项目一致通过评审。鸿世电器公司在数字控制机械加工设备上，应用CAD技术进行产品及模具设计，在财务及办公室系统应用计算机技术，自主开发物流管理系统，实现多厂区数据采录及共享利用，提高公司经营管理水平，取得良好的经济效益。

【“富生”小功率电机获“国家免检产品”称号】 11月29日，在2006年度国家免检产品评比中，富阳市富生（FS）牌小功率电机系列产品荣获“国家免检产品”称号。富生电器公司坚持科技兴企，质量兴企，加快品牌建设力度。2000年以后，富生（FS）牌小功率电机连续三届获“浙江省名牌产品”称号。

【“鸿世电器”举办网络信息化管理培训】 7月22日，富阳市杭州鸿世电器有限公司举办网络信息化管理培训，特邀请浙江工商大学计算机专业老师授课，讲解计算机应用、企业网络信息化管理等知识。公司网络管理人员及仓库、生产、质量、技术等部门的操作人员50多人参加培训。

【“鸿世电器”“SWE”商标名牌产品通过复评】 8月26日，富阳市杭州鸿世电器有限公司申报的“SWE”商标名牌产品，经杭州市质量技术监督局五位专家评审，通过复评。“SWE”商标于2004年12月被评为浙江省著名商标，“SWE”产品同年通过浙江省检验检疫局的原产地认证。

【发展中国家智力引进组织官员到“日月电器”现场交流】 11月27日，来自非洲、亚洲、中北美及加勒比海地区、欧洲和大洋洲等五大洲几十个国家的50位涉及外交事务、财政金融、人力资源、经贸及教育等行业的发展中国家智力引进组织官员，到富阳市杭州日月电器股份有限公司进行交流指导。外国专家们参观了公司的生产现场，听取了企业发展概况和引智等情况介绍，并进行了热烈而友好的交流。

【“方圆塑机”产品销往中东】 11月7～10日，2006年世界EPS大会暨展览会在江苏省江阴市举行，富阳市杭州方圆塑料机械有限公司参加了展览会。展览会期间，方圆塑机公司和阿联酋等中东国家签订了30多万美元的塑机产品外销合同。该公司全年完成外贸销售额4500万元，比上年增加2300万元，增长105%。

【“鸿世电器”获杭州市出口品牌】 12月25日，在杭州市品牌建设工作会议上，富阳市杭州鸿世电器有限公司生产的“SWE鸿世”牌电器产品获“杭州市出口品牌”称号。鸿世电器采用多国标准生产，品种规格多达6000多种。2006年，成功开发了日本松下电器附件系列，成为日本松下在中国大陆的电器附件生产基地。公司生产的产品主要销往欧洲、美洲、中东、东南亚等国。自营出口产品占公司产品总量的70%以上。全年出口创汇1550万美元，比上年增长46.2%。

【“日月电器”成为杭州市高新技术企业】 12月28日，根据《杭州市人民政府办公厅“市高新技术企业、高新技术成果转化项目和高新技术产品认定暂行办法”》文件精神，经杭州市高新技术企业认定小组审查认定，富阳市杭州日月电器股份有限公司被认定为第七批杭州市高新技术企业。

【“鸿世电器”通过省计量检测体系审核】 11月6日，浙江省质量技术监督局考评组对富阳市杭州鸿世电器有限公司进行计量检测体系审核。考评组通过各部门、各车间现场检查及有关原材料检验、建标项目、校准项目、出厂检验、ROHS检测等关键测量过程的现场检验及文件评审，考核通过该公司计量检测体系。

【“新颖电子”LED路灯照明“天津工大”】 8月，富阳市富阳新颖电子有限公司自行研发的800盏大功率LED路灯在天津工业大学新校址安装完毕。这是迄今世界上最大规模集中使用大功率LED光源作为路灯照明的工程。新颖电子LED路灯由国家科技部、中科院半导体研究所推荐，经国家权威部门对稳定性、光源性能等测试，节能达60%，各项技术参数均达到国家标准。

【2家企业列入杭州市专利试点企业】 11月3日，杭州市科技局、经委公布2006年度杭州市专利试点企业名单，富阳市杭州富阳新颖电子有限公司和浙江邦德光电集团有限公司榜上有名。新颖电子研发的光伏电和大功率LED相结合的一体化照明系统，共获得47项国内外专利。邦德集团的产品在安全防范和技术性能上拥有40多项国家专利和注册商标。

【“富生电器”获五项专利】 9月13日，国家知识产权局授予富阳市杭州富生电器有限公司转子砂光机、砖子滚直机、双头平衡块铆接机、多工位氩弧焊机、卧式转子绞孔机等5项专利证书。

【“富生电器”列入省级中小企业技术中心】 9月20日，浙江省中小企业局公布第六批省级中小企业技术中心名单，富阳市杭州富生电器有限公司技术中心名列其中。

【“日月电器”入选省学习型中小企业“百佳”】 9月21日，浙江省中小企业局首次公布浙江省学习型中小企业100佳名单，富阳市杭州日月电器股份有限公司入选“百佳”。

【“金固”成为国家汽车及零部件出口基地企业】 8月17日，浙江金固汽车部件制造有限公司被商务部、国家发展和改革委员会确定为国家汽车及零部件出口基地企业。出口基地企业全国共160家，金固公司列汽车零部件企业48位。

【“方圆塑机”联合开发新产品】 8月10日，富阳市杭州方圆塑料机械有限公司与浙江科技学院签订联合开发EPS泡塑三维数控系统的合同。三维数控系统开发投资30万元，历时一年。新制造的三维泡沫塑料将广泛用于装饰材料和影视道具。

·化学原料及制造业·

【概况】 化学原料及制造业是全市重点培育的新兴行业。全行业重点工业投入项目5个，总投资4.7亿元，占全市总投资的14%。杭州中策橡胶有限公司投资7.5亿元轮胎生产项目落户高桥工业功能区，浙江富轮橡胶化工集团与香港李嘉诚属下的和记黄埔公司合资投资6000万美元生产子午线轮胎项目，提升了产业层次。全市化学原料及制造业有规模以上工业企业110家。固定资产平均余额9.64亿元，从业人员8630人，实现工业总产值45.38亿元，实现销售42.82亿元，产销率94.34%。行业经济总量占全市工业经济总量的7.75%。行业排头企业浙江富轮橡胶化工集团有限公司、杭州富春江化工有限公司、富阳金秋化工有限公司、杭州先进凤凰化工有限公司、富阳科兴生物化工有限公司、杭州先进碳酸钙化工限公司、杭州瑞华生化制品有限公司、富阳胜大生化有限公司等8家企业被列入富阳市“515”工程企业行列。

【“富轮集团”节能降耗创佳绩】 2006年，富轮集团成立了节能领导小组、健全节能网络和组织保障体系，将节能目标纳入集团目标体系，分解至各相关部门、工厂和车间。先从蒸汽管理入手，拟订16项节能措施，编制节能计划。每天进行计量监控，每月进行耗能数据分析，充分提高能源利用率。加大节能技改投入、引进成熟的新技术、新工艺、新设备，降低能源消耗。经一系列节能降耗技术改造，使蒸汽与水耗减少，万元产值蒸汽消耗比上年同期下降21.47%，节能金额147.8万元；万元产值电耗比上年同期下降3.02%，节能金额33.6万元；万元产值水耗比上年同期下降55%，节能金额29.1万元。合计节能250万元。

【“富春江化工”废气利用】 2006年，杭州富春江化工有限公司利用尾气发电2200万度，供应蒸汽21440吨。富春江化工主要生产炭黑等化工产品，产生的废气严重污染环境。2004年，公司投资3960万元进行技改，对炭黑生产尾气进行综合利用，使其成为锅炉发电的能源。装置采用高效反吹风袋滤器，使尾气含尘量小于18毫米/标立方米以下。装置采用全微机控制，使产品合格率达到100%，并解决了废品炭黑对环境的污染。

【"富春江化工"F 370技改项目投产】 9月15日，富春江化工公司投资3000万元炼胶F 370技改项目投入运行。F 370技险项目使公司年炼胶生产能力达20万吨，充分保证了公司的原料供应。10月，公司370炼胶线6号、7号两条生产线，分别加工胶料1167.8吨和777.9吨，设备运转率分别为90.3%和81.1%，产品质量稳定，各项要求达到预期目标。

【"富轮集团"通过质量体系复评】 10月16～17日，中国质量认证中心宁波评审中心专家对富轮集团下辖的杭州杭廷顿公牛橡胶有限公司、浙江杭廷顿富轮橡胶有限公司进行ISO 9000质量体系复评换证审核。评审组对两家公司的产品质量管理、程序文件管理、供应管理、生产现场管理和售后服务管理等进行全面细致审核，认定所有体系运行均符合标准，准予重新换证。

【"富轮集团"鼓励员工自学成才】 12月10日，浙江富轮集团分别给予自学考试取得大专学历证书员工1500元、取得本科学历证书员工2000元的奖励。该公司自2005年9月出台对自学成才员工给予奖励制度以来，首批获得此项奖励的员工6名，其中5名取得大专学历证书，1名取得本科学历证书。另有7名员工正在参加各类自学考试。

【"富轮集团"奖励"金点子"员工】 3月，浙江富轮集团公司下发了《合理化建议管理办法》，明确对在该活动中为企业创造一定经济效益的员工，给予不同程度的奖励。全年，公司员工先后提出许多合理化建议。周利锋提出"三鼓、二鼓帘布裁断机改进方案"建议，每年可节约钢筋13.4吨，胶料10吨，节约成本40余万元，并可提高工作效益；李洪明提出"硫化机橡胶杆缸风源改善"和"硫化机橡胎杆改判"建议，每年可避免因橡胶杆失灵和气缸故障引起的报废轮胎60余条，节约资金9万余元；曲云忠提出"改善压延机橡胶提高帘布质量"建议，减少帘布损耗和质量隐患，每年可节约资金6万余元。富轮集团分别给予上述3人1.5万元、2000元、800元的奖励。

【"富轮集团"推进品牌建设】 2006年，浙江富轮橡胶化工集团有限公司推进品牌建设工作取得成效。"豪通"牌轮胎获富阳市知名品牌，"公牛"牌轮胎商标获杭州市著名商标称号。

【"东亚化工"实现安全生产目标】 富阳市东亚化工厂委托杭州安全生产科学技术有限公司，对企业现状进行评估，聘请杭州化学工程设计院进行整体规划设计。投入100多万元，对存在隐患的设备、贮槽进行整修，在车间各部位配备可燃气体浓度报警装置。年初制订了安全生产教育整顿方案和一系列安全生产工作制度，成立安全生产教育专门班子，健全安全档案，设立青年安全示范岗，做好职工安全生产的教育，实现全年不出安全生产事故的目标，顺利通过省化工企业安全生产许可证、省危险品生产贮藏许可证的验收。

【"杭园"获"特种再生橡胶制造示范企业"称号】 11月21日，国家经贸委下属的中国轮胎翻修与循环利用协会，授予浙江杭园特种橡胶有限公司全国首家"特种再生橡胶制造示范企业"称号。国务院国资委行业协会管理办公室、发政委资源节约与环境保护公司负责人出席。杭园特种橡胶公司的最新技术在生产过程中无废液、无废气、无垃圾、无二次污染，生产过程中实现废物再利用，为搞好循环经济走出了成功一步。特种再生橡胶还具有防老化、耐高温的特性，比普通产品使用寿命长40年以上。

【"富轮集团"获全国橡胶行业"三优"表彰】 7月24日，在京召开中国橡胶工业优秀科技创新带头人、优秀工程师和优秀操作工表彰大会，表彰66名橡胶行业优秀科技创新带头人、206名优秀工程师、297名优秀操作工。浙江省有2家橡胶产品制造企业获得表彰，富阳市"富轮集团"名列其中。集团高级工程师赵祥、李道力、张力获"橡胶行业优秀工程师"称号，于华、侍小波、俞文忠和汪申获"橡胶行业优秀操作工"称号。

【"富轮集团"研制成功"绿色轮胎"】 2005年8月，富阳市富轮集团投资1000万元，与广州华南理工大学、广州华工百川自控科技公司合作，开发新型绿色轮胎。2006年8月，成功开发研制出第一批轮胎。经中国石化工业协会、中国橡胶工业协会科学技术成果鉴定，新开发的“绿色轮胎”，获得科学技术成果鉴定证书。9月，富轮集团与上海联创股份有限公司联合，共同出资1.2亿元，组建以生产、研发“新型绿色轮胎”为主体的杭州悍马轮胎科技有限公司。第一期项目将于2007年初竣工。投产后将形成产100万套新型绿色轮胎，年产值4亿元，年创利6000万元的规模。

·食品饮料制造业·

【概况】 全市食品行业以粮食、蔬菜、竹笋、干鲜果、茶叶、畜禽、水产等加工为主导产业，基本形成“一地一色”、“一乡一品”的区域食品特色格局。2006年，全市有“陆哥”牌炒货、“东吴坊”牌方便咸豆浆、“拔山高峰”牌茶叶等7只产品被评为富阳名牌产品，富阳市国青食品有限公司的“大乐”牌豆腐皮、市顶顶水果合作社的“顶顶”牌梨2只产品被评为杭州名牌产品。全市食品行业已有杭州市名牌产品5种，富阳市名牌产品10种。“未来”牌食品被评为省优秀农产品金奖，注册的“未来”牌商标被评为省著名商标。受降东坞山豆腐皮，多次被省、市评为名优产品。杭州未来食品有限公司、浙江骆驼茶叶公司、富阳鸿利食品有限公司被列入富阳市“515”工程企业。全市食品行业有规模工业企业20家，从业人员1108人；企业固定资产平均余额0.68亿元，实现工业产值3.75亿元，占全市工业总量的0.64%；实现销售3.62亿元，产销率96.4%，为富阳市工业经济的重点发展行业之一。

【林海菌种场引进“庆元香菇”】 3月，富阳市新登镇万泉村林海食用菌种植场与庆元食用菌科研中心签订香菇品种、技术引进协议，在万泉村承包0.13公顷荒地，投资18万元，种植引进品种“庆科20”。10月，第一批香菇开始采摘。全年产量达7万公斤，产值25万元。香菇品质已通过省级鉴定。

【蒋敏德捐资助学功德碑揭碑】 12月18日，一块写有“功在千秋”的石碑在富阳市杭州未来食品有限公司落成揭碑。杭州未来食品有限公司董事长蒋敏德从1985年开始为教育和慈善事业捐款，至2006年，已先后捐款1700多万元，其中为教育事业捐款1380万元，被浙江省人民政府授予“爱乡楷模”荣誉称号，并获首届“浙江慈善奖”。

【半山水果合作社促桃农增收】 新登镇半山村水果合作社有163户桃农参加，合作社为桃农实行“产、供、销”一条龙服务，为桃农增产增收出力。2006年，半山村产鲜桃250万公斤，产值720万元，农户人均收入8230元。

【5个水果品种在浙江精品水果展上获奖】 8月12～13日，在省农业厅主办的精品水果展销会上，富阳水果共获得了3个金奖、2个优质奖。市农业局水果站选送的“鹳山”牌燕红桃、圆黄梨和新登镇九儿村何建强选送的“矮黑”牌黑宝石李分别被评为2006年省精品水果金奖；“鹳山”牌葡萄和“矮黑”牌燕红桃被评为优质奖。

【“鸿利食品”获“省骨干农业企业”称号】 富阳鸿利食品有限公司是一家专门从事农产品开发、加工、销售的外向型企业，具有自营进出口权，曾获得“杭州市农业龙头企业”、“杭州市十佳农产品加工企业”称号。7月，被评为“浙江省骨干农业龙头企业”。

【6种农产品获省农博会金奖】 11月23日，全市10家企业参加2006年浙江农业博览会，6种农产品获金奖。获奖产品是：杭州东吴食品有限公司的方便型豆浆、富阳市富春江食品罐头有限公司的“富春江”牌八宝饭罐头、杭富罐头食品有限公司的水煮笋、“鹳山”牌湖源本鸡、“云溪”牌绿芦笋、“矮子”牌鲜桃。

【富阳食品亮相中国“食博会”】 11月10～13日，在宁波举行的2006中国食品博览会上，富阳有9家企业11种农产品参展。参展企业和产品分别是：杭州东辰食品有限公司的波卡饮料、杭州富春江酒业有限公司的各类黄酒、杭州东吴食品有限公司的方便型咸豆浆、富阳市国青豆制品有限公司的豆腐皮、富阳市杭富罐头食品有限公司的水煮笋、富阳市食品酿造有限公司的调味品、杭州川野食品有限公司的方便馄饨、浙江富阳鸿利食品有限公司的袋装蔬菜及罐头等。

【富藤食品研究室被确定为省技术创新机构】 9月12日，省中小企业局公布2006年浙江省农产品加工企业技术创新机构名单，富阳市杭州富藤食品有限公司渍物研究室被公布为省级技术创新机构。

【2种名茶参展富阳首届农展会】 10月13～15日，在富阳首届农展会上，富阳市名茶包装加工厂选送的“鹳山龙井”、富阳市云森茶行选送的“世仙”牌两种名茶参展。“鹳山龙井”以里山镇安顶村鲜茶叶为原料，在改进富阳传统扁茶加工工艺基础上研制而成，曾于2002年4月被评为杭州市十大名茶之一，并经省龙井茶原产地域保护申报委员会核准为钱塘产区保护区范围，通过省无公害农产品认证。“世仙”牌茶产自高桥镇沈家坞等村，属绿色无公害农产品。

·文教体育用品制造业·

【概况】 体育器材工业是富阳市极具潜力的新兴产业。体育器材工业产品包括各类球拍、乒乓球、足球、篮球、赛艇、皮划艇、火炬、健身器材等数十类体育用品。特色产品有球拍和赛艇。杭州鼎盛文体用品有限公司、杭州良金船艇有限公司被列入富阳市“515”工程企业。杭州富阳飞鹰船艇有限公司依靠科技创新，创立了“无敌”牌赛艇和深水网箱两个龙头产品。上官乡有球拍及配件企业380多家，已形成以球拍产品为主导的块状特色经济。全市体育器材行业有规模工业企业24家，从业人员2789人；实现工业总产值4.46亿元，占全市工业总量的0.76%。

【世界冠军青睐“无敌”牌赛艇】 8月28日，美国前奥运皮划艇冠军巴顿·格瑞格，选定一艘由富阳市杭州飞鹰船艇有限公司生产的皮划艇在富春江试划。该公司年产赛艇3000余条，“无敌”牌赛艇曾被国际奥委会指定为2004年雅典奥运会比赛用艇。产品远销80多个国家和地区，在各类世界大赛中荣获500多块金牌，公司已成为世界最大的赛艇制造基地之一。

【北京奥组委考察富阳赛艇企业】 10月14日，北京奥运会组委会采购部派员考察富阳市赛艇企业，挑选2008年北京奥运会比赛用艇。

【飞鹰奥运赛艇入展中国体育博物馆】 10月11日，中国体育博物馆杭州分馆在杭州体育馆开馆，富阳市杭州飞鹰般艇有限公司生产的“无敌”牌赛艇置于馆内显著地位，作为2004年雅典奥运会唯一中标的赛艇产品在博物馆展出。

【“无敌”牌赛艇多哈亚运会取得好成绩】 12月28日，亚洲赛艇联合会主席韩英俊和秘书长徐昌基将一封用韩文写就的感谢信送到杭州飞鹰船艇有限公司。在刚结束的多哈亚运会上，比赛用的102条赛艇中有80条是飞鹰公司生产的“无敌”牌，使用“无敌”牌赛艇的运动员获奖牌率达60%左右，其中日本、乌兹别克斯坦两国运动员驾驶“无敌”牌赛艇拿下4块金牌。韩英俊已是第五次到杭杭州，此次特地为感谢飞鹰公司而来。

【“上官球拍”一高科技项目获奖】 7月10日，杭州市人民政府公布2004～2005年度杭州市“金桥工程”优秀项目，富阳市上官乡科协实施的“高分子复合材料在球拍中的应用”项目被评为优秀项目一等奖。上官乡科协和浙江大学高分子科学与工程系高分子复合材料研究所联姻，由工学博士、高级工程师杨红梅为技术指导组长，帮助上官乡攻克碳纤维成型、尼龙线材应用技术难关。自此，“上官球拍”已拥有属于自己知识产权的高科技产品，为产业升级换代打下坚实基础。

·其他制造业·

【概况】 其他制造业指除通信器材、造纸、轻纺、机械电子、建材、化工、体育及食品等8大行业外的其他制造加工业。这类企业家数多、分布广、从业人员多，经营内容和方式灵活多样，是全市工业经济最具发展潜力的行业。杭州富春江冶炼有限公司、富阳永德电器有限公司、富阳华威医疗用品有限公司、浙江邦德电器有限公司等4家企业为富阳市“515”工程企业。杭州富春江冶炼有限公司、杭州富阳容大控股集团有限公司被评为富阳市2006年度突出贡献工业企业。全市其他制造加工业共有规模企业75家，从业人员8146人，规模企业实现工业总产值137.2亿元，销售收入132.6亿元，占全市工业总量的23.44%。

【“容大电力”被认定为省高新技术企业】 12月31日，富阳市浙江容大电力设备制造有限公司被省科技厅认定为省高新技术企业。容大制造公司自行研制新产品GXFW低压电力消谐柜（滤波装置），被列入浙江省火炬计划项目；独立研发的新产品PAPF低压电力源滤波装置入选第一批《国家电网公司科技成果推广目录》。

【“邦德集团”被列为“省民营经济自主创新示范基地”】 12月30日，富阳市浙江邦德光电集团有限公司被省民营经济研究中心列为“浙江省民营经济自主创新示范基地”，公司董事长胡德林被聘为省民营经济研究中心副理事长。该公司专业生产防盗门、智能监控系统等安全防范产品，拉线保护板等光电设备，复合材料窨井盖等市政公用产品。企业拥有40多项国家专利，为浙江省专利示范企业，被省科技厅评为“浙江省高新技术企业50强”，“邦德智能防盗技术”被确认为省级高新技术。

【“富春江冶炼”污水处理总站投入运行】 11月15日，富阳市杭州富春江冶炼有限公司污水处理总站投入运行。污水处理总站总投资200万元，其功能是集中处理生产区的初期雨水和部分场地冲洗水，设计处理能力为140立方米/小时，处理工艺采用石灰中和聚合氯化铝凝聚沉淀工艺，除去废水中的铜、锌等金属离子后达标排放或回用。污水处理总站投运后，公司的环保设施硬件又上新台阶。

【“容大电力”低压电力有源滤波装置通过省级鉴定】 9月18日，富阳市容大制造公司自主开发的PAPF低压电力有源滤波装置通过了省电力局组织的新产品鉴定。鉴定委员会审查相关技术文件，考察生产现场，并对产品进行现场抽测，作出了“该产品既能高效滤除谐波，又能动态补偿无功，性能指标优于无源滤波。技术已获国家专利，模块组合方式有创新，可以代替进口的同类产品，大大降低了低压电网谐波治理成本”的鉴定意见。

【含铜废料冶炼样板炉试产成功】 8月18～24日，由富阳申能固废环保再生有限公司设计制造的含铜废料冶炼样板炉及配套的收尘系统，经过连续4天试运行，取得圆满成功。公司经过一年研制，设计上吸收了周边小炉子与密闭鼓风炉的长处，在吸尘上采取更有效的措施。样板炉既能顺利炼出铜，又达到基本不污染环境，各项指标取得预期效果，为环山乡排除由于铜冶炼带来污染环境障碍。

【“邦德集团”被认定为省高新技术研发中心】 7月25日，富阳市浙江邦德光电集团有限公司研发中心被省科技厅认定为2006年全省47家企业高新技术研究中心之一。公司研发中心有技术人员7名，自主研制开发的智能电子小区保安系列产品列入省级新产品试制项目。

【“邦德集团”被授予杭州市专利试点企业】 9月23日，浙江邦德光电集团有限公司被杭州市科学技术局、杭州市经济委员会授予2006年度杭州市76家专利试点企业之一。

【“华源电热”制定的国家标准在全国实施】 2月1日，浙江华源电热有限公司负责制定的《自限温伴热带国家标准》，由国家标准化管理委员会正式颁布实施。2002年，华源电热公司受国家标委会委托，负责起草“自限温伴热带”国家标准。企业聚集了30多位科研人员，通过对产品结构、分类和标识、技术要求、试验方法、检验规则等方面反复修改，并征得同行、客户、政府部门、研究院校等有关方面认可，于2005年7月完成。华源电热公司主要从事PTC热敏电阻材料的制造和销售，与浙大、浙工大、上海电缆研究所等大专院校建立长期合作关系，自主研发的“自限温伴热带”系列产品，广泛应用于石化、环保、电力等工程，其核心技术已获国家发明专利，是国内一家技术力量比较雄厚的电热企业。

【“邦德集团”加入省防火门行业自律会】 8月22日，浙江省消防协会产业委员会召开防火门行业自律委员会成立大会。富阳市浙江邦德光电集团有限公司作会成员单位参加会议。全省60多家会员单位签订《防火门行业自律公约》。9月11日，省防火门行业自律委员会发布《浙江省防火门产品行业自律价的通告》，各成员单位在承建防火门业务时执行自律价。

【“海正药业”基本形成投产条件】 富阳市杭州海正药用植物有限公司是一家生产抗癌药物、基因药物等高科技产品的综合性医药基地，总投资5亿元。8月10日，投资600万美元的植物提取生产线项目主体厂房竣工。“海正药业”全部投产后其生产规模为：年产紫杉醇30公斤、长春碱30公斤、喜树碱20公斤。可创年销售收入1.2亿元，利税3000万元。至年底，建成总蓄水量10万立方米水库2座、日出水量600吨深水井1口。动力中心、员工宿舍、办公楼、生产厂房、办公行政区、道路、水电、排污设施等先后竣工，基本形成投产条件。

【“容大电力”通过CQC工厂监督检查】 9月5日，富阳市浙江容大电力设备制造有限公司通过了中国质量认证中心（CQC）杭州分中心专家组的工厂监督检查。自2002年起，该公司就开展该项工作，目前已有8个产品获得CQC颁发的产品认证证书。

【8家船舶修造企业通过杭州市验收】 12月2日，杭州市经委会同杭州市船舶治理整顿专家组，对全市船舶修造企业进行验收。验收主要对船舶修造企业的通用、管理、人员、计量检测、生产设施、生产设备等六方面实行现场综合评价，并进行相应的船舶修造资质认可。全市8家船舶修造企业通过杭州市验收。

【“昌顺家俬”出口韩美等国】 富阳市杭州昌顺家俬有限公司创新自主品牌，大力开拓国外市场，以质量、信誉赢得外商信任，其产品远销韩国、欧美等国家。公司全年出口创汇480多万元，并与韩国客商签订了2007年1200万元的业务合同。

【罗忠平被评为杭州市优秀创业企业家】 10月11日，富阳市杭州富春江冶炼有限公司董事长、总经理罗忠平被杭州市企业联合会、企业家协会评为“第三届杭州市优秀创业企业家”。该公司荣获“2006杭州市百强企业”称号。

【“容大电力”再获“3 A”级信用企业称号】 7月10日，富阳市浙江容大电力设备制造有限公司被杭州市资信评估公司再次评为省企业信用度最高的“AAA”级企业。自2001年以来，公司已连续5年获此荣誉。

【“容大电力”两种产品被列为省高新技术产品】 7月13日，富阳市浙江容大电力设备制造有限公司的GXFW低压电力消谐柜（滤波装置）和KYN 28 A-12（Z）/T 3150－40户内金属铠装移开式开关设备等两个产品，被浙江省科学技术厅认定为2006年第二批省高新技术产品，获得该厅颁发的证书。

2006年富阳市规模以上工业企业主要经济技术指标(一)

表6　　单位：万元

行　　业	企业个数（个）	工业总产值	占全市比重（%）	工业销售产值	产销率（%）	出口交货值
造纸及纸制品	328	1487161.9	25.41	1468203.8	98.73	18126.3
通讯设备制造及加工业	75	1230597.2	21.02	1192146.6	96.88	52480.7
轻工纺织业	64	336434.2	5.75	317487.1	94.37	102287.0
建筑材料制造业	106	616742.7	10.54	575555.8	93.32	13866.1
机械电子仪表	127	275035.3	4.70	265188.9	96.42	54300.6
化学原料及制品业	110	453840.9	7.75	428168.8	94.34	51978.6
食品饮料制造业	20	37508.3	0.64	36157.4	96.40	15011.4
文教体育用品制造业	24	44649.7	0.76	44499.8	99.66	33235.2
其他制造加工业	75	1371838.2	23.44	1325543.0	96.63	12950.1
合计	929	5853808.4		5652951.2		354236.0

表7

2006年富阳市规模以上工业企业主要经济技术指标(二)

单位：万元

行业	自营出口	资产合计	流动资产平均余额	固定资产平均余额	利税总额
造纸及纸制品	16486.2	1470197.4	876461.4	407583.2	108633.4
通讯设备制造及加工业	34276.9	1147288.3	786269.8	148853.6	47895.8
轻工纺织业	43314.7	340574.9	195949.7	72386.7	20739.0
建筑材料制造业	1737.0	588931.2	357504.8	202182.0	42290.4
机械电子仪表	33544.5	266373.4	160103.8	61959.9	29362.9
化学原料及制品业	31900.7	373401.2	212304.7	96447.2	23083.9
食品饮料制造业	1576.3	31586.9	18642.0	6832.9	2505.7
文教体育用品制造业	22670.9	42478.7	25324.5	10191.1	2367.6
其他制造加工业	7554.0	799319.9	381467.2	222666.7	95784.5
合计	193001.2	5060151.9	2964027.9	1229103.3	372663.2

表8

2006年富阳市十强通信企业主要经济指标

单位：万元

企业名称	主营业务收入	工业总产值	工业增加值	资产总额	负债合计	资产负债率	固定资产实行投资额	期末全部职工人数(人)
浙江富春江通信集团有限公司	296221	318422	63048	325086	183994	56.6	33658	1717
富通集团有限公司	267616	282236	51154	409775	237321	57.9	26065	2178
华伦集团	222936	214965	42589	174700	92832	53.1	1717	967
浙江华达集团	167078	184515	37118	161919	94844	58.6	1606	818
浙江飞虹通信集团有限公司	162677	190391	43790	163136	97516	59.8	0	825
杭州蓝鸟通信电缆有限公司	29923	30699	5685	32108	18496	57.6	5900	186
浙江邦德光电集团有限公司	16761	18059	4016	15710	7687	48.9	69	278
浙江万能通信器材集团有限公司	41272	44993	8313	34381	20239	58.9	287	525
浙江贝尔通信集团公司	8841	8055	2279	11356	7250	63.8	0	254
杭州天野通信设备有限公司	2032	3530	811	2813	1651	58.7	0	99

表9

2006年富阳市十强造纸企业主要经济指标

单位：万元

企业名称	主营业务收入	工业总产值	工业增加值	资产总额	负债合计	资产负债率	固定资产实行投资额	期末全部职工人数(人)
浙江正大控股集团有限公司	135857	125974	28636	157445	111729	71	0	1815
浙江永泰纸业集团股份有限公司	126585	138105	37005	116812	69601	59.6	11861	1461
浙江三星纸业股份有限公司	76576	82696	22052	90243	60280	66.8	7605	836
浙江孙氏纸业集团	43078	45788	11491	40289	26044	64.6	1500	650
杭州金泰纸业有限公司	33858	36629	6813	41871	26149	62.5	0	575
杭州三星纸业有限公司	27422	26512	3907	20339	11267	55.4	0	424
杭州板桥纸业有限公司	25681	29191	8217	32368	21656	66.9	0	480
杭州华胜纸业有限公司	24098	24099	4857	27484	15271	55.6	4000	230
浙江众意纸业有限公司	23948	26981	4536	19217	15161	78.9	556	348
浙江华远纸业有限公司	23904	24504	5719	22875	15871	69.4	1000	330

表10　**2006年富阳市规模以上工业企业分乡镇（街道）主要经济指标**　单位：万元

单位名称	产品销售收入		利润总额		工业增加值		工业增加值占工业总产值（%）
	本年累计	增减±%	本年累计	增减±%	本年累计	增减±%	
全市合计	5530492	52.8	203893	68.1	1187513	47.4	20.4
富春街道	1075791	53.9	36786	33.8	228677	75.3	20.7
春江街道	1014261	32.1	35456	72.6	226631	41.6	21.8
东洲街道	390203	186.0	11018	扭亏为盈	98435	63.5	23.3
鹿山街道	485394	71.2	9173	-27.8	89020	61.3	17.4
万市镇	20591	50.0	606	106.1	4400	43.3	22.1
洞桥镇	34663	4.6	1435	-33.7	8260	-3.5	23.6
新登镇	278483	26.5	3096	50.6	54764	36.0	18.9
渌渚镇	67614	12.4	577	扭亏为盈	14936	47.4	19.4
胥口镇	26943	27.2	-912	4.4	4202	71.4	12.2
永昌镇	40340	28.8	649	扭亏为盈	8968	26.9	20.8
大源镇	346389	49.5	30777	53.1	80010	32.5	21.5
灵桥镇	346954	33.8	17200	6.7	77433	34.0	21.2
里山镇	37355	21.2	2427	58.9	11144	94.7	18.1
渔山乡	22954	111.4	-11	97.8	4615	60.1	18.9
上官乡	13034	5.3	377	-10.7	3610	9.4	26.4
常绿镇	1042	28.2	30	20.0	220	25.7	20.8
场口镇	144885	107.2	2084	扭亏为盈	15647	43.3	10.7
常安镇	39084	118.7	-115	-471.0	10426	132.5	24.4
龙门镇	82640	405.8	6226	909.1	10157	166.4	12.1
环山乡	215376	138.7	10655	扭亏为盈	31621	131.5	14.8
湖源乡	10250	463.2	166	140.6	3248	-31.0	31.9
新桐乡	37179	29.1	2540	扭亏为盈	2697	-56.5	7.8
高桥镇	483243	31.8	16462	51.9	114941	30.8	22.8
受降镇	298310	46.5	16645	49.0	80760	25.4	22.8
春建乡	17514	48.5	546	316.8	2691	26.1	16.1

（徐君然）

·供　电·

【概况】　2006年，实现供电量38.21亿千瓦时，售电量36.45亿千瓦时，分别比上年增长10.84%和11.69%；最高网供负荷58.49万千瓦，最高全社会供电负荷60.83万千瓦；综合线损率4.62%，同比下降0.73%；供电可靠率城镇99.95%；农村99.73%；综合电压合格率99.60%。

至年底，全市电网有500千伏变电所1座，220千伏变电所3座，110千伏变电所15座，35千伏变电所13座，变电总容量365.47万千伏安；有110千伏线路23条、209千米，35千伏线路20条、230千米，10千伏线路285条、2160千米，公用配电变压器2101台、365260千伏安，客户配电变压器3249台、1091213千伏安。

在全社会用电构成中：第一产业用电0.378亿千瓦时，占全部用电量的0.96%；第二产业用电34.978亿千瓦时，占88.63%；第三产业用电1.499亿千瓦时，占3.80%；居民生活用电2.609亿千瓦时，占6.61%。

全市人均综合年用电量6246千瓦时，比上年增长11%，人均生活用电量413千瓦时，比上年增加16%。（2006年全社会用电量、用电性质构成见表11）

【电网建设】 全年电网建设总投资1亿元，完成500千伏宣城至富阳线富阳段工程；完成110千伏松溪变二期扩建和110千伏华共输变电工程；110千伏万市、九龙变土建和线路施工稳步推进；开展220千伏荷花输变电工程等9个项目的前期和立项工作。启动投产一次成功率100%，110千伏输变电工程基建达标投产验收合格率100%。完成110千伏技改大修工程42项；完成局内技改大修工程24项；完成8条110千伏线路和6条35千伏线路改造；完成中埠变220千伏、110千伏设备改造；完成35千伏龙羊变主变增容工程。加快农村电网改造，新增和改造低压线路347.6千米、配变台区180个。配合市政工程建设，完成“杭千”高速入城口线路移位和富新公路、桂花西路、花坞路等电力线路“上改下”工程。

【110千伏松溪变电所二期投产】 4月26日，110千伏松溪二期输变电工程竣工投运。该工程建设规模为扩建1台3.15万千伏安主变，1回110千伏进线和16回10千伏出线，概算投资932.7万元。其建成投运能有力缓解新登地区的供电压力。

【110千伏华共变电所投产】 5月10日，110千伏华共输变电工程投运，该变电所建设规模为1台5万千伏安主变，1回110千伏电缆进线，12回10千伏出线，概算总投资为2574.47万元。其建成投运为春江街道区块的社会经济发展提供了有力的支撑。

【市供电局获“全国用户满意企业”称号】 为树立良好的企业形象，市供电局坚持以用户满意为标准的质量理念，转变服务理念、规范服务方式、增强服务能力、丰富服务内容、强化服务监督、提高服务水平，努力推动行风建设和优质服务工作迈上新台阶，获得了企业经济效益和社会效益的双丰收。中国质量管理协会用户委员会本着优中选优的原则，经严格筛选和第三方用户满意度测评，授予市供电局2006年“全国用户满意企业”称号。

【市供电局获“浙江省文明单位”称号】 2006年，市供电局积极开展“浙江省文明单位”创建，全体干部职工本着求真务实、开拓进取的精神，不断深化内部管理，持续引入各项创新机制，扎实开展创建工作，物质、政治、精神三个文明建设成绩显著。12月，被中共浙江省委、浙江省人民政府命名为“浙江省文明

表11 **2006年全社会用电量及用电性质构成表** 单位：万千瓦时

用电分类	2006年用电量	构成比例	2005年用电量	增长率
全社会用电量	394637.29	100.000	355848.28	10.90
全行业用电量	368545.45	93.388	333569.09	10.49
其中：农、林、牧、渔服务业	3782.81	0.959	3539.12	6.89
工业	347189.76	87.977	314219.34	10.49
建筑业	2586.2	0.655	2869.76	-9.88
交通运输、仓储、邮政业	1107.93	0.281	880.74	25.80
信息传输、计算机服务和软件业	645.28	0.164	500.93	28.82
商业、住宿和餐饮业	5928.45	1.502	5414	9.50
金融、房地产、商务、及居民服务业	2338.07	0.592	2116.69	10.46
公共事业及管理组织	4966.95	1.259	4028.51	23.29
城乡居民生活用电量	26091.84	6.612	22279.19	17.11
其中：乡村	15451.26	3.915	12925.13	19.54
城镇	10640.58	2.696	9354.06	13.75

单位”，这是该局第一次获此荣誉称号。

【市供电局荣获“农电供电可靠性管理标杆单位”称号】 近年来，市供电局通过平衡变电检修计划，大力推行带电作业，严格控制设备停役时间，切实保证可靠供电，供电可靠率明显提升。5月，国家电网公司根据“指标领先、管理科学”的原则，在考虑专业指标先进性的基础上，综合考虑专业工作管理流程、管理手段和管理方式方法的先进性，授予市供电局“农电供电可靠性管理标杆单位”称号。

【实行有序用电方案】 2006年，富阳电力供需形势进一步好转，电源性缺电基本缓解。夏季用电高峰期间，全市积极贯彻落实省经贸委、省电力公司《关于做好2006年有序用电工作的意见》精神，细化完善有序用电方案，从“电网性缺电、电源性缺限电、事故拉限电”三个缺电层面采取应急措施，并根据不同程度的缺电级别，启用相应的企业错避峰或线路轮休（限电）方案，实现限电不拉电。6月16日，市供电局邀请全市多家大客户召开2006年有序用电形势通报会，并在省、市有关部门统一部署下，于6月22日开展有序用电应急演习工作，以实战方式对方案进行预演，提高有序用电的快速决策和快速反应能力。

【优质服务月活动】 市供电局分别于6月和11月组织开展“落实社会责任 服务人民群众”和“富电情怀 温暖万家”为主题的优质服务月活动，主动走访乡镇、村和大客户，上门征求意见；集中推出大客户经理制、社区服务经理制、村级用电服务负责人制等创新举措，为大客户、社区居民和农民提供“贴心”服务；投入巨资为常绿镇五联村改造老旧线路，树立了良好的企业形象。

【线路运行检修】 全年对23条110千伏和20条35千伏线路进行了日常运行和维护工作，并根据季节特点和特殊天气情况，进行线路特殊性巡视与夜间巡视15次，高温季节对43条线路进行红外测温工作。全年发现线路重要缺陷1处，一般缺陷70多处，全部处理完毕。全年共发生线路故障29起，全部由雷击引发，均属不可预见因素，未发生外力破坏事件。

【变电运行检修】 全年对部分运行周期已到和设备变动较大变电所的运行规程、典型操作票、直流熔丝配置表进行了修订、审核，以确保其准确性和实用性；按时完成周期检修试验工作，年度主设备预试完成率达100%；加强设备缺陷闭环管理，全年发现变电缺陷260起，其中紧急重要缺陷149起，一般缺陷111起，变电一类缺陷消缺率达100%，一般缺陷消缺率为72.1%，未因此酿成事故，有效保证设备的安全运行。

【农电工职业技能比武】 6月15日和6月20日，市供电局举办农电工岗位技能比武。比武分理论考试和横担安装操作、配电屏安装及导线对接3个操作项目，大源供电所获得团体第一。此项活动近年来每年开展一次，有力提高了农电工的理论水平和实际操作技能。

（王启明）

电力职工顶烈日、战高温，进行线路检修

【责任编辑 章金桥】

交通　运输

·综　述·

【概况】 新中线二期改建工程（新建至南峰段）、19省道富阳至上官常绿段改建工程建成通车，两大续建项目总投资1.84亿元，建设里程17.114公里。杭千富阳连接线灵桥支线、横大线蒋家村至包家淇段、胥高线三溪口至界桥、大源过镇公路等四大新建项目工程进展顺利。富阳320国道至余杭02省道连接线工程、320国道过境线改道、320国道金家岭至新桥段改建工程、鹿山大桥和东洲综合码头进港道路工程等五大项目前期有序推进。该五项除鹿山大桥外，其余四项均主要缘于“交通基础设施与杭州实现无缝对接，全面推动富阳从郊县向郊区转变，大力实施融入杭州大都市”战略，是富阳主动接轨杭州网络化大都市的具体通道项目。富阳船舶锚地服务区工程竣工；完成国、省道干线公路路面整治工程和县乡公路大中修工程106公里，总投资1.25亿元。实施乡道“砂改油”工程，在全省范围内率先完成55.2公里砂石路面改建工程，总投入2475万元。完成绿色通道工程62公里，总投资102万元。实施公路安保工程和道路交通安全隐患点（段）整治工程，总投入932万元。

【承办人大代表建议案和政协委员提案】 全年承办市十三届人大四次会议代表建议案39件，市政协六届四次会议委员提案42件，共81件。其中涉及道路建设37件，道路运输行业管理27件，公路养护11件，公路（桥梁）收费5件，航道建设1件。为提高承办质量，注重承办效果，在建议、提案办理过程中与代表委员面商率95%以上，办结率、满意和基本满意率均100%。

·重点工程建设·

【新中线建成通车】 8月24日，新中线二级公路改建工程（新建至南峰段）建成通车。改建工程路线全长9.518公里，整个工程分三期建设，一期作为第1合同段已建成通车，新建至南峰段作为二期工程分两个合同段，全长6.568公里，按公路二级标准设计建设，由浙江华新交通工程有限公司、浙江恒立交通工程有限公司中标承建。工程建设包括路基、路面、桥涵、安全设施及绿化工程。工程自2004年10月25日开工，2006年4月15日完成全部工程，8月24日通过验收并交付使用。它的建成通车，使春江街道、大源和场口地区交通拥挤的状况得到改善。

【19省道富阳上官至常绿段建成通车】 工程起点位于富阳市上官乡，经石板岭隧道、常绿镇至终点与19省道萧山段连接，全线长10.546公里，总投资14155万元，按二级公路技术标准设计，由中铁一局集团有限公司和浙江华新交通工程有限公司中标承建。工程自2004年2月20日开工，2006年6月30日完工。10月通过验收并交付使用。它的建成通车，彻底打通了

杭千高速

富阳常绿镇的交通瓶颈，为富阳市半小时交通圈的实现提供了有力的支撑，大大缩短了富阳至萧山、诸暨以及03省道、杭金衢高速的里程，拓宽了富阳市发展空间，对推进富阳社会、经济、旅游等各项事业的纵深发展有着十分重要的意义。

·公　路·

【概况】 全市公路里程1786.345公里。按行政等级分，国道1条41.107公里，省道5条125.852公里（其中高速1条37.3公里），县道公路34条416.48公里，乡道公路83条292.099公里，专用公路4条16.59公里，村道819条894.217公里。按技术等级分，高速公路37.3公里，占总里程数的2.09%；一级公路106.053公里，占总里程数的5.94%；二级公路130.573公里，占总里程数的7.31%；三级公路137.894公里，占总里程数的7.72%；四级公路760.919公里，占总里程数的42.6%；等外公路613.606公里，占总里程数的34.35%。按路面等级分，高级路面1182.715公里，占66.2%；次高级路面446.267公里，占24.9%；中级路面157.363公里，占8.8%。全市公路通乡率100%，公路通行政村率100%。

全年完成社会货物运输量1462.2万吨，货物周转量8.75亿吨公里，分别比上年增长68.6%和107%。完成旅客运输量2061.7万人次，旅客周转量4.72亿人次，分别比上年增长38.4%和2.4%。全年征收公路养路费8649万元，完成年度任务的111.9%，比上年增长12.3%；征收公路建设基金1400万元，完成全年任务。年底全市登记在册的道路运输行业经营业户2624家，其中旅客运输业户164家，普通货物运输业户1790家，危险品运输企业7家，汽车维修业户562家，运输服务101家。客运班线102条、日发班次1619.25班，其中跨省班线17条，日发班次13.25班；跨地（市）班线23条，日发班次45班；地（市）境内班线17条，日发班次229班；市境内班线45条，日发班次1332班。全市客运出租汽车经营户67户，经营公司6家，出租汽车269辆；公交线路21条，公交车辆136辆；汽车综合性能检测站（A级站）1个，全年为车辆年审及营运车辆的二级维护检测、等级评定8870辆次。

【干线路面整治工程】 完成收费公路20.8公里，投入资金7887万元。其中320国道13公里，投入资金4215万元；23省道（富衢线）7.8公里，投入资金3672万元。完成非收费公路20.80公里，其中14省道（牧松线）11.73公里、23省道（富衢线）6.70公里、19省道（中樟线）2.37公里，共投入资金2158.4万元。合计完成干线路面整治41.6公里，总投入资金10045.4万元。

【乡道砂改油工程】 乡道砂改油工程的建设是加快农村公路建设的工作之一，也是继县道砂改油工程建设的又一项民心工程。2006年10月底，富阳市在全省又率先完成乡道砂石路面改造工程。工程涉及9个乡镇15条乡道，总里程55.2公里，总投资2475万元。

【县道养护大中修工程】 县道公路养护大中修工程，工程线路11条，总里程65公里，总投资约2500万元。养护里程之多、投入资金之巨为富阳公路管理史上之最。

【绿色通道工程】 实施绿色通道工程，全年新种和补植绿化121.54公里，绿化修枝120公里，总投资100余万元。其中省道新淳线新植绿化15.24公里，省道中樟线新植绿化8.3公里，县道新中线、汤横线等公路完成新植绿化41公里，乡道方莒线等公路完成新植绿化20公里，其他线路完成新植绿化37公里；绿化修枝120公里。

【安保工程和道路交通安全隐患点（段）整治工程】 实施21条计65.9公里通村公路的安保工程，完成82条乡道公路的标志标牌安装工作，实施胥高线等5条县道公路的安保工程，总投资602万元。完成19省道等45处道路交通安全隐患点（段）的整治工作，总投资280万元。

【公路路政管理】 继续深入治理超限超载，开展超限运输路面文明执法工作。320国道东图超限运输检查站（点）实行24小时全天候检查，共检测车辆5292辆，查处超限车辆902辆，货物卸载876辆，罚款125万余元。营运车辆平均超限率下降到6%以下。依法行政、行政处罚（处理）和行政许可正确率达100%，无行政复议变更、撤销案件和行政诉讼败诉案件；法律文书制作齐全、规范，创建文明规范执法单位活动有成效。公路段新办公大楼从2006年9月开始使用。

【出租汽车更新】 6月，完成169辆老旧出租车的更新改造工作。2004年竞投到出租车市场的100辆帕萨特也在政策允许的范围内，由公司自主选择车型作相应调整，从而使整个出租车行业实现平稳过渡。

【农村客运站场建设】 农村客运站场建设进一步加快，在有关乡、镇政府支持配合下，已建成准四级客运站9个，港湾式停靠站60多个，超额完成年度建设计划。农村短途客运班线公司化改造全面推进，成功组建了万市、新登、场口、青云等区域性客运公司，为推进城乡客运一体化打下坚实基础。

【外挂车辆专项整治】 3月，全市开展道路货运市场秩序专项整治工作，重点整治和管理外挂车辆和驻点车辆。整治期间出动检查3649人次，检查车辆17993辆，查处货运车辆各类违章2370辆次，补征外省驻点经营及外挂车辆养路费355万元，办理外省（市）驻地经营登记证47辆，回流外挂车辆4辆，共有265辆1289吨位外省籍驻点车辆纳管。12月，富阳运管所被评为全省道路货运市场秩序专项整治工作先进单位。

·水　路·

【概况】 2006年，富阳港码头港口货物进出口吞吐量1582.32万吨。其中进口货物704.39万吨（卵石242.04万吨、黄沙152.86万吨、煤炭214.45万吨、成品油18.71万吨），出口货物877.93万吨（黄沙121.02万吨，石料281.63万吨，机制砂176.38万吨。非金属矿石即石灰石245.02万吨，水泥熟料53.91万吨）。全年完成客运量2.3万人次，客运周转量16.40万人次公里。完成货运量637.68万吨（其中机动船完成614.28万吨、驳船完成23.40万吨），货运周转量53948.96万吨公里（其中机动船完成50438.96万吨公里、驳船完成3510.00万吨公里）。至年底，富阳航区共有各类船舶618艘，87477总吨，110383载重吨，95867.06千瓦，267客位。其中有机动货船584艘，87135总吨，108873载重吨，95946.56千瓦；客船11艘，249总吨，267客位，671.1千瓦；油船1艘，31总吨，40载重吨，29.4千瓦；拖轮2艘，62总吨，220千瓦，驳船20艘，1470载重吨。

【航道码头】 至年底，富阳市有定级航道6条，67.92公里(据2003年全国内河第二次航道普查资料统计)，其中四级航道1条49.16公里；6级航道3条12.56公里(新江线5.23公里、渌渚江4.41公里、赵东线2.92公里)；7级航道2条6.20公里（壶源江3.8公里、大源江2.4公里）；另有一座被作为旅游资源开发利用的岩石岭水库（库容量为4200万立方米）和一条尚待开通的东洲北江叉江支流（9.2公里）。有各类码头（泊位）205处。其中有砂石料码头166处；煤炭码头20处；成品油码头2处；石灰石码头13处；水泥熟料码头4处。有渡口18处，渡船23艘，1055客位，444.7千瓦，渡工30名，年渡运量约20.8万人次。全年征收航政规费2069.12万元，同比增长23.7%；征收港政规费939.82万元，同比增长79.04%。

【水上安全管理】 全年进行各项检查156次，431人次，出动车（艇）156次，发放整改通知书12份，纠正违章46起。6月11日，在恩波广场举办全国安全生产月咨询日活动，展出宣传图板5块，发放安全宣传资料500余份。6月15日，在国家AAAA级风景旅游景区富春桃源举办了一次水上救生演习，进一步提高辖区客旅企业的应急反应能力。全力推广GPS终端技术，有7艘船舶安装GPS终端设备。　（俞飞）

【责任编辑　孙希成】

邮政 电信

·邮 政·

【概况】 全年实现邮政总收入2744万元，比上年增长10.02%。其中函件业务收入252万元，包件业务收入93万元，速递业务收入405万元，报刊业务收入285万元，储蓄业务收入1248万元，汇兑业务收入119万元，集邮收入119万元，物流收入48万元，代办收入32万元，机要收入1万元，其他收入142万元。完成收支顺差58万元（见表12）。至年底，市邮政局有职工138人，下设4个职能部室，专业化经营单位7个，邮政中心支局5处、邮政支局、所8处。

【邮政业务】 邮政储蓄 按照年初制定的“以提高效益为目标，壮大储蓄规格”的发展目标，转变增长方式，调整业务结构，开展“情系万家”、“金蚂蚁风暴”活动，实施进商场、进学校、进社区、进企业、进农村的“五进工程”，发挥网点资源，强化网点的吸储能力，年底储蓄余额6.877亿元，比上年底净增1.78亿元。其中，桂花路储蓄所余额继续增长，实现年底2.48亿元，保持着杭州地区单个网点规模最大的地位；春晖、桂花西路储蓄所相继突破7000万元；新登、万市储蓄网点余额翻了一番，分别突破5000万元、2000万元，打破富阳邮政农村网点发展迟缓的局面；高桥、常绿等网点也相继突破1000万元。大力发展储蓄中间业务，开展刷卡消费营销活动，加强开办代发工资、代收和代缴话费、电费和代办保险等业务力度，取得了较好的业绩，特别是在基金销售方面2006年有较大的发展，全年代理销售业务达1832万元。

速递 树立邮政EMS品牌，创新营销手段，以“次晨达”、“全夜航”和“卡哈拉”项目为契机，使国内、国际业务稳步上升。在巩固老用户和抓好高校录取通知书的寄递工作的同时，拓展鲜花礼仪和同城快递，突出个性化服务，做大单证照业务，开展居民身份证专递、代收货款、法律文书、银行票据、出入境护照专递等业务。

函件 富阳邮政引进数据库营销，创新思路，成功开发了4所中学校庆类明信片22.2万枚、市工会、政府部门纪念封1万枚、大学生数据库商函营销1.5万件、房地产商函7万余件、风景点明信片门票4.5万枚等函件业务。

报刊发行 在挖掘自费订阅市场、扩大零售规模和做好报刊续订、破订工作的基础上，着重抓好党报党刊的征订。2007年度报刊大收订一次性收订流转额840万元，完成年计划的103.8%。

集邮 开发和拓展纪念邮品、专题邮品和企业邮品等个性化增值业务，先后开发制作个性化邮票4500

表12 2006年富阳市邮政局基本情况

项 目	单 位	2006年实 绩	比上年增减（%）	项 目	单 位	2006年实 绩	比上年增减（%）
业务总量	万元	3224.20	30.57	邮运车辆	辆	28	7.69
业务收入	万元	2744	10.02	计算机总数	台	46	6.98
收支差额	万元	-716		全员劳动生产率（按业务收入计算）	万元/人	19.88	21.96
固定资产原值	万元	4385	-2.49	函件	万件	373.28	80.83
本年新增固定资产	万元	123	35.31	包件	万件	4.14	-10
期末职工总人数	人	138	-9.80	汇票	万张	12.46	25.23
邮政（电）所总数	处	36	56.52	订销报刊累计份数	万份	1401.01	13.10
自有房屋建筑面积	平方米	28488	0	特快专递	万件	12.93	87.39
邮路单程长度	公里	312	-18.75	集邮业务	万枚	37.00	-45.34
农村投递线路单程长度	公里	1556	3.46	邮政储蓄余额	万元	68770	35.16

邮政服务水平和市场竞争力。

【网络优化】加快信息网建设，提高应用水平。一是注重对信息网络的运行维护、安全防范和充分应用，特别是储汇业务的客户管理、柜员指纹认证、电子稽查、国际金融系统的应用，使邮政储蓄的技术、运营、内控管理水平提高，竞争能力增强。二是相继完成了绿卡统一版本上线工程、电子化支局系统的进一步优化升级、量收管理系统的正式运行、速递、集邮、报刊等统一应用系统的接入使用，信息网络从覆盖程度到应用深度达到了相当的规模。

余版，为上海市邮政局制作2006年宣纸年册、湖州市邮政局“湖笔文化”等一大批委托承制业务。自制开发的“四大名著”及“杭州西湖”系列宣纸邮票珍藏册等特色邮品，成为各级政府馈赠外国友人的佳品。

汇兑 宣传汇款超市，开展西联汇款、2小时加急汇款、特急汇款和回执业务。

【服务管理】 加强对邮件、报刊妥投情况、特快业务资费执行情况、投递工作中的服务质量执行情况的日常监督检查工作，提高视检工作的有效性。按照“服务无小事”的服务理念，倡导诚信经营，认真处理用户投诉，营投服务质量有明显提高。全年共受理市长公开投诉电话28件，比上年同期减少30件。限时办结率、按时反馈率、用户满意率均为100%。

【邮政网点改造】 优化网点建设，进一步提高服务水平。采取统一标准、统一标识、统一布局和邮政网点的安全性及整体形象，新增ATM机一台，完成13个储蓄网点的建设改造。新兴路邮政储蓄所、洞桥邮政储蓄所等新增网点顺利开业。春江网点的开业审批、低产网点的搬迁工作正在进行。通过网点的合理布局及增设，较好的满足了社会的服务需求，进一步提高了

【通过ISO 9000质量管理体系认证】 9月21～23日，经北京兴原认证中心审核组的现场审核，富阳市邮政局顺利通过ISO 9000质量管理体系认证。

【信报箱建设获政策保障】 邮政基础设施建设特别是邮政信报箱(群)建设跟不上当地城市建设的步伐，成为阻碍、困扰富阳邮政提高投递服务质量的难题，影响到广大群众的用邮权益。9月5日，市建设局下发了富建设〔2006〕294号文件《关于做好城市住宅楼房信报箱（群、间）设置安装工作的通知》，在推动当地信报箱的建设，强化政策的落实，促使问题的解决等方面提供了有力的政策保障。

【特色邮品赠萨马兰奇】 3月22日，富阳市邮政局制作的《西湖诗画邮票珍藏册》，由中共浙江省委书记习近平赠送给到杭访问的国际奥委会前主席、国际奥

委会终身名誉主席萨马兰奇先生。该邮品围绕西湖主题，选用富阳手工宣纸及传统装帧工艺，集历代西湖名画、诗赋、篆刻于一体，配以相关精美西湖邮票，古籍装帧而成。曾先后荣获杭州市休闲旅游礼品银奖、铜奖、优胜奖。（刘文龙）

·电　信·

【概况】 2006年，富阳市电信分公司完成业务收入1.64亿元；其中主营业务收入1.63亿元，实现净利润2029万元。全员劳动生产率（按业务收入计算）85.32万元/人。至年底，普通电话用户总数16.87万户，小灵通用户总数9.82万户，宽带用户总数3.48万户。有员工191人，下设职能部室4个，分局5个、支局5个。

【网络综合整治】 全年先后开展交接箱、线路综合、机房电源防掉电、动力环境监控设备、小灵通基站等专项整治工作，提升装移修服务质量和网络运营质量。其中6月开展的全市交接箱整治，历时72天，整治交接箱867只，使全网主干配线资源匹配成功率由65.4%提升到99.4%，交接箱障碍占比由10%下降到2%。通过综合整治，线路障碍排除率由1.45%压缩到0.84%；固话障碍平均排除历时压缩100分钟以上，宽带平均障碍排除历时压缩130分钟以上，平均装机历时压缩12个小时；PHS基站维护修复及时率达99%以上；网络设备的运行指标达到本地网14个经营单位的前5名。

【召开公司第一届第三次职工代表大会暨电信工作会议】 2月10日，富阳市电信分公司召开一届三次职工（会员）代表大会暨全市电信工作会议。44名职工代表、5名列席代表参加会议。总经理张洪在会上作题为《加快战略转型、强化精确管理、外延内涵并重、克难攻坚奋进，坚定信念，促进富阳电信迈上发展新台阶》的工作报告，工会主席魏建国作《围绕中心、凝聚人心、接应转型、共建和谐企业，争创模范之家》的工会工作报告；副主任周国根作工会经费审查和招待费开支报告。会上公司领导与各部门签订KPI绩效协议和《安全生产、社会治安综合治理目标管理责任

书》，表彰奖励2005年度各类先进。

【开展管理效能建设活动】 3月30日，公司召开管理效能建设动员大会，分为动员部署、组织实施、整改提高、考评总结等四个阶段。效能建设活动时间为3月下旬至2006年年底。

围绕活动，建立管理人员挂钩一线制度，开展“靠前参与、走进一线、换位体验”服务支撑活动。各级管理团队深入一线，亲力亲为，加快工作节奏，简约管理，加大对基层的综合支撑服务力度。对担负组织基层生产经营任务的分局长实行质询制度，提高阶段性重点营销工作的执行力度，改进弱项工作。对各级管理人员实施月度重点工作360度考核和年度考核末位淘汰制。针对性召开各层面员工座谈会，开展理念教育，谋求和谐氛围。优化人力资源配置，引入岗位竞争机制，在烽火行动、每月专项营销以及冲刺80天活动中，对客户经理进行业绩排名，奖优罚劣，激发员工工作积极性；发动全体统包经理进行全市交接箱整治工作；分期分批开展覆盖全体客户经理、统包经理、营业员的综合培训，提升三大基础队伍的营销服务水平。

【世界电信日营销活动】 5月17日，在第38个世界电信日，富阳电信分公司围绕“让全球网络更安全”的主题，在时代广场组织开展业务宣传、形象展示和服务营销活动。当日，给富阳所有的小灵通用户发送短信，为营销活动宣传造势。召开电信客户座谈会，向客户代表介绍IPTV、全球眼、企信通和号码百事通等电信新业务。同时，在活动现场设立新业务体验区、号码百事通专区、商务彩铃专区、企信通专区和小灵通专区等多个摊位，并邀请富春街道的腰鼓队现场表演。本次活动发放各类宣传资料5000余份，接待用户咨询服务1000余人，受理固话用户48户、宽带用户70户、小灵通用户111户。

【“全球眼”落户环山乡】 环山乡地处富阳市中南部的交通要道，过往车辆、人口众多。近年来，该乡形成一定规模的铜工业园区。为提高辖区民警的破案率，震慑犯罪分子，切实保障人民生命财产的安全。富阳市电信分公司适时地向环山乡推荐电信“全球眼”业务（全球眼是基于中国电信宽带网络，为用户提供图像、声音和各种报警信号远程采集、传输、储存处理的一种全新的网络视频监控业务。）在公司大客户分部的牵头下，当地支局积极与环山乡乡政府、场口镇派出所就建设环山乡铜工业功能区“全球眼”视频监控系统进行广泛的沟通和实地勘察。5月30日晚，测试实地监控效果，结果监控图像清晰、监控方式灵活。环山乡铜工业功能区成为全市农村首个电信“全球眼”视频监控园区。

【果农用上电话彩铃】 省、市公司开展“春风E农行动”后，3月中旬，富阳市电信分公司为抓住新登镇镇政府在半山村举办桃花节这一商机，为半山村100多户农家固话开通彩铃。村民家的固话彩铃成了购桃、休闲吆喝的好帮手，专门有大型的水果批发公司上门来收购，还有不少的上海及外地游客打电话来时听了那句“休闲度假哪里去，十里桃花半山村”的彩铃慕名来旅游。随着新农村建设的大力推进，富阳许多村镇借助电话彩铃等电信新业务给农民增产增收带来了较大的推动作用。如出产高山云雾茶和高山西瓜的安顶山村，电信彩铃让这些山窝窝里的小村庄致富之路越走越宽。

【10户商家加盟号码百事通话机热键】 11月3日，富阳电信分公司与当地旅游、餐饮、电脑、汽车等行业的10户商家签订号码百事通话机热键加盟协议。首期加盟的商家通过号码百事通的冠名宣传广告和会员待遇，提升自己的知名度和影响力。签约会还邀请部分有加盟意向的客户现场观摩号码百事通热键话机的使用演示，加深客户了解该业务，提高认同度。（黄　欣）

·移动公司·

【概况】 中国移动富阳分公司主要经营移动语音、数据、IP电话和多媒体等业务，拥有“全球通”、“神州行”、“动感地带”等品牌。全市移动服务网点齐全，有代办移动业务的营业网点130家，零售移动业务杂货网点200余家。客户总数超过30万户，业务收入突破2.6亿元。网络覆盖全市611个行政村，主要交通干线连续覆盖，城区基本实现室内全面覆盖。被省移动公司命名为强县公司。公司在抓好移动通信业务的同

表13 **移动公司常用接入号及重要特服号**

	业务	接入号	资费
重要特服号	客服中心热线	10086	免费
	中文秘书人工台	12580	免呼转基本费，长途费按正常资费收取
	充值	13800571505	免费
	查询话费	13800571506	全球通用户免费，预付费用户每月拨打超出20次收费
	匪警	110	免费
	火警	119	免费
	急救中心	120	免费
	全国道路交通事故报警台	122	免费

时，在企业管理、精神文明建设等方面也取得了成绩。2006年被富阳市文明办复评为“富阳市文明单位”称号；桂花西路主营业厅营业班被杭州市团委评为“青年文明号”称号；被杭州市消费者协会评为第六届市“消费者信得过单位”称号；被浙江省消费者权益保护委员会评为第七届省“消费者信得过单位”称号等。

【网络无缝覆盖】 全年新建基站43个、直放站50个，加大了富阳市移动网络覆盖的深度和广度。配合设计院完成了富阳市网络普查并提出了2G网络终极规划，为3G网络过渡作好准备；进行网络专项优化和设备更新升级。全区网络覆盖达99.5%，实现了全国31个省（市）自治区，308个地（市）和1856个县（市）联网和自动漫游，并与216个国家和地区、285家运营商开通了GSM国际自动漫游，与135个国家和地区、126家运营商开通了GPRS国际漫游。国际短信共通达104个国家和地区的206家运营商，彩信通达21个国家和地区的29家运营商。

【客户经理深受集团客户欢迎】 为了让客户感知到移动公司服务，客户经理每周给大客户发送祝福短信，并且根据客户需求不定期的到集团公司设摊服务，为企事业的员工现场办理业务，进行信息化最新业务的宣传与咨询，深受客户的欢迎　（阎　晓）

·联通公司·

【概况】 中国联通有限公司富阳分公司主要经营业务CDMA/GSM移动业务、长途、数据业务、互联网业务等。至年底，全市网络覆盖率99 %，乡镇覆盖率100%。公司新建自营厅（桂花西路营业厅）1家；大源、受降、新登、鹿山、高桥、城区等合作营业厅11家；洞桥、胥口、新桥、春江等一级网点10个。营业网点建设的扩展，方便了用户，提高了服务感知度。全年开展以“满意在联通”和“绿色服务月”为主题的服务达标和创新活动。完成业务收入6000万余元，新增用户4万余户。

【桂花西路营业厅开业】 4月20日，桂花西路营业厅开业。桂花西路营业厅是杭州分公司县市范围内规模最大的营业厅之一，营业厅设有星级客户接待室、投诉室、面对面服务台、新业务演示区、自助服务区、休息区，还启用营业排队叫号系统，缩短等候时间，提升服务质量，为客户提供一条龙全方位的服务。桂花西路营业厅先后被共青团富阳市委和富阳市妇联授予 “青年文明号”和“巾帼文明示范岗”荣誉称号，同时，还被杭州市消协评为“杭州市第六届消费者信得过单位”。

【网络覆盖及工程建设】 2006年，公司新增基站30多个。通信基站G13期建设工程，完善了城区四个街道、高桥—灵桥、19省道上官—常绿段及上官文体经济开发区等区域的网络覆盖深度。至年底，富阳境内总共有室外基站128个，室内外分布9套，管道91公里，杆路500多公里。　（申屠海燕）

【责任编辑　孙希成】

城市建设与管理

·综　述·

【概况】　全面梳理原有江滨东大道各类控规和城市设计，出台《关于加强城市规划管理的若干意见》，修订《富阳城市规划技术规程》，建立富阳市经营性土地控制性规划联席会议审查制度。启动建设鹿山新区，完成地下管线普查一期工程，精简确定乡镇街道67名村镇管理人员，确定富春街道东山村等10个村为全市第一批实施公寓化建设试点村。建立市政工程项目库，完成花坞路、桂花西路综合改造工程，基本完成东吴公园二期建设，接手农民城区块、鹳山公园建设管理并启动相关的整治、设施改造工程。江南水厂正式通水，场口地区供水主管工程同时启用。全面开展建设工程“文明施工年”活动，建筑工地工程质量、安全生产文明施工水平明显提高。成功举办富阳市迎中秋建筑工人文艺晚会，首次举行富阳市建筑工人职业技能大赛。出台建设工程招投标管理意见，对招投标各方主体作“六个进一步”的规范，加快推进政府投资工程建设组织实施方式改革。开展“促进房地产持续健康发展”主题宣传活动，制定实施《贯彻国六条精神，促进富阳房地产业健康稳定发展若干意见》。首次开展房地产开发企业诚信评定工作，成功组织富春人居展暨富阳市第四届房地产展示交易会。开展治理商业贿赂专项工作、市政公用行业民主评议行风工作，建设局窗口服务质量效率全面提升，每月均受市行政服务中心表扬。

市城管执法局坚持以“争做一流队伍，争创满意机关”为目标，外塑形象，内强素质，促进城管干部、执法队员、环卫职工队伍的良性、健康发展。以提升执法能力为核心，多渠道、多形式开展执法人员的教育培训。7月，与杭州市委宣传部联合开办《有礼走天下》专题讲座，为城管干部和执法队员培训执法礼仪和政务礼仪。3～6月，先后两批选送骨干队员到萧山、义乌等县市进行对口岗位培训，提高参训人员的执法理念、实战技能和管理艺术。11月，采用“集中授课、分散学习”的方法对新招录或调入的43名执法人员进行军事训练和法规培训。开展先进科队、优秀队员、办案能手等各类评比活动，评比产生优秀执法队员15名，先进科（室）、中队4个。全年受理城市管理领域的群众投诉举报1.14万起，其中由“12345”市长公共电话转办876起，“96310”自行受理1.05万起，办结率、满意率均为100%。

（许哲平　楼丰）

·规划编制和管理·

【概况】　全年受理规划审批项目3791件，其中城市规划选址意见书271件，建设用地规划许可证201件，批准建设用地358.70万平方米；审批建设工程规划许可证452件，建设规模340.91万平方米；其他确权、装修装饰、杂项工程381件。审批村镇建设“一书两证”534件，建设总面积222.15万平方米，农民私房1920项。

修订《富阳市规划技术规程》并经专家论证后报市政府批复。分线管理规划审批与规划编制，提高工作效能。引进规划总师，实施总师审查制度。加强批后管理，查处违章建设，组成由规划、建管、质监等部门参与的检查组，每月跟踪检查办公楼、宾馆项目，全年查处违章建筑23起。规划竣工合格验收95件。

【规划编制】　1～2月，委托编制《城市东入口及江滨东大道道路、景观设计》、《花坞路拓宽改造工程》、《九龙大道道路工程》、《谢家溪桥工程》，3～5月，编制《鹳山公园规划》、《镬子山公园规划》、《郁风、苗子及郁达夫纪念馆》以及6条道路的规划设计，市政工程建设中规划滞后的问题得到缓解。根据“融入大都市、建设新富阳”的战略思路，相继完成《留和路工程规划》、《富阳接轨大都市道路规划》及《富阳鹿山新区近期建设规划》等课题。集中力量提高对城市主要发展方向的控规覆盖，编制《新桥江以西孙权路以北约6平方公里地区控规》、《鹿山新区城市路网控规性详细规划》。编制《住宅建设规划》、《受降公共设施规划》、《鹿山新区综合管线规划》等专项规划。配合国土储备中心，完成21个拍卖控规编制。

完成受降18平方公里基础测绘、富春街道16平方公里地形修测和10个社区的社区详图编制。地下管线探测工程已经外业探测，测量各种管线1600余公里，初步完成管线应用信息系统建设。

全年完成杭千高速东洲出入口至大桥路的城市东入口等沿线景观通道设计，城东村龙山区块老城改造控规方案，花坞路改造营业房安置方案，新桥江以西孙权路以北约4平方公里控规，鹿山新区控制性详细规划，受降镇域公共设施规划，富阳市四线供水和居住区发展专项规划，上新眺、长春村公寓化建设设计招投标，西入口改造工程方案，鹿山大厦设计方案，园林局区块拆迁安置办公楼初步设计方案，鹳山公园方案设计，富阳中学民办学校、春江中学方案审查，北站建筑景观方案审查，达夫路、场口中学东侧道路、九龙大道设计方案，受降区块和小和山高教园区连接道路方案设计，鹿山街道中心路的线型设计，江滨西大道延伸方案等规划编制。

【城乡规划效能监察】 1月，成立富阳市城乡规划效能监察工作领导小组及办公室，在梳理排查2004年1月以后城乡规划情况的基础上，重点清查2004年后全市60个重点项目的选址意见书、规划用地许可证、规划工程许可证办理情况，发现问题逐一整改，整改率100%。5月，9个2006年度市政工程方案的图板在东吴文化公园展示厅展示，并将其内容制作成宣传册。8月，组织领导小组对8个重点乡镇、街道和富阳经济开发区规划效能监察工作开展情况和乡镇总体规划、村庄建设规划编制、农村私人建房审批管理等情况进行督查。根据“阳光规划”要求，全年完成32个项目批前公示，并对公示反馈意见做好答复与处理。

·村镇建设·

【概况】 全年审批村镇规划选址意见书288项，面积354.15万平方米，建设用地规划许可证143项，面积182.07万平方米，建设工程规划许可证60项，建筑面积48.9万平方米。发放选址意见书2640本。发放村镇规划建设许可证1920本。完成永昌镇、龙门镇、常绿镇、湖源乡总体规划编制和报审批及《龙门镇二期建设详细规划》和292个村庄规划编制。审查和鉴定永昌镇、龙门镇、常绿镇、环山乡、湖源乡总体规划，报市政府审批。向农民免费提供2000余套住宅通用图，并委托市建筑设计院新设计5套通用图，在全市农村推广使用。为全市村级无办公场所的村免费提供施工图80份，为有关村节约开支50余万元。

3月起，委托富阳市勘察测绘有限公司、富阳市规划设计有限公司为全市25个乡镇、街道的村庄作测绘和规划修编。规划方案须经村民代表讨论、广泛征求村民意见，市、乡镇街道村镇管理人员实地检查验收。至年底，基本完成180个“百千”整治村的规划编制，另100个村的规划编制也基本完成。

经市政府同意，2006年起，市财政发放的村镇建设补助资金由原来的2年1000万元，增加到2年2000万元。1月，由市建设局牵头，会同财政局、发改局确定小城镇基础设施建设项目28个，涉及道路建设、农贸市场、绿化、停车站等。12月底，有5个乡镇基本完成建设任务，其他项目均完成50%以上。同时，将城市道路改造中的人行道小方砖、路灯、树木等，经适当处理或直接用到小城镇基础设施建设中。全年再利用小方砖1.8万平方米，路灯100多盏，绿化树木2000株，折合人民币500万元。

拆除农村空心房、闲置房及违章建筑20多万平方米；完善农村饮水安全设施，全年建设重点农村饮用水工程19个，小型农村饮用水项目21个，改善和解决40多个行政村3.9万人的饮水安全。实施农村生活污水处理和垃圾收集处理工程，启动19个村的农村生活污水处理示范工程和10个村的生活垃圾处理示范工程，5月起，11个街道、乡镇的生活垃圾集中收集，用于焚烧发电。

3月，组织全市村镇管理人员及乡镇、街道分管领导150多人为期一周的社会主义新农村建设培训班。10月，组织全市各乡镇、街道分管领导参加上海同济大学为期一周的培训班。同时，组织中心镇政府领导参加省建设厅培训，乡镇、街道自行组织村级干部培训。全年全市1000多人次接受村镇建设管理培训。

【城区私人建房审批管理】 在对规划区控制范围内的100多个村庄农户建房情况调查摸底的基础上，4月，市建设局起草并上报《富阳市农村住宅公寓化建设实施细则》、《富阳市城区农户私人建房管理办法》，由市政府公布实施，确定富春街道东山村、虎山村，东洲街道赤松村，春江街道太平村，鹿山街道长春村、上新眺村，新登镇塔山村、共和村、乘庄村，大源镇东升村等10个村为全市第一批实施农村住宅公寓化建设试点村。集中力量梳理城区私人建房现状，村庄规划建设方案审查小组对富春、鹿山、东洲、春江等4个街道的78个行政村的村庄建设规划进行评审。截至12月31日，批准74个行政村的村庄规划，4个行政村的村庄规划暂缓批复。市农村住宅公寓化建设管理中心审批、发放建设用地规划许可证1091本，建设工程规划许可证786本，强化私人建房审批管理机制。协助富春街道对私人建房矛盾较突出的金桥、虎山等村调查摸底，并与执法、国土、富春街道等单位成立联合巡查组，全时段监控严控区域内农户私人建房情况，依法强制拆除违法建筑。

·市政公用事业·

【概况】 全年安排市政公用建设项目计划19大项，投资概算超过8亿元，年内完成投资约6亿元。根据市政府《关于富阳市2006年度市政公用工程建设项目安排计划的批复》，科学安排建设时序，全年市政新建工程项目中的鹿山文化中心、鹿山中心大道、东洲北江桥工程分两年实施，其余均在年内完工。完成花坞路桥、育才路桥、大桥路北渠护岸、春江5号路、3号渠北侧道路新建工程、天然气桥桩基工程，完成老城区桂花路以南区域地下燃气管线改造。桂花西路综合改造工程、恩波公园二期工程12月初完成。推进农民城区块整治工程，基本完成东吴公园二期建设，启动鹳山公园设施改造。

全年完成市政工程建设项目20个。其中，2005年续建工程6个：恩波广场二期人防工程、东吴文化公园二期游步道工程、东吴观景阁工程、大桥路新建工程、3号渠北侧道路新建工程、春江5号路道路工程；2006年新建工程14个：育才路桥梁工程、金桥北路跳车治理工程、花坞桥新建工程、高桥天然气桥工程、大桥路北渠护岸工程、3号渠滨水绿化工程、320国道绿化改造工程、场口中学东侧道路工程、大桥路虎山老桥修复工程、花坞路改建工程、东吴观景阁室内装饰工程、恩波广场二期(花月楼区块景观工程)、场口中学东侧线及春江5号绿化工程、大桥路及花坞路等绿化工程。

主动融入杭州，打造杭州“卧城”。以提升城市入口形象为切入点，加快东洲区块、城北区块以及高桥受降区块建设。相继完成320国道绿化改造、大桥路新建、育才路桥、3号渠北侧道路新建、富新公路改造等工程；动工兴建东洲中心路、东洲东桥路综合改造和受降九龙大道等。优化老城，拓展新城。兴建恩波公园二期，拓宽改造花坞桥、花坞路、桂花西路等，实施城区咪表工程，有效缓解城区行路行车及停车难。以鹿山新区建设为重点，相继完成东吴公园游步道和观景阁、场口中学东侧道路、华庭路，并启动文化中心建设。沿江发展，跨江发展。改造江滨东、西大道，整治沿岸景观，加快建设江滨南大道、学院路，兴建汽车南站迁建工程。

市政养护全年完成修补水泥和沥清混凝土路面2.47万平方米，人行道板1.06万平方米；调换、升降、砌筑窨井230余只；埋设管道378米，调换平侧石864米。完成苋浦路、邮舍弄、回春路、新兴路、育才路、花坞桥北等城区道路大修路面1.76万平方米。完成秦望路、春秋南路、春秋北路、苋浦路和国际大酒店前等城区道路人行道维修面积6910平方米。

东吴文化公园继续完善“三孙殿”、“鹿山书院”文化内涵布置，改造绿化草坪1.32万平方米，维修石栏杆桩118只，维修和增设座椅、凳子65张；完成二期观景阁27副楹联、匾额、桥名征集评选、制作。编制鹳山公园改造维修方案，完成鹳山公园长廊维修；原址新建公厕1座，全面维修亭、廊、楼阁。完成全市城区218万平方米的绿化养护及春、秋质量大检查，完成元旦、“五一”、国庆等重大节假日55万盆鲜花摆设、种植；完成城区绿地春、秋两季绿化补植，花坞路、东大道、邮电公园、东桥路等多处行道树移植；完成高尔夫路绿化改造，农民城区块绿化，金桥、后周、后亭子等社区的绿化改造，完成市西弄栏杆维修，恩波公园栏杆油漆、喷泉维修，儿童公园原木攀爬、亭、廊、花架油漆维修，部分花岗石垃圾筒设施更换，苋浦公园公厕维修等。增加路灯3300盏，其中社区增加290盏。

自来水总厂完成售水2875万吨，同比增长14.59%；实现销售收入3551万元，同比增长16.09%；

实现安装产值1586万元。改装一户一表4567只，新装一户一表3117只，安装其他水表472只。

全年完成污水处理1660万吨，日均污水处理4.55万吨，出水水质全部达到《城镇污水处理厂污染物排放标准》（GB 18918-2002）一级B排放标准，出水水质达标率100%。完成污水处理厂三期扩建的土建工程，开始设备安装；完成龙门污水处理厂竣工验收，新登污水处理厂筹建顺利。

12月，天然气利用工程启动，煤气储罐站整体搬迁工程进入实质性阶段，基本完成富阳至受降的煤气中压管建设，顺利实施老城区鹳山路以东、桂花路以南及周家弄、康复路、邮舍弄等区域的燃气管网改造。华润燃气公司实现业务收入6155万元；生产管道燃气（天然气）317.37 万立方米，销售292.7万立方米，液化石油气销售7699 吨，完成工程安装收入1496万元，发展居民用户4869 户；发展公建用户 17家。8月，富通集团开通管道燃气，成为全市第一家工业用户，11月，华达钢业使用压缩天然气。

【市政公用工程管理】 做好技术前期管理，初步建立工程设计方案会审制度。加强市政公用工程施工、监理队伍管理，1～6月，相继出台《关于实行市政基础设施及公用工程现场监理考评制度的通知》和《关于实施市政基础设施及公用工程项目经理扣分和挂牌制度的通知》，建立施工、监理人员的考评制度。加强市政产品质量管理，建立市政产品备案管理制度，实施《富阳市市政公用工程使用商品混凝土的若干规定》。加强竣工验收管理，建立市政公用工程竣工验收公告制度。编制完成市政基础设施项目库。

【市政公用行业管理】 拟定《富阳市城区防汛抗台应急预案》和《富阳市重特大燃气安全事故处置应急预案》并由市政府公布实施，以提高对城市公共突发事件应对处置能力。7月，组织市政、园林、供气、供水、污水、路灯等单位的市政应急抢险演练。规范园林资质、临时占用城市道路、临时占用城市绿地、挖掘城市道路、城市排水等审批事项，落实园林绿化企业“安全生产许可证”制度。6月，编制完成富阳市燃气供应站点的布点规划，规范燃气市场，合理布置液化气供应站点；8月，会同市质量技术监督局、行政执法局等单位联合检查全市液化气供应站点。9～12月，全市液化气供应站点换发新证，取缔25家违

恩波公园二期

法经营站点。出台《关于进一步加强建设工程附属设施建设管理的通知》和《关于完善住宅区建设工程附属设施建设管理和验收的通知》，规范附属设施的管理和验收，全年验收附属设施107项。

【社区基础设施改造】 重新铺设大小管道3832米；安砌侧石692米；砌筑各类窨井897只；更换、修复各类井盖井座325套（块）；浇筑水泥及沥青混凝土路面1.36万平方米、拆除破损混凝土路面5430平方米；清理、修复化粪池10座；铺设修复人行道板394平方米；建垃圾收集房2座。清理疏通农民城雨污管道和检查井，改造金苑路、金城路等道路，重新布置绿化、路灯、垃圾房等，基本改变农民城脏乱差面貌。清理疏通农民城排水管5000米、检查井246座，铺设完成金平路、金城路和大家房产西面人行道板5700平米，完成金苑路（金平路—横凉亭路）改建工程，其中新铺排水管道1620米，新建道路1.09万平方米，新铺人行道板2500平方米。完成金城路绿化2684平方米；补植容大房产北面行道树116株，绿化116平方米；金平路种植行道树245株，绿化245平方米；金苑路种植行道树113株，绿化1468平方米。完成农民城燃气管道和路灯安装。

【江南水厂竣工】 6月20日，江南水厂及场口地区供水主管工程竣工投产。江南水厂工程属市重点工程，总投资1.1亿元。工程于2005年4月6日动工，一期日产5万吨工程建设用时14个月，基本保障江南片春江、大源、灵桥、场口、环山、常安等地居民用水，另可通过富春江第一大桥供水管道向江北返供水，提高江北东洲区块的水压，缓解供水高峰时江北10万吨水厂超负荷运行状况。与江南水厂配套建设的场口地区供水工程，系全市破解“农村饮水难”的重要基础工程，总投资5100万元，经6个月紧张施工，总管工程于5月25日提前35天完工。支管网工程已完成场口14个村、常安4个村、春江街道2个村以及常安镇4家企业和环山小学等村和单位的安装任务，解决场口片3.2万余人吃水难问题。继续扩大“四线供水”范围，全年投入资金1000余万元，完成大青、高桥、东洲、新登、灵桥等地供水管道延伸工程，新增DN100以上供水管道51公里，新增供水面积40平方公里，解决大青职高、市实验中学、新登镇中、场口中学、东洲中学、东洲工业功能区、高桥六村、胥口棠棣村、永昌镇、灵桥镇等单位和学校用水问题，受益人口2.5万人。完成灵桥、大源水厂并网供水。

【完善应急供水机制】 3月，制定出台《富阳市城市供水应急预案》。该预案明确了应急供水三种状态、应急供水指挥机构和职责、水源污染事故报告办法、事故处理的抢险措施和备用水源等。为实现应急供水期间的水源共享，拟建从青田水库（位于新登镇众浦村）和亭山水库（位于春江街道建华村）分别设专管引水至自来水总厂和江南水厂，确保应急供水量和水质，同时考虑联通新登水厂和富阳水厂输水总管，应急期间能从新登返供富阳2万吨应急水。同月，投入50多万元资金，在取水口建成富春江原水水质在线监测系统，与杭州市环保局、富阳市环保局实时联网共享。

【市政公用行业行风评议】 4～9月，市政公用行业的供水、供气等单位开展民主评议行风活动，重点评议富阳自来水总厂、富阳华润燃气有限公司。整个评议活动采取统一组织、分级实施、突出重点、整体推进的方法，分宣传发动、检查和整改、组织评议及总结三阶段。自来水总厂与富春街道办事处联合组织“高峰供水暨行风评议恳谈会”，邀请市行风监督员和19个社区负责人参加评议，评议中所提的14条意见和建议已整改完毕。华润燃气有限公司在虎山、鹳山等社区开展便民服务9次，发放燃气安全使用手册600余份。自来水总厂、华润燃气有限公司通过行风评议活动，工作作风进一步转变，制度建设进一步加强，增强服务意识，提高服务质量，“七难”破解更显成效。

·建筑业·

【概况】 全年完成建筑业产值55亿元，同比增长23%。完成招投标工程项目371项，工程造价25.2亿元，建筑面积267万平方米，其中公开招标160项（监理24项），造价10亿元，面积72万平方米；邀请招标62项（监理10项），造价5.3亿元，面积64万平方米；交易确认149项（监理44项），造价9.9亿元，面积131万平方米。劳务分包备案103项，劳务合同价2.2

亿元(6月开始);交通工程10项,造价8400万元;水利工程9项,造价885万元;土地整理4项,造价619万元。政府投资项目公开招标123个,预算价10.9亿元,中标价9.5亿元。

全年完成建筑工程施工许可279项,建筑面积286.27万平方米,工程造价28.64亿元;竣工验收备案183项,建筑面积150.16万平方米;建筑工程受监255项,建筑面积306万平方米。全年创建市双标化工地61个,市文明工地35个,市绿化工地8个,创杭州市双标化工地3个;杭州市绿化工地5个;创富春杯8项,西湖杯2项。全市建筑企业107家,2006年有2家二级资质企业成功申报一级资质,二级建筑资质企业晋升和增项6家;通过水利、交通资质的企业2家;监理企业丙级资质升乙级资质1家,丙级资质监理企业设立1家。完成三类人员培训1410人次,建筑工人岗前安全教育培训2500余人。发出整改通知单1200余份,悬挂黄牌工地36个,挂红牌工地10个,年检清出建筑企业21家,列入不良行为数据库的建筑企业16家,项目经理等人员52人。发生重大安全等级事故1起,死亡1人,直接经济损失40余万元,发生火灾1起,直接经济损失0.96万元。立案查处案件21件,罚款48.4万元,其中涉及建筑工程施工安全的14件,涉及建设工程文明施工的3件,其他4件。处理质量安全、执法等投诉110余起,满意率100%。

市城建档案馆签订工程竣工档案承诺书239份;工程竣工档案审核、咨询指导480余次;参加工程竣工验收190余次,向建设与施工单位提出书面整改意见4500余条。接收合格工程档案148项、规划审批材料7000余卷、地形图508张、施工许可证审批和竣工验收备案材料778卷、市政工程审批材料153件。拍摄和收集城市建设新貌、房屋拆迁旧貌、重要会议录像带640分钟、照片1800余张。整理、组卷进馆的各类城建档案6000余卷。

【文明施工年】 1月,市建设局启动建设工程“文明施工年”活动,推进建设工程安全生产文明施工管理,引导社会各界关爱民工生产生活,促进建筑行业健康发展。3月,明确住宅建筑和公共建筑节能的具体措施和要求,开展建筑节能现场会和产品展示会,并组织“沙加气混凝土切块在建筑节能中的应用”的课题。5月、10月,先后下发富建设〔2006〕155号《关于建立建筑劳务分包管理制度的通知》和富建设〔2006〕360号《关于建立建筑工人用工手册制度的通知》,组织实施建筑施工劳务分包和用工手册,预防和制止拖欠劳动者工资,保障农民工权益。10月,召开建筑工人岗前安全教育现场会,印制《建筑业务工人员安全教育手册》2万册,由专业人员授课,轮训建筑工人2500余名。同月,局党委决定将市政公用工程、园林绿化工程施工质量安全管理纳入建筑业管理,出台《富阳市市政公用工程质量管理意见》、《沟槽开挖、管道回填的有关规定》等,规范技术标准、施工规范、监管办法等,强化市政公用工程、园林绿化工程质量安全管理。

【规范建设工程招投标市场】 6月,出台富建设〔2006〕170号《关于进一步加强富阳市建设工程招投标管理工作的通知》和富建设〔2006〕184号《关于进一步加强富阳市建设工程监理招投标管理工作的通知》,进一步规范工程承发包行为、招标发包行为、工程投标行为、代理机构管理、评标专家行为、招投标监管行为等,着重调整监理招投标办法,明确施工单位合同估算价3000万元及以上、建筑面积3万平方米及以上的建设工程项目进行招标发包;3000万元以下交易发包,调整技术标与商务标的权重,由原来技术标90%、商务标10%调整为一类工程各占50%;二、三类工程技术标40%、商务标60%,确定商务标评标基准价,开标前随机抽取,高于基准价1%扣4分,低于基准价1%扣2分。为防止挂靠现象,要求法定代表人参加开标会议,外地进富企业须有固定办公场所,配备专门设备和人员。

【首届富阳市建筑职工技能大赛】 7月,由市建设局、劳动和社会保障局、总工会主办,市建筑业协会、浙江飞虹房地产有限公司承办首届富阳市“飞虹杯”建筑职工技能大赛,组织抹灰、钢筋、木工、砌筑4个项目的比武,有16个队的64名选手参加比赛,富阳市第三建筑有限公司、广厦湖北第六建设工程有限责任公司、浙江广丰建设有限公司等施工企业分获大赛团体前6名。各工种前三名由市总工会、建设局、劳动保障局授予“富阳市技术能手”称号,四至八名选手授予"富阳市职工经济技术创新能手"称号；前三名应知和应会成绩均合格者，由市劳动保障局颁发高级职业资格证书，四至八名参赛选手，应知和应会考试成绩均合格者，由市劳动保障局颁发中级职业资格证书。

【举办建筑工人文艺晚会】 9月26日，首次富阳市迎中秋建筑工人文艺晚会在市体育馆举行。晚会的主题是"关爱民工，共筑和谐"，由市建设局举办，市建筑业协会等6家单位协办，以丰富外来建筑工人文化娱乐活动，活跃建筑工人业余文化生活，提升建筑企业形象。晚会节目缤彩纷呈，合唱、口技、杂技等赢得阵阵掌声，电视节目主持人阿六头的小品《算命》令人捧腹大笑；参加过梦想中国比赛的赵姝也到场献歌。各建筑施工企业积极组织外来建筑工人参加文艺晚会，2500余人按企业组成方块。省建设厅、杭州市建委、富阳市四套班子领导到场观看。

·住房与房地产业·

【概况】 全年完成房地产开发投资29.14亿元，同比增长31.85%，其中住宅建设完成投资22.56亿元，同比增长28.11%。新开工面积达112.1万平方米，同比增长35.89%；施工面积为282.9万平方米，其中住宅施工面积226.5万平方米，同比增长29.05%；竣工面积65.9万平方米，同比增长15.13%。全年商品房销售面积66.5万平方米，同比增长30.62%，其中住宅面积59.2万平方米，同比增长26.87%，实现销售金额30.90亿元，同比增长31.37%。严把商品房预售许可核准关，全年核发商品房预售许可证163本，总建筑面积83.9万平方米，其中普通住宅49.82万平方米。进一步规范商品房（预）销售文本，全年发放《商品房买卖合同》3.18万份，《商品房住宅使用说明书和质量保证书》6173本。有3家公司取得物业管理暂定（三级）资质证书；有1家公司定级获得物业管理三级资质证书；办理外地物业管理企业进富备案7家。

开展"促进房地产持续健康发展"主题宣传活动，制定"贯彻国六条精神，促进富阳房地产业健康稳定发展若干意见"，完成富阳市房地产市场抽样问卷调查及部分房地产项目调查。出台富阳市房地产开发企业资质管理若开意见，取消近三年来在当地无开发经营项目的10家企业资质，推行菜单式资料申报单。应参加资质年检的企业42家，实际参加32家，其中合格24家，基本合格8家。全年新审批企业资质暂定资质、项目资质12家，资质等级晋升5家。

5月，举办富春人居展暨富阳市第四届房地产展示交易会。展会汇聚40家企业参加，成交商品房453套，意向2600套，涉及总金额15亿元，面积约38万平方米。

完成商品房前期物业服务合同备案14起。出台《关于加强物业管理用房配置及管理若干规定的通知》，全年签订物管房供应合同17份，面积6567平方米，与开发企业办理物管房交接15起，面积6668平方米；办理物管房移交项目竣工验收核准单57份；向物业管理企业（所）物管房使用权移交10起，面积3403方米。至年底，尚未办理交接的物管房合同供应面积2.03万平方米，与开发企业办理交接面积1.71万平方米。出台《富阳市物业维修专项资金使用管理办法》，全年收取物业维修专项资金2876.5万元，至年底，已收取9583万元。完成住宅小区首次业主大会、业主委员会备案4家。举办第一期物业管理从业资格培训班，学员92人，考试合格率93%。

简化装修管理手续，实行简单装修物业公司备案制；变动结构由原来行政许可改为备案管理，全年审批家居装修户55户，面积0.91万平方米。推进房地产中介资格管理，全年办理房地产经纪机构备案证12家，经纪人员资格证年检82本。开展房地产经纪机构备案证年检，应参加企业21家，实际参加18家，合格18家，注销3家。

做好城市房屋拆迁管理。13个市政道路项目12.19万平方米的房屋动迁，至年底已完成或基本完成拆迁项目10个，拆除面积10.5万平方米，完成拆迁总面积的86%。

实施建设信息系统一期工程中的房产管理功能模块的开发移植和档案电子影像、GIS图形基础数据建库。4月，开始6万余卷房产档案的电子扫描。9月，房产档案电子扫描进入成果验收阶段，对档案扫描成果的电子档案的清晰度、完整性和原始文书档案的完整性以及电子档案信息库对接的准确性进行逐一验收，无一差错。到年底，已完成主体工程，进入鉴定阶段。

对危旧房经常性地开展日常安全检查，及时检修破损房屋。全年维修公房71户次，支出维修金13万元，及时率100%。继续加强对直管公房违租户的清理，并将房源重新安排给住房困难户。安置富春街道、新登镇存在严重安全隐患的非成套住宅公房住户，11月，完成镬子山65-76号、81、82号15户；新登镇城墙路54-65号、城河西路187号、赵家弄3号共3幢15户的搬迁。至12月底，公房租金收缴率98%。

签订白蚁防治合同208份，面积285万平方米，同比增长25%，白蚁灭治接待处理288户，面积26.7万平方米，同比增长107%。

【房地产开发和住宅装修企业诚信评定】 3月，首次开展富阳市房地产开发企业诚信评定，有21家企业参加，经各企业自评并综合企业一年的开发实绩、开发规模、内部管理、投诉处理、合同签订等，确定杭州富春山居置业有限公司、杭州华立永通房地产开发有限公司等10家企业为富阳市十佳房地产开发经营诚信企业。4月，首次开展富阳市住宅装修企业诚信评定，有17家企业参加，确定杭州富阳港汇装饰有限公司、杭州富阳博雅装饰工程有限公司等10家企业为富阳市十佳住宅装饰装修诚信企业。

【产权产籍一类业务现场办结】 4月24日，市房地产管理处产权登记办证大厅根据市政府统一部署搬迁至市行政服务中心。产权产籍服务窗口按照“工作规范、客观公正、办事高效、勤政廉洁、便民利民”的要求，打造人性化服务窗口，提供“一站式”、“一条龙”的优质高效服务，权属清晰的一类业务办证在现场立等办结。10月起，又对抵押登记、商品房初始登记、按揭备案登记、集资建房产权登记等类型一次收件在30份以上的批量件业务，由原承诺时间15天缩短为10天。全年获得客户的表扬信22封，在市行政服务中心开展的每月“红旗窗口”的评比中，先后7次被评为月度“红旗窗口”。进一步缩短办事时限，简化办事程序，全年办理各类权证2万本。其中所有权证1.11万余本，共有权证576本，登记面积291.2万平方米；按揭备案证2808本，登记面积43.1万平方米，设定按揭金额19.18亿元；他项权证5480本，登记面积356.6万平方米，设定抵押金额109.07亿元。

·住房改革与公积金管理·

【概况】 第四期经济适用住房受理购房申请3200余份，通过社区张贴、登报、上网等媒体多次公示和核查，查处取消不符合申请资格50余户。完成第四期627套经济适用住房的公开分配销售。第三期南区块99套加快建设。四期公园路区块348套和新登区块120套（含20套经济适用租赁住房）完成主体结构施工；二环路区块（含81套经济适用租赁住房）完成前期准备，进入基础施工阶段。完成四期经济适用住房选房和预收款工作，开始第五期600套经济适用住房受理申请工作。第五期600套经济适用住房和第二批100套经济适用租赁住房开始建设前期准备工作。做好2006廉租住房调查核实和配租，完成实物配租18户，累计配租73户。启动第四批廉租房申请受理。市区城镇最低生活保障救济户和特困职工家庭的住房困难问题基本解决。

加快住房分配货币化改革步伐，分步实施机关事业单位1994年后退休职工和在职职工住房补贴，稳步推进机关事业单位住房货币化分配。全年审批发放住房补贴1447人，2851.5万元。按照富政〔2001〕28号文件关于“坚持实行住房补贴轮候制，采取分步实施、逐步到位的办法”的规定，分步实施机关事业单位离退休职工和在职职工住房补贴。第三步1994～1998年退休人员的住房补贴审批和资金兑付已基本完成，总人数763人，补贴资金约1059.1万元（其中财政安排约968.5万元）。全年完成3个中央、省、市属单位684人1792.4万元住房补贴的审批发放。

1月1日起，全市公有住房租金从每平方米1.8元升为2.00元，做好减、免、补审批。市房改办公室审批出售存量公有住房37套，面积1465平方米。

【建立经济适用住房售后监督机制】 探索建立售后监督处分机制，加强经济适用住房售后监督管理，对骗购第一、二期经济适用住房行为的购房户发出督办通知，令其按核定价格退回骗购的住房；难以退回的，补缴购房差价，骗购者享受标准部分面积按照现同地段普通商品住房价格与经济适用住房价格的价差（1650元／平方米）补缴，超标部分面积按照划拨土地商品房上市交易标准补缴土地出让金。对购买第一、二期经济适用住房而未能及时入住、挪作他用或出租、出借的，督促其限期纠正。对拒不执行整改的购房户，将其相关情况在富阳日报及市政府门户网站上曝光，督促执行。至年底，有13户违规购房户补交购房差价；入住率从整改前的65%升为96%。 （许哲平）

【住房公积金归集】 2006年，全市机关、事业单位和企业的干部、员工的住房公积金缴存比例为单位和个人分别按工资总额的10%缴存，有条件的单位（不含行政机关单位）和中外合资企业、独资企业按最高限额12%缴存。至年底，有667家单位的2.93万名职工建立住房公积金制度，累计归集9.01亿元，其中，2006年归集住房公积金1.99亿元，同比增长22.81%。

【住房公积金支取】 全年有5301人次提取个人住房公积金1.16亿元，同比增长41.21%。

【住房公积金贷款】 2006年，发放1124户职工公积金贷款1.89亿元，同比增长5.08%；购房面积14.61万平方米。

【规范公积金管理】 在住房公积金管理中，坚持“让政府放心、使群众满意”的总目标，严格实行政务公开、阳光管理、接受社会各界监督，各项工作严格按规章办理，做到决策民主，结果公开。公积金归集使用情况实行年度公报，自觉接受财政、审计等部门的监督，并通过办公场地、政府网站、房产网、行政服务中心网站、电信查询系统等途径，向社会公开政策、办事程序和服务承诺，使广大建缴公积金职工了解政策、住房公积金运作情况和信息。 （陈理明）

·城市管理·

【概况】 加强对全市城市管理工作的日常领导与宏观指导，编制中长期管理规划，制定和分解年度城市管理计划和任务。建立全市城市管理联席会议和月度工作例会制度，定期商议城市管理中的重大事项和突出问题。加强对城市管理中热点、难点问题的调研，协调各职能部门合力解决。

【共建考核】 2006年，市共建文明卫生街道、社区（村）办公室将城郊结合部和周边村落等城市管理薄弱部位纳入共建考评范围，改变以路、街为单元的共建模式，强调社区共建，着力缩小城乡差别。进一步加大共建考核力度，1月起，市共建办协调市爱卫会、富春街道等部门先后对全市40个共建活动小组及367个共建单位进行月、季度共建考评12次，对考评中发现的问题及时发放整改通知书，实时督查整改情况。市共建办全年组织11次社区环境专项整治，对各社区提出的环境污染、酒吧噪声、占道经营、违法建筑等四大类187个问题逐个整改，部分社区“脏乱差”现象明显得到改善。

【开辟农副产品季节性城区直销点】 结合农户自产自销瓜果的特点，6月，市人民政府城市管理办公室决定临时开放城区幸福北路、春秋南路等14条城市道路，允许农户定点设摊，为农户销售农副产品提供方便。同时，加强农户自产自销摊点的规范管理，引导农户自觉维护城市秩序和环境卫生。

【江滨西大道获省级示范路称号】 12月，由省建设厅、省质量技术监督局联合下文，命名江滨西大道为“省级城市街容示范路”，同时，桂花路也顺利通过复检。自2005年市人民政府城市管理办公室开展示范街（路）、区创建活动以来，示范路段、区域严格按照《浙江省街容示范标准》要求，实现“六无”目标：无占道经营、无擅自设置户外广告和经营性横幅、无乱倒废弃物、无毁绿、无违法建设和无照摊群。

【城市“牛皮癣”治理实行市场化运作】 7月起，对主城区“牛皮癣”治理实行以“管干分离、责任到位、科学考评、适度奖罚”为原则的市场化运作模式。通过公开招标，以劳务承揽形式委托社会企业全权负责覆盖区域内大街小巷、居民区、楼道等建（构）筑物及公共设施上乱贴、乱写、乱画"牛皮癣"的清洗保洁，基本实现"及时发现、及时清理、清后无痕"的保洁要求。

【完成城区亮灯工程方案设计】 结合城区现有亮灯基础设施，以突出山水文化名城为基点，10月，聘请专家完成城区亮灯工程方案的设计，全市标志性建筑、主干道路两侧的单位、商场以及公园内的亭台楼阁、园林小品均纳入设计方案，严格按照方案要求分步实施亮灯工程。

【规范城区犬类限养管理】 1月，市编办下发《关于进一步明确城区养犬管理职能分工的通知》，重新界定各犬类管理部门的职能。9月，市政府办公室牵头，组织城管办（城管执法）、公安、农业、卫生、富春街道等职能部门分管领导赴杭州、永康等城市考察犬类管理工作。11月，结合其他城市的犬类管理经验和富阳实际，草拟《富阳市限制养犬管理暂行规定》，并邀请有关专家和社会各届人士作专题研究与论证。该规定以限制养犬、规范养犬为主导，划定了重点限制养犬区和一般限制养犬区，采取不同的方式和标准进行日常管理。

·行政执法·

【概况】 城管执法工作坚持以"依法行政、执法为民"为宗旨，在完善城管综合执法体系、改进执法方式方法、提高长效管控水平、提升队伍形象等方面取得成效。2006年开展各类专项执法整治38次，教育纠正各类违法（章）行为6.63万人次，办结行政处罚案件0.81万起，强制拆除违法建筑1.85万平方米，行政罚款270万元，分别比上年度增长34%、225%、341%、112%、87%。

【城东及城西中队荣获"规范化中队"称号】 为进一步规范执法队员的日常执法行为，完善中队内务管理，强化执法保障，改善执法条件，自1月起，市城管执法局以"从严治队、科技强队、形象树队"为基准，严格按杭州市城管执法局规范化中队的创建标准，加强硬、软件建设，着力规范队伍管理、执法办案等日常工作。12月，市城管执法局城东、城西中队分获杭州市城管执法局命名的"规范化中队"称号。城西中队另获富阳市纪检委授予的"创人民满意基层站所"称号。

【城管执法监督员队伍成立】 为拓宽监督渠道，强化对城管执法人员的监督力度，树立城管执法机关公平、公正、亲民、为民的良好形象，4月，经自愿报名和单位推荐，市城管执法局聘请来自社会各个层面的23人为城管执法行风监督员。城管执法监督员以明查与暗访相结合的方式，监督全市城管执法工作和执法队员的队容风纪。

【公开招录城管执法队员】 3月，市城管执法局根据城管执法实现城乡全覆盖的要求，经市编委、人事局同意，向社会公开招录执法队员20名，其中女队员5名。12月，对新招录的20名执法队员进行综合法律法规和城市管理领域法律法规的培训，且顺利通过执法资格证考试。

【金桥村违法建设专项整治】 为遏制和打击富春街道金桥村部分村民抢建、违建的恶性违法势头，经市委、市政府专题研究，决定开展金桥村违法建设专项整治。6月30日，市城管执法局、建设局和国土局联合向金桥村村民发出公告，要求违法建筑户自公告之日起3日内自行拆除违法建筑，逾期将分批强制拆除，并公布已查明的52户违法建筑户和首批21户强制拆除对象。7月4日，在违法当事人拒不执行整改的情况下，市城管执法局与相关部门开展联合执法行动，对富春街道金桥村首批21户违法建筑实施强制拆除，拆除面积6200平方米。9～11月，市城管执法局依据《中华人民共和国城市规划法》对该村违法建设行为轻微的建筑户实施行政处罚，处罚违法建筑户64户，行政罚款92.8万元。

【城区户外广告专项整治】 7～11月，市城管执法局对城区户外广告按规划要求进行专项清理整治。共依法拆除、收缴各类非法户外广告270余处，限期和当场责令改正180余处。同时进一步健全职能部门、广告业主、受益企业、所在乡镇的多级户外广告管理联动体系，基本形成“业主主管、部门监管、企业协管、乡镇联管”的户外广告长效管理机制，为规范、有序、安全管理户外广告奠定基础。

【完善人行道违停查处机制】 9月，在加强对人行道违停行为巡查、取证的基础上，与公安交警部门联合建立人行道违停处罚工作公务协助机制，在交警车辆年检处设置人行道违章处理窗口，及时掌握年检车辆人行道违停处理情况。建立公务协助机制后，人行道违停处罚率保持在75%以上，有效遏制城区人行道违停现象。

【“绿色护考及控制噪声”专项执法】 5月，联合公安局、环保局等部门开展“绿色护考、控制噪声”专项执法整治行动，集中对施工噪声、社会生活噪声进行联合执法，确保中、高考期间各考点和考生集中休息点远离噪声污染。整治期间查处噪声污染案件5起。

【城管执法进社区服务活动】 7月，市城管执法局在秋月社区试点，并在城区19个社区全面推行城管执法进社区服务活动，通过明确工作职责、要求与目标，落实人员力量，切实为社区做好执法支撑、宣传教育、服务居民三大工作，增强城管执法的群众基础，实现发现问题、沟通问题、解决问题在基层，构建灵活快速的投诉处理通道。

【实现城管执法全覆盖】 9月，按期完成新登、大源、场口、开发区等城管执法中队的筹建工作，逐一落实人员配备、办公场所、执法保障等要素。至此，全市有城管执法中队14个，且按各地城市化推进程度，分别实行专业管理、属地管理、辐射管理等运作模式，管理区域覆盖全市各个乡镇。

【“数字执法”信息系统启用】 10月，市城管执法局将各执法中队纳入VPN专网化管理，统一接入杭州城管执法局“数字执法”信息系统，并先行将网上办案、网上投诉、公文处理等子系统进行整体平移，有效提高执法办案和内部管理的信息化水平。

·环境卫生·

【概况】 加强城区道路清扫保洁、垃圾收集清运、公厕卫生管理、河道及堤岸卫生保洁等日常工作，加强环卫职工技能培训与比武，积极参加广播体操比赛和环卫系统运动会等文体活动，全面提高环卫职工队伍的凝聚力与战斗力。12月，市环卫处获杭州市人民政府城市管理办公室授予的“杭州市环卫工作先进集体”称号。全年收集、清运生活垃圾和建筑垃圾6.94万吨，日均清运垃圾200余吨，生活垃圾日产日清，清运率100%。清运粪便3000余吨，做到粪便密闭化运输，及时疏通清理，全年无公厕和居民住宅化粪池外溢现象。出动600余人次，突击清理、清运死角垃圾和建筑渣土6380吨。

【城区流动保洁队成立】 3月，市环卫处流动保洁队成立。该队与街面日常保洁人员相结合，以自行车为交通工具，重点捡拾城区重点部位和主要街道的白色垃圾，达到垃圾滞留不超过半小时，提高城区保洁质量。

【生活垃圾实行焚烧处理】 5月，对全市城乡生活垃圾实施集中焚烧处理，改变填埋处理的原始方式。5～12月全市用于焚烧发电的生活垃圾8.15万吨，占全市生活垃圾的85%。

【提高环卫作业机械化水平】 全年，市环卫处加大环卫作业机械设施的投入，分步购置垃圾运输车、吸粪车、高压清洗车、道路清扫车等一批科技含量较高的环卫作业机械。全年环卫作业机械投入资金220万元，城区机械保洁面积达16万平方米，机扫率11.3%，基本符合国家卫生城市标准。 （楼丰）

【责任编辑　于卫国】

商业经济

·综 述·

【概况】 全年全市完成社会消费零售额44.8亿元，同比增长17.2%，增长率比上年提高2%；商品市场成交额45.4亿元，同比增长13.3%（其中消费品市场交易额38.6亿元，同比增长7.5%）。超亿元商品市场比上年新增1家。8家亿元市场成交额31.94亿元，同比增长20.34%。

2006年，重点抓好编制和实施规划、坚持大项目带动、完善政策保障、重视服务业发展等工作。稳定商贸业发展专项资金，明确原定3年的商贸发展资金延续。印发《富阳市发展商贸服务业财政资助管理暂行办法》，调整发展商贸服务业的10大重点分类项目和标准，兑现2005年商贸申报项目的财政资助。研究化解体制、土地、招商引资、流动资金等制约因素，做大做强商贸企业。全市限额以上商贸流通企业54家，比上年增加4家，全年实现销售额41.3亿元。富阳口岸物流实现吞吐11.1万个标箱、货值14.5亿元，分别比上年增长3.6%和20.8%。

【农村现代流通连锁网建设】 全年全市农村发展日用消费品连锁超市（便利店）104家，覆盖95个行政村，村级覆盖率16.5%，处全省平均水平。村级“放心店”新发展21家，总数607家，基本实现全覆盖。杭州华辰超市富阳分公司对村级放心店商品配送340家，配送扩面56%，实现销售1.2亿元。与浙江移动公司富阳分公司协作推出卖号、充值、移动公话和网络联话服务；与富阳百合医药公司协作推出药品配售服务；经政府部门引导和企业对接，导入本地认证商品30个，货值415万元。富阳兴合农贸公司依托浙江“惠多利”品牌，全年发展农贸连锁店79家。发展供销专业社23家，实现购销8778万元。

【商业设施建设】 全年全市限额以上商贸服务固定资产投入14.8亿元。晋安家电“旗舰店”、苏宁电器富阳店、国美电器富阳店、新世界服饰商场、海陆星光

省经贸委副主任周日星、内贸处处长张悦、杭州贸易局副局长陈世安等一行到富阳调研农村现代流通网络建设工作

园、飞达家私（绿槟榔）、春城大厦、国贸中心、金世纪大酒店及新登“香雪海”宾馆、晋安家电新登店、万市农贸市场、农林茶叶市场、渔山五一市场等一批商业设施，基本竣工或引进开业。

【开展特种商品交易】 全市先后举办了丝绸商品春季交易会、龙门中华名小吃展、秋季全国百强县市汽车巡展（富阳站）、富阳农产品博览会等展销活动。全市回收报废汽车175辆、摩托车674辆，二手车市场汽车交易量935辆、摩托车189辆；民爆销量3255吨，雷管、导爆2471万只，导索168万米。

【“放心肉”工程】 落实12家定点屠宰场《目标管理责任书》、《告知承诺书》和57名屠工技术员上岗持证；投资100万元建设肉牛屠宰场；规范肉品市场交易行为。全市进点生猪屠宰21.6万头，比上年增长27.4%，肉牛进点屠宰7812头，放心肉上市率98%以上。检查出违法肉品1216公斤。检出病猪90头，病变内脏16062.7公斤，全部作无害化处理。

【创建“绿色市场”】 从抓市场准入管理入手，对城区市场390家经营户6.2万余种食品进行再索证，清退食品83批次、330公斤。销售商品实施“信誉卡”制度，农贸市场和生鲜超市每天进行检测公示，全年检测上市品种共22780批次，合格率99%，对202批次的810公斤不合格商品全部销毁。3月，大润发超市通过杭州市“三绿”办“绿色市场”验收认定。对被评定为“绿色市场”的富春江商业城、世纪联华超市百大店、新世纪店进行奖励。

【专项商品储备管理】 继续保持对生产和生活必需的农资、种子、食盐、粮油和生猪等8大类商品储备，并签订储备责任书，落实储备任务，确保市场需求的相对稳定。完成2家成品油批发企业、39个加油站、96个加油点和18家煤炭经营企业的年检工作，邀请检测单位到富阳集中办理委托手续。全市18家煤碳经营企业采供量230万吨，比上年增长18%；137家成品油经营网点稳定了全市200万吨的市场需求。

【22家连锁超市成为省“放心店”工程示范商店】 8月11日，根据富阳市“千镇连锁超市”建设验收标准和富阳市“万村放心店”工程示范店考核评分标准，经富阳市经济贸易局、杭州市工商局富阳分局等部门对全市乡镇连锁超市进行考核验收，并经富阳市农村消费安全工作领导小组审定，认定富阳华联超市大源加盟连锁有限公司等22家连锁超市为浙江省“百县万村放心店”工程示范商店。

【全市首次奖励“绿色市场”及“星级市场”】 8月7日，市财政局、市经济贸易局首次对全市创建绿色市场、星级市场取得阶段性成效的8家企业实行奖励。其中：富春江商业城、世纪联华百大店、世纪联华新世纪店3家单位为创绿色市场单位；富阳金品家私市场、富阳兴旺建材装饰市场、新登综合市场、富阳市木材综合市场、富阳城东商品市场5家成为省级二星级市场单位。8家单位各获奖金2万元。

【举办连锁超市培训班】 8月25日，市经济贸易局会同市工商、供销部门举办了连锁超市培训班。参加人员有富阳市杭州华辰超市及其他加盟连锁企业共50人。讲解《富阳市乡镇街道连锁超市经营管理制度》，进行食品安全质量管理的有关法规和业务知识培训。对22家连锁超市授予“放心示范店”标牌。发放市经济贸易局、工商局印制的《消费安全知识手册》。

【“百强县市车展”在富阳举行】 9月24～25日，全国百强县市汽车巡展在富阳举行。车展由中国汽车报社、全国百强县市汽车巡展组委会主办。参加车展的有一汽大众、上海大众、上海通用、北京现代、广州本田、长安福特、一汽马自达、东风标致、南京菲亚特、天津一汽、奇瑞汽车、江铃汽车等国内23家品牌企业的汽车80辆。车展成交汽车68辆，成交总额1000万元，客户现场达成购买意向778辆。

【华辰超市发展农村连锁店】 全年，富阳市杭州华辰连锁超市有限公司发展乡级超市12家、村级超市23家、便利店52家，挂牌配送放心店586家、实际配送放心店250家。

【华辰超市被国家商务部列为试点企业】 9月5日，富阳市杭州华辰超市有限公司被国家商务部列为“万村千乡市场工程”试点企业。华辰超市建于2005年4

月，总资产达1500万元，现有7500平方米配送中心一个，配送车15辆，经营品种2万余种。占地3.3公顷、投资3000万元的大型配送中心正在筹建中。2006年，华辰超市被杭州市政府授予杭州市农村乡镇连锁超市发展工作先进企业，被省经济贸易委员会评为浙江省千镇连锁超市龙头企业。

【大润发举行消防演练】 7月19日，大润发超市举行由消防官兵和超市员工400多人参加的联合消防演练。演练集报警、疏散、救护、灭火为一体。3辆消防车迅速赶到现场进行近20分钟的扑救演习。通过演练，员工们对应急疏散、逃生和灭火知识有了切身体会，提高了及时发现火种、消除火灾隐患、扑救初期火灾的能力。

【3选手在杭州美容美发技能赛中获奖】 8月3日，富阳市个体私营企业协会选送的3位选手在杭州市美容美发技能大赛上获奖。富阳元华发艺美容店的吴益飞获得男子剪吹项目第一名，富阳嫁妆婚纱摄影店的章秀翰和新登罗门婚纱摄影店的范丽霞分别获晚宴化妆和新娘化妆项目的第二、第三名。吴益飞和章秀翰还获得杭州市技术能手称号，由杭州市劳动和社会保障局颁发技师职业资格证。

【富春街道加大肉品市场检查力度】 12月22日，富春街道"放心肉"工程稽查组检查员到店口、春华、方家井等农村集贸市场检查上市销售的猪肉。检查发现，市场内出售的猪肉都盖有滚动检疫检验章和肉品合格章，上市猪肉进货渠道正规。2004年1月，富春街道成立肉品稽查组，聘请了3名肉品专管员，对农村集贸市场上市销售的肉类进行不定期检查。每年召开2次肉商会议，与33个行政村、37名肉商、4所学校、21家饭店签订了"放心肉"工程目标责任书、用肉单位管理责任书等。全年，稽查组共组织检查51次，查获上市"白板肉"10起，查扣"白板肉"160公斤，确保消费者食肉安全。 （徐君然）

·资产经营·

【概况】 全年富阳市工贸资产经营有限公司实现国有资产保值增值率3%以上，完成开发投入8480万元，经营性资产物业管理创收520万元，上缴税金200万元。至年底，公司资产2.96亿元，所有者权益8760万元。

【企业改制】 完成富阳市烟草公司在杭廷顿公牛轮胎有限公司2400万元股权和龙门古镇旅游有限公司2000万元股权的接收划转和变更登记。完成富阳热电厂清算工作，可收回国有资产1300余万元。对富阳市食品有限责任公司17套存量住房进行"三公开"分配。富春江乘风酒业有限公司因资不抵债，无法解决迁建资金缺口，依法向法院申请破产清算。

【项目建设】 房地产开发项目实现销售收入1500万元，回笼资金3694万元。"春江花月"工程项目完成30%股份结算，收回资金和实物资产900万元。自建经济适用房工程投入资金3500万元，完成工程量70%。"清风·万和苑"商住楼工程4月动工，完成工程量30%。

【技改投入】 富阳市中心屠宰厂投资80万元建设牛定点屠宰场。富春江化工有限公司投资2980万元新建软质碳黑生产线，10月竣工投产。

【拆迁】 富阳市工贸资产经营有限公司全年投入拆迁资金1000余万元，完成原富阳动力机厂、富阳工贸棉织厂、富阳恒温控制器厂集体宿舍的拆迁。富阳鹿山化工厂拆迁于7月动工。

【资产管理】 对富阳市工贸资产经营有限公司拥有的经营性房屋进行公开择优拍租，物业创收520万元。收回已改制企业、核销、剥离资产120万元。

【市工贸资产经营有限公司直属子公司】 富阳市阳光担保有限公司全年实现担保金额3318万元，同比增长1.3倍，年末担保余额2895万元，同比增长1.7倍。富阳市二手车交易市场有限公司争取到属地管理政策，就地进行二手车检测，年交易量占全市30%以上。

（俞国忠）

·供销合作商业·

【概况】 全年实现销售总额8.32亿元，比上年增长

10%；根据供销系统统计口径，实现利润总额6577.1万元，比上年增长8%；上缴税费5666万元，比上年增长60%；社会贡献额6130万元。荣获杭州市供销系统综合考核第一名，连续三年荣获省供销系统考核特等奖。

【农民专业合作社稳步发展】 市供销总社牵头新组建富阳市步桥粮油专业合作社、富阳市东魁杨梅专业合作社、富阳市沈家笋菇专业合作社、富阳市绿禾苗木专业合作社、富阳市众森苗木专业合作社、富阳市丰润果蔬专业合作社、富阳市后亩山牛奶柿专业合作社和富阳市高桥香榧专业合作社等8家农民专业合作社。至年底，由供销社牵头主办的农民专业合作社23家，拥有种植、养殖基地5153公顷，连接农户2.72万户，年带动农业产值4.1亿元。通过专业社加工出口农副产品销售额累计1.91亿元，帮助农民实现收入2.3亿元，向农民二次返利46.15万元。5月，由杭州市供销联社、富阳市供销总社牵头，新沙岛蔬菜专业合作社与杭州农事达农副产品配送有限公司签订无公害蔬菜配送杭州高校食堂的合作协议，全岛200余公顷蔬菜“种有所导，销有所靠”，真正为增加农民收入搭建了服务平台。百合水果专业合作社在福州、泉州开设两个销售点，7～8月共销售富阳地产梨80万公斤，为果农增收100多万元。安顶山茶叶专业社上半年完成“安顶云雾茶”国家有机基地认证工作。竹笋专业社的杭富罐头食品有限公司和万市食品罐头有限公司两大农业龙头企业完成了国家“QS”认证工作。

【四网建设成果不断扩大】 全年市供销总社生活、药品、农资、烟花爆竹四网连锁经营点增至803个，营业面积5.9万平方米，经营业绩1.92亿元。新增生活超市9家，新开药品连锁店7家，新建农资连锁网点79家，新设烟花爆竹经销点31家。

生活网 由市供销社出资组建的杭州华辰连锁超市有限公司开设农村超市35家，对298家村级便民店实行配送。5月，与浙江移动富阳分公司签订移动通讯经营业务，把5000万元业务量直接送到农村千家万户；10月，与富阳市百合医药零售有限公司合作，将非处方药在超市开设专柜，两项业务开了浙江省“千万工程”一网多用的先例。华辰超市公司继2005年荣获“浙江省千镇连锁超市龙头企业”后，2006年又被确定为国家级“万村千乡工程”试点企业。

医药连锁网 富阳市百合医药零售有限公司在富春街道、高桥、新桥等地新增连锁药店7家，至年底在城乡共建有连锁店35家。浙江老百姓大药房连锁有限公司富阳店进一步规范管理，提升服务水平，严把药品质量关，力促药品降价，给百姓带来实惠。

农资连锁网 市供销总社以现代连锁经营为发展模式，整体加盟浙江省农资集团所属的浙江省惠多利农资连锁有限公司，启动农资连锁经营建设工程。4月，富阳市兴合农资公司从下属178个农资经营网点中，有选择地进行嫁接改造，计划在2年时间内建设116家农资连锁店，至年底已建成79家。

烟花爆竹经营网 市供销总社建有浙江省安全设施最完善的标准化仓库。2005年，市政府指定市供销总社为烟花爆竹专营单位，市日杂有限公司通过市安全生产监督管理局的各项考核评估，成为富阳市唯一的烟花爆竹批发经营企业。至年底，该公司在全市设立20家配送站和600个经销零售点。

【引进两大市场】 9月，市供销总社投资近千万元引进企鹅服饰（中国）有限公司，开设新世界服饰商场。该商场总营业面积2300平方米，是目前市内营业面积最大、商品种类最多的精品服饰大卖场。12月，青云供销社投资260万元引进杭州话机世界数码连锁大卖场，创全省县级市先例。该卖场营业面积200平方米，提供百余种手机品牌和配件的零售、批发及高资质手机维修等一站式服务。

【完成花月楼区块搬迁安置工作】 按照稳妥、有序、安全、高效的工作方针，5月底顺利完成花月楼区块90户常住户、46户集体住户和剩余5家单位的搬迁安置工作。6月完成所有建筑物的拆除，确保恩波广场二期工程在7月破土动工。

【开展农资“三下乡”活动】 7月14日，市供销总社邀请省农资集团、浙江惠多利农资连锁有限公司、市农业局植保站、水果站的农技专家分别在新登镇和新桐乡开展以“科技、产品、服务”三下乡为主要内容的为民服务活动。农技专家为当地农民朋友提供农作物种植、病虫害防治、农资商品应用、果树栽培技术咨询以及测土配方施肥技术问答等。此次农资“三下乡”活动共接受咨询农民360多人次，分发科技资料2700多份。

供销社组织农技人员开展农资“三下乡”活动

【开展中晚稻病虫害防治工作】 8月，针对全市中晚稻稻飞虱和稻纵卷叶螟爆发成灾，市政府召开病虫防治工作会议。市供销总社采取落实资金，购置货源，及时储备敌敌畏、扑虱蜱、锐劲特等对口农药290余吨；邀请浙江惠多利农资公司、农业植保站农技人员对稻飞虱等病虫害的防治进行技术辅导等措施，积极完成全市中晚稻病虫害防治工作。 （孙益军）

·粮油商业·

【概况】 全年确定粮食订单计划数200万公斤（其中早稻50万公斤，晚稻150万公斤），共向130户种粮大户签订全年粮食订单合同2511吨。粮食订单继续实行价外补贴，政府每百斤补贴5元，种植面积10亩以上或一次性投售粮食2000公斤以上的种粮大户，在完成订单合同后，每百斤再奖励5元。2006年，全市完成订单粮收购2375吨，订单履约率94.6%。

【储备粮轮换】 通过公开招标、公开竞价销售，全年轮换销售市级储备粮4360余吨，市级储备油85吨。赴安徽、江西等地，引进粮食2217吨。至年底已补入市级储备粮4360吨，其中早稻2297吨、晚籼277吨、晚粳1786吨，确保杭州市粮食局下达储备粮19000吨的指标。

市中心粮库

【粮食安全】 市粮食主管部门及时掌握市场动态，并向市政府汇报粮食库存及供应情况。发挥国有粮食企业作用，确保粮源充足，保证市场不脱销、不断档。加强收储公司储备粮油管理，保证能调得进、用得上。建立信息上报制度，强化粮油市场监测，每旬定时上报主要粮油品种市场价格和供应情况。重视粮食批发市场建设、培育和管理，确保市场有序、有效供给。与工商、物价、质监等部门配合，加强粮食市场监管，打击扰乱粮食市场秩序行为，维护市场稳定。

【市中心粮库通过星级考评】 12月1日，浙江省粮食局星级粮库考评领导小组对市中心粮库进行考评。考评组对粮库队伍建设、科学保粮技术应用、仓储设施建设、储备粮台帐计算机联网以及仓储制度建设等工作予以充分肯定。经审核考评，富阳市中心粮库星级得分99分，被评定为“三星级粮库”。

【国家粮食局领导到富阳调研】 7月15日，国家粮食局监察局王黎明司长率中国发展银行和国家粮食局法规、调控司等一行对富阳市地方储备粮管理工作进行调研。王司长一行视察中心粮库仓储设施，深入到库点检查粮食储存情况，并就细化粮食安全应急预案、落实粮食购销政策、完善地方粮食储备运作机制、与粮食主产区进行合作、推进粮食行政执法工作等提出希望和要求。

【省粮食局领导视察中心粮库】 6月2日，省粮食局副局长钟传厚一行到市中心粮库检查指导工作，听取中心粮库建设、储备粮日常管理和粮食生产形势汇报。检查了中心粮库粮仓设施、库区绿化和粮食保管工作。钟副局长对富阳市抓好中心粮库建设和储备粮安全管理工作予以肯定，并对进一步做好中心粮库现代化建设、粮食订单工作提出了要求。（何郁芳）

·住宿及餐饮业·

【概况】 2006年底，全市有餐饮服务企业1652家。其中：国有企业7家，注册资金2580万元；集体企业5家，注册资金202万元；个体工商户1597家，注册资本5082万元；私营企业43家，注册资本3547万元。全年零售总额5.51亿元，比上年增加21%。

【富春宾馆有限公司举行技术比武】 6月7～17日，富春宾馆有限公司举行餐饮技术比武大赛。参加比武的有该公司所属的富春宾馆、好富春大酒店、富春海鲜大酒店、富春御膳坊的餐饮服务员及领班。比赛内容包括酒店餐桌的铺台、特色菜肴的烹饪、与领导沟通、富阳旅游景点知识等。富春御膳坊获团体第一名，16人分别获得个人第一、第二、第三名。

【7家酒店评上餐饮卫生优秀等级】 9月29日，市卫生局公布全市28家大中型餐饮单位食品卫生量化分级考评结果。好富春大酒店、富春海鲜大酒店、红太阳酒店有限公司、香雪海宾馆（新登）、水坞山庄（高桥）、富春御膳坊等7家单位评为优秀；富阳宾馆、长城大酒店等13家单位被评为良好；春城大饭店、南北锦绣娱乐城等8家单位被评为合格。

【举办饮食业专题讲座】 11月4日，富阳饮食业同业商会召开季度例会，邀请杭菜研究会常务副会长胡忠英为宾馆、饭店的50多位经理作“餐饮业的现状及发展趋势”专题讲座，并与经理们探讨当前宾馆、饭店如何定位等问题。会后，杭菜研究会烹饪大师屠荣生以及来自桐庐、临安的烹饪高手为富阳300多名厨师、市民现场作“西湖莲子肉”等杭州名菜及地方特色菜肴的制作演示。

【天地生态休闲农庄开业】 5月1日，天地生态休闲农庄开业。农庄位于富春街道铁坞口村羊坑垅，依山傍水，景色宜人。计划总投资5000万元，一期工程已投入2000万元，于2006年建成。农庄有茶园7公顷、各种水果21公顷、蔬菜7公顷以及鱼塘、养鸡场等；有豪华的套间小木屋、标准房等30多个床位，可容纳300人同时就餐，并设有会议室、棋牌室、音乐酒吧、卡拉OK室等，是集生态农业、观光旅游、度假休闲为一体的理想场所，适合各种小型会议、学术研讨、商务洽谈、同学聚会等活动。（金关治　徐君然）

·烟草专卖·

【概况】 全年实现利润1.159亿元，同比增长18.4%；销售额5.58亿元，同比增长14.58%；销售量2.89万箱，同比增长5.18%。富阳市烟草专卖局（公司）荣获杭州市文明单位称号，在杭州地区烟草系统专卖管理考核、经济运行监管考核、信息化工作考核以及精神文明考核中名列前茅。市烟草专卖局（公司）机关党支部被富阳市委直属机关工委评为先进党支部、先进基层党组织。

【提升网络运转水平】 市烟草专卖局(公司)以全国、全省网建会议为契机，结合富阳烟草实际，多角度探索，提升网络运转水平，做好业务营销工作。通过健全客户经理工作流程及软件使用，使订单进一步集中、优化、规范，按客户订单组织货源工作逐步完善，订单预测成功率逐渐提升。在完善和提高统一物流、统一呼叫的基础上，以提高服务和效率为着眼点，深入宣传、落实布置、细化类别、及时反馈，商流一体化工作稳步推进。

【"双能"竞赛】 为迎接杭州地区"双能"(体能和智能）竞赛活动，富阳市烟草局开展了为期3个月的全员练兵活动，进行专卖法律知识、办案、计算机操作和真假烟识别等强化培训。经过层层考核，选拔最优秀的人员参加比赛。全体队员在群众性练兵(竞赛)中3000米场地竞赛、案例操作竞赛、计算机基础操作竞赛、法律法规及专卖管理政策竞赛，取得了"双能"竞赛活动杭州地区第一名，其中1人代表杭州地区参加浙江省烟草系统专卖"双能"竞赛，获得了全省个人第一的好成绩。

【打假打私】 全年共出动执法检查1244次，非法经营出动检查人员4825人次；查处案件236起，查获非法经营卷烟9000余条，其中国产烟3847条，假冒烟近6000条，查获卷烟总值83万余元，罚没款16万余元。移送工商局案件152起，假冒烟4000余条；结案案件95起，罚没款39万余元。

【人事机构改革】 9月，根据杭州市烟草专卖局（公司）的统一部署，市烟草专卖局（公司）制定人事机构改革实施方案，对中层及以下部门负责人实行竞聘上岗和员工双向选择竞聘上岗。机构改革后中层及以下部门负责人岗位数由原来的24个降至19个，员工岗位也通过双向选择进一步得到精简。（蒋维）

·盐业专营·

【概况】 全年市盐业有限公司全面完成省盐业集团公司下达的经营计划指标，企业综合效益进一步增强。购进各类盐8159吨，比上年增加511吨，销售各类盐7882吨，比上年增长7%，其中食盐6476吨，工业盐1406吨；完成销售额935万元，比上年增长24.6%，为历史最好水平；实现利润15万元，创利税144万元。该公司被富阳市安全生产委员会列为"安全质量标准化达标单位"。

杭州地区首次假烟销毁活动在富阳举行

【食盐供应】 面对盐源紧，运力缺，成本涨的形势，公司采取及时编报计划，及时调运；积极与产区联系，催调食盐；加大成本投入等措施，确保食盐库存800吨以上，保证市场供应。对笋干、蔬菜加工用盐，采取季前调查，季中检查，季后收回多余用盐的办法，使加工用盐得到有序管理。全年笋干盐销量1500多吨，比上年增长31%。累计销售小包装食盐3189吨，人均食用5.14公斤，达到省局人均5公斤的指标要求，食盐计划完成率100%，居民户合格碘盐食用率100%，碘盐覆盖率100%。

【300克日晒自然盐上市】 为提升盐品档次，打造浙盐品牌，优化品种结构，省盐业集团有限公司决定300克日晒自然盐代替400克加碘食用盐。公司进行多方宣传加让利促销，开拓新盐品市场；与各乡镇委批点签订食盐供应责任书，加强食用盐管理；根据人口数量，下达食用盐销售计划。11月，富阳市全面供应300克日晒自然盐，至年底共销售769吨。

【盐政执法】 联合工商局、技术监督局、公安局等部门开展工业盐冲击食盐市场检查、假冒350克加碘精制盐检查、食品生产加工用盐冒充食盐检查、"高含盐"味精专项检查等整治行动，维护了食盐专营严肃性，净化市场，提高碘盐普及率。全年共出动盐政人员450人次，查获各类涉盐案件9起，盐政案件结案率100%，没收私盐1.51吨。

【开展碘缺乏病宣传】 5月15日，全国第十三个持续消除碘缺乏病宣传日的主题是"普及碘盐十年，人口素质提高"。公司联合市疾控中心、市工商局、残联、妇联、富阳日报社等部门开展播放专题片、分发宣传资料、赠送小包装碘盐、刊登专题报道等宣传活动。向全市四至六年级小学生分发2.7万份碘盐宣传资料，使"食用碘盐、增强健康"的概念家喻户晓。

【新建食盐仓库一期工程完工】 投资400余万元的新建食盐仓库位于富春街道金桥村，一期工程已建设完工。仓库为墙体砖混、顶棚钢架结构，整体高度7米，跨度24米，长度60米，面积1460平方米，有效利用面积大，便于机械化操作。仓库投入使用后公司的仓储能力将达到2000吨以上，基本缓解仓储紧张压力，保证全市生活生产用盐的供应。

【食盐配送】 为推进食盐流通改革，公司组建配送领导小组和办公室；抽调人员培训；落实专人负责软、硬设施的筹备；对全市25个乡镇街道的2800余户终端客户调查摸底，逐一登记。结合食盐"零售许可证"的换证，考察配送网点和配送线路，做好食盐配送的基础工作。

（蔡丹云）

·对外贸易·

【概况】 全年全市自营进出口总额81616万美元，同比增长12.8%。其中：自营出口39543万美元，完成杭州市年计划38700万美元的102.2%，同比增长17.57%；自营进口42073万美元，同比增长8.7%。从出口企业类型看，外商投资企业出口23477万美元，同比增长10.2%，占出口总额的59.4%；外贸企业出口16066万美元，同比增长30.3%，占出口总额的40.6%；流通型企业出口4065万美元，占出口总额的10.3%；生产型企业出口35479万美元，占出口总额的89.7%。新增对外贸易经营者备案登记企业74家，比上年增加5家。新增有自营出口业绩企业75家，比上年增加19家，共计自营出口额2140万美元，占全年出口额的5.4%。

【出口产品结构】 机电类产品占出口总额的49%，同比增长18%；服饰类产品14%，出口总量与上年基本持平；化工类产品6%，同比增长11%；轻工类产品9%，同比增长21.04%；纸类产品3%，同比增长130.53%；其他产品20%，同比增长44.23%。出口量占前10位的自营出口企业，出口额达15455万美元，占全年自营出口总额的39.1%（见表14）。

2006年度富阳市自营出口前10家单位

表14　　单位：万美元

序　号	单位名称	金　额
1	鹿山街道	8147.3
2	富春街道	6135.2
3	新登镇	5633.2
4	高桥镇	4085.9
5	东洲街道	2777.1
6	受降镇	2699.4
7	富阳经济开发区	1604.7
8	万市镇	1574.2
9	春江街道	1573.4
10	灵桥镇	1337.1

【2企业被评为杭州市级出口名牌企业】 2006年，浙江金固汽车部件制造有限公司和杭州鸿世电器有限公司被评为杭州市级出口名牌企业。浙江金固汽车部件制造有限公司的钢制车轮生产量、出口量列全国第一，同类产品在美国市场份额占20%，公司2006年实现出口创汇2018万美元。杭州鸿世电器有限公司有可重接插头、带电缆不可重接插头、开关、插座、灯座、接线盒、熔丝管等六大类千余个品种，2006年实现出口创汇1048万美元。

【产品展销】 全年全市组织参加的国内外商品交易会主要有广交会、杭州西博会户外展、义乌小商品博览会和中东（沙迦）中国商品博览会。其中10家进出口企业（7家生产企业和3家外贸流通企业）参加了第99届、100届广交会。参展商品主要有玩具、园艺、五金、纺织原料面料、编织品和体育及旅游休闲品。

（李　琴）

·经济合作·

【概况】 全年全市累计引进外资项目60个，比上年减少13个；投资总额36661.7万美元，比上年增长2.23%；合同利用外资21185万美元，完成杭州市年计划的111.5%；实到外资9027万美元，完成杭州市年计划的100.3%。协议内资：杭州以外309700万元，完成杭州市年计划的137.6%；富阳市以外杭州以内83726万元。全年合计完成协议资金393426万元。实到内资：杭州以外137600万元，完成杭州市年计划的163.8%；富阳以外杭州以内37586万元。全年合计实到内资175186万元。内外资均获得杭州市招商引资目标责任制考核二等奖（实到外资和内资前10家单位见表15、表16）。

【上海工作处发挥招商引资桥梁作用】 富阳市人民政府驻上海工作处全面贯彻市委、市政府《关于接轨大上海融入长三角经济交流与合作的意见》，将工作重心放在招商引资上，组织安排"富阳市接轨上海经济合作恳谈会"、"杨浦区－富阳市经济合作交流会"和"富阳（上海）经济合作恳谈会"等多项活动，全年累计引进合同外资1500万美元，实到外资300万美元。

（李　琴）

2006年度富阳市实到外资前10家单位

表15　　　　单位：万美元

序　号	单位名称	金　额
1	富春江经济开发区	4204.5
2	富春街道	1181.8
3	高桥镇	685.6
4	春江街道	565.6
5	东洲街道	482.4
6	鹿山街道	412.8
7	灵桥镇	267.1
8	场口镇	156.2
9	大源镇	106.3
10	新桐乡	85.7

富阳市2006年度实到内资前10家单位

表16　　　　单位：万元

序　号	单位名称	金　额
1	高桥镇	19740
2	新登镇	19150
3	鹿山街道	15170
4	受降镇	13949
5	富春街道	12086
6	大源镇	9037
7	胥口镇	7778.6
8	东洲街道	7741
9	灵桥镇	7500
10	渌渚镇	6697

·口岸监管·

【概况】 全年征收关税、代征税3.18亿元，同比增长44%；监管进出口货运量137万吨，同比增长26%；监管转关运输工具5.85万辆，同比增长26%；监管转关集装箱11.7万标箱，同比增长26%；审核进出口报关单5156份，同比增长9%；审批加工贸易备案金额1.9亿元，同比降低13%；减免税项目备案26个，审批货值1016万美元，减免关税、增值税合计2183万元，同比降低77%。

【税收征管】 加强对废纸、减免税设备等大宗、特殊、敏感重点商品的审核力度，规范完善估价补税程序。全年估价补税462.9万元，案件补税17.3万元，一般贸易价格水平0.9831，处于关区合理价格水平区间。建立打击加工贸易项下低报价格、从低税率归类的监管体系，加工贸易环节核销补税710.7万元。

【货运监管】 实行转关进口废纸集装箱全部进富阳口岸监管点接受海关选择查验。实施选择查验、规范风险分析布控、查验科长带班处长巡视、录像监控、突发事件汇报制度，制定富阳口岸海关监管点货物监管操作流程。开发应用集装箱选箱系统，实现以电脑选箱代替人工选箱，有效降低执法风险。开通上海——乍浦——富阳二次转关业务新渠道。

【加工贸易监管】 推广中小型加工贸易企业仓库联网监管模式。全年有8家企业实施联网监管并上传数据，联网覆盖率70%。对深加工结转、不作价设备、废塑料等课题进行专题调研，加强对重点商品的监管。全年进出库保税货物587.8吨，货值147.4万美元。合计从事加工贸易业务企业87家，办理加工贸易合同702份，连续7年手册核销率、结案率100%。

【风险管理】 杭州海关富阳办事处制定《富阳办事处风险信息量化考核管理办法》和《富阳办事处风险工作联系协作管理办法（草案）》。把转关运输风险分析作为工作重点，扎实做好风险信息报送、反馈，风险识别处置、作业质量监控等工作。全年完成风险监控报告8篇，风险专题报告5篇，录用信息36篇，在杭州海关下辖5个办事处中列第一位。

【打击走私违法活动】 全年以加工贸易专项核查为主要内容，先后开展不作价设备核查、废塑料行业核查等专项核查。完善走私违规案件线索移交办法，配合杭州海关走私犯罪侦察分局开展专项侦察。全年移交各类走私违规线索9起，立案9起，累计案值21万美元，罚款12万元，补税17.3万元。

【规范企业进出口行为】 全年累计备案注册企业966家，同比增长21%，其中实施AA类管理4家，A类管理12家，享受便捷通关优惠措施企业2家。对辖区内2家涉及走私违法活动的企业列为全国海关企业档案“黑名单”，并按照D类标准管理。实施《报关员记分办法》，加强对报关员的规范管理，全年发现并修改各类报关差错59宗，对4家报关企业5名报关员进行记分处理，报关质量较去年同期明显提高。

【服务地方经济】 全年办事处及时向地方政府报送统计信息16期，对企业组织大型政策宣讲会8次；落实造纸、医疗、轻纺等重要产业技改项目进口设备减免税审批时限承诺制、审批优先制；落实A类企业优先、便捷通关、担保放行等措施，加快通关物流速度，降低企业经营成本。推广税款网上支付，简化企业缴税程序。完善“5+1”工作模式，实现工作日全天通关制度、节假日加班验放制度。全年，正常工作日加班达20人次，节假日、双休日累计加班102人次。

（孔生跃）

富阳口岸集装箱待查区

【责任编辑　金关治】

富阳经济开发区

·综　述·

【概况】 富阳经济开发区坚持以提高吸收外资质量为主，以发展现代制造业为主，以优化出口结构为主，致力于发展高新技术产业，致力于发展高附加值服务业，促进开发区向多功能综合性产业区发展的“三为主、二致力、一促进”的发展方针，围绕“整合、提升、扩容”工作重点，积极应对开发区建设中的各种矛盾，克服各种困难，落实各项措施，大力开展招商引资，着力推进项目建设、基础设施建设、拆迁安置和用地报批工作，加快场口区块的富阳创业基地建设，强化队伍管理、企业管理、社会事务管理，促进经济社会各项事业又快又好发展。

全年，由市税务部门直接税收并纳入开发区统计的工业企业实现工业产值64.2亿元，比上年增长45.6%，销售收入58亿元，比上年增长48.7%，企业增加值13.7亿元，比上年增加33%，企业固定资产投资4.33亿元，企业利润2.21亿元，自营出口1863万美元，实际上交税收1.45亿元。

【规划及建设项目审批】 完成场口区块30平方公里的道路骨架规划调整，办理选址项目45个，规划选址面积253.3公顷，办理用地规划许可证项目30个，规划用地52.7公顷，办理建设工程项目52个，建筑面积50万平方米，办理杂项工程许可证项目9个。

【土地报批】 在用地十分紧张的情况下，积极争取用地指标，做好土地利用的各项工作。按照国家国土资源部的要求，重新确认开发区主体区块四至范围，组织好相关材料报批，并完成四至范围的界桩埋设工作。完成场口区块塘东畈66.7公顷、百丈畈33.3公顷基本农田调整的材料组织，并已上报杭州市国土资源局。盘整原高桥区块零星用地出让，用于企业扩产，充分利用好土地资源。积极做好用地报批和指标争取工作，想方设法解决项目用地，为项目动工创造条件，全年完成3个项目22.3公顷用地的批次报批，完成9个具体项目报批，批准用地面积28.4公顷。

【政策处理】 积极争取相关部门、镇村的支持配合，全面完成舒姑垟村谢墓、陆家岭自然村133户拆迁户的拆迁安置工作，并协助做好鸡笼山村8户拆迁户宅基地的落实工作，妥善做好开发地块的青苗、水利、道路设施补偿和相关的政策处理工作，及时调处土地方面的争议和信访事件，处理好一系列遗留问题。8月，组成工作小组，对江滨西大道4号地块旧城改造遗留的52户拆迁户进行拆迁，11月，全面完成该地块的拆迁安置及相关政策处理工作。

【基础设施及工程建设】 投入基础设施及工程建设资金8600万元，进一步完善高新园区和农民城区块的配套设施，加快创业基地标准厂房和科技孵化大楼建设。完成土石方填方76万立方米，道路建设25650平方米，铺设供水管6000米，污水管2500米，砌筑排水渠1400米，架设变压器2台、电力线路1400米，标准厂房建设4.4万平方米。完成高新园区沿山路III标段和11#路路渠结合工程、电力、供水、排污等配套工程建设，完成农民城区块凤浦路和金苑路建设、银湖区块颐景山庄和鸣翠蓝湾区域污水管建设、杭富沿江公路污水提升泵站建设，完成江南水厂至场口的供水管道铺设，与江南片同步解决了场口的用水问题。完成常安变电所至富阳创业基地标准厂房1万伏的电力专线，解决临时供电问题。

7月7日，富阳经济开发区与富阳市建设局签订市政设施移交协议，将东大道污水设施和农民城基础配套设施及以后的建设工作移交建设局。

【项目推进】 8月，以开发区机关各科室、职能局为主体，面向高新园区企业，开展以“联系10家企业、扶优6家重点企业、跟踪6个在谈项目、办理6件实事、完善两项制度”为主要内容的“外商投资企业服务月”活动，为客商解决实际问题，努力营造“亲商、安商、富商”的良好氛围。9月下旬，开展“奋战百日，克难攻坚”活动，重点抓利用外资、抓项目开工、抓竣工投产，制定实施方案，细化目标任务，落实具体责任，将目标任务量化到人，完成时间落实到天，进一步强化服务，千方百计促使项目动工和外资到位。全年有安泰英标电器、新南藤竹、宝鑫机械、恒大钢构、来得工具、爱丽芬服饰、中信药用植物种业、富兴纺织地毯生产线8个项目动工建设，杭州易世达管业、奥克光电设备、杭州电缆、杭州利振服饰、富春江集团行政中心5个项目竣工或投产。

【国有企业管理】 健全和完善国有企业管理制度，落实好企业经营者年薪制和企业经营目标管理责任制，规范经营管理，促进国有企业的健康发展。由市委、市政府牵头，及时组织公安局、法院、司法局、发改、工商局、国资局、交通局、开发区等部门形成工作班子，处理富春湾公路开发有限公司在杭州恒运交通有限公司的投资股权问题；经与杭州野生动物世界有限公司协商，终止了富春江开发总公司与杭州野生动物世界的合作，妥善处理股权问题，同时，协调处理了其他国有资产投资及其股权纠纷问题，及时收回部分国有资产。

【社会综合管理】 进一步完善安全生产、消防安全、计划生育、社会治安综合治理、社区共建等社会事务管理制度和管理机制，与责任科室、部门、直属企业、辖区所属单位层层签订目标管理责任书，明确责任范围，建立工作网络，按照分级负责和属地管理的要求，落实管理责任制，及时做好宣传和群众思想工作，妥善处理群众投诉和信访件，有效避免群体性事件发生，确保辖区社会稳定。

·招商引资·

【概况】 认真分析招商形势，寻找对策措施，在竞争激烈、要素制约严重的严峻形势下，制定好目标计划，采取积极有效措施开展招商活动，各科室、部门始终围绕“招商引资这一中心工作”，全力协调配合，做好各项工作，力争招商引资有新突破。加强招商引资基础工作，梳理招商项目，完善项目库，制定招商计划和方案，明确招商工作目标和方向。加强与区内企业客商联络的同时，走访省属规模企业，加强沟通交流和宣传，多渠道收集招商信息，进一步落实责任，加大招商项目跟踪洽谈力度。树立“一切服务于招商，一切服从于招商”的理念，加强协调，搞好服务，抓好工作落实，在进一步优化投资环境、提升服务管理、树立良好形象上去努力，为客商做好每一件事，解答每一个问题，大力营造“亲商、安商、富商”氛围。走“集约开发，集约发展”的路子，在提高土地利用效率和资金投入密度上做文章，在提高项目质量和外资质量上下工夫，推动招商引资工作向选商选资转变。全年新引进汇富实业、秀元生物医药、雄鹰水上运动器材、先进实业、弘威织造、蔚然实业、新力实业、嘉禾实业、英格丽防盗门、杭州银溪九龙房地产开发有限公司10个项目，用地47.00公顷，外资项目总投资13620万美元，注册资本10321万美元，内资总投资11000万元，另有高尔夫球场、来得工具2个外资增资项目，新增总投资1060万美元，新增注册资本780万美元。

【合同利用外资】 全年完成合同利用外资8449万美元，完成年度目标任务的106%。其中杭州蔚然实业有限公司总投资800万美元、注册资本500万美元，合同外资450万美元；富阳富春山居旅游事业有限公司总投资增500万美元、注册资本增500万美元，合同外资500万美元；杭州雄鹰水上运动器材有限公司总投资85.7万美元、注册资本60万美元，合同外资15万美元；杭州秀元生物制药有限公司总投资2900万美元、注册资本2500万美元，合同外资2500万美元；杭州汇富实业有限公司总投资248万美元、注册资本200万美元，合同外资200万美元；杭州先进实业科技有限公司总投资6999万美元、注册资本4999万美元，合同外资3499万美元；杭州弘威织造有限公司总投资1500万美元、注册资本1400万美元，合同外资1260万美元；杭州嘉禾实业有限公司总投资87.5万美元、注册资本62.5万美元，合同外资25万美元。

【实际利用外资】 实际利用外资6408.3万美元，完成年度目标任务的160.2%。其中杭州万汇实业有限公司306万美元，杭州富兴纺织有限公司420.6万美元，杭州鼎立新型墙材有限公司63万美元，杭州易世达管业有限公司511.7万美元，杭州万汇家私有限公司83

万美元，杭州利振服饰有限公司135万美元，杭州上野屋本舗保健茶有限公司50万美元，杭州鹰自达塑业有限公司232.4万美元，杭州安泰英标电器有限公司45万美元，杭州万汇高尔夫设备制造有限公司92万美元，杭州来得工具有限公司100万美元，杭州新南藤竹有限公司50万美元，浙江爱丽芬服装有限公司170万美元，杭州蔚然实业有限公司30万美元，富阳富春山居旅游事业有限公司500万美元，杭州雄鹰水上运动器材有限公司15万美元，杭州汇富实业有限公司50万美元，杭州先进实业科技有限公司3342万美元，杭州弘威织造有限公司184.6万美元，杭州嘉怡实业有限公司28万美元。

【实际利用内资】 全年实际利用富外杭内资金7467万元，完成年度目标任务的136%。实际利用杭州市以外内资1550万元，完成年度目标任务的10%。

·园区建设·

【高新园区建设】 以高标准、高质量的要求，完善基础配套，加强规划和建设管理，提升招商引资，推进项目建设，努力培育和发展以胡庆余堂为代表的生物医药产业，富春江集团的通信及线缆产业、富兴纺织为龙头的纺织及新材料产业等三大产业。全年高新园区新引进项目7个，增资项目1个，总投资14092.5万美元，注册资本10539万美元，开发用地29.87公顷。高新园区累计引进项目47个，批准总投资41.6亿元，其中外资项目24个，总投资25.9亿元；累计合同利用外资1.86亿美元，实际利用外资1.09亿美元，合同利用内资4.73亿元，实际利用内资1.34亿元。累计投产项目23个，在建项目9个。

【富阳创业基地建设】 场口区块富阳创业基地标准厂房投入4565万元，完成一、二期14幢4.4万平方米建设，挖填土石方38万立方米，完成园区一期水、电、路、排污等配套工程及食堂、传达室等附房建设，有2个项目签约落户标准厂房，总投资1700万元。6月20日，富阳市委、市政府在场口百丈畈富阳创业基地举行富阳经济开发区定名暨科技孵化大楼动工奠基仪式，浙江省、杭州市有关部门领导及富阳市四副班子领导、市级机关主要领导、乡镇街道党政正职参加。至12月底，科技孵化大楼主体工程建至六层。（张金根）

【责任编辑　胡丽芬】

旅　游

·综　述·

【概况】　全年全市接待国内游客373.77万人次，比上年增长20.98%。其中旅游景区（点）接待188.02万人次，同比增长34.48%；宾馆（饭店）接待185.75万人次，同比增长9.81%。实现国内旅游收入28.02亿元，比上年增长28.02%。全年共接待境外游客44825人次，同比增长61.43%；境外旅游人天数达到50544（人·天），同比增长44.02%。“五一”、“十一”黄金周，游客接待量分别为36.78万人次和30.49万人次，旅游收入达到9879.58万元和9973.19万元，与上年相比增幅明显。富阳市连续第5年获得杭州“旅游西进”考核一等奖。

【领导视察】　6月18日，国家旅游局副局长孙钢在省旅游局党组成员、浙江旅游职业学院党委书记傅建祥和市领导张志根等陪同下，专程到龙门古镇视察。孙钢曾在2002年10月到过龙门古镇，此次故地重游，认为古镇实施综合保护与开发以来“变化很大、前景看好”。他还就龙门古镇的市场开发、做好三国文化，休闲设施建设等方面提出了意见和建议。临别龙门古镇，即兴作诗一首“重访龙门万象新，古镇英姿悦游人。应忆东吴龙兴地，鼎足曹刘作三分。”

7月18日，杭州市委书记王国平到龙门古镇视察，市领导佟桂莉、徐文光、朱永祥等陪同。王国平高度评价龙门古镇第一期工程的开发、保护工作，在听取龙门古镇二期开发规划后说：古镇的保护与旅游开发不同于一般景区建设，必须要以政府为主，希望高起点地做好二期规划，高标准搞好建设。龙门古镇要打好“孙权”牌、“三国”牌，积极开拓日本、韩国等境外市场，为杭州建设国际旅游城市作贡献。

12月2日，杭州市市长孙忠焕到龙门古镇视察，杭州市政府秘书长娄延安及富阳市领导佟桂莉、徐文光等陪同。孙忠焕听取了市委书记佟桂莉及龙门镇党委、杭州龙门古镇旅游发展有限公司关于龙门古镇保护与开发一期工程的汇报，对富阳市委、市政府以政府为主导保护与开发龙门古镇的举措给予高度赞誉，并对一期工程后古镇景区的巨大变化表示充分肯定。同时指出，杭州地区像这样的古镇保存完好的唯有龙门古镇，龙门古镇一定要搞差异竞争，继续加大文化建设的力度，打好“三国”牌、“孙权”牌，做足孙氏文章。

6月2日，杭州市政府副秘书长杨菊芳一行到富阳华宝斋考察调研。杨菊芳一行参观华宝斋陈列室、古代造纸印刷一条街以及造纸印刷生产车间，听取华宝斋工作汇报及二期工程开发设想。杨菊芳指出：华宝斋发展文化产业非常有特色，是一个传承民族文化、弘扬中华文明的优秀民营企业。她还就华宝斋今后的发展方向提出要运用现有优势，明确定位，抓好出版这项主业；要丰富产品、丰富内容、吸引游客；要宣传占领市场，努力提高知名度三点建议，并希望华宝斋的二期建设要搞好合作，多举办书画展、拍卖会等活动，在拓展古籍印刷的同时，抓好文化出版业和文化旅游业的开发。

【世界休博会执行官考察龙门】　2月27日，世界休闲博览会执行官杰拉德·凯尼恩先生一行，在副市长张志根陪同下考察杭州龙门古镇。凯尼恩先生对世界休博会富阳分会场的筹备工作表示满意，对富阳市政府主导开发保护龙门古镇予以肯定。他认为，住在这样一个具有悠久历史的，一个特殊的地方是值得的，龙门古镇的公共设施按城市标准建设，对游客和当地居民是有利的。

【全省旅游质监女干部考察富阳】　3月13日，全省旅游质监系统女干部培训班一行20人，在省旅游质监所所长吴建芬带领下，分别到龙门古镇、富春桃源进行质监考察。培训班的女干部对两景区质监队伍、网络化建设、企业诚信档案体系的建立和规范予以充分肯定，并对景区进行了点评。

【省建设厅检查组检查富阳风景名胜区工作】　7月20～21日，根据浙江省建设厅《关于开展2006年全省国家重点风景名胜区综合整治检查工作的通知》要求，浙江省风景名胜区协会会长胡理琛一行4人到富阳检查风景名胜区建设工作。检查组在听取市风景旅游局工作汇报和实地踏看富春桃源及龙门古镇景区后，高度评价富阳市风景名胜区的管理、保护与开发工作。

·旅游开发·

【“生活品质”点评组成员到富阳考察】 2月22日，杭州市“生活品质”点评组成员一行20余人到富阳，对“中国造纸印刷文化村”和龙门古镇进行参观考察和点评，其间还参观了东吴文化公园。“中国古代造纸印刷文化村”和龙门古镇是本次点评组确定在杭州周边县市中唯一入选的两处旅游景点。点评组领导和专家学者对富阳丰富的人文资源、深厚的文化底蕴、秀美的山水风光、和谐的社会环境留下深刻印象，并给予高度评价。

【龙门古镇及富春桃源荣获“2005十大最受欢迎杭州景点”】 3月，“2005十大最受欢迎杭州景点”评选活动落下帷幕，富阳市龙门古镇、富春桃源榜上有名。活动由杭州市旅游委员会与“浙江在线”联合推出，于2005年10月12日在浙江在线旅游新网上正式启动，86个地区收费景点参加网上及短信投票评选。活动中，龙门古镇还获得“最具潜力景点”，富阳市杭州野生动物世界被评为“最具个性景点”。

【富春桃源举办4A级旅游区授牌仪式】 4月8日，富春桃源举行国家AAAA级旅游区授牌暨首届江南欢乐风筝节启动仪式。省旅游局党组成员、浙江旅游职业学院党委书记傅建祥，杭州市旅委副主任周志平，市领导俞正言、张志根、汪金良，市有关部门负责人以及江浙沪、市旅游界同仁参加了授牌仪式。富春桃源风景区于2004年3月开始创建国家AAAA级旅游区，经过一年多时间的努力，先后通过了杭州市旅委和浙江省旅游局的初检，并于2005年12月接受国家旅游局最终评定，顺利通过。授牌仪式上，还举办了江南欢乐风筝节，百余种富有南、北方特色以及国外特色的风筝参加了表演。

【乡村旅游又获殊荣】 4月17日，杭州市乡村旅游工作会议在余杭召开。富阳“白鹤乡村俱乐部”和“杭州云森生态农业发展有限公司”分别获得“浙江省农家乐特色示范村”和“杭州市休闲观光农业旅游示范园区（点）”殊荣。副市长潘建平、市风景旅游局、市农办负责人等一行16人参加会议。东洲街道白鹤村党支部书记夏启发在会上作典型发言。

【富阳市旅游购物中心开业】 5月26日，富阳市旅游购物中心开业。市旅游购物中心位于鹳山路18号，建筑面积约200平方米，主要销售富阳干果系列、东坞山豆腐皮、龙门面筋、东吴坊方便型豆浆、茶叶及华宝斋古籍书、金富春丝绸、大源双溪宣纸、高桥峡岭湖笔、新义工艺纸伞等系列商品。

【专家评审龙门古镇二期工程规划】 7月17日，省建设厅、浙江大学、省城乡规划设计研究院、市发展改革局等权威专家，评审龙门古镇保护与开发二期工程规划方案，提出修改意见和建议。市领导朱永祥、俞正言、张志根、汪金良以及相关部门负责人出席评审会。龙门古镇二期保护与开发十个项目规划，以保护古镇原始风貌，挖掘龙门文化内涵，改善配套设施，提升居住环境和旅游功能为原则编制。与会专家希望龙门二期规划突出龙门独有的“山乡古镇”风格，以彰显龙门原生态的建筑、文化风貌为中心。

【杭州野生动物世界二期召开项目论证会】 8月23日，杭州野生动物世界就二期项目召开论证会，参加论证会的有杭州市旅游委员会副主任周志平、市政府副市长张志根以及市风景旅游局、发改局、国土局、林业局等部门负责人。二期工程预计投资2.5亿元，目标是打造“东方迪斯尼动物王国”——国内首个将游乐和观赏动物结合在一起的主题游乐园。设计方案以卓越的展区、家庭娱乐、新颖的故事背景为理念，对园区内交通流程，教育娱乐，游客服务做出重大改变。

【举行旅游业发展“十一五”规划论证会】 5月30日，富阳市旅游业发展“十一五”规划论证会在富春宾馆召开。副市长张志根以及市发改局、规划局、水利局、国土局等9个相关部门负责人参加会议。会上，浙江大学旅游研究所王敏娴对规划作总体说明，与会代表针对旅游重点项目发展规划、旅游交通规划、旅游专线布设、旅游产品体系建设规划等提出了修改意见及建议。张志根提出旅游规划要与其他部门的专项规划紧密衔接，要注意实际操作性。

【乡村旅游点上星级】 6月，在宁波举行的“浙江省首批星级乡村旅游点授牌暨乡村美食节颁奖”会上，省旅游标准化评审委员会依照《乡村旅游点服务质量等级划分与评定》标准，“杭州龙门古镇旅游发展有限公司”获三星级乡村旅游点，“白鹤乡村俱乐部”和“永安高山农庄”获二星级乡村旅游点。

【参加2006年江南古镇保护与持续发展论坛】 6月10日，是中国首个“文化遗产日”，2006年世界遗产国际高层学术研讨会和2006年江南古镇保护与持续发展论坛在上海举行。市委副书记朱永祥和市委办、市风景旅游局、龙门镇政府以及龙门古镇旅游发展有限公司负责人参加论坛。论坛由上海同济大学、中国城市规划学会历史文化名城学术委员会等单位联合主办，富阳市龙门镇政府等单位协办。朱永祥应论坛主办方的邀请，在会上发言。会议发表了《江南古镇保护和发展的合作提议（上海倡议）》，明确了江南古镇的五大合作领域。

【龙门古镇打造影视采风基地】 6月28日，中国美术学院、浙江科技学院、上海交通大学、上海同济大学、上海戏剧学院、上海电影艺术学院等沪、杭两地十余所高等院校负责人，在杭州龙门古镇举行高等院校学生写生创作基地授牌仪式。市委宣传部、市风景旅游局、龙门镇政府等部门负责人参加授牌仪式。

【旅游精品参展“旅洽会”】 10月31日～11月3日，2006年中国旅游投资洽谈会在宁波举行，市风景旅游局带去6个精品旅游项目参展，引起了中外投资商的注目。推出的6个精品项目，总投资近5个亿，属省、市级旅游重点开发项目，分别是杭州野生动物世界二期（迪斯尼动物王国）、富春桃源二期、龙门古镇二期、横坑坞风景区、新沙岛、造纸文化村二期。

【龙门古镇通过国家4A级旅游景区验收】 12月11日，由国家旅游局派出的检查组对龙门古镇创建国家4 A级旅游景区进行了检查、验收。浙江省旅游局、杭州市旅游委员会领导及富阳市领导张志根等参加。检查组一行实地参观了古镇景区，作了现场游客抽样调查，查看台账资料，听取杭州龙门古镇旅游发展有限公司的创建情况汇报，认为景区运作一年多来成效明显，尤其是文化建设上进展很大，已经达到了国家4A级景区的要求。

【富阳又添两家三星级酒店】 11月7日，经富阳市旅游星级饭店评定委员会初评和推荐，杭州市旅游星级饭店评定委员会检查，批准新宇假日酒店和国际大酒店为国家三星级酒店，于12月28日正式下文公布。全市三星级酒店增至3家。

·宣传促销·

【第二届浙西旅游合作峰会召开】 1月5日，第二届浙西旅游合作峰会在富阳市浙江南国大酒店召开。杭州市政府副市长金胜山、浙江省旅游局副局长朱红炜、杭州市旅游委员会常务副主任李虹和富阳市领导佟桂莉、戚哮虎、朱永祥、张志根以及江苏省旅游局、上海市旅游委员会的领导和江浙沪150家旅行社、60家新闻媒体的代表出席了会议。会议期间，浙西五县（市）共同签署了浙西旅游合作宣言及《2006年休博会共谋合作协议》，达成诚信经营，遵守市场规则，开展有序竞争，在旅游规划、资源开发、项目建设、客源市场宣传推广、旅游管理、人才培训等方面加强交流合作的共识。

【中国乡村游浙江开游式隆重举行】 2月10日，由浙江省旅游局主办，以“新农村、新旅游、新体验、新风尚”为主题的“2006中国乡村游——浙江开游式”在龙门古镇拉开帷幕。浙江省副省长钟山、浙江省旅游局局长纪根立、杭州市副市长项勤、浙江省旅游局副局长赵金勇、杭州市旅游委员会常务副主任李虹及富阳市领导佟桂莉、戚哮虎、朱永祥、张志根出席开游式。开游式由省旅游局副局长姚升厚主持，钟山宣布“2006中国乡村游”——浙江魅力乡村游开游，并授予富阳龙门“中国乡村游——浙江魅力乡村”的匾牌。

【赴沪宁通促销】 2月21～25日，市风景旅游局组织部分旅游企业参加南京市旅游局主办的“2006年长三角旅游交易会”，并赴上海浦东、南通、南京等客源地进行旅游资源图片展示、旅游线路推介、与当地旅游界朋友交流等活动。富阳市与淳安县、建德市、桐庐县、临安市等浙西五县市再度联手，推介“环游浙西，感受精彩”旅游产品。120名嘉宾受邀参加推介会，13家南京的新闻媒体记者到会进行宣传报道。旅交会期间，共发放宣传资料15万份，接待咨询20万人次，较大范围地宣传了“名人名居名山名江名水”浙西旅游精品线路，培育了客源市场。

【拍摄中国生肖文化纪录片】 3月1日，浙江长城影视传媒集团摄制组一行到杭州野生动物世界，拍摄电视纪录片《中国生肖文化》。《中国生肖文化》是《国之瑰宝——中国重点历史文化遗产》系列片中介绍十二生肖文化的专题片，由中宣部委托浙江省文联长城影视传媒集团拍摄。该纪录片共50集，每集10分钟，6月在全国上百家电视台播出，并在海外发行。

【赴上海旅游推介】 4月11日，市风景旅游局、市旅游协会组织部分旅游企业赴上海参加由杭州市旅游委员会举办的“东方休闲之都——杭州”广场旅游宣传推广活动。通过图片展示、现场咨询、文艺演出、资料派送等形式，全面展示以杭州休博会、国际动漫节为重点的大杭州旅游资源及产品。富阳龙门古镇、富春桃源、通天飞瀑等企业参加活动。

【长三角万人春江行启动】 4月14日，长江三角洲地区百名自驾车旅游爱好者和旅游界、新闻界友人云集在富春江畔东吴文化公园，拉开了由市人民政府举办的长三角万人春江行序幕。这是长三角地区首次大规模自驾车旅游联合体大聚会。浙江省旅游协会常务副会长罗香波、杭州市旅委副主任崔凤军、富阳市领导俞正言、陆献德、汪金良及市风景旅游局等部门负责人和《江南旅报》、《每日商报》等十多家新闻媒体记者参加了启动仪式。

【举行首届长三角自驾车旅游合作峰会】 4月14日，首届长三角自驾车旅游合作峰会在富阳举行。江浙沪各地市（县）的汽车俱乐部成员参加了为期两天的峰会。会上，正式发表《长三角自驾车旅游暨汽车俱乐部异地（救援）合作富阳宣言》，成立民间救援协作组织。

【龙门民俗风情节暨杭州休博会富阳分会场开幕式举行】 4月26日，龙门民俗风情节暨杭州休博会富阳分会场开幕式举行。省、杭州市有关部门领导，富阳市四副班子领导和有关部门负责人，中央、省、市20余家新闻媒体以及上海、江苏、浙江的游客和富阳当地的百姓参与了活动。市长戚哮虎主持开幕式，市委书记佟桂莉致词，杭州市委宣传部部长张鸿建宣布休博会富阳分会场开幕。开幕式上，演出东吴水师、特技表演、山西花鼓、马队表演及富阳当地的双龙戏珠、龙门战马、功夫扇和东吴御鼓等民间艺术节目。

【参加中国精品景区展示会】 5月19日，市风景旅游局、市旅游协会组织杭州野生动物世界、富春桃源、龙门古镇景区赴江苏无锡参加中国精品景区展示大会。中国精品景区展示大会是首届中国徐霞客国际旅游节的重要活动内容之一，由江苏省旅游局和无锡市人民政府承办，全国150多个旅游城市100多个精品景区参加展示。富阳市在展示会上设立了“富春山水、孙权故里”展台，推介富阳旅游产品和资源，发放旅游宣传资料5000余份。

【无锡市作协到富阳采风】 5月30～31日，无锡市作协负责人及著名作家20余人到富阳龙门古镇、郁达夫故居、富春桃源等景点进行实地采风。作家们被美丽的富春山水风光和深厚的东吴文化积淀所感染，拍照留念，吟诗作文，不断把采风活动推向高潮。无锡市作协主席陆永基表示，这次采风对富阳有了更一步的了解，要求每个作协多写优秀作品，为促进当地旅游业发展尽力。

【美国大学生到富阳体验中国文化】 6月7日，美国弗吉尼亚洲瑞德福大学的20余名师生到富阳体验中国传统文化，先后参观游览了中国古代造纸印刷文化村、天钟山、龙门古镇、东吴文化公园和富春桃源。

本次活动是上海书画进修学院院长、上海师范大学艺术学院副教授张信策划的“国外院校师生团中国文化之旅”系列活动的第一个外国师生团，由富阳“黄若舟艺术陈列馆”负责接待。美国大学生对富阳秀丽的富春山水和悠久的文化历史表示出浓厚的兴趣。期间，在东吴文化公园召开了座谈会，市政协、市风景旅游局负责人参加，并进行了交流。

【杭州市日本市场联合体考察龙门古镇】 6月11日，杭州市旅游委员会组织在杭日本市场联合体负责人一行到龙门古镇考察并研究接轨日本市场。考察团实地考察游览线路，与旅游部门进行交流分析，认为龙门古镇地处杭州—千岛湖—黄山的中点，有着良好的区域优势。同时指出，要打开日本市场，必须与杭州旅游西进结合起来，做好杭州入出境的衔接工作，做透“三国”文章，多邀请日本媒体及旅行商到龙门古镇实地考察踩线。

【参加陕西甘肃两地旅游推介会】 6月17～20日，为开拓陕西、甘肃两省省际旅游客源市场，充分展示浙江旅游形象和旅游产品，省旅游局组织全省各地区、县（市）旅游部门和旅游企业赴两地举行“诗画江南地、山水浙江情”——浙江旅游推介会。市风景旅游局以及杭州野生动物世界、杭州龙门古镇、富春桃源景区参加此次旅游宣传促销活动。

【参加北京国际旅游博览会】 6月22～24日，富阳市组团参加2006年北京国际旅游博览会。博览会由北京市旅游局主办，以“感受中华美文化、展现北京奥运新形象”为主题，向世界展示北京奥运的新形象。通过为期3天的参展学习，与买卖方作了交流与洽谈，感受到此届博览会是一场最为专业化、国际化的旅游博览会。

【日本记者到富阳采风】 7月3日，日本每日新闻、日刊航空、日中新闻等20多家日本主流报刊、杂志的著名摄影记者和资深采编记者30多人到富阳龙门古镇、中国古代造纸文化村、东吴文化公园等地考察采风。日本媒体采访团是富阳接待境外媒体人数最多，规模最大的一次，采访、拍摄的内容，发表在各自的媒体上，让更多的日本游客了解中国传统文化和民族风情。

【浙台两地共谋旅游发展】 8月5日，参加2006年心手相连——浙台旅游业高峰论坛的台湾旅游业者、航空公司、媒体近200人，在省旅游局、杭州市旅游委员会领导以及富阳市旅游部门负责人的陪同下赴龙门古镇参观考察。考察团认为，杭州龙门古镇能够较为完整保护好孙权后裔的生活习俗和古建筑是不可多见的，但古镇缺少亮点，旅游产品不成熟，导游解说与三国文化结合不够，没能突出三国文化的主题内容。2006年心手相连——浙台旅游业高峰论坛，是富阳接待规模最大、层次最高、人员最专业的海峡两岸旅游业团体。

【首次组团赴济南促销】 8月29日～9月3日，副市长张志根率杭州龙门古镇、富春桃源、富新旅行社等旅游企业组成的旅游促销团赴山东济南促销，并参加2006中国（济南）国际旅游交易会暨首届中国老年旅游博览会在济南舜耕国际会展。这是富阳市首次组团赴泉城推销“富春山水、孙权故里”。

【休博园杭州馆富阳市主题双周活动启动】 9月25日，杭州休博园圣马可广场，上千名游客参加2006年杭州世界休闲博览会杭州馆富阳市主题双周活动启动仪式。杭州市人大常委会副主任杨耀梁，杭州市旅游委员会常务副主任李虹、杭州市休博会组委会办公室副主任施永胜，中共富阳市委书记佟桂莉、代市长徐文光以及朱永祥、章刚良、俞正言、张志根、汪金良等领导参加。活动期间，安排了杭州龙门古镇民俗风情、杭州野生动物世界动物秀、富春山水风光和文化村古籍雕版印刷等四个阶段的展示。

【富阳旅游广场咨询活动在杭州举行】 9月27日，市政府组织30余家旅游企业赴杭州吴山广场举行“孙权故里牵手秀色西湖”富阳旅游大型咨询活动。由4000位老杭州人组成的富阳旅游形象使者参加旅游咨询活动，向游客发放富阳旅游宣传单5万份。杭州野生动物世界的熊宝宝、龙门古镇的跳战马等具有富阳旅游特色的文艺节目在吴山广场表演。

【参加省旅游交易会】 10月18～20日，第五届浙江省旅游交易会在杭州和平国际会展中心举行。富阳市30多家旅游企业，推出了以特色乡村旅游和三国文化体验为主题的旅游产品，杭州野生动物世界、富春桃源等景区亮出了特色展品。3天交易会，发放旅游宣传资料3万余册，接待专业洽谈和旅游咨询1万多人。温州瑞安、江苏常州等地旅游界借旅游交易会契机组织人员到富阳考察踩线，浙江卫视、西湖明珠等电视台和都市快报、江南游报等媒体专门到龙门古镇等进行旅交会跟踪报道。

【蓝宝石马戏团节目荣获黄鹤铜奖】 10月27日，第七届中国武汉国际杂技节在武汉隆重开幕。应杂技艺术节组委会的邀请，龙晖集团杭州野生动物世界蓝宝石马戏团的“驯狮虎”节目参加了此次杂技艺术节，并荣获黄鹤铜奖。

【参加上海国际旅交会】 11月16日，由国家旅游局、上海市人民政府、国家民航总局联合主办的亚洲最大规模的旅游盛会——2006年中国国际旅游交易会，在上海新国际博览中心隆重开幕。市风景旅游局以及龙门古镇景区和新宇假日酒店有关负责人前往参加，并向中外旅游客商全面宣传介绍“富春山水、孙权故里”旅游资源和新三国文化旅游产品。

·旅游管理·

【市旅游协会召开会员大会】 1月13日，市旅游协会2005年度会员大会暨旅游行业新年联欢会在富阳宾馆召开。市委副书记、市旅游协会名誉会长朱永祥，市人大常委会副主任、市旅游协会名誉会长俞正言，市政府副市长、市旅游协会名誉会长张志根，市政协副主席、市旅游协会名誉会长汪金良等出席。市风景旅游局局长、市旅游协会会长宋国胜向大会作工作报告。会上，吸纳新会员单位，增补协会理事，表彰2005年度旅游工作先进集体和个人。

【旅游企业签订安全生产责任状】 1月18日，市旅游行业安全工作会议在南国大酒店召开，全市景区（点）、星级饭店、旅行社共34家旅游企业及分管安全生产负责人参加会议。会上，市风景旅游局与34家旅游企业签订了《2006年富阳市旅游行业安全生产管理目标责任书》，表彰了2005年度旅游安全工作优胜单位。

【贯彻《杭州市旅游条例》】 3月1日，旅游行业学习贯彻《杭州市旅游条例》暨开展诚信旅游活动动员大会在富阳旅游培训中心召开，200多名旅游企业代表和旅游局全体机关干部参加大会。会上，杭州市旅游委员会综合处处长石利群宣讲《杭州市旅游条例》，市风景旅游局就开展诚信旅游活动和行风建设工作作了部署。

【富阳旅游打响“诚信”牌】 3月1日，市旅游协会49家成员单位共同签署“富阳市旅游行业诚信公约”，内容包括建立旅游企业诚信档案和公示制度；举办诚信旅游现场咨询和维权活动；联合执法整治违法违规行为，进行旅游行风监督等。“诚信”成为2006年度富阳市旅游市场的“主旋律”。

【召开市旅游统计工作会议】 3月21日，2006年度全市旅游统计工作会议在富阳宾馆召开。杭州市旅游委员会综合处处长石利群、市风景旅游局、市统计局有关领导及全市旅游景（区）点、宾馆饭店和旅行社等旅游行业负责人共40余人参加会议。会上分析了2005年全市旅游业的整体运营态势，提出了2006年旅游统计工作任务，表彰了2005年度旅游统计工作先进集体和先进个人。

【白鹤农家乐协会成立】 8月3日，东洲街道白鹤村成立东洲街道白鹤农家乐协会。该村13家酒楼、饭店成为首批会员单位。协会成立有利于更好发挥白鹤乡村俱乐部自然优势，制定农家乐行业行规，规范农家乐产业经营管理，开展有序竞争，打造全新旅游形象。

【开展旅游市场联合执法检查】 9月27～29日，市假日协调小组成员单位及旅游行风监督员组成黄金周旅游市场联合执法检查组，对旅游景点的安全工作、购物环境秩序，旅行社的诚信经营，宾馆饭店的卫生、消防、安全等进行为期3天的节前检查。

【5企业获“百佳诚信旅游企业”称号】 10月16日，杭州市旅游行业优质服务活动动员暨先进表彰大会在杭州市华辰国际饭店召开，杭州野生动物世界、富春桃源景区、杭州富阳宾馆、富春宾馆、富阳东南旅行社等5家企业荣获杭州市2006年度“百佳诚信旅游企业”荣誉称号，杭州富阳宾馆被评为2005年度杭州市“优秀星级饭店”称号。

【富春旅游学校通过杭州市示范专业考核】 5月30日，杭州市职教中心、杭州市教研室组成的考核组对富春职业高级中学（富春旅游学校）旅游服务与管理专业申报杭州市中等职业学校第五届示范专业进行了实地考核，并顺利通过验收。考核组分别对专业建设、专业规模、教学质量、示范作用、办学模式等18项指标作出评估，对富春职业高级中学所取得的成绩，办学经验和特色给予充分肯定。市教育局、风景旅游局、旅游协会以及部分旅游企业的负责人参加考核验收。

【旅游行业举办人才招聘会】 6月14日，市旅游协会与富春职业高级中学联合承办的“2006年富阳旅游人才（富春职高毕业生）现场招聘会”在富春职高举行。该校2006年度旅游服务与管理、计算机应用、电子商务、广告设计、文秘等专业的300多名毕业生前往应聘。全市景区（点）、宾馆（饭店）、旅行社等30余家旅游行业用人单位到现场接受咨询应聘。

【富春桃源举行水上救生演习】 6月15日，富春桃源风景区在岩岭湖上举行水上救护演习。副市长张志根及市安全生产监督管理局、市交通局、市风景旅游局、市公安局、市海事处及胥口镇政府的有关领导到现场观摩。

【举办首届旅游市场营销员培训班】 7月6～8日，召开全市旅游市场工作会议暨举办首届旅游市场营销人员培训班。全市50余家企业，100余人参加。杭州市旅游委员会副主任、中科院地理资源研究所博士后崔凤军，中国旅游营销策划研究院院长助理、副研究员、旅游策划总裁刘勇，杭州双溪漂流景区董事长高长虹等业内资深人士授课。

【举办首届乡村旅游研讨班】 10月16日，举行了由市委组织部、市风景旅游局、市委党校联合举办的首届乡镇（街道）领导干部乡村旅游发展研讨班开学典礼，全市25个乡镇（街道）的旅游工作领导参加，副市长张志根、组织部副部长邵立春出席。研讨班为期5天，邀请浙江省旅游职业学院书记傅建祥，浙江林学院旅游环境学院院长俞益武教授等专家主讲，内容包括旅游业发展趋势、乡村旅游发展规则、生态环境保护及富阳旅游业现状及发展前景。研讨班结束后，全体学员赴被誉为中国最美丽的村庄——江西婺源进行实地考察。

【旅游饭店老板温台取经】 11月8～10日，市风景旅游局组织全市旅游饭店负责人赴温州、台州培训考察。邀请温州将军大酒店常务副总经理谢建源授课、座谈交流，探讨如何营造一流的星级饭店。全体学员实地考察了温州将军大酒店和台州耀达国际酒店。

【旅行社经理赴诸暨龙泉培训考察】 11月30日～12月2日，市风景旅游局组织旅行社总经理一行14人赴诸暨市和龙泉市进行为期3天的跨地区交流、培训、考察。考察组先后听取了诸暨市旅行社协会负责人、龙泉市风景旅游局领导关于旅行社管理方法及经营理念和龙泉市旅游业现状的介绍，与两地旅行社老总进行经营管理交流，参观诸暨市著名景区西施故里及由杭州宋城集团投资的龙泉山景区。

【举行旅游行业第二届青工技能比武】 12月13日，富阳市旅游行业第二届青工技能比武在浙江南国大酒店举行，近30家旅游单位选送的80多名选手参加。比武分导游、前厅服务、客户服务、餐厅服务四个项目，理论考试和实际操作相结合。经比武产生的先进团体有饭店组和导游组，分别获一等奖1名、二等奖2名、三等奖3名，以及优秀组织奖2名。先进个人有前厅服务、客房服务、餐饮服务和导游等工种，分别获一等奖1名、二等奖2名、三等奖3名。

（董明敏）

【责任编辑　金关治】

财政 税务

·财 政·

【财政收支】 全年全市实现生产总值238.4亿元，比上年增长18.5%。其中第一产业增加值19.7亿元，增长7.6%；第二产业增加值146.1亿元，增长20.8 %；第三产业增加值72.6亿元，增长17.2%。全市财政总收入30.26亿元，比上年增长23.1%，其中地方财政收入15.96亿元，增长25.1%。全年财政支出16.4亿元，增长14.8%，实现收支基本平衡。(全市财政收入情况见表17)

【支持经济发展】 加大财政支农投入，安排预算内支农资金2.06亿元，比上年增长15.26%。主要用于发展粮食生产、农业基础设施、村庄环境保护设施的建设，优化农业生产结构布局、提升产业化水平。推进农业综合开发工作，完成2006年土地治理项目湖源乡下干溪小流域生态治理项目和永昌镇永昌畈中低产田改造项目的设计和招标工作。加大对企业的政策扶持力度，兑付支持工业经济发展、扶持开放型经济及金融服务地方经济考核奖励和补助资金1.46亿元、支持商贸及服务业发展的相关资金390万元、办理企业收入退库3000万元及一般增值税先征后返退税127.8万元、拨付油价补贴400余万元。

【非税收入征管】 制定《关于加强政府非税收入管理的通知》，从制度上完善政府非税收入的征管手段和考核办法。拓宽财政专户的管理范围，将全市民办学校、部分社会团体和三电办资金纳入财政专户管理。

2006年度富阳市财政收入完成情况（按预算级次）

表17　　单位：万元

项目	全年收入情况				
	年度计划	全年收入	上年同期	为上年%	为计划%
一、地方一般预算收入	157980	159616.0	127617.8	125.1	101.0
增值税（25%）	35280	35265.6	29233.4	120.6	100.0
营业税	43320	43321.9	36690.4	118.1	100.0
城建税	11080	11080.0	8880.6	124.8	100.0
企业所得税(40%)	15950	15960.6	12066.4	132.3	100.1
个人所得税(40%)	8680	8680.7	8177.2	106.2	100.0
政策性退库	-3000	-3000.0	-3000.0	100.0	100.0
契税和耕地占用税	17800	17808.7	15031.6	118.5	100.0
其他税收	17140	17140.1	10590.3	161.8	100.0
其他收入	6580	8053.8	7670.9	105.0	122.4
专项收入	5150	5304.6	2277.0	233.0	103.0
二、上划中央四税收入	143020	142963.2	118224.9	120.9	100.0
增值税(75%)	105860	105796.8	87700.1	120.6	100.0
消费税	200	204.4	159.4	128.2	102.2
企业所得税(60%)	23940	23940.9	18099.6	132.3	100.0
个人所得税(60%)	13020	13021.1	12265.8	106.2	100.0
一般预算总收入	301000	302579.2	245842.7	123.1	100.5

注：其他收入中含行政性收费收入672万元

在全省率先实行收费项目、标准和文件的互联网查询。不断强化财政专项资金管理，成功实施户外广告经营权和城市道路停车收费经营权的公开拍租。完善财政票据和银行账户的相关管理制度，加强“以票管费、以票促收”工作，不断规范票据的领购、使用、结报和核销。全年共征收政府非税收入11.6亿元，其中行政事业性收费、政府性基金6.2亿元。

【推进部门预算】 组织实施市级部门预算编审工作，预算提交市人大常委会审议的部门由2005年的8个增加到21个。“二上二下”的预算编制流程全部通过“金财工程”软件完成，各类专项资金纳入部门预算，并试编采购预算。

【规范政府采购】 自7月1日起，顺利实施政府采购中心的分设工作，实现“管采分离”。4月，出台行政事业单位车辆定点保险制度，567辆公车参加定点保险，节约保费支出93万元。全年实施采购90批次，实际采购金额9032.8万元，节约资金1458.2万元，资金节约率为13.9%。全年控办共审批车辆69辆，委托拍卖旧车17辆，拍得款项42.9万元。

【基建财务监督】 做好财政委托审价工作，全年完成委托审价项目117个，送审金额4.44亿元，核减金额4682万元，核减率10.6%。

【周转金清理与财政监督】 回收财政周转金177.2万元，清户10户，抵债资产变现207.5万元，融资规模减少451万元，借款规模压缩至1.19亿元。完成上级布置财政专项检查2项，完成财政资金绩效评价工作1项，组织开展本级财政专项检查4项，查出违规资金759.8万元。

【优化支出结构】 加强对教育、文化、医疗卫生等公共事业的保障力度，全年安排科技三项费用和科学事业费4096万元、文教卫事业费6.65亿元，重点支持与人民群众密切相关的费用支出，保证场口中学迁建、恩波广场二期、江南水厂一期等建设项目如期完工，桂花西路综合改造，杭千高速连接线灵桥支线，灵桥、大源、新登污水处理等基础设施相继建成或正在建设。(全市财政支出情况见表18)

【国有资产管理】 完成市煤气公司、市中医骨病医院

2006年度富阳市财政支出执行情况

表18　　单位：万元

预　算　科　目	合　计	全年支出	上年同期	为上年%	为预算%
一、基本建设支出	1205	1205	1840	65.5	100.0
二、企业挖潜改造资金、工交和其他部门事业费	11482	11641	11476	101.4	101.4
三、科技三项费用和科学事业费	4559	4096	4844	84.6	89.8
四、农林水利等支出	20287	20569	17846	115.3	101.4
五、文教卫支出	66417	66459	57654	115.3	100.1
其中：教育支出	50550	50862	44307	114.8	100.6
六、抚恤和社会福利救济费	7761	8335	6384	130.6	107.4
七、行政管理费和公检法支出	31818	33940	29330	115.7	106.7
八、城市维护费	8310	6007	6532	92.0	72.3
九、政策性补贴支出	252	252			100.0
十、支援不发达地区支出	31	101	46	219.6	325.8
十一、其他支出	6368	5813	4920	118.2	91.3
十二、专项支出	5534	5582	2028	275.2	100.9
十三、总预备费	0				
一般预算支出合计	164024	164000	142900	114.8	100.0

等单位的改制。自11月开始，对全市行政事业单位资产家底进行摸查。至2006年10月31日，全市红线范围内共有房产面积1643831平方米、价值11.85亿元，在建工程82225平方米、价值1.09亿元，土地2540761平方米，车辆886辆、价值1.32亿元，5万元以上专用设备2.23亿元，其他资产2.96亿元。

【财政资金管理】 10月，制定《富阳市专项资金财政专户管理暂行办法》，在确保财政资金安全和正常运转资金需要的前提下，促进社保基金的保值增值，通过提高定期存款比例、丰富存款种类等手段，使社保基金年收益率上升为3.47%，年新增利息逾1500万元。

【会计集中核算】 完成57家行政事业单位、71个账套的集中核算工作，全年累计拨入资金14.5亿元，拨付资金13.9亿元，全年核算项目经费 520多个，预算金额达3.5亿元。

【会计队伍管理】 对823户工商企业进行日常稽核和检查，其中因违反《富阳市会计人员工作考核办法》规定有740人被记分，记10分以上88人。制定《富阳市会计工作先进集体和先进工作者奖励表彰办法》，并于当年组织开展评选表彰活动。积极推动行业会计基础工作规范，推出钢构业等5个规范试行办法。做好会计人员继续教育工作。全市应参加人数7178人，至12月底企业会计已报名参加4657人。同时，做好2005年度213名会计人员考核不合格培训班再学习和继续教育培训补课工作。（刘学文）

·国家税务·

【组织收入】 全年组织国家税收收入168288.4万元（含调库8206万元），完成年度计划的110.13%，比上年增长24.64%，增收33270.7万元。其中增值税146681.8万元，比上年增长21.54%；消费税204.4万元，比上年增长28.23%；企业所得税9236.6万元，比上年增长104.12%；涉外企业所得税1923.6万元，比上年增长13.37%；储蓄利息个人所得税2624.3万元，比上年增长36.37%；车辆购置税7617.7万元，比上年增长26.37%。按财政口径统计，2006年入库税收15.26亿元，较上年增收2.9亿元，同比增长23.5%；占财政总收入的比重为50.56%，较上年上升了0.29%。

【支持地方经济】 落实各项税收优惠政策，全年为企业办理各类退免税和免抵调库69786万元，比上年增

国税局领导班子调研富通集团

长58.99%，增加25893万元。其中：出口退税26615万元（含免抵调增值税8206万元）；民政福利企业等先征后退增值税29359万元；资源综合利用减免退增值税2073万元；农业生产经营单位等增值税征前减免2330万元；内外资企业所得税减免退税873万元；内外资企业所得税征前减免8536万元。

【税收征管】 3月，全市纳税人实行属地管理。5月，实施国地税联合办证，将国税征管范围内的纳税人纳入正常管理。10月开始，国地税联合开展税务登记换证工作，换证21235户，换证率达到100%。完善增值税预警管理办法，加强造纸行业税源管理，造纸行业全年实现增值税收入38986万元，较上年增长18.3%，占总增值税收入的26.6%，行业平均税负率达到3.75%，较上年提高0.19%。继续开展存货核查及下脚料申报管理，全年核查存货有问题企业74户，补报销项税金600.47万元，进项转出133.33万元，企业申报下脚料销售收入2.41亿元，销项税金4111万元。加强日常巡查辅导，全年巡查补报税款3700万元。开展年纳税50万元以上异常税负企业、亏损企业、成品油零售单位、服装行业、化纤行业、部分税负异常企业等六类纳税评估工作，评估企业108户，补税630.4万元，移送稽查查处2户。全面推行企业所得税事前管理模式，全年入库企业所得税9236.6万元，比上年增长104.12%，企业所得税在税收总收入的比例从上年的3.51%提高到5.49%。加强个体税收和集贸市场管理，全年入库个体税收收入7152万元，较上年增长59.5%，定额调整幅度达到53.66%。税收征管六率考核位列杭州市国税系统第一名。宏观税负率达到7.06%，比上年提高0.64%，税收弹性系数达到1.33，增值税平均税负率为3.39%，比上年提高0.1%，比全省的2.59%高0.8%，12月份零负申报率为20.66%，比年初下降20.59%。

【依法治税】 结合试行税收执法管理信息系统，对税收征收、管理、稽查、发票管理等环节的责任进行明确和落实，对2006年来各项税收执法过错行为进行检查和纠正。制订日常巡查制度及考核办法，建立健全管理员监督制约机制，认真开展税收执法自查和检查，严格落实税收执法过错责任追究制度。落实重大税务案件二级审理和复查制度，开展税务案件评审活动，提高税务案件质量。全年审理案件40件，补税394.25万元，罚款234.11万元，审理退查补证5件次，撤销立案1件。获省优秀税务稽查案件评比三等奖1件，杭州市局一等奖和优秀奖各1件。加强一般纳税人认定管理，严把案头审核、约谈、实地核查三关。开展外商投资企业联合年检，年检229户企业，年检合格率100%。加强“金税工程”管理，全年存根联综合采集率100%，一般纳税人档案信息无漏采情况。

【税务稽查】 组织开展税负异常商贸企业、煤炭运销企业、烟草经营企业、汽车销售及维修企业、连续四年未实施检查企业、涉外企业、出口免抵退企业等七项税收专项检查和举报案件、假运输发票检查工作。全年查处各类涉税违法案件251件（其中移送公安机关34件），查补入库税款713.17万元，滞纳金66.79万元，罚款311.35万元，共计1091.31万元。

【纳税服务】 落实文明办税“八公开”和《纳税服务工作规范》，公开办税和全程服务内容，抓好纳税申报“一窗式”管理，涉税事项“一站式”服务，纳税人资料“一户式”储存，清理简并各种表格资料，减轻纳税人负担，积极推行多种申报和缴款方式，方便纳税人。至12月底止，已开通网上申报14353户。2006年局办税服务厅获杭州市“人民满意基层站所(办事窗口)”称号。认真开展税法宣传活动，充分利用国税网站、税务短信平台和当地媒体进行税收宣传。积极与地税局、后亭子社区等部门协作，联合开展税收宣传活动，拓宽宣传渠道，增强宣传成效。加强12366纳税服务热线建设，全年接听、记录、解答、转办纳税人咨询电话126个，答复满意率达到100%。实施“诚实核算、诚信纳税”阳光纳税工程建设，提高纳税人诚实核算、诚信纳税意识。

【信息化建设】 推进增值税管理系统、综合征管软件、出口退税管理系统“三大系统”的信息整合，做好操作培训、软件安装、功能测试、使用运作、监控维护等工作。推广应用税收征管辅助系统、增值税一般纳税人监控分析系统、“四小票”审核检查系统、税收执法管理信息系统，全面推行全省统一的网上安全纳税申报平台。引进研发各类小应用软件，设计、制作富阳国税工作交流网，构筑干部内部工作交流平台。

（苏哲尧）

·地方税务·

【组织收入】 全年全市地税系统组织各项收入18.17亿元，其中地税收入11.95亿元，比上年增长1.89亿元，同比增长18.85%，完成人代会计划的103.91%。征收社会保险基金4.09亿元，残保金899.18万元，水利建设专项资金6572.97万元，地方教育附加9967.6万元，教育费附加3720.54万元。(全市地方税收收入情况见表19)

【征管改革】 调整造纸业纳税评估标准，并新增9个品种。实施印花税扩大预征。在资源税的征管中，按照耗电或用炸药量进行纳税评估，到6月底自查申报131万元。从10月起，在炸药销售环节委托代征，至12月底共征收520万元，全年征收1327万元，比2005年增长58.66%。加强基建招投标项目税收管理，对300个招标项目23.63亿元建设合同额与税收管理情况进行核对，并对32个项目进行重点清查。9月，开始对建筑安装业实行分项目进行管理。开展装饰业自查，共有76户纳税人进行自查，17户补报经营额258万元，入库税费12万元。开展新版地税普通发票换版和货运发票启用税控系统开票工作。

2006年度富阳市地方税收收入情况

表19 单位：万元

项　　目	2005年	2006年	增减额	增长%
总计	151069.80	181708.52	30638.72	20.28%
一、税收合计	100548.48	119501.14	18952.66	18.85%
营业税	36690.36	43321.89	6631.53	18.07%
企业所得税	23944.11	26257.37	2313.26	9.66%
个人所得税	20443.03	21701.78	1258.75	6.16%
资源税	836.37	1327.00	490.63	58.66%
土地使用税	1489.97	3109.15	1619.18	108.67%
城市维护建设税	8880.60	11080.03	2199.43	24.77%
印花税	992.62	2104.98	1112.36	112.06%
土地增值税	3293.98	5466.04	2172.06	65.94%
车船使用税和牌照税	314.03	320.44	6.41	2.04%
房产和城市房地产税	3663.41	4812.46	1149.05	31.37%
二、其他收入合计	50521.32	62207.38	11686.06	23.13%
城镇教育费附加	1946.71	3720.54	1773.83	91.12%
文化事业建设费	139.69	136.78	-2.91	-2.08%
养老保险基金	26552.71	32707.14	6154.43	23.18%
医疗保险基金	3666.68	4344.42	677.74	18.48%
失业保险基金	1919.64	2312.92	393.28	20.49%
工伤保险基金	856.92	1025.83	168.91	19.71%
生育保险基金	431.87	511.13	79.26	18.35%
水利建设专项资金	3917.85	6572.97	2655.12	67.77%
农村教育费附加	10232.02	9967.60	-264.42	-2.58%
税务部门其他罚没收入	11.71	8.75	-2.96	-25.28%
残疾人保障金	845.12	899.18	54.06	6.40%
其他	0.40	0.12	-0.28	-70.00%

【征收管理】　试行“在线监控系统”软件，全年纳入监控范围的企业413家，其中地市以上95户，县级重点监控企业276家。对571家企业实施个税全员全额管理试点。地税信息化程度和管理水平日益提高，所有申报企业及双定户纳入“一户通”电子缴库。1月开展货物运输业代开票中介机构资格认定和自开票纳税人年审工作，取消自开票纳税人资格3户，责令限期整改2户。开展三资企业属地管理划转工作。加强国、地税协作机制，委托国税门征开票代征各类地方税费700多万元。10月份起，与国税联合开展税务登换证工作，其中地税部门完成17000多户。加强与工商、建设、土管、公管、航管等部门的联系，进一步完善社会化征管体系。简化涉税审批环节和个人二手房交易税收减免等审批项目的流程。

【税务稽查】　重点组织对房地产及建筑业、部分工业制造业、服务业、娱乐业等行业的税收专项检查，全年检查210家企业，检查面5.3%；共查补各类地方税费1525万元，入库率100%，结案率100%，检查案件处罚率51%，查处大要案8件，移送司法机关处理案件7件，有3人因涉税犯罪被判刑。同时，全年查补税额10万元～50万元有17家、50万元～100万元有5家、100万元以上的有1家，单位查补税额10万元以上的企业数和金额分别比上年同期增长53%和38%。

【税收法制建设】　组织开展2006年税收执法检查和稽查案件复查工作，严格执法责任制，对3名税务执法过错行为人进行过错责任追究。做好税务行政复议、诉讼工作，“江南物资有限公司税案”二审终审胜诉。17名工作人员通过财税综合法律知识考试和市政府法律综合知识考试，至年底，全局有237名干部职工取得省人民政府制发的行政执法证。

【税收宣传】　4月，以全国第15个“税收宣传月”为契机，组织“地税杯”登山比赛。同时，利用“法制宣传日”、“科普宣传日”等形式，开展税法宣传。完成税收宣传新闻报道工作，全年被杭州市级以上媒体采用26条，《富阳日报》采用10条。12月，市地税局被省地方税务局评为“2006年度全省地税系统信息工作二等奖”、“2006年度全省地税系统新闻宣传工作优胜单位”。

（刘学文）

【责任编辑　骆小峰】

金融 保险

·综 述·

【概况】 全市金融机构认真贯彻宏观调控的各项措施，继续认真贯彻执行稳健的货币政策，努力筹措资金，有效放大信贷投入总量，优化信贷投入结构，积极推动金融生态环境建设，维护金融体系稳定，有效地推动了富阳市经济社会的又好又快发展。全市银行类金融机构从业人员1467人，比上年减少127人（全市银行类金融机构人员情况见表20）。

金融总量 年末，全市金融机构本外币各项存款余额212.84亿元，比年初增加34.53亿元，增长19.4%，比2005年多增12.73亿元。在推动存款快速增长的基础上，全市金融机构积极推动信用总量的持续扩张。年末，各项贷款余额为187.16亿元，比年初增加34亿元，增长22.2%，比2005年多增16.2亿元。银行承兑汇票余额34.53亿元，比年初增加7.83亿元，增

富阳市银行类金融机构人员情况

表20

项目 \ 名称		人行	银监办	工行	农行	中行	建行	交行	中信	商行	农发行	农村合作银行	合计
金融机构数(家)		1	1	8	11	9	9	3	1	1	1	66	111
其中	市级机构	1	1	1	1	1	1	1	1	1	1	1	11
	二级支行	/	/	/	1	1	3	1	/	/	/	23	29
	分理处	/	/	3	6	7	3	1	/	/	/	23	43
	储蓄所	/	/	4	3	/	2	/	/	/	/	19	28
	从业人数（人）	26	4	161	224	127	186	43	53	24	17	607	1467

富阳市银行类金融机构本外币存贷款情况

表21 单位：亿元

机构名称 \ 栏目	年末余额	比年初增减		机构名称 \ 栏目	年末余额	比年初增减	
		2006年	2005年			2006年	2005年
金融机构存款合计	212.84	34.53	21.73	金融机构贷款合计	187.16	34	17.8
人民银行存款	2.72	0.33	0.67	人民银行贷款	/	/	/
工商银行存款	22.73	2.52	-1.17	工商银行贷款	19.31	0.11	-1.35
农业银行存款	29.30	4.70	3.12	农业银行贷款	23.84	4.03	2.03
中国银行存款	17.90	2.85	1.07	中国银行贷款	19.14	4.87	0.49
建设银行存款	29.66	2.49	2.14	建设银行贷款	35.79	5.50	3.51
农业发展银行存款	0.13	0.03	-0.16	农业发展银行贷款	2.05	0.76	0.36
交通银行存款	8.20	1.67	0.55	交通银行贷款	5.84	1.54	0.09
中信实业银行存款	18.96	3.63	1.92	中信实业银行贷款	19.92	4.87	3.18
商业银行存款	11.87	2.63	2.03	商业银行贷款	12.91	3.25	1.12
农村合作银行存款	65.24	11.91	10.16	农村合作银行贷款	48.38	9.10	8.36
邮政储汇局存款	6.88	1.79	1.39				

说明：中信实业银行存款比年初增量中，有1亿元为邮政储蓄专项转存款，由其上级行下划。

长29.33%。累计签发银行承兑汇票72.72亿元，同比增加22.02亿元，增长43.43%。外汇指定银行信用证开证余额达到11273万美元，增长18.83%（各金融机构本外币存贷款、人民币存贷款、外汇存贷款情况见表21～表23）。

信贷结构　一是对实质性经济的短期贷款投入明显加快。年末，全市金融机构新增工业及与工业相关项目贷款（工业贷款、乡镇企业贷款、三资企业贷款、私营企业及个体贷款）达到26.39亿元，比上年同期多增14.24亿元。二是农业贷款增势平稳。年末，农业贷款余额17.24亿元，比年初增加3.09亿元。三是小企业贷款增加快速。从年初开始，增加对小企业贷款成为热点，所有银行都开始发展小企业贷款业务。品种越来越多，条件比较宽松，即使在宏观调控的情况下，政策仍然得以良好推进。年末，全市商业银行对中小企业的新增贷款7.26亿元，占全年全部新增贷款的21.35%。四是行业相对分散。调查显示，除造纸行业和通信行业外，机械电子、医药、污水处理、铜冶炼等新型行业贷款增长快速。五是房地产贷款增势稳步回落。年末，房地产贷款比年初增加3.41亿元，

富阳市银行类金融机构人民币存贷款情况

表22　　单位：亿元

栏目 机构名称	年末余额	比年初增减		栏目 机构名称	年末余额	比年初增减	
		2006年	2005年			2006年	2005年
金融机构存款合计	210.49	34.91	20.98	金融机构贷款合计	185.60	34.19	17.48
人民银行存款	2.72	0.33	0.67	人民银行贷款	/	/	/
工商银行存款	22.25	2.18	-1.05	工商银行贷款	19.31	0.12	-1.31
农业银行存款	29.02	5.25	2.37	农业银行贷款	23.51	4.02	2.02
中国银行存款	16.85	3.02	1.17	中国银行贷款	17.94	5.01	0.18
建设银行存款	29.46	2.44	2.07	建设银行贷款	35.77	5.48	3.50
农业发展银行存款	0.13	0.03	-0.16	农业发展银行贷款	2.05	0.76	0.36
交通银行存款	8.12	1.71	0.43	交通银行贷款	5.83	1.53	0.09
中信实业银行存款	18.69	3.60	1.84	中信实业银行贷款	19.89	4.91	3.11
商业银行存款	11.86	2.62	2.03	商业银行贷款	12.92	3.26	1.10
农村合作银行存款	65.24	11.91	10.16	农村合作银行贷款	48.38	9.10	8.36
邮政储汇局存款	6.88	1.79	1.39				

富阳市银行类金融机构外汇存贷款情况

表23　　单位：亿元

栏目 机构名称	年末余额	比年初增减		栏目 机构名称	年末余额	比年初增减	
		2006年	2005年			2006年	2005年
金融机构外汇存款合计	3025	-345	1053	金融机构外汇贷款合计	1991	-191	462
工商银行外汇存款	607	439	-159	工商银行外汇贷款	/	/	/
农业银行外汇存款	366	-667	933	农业银行外汇贷款	405	-9	-10
中国银行外汇存款	1352	-220	11	中国银行外汇贷款	1521	-166	442
建设银行外汇存款	249	41	114	建设银行外汇贷款	26	19	7
交通银行外汇存款	99	-47	146	交通银行外汇贷款	/	/	/
中信实业银行外汇存款	344	51	100	中信实业银行外汇贷款	39	-35	74
杭州商业银行外汇存款	7	1	6	杭州商业银行外汇贷款	/	/	/

同比少增0.37亿元。其中，自营性房地产贷款比年初增加2.5亿元，同比少增0.18亿元。

信贷资产质量　年末，全市商业银行类金融机构不良贷款（五级分类）余额为25931万元，比年初上升4854万元，不良贷款率为1.92%，比年初上升0.02个百分点。合作银行不良贷款（四级分类）余额为13144万元，比年初下降2293万元，不良贷款率为2.72%，比年初下降1.21%。

金融改革　在商业银行股份制改造稳步推进的同时，在市委、市政府的关心和支持下，经过两年多的努力，富阳市农村合作银行改革取得了明显成效，产权关系进一步明晰，法人治理结构进一步完善，内部控制管理进一步加强，资产质量进一步提高，经营机制得到切实转换，经营效益明显提高。12月7日，5721万元中央银行专项票据的顺利兑付，标志着富阳农村合作银行在农村信用社改革之路上迈出了新的一步，也标志富阳农村信用社改革基本达到了中央"花钱买机制"的目的。

金融市场秩序　尽管受到宏观层面上的政策调整、金融改革带来的操作流程变化、部分企业失败重组对区域信贷市场的不利因素等各方面的影响，但信贷市场总体上仍然能够保持稳定并富有活力。各商业银行切实加强对房地产行业的信贷控制，有效地防范和化解了风险隐患。积极推进企业重组，化解了信贷风险，有效地维护了地区金融稳定。积极做好和上级行的沟通，努力争取最大的政策支持，积极开展票据、信用证业务，努力做大信用总量，一定程度上抵消了以上因素对信贷有效投放带来的影响。努力寻找新的信贷增长点，切实加大对电子、机械、药业等新型行业的信贷支持，通过投放面的扩大，支持地方经济持续较快增长。大力推进业务创新，切实加大对中小企业信贷支持，有效的缓解中小企业资金紧张状况。

国际收支规模　2006年，全市国际收支总额60058万美元，同比增长24.4%，其中总收入32761万美元，同比增长29.84%；总支出27297万美元，同比增长18.44%；国际收支顺差5464万美元，同比增加3279万美元。银行结汇收入29310万美元，同比增长39.81%；售汇支出22242万美元，同比增长24.58%；结售汇顺差7068万美元，比上年同期增加3957万美元。

全年新增外商投资企业43家，投资总额25457万美元，同比增加32.04%；外方注册资本金11639万美元，同比增加16.63%；办理验资询证114笔，实到外资10077万美元，同比增长37.56%；外资到位率86.58%，同比上升13.17%。

保险业务　全年累计保费收入2.9亿元，与上年基本持平。理赔支出1亿元，同比增加1000万元；对全市经济社会发展、灾后恢复生产发挥了较好的作用。

·监管机构·

【人行富阳市支行】 人行富阳市支行紧紧围绕年初提出的"求真务实促发展，开拓创新增活力"的总体工作要求，全面落实科学发展观，认真贯彻执行稳健的货币政策，注重窗口指导作用，促进经济金融持续健康较快发展；积极推进金融生态环境建设，营造良好的金融发展外部环境；加强信贷征信管理，积极推进

反洗钱工作，稳步推进金融改革，切实维护金融稳定；推进经常项目外汇改革，促进贸易便利化；强化资本项目管理，引导资本合规有序流动；强化监管，维护良好的外汇业务经营秩序。完善金融服务管理，推进反假货币工作深入开展，着力提高金融服务质量。

【浙江省银监局富阳监管办】以强化监督引导为抓手，以金融工作协调小组为平台，以监管通报会为渠道，突出风险监管，积极引导辖内各银行业金融机构进一步优化信贷结构，努力维护辖内银行业的稳健运行。落实监管责任，加强合规监管，督促辖内法人金融机构进一步加快公司治理水平建设，加强资本充足率的监管，推进属地法人机构改革的进一步深入。针对富阳块状经济明显的实际，务实创新，引导有关银行继续推进小企业贷款工作，为小企业融资发挥应有的作用。针对个别银行在市场竞争上的不正当行为，采取约见戒勉谈话等方式，加强协调，维护辖内银行业运行秩序。积极引导，促进辖内银行对机构进行合理布局，扩大金融服务面。

·商业银行·

【工行富阳市支行】　按照“更新观念、调整结构、提高效率、控制风险、和谐发展”的指导思想，进一步完善市场营销机制，全方位拓展市场，在大力促进存款增长的同时，努力开拓新的贷款增长点，进一步优化信贷结构；强化信贷管理，不断提高信用风险控制能力。年末，本外币各项存款余额22.73亿元，比年初增加2.52亿元；各项贷款余额19.31亿元，比年初增加0.11亿元；不良贷款率4.28%，同比上升2.56%；全年实现利润6400万元。加快业务创新，深入实施“大个人金融”经营发展战略和“中间业务”战略，积极推进经营转型；正确处理市场开拓与理财产品销售的关系，逐步建立和健全促进存款增长、推动理财产品营销、建立和维护优质客户有效地工作机制，代理保险和基金销售、企业理财百事通业务、个人电子银行、信用卡等各项中间业务得到较快发展，全年实现中间业务收入318万元；全年国际结算业务量8303万美元，增长29%。

【农行富阳市支行】　积极应对宏观调控影响和同业竞争形势的新变化，市场营销和风险防范并重，精细管理和人本管理并举，开拓创新，扎实工作，各项业务取得良好的业绩。内部管理、精神文明建设和员工队伍建设得到明显加强，向创建区域内强行迈进一大步。牢固确立综合营销思想，推动业务经营转型进一步加快。年末，本外币各项存款余额29.3亿元，比年初增加4.7亿元，增长19.1%；各项贷款余额23.84亿元，比年初增加4.03亿元，增长20.34%；国际结算、银行卡、代理等三项业务有突破性发展，其中国际结算业务量达13590万美元，同比增长35.77%。牢固确立深化风险管理思想，推动风险防控力度进一步增强，年末，不良贷款率3.4%，比年初下降3.5%，连续三年实现“双下降”。牢固确立经济资本管理思想，推动盈利能力进一步提高，全年实现账面利润7822万元，同比增加2620万元。

【中行富阳支行】　紧紧围绕股改上市大局，按照“突出加快发展，突出结构调整，突出从严治行、强化内部管理，突出共创和谐”，以及“提高水平促发展，强化管理要发展，围绕核心求发展，共创和谐谋发展”的要求，有力地推动各项业务的快速发展，取得了较好的成绩。转变经营观念和思路，紧跟市场，加强营销，大力拓展负债业务，存款新增创历史新高，年末，本外币各项存款余额17.9亿元，比年初增加2.85亿元，增长18.94%；加大优质投放，做大资产业务，不断优化信贷结构，年末，本外币各项贷款余额19.14亿元，比年初增加4.87亿元，增长34.2%；加大不良贷款清收力度，努力控制信贷风险，年末，不良贷款率5.49%；积极拓展中间业务，切实提高市场份额，全年实现中间业务净收入788万元，增长68.74%；国际结算业务量23556万美元，同比增长19.04%。盈利能力继续提高，全年实现拨备前利润6119万元。

【建行富阳支行】　按照“创长三角强行、建现代化支行”的工作前景和“把富阳支行打造成为能够适应环境变化，具有价值创造的比较优势，在当地处于领先地位的好客户的好银行”的工作目标，认真贯彻银行价值最大化经营理念，优化资源配置，加大管理深度和力度，有力地推动了各项工作的开展，促进经济效益的稳步提高。负债业务稳步发展，年末，本外币各项存款余额29.66亿元，比年初增加2.49亿元，增长

9.16%；信贷投放合理增长，年末，本外币各项贷款余额35.79亿元，比年初增加5.5亿元，增长18.16%；资产质量进一步提高，年末，不良贷款率0.48%，比年初下降0.48%；经营效益显著提高，全年实现税前利润13279万元，同比增加1322万元。网上银行、银行卡、国际业务结算等中间业务稳步发展，全年实现中间业务收入1489万元，同比增加347万元；完成国际结算业务9624万美元。

【交行富阳市支行】 继续坚持“三个第一”的经营理念，按照“深化改革，开拓创新；突出重点，加快发展；严格管理，控制风险；强化培训，提高素质；以人为本，改善服务”的要求，狠抓个人金融业务，促进经营战略转型；强化营销，实现负债业务和中间业务的重点突破；不断调整和优化信贷结构，强化内控制度建设，切实抓好风险防范工作，各项业务取得了较快发展。年末，本外币各项存款余额8.2亿元，比年初增加1.67亿元，增长25.57%；各项贷款余额5.84亿元，比年初增加1.54亿元，增长35.81%；不良贷款率0.8%，同比下降0.21%；全年实现账面利润2116万元，同比增长7.63%。

【中信实业银行富阳支行】 以安全、高效为目标，严格内部控制与管理，全面防范各类风险，深化激励约束机制改革，增强内部活力和动力，全面落实责任制，增强执行力，深入实施“双优双主”和“三维四动”方针，进一步完善盈利模式，深入开展创建工作，使效益、质量、规模三方面以及业务建设和文明建设继续协调发展。年末，本外币各项存款余额18.96亿元，比年初增加3.63亿元，增长23.68%；各项贷款余额19.92亿元，比年初增加4.87亿元，增长32.36%；实现账面利润7259万元，同比增长23.03%。加大票据业务工作力度，促进票据业务快速发展，全年累计贴现69.45亿元，同比增长48.84%。国际业务结构进一步优化，全年实现国际业务结算量8429万美元，同比增长17.7%。

【杭州商业银行富阳支行】 以上级行各项任务指标为工作目标，转变思想观念，积极开拓市场，全面实现各项经营目标。狠抓存款组织工作，切实做好负债业务。年末，本外币各项存款余额11.87亿元，比年初增加2.63亿元，增长28.46%；以中小企业为重点，积极拓展资产业务，年末，本外币各项贷款余额12.91亿元，比年初增加3.25亿元，增长33.64%；不良贷款率0.6%，同比增加0.2%；全年实现国际业务结算量5416万美元；全年实现经营利润6363万元，同比增长32.07%。

【浙江富阳农村合作银行】 以加快改革为主线，以稳步经营、加快发展为指导，以支持“三农”为重点，进一步完善法人治理结构，加强内部管理，认真落实各项改革政策和措施，推进了改革和业务工作的发展。全面实施“新增农业龙头企业10家，创建信用村（镇）100个，新增小企业贷款100家，新增农户贷款1000户”为内容的“四个一”工程，创新业务品种，加大营销力度，全力打造零售银行品牌。年末，各项存款余额65.24亿元，比年初增加11.91亿元，增长22.33%；各项贷款余额48.38亿元，比年初增加9.10

环山乡被授予浙江省“信用乡”称号

亿元，增长23.17%；不良贷款率为2.8%，比年初下降1.4%。全年实现账面利润10233万元，同比增长57.43万元。信贷支农力度进一步加大，全年新增农业贷款3.04亿元。大力推进信用村（镇）建设，至年底，共创建信用村73个，首创信用乡1个，促进了社会信用的进一步改善。

·政策银行·

【农发行富阳市支行】 在努力巩固传统主体业务的同时，以业务拓展为重点，积极开展信贷业务营销，巩固和提高原有商业性贷款规模，认真把握总行关于开办农、林、牧、副、渔贷款业务的政策，增强信贷支持政策宣传力度，积极开展大范围的摸底调查，大力拓展信贷业务，促进了各项业务的较快发展。年末，本外币各项贷款余额2.05亿元，新增7600万元；全年实现利润271万元，同比增加161万元。认真做好传统政策性信贷业务，积极支持粮食储备体系建设，年末，地方储备粮贷款比年初增加483万元。（吕望军）

·财产保险业·

【概况】 至2006年底，全市有财产保险经营单位12家，比上年增加1家，为10月成立的都邦财产保险股份有限公司富阳营销部，其中7家为支公司，其余均为营销服务部或营销部。全市财产保险机构从业人员297人，比上年增加11人；全年保费收入16180.1万元，比上年增加2021.5万元；理赔额7933.1万元，比上年增加590.49万元（见表24）。（张建华）

【中国人民财产保险富阳支公司】 中国人民财产保险股份有限公司（原中国人民保险公司）成立于1949年10月20日，是国内历史最悠久的保险公司，在国内保险市场上一直发挥着主导作用。公司注册资本金77亿元。2003年7月19日，经国务院同意、中国保监会批准，中国人民保险公司更名为中国人保控股公司，并发起设立中国人民财产保险股份有限公司和中国人保资产管理有限公司。原中国人民保险公司的业务由中国人民财产保险股份有限公司承办。

中国人民财产股份有限公司富阳支公司办公地址在富春街道桂花路21号金融大楼内，有员工90人。公司开办企事业财产保险、家庭财产保险、机动车辆保险、船舶保险、货物运输保险、建筑安装工程保险、信用保险和各种责任保险等100多个险种，拥有全市最多的保险服务网点和门类齐全的专业人才。内设7个部门，主要中心集镇设营业部4个，营销服务部9个。

表24

2006年富阳市财产保险机构情况

机　构　名　称	员工人数（人）	保费收入（万元）	赔付款（万元）
中国人民财产保险公司富阳支公司	90	6300.0	3900.0
天安财产保险富阳支公司	18	1150.0	410.5
太平洋财保富阳支公司	15	782.0	375.0
中华联合财保富阳支公司	38	2040.0	900.0
大众保险富阳市营销服务部	15	878.0	527.0
中国平安财保富阳支公司	11	1572.0	116.0
华安财产保险富阳营销服务部	10	196.1	97.0
永安财产保险富阳支公司	20	420.0	134.0
中国大地财保富阳支公司	20	1300.0	650.0
太平财产保险富阳营销服务部	17	694.0	320.1
安邦财产保险富阳营销服务部	25	800.0	376.0
都邦财产保险富阳服务部	18	48.0	128.0
合计	297	16180.1	7933.6

2006年，实现保费收入6300余万元，承担风险责任325亿元，处理各类保险赔案4099件，理赔款3900万元，为富阳市经济发展、人民生活和谐和社会稳定保驾护航。（徐诚忠）

【天安财产保险富阳支公司】 天安财产保险股份有限公司富阳支公司2000年5月成立，主要经营各类财产险、车险、交强险、意外险及短期人身险等业务。公司员工18人，均为大专以上学历。公司地址位于富阳市桂花西路1号恩波大厦3楼。全国统一服务热线为95505。

天安财产保险富阳支公司始终把“化险为夷、补天爱人”作为自己的使命，把“建设中国保险第一品牌”作为战略目标，不断地提升服务水准、提高理赔速度，秉承专业的员工队伍、平等的工作理念、规范的运作程序，完善的规章制度，力求以一流的信誉、一流的服务奉献于社会各界。2006年，公司围绕总公司“做强”战略，进行险种结构调整及队伍整合，全年完成保费收入1150万元，理赔案件637件，已决赔款410.5万元。（吴华群）

【平安财产保险富阳支公司】 平安财产保险股份有限公司富阳支公司1995年4月进入富阳保险市场，办公地点在迎宾路交通银行4楼。2006年，平安财保富阳支公司全体员工认真落实总公司“规范经营、稳健发展”的经营方针，以“仁、义、礼、智、信、廉”规范自己的言行举止。对客户、对员工、对股东、对社会的最大责任作为不变的承诺和永恒的使命。充分利用公司先进的管理模式和上海后援中心，强大网络系统等服务平台，在车险、产险、水险、意外险等方面多头并进，实收保费约1600万元，全年受理理赔案件2500件，赔款支出约116万元。平安正以积极健康的态度，脚踏实地、开拓创新的精神，奋发进取，追求卓越。（何 珉）

【中华联合财产保险富阳支公司】 中华联合财产保险公司富阳支公司成立于2002年9月，经过4年多的努力，员工从4人扩大到38人，业务从300万元发展到2006年的2040万元，位居富阳财产保险市场第二位。赔款支出900万元左右。公司设在桂花西路239号邮政大楼1楼、2楼，下设综合科、理赔科、业务一科、业务二科、营销科、业管科、中介科、新登营销服务部。公司始终坚持解放思想、更新观念、加快发展、稳健经营的指导思想，坚持保险活动必须遵守法律法规、遵循诚实守信的原则；坚持客户至上的服务宗旨，中华保险事业取得了快速发展，盈利水平长期保持高效稳定，具有较强的承担风险能力和经济实力。公司注重诚信建设，视诚信是企业的生命。建立了以全国统一客户服务电话95585平台的服务网络，为社会和广大客户提供全面优质服务。（徐平平）

【华安财产保险富阳市营销服务部】 华安财产保险股份有限公司富阳市营销服务部成立于2005年4月28日，办公地址位于富阳市富春街道花坞南路1号3楼，有职工10人。2006年，以社会责任感和客户利益为重，以“责任、专业、奋进”为企业理念，凭借不断创新的精神及专业开发优势，开拓进取，奋力拼搏，赢得了公众的信赖和支持。全年保费收入196.1万元，理赔案220件，已决赔赔款金额97万元。（徐芙妍）

【永安财产保险富阳支公司】 永安财保富阳支公司成立于2005年2月，办公地点在百合大厦5楼。公司深入贯彻落实上级公司提出的两个坚定不移，即“坚定不移地把效益放在第一位、坚定不移地合理调整险种结构”的经营指导思想，坚持保险活动必须遵守法律法规、遵循诚实守信的原则；坚持客户至上的服务宗旨。提升队伍素质，抓好本级业务的扩展，继续与多家银行及经销代理商合作代理业务，并积极参与有关部门保险业务招投标业务。做好车险精细化管理，实现规模险种出效益，取得了成效。以规范化管理为契机，强化内部管理。公司管理人员通过上级公司的培训、考核，提升了管理人员的服务素质，加大硬件投入，完善岗位职责，加大管控力度，严格考核制度。理赔人员给客户提供快捷、周全的理赔服务，经考核全年有效报案的单方事故第一现场查勘率达到100%，全年客户服务投诉率为零，极大地提升了永安品牌形象。全年保费收入420万元，已决赔案373件，赔款134万元。（吴璋和）

【中国大地财产保险富阳支公司】 中国大地财产保险

股份有限公司2004年7月开始在富阳开展财产保险业务，次年8月，经中国保监会批准，由富阳营销服务部升格为富阳支公司。办公地址位于富阳市富春路3号富阳图书馆3楼，有员工20名，下设经理室、计财部、综合部、理赔部、业务一部、业务二部、业务三部共7个部门。经营范围涵盖了除寿险业务外的各个领域计8个大类，包括机动车辆保险、企业财产保险、工程保险、责任信用保险、家庭财产保险、货物运输保险及短期健康保险和人身意外伤害保险。2006年，是该公司第二个完整的经营年，公司顺应富阳保险市场快速发展的新趋势，以车辆保险为特色产品，秉承“诚信为先、稳健经营、价值至上、服务社会”的经营理念，用心经营、精细管理、强化服务，实现了保费收入的快速增长。全年共完成保费收入1300万元。完成理赔案1009件，支付赔款650万元。及时解决了出险客户的燃眉之急，有力地支持了富阳地方经济建设。（杨　勇）

【太平财产保险富阳营销服务部】 太平财产保险有限公司富阳营销服务部成立于2004年6月，下设总经理室、业务部、客服部、承保部、综合财务部、公司业务部，有员工17人。地址设在市心北路30号协作大厦10楼。公司本着用心经营、诚信服务的经营理念，吸收保险精英，全面打造太平品牌。公司主要经营机动车辆保险、货运险、船舶险、企业财产险、建筑、安装工程险、机器损坏险、利润损失险、现金险、各类家庭财产保险、信用证保险、各类责任险等。2006年保费收入694万元，发生赔案762起，支出赔款320.08万元。（金　晓）

【都邦财产保险富阳服务部】 都邦财产保险股份有限公司是经中国保险监督管理委员会批准，于2005年10月19日开业的全国性财产保险公司，总部位于首都北京。都邦保险拥有一支专业的经营管理团队，其高管团队来自于内地、中国台湾地区及美国保险界高层专业人士。在两核管理、营销管理、客户服务、保险投资、信息平台、行政后援等岗位上，也汇聚了一大批业内精英。都邦财保富阳营销部于2006年10月底成立，地址在富阳市龙山路130号永兴大楼7楼（青少年活动中心），有员工18人。主要开办国内机动车辆保险、财产损失险、责任保险、短期健康保险和意外伤害保险，以及上述业务的再保险业务；国家法律、法规允许的保险资金运用业务，经保监会批准的其他业务。都邦保险富阳营销部以客户为中心的经营理念，以服务创品牌，与时俱进，积极推进保险产品、销售渠道、客户服务的创新，以积极稳健的经营策略和先进高效的服务机制，赢得了社会广泛好评。2006年营业3个月，保费收入48万元，赔付128万元。（徐建民）

·人寿保险业·

【概况】 至2006年底，全市有人寿保险经营单位10家（其中泰康人寿分设富阳、新登两个独立的营销服务部），比上年增加2家，分别为成立于7月的华泰人寿保险股份有限公司富阳营销服务部和成立于12月的国民人寿保险股份有限公司富阳营销服务部。只有1家为支公司，其余均为营销服务部或营销部。全市人寿保险从业人员737人。全年保费收入12703.11万元，比上年减少2084.89万元；理赔额1944.19万元，比上年增加372.97万元（见表25）。（张建华）

【中国人寿保险股份有限公司富阳市支公司】 2006年，贯彻上级公司“巩固城市、抢占两乡”的战略思想，制定了“营销期交最大化，趸交市场化，短险效益化”的发展方针。业务发展上，在保证适度规模的管理下，更加注重业务结构的优化和效益险种的开拓，保证公司的可持续发展；在员工队伍建设上，严把入司关，加强对业务员的技能职业道德、遵纪守法和服务意识、服务技能的培训。在员工中牢固树立起“服务就是生产力”的思想；在巩固富阳本部和新登团队的基础上，培育场口、大源等地的营销团队。狠抓内部管理，提升服务质量，落实各项措施，方便客户处理各种保险手续。加强理赔队伍建设，实行理赔承诺制，按照案件类型规定理赔时间，对一些赔案实行送款上门，有效地提升了公司在老百姓中的形象。2006年，实现保费收入7803万元，支付各种赔款1300余万元。（张　莉）

【太平洋人寿保险富阳营销服务部】 中国太平洋人寿

2006年富阳市人寿保险机构情况

表25

机　构　名　称	员工人数（人）	保费收入（万元）	赔付款（万元）
中国人寿保险富阳市支公司	38	7803	1300
泰康人寿保险富阳营销服务部	66	225.4	15
泰康人寿保险新登营销服务部	89	245	17
中国太平洋人寿保险富阳市营销服务部	120	2600	259
中国平安人寿富阳营销服务部	86	450	126.19
新华人寿保险富阳营销服务部	70	960	168
中国生命人寿富阳镇营销部	50	100	24
民生人寿保险富阳服务部	103	219.71	35
华泰人寿富阳营销服务部	70	80	/
国民人寿富阳营销服务部	45	20	/
合计	737	12703.11	1944.19

保险股份有限公司浙江分公司富阳营销服务部成立于1997年2月，办公地址位于富阳市桂花西路6号燃料大楼6楼。2006年，有员工120人，实现总保费收入2600万元，其中团体意外伤险540万元，新保530万元，续期1530万元。2006年，公司在与凯雷国际集团合资后引入国际化人才，实行分级管理专业化发展，取得重大成效。根据市场需求，公司新推出了“金玉满堂”分红型终身寿险、“鸿运年年”两全保险和“如意安康”大病险，深受市场欢迎。公司提供商业养老、医疗、子女教育信贷等保险产品。以优秀服务为宗旨，加强和完善保全、理赔等服务。2006年底，服务部门对高端VIP客户进行专人服务、主动为客户提供快速而正确的服务、提供生日祝贺及免费体检等服务。公司全年处理赔案1792件，支付各类理赔金额259万元，赢得良好的口碑。（方月明）

【中国平安人寿保险富阳市营销服务部】 中国平安人寿保险股份有限公司浙江分公司富阳市营销服务部，办公地址设在富阳市市心北路80号东城大厦13楼，于2000年4月18日正式在富阳开展保险业务。2006年，平安人寿富阳营销服务部实现保费收入450万元。处理各类理赔案600余起，理赔款总额126.19万元，有员工86人。公司以客户需求为导向，进一步丰富保险品种，为客户提供更为全面的保险产品。公司在坚持鸿利、鸿祥、鸿盛等传统人身保险产品和独具平安特色的少儿险种销售的基础上，隆重推出万能重疾及钟爱一生养老年金保险和世纪天使外币险种，进一步顺应市场需求。公司不断加大对员工的培训力度，定期组织员工参加培训学习，全面提高员工整体素质。积极响应浙江保监会的要求，严格保险代理人持证上岗制度，及时有效地组织业务员参加浙江省代理人考试，有85名员工获得保险代理人资格证。率先推出通俗化保险条款，明明白白购买保险。推出精心制作的可随身携带的口袋本《客户权益手册》，帮助客户了解自己的主要权益和保障及理赔等注意事项。建成“95511”全国客服电话、PA 18网站、客服门店、业务员为一体的服务网络；首创一年一度的客户服务节活动，率先推出国内海外急难救援服务。（白永伟）

【新华人寿保险富阳营销服务部】 新华人寿保险公司于2001年4月在富阳市正式落户，办公地址在富阳市孙权路12号中纬家具市场5楼，拥有内外勤员工70余人。新华人寿富阳营销服务部秉承“以人为本，服务社会”的经营理念，以独特的产品优势、完善的产品体系，为近万名客户提供了保障服务。2006年公司产品“财智人生”分红保险、“美满安康”终身分红保险、“吉庆有余”两全分红保险。“福家伴侣终身健康增值计划”组成新华人寿拳头产品。尤其是保额分红、终了红利等独特的保险形式深受市场的欢迎。全年实现保费收入960万元，比上年增加420万元，发生已决赔案件386件，已决赔款168万元。新华保险开通“95567”全国统一客户服务热线，为客户提供了快速优质的各项服务。（薛　峰）

【民生人寿保险富阳营销服务部】 民生人寿保险股份有限公司2003年4月在富阳设立营销服务部，地址在桂花路外贸大厦10楼，有员工103人。主要开展分红型的如意年年两全保险、长乐两全保险、金榜题名少儿教育金两全保险及附加提前给付重大疾病保险等保险业务。2006年，完成保费收入219.71万元，理赔立案25件，完成理赔案22件，支付赔款35元。（朱亚群）

【中国生命人寿保险富阳迎宾路营销服务部】 中国生命人寿保险股份有限公司浙江分公司富阳迎宾路营销服务部，于2004年11月18日成立，办公地址位于富阳市迎宾路22号物资大楼7楼，有代理人50人。2006年公司的主要险种有“生命至尊终身寿险”，“生命至爱增额终身寿险”，“生命至福增额两全保险”，“生命至瑞增额两全保险”，“生命至惠定期寿险”，“生命成长快乐两全保险”，“生命至安意外伤害保险”，“生命至鑫两全保险（万能型）”等。生命人寿保险在富阳寿险市场始终秉承“携手提升生命价值”的核心理念，为客户、股东、员工和社会提升价值，共享生命人寿的经营成果。公司的全国服务热线电话：800-820-0035。全年保费收入100万元，赔付97件，赔款金额24万元。（李向东）

【华泰人寿保险富阳营销服务部】 华泰人寿浙江分公司于2005年底成立，开办的主要险种有“铂金相伴”分红系列保险、“金玉满堂”养老系列保险及“福佑安康”健康保险系列等。富阳营销服务部于2006年7月正式落户富阳，办公地址在富春江商业城8楼。至年底，有内、外勤员工70余人，实现保费收入80多万元。（徐士锋）

【国民（嘉禾）人寿保险富阳营销服务部】 国民（嘉禾）人寿保险股份有限公司秉承“以信为业，以实求健、以新创绩、以效争优”的经营理念，“一诺千金，诚信永远”。产品设计以客户需求为导向，丰富保险产品，特推出“福寿同祥年金保险”、“年年富贵两全保险”、“洪福齐天终身寿险”、“福满人生两全保险”、“旭日东升少儿两全保险”、“国民意外伤害保险”、“附加少儿意外伤害保险”、“附加恒久安康重大疾病保险”等，产品结构合理，险种齐全，特色显明，责任细致，优势尽显。全国统一服务电话95581。

国民人寿浙江分公司是浙江首家百分之百持证、百分之百资格考试通过率、百分之百的严格培训的寿险公司，首家推出“国民爱心天使”上门理赔服务，特别对客户提供保险亲情探访，上门协助理赔服务，国民人寿长远目标是“创建深受国民信赖的保险公司”。国民人寿保险富阳营销服务部于2006年12月15日正式成立，是国民人寿全国范围内第一家县级营销服务部，办公地址设在富阳市孙权路231号春城大厦4楼。有员工45人，成立当月实现保费收入20万元。（骆爱香）

·保险代理业·

【概况】 2006年10月新成立保险代理机构1家，为杭州大家保险代理有限公司富阳营业部；12月被取消1家，为浙江天地保险代理有限公司富阳分公司。至年底，全市有保险代理公司4家，从业人员59人。全年保费收入2151万元（不含取消的浙江天地保险代理有限公司富阳分公司），比上年增加773万元；理赔额394.2万元，比上年增加74.2万元（见表26）。（张建华）

【富阳国通保险代理有限公司】 公司于2005年5月26日成立，地址在商业城7楼。公司以“管理重严、经营重效、员工重责”作为2006年度经营工作方针，制定了年度经营计划。以专业化的服务和高水平的售后服务赢得了良好的社会形象。全年保费收入1000万元，处理赔案280件、理赔额280万元。客户满意率100%，有员工30人。（毛爱妹）

【富阳市鑫康保险代理有限公司】 2005年9月14日由中国保险监督管理委员会批准设立，地址在富阳市富春街道迎宾路22号物资大楼6楼。鑫康保险代理有限公司在浙江省范围内代理销售各家保险公司的财产

表26

2006年富阳市保险代理机构情况

机构名称	员工人数（人）	保费收入（万元）	赔付款（万元）
国通保险代理	30	1000	280
鑫康保险代理	15	600	24.8
友谊保险代理	11	500	76
大家保险代理	3	51	13.4
合计	59	2151	394.2

保险、机动车辆险、货运险、建筑、安装工程险、人身意外伤害险、代理收取保险费，代理相关业务的损失勘察和理赔。公司有从业人员15人，为业内资深人士，有丰富的业务经验和技术优势，为投保人提供在浙江省内所有保险公司的一切保险产品最佳的保险方案、最实惠的险种组合，并始终为投保人提供咨询、出单、上牌、年检、过户、理赔一条龙服务。2006年，鑫康保险代理保险费收入600多万元，理赔金额24.8万元。（陈鑫）

【大家保险代理有限公司】 批准成立于2006年10月11日，注册资金100万元，员工3人。公司地址位于富春江商业城4楼。当年营业2个月，保费收入51万余元。（陆少华）

·证券业·

【概况】 2006年底，全市有2家证券经营场所，分别为浙江财通证券经纪有限责任公司富阳营业部和浙江方正证券有限责任公司富阳服务部，有工作人员13人。全年交易量37亿元，比上年增加22亿元；客户总户数13418户，比上年增加5700户。（张建华）

【浙江财通证券经纪有限公司富阳营业部】 2006年，为提高客户投资意识、操作能力和降低风险，营业部加强与客户的沟通与联系，及时传递信息，每日精选短线个股在营业场所公布，指导股民做好短线操作。每周四晚上开设股民学校，向股民传授基本面分析和技术分析的方法。每周二、五下午收盘后实时解盘。联合电信、银行、上海万汇投资管理有限公司，先后到新登、受降、环山、高桥等乡镇开展证券交易的宣传活动，拓展客户，上门安装网上交易软件。7月，邀请上海市金融办、证监局、上交所等单位的领导、专家为富阳股民作专题讲座。营业部每季编写一期投资策略报告，为股民点评金融、地产等热点板块，促进了富阳证券投资业。

公司经营上海、深圳的A、B股，权证基金、国债现货、回购企业债券等，上海、深圳股票帐户卡的代办及新股集中配售业务。交易方式有：自动委托、柜台委托、电话委托、远程委托、网上交易等。2006年证券交易量达到34亿元，是上年的3倍；新增股民824户，总股民数达到12218户，其中上海证券所股民6679户，深圳证券所股民6539户。年新增股民数是近3年发展最多的一年。（潘根林）

【浙江方正证券有限责任公司富阳服务部】 成立于2001年6月，服务部地址在新登镇翠苑路，员工4人。营业面积100平方米，有电脑30台，经营上海、深圳的A、B股，基金、国债现货等业务。交易的方式有电话委托交易和网上交易。2006年交易量3亿元，比上年减少1亿元、新增股民1200户，总股民达到1700户。（张建华）

·担保业·

【概况】 2006年，全市有担保有限公司5家，比上年增加2家，分别为11月成立的富阳鑫立担保有限公司和12月成立的富阳民信担保有限公司。新成立的担保机构其注册资金均为民间投资，5家担保有限公司合计注册资金7940万元，全年合计（新成立的2家未开展担保业务）担保金额17888万元，比上年增加6249万元。（张建华）

【富阳市诚信担保有限公司】 富阳市诚信担保有限公司，是由市工商联牵头组建的一家为全市中小企业提供融资担保的专业担保公司，成立于2000年3月，注册资金2010万元，其中财政出资500万元，31家企业与自然人出资1510万元。是富阳市成立最早的融资担保公司，为地方经济发展，解决中小企业融资担保难作出了较大的贡献。2006年，诚信担保公司为全市中小企业及个体工商户办理融资担保398笔，担保金额13143万元，与上年相比，分别增加57笔和3830万元，担保金额增幅达41.1%；年末在保责任余额11858万元，比年初增加3520万元，增幅42.2%。2006年度，被保企业销售11.24亿元，利税1.45亿元，保后增加销售6.6亿元、增加利税0.64亿元，被保企业就业人员1440人，保后增加就业岗位410个。公司是杭州市首批AAA级信用企业，为杭州市50家担保公司中6家AAA级信用企业之一。2006年9月，被省乡镇企业局和中小企业局评为全省“规范型担保机构”。

（汪宝兴）

【富阳市农信担保有限责任公司】 2006年3月，调整公司管理委员会组成人员，设执行董事，执行董事为公司法定代表人。全年，为农村种植户、养殖户办理担保贷款144笔，担保金额782万元，其中，种植业81笔446.5万元，养殖业63笔335.5万元；脱保140笔，脱保金额776.5万元；年末在保145笔，在保责任余额775万元，为注册资本金的3.87倍。公司成立以来，累计担保759笔，担保金额3782.3万元；脱保614笔，脱保金额3007.3万元。2004年来已经连续3年被杭州市信用管理协会授予AA级信用企业。

（陈夏良）

【富阳市阳光担保公司】 2006年，公司提供担保44笔，担保金额3963万元，比上年度的1436 万元增长2.75倍；实现担保收入117万元，比上年度的32万元增长3.66倍，是公司开业以来经营管理情况最好的一年；年末，担保余额3361万元，比上年末担保余额1080万元增长3.11倍。根据有关统计口径计算，全年使受保企业新增职工340人、新增销售收入6000万元、新增利税340万元。全年没有发生代偿。

2006年公司着重抓了三个方面的工作：一是继续抓好各项基础管理工作。抓学习，提高公司员工的综合业务素质；抓制度建设，提高公司的管理水平；抓优质服务，树立公司良好形象；抓扩大业务的同时严把风险控制关。由于对基础管理常抓不懈，公司的整个基础管理水平得到了提升，由省信用与担保协会推荐、经省中小企业局审定，公司被列为全省100家第二批规范提升担保机构。二是积极开拓新的担保业务。新增建筑工程担保业务，全年累计实现工程担保额2932万元，占全年担保金额的73%，是公司担保额大幅增长的主要因素。三是做好注册资金结构调整工作。公司原注册资金2000万元中的1700万元，是实物资金，由于资金结构不够合理，公司不能与银行签订相关协作协议。在富阳市工贸资产经营公司党委、董事会的关心、帮助、支持下，1700万元的实物注册资金改为货币资金，为以后与银行签订协作协议创造了有利条件。

（史柏林）

【富阳鑫立担保有限公司】 经杭州市工商局富阳工商分局注册登记，成立于2006年11月7日，注册资本2000万元，属有限责任公司。有股东2人，法定代表人为张良军，办公地址：富春街道江滨西大道天河小区88-5幢201室。

（史廷轩）

【富阳民信担保有限公司】 富阳民信担保有限公司，经杭州市工商局富阳工商分局注册登记，为有限责任公司，于2006年12月成立，是富阳市第一家开业的全民营担保有限公司，注册资金2000万元，有股东5人，法定代表人马振林。办公地址城东街24幢305室。公司与富阳农村合作银行签订银行合作协议。公司的服务对象是富阳市内中小企业和个体工商户，为上述服务群体解决担保难的问题，促进中小企业和个体工商户的发展。公司的服务宗旨是安全第一、稳健经营、谨慎操作，为富阳的经济发展作贡献。

（金志明）

【责任编辑 张建华】

市　场

·人才市场·

【概况】 市人才交流中心认真贯彻落实科学人才发展观和省、市人事工作会议精神，完善人才工作机制，提升人才工作服务水平。全年在《富阳日报》发布人才天地信息47期，宣传栏发布信息480家（次），富阳人才网平均每月发布招聘信息750家次，发布招聘岗位3万余个，充分发挥市场在人才资源配置中的基础性作用，举办春季人才交流大会、毕业生就业洽谈会暨夏季人才交流会、网上人才交流会、人才集市等各类交流会 11场次，进场招聘单位807家次，前来应聘有2万余人次，登记各类人才1.3万人次，达成聘用意向4400余人次，促进毕业生就业和各类人才的合理流动，满足经济社会发展对人才的需求。组织82家单位赴杭州市及省外招聘，引进人才548名，实施国外智力引进项目28个。

【人才交流大会】 2月11日，富阳市春季人才交流大会暨高校毕业生就业洽谈会在市会议中心举行。111家单位进场设台招聘，提供企业营销、机械类、企业管理等70余个专业1700余个岗位，大会接待登记2200余人，其中本科650人次，大专1020人次，达成录用意向900人。8月12日，2006年富阳市大中专毕业生就业洽谈会暨夏季人才交流大会在市体育中心举行。131家单位设台招聘，提供岗位数达到2000余个，大会接待各类人才3000余人次，达成录用意向1119人次，其中本科351人、大专768人。

【人才集市】 全年举办人才集市8次，有454家单位进场设台招聘，涉及专业100余个，登记各类人才1万余人，提供岗位9000余个，达成就业意向2019人。

【网络建设】 3月，对人才网进行改版升级，对原有的毕业生就业、人事代理、在线咨询等近10个模块进行了调整和完善，增设了网上人才评荐功能，推出人才测评、职业生涯规划、高级人才推荐等新服务内容。7月5日～8月5日，举行了为期一个月的网上人才招聘会，111家单位参加，提供岗位1500余个。据年底统计，人才网平均日访量达到8000余人次，最高日访量达到1.2万余次，总访量达到500万余次，平均每月发布招聘信息750家次，全年发布招聘岗位3万余个，吸收网上会员单位已达到83家，其中高级会员达到27家。

【人才智力引进】 组织65家企业外出参加杭州春季人才交流会、西博会杭州人才交流大会和杭州——富阳中高级人才封闭式洽谈会。组织17家企业赴沈阳、西安等地开展招聘活动，总登记各类人才1150余人，提供岗位1000余个，引进人才548名。全年申报执行国外智力引进项目28个，申报引进国外智力示范单位1家，项目涉及体育产品、机械制造、食品加工等领域，其中杭州飞鹰企业的奥运会残疾人赛艇研制，日月集团的微特电机制造技术等3个项目被批准为国家级项目，先后有42位外国专家到富工作。杭州日月电器日本专家东信行获省政府颁发的“西湖友谊奖”。

【人事代理服务】 至年底，人才中心档案总数为8585份，办理人事代理总数达到5814人，其中新增675人；办理调动、调档、建档68人；集体户口实际在册340人，新增5人；签订聘用合同27份。（王小军）

·劳动力市场·

【概况】 按照就业服务制度化、专业化、社会化的标准，加强劳动力市场建设。全市有各类职业介绍机构16个，其中公共职业介绍机构1个，民间职业介绍机构15个，主要分布在富春街道和新登镇范围内。继续开展失业职工免费职业介绍和就业指导服务工作，抓好民间职业介绍机构的管理工作，坚持每月开会制度，健全考核办法、劳动纪律、报表管理等规章制度。全年提供就业岗位26959个次，登记求职19529人次，达成就业意向11087人次，有效地发挥了劳动力市场在劳动力资源配置中的重要作用。

【举办招聘会】 就业管理服务处根据市场需求，每月定期举办各类专场招聘会，积极为企业和劳动者搭建服务平台。全年举办就业困难人员、职高技校毕业生、技术人员、农村劳动力转移、个私企业、女性就业等专场交流会10次，参加招聘单位294家次，提供就业岗位7895个，报名应聘5400余人次，初步达成就业意向3085人，深受求职人员和用人单位欢迎。

【职业介绍】 加强民间职业介绍所管理，通过14家民间职业介绍所提供岗位17601个，登记求职12984人，介绍11184人，介绍成功7492人，成功率达67%以上。

【劳动保障事务代理】 劳动保障事务代理服务内容主要有档案代管、代缴社会保险、代发工资、劳务派遣、办理退休手续等。全年办理劳务派遣13家单位1174人，办理集体事务代理17家单位1252人，办理个人事务代理10077人，为失业人员办理退休389人。

【规范职业中介行为】 为净化全市劳动力市场环境，规范职业中介行为，3月，在全市开展清理整顿劳动力市场秩序的专项检查活动。对辖区内从事职业中介活动的15单位进行了检查，对介绍所的负责人进行调查询问笔录，对中介登记和收取费用进行检查。通过检查，未发现违反国家法律、法规的行为。

【劳动力市场网站开发试运行】 12月，劳动力市场网站开始试运行。网站功能包括用人单位网上发布招工信息、求职人员网上求职、定期发布劳动力市场供求状况分析和工资指导价位，就业服务有关政策法规、信息发布等。缓解“招工难”和“就业难”矛盾，拓展信息发布交流平台和服务手段，为求职者和用人单位搭建一个虚拟的信息交流平台，提供更加方便快捷的信息服务。（孙申华）

·技术市场·

【概况】 全年认定登记技术合同22项，成交额227.26万元，其中，技术交易额224.56万元。完成民营科技企业调查131家，其中，国家火炬计划重点高新技术企业3家，省级高新技术企业25家，杭州市高新技术企业13家，省级科技型中小企业22家。创工业总产值277.87亿元，上缴税金8.53亿元，净利润12.23亿元。完成省科技厅下达的“浙江省省级计划项目执行情况调查表”的调查、汇总工作，并协助做好有关部门做好科技统计检测评价工作。

【网上技术市场】 至年底，网上技术在线企业502家，发布技术难题71项，网上签约项目24项，合同成交额2717.8万元。

10月27日～11月2日，在2006年中国浙江网上技术活动周暨杭州高新技术展示交易会期间，组织全市70余家高新技术企业、省科技型中小企业、制造业信息化示范试点企业、专利示范企业、民科技实业联合会会员单位160余人赴浙江世贸中心、浙江省人民大会堂参加各项活动。10月27日，杭州大华仪器制造有限公司和中国科学院固体物理研究所合作开发的项目“先进功能材料系列制备设备”，参加了在黄龙饭店举行的“大院名校浙江行项目签约大会”。该项目包括程控高温真空气氛管式炉、程控高温真空单晶炉与真空非自耗电弧熔炼炉，主要用于科研院所实验检测以及高校教学科研，目前国内绝大部分为进口，单台设备在5万美元以上，价格高的，达18万美元。产品研发设计立足于提供性价比高、小型化、安全性高的实验设备，同时，针对高校教学实践和科研应用，提高设备的创新性、设计性及综合性功能，可为高校和科研院所提供一系列相关方面的专业实验。该系列产品具有结构紧凑、性价比高、操作灵活方便等优点，将较好地满足科研院所实验检测和高校教学科研需要，技术处于国内领先，填补国内空白，替代进口。

2006年度，浙江网上技术市场富阳分市场获杭州市目标考核优秀单位。（刘慧）

·商品市场·

【概况】 全市新登记市场1家：富阳市金辉建材市场，总面积6667平方米，总投资100万元。至年底，全市已登记市场45家，其中商品交易市场44家，年成交额为52.7亿元，比上年同期增长19.7%，消费品市场35家，成交额达38.6亿元，比上年同期增长7.6%。办理各类展销会10期，其中企业法人主办8期，社团法人主办的1期。

【创星级文明规范市场】 引导和扶持市场创星级、信用市场，走品牌道路，提升市场整体水平。8月，市政府对2005年被评为“星级市场”的富阳金品家私市场等5家市场每家予以2万元的奖励。10月，全市参加星级市场复评的三星级市场2家、二星级市场3家，一星级市场1家全部顺利通过复评。至年底，全市有星级市场12家，其中“三星级”2家，“二星级”9家，“一星级”1家。

【农贸市场推行家禽无毒脱毛法】 4月，在城东综合市场试行家禽无毒脱毛法，即用松香甘油酯取代传统的松香脱毛，采用机械脱毛法和助剂脱毛法两种工艺，加工助剂采用松香甘油酯（松香甘油酯是一种食品添加剂，广泛运用于口香糖的胶姆基材料，经国家卫生部2004年第21号公告批准，是目前唯一可用于畜禽脱毛处理的产品）。在城东综合市场试行过程中，以加工工艺操作简便，成本节约，环境污染小，残留量低，赢得广大经营户和消费者好评。5月，家禽无毒脱毛法在全市农贸市场推广应用。

【商品市场品牌建设活动】 围绕引导创牌、鼓励引牌、监管护牌的方针，引入信用分类监管体制，抓市场品牌建设。以城东商贸市场陶瓷品交易区为试点，提出了上市商品分类监管、信用管理、“总经销”、“总代理”、“专营专卖”、准入备案卡管理等一系列制度，对上市商品实施分类监管。即由市场经营户提供经销商品的厂家营业执照、商标注册证、授权书等相关证件，市场和工商进行核查后发放品牌准入备案卡，备案卡根据上市商品分类标准划分为A、B、C三类，分别用绿、蓝、橙三种颜色区分，市场经营户须将此备案卡摆放在商位的显要位置，市场也在显著位置贴告示牌提示消费者。

【商品检测网络】 针对上市商品食品安全隐患较为严重的情况，以监测中心为基础，按照“谁主办、谁负责”的原则，落实资金、设备、人员，1月，建立了延伸到基层所、企业、市场的流通领域食品质量安全检测网络。至年底，检测网络有检测车1辆、检测箱16只、检测室6家。重点检测粮、肉、蔬菜、奶制品、水产品、水果、卤制品、水发产品、烟、酒等与老百姓生活密切相关的食品。全年抽检市场（超市）120家次，检测各类商品16077批次，发现不合格商品170批次，检测合格率为98.84%，处理不合格商品604公斤。分局流通领域商品质量专项抽检食品99批次，合格率71%。对不合格商品发布消费警示15次。

【开展商品交易专项整治】 围绕人民群众反映强烈、社会危害严重的食品安全问题，全年组织对流通领域猪链球菌、牛肉注水、黄花菜、豆芽菜、“红心蛋”等一系较大规模的专项整治行动，先后出动检查人员358人次，检查市场超市43家、各类经营户580户。

【全面实施商品准入制度】 1月，在城区7大食品市场全面实行以索证备案为主要内容的食品准入工程。商业城、第二农贸市场、城东综合市场、城东商贸市场对食品准入工作实行了计算机管理，使用了工商分局信息中心自行开发的食品备案登记软件，有298户食品经营户实施了商品准入工程，经营户实施商品准入的商品品种累计21675种，已完成索证备案的商品20951种，索证备案率96.7%。（徐燕霞）

·拍卖市场·

【概况】 至2006年，在富阳设立拍卖企业分支机构的有浙江国信拍卖行有限公司富阳分公司、浙江国际商品拍卖中心有限责任公司、浙江嘉诚拍卖有限公司富阳分公司。在富阳开展拍卖业务的有浙江皓瀚国际拍卖有限公司、浙江诚信拍卖有限公司等十余家外地企业经营。标的主要有房产（住宅、厂房、营业房、交易摊位）、企业旧机器设备、旧汽车、富春江河道黄砂采挖权拍卖和租赁。全市举办拍卖93场次，签订拍卖确认书333份，金额达9056万元。

【加强拍卖活动监管】 为维护拍卖市场正常秩序，规范拍卖活动行为，富阳工商分局从规范拍卖企业主体资格入手，依照国家《中华人民共和国拍卖法》的规定，主动介入拍卖行为监管，对拍卖材料的真实性、公正性严格审查把关，及时备案、公告，对拍卖额较大或对社会有一定影响的拍卖会实行现场监拍，全年现场监拍68场，确保了拍卖活动公平、公正，维护拍卖双方的利益。（徐燕霞）

·文化市场·

【概况】 至年底，全市文化经营单位1178家，其中娱乐业84家，互联网上网服务营业场所80家，音像制品91家，书报刊79家，艺术培训4家，印刷业生产经营单位336家，棋牌、其他472家，专业、民间职业演出团体17家，演出场所4家，艺术品经营单位7家，电影放映单位5家。行政执法全年出动行政执法人员1711人次，检查经营单位4371家次，受理各类举报118件，取缔无证经营单位32家，收缴各类非法物品5107件，立案查处违规经营单位42起，其中：停业整顿4家，移送案件2起。

【行政管理】 受理行政许可事项89件，其中网吧31件、音像制品8件、娱乐场所13件、演出场所2件、演出团体1件、印刷和书报刊34件。现场勘查场地和督察检查经营单位152家次，核准外来演出团体营业性演出活动85次，换发许可证300家。经过培训的农村文化经纪人成为市场亮点。6月11日晚，中央电视台二套节目《经济信息联播》栏目，播出富阳市农村文化经纪人活动情况，成为全国推广的典型。行政执法大队被杭州市政府命名为杭州市级“人民满意基层站所（办事窗口）”。

【发展广播及电影事业】 广播“村村通”建设工程覆盖率已达100%，广播“村村响”工程已建成的行政村514个，覆盖率为83.99%。农村电影经过设备更新，配置了数字电影放映设备和35毫米103型、104型移动放映设备等，放映场次有所回升，全年放映电影881场（其中公益性194场），新批放映队3家（其中公益性1家），为鼓励电影放映队，对放映场次多的电影队实行补助。

【印刷业管理】 2006年是印刷业除出版物以外行政许可实行委托管理的第一年，行政许可权利下放，属地管理进一步强化，基层管理工作任务加重，针对管理体制变动，对全市印刷业基本情况进行全面调查，组织规模企业观摩杭州市印刷设备设施展览会。9月，向各印刷业生产、经营单位下发《关于要求做好规范经营工作的通知》，要求建立健全“五项制度”，突出了明确的工作要求和标准。是年6月底，市文化行业协会印刷业分会成立。目前，有公开发行的报刊《富阳日报》；记者站1个；企业内部办报9家。

【宣传培训】 通过宣传培训，提升文化市场管理、从业人员的法制水准，由市文化市场管理领导小组牵头，全年举办各类培训班22期，培训人员1000余人次。印发文化市场法规宣传小册2000余本，宣传资料500份，接纳消费者咨询200余人次。1月19日，组织15个民间职业剧团负责人学习《营业性演出管理条例》。3月3日，文化、公安联合举办娱乐场所业主和负责人培训班，学习重新颁发的《娱乐场所管理条例》；4月13日，结合“防艾”组织娱乐场所主管人员培训班；9月22日，结合娱乐场所换发新证，召开娱乐场所相关人员会议，重点培训消防安全、噪音扰民等内容；8月31日，召开演出市场座谈会，组织农村文化经纪人学习《营业性演出管理条例》。

【文化市场管理协作机制】 7月，市政府下发富政函〔2006〕80号文件，提出“关于进一步完善和落实文化市场长效管理机制的意见”。要求健全文化市场管理网络，各镇（乡）有队伍，村有联络员，经费落实，重新出台举报奖励制度，从原单一的网吧扩大至文化市场所有项目及领域。农村文化市场举报既自成体系又纳入110指挥中心。文化执法与公安、工商、城管执法加强合作，形成互补。集中行动每季不少于1次，文化执法大队各科每日不少于检查10家单位。建立大案上报制、责任倒查追究和考核奖励制。出台文化市场突发性应急处置预案。

【专项整治】 由文化市场领导小组牵头组织文化、公安局、工商局等部门共同参与或独立行动的重大整治活动有10余项，分别是春、秋两季的“扫黄”、“打非”集中行动；“两会”期间文化市场大整治；“冬季防火暨‘119’天消防安全”；“保护知识产权”、“印刷企业专项整治”；夏季出版物市场整治；“防艾、禁毒”、“反盗版百日行动”；“娱乐场所”、“网吧”、“IPTV专项整治”等，出动检查人员3100人次，立案84起，取缔无证经营单位（摊点）45家，其中黑网吧4家，收缴非法出版物8030件，其中淫秽碟片500张，查处出售淫秽音像制品案13起。

【行业协会】 6月29日，市文化行业协会第二届大会暨创建全国文化先进县（市）动员大会在影剧院隆重召开。大会增设了“娱乐演出业分会”和“印刷业分会”；对原组织机构进行换届选举，经过无记名投票、选举产生了新一届协会领导机构；大会向全体会员发出“践行社会主义荣辱观，构建文化行业新风尚”的倡议。会后，各分会贯彻大会精神，行业协会积极响应，会员自愿捐资5000元帮助何旭清同学圆了大学梦；捐资6400元解决了夏红因贫困而被挡在大学门外的困境；网吧协会实行了上网消费最低价，以保护行业的健康发展；印刷业协会开展人才集中招聘活动，把招聘来的专业人才根据单位需求进行合理分配；娱乐业协会建立了娱乐网站，加快了会员之间信息的传递。 （李湘柱）

【责任编辑　胡丽芬】

经济管理

·发展改革·

【概况】 全年完成投资17.73亿元，建成重点项目13个；向上级部门争取到用地指标159公顷，国债资金447万元；办理工业性投资项目（含外资项目）273个，占地面积303.6公顷，投资额62.65亿元，其中10个工业功能区项目86个，用地面积124.13公顷，投资额27.18亿元，占总投资额的43.4%；全社会固定资产投资114.8亿元，比上年增长15.5%。全年批复立项项目205个，用地245公顷，建筑面积176万平方米。全市完成“十一五”时期专项规划23个。

【新增2个省重点建设项目】 5月，浙江富阳口岸国际物流有限公司三期工程、杭州海正药用植物有限公司制济高技术项目被省发改委列入2006年省重点建设项目名单。浙江富阳口岸国际物流有限公司三期工程建设内容及规模为新建保税仓库、配送中心、集装箱堆场等16万平方米，形成年转关21万个标箱的能力，用地约20公顷，总投资约2.8亿元。杭州海正药用植物有限公司制济高技术项目，年产茶多酚100吨、201原料药40吨及成品药25亿支（片、粒），用地13.8公顷，总投资约4.2亿元。

【春南污水处理回用工程动工】 4月6日，2006年省重点工程项目——春南污水处理回用工程动工兴建。该工程承担大桥南路以西近80余家造纸企业的废水处理，以及春江街道12个村的生活污水处理，计划总投资5.16亿元，设计日处理污水能力25万吨，日回用水处理能力17.5万吨，回用率70%，将于2007年10月投运。

4月，春南污水处理工程获300万元的国债资金支持。至此，该工程已获得1100万元的国债资金支持。12月，春南污水处理回用工程获省循环经济发展专项资金18万元。

春南污水处理厂二沉池

【实施污泥焚烧工程】 9月，富阳八一城市污水处理厂和浙江板桥纸业有限公司依托浙江大学及国外先进技术，实施污泥焚烧工程。一期工程建设规模为日处理污泥1500吨，总投资2.6亿元，建设地址为八一村。该工程已列入省循环经济“991”行动计划。

【2家外商独资经营项目落户富阳】 2月，香港先进（集团）有限公司投资的杭州先进实业科技有限公司落户富阳开发区，该项目总投资4999万美元，占地13.45公顷，年产2万吨纺织助剂、2万吨新型柔软剂、8000吨聚酰胺树脂、3000吨食用色素。香港思图企业有限公司投资的思图环亚纺织（杭州）有限公司在东洲街道落户，该项目总投资900万美元，占地1.82公顷，新上服装生产线，生产各类出口纺织品。

【胥高线公路改建工程通过省交通厅审查】 2月，胥高线公路改建工程通过省交通厅审查。胥高线起点位于洞桥镇三溪口，经潘家、洞桥、万市、骆家、东山畈、洪家、彭家、唐家桥至界桥与临安相接，全长约19公里，连接杭徽高速公路、02省道、05省道、23省道。胥高线按照二级公路技术标准设计，设计时速60公里，沥青混凝土路面，路基宽12米，总投资1.39亿元。

【启动汽车南站工程项目建设】 12月，迁建的富阳市汽车客运南站工程项目动工兴建，总建筑面积3万平方米，总投资1亿元，建设地址为春江街道新中线以北、大桥南路以西区块，用地面积5.4公顷。

【国家（富阳）光纤光缆产业园联手浙江大学】 5月30日，浙江大学光及电磁波研究中心创始人、长江学者何赛麟教授与国家（富阳）光纤光缆产业园办公室正式签署了战略合作框架协议并召开校企见面会。战略合作框架协议的签订，逐步为富阳光纤光缆企业和电子生产企业提供普遍服务的公共科技研发和服务平台，把校企合作的科技成果扩展到中小企业中去，实现产业的集群效应。

【新颖电子有限公司获省重大科技攻关课题补助】 8月23日，杭州富阳新颖电子有限公司（杭州创元光电科技有限公司）通过省信息产业厅、发改委等部门会审，列入省先进制造业建设重大科技攻关课题（信息产业类）——半导体照明（LED）产业化技术开发专项，并获补助经费100万元。

【富阳燃气公司国有资产出让工作】 5月，开展以“广泛吸纳境内外社会资本参与，公用事业投资主体多元化改造，逐步建立政企、政资、政事分开”为内容的改革试点，富阳燃气公司50%国有资产出让给外商企业，转换职工身份。 （何郁芳）

·工商行政管理·

【概况】 全年新注册登记企业991家，变更登记1301家次，新成立个体工商户3438家。至年底，全市有民营企业6743家，国有集体企业1172家，个体工商户22012家，各类市场45家。

【“万村放心店”工程建设】 6月，按照《富阳市农村放心示范店管理办法》，开展放心示范店的规范管理工作。至年底，全市被命名为“放心示范店”的商店有620家，具备创建条件的行政村放心店创建率100%，10家放心示范店被评为优秀示范店，放心示范店的商品连锁配送率42%。12月，“万村放心店”工程建设受到省工商局的通报表扬。

【企业信用工程】 4月，市政府批转执行《富阳市企业信用信息收集管理办法》、《富阳市企业信用信息收集考核办法》、《富阳市企业信用信息交换目录》等文件，建立企业信用工程联席会议制度，推进富阳市企业信用信息平台的建设。企业信用信息征集部门从10个增加到22个，企业信用信息资料库已录入企业13000家，个体户20000余户，征集各类信用信息75000余条。深入开展“守合同、重信用”企业评比工作，认定52家单位为2005年度“守合同重信用”单位，其中AAA级企业11家，AA级企业13家，A级企业28家。

工商人员执法检查

办理各类展销会登记9期；格式合同备案60份；审查并办理企业动产抵押物登记151份，抵押物价值26.6亿元，被担保的主债权金额8.2亿元；办理抵押物注销登记110份。

【商标品牌工程】 年初，制订《富阳市商标品牌培育发展规划（2006～2010）》，明确“十一五”期间全市商标品牌建设的指导思想、总体目标和工作重点。全年接待商标注册咨询410余人次，受理商标注册105件，其中农产品注册商标25件，变更、转让18件，商标使用许可3件，续展10件，集体商标1件，国际注册1件。全年被认定杭州市著名商标4件，富阳市知名商标10件。至年底，全市有省著名商标19件，杭州市著名商标42件，富阳市知名商标58件。浙江金固汽车部件制造有限公司在美国、加拿大、澳大利亚和欧盟等国家、地区进行商标国外注册，提升企业国际市场竞争力。

【酒类备案登记全面铺开】 10月18日，市政府批转执行《富阳市贯彻实施商务部〈酒类流通管理办法〉的实施办法》，建立以工商为主，乡镇（街道）协助配合的工作机制。10月20日～11月20日，在全市5271家酒类批发、零售、餐饮、酒吧等企业全面实施酒类登记备案工作。至年底，有4558户经营企业（个体工商户）建立酒类流通备案制度，执行酒类经营的规范化操作。

【企业教育培训】 全年组织各类法律法规培训班8期，组织15家企业参加浙商大会，2名企业主参加浙江大学EMBA总裁研究班学习，8名企业主参加中国民营企业第四届峰会。

【整顿和规范市场经济秩序】 全年组织十一大类专项执法整治工作，办理各类案件1098起，案值3665.6万元，罚没款378.6万元，查处大要案160起，查处商标侵权案件192起，罚没款92.3万元，查处无照经营案件598起，罚款135.1万元。根据国务院部署，重点开展治理商业贿赂专项行动，立案查处案件16件，案值150万元，罚没款52.8万元，涉及的范围主要有：酒行以支付开瓶费、商场以收取进场费、电讯部门以网络公司支付物业管理公司手续费等方式进行商业贿赂等。

【服务新农村建设】 大力实施《富阳市种子留样备查试行办法》推进种子留样备查制度。至年底，有64家水稻种子经营户的150个品种进行索样备案封存。加强农资信用体系建设，执行市政府转发的《关于富阳市农资信用体系建设实施意见》，建立农资企业的生产经营诚信制度，规范农资企业的种子生产、采集、贮藏、销售等各个环节，开展农资企业信用监管评价和公示工作，宣传和表彰诚信守法企业，警示失信行为。深入开展“红盾护农”专项整治活动，重点开展以整治农资商品质量为主题的“春雷”行动，会同农业、质监等部门全面检查64家种子经营单位、214家农资经营单位的农资商品质量和落实“两账两票、一卡一书”等制度情况，并开展经营管理知识培训，及时通过媒体发布农资消费警示，进一步规范农资商品市场。深入开展品牌“富农”工程，推进农产品品牌建设，有5件农副产品商标被认定为富阳市“知名”商标。规范农产品生产，帮助企业制订农产品生产标准2个，培育、扶持农村专业合作社、行业协会等组织，促进农产品生产加工的规模经营，并做好农村经纪人培训工作，全市成立农村专业合作社40家，至年底，全市有农村专业合作社70家。

【消费维权】 至年底，全市25个乡镇（街道）均建立消费维权监督站，24个社区、611个行政村聘请监督员691名，企事业单位设立消费维权联络站51个，社会维权监督员845名。各网络单位共受理消费者投诉177件，咨询102起，调解107起，调处率100%，为消费者挽回损失101.58万元，发放宣传资料35000余份，发布消费警示4起。12月，市消协被省消协命名为消协组织规范化建设达标单位。12315举报投诉中心全年接听电话2546个，其中举报电话418个，投诉电话485个，咨询电话1643个，受理举报投诉903件，处理903件，涉及金额25万元，为消费者挽回损失23万元。1月，被评为“杭州市青少年消费维权岗”先进单位。

【网上年检和滚动验照】 进一步推进企业网上年检和

企业年检申报备案制工作，全市应检企业7510家，参检企业7193家（其中吊销企业175家，注销企业280家）参检率95.4%，申报备案制企业3338家。对22161户个体户实行滚动验照，验照率98.9%。

【广告市场整治】 4月，市政府下发《富阳市虚假违法广告专项整治工作方案》，成立由工商分局牵头，市委宣传部、公安局、监察局、纠风办、电信局、卫生局、文化广电新闻出版局、食品药品监督局、城管执法局等部门参加组成的整治虚假违法广告专项行动联席会议制度和虚假广告专家认定制度，形成打击虚假违法广告的综合治理机制。当月，部门联合执法检查媒体广告392条，发现涉嫌违法广告12条，发出责令整改通知书10分，罚款处理利用医疗机构、医生、患者的名义进行宣传的“绿立嘴嚼片”、“黄金视宝”、“蝎毒康”三则保健食品和药品广告。全年检查广告674条次，查处违法广告29起，罚款16.69万元。

（徐燕霞）

·审　计·

【概况】 全年计划安排项目55个，其中省市同步项目8个、经济责任审计15个、自定项目31个、政府交办1个。全年完成审计项目65个，完成计划的118%。发出审计报告42个、审计决定31个。查处收缴违纪违规金额716.83万元，核减工程造价3112.63万元，提出审计意见建议162条。

上报审计综合报告23个（领导批示8个），编发审计信息62期（69篇），被上级审计机关采用信息35篇，富阳市领导批示、市本级采用、《富阳日报》报道等信息40篇，在《浙江审计》等刊物发表文章4篇。在杭州市审计局组织的优秀审计项目评比中获得优秀审计项目4个。被杭州市审计局、杭州市内部审计协会评为内部审计指导工作二等奖。

【财政审计】 全年审计调查富春、春江、东洲、鹿山4个街道办事处2005年财政决算；审计市民政局2005年度财务收支、福利彩票公益金、三峡移民资金、水利建设专项资金等一些财政资金及市农业局、市人口和计划生育局、市统计局、市食品药品监督管理局、市司法局、市卫生局等部门预算执行情况。财政审计反映的主要问题有：财政预算管理不够规范，财政资金管理有待完善，政府偿债准备金未筹集到位，税收征管仍需加强，街道财政决算不实，债权债务未及时清理等。审计提出要严格执行《中华人民共和国预算法》，加强财政、税收管理，确保财政资金安全完整等方面审计意见和建议。

【行政事业单位审计】 重点审计或审计调查事关群众切身利益资金管理使用的事业单位。全年审计或审计调查公有住房维修物业管理基金、社会保障基金、农村新型合作医疗基金、药品医用耗材及医疗服务价格、卫生事业经费、城乡居民最低生活保障资金、基础教育经费、经济适用住房建设资金等内容。审计揭示：有的部门预算管理不够规范、个别单位财务核算管理比较薄弱、学校资金负债较重、医院集中采购药品耗材的招标价格虚高、药品售价的确定及医疗服务价格收费不够规范、社会保障资金存在资金营运管理不够规范等现象。审计提出健全内控制度，加强财务核算管理，控制债务规模，加强相关业务的控制管理，提高资金使用效益等意见建议。12月5日、12月31日在《富阳日报》上对公有住房维修物业管理基金、农村新型合作医疗基金的审计结果进行公告。杭州市副市长陈重华对医院执行药品、耗材及医疗服务价格审计中存在的问题作批示。医院多次召开整改会议，并完善内部管理制度；富阳市委、市政府主要领导对社保资金的审计作批示，要求整改落实审计中的的问题。

【固定资产投资审计】 1月13日，成立国家建设项目审计分局，公开招聘注册造价师等专业技术人员11名，制订内部规章制度，规范审计人员行为。4月，市政府出台《富阳市国家建设项目审计办法》，明确规定审计分局的工作职责、监督内容、监督程序及法律责任。审计揭示：项目超概算严重、招投标不规范、内控制度不健全、监督管理不到位、中介机构质量控制存在薄弱环节等问题。审计分析研究工程项目建设中产生问题的主客观原因，提出重视建设项目前期各项项目准备工作，建立健全内部控制制度，规范工程财务核算管理等意见建议。

【领导干部经济责任审计】 全年完成15位领导干部经济责任审计。审计总金额1.36亿元，查出管理不规范和违规资金2177.48万元。反映的主要问题有：债权债务长期不清理、负债数额较大、白条抵库、工程核算管理不规范、漏缴税收、违规收费、虚列教育支出等。6月上旬，派出4个督查组，由局班子成员带队，采取被审计单位自查、检查组全面检查的方式，审计回访督查19个乡镇(街道)、部门领导干部任期经济责任审计存在问题的落实整改情况，及时向市委、市政府报告督查结果。市长戚哮虎、常务副市长汤金华作批示，监察局、审计局、财政局三部门联合发文，要求有关单位彻底整改。7月12日，富阳市政府组织召开“全市领导干部任期经济责任审计单位违规问题整改情况通报会”，通报有关单位违规问题整改落实情况，分析管理上、体制上等方面存在的原因，并明确落实进一步整改的责任和要求，富阳市委常委、副市长汤金华，市委常委、组织部长王炅分别提出具体要求，未整改到位的单位负责人作表态发言。通过整改督查，各单位基本上纠正违纪违规问题。

【政府交办事项】 根据市政府交办，审计富阳市岩石岭水库管理处。审计查明：重点水利工程（总干渠加固及大坝除险加固项目）建设程序和资金管理使用不够规范，财务收支不够真实，未落实社会保障政策，欠缴各类社保资金250.95万元，资产和部分债务反映不够真实，违规集资等问题。市委书记佟桂莉、市长戚哮虎、副市长汤金华等分别在《审计信息》、《审计报告》上作批示。配合纪检、监察部门查清某单位的账外资金收支情况；6月，审计署上海特派办审计富阳住房公积金管理使用情况，市审计局较好地完成协助、协调工作。

【内部审计指导工作】 全年组织内审人员参加省、杭州市内审协会举办的培训班118人次。12月13日，富阳市内部审计协会成立，选举理事57人、常务理事20人、正副会长4人、秘书长1人。组织开展内部审计理论研究活动，论文《从受托管理责任视角浅析内部审计与公司治理的关系》获得中国内审协会优胜奖、浙江省内审协会一等奖，论文《如何发挥内部审计在控制工程成本中的作用》获得杭州市内审协会一等奖，市建设局内审组对市城建档案馆2004年1月至2005年6月期间单位财务财务情况及预算执行情况审计项目获杭州市内部审计优秀项目。 （董正法）

·统　计·

【列全国百强县（市）第30位】 9月30日，国家统计局发布2005年度全国百强县（市）测评结果，富阳市排名第30位，比2004年后移1位，在浙江省30个百强县（市）中排名第13，同上年位次不变。测评的社会经济综合发展指数为75.050，比上年提高3.661，其中发展水平、发展活力、发展潜力指数分别为78.103、81.180、57.323，与上年相比分别提高3.612、3.5022、3.8699。

【4镇列全省百强乡镇】 国家统计局浙江调查总队根据2005年全省1251个乡（镇）上报的年报统计数据，从乡（镇）的资源环境、基础设施、经济规模、产业结构、经济发展水平、生产效益、文化卫生教育科技、

社会福利等八大方面，通过定性和定量相结合的方法，在测定经济社会综合发展指数的基础上，6月30日浙江省调查总队公布2005年浙江省最发达100个乡（镇），富阳市高桥、受降、大源、新登等4个镇分别以34位、63位、84位、96位进入乡（镇）经济社会发展全省百强之列，其中新登镇首次列入。

【统计基础】 6月中旬，接受国家统计局开展的基层基础建设百县调研活动，调研组对富阳市统计基础工作给予高度肯定，调研报告被国家统计局采用。7月26～28日，全省首次基层统计基础建设现场交流会在富阳召开，会上印发市统计局《夯实基础，规范行为，提高质量开展统计基础建设年活动做法》一文，播放富阳市统计基础建设纪实的演示和录像。嘉兴、丽水、温州等40多个省内地市县的统计局到富阳学习交流。9月23～24日，在吉林省长春市召开的全国首次统计基础建设经验交流会上，市统计局在浙江省受表彰的三家统计局中名列榜首，被授予“全国基层统计基础建设先进单位”称号。

【统计法制】 加大查处统计违法行为，全年稽查企事业单位124家，立案查处统计违法案件42件。统计法制工作列杭州市七县（市、区）第二名。深入开展统计法制宣传教育活动，大力宣传《全国农业普查条例》和新修改的《统计法实施细则》。启动“五五”统计普法工作，下发《富阳市统计法制宣传教育第五个五年规划》，组织全市1800余人参加统计法律法规及业务知识培训、230余人参加统计上岗培训。

【统计服务】 全年编印《统计简报》52期，被采用统计信息和文章640篇，其中本市采用97篇，杭州市级390篇，省级143篇，国家级10篇，被领导批示6件次。有2篇统计分析和学术交流文章被杭州市评为三等奖。精心编印《统计公报》、《统计月报》和《富阳概览》，及时为党政机关和“两会”服务。在杭州市统计系统年度目标管理考核中获得先进单位，连续四年获得杭州市目标管理考核先进单位。

【统计改革】 以开展“视统计信誉为生命”主题实践活动为契机，制定了统计工作考核奖惩、统计台账、统计数据采集、抽样调查和访查、数据质量查询和订正、资料管理及信息发布、统计资料交接管理、网上直报、统计数据信用跟踪等十多项制度。积极推进网上直报，在规模以上工业、贸易、住宿餐饮、劳动工资、能源、投资、建筑业、企业景气、服务业、房地产、工业品及房地产价格等4034家企业中实行网上直报，网上直报率达98%以上。首次在全市和各乡镇（街道）使用服务业统计调查网络调查的数据，富阳市服务业统计考核在杭州市名列第三。开展了5‰全国人口抽样调查和劳动力抽样调查、城乡划分、全国群众安全感调查和“平安浙江”抽样调查、科技、妇女儿童、现代化小康目标等监测工作。1%全国人口抽样调查获得全国先进。

【农业普查】 根据国务院和省政府关于开展第二次全国农业普查的通知要求，富阳市农普办和各乡镇（街道）经组织发动、机构组建、前期调研、综合试点、选调骨干、业务培训、划区绘图、清查摸底、宣传月活动、现场登记等各项工作，至年底，完成14.3万户农村住户的现场入户登记工作。

【编印《富阳统计年鉴（2006）》】 8月，改版印发16

开精装本《富阳统计年鉴（2006）》1500册。该书包括综合，人口、劳动力，农业，工业，交通、邮电、供电，固定资产投资、城建、环保，商业、开放型经济、旅游，财政、金融、保险，科技、教育、文化、卫生、体育、民政，人民生活，统计分析、媒体报道，企业名片和附录，收录2005年富阳市经济与社会发展统计数据以及杭州市7县（市、区）、省内部分经济强市的主要经济指标。（蔡丹青）

·价格管理·

【概况】 全年开展医疗收费、教育收费、涉农价格与收费、公用事业价格、成品油价格、房地产价格等专项检查，注重节日市场价格检查，加强明码标价督查，开展价格投诉受理和查处工作。全年查处各类价格违法案件23起，经济制裁总额233.9万元，其中退还消费者197万元，没收非法所得33.93万元，罚款10.04万元。

【召开中介服务价格政策告诫会】 11月，市发展和改革局召开中介服务价格政策告诫会，对全市中介服务行业在价格政策执行方面存在的问题进行告诫。会议要求各中介服务机构在经营场所或交纳费用地点设立公示栏、牌等，公示收费项目、标准；中介服务机构依法从事中介活动必须遵循自愿、公平、公开、诚实守信、利益均衡、互相协商的原则；实施中介服务收费必须与用户签订服务协议，为委托人提供真实、准确的信息，并严格按协议规定内容提供优质高效服务，不得只收费不服务或减少服务内容；不得自立收费项目，擅自提高收费标准，扩大收费范围，增加收费频次，超越收费时限收费；收费时，必须使用合法票据，票据内容必须详细。

【开展涉农价格和收费专项检查】 全年检查化肥生产、经营企业执行化肥价格政策的情况；所有涉及农民生产、生活的行政事业性收费和相关的经营服务收费；涉农价格和收费政策公示制度落实情况。并对农机监理、畜牧、农村用水、用电、农村中小学、农村有线电视、计划生育、农民外出或进城务工以及农民建房、农村殡葬等收费情况进行检查。

【取消67项行政性事业收费】 11月20日，市物价部门取消涉及公安局、教育局、卫生局、交通局等25个部门的私房租赁治安管理费、水上交通事故调解费、中小学信息技术等级考试费、婚前健康体检费、执业护士资格考试费、强制性鉴定的文物鉴定费、公证管理费等67项内容的行政事业性收费。禁止将取消的行政事业性收费项目转为经营服务性收费项目或其他形式变相继续收取，对违反规定者，依法严肃处理。

（何郁芳）

·质量技术监督·

【概况】 6月18日，根据市编委《关于调整市质量技术监督局所属技术机构设置的批复》（富编〔2006〕28号）精神，撤销原市度量衡管理所及所属各管理站，15名职工通过考试考核招入富阳市质计量监测中心，其余9名依法解除劳动合同关系。全年受理投诉（举报）电话545件，调解处理为消费者挽回经济损失53万元。承办市长公开电话受理中心交办事项22件，办结率、满意率100%。

【标准化监督与管理】 全年通过

采用国际标准确认企业4家产品9个；为12家企业提供ISO 9000认证咨询服务，全部通过现场审核取得认证证书；指导8家企业取得AA级标准化良好行为证书，2家企业取得AAA级标准化良好行为证书。浙江三方集团等7家企业获准主持或参与起草制（修）订国家标准3个、行业标准20个。全年完成产品标准备案登记企业110家产品180个。修订"鹳山"牌、"春江"蜜梨及相关栽培技术农业规范2个，《无公害黄桃系列标准》列入杭州市农业标准化建设项目，获得补助经费2万元。

【计量监督与管理】 全年办理制造计量器具许可4项，企业计量标准器核准10项，计量检定人员资格考核发证19项，检定计量器具12173台（件）。指导6家企业取得三级计量检测体系合格证书，1家企业取得二级计量检测体系合格证书。加强民用"四表"（水表、电能表、煤气、蒸汽流量表）计量管理工作，6月，与经贸局联合制定出台《富阳市结算用热能计量管理暂行办法》，与建设局、供电局联合制定出台《富阳市新装民用水表、电能表、煤气表强制检定管理规定》。开展能源计量工作，调查全市综合能耗标煤5千吨以上企业69家，11月，召集市内9家重点用能单位召开能源计量工作会议，与企业签订《共同推进节能降耗增效计量责任书》，与会9家企业向全市企业发出《加强能源计量促进节能降耗倡议书》。

执法检查

【产品质量监督与管理】 全年有16家企业生产的16个产品取得工业产品生产许可证，17家企业生产的17个食品取得食品生产许可证，1家企业生产的1个产品通过3C认证。完成工业产品定期监督检验项目省级4项、产品169批次，杭州市级3项、产品92批次；日常监督执法抽查项目12项、产（商）品150批次。处理质量不合格企业226家。加强食品生产企业质量监管工作，在饮用水、食用植物油和炒货三个行业召开质量管理现场会，制定相关行业质量安全考核标准在企业推广实施。全年巡查食品企业375家次，发出整改通知书120份。

【创名牌工程】 1月，召集80家企业分层次召开3次名牌培育工作座谈会；3月，全市召开品牌建设表彰动员大会；12月，市政府出台《富阳市质量奖评审管理办法》，修订完善《关于加快推进品牌战略的若干意见》。年底，被认定为中国名牌产品1个、浙江名牌产品8个、杭州名牌产品11个、富阳名牌产品11个，国家免检产品8个。

【特种设备安全管理】 全年新登记锅炉155台、压力容器58台、电梯121台、起重机械344台，新增设备发证率100%。检验锅炉678台、压力容器479台、电梯469台、起重机械950台、厂内机动车辆409台、游乐设施20台。至年底，全市注册特种设备数：锅炉1355台、压力容器1234台（不包括烘缸）、电梯517台、起重机械1966台、厂内机动车辆527台、大型游乐设施20台。全年举办特种设备作业人员培训班11期，考核发证1433人；办理"小型锅炉房设计建造方案核准"行政许可51项、各类特种设备安装、维修改造项目告知267项；处罚违法使用特种设备案件2起，发出监察整改意见书313份，责令停用设备60台。6月，市政府批转《富阳市造纸铸铁烘缸普查整治工作方案》，全面启动对造纸企业烘缸设备的整治工作，查明：全市造纸企业359家、纸机446条、烘缸4761台。对超过使用周期、资料不全和有安全隐患的烘缸进行检验整改，至年底，完成105家造纸企业的1104台烘缸检验，报废处理不合格烘缸21台。

【整顿规范市场经济秩序】 重点整治食品、建材等重要产品及与人民群众生活密切相关的日常用品质量。全年出动执法检查1350人次，检查企业2200家，查处各类违法行为222件，立案116件，其中大案27件，端掉制假窝点1个。查获假冒伪劣产（商）品案值130万元，罚没款上缴86万元。8月9日，稽查人员查获富春街道天鹰冷冻食品经营部销售无“QS”标志白糖棒冰468箱，经查证，生产厂家金华市婺城区金岩冷冻食品厂和永胜饮料厂均未取得食品生产许可证，经检测，其中永胜饮料厂生产的300箱棒冰为不合格产品。根据《中华人民共和国工业产品生产许可证管理条例》和《中华人民共和国产品质量法》规定，没收不合格白糖棒冰300箱，处罚款7984元，没收违法所得516元。

【统一代码标识和商品条形码】 全年代码换、发证单位2383家，年检1200家，发放代码证电子副本IC卡2400张，办理电子口岸代码审核确认表115家。新办理商品条码企业14家，复审42家。（周金礼）

·食品药品监督·

【概况】 全年受理新开药品零售企业61家，新批药品零售企业57家，变更换证59家。至年底，全市有零售药店190家，药品批发企业3家，零售连锁企业2家，批发连锁门店51家、单体药店60家；市区医保定点药店15家；药品生产企业10家，医疗机构制剂生产1家。

全市有医疗器械经营企业18家，受理开办医疗器械经营企业10家，新开办1家，办理变更7家；全市有医疗器械生产企业20家，其中Ⅰ类6家，Ⅱ类7家，Ⅲ类7家；受理富阳市精锐医疗器械有限公司、杭州爱普医疗器械有限公司新开办医疗器械生产企业2家。9月，富阳市科新生物化学有限公司注销1家；受理申请新开办隐形眼镜经营企业12家，检查验收9家。

全市有医疗单位471家，其中市级医疗单位7家，建制乡镇卫生院22家，非建制乡镇卫生院16家，门诊部8家，村卫生室、个体诊所、厂矿学校医务室418家。

【药品生产监管】 药品生产企业GMP认证后的跟踪检查4家，进行现场监督检查27家次，专项检查8次，受理投诉2起，立案查处案件4起，行政警告1起，罚款3起、16.5万元。出动执法人员104人次。药品生产企业抽样8批次，合格率100%。

【药品流通监管】 在全市药品批发企业，零售连锁企业，批发连锁门店，单体药店实行量化管理、信用体系建设。对上年实行分级管理的74家单位重新复评定级，评出AAA级1家、AA级药品零售企业26家、A级药品零售企业34家、B级药品零售企业11家，注销2家。药品零售企业GSP跟踪、专项检查14家，涉及企业120余家次，检查覆盖率130%。受行政处罚药品经营企业2家。

【医疗器械监管】 全市医疗器械重点产品进行监控7家，并每季现场检查1次。5～10月，专项整治药品医疗器械和橡胶避孕套产品市场。检查单位125家，其中药品零售企业50家，计生用品店65家，宾馆、饭店10家，出动执法人员294人次。查获假避孕套17盒，责令整改8家。6月，组织医疗器械重点产品生产企业专项检查1次。9月，专项整治医疗器械生产、经营企业21次，出动车辆21辆次、执法人员81人次。

【药品市场稽查】 全年受理各类投诉43起，其中结案41起，未结案2起。现场监督检查医疗单位471家。出动执法车辆590余辆次、执法人员1781人次，检查药械生产、经营单位801家次，检查集贸市场摊位和超市625个，检查中药饮片、中药材13.5万公斤。查处各类违法案件37起，罚款10余万元，没收各种药品药械货值金额10余万元。全年销毁假劣中西药品20余万元。

【药品抽验检查】 根据省、市食品药品监督管理局药品抽检计划，在全市10家药品生产企业、190家药品经营企业、1家医疗机构制剂生产单位、471家医疗机构的药品监督抽验，全年监督抽样检验药品82批次，不合格品26件，不合格率31.71%。

【食品安全综合监管】 完善食品安全综合监管机制制订《富阳市重大食品安全事故应急预案》、《2006年富阳市食品放心工程工作计划》、《富阳市食品安全责任制和责任追究实施办法》、《富阳市食品安全专项整治工作方案》、《富阳市查处取缔无证食品生产经营实施意见》、《富阳市举报食品领域违法犯罪有功人员奖励办法》、《富阳市乡镇街道食品安全目标考核评分实施办法》、《富阳市食品安全信用体系建设试点推广工作方案》等规范性文件。

食品药品工作会议 4月6日，召开全市食品药品工作会议，涉及食品药品生产经营企业的与会领导200余人。在会上与25个乡镇街道、7个职能部门签订食品安全责任书。

健全网络 全市建立乡镇、街道消费维权监督站25个，商场超市监督联络员11个，专业市场监督联络站14个，旅游景区联络站8个，611个行政村、23个社区聘请消费维权联络员691名。

综合评价 年初，食安委对食品各职能部门确定检测计划、目标、任务并分解，要求质监局、卫生局、工商局、农业每月检测重点品种、重点领域、重点市场，检测结果每月公布在《〈富阳日报〉消费警示栏》上。11月，杭州市局对质监局、卫生局、工商局、农业局职能部门食品检测情况开展综合评价工作。

专项整治 在节日期间，对全市主要商场、超市、农贸市场、食品生产加工企业进行“瘦肉精”、“劣质奶粉”、“建筑工地食堂”、“饮用水”、“红心蛋”、“多宝鱼”、“城乡结合部食品卫生”等专项整治。2006年，未发生一例重大食品安全事故。

【药品广告监测】 全年开展药品零售企业店堂广告整治、电视台药品广告实时监测350起，发出药品广告行政告诫书3起，向工商行政管理局移送药品违法违规广告函9起。

【食品安全专项执法检查】 12月，市食安办抽样检测城东农贸市场、新登农贸市场、大源商贸中心的食品重点品种，经国家农业部农产品质量监督检验测试中心（杭州）检测显示：大米、小麦粉、肉类、蔬菜、水果、水产品、酱油、食醋、食用油、豆制品等10类食品抽取的19种共48批次产品中检测的95个项目中，86个项目检测为合格，7个产品中9个检测项目为不合格。

【特殊药品监管】 7月28日，召开全市特殊药品监管工作会议，全面检查辖区内1家特殊药品经营企业，7家特殊药品使用单位，配合公安部门专项检查易制毒化学品。全年未发生特殊药品流失、盗窃等事件。完成二类精神药品经营资格认定工作。全市原有二类精神药品经营企业5家，根据企业申请，经资料审查和现场检查，安康市医药公司城区批发部等4家批发企业、安康长寿医药连锁有限公司等6家零售企业重新取得经营资格认定书。6月26日，

2006年查获20余万元假劣药品

世界禁毒日在富阳时代广场、各大乡镇所在地举行禁毒宣传咨询活动。发放禁毒宣传册等资料2.8万余册，接待群众3万余人次。

【药品不良反应监测网络】 在全市的医院、药厂、药店35家单位，建立药品不良反应监测网络负责人、联络员，并对药品不良反应监测网络负责人、联络员进行（ADR）培训，学习《药品不良反应报告和监测管理办法》，现场演示药品不良反应电子报告系统的操作方法，全年有13家医疗卫生单位上报药品不良反应158例。

【培训与宣传】 2006年，举办安全用药大型宣传活动3次，在“3·15”国际消费者权日，参加消协组织的“环境与消费”主题年活动。

5月20日开始历经三个月，参加市科协组织的科普宣传活动。开展进企业、进社区、进农村、进校园，向群众普及饮食用药安全知识，向企业普及法律知识；9月，牵头组织工商局、农业局、卫生局、质监局、建设局等部门开展诚信兴商、加强食品药品安全大型宣传活动。在各类宣传活动中，共展示图片40余块，假劣药品实物36个品种，发放宣传资料20000余册。并通过“二台一报”等新闻媒体进行报道，发布有关食品药品安全信息40余篇，编写《食品安全信息》10期，《药品监管信息》9期。 （洪正元　张水平）

·安全生产监督管理·

【概况】 2006年，全市发生各类安全生产事故354起，死亡125人，直接经济损失508.1万元，与上年同期相比，事故起数下降7.1%，死亡人数下降10.7%，直接经济损失下降21.6%。其中，工矿商贸企业发生死亡事故15起，死亡15人，直接经济损失348.9万元，与上年同期相比，事故起数、死亡人数持平，直接经济损失下降1.1%；火灾事故9起，无人员伤亡，直接经济损失37.9万元，与上年同期相比，事故起数下降55.0%，死亡人数减少3人，直接经济损失上升16.9%；道路交通事故330起，死亡110人，直接经济损失121.3万元，与上年同期相比，事故起数、死亡人数、直接经济损失分别下降4.6%、9.8%和53.8%；水上交通实现平安无事故。

【“全国安全生产月”活动】 围绕“安全发展，国泰民安”的主题，市安监局与市老干部局联合举办“安全杯”老干部门球赛，与团市委联合举办安全生产巡回演讲；6月11日，市安委办组织质监、交警、消防、海事等11家单位在时代广场举办安全生产宣传咨询日活动，接待咨询市民近千名，展出图板47块，发出宣传资料15000余份；市安委办联合浙江移动富阳分公司向全市市民发送“安全发展，国泰民安，今年6月是第五个全国安全生产月”等宣传短信；组织全市干部群众参加省安监局举办的“泰鸽杯”安全生产法律法规知识竞赛，全市有2949人次参加；6月12日，《富阳日报》专版刊登市四副班子领导安全生产题字，开辟《安全生产月》专栏，报道矿山、造纸企业整治情况；市广播电视台新闻观察栏目制作安全生产专题节目；市教育局在富阳电视台播出专题片《学生自护自救》的新闻观察，组织征集关于学生安全自护自救的图板40余块，在全市学校、社区进行展览；市总工会在“百场电影下企业”活动中，用幻灯片播映安全知识；市安监局、交警大队、消防大队、建设局、质监局等有关部门和乡镇（街道）组织开展危险化学品、造纸、矿山等一系列安全检查。

【宣传教育】 全年培训行政村负责人1期35人；培训非煤矿山主要负责人、安全生产管理人员、从业人员466人；培训危险化学品经营单位主要负责人、安全生产管理人员277人；培训烟花爆竹从业人员60人；培训电工、焊工特种作业人员25期731人；培训爆破作业人员2期800人；培训司炉工2期238人，压力容器操作工1期60人，起重机械操作工4期688人，厂内机动车3期420人，特种设备管理人员1期27人；港航处组织培训2期135人；运管所组织培训危险品驾驶员、押运员3期179人，培训公路施工企业管理人员15人；培训考核建筑施工企业主要管理人员、项目经理、安全管理人员，全市建筑行业“三类人员”取证1200人；其他单位主要负责人和安全生产管理人员1745人，员工23359人。

【专项整治】 造纸企业专项整治　市政府印发《关于

对全市造纸行业实施安全生产信用程度评估分级管理的通知》，市安监局制定《富阳市造纸企业安全生产信用程度评估评分细则》，市安监局、市财政局联合制定《富阳市造纸企业安全生产风险抵押金管理办法》。通过宣传发动、自查整改、评估定级三个阶段，历时4个月，全市评估造纸厂349家，其中59家被评定为甲级，290家被评定为乙级，实行分级管理。

道路安全设施专项整治　年初，安监、交通路政、公安交警、农机监理联合开展道路交通安全隐患大排查，排查出安全隐患点段25处和临水临崖路段4处，其中有2处被确定为省级事故黑点（即320国道受降段和过境公路段）。组织富春街道、受降镇政府和公安交警、交通、供电等部门在320国道野生动物园和受降镇政府路口安装红绿灯和减速带，开启夜间照明路灯；对过境公路段危险道口安装警示灯、减速带，路政部门修剪道路中间绿化带树木；公安交警加强路段巡查和测速管理。修改或扩建23省道大青段和桂花西路、花坞桥、花坞路等公路标志标线等设施，在23省道大青段改建中，将原有116个道口封闭60多个。市政府拨出专款350万元，全部投入到道路交通标志标线设施建设和临崖、临水高落差路段整改完善工程中。全市在主要危险路口、路段安装爆闪警示灯98只、减速带1000余米；新安装红绿灯9盏；在全市128所学校周边路段设立各种警示标志188块，临崖、临水路段也正实施整治之中。

消防安全专项整治　集中开展重大火灾隐患排查整治工作，查出重大火灾隐患单位21家，其中杭州市级重大火灾隐患2家，富阳市2家，以防火委名义进行通报。通过签订重大火灾隐患整改责任书、挂牌、专项检查等形式，督促整改火灾隐患。至年底，4家挂牌重大火灾隐患单位整改完毕。根据上级统一布置，开展“多合一”建筑、学校、公共聚集场所、消防产品、消防自动设施、创文明城市等专项整治，同时，针对富阳实际情况，消防大队还对全市的化学品企业、化纤企业、旅馆等进行专项整治。5月31日，召开“多合一”专项整治工作会议，市政府成立专项整治工作领导小组，专题布置整治工作方案，以乡镇、街道为主体，派出所整治为主，消防大队为业务指导，全面开展“多合一”排查整治工作。至年底，全市排查单位107家，收回“‘多合一’建筑排查登记表”36份，

6月11日，安全生产宣传咨询日活动

由乡镇街道领导和派出所检查人员共同签名，集中进行整治，同时成立由公安局、国土局、建设局、工商局、安监局等5部门联合组成督查组，分阶段进行督查，成效明显，到年底，全市“多合一”建筑基本整改完毕。

危险化学品专项整治 规范全市危险化学品的生产经营秩序。经排查，华润燃气公司液化石油气储罐站、市农业机械化工有限公司乙醇生产线因与市实验小学虎山校区紧邻，成为重大事故隐患单位，市政府要求对上述两单位实施搬迁或关闭。至年底，拆除市农机化工有限公司乙醇生产线，华润燃气公司液化气储罐站因土地等政策问题，未能按要求时间搬迁，市政府责令华润燃气公司加强监管，采取有效措施，确保万无一失。

矿山安全专项整治 在矿山企业中推广应用深孔爆破开采技术，9月底，全市128家露天矿山企业有只14家矿山企业推行该技术。10月17日，召开中深孔爆破技术现场会，研究部署露天矿山推广应用中深孔爆破技术，分解落实推广任务，按照中深孔爆破技术方案要求，60%的露天矿山在今年年底之前实行中深孔爆破，力争到2007年底在露天矿山中全面实行中深孔爆破。同时加大对违章开采的整治力度，对因违章扩壶爆破、掏底崩落开采，导致1人死亡的富阳市新登沈家轧石厂依法由市政府予以关闭。

烟花爆竹专项整治 查处非法贩运、销售烟花爆竹违法行为8起，查封（扣押）非法烟花爆竹1400余件，价值30余万元，公安部门立案查处案件2起。按照《烟花爆竹安全管理条例》的规定，日常安全监督管理3家烟花爆竹生产企业、1家批发公司，472家零售经营点。责令富阳三合引线厂停产整顿。

建筑施工专项整治 市建设局开展“文明施工年”活动，提出以“道德为支撑，诚信为基础，安全为保证，质量为根本，和谐为动力”的活动主题。检查建筑工地80个，发出整改通知书60份，停工通知书3份。通过“文明施工年”活动，全市有20项工程被评为“富阳市文明工地”。

学生乘车安全专项整治 针对接送车“超载”、接送车“不守时”等问题，市教育局、公安局、交通局、安监局等部门通过明查、暗访，加大处罚力度，严格学生接送车准入制度，悬挂专用标志等方式和措施进行整治。同时，市政府又制定出台《幼儿接送工作细则》，保障学生乘车安全。

【安全生产行政许可制度】 至年底，全市有13家危化品生产企业取得《危险化学品定点生产批准书》，其中10家企业取得“危险化学品安全生产许可证”，188家农药经营点取得“危险化学品经营许可证”，40家柴油经营点基本完成“危险化学品经营许可证”材料整理工作；58家重大危险源和9家易制毒化学品生产、经营企业开展备案登记工作。全市有144家矿山企业取得“矿山企业安全生产许可证”，提请市政府关闭14家未取得安全生产许可证的矿山企业。472家烟花爆竹零售经营点取得“烟花爆竹零售经营许可证”，2家烟花爆竹生产企业取得“安全生产许可证”，1家烟花爆竹批发公司取得“烟花爆竹批发经营许可证”。67家建筑施工企业取得“建筑施工企业安全生产许可证”。

【完善安全生产应急救援体系】 2006年，市政府相继公布《富阳市突发性地质灾害预案》、《富阳市建筑工地重大质量安全事故预案》、《富阳市密集人群拥挤事故处理应急预案》、《富阳市突发环境污染和生态破坏事故应急预案》、《富阳市重特大交通事故应急预案》、《富阳市危险化学品事故应急救援预案》、《富阳市重特大安全事故应急救援预案》、《富阳市矿山事故应急救援预案》、《富阳市重特大水上交通事故应急预案》、《富阳市电网突发事件应急处理预案》、《富阳市旅游突发公共事件应急救援预案》、《富阳市建筑施工突发事件应急预案》等12个专项预案。

同时有关部门根据预案的要求，开展应急演练。6月18日，市安委会、旅游局、交通局、公安局、卫生局、安监局、富春桃源景区等部门和单位在富春桃源景区岩石岭湖组织开展旅游景区水上救生演习；市建设局针对燃气爆炸、下井作业人员突遭毒气、自来水管网断裂三种情况，开展事故演练；杭州野生动物世界开展游客、车辆爆满情况的应急预案演练；杭州富阳宾馆和富阳伊甸假日酒店分别组织开展火灾扑救演练；杭州龙门古镇旅游开发有限公司开展游客发生中暑等意外情况应急演练。 （夏仁松　陈初强）

【责任编辑　雷　君】

教　育

·综　述·

【概况】　全市各类学校（园）259所。其中：幼儿园164所，小学41所，初级中学20所，九年一贯制学校8所，普通高级中学9所，中等职业学校（机构）9所。另有特殊教育学校2所。在校学生约11.7万人，其中：在园幼儿约1.8万人，小学生约4.9万人，初中学生约2.5万人，普通高中学生约1.38万人，中等职业学校学生约1万人，盲、聋哑学生272人。全市教职工约0.8万人，专任教师约0.6万人。

省示范幼儿园4所、杭州市示范幼儿园22所；省示范学校12所，其中小学6所、初中6所；杭州市示范学校挂牌23所，其中小学12所、初中11所；杭州市示范学校认定15所，其中小学6所、初中9所；省一级重点普通高中3所、省三级重点普通高中2所，国家级重点职高1所、省三级重点职高1所。

学前三年幼儿入园率98.02%。九年义务教育入学率、巩固率以及“三残”适龄儿童少年入学率均保持100%。初中学生95.61%升入高中，普通高中与职业高中（含中专、技校）的招生比例为1:1。

高考成绩再创新高。报考普通高校上投档分数线4057人，上线率88%，录取3878人，录取率95.6%；上重点线人数、上本科线人数和上线总人数的万人比继续名列杭州地区七县（市、区）前茅；第一批上线674人，比2005年净增23人；8名考生跻身全省前100名，分别被北大、清华等名校录取。空军招飞行员，富阳4人被录取。

地方高等教育初具雏形，成人教育健康发展，初步构建成终身化成人文化教育体系。以社区学院为龙头的区域性社区教育中心、乡镇（街道）社区学校、行政村（社区）村民（市民）学校四级社区教育培训网络基本形成，实施“千万农村劳动力素质培训”工程，农民“双证制”教育（高中学历教育和实用技术教育）在杭州地区领先。推进农民素质培训基地建设，加强乡镇成校建设，为新农村建设服务。至年底，有省示范性成校4所、杭州市示范性成校3所，省三级成校18所，杭州市级农民素质培训示范基地4个、富阳市级农民素质培训示范基地10个。全市农村富余劳动力培训3000人、农村后备劳动力培训3000人、“双证制”教育在学人数约1000人，10万余人参加了农民素质提升的培训。

教育创强工作有新进展。渌渚镇、永昌镇分别通过杭州市学前教育先进和达标乡镇的评估验收。

深入实施新课程实验，继续深化教育教学改革，推进素质教育，促进学生全面发展。以班主任队伍建设为突破口，以德育导师制为抓手，开展社会主义荣辱观教育活动，进一步强化学生的法制教育和日常行为规范养成教育。加强对学生心理健康教育和指导，指导家庭教育。

举行教育系统第七轮师德教育专题培训，打造敬业爱岗的教师群像。在全市学校中继续开展“人民满意学校评选”活动。进一步规范收费管理，落实收费公示制度，加大对收费问题举报的处理力度。进一步健全党风廉政建设监督机制，规范学校干部和教师的从政从教行为，完善学校教育设备的政府采购工作。

是年，市财政拨款预算内教育经费5.0862亿元，占财政总支出的31.01%。继续加大对经济欠发达乡镇

教育的扶持力度，继续鼓励和扶持社会力量办学。实施家庭困难学生教育资助和农村中小学爱心营养餐制度，全市6062人次享受“教育券”资助，总金额387万元；2157人次享受“爱心营养餐”，总金额21.57万元。协助新闻媒体开展“阳光助学”行动，与市慈善总会、侨办和企业联系、沟通，帮助350余名当年考取大学的经济困难学生获得经费资助，为所有需要贷款的家庭提供咨询帮助。与市委宣传部、市人民教育基金会共同举办“爱心送温暖”活动。为蒋敏德立功德碑，褒奖他捐资1300余万元关心家乡教育事业、造福桑梓的义举，唤起更多的社会热心人士支持教育事业、关心贫困学生。新建民工子弟学校1所，全市接纳、安置6400余名外来务工人员子女入学。6所新建、迁建、搬迁的学校于秋季如期开学，新增13所标准化学校。

【《富阳市教育事业“十一五”发展规划》制定完成】 3月24日，市教育局制定的《富阳市教育事业“十一五”发展规划》下发。规划到“十一五”末期，富阳市将高标准、高质量普及从学前教育、义务教育到高中教育的十五年教育，积极发展职业教育、社区教育和地方高等教育，基本完成人才培养结构、各类教育比例结构和学校布局结构的战略性调整。到2010年率先基本实现教育现代化，建立起适应全民学习、终身学习的学习型社会，满足人民群众接受优质教育的需求，使富阳教育的整体水平和综合实力继续保持全省领先、杭州前列，达到中等发达国家水平。

【全市城乡义务教育免收杂费】 2月7日，市政府发出通知，就实施义务教育阶段免收杂费工作进行部署。2006年春季始，富阳市在全省提前实行城乡义务教育免杂费(含信息技术费)，实施对象为义务教育段的所有学生(包括外来务工人员子女)，义务教育段民办学校与公办学校同步同标准实行免费，具体标准为初中每生每学期130元，小学每生每学期100元。全市受益学生149556人次，1647.8万元资金由省、市两级财政全额转移支付。

【为贫困住校生“送温暖”】 12月上旬，市委宣传部、市教育局、市人民教育基金会联合开展“春风行动”助学活动，为全市1731名贫困住校生送去1731条新被。这一活动受到省委教育工委书记、省教育厅厅长刘希平的高度评价，他在省教育厅12月8日的《信息专报》刊物上作如下批示：“富阳的做法很好。望在面上通报一下富阳的做法，要求各地重视解决寄宿制学校贫困家庭孩子缺褥子、缺被问题。”

·学前教育·

【概况】 全市有各类幼儿园164所，其中教育部门办3所、集体办59所、民办102所，在园幼儿约1.8万人。学前三年入园率98.02%，学前第四年入园率44.5%，在等级幼儿园就读人数占在园幼儿总数的48%。幼儿园园长和专任教师1063人，其中研究生毕业3人、本科毕业47人、专科毕业472人、高中阶段毕业519人、高中阶段毕业以下22人；具有专业技术职称的园长和专任教师206人，其中小学高级64人、小学一级113人、小学二级29人。学前教育工作以发展农村学前教育为重点，理顺体制，优化环境，加强领导，强化督查、考核、奖励。

4月18日，杭州市教育局在富春第一幼儿园举行杭州市首届园本教研展示观摩活动，来自杭州地区各区、县(市)教育局的幼儿教育教研员、省市示范幼儿园园长、骨干教师共200余人参加观摩活动。富春第一幼儿园介绍该园园本教研的经验，并展示该园园本教研的成果。

5月17日，市政府召开各部门学前教育工作协调会议，下发会议纪要，明确下阶段富阳市学前教育发展的思路：确定农村幼儿教育“以奖代补”经费50万元；乡镇办中心幼儿园改建、维修经费教育局补助30%；公立中心园新建按小学基建标准补助；要求落实乡镇中心幼儿园的法人登记工作；明确乡镇及部门对学前教育的职责，明确乡镇、街道财政预算内有幼儿教育经费。

3月和6月、7月，市人大和市政府分别开展全市学前教育专项督查、专项整治活动，重点督查、整治幼儿园的安全、办学规范问题，并下发情况通报，提出发展学前教育的意见和建议。11月和12月，全面考核各乡镇、街道中心幼儿园，根据考核结果，市级财政对全市中心幼儿园补助50万元。农村学前教育“以奖代补”专项经费得到落实。通过人大视察及督查、考核、奖励等手段，各乡镇、街道对学前教育的重视程度明显提高。大源镇、新登镇专门召开幼儿园负责人会议，常安镇大力取缔非法园，渌渚、春江等地幼儿园招聘教师时，由乡镇领导亲临指导，大源镇考核奖励经费到位后又主动追加投入。

【优化学前教育资源】 2月，富春幼儿园被省教育厅确定为浙江省示范性幼儿园，从而成为市内首家获此殊荣的民办幼儿园。7月，富春第一幼儿园与市妇联幼儿园联合办园，成立富春第一幼儿园早教中心。至此，全市有专门的早教中心3个。12月，灵桥镇礼源中心幼儿园被杭州市教育局确定为杭州市示范幼儿园；渌渚镇和永昌镇分别通过杭州市学前教育先进和达标乡镇验收。

【富春二幼成为杭州幼师的实验幼儿园】 3月24日，浙江师范大学杭州幼儿师范学院院长秦金亮等一行4人到富阳，为该校在富阳的第一家实验幼儿园——富春第二幼儿园授牌。成为浙江师范大学杭州幼儿师范学院的实验幼儿园后，富春二幼可每年派教师到学院免费参加骨干教师培训；可与学院开展科研合作，得到学院科研和学术力量的支持；可享有优先挑选学院优秀毕业生的权利，并有权因幼儿园的应急任务而向学院提出人力支持的要求；园长可免费参加学院组织的每年一期的“园长论坛”。

·中小学教育·

【概况】 全市小学49所（含8所九年一贯制学校小学部），1396个班，学生48988人，教职工2858人。专任教师2572人，其中大学本科毕业718人、大学专科毕业1428人、高中段毕业426人，大专及以上学历83.44%。具有专业技术职称的专任教师有2427人，其中中学高级15人、小学高级1592人、小学一级778人、小学二级102人。

全市初级中学28所（含8所九年一贯制学校中学部），545个班，学生25377人，教职工2117人。专任教师1707人，其中研究生毕业4人、大学本科毕业1315人、大学专科毕业380人、高中阶段毕业8人，大学专科及以上学历为99.53%。专任教师中具有专业技术职称的1625人，其中中学高级169人、中学一级996人、中学二级378人、中学三级82人。

全市普通高中9所（含民办高中3所），277个班，学生13702人，教职工1210。专任教师1001人，其中研究生毕业210人、大学本科毕业782人、大学专科毕业9人，大学本科及以上学历为99.10%。专任教师中具有专业技术职称的946人，其中中学高级224人、中学一级292人、中学二级425人、中学三级5人。

全市中等职业学校（机构）9所，学生10830人，教职工766人。专任教师591人，具有专业技术职称的570人，其中副高级职称70人、中级职称190人、初级职称310人。

坚持德育为首、育人为本、注重实效的原则，按照“重心下移、注重实效、突出重点、整体推进”十六字方针，以行为规范教育为重点，以班主任队伍建设为突破口，以德育导师制为抓手，进一步加强和改进学校德育工作。创新教育形式，把以“八荣八耻”为主要内容的社会主义荣辱观教育与日常思想道德教育相结合，加强爱国主义教育、民族精神教育、感恩孝道教育、法制教育、“自救自护”教育、廉洁教育、网络道德教育、环境保护教育、拒毒品和反邪教教育、预防艾滋病教育、青春期心理健康教育等。召开全市加强和改进未成年人思想道德建设推进会，召开“德育导师制”专题研讨会和全市初中、高中“德育导师制”工作推进会，分别举行全市中学、小学国防教育暨军训现场会，与市妇联联合组织“家庭教育阳光计划”报告会，为全市22所中小学、幼儿园学生（幼儿）家长及教师作巡回报告。在第五届全国中小学思想道德建设优秀成果展评活动中，富春二小盛功来的《七彩童年》和蒋瑾玮、章妙飞的《拔动孩子心灵的琴弦》荣获特等奖，另有6个一等奖、10个二等奖、14个三等奖。大源镇小学王婷、陈露欢被评为富阳市首届十大新闻人物。“示范学校”、“绿色学校”和“文明学校”创建工作成效显著。富春中学成为省示范学校；市二中、永兴学校、富春三小创建成省级绿色学校，富春职高、富春五小、龙门镇中心学校、春江中小三星校区创建成富阳市级绿色学校；3所学校通过杭州市第三批文明学校考核验收，10所学校创建成富阳市第三批文明学校，至此，全市有77所文明学校，占学校总数的79.4%。

坚持面向全体学生，以降低低分率为抓手，加强义务教育段教育管理，促进学生全面健康发展。小学和初中的小班化教育稳步推进，在原有18所学校试点的基础上，2006年又有12所学校被确定为小班化教育试点学校。积极参与长三角地区教育科研合作与交流，在长三角中小学小班化教育研讨会期间承办“农村小学小班化教育整体改革研究”研讨活动。

初中学生综合素质评价、高中招生考试、录取等三方面的改革取得新的突破。出台初中毕业生综合素质评定实施办法，关注学生的特长和潜能，探索、建立学生发展性评价机制。在富阳中学试行高中提前自主招生，使学有余力的学生增加升学机会。完善初升高实验操作考查的组织管理，引导学生自觉提高创新意识和实践操作能力。组织初中和小学新课程优质课评比活动，促进新课程改革不断深入。按照教育部和省教育厅的部署，秋季始，普通高中起始年级启动并实施普通高中新课程实验工作。

学校体育、卫生、艺术工作有新突破。成功举办全市小学生乒乓球赛、小学生篮球赛。在杭州市小学生射击锦标赛上，富春三小射击队囊括团体及男、女个人三项冠军。市实验小学男女篮球队代表富阳市参加杭州市小学生篮球比赛，男篮获冠军、女篮获亚军。市教育局与市属学校签订《富阳市学校食品安全目标责任书》，会同卫生部门开展学校卫生工作专项检查，在市内首批授牌的9家浙江省食品卫生A级单位中学校食堂占了5家。在第十一届全国中小学绘画、书法、电脑、美术比赛中，永兴学校选送的作品中有7件获全国大奖，其中庄梦蝶同学的《抽出它，你将结束一棵树的生命》获全国一等奖。富春三小的合唱《春江放灯》获杭州市第二届少儿音乐舞蹈大赛暨全国第十四届“群星奖”音乐舞蹈选拔赛杭州市金奖、优秀创作奖和最佳辅导奖，富春五小科幻画获浙江省创新大赛一等奖。在杭州市中小学生艺术节各类比赛中，获9个一等奖、19个二等奖、16个三等奖、7个优秀奖，市教育局获集体优胜奖，并被推荐为省第五届中小学生艺术节组织奖。在第四届“西湖合唱节”比赛中，富春三小和新登镇小合唱队分获少儿组金奖和银奖。

【召开加强和改进未成年人思想道德建设推进会】 9月20日是全国第四个“公民道德宣传日”和富阳市首个“公民爱心日”，富阳市召开加强和改进未成年人思想道德建设推进会，市领导章刚良、王土田、邵良、华爱金出席。会议表彰了全国中小学思想道德建设实践创新活动获奖单位和优秀成果、富阳市德育先进工作者、优秀班主任和优秀德育导师，邀请北京市海淀区人民法院刑事审判二庭副庭长、电影《法官妈妈》创作原型尚秀云法官作预防未成年人犯罪的专题报告；并为全市中小学法制副校长颁发聘书。

【富阳二中首届中加国际班开学】 9月30日，富阳二中举行首届中加国际班开学典礼。市教育局局长蒋建民，加拿大列治文教育局局长、学务委员会主席Dr. Chak-Kwong Au，加拿大昆特兰大学副校长Roy Daykin，昆特兰大学国际项目主管Kin Renwick及首届中加国际班的50名学生和家长参加。中加国际班项目是杭州地区首个获得中外合作办学项目许可证的中学基础教育项目，实现了中方优质的基础教育资源和加方优质的高等教育资源的有机结合。开学典礼上，昆特兰大学副校长代表昆特兰大学董事会，分别给中加国际班的每位同学颁发了加拿大昆特兰大学注册预备生资格证书。

【杭州市城乡中小学结对互助工作现场会在富阳市召开】 11月7日，召开杭州市名校集团化办学——城乡中小学结对互助创新工作现场会。杭州市教育局局长徐一超、杭州市教育局有关处室负责人、各区（县、市）教育局局长（分管局长）、教育科科长和结对学校校长代表共120余人参加会议。下城区教育局、建德市教育局、杭州市学军小学、富阳市实验小学、淳安县左口小学和下城区刀茅巷小学6家单位作大会交流发言，第3批结对学校的53家农村学校和45家城区学校的代表签署结对协议；杭州市教育局领导给新结对的25家农村学校现场授牌。富阳市实验小学、永昌镇二小、洞桥镇小等学校向与会人员展示该项工作的台账资料。

【富阳二中和新登中学分别通过省一级重点中学复查】 12月5～6日和12月7～8日，受省教育厅委托，浙江省新时代教育评估中心组织复查组一行3人，分别对富阳二中和新登中学进行省一级重点普通中学的复查。通过听取学校汇报、实地踏看教育教学环境、查阅相关资料、召开师生座谈会等环节，复查组对两校自2004年评为省一级重点中学后各方面的情况进行督导评估后，报省教育厅批准。

【富春二小舞蹈队赴港演出】 12月30日，富春二小舞蹈队代表浙江省赴香港参加庆“回归”10周年演出。本次赴港演出的主题为“2006小眼睛看世界”中港艺术交流汇演，北京、广东、江苏、浙江等全国十余所学校的舞蹈队参加演出。富春二小排演的舞蹈《妞妞剪福娃》曾夺得省、杭州市和富阳市中小学艺术节展演一等奖。此次赴港演出浙江省仅分配到一个名额，经省音舞协会推荐，富春二小舞蹈队最终通过审查，代表浙江省赴港演出。

【成立民工子女艺术团】 4月7日，由浙江远大纸业公司捐助（每年1万元）的春江街道民主学校（外来民工子弟学校）“远大小小艺术团”正式成立。副市长邵良，市委宣传部、市教育局、市财政局、春江街道等部门有关领导出席成立仪式，民主学校的学生表演古筝、葫芦丝等器乐演奏节目。该艺术团以民族乐器为主要内容，辅之以美术、书法、舞蹈等。通过这一载体，培养学生艺术修养，弘扬民族文化，建设校园文化，提升办学品位。

【富春四小成为杭州市青少年科技教育特色学校】 12月，富春四小作为市内唯一一所申报的学校，被杭州市科协和杭州市教育局命名为“杭州市青少年科技教育特色学校”。富春四小科技教育氛围浓厚，科技教育基础设施先进、师资力量较强、活动成果丰硕。

·中等职业教育·

【概况】 全市有中等职业学校（机构）9所，其中教育部门办3所，社会力量办1所，教育部门和集体办学的附设职高（教学点）5所。有国家级重点职高1所，省三级重点职高1所。是年，4185名初中毕业生进入职业高中和中等职业技术学校学习，普高、职高招生比例为1∶1。中等职业学校全日制在校学生10830人。全日制中等职业学校毕业学生3140人，其中1491人参加高职院校单招单考，上线1299人，上线率87%，高于全省平均上线率15%。录取1097人，录取率84.4%。86名考生分别跻身医学、化工、艺术等专业的全省前100名，11名考生进入各专业的全省前10名。

贯彻全国和省职教工作会议精神，坚持“以服务为宗旨，以就业为导向”的职业教育办学方针，推进职业教育改革。加强中等职业教育专业设置的宏观调控，加强职高学生实习、实训基地建设，以创示范专业为载体，优化中等职业教育结构。投入100多万元，添置职业教育实训设备。继续实施专业、实训教师“双证制”人才库，聘用行业巨匠、能工巧匠为职教所用，“双师型”教师比例为59.7%。开展中等职业学校青年教师“五个一”活动（教育教学理论考试、钢笔字和粉笔字、教学设计、课堂教学实践、教学感悟与教学心得）、十佳“双师型”教师和十佳“技能型”学生评选活动。推广“订单”模式，以适应在富阳落户的国际公司对复合型人才的要求。6月15日，富阳首个职教专业建设指导委员会——现代制造业专业建设委员会在市职高成立。委员会成员由市教育局、市劳动和社会保障局、市科技局、市经贸局领导及市电子协会、市汽车协会、富通集团负责人组成。成立该委员会，旨在进一步加强学校专业现代化建设，推进富阳市中等职业学校建设步伐，配合市政府提出的打造现代先进制造业基地工作目标，为地方经济发展培养大批应用型专业技术人才。12月18日，富春职高旅游服务与管理专业被省教育厅、省财政厅确定为中等职业学校省级示范专业。

【富阳市现代技术培训学校成立】 富阳市现代技术培训学校系国家级重点职业技术学校富阳市职业高级中学与杭州奥克光电设备有限公司合作创办的一所股份制学校。学校首期投资230万元，于8月23日经市教育局、市民政局批准成立，校址位于富春街道春华村。学校创办后将面向职校开展实习实训，面向社会开展就业与再就业培训，面向企业开展职工技能培训；同时对外承接实习性加工业务。

【富春职高和城镇职高分别通过省二级重点职高督导评估】 12月5～6日和12月7～8日，受省教育厅委托，杭州市人民政府教育督导室、杭州市教育局督导处组成的督导评估组一行4人，分别对富春职业高级中学和城镇职业高级中学进行省二级重点职业中学的督导评估。督导评估组通过听取学校自评报告、查看校园环境及设施设备、查阅资料、召开座谈会、听课、问卷调查、个别访谈等程序，对两校的办学历史和现状、办学条件与设施、办学方向和效益、今后发展目标等方面作了全面了解，分析评估后，认定两校具备省二级重点职高资格。

【2所成人文化学校被确认为杭州市职工教育培训示范基地】 12月8日，新登镇成人文化技术学校和大源镇成人文化技术学校被杭州市教育局、杭州市劳动和社会保障局、杭州市人事局、杭州市经济委员会、杭州市总工会认定为杭州市第二批职工教育培训示范基地。

【市职高成为市内首个省级示范实训基地】 12月18日，省教育厅与省财政厅联合下文，公布2006年浙江省中等职业学校省级示范专业、实训基地评审结果，在全省31个省级实训基地名单中，富阳市职业高级中学机电实训基地榜上有名。这也是富阳建成的首个省级示范实训基地。

·高等教育·

【概况】 全市高等教育仅存成人高等教育（业余高等教育），浙江电大富阳学院（简称电大富阳学院）是市内高等教育的基地、远程教育的中心。

电大富阳学院招收各类业余学员1294人，其中开放教育1044人、函授教育115人、中国人民大学网络学院富阳教学点135人。在校学员3798人，其中开放教育2982人、函授教育446人、中国人民大学网络学院富阳教学点370人。高等教育各类毕业生1300余人。11月2日，根据业余高等教育发展规划，为进一步开拓教育培训市场，电大富阳学院奥鹏远程教育学习中心成立。该中心设立后，可让市民不出富阳就可以读名校，使每位求学者都能享受名校名师的优秀资源，得到统一、标准、规范的一站式学习支持服务。该中心招收的学员，其学历证书国家予以承认，并可在教育部电子注册及查询。

【电大富阳学院成为浙江省网络教育“统考”考点】 6月，根据全国高校网络教育考试委员会办公室《关于2006年11月网络教育“统考”考点的批复》，电大富阳学院作为网络教育考试委员会审批确认的试点高校网络教育部分公共基础课统一考试浙江省31个“统考”考点之一，首次承担“统考”考务工作。11月18～20日，试点高校网络教育部分公共基础课程统一考试在电大富阳学院进行。本次考试涉及除电大之外的5家网络学院，整个考点共组织1231人次考生参加考试。

·特殊教育·

【概况】 全市有特殊教育学校2所，即浙江省盲人学校（省教育厅委托富阳市教育局代管）和富阳市特殊教育学校。两校共28个班，其中视力残疾21个班，听力残疾5个班，智力残疾2个班；在校学生272人（省盲校213人、市特殊教育学校59人）；教职工83人，专任教师76人。

省盲人学校在全国第二届现代特殊教育论文大赛活动中，15位教师撰写的24篇论文参加比赛，22篇获奖，其中一等奖4篇、二等奖10篇、三等奖8篇；课题“构建视障儿童学前教育课程体系的实证性研究”获杭州市21届教育科研优秀成果三等奖；在富阳市第十八届中小学论文评选活动中15篇论文获奖。

市特殊教育学校的李小琴、许丽芳等老师论文获全国第二届特教论文评选一、二等奖；袁小亚老师参加杭州市特殊教育学校青年教师基本功比赛，获得二等奖。

【特殊教育学校学生受到各界关爱】 两所特殊教育学校的学生受到了社会各界的特别关爱。5月14日，国家教育部特殊教育处正处级调研员周德茂在省教育厅基教处马骏陪同下到浙江省盲人学校调研。5月31日，省教育厅副厅长张绪培专程到省盲人学校慰问该校师生，省残联及杭州、富阳有关领导也前往慰问。10月15日第23个国际盲人节，浙江省少年儿童出版社和“博库书城网”联合向省盲人学校捐赠价值两万元的“听书”系列读物。在市级媒体的积极支持下，广大市民纷纷为省盲人学校捐赠挂历纸，作为学生作业本的替代品，缓解了该校学生用纸紧张的状况。5月18日，在全国第16个“助残日”到来之际，临安金新服装厂为市特殊教育学校的每位学生送上一套夏季服装。5月30日，市委书记佟桂莉会同教育、妇联、团市委等部门主要负责人专程前往市特殊教育学校，看望该校师生，并向残疾儿童赠送六一节礼物。6月14日，市教育系统16名离休干部前往市特殊教育学校，在实地参观学校后，老干部们为残疾儿童捐款1600元。10月10日，中残联组织的“富临与特奥同行——十艺善缘书画爱心之旅”的10位残疾书画家来到市特殊教育学校，将义卖全部所得1万元人民币捐赠给该校。12月25日，市教育局向市特殊教育学校每位学生赠送棉被一条。

【中美盲人教育研讨会在省盲校召开】 4月10日，中美盲人教育研讨会在省盲校召开。来自美国的教育专家、保加利亚的盲人专家和全国8所盲校的校长及计算机教学应用方面的专家共20余人与会。会议的主要议题有：听取美国专家对盲人计算机辅助教学的知识讲座，介绍发达国家盲人教育计算机辅助教学的现状及先进的教育理念；听取保加利亚盲人在计算机辅助教学的实践经验介绍；听取中央教科所特殊教育专家彭霞光关于目前中国盲人计算机教学的现状及要求的专题讲座；观摩省盲校开设的盲人计算机辅助教学调研课；听取全国8所盲校在此方面的教学开展设想与现状的经验交流。

【残疾人各类体育文艺比赛获得好成绩】 在浙江省第七届残疾人运动会上，省盲校14名同学代表各地区参加比赛，在田径、游泳两大项赛事的23个单项中，富阳市获得5金、6银、8铜的成绩。在第五届杭州市中小学生艺术节上，代表富阳市的省盲校陆洁同学的《最初的梦想》获艺术节歌歌词创作二等奖。在富阳市中小学生艺术节上，代表富阳市的省盲校选送的两个节目均获二等奖。在杭州市第六届特殊教育学校运动会上，市特殊教育学校共获68枚奖牌，打破8项纪录，分别获得聋哑乙组和丙组第一名和团体总分第二名，创造了办学以来的最好成绩；该校舞蹈《无言的美丽》在富阳市中小学艺术节上获三等奖。

·学校管理·

【概况】 以“让更多的人接受更好的教育”为目标，坚持教育创新，完善教育体制，深化教育改革，推进教育均衡发展，构建和谐教育，不断满足人民群众日益增长的多样化教育需求。进一步规范教育收费行为，继续推行校务公开，强化学校民主监督和管理，维护教职工的合法权益。强化教育督导工作，充分发挥督政、督学功能，进一步强化督导评估机制，组织实施对乡镇、街道2005年度教育工作的督导评估，开展2006年上半年度乡镇、街道教育工作督查，开展中小学教育工作检查和2006年乡镇街道中心幼儿园年度目标考核。组织做好学校体艺卫工作专项督查的自查工作，接受省教育厅专项督查组的督查。扎实做好学校综合治理工作，创建平安校园。至年底，除9月迁入新址的市实验中学未创建外，其余92所学校均为“平安校园”，创建成功率98.9%。

【杭州市中小学校学生接送车管理工作现场会在富阳召开】 4月19日，杭州市政府在富阳召开杭州市中小学校学生接送车管理工作现场会。杭州市教育局、公安局、交通局、安监局分管领导，杭州市各区、县（市）政府办公室分管主任，杭州经济开发区管委会、杭州西湖风景名胜区管委会的有关部门分管领导出席。富阳各乡镇（街道）分管领导、小学校长列席会议。会议由杭州市教育局副局长周训亮主持，杭州市政府副秘书长陆瑞芬、富阳市政府副市长邵良到会并讲话。富阳市、余杭区、临安市等县（市）分别介绍本地区的做法和经验；杭州市教育局、公安局、交通局、安监局等部门分别从本部门的职能出发，就抓好中小学校学生接送车管理工作提出意见和措施；与会人员分两路到富阳市高桥镇小、受降镇小现场考察了学生接送车管理工作；杭州市政府副秘书长陆瑞芬对做好杭州市学生接送车管理工作作部署。

【市委市政府高度重视幼儿接送车和学校安全工作】 4月底，市政府制定并下发《富阳市幼儿接送车工作实施细则》，规范全市幼儿接送车工作。该细则共分四章21条，5月1日起试行。10月27日，市委、市政府召开全市学校安全工作会议，传达贯彻10月13日国家公安部、教育部电视电话会议精神，研究部署下一阶段全市学校安全工作。市领导潘松萍、华荣富、邵良、华爱金出席会议。潘松萍讲话。市教育局、市公安局、市交通局和市卫生局提出具体目标任务，胥口镇、永兴学校、市公安局交警大队城区中队、市交通局运管所、新登镇防保所作表态发言。会上还表彰2006年度学校安全工作10个先进单位和10名先进个人。

【5家学校食堂餐饮卫生获省A级】 11月2日，富阳市为首批获得食品卫生量化分级管理浙江省A级单位的9家餐饮单位授牌。在这9家单位中，4家为大酒店，学校食堂占了5家，分别是：永兴学校小学部食堂、浙江广播电视大学富阳学院食堂、富阳中学食堂、富阳市职业高级中学食堂、富春第三中学食堂。

·师资队伍·

【概况】 全市各级各类学校在编教职工7129人，其中专任教师5995人。公办幼儿园教职工178人，其中专任教师124人；小学教职工2858人，其中专任教师2572人；初中教职工2117人，其中专任教师1707人；普通高中教职工1210人，其中专任教师1001人；中等职业学校教职工766人，其中专任教师591人。专任教师学历合格率：公办幼儿园98.0%，小学98.2%，初中97.6%，普通高中97.2%，职业高中96.6%，成人学校61.3%。专任教师达高一层次学历率：公办幼儿园（大专及以上）83.4%，小学（大专及以上）82.9%；初中（本科及以上）76.7%，普通高中（硕士研究生）1.0%，职业高中（硕士研究生）0.9%，成人学校（本科）32.3%。全市有省特级教师17名，其中在职14名、退休3名。教师节期间，表彰第九批省特级教师3人、省第十九届“春蚕奖”5人、省教坛新秀2人，杭州市优秀教师2人、优秀教育工作者6人、第二届“学生最喜爱的老师”6人、第十届教坛新秀47人，富阳市第四届“绿叶奖”10人、第四届尊师重教先进个人13人、第二批名校长7人、优秀教师197人、优秀教育工作者29人、第四批中小学学科带头人48人、第十届教坛新秀119人。

3月，市教育局党委印发《富阳市教育系统党风行风建设工作考核的暂行办法》，对教育系统党风行风建设工作实行分级考核。开展机关效能建设，推进机关干部下乡“零招待”、指纹考勤等制度，为学校作表率。协助行风和效能监督员对20余所学校进行检查。市长电话承办和纪检、监察工作组织健全、制度落实。全年处理来信来访72件，处理违法、违纪案件8件；受理市长公开电话125个，做到及时受理、及时处理、及时解答、及时反馈、及时上报，群众满意率100%；调查核实26件举报函件，对5件反映校级领导干部违纪问题的信件作出组织处理。5月，市教育局党委印发《富阳市教育局治理商业贿赂专项工作实施方案》，开展治理商业贿赂专项工作。

实施名校长工程、名师工程、校长发展工程、新园丁工程、德育管理队伍专业化建设工程、农村教师素质提升工程等六大工程。完成《师德与教师职业》、《新课程学科教学评价》两项农村教师素质提升工程专题培训和考核，培训教师4044人次，参加统一考试的2022人合格率为100%；同时，选拔61名农村中小学骨干校长和骨干教师参加省和杭州市培训。组织中小学校长和幼儿园园长外出考察学习，举办小学校长论坛。贯彻落实《富阳市名师名校长工程实施办法》和《富阳市级名校长认定办法》，对现任省特级教师、富阳市名校长、学科带头人2005学年履行职责情况进行考核，开展首批富阳市级名师培养人选推荐、选拔工作和第二批富阳市级名校长认定工作。选拔、培养名师名校长，通过公开竞聘的方式，择优聘用23名校级干部；选派6名初中校长到上海和江苏挂职锻炼。继续实施教职工全员聘任制，推行事业单位人事制度改革，通过公开招考，录用初中教师46名、小学教师46名、幼儿教师6名；进一步完善高中新教师招聘机制，学校招聘工作"逢进必考"。实施教师资格证制度，150名符合申请教师资格的社会人员取得相应的教师资格证。加强师德师风建设，经过第七轮师德教育暑期专题培训，涌现出一批爱岗敬业的优秀教师。

市教育工会教工解困互助会为救助因天灾人祸和大病住院造成的特困教职工发挥了积极作用，2月初，慰问382名特困教工，送出慰问金44.74万元。市教育工会女职委组织省盲校32名女教职工参加重大疾病安康保险。

【全市教育系统干部接受党风廉政警示教育】 7月24日，全市中小学校长和市教育局机关干部150余人，前往设在萧山南郊监狱内的杭州市党员干部法纪教育基地，接受预防职务犯罪和反商业贿赂警示教育。全体人员听取了原某省直单位副总工程师梅某和原杭州市某医院院长汪某的现身说法，观看图片展览。这是2006年全市教育系统领导干部暑期读书会的第一项内容，也是市教育局第一次举行这种形式的警示教育活动。

【市教育局开展现职省特级教师跨校带徒结对活动】 9月19日，市教育局举行现职省特级教师跨校带徒结对签约仪式。16名中小学教师正式拜徐国康等10名省特级教师为师，师徒签订了"师徒结对"协议书。此后，师徒结对活动会分批进行，实现经常化和制度化。

【全市首轮开放式中小学校长任职资格培训】 3月26日，开放式中小学校长任职资格培训第三、第四期学员举行结业典礼，标志着全市首轮开放式中小学校长任职资格培训圆满结束。该项培训2004年5月正式启动，属全省首创。根据计划，培训首先向优秀骨干教师开放。首轮培训申请人数475名， 365名中小学教师通过审核并参加培训。培训分四期7个班（中学4个班，小学3个班）进行。四期开班时间分别为2004年5月、7月、9月和11月。各经过一年多的培训，结束时经考核，四期最后结业344人（中学187人、小学157人，女63人、男281人），并评选出优秀学员48人。这些学员中，25人担任校长、副校长职务。

【举行中小学音乐教师声乐技能展示评比活动】 12月21日，由市教育工会和市教育局教研室共同举办的全市中小学音乐教师声乐技能展示评比活动在富春中学举行，来自全市各校的24名中小学音乐教师参加了弹唱和独唱的展示评比。经评比，5人获一等奖，8人获二等奖，13人获三等奖。

·教学与教育科研·

【概况】 坚持以教育科学研究引领课堂教学改革，为教育教学改革和提升教育管理水平及提高教学质量提供理论支撑；通过教育科学研究，探索和实践教育教学的科学有效方法，促进教育教学质量和管理水平的提高，提升教师的理论素养；以教学研究为平台，以课堂教学为抓手，密切关注课堂教学改革，以各种研讨活动为载体，稳步推进新课程改革为主题的课堂教学和丰富教育学研究的理论成果。本着"促进学生全面发展、终身发展、和谐发展"的理念，以实验基地学校为龙头，举行丰富多彩的渗透新理念的教学研讨活动；以辅导片为单位举行了新课程优质课下乡"巡教"和"片本"教学研究活动。抓好教学质量管理和监控，开展校际间教师的交流和培训，提升教研效率，促使教师素质结构的不断改进，全面提高教学质量。

以校本教研的有效实施为动力，广泛开展课堂教学探讨和实践活动，市教育局组织全市性的研讨课近400余堂，100余位课堂教学的优秀教师脱颖而出。对15所小学作专项教学调研指导，对8所初中和6所高中进行专项教学调研。在杭州市第18届中小学教学专题论文评选中，47篇论文获奖，其中一等奖10篇、二等奖18篇、三等奖19篇，获奖数量及等次居杭州地区各县（市、区）前列。以新课程实施为契机，抓好学校教科研工作的普及与提高。通过校本科研培训活动，让课题研究走进教研，以教育科研促进教学研究，班级经营、问题引探、无边界学习、健康交流、说课重构、档案袋评价、课例研究、幼儿社会化等方面的课题研究取得实效，在浙江省和杭州市都获得较好的等级奖，并在教育教学实践中发挥引领作用。

2006年，全市省级立项研究课题15项，获奖18项；杭州市级立项研究课题11项，获奖22项；富阳市科技发展项目12项，获富阳市科技进步奖5项。在全国第二届中小学艺术教育科学论文评选中，富春第五小学宋筱华的论文获一等奖。在全国第八届优秀职教论文评选中，市教育局教研室刘金虎的论文获二等奖，市城镇职业高级中学马利娟的论文获三等奖。在2006年全国技工教育和职业培训教学研究优秀成果评选中，市教育局教研室刘金虎的论文获一等奖，富春职业高级中学单银芳的论文获二等奖。在浙江省第五届教科研优秀成果奖评选中，获二等奖2项、三等奖1项。在浙江省2006年基础教育优秀科研成果评选中，获三等奖1项。在2006年省职业教育与成人教育教科研成果评选中，获一等奖和三等奖各1项。在浙江省第二届教学研究立项课题成果奖评选中，获二等奖和三等奖各2项。在浙江省2006年优秀教科研论文评选中，6篇论文获奖，其中一等奖1篇、二等奖3篇、三等奖2篇。

在杭州市首届中小学艺术教育科学论文评审的28篇获奖论文中，富阳市占5篇，其中富春五小宋筱华的论文获一等奖。

在杭州市第三届基础教育教学成果奖评选中，获一等奖和二等奖各2项。在杭州市第二十届教科研成果评选中，获一等奖1项、二等奖4项、三等奖8项。在杭州市第三届国家基础教育课程改革优秀成果评选中，获二等奖3项、三等奖2项。

市实验小学、永兴学校、市城镇职业高级中学获杭州市第五届教科研先进集体荣誉称号。

【心理健康教育研究有新突破】　2006年，全市进一步优化心理健康教育队伍，中小学幼儿园已经拥有专兼职心理健康教育上岗证书B证的教师57人、C证的教师185人，居全省之首。广泛开展心理健康教育研究活动，心理辅导与德育导师制紧密结合，促使心理辅导走向深入，并努力强化班级“心理委员”的建设。在浙江省学校心理健康教育“三优”（优秀科研成果、优秀心理辅导课、优秀个案辅导设计）评比中，获优秀科研成果一等奖和三等奖各1项，优秀心理辅导课二等奖和三等奖各1项，优秀个案辅导二等奖和三等奖各1项；做好评选心理辅导优秀站工作，在原有11个杭州市心理辅导优秀站的基础上又有3所学校被评为杭州市第五批心理辅导优秀站。市学校心理健康教育指导中心与团市委等单位启动“阳光心理健康热线”，10位持有浙江省学校心理健康教育B证的教师担任心理辅导员。

【培训青春期性健康教育师资】　4月10日，第一期中小学青春期性健康教育师资培训班在电大富阳学院开班，来自全市各初中负责青春期性健康教育的教师60多人参加。该项培训根据《浙江省中小学人口与青春期性健康教育指导纲要》和《富阳市青春健康项目实施方案》要求，由市教育局和市人口与计划生育局共同举办。中小学青春期性健康教育师资培训按初中，高中（职高、成校），小学高段（五、六年级）分三期开设。每期培训班集中培训5天，内容为PLA方法与主持技巧、青少年的特征与需求、行为变化、预防艾滋病、性心理教育、性道德教育、性保健教育、青春期性健康教育课观摩研讨、专家现场点评等。

【举行农村小学校本研训活动】　11月30 日～12月1日，在常安镇小举行富阳市农村小学校本研训暨常安镇小第二届教学节，全市农村小学的教科室主任等140余名教师参加活动。本次校本研训活动的主题是“立足校本研训，聚焦课堂教学，促进师生成长”，分课堂展示、名师示范、专家引领、对话交流、专项比赛、研训论坛等板块。市教育局教研室小学各科教研员全部到场，对执教老师进行指导；杭州市教育局教研员沈大安结合课堂展示及教师教学过程中的困惑，作《如何实施有效教学》的专题辅导讲座。富阳城区学校派出教师，与常安镇小的4位教师一起为探讨课堂教学。

【富春一幼承办杭州市首届园本教研展示观摩活动】 4月18日，杭州市教育局在富春第一幼儿园举行杭州市首届园本教研展示观摩活动，来自杭州地区各区、县（市）教育局的幼儿教育教研员、省市示范幼儿园园长、骨干教师共200余人参加。富春第一幼儿园介绍了该园园本教研的经验，展示了该园园本教研的成果。

【举行全市小班化教育研讨活动】 11月28日，富阳市小班化教育研讨活动在永昌镇二小举行。市教育局、教研室有关负责人，各学科教研员、全市小班化教育试点学校领导和老师、永昌镇全体小学教师共130余人参加。与会人员观摩了4位教师执教的数学、语文、音乐、语文综合实践活动课，各位教研员对课堂教学作点评；永昌镇小等交流如何推进小班化教育、如何促进学生个性发展、如何在课堂中开展小班化教学的经验。

·经费设施·

【概况】 市财政拨款预算内教育经费4.43亿元，占财政总支出的31.01%，义务教育阶段小学生生均公用经费200元，初中学生生均公用经费200元。征收建筑地方高等教育费1814.40万元，市人民教育基金会接受捐赠596.82万元，其中集体单位捐赠547.46万元，境内个人捐赠47.86万元，境外个人捐赠1.5万元。

继续实施“浙江省万校标准化建设工程”，13所学校达到浙江省万校标准化建设标准（其中Ⅰ类1所、Ⅱ类2所、Ⅲ类10所），累计全市已达省三级以上标准学校24所，占全市学校数的32%。按富阳市学校标准化建设规划，全市确立中小学校舍基本建设项目8个，总建筑面积14.1万平方米，总概算投资2.4亿元。全年已完成建设项目8个，竣工面积14.1万平方米，其中小学0.64万平方米、初中6.21万平方米、高中7.20万平方米，完成概算投资2.4亿元。新建田径场6个，总投资1000万元，其中场口中学、新登镇中、东洲中学建成400米标准塑胶田径场，南津中心学校建成300米塑胶田径场，永昌镇小建成250米塑胶田径场；南新辅导小学建成200米普通田径场。全年撤并小学8所、初中9所，中小学校园面貌进一步改观。

深入实施农村中小学“食宿改造”工程，已竣工项目15个，竣工面积15.3万平方米，总投资2.68亿元；进入前期准备项目2个；在建项目4个。

加强现代化教育技术装备建设，进一步推进教育信息化工程。全市全年教育装备参加政府统一采购总投入1500多万元，其中投入1300多万元，添置计算机房13个（计算机700多台）、办公电脑335台（其中笔记本电脑120多台）、多媒体投影教室440个（液晶投影机193套、背投电视247套），新建校园网6个，全市中小学计算机总数12500多台（生机比从上年年底的8.6:1上升到7.9:1），各种多媒体投影教室1764个，全市近70%的班级配备了多媒体设备，96所中小学（不包括教学点）全部建立校园网，并光纤宽带接入教育城域网和互联网，基本实现了全市辅导小学以上的初中实验操作考查的顺利进行提供保障。

为全面推进基础教育的均衡化、优质化，市教育发展有限公司根据教育发展规划要求和学校还贷能力，融资2600万元用于学校的基本建设，一定程度上缓解了教育事业快速发展与经费紧缺的矛盾。

【6所学校迁新址】 9月1日，异地迁建（由场口镇六谷湾迁至富阳市鹿山新区）的场口中学、异地新建（由新登镇共和街259号迁建于新登镇官塘路18号）三校合一（由新登镇中，松溪中学、永昌镇中3所初中学校合并）的新登镇中、异地新建（新校址位于东洲街道中桥路东侧）三校合一（由原东洲第一、第二、第三中学3所初中学校合并）的东洲中学，新建的民办市实验中学，六校合一（由3个乡镇的场口镇中、王洲中学、东图中学、常安镇中、湖源中心学校中学部、窈口中心学校中学部6所初中学校合并）的场口镇中（搬迁至原场口中学校址）搬入新校舍，顺利开学；环山全乡小学撤并，搬入新校园。（周国平）

【责任编辑 蒋虹瑶】

科学技术

·综　述·

【概况】 编制实施《富阳市科技事业“十一五”发展规划》和《富阳市高新技术产业“十一五”发展规划》，4月底通过专家评审委员会评审，并上报市政府批准实施。组织实施各类科技计划项目192项，其中国家级项目12项，省级项目69项。富阳市科技孵化大楼动工建设，春江造纸行业研发中心和上官球拍行业研发中心列入杭州市特色城镇工业功能区行业研发中心建设项目，认定杭州市级以上企业研发中心6家，高新技术企业7家。制造业信息化工作进一步推进，被纳入杭州市制造业信息化示范区域。全年科技财政投入5391.3万元，其中科技三项经费3309万元。

【富阳市被授予“浙江省科技强市”称号】 11月28日，富阳市通过浙江省第二批创科技强县（市、区）答辩，成为杭州地区第一个被授予“浙江省科技强市”称号的县（市）。2004年，富阳市提出“创建省科技强市”目标以来，科技工作在自主创新、科技合作、信息化建设、专利工作等方面取得较大成绩。

【科技进步目标责任制考核】 2005年11月，富阳市在坚持实施乡镇、街道党政领导科技进步目标责任制考核的同时出台《富阳市市级机关单位党政领导科技进步和人才工作目标责任制考核办法》，2006年初对组织部、人事局、财政局、经贸局等15个相关部门的科技和人才工作情况进行定性和定量考核，考核结果确定市委组织部、市人事局、市统计局、市财政局等5家单位为优秀单位。并将考核结果作为市科技工作先进集体、十佳重才单位评选的重要依据之一。

·技术创新、科研与推广·

【科技计划编制与项目管理】 编制实施市本级科技计划，共征集各类科技项目197项，经科室初审、专家评审、部门联审、科技局局务会议讨论审核、网上公示，市政府审定，确定2006年度科技计划63项，其中，重点项目20项，一般项目43项。2006年列入国家级项目12项，其中支撑计划项目1项，火炬计划项目3项，星火计划项目4项，重点新产品项目2项，创新基金项目2项。列入省级项目69项，其中重大科技专项重点项目4项，农业成果转化项目2项，火炬计划10项，新产品试制计划项目51项，高新技术产业化项目财政专项补助资金项目2项。列入杭州市项目48项。

【国家“863”计划成果产业化基地】 1月19日，基地内科达科技创业服务中心被认定为杭州市科技企业孵化器，基地内企业研发机构列入省级高新技术研发中心1家，列入省级计划重点项目1项，新产品试制

与国外专家共同探讨光电子发展

计划4项，杭州市科技计划重点项目1项，成果转化项目3项。2006年度实现工业总产值146亿元，同比增长29%，占全市工业总量的23%，实现销售收入125亿元，同比增长32%，实现利税9.7亿元，同比增长21%。

【企业创新能力建设】 6月20日，市科技孵化大楼动工建设，总投资2408.5万元，总建筑面积15365平方米（其中地上建筑面积14500平方米，地下865平方米），与科技孵化楼相配套的标准厂房34幢，厂房总面积10万余平方米，预计2007年底前建成。春江造纸行业研发中心与华南理工大学共建富阳造纸技术中心和造纸检测中心，在特种纸研发、节能降耗与循环经济技术等方面开展研究，为全市造纸业进行“技术补钙”，推动产业升级。上官球拍行业研发中心列入杭州市特色城镇工业功能区行业研发中心建设项目。认定省级高新技术企业研发中心4家，杭州市企业高新技术研发中心2家，至此，全市培育各级企业研发中心、技术中心78家。积极培育创新主体，新增省高新技术企业2家，省科技型中小企业5家，至此，全市省级高新技术企业达25家，省级科技型中小企业达26家，培育杭州市高新技术企业5家，杭州市科技型初创企业培育工程重点培育企业3家，杭州市专利试点企业3家。

【制造业信息化工程建设】 全年认定首批富阳市制造业信息化示范企业7家，第三批制造业信息化试点企业22家，验收14家制造业信息化企业，发放信息化财政补助专项资金237万元。至年底，全市市本级制造业信息化试点企业达45家。其中3家企业进入省级信息化试点、示范企业的行列，11家企业成为省级制造业信息化CAD/CIMS推广应用企业，16家企业跻身杭州市工业企业信息化试点示范的行列，29个项目列入杭州市级以上信息化计划或专项，共引导企业6500万元资金直接用于信息化建设，浙江正大纸业的“造纸过程绿色化控制技术和综合信息集成平台研发”项目被列入省制造业信息化重大攻关项目，8个项目列入杭州市工业企业信息化应用奖励项目。6月，富阳市被纳入杭州市制造业信息化示范区域。

【产学研合作】 与清华大学、浙江大学、华南理工大学等进一步建立科技合作关系。5月，华南理工大学与永泰纸业集团就“办公废纸脱墨制浆替代进口木浆用于板纸涂布”项目达成合作协议。6月，富阳市组团赴京与清华大学开展产研合作洽谈，其间富阳市人民政府与清华大学科学技术开发部签订《关于加强合作的协议》。7月，成功组织文丰纸业、国佳纸业两企业参加省政府组织的浙江——陕西科技合作大会，并与陕西科技大学达成合作项目。11月组织市造纸协会、春江街道及10家造纸企业前往华南理工大学进行科技对接，4个项目达成意向，其中富阳特种纸厂、富阳新兴纸业分别与华南理工大学签订了合作协议。充分发挥网上技术市场的平台作用。共发布技术难题 71项，签约项目26项，合同金额2917万元。

【知识产权工作】 4月26日，在知识产权日，分别向25个乡镇街道发放各类专利宣传手册等资料2000余册。7月1日，在新《专利法实施细则》颁布5周年之际，在富阳电视台播放《专利保护企业核心竞争力》为内容的电视新闻节目；在《富阳日报》显要版面刊登题为《专利对企业有多重要，大家来看看这两个典型》的新闻报道。全年申请专利605件，取得专利授权396件，授权量同比增长274%。

【农业科技】 全年实施杭州市级以上各类农业科技项目32项。其中国家星火计划项目4项，省级星火计划2项，省级农业科技成果转化资金项目2项。东坞山仁义豆腐皮厂实施的杭州市科研攻关项目“豆腐皮机械化生产加工装备和工艺技术的研究”，开发研制机械化豆腐皮示范生产线，完成机制豆腐皮标准的制订和机械化豆腐皮生产标准工艺的制订，大大提高产品质量，改善工作环境，降低了工人的劳动强度。中国林科院松花粉研究开发中心实施的浙江省农业科技成果转化资金项目“松花粉超临界萃取及软胶囊制备”，优化萃取条件参数、测定功效成分、制定质量标准及技术规程，加速了产业化进程。鸿利食品有限公司被认定为杭州市科技型农业龙头企业。

【科技进步成果】 （见表27）

表27

2006年度杭州市级以上科技成果

项目名称	完成单位及完成人员	获奖名称	备　注
聚合物正温度系数热敏电阻材料及系列产品	浙江华源电热有限公司 袁建波、袁大铭、袁丽清、罗　军、何　晔、帅宏喜、袁　维、丁海燕	浙江省科技进步二等奖	第一完成单　位
HGSB（X）型细线高速编织机	杭州三普机械有限公司 包昌富、李迪春、李　丰、王立文、孔虬辉	杭州市科技进步三等奖	第一完成单　位
钱塘江和苕溪流域污染因子源解析及防治对策研究	富阳市环境监测站	杭州市科技进步三等奖	第五完成单　位
定位多色防伪涂布白纸板	浙江永泰纸业集团股份有限公司 孙柏贵、赵允安、孙显林、叶希和、王建华、孙雪明、陈献忠、孙洪英、叶　强、陈　波	杭州市科技进步三等奖	第一完成单　位
腹腔镜直肠癌手术的临床研究	浙江省富阳市人民医院 朱水根、闻立平、朱建军、李国伟、汪春良、姜正科、杨银发、江上军、俞国灿、韩英、孙文辉	杭州市科技进步三等奖	第一完成单　位

（金卓菲）

·中国水稻研究所·

【概况】 中国水稻研究所按照“大稳定、小调整”的改革思路完成第二轮改革。185个岗位落实人员，其中首席专家岗位 4人、责任专家岗位29人、研究助理岗位89人、职能部门科员岗位17人、国资委所属部门岗位46人。

全年在研项目131个，新批准资助项目52个。获各类奖5项7次，其中浙江省科技进步奖二等奖2项、三等奖1项，中国农科院科技成果二等奖3项，全国农牧渔业丰收一等奖 1 项；鉴定成果 17 项（见表28）；通过省级以上审定品种15个（见表29）；3个品种获植物新品种权，获得专利9项（见表30）；通过农业部组织专家审定地农业行业标准5个，农业部正式发布的农业行业标准2个（见表31）；撰写专著8本，发表论文152篇，其中SCI 18篇；新招收研究生20余人，在读研究生近60人。

全年获科技部和浙江省科技厅资助的国际合作项目4个，执行国家和省智力引进、农引推项目8个，与IRRI联合举办“中国水稻知识库建设”国际研讨班。接待外国官员及专家来访25批67人，向国外派出专家21批39人次。

《中国水稻科学》影响因子再创新高。在2004年较高影响因子（1.012）的基础上，2005年的影响因子达到1.162，再创新高。为浙江省政府撰写专题报

表28

2006年鉴定成果一览

序 号	成　果　名　称	鉴 定 单 位
1	大穗型早花时晚粳不育系春江26 A选育	浙江省科技厅
2	高异交率晚粳不育系春江77 A选育	浙江省科技厅
3	优质大穗型不育系中18 A的选育	浙江省科技厅
4	野败型不育系中12 A（中新A）的选育	浙江省科技厅
5	带显性抗白叶枯病基因Xa 23的特早熟籼型不育系中嘉A	浙江省科技厅
6	粳不籼恢亚种间超高产杂交稻选育关键技术和应用	浙江省科技厅
7	基于QTL定位的籼稻高产育种技术体系	浙江省科技厅
8	运用稻秸粉抑草与培肥的水稻无公害栽培法	浙江省科技厅
9	微生物除草剂杀草毒素的分离鉴定及其应用研究	浙江省科技厅
10	水稻穗发芽控制的关键技术研究与开发	浙江省科技厅
11	灌溉稻田麦作式水稻旱种技术研究与示范	浙江省科技厅
12	水稻强化栽培技术研究与应用	浙江省科技厅
13	单季稻可持续生产种植模式研究与示范	浙江省科技厅
14	直播稻出苗动力学的生理与遗传基础研究及育种材料创制	浙江省科技厅
15	稻米镉污染安全控制GAP技术	浙江省科技厅
16	水稻可持续高产组合模式与调控技术	浙江省科技厅
17	高效安全水稻转基因技术系的建立及大规模应用研究	浙江省科技厅

表29　**2006年审定品种一览**

序号	品种名称	审定级别
1	中早25	国家、江西省
2	国稻6号	国家
3	中浙优2号	国家
4	中早221	国家
5	中百优1号	国家
6	菲优E1	浙江省
7	春优2号	浙江省
8	中浙优8号	浙江省
9	中嘉早32	浙江省
10	中佳早10号	浙江省
11	春江26	浙江省
12	中优3566	江西省
13	中组4号	江西省
14	中组14	江西省
15	国稻1号	广东省

表30　**2006年获得的国家专利及植物新品种保护权**

序号	专利或品种名称	专利或品种权号	类别
1	利用根系指标选育超级稻方法	ZL 200410016877.6	发明专利
2	室内花卉无土分根栽培方法	ZL 200410016878.0	发明专利
3	花木水培营养缓释颗粒剂及其制配方法	ZL 200410025667.3	发明专利
4	水培花木根系驯化与植株培养方法	ZL 200410025668.8	发明专利
5	一种氟虫腈复配农药	ZL 200410016946.3	发明专利
6	氟虫腈复配农药	ZL 200410016947.8	发明专利
7	一种啶虫降复配农药	ZL 200410016948.2	发明专利
8	一种杀铃脲复配农药	ZL 200410016949.7	发明专利
9	一种化木水培花盆	ZL 200420032055.1	实用新型
10	中恢8006	CAN 20030473.9	品种权
11	中早209	CAN 20030487.9	品种权
12	伽马-1	CAN 20030550.6	品种权

表31　**2006年发布（审定）农业行业标准一览**

序号	标准名称	发布部门或组织审定
1	稻米中总砷的测定　原子荧光光谱法（NY/T 1099-2006）	国家农业部发布
2	稻米中铅、镉的测定　石墨炉原子吸收光谱法（NY/T 1100-2006）	国家农业部发布
3	蔬菜中334种农药多残留的测定气相色谱质谱法和液相色谱质谱法	国家农业部组织审定
4	蔬菜中2,4-D等13种除草剂多残留的测定 液相色谱质谱法	国家农业部组织审定
5	食用菌中亚硫酸盐的测定 充氮蒸馏—比色法	国家农业部组织审定
6	植物产品中亚硝酸盐与硝酸盐的测定 离子色谱法	国家农业部组织审定
7	植物产品中氟含量的测定 离子色谱法	国家农业部组织审定

告8期，编发《服务浙江简报》80期。

【在富阳举办超级稻生产技术培训班】　7月11日，根据富阳市万市镇农户的实际需要，水稻所与富阳市种子公司联合举办超级稻“菲优600”中期培育管理技术培训班。水稻所派出育种、栽培、植保研究方面的6位专家利用晚上时间给农户讲课。授课专家采用多媒体教学等方式，讲解超级稻“菲优600”品种特性、高产栽培集成技术、病虫害综合防治技术进行，并与种植农户交流，解答超级稻生产中的技术难题。共有44名农民学员接受培训。

【参加第二届国际水稻大会】　10月9～13日，应第二届国际水稻大会组委会的邀请，由中国水稻研究所所长程式华率领的水稻所代表团一行16人参加在印度新德里举办的第二届国际水稻大会。

程式华在大会做题为《中国水稻生产与杂交稻研究》的报告。会后，程式华接受世界著名杂志《科学》驻南亚特派记者的采访。印度媒体对中国超级杂交水稻给予高度的关注。

中国水稻所代表团在印度期间参加国际水稻研究大会、国际水稻商业会议、国际水稻技术与文化展等活动，宣传水稻所的水稻科技成果。

【“中早22”再创全国早稻最高单产记录】　7月18日，中国农科院的专家组现场实割验收浙江省江山市贺村镇花园村4组农民蔡兴泉的1.23亩示范田里种植的超级早稻新品种“中早22”，测定实收亩产698.5公斤，在上年创下全国早稻最高单产记录的基础上，又破纪录。

近两年来，由水稻所副研究员章秀福主持实施的的国家粮食丰产科技工程子课题“三熟区双季稻超高产组合模式与调控技术研究”项目，选用中国首个超级常规早稻新品种“中早22”，利用冬季油菜做绿肥培肥土壤，采用垄畦栽培技术改善土壤通透性。通过良法配良种，充分发挥了良种的产量潜力，实现双季早稻超高产目标。

【水稻生物学国家重点实验室通过验收】 12月8日，国家科技部基础研究司组织专家组验收水稻生物学国家重点实验室。专家组在听取实验室的建设工作报告后，分别考察了实验室设在中国水稻研究所和浙江大学华家池校区两个部分的建设运行情况，并与实验室科研人员进行座谈和交流。专家组一致认为：实验室在建设过程中，得到了两家依托单位中国水稻研究所和浙江大学以及上级主管部门农业部、中国农业科学院的大力支持，建成水稻资源学、发育生物学、环境生物学和分子育种等4个研究平台。

该实验室5年来，取得“印水型不育胞质的发掘和利用”、“超级稻的选育及高产生理基础研究”、“水稻种质资源的收集、评价和共享”等一批研究成果，审定品种38个，在NATURE、PLANT CELL等国内外重要学术刊物上发表论文400余篇，其中SCI收录70余篇，出版专著多部，取得发明专利4项，获得国家科技进步一等奖1项，二等奖1项，作为主要合作者，获得国家科技进步一等奖1项，国家自然科学二等奖1项。建立中国最大的水稻种质资源库，保存近7万份种质资源。

【浙江省水稻产业科技创新服务平台正式启动】 11月22日，浙江省召开重大科技创新平台建设启动大会。浙江省水稻产业科技创新服务平台等13个重大科技创新平台正式启动，水稻所所长程式华代表平台依托单位接受浙江省省长吕祖善授予的浙江省水稻产业科技创新服务平台的铜牌，并与共建单位正式签约。

浙江省水稻产业科技创新服务平台由水稻所与浙江省农科院等11个地市级农科院单位的100多名专业科技人员联合组建。平台下设水稻分子育种、杂交水稻、常规水稻、技术推广服务中心4个研究中心。

（章蓉蓉）

·亚热带林业研究所·

【概况】 全年在研项目125个，新获准立项项目60个，包括国家级项目29个(其中国家发改委高技术产业项目1个)，浙江省科技项目9个，省院合作项目4个。全年结题验收项目21个，奖励项目11个鉴（认）定成果项目10个（见表32)，审定2个薄壳山核桃新品种、3个锥栗新品种以及1个杉木新品种。全年发

表32 **2006年亚林所鉴(认)定成果情况**

序 号	成　果　名　称	第一完成人（亚林所）	鉴定或认定单位	时间
1	木荷生物防火优良种源筛选应用	周志春	浙江省科技厅鉴定	4月
2	药用七叶树引种栽培技术	周志春	国家林业局认定	12月
3	耐湿耐盐树木引种筛选与繁育技术	陈益泰	国家林业局鉴定	12月
4	国外优良速生竹种生态适应评价与种苗技术	萧江华	国家林业局鉴定	12月
5	大木竹材的开发与利用研究	顾小平	浙江省科技厅鉴定	12月
6	主要阔叶树种容器育苗及造林技术推广与示范	周志春	浙江省林业厅鉴定	1月
7	浙江省林种树种结构调整支撑技术研究与示范	周志春	浙江省科技厅鉴定	1月
8	龙游县竹产业发展总体规划	陈双林	衢州市科技局审定	3月
9	生态公益类毛竹林可持续经营技术	格日勒图	富阳市科技局鉴定	1月
10	马褂木磷营养高效利用种源选择及共生菌根研究	周志春	福建省南平市科技局评审	1月

表科技论文79篇；参与出版专著3部；授权国家发明专利1个。主持完成《富阳市林业中长期发展规划(2006～2020年)》、参加《浙江省现代林业发展战略》制定工作。

至年底，全所在职人员154人，离退休人员117人。在读研究生89人；2006年晋升研究员1名、副研究员1名；新增博士生导师1名、硕士生导师3名。

【参加2006年浙江农业博览会】 11月23～27日，省人民政府在杭州和平国际会展中心举行2006年浙江农业博览会。在浙江省林业厅产业办牵头组织下，亚热带林业研究所（以下简称“亚林所”）参加此次农博会。参展期间，发放各种宣传资料1000余份，接待新老顾客200余位。浙江电视台《新农村》频道报道亚林所参展情况，《民生休闲》频道1818栏目专门采访并拍摄松花粉产品。

【贾治邦视察亚林所】 3月18日，国家林业局党组书记、局长贾治邦在浙江省副省长茅临生等陪同下视察亚林所。亚林所所长王浩杰向领导汇报亚林所的科技创新平台建设；强化自主创新，为国家林业重点工程建设；加快科技成果转化，为新农村建设提供科技服务；“十一五”期间的主要科技攻关等情况。贾治邦听完汇报后就林业科技发展提出要求，并视察了亚林所“亚热带林木培育”部级重点实验室。

【浙江省油茶低产林改造现场会在亚林所试验基地召开】 4月27日，浙江省油茶低改现场会在亚林所试验基地——浙江省建德市霞雾农业开发中心有机油茶试验基地召开。全省油茶主产区的林业局和企业代表110人参加大会。会上，亚林所所长王浩杰作《油茶产业现状与技术策略》主题报告，全面介绍中国油茶产业发展历史和现状。会后，代表们参观试验示范林，对油茶低产林分通过技术改造应用转变为有机栽培方式和效果给予高度评价。

【参加浙江省第三届林业科技周】 9月6日，亚林所所长王浩杰、副所长姜景民等带17名科技人员参加在江山举办的“浙江省第三届林业科技周”活动。在浙江省林业科技合作签约仪式上，所长王浩杰分别与丽水市林业局、龙泉市林业科学研究所、慈溪市人民政府的代表签署《丽水市与中国林业科学研究院亚热带林业研究所开展全面林业科技合作协议》、《共建龙泉林木育种基地协议》、《浙江省慈溪市人民政府与中国林业科学研究院亚热带林业研究所林业科技合作协议》3个协议书。

在浙江省林业科技与新农村建设专家论坛上，研究员姚小华和高级工程师方敏瑜分别作“油茶产业发展意义及其技术进展”、“以发展生产为基础，加强农村环境建设”的大会报告。在全省林业科技特派员座谈会上，副所长姜景民汇报亚林所科技特派员的工作，副所长姜景民等4位专家组成的林业科技下乡小分队，在江山市张村乡举行“油茶产业发展报告会”，经济林专家王开良向80余位农民朋友作“油茶产业化现状和主要技术进展”的报告，发放200余份资料，并进行现场答疑；会后和省林业厅吴鸿副厅长等一起，到青湖镇和睦村的油茶山进行现场技术操作示范和培育技术指导。

【科技特派员】 全年选派5名省级科技特派员分别入驻黄岩区屿头乡、天台县雷锋乡、三门县花桥镇、缙云县石笕乡和磐安县窈川乡，通过现场技术指导会、技术培训等方式实现对贫困乡镇的“科技帮扶”和“服务三农”。5月，亚林所被浙江省委、省政府授予“浙江省科技特派员工作先进单位”荣誉称号；5月24日，浙江电视台《公共·新农村频道》记者到丽水缙云县石笕乡专题访问了亚林所经济林专家、省级科技特派员王开良；6月22日，浙江电台《海楠说农村》栏目播出亚林所特派员谭梓峰和杨志玲夫妻在磐安县富明乡窈川乡科技扶贫的事迹。

【国际交流合作】 6月30日，美国弗吉尼亚大学遗传学教授到亚林所进行学术交流和工作访问；8月7日，台湾新竹市茶花考察团一行6人访问亚林所山茶植物园；8月30日，澳大利亚CSRIO林业与林产品研究所首席科学家吴夏明博士到所进行学术交流；10月8～17日，美国南卡罗来纳州大学、澳大利亚天堂苗圃、澳大利亚西悉尼大学、日本名古屋椿文化研究所等8名专家和学者先后到亚林所考察山茶植物园。全年共培训外国留学生2名。

9月，亚林所所长王浩杰到北欧三国考察城市林业。9月2～13日，中国林科院首席科学家、亚林所首席专家傅懋毅到孟加拉和斯里兰卡参加CFC（共同商品基金）项目考察。12月，研究员傅金和与周本智赴埃塞俄比亚开设竹业技术培训班。全年还有6名专家分赴德国、肯尼亚、乌干达、坦桑尼亚、印度尼西亚、吉隆坡参加国际会议或培训。（王　莉）

·第七一五研究所·

【概况】 全年承担科研生产任务130余项，其中预研及技术基础课题61项，研制项目20项，生产任务41项，创新项目8项。交付国家重点产品设备29台（套），全面完成国家下达的任务。全所完成科研生产总收入3.74亿元，比上年增长18%。

科研生产条件进一步得到改善，123#产品装配调试车间完成验收并投入使用；水声计量技术基础专项建设完成投资并通过验收；后勤综合服务楼顺利建成并实现运营。湖上试验中心建设项目试验平台完成招标，正式开工。

七一五所被中国船舶重工集团公司评为“十五”预先研究先进单位和老干部工作先进集体。

【科学研究】 全年申报预研项目39项，9项获得立项；申报支撑技术项目11项，8项列入立项；上报863计划申请书20项，8个项目立项；申报技术基础课题4项，2项立项。组织开展国家自然科学基金项目“高声强聚焦超声非线性特性研究”的论证，提交申请书。组织开展国际海底区域研究开发“十一五”项目库课题论证工作。上述研究任务已开始前期研究，均按计划节点完成年度任务。

【产品开发】 组织完成地面数控生产测试系统和地面数控射孔系统升级改进。完成恒功率双侧向测井仪、高分辨率双感应测井仪，以及两型生产测井仪等产品的开发研制工作。完成大功率电力模块20KHz超声焊接电源原理样机、珩磨机研发用超声电源、换能器、超声振子铝结构件特殊清洗工艺改进等工作。X-Y井径仪、双腔式电动释放器、正交偶极子声波测井仪等新产品的研制工作取得阶段性成果。

【科研成果】 完成“超宽频海底剖面仪”等3项国家“十五”时期863计划项目的验收和成果鉴定，以及其它3项技术基础科研项目的成果鉴定；4项科研成果参加中国船舶重工集团组织的北京“十五”时期预研成果展。全年申报科技奖励项目16项，9项获得省部级科技进步奖，其中一等奖1项、二等奖2项、三等奖6项。

【外事和引智工作】 全年有9个团组共23人赴英国、澳大利亚、德国、巴基斯坦等国考察和培训。接待共11批27人次外国专家到所讲学，扩大对外技术合作和交流，引进国外智力工作成效显著。

【知识产权和专利工作】 继续开展“知识产权推进工程”工作，按要求完成集团公司组织的验收，开展专利战略研究，撰写“相控阵声学海流剖面仪”专利战略研究报告并通过验收。2006年申请专利15项，均获得申请号，其中4项新型实用专利获得专利授权。

【人才培养】 委托哈尔滨工程大学开办工程硕士班，以及委托杭州工商大学开办的企业管理研究生班顺利结业。19名学员获得工程硕士学位，30名学员获企业管理研究生班结业证书。全年接收129名大中专毕业生入所工作，人才队伍知识结构和年龄结构进一步改善。1人获得国务院政府特殊津贴，1人当选国防科技工业有突出贡献中青年专家，4人入选国防工业511人才工程，7人入选浙江省151人才工程，18人晋升高级工程师任职资格，30人晋升工程师任职资格，1人取得高级技师资格，1人取得技师资格。至2005年底，所攻读博士学位学生6人、硕士学位学生29名。

（赵辉茂）

【责任编辑　雷　君】

文 化

·综 述·

【概况】 全年组织举办各类大中型群众文化活动200余场次，参与人数10万多人次。全市乡镇、街道设有文化体育服务中心25个。至年底，市文化广电新闻出版局（简称“文广新局”）直属事业单位5个，在职人员123人，其中高级职称14人，中级职称35人。全年市财政用于文化事业经费1564.2万元，比上年增加210万元，增长16%。1月13日，省人民政府命名富阳市为“浙江省文化先进县（市、区）”。4月11日，举行富阳市第三届公益文化项目合作签约仪式，签约文化项目24个，达成合作资金234.7万元。6月20日，国务院（国发〔2006〕18号）文件公布“富阳竹纸制作技艺”为首批国家级非物质文化遗产名录。

【创建全国文化先进县（市）动员大会】 3月1日，市委、市政府召开创建“全国文化先进县（市）”动员大会。省文化厅副厅长金庚初、杭州市文广新局局长陈建一与会。富阳市委副书记、市长戚哮虎代表富阳市委、市政府在会上提出要在2007年创建成为全国文化先进县（市）的目标。

【庆祝越剧百年华诞暨陈书君艺术研讨会】 7月11日，市文广新局举行庆祝越剧百年华诞暨陈书君艺术研讨会。省政府特聘顾问、浙江大学基金会主席张浚生，剧作家钱法成、胡小孩、沈祖安、胡效琪、包朝赞等出席。中共文化部党组成员、中国艺术研究院党组书记曲润海，中国剧协顾问郭汉城题词祝贺，表演艺术家徐玉兰、梅葆玖等发来贺电。

【富春宗谱研究会成立】 11月12日，浙江省首家宗谱研究会——富春宗谱研究会成立。国防大学少将张际春，南京大学博导、哲学系主任、哲学家李书有，浙江古籍研究所博导束景南，同济大学教授宗汉明等专家、学者100多人出席。市政协主席胡志坚到会祝贺并讲话。

【非物质文化遗产保护】 3～5月，市文广新局开展民族民间艺术普查、复查工作，对全市23个民间造型艺术、31个民间表演艺术、2个民俗事像等非物质文化遗产项目进行建档。12月，市政府公布第一批非物质文化遗产名录，其中有民间舞蹈“跳仙鹤”、“龙舞”，传统手工技艺“竹纸制作技艺”、“纸伞制作技艺”，民间音乐“古亭乐舞”，民间美术“壁画”，民间文学“朱三与刘二姐”等14项。是月，在杭州市政府公布第一批非物质文化遗产名录中，富阳市的民间文学“孙权传说”，民间音乐“富阳丝竹锣鼓”，传统手工技艺“常绿纸伞制作技艺”等7项非物质文化遗产被列入。灵桥镇被列入杭州市首批民族民间书画之乡，朱德钧被列入民族民间书法艺术家。

【富阳竹纸制作技艺入选首批“国遗”】 6月2日，国务院公布首批国家级非物质文化遗产（简称“国遗”）名录，富阳竹纸制作技艺入选。

2005年9月，富阳竹纸制作技艺和华宝斋雕版印刷被列入省第一批国家级非物质文化遗产代表作申报名单，单由省文化厅向文化部正式递交申报书。

（柯士成）

·专业艺术表演团体·

【杭州越剧院三团】 全年赴富阳市农村及温州、台州、绍兴等地巡回演出270余场，观众达80多万人次。7月，为纪念中国越剧诞生100周年，举办“陈书君表演艺术研讨会暨陈书君代表作演唱会”。是月中旬，该团保留的优秀传统剧目《春草闯堂》、《徐九斤升官记》、《御河桥》等与浙江影视传播出版公司合作制成舞台演出碟片，并发行上市。10月，编排越剧表演唱《富春四季》参加杭州市世界休闲博览会演出。并配合市科协编排越剧表演唱《计划生育好》参加杭州市参赛获优秀演出奖。

【《十八双绣花鞋》参加首届中国越剧艺术节汇演】 3月28日，杭州越剧院三团新编家庭伦理剧《十八双绣花鞋》参加杭州“西湖之春艺术节”汇演，分别获得优秀导演、演出、作曲、舞美设计、灯光设计等13个奖项；夏利群等4人获优秀演员奖，冯轶辉获优秀青年演员奖，胡国华获优秀主胡奖。10月22日，该剧参加由国家文化部举办的首届中国越剧艺术节演出获铜奖，这是该团50多年来首次参加的全国性大型赛演。（夏富笙）

·群众文化·

【概况】 全年举办各类文艺演出200余场次，美术、书法、摄影比赛40余次，新故事、中小学散文、群文理论等征文比赛12次。

市文化馆全年对外开设少儿舞蹈、古筝演奏、电子琴演奏、少儿书法、文学创作、摄影技能培训班，共12期，学员1050名；到基层企事业单位、乡镇（街道）、社区、农村辅导文艺节目36次。姜建林的国画《空谷》荣获第九届全国美展银奖；徐昌平《惠安女》获“首届中国百姓衣锦”全国摄影大展优秀奖；王蓉珍《山村台球热》、徐昌平《春风得意》在北京中华世纪坛展出。赵姝参加中央电视台《梦想中国》栏目总决赛获第六名；吴稚蒿国画《佳山无数在江南》、《满川风雨看潮生》分别入展“2006年长三角文化周部分城市优秀群文书画邀请展”和“2006年浙江省中国画大奖赛”获优秀作品奖；葛伟的《公益文化推介会的实践和启示》发表在《中国文化报》上；孙学君的《富阳市整合盘活文化资源的实践和思考》获全省基层文化建设论坛一等奖；应秀玉的《刀锋上的夜晚》获2006年浙江省廉政故事大奖赛三等奖；合唱《春江水灯》获“杭州西湖合唱节”金奖。陈志炎被评为第二届“杭州市民间工艺大师”，高波、刘启武入选“杭州市民间工艺师”。湖源的曹岐山家庭在杭州市首届“欢乐农家”总决赛中获第一名。

【廉政文化进农村】 8月中旬，廉政文化进农村“清风润乡村”专场文艺演出分别在高桥、灵桥、新登镇等地举行。此次活动旨在用文艺演出的形式营造廉洁奉公、清廉为荣的社会风气，为建设社会主义新农村提供生动活泼、寓教于乐的廉政文化服务。

【第三届乡镇（街道）文艺汇演】 9月8日，市第三届乡镇（街道）文艺汇演开始，历时一个月。全市25个乡镇（街道）的81个文艺节目分别在富春街道、春江街道和新登、场口、大源镇5个演出点进行专场演出，参演人员1200多人，观众逾3万人，共评出金奖5个，银奖10个，铜奖10个，优秀表演奖10个，6个单位获组织奖。9月29日晚，选调部分获奖节目在东吴广场举行“祖国在我心中——富阳市庆祝新中国成立五十七周年暨‘建设杯’乡镇（街道）文艺汇演”。

【首届越剧戏迷擂台赛】 11月4日，首届“受降杯”越剧戏迷擂台赛在富阳影剧院举行。省内外130多名越剧爱好者角逐，余杭区的徐芳芳夺得总擂主，富阳市受降镇的言文娟当选“人气王”，其余10名选手被评为“越剧十佳名票”。

【迎新年综艺晚会】 12月29日，新年大型文艺晚会在市体育中心举行。晚会特邀南京市歌舞团作为演出班底，节目有歌曲、舞蹈、相声等，安又琪、郜正宵等歌星到富阳献艺。（方仁英）

·图　书·

【概况】 市图书馆全年接待读者19.8万人次，书刊外借17.9万册次。专项购书经费30万元，新购图书10934册、10213种，电子读物 1617张、108 种，订购报刊489种。至年底，藏书15.2万册。

全年举办各类读者活动24次，参加人员2.5万人次。其中影响较大的有“‘浙江大同建设杯’我的家乡征文活动”；“‘服务新农村　我献一本书’捐书活动”。全年开展送书下乡活动到17家基层图书室，共捐赠书刊1.1万册。

【馆舍维修】 7月，市图书馆门厅上方花岗岩出现脱落，产生严重安全隐患。9月7～30日，实行闭馆整体维修，对馆舍门厅、南立面外墙、二至四楼护栏和顶棚钢架等部位进行维修和改造。10月1日，维修工程顺利完成，继续向读者开放。

【“党的知识”竞赛活动】 5月22～24日，由市纪检委、市文化广电新闻出版局、富阳广播电视台联合主办，市图书馆承办的“富阳市党员干部党的知识竞赛”在富阳广播电视台演播大厅举行。全市25个乡镇（街道）、市直系统和部分非公有制企业等单位的36个代表队参赛，经7场预赛和决赛，市经贸系统代表队获一等奖，富春街道和市发改系统代表队获二等奖，富春江集团、场口镇和灵桥镇政府代表队获三等奖；富春街道、富春江集团和经贸系统获优秀组织奖；刘美玲、周佳平和盛金武等获优秀选手奖。

【富春书屋建立】 年初，市图书馆为加强特色馆藏建设，更好地收集、整理、利用和保存富阳市地方文献资料，向全国富阳籍知名人士、学者发出文献征集函。征集的范围包括富阳籍人士创作的各类专著及手稿、画册、字画、光盘等。至年底，征集到郁风、何满子、徐玉兰、麦家等富阳籍知名人士的各类文献2130余册，集中陈放在馆内新建立的“富春书屋”，供市民查阅。

【郁达夫研究资料库成立】 12月4日，在现代著名作家、革命烈士郁达夫诞辰110周年之际，“郁达夫研究资料库”揭牌仪式在市图书馆举行。在揭牌仪式上，市领导向蒋增福、徐政等12位“郁达夫研究资料库”志愿者颁发证书；并为“郁达夫研究资料库”揭牌。郁达夫研究爱好者、收藏家徐政向“郁达夫研究资料库”捐赠郁达夫珍贵手迹。

“郁达夫研究资料库”收集2000～2006年发表在各种刊物上的相关郁达夫学术论文全文电子版500余篇的资料，编制电子版《郁达夫研究资料索引(2000～2005)》，征集、购买郁达夫文献近千册。

（方健）

·文　物·

【考古与保护】 2月，市文物馆协同省文物考古所勘察清理场口镇田畈村的史前文化遗存，发掘出土松泽文化晚期石鉞1件，三孔石刀1件。3～4月，在杭州市考古所的协助下对富阳市部分房产项目和公路建设工程进行前期考古调查。

在省古建筑设计研究院和新登镇政府的支持下，市文物馆调查省级文保单位——联魁塔。至6月底，完成《浙江省文物保护单位富阳市新登镇联魁塔维修设计方案》的编制，上报省文物局审批。按照“修旧如旧、不改变文物原状”的原则，市文物馆全面维修市级文保单位——小剡李氏宗祠。历时6个月，于11月底完工。10月，遵照省文物局要求，完成259件三级以上馆藏文物的建档工作。全年共征集文物31件。

【陈列与利用】 3月15～19日，完成“孙晓梅烈士纪念馆”的陈列布展工作。10月，修缮郁达夫故居整体建筑。11月，重新调整和补充故居内的陈列。双烈园、郁达夫故居、受降厅、蒋忠烈士墓、塔山烈士陵园等爱国主义教育基地全年接待参观者6万余人次。

【古民居普查】 7月开始，市文物馆组织有关人员分片分组全面普查富阳古民居（含古塔、古桥、牌坊、古墓）状况。历时2个多月，走遍25个乡镇、街道的200多个村落，实地考察古民居135处。记录每处古民居的地理环境、历史沿革、建筑风格以及其他相关史料，文字资料制成文本，照片资料制成光碟。（蔡乐群）

·广播电视·

【概况】 全年围绕市委、市政府阶段性工作重点，先后推出“关爱基层八下乡”、“直通‘两会’”、“实践三个代表重要思想，保持共产党员先进性”、“走进新农村”、“知荣辱，树新风”、“快乐黄金周，休闲乡村游”、“创建生态富阳，发展生态经济”、“融入大杭州，建设新富阳”、“纪念郁达夫诞辰110周年”、“市第十二次党代会”等为主题的系列报道。共播发广播电视各类消息8480多条，专题314期，没有发生政治性差错。

全年新发展宽带用户3179户，至2006年底，全市有宽带用户12451户。

在富阳“首届名栏目、名记者主持人”评选活动中，广播类的《新闻随身听》、电视类的《富阳新闻》和《富春大地》被评为“名栏目”；电台主持人沈甜甜、电视新闻播音员李楠、节目制片人王涛被评为“名记者主持人”。记者许哲军获杭州市2006年度十大新闻人物奖和富阳市十大优秀人才奖。

【获奖作品】 在2005年度杭州广播电视政府奖评选

活动中，富阳广播电视台获奖等次、数量均列各区县市前列。其中电视新闻长消息《“文化超市”开起来 农民兄弟把戏选》、电视专题栏目《与文明同行》、文艺节目《郁达夫笔下的富春风情》获在杭州市广播电视政府奖评比中获一等奖，另有8件作品获新闻类、专题类、青少节目类、文艺类、播音主持类二等奖，8件作品获三等奖。《富阳为繁荣农村文化市场独辟蹊径》、《浙江首位跨国骨髓捐献者前往北京捐献骨髓》、《千余名集邮爱好者“受降厅”参观抗战遗址敲盖受降邮戳》在中央人民广播电台《华东新闻》优秀新闻作品评比中分获一、二、三等奖。广播文艺作品《边走边唱，富春江畔美如画》获得上海经济区新春文艺展播一等奖。在杭州市建设社会主义新农村好新闻评选中，新闻专题片《桃花谢了，乡村旅游如何继续》获一等奖，新闻《不让工业企业进门，新桐乡另辟蹊径发展经济》入选第四届杭州十大环保好新闻。

【栏目改革】 为更大程度上满足观众的需求，电视台投入资金70万元添置、改造采录编设备，聘请专业公司，策划制作片头、片花及栏目宣传片等，抽调、招聘人员组成新采编班底，实行制片人制，于5月8日晚，首播新增民生新闻栏目《9点看新闻》。《9点看新闻》周一至周五每晚9点首播。

2006年，电视台调整所有电视节目的编排和播出时间，统一节目长度为10分钟。重点改版社教类节目，《四季风》改为《新农村 新家园》，新增《法在身边》、《胖哥看市场》等新栏目，播出安排为每天一期。《富阳新闻》首播时间不变，重播定为20：45，社教类节目首播改为19：35，《9点看新闻》定为白天和晚上的9：00。调改后的节目编排更方便记忆，更符合收视习惯。

【对外宣传】 全年广播电视在中央台发稿42条，省市台发稿421条，通过周边县市新闻协作网、上海经济区新闻协作网播发各类广播电视新闻1400多条次，在美国斯科拉卫星电视网播出《老杨的古镇情结》、《江南的四季》、《方坑古桥》、《阳光灿烂的日子》、《徐秀桃的树皮画》等25部专题片。在杭州电视台综合频道《我们的新农村》栏目中播出《安顶种茶人》、《龙门油面筋》、《拔山炒茶比赛》等三部专题片。反映革命老区窈口文化生活的专题片《种子》通过杭州电视台和江苏电视台送往北美地区播出。

【事业发展】 编制完成《富阳广播电视业发展“十一五”规划》。投入60多万元建成虚拟演播室系统。投入120多万元添置摄录设备，改造完善非编网系统。投入10多万元用于干部职工的学习培训，组织全台采编、播音、技术线50多名人员参加浙江传媒学院的培训班。

【安顶山发射台投入运行】 4月，完成安顶山发射台的建设并投入运行。8月，安顶山广播电视发射中心远程监控系统建成并投入使用，该系统采用彩色红外一体摄像头、红外探头和八路全实时数字化视频采集卡等设备。值机人员可以通过5只摄像头送回的信号直接监看发射机房内外的情况，系统能自动保存7天的监控画面。该系统建成为广播电视台节目的安全播出提供保证。

【城区数字电视整体转换第一阶段结束】 9月15日，富阳数字电视有限公司在秋月、春秋、春晖等社区启动富阳市有线电视数字化整体转换工作。至12月25日，受理基本型16040户，增强型1721户。安装基本型12434户，增强型 1292户。整体转换后，基本交互型从原电视频道32套增加至64套。增强交互型，在64套电视直播基础上再增加电影、新闻等八大类点播节目。12月31日，数字电视整体转换第一阶段结束。

【大型电视专题片《追寻郁达夫》在杭举行首播发布会】 2006年12月6日是中国现代文学家郁达夫诞辰110周年纪念日。为纪念和追寻郁达夫的踪迹，市委宣传部、市文联、杭州电视台、富阳广播电视台联合制作大型电视专题片《追寻郁达夫》。

《追寻郁达夫》于5月23日开机，历时5个月的拍摄，片长约55分钟。该片全方位记录郁达夫的生活经历、战斗经历及遇害前后的主要事实。拍摄期间，摄制组从国内到国外，寻访拍摄郁达夫生活、战斗过的地方，通过走访大量当年生活在郁达夫周围的熟人，再现一个真实的郁达夫形象。

12月5日下午，市委宣传部、市文联、杭州电视台、富阳广播电视台在杭州电视台联合举行大型电视专题片《追寻郁达夫》首播发布会。同日晚，由市委宣传部、市文联、富阳电视台联合摄制的电视文献记录片《富丽悲壮的人生——作家、战士郁达夫》在富阳电视台首播。（章优达）

·富阳日报·

【概况】 2006年，《富阳日报》平均期发量2万份，出版313期，总发行量626万份。报业收入1100多万元。

全年有13篇作品获杭州新闻奖，其中，陆勇强采写的《没有永远的敌人》，徐丽亚采写的《妈妈想背儿上大学》、《爱生如子的方老师走了》，徐时松、朱啸尘、程晴等采写的《建设新农村 寻访经纪人》4篇作品获新闻类二等奖；陆勇强创作的杂文《人在江湖漂哪能不挨刀》获副刊类二等奖；另有5篇作品获新闻类三等奖，1篇作品获新闻论文类三等奖，1篇作品获摄影类三等奖。

【栏目改版】 3月7日，《富阳日报》报型加长，并调整版面和栏目。改版后的《富阳日报》按空间区域分为《镇街新闻》、《富阳新闻》、《省城新闻》、《中国新闻》、《世界新闻》等版面；按内容分为《封面新闻》、《时政新闻》、《社会新闻》、《资讯新闻》、《实用新闻》、《财经新闻》、《体育新闻》、《文娱新闻》等版面。改版后的《富阳日报》在《省城新闻》版，首次将版面冠以编辑记者的姓名，并挂上编辑的头像，作卡通化的设计。

【培育名专栏与名记者】 2006年，报社确定《小辣椒》和《春江两岸》为创品牌的重点栏目。《小辣椒》是社会新闻版推出的一个舆论监督类的视觉新闻栏目。该栏目获2006年集团十佳栏目提名奖。《春江两岸》专栏面向农村、服务"三农"，是新农村建设工程宣传报道的一个重要载体，设《新农村建设论坛》、《农民说事》等小栏目。该栏目在《富阳市十佳名专栏、名记者》评比中被评为名专栏。在加大名专栏创建力度的同时，报社还注重名记者、名编辑的培养。在《富阳市十佳名专栏、名记者》评比活动中，全市共评出5位名记者（编辑），富阳日报社占两席。

【《富阳日报》成立首个小记者团】 6月16日，《富阳日报》首个小记者团成立，聘请50位成员。记者团的成员从富阳日报主办的"富阳市小学生超级作文之星大赛"上评选出来。

【《报研》面世】 7月10日，《富阳日报》内部刊物——《报研》创刊号创办。《报研》是富阳日报社的一个综合性刊物，其宗旨：立足于报纸工作和报社建设的研究，传递上级精神，记载报社大事，介绍办报动态，提示报道要点，采撷员工花絮，交流采编业务，选登调研论文，开展报纸阅评，刊发读者建议，为《富阳日》报的新闻宣传和报业发展提供先导服务。《报研》暂定为季刊，设《报章要事》、《报社大事》、《领导意图》、《采编亮点》、《工作动态》、《员工花絮》、《调研论文》、《报纸阅评》等栏目。

【富阳新闻网正式开通】 10月31日，省人民政府新闻办公室批复，同意富阳市委宣传部整合富阳市的新闻资源，以杭州网为平台建立富阳支站（富阳新闻网），开展互联网新闻信息服务。富阳新闻网由富阳市委宣传部主管、富阳日报社主办。12月1日，富阳新闻网正式开通。该网汇集富阳的时政、经济、社会、人文等权威信息和国内国际的最新动态，设置有新闻、视频新闻、时尚、旅游、图库、教育、博客、论坛等综合栏目频道。

【注重新闻策划】 年初，报社提出强化新闻策划的要求，并把新闻策划纳入采编考核机制中，调动采编人员的积极性。全年推出"帮十位贫困孩子圆过年心愿"、"寻访农村经纪人"、"都市农业园"、"网上会客厅"、"富阳十大百姓新闻人物评选"、"人与树的故事"、"最后一个儿童节怎么过"、"酒后禁驾"、"爱生如子的方老师"等策划及其系列报道。通过策划，增强报纸与读者的互动。（刘小军）

【责任编辑 雷君】

卫　生

·综　述·

【概况】　全市有各类医疗卫生机构510家，其中：市属医疗卫生机构13家，乡镇预防保健所25家，卫生院21家（其中改制卫生院18家），社区卫生服务中心16家，行政村卫生室312家，厂矿企事业单位医务室38家，社会办医（疗养院、门诊部等）12家，个体诊所25家，外延性医疗机构48家。卫生技术人员2140人。有卫生技术职务2008人，其中高级职务119人（正高11人），中级职务759人，初级职务1130人。接收大中专院校毕业生80人，外地调入6人。

市财政卫生事业费投入7402.13万元，占财政总支出4.51%，人均卫生事业费108.8元，其中预算外拨款582.89 万元。年内在建项目2个，建筑面积5.75万平方米。

全年门诊病人188.91万人次，出院病人3.50万人次，实际占用总床数37.85万日，床位使用率70.25%。业务收入4.50亿元，其中药品收入 2.41亿元。

居民平均期望寿命78.27岁，其中男 75.82 岁、女 81岁。居民死亡原因顺序为：肿瘤、呼吸系统疾病、脑血管病、损伤和中毒、心脏病。

【治理商业贿赂】　4月起，开展治理医药购销领域商业贿赂工作。市卫生局成立治理医药购销领域商业贿赂领导小组，召开动员会议进行布置。开展反腐倡廉教育和“八荣八耻”社会主义荣辱观教育，进行一级对一级负责的谈话活动，讲明治理商业贿赂政策。明确自查自纠方式，公布交（退）款银行账户和期限。专用银行账户设立后，主动上缴不正当交易回扣款87人次，计13万余元。各医疗单位完善管理制度，落实医药购销中的相关规定，实行医疗服务信息公示制，规范医务人员执业行为，以纠正医疗卫生行业中的不正之风。

【公共卫生目标管理】　年初，市政府与乡镇（街道）签订公共卫生目标管理责任书，公共卫生工作中的社区卫生服务、新型农村合作医疗、食品安全、健康教育、爱国卫生、职业病防治、无偿献血等工作，列入乡镇（街道）年度发展目标考核。市卫生局年初下达乡镇（街道）防保所、社区卫生服务中心（卫生院）考核指标，开展半年度督查和年终考核，促使各项工作任务落到实处。加强公共卫生应急处置体系建设，市政府完善重特大传染病疫情、重大食物中毒事件、重大职业中毒事件、群体性不明原因疾病等应急预案。市财政投入50万元，购置医疗急救设备，提高应急救治水平。市卫生局成立5个乡镇、街道应急处置小组。年末，经杭州市考核组考核，富阳公共卫生工作走在杭州各县（市）前列。

表33　**2006年市属医院业务情况**

单　　位	开放床位（张）	卫生技术人员（人）	门诊病人（人次）	出院病人（人次）	实际占用总床日（床日）	床位使用率（%）	业务收入（万元）
市人民医院	442	513	426327	11328	123518	76.56	15150.73
市第二人民医院	138	235	146703	4140	42399	84.18	3921.69
市中医医院	70	214	327730	1389	15240	59.65	4763.78
市中医骨伤医院	240	281	151850	6295	80475	91.87	8730.67
市妇幼保健院	160	226	253886	7907	57814	99.00	5234.62
市第三人民医院	80	61	37947	389	16528	56.60	575.71
新登中医骨伤科医院	120	112	49862	1959	28787	78.65	2503.83
合　　计	1250	1642	1394305	33407	364761	81.23	40881.03

【农村社区卫生服务】 全市有21家乡镇（街道）社区卫生服务中心，其中新建5家。开展规范化社区卫生服务中心建设，鹿山街道社区卫生服务中心被省卫生厅确定为省级规范化社区卫生服务中心创建单位，春建、环山、胥口、永昌等4家社区卫生服务中心被杭州市卫生局确定为杭州市级规范化社区卫生服务中心。投入280余万元，为社区卫生服务中心添置医疗设备67件（套）。选派市属医院医生支援乡镇卫生院、社区卫生服务中心工作。实施农村卫生技术人员素质提高工程，举办乡村医生执业培训，全科医生和护士培训，举办卫生院院长、社区卫生服务中心主任管理知识培训班1期、农村卫技人员业务知识培训班3期。

【新型农村合作医疗】 3月，市政府出台《富阳市非医保居民合作医疗实施办法（试行）》，规定全市未参加城镇职工基本医疗保险的城镇居民均可自愿参加合作医疗，报销标准、范围等参照《富阳市新型农村合作医疗实施办法》执行，7月1日起享受新型农村合作医疗政策待遇。4月1日起，新型农村合作医疗信息化管理系统建成投入使用，市内定点医疗机构就诊可当场刷卡报销。鹿山街道和受降、永昌镇率先将合作医疗信息管理网络延伸到社区卫生服务站，当地农民可当场刷卡报销。实施农民“健康工程”，全年有26.95万位农民参加健康体检，体检率56%，建立健康档案22万份，建档率100%。查出病人数5.02万人，其中高血压2.37万人，糖尿病2824人，慢性阻塞性肺病2327人，肿瘤360人，肾炎1058人，胆结石9127人。全市有480565名农民参保，参保率96.39%。非医保居民15506名参保。至年底，有302779名参保农民在合作医疗报销中受益，受益率63%。合作医疗基金结余率0.14%。

【创建等级医院】 开展创建等级医院活动，5家市属医院提升医院等级。1月，市第二人民医院通过省等级医院评审委员会专家组评审，被省卫生厅授予二级乙等医院。4月，市妇幼保健院通过二级甲等妇保院评审。5月，市中医医院经省、杭州市医疗机构评审委员会评审，通过省二级乙等中医院评审。9月，市人民医院通过二级甲等综合性医院评审。12月，市精神病防治院通过二级乙等精神病专科医院评审。

·卫生保健·

【孕产妇系统管理】 市第二人民医院、市妇幼保健院组织人员下基层开展高危孕妇筛查，查出一般高危孕妇4498人，重度高危孕妇993人，发现重症高危孕妇38例，其中3例外地人。孕28周市级筛查4939人，筛查率96.7%，比2005年提高0.5%。

全年分娩产妇5108人，均为本地产妇，活产数5106人。住院分娩5108人，新法接生率100%，高危孕产妇住院分娩率100%。建围产期保健卡5090例，建卡率99.60%。其中孕12周建卡4760例，达93.15%；标准系统管数4415例，占活产数86.5%。全年无孕产妇死亡（已连续4年无孕产妇死亡）。

【妇女病普查】 全年妇女病普查8692人，疾病检查率36.08%。检出恶性肿瘤及癌前病变18例，其中宫颈病变16例，乳房癌1例，卵巢癌1例。

【计划生育技术服务和婚前保健】 全市各项节育手术16361例。全年婚前医学检查126人次，婚检率1.61%；检查出疾病20人，发病率占15.9%。

【儿童保健】 全市7岁以下儿童应检32807人，建档管理32805人，保健覆盖率99.99%。当年管理31811人，当年管理率96.96%；系统管理31034人，系统管理率94.60%。全年活产婴儿5106人。围产儿死亡45人，围产儿死亡率8.75‰；新生儿死亡12人，死亡率2.35‰；全年5岁以下儿童死亡35例，5岁以下儿童死亡率6.85‰；婴儿死亡33例，婴儿死亡率6.46‰。

儿童保健门诊41854人，查出疾病10192人，总患病率24.35%。其中佝偻病251人，贫血2566人，肺炎295人，腹泻1578人，营养不良756人。全市托幼机构卫生保健验收275家，验收率100%；合格248家，合格率90.18%。集居儿童应检21868人，实检21493人，受检率98.29%。

·卫生监督·

【食品卫生监督】 全市有持证食品生产经营单位8039

家（新发放卫生许可证1511家，其中综合性场所13家；换发卫生许可证1720家，其中综合性场所9家）。建档率100%。从业人员2.37万人，体检、培训率均为100%。

全年出动卫生监督执法5410人次，监督7521户次。监测各类食品、食（饮）具534份样品，合格475份，合格率88.95%。处罚违法食品生产经营单位442户次，罚款441户次，金额42.74万元；吊销卫生许可证1起，取缔无证食品店（摊）78家次；没收（销毁）违规食品1280余公斤，价值1.35万元。为休博会龙门分会场、党代会、高考等重大活动实施卫生保障24次，未发生食源性疾患。

市卫生监督所推行卫生监督执法"片巡警"制度、中小餐饮业食品卫生承诺制度、城区卤味业销售信誉卡制度。全面实行餐饮业卫生监督量化分级管理，完成全部1539家餐饮单位（食堂）食品卫生等级评定工作，其中A级单位9家、B级单位41家、C级单位1483家、D级单位6家。富阳市被省卫生监督所列入全省5个农村家庭聚餐卫生管理试点县市之一。全年发生细菌性食物中毒1起，15名病人中毒，无死亡病例。

【公共场所卫生监督】 全市有持证公共场所单位1319家（新发放卫生许可证313家，其中综合性场所13家；换发卫生许可证251家，其中综合性场所9家），消毒产品生产企业15家。建档率100%。公共场所从业人员5402人，体检、培训率均为100%，建档率100%。

公共场所卫生监督执法1350人次，监督1576户次。监测样本288份，合格277份，合格率96.18%。集中式供水单位2家，建档率100%，城市供水和二次供水卫生监测指标均符合国家卫生城市创建要求。生活性美容单位73家，建档率100%，公用物品监测143份，合格率97.2%。公共场所实施行政处罚48户次，罚款48户次，罚款金额3.39万元。

【学校卫生监督】 全市学校（幼儿园）推行卫生联络员制度，由学校有关人员担任卫生联络员，市卫生监督所卫生监督员为责任监督员，负责学校卫生及学校周边200米范围内食品卫生监督管理。出动学校卫生监督执法825人次，监督504家次，监测13所学校的教室人均面积、采光、照明、黑板、环境噪声等八个指标，处罚8家，罚款2.35万元。

【职业卫生监督】 全市申报职业病危害项目用人单位498家（含新增申报单位82家），其中职业病危害因素粉尘企业140家，涉苯企业188家，有毒有害气体企业39家，建档率100%。30138名劳动者中，直接接触职业病危害因素劳动者9254人。应体检3359人，实体检3047人，体检率90.71%。有15家用人单位委托技术服务机构对职业病危害因素进行检测、评价，测定184个点，合格172个点，检测合格率93.48%。放射性物质用人单位31家，放射工作人员87人、体检率100%。对300家接触粉尘、涉苯等职业病危害严重企业的法人负责人、职业卫生管理员进行职业病防治相关知识培训。实施行政处罚65户次，罚款6户次，罚款金额9.8万元。推行职业病危害因素告知制度，浙江春江轻纺集团有限公司、浙江富轮集团、杭州方圆塑机公司等3家企业被杭州市卫生局评定为杭州市职业卫生管理示范企业。市疾病控制中心取得省卫生厅颁发的建设项目职业病危害评价（乙级）资质证书，填补富阳市建设项目职业卫生技术工作历史空白。市卫生监督所被浙江省卫生厅评为2006年度浙江省职业卫生先进集体。

【医疗机构卫生监督】 对全市医疗机构实行建档监督管理。对传染病防治、非法行医等进行监督检查，出动900人次，监督1200家次。取缔无证行医店（摊）122家次，没收各类药品器械62箱（件），折合人民币10余万元，打击卫生违法行为。对民营医疗机构监督推行"四制"（检查评分制、结果公示制、季度例会制、广告跟踪制）管理。

·疾病预防·

【健康教育】 通过媒体宣传和各种培训，提高市民健康教育意识。拍摄《健康人生》专题12期，在富阳电视台播出卫生防病新闻11条，向《富阳日报》提供卫生科普稿件、新闻照片52篇（张）。对80名健康教育宣教员进行业务培训，在社区、学校、乡村举办各类讲座23次，组织各类送医下乡、健康宣传活动34次。开展卫生日宣传活动。在"3·24防治结核病日"、"4·

25计划免疫日”、“5·31世界无烟日”、“12·1世界艾滋病日”等活动日，开展健康宣传活动。在城区开展“夏夜广场健康促进”活动，提供医疗咨询近千人，发放宣传资料6000余份。

开展艾滋病防治健康教育工作。10月25日，举办“防艾知识进工地暨民工健康教育活动”启动仪式，市政府、市政协有关领导出席，为到场500余名建筑工人及现场群众播放《预防艾滋病》电影短片，分发宣传资料和避孕套3000余份。启动仪式后，在东洲、春江、高桥等建筑工地开展“防艾知识进工地宣传月”活动，对近2000名民工进行防艾知识宣传。12月1日，开展“遏制艾滋，履行承诺”大型宣传咨询活动，展出专题宣传版画，向群众发放宣传资料5000余份，发放避孕套4000只、艾滋病宣传扑克牌200副、VCD 30盒，免费为市民作HIV检测。12月2日，组织在校学生“预防艾滋，人人有责”现场签名活动，2000余名学生签名，学校组织40名志愿者向市民发放预防艾滋病宣传资料。

【传染病管理】 全年报告甲乙丙类传染病6582例，死亡2例（艾滋病1例、肺结核1例）。其中，甲乙类传染病13种2234例，死亡2例。报告总发病率331.90/10万，总死亡率为0.2971/10万。从传染病发病谱看，血源性及性传播传染病仍占主要位置，占甲乙类发病数的63.29%，肠道传染病占17.32%，呼吸道传染病占19.07%。传染病发病前5位依次是淋病、梅毒、肺结核、痢疾、乙肝。

全年完成113例传染病调查。市疾控中心每季度对市属医院进行传染病报告质量检查。上半年，对市属医院传染病漏报调查和肝炎、菌痢诊断符合率调查，传染病漏报率23.7%（35/148），肝炎诊断符合率96.4%（53/55），菌痢诊断符合率100%（45/45）。下半年，市属医院传染病漏报率8.33%(12/144)，肝炎诊断符合率97.56%(40/41)，菌痢诊断符合率94.36%(67/71)。对乡镇、街道卫生院（社区卫生服务中心）开展传染病漏报调查，上半年传染病漏报率85.7%(24/28)，下半年50%（22/44）。

【计划免疫】 全市完成38种生物制品接种工作，接种约6万余人次。

完成“四苗”接种5666人，覆盖率99.37%。其中，卡介苗99.77%，小儿麻痹糖丸三次全程合格接种率99.65%，“百白破”（百日咳、白喉、破伤风）三联疫苗三次全程合格接种率99.56%，麻疹疫苗初免接种率99.61%。

完成新生儿乙肝疫苗三针全程接种5667人，合格接种率99.39%；对2000年出生儿童进行加强接种，应接种对象5454人，接种5129人，接种率94.04%。麻腮风疫苗接种6210人，接种率97.96%。流脑菌苗接种6332人次，接种率96.25%。乙脑疫苗接种21723人次，接种率96.56%。麻疹疫苗复种8935人次，接种率96.95%。白破二联疫苗加强接种8936人次，接种率96.96%。脊灰疫苗第4次服苗4831人次，服苗率96.10%。对0月～47月龄儿童开展脊灰糖丸强化免疫活动，共服苗26610人，报告服苗率98.04%。

富阳作为国家级乙脑监测点，选定8个乡镇（街道），分别在4月、11月对健康人群的乙脑抗体水平进行监测。6月，在开展健康人群乙脑免疫水平调查的村庄设立蚊子观察站，进行蚊子种类、密度、季节消长等调查。全年报告免疫规划针对传染病4种17例。其中，麻疹9例（外地流入1例），新生儿破伤风3例（均为外地流入儿童，死亡1例），15岁以下乙肝3例，百日咳2例。报告病毒性脑炎病例12例，均于24小时内完成调查。

【地方病防治】 上半年开展春季查螺工作，对血吸虫病原流行区4个乡镇中的13个行政村开展查螺，共查135935平方米，未查到钉螺。下半年对原流行区的乡镇中学初中一年级新生开展新感染监测，共监测128人，其中1例血清学检查阳性，经杭州市疾控中心粪检为阴性。

在20家医疗单位开展“三热”（疟疾、疑似疟疾、不明原因发热）病人监测，共完成1312人次，发现2例疟疾(均为外地病例)。

全年检测加工场所、居民用户碘盐样本，碘盐监测100份，合格率98%。下半年对高桥、受降等5个乡镇开展碘缺乏病病情监测，共查中小学生300名，甲状腺肿大6例，肿大率2%，尿碘测定60人，尿碘中位数达132.80微克/升。在“5·18碘缺乏病”宣传日，开展“坚持食用合格碘盐，持续消除碘缺乏病”为主题宣传咨询活动。

开展地氟病防治，在丰、枯两期对湖源乡塔坞、厅基两地采集水样8份，经检验均合格。下半年对窈口中小13名6岁～13岁儿童进行氟斑牙检查，氟斑牙1例。对13名小学生进行尿氟检测，均合格。

开展布鲁氏菌病防治，依据《富阳市人畜布鲁氏菌病监测方案》，对辖区内2家奶牛场进行监测，对奶牛场从业人员进行试管试验22人，结果均为阴性。

【结核病防治】 全年接诊结核病人5968人次，其中初诊病人649例，初诊肺结核病人三次痰检率100%；确诊活动性肺结核病人437例，其中新发涂阳病人161例，完成省下达年任务数的116.7%。

严格执行免费查、治规定，免费提供抗结核药品81104.39元，免辅助检查（X光检查、肝功能检查、痰检查）费用 57759.2元，所有活动性肺结核病人均得到免费抗结核治疗及检查，治愈新发涂阳病人83例，满疗程治愈率89.67%，复治病人治愈率79.5%。对所有涂阳肺结核病人落实督导管理（医务督导、家庭督导），督导管理率100%。共追踪疑似病人107例，成功87例，成功率81.31%。各医疗单位报告、转诊疑似病人385例，到位365例，总到位率94.81%，归口管理工作高质量完成。

配合杭州市卫生局在龙门镇举行“3·24世界防治结核病日”宣传活动。

【艾滋病防治】 开展公共场所从业人员、劳教人员等高危人群监测，自愿免费咨询检测人数比往年增加。访视及督导艾滋病感染者、艾滋病病人。城区29家宾馆饭店放置安全套。星级宾馆安全套放置率100%。建立全市高危行为干预队，干预4个公共场所试点单位。市人民医院、市第二人民医院、市中医院、市妇保院完成创建艾滋病筛查实验室工作。全市累计发现艾滋病感染者及病人19例（外地流入本地11例），死亡1例。性接触传播9例、血液传播3例、母婴传播3例、不明原因4例。2006年新发现14例(其中病人3例)。

【慢性病防治】 乡镇以上医疗单位实行医院内科35

岁以上首诊病测血压制度，测压11.54万人次，测出3.64人万次血压超过正常值。市疾病控制中心制定慢性病防治工作规范，在城区秋月社区初步建立慢性病防治示范社区。开展示范社区限盐干预工作，完成示范社区随机抽样的400户居民基础调查和体检。开展肺癌、肝癌、胃癌、结直肠癌、食管癌、乳腺癌等6种常见恶性肿瘤的危险因素调查，完成134组对照调查。全年共报告慢性病病例中脑卒中1089例、冠心病119例、糖尿病1188例、肿瘤1527例，发病率分别为172.15/10万、18.81/10万、187.80/10万、241.39/10万。市疾控中心被省卫生厅评为浙江省2005年度卫生监测区先进单位。

【生活饮用水监测】 富阳、新登城区管网末梢水“三定”(定时、定点、定项)监测，全年采样17次，总合格率99.33%。开展枯、丰水期水质监测和城区二次供水监测工作，枯、丰水期水质监测合格率达100%，城区二次供水监测合格率85.94%。全年共检测农村饮用水261份样品，合格水样5份。对富阳城区多处山泉水监测，检测结果在《富阳日报》上公布。

·爱国卫生运动·

【爱国卫生】 继续巩固国家卫生城市创建成果，市政府下达任务分解方案，明确有关部门职责。开展爱国卫生先进社区考评和部门爱国卫生目标考核工作。城市非法小广告“牛皮癣”管理实行市场化运作，由专业清洁公司承包清除。结合全市文明施工年活动，市建设局、卫生局、综合执法局联合执法，改善建筑工地环境、食堂、厕所、民工宿舍卫生。第十八个爱国卫生月活动期间，开展环境卫生千人整治活动，市四副班子领导率千余名机关干部到卫生“老大难”区域进行清理；启动为期3个月的杭千高速公路富阳段沿线卫生整治，东洲、春江、灵桥、大源、环山、场口等街道、乡镇开展以清除露天粪缸(坑)、棚厕和垃圾为主的卫生专项治理。

开展各级各类爱国卫生创建活动，街道、乡镇进行爱国卫生对口检查，组织市人大代表、政协委员进行督查。对申报创建文明村的163个村进行卫生检查和指导。高桥镇获得由省爱卫会颁发的“浙江省卫生镇”称号，永昌镇获得杭州市爱卫会颁发的“杭州市卫生镇”称号，胥口镇、鹿山街道、里山镇获得市爱卫会颁发的“富阳市卫生镇(街道)”称号。富春街道鹳山社区、东洲街道白鹤村被评为“杭州市爱国卫生示范单位(村)”，富阳市新型农村合作医疗管理办公室等47个单位(村)被授予“富阳市爱国卫生先进单位(村)”称号。

【改水改厕】 市政府出台《富阳市农村水厂(站)水质管理办法(试行)》，实施安全放心水工程。完善水厂(站)消毒设施，严格自来水消毒，落实水厂水质分级管理，让广大农民饮用“安全放心水”。全年安装压力过滤器3台，二氧化氯发生器4台，氯缓释消毒器4台，投放浮筒缓释消毒器2646只，配置乡镇、街道余氯速测器125台。卫生部门每季度开展一次水质检测，全市452座水厂(站)，自来水余氯检测平均合格率96%。新建成里山镇安顶山村、胥口镇高练村、常安镇华村3座水站。新增饮用自来水人口1.29万人，农村自来水普及率96.2%。

市政府印发《关于进一步推进农村无害化户厕建设的实施意见》，实施粪便无害化处理工程。农户在审批新房与实施旧房改造时，要求建造三格式无害化厕所。各乡镇、街道开展建设改厕样板村工作，发挥典型示范作用。全年新增卫生户厕10733户；预制式三格化粪池1076只，建造公厕27座，卫生户厕普及率累计85.54%，无害化户厕比例累计49.58%。

【除“四害”】 继续推行城区公共环境灭鼠、灭蚊、灭蝇市场化运作，定期进行督查。邀请杭州市除“四害”(灭鼠、灭蚊、灭蝇、灭蟑)专家到富阳培训业务知识。专业技术人员每月定期定点对“四害”种群及季节消长规律监测。调查城区蚊、蝇孳生地及老鼠、蟑螂栖息繁殖场，筛选确定除“四害”药物。4～11月，城区开展降低蚊蝇孳生、繁殖密度工作。6～11月，专业消杀员入户2万余户居民住宅开展灭蟑。开展灭蝇、灭蟑达标复查迎检活动，10月，富阳市灭蝇、灭蟑先进城区巩固工作通过杭州市爱卫会复查验收。开展农村除“四害”工作，鹿山街道、胥口镇、里山镇被市爱卫会评为灭鼠先进镇(街道)，高桥镇被市爱卫会命名为灭蟑先进镇。

·医政管理·

【医疗质量管理】 市卫生局开展医疗质量管理年活动，制定医疗卫生单位年度综合目标责任制、临床合理用药、急救管理等文件。各医疗单位加强医疗质量和安全管理，改善就医环境，提高服务质量。继续实行检查结果通用制、医患沟通制、出院病人随访制、弹性工作制和处方外配制。市人民医院、市中医医院改善输液室环境，新辟儿童输液室，优化输液流程。完善120急救中心救护车标准配置，救护人员参加杭州市救治演练。对民营机构实行监管，实施检查结果通报制、每季例会制、医疗广告跟踪和综合评分管理制。全年取缔无证行医122家次，其中立案15家次，捣毁地下性病窝点3个。

【惠民医疗服务】 9月，市政府出台《富阳市惠民医院医疗救助实施办法》，确定市第二人民医院和市中医医院为惠民医院，其他各市属医院、建制乡镇卫生院和社区卫生服务中心为惠民医院网络医院。10月起对城乡低保人员、特困职工、农村五保户和城镇“三无”（无无合法证件、无固定住所、无稳定经济来源）人员实施医疗救助。公立医疗机构开设爱心门诊和惠民病床，困难人群和外来务工人员享受减免优惠。市属医院每门诊人次费用同比下降3.1%，减轻患者负担。规范药品、医疗设备招标采购，降低药品价格，药品让利2000余万元，设备采购节约170万元。

【精神卫生】 市精神卫生办公室利用各种宣传途径，普及精神卫生知识，提高市民心理素质。举行为期5天的二级网络精防医生业务培训班。组织人员对全市网络内监护病人进行访视，进一步明确诊断，确定管治等级。市财政投入24万元，为24名肇事病人和300多名贫困精神病人减免治疗。投入18万余元，为17名外来流浪病人系统治疗。7月，市精防院获取省司法厅颁发的法医精神病鉴定资格证书（“司法鉴定许可证”），成立富阳市精神病防治院司法鉴定所。12月，医院通过二级乙等精神病专科医院评审。全市有重症精神病人4105名，实施分级动态管理，监护率到98.5%，显好率78.1%，社会参与率72.3%，肇事肇祸率降低到0.05%，做到精神病人底子清、情况明、资料完整，无关锁病人。

【机构审批校验】 全年依法审批医疗机构9家，其中民营口腔医院1家，社区卫生服务站4家，个体诊所1家，厂矿医务室3家。完成医疗机构校验换证478家，其中市属医院10家，乡镇（街道）卫生院、社区卫生服务中心38家，卫生所（社区卫生服务站）44家，村卫生室311家，厂矿学校医务室38家，社会办医疗机构12家，个体医25家。依法办理医师执业注册235人，其中执业医师138人次，执业助理医师97人次。

·中医·

【概况】 全市有中医医院8所（包括中西结合医院），其中县级中医医院3所，设有中医科的综合性医院2所；中医个体诊所9所；中医（中西医结合）科研机构5家；国家级中医重点专科建设基地1

个，杭州市级中医专病基地1个。全市有中医执业医师和执业助理医师320人，以中医药知识为主的乡村医生33人。

【中医建设】 鼓励临床医师西学中，对西学中人员培训取得合格证书后，允许晋升中西医结合职称。举办中医、中西医结合继续教育学习班3期，培训250余人次。培养名中医师和农村中医骨干。推进中医药参与社区卫生服务，富春街道社区卫生服务中心（市中医医院）被省卫生厅确定为省中医药参与社区卫生服务示范单位建设项目，鹿山街道、受降镇社区卫生服务中心争创杭州市中医药参与社区卫生服务示范单位建设项目。市中医骨伤医院国家级中医正骨基地通过国家中医药管理局评估验收。市中医医院杭州市级胃病治疗基地得到巩固。市人民医院中医科被杭州市卫生局确定为杭州市级示范中医科创建单位。新登中医骨伤医院杉树皮外固定治疗骨折技术被省中医药管理局确定为全省推广实用小技术。

·医教科技·

【医学教育】 严格执行继续医学教育与晋升职称挂钩规定，加强继续医学教育学分管理。完成中高级卫技人员远程教育和网络教育279人，中高级卫技人员继续教育覆盖率100%，学分完成率95.6%。全年医务人员参加外出进修培养55人。

【科技兴医】 全年立项科技项目8项，完成5项。发表各类医学论文196篇，其中1级期刊49篇，中华系列杂志3篇，各类优秀论文奖22篇。科技项目7个分获富阳市科技进步一、二、三等奖。市人民医院朱水根、闻立平等主持的《腹腔镜直肠癌手术的临床研究》课题，被杭州市卫生局评为杭州市医药卫生科技创新奖三等奖。朱水根等撰写的论文《腹腔镜直肠癌外翻切除吻合器吻合疗效分析》，被杭州市人民政府评为第十二次杭州市自然科学优秀论文三等奖。市属医院5项科研课题经评审，达到国内先进水平。市中医骨伤医院张亚军等主持进行的“手法整复杉树皮外固定结合皮牵引治疗小儿股骨干骨折”科研技术，被国家中医药管理局作为全国首项中医实用技术录制成光盘向全国推广发行。市中医医院沈玉明、市人民医院唐卫东、倪建国等被市总工会聘会职业技能带头人。市中医医院王文文获得富阳市“十佳人才”和“富春十杰青年”荣誉称号。

·红十字会·

【概况】 春节前，慰问上官等8个乡镇的103户贫困家庭，慰问金支出3.48万元。对常绿等5个乡镇下拨运动鞋、服装等物资。对患有重病部分特困户进行困难补助，计0.8万元。对外地民工较多的富阳化工厂救助价值0.95万元的服装等物资。南方六省遭受强台风袭击后，市红十字会募捐8.43万元，通过杭州市红十字会援助。利用每周三流动献血点开展志愿捐献造血干细胞入库活动。全年完成284人，累计718人，初配成功5人。完成遗体、器官捐献登记14人。省红十字会授予富阳市红十字会“造血干细胞捐献者资料工作突出贡献奖”称号。全年培训机动车驾驶员初级卫生救护培训7000余人次。对企业职工、消防官兵、学校师生中开展卫生培训。组团代表杭州地区参加省红十字会组织的救护师资竞赛。

【献血】 利用灯箱、醒目广告、新闻媒体和每周三流动献血点开展无偿献血宣传工作。全年组织集中献血10次，献血1751人次；流动采血车采血53次，献血4716人次，动员30人次到省血液中心机采血小板。累计献血6497人次，采血总量约129.94万毫升，无偿献血占临床用血比例达100%，有效保证富阳市临床用血需求。用血者报销输血费90人次，计5.74万元；返还用血互助金222人次，计35.40万元。2006年5月，富阳市被浙江省人民政府授予2004～2005年度无偿献血先进县（市、区），44人被省献血工作领导小组评为2004～2005年度浙江省无偿献血奉献奖。

（骆关水）

【责任编辑　蒋虹瑶】

体　育

·综　述·

【概况】　2006年，市体育局围绕“一个目标，九个抓”的工作思路，加强体育组织、体育设施、体育活动、体育队伍、体育宣传、体育档案等六大建设。制定《富阳市贯彻〈杭州市全民健身条例〉实施细则》，各乡镇街道制定出台《全民健身工程建设管理办法》。全市开展游泳、篮球、乒乓球、棋类、长跑、登山、跳绳、健身走等大型群体活动235次，参与人数十多万人次，其中市级22次、协会89次、乡镇街道124次，比上年增加60多次。全年向省体工队输送运动员4名，向杭州市少体校输送运动员13名。在第十三届全省运动会上获金牌22.5枚，排名第十三位。在浙江省体育传统项目学校田径运动会上获团体总分第一名，取得浙江省无线电测向团体总分第三名。在杭州市残疾人运动会上获奖牌榜和团体总分两个第二，获省老年人柔力球比赛第二，获省残运会金牌6枚。学校业训基地建设和传校工作不断得到加强，各传统项目学校共培养二级运动员16名，获得金牌25枚。富春五小、春江中小、富春三中被新命名为富阳市田径、足球和田径传统项目学校。高桥、渌渚、常绿、永昌、大源5个乡镇通过浙江省体育强乡镇，胥口、上官、鹿山、春江、东洲通过杭州市体育强乡镇和体育先进街道工作考核验收。至年底，全市有杭州市级以上体育强乡镇和先进街道12个，富阳市体育先进村26个，富春街道、新登镇被浙江省老年体协命名为全省首批小康型老年人体育街道（镇）。市老年体协获“浙江省老年体育工作先进集体”称号，市体育局获杭州市“竞技体育突出贡献奖”称号。

全年体育画廊刊出4期、220幅图片。《体坛风采》发行5期、1.3万份。富阳电视台制作播放体育专题片2部，制作展览体育图版70多块，制作体育画册500本，在城区显要位置新建体育公益广告15幅，计1000余平方米。全年向《中国体育报》、《钱江晚报》、《体坛报》等媒体发表各种体育报道60多篇。征订《体坛报》678份。

【富阳成为浙江省体育强市】　2004年，富阳市提出“创建省体育强市”目标。此后，全市加强体育工作，积极开展创建活动。2006年3月，召开创建省体育强市工作大会，成立“创建省体育强市”领导小组，下发创建省体育强市实施意见。先后投入600万元，用于农村健身工程。至2006年底，全市100%的社区建有健身苑点，60.3%的行政村建有健身点或篮球场和乒乓室。全市共建健身苑点263个、篮球场289个、体育活动室211个，611个行政村中369个村体育设施达到省标准，其中受降、永昌两镇健身设施覆盖率100%，高桥、渌渚、春江、常绿、上官、春建等乡镇达80%以上。开展全市体育强乡镇（街道）和体育先进村、先进社区创建活动，2006年评选出体育强乡镇5个（其中富春街道被评为省级体育先进街道），体育先进村26个，体育先进社区7个，推动了创建活动的开展。全年还举办各种竞赛活动200多次，中国门球冠军赛、西湖休闲博览会横渡富春江游泳邀请赛、中美男子篮球赛等，全市经常性参加体育活动人数29万人，占全市总人口45%。体育用品制造业发展迅速，赛艇、皮划艇远销40多个国家和地区，“无敌”牌赛艇入选雅典奥运会；2004年，被中国工业经济联合会授予“中国球拍之乡”称号。2004～2006年，财政投入体育事业经费近1200万元。11月，通过“创建省体育强市”验收。12月，省政府命名富阳为“浙江省体育强市”。

【完善体育中心设施建设】　市政府投入2200万元，完成体育中心二期工程建设。二期工程占地5公顷，包括1个400米标准塑胶跑道田径场、3片地掷球场、1个有60件器材的健身苑，建成后免费对市民开放。2006年又建成2个标准网球场，进一步完善体育中心的场地设施。

·学校体育·

【概况】　全市中、小学校全面开展学生体育健康标准测试。全年中小学生参加杭州市级以上各类比赛8项次，共有15支代表队，220名运动员参赛，共获团体冠军5个、亚军1个、季军3个；金牌48.5枚、银牌32枚、铜牌32枚，总奖牌121.5枚。在杭州市中小学田径运动会上，高中组和初中组分获团体总分第一名，小学组获团体总分第三名；在杭州市小学生篮球比赛中，获男子团体第一名、女子团体第二名；在杭州市小学生乒乓球比赛中获团体总分第三名。皮划艇运动员孙杰取得2006全国赛艇皮划艇男子轻量级单人2000米锦标赛金牌1枚、银牌2枚；体操运动员华睿雪、艺术体操运动员赵依恒、帆船运动员孙妙玉被评为杭州市优秀运动员，华睿雪在13届省运会上获4枚金牌、1枚银牌，被《富阳日报》评为2006年度十大新闻人物。

【举办第35届全市中小学田径运动会】 11月1～12日，市第35届中小学田径运动会在市二中田径场举行，分高中组、初中组和小学组3个组别，64支代表队、587名运动员参加比赛，其中18名运动员达到国家二级运动员标准，65人达到国家三级运动员标准。比赛设跳高、跳远、铅球等7个田赛项目和60米、100米、800米等10个径赛项目及三项全能、五项全能，共有20人打破15项记录。其中富春中学的叶吉吉打破沉寂14年之久的高中女子400米记录，市职高钭文科以13.79米的成绩打破高中男子铅球记录，富春中学董芳敏和郁达夫中学丁玲玲、朱倩琳分别以1.58米和1.50米打破初中女子跳高记录，富春四小、富春二小、市实验小学、富春五小、富春三小、高桥镇小分获小学组团体总分前六名；郁达夫中学、富春中学、富春三中、高桥镇中、新登镇中、永兴学校分获初中组团体总分前六名；富阳中学、富阳二中、富春职高、城镇职高、市职高分获高中组团体总分前五名；富春三小、高桥镇小、万市镇中、受降镇中、富春职高获"体育道德风尚奖"。

【参加杭州市"祥龙杯"跆拳道比赛】 12月3日，市少体校跆拳道培训中心选拔9名运动员组队参加杭州市"祥龙杯"青少年跆拳道比赛，4人获各个级别的冠军，3人分获二、三、四名。

【富春三小射击队杭州夺冠】 2006年杭州市小学生射击锦标赛4月23日在临安市少体校举行。全省各县市的16所学校参加比赛，富阳市少体校训练点富春三小射击队以633环的总成绩荣获杭州市团体总分第一名，徐志获男子组第一名，叶莉莎获女子组第一名。

【举办全市小学生乒乓球赛】 2006年"华辰超市杯"全市小学生乒乓球赛5月20日在市体育中心结束。富春二小、常安镇小、永兴小学、青云片、龙羊辅导学校等全市体育传校的近90名学生选手参加，永兴小学等8所学校获男子团体前八名，富春二小等8所学校获女子团体前八名，富春三小汤泽、永兴小学王寒俊、二小陈炫宇等获男子组前六名，永兴小学汪珂、二小沈醉梦、张弋获女子组前六名。

【市少儿"三棋"公开赛】 10月2～7日，富阳市少儿"三棋"公开赛在富春二小举行，参加比赛的有全市20余所小学、幼儿园，370名小棋手，经过6天24轮1500余局比赛，全部决出名次。新登镇小获中国象棋团体冠军，富春二小和三联幼儿园获国际象棋小学组和幼儿组团体冠军，市实验小学和富春街道第一幼儿园获围棋各组团体冠军。

【富阳市特殊学校杭州获奖】 5月20日，杭州市举行第六届特殊教育学校田径运动会暨杭州市第二届特殊学校奥林匹克运动会。富阳市特殊学校的21名残疾学生参加比赛，获奖牌68枚，其中金牌13枚、银牌16枚、铜牌14枚；并打破8项记录；分别获得聋哑乙组、丙组总分第一名和团体总分第二名。

·社会体育·

【概况】 全年承办省、杭州市体育创强培训班各1次，举办体育骨干、体育指导员培训班8期，培训三级社会体育指导员及体育骨干220人；老年体协先后举办柔力球、健身气功、拍手操等骨干业务培训班9期，参训人员416人；培养11名气排球三级裁判员。组织开展气排球、地掷球、中国象棋、台球、拍手操等各类培训活动8项次，参赛1758人次，组队参加双人杭州市老年体育比赛11项次，获3个第一名。健身球老年队、柔力球竞技队和柔力球双人自选参加全省比赛，均获第二名，还先后组队去余姚、桐庐等地学习取经，进行友谊比赛友好交流活动。体育局举办工间操培训7期，参训人员782人。召开各种创强培训会议12次，培训人员达370余人。

群体活动规模扩大，渌渚、万市、高桥等乡镇召开全民运动会，富春街道召开社区运动会，春江街道举办首届"新富阳人"运动会；群体活动档次提高，财税局、发改局、教育局、建设局等组织较大规模体育赛事。6月，举办全民健身宣传月万名老人健身走活动。9月，举办中国门球冠军公开赛，体育局与富阳日报社、机关党工委等部门联合举办机关干部工间操培训与竞赛活动。12月，举行韩国丽水与富阳乒乓球国际交流活动。全年组织参加杭州市级以上群体活动竞赛21次，承办全国、省、杭州市体育竞赛5次。

【参加浙江省第十三届运动会】 浙江省第十三届运动会于6～11月在台州举行，富阳籍选送38名运动员代表杭州市参加省运会，在田径、篮球、足球、体操、乒乓、散打、跆拳道、摔跤、艺术体操、赛艇、划艇、帆板、帆船、射击、举重15个项目的比赛中，共获22.5枚金牌，金牌在全省92个单位中排名第13位，富阳市被评为杭州市参加13届省运会突出贡献奖单位。

【参加浙江省国标舞公开赛】 浙江省第六届国际标准舞公开赛在桐乡市体育馆举行。杭州、宁波、金华、温州、绍兴、湖州等代表队的700多名选手参加，富阳市青少年宫组织国标班的部分优秀学员参加，取得少年A组和少年组的前五名，市青少年宫获得最佳组织奖。

【参加杭州市第七届残运会】 5月29～31日，杭州市第七届残疾人运动会在杭州市体育馆举行，富阳市组织33名残疾人运动员参加田径、游泳、举重、射击、乒乓球、羽毛球6个大项66个小项的比赛，共获19枚金牌、20枚银牌和10枚铜牌。获杭州市团体总分第二名和奖牌总数第二名，市残联被评为"最佳组织奖"，盲人运动员邵健和肢残人运动员陈天亮被评为"体育道德风尚奖运动员"。

【魏玉祥获国际半程马拉松赛第六名】 2006年杭州国际马拉松比赛于11月9日在黄龙体育中心举行美国、德国、日本、法国、英国、韩国、赞比亚、马来西亚、澳大利亚等几十个国家的近万名运动员参加角逐。富阳市有11名运动员参赛，并跑完全程，其中魏玉祥取得半程马拉松比赛第六名。

【王玲儿国际自行车赛获奖】 10月28日，为期两天的"2006年淳安环千岛湖国际自行车邀请赛"开赛，美国、日本等5个国家和全国各地的15支代表队、200余名男女运动员参加。富阳自行车队派出9名运动员参赛，其中女队员王玲儿获女子公路段个人第六名。

【组建新一届篮球协会及举办篮球赛事】 2月，新一届富阳市篮球协会成立，协会主席孙庆炎，会员45人。同时选拔组成新的市级篮球队，参加杭州市13个县市区的比赛，夺得第一名。11月中旬，恢复了停办6年的局级男子篮球赛，参赛队经过44场激烈角逐，富春江集团、供电局、建设局队分获前三名。

【中美男子篮球邀请赛】 5月29日晚，在市体育中心举行"日月杯"国际男篮对抗赛。美国休斯顿奇人明星队应邀和浙江广厦职业篮球队比赛，浙江广厦队最终以96：91获胜。

【中国门球冠军赛浙江赛区比赛在富阳举行】 9月12日，"2006年中国门球冠军赛"（浙江赛区）在富阳市老干部活动中心圆满落幕。全省各地的12支代表队争夺2个浙江代表参加全国比赛。富阳市派2支队伍参加。台州市队、湖州市队、金华市队、嘉兴市队、绍兴市队、衢州市队分别获得前六名；杭州市队、富阳市队获体育道德风尚奖运动队；陈振海、金水娟等16位获体育道德风尚奖运动员和裁判员。

【"中信银行杯"乒乓球赛】 11月，为期4天的2006年富阳市"中信银行杯"乒乓球比赛落下帷幕。全市各乡镇、街道、系统和企事业单位的28支男队和11支女队，共200余人参加，其中团体赛3天，单打1天。富春染织、卫生、开发区等获男团前8名，汪洪国、熊超、王健等获男单前8名，教育、广电、农村合作银行等获女团前8名，张根兰、陈次明、王小平等获女单前6名。

【"世博会"横渡富春江游泳赛】 8月19日，由富阳市政府主办、富阳市体育局协办的2006年世界休闲博览会富阳分会场横渡富春江游泳邀请赛拉开帷幕，代市长徐文光宣布开幕。上海、江苏、杭州、温州、苏州等地的12支代表队、近500名选手劈波斩浪，竞渡富春江。

【首届广播体操与拍手操比赛】 10月20日，富阳市2006年第八套广播体操、拍手操比赛在市体育馆举行。新登、受降、高桥等13支乡镇代表队和财政局、开发区、场口中学等7支单位代表队参赛。里山镇、场口镇、受降镇等5支代表队获拍手操优胜奖；财政局、开发区、环卫处等代表队获广播操优胜奖。

·老年体育·

【概况】 2月，市老年体协与市老龄委联合发出《关于建立村（社区）老年体育协会的通知》，至6月底，全市有606个村，26个社区建立老年体协组织，组建面分别达99.2%和100%。25个乡镇街道均以党委、政府或老龄委、老年体协行文公布各村（社区）老年体协组成人员名单，程序规范。至此，健全了市、乡、村老年体协组织网络。3月6日、3月19日，市地掷球俱乐部和市中老年太极拳俱乐部俱乐部在体育中心的地掷球场和时代广场举行。俱乐部成立后，队伍得到发展壮大，至年底，地掷球俱乐部会员由成立时的67人增加到89人，太极拳俱乐部由220人增至284人。6月，成立富阳市老年体育科研委员会，负责指导老年人科学健身等工作。8月经杭州市体总同意建立富阳市体育中心健身辅导站和江滨公园健身气功辅导站，两站学员98人。

【开展送体育下乡活动】 3月11～17日，市老年体协精选了十几个体育节目，组成近50人的体艺小分队，先后到湖源、鹿山、春江、高桥、受降、东洲、富春等乡镇街道展示演出7场，现场观众3000余人。

【柔力球与健身球队参加全国比赛】 10月底，柔力球竞技队赴河北廊坊参加全国中老年柔力球比赛，获双人自选套路第五名和竞技团体老年组第六名。11月8～12日，全国中老年健身球操比赛在海南省海口市举行，这是该队第四次参加此项比赛，又获优胜奖，实现四连冠。

【门球队全国获奖】 9月16～19日，“新安杯”2006全国老年门球比赛在河南省新安县举行，全国28个省市的41支代表队、359名运动员参加，富阳市经贸门球队7名运动员取得了第五名的好成绩，荣获国家体育总局和中国门球协会颁发的优秀运动队荣誉证书。

杭州“世博会”期间，游泳健儿竞渡富春江

【创省“小康型”老年体育乡镇】　创建活动为两年一周期，首期创建从2005年开始，富春街道和新登镇申报创建，按照创建“小康型”的标准和要求，强化了组织网络建设，台帐资料建设和场地设施建设，台账资料建设和场地设施建设，开展了包括老年运动会在内的多项体育健身活动，经省、杭州市老年体协考核验收，富春街道、新登镇争创成功，成为浙江省首批“小康型”老年体育街道、乡镇。

·体育产业·

【概况】　全年对体育经营单位执法检查10次，联合执法2次，检查各类场所200多家。全市共有5家游泳场对外开放，共培训救生员36名，指导员16名，培训青少年游泳爱好者1200余人，接待市民游泳达11万人次以上。

【体育健身业】　至年底，全市体育经营场所430家，从业人数达2000多人，年产值超过3000万元，健身项目有游泳、网球、台球、高尔夫球、围棋、象棋、跆拳道、瑜珈、武术、棋牌、篮球、乒乓球、轮滑等，并涌现出一批以体育中心、富中健身中心、大众健身中心和富春山居为代表的全民健身服务业。体育培训业开始活跃，体育培训项目不断扩大，富春棋院的三棋培训、三江俱乐部的乒乓球培训、富中健身中心的游泳培训等开展得红红火火。

【体育用品销售业】　体育用品批发零售业持续稳定增长，耐克、阿迪达斯、锐步、恩宝、李宁、安踏等品牌的体育用品专营店在富阳达40余家。大型商场扩大体育用品销售专营区，经营体育休闲用品、健身器材、运动鞋、球类、球拍、运动服装等，销售额占商场总额的7%以上。

【体育用品制造业】　全市有体育厂家380家，产值20亿元，其中生产赛艇系列厂家有6家，年产各类赛艇、皮划艇、激流艇、裁判艇等400多艘，年产值7500万元，占全国生产量的95%，成为全国赛艇、皮划艇的生产基地。2006年飞鹰赛艇公司被评为“杭州市全民健身示范企业”称号。上官乡拥有球拍及配件企业381家，从业人员12000余人，外贸生产企业37家，自营出口企业8家，年产球拍超1亿付，产值10亿元，在国内中低档球拍产品市场中占据80%以上的市场份额，外贸出口值0.25亿元，出口产品远销东南亚及欧美等70多个国家和地区。

【体育彩票】　根据国家财政部、体育总局、中国人民银行总行制定的《体育彩票公益金暂行办法》的文件精神，根据富阳的实际情况，11月，制定出台《体育彩票公益金管理办法》，该办法明确了公益金纳入财政专户，实行收支两条线管理，同时规定在使用中60%用于实施《全民健身计划纲要》，40%用于弥补《奥运争光计划纲要》的经费不足。全年体育彩票发行量创最高年份，达2777万元，比上年增长37%。

（陆学文　柏际忠）

【责任编辑　孙希成】

社会　生活

·社会救助·

【概况】 进一步完善新型社会救助体系,建立三级救助圈工作机制,提高城乡低保救助标准,全面完成农村特困户危房改造,健全城乡医疗救助体制,稳定"五保"集中供养,切实开展救灾救济工作,有效缓解困难群众生产生活难问题。

全年救助各类困难对象1.66万人,发放救济款2067.68万元,救济棉被479床。春节前夕,全市慰问困难群众10288户、23662人和21所敬老院670名在院老人及工作人员,计发放慰问金707万余元。

【城乡居民最低生活保障】 7月1日起,全市城镇居民、农村村民最低生活保障线标准由家庭月人均收入250元、150元分别调整为270元、165元。城乡低保对象实行差额救助;城镇"三无"和农村"五保"对象以及生活不能自理的重度残疾救助对象按最低生活保障线标准全额救助;其中城镇"三无"和农村"五保"集中供养对象在全额享受救助的基础上,每人每月再行增加60元。9月,开展全市城乡居民最低生活保障审验,做到低保对象应保尽保、应补尽补、应退尽退的动态管理。通过审验,新增农村低保对象707户、1722人,取消362户、913人,实有4925户、9596人,月人均补差79元;新增城镇低保对象13户、24人,取消21户、39人,实有281户、509人,月人均补差143元。至年底,全市有低保救助对象5206户、10105人,全年发放救助金1023.51万元(农村低保933.51万元,城镇低保90万元),其中市财政承担799.98万元,乡镇(街道)财政承担223.53万元。

【建立乡镇(街道)级救助圈】 按照"保基本、全覆盖、多层次、相协调、可持续、高效率"的总体要求,进一步建立健全三级救助圈工作机制,实现困难群众分层救助。4月,在全市范围内开展城乡困难家庭(也称为"低保边缘户")调查,经户主申请、村(社区)初核、乡镇(街道)复核、民政局备案等程序,初步建立了乡镇(街道)级救助圈。9月,开展市级救助圈城乡低保对象审验工作,核定城乡困难家庭2120户、6057人,并向其核发《富阳市城乡困难家庭救助证》。其中,有低收入家庭1310户、3494人;有困难家庭810户、2563人。

【农村特困户住房救助】 6月,第三期208个农村特困户住房救助项目全部完工并验收通过,其中新建96户、改扩建70户、修缮33户、置换9户,投入救助资金426.28万元。至此,富阳市2004～2006年度农村特困户住房救助工程比预定计划提前半年圆满完成。3年期间,总投入项目资金1365.64万元(其中市财政补助782.504万元,乡镇、街道补助342.44万元,村级补助240.694万元),实施救助项目709个(其中新建312户、改扩建245户、修缮120户、置换32户)。7月,迎接杭州市农村贫困家庭危房改造工作检查组对富阳市住房救助情况的检查;9月,富阳市政府被评为"杭州市农村贫困家庭危房改造工作先进集体",市民政局俞成国被评为"杭州市农村贫困家庭危房改造工作先进个人"。11月,市政府召开全市农村特困户住房救助工作总结表彰大会,表彰先进集体6个、先进个人30名。

【"五保"集中供养】 4月13日,市民政局组织全市敬老院院长和部分工作人员在新登镇敬老院开展了培训,进一步规范敬老院管理;6月,新建的大源镇敬老院投入使用;年末,场口镇敬老院(新建)和胥口镇敬老院(扩建)完成主体工程,全年投入敬老院建设资金130万元。年底,全市有敬老院21所,床位910张;有农村五保对象814人,其中集中供养753人,占"五保"总人数的93%。

【城乡困难人员医疗救助】 12月6日,市政府出台了修订后的《富阳市城乡困难人员医疗救助办法》(富政函〔2006〕125号)。规定农村五保对象及城镇"三无"人员,持有效"低保证"、"特困职工补助证"、"城乡困难家庭救助证"的救助对象,和因患重大疾病严重影响基本生活的困难家庭中的富阳市户籍的常住成员为医疗救助范围和对象，救助对象在医(农)保机构认定的医院住院期间发生的医疗费用，在扣除各类医疗保险报销、单位报销、补助部分之后，在一个自然年度内的个人自负部分，实行分类分段救助。新办法从原有的3类救助对象增加到4类救助对象的基础上，进一步降低救助门槛，扩大救助范围，提高救助比例和封顶额度，救助对象全年累计医疗救助额度从原来的5万元提高到6万元。全年对285名符合医疗救助条件的城乡困难人员即时实施医疗救助，发放救助资金160.84万元。

【救灾救济】 完善救灾救济体制，积极开展救灾救济。1月、4月分别下拨各乡镇、街道冬令、春荒救济款50万元和20万元，并于1月发放冬令救济棉被400条。10月，对全市在汛期因灾倒房、损房的31户家庭，以倒房户2500元、损房户1500元的标准发放自然灾害救济款6.6万元。全年发生火灾35起、遭灾64户，发放火灾救助款16.33万元、棉被79条，帮助灾民重建住房。

【社救对象困难补助】 根据《浙江省民政厅、财政厅关于调整部分社救对象生活困难补助费标准的通知》精神，分别于3月、12月两次提高了部分社救对象生活困难补助费标准。从1月1日起，40%救济对象、精减退职职工、公伤定补人员社救对象的生活困难补助费标准（每人每月），分别由390元、315元、300元，调整到420元、345元、330元，月增资30元。从7月1日起，40%救济对象月增金额40元，由原标准提高到460元；精减退职职工、因公受伤定补人员均月增金额30元，分别由原标准提高到375元、360元。全市现有40%救济对象28人，精减退职职工63人，公伤定补人员5人，年发放生活困难补助资金44.08万元。全年还向117名临时救济对象发放救济款5.8万元。

·优抚 双拥 安置·

【巩固双拥创建成果】 1月6日，富阳市被省委、省政府、省军区命名为浙江省双拥模范城(县)，并授牌表彰。2～3月，制订下发双拥工作计划，对相关单位双拥工作落实情况开展检查，并把社区双拥工作作为富阳双拥亮点，社区做到"五上门"服务（即定期上门走访，有病上门看望，有困难上门帮助，有卧床上门护理，有纠纷上门调解）。6月13日，市双拥办、市国教办组织部分双拥联络员到中村某部过军事日，体验军营生活，促进军政军民团结。8月，对全市乡镇(街道)、有关单位、驻富部队进行双拥工作考核，推荐富春街道、东洲街道、高桥镇、市卫生局、市教育局、富通集团为杭州市级双拥模范乡镇、街道和单位，推荐市公安消防大队和武警富阳中队为杭州市级拥政爱民模范单位。同月，富阳市革命烈士纪念碑被命名为杭州市级爱国主义教育基地。

【拥军慰问活动】 广泛深入开展拥军慰问活动，春节慰问驻富部队共涉经费20.4万元，走访市属优抚对象20838人，发放慰问金114.62万元，共计135.02万元。"八一"前夕，开展拥军优属活动，送去慰问金13万元。市科技局、农业局还开展为驻富部队办实事、办好事活动，营造科技拥军、智力拥军氛围，为创建下一轮双拥模范城市打下坚实的基础。

【落实优抚政策】 根据《富阳市在乡重点优抚对象优抚标准自然增长机制》，2月，调整优抚标准，涉及各类优抚对象1931人，全年兑付优抚金816.45万元。调整义务兵年优待标准，从上年人均4800元提高到5310元，年末向全市702名义务兵发放优待金372.76万元。对73名现役军人立功者，发放立功奖金3.8万元。对全市181名精减老复员军人实行生活补助费"补差"，年末发放"补差"经费19.7万元。开展在乡退伍军人定期定量补助调查摸底，经分级审核、公示后，全市分两批确定134名（上半年51名、下半年83名）补助对象予以定补；办理22名在职失业残疾军人改领在乡优抚金审批手续。根据市委办、市政办于3月20日下发的《关于建立富阳市复员军人问题工作小组的通知》(富委办〔2006〕44号）精神，全年接待来访优抚对象206余人次，处理各类信访35件，稳定社会安宁。12月29日，市人民政府出台了修订后的《富阳市重点优抚对象医疗费补助实施办法》(富政函〔2006〕131号)，在补助范围、补助起点、补助额度等方面进一步给优抚对象以更多的实惠，切实解决医疗难问题。全年补助各类重点优抚对象305人，核发医疗补助金50.1万元。

【退役士兵（官）安置】 全年，接收退役军人334人，有城镇退役士兵（官）安置对象59人（其中转业士官8人、城镇义务兵43人、残疾军人8人），农村退役士兵275人。市民政局做好安置工作，为农村籍退役士兵及时办理安置落户手续；对城镇退役士兵（官）、转业士官全部实行货币化安置，发放安置补助费217.375万元（其中发放城镇退役士兵（官）安置费159.875万元，发放转业士官安置费57.5万元）。并由市民政局牵线搭桥推荐286名农村和城镇退役士兵到用人单位工作，占安置总数的85.6%。是年，市军干所安置军队退休干部1名。1月11日，市民政局副局长沈银娣被浙江省政府、省军区评为“2004年度冬季退役士兵安置工作先进个人”。

【复退军人信息采集】 11月3日，富阳市成立了以常务副市长任组长的复员退伍军人信息采集工作领导小组（富政办函〔2006〕97号）。市民政局抽调人员，开展业务培训、到相关单位核实资料等，至11月底圆满完成对全市重点复员退伍军人的信息采集，全市建立了1123名复员退伍军人数据库，为进一步规范复员退伍军人管理奠定基础。

·基层政权和社区建设·

【村务公开民主管理】 市村务公开办公室每季开展一次村务督查，深化村务公开民主管理制度，完善考核体制。万市镇实行村务公开简报制度，高桥镇建立村务公开接待日制度，富春街道建立村务公开说明会制度，使全市村务公开由结果公开向过程公开转变，由内容公开向决策公开深化，深受村民肯定。进一步规范村级财务管理。实行财务预决算制度，建立村级财务“联审联签”制度，实行村级行政事务零招待制度和创办集体事业“双控”制度（即村级当年经营费用严格控制在上年经营性收入5％以内，对经营性收入较少的村，采取按村规模大小确定每年经营费用应控制的绝对额分别在1万元～5万元）。

【开展示范创建活动】 为了实现在3年内全市所有乡镇（街道）和村基本达到村务公开民主管理规范化建设标准的目标，5月，市委、市政府下发《关于开展村务公开民主管理规范化建设和示范单位创建活动的通知》（富委办〔2006〕85号），全市农村广泛开展示范创建活动。至年末，经考核验收，全市212个村达到了村务公开和民主管理规范化建设标准，超过了30%的目标。鹿山街道、高桥镇、受降镇及谢家溪村等15个村被评为富阳市村务公开和民主管理示范乡镇（街道）、村。其中，高桥镇还被浙江省村务公开和民主管理领导小组命名为“省村务公开和民主管理示范乡镇”；鹿山街道谢家溪村、大源镇春一村、新登镇塔山村、永昌镇何云村、万市镇万市村分别被命名为“省村务公开和民主管理示范村”。

【社区建设】 10月，《富阳市组织机构、工作任务、评比考核进社区申报准入制度（试行）》（富委〔2006〕136号）出台，进一步明确社区职责，推进社区自治建设。同月，市委办、市府办下发《关于在全市开展创建和谐社区活动的通知》（富委办〔2006〕137号），对全市和谐社区创建提出具体目标与任务，全市各社区广泛开展以“和谐社区”为载体的各项创建活动。至年末，经考核秋月、鹳山、苋浦、江滨、春秋、春晖、古城7个社区被评为富阳市和谐社区；秋月、鹳山、苋浦、江滨、登云5个社区被评为杭州市和谐社区。

富春街道新招聘社区工作者9名，拟订《进一步规范社区居委会工作人员工资福利待遇的方案》，规范社区工作者工资、奖金及晋升制度，并于11月举办街道首届社区运动会，650余人参加。

·社会福利·

【福利企业管理】 建立完善福利企业信息管理系统，实现全市福利企业资质日常化、网络化管理新模式。4～8月，对照福利企业年检年审10条标准，经自查、普查、抽查3个阶段，开展2006年度福利企业年检年审工作，自查率、普检率、合格率均为100%。4月14日，召开富阳市社会福利企业协会第二届会员大会，选举产生了二届协会理事、常务理事。全年先后于4月、10月、11月3次举办资质管理人员培训和考察活动，规范福利企业资质监管。全市49家福利企业实现年工业总产值65.16亿元，比上年同期增长76.11%，利润总额9329万元，为2002名残疾人提供就业机会，占福利职工总人数的44.64%。

【慈善活动】 市慈善总会以开展“春风行动”活动为载体，接收捐款4276.6万元，支出救助金739万元。积极开展各项慈善救助活动，分别开展了困难儿童家庭慈善助困、白血病患者慈善助医、贫困家庭大学生慈善助学，以及“慈善送温暖，爱心驻人间”系列专项救助活动等，全市受助人员达9200余人，促进社会和谐。10月，全市25个乡镇、街道设立慈善工作联络员，完善慈善救助体制。11月，开展“冬衣暖人心”捐助活动，收到各类衣裤、棉被6000余件（条），价值48.5万元，春节期间全部无偿发放给全市贫困家庭。

【市社会福利院】 全年，市福利院收养社会弃婴24人，自费寄养老人3人，依法办理送养手续11人，办理孤残儿童临时托管寄养手续9人。年底，院内在册孤残儿童54人，寄养老人14人。实施省民政厅“明天计划”，为3名孤残儿童实施康复手术共计费用10万余元。全市有100多家企事业单位和个人为福利院捐资累计12万元，市供电局无偿为福利院安装价值6万元的配电房。（何春霞）

·民政事务管理·

【地名整治工作】 自2005年11月开展全市地名整治工作以来，25个乡镇（街道）分别成立了地名整治工作领导小组，全面实施需编制门牌上门调查登记工作，对新建房屋进行门牌编号，绘制各行政村或自然村的村住宅平面示意图。完成桂花路、龙山路2条主要商业街的门牌更换工作，市区19个社区安装了增补幢牌和室牌；611个行政村安装了增补门牌，门牌覆盖率达98%，新登镇还设置国标式路（弄）牌。至2006年11月底，全市25个乡镇（街道）上报了集镇平面示意图、行政村门牌编制表、村住宅平面示意图等地名资料。通过地名整治，使全市新建房屋、残缺、破损门（幢）牌更换成国标式门（幢）牌，提高了地名标志覆盖率，方便了社会各界规范地名使用。

【数字地名建设工作】 根据杭州市民政局《关于开展数字地名建设工作考核评比的通知》（杭民发〔2006〕9号）精神，开展了数字地名建设各项工作，将全市所有编制门牌资料输入电脑并校对；将1∶500地形图安装于杭州民政地理信息系统中；开展地名网站建设，完善富阳市地名数据库；对富阳市1∶50000地形图进行地名、交通等要素调查核对工作；强化地名数据和地名网站保密工作。至12月中旬，全市200336户门牌数据输入杭州民政地理信息系统中，初步建立起杭州民政地理信息系统（富阳）。12月21日，富阳市民政局被杭州市民政局评为“2006年杭州市数字地名工作优胜单位”；市民政局局长张生良、受降镇人武部部长张田顶、市民政局骆树军被评为“2006年杭州市数字地名工作先进个人”。

【富阳市地名命名】 （见表34）

表34

2006年富阳市地名命名一览表

标准地名	地名类别	所处地理位置及命名理由	申报单位
文教北路	路	南起桂花西路，北至公园西路，长1515米，宽40米。因该路位于文教路北延伸段，故名。	富阳市城市建设投资有限公司
金凤路	路	东起孙权路，西至金桥北路，长560米，宽22米。因位于凤凰桥附近取其“凤”和金桥北路“金”，故名。	富阳市城市建设投资有限公司
金权路	路	东起孙权路，西至金桥北路，长460米，宽13米，取金桥北路“金”和孙权路“权”字，故名。	富阳市金桥房产和富阳市百合蓝鸟房产有限公司

续表34-1

标准地名	地名类别	所处地理位置及命名理由	申报单位
环城北路	路	该路原为05省道新登城区段，东起乘庄王家水碓头，西至潭山头，长3650米，宽20米，因位于新登镇区北面，故名。	新登镇
官塘路	路	南起共和北路终点，北至05省道外官段桥下，长1440米，宽30米，因该路原为里官塘，故名。	新登镇
九墩路	路	北起老05省道，北至老杭农厂北门段，长423米，宽11米，因此处原有九墩山，故名。	新登镇
城河北路	路	东起登城北路富阳市第二人民医院南侧，西至共和北路，长391米，宽6米，因该路位于城河北侧，故名。	新登镇
关王亭路	路	东起登城北路，西至共和北路，长692米，宽18米，因该路有凉亭曰“关王亭”，故名。	新登镇
城北路	路	东起登城北路加油站，北至老05省道新登城区段，长796米，宽12米，因该路穿越城北村，故名。	新登镇
三里亭路	路	东起金城路，西至共和北路，长514米，宽18米，因该路原有三里亭亭子，故名。	新登镇
新庄路	路	东起金城路浙江百利威玩具有限公司，西至共和北路，长315米，宽18米。解放初在互助合作社时期是新庄农业合作社的组成部分，毛泽东主席曾到此视察过，故名。	新登镇
长安路	路	该路贯穿里山镇13个行政村，北起春永公路长征桥，南至里山镇安顶村，长8500米，宽6米。因该路入口为长征桥，路止安顶村，故名。	里山镇
塘塍路	路	该路北起春永公路，南至塘塍畈，路长525米，宽5米。因该路通往塘塍畈，故名。	里山镇
八角山路	路	该路北起春永公路，南至八角山，路长450米，宽5米。因八角山命名。	里山镇
金伯士路	路	北起春永公路，南至里山镇工业功能区南端，长260米，宽8米。以金伯士企业命名。	里山镇
恒大路	路	北起春永公路，南至里山镇工业功能区南端，长350米，宽8米。寓示工业功能区永恒壮大之意。	里山镇
江滨路	路	位于春永公路里山段，东起里山镇工业功能区东面，西至长安路，长2500米，宽16米。因该路沿富春江而建，故名。	里山镇
横塘路	路	东起高富路，西至横塘自然村，路长200米，宽8米，因通往高桥村横塘自然村故名。	高桥镇
彩虹路	路	东起高桥西路，西至金桥北路，长778米，宽30米。因路旁有彩虹嘉都住宅小区故名。	高桥镇
秣陵路	路	位于龙门古镇内，北起七房弄，南至戏台，长300米，宽2米。孙权在秣陵建都立业，可谓光宗耀祖。特将孙氏祠堂左侧道路命名为秣陵路。	龙门镇
东桥路	路	位于东洲工业功能区，东起杭千高速道口，西至东洲大桥，长2162米，宽30米。因位于东洲大桥（暂名）延伸段道路，故名。	东洲街道
通冶路	路	位于鹿山街道谢家溪村，该路东起横樟公路，西至富春江冶炼厂，长450米，宽8米。因通往冶炼厂故名。	鹿山街道

续表34-2

标准地名	地名类别	所处地理位置及命名理由	申报单位
上宋南街	路	位于受降镇集镇，北起上宋街，南至集镇南端，长200米，宽60米，因位于上宋街南面，故名。	受降镇
高桥西路31弄	弄	位于高桥镇集镇，北起高桥西路，南至彩虹路，长133米，宽14米。因位于高桥西路31号以门牌号码31号命名弄名。	高桥镇
蒋家桥北一弄	弄	南起蒋家桥，北至新桥江，长100米，宽6米。因位于蒋家桥北面第一条弄堂，故名。	富春街道
建业弄	弄	南起龙门老街，北至十房弄，长50米，宽1米。建业原为孙权所赐封。孙权将秣陵改为建业，事业兴旺发达。此弄为建业弄，一为纪念祖先，二为继承祖上创业精神。	龙门镇
清暑弄	弄	南起打铁铺，北至粉署流香，长150米，宽1米。据山东文艺出版社1990年4月版郭荣光主编《千家诗新注》：相传三国东吴有清暑殿即避暑宫，故取此名。	龙门镇
射虎弄	弄	南起女丈夫弄，北至义德路，长70米，宽0.5米。“射虎”来由《三国志·吴书·孙权传》：建安二十三年十月，“权将如吴，亲乘马射虎於庱亭，马为虎所伤，权投以双戟，虎却废。”故名。	龙门镇
女丈夫弄	弄	东起吴本堂，西至秣陵路，长100米，宽1米。有诗云：“才节双全世所无，奸回一旦受摧锄，庸臣从贼忠臣死，不及东吴女丈夫。”传说后人想在此建立纪念牌楼或厅堂，后不知何因未建。此弄为女丈夫弄，留作后传。	龙门镇
庆熙弄	弄	东起庆熙桥，南至龙门老街，长60米，宽0.5米。据考此地原石桥名庆熙，建于嘉庆16年，已毁。现桥系后人重建，现取庆熙弄，意在提醒后人。	龙门镇
清风弄	弄	南起官房弄，北至思源堂，长50米，宽0.5米。孙濡在长葛县作官，爱民如子，朴素廉洁，深受百姓爱戴，告老还乡时两袖清风，连太湖义士亦深受感动，赠其太湖假山石一船，现孙氏祠堂内两座假山便是当年遗物。即“青史石、流芳石”，故名。	龙门镇
长干弄	弄	南起七房弄，北至龙门老街，长30米，宽0.5米。此弄狭长又直，仿如白杨树干，同时秣陵县有大水长干弄，故名。	龙门镇
子城弄	弄	西起溪东路，东至孝子弄，长150米，宽0.5米。典出浙江古籍出版社1988年5月出版《千首清人绝句》陈友琴选注：子城又名铁瓮城，在镇江，孙权所筑。孙氏后裔选择了四面环山之城筑庄，建起了厅堂相通、廊房相连龙门，故名	龙门镇
延津弄	弄	北起陈箴堂，南至溪东路。长30米，宽0.5米。据郭荣光主编《千家诗新注》：延津系渡口名，在福建。晋人雷焕掘地得双剑，一把送友人，一把自佩。后来他路过延津时，宝剑突然跃入水中，化龙而去。传说宝剑化龙后回到龙门，落在此处一位道士手中。此弄为延津弄。	龙门镇
浙江富阳创业基地	创业基地	位于场口镇百丈畈，东起杭千高速场口道口，西至场口镇百丈村，南临杭千高速公路，北至320国道，占地面积13.9公顷，因是全市培育知识产权科技型中小企业创业基地，故名。	场口镇
贤明桥	桥	北起葛溪西路，南至罗隐路，长125米，宽14米，四孔桥，因通往新登镇贤明山，故命名。	新登镇
春水桥	桥	位于龙门镇，桥长30米，宽2.5米。“春水”二字语出孙权。典出《三国演义》第六十一回；孙权信告曹操：春水方生，公当速去。如其不然，复有赤壁之祸矣，公宜自思焉。春水寓意天助，胜利。	龙门镇

续表34-3

标准地名	地名类别	所处地理位置及命名理由	申报单位
水稻所陈家山	自然村	位于富阳市皇天畈陈家山，东起陈家山渔塘，南至杭州信和线缆有限公司，西至长山村农田，北界长山公路。沿用原地名，属中国水稻研究所管辖，故名。	中国水稻研究所
东洲工业功能区九号路	路	位于东洲工业功能区，南起东桥路，北至三号路，长611米，宽20米。以序数命名路名。	东洲街道
东洲工业功能区八号路	路	位于东洲工业功能区，南起东桥路，北至民联防洪堤，长1227米，宽30米。以序数命名路名。	东洲街道
东洲工业功能区七号路	路	位于东洲工业功能区，南起东桥路，北至民联防洪堤，长1160米，宽16米。以序数命名路名。	东洲街道
东洲工业功能区六号路	路	位于东洲工业功能区，南起东桥路，北至民联防洪堤，长1115米，宽20米。以序数命名路名。	东洲街道
东洲工业功能区五号路	路	位于东洲工业功能区，南起东桥路，北至民联防洪堤，长1116米，宽12米。以序数命名路名。	东洲街道
东洲工业功能区三号路	路	位于东洲工业功能区，东起民联防洪堤，西至杭千高速公路，长2392米，宽20米。以序数命名路名。	东洲街道
东洲工业功能区二号路	路	位于东洲工业功能区，东起东洲工业功能区一号路，西至民联防洪堤，长407米，宽12米。以序数命名路名。	东洲街道
东洲工业功能区一号路	路	位于东洲工业功能区，南起东桥路，北至民联农居点，长1232米，宽16米。以序数命名路名。	东洲街道

【富阳市建筑物名称命名】 （见表35）

表35

2006年富阳市建筑物名称命名一览

标准地名	开发商	所处地理位置及命名理由	备注
佳合苑	富阳市住宅合作社	位于体育场路西端，体育场路与钢圈厂路交汇处，以体育场路为界分为东西两个区块，属大桥路拆迁安置房。经太平桥社区征集，命名为“佳合苑”。	富春街道太平桥社区
丁香花园	浙江飞虹房地产有限公司	位于城区北面，东起后周路，南至凤浦路金桥农居点，西至金桥北路，北至永兴中学。	建筑物名称
文教鹿苑	鹿山村	位于鹿山北面，东起文教路，南至规划中的富春七小，西邻320国道，北至天河路。因位于文教路旁属鹿山村农居点，故名。	鹿山村农居点
丁香花园·蓝庭、怡庭	浙江飞虹房地产有限公司	位于富春街道金桥北路188号	组团名称
文澜雅苑	浙江华铭置业有限公司	位于后周村文教北路	建筑物名称
天时苑	富阳市富春街道城东股份经济合作社	位于东兴路228号	建筑物名称
水印林语	杭州富阳山水置业有限公司	位于鹿山街道蒋家村大坞林场，三面环山，南至大坞林场水库。因周边群山环绕，绿树成荫，林间溪涧带来潺潺流水，与鸟语花香相映成趣，故名。	建筑物名称

续表35-1

标准地名	开　发　商	所处地理位置及命名理由	备注
银溪九龙一号	杭州银溪九龙房地产开发有限公司	位于受降镇九龙大道北侧，东至绿城·七里香溪，南至九龙大道，西至杭州野生动物世界，北至铜板桥村。由杭州银溪九龙房地产开发有限公司开发高端住宅小区，故名“银溪九龙一号”。	建筑物名称
后周嘉苑	杭州中亿嘉园房地产有限公司	位于振兴路32号，东起振兴路三弄，南至振兴路，西临兴达路，北界后周村委。	建筑物名称
百合蓝鸟苑	富阳市百合蓝鸟房地产有限公司	位于金桥北路，东界金桥房地产开发楼盘，南至金权路，西临金桥北路，北为金凤路。	建筑物名称
金都铭苑	杭州富通金都置业有限公司	位于建设中文教北路68号，东界秋月路，南为桂花西路，西至青云浦，北临苋浦西路。	建筑物名称
郦城公寓	杭州容大房地产开发有限公司	位于金桥北路与公园西路交界处。	建筑物名称

（袁明武）

【殡葬管理】 全年火化遗体3843具，火化率100%。全年新建生态墓地48处，至年底全市有生态墓地572处，覆盖率达93.6%；实施生态市建设“1250”工程，至10月底，完成后周、新沙、宋家溪、春华、观前、千家、昌东等村7处生态墓地示范点建设。5月9日，市殡改领导小组办公室出台了《富阳市生态墓地管理办法》（富殡〔2006〕2号），规范建、管、葬同步推进，杜绝乱埋乱葬行为。3月21日，杭州市民政局下文表彰富阳市民政局为“2005年度杭州市生态墓地建设先进单位”。开展“三治五区”坟墓整治，涉及富春街道等14个乡镇（街道），全年整治坟墓7187穴（其中搬迁592穴），发放整治经费100万元。坚持丧户第一宗旨，优化殡仪服务；更新改造殡仪馆二台高档火化炉，选址富春街道宵井村筹建市第二公墓。

【大中型水库移民扶持人口登记】 根据《国务院关于完善大中型水库移民后期扶持政策的意见》（国发〔2006〕17号），9月，市政府出台《富阳市完善大中型水库移民后期扶持政策实施方案》（富政发〔2006〕30号）、《富阳市大中型水库农村移民后期扶持人口核定登记实施细则》（富移领办〔2006〕1号），就指导思想、基本原则、工作目标、扶持措施和办法、工作计划和步骤、保障措施等作出规定。10月，开展农村移民扶持人口登记工作，涉及全市25个乡镇（街道）512个行政村的新安江、三峡库区和岩石岭水库3.27万余名移民。经调整摸底、政策宣传、申报公示、登记审核、汇总上报等环节，至年底，全市核定登记到人26638人，登记到村6082人，圆满完成全市大中型水库农村移民后期扶持人口核定登记上报工作。

【新安江与三峡库区移民扶持】 3月3日，市政府下发《富阳市三峡移民帮扶工作意见》（富政办〔2006〕15号），使三峡移民尽快融入当地社会、发展致富。3月30日，召开全市新安江移民扶持工作会议，总结、交流2003年度、2004年度项目扶持情况，提出2005年度项目扶持要求。编制、修改、申报2006年度扶持计划和追加计划预算；完成2005年度全市45个新安江移民扶持项目验收工作，拨付40个扶持项目468.84万元扶持资金，占总项目的80%。全年举办计算机操作、种植业、创业、烹饪等移民培训班10期，每期受训移民达400人。

【婚姻收养登记管理】 4月20日，市婚姻登记处迁入市行政服务中心，接受市民政局、行政中心双重领导。5月，推出结婚登记免费颁证仪式。10月，与富阳日报社联手开辟婚姻专栏《围城故事》，通过媒体引导世人树立正确的婚恋观。做好各类婚姻档案的整理和数据备份，完成全市各乡镇婚姻档案移交至档案局工作，为建立全市婚姻档案数据库奠定基础。全年，全市依法办理结婚登记5200对、离婚登记1000对、补发婚姻证620对、出具无婚姻登记记录证明1500份，办理收养登记94件（其中办理非社会福利机构抚养86

件、社会福利机构抚养8件)。

【民间组织登记管理】 市民政局切实加强民间组织登记管理和年度审验工作，经审检，全市有合格社团101家，合格率为95%，有合格民办非企业单位90家，合格率为92%。全年注册登记社会团体12家，变更12家；注册登记民办非企业单位21家，教育类民办非企业单位民事主体变更41家，注销民办非企业单位5家，依法查处责令停办幼儿园5家、取缔非法幼儿园1家。至年末，全市有注册登记各类民间组织303家，其中社会团体153家，民办非企业单位150家。8月，会同市财政局下发《关于进一步加强社会团体财务管理的通知》(富财综字〔2006〕291号)。12月底，完成富阳市民间组织联合会的各项筹建工作，44家民间组织参加。

【流浪乞讨人员救助管理】 1月，市救助专用场所正式启用，并充分运用“一报二台”，广泛开展救助专用场所地理位置、设备设施、救助方式、救助条件等宣传，按“自愿救助，无偿救助”原则，对城市生活无着的流浪乞讨人员实施人性化、规范化救助。全年救助各类救助对象103名，其中精神病人25名，危重病人11名，年支付医疗费30余万元；救助流浪乞讨儿童8名、老年人和残疾人16名。至年底，支付救助资金15万余元。 (何春霞)

·老龄工作·

【概况】 至年底，全市60岁以上老年人87106人，比上年净增2340人，占总人口的13.75%；80岁以上高龄老人13539人，比上年净增610人，占老年人总数的15.54%；100岁老人5人。全市用于老龄工作的经费448.8万元，其中市、乡镇(街道)两级政府财政拨款391.8万元；有629个行政村、社区建立了老年人协会，会员75374人，占老年人总数的86.53%。

全市各级老龄组织认真贯彻第二次全国老龄工作会议精神，积极开展城镇创建社区老龄工作规范化活动和农村创建规范化老年人协会活动，切实维护老年人合法权益，加快发展老年福利设施，开展老年文体活动，整体推进基层老龄工作。至年底，城镇23个社区达到省老龄工作规范化社区的标准，农村304个村达到省规范化老年人协会的标准。

【老年福利设施建设】 全市有各类老年活动室(中心)616个，建筑面积68930平方米，总投资5241万元。其中市级活动中心1个，乡镇活动中心3个，社区居委会活动室28个，行政村活动室584个。全年新建或改建64个，投资522万元。设有浙江省老年电视大学分校1所，教学班150个，学员5405名；乡镇、村(居)两级老年学校32所，学员3780名。

【特困老人调研与救助】 4月13～14日，杭州市老年基金会顾问胡克昌一行到富阳市调研特困老人的生活状况和开展救助工作的情况。此前，市老龄委办公室对全市处于特困边缘老人的生活状况进行了全面的调查。调查显示，全市尚有2404名老年人处于生活困难边缘。这些老年人家庭收入虽高于最低生活保障线，但因近期家中遭受突发事件或长期疾病，造成生活困难，亟需得到社会救助。并形成调查报告，向市政府提出解决问题的建议。

同时，市老龄委办公室在市民政局、慈善总会等部门的支持下，全年救助特困老人4513人，其中纳入城乡最低生活保障范围的2872人，占总数的63.64%。全年救助资金507.4万元。老人节期间，市老龄委慰问350名长寿、特困老人，资金14万元。

【中国城乡老年人口状况追踪调查】 6月1～10日，根据省老龄委、省老龄科研中心的安排，富阳市承担了经全国老龄工作委员会办公室和国家统计局批准，由中国老龄科学研究中心组织实施的“中国城乡老年人口状况追踪调查”任务。全市有5个乡镇(街道)、16个行政村，160位60周岁以上的农村老年人接受了入户抽样调查。调查涉及老年基本特征、退休与就业、收入与支出、居住环境、社区老年服务、家庭关系、个人生活能力、健康与环境、心理、家庭总体状况等11个方面340余个项目。

【执法调研】 10月20日，由省人大常委会委员、内司委副主任委员张孝琳、林清和和省老龄办主任、民政厅副厅长黄永正带队的联合调研组，到富阳市进行执法调研。执法调研的内容重点是养老金发放、老年人医疗待遇等社会保障规定的落实情况；农村新型合作医疗制度及各级医疗机构落实老年人优待规定情况；老年文化教育工作、设施建设情况；公交系统落实老年人优待规定情况；老年司法维权工作、维权网络建设和老年人享受法律援助情况；法院涉老案件受理、审结、执行等情况。

调研组通过听取市政府和有关部门的汇报，召开有劳动和社会保障工作站、民政助理员、乡镇干部、基层司法所、老龄专职干部、敬老院负责人等基层干部参加的座谈会，了解、征求老年人权益保障法的执行情况和意见建议。

【换发浙江省老年人优待证】 根据省政府《浙江省优待老年人的规定》（浙政发〔2005〕48号）精神，从3月开始，为全市老年人免费换发"浙江省老年人优待证"。至年底，换发7.79万本，占全市老年人的91.80%，市财政拨款18万元用于制证。（董伟成）

·计划生育·

【概况】 人口和计划生育工作坚持"稳定、提高、统筹"的方针，按照"强基础、破难点、优服务、上水平"的思路，克难攻坚，创新创优，各项工作都取得新成效。全年计划生育工作顺利通过省、杭州市的暗访和考核。计划生育率首次达到97.5%的水平。促平衡工作成效明显，春建、受降两个乡镇计生率保持100%。场口、常安两个杭州市计生工作重点乡镇达到人口与计划生育目标管理要求。全市出生人口5553人，其中一孩4197人、二孩1328人、多孩28人，人口出生率8.76‰，自然增长率2.27‰，出生男婴2787人、女婴2766人，出生婴儿性别比为100.76∶100，获得了杭州市人口和计划生育年度目标考核优胜奖，富阳市2006年度市级机关综合考评满意单位一等奖。

【宣传教育】 抓住"7·11"世界人口日等重大节日、农村奖扶金首发式和春秋两季普查等有利时机，充分利用新闻媒体、基层人口学校、新型生育文化园（点）、科普宣传栏等宣传阵地，深入开展各种生动活泼的计划生育宣传教育活动，受降、洞桥、万市、里山、东洲、大源等乡镇、街道邀请浙江传化艺术团开展计生文艺专场演出；高桥、湖源等乡镇依靠自身力量组织大型宣传活动，受到广大群众的欢迎。全年有431对符合再生育条件的夫妇主动放弃二孩的生育指标。启动了"关爱女孩、助学行动"。自编自印包含综合性内容的计生优质服务手册，利用普查、随访等机会分发到育龄群众手中。各乡镇、街道紧紧依托村（社区），结合"百千工程"、"生态村"建设，因地制宜开展生育文化创建活动。

【利益导向】 规范计划生育公益金制度，继续对计划生育困难家庭、手术并发症对象实行补助，对独生子女以及自愿放弃二胎生育指标的夫妇进行奖励，发放奖金196.54万元。全面实施农村部分计划生育奖励扶助制度，全市有1238名对象符合奖励扶助条件，发放奖扶金74.28万元，计划生育利益导向作用更加明显。

【依法管理】 定期开展无证生育核查工作和每季统计互查活动，使统计质量明显提高，基层台账更趋规范。富春街道开展漏管人员专项调查活动，千方百计查找失管、漏管人员，较好地缓解了社区计生管理的压力。

市计生行政执法领导小组加强领导，各成员单位密切配合，典型案件实现突破，计生联合执法制度得到进一步规范。市人民法院加强与计生部门及乡镇（街道）的沟通，达到了"执行一件，教育一片"的效果。市人口计生局加强执法队伍建设、规范审批程序、严格执法制度，不断推进公正执法、文明执法，全年未出现违反"七不准"行为和因执法不公导致的来信来访事件。

【流动人口管理】 落实部门职责，增强协作合力。全市各级各部门重视人口和计划生育工作，做到领导到位、责任到位、措施到位。25个与市政府签定责任状的部门，人口目标责任完成情况良好，市交通局、财政局、教育局、工商局等12个部门在考核中获得较好的成绩。市文广新局、旅游局充分发挥行业管理优势，将全市娱乐场所、涉外宾馆、旅行社的流动人口计生管理纳入本行业范围，在文化稽查、星级宾馆评定中实行"一票否决"。

巩固"以房管人，以外治外"管理机制，推行"亲情服务、有奖管理"新举措。继续实行村（社区）出租私房登记制，落实房东计生管理责任制，计划生育责任书签订率90%，做到“谁出租，谁管理”。富春街道、鹿山街道、场口镇等乡镇（街道）实行“亲情服务、有奖管理”后，流动人口计生管理服务率、信息准确率、外来妇女的满意率都得到了很大的提高。

【优质服务】 注重服务网络建设。全市各医疗机构专门开设计生“绿色通道”，为开展计划生育四项手术提供方便。市计生指导站规范操作流程，通过了ISO 9000质量体系认证。各乡镇、街道加大服务站技术设备投入，服务水平进一步提高；村级计生服务室规范化建设稳步推进，已有30%的村级服务室达到杭州市要求的“六个一”标准。2万余例四项手术中未发生一例医疗事故。

注重春、秋两季普查。各乡镇、街道均把提高普查率作为计生工作的重中之重。湖源、上官、常绿等乡镇抓住春节有利时机及时开展返乡育龄妇女孕环情检测工作；渔山、环山、新桐等乡镇邀请市计生指导站及相关医疗机构开展查环、查孕、查病的“三查”服务；灵桥、渌渚、永昌等乡镇实施普查激励措施，切实提高普查率；胥口、大源、春江等乡镇、街道还组织人员赴市外及省外开展跟踪普查。

注重技术随访服务。推行“温馨随访”活动，建立四项手术网络随访制度，对重点病人开展定期随访。各乡镇、街道为四项手术妇女送上“爱心礼包”进行慰问。新登、受降、鹿山等乡镇、街道将手术并发症对象纳入低保，扶贫结对，增进了计生干部与育龄群众的感情。

【协会工作】 加强企业协会创建，构建企业主要负责人任会长，车间主任任小组长的组织网络，完善计生管理服务制度，确保企业职工、流动人口的计生管理（服务）规范到位，实现企业经济效益和人口计生工作的双赢。以富春江集团、富通集团、华达集团等国家、省、市级先进企业计生协会为示范，全面推进协会建设，全市200人以上企业建协会率已达到80%。全市200人以上的民营企业，已经建立计生协会组织的有59家，达到65.6%。市计生协会同市教育局联合举办了青春健康师资培训，青少年青春健康服务中心建设得到进一步加强。与市委宣传部、共青团富阳市委共同组建了新的青少年求助热线，提升热线服务人员水平，积极为青少年提供免费咨询和救助服务。（朱前）

·劳动与社会保障·

【概况】 劳动和社会保障工作以破解“困难群众生产生活难”为主要抓手，以积极扩大就业和加快完善社会保障体系为重点，采取了一系列切实有效的措施，使全市的劳动和社会保障工作取得明显成效。积极开发就业岗位，加快劳动力市场建设，强化社会保险基金征缴新机制，扩大社会保障覆盖面，加大技能人才培养力度，依法加强和规范劳动关系，为促进全市改革、发展和维护社会稳定发挥了积极作用。

2006年，富阳市劳动争议仲裁委员会被杭州市劳动争议仲裁委员会评为先进单位、富阳市职业技能鉴定中心被评为杭州市优秀职业技能鉴定机构、市社保中心被评为杭州市基本医疗保险管理工作先进单位和杭州市社会保险工作先进单位、市劳动保障监察大队被评为杭州市级劳动保障监察先进单位、市就业管理服务处被评为杭州市就业与失业保险工作优胜单位等称号。

【劳动工资】 继续做好企业工效挂钩工作，全年核定2家企业实行工资总额与经济利润挂钩，利润基数1590万元，工资总额基数达2800万元。确认2005年富阳市职工平均工资为20113元。调整全市最低工资标准，从2005年12月起，调整提高了全市最低工资标准，调整后的企业最低月工资标准为670元，非全日制工作最低小时工资标准为5.7元。调整2007年度富阳市企业基本养老保险、失业保险、工伤保险和生育保险等社会保险费缴费基数为21600元。2006年度企业退休人员最低养老金标准调整为670元/月。认定工伤案件1716件，工伤伤残鉴定399件。全年累计审批正常退休、特殊工种退休、退职、因病退休计750人。

【就业与再就业】 *超额完成就业再就业任务* 全市净增城镇就业岗位10708个，完成杭州市全年目标任务7200个的148.72%；引导和帮助5681名城镇失业人员实现就业，完成杭州市全年目标任务3800名的149.5%，其中帮助1163名就业困难人员实现再就业，完成杭州市全年目标任务800名的145.38%；城镇登记失业率控制在3.89%，低于4%的目标任务，保持就业形势总体稳定。

制定出台新一轮就业再就业政策　在确保国家、省就业再就业政策全面落实的前提下，结合实际，对原就业再就业政策进行了延续、扩展、调整和充实，出台了《关于进一步加强就业再就业工作的实施意见》（富政〔2006〕17号），富阳市就业援助证申领使用管理暂行办法、失业人员税收优惠等相关配套文件已陆续出台，基本形成了覆盖面更广、扶持力度更大的具有富阳特色的新一轮促进就业政策体系。全年发放“就业援助证”695本，累计发放4820本；为109名失业人员办理税收优惠手续，14名就业困难人员办理小额贷款42万元，30名自谋职业失业人员发放一次性就业援助补助费6万元，267名特困失业人员发放补助金21.5万元；为1341家单位2735人发放社保补贴413.62万元；为1193家单位1861人发放用工补助438.98万元；为74家单位802人发放岗位补贴71.43万元。

【社会保险】　企业基本养老保险　严格执行《富阳市社会保险费征管暂行办法》，进一步完善和巩固社会保险地税核定、征缴机制，稳步提高“四费合征”的参保缴费人数，核定比例从60%提高到65%。全市有5360家单位124483人参加企业基本养老保险，净增参保人员10435人，缴费人数114782人，净增缴费人数6259，完成杭州市下达全年净增4000名的156%；征缴基本养老保险基金33629万元，当年支付基本养老金19957万元，累计积余企业职工基本养老保险基金53773万元。

企业退休人员社会化管理　提高企业退休人员社会化管理服务经费标准，从原人均120元调整为180元，并在征求部分乡镇、街道和社区意见的基础上，统一规范了项目支出和发放方式。组织300多名企业和机关事业单位离退休人员分3批进行了健康疗养。对900余名80岁以上离退休人员开展了重阳节慰问活动。

机关事业单位养老保险　全市现有492家机关事业单位18655名在职干部职工参加机关事业单位基本养老保险，有5956名离退休及遗属等人员享受机关事业单位基本养老保险待遇，全年收缴基金1.064亿元，支付1.0823万元，累计积存7422万元。基金支付能力为8.2个月。

工伤保险　全市有4857家企业84304人参加企业工伤保险，其中净增参保人员17803人，完成杭州市下达全年净增16000人目标任务的111%，收缴工伤保险基金1100万元，全年认定工伤案件1716件，工伤伤残鉴定399件。支付工伤保险待遇828万元，累计积存工伤保险基金1726万元。

生育保险　制定出台了《富阳市生育保险暂行办法》，并调整了生育医疗费用补助定额标准。全市有4824家企业70688人参加生育保险，其中净增参保10241人，完成杭州市下达指标净增2000人的512%；征缴生育保险基金542万元；全年有578家单位677名职工享受生育保险待遇326万元，累计积累生育保险基金1075万元。

失业保险　全市有4120家单位84000人参加失业保险，完成杭州市全年目标任务80400人的104%；征缴失业保险基金2717万元；全年有11934人次享受失业保险待遇635.28万元，累计积存失业保险基金6188万元。

基本医疗保险　出台《富阳市离休干部医疗保障管理办法》，实行离休干部医疗经费节余归己制度；出台《富阳市企业退休人员普通门诊医疗费办法》，对企业退休职工门诊医疗费当年个人账户用完超出2000元部分补助60%，最高补助不超过3000元；调整医保基金征缴基数和个人账户划入基数，征缴基数由1600元/月调整为1700元/月，退休退职人员基本医疗保险个人账户划入基数由1010元/月调整为1070元/月。10月1日起全市新增基本医疗保险定点医疗机构12家。从有关医保定点机构中确定了11家医保定点医疗机构为首批规定病种定点医疗机构。在全市范围内开展了定点医疗机构年度检查考核，抽查面达40%以上。5家单位受到表彰，5家单位被限期整改，2家单位被取消医保定点资格，初步建立起了正常的医保定点退出机制。全市有1265家单位的66028人参加基本医疗保险，净增参保4200人，完成杭州市下达指标净增参保2600人的162%，全年征缴医疗保险基金10937万元，支付基金8183万元，累计积余2.23亿元。基本医疗保险定点医疗机构和定点零售药店总数达86家。

农村社会养老保险　全面清理历年来的投保档案资料，及时纠正和规范存在的差错与问题。根据农婚知青的实际困难，及时调整女性农婚知青领取生活困难补助费年龄。全市有51785人参加农村养老保险，征收农村养老保险基金280万元，累计积累农村养老保险基金3545万元，按月领取养老金583人。全市有11个乡镇、街道71个行政村及2家单位的8262人参加被征地人员基本生活保障，其中新增6298人，完成市政府下达指标新增3000人的210%；征收被征地人员基本生活保障资金5355万元，累计积累被征地人员基本生活保障资金9071万元，参保人员中有7509名符合条件的被征地人员已按月领取生活保障金。

【社会保险信息管理系统成功试运行】 通过硬件设备采购、软件系统的开发以及接口调试、新系统业务流程细化和相关设计、工作人员业务操作培训，整体数据迁移等工作，12月1日，全市社会保险信息管理系统成功试运行。

【职业技能培训鉴定】 强化再就业培训　继续开展10个工种免费技能培训，通过为失业人员提供免费培训“菜单”，加大宣传力度，深入社区上门为失业人员提供实用性技能培训等措施加强失业人员再就业培训。全年再就业培训城镇失业人员3393名，完成杭州市政府下达2380名指标的142.56%，其中适应性培训1766人，完成杭州市全年目标任务912人的193.64%；技能培训1586人，完成杭州市全年目标任务1428人的111.06%；创业培训41人，完成杭州市全年目标任务40人的102.5%。培训后再就业率达60%以上。

开展农民素质培训　围绕提高农民的生产、生活技能，大力开展已在二、三产业就业的农村劳动力、失土农民和外地来富就业的农村劳动力职业技能培训。重点开展生产一线操作技术培训和电工、焊工、计算机操作等技术含量较高的技能培训。全年组织农村劳动力转移培训8947人，完成全年目标任务8000名的111.8%，其中已在二、三产业就业的农村劳动力培训6488人，失土农民培训2459人，分别完成全年目标任务5900名和2100名的109.9%、117%。外地来富就业的农村劳动力培训2673人，完成全年目标任务的116%。

加强技能人才队伍建设　全年培养高技能人才711名，完成全年目标任务的177.7%，全年鉴定发证6827人，其中初级3431人、中级2685人、高级650人、技师61人，中高级技能人才同比增加28%。开展车工、焊工、服装制作工、建筑工等10个职业（工种）职业技能大赛，有30人破格晋升高级工。继续在全市职高、成校、技校学生中推行国家职业资格证书制度，对3257名学生进行考核鉴定，合格率为92%。

【规范劳动关系管理】 全年受理劳动争议案件287件，结案272件，结案率达95%，涉及职工1505人，为劳动关系双方挽回经济损失1332万元。同时，促使全市劳动合同签订率达到90%以上。加强劳动保障监察力度，全年开展劳动保障专项监察活动6次，监察用人单位550家，涉及职工4914余人，督促补签劳动合同1270份，处罚用人单位13家，罚金18万元；受理立案劳动保障监察投诉案件555件，在法定期限内按时结案率达100%，为劳动者追回拖欠、克扣工资485.6万元；开展劳动保障法规政策咨询活动4次，发放宣传资料2000余份，10月30日起开通了“96008383”劳动保障举报投诉咨询专线。　（孙申华）

·民族 宗教·

【帮助民族村搞好经济社会发展】 3～5月，市统战部、民宗局深入4个民族村，调查研究民族村经济社会发展情况，针对性提出民族村经济社会发展措施和对策。指导帮助民族村选择扶持发展项目，争取到浙江省、杭州市和富阳市少数民族发展专项扶持项目资金22万元。7月，协调石门村、新联村抓好改水工程，解决少数民族群众吃水难问题。

【落实少数民族政策】 全年为不同民族的公民结婚所生子女更改民族成份93人，为报考全国高等院校少数民族考生13人和初中升高中35人开具享受加分优惠录取确认证明，主动与全市中小学校开展联系，使少数民族小学生、初中生减免学杂费政策全部得以落实。通过广播、电视、报刊向少数民族群众宣传有关国家民族政策和发放《浙江省少数民族权益保障条例》资料，做好党的民族政策的再宣传，维护少数民族的合法权益。

【依法管理宗教事务】 6月，举办3次乡镇、街道《宗教事务条例》学习班， 850名信教群众参加，促进全市宗教活动依法管理。6～9月，针对佛教场所偏少的实际情况，广泛征求各方面意见，合理增加佛教活动场所24处，有效缓解佛教场所人多点少的不利局面。10月，开展未经登记宗教活动场所“回头看”检查，把未经登记宗教活动场所“回潮”现象消灭在萌芽。11～12月，抓好宗教场所安全制度和财务制度检查，对全市103处合法宗教活动场所开展消防、食品、安全工作大检查，提高宗教界的安全防范意识。重点检查宗教团体、宗教场所的财务制度的健全、落实情况，发现不落实、不健全的场所，提出限期整改和落实意见，促进宗教领域稳定。

【引导宗教自觉与社会主义社会相适应】 开展宗教界“社会和谐，宗教和睦”系列教育活动，抓好宗教界思想建设。8月，配合 “八荣八耻”社会主义荣辱观大讨论，组织宗教团体开展宗教界“社会和谐，宗教和睦”系列教育活动，开展形式丰富多彩，活动主要有：开展宗教界社会主义荣辱观的宣传教育活动，抓好以创“五好”为主要载体的自身建设，开展向少数民族受灾群众献爱心活动，开展“社会和谐，宗教和睦”专题讨论活动等系列活动，加强宗教界人士的思想道德和素质建设，促进宗教和睦和社会和谐，积极引导宗教与社会主义社会相适应。 （胡春国）

·人民生活·

【城镇居民生活】 年末，城镇集体及规模以上私营单位在岗职工人数11.8万人，职工年平均工资21436元，比上年增加2017元，增长10.4%。其中机关单位职工年平均工资46911元，下降0.6%；事业单位40051元、企业17180元，分别增长13.3%、11.2%。据抽样调查显示，城镇居民人均可支配收入16680元，比上年增长10.9%，扣除同期物价影响因素，居民收入水平实际增长10.8%。其中人均工薪收入达11081元，增长5.2%；人均个体经营净收入2177元，增长18.1%；人均财产性收入559元，增长71.4%，其占家庭总收入的比重由上年的2.0%提高到3.1%；人均转移性收入达4100元，增长15.5%，其中养老金（离退休金）增长迅速，人均养老金（离退休金）为3000元，增长16.1%。

随着城镇居民收入的不断提高和消费市场的进一步完善，城镇居民的消费热情不断上涨。城镇居民人均消费性支出12764元，比上年增长10.2%。医疗保健、居住、汽车消费成为消费热点。人均医疗保健支出达1445元，比上年增长60.4%，其中人均药品费支出达342元，增长27.4%，人均医疗费836元，成倍增长；人均居住消费1043元，增长34.4%，其中人均住房支出为348元，增长88.8%，水电燃料及其他支出为587元，增长9.3%；随着家用汽车进入居民家庭，车辆燃料及零配件消费支出快速增长，人均车辆燃料及零配件消费支出达157元，增长84.6%。食品、衣着、交通和通讯、教育文化娱乐消费保持平稳增长，恩格尔系数继续下降，居民生活质量逐步提高，人均食品支出为4638元，恩格尔系数由上年的37.9%下降到36.3%。服务性消费增长迅速，人均服务性消费4234元，增长28.8%，占消费支出的比重为33.2%，比重比上年提高了4.8%。

【农村居民生活】 据抽样调查显示，农村居民人均纯收入8497元，同比增加912元，增长12%，增幅比上年提高1%。工资性收入大幅增长，人均工资性收入达4172元，同比增加502元，增长13.7%，主要是平均工资水平上涨引起的，农村临时雇工工资每天达40元～50元，同比增加近10元。人均家庭经营纯收入3284元，同比增加52元，增长1.6%。非经营性收入成为农民增收的亮点，非经营性收入包括财产性收入和转移性收入，人均财产性纯收入429元，同比增加48元，增长12.6%，财产性纯收入较快增长主要由于土地征用补偿和租金收入增加引起的；转移性纯收入人均612元，同比增加310元，增长102.7%，主要是随着农民生活水平的普遍提高和道德观念的增强，人均赡养费收入增加174元；另外，由于社会保障体系的进一步健全完善，农民人均得到的救济金收入179元，也比上年有了很大的提高。农村居民消费支出较快增长。全市农村居民人均生活消费支出达7396元，比上年增加1172元，增长18.8%。在8大类消费支出中，食品消费支出人均2651元，同比增加180元，增长7.3%；衣着类消费支出人均577元，同比增加55元，增长10.5%；居住消费支出人均1381元，同比增加432元，增长45.5%；家庭设备用品消费支出人均370元，同比增加18元，增长5.1%；交通和通讯消费人均755元，同比增加54元，增长7.7%；文化教育、娱乐消费支出1142元，同比增加388元，增长51.5%；医疗保健消费支出人均376元，同比增加7元，增长1.9%。

【居民消费品价格】 全年居民消费价格总水平比上年略涨0.1%，服务项目价格下降3.4%。从8大类商品和服务项目价格看，呈“四涨四降”格局，其中交通和通讯类、食品类、居住类、医疗保健和个人用品类价格分别上涨0.2%、2.7%、2.1%、3.3%，衣着类、烟酒及用品类、家庭设备用品及维修服务类、娱乐文化教育用品及服务类价格分别下降0.1%、0.3%、2.4%、8.1%。农业生产资料价格上涨0.8%，其中化肥价格上涨0.3%，农药价格上涨6.9%。

【居民住房和储蓄】 城乡居民居住条件不断改善。年末城镇居民人均住房使用面积25.7平方米，比上年末增加0.83平方米；农民人均居住面积72.32平方米，增加2.88平方米。居民储蓄继续增加。年末城乡居民本外币储蓄余额97.53亿元，比年初增加15.81亿元，增长19.3%。人均储蓄余额15387元，增长18.6%。

（傅柏超　蔡丹青）

·残疾人工作·

【残疾人抽样调查】 根据浙江省、杭州市第二次全国残疾人抽样调查工作的统一部署，全市第二次全国残疾人抽样调查工作自2005年9月开始筹划准备，并按国家规定时间，于2006年4月1日零时统一开展入户调查。截至5月30日，完成舒姑垟村、春晖社区、宵井村、许家埭村、民联村、大畈村、常三村、黄岭村等8个小区的全部调查工作。根据第二次全国残疾人抽样调查的数据显示，全市有残疾人4万人。办理残疾人证有10861人，其中肢体残疾6593人，视力残疾1173人，言语残疾149人，听力残疾1069人，精神残疾689人，智力残疾1188人。抽样调查工作得到了省、杭州市残联的充分肯定：富阳市被评为浙江省第二次全国残疾人抽样调查工作先进县(市)，富阳市残联、市卫生局被评为浙江省第二次全国残疾人抽样调查工作先进集体。富阳市残联和东州街道、高桥镇、常绿镇被杭州市评为第二次全国残疾人抽样调查工作先进集体；方仁臻等15名被评为先进个人。

【残疾人扶贫解困】 10月，对原享受低保救助的残疾人又重新进行调整，从2005年享受残疾人生活补助的1730人调整到2025人，增加了295名，全市发放低保残疾人生活补助金108万元。2月，市残联下发〔2006〕6号文件《关于对困难残疾人实行生活补助的通知》，全市1003名低保边缘残疾人给予每人每月50元生活补助，全年发放低保边缘残疾人生活补助金60余万元。对特困残疾人家庭子女及残疾学生进行助学补助，做到义务教育阶段免收学杂费、课本费、作业本费，高中阶段免收学费和代管费，实施教育券和爱心营养餐工程，全年享受教育券人数397人，发放金额18万元，大学生助学补助16人，补助金额1.6万元。春节期间，全市确定710户慰问对象，并由市领导亲自上门慰问，发放慰问金达45万余元，送去了党和政府的一份温暖。全年临时救济残疾人80余人，发放临时救济款近10万元。全市各级领导、单位积极结对帮扶困难残疾人，全年结对316户，帮扶资金57万元。经过努力，全市残疾人新脱贫242户，奔小康155户。

【残疾人种养殖业扶持】 全市安排扶持种养业基地12个，投入资金8万元；扶持残疾人种养业大户155户，投入资金31万元；扶持种养业人员208名，投入资金65万元。积极开展小额信贷工作，全年有36名残疾人享受贴息补助，贷款总额335万元，投入贴息补助资金12.04万元。开展农村残疾人种养业“十家百户”竞赛活动，召开全市农村残疾人种养业经验交流会暨创业能手表彰会，表彰了6位优秀创业能手，19位创业能手，通过竞赛有效地促进全市残疾人种养业的发展。

【残疾人“安居工程”】 在前两年完成残疾人危房改造281户的基础上，根据实施情况，全年确定了29户残疾人进行危房改造。29户残疾人危房改造中新建14

户、改扩建10户，修缮4户，置换1户，总需投入资金63.32万元，其中市残联投入资金36.46万元，乡镇街道投入资金14.62万元，村级补助12.24万元，于6月底全部竣工验收合格。

【残疾人培训就业】　5月，举办富阳市第三届残疾人人力资源交流会。有30家企业腾出200余个爱心岗位，25个乡镇街道的500余名残疾人参加交流会，经过企业与残疾人面对面的交流和了解，达成残疾人就业意向214名。全年前来就业咨询的残疾人达600余人次，就业登记的有350余人次，已安排就业的并已签订劳动合同的有254人，其中集中安置218人，分散安置36人。为促进残疾人个体就业、自谋职业，对从事个体工商业的残疾人，工商、环保、卫生等行政管理部门优先核发营业执照等有关证件，并减免50%的登记费、培训费、办证费；对经营困难或亏损的残疾人个体工商户，给予减免工商管理费及相关税费。全年扶持残疾人个体加工业、家庭副业、个体经营户50户，总投入资金7.5万元，新增个体就业23户。全市现有盲人推拿所13家，安置盲人就业45名。全年举办各类培训班30期，其中：实用技术11期，培训残疾人1506人；职业技能培训4期，培训残疾人285人；素质教育10期，培训残疾人1174人；高级盲人推拿培训3人。

【残疾人康复】　积极开展残疾人社区康复工作达标创先活动，全市25个乡镇街道建立康复服务站39个，投入50余万元为每一个康复服务站都配发了各种专业康复器材，社区康复服务覆盖面达100%，被评为杭州市社区康复工作先进单位。全年完成免费白内障复明手术289例，复明率达100%。有15名残疾人免费安装假肢，为残疾人赠送轮椅150辆，赠送助听器20只，同时为残疾人提供用品用具服务。对全市管辖内的4105名重症精神病人进行统一分级管理，建立管理档案，并加大救助力度，减少肇事现象发生，门诊减免治疗人数为300余人。为困难精神患者救助和减免医药治疗费40余万元。全市7027名农村持证残疾人和227名城镇非医保残疾人免费参加了合作医疗，市残联支付费用18余万元。

【残联组织建设】　根据富残联〔2006〕25号《关于认真做好福利企业残疾人协会换届选举工作的通知》精神，全市10家福利企业残疾人协会进行换届选举，5家福利企业新成立了残疾人协会。根据杭残联办发〔2006〕3号《关于开展全市街道（乡镇）残联达标验收工作的通知》，结合街道（乡镇）残联规范化建设评估标准和富阳市工作实际，富春街道、春江街道、东洲街道、高桥镇、新登镇等12个乡镇街道参加杭州市残联组织的验收，11月，市委、市政府下发《关于富阳市乡（镇）机构改革的实施意见》，文件明确乡（镇）残联理事长享受机关中层正职待遇。

【残疾人维权】　残疾人来信来访由专人具体负责接待处理，重要信访由主要领导亲自接待、亲自抓，做到信访台账清楚、规范，答复及时。全年接待处理信访65件次，结案率达到100%。发挥残联法律援助联络站的作用，配合市司法局为残疾人提供法律援助29件次，有效地保障了全市残疾人的合法权益不受侵犯。市残联被杭州市评为“十五”期间残疾人信访维权工作先进单位。

【残疾人文体活动】　3月，市残疾人轮椅篮球队代表浙江省参加在河南举行的全国残疾人轮椅篮球锦标赛暨全国第七届残疾人运动会预选赛，获得了第七名的好成绩。组队参加杭州市第七届残运会，获团体总分第二名和奖牌总数第二名，赢得了19块金牌、20块银牌、10块铜牌，并被大会组委会评为“最佳组织奖”。选拔推荐优秀残疾人运动员参加省第七届残疾人运动会，获6块金牌。市残联被浙江省残联评为“十五”期间残疾人体育工作先进单位。特邀富临与特奥同行——“十艺善缘”爱心之旅到富阳，《人民网》作专题报导、羊晓君被中残联授予“爱心专员”称号。

（李红贞）

【责任编辑　胡丽芬】

乡镇 街道

·富春街道·

【概况】 富春街道位于富阳市中部，为市政府所在地。全境地域总面积103.95平方公里，行政村33个，社区19个，村民小组286个。年末总户数44030户，总人口118109人，其中非农业人口85613人。全年实现工农业总产值1218500万元，按可比价格计算，比上年增长11.5%。全年实现财政总收入23800万元。农村经济总收入1404937万元，农村经济净收入96128万元。农民人均所得10625元。

年末耕地面积1232.4公顷，其中水田面积1073.9公顷。粮食总产量793.7万公斤。农机总动力3.17万千瓦。公路通车里程44.7公里，行政村等级公路通达率100%。水利投工17.6万工，投资609.2万元。存栏生猪8512头，出栏肉猪19424头，存栏家禽6.98万羽，出栏家禽16.99万羽。水产品养殖面积20公顷，水产品产量42.4万公斤。绿化造林31公顷，封山育林3700公顷。水果种植面积131.4公顷，水果产量852.8万公斤。茶园面积356公顷，茶叶产量53万公斤。工业企业总数358家，其中规模以上工业企业62家。工业产品销售收入1121667万元，产销率98%。外贸供货值35625万元，自营出口6135万美元。中学3所，小学7所，幼儿园2所，在校中学生6135人，入学率100%；在校小学生13501人，入学率100%；在园幼儿1775人。医院5家，卫生室25个。全年出生1286人，计划生育率97.06%。初级卫生保健普及率100%。自来水普及率99.5%。固定电话用户40063户，移动电话用户870户，电话普及率33.9部/百人，因特网用户18000户。参加农村统筹医疗32346人。最低生活保障救助人数614人。社会福利性敬老院1个，年底供养老人36人。农户新建房屋527户，建筑面积214693平方米。

【通过杭州市“生态街道”验收】 2005年6月，富春街道委托杭州市环境科学研究院编制《富春街道生态建设规划》，成为全市首批开展生态建设单位。2005年底，规划通过专家认证。近年来，该街道先后关、停、转、迁、控工业污染企业5家，同时落实长效管理机制，确保污染源稳定排放，环境质量明显好转。大力发展生态农业和效益休闲农业，有效推进新农村建设。同时抓好绿色社区和生态示范村创建。全年4个社区获省绿色社区称号，4个社区获杭州市绿色社区称号，11个社区获富阳市绿色社区称号；4所学校获省绿色学校称号，3所学校获杭州市绿色学校称号；12个行政村开展生态示范村建设，其中10个村完成了生态村建设规划编制工作，7个村通过生态村创建考核验收。12月，通过杭州市“生态街道”验收。

【完成全国残疾人二次抽样调查】 4月，富春街道春晖社区和宵井村被定为第二次全国残疾人抽样调查小区。街道十分重视该项工作，抽调人员组成陪调组，逐户上门调查，共调查338户、966人，完成调查工作各项任务。街道被浙江省残联授予“残疾人第二次抽样调查省级先进乡镇（街道）”称号。

【举办首届社区运动会】 11月15～17日，富春街道在市体育中心举办首届社区运动会，19个社区、700多名运动员参加拔河、乒乓球、健身球等8个项目比赛，苋浦、鹳山、春晖社区分获团体前三名。

【9个社区成立工会】 8月，富春街道启动社区工会组建工作，先在秋月社区试点，其后在建有党委的社区推开。至年底，秋月、鹳山等9个社区成立工会，会员4445人。社区工会成立有力保障部分下岗职工以及外来务工人员合法权益。

【城西村被评为“全国敬老示范村”】 城西村位于富春街道中部，至2006年底，全村人口1499人，其中60岁以上老人222人。该村坚持将老龄工作纳入村内重要议事日程，先后投资20余万元，设立老年活动室2处，面积近千平方米，内设大小会议室、棋牌室、书画室、健身房、老年电大教室、电脑等设施，为老人提供丰富的活动项目。村委每年向村老龄协会提供工作经费10万元，每月给村内60岁以上老年人发放700元生活补助，并报销一定比例的医药费，还每年组织

外出旅游1次。该村老人真正实现老有所养，老有所乐。11月，全国老龄委授予该村“全国敬老示范村”称号。（方亮 王娇阳）

·春江街道·

【概况】 春江街道位于富阳市东南部，距市政府所在地1公里。全境地域总面积36平方公里，行政村22个，村民小组162个。年末总户数8107户，总人口24852人，其中非农业人口1033人。全年实现工农业总产值1100755万元，按可比价格计算，比上年增长21.93%。全年实现财政总收入34500万元。农村经济总收入1282068万元，农村经济净收入135698.7万元。农民人均所得11327元。

年末耕地面积525.5公顷，其中水田面积461.5公顷。粮食总产量499.9万公斤。农机总动力0.69万千瓦。公路通车里程200公里，行政村等级公路通达率100%。水利投工11.2万工，投资470万元。完成环境污染治理项目12个，投资额3.3亿元。存栏生猪7232头，出栏肉猪16750头，存栏家禽4.54万羽，出栏家禽15.86万羽。水产品养殖面积40公顷，水产品产量2.83万公斤。封山育林1234.5公顷。水果种植面积0.73公顷，水果产量0.3万公斤。茶园面积7.8公顷，茶叶产量1.05万公斤。工业企业总数357家，其中规模以上工业企业155家。工业产品销售收入1042061万元，产销率95.38%。外贸供货值15946万元，自营出口1573.38万美元。中学1所，小学6所，其中民工子弟学校3所，幼儿园15所，在校中学生809人，入学率100%；在校小学生2909人，其中外来民工子弟1294人，入学率100%；在园幼儿1757人，其中外来民工幼儿724人。医院1家，卫生室22个。全年出生238人，计划生育率98%。初级卫生保健普及率100%。自来水普及率100%。固定电话用户14000户，移动电话用户15540户，电话普及率56.3部/百人，因特网用户2300户。参加农村养老保险12524人。参加农村统筹医疗23436人。最低生活保障救助人数497人。与富春街道合用社会福利性敬老院1个，年底供养老人15人。农户新建房屋159户，建筑面积57540平方米。

【通过“杭州市文化示范街道”验收】 春江街道把文化建设纳入街道重要工作议事日程，积极开展“杭州市文化示范街道”创建，建立创建领导小组，出台关于开展文化体育活动实施意见，实行“以奖代补”政策，鼓励各行政村加快综合性村级文化活动场所建设。至年底，街道文化活动中心1个，面积4000平方米，内设书画室、电脑室、培训室、电视室、多功能厅以及面积120平方米、藏书12000册图书室等。街道80%的村建有综合性的文化活动场所。街道有富阳市级文化示范村7个，腰鼓队16支、梅花锣鼓队6支、外来民工龙灯队1支，还有秧歌队、戏曲音舞队、书法美术队等，群众性文化活动丰富多彩。12月，通过“杭州市文化示范街道”验收。

【通过“杭州市体育先进街道”验收】 春江街道成立创建工作领导小组，把体育事业发展列入街道经济和社会发展总体规划，出台加快体育设施建设以奖代补政策。至年底，街道有体育文化活动中心1个，面积4000平方米，内有灯光篮球场，健身房、乒乓球室等。22个行政村及较大规模企业都建有体育运动场地，全街道有健身点（苑）38个、篮球场37个、乒乓球室31个、300米标准塑料跑道（操场）1个、网球场1个。各村都建立体育辅导站，全街道有社会体育指导员92人。街道还先后成立了农民篮球队、乒乓球队、象棋队、登山队等。2006年，举办机关干部登山比赛、拔河比赛、村干部乒乓球赛、“泰山特曲杯”男子篮球赛开幕式、“永泰杯”新富阳人运动会及“直塘杯”、“三元杯”、“裕丰杯”男子篮球赛等，群众体育活动十分活跃。全街道经常参加体育锻炼人数达56%以上。11月，通过“杭州市体育先进街道”验收。

【举办富阳首届“情满春江、玫瑰婚典”活动】 11月11日，春江街道在富春江畔举办富阳首届“情满春江、玫瑰婚典”集体婚典活动，12对外来创业新人参加。婚典从上午10点30分开始，至下午2点30分结束，共分“倾城之旅”、“情满春江”、“玫瑰婚典”、“公益之行”4个篇章。街道有关领导担任证婚人，还向新人赠送礼物。

·东洲街道·

【概况】 东洲街道位于富阳市东部，距市政府所在地

3公里。全境地域总面积73平方公里，行政村27个，村民小组251个。年末总户数11406户，总人口38182人，其中非农业人口1110人。全年实现工农业总产值603362万元，按可比价格计算，比上年增长38.57%。全年实现财政总收入8799万元。农村经济总收入323763万元，农村经济净收入74796万元。农民人均所得10352元。

年末耕地面积1272.4公顷，其中水田面积1160.1公顷。粮食总产量882.6万公斤。农机总动力2.61万千瓦。公路通车里程138公里，行政村等级公路通达率100%。水利投工50万工，投资650万元。完成环境污染治理项目6个，投资额240万元。存栏生猪6947头，出栏肉猪18133头，存栏家禽10.62万羽，出栏家禽52.11万羽。水产品养殖面积230公顷，水产品产量196.9万公斤。绿化造林115.87公顷，封山育林905.2公顷。水果种植面积134.64公顷，水果产量480.4万公斤。茶园面积52.33公顷，茶叶产量23.1万公斤。工业企业总数575家，其中规模以上工业企业92家。工业产品销售收入493561万元，产销率98.2%。外贸供货值135502万元，自营出口2777万美元。中学1所，小学3所，幼儿园22所，在校中学生1263人，入学率100%；在校小学生2725人，入学率100%；在园幼儿963人。医院1家，卫生室27个。全年出生355人，计划生育率97.5%。初级卫生保健普及率98%。自来水普及率100%。固定电话用户9210户，移动电话用户10120户，电话普及率24.1部/百人，因特网用户1650户。参加农村养老保险5993人。参加农村统筹医疗35985人。最低生活保障救助人数324人。社会福利性敬老院1个，年底供养老人24人。农户新建房屋164户，建筑面积18590平方米。

【通过“杭州市体育先进街道”验收】 东洲街道将创建工作列入议事日程，纳入经济和社会发展规划，大力实施全民健身纲要，加大体育设施建设，开展丰富多彩的体育活动。至2006年底，全街道健身苑点14个，篮球场20个，乒乓活动室14个，老年活动室27个，群众体育队伍56支。每年开展各类体育比赛、活动10余次，平时参与体育活动的人数占街道人口45%以上。12月，通过“杭州市体育先进街道”考核验收。

【东洲中学“三并一”一期工程竣工】 根据全市新一轮教育发展专项规划，市政府将东洲中学“三并一”工程列为2004年市政府十大实事工程之一。新东洲中学由东洲第一、第二、第三中学3所学校合并而成，新校区位于该街道前华村，占地面积8.93公顷，建筑面积 35000平方米，工程总投资6855万元，按容纳2200名学生入学需求设计。一期工程于2004年10月动工，建筑面积22000平方米，投资4200万元，于2006年8月竣工，9月1日投入使用，可容纳1600名学生就读。

【白鹤村举办金秋火柿节】 白鹤村位于东洲街道北部，具有丰富的乡村旅游资源，是杭州市首批乡村旅游示范点。9月28日～10月6日，该村举办金秋火柿节暨乡村游黄金周活动。活动期间推出“上山下乡”自驾车游、柿子采摘、柿树王评选、农家美食周、书画笔绘和摄影大赛、绿色庭院和特色庭院评选、乡村戏曲大集等8项活动，吸引1.5万多人次参与。

【株林坞村被评为“浙江省全面小康建设示范村”】 株林坞村位于该街道北部，生态环境良好，交通便利，全村人口420人。近年来，该村按照村庄总体规划、生态村建设规划，投入350余万元，实现道路硬化、村庄绿化，完成路灯安装、电力、广播电视及自来水改造，建设村内公园2个，篮球场、健身苑、公厕各1个，村庄环境明显改善。先后被授予“浙江省卫生村”、“杭州市园林绿化村”、“富阳市五好村党组织”、“文明村”、“创“三美”示范村”等荣誉称号。2006年实现经济总收入5869万元，人均收入10720元，村民生活达到小康水平。12月，该村被浙江省人民政府评为“全面小康建设示范村”。

【推行村干部工作季度评议通报制】 该工作于2005年10月在前华村开始试点；2006年1月在全街道推广，4月深入开展。该工作以“季初分工，季末评议，当面质询，书面通报，奖优罚劣”为主要内容，实行季度民主评议通报村两委会成员工作的监督管理新机制。季初，村两委会例会确定每位村干部本季度工作要点，在村务公开栏公示，季末村两委会班子成员向党员、村民代表会议报告本季度工作完成情况，接受质询，无记名方式测评村干部工作，测评结果张榜公布，奖优罚劣。该制度增强村务工作透明度，调动村

干部工作积极性。该工作获得全市基层组织课题创新一等奖。（张雪刚）

·鹿山街道·

【概况】 鹿山街道位于富阳市西部，距市政府所在地6公里，全境地域总面积66.3平方公里，行政村17个，村民小组151个。年末总户数8033户，总人口21232人，其中非农业人口920人。全年实现工农业总产值595000万元，按可比价格计算，比上年增长50.9%。全年实现财政总收入4989万元。农村经济总收入217800万元，农村经济净收入26000万元。农民人均所得10361元。

年末耕地面积877.9公顷，其中水田面积781.6公顷。粮食总产量659万公斤。农机总动力1.3万千瓦。公路通车里程40公里，行政村等级公路通达率100%。水利投工6.8万工，投资520万元。完成环境污染治理项目10个，投资额2150万元。存栏生猪5076头，出栏肉猪9437头，存栏家禽6.87万羽，出栏家禽29.23万羽。水产品养殖面积94.2公顷，水产品产量233.8万公斤。绿化造林20公顷，封山育林2663公顷。水果种植面积104.4公顷，水果产量296.4万公斤。茶园面积21.1公顷，茶叶产量4.4万公斤。工业企业总数322家，其中规模以上工业企业42家。工业产品销售收入516500万元，产销率98.5%。自营出口8147万美元。中学1所，小学5所，幼儿园12所，在校中学生752人，入学率100%；在校小学生1177人，入学率100%；在园幼儿625人。医院1家，卫生室15个。全年出生250人，计划生育率98.4%。初级卫生保健普及率100%。自来水普及率100%。固定电话用户5800户，移动电话用户12780户，电话普及率27.3部/百人，因特网用户439户。参加农村养老保险5200人。参加农村统筹医疗20730人。最低生活保障救助人数232人。社会福利性敬老院1个，年底供养老年人33人。农户新建房屋79户，建筑面积28440平方米。

【工业经济增幅居前】 鹿山街道根据“加大投入、优化结构、鼓励创新、建设品牌”的工业经济工作思路，抓好招商引资、项目带动、环境保证和创新工程，扎实推进“工业兴街”战略。全年街道完成工业总产值57.8亿元，同比增长50.9%，超出全市平均增幅22.3%，增幅列全市A类乡镇街道第一；规模企业产值51.65亿元，同比增长66.7%，总量占街道工业总产值的89.3%以上，超出全市平均增幅30.4%，增幅列全市A类乡镇街道第一。工业企业实现利润1.01亿元，同比增长15%，实交税金1.8亿元，其中规模以上企业实交税金达1.6亿元，同比增长19%。完成固定资产投入9.4亿元，同比增长15%，合同外资1586万美元，同比增长58%，实到外资413万美元，同比增长69%，实到杭州市以外内资1.5亿元，同比增长51.7%。

【通过“富阳市卫生街道”验收】 鹿山街道十分重视卫生工作，积极开展“富阳市卫生街道”创建。各村配备专兼职保洁员，每月组织卫生检查，评分结果上墙公示，年终进行考核。全年开展“洁美鹿山”千人卫生大扫除等系列活动，党团员人人参与，共同营造卫生环境，共投入7300余人次。全年投资120万元，修建垃圾中转站，各村设立垃圾房、垃圾箱和垃圾桶。通过创建，街道卫生面貌明显改善。11月，通过“富阳市卫生街道”验收。

【通过“杭州市体育先进街道”验收】 鹿山街道十分重视体育工作，成立创建“杭州市体育先进街道”领导小组，加强领导。全年投资80余万元，新建文体活动中心，内设乒乓室、电子阅览室、图书室等设施。出台奖励政策，各行政村建设1个标准篮球场或健身点，一次性奖励1万元，共发放奖励资金5万元。至2006年底，全街道篮球场21个、健身点9个、乒乓活动室15个、老年活动室17个，腰鼓队11支，梅花锣鼓队8支。积极开展文体活动，丰富群众文化生活，全年投入100余万元，开展乒乓球、篮球、象棋、跳绳等6项体育比赛活动，其中篮球联赛已是连续6年举办，从第一届的8支球队参赛发展到2006年的17支球队、300多名运动员参赛，观看比赛群众1万余人次。12月，通过“杭州市体育先进街道”验收。

【组建巡防大队】 为加强治安力量，7月，该街道整合直属巡防中队和各护村（企）巡防队，成立街道巡防大队。该大队队员105人，主要职能是巡防工作、上报矛盾纠纷信息、外来人口普查以及参与各类整治与安全保卫，实行街道和三山派出所双重领导，统一制度、统一着装、统一调度、统一考核。全年街道投入经费30万元。该大队的成立，有效遏制案件的发生，全年发案率比上年下降2%。（叶张贤 徐雪峰）

·高桥镇·

【概况】 高桥镇位于富阳市北部，距市政府所在地5公里。全境地域总面积104.04平方公里，行政村37个，村民小组266个。年末总户数9596户，总人口29627人，其中非农业人口1115人。全年实现工农业总产值702669万元，按可比价格计算，比上年增长23.45%。全年实现财政总收入13408万元。农村经济总收入1080942万元，农村经济净收入77588万元。农民人均所得11871元。

年末耕地面积1088公顷，其中水田面积798.9公顷。粮食总产量1246万公斤。农机总动力2.26万千瓦。公路通车里程150公里，行政村等级公路通达率100%。水利投工13万工，投资2000万元。完成环境污染治理项目19个，投资额970万元。存栏生猪16259头，出栏肉猪29180头，存栏家禽10.28万羽，出栏家禽53.04万羽。水产品养殖面积19公顷，水产品产量104.8万公斤。绿化造林30公顷，封山育林5357公顷。水果种植面积146.2公顷，水果产量312.7万公斤。茶园面积359公顷，茶叶产量38.1万公斤。工业企业总数753家，其中规模以上工业企业88家。工业产品销售收入658517万元，产销率97.3%。外贸供货值44605万元，自营出口4086万美元。中学1所，小学3所，幼儿园9所，在校中学生1188人，入学率100%；在校小学生2256人，入学率100%；在园幼儿985人。医院2家，卫生室27个。全年出生297人，计划生育率98.8%。初级卫生保健普及率 100%。自来水普及率100%。固定电话用户9813户，移动电话用户19921户，电话普及率33.1部／百人，因特网用户5278户。参加农村养老保险8620人。参加农村统筹医疗27932人。最低生活保障救助人数437人。社会福利性敬老院1个，年底供养老人66人。农户新建房屋425户，建筑面积127500平方米。

【举办镇第五届体育运动会】 10月27～29日，高桥镇在镇中学举办第五届体育运动会。投入经费50万元，全镇各行政村、企业单位47支运动队、787人参加了比赛，大会共设乒乓、象棋、拔河、跳绳、田径、自行车慢骑6个大项、29个小项。经过3天比赛，20人（队）打破7项镇运动会记录。

【通过“浙江省体育强镇”验收】 高桥镇十分重视体育工作，加大体育设施建设力度。投资60万元，完成1800平方米文体活动中心建设，内设乒乓室、棋牌室、排练厅、书画室、篮球场及室外健身器材。拨款22万元，为学校等事业单位添置体育器材，确保每个单位都有篮球场、乒乓室等体育基础设施。出台以奖代补文件，鼓励各村建设健身苑点、篮球场，共发放奖励资金43万元。至2006年底，全镇普通篮球场35个、网球场1个，门球场1个，乒乓室22个，健身苑点22个。积极开展群众性体育活动。每年组织6次以上单项比赛，每2年举办1次综合性运动会，已连续举办5届。组建秧歌队37支、腰鼓队18支、中老年梅花锣鼓队5支，各类活动丰富多彩。11月14日，通过“浙江省体育强镇”验收。

【通过“浙江省卫生镇”验收】 高桥镇年初提出创建“浙江省卫生镇”工作目标，成立创建工作领导小组，制订创建省卫生镇规划。全年投资400万元，建成集镇区和工业功能区污水管网，与富阳城区污水处理管网衔接，由富阳污水处理厂集中处理。投资80万元建造垃圾中转站，在集镇区建造85只垃圾箱(房)，配备垃圾配送车3辆，日处理垃圾能力达20吨。累计投资2000余万元，对区域内主要流域进行清理、截污、护岸绿化。投资300万元，在集镇区建成26000余平方米绿色中心广场。通过建设，该镇卫生面貌大为改观。12月27日，通过“浙江省卫生镇”验收。

【被命名为“全国环境优美乡镇”】 高桥镇将创建“全国环境优美乡镇”列入主要议事日程，编制《高桥生态镇建设规划》，成立创建工作领导小组。至2006年底，全镇工业企业均完成污染治理工程，污染设施运转率100%，废水、废气排放达标率100%。8家企业建立废水在线监测系统，10家企业通过清洁生产审核验收。积极发展生态农业，香榧基地、无公害茶叶基地、肉羊示范基地、都市农业示范基地等先后被国家、省、部和杭州市列为示范基地；4家企业被命名为省、杭州市农业龙头企业。“银鱼戏水”茶叶被国家农业部评定为无公害农产品，“东吴坊”豆浆获省农博会金奖，云森生态休闲园被命名为杭州市休闲观光旅游示范单位。新建和改建省、县和集镇主干道，建立垃圾中转站、污水提升泵站，实行320国道绿化、小流域整治等。投入资金1200万元开展生态村建设，23个村创建生态示范村，至2006年底，15个村基本达到生态示范村考核验收标准。2007年1月11日，被国家环境保护总局命名为“全国环境优美乡镇”。

【通过“富阳市文化示范乡镇”验收】 全年投资300余万元，建成占地1.67公顷文化休闲广场；投资60万元，修缮综合性文化中心楼，内设书画室、培训室、棋牌室、电教室、乒乓球室、健身房、排练厅、篮球场等功能区块，配备图书、电脑、健身器材等健身娱乐设施，图书室藏书1万余册，实现文化信息资源共享。全镇37个行政村80%以上建有健身苑（点）、文体活动室、宣传橱窗、黑板报等。积极开展校园文化活动，大力弘扬地方特色文化，全年举办大型文艺下乡活动6次。通过创建，文化建设成效显著。2007年1月，通过“富阳市文化示范乡镇”验收。（王利芳）

·受降镇·

【概况】 受降镇位于富阳市东北部，距市政府所在地10公里。全境地域总面积54.3平方公里，行政村11个，村民小组140个。年末总户数5307户，总人口15775人，其中非农业人口705人。全年实现工农业总产值512308万元，按可比价格计算，比上年增长24.5%。全年实现财政总收入8507万元。农村经济总收入528731万元，农村经济净收入31509万元。农民人均所得11784元。

年末耕地面积464公顷，其中水田面积421公顷。粮食总产量616万公斤。农机总动力3.78万千瓦。公里通车里程27公里，行政村等级公路通达率100%。水利投工7.5万工，投资590万元。完成环境污染治理项目3个，投资额65万元。存栏生猪6808头，出栏肉猪22962头，存栏家禽2.86万羽，出栏家禽19.59万羽。水产品养殖面积30公顷，水产品产量15万公斤。绿化造林36公顷，封山育林2743公顷。水果种植面积15公顷，水果产量165万公斤。茶园面积204公顷，茶叶产量30万公斤。工业企业总数903家，其中规模以上工业企业38家。工业产品销售收入426712万元，产销率 85.5%。外贸供货值24000万元，自营出口2699万美元。中学1所，小学3所，幼儿园8所，在校中学生586人，入学率100%；在校小学生1256人，入学率100%；在园幼儿665人。医院1家，卫生服务站4个。全年出生153人，计划生育率100%。初级卫生保健普及率100%。自来水普及率100%。固定电话用户5765户，移动电话用户7100户，电话普及率36.5部/百人，因特网用户1295户。参加农村养老保险2227人。参加农村统筹医疗14868人。最低生活保障救助人数278人。社会福利性敬老院1个，年底供养老人24人。农户新建房屋260户，建筑面积109200平方米。

【获“全国环境优美乡镇”称号】 该镇将创建“全国环境优美乡镇”工作纳入镇党委、政府重要议事日程，委托杭州市环境保护科学研究院编制《受降生态镇建设规划》，并成立创建领导小组。加强环境保护，倡导发展无污染、清洁型企业，严格执行国家、省、杭州市产业导向，把好项目审批关，否决污染项目20余个，至2006年底，新上项目环境保护评议执行率100%。大力发展生态房产和新型农居点建设，至2006年底，建成新型农居点6.3万平方米。投资5000万元，先后完成受降溪综合治理工程90%，完成九龙二环线一标段工程，完成3只标准化水库建设工程；实现镇村道路硬化率100%，自来水普及率100%，卫生厕所普及率85%。投资300万建造村生活污水处理系统，在集镇和各行政村设置固定垃圾箱232只，整体环境得到改善。12月，通过国家环保总局验收，获得“全国环境优美乡镇”称号。

【九龙大道拓宽改造工程开工】 九龙大道是一条环形区域道路，经过该镇十月、梓树、祝家村等6个村，初建于1993年，原路全长5300米，宽16米，为双车道设置，是该镇主要交通干线之一。随着该镇经济快速发展，房地产规模开发、区域品味提高，道路状况已不能适应发展要求。6月8日，九龙大道拓宽改造工程正式动工。该工程全长3850米，道路断面30米，总控制规划54米，总投资3000万元，按市政道路建设标准建设，预计2007年10月完工。

【水利建设成效明显】 受降镇全年投资930万元，新建淡竹坞、大洋坞、大甘坑等3座标准化水库，把修建水库与改善库区周围生态环境相结合，3座堤坝均完成标准化草坪绿化，绿化面积1.2万平方米。全年投资82.8万元，通过以奖代补形式，对上大庄等4个行政村2450米溪道进行砌坎、清淤整治，农民居住环境得到改善。至年底，基本解决群众饮水难问题。

（杨华锋）

·春建乡·

【概况】 春建乡位于富阳市北部，距市政府所在地15公里。全境地域总面积44.73平方公里，行政村11个，村民小组84个。年末总户数2887户，总人口8939人，其中非农业人口216人。全年实现工农业总产值42916万元，按可比价格计算，比上年增长27.3%。实现财政总收入1417.5万元。农村经济总收入63321万元，农村经济净收入7487万元。农民人均所得8754元。

年末耕地面积503公顷，其中水田面积402公顷。粮食总产量399万公斤。农机总动力0.95万千瓦。公路通车里程25.8公里，行政村等级公路通达率100%。水利投工2.3万工，投资570万元。完成环境污染治理项目4个，投资额210万元。存栏生猪3347头，出栏肉猪18062头，存栏家禽1.8万羽，出栏家禽6.38万羽。水产品养殖面积3公顷，水产品产量14万公斤。绿化造林19.3公顷，封山育林3542公顷。水果种植面积116公顷，水果产量447万公斤。茶园面积392公顷，茶叶产量43万公斤。工业企业总数89家，其中规模以上工业企业7家。工业产品销售收入28649万元，产销率98%。外贸供货值220万元，自营出口23.1万美元。小学3所，幼儿园3所；在校小学生539人，入学率100%；在园幼儿109人。卫生服务中心1家，卫生室11个。全年出生85人，计划生育率100%。初级卫生保健普及率97%。自来水普及率80%。固定电话用户2217户，移动电话用户2532户，电话普及率24.8部/百人。参加农村养老保险536人。参加农村统筹医疗8379人。最低生活保障救助人数127人。社会福利性敬老院1个，年底供养老人14人。农户新建房屋154户，建筑面积21100平方米。

【竹制品产业发展迅速】 春建乡从20世纪80年代开始发展竹制品产业，经过近30年的发展，竹制品产业初具规模。至2006年底，全乡竹制品企业70余家，生产产品3种，主要销往省内临安、安吉等地。全年总产值7000万元，占全乡工业总产值24%，成为该乡一大支柱产业。

【横桐线春建段竣工通车】 横桐线春建段经过春建乡下高、云二等村，是该乡主要道路之一。9月，对该路段进行全面整修，投资300万元，加固路基，铺设沥青路面。经过2个月的施工，11月竣工通车，有效解决该乡交通问题。

【铁坎大桥建成通车】 为解决春建乡铁坎村与外界的交通联系，3月，投资近100万元，建造铁坎大桥。11月，铁坎大桥完工通车。该桥全长31.08米，设双向2车道，方便群众出行。

【完成山林延包试点工作】 4月，国家林业总局确定春建乡作为全省山林延包试点单位。全乡成立11个工作组分片进驻各村，指导开展工作，通过广播、横幅、标语、发放资料等形式广泛开展宣传。工作组根据试点要求，做好核对山林清册、认定纠纷山界、发布公告、签订《责任山承包合同》以及申请核发"林权证"等工作，完成了山林延包试点任务，得到了国家林业总局、浙江省林业厅等有关部门高度肯定。（张平）

·新登镇·

【概况】 新登镇位于富阳市西部，距市政府所在地25公里。全境地域总面积179.92平方公里，行政村71个，社区4个，村民小组704个。年末总户数24316户，总人口67282人，其中非农业人口20068人。全年实现工农业总产值604900万元，按可比价格计算，比上年增长21%。全年实现财政总收入14400万元。农村经济总收入625000万元，农村经济净收入123200万元。农民人均所得9223元。

年末耕地面积2932公顷，其中水田面积2297公顷。粮食总产量1764.1万公斤。农机总动力2.9万千瓦。公路通车里程140公里，行政村等级公路通达率100%。水利投工9.6万工，投资910万元。完成环境污染治理项目16个，投资额840万元。存栏生猪32155

头，出栏肉猪30742头，存栏家禽34.1万羽，出栏家禽144.8万羽。水产品养殖面积110公顷，水产品产量72.5万公斤。绿化造林180公顷，封山育林4325公顷。水果种植面积376公顷，水果产量1707万公斤。茶园面积154公顷，茶叶产量21.4万公斤。工业企业总数835家，其中规模以上工业企业85家。工业产品销售收入547200万元，产销率92.9%。外贸供货值102400万元，自营出口5633万美元。中学3所，小学6所，幼儿园29所，在校中学生3834人，入学率100%；在校小学生4630人，入学率100%；在园幼儿2270人。医院3家，卫生室30个。全年出生541人，计划生育率98.1%。初级卫生保健普及率100%。自来水普及率100%。固定电话用户21753户，移动电话用户31226户，电话普及率32.3部/百人，因特网用户2416户。参加农村养老保险18167人。参加农村统筹医疗53817人。最低生活保障救助人数1021人。社会福利性敬老院1个，年底供养老人59人。农户新建房屋271户，建筑面积69400平方米。

【被评为全国“千强镇”和省“百强镇”】 近年来，新登镇大力实施“工业兴镇”战略，积极发展第三产业，全镇综合经济实力明显增强。6月30日，该镇位列“2005年度浙江省小城镇综合发展水平100强”第96位，首次进入“浙江省百强镇”行列。10月，国家统计局农村社会经济调查司、中国信息报联合公布“2005年度全国小城镇综合发展水平1000强”名单，新登镇列第237位。

【举办第三届新登半山桃花节】 3月28日～4月2日，第三届新登半山桃花节在半山村举行。此次活动由富阳市人民政府主办，新登镇政府承办，市委宣传部等14家单位协办。此次桃花节以“千年古镇，山水人居，魅力新登”为主题，分桃花周系列活动、新登镇特色生态旅游推介活动、杭州市送科技下乡活动暨农业新产品、新技术展示会和“山水人居、情定双溪”——杭州南北置业有限公司“双溪天城”系列推介活动等4项内容。开幕式上，男高音歌唱家蒋大为和杭州歌舞团表演了精彩文艺节目，杭州电视台一套《我们的新农村》栏目进行40分钟现场直播。桃花节期间，近10万人次参与桃花节系列活动，创全市大型活动公众参与人数纪录。

【镇计划生育服务站荣获“全国计划生育技术服务先进单位”】 新登镇计生服务站为镇下属事业单位，至2006年底，工作人员8人，站内拥有红外线治疗仪、双操头黑白超生诊断仪、乳房透视仪等先进设备，主要负责全镇2万育龄妇女的孕环情检查、放（取）环等服务工作。近年来，该站认真做好避孕节育和生殖保健服务工作，每月邀请浙医二院妇科专家来站门诊、指导，满足育龄妇女看病难需求，服务领域不断扩大，服务水平不断提升，先后多次被评为杭州市先进单位。6月，被国家人口与计划生育委员会评为“全国计划生育技术服务先进单位”。

【获2004～2005年度“省社会治安综合治理先进集体”】 近年来，该镇党委、政府紧紧围绕创建“平安新登”，加强综治工作中心规范化建设，按照“联调、联防、联勤、联治、联创”五项工作机制要求，夯实基础，注重实际，抓好落实。投入300多万元，完成城镇电子监控系统和电子警察的安装，完善综合治理工作中心配套设施，治安形势明显好转，先后被评为富阳市、杭州市“社会治安综合治理先进集体”。5月，被省委、省政府授予“2004～2005年度社会治安综合治理先进集体”，为全市唯一获此殊荣单位。

【新登镇中易地新建工程全面完工】 新组建的新登镇中学是由原新登镇中、松溪中学、永昌镇中合并而成。新登镇中易地新建工程是市政府2005年十件实事之一，于2005年3月动工新建，2006年8月校园主体工程竣工，9月1日正式投入使用。新校园按省级示范学校一类标准规划设计，占地9.13公顷，建筑面积39686平方米，总投资6000万元，拥有教学楼、实验楼、综合楼、400米标准塑胶田径场、学术报告厅等设施。

【市老年大学新登分校举行成立10周年庆祝活动】 市老年大学新登分校成立于1996年9月。10年来，该校遵循“增长知识，丰富生活，陶冶情操，促进健康，服务社会”办学宗旨，逐步改善学校办学条件，不断扩大办学规模，学员由建校时49人发展到现在215人。教学水平也逐步提高，课堂教学与课外活动相辅相成，各个兴趣小组活动有声有色。2006年，该校编印出版《贤明晚霞（第三集）》，反映建校10年来取得丰硕成果，以庆祝建校10周年。

【镇机关老干部支部被评为“杭州市示范性党支部”】 新登镇机关老干部党支部成立于1992年7月，经过十多年发展，中共党员人数由最初的14人发展到2006年底的44人，成为离退休干部重要活动场所。党支部成立以来，始终坚持理论学习不放松，确保政治坚定、思想常新、理想永存，按照有凝聚力、有战斗力、有创造力，无迷信、无赌博、无刑事犯罪、无违法乱纪、无歪门邪道的“三有”、“五无”党支部的要求，加强组织、制度、作风和廉政建设，取得显著成绩。该党支部连续15年被评为市、镇先进党支部、先进基层党组织，并多次被评为“杭州市十佳老干部党支部”、“杭州市先进基层党支部”、“富阳市离退休干部先进集体”，22名党员先后被评为省、杭州市、富阳市、新登镇先进个人。12月，被杭州市委组织部、杭州市委老干部局评为“杭州市示范性老干部党支部”。

【“百村示范、千村整治”工程】 3月，全镇新年度“百千”工程建设全面启动。施村村被列为浙江省全面小康建设示范村，半山、九儿、白家、大山等4个村被列为市重点整治村，野坞口村等17个村被列为一般整治村。全年共实施工程80项，投入资金2700多万元，拆除旧房8010平方米，村道路面硬化12万平方米，自来水受益人口3270人，新增通村公路里程14.7公里，新增绿化面积3.49万平方米，新建公共厕所5座，新建垃圾房336个，新安装路灯1007只，新建公园6个，新建健身苑点4处，消除“赤膊房”面积9.68万平方米，新建成村级办公楼7处。至年底，22个“百千”工程建设村通过浙江省、杭州市和富阳市的考核验收，施村村被命名为“浙江省全面小康建设示范村”。

【镇敬老院获“浙江省先进农村敬老院”】 新登镇敬老院始建于1999年，于2003年1月正式投入使用，总投资400万元，建筑面积2660余平方米，有48个公寓式房间。院内配套设施齐全，建有电教室、活动室、健身房、餐厅等公共设施，房内配有电话、电视、自来水等设备。2003年下半年起，该镇积极推进农村“五保”集中供养工作，敬老院入住“五保”老人46人，城镇“三无”老人3人，社会寄养老人14人，“五保”老人入院率达90%以上。同时建立和完善各类规章制度，采用人性化管理办法，让“五保”老人安度晚年。4月，获得“浙江省先进农村敬老院”和“杭州市示范敬老院”称号。

【“向阳”牌商标获省级著名商标】 富阳市马铁厂是该镇规模最大的企业之一，创建于1975年，是建设部定点生产单位。该企业主要生产马铁铸件、各类钢管、钢材料等，产品销往华东地区和省内各大城市，深受用户好评，先后被评为“市文明单位”、“市重点工业企业”和“浙江省成长型企业”。该厂注册商标“向阳牌”于1986年注册，已有20年历史。12月，被省工商行政管理局认定为浙江省著名商标。

（何贤坤 汪晓萍）

·胥口镇·

【概况】 胥口镇位于富阳市西部，距市政府所在地29公里。全境地域总面积67.97平方公里，行政村24个，村民小组243个。年末总户数5930户，总人口17507人，其中非农业人口615人。全年实现工农业总产值81700万元，按可比价格计算，比上年增长8.6%。全年实现财政总收入2148.9万元。农村经济总收入68601万元，农村经济净收入12038万元。农民人均所得7709元。

年末耕地面积868.9公顷，其中水田面积767.4公顷。粮食总产量675万公斤。农机总动力1.2万千瓦。公路通车里程38公里，行政村等级公路通达率100%。水利投工28万工，投资420万元。完成环境污染治理项目4个，投资额100 万元。存栏生猪14192头，出栏肉猪29748头，存栏家禽12.33万羽，出栏家禽92.11万羽。水产品养殖面积80公顷，水产品产量39.5万公斤。绿化造林50公顷，封山育林1023公顷。水果种植面积75.47公顷，水果产量525.9万公斤。茶园面积70.07公顷，茶叶产量11.6万公斤。工业企业总数150家，其中规模以上工业企业9家。工业产品销售收入58295万元，产销率80.6%。外贸供货值5322万元，自营出口200万美元。中学1所，小学2所，幼儿园3所，在校中学生468人，入学率100%；在校小学生860人，入学率100%；在园幼儿208

人。医院2家，卫生室8个。全年出生165人，计划生育率98.6%。初级卫生保健普及率100%。自来水普及率88.5%。固定电话用户3350户，移动电话用户6300户，电话普及率19.1部/百人，因特网用户128户。参加农村养老保险891人。参加农村统筹医疗14948人。最低生活保障救助人数332人。社会福利性敬老院1个，年底供养老人48人。农户新建房屋63户，建筑面积7560平方米。

【举办首届农业新品种新技术推广交流大会】 3月1日，胥口镇首届农业新品种新技术推广交流大会在镇政府广场举行。市农办、农业局、林业局、科技局、科协、食品药品监督管理局和杭州市农业科学研究院以及该镇种养专业户、海正药业公司共28家单位和个人在现场设立展台，为农户介绍各种农业新品种新技术。该镇及周边地区2000余农户和种养专业户到场参展交流。展会期间，市农业局现场开通“农民信箱”；该镇政府聘请省科技局、省农业厅等单位12位科技专家为该镇农业科技顾问。

【陆九畴书画艺术陈列馆开馆】 陆九畴，书画家，该镇佛鲁村人，生于1912年，从小喜欢书画，师从汪日章，擅长画梅花，被书画界誉为“一代梅师”。4月23日，陆九畴书画艺术陈列馆开馆，同时举行市爱国主义教育基地授牌仪式。该陈列馆位于镇政府办公大楼内，面积60平方米，设有多个展面和8个陈列柜，陈列国画《二梅图》及书法作品共17件，同时还收藏了陆九畴部分获奖证书、书信和使用过的笔、砚、印章等以及国内外出版大型画册50余册。著名书法家郭仲选为陈列馆题写馆名，省政协副主席李青、浙江大学原党委书记张浚生为陈列馆揭牌。省、杭州市、富阳市有关领导和书画界人士为陈列馆开馆书写祝贺作品120余件。

【通过“杭州市体育强镇”验收】 该镇十分重视体育工作，认真实施全民健身纲要，加强体育设施建设，开展丰富多彩的体育活动。全年投资30万元，建成高标准灯光塑胶篮球场。至2006年底，全镇有露天篮球场10个，健身点14个、健身器材185件，室内乒乓球室14个、乒乓球桌15套。全年承办市2006年度中国象棋比赛，还举行各类比赛6次，吸引630人次参与。全镇经常性参加体育锻炼人数达40%以上。12月，通过“杭州市体育强镇”验收。（周　成）

·渌渚镇·

【概况】 渌渚镇位于富阳市西南部，距市政府所在地34公里。全境地域总面积83.19平方公里，行政村26个，村民小组182个。年末总户数5572户，总人口16478人，其中非农业人口515人。全年实现工农业总产值106244万元，按可比价格计算，比上年增长22.36%。全年实现财政总收入3569.64万元。农村经济总收入99858万元，农村经济净收入24716万元。农民人均所得7980元。

年末耕地面积763.87公顷，其中水田面积689.73公顷。粮食总产量656.2万公斤。农机总动力2.14万千瓦。公路通车里程93.8公里，行政村等级公路通达率100%。水利投工7.78万工，投资81.25万元。完成环境污染治理项目1个，投资额3252万元。存栏生猪7204头，出栏肉猪20046头，存栏家禽9.89万羽，出栏家禽101.51万羽。水产品养殖面积166.67公顷，水产品产量68.5万公斤。绿化造林4公顷，封山育林2489.33公顷。水果种植面积127.53公顷，水果产量424.7万公斤。茶园面积16.73公顷，茶叶产量0.9万公斤。工业企业总数136家，其中规模以上工业企业12家。工业产品销售收入83000万元，产销率97%。外贸供货值2300万元。中学1所，小学3所，幼儿园3所，在校中学生480人，入学率100%；小学生868人，入学率100%；在园幼儿210人。卫生院1家，卫生室8个。全年出生133人，计划生育率97.02%。初级卫生保健普及率100%。自来水普及率88.5%。固定电话用户3249户，移动电话用户5096户，电话普及率19.7部/百人，因特网用户76户。参加农村养老保险1005人。参加农村统筹医疗15173人。最低生活保障救助人数287人。社会福利性敬老院 1个，年底供养老人25人。农户新建房屋155户，建筑面积47606平方米。

【颁发首届“周雄孝心”奖】 周雄（1188～1211），南宋人，是渌渚历史上著名孝子。为发扬周雄孝道，该镇先后成立周雄研究会和周雄纪念馆。为进一步弘扬优秀传统文化，10月26日，渌渚镇举行首届“周雄孝心”奖表彰大会。浙江省旅游文化研究会秘书长戎玉中，杭州古都文化研究会秘书长俞宸亭，富阳市委常委、宣传部部长章刚良及富阳市政协副主席汪金良出席。该镇镇、村各级领导及村老年协会会长，首届“周雄孝心”获得者等100多人参加会议。9名村民获得“周雄孝心”奖，12名村民获得“周雄孝心”提名奖。

【举办镇第七届全民运动会】 10月27～29日，渌渚镇在中心小学举办第七届全民运动会。全镇各行政村、企业单位33支代表队、300余名运动员参加比赛。大会设田径、球类、棋类3个大项12个小项。经过3天角逐，南方建材有限公司获团体总分第一名。

【通过“浙江省体育强镇”验收】 渌渚镇党委、政府将创建“浙江省体育强镇”列入议事日程，投资56万元，成功举办渌渚镇第七届全民运动会、“南建杯”乒乓赛以及中小学运动会等。至2006年底，全镇建有篮球场18个、乒乓室15个、健身点19个、老年活动室26个。11月14日，通过“浙江省体育强镇”验收。

【上畈村被命名为浙江省第四批“全面小康建设示范村”】 上畈村地处渌渚镇南部，面积1.05平方公里，总人口269人。浙江尖峰登城水泥有限公司座落在该村。近年来，投资200余万元用于道路硬化和新农居点、自来水、排污设施等硬件建设。2006年人均收入达到11000元，村民生活达到小康水平。12月，该村被浙江省人民政府命名为第四批“全面小康建设示范村”。

（叶建平）

·永昌镇·

【概况】 永昌镇位于富阳市西北部，距市政府所在地26公里。全境地域总面积49.54平方公里，行政村11个，村民小组138个。年末总户数3496户，总人口10788人，其中非农业人口344人。全年实现工农业总产值109000万元，按可比价格计算，比上年增长28%。全年实现财政总收入3560万元。农村经济总收入44333万元，农村经济净收入9063万元。农民人均所得8996元。

年末耕地面积508公顷，其中水田面积469公顷。粮食总产量301万公斤。农机总动力0.96万千瓦。公路通车里程70公里，行政村等级公路通达率100%。水利投工7.2万工，投资186.94万元。完成环境污染治理项目17个，投资额1200万元。存栏生猪4750头，出栏肉猪8950头，存栏家禽3万羽，出栏家禽8万羽。水产品养殖面积13.3公顷，水产品产量7万公斤。绿化造林24公顷，封山育林1389公顷。水果种植面积22公顷，水果产量70万公斤。茶园面积48公顷，茶叶产量7万公斤。工业企业总数180家，其中规模以上工业企业22家。工业产品销售收入96635万元，产销率95.87%。外贸供货值17841万元，自营出口896万美元。小学1所，幼儿园1所，在校小学生709人，入学率100%；在园幼儿230人。医院1家，卫生室6个。全年出生74人，计划生育率98.6%。初级卫生保健普及率100%。自来水普及率100%。固定电话用户2620户，移动电话用户5920户，电话普及率24.3部/百人，因特网用户212户。参加农村养老保险1438人。参加农村统筹医疗10450人。最低生活保障救助人数117人。社会福利性敬老院1个，年底供养老人13人。农户新建房屋53户，建筑面积23853平方米。

【获“杭州市先锋工程‘五好’乡镇党委”】 永昌镇把开展“先锋工程”创建作为基层党建的总抓手和实现经济社会新跨越的重要载体来抓，制定党建工作目标任务和“先锋工程”创建计划。镇党委围绕“五好”（领导班子好、党员干部队伍好、工作机制好、小康建设业绩好、农民群众反映好）要求，加强领导班子建设，发挥党员干部骨干带头作用，建立和完善农村基层组织工作机制，推动镇村两级三个文明建设快速发展。12月，被杭州市委授予“杭州市先锋工程‘五好’乡镇党委”称号。

【食用竹笋示范园区获“杭州市都市农业示范园区”称号】 9月，永昌镇投资81万元，建成食用竹笋示范园区。园区位于该镇民政等村，食用竹面积66.67公顷，辐射区面积133.33公顷。该镇通过中国林科院亚热带研究所和市林业局科技人员，对园区内农民进行食用竹笋栽培培训，竹笋产量明显提高，全年产量2200吨，创产值1300万元。同时该镇还在青何村建成全市最大食用竹笋交易市场，日交易量达100余吨；注册的“矮胖鲜笋”竹笋销往常熟、江阴、上海等地，产品供不应求。至2006年底，全镇4家农业龙头企业，对食用竹笋进行精加工，年产值4800余万元。12月，获“杭州市都市农业示范园区”称号。

【镇新街延伸二期工程完工】 9月，镇新街延伸二期工程何云段建设工程全面建成并投入使用。该工程按沥青路面设计，长828米，宽27米，总投资500余万元，其中道路建设300余万元、房屋拆迁200余万元，于1月动工。二期工程完工后，镇新街总长达2500余米。

【获“杭州市生态镇”称号】 永昌镇党委、政府以创建杭州市生态乡镇为目标，积极开展环境综合整治，扎实推进生态村建设，加快环境基础设施建设，加强工业企业的污染整治，强化全镇生活污水、生活垃圾的处理，取得了显著成效，较好地实现了经济发展和环境保护良性互动的双赢局面。全年投入资金100余万元，对松溪小流域永昌段进行清理、护岸、截污、绿化，大大改善镇域内水环境和自然环境。加大对污染企业的整治力度，投入资金200余万元推进造纸和食品企业工业污水二级生化、物化处理，强制关停治理无望、污染严重的造纸生产线5条，关停破坏自然环境严重的砖瓦厂1家。结合“百千”工程，全面开展“改水、改厕、改殡”工程，道路“硬化、绿化、亮化”工程，积极推进生态镇、生态村建设。投资2000余万元，完善和新建永昌新街一、二期道路改造工程；累计投资150万元建造垃圾箱300余只、标准化烘池1200只；投资70余万元建成集镇生活污水处理设施；投入100余万元建成污泥填埋场二期工程；总投资20余万元的养殖基地污染整治工程基本完工。12月，通过杭州市生态镇创建验收组的验收。

【获“浙江省体育强镇”称号】 永昌镇十分重视体育工作，积极开展创建“浙江省体育强乡镇”活动。全年投资200余万元，建成永昌中心小学塑胶田径场、文化体育活动中心以及健身苑点等体育基础设施。至2006年底，全镇标准篮球场10个，其中灯光篮球场2个、村级篮球场8个，体育健身设施点4个，健身苑1个，乒乓球室9处，全部向社会开放。群众性体育活动丰富多彩，各行政村先后组建了篮球队、乒乓球队、象棋队、腰鼓队、舞龙队、拔河队等，并积极开展比赛活动，全镇57%以上群众经常性参加体育锻炼。11月，通过“浙江省体育强乡镇”验收。

【获“杭州市卫生镇”称号】 永昌镇以加强全民文明卫生意识，倡导健康文明的现代生活方式为目标，加强基础设施建设，改观镇容镇貌，加强行业卫生管理，推进改水改厕工程，积极争创“杭州市卫生镇”。全年，投入资金1000余万元，改观镇容村貌和卫生设施，完成新街二期工程建设，建成水冲式公厕1座，垃圾中转站1座，固定垃圾箱37只，果壳箱30只，并逐步形成了镇村两级“共建、共管、共享”的动作机制。全镇卫生知识入户率90%以上，垃圾处理率100%，行业卫生单位持证率100%，计免“五苗”接种率99%，自来水普及率91.5%，卫生户厕普及率95.69%，无害化户厕率55.46%。2005年，被授予“富阳市卫生镇”荣誉称号。12月，通过“杭州市卫生镇”验收。

（杜耀明）

·万市镇·

【概况】 万市镇位于富阳市西北部，距市政府所在地54公里。全境地域总面积155.14平方公里，行政村29个，居委会1个，村民小组292个。年末总户数7191户，总人口23122人，其中非农业人口1482人。全年实现工农业总产值122882万元，按可比价格计算，比上年增长20.01%。全年实现财政总收入1785万元。农村经济总收入143299万元，农村经济净收入16641万元。农民人均所得7435元。

年末耕地面积1036公顷，其中水田面积832公顷。粮食总产量957万公斤。农机总动力1.95万千瓦。公路通车里程73 公里，行政村等级公路通达率100 %。水利投工 1.3万工，投资920万元。完成环境污染治理项目8个，投资额 260万元。存栏生猪9991头，出栏肉猪19784头，存栏家禽4.96万羽，出栏家禽13.42万羽。水产品养殖面积96公顷，水产品产量16.3万公斤。绿化造林302公顷，封山育林7446公顷。水果种植面积81公顷，水果产量404万公斤。茶园面积84公顷，茶叶产量6.3万公斤。工业企业总数369家，其中规模以上工业企业14家。工业产品销售收入96078万元，产销率98 %。外贸供货值15713万元，自营出口1600万美元。中学1所，小学3 所，幼儿园3所，在校中学生827人，入学率100%；在校小学生1557人，入学率 100%；在园幼儿 546人。医院3家，卫生室18个。全年出生201人，计划生育率97%。初级卫生保健普及率100%。自来水普及率71%。固定电话用户6435户，移动电话用户6908户，电话普及率27.8部/百人，因特网用户680户。参加农村养老保险2442人。参加农村统筹医疗21255人。最低生活保障救助人数521人。社会福利性敬老院1个，年底供养老人17人。农户新建房屋202户，建筑面积26173平方米。

【万市中学举行建校50周年庆典】 万市中学创办于1956年，前身为新登县第二初级中学。50年来，该校坚持立德、树人、求实、创新的办校理念，默默耕耘，为社会培养、输送6000余名学生，2000多人被各大中专学校录取。20世纪90年代后，学校加快硬件建设，开通校园广播和闭路电视系统；加大校舍建设力度，至2006年底，校园占地23960平方米，建筑面积17315平方米，学生活动场所10000平方米。11月26日，该校举行50周年庆典，省教育厅副厅长鲍学军、杭州市人大常委会副主任杨耀梁，杭州市政府副秘书长许保金，杭州市教育局局长徐一超及富阳市有关领导出席了庆典大会。历届校友、在校师生及历届教职员工等共3000余人参加庆典活动。

【何奉奇被国家科技部授予“星火科技致富能人”称号】 何奉奇，万市镇大青村人，生于1965年，高中文化，1996年起任该村党支部书记。他在该村带头种植石竹笋3.33公顷、山核桃6.67余公顷、套种高山西瓜1.33公顷，通过加强管理，成为效益农业示范户。他带动全村村民开垦荒山，种植石竹笋、山核桃、高山西瓜，至2005年底，全村发展山核桃266.67余公顷、石竹笋133.33余公顷；2005年全村山核桃收入80余万元，食用笋收入50余万元。在该村带动下，该镇山核桃、石笋种植得到较大发展，成为农业支柱产业之一。他还先后投资30余万元，建成山核桃和笋干加工厂，并申请注册“峰奇”牌山核桃、石笋干等系列产品商标；牵头组建山核桃、食用笋专业合作社，入社农户达400余户。2005年，家庭经济总收入20余万元，该村农民人均收入达6136元，比1996年增长近10倍，村集体经济收入17万元。先后被评为“市十佳种植大户”、“市十佳青年农民”、“市优秀科技示范户”、“市十佳农产品营销大户”、“杭州市农村青年星火带头人”、“省级农村科技示范户”，多次被评为“市优秀共产党员”。10月，国家科学技术部授予他“星火科技致富能人”称号。

【石门等村遭受“七·七”洪灾】 7月7日下午4时左右，该镇石门、万市、槎源、太平等14个村突降特大暴雨，1小时降雨量达110毫米，导致该地区山洪爆发，溪水猛涨，溪堤、堰坝被毁，道路粮田被淹，多处出现山体滑坡险情。1900户农户、6080人受灾，房屋进水77户，倒塌民房9户16间，紧急撤离转移危险地段人口163人；受淹农田213.33公顷，冲毁农田20公顷，积砂绝收18公顷，农作物受损80公顷；溪堤决口9处、4300米，沟渠决口1700米，冲毁堰坝17条208米，冲毁道路8300米，其中村道3300米，直接经济损失530万元。洪灾发生后，镇村及时组织抗洪抢险，未造成水库垮坝和人员、牲畜伤亡。

【龙羊豆制品厂成为“市农业龙头企业”】 龙羊豆制品厂始建于1998年，由万市镇田畈村村民钱军独资创办。该企业豆制品以龙羊当地黄豆为原料，传统配方和现代技术结合，并于2003年注册“龙翔”牌豆制品商标。2004年，产品被认定为“浙江省绿色无公害优质畅销农产品”；2005年，“龙翔”牌香干荣获省农业博览会优质奖。至2006年底，企业固定资产315万元，占地0.2公顷，车间1300平方米，配有冷库、化验室以及送货车2辆，在富阳市区及杭州市区开设专门销售商店，全年销售额350余万元。6月，被评为“市农业龙头企业”。

【被命名为“富阳市科普示范乡镇”】 至2006年底，万市镇建有科普活动室、农函大教学点、标准科普画廊等科普设施，活动室藏书10600册，其中科普类书籍3500册；设立培训教室，配有多媒体教学设备和电脑，各村建有标准科普宣传栏，科普志愿者313人，各村配备科普宣传员。全年投入科普经费10.5万元，人均4.5元；全镇市级科普示范村2个，农业示范基地 15个，各类科技示范户6户，7人获得农民技术员以上职称。先后建立山核桃、食用笋、树桩盆景、山羊等7个专业协会和专业合作社，社员428户。全年招收农函大学员88名；举办农函大实用技术培训班8期，受训农民427人次；举办农村党员基层干部适用技术培训班20期，培训农村基层党员干部800名；举办各类科普讲座8次，听课和接受教育人员4000人次。企业职工40%以上接受岗位培训。全年利用科普宣传月和科普宣传周活动，开展科普宣传、咨询6次。2007年1月，被命名为“富阳市科普示范乡镇”。

【举办“苛美杯”全民健身运动会】 4月23～30日，万市镇举办“苛美杯”全民健身运动会。运动会设篮球、乒乓球、拔河、象棋4个比赛项目，来自该镇各村、厂矿企业以及学校、医院等机关单位 31支队伍、600多名运动员参加比赛。万市派出所、南新片各村联队、万市个体劳动者协会代表队、万市树桩盆景专业合作社代表队分获团体一等奖。

【社区卫生服务中心挂牌】 11月，万市镇社区卫生服务中心挂牌成立。服务中心由万市人民医院与万市防保所组建而成，地点设在万市人民医院。内设医疗康复部、预防保健部、后勤保障部和办公室，医护人员 79人，其中主治医师8名、执业医师16人、执业助理医师25名、护士15名、全科医师35名。主要开展医疗、康复、保健、计划生育指导等业务。中心下设并兼管南新、南安、万市3片社区服务站13家。

【龙羊盆景苗木专业合作社被命名为“杭州市十佳农民专业合作组织”】 万市镇龙羊盆景苗木专业合作社成立于2005年9月，主要从事盆景苗木生产、经营，兼营园林绿化工程。至2006年底，专业技术人员32名，生产社员150余名，种植农户182户；盆景苗木种植面积133.33余公顷，盆景20余万盆。产品销往北京、上海、山东、苏州、温州、宁波等地，全年产值600余万元。2005年，参加“杭州地区盆景展销会”获铜奖1个、优秀奖3个。2006年12月，被杭州市委农办评为“杭州市示范性农村专业合作组织”。2007年1月，被杭州市政府命名为“杭州市十佳农民专业合作组织”。 （方会青）

·洞桥镇·

【概况】 洞桥镇位于富阳市西北部，距市政府所在地35公里。全境地域总面积147.63平方公里，行政村25个，村民小组248个。年末总户数6102户，总人口19480人 ，其中非农业人口776人。全年实现工农业总产值 122513万元，按可比价格计算，比上年增长17.78 %。全年实现财政总收入1854万元。农村经济总收入113550万元，农村经济净收入18984万元。农民人均所得7358元。

年末耕地面积944.9公顷，其中水田面积594.7公顷。粮食总产量741.9万公斤。农机总动力1.06万千瓦。公路通车里程147公里，行政村等级公路通达率100%。水利投工65.2万工，投资1806.7万元。完成环境污染治理项目4个，投资额100万元。存栏生猪17394头，出栏肉猪29045头，存栏家禽36.81万羽，出栏家禽80.88万羽。水产品养殖面积110.6公顷，水产品产量44.9万公斤。绿化造林300公顷，封山育林6228公顷。水果种植面积38.8公顷，水果产量101.7万公斤。茶园面积168公顷，茶叶产量29.9万公斤。工业企业总数218家，其中规模以上工业企业23家。工业产品销售收入89452万元，产销率98.6%。外贸供货值190.12万美元。中学1所，小学3所，幼儿园3所，在校中学生616人，入学率100%；在校小学生1095人，入学率100%；在园幼儿350人。医院3家，卫生室14个。全年出生138人，计划生育率98.4%。初级卫生保健普及率100%。自来水普及率98.5%。固定电话用户5580户，移动电话用户8660户，电话普及率 28.6部／百人，因特网用户235户。参加农村养老保险 2040 人。参加农村统筹医疗17370人。最低生活保障救助人数512人。社会福利性敬老院1个，年底供养老人26人。农户新建房屋161户，建筑面积64958平方米。

【吕公等村遭遇“七·七”特大山洪泥石流灾害】 7月7日下午3时左右，洞桥镇西部吕公、宜桥、仁阮、大坞及东山5个村，突降倾盆大雨，不到2个小时，降雨量超过150毫米。大量降雨使山涧沟壑泛滥，山洪滚滚向民房、农田奔袭，造成一场50年一遇的特大山洪泥石流灾害。这次特大山洪泥石流灾害，使5个村66.67多公顷粮田浸淹受灾，其中20余公顷砂石积压达1米以上，单季稻基本绝收；30多户农户住房进水积砂，砂层厚的高达1.5米，冲塌民房10间、冲毁溪堤1690米，损毁溪堤4070米、损坏灌溉设施27座；大批农田水利设施与交通道路及电力线路受到严重损毁。直接经济损失200多万元。由于灾害发生在白天，没有造成人员和牲畜重大伤亡。灾后，该镇积极组织救灾自救。

【贤德叶巨公路完成全线大修】 贤德叶家至巨龙公路修建于20世纪90年代，全长6公里，宽不足4米，为沿线巨龙、文村、宜桥、仁阮4个村3000多群众生产生活的交通主道。由于社会经济快速发展，加上年久失修，叶巨公路已成为制约当地经济发展的严重瓶颈。2005年6月至12月，该镇组织发动公路沿线各村筹集资金160多万元，进行道路路基拓宽与平整前期工程，道路路面从原来的不足4米扩建至6.5米。2006年3月，市交通局投入资金200余万元，重新铺浇公路沥青路面。当月，工程完工。

【杂交水稻“国稻6号”亩产创杭州地区单产新高】 超级杂交水稻——“国稻6号”高产攻关课题由洞桥镇农业技术服务中心与市科技、农业等多个部门共同组织，于2006年开始实施。该项目在该镇兰青畈种植，面积10公顷。当年，10公顷“国稻6号”超级杂交水稻，平均亩产721公斤。其中，农户陈天根家种植的0.7亩水稻，总产量566公斤，亩产808.5公斤，创下杭州地区水稻单产量历史新高。12月，该项目通过中国水稻研究所专家评定。（倪鹿华）

·大源镇·

【概况】 大源镇位于富阳市南部，距市政府所在地7公里。全境地域总面积104.27平方公里，行政村34个，居委会1个，村民小组228个。年末总户数10409户，总人口35228人，其中非农业人口2354人。全年实现工农业总产值658074万元，按可比价格计算，比上年增长23.3%。全年实现财政总收入10415万元。农村经济总收入671122万元，农村经济净收入66251万元。农民人均所得10471元。

年末耕地面积532公顷，其中水田面积451公顷。粮食总产量323万公斤。农机总动力1.4万千瓦。公路通车里程62公里，行政村等级公路通达率100%。水利投工2.0万工，投资600万元。完成环境污染理项目4个，投资额1000万元。存栏生猪650头，出栏肉猪5190头，存栏家禽1.1万羽，出栏家禽4.99万羽。水产品养殖面积800公顷，水产品产量11万公斤。绿化造林21公顷，封山育林1062公顷。水果种植面积5.3公顷，水果产量17万公斤。茶园面积100公顷，茶叶产量15.5万公斤。工业企业总数1515家，其中规模以上工业企业79家。工业产品销售收入622470万元，产销率96%。外贸供货值16710万元，自营出口375万美元。中学2所，小学12所，幼儿园17所，在校中学生1218人，入学率100%；在校小学生2508人，入学率100%；在园幼儿1012人。医院4家，卫生室33个。全年出生324人，计划生育率96.95%。初级卫生保健普及率100%。自来水普及率100%。固定电话用户8677户，移动电话用户19732户，电话普及率24.6部/百人，因特网用户2109户。参加农村养老保险5570人。参加农村统筹医疗32185人。最低生活保障救助人数727人。社会福利性敬老院1个，年底供养老人45人。农户新建房屋138户，建筑面积15651平方米。

【截污纳管工程完工】 10月，大源溪截污纳管工程全线完工。该工程全长12公里，南起洪家庄纸业有限公司，北至拟建中的大源城镇污水处理厂，途经9个行政村，总投资3500万元。工程采用地下埋设直径600毫米～1200毫米的高密度聚乙烯管道输送污水，由浙江东方巨星建设有限公司承建，于3月15日正式动工。工程建成，改变大源溪流域环境污染状况，改善大源镇生产生活环境。

【来料加工业发展迅速】 大源镇来料加工业起步于20世纪90年代，经过10多年的发展，至2006年底，全镇有来料加工经纪人9名，加工业务涉及手绣花边、窗帘花边、穿珠子等多个品种，业务遍布全镇各村及周边乡镇。全年加工量近1000万元，加工费100余万元。

来料加工除了为当地妇女提供业务外，还吸纳一批外来务工人员就业。

【举行全市首次国有土地使用权拍卖】 5月10日，大源镇一块国有土地使用权首次以小型商住地块形式进行拍卖。该处国有土地位于东升村，面积746平方米，规划建造8幢商住房，一块出让面积113.2平方米，其余7处地块出让面积均为90.4平方米。起拍价18万元，最低一处34万元成交，最高一处53.4万元成交。国有土地使用权以小型商住地块形式进行拍卖，在全市属首次。

【实施农民“培训券”制度】 为打造学习型社区，让更多农民得到实惠，3月，该镇推出“培训券”制度。确定社区教育中心（大源成校）作为农民培训基地，以菜单形式列出培训项目，并根据不同培训项目设计50元、100元、200元面额不等的培训券。参训农民领取培训券后，根据菜单自主选择培训项目，培训结束后将培训券交给培训基地，由培训基地在年底与镇财政办公室结算。全年，社区教育中心举办各类培训班30余期，参训人员6000余人，镇政府付款38万元。该做法引起省、杭州市新闻媒体的关注。

【镇敬老院竣工投入使用】 7月20日，大源镇敬老院竣工投入使用，全镇45名“五保”老人搬入新居。该敬老院座落在该镇东方村，占地面积9000平方米，建筑面积2230平方米，总投资400万元。敬老院拥有52间两人标准间，可容纳104人集中供养，配备食堂、餐厅、洗衣房、浴室、活动室等多个专业用房，生活设施一应齐全。

【举办农民篮球赛】 8月，大源镇举办农民篮球赛，来自浦东等8个村8支代表队、106名队员参加。比赛分A、B两组以主客场循环赛制进行，小组前两名进行交叉淘汰，最终决出冠、亚、季军。经过28场比赛，玡口村代表队获冠军。

【创建民工子弟学校】 大源镇工业经济较为发达，至2006年，全镇有外来务工人员5000余人。为解决外来务工人员子女就学问题，9月，该镇在镇成人文化技术学校创建大源民工子弟学校——育才学校。该校设 10个班，招收外来务工人员子女近400名。

【通过“浙江省体育强镇”验收】 大源镇党委、政府将创建“浙江省体育强镇”列入议事日程。全年投入100余万元，举办镇农民篮球赛、健身操比赛及学校运动会等。至2006年底，全镇建有篮球场22个、健身苑点15个、乒乓室14个、老年活动室34个、村级文化活动室34个。有腰鼓队22支、篮球队13支、梅花锣鼓、健身操等队伍6支，经常开展各类活动，群众性体育活动丰富多彩。11月，通过“浙江省体育强镇”验收。（骆希罕）

·灵桥镇·

【概况】 灵桥镇位于富阳市东南部，距市政府所在地7.5公里。全境地域总面积55.94平方公里，行政村27个，村民小组174个。年末总户数8178户，总人口25689人，其中非农业人口919人。全年实现工农业总产值486780万元，按可比价格计算，比上年增长31%。全年实现财政总收入15393万元。农村经济总收入370627万元，农村经济净收入39578万元。农民人均所得10550元。

年末耕地面积620公顷，其中水田面积432公顷。粮食总产量393.5万公斤。农机总动力1.12万千瓦。公路通车里程50公里，行政村等级公路通达率97%。水利投工9.5万工，投资600万元。完成环境污染治理项目2个，投资额50000万元。存栏生猪1969头，出栏肉猪15391头，存栏家禽3.3万羽，出栏家禽27万羽。水产品养殖面积56.7公顷，水产品产量11万公斤。绿化造林20公顷，封山育林350公顷。水果种植面积12.8公顷，水果产量43.5万公斤。茶园面积105公顷，茶叶产量3.2万公斤。工业企业总数676家，其中规模以上工业企业90家。工业产品销售收入463978万元，产销率96%。外贸货值12428万元，自营出口1337.1万美元。中学2所，小学7所，幼儿园5所，在校中学生885人，入学率100%；在校小学生1678人，入学率100%；在园幼儿420人。医院2家，卫生室19个。全年出生207人，计划生育率97.5%。初级卫生保健普及率100%。自来水普及率100%。固定电话用户7341户，移动电话用户10789户，电话普及率28.6部/百人，因特网用户1226户。参加农村养老保险5182人。参加农村统筹医疗25000人。最低生活保障救助人数524人。社会福利性敬老院1个，年底供养老人48人。农户新建房屋223户，建筑面积75000平方米。

【创建“中国书画之乡”】 灵桥镇历史悠久，具有丰富的书画和人文资源。2006年，该镇提出创建“中国书画之乡”，成立创建工作领导小组，积极开展创建工作。投资200余万元，建成近千平方米的书画展示厅、接待室、创作室和书画储藏室；出资20余万元，重点扶持元书纸原生产基地。制定《灵桥镇十年制少儿书法教育实验计划》，并推进实施；省青年书协和市书协分别在礼源中学、灵桥中小设立书法教育实验基地。全年举办多次书画活动。3月，与浙江省青年书法家协会、市文联联合举办“灵桥杯”第三届浙江省青年书法选拔赛，正式出版《灵桥杯第三届浙江省青年书法选拔作品集》；6月，举办首届华东地区知名书画家雅集活动；8月，举办首届“灵岩书画雅集”活动；12月，与省文化厅、市群艺馆联合举办浙江省书法创作作品观摩展暨研讨会。通过一系列活动，为创建工作打好基础。

【镇中心小学教学楼建成投入使用】 8月底，灵桥镇中心小学教学楼竣工并投入使用。该教学楼位于该镇灵礼路东侧，建筑面积3250平方米，总投资400万元，于2005年1月动工兴建。教学楼设20间教室9间办公室，包括1个体艺教室和1个阶梯教室。

【杭千连接线灵桥支线动工兴建】 杭千连接线灵桥支线建设工程经过该镇光明、羊家埭、杨元坎、联合等村，总长1.65公里，宽18米，总投资1500万元，按沥青路面4车道设计，设3米宽绿化隔离带。4月底动工，预计2007年初可投入使用。 （叶 菁）

·常绿镇·

【概况】 常绿镇位于富阳市东南部，距市政府所在地28.5公里。全境地域总面积49.31平方公里，行政村15个，村民小组140个。年末总户数5326户，总人口16265人，其中非农业人口542人。全年实现工农业总产值50048万元。全年实现财政总收入316万元。农村经济总收入59407万元，农村经济净收入12186万元。农民人均所得7868元。

年末耕地面积267.6公顷，其中水田面积169.4公顷。粮食总产量108.7万公斤。农机总动力0.83万千瓦。公路通车里程25公里，行政村等级公路通达率100%。水利投工16万工，投资180万元。完成环境污染治理项目3个，投资额120万元。存栏生猪835头，出栏肉猪2332头，存栏家禽1.3万羽，出栏家禽2.3万羽。绿化造林36.7公顷，封山育林1433公顷。水果种植面积3.6公顷，水果产量0.4万公斤。茶园面积24公顷，茶叶产量2.3万公斤。工业企业总数1443家，其中规模以上工业企业1家。工业产品销售收入44777万元，产销率95.8%。外贸供货值6640万元。中学1所，小学4所，幼儿园1所，在校中学生416人，入学率100%；在校小学生911人，入学率100%；在园幼儿120人。医院1家，卫生室13个。全年出生209人，计划生育率95.2%。初级卫生保健普及率100%。自来水普及率100%。固定电话用户3400户，电话普及率20.9部/百人，因特网用户220户。参加农村养老保险466人。参加农村统筹医疗13481人。最低生活保障救助人数330人。社会福利性敬老院1个，年底供养老人24人。农户新建房屋39户，建筑面积11730.5平方米。

【“生态镇”建设初见成效】 2003年7月，常绿镇委托杭州市环境科学院编制《常绿镇生态建设规划》，成为全市首批开展生态建设单位。2005年，规划通过杭州市环保局专家认证，并在镇第十四届四次人民代表大会上纳入镇政府工作报告和镇社会经济发展规划。近年来，该镇加快织布业技术改造，引进剑杆机等先进设备，降低噪音污染，环境质量明显好转。大力发展生态农业和效益休闲农业，建设南方红豆杉生态保护工程，编制黄弹村石梯生态旅游规划，至2006年底，开发毛竹笋材两用林、干果基地、水果基地和茶叶基地866.67公顷。抓好卫生保洁，设立清洁队伍16支，村配备保洁员，建成垃圾收集箱100只、垃圾收集房18座、垃圾中转站1座，配备垃圾清运车8辆，建立标准化公厕5座，经常性开展卫生清洁活动，集镇面貌明显改善。先后投资1000万元，完成集镇和五联村饮用水工程，建立25个水源源头保护区；投资30万元，安装路灯400盏，实现村村有路灯。至2006年底，全镇人均公共绿地11平方米，森林覆盖率77.7%。“生态镇”建设初见成效。

【19省道常绿至上官段工程基本完工】 该工程全长8.16公里，经过该镇化山、北坞、村南、青龙等村，是该镇对外联系的主要交通干道。该工程于2003年12月动工建设，总投资1.4亿元，设计为双车道，沥青路面，至2006年10月基本完工。其中，该路段石板岭隧道是富阳公路建设史上第一座长隧道，全长1540米，宽10.5米，设9.0米双车道，两侧各设0.75米检修人行通道。

【通过“浙江省体育强乡镇”验收】 该镇十分重视体育工作，积极开展创建“浙江省体育强乡镇”活动。全年，投资100万元，建成文化体育活动中心以及健身苑点、标准田径场等体育基础设施；投资5000元，设立国民体质检测点。全镇2006年人均体育经费6.5元，比上年增长30%。至2006年底，全镇标准篮球场16个，其中灯光篮球场8个、村级篮球场9个，体育健身设施点10个，乒乓球室13处，全部向社会开放。群众性体育活动丰富多彩，全年举行镇第二届全民健身运动会、行政村节庆篮球赛、第三届镇机关干部象棋、乒乓球赛、登山赛、“三八”妇女节跳绳赛等比赛。全镇经常性参加体育锻炼人数占全镇总人口40%以上。该镇还与上年被授予“浙江省篮球之乡”和“杭州市体育先进乡镇”称号。11月，通过“浙江省体育强乡镇”验收。（胡　欢）

·里山镇·

【概况】 里山镇位于富阳市东部，距市政府所在地18公里。全境地域总面积25.43平方公里，行政村13个，村民小组74个。年末总户数3126户，总人口10278人，其中非农业人口355人。全年实现工农业总产值76900万元，按可比价格计算，比上年增长31.4%。全年实现财政总收入1809万元。农村经济总收入110042万元，农村经济净收入11639万元。农民人均所得9317元。

年末耕地面积252.4公顷，其中水田面积171.5公顷，粮食总产量271万公斤。农机总动力0.25万千瓦。公路通车里程12公里，行政村等级公路通达率100%。水利投工0.52万工，投资170万元。完成环境污染治理项目14个，投资额300万元。存栏生猪1902头，出栏肉猪3220头，存栏家禽3.68万羽，出栏家禽3.59万羽。封山育林1566.67公顷。水果种植面积27.47公顷，水果产量185.1万公斤。茶园面积124.67公顷，茶叶产量12.1万公斤。工业企业总数67家，其中规模以上工业企业 16家。工业产品销售收入37332万元。外贸供货值875万元，自营出口15.7万美元。中学1所，小学3所，幼儿园1所，在校中学生380人，入学率100%；在校小学生743人，入学率100%；在园幼儿207人。卫生院1家，卫生室6个。全年出生76人，计划生育率96.7%。初级卫生保健普及率100%。自来水普及率100%。固定电话用户2600户，移动电话用户3450户，电话普及率25.3部/百人，因特网用户380户。参加农村养老保险954人。参加农村统筹医疗9669人。最低生活保障救助人数83人。社会福利性敬老院1个，年底供养老人17人。农户新建房屋46户，建筑面积12800平方米。

【汤山岭石宕整治工程基本完工】 汤山岭位于里山镇与灵桥镇交界地段。汤山岭石宕整治工程是市重点工程，于2004年6月动工整治，总投资200万元。经过3年整治，工程于2006年9月基本完工，共开挖土方23万立方米，形成可建设用地10余公顷，列入该镇工业功能区。

【举办首届安顶云雾茶开茶节】 4月14日，由里山镇人民政府、富阳电视台、安顶村委联合举办的首届安顶云雾茶开茶节在该镇安顶村大田档举行。此次开茶节的主题是“弘扬茶文化，打造安顶云雾茶品牌”。省、杭州市有关部门领导及富阳市有关领导出席开茶节。开茶节上举行茶文化图板展、炒茶表演、专家与群众评茶等活动，参观人员近1000人次。

【获“富阳市卫生镇”称号】 里山镇十分重视卫生工

作，成立创建工作领导小组，积极开展创建活动。全年投资153.9万元，在集镇建成垃圾填埋场1座，垃圾焚烧炉1只；投资10万元，新建公厕4座。全镇设置垃圾箱（筒）182只，垃圾收集房13座，同时建立18人组成的保洁员队伍，垃圾实行每日清理。至年底，各行政村道路基本实现硬化，并实施“亮灯工程”；全镇自来水普及率98%，卫生户厕普及率92.61%，其中无害化户厕率54.59%；食品安全卫生、公共场所卫生指标均达标。12月，通过“富阳市卫生乡镇”考核验收。2007年1月，市政府授予该镇“富阳市卫生乡镇”称号。

【安顶公路实现硬化】 安顶公路延伸工程于上年底完工，实现安顶村所有自然村均通公路。为进一步提高路面质量，7月，该镇投资80余万元，对该村村委至田鸡坪、大田档2个自然村的公路铺设水泥路面，工程全长2200米、宽4.5米。7月，工程完工。

【获“富阳市文化示范镇”称号】 2006年，里山镇提出创建“富阳市文化示范镇”，成立创建领导小组，不断完善工作机制，创新工作方法，积极开展创建。累计投资100余万元，建成文化活动中心，面积1500平方米，内有图书室、练舞室、书画室等设施，为该镇群众开展文化活动创造基础。该镇还开展各类丰富多彩的群众文化活动，全年承办、协办各类文化活动30余次，参与群众近1000人次。至2006年底，全镇有腰鼓队、舞蹈队、健身球操队等文体骨干队伍17支，队员340人。2007年1月，通过“富阳市文化示范镇”考核验收。4月，市政府授予该镇“富阳市文化示范镇”称号。（周益强）

·渔山乡·

【概况】 渔山乡位于富阳市东部，距市政府所在地15公里。全境地域总面积41.42平方公里，行政村12个，村民小组107个。年末总户数4481户，总人口15174人，其中非农业人口339人。全年实现工农业总产值68790万元，按可比价格计算，比上年增长15%。全年实现财政总收入1341万元。农村经济总收入90346万元，农村经济净收入14810万元。农民人均所得8530元。

年末耕地面积559.9公顷，其中水田面积339.4公顷。粮食总产量308.3万公斤。农机总动力2.9万千瓦。公路通车里程15公里，行政村等级公路通达率100%。水利投工8.2万工，投资60万元。完成环境污染治理项目6个，投资额50万元。存栏生猪2443头，出栏肉猪6510头，存栏家禽2.1万羽，出栏家禽9.5万羽。水产品养殖面积220公顷，水产品产量141万公斤。绿化造林3公顷，封山育林1733.3公顷。水果种植面积6.1公顷，水果产量67.3万公斤。茶园面积130.4公顷，茶叶产量11.6万公斤。工业企业总数251家，其中规模以上工业企业8家。工业产品销售收入69456万元，产销率95.6%。自营出口31万美元。中学1所，小学5所，幼儿园1所，在校中学生441人，入学率100%；在校小学生931人，入学率100%；在园幼儿321人。医院1家，卫生室13个。全年出生117人，计划生育率97.72%。初级卫生保健普及率98%。自来水普及率100%。固定电话用户3144部，移动电话用户7500户，电话普及率20.7部/百人，因特网用户371户。参加农村养老保险812人。参加农村统筹医疗13735人。最低生活保障救助人数187人。社会福利性敬老院1个，年底供养老人15人。农户新建房屋86户，建筑面积9719.6平方米。

【注册“五丰沙”农产品商标】 五丰村位于渔山乡东部，村民2212人，主要从事黄沙采掘、水稻种植、水产养殖、服装加工等行业。为提高该村农产品知名度，提升农业经济效益，3月，注册“五丰沙”牌农产品商标。注册农产品包括鱼、鱼干、干菜蕻头、鸡、鸭等。

【生态整治成效明显】 渔山乡十分重视生态建设工作，制定《渔山乡生态建设规划》，加大规划实施力度，全面落实生态、环保目标责任制。引导企业推行“清洁生产”，投入50万元，加大治污、防污力度，至2006年底，4家企业实现“清洁生产”；投资100万元，完成林峰村生活污水及万众、曙星2村生活垃圾处理工程，并通过市环保局验收。万众村和曙星村分别通过“杭州市园林绿化村”和“富阳市生态村”验收。通

过创建，该乡生态环境得到改善。（施尧兴）

·上官乡·

【概况】上官乡位于富阳市东南部，距市政府所在地28公里。全境地域总面积27.07平方公里，行政村9个，村民小组97个。年末总户数2687户，总人口8200人，其中非农业人口274人。全年实现工农业总产值80576万元，按可比价格计算，比上年增长20.23%。全年实现财政总收入1265.59万元。农村经济总收入31984.08万元，农村经济净收入7990.09万元。农民人均所得8779元。

年末耕地面积177公顷，其中水田面积119.84公顷。粮食总产量94.9万公斤。农机总动力0.19万千瓦。公路通车里程11公里，行政村等级公路通达率100%，水利投工1.48万工，投资150万元。完成环境污染治理项目2个，投资额120万元。存栏生猪740头，出栏肉猪520头，存栏家禽0.56万羽，出栏家禽0.95万羽。水产品养殖面积12公顷，水产品产量1.2万公斤。绿化造林2公顷，封山育林406公顷。工业企业总数380家，其中规模以上工业企业16家。工业产品销售收入76510万元，产销率99%。外贸供货值37517万元，自营出口443.12万美元。中学1所，小学3所，幼儿园1所，在校中学生296人，入学率100%；在校小学生906人，入学率100%；在园幼儿183人。医院1家，卫生室4个。全年出生84人，计划生育率96.3%。初级卫生保健普及率100%。自来水普及率100%。固定电话用户2356户，电话普及率28.7部/百人。参加农村养老保险973人。参加农村统筹医疗7145人。最低生活保障救助人数192人。社会福利性敬老院1个，年底供养老人11人。农户新建房屋20户，建筑面积6000平方米。

【上官球拍研发检测中心成立】12月，经杭州市科技局批准，上官球拍研发检测中心成立。上官球拍研发检测中心位于上官乡球拍工业功能区，拥有员工15人，是一家具有行业特色的研发中心，主要从事产品研发、新技术引进、推广应用以及产品质量检测。

【乡农贸市场完工】上官乡农贸市场位于上官村，占地0.17公顷，工程投资200余万元，于10月动工，12月完工。该市场为综合市场，设营业房11间、摊位30个。市场的建立，为周边7个行政村6000多名群众提供良好购物环境。

【通过“杭州市体育强乡镇”验收】上官乡十分重视体育工作，成立创建“杭州市体育强乡镇”工作领导小组，将该项工作纳入议事日程，积极开展创建。投资50万元，建成文体活动中心，内设图书室、电子阅览室等设施。至2006年底，全乡篮球场9个、健身点4个、乒乓活动室15个、老年活动室9个、羽毛球场1个。同时积极开展群众性体育活动，全乡有腰鼓队2支、竹板舞队1支、中老年梅花锣鼓队5支、健身操队5支，经常性开展活动，全乡经常参加体育锻炼人数达到20%以上。11月，通过了“杭州市体育强乡镇”验收。（何建平）

·场口镇·

【概况】场口镇位于富阳市西南部，距市政府所在地20公里。全镇总面积58.36平方公里，行政村50个，居委会1个，村民小组332个。年末总户数13832户，总人口41661人，其中非农业人口1525人。全年实现工农业总产值209632万元，按可比价格计算，比上年增长33.8%。全年实现财政总收入4637万元。农村经济总收入128744万元，农村经济净收入30156万元。农民人均所得7004元。

年末耕地面积1758公顷，其中水田面积1608公顷。粮食总产量1382万公斤。农机总动力2.38万千瓦。公路通车里程56公里，行政村等级公路通达率100%。水利投工5.14万工，投资180万元。存栏生猪4785头，出栏肉猪10089头，存栏家禽11万羽，出栏家禽23万羽。水产品养殖面积360.92公顷，水产品产量2.6万公斤。绿化造林68公顷，封山育林1649公顷。水果种植面积90公顷，水果产量1239万公斤。茶园面积38公顷，茶叶产量9.1万公斤。工业企业总数326家，其中规模以上工业企业20家。工业产品销售收入186964万元，产销率97.2%。外贸供货值5538万元，自营出口196万美元。中学1所，小学3所，幼儿园12所，在校中学生2240人，入学率100%；在校小学生2455人，入学率100%；在园幼儿970人。医院3家，卫生室11个。全年出生427人，计划生育率96.3%。初级卫生保健普及率100%。自来水普及率98%。固定电话用户6389户，移动电话用户10250户，电话普及率15.3部/百人，因特网用户3840户。参加农村养老保险1824人。参加农村统筹医疗35392人。最低生活保障救助人数895人。社会福利性敬老院1个，年底供养老人95人。农户新建房屋170户，建筑面积61200平方米。

【赵村坞公路开通】 赵村坞村位于场口镇西面，地处偏僻，原来出行需绕道桐庐县环溪、徐畈、深沃3村，距离约2.5千米。村民长期以来都有开通赵村坞到白石砭之间通道的愿望。为此，该镇将赵村坞公路列入重点帮扶计划，于2005年10月开工，至2006年8月工程完工。该村道长1.5千米，宽7米，总造价80万元。至年底，全镇行政村公路通达率100%。

【完成场口镇中"六合一"工作】 按全市新一轮教育规划，原场口镇中、东图中学、王洲中学、常安镇中、湖源中学、窈口中学6所初中合并成新场口镇中。该项工作于年初开始实施。9月，工作完成。新场口镇中校址位于该镇六谷湾原场口中学校址，占地8公顷，校产3000万元，设47个班，学生2234人，在编教师171名。

【接通市政饮水网络】 为保证自来水供应质量，扩大供水面，场口镇投资2500万元，实施接通市政供水工程。4月，动工铺设江南水厂至该镇主水管，全长15千米，至8月完工。8月开始，动工铺设至相关村主管网。至年底，35个行政村接通市政供水网，直接受益人口2800余人。

【田贩村发现5000年前文物】 2月，场口镇田贩村村民徐江荣，建屋时发现磨制石器2件。经市文物馆考证，2件石器为崧泽文化时期，距今5900年～4800年。这是继该镇大庄村发现良渚文化时期文物后的又一发现。该发现将场口地区有文物佐证的文明史又向前移了1000年。

【白石砭村鹏源蔬菜基地被命名为"杭州市都市农业示范园区"】 鹏源蔬菜基地位于场口镇白石砭村，建于2001年，面积13.87公顷，主要种植茄子、胡萝卜等蔬菜。经过6年的发展，基地初具规模，蔬菜种植品种10余种，全年创产值100余万元。12月，通过"杭州市都市农业示范园区"验收。

（何鑫柱　许爱农）

·新桐乡·

【概况】 新桐乡位于富阳市西南部，距市政府所在地25公里。全境地域总面积47平方公里，行政村14个，村民小组83个。年末总户数4618户，总人口13447人，其中非农业人口356人。全年实现工农业总产值59917万元，按可比价格计算，比上年增长22.8%。全年实现财政总收入2081万元。农村经济总收入18039万元，农村经济净收入9403万元。农民人均所得7158元。

年末耕地面积564公顷，其中水田面积525公顷。粮食总产量483万公斤。农机总动力1.17万千瓦。公路通车里程16公里，行政村等级公路通达率100%。水利投工2.3万工，投资550万元。完成环境污染治理项目5个，投资额350万元。存栏生猪1980头，出栏肉猪2441头，存栏家禽6.3万羽，出栏家禽8.3万羽。水产品养殖面积33.2公顷，水产品产量49.8万公斤。绿化造林25公顷，封山育林766.7公顷。水果种植面积195.9公顷，水果产量470.3万公斤。茶园面积24公顷，茶叶产量1.6万公斤。工业企业总数92家，其中规模以上工业企业4家。工业产品销售收入57039万元，产销率103%。外贸供货值975万元，自营出口127.8万美元。中学1所，小学1所，幼儿园2所，在校中学生323人，入学率100%；在校小学生587人，入学率100%；在园幼儿124人。医院1家，卫生室3个。全年出生142人，计划生育率97.52%。初级卫生保健普及率100%。自来水普及率100%。固定电话用户2764户，移动电话用户6321户，电话普及率20.6部/百人，因特网用户236户。参加农村养老保险755人。参加农村统筹医疗11720人。最低生活保障救助人数190人。与鹿山街道合用社会福利性敬老院1个，年底供养老人16人。农户新建房屋36户，建筑面积10800万平方米。

【四号渠水利工程完工】 3月，新桐乡四号渠水利工程顺利完工。四号渠发源于该乡赵家山村箬帽山，流经庙坞口村，是市重点水利工程。工程于2005年4月动工，总投资180多万元，设计为暗渠，整渠由钢筋水泥浇筑，渠长300米，渠底宽4.5米，深2.0米，泄洪流量为17.17立方米/秒，进口“T”形交叉处建交通桥；暗渠上面为机耕路，路面宽6.5米，左右为绿化带。工程完工，增强该乡防洪能力。

【成立省内首家股份制山村土鸡专业合作社】 11月，新桐乡志君生态农业园联合高桥镇、富春街道、鹿山街道、环山乡、湖源乡等地13家养殖土鸡农户成立富阳山村土鸡专业合作社，为省内首家股份制山村土鸡专业合作社。合作社注册资金10万元，主要用于购买饲料、引进新技术、帮助困难养殖土鸡户渡过难关等。该社实行股份制，采用集团公司运作模式，有利于成本控制、质量管理和打响品牌。

【程坟村文化活动中心落成】 10月25日，新桐乡程坟村举行文化活动中心落成暨章氏宗谱（重修）首发式。该工程于2005年11月动工，至2006年9月竣工。中心占地1000余平方米，总投资67万元，其中单位、企业、个人捐款42.5万元。它的建成，为广大村民开展丰富多彩的文化娱乐活动提供了场所。落成仪式上，还举行了章氏宗谱（重修）首发式。

【包家淇村初具集镇规模】 新桐乡原集镇坐落在小桐洲村，随着行政中心转移和汤新线公路改道，集镇重心移至包家淇村。包家淇村是新桐乡第一大村，总人口2300余人，汤新公路穿村而过。近年来，乡电信大楼、电管站、文化活动中心等相继落户包家淇村。先后投资200多万元，实施 “百千”整治工程；投资180万元，建成包家淇村小学；投资60多万元，建成文化公园，改造影剧院；投资20万元，铺设污水管道1000米；投资32万元，铺设自来水管网4000米；投资45万元，建造1家休闲中心。工程的陆续完工，使包家淇村初具集镇规模。

【后山边村至渌渚港东段公路全部硬化】 后山边村至渌渚港东段公路是该乡连接渌渚镇和桐庐县交通要道，于2003年投资200万元，拓宽改造成路基6米宽公路。由于当时乡村两级经济薄弱，公路未实现硬化。10月，该路段“砂改油”工程启动，总投资240多万元，于年底竣工。工程竣工，使该乡主干道路路面全部实现硬化。（陈 琴）

·常安镇·

【概况】 常安镇位于富阳市南部，距市政府所在地21公里。全境地域总面积63.31平方公里，行政村36个，村民小组264个。年末总户数7321户，总人口24995人，其中非农业人口703人。全年实现工农业总产值78900万元，按可比价格计算，比上年增长48.9%。全年实现财政总收入 1618.5 万元。农村经济总收入94000万元，农村经济净收入16000万元。农民人均所得6830元。

年末耕地面积800公顷，其中水田面积 730公顷。粮食总产量683万公斤。农机总动力0.9万千瓦。公路通车里程45公里，行政村等级公路通达率100%。水利投工2.8万工，投资550万元。完成环境污染治理项目 1个，投资额150万元。存栏生猪5050头，出栏肉猪14925头，存栏家禽6万羽，出栏家禽9.6万羽。水产品养殖面积10公顷，水产品产量11万公斤。绿化造林30公顷，封山育林470公顷。水果种植面积120公顷，水果产量94万公斤。茶园面积60公顷，茶叶产量1000公斤。工业企业总数125家，其中规模以上工业企业15家。工业产品销售收入66000万元，产销率98%。外贸供货值6000万元，自营出口 303 万美元。小学2所，幼儿园1所，在校小学生 1149人，入学率100%；在园幼儿 360人。医院2家，卫生室7个。全年出生308人，计划生育率95.5%。初级卫生保健普及率100%。自来水普及率100%。固定电话用户3950户，电话普及率15.8部/百人。参加农村养老保险 987人。参加农村统筹医疗 24690人。最低生活保障救助人数595人。社会福利性敬老院1个，年底供养老人33人。农户新建房屋85户，建筑面积25500平方米。

【合并传统时节】 常安镇原有较多传统节日，每逢节日，百姓都要举行各类活动，对正常的生产和生活秩序造成了一定影响。2006年，该镇按照新农村建设要求，重点突出乡风文明，开展“改革传统时节、构建和谐常安”文化宣传月活动，倡导文明、健康、热闹、节俭过时节。根据地理位置，按片划分3个时节，栖鹤片为农历九月廿四日，六石溪以东片为农历九月十八日，六石溪以西片为农历十月初八。传统时节的合并，推动该镇新农村建设工作。

【被命名为“富阳市文明乡镇”】 常安镇十分重视三个文明建设，社会各项事业蓬勃发展。工业兴镇战略初见成效，工业小区基础设施建设日益完善。2006年，全镇实现工业总产值6.6亿元，同比增长53.5%；财政总收入1618.5万元，同比增长48.6%。农民人均收入6830元，比上年增长15.3%。镇村两极工作机制健全，通过抓干部队伍建设，形成党员干部和谐共事的局面，社会非常稳定。通过开展社会公德、家庭美德、职业道德等教育、评选活动和“改革传统时节、构建和谐常安”文化宣传月活动的开展，社会主义新风尚进一步形成。文化、体育、教育、卫生事业进一步发展，常安中学撤并至场口镇中学，中小高年级段合并至原中学校区，教育设施、格局得到优化。全镇建立腰鼓队、梅花锣鼓队、龙灯队、篮球队等文体骨干队伍十几支，并多次参加市级比赛，荣获佳绩。篮球场、乒乓室、图书室、健身场等文体活动场区在各村广泛建立，丰富了群众文化体育生活。环境卫生状况改善，3月，成立保洁公司，对集镇垃圾进行集中焚烧。各村成立了环卫队伍，新建垃圾箱150多只，公厕8座，基本实现道路硬化、路灯亮化、村庄绿化。农村合作医疗保险参保率达到100%。“平安常安”创建完成，相继成立巡守队、护村队、护厂队，广泛开展普法教育，社会风气得到净化。至年底，全镇7个行政村通过“市文明村”验收。12月，被富阳市委、市人民政府授予“富阳市文明乡镇”称号。

【连续3年获市“农村经济发展先进单位”】 常安镇历来重视“三农”工作，围绕农民增收、农业发展，大力调整产业结构，优化产业布局，积极推进农业产业化进程，大力发展效益农业。至2006年底，建立畜牧、高山蔬菜、干水果等示范基地20多个，示范户近100多户，开发面积达到200多公顷，万头猪场、永安高山农庄、吉庆坞果园、后亩山高山蔬菜基地等一批有代表性的基地初具规模。成立芦笋、干水果、畜牧专业等3家合作社。12月，被市委、市政府评为富阳市“农村经济发展先进单位”，是该镇连续第3年获此荣誉。

【永安高山农庄被评为浙江省二星级乡村旅游点】 永安高山农庄位于海拔500米的常安镇永安山上，与龙门镇的龙门山杏梅尖相连，是龙门古镇一体化开发区域。该农庄占地面积333.33公顷，于2000年4月投资开发，2004年6月正式开业。近年来，先后投资1000多万元，建成道路、水库、宾馆、饭店、寺庙及66.67公顷以干水果、高山蔬菜为主的农业基地，山庄成为当地集生态观光、休闲度假、佛教朝圣为一体的高山休闲胜地，2006年接待游客1万多人次。5月，被评为浙江省二星级乡村旅游点。还先后被评为杭州市国际旅游访问点、休闲观光农业旅游示范单位、特色农业观光示范点。

【集镇建设成效显著】 常安镇强化中心镇建设，加大对集镇建设投入力度。全年投资150万元，完成大田村三叉路口向东至环金线、向西横穿车站至新街道路；投资50万元，新建镇口董家村三叉路口拓宽工程，实施两边道路绿化；投资150万元，拓宽、硬化横坞片道路。3月，成立保洁公司，实施全天保洁。经过建设和整治，集镇面貌大为改观。（孙浩）

·环山乡·

【概况】 环山乡位于富阳市西南部，距市政府所在地15公里。全境地域总面积38.47平方公里，行政村19个，村民小组114个。年末总户数4054户，总人口11957人，其中非农业人口378人。全年实现工农业总产值302000万元，按可比价格计算，比上年增长68.3%。全年实现财政总收入1626.63万元。农村经济总收入255554万元，农村经济净收入16309万元。农民人均所得7535元。

年末耕地面积392.5公顷，其中水田面积362.2公顷。粮食总产量280.1万公斤。农机总动力1.1万千瓦。公路通车里程21公里，行政村等级公路通达率100%。水利投工7.8万工，投资725万元。存栏生猪1261头，出栏肉猪2401头，存栏家禽2.52万羽，出栏家禽19.21万羽。水产品养殖面积16.8公顷，水产品产量16.5万公斤。绿化造林3.33公顷，封山育林2036公顷。水果种植面积20.9公顷，水果产量40万公斤。茶园面积13.87公顷，茶叶产量3.3万公斤。工业企业总数374家，其中规模以上工业企业7家。工业产品销售收入263600万元，产销率98%。自营出口5万美元。中学1所，小学1所，幼儿园3所，在校中学生381人，入学率100%；在校小学生873人，入学率100%；在园幼儿250人。医院1家，卫生室2个。全年出生314人，计划生育率96.12%。初级卫生保健普及率100%。自来水普及率100%。固定电话用户2875户，移动电话用户5126户，电话普及率24.0部/百人，因特网用户429户。参加农村养老保险890人。参加农村统筹医疗11240人。最低生活保障救助人数151人。与场口镇合用社会福利性敬老院1个，年底供养老人15人。农户新建房屋50户，建筑面积6250平方米。

【桐树坞水库建成】 桐树坞水库位于环山乡环一村，于2005年8月动工兴建，总投资500余万元，属小Ⅱ型水库。经过1年多时间施工，至2006年底工程完工。建成后，库容达40万立方米，主要用于村民饮用水和农田灌溉用水，受益村民3000余人，受益农田102.3公顷。

【乡中心小学“四并一”工程完工】 环山乡加大教育基础设施建设力度，努力改善办学条件，2005年3月，启动乡中心小学“四并一”工程，将原中埠村、西山村、诸佳坞村小学和乡中心小学合并，新校址设在原乡中心小学。投资935万元，新建教学楼和食堂。2006年9月，工程完工。新中心小学占地1.74公顷，建筑面积4500平方米，设23班，学生870人，在编教师49名。

【炼铜业健康发展】 环山乡铜加工业始于20世纪80年代，经过近30年的发展，已初具规模。2001年，设立铜工业功能区，加强基础设施建设和环境污染整治，铜加工业健康发展。至2006年底，区内辖生产企业21家，其中亿元企业5家，全年完成工业产值26亿元。铜加工业成为该乡支柱产业。

【被评为“浙江省信用乡”】 11月，浙江省农村信用社将杭州市第一个“信用乡”牌子授予环山乡。成为信用乡后，该乡农户可以享受手续简化、利率优惠、贷款优先、差异化服务4大扶持政策，贷款利率比非信用乡一般农户少上浮50%，贷款额度从40万元提高到50万元。（孙旭郎）

·龙门镇·

【概况】 龙门镇位于富阳市南部，距市政府所在地16公里。全境地域总面积27.17平方公里，行政村11个，村民小组72个。年末总户数2674户，总人口7119人，其中非农业人口277人。全年实现工农业生产总值16842万元，按可比价格计算，比上年增长66.30%。全年实现财政总收入1634万元。农村经济总收入93311万元，农村经济净收入9746万元。农民人均所得7010元。

年末耕地面积276公顷，其中水田面积228公顷。粮食总产量203.7万公斤。农机总动力0.33万千瓦。公路通车里程20公里，行政村等级公路通达率100%。水利投工1.5万工，投资190万元。完成环境污染治理项目3个，投资额607万元。存栏生猪1438头，出栏肉猪2036头，存栏家禽1.38万羽，出栏家禽3.42万羽。水产品养殖面积2.2公顷，水产品产量2.8万公斤。绿化造林22公顷，封山育林1168公顷。水果种植面积64公顷，水果产量59.2万公斤。茶园面积38.9公顷，茶叶产量2.55万公斤。工业企业总数42家，其中规模以上工业企业5家。工业产品销售收入84941万元，产销率98%。外贸供货值15181万元。中心学校1所，幼儿园1所，在校中学生179人，入学率100%；在校小学生526人，入学率100%；在园幼儿119人。医院1家，卫生室2个。全年出生52人，计划生育率97%。初级卫生保健普及率100%。自来水普及率100%。固定电话用户1350户，移动电话用户1539户，电话普及率19部/百人，因特网用户42户。参加农村养老保险365人。参加农村统筹医疗6120人。最低生活保障救助人数191人。社会福利性敬老院1

个，年底供养老人17户。农户新建房屋52户，建筑面积15600平方米。

【举行龙门孙氏后裔祭祖大典】 龙门镇是三国东吴大帝孙权后裔的聚居地，至今已有2000余年历史，富春龙门孙氏后裔遍布全国各地，为进一步加强联谊，12月9日，该镇在孙氏宗祠举行孙权后裔祭祖大典。来自浙江省以及江西、福建、江苏、山东等地孙氏后裔2000余人参加仪式，省、杭州市等多家媒体进行全程报道。 （盛浩刚）

·湖源乡·

【概况】 湖源乡位于富阳市南部，距市政府所在地33公里。全境地域总面积127.75平方公里，行政村27个，村民小组163个。年末总户数4122户，总人口13956人，其中非农业人口326人。全年实现工农业总产值28343万元，按可比价格计算，比上年增长21%。全年实现财政总收入607万元。农村经济总收入12418万元，农村经济净收入6092万元。农民人均所得6390元。

年末耕地面积352公顷，其中水田面积220公顷。粮食总产量216.5万公斤。农机总动力0.44万千瓦。公路通车里程46公里，行政村等级公路通达率100%。水利投工3万工，投资850万元。完成环境污染治理项目9个，投资额66万元。存栏生猪6442头，出栏肉猪17683头，存栏家禽1.16万羽，出栏家禽4.01万羽。绿化造林89公顷，封山育林8608公顷。水果种植面积72公顷，水果产量98.8万公斤。茶园面积133公顷，茶叶产量16.74万公斤。工业企业总数22家，其中规模以上工业企业3 家。工业产品销售收入23130万元，产销率97.9%。外贸供货值4310万元，自营出口539万美元。小学2所，幼儿园2所，在校小学生544人，入学率100%；在园幼儿148人。医院1家，卫生室9个。全年出生236人，计划生育率97.2%。初级卫生保健普及率100%。自来水普及率100%。固定电话用户2870户，移动电话用户4390户，电话普及率19.8部/百人。参加农村养老保险479人。参加农村统筹医疗12436人。最低生活保障救助人数377人。社会福利性敬老院1个，年底供养老人11人。农户新建房屋32户，建筑面积8700平方米。

【获得"富阳市科普示范乡镇"称号】 湖源乡十分重视科普工作，积极开展科普"一站一栏一员"和惠农工程建设。建立乡科普活动站和农函大辅导站，配备电脑、投影机等设备；设立科普图书室，内有藏书5000余册。全乡27个行政村都建立标准科普画廊。全年投入科普经费13.5万元，建立市级科普示范基地2个。先后组建湖源本鸡、日本甜柿、竹笋等专业合作组织和技术协会，效益农业发展迅速，至2006年底，全乡有日本甜柿90公顷、香榧34.67公顷、山核桃20.67公顷、丰产杨梅13.33公顷、食用笋70.67公顷；市级农业龙头企业路西综合养殖场全年出栏肉猪7556头，省标准化示范基地鹳山本鸡养殖场销售本鸡100多万羽。乡科协每年举办各类农业实用技术培训班10次以上，培训农民300余人次。近3年，全乡近60%农村劳动力和95%的党员干部参加了农函大农民素质培训。科普工作在全乡广泛开展，取得明显成效。2006年，获得"富阳市科普示范乡镇"称号。

【生态环境整治初见成效】 湖源乡坚持"环境立乡"战略，抓好生态环境整治。全年投入460余万元，完成1个重点整治村和8个一般整治村建设任务，新增硬化路面2.6万平方米、绿化面积1100平方米，新建垃圾箱55只，安装路灯152盏，粉刷"赤膊墙"3500平方米，拆除旧房700平方米，整治溪堤1450米，新建健身点9个、篮球场3个。窈口等4个村成为富阳市生态村，窈口、梅洲2村还投入52万元，建成生活污水集中处理工程。 12月，投资800多万元的下干溪中低产田改造工程开工。通过整治，生态环境明显改善。

【乡政府办公大楼落成】 8月，湖源乡政府新办公大楼建成交付使用。该大楼位于环金线上的新一村，占地1.25公顷，建筑面积3000平方米，为5层建筑，总投资700多万元。新办公楼有办公室47间、大中小型会议室4个，还有活动室、阅览室等，配套设施齐全。 （费小平）

【责任编辑 陈炜祥】

名　录

·党政机关、人民团体及乡镇街道主要负责人·

【市委及其工作部门】

市　委

书　记　　徐文光
副书记　　张锦铭　金志强
常　委　　（书记、副书记均为常委，略）
汤金华　王　灵　陆洪勤
韦兴华　应敏扬（女）　魏平岩
童定干　赵玉龙

纪　委

书　记　　应敏扬（女）
副书记　　姜香儿（女）　周大清

办公室

主　任　　赵玉龙
副主任　　刘渭华　宋富华　王元新
俞立群

政策研究室

主　任　　赵玉龙（兼）
副主任　　章永南

保密局

局　长　　赵玉龙（兼）

组织部

部　长　　王　灵
副部长　　朱玉谦　应钟全　骆安全

宣传部

部　长　　章刚良
副部长　　张树根　陈健华

统一战线工作部

部　长　　陈国康
副部长　　姜康生　吴关仁　叶臣欢

市委台湾工作办公室

市政府台湾事务办公室

主　任　　吴关仁（兼）
副主任　　张　萍（女）

市政府侨务办公室

主　任　　夏建华

市政府民族宗教事务局

局　长　　叶臣欢
副局长　　凌富平

政法委员会

副书记　　汤金华　柳士明　洪文明

社会治安综合治理委员会

副主任　　汪锦汉　汤金华　汪金良
柳士明

社会治安综合治理委员会办公室

主　任　　柳士明
副主任　　徐献侠　周德海

防范和处理邪教问题领导小组办公室

主　任　　洪文明

市直属机关党工委

书　记　　刘渭华
副书记　　高松坤

党　校

第一校长　　金志强（兼）
党委书记　　陈金成
校　　长　　陈金成
副 校 长　　邢水清　钱学民

史志办公室

主　任　　蒋寿南
副主任　　张建华　雷　君（女）

富阳日报社

党组书记　　郎瑞隆
副 书 记　　何亚达
社　　长　　郎瑞隆
总 编 辑　　何亚达
副总编辑　　王克勤　何素珍（女）　夏庆成

老干部局

局　长　　应钟全（兼）
副局长　　郑国海　宋云琴（女）

农业和农村工作办公室

主　任　　陈　新
副主任　　张胜良　章军其　罗良录

【市人大常委会及其工作部门】

人大常委会

代主任　汪锦汉
副主任　俞正言　王　晓　王土田
　徐松泉　华荣富
委　员（按姓氏笔划为序）
　朱建明(兼)　孙庆炎(兼)
　孙柏贵(兼)　沈跃雄　胡志成
　俞成新(兼)　俞其坤
　章叶英(女，兼)　蒋　才
党组书记　汪锦汉
副书记　俞正言

办公室

主　任　吕建新
副主任　刘文灿

法制工作委员会

主　任　钟满华

财经工作委员会

主　任　胡志成
副主任　叶胜荣

教科文卫工作委员会

主　任　沈跃雄

代表工作委员会

主　任　蒋　才
副主任　李舒清(女)

城建环保工作委员会

主　任　何培叶

【市人民政府及其工作部门】

市人民政府

代市长　张锦铭
副市长　汤金华　陆洪勤　潘建平
　邵　良　陆献德　张志根
　沈华清
市长助理　方仁臻（女）
党组书记　张锦铭
副书记　汤金华

办公室

党组书记　童定干
主　任　童定干
副主任　喻中汉　裘富水　章强明
　刘关平　李江求　吴晓忠
　何献忠　沈荣祥　赵骊中

市委、市政府信访局

局　长　裘富水
副局长　陈培建　杜　斌　包东根
　倪关林

发展和改革局

党委书记　郎卫国
副书记　夏深根
局　长　郎卫国
副局长　徐宗惠　蒋志根　刘可富
　郑　延

经济贸易局

党委书记　陈振明
副书记　徐建平　俞　静(女)
局　长　徐建平
副局长　金浩荣　朱国荣　王小金
　杨国正

科学技术局

党组书记　张国繁
局　长　祝一君（女）
副局长　何才康　王松华

人口和计划生育局

党组书记　周红梅（女）
局　长　周红梅（女）
副局长　蒋健宏　华建宝　林高贤

公安局

党委书记　魏平岩
副书记　吴国根　包文明
局　长　魏平岩
政治委员　吴国根
副局长　包文明　包荣祥　胡惠民
　赵云兴

监察局

局　长　姜香儿(女)
副局长　刘绍干　楼建堂

民政局

党委书记　张生良
副书记　朱建富

局　　长　张生良
副 局 长　徐明育　沈银娣（女）　汪　建

司法局

党组书记　周左步
局　　长　孙　洁（女）
副 局 长　周海根

教育局

党委书记　蒋建民
副 书 记　章锦铨
局　　长　蒋建民
副 局 长　包国灿　蒋增产　郭一莲（女）

财政局

党委书记　孙柏平
副 书 记　何　勇
局　　长　孙柏平
副 局 长　汪忠汉　史煜民　刘学军

地方税务局

局　长　孙柏平
副局长　陈永信

国家税务局

党组书记　董建社
局　　长　董建社
副 局 长　华之江　徐锋敏　王水娟(女)

人事局

党组书记　朱玉谦
局　　长　朱玉谦(兼)
副 局 长　赵新华

劳动和社会保障局

党委书记　张江明
副 书 记　胡德华
局　　长　张江明
副 局 长　胡德华　葛荣发　王毓星
　　　　　周雁飞(女)

建设局

党委书记　王小丁
副 书 记　孙　华
局　　长　王小丁
副 局 长　王正达　孙建福　洪永根
　　　　　金占辉

交通局

党委书记　赵庆林
副 书 记　徐中育
局　　长　赵庆林
副 局 长　李校中　王祥清　张国平

水利水电局

党委书记　彭余娣(女)
副 书 记　楼寿林
局　　长　楼寿林
副 局 长　汪国良　倪惠刚　华群波

农业局

党委书记　李国生
副 书 记　孙金土
局　　长　李国生
副 局 长　丁文松　章跃鸣　蒋正山

林业局

党委书记　朱喜根
局　　长　朱喜根
副 局 长　蒋胜梁　孙连娟(女)　吕丰旻

文化广电新闻出版局

党委书记　徐国明
副 书 记　俞佳伦
局　　长　徐国明
副 局 长　庄孝泉　何燕敏

卫生局

党委书记　汪轶平
副 书 记　陆国民
局　　长　汪轶平
副 局 长　徐　忠　沈　雯（女）　孙晓明

安全生产监督管理局

党组书记　王国强
局　　长　王国强
副 局 长　蒋元洪　汪荣华

食品药品监督管理局

党委书记　周金荣
局　　长　周金荣
副 局 长　孙　群（女）　许永祥

审计局

党组书记　陆菊仙(女)
局　　长　陆菊仙(女)
副 局 长　朱经国　何安彬

统计局

党组书记 张松泉
局　长 张松泉
副局长 陆华根 翁　明(女) 蒋雪彪

城市管理综合行政执法局

党委书记 张泉水
副书记 盛其平
局　长 张泉水
副局长 张建明 夏建元

工商行政管理局富阳分局

党委书记 沈　璞
副书记 徐和青
局　长 沈　璞
副局长 倪金木 何　鹏

环境保护局

党组书记 吴祖仁
副书记 刘钰良
局　长 吴祖仁
副局长 戴钰虎 喻乃群 董亚奇

国土资源局

党委书记 徐荣奎
副书记 孙成松
局　长 徐荣奎
副局长 孙成松 陆淑雯(女) 童向阳 钱江涛

【市政协及其工作部门】

市政协

主　席 胡志坚
副主席 汪金良 朱水根 华爱金(女) 祝一君(女) 陈国康 王建沂
秘书长
常委(按姓氏笔划为序)
万仁友(兼) 王　青(兼)
王维嘉(女，兼) 韦兴华(兼)
方建平(兼) 叶炎平(兼)
羊少剑(兼) 羊晓君(兼)
杜德清(兼) 李建明(兼)
应钟全(兼) 沈希平(兼)
沈燕青(女，兼) 赵卫中(兼)
俞泉龙(兼) 姜康生(兼)
郭一莲(女，兼) 曹觉民(兼)
盛建祥(兼) 章宗成(兼)
葛荣发(兼) 蒋敏德(兼)
裘金波(兼)
党组书记 胡志坚
副书记 汪金良

办公室

主　任 潘国明
副主任 龚文法 赵卫中

提案委员会

主　任 陆桂云(女)
副主任 徐关铨(兼) 宋富华(兼)

经济科技委员会

主　任 方金泉

城建和人口资源环境委员会

主　任 杨福山

社会法制和港澳台侨委员会

主　任 葛海燕(女)
副主任 闻国胜(兼) 吴关仁(兼) 章宗成(兼)

文史和教文卫体委员会

主　任 李爱芳(女)
副主任 史庭荣(兼) 柯士成(兼) 陆国民(兼) 郭一莲(女，兼)

【军事机关】

人民武装部

党委书记 韦兴华
副书记 缪坤延
部　长 缪坤延
政　委 韦兴华
副部长 赵荣明
军事科长 赵荣明
政工科长 雷万发
后勤科长 宋生顺

【审判与检察机关】

法　院

党组书记 程建飞

副 书 记　葛时忠
代 院 长　程建飞
副 院 长　葛时忠　陆忠明　林　萍（女）

检察院
党组书记　吕金芳
副 书 记　许云钰
代检察长　吕金芳
副检察长　许云钰　盛家安　董矿平

【企事业单位】

行政服务中心
党组书记　喻中汉
主　　任　喻中汉
副 主 任　陈海龙　孙　俊　张小维

体育局
党组书记　童锦彬
局　　长　童锦彬
副 局 长　倪如柳　徐良忠　钟健新

广播电视台
党委书记　张彩霞（女）
副 书 记　夏立忠
台　　长　夏立忠
副 台 长　张远峰　曹雨农

风景旅游局
党委书记　宋国胜
局　　长　宋国胜
副 局 长　董雄华　姚红光　钱东升

质量技术监督局
党委书记　俞建根
副 书 记　徐　晖
局　　长　俞建根
副 局 长　赵庆华　蒋海龙

工贸资产经营有限公司
党委书记　杨晓来
副 书 记　陈建平
董 事 长　杨晓来
总 经 理　陈建平
副总经理　凌剑武　万仁友

市级机关事务管理局
局　长　刘关平
副局长　夏荣浩　洪国良

档案局
局　长　于会荣
副局长　郎敏珍（女）　钱云祥

供销合作总社
党委书记　杨承华
副 书 记　马雪奎
主　　任　杨承华
副 主 任　王关群　罗培国　蒋顺富

对外贸易经济合作局
党组书记　李　峰
局　　长　李　峰
副 局 长　方辛学　吕炎灿　邱国恒

【其他企事业单位】

邮政局
党委书记　刘　毅
局　　长　刘　毅
副 局 长　陆毓忠　王钱定

浙江省电信有限公司富阳市分公司
党委书记　张　洪
总 经 理　张　洪
副总经理　田　梅(女)

供电局
党委书记　杨树高
副 书 记　张富新
局　　长　张　帆
副 局 长　袁正平　章晓鸣

烟草专卖局（烟草公司）
党组书记　裘建新
局长（经理）　裘建新
副 经 理　朱航东
副 局 长　董法元

气象局
局　　长　俞民祥
副 局 长　王华卿（女）

中国人民银行富阳市支行
（国家外汇管理局富阳支局）
党组书记　王健敏
行长（局长）　王健敏

副　行　长　　俞柏明
副行长(副局长)　孙怡琳(女)

中国工商银行富阳市支行
党总支副书记　　袁国英(女)
副　行　长　　袁国英(女)　彭智峰

中国农业银行富阳市支行
党委书记　　叶伟林
行　　长　　叶伟林
副行长　　刘　平　宋　华　朱正根

中国农业发展银行富阳市支行
党支部副书记　　冯莉萍(女)
副　行　长　　冯莉萍(女)

中国建设银行富阳支行
党总支书记　　李建林
行　　长　　李建林
副　行　长　　茅学娟(女)　江行军　邢国亮

交通银行杭州分行富阳市支行
党支部书记　　金智林
行　　长　　金智林
副　行　长　　于燕燕(女)

中国银行富阳支行
党总支书记　　周金瑛(女)
行　　长　　周金瑛(女)
副　行　长　　高伟青　陆云佳(女)

中国人民财产保险公司富阳市支公司
党组书记　　李旭伟(兼)
副书记　　贾一农
副经理　　贾一农　胡　龙　陈　宇

中国人寿保险公司富阳市支公司
党组书记　　顾亦辛
经　　理　　顾亦辛

中信银行杭州分行富阳支行
党总支书记　　倪勤文
行　　长　　倪勤文
副　行　长　　杨向农

杭州商业银行富阳支行
党支部书记　　柳双平
行　　长　　柳双平
副　行　长　　洪素芳(女)　郭正良

富阳农村合作银行
党委书记　　沈平安
副书记　　马富华
董事长　　沈平安
行　　长　　马富华
副行长　　章建明

【人民团体】

总工会
党组书记　　赵茂良
主　　席　　赵茂良
副主席　　杨国平　张小云(女)

团市委
党组书记　　杨富强
团市委书记　　杨富强
团市委副书记　　赖明诚　丁建军

妇　联
党组书记　　徐肖芬(女)
主　　席　　徐肖芬(女)
副主席　　夏益萍(女)　朱红丹(女)

文　联
党组书记　　曹玮玲(女)
主　　席　　曹玮玲(女)
副主席　　项文珠(女)　羊晓君
　　　　　　庄孝泉(兼)

工商联
党组书记　　姜康生
会　　长　　王建沂(兼)
副会长　　姜康生　张新书
秘书长　　郑金林

科学技术协会
党组书记　　金仁蒙
主　　席　　金仁蒙
副主席　　任有法　朱　人　徐建祥(兼)
　　　　　　杨国正(兼)
秘书长　　朱　人

残　联
党组书记　　董柏荣
理事长　　董柏荣
副理事长　　葛申发　华玉祥

【经济开发区】

浙江富阳经济开发区管理委员会

党委书记　陆兴根
副书记　倪洪水（兼）　何志洪
主　任　陆兴根
副主任　倪洪水（兼）　戴爱良　朱正华　蒋伟达　于利军　董国新

【乡镇与街道】

富春街道

党工委书记　董毓民
副书记　郑桂山　张雪坤　饶学军
人大工委主任　董毓民
人大工委副主任　戴福根
办事处主任　郑桂山
办事处副主任　陈玉祥　邵才法　郭雪峰　杨华锋

春江街道

党工委书记　俞其坤
副书记　俞加兴　何观仙(女)　赵立群
人大工委主任　俞其坤
人大工委副主任　夏永平
办事处主任　俞加兴
办事处副主任　项开诚　王金法　孙建强

东洲街道

党工委书记　夏　芬（女）
副书记　刘加均　陈金虎　金　旦
人大工委主任　夏　芬（女）
人大工委副主任　王淼毓
办事处主任　刘加均
办事处副主任　俞玉金　陆建龙　杨建华　裘云鹏

鹿山街道

党工委书记　胡海龙
副书记　袁　月(女)　柴军浩　方罗胜
人大工委主任　胡海龙
人大工委副主任　方金伟
办事处主任　袁　月（女）
办事处副主任　孙炳贤　王欢龙　吕永良

高桥镇

党委书记　申屠裕仁
副书记　张　霖　何建明
人大主席　申屠裕仁
人大副主席　张恩华
镇　长　张　霖
副镇长　王志明　汤永刚　刘建彬　陆文孝

受降镇

党委书记　何春兰(女)
副书记　叶忠士　裘国富
人大主席　何春兰(女)
人大副主席　赵金根
镇　长　叶忠士
副镇长　高　勤　方　勤　胡明利

春建乡

党委书记　俞兴军
副书记　倪为东　潘向阳
人大主席　俞兴军
人大副主席　潘向阳
乡　长　倪为东
副乡长　俞培荣　宋树洪　叶　金

新桐乡

党委书记　章永乐
副书记　王满昌　夏朝明
人大主席　章永乐
人大副主席　夏朝明
乡　长　王满昌
副乡长　盛国宏　潘亚玲(女)　章国权

新登镇

党委书记　贾一惟
副书记　徐林亮　李建成
人大主席　贾一惟
人大副主席　陈　敏
镇　长　徐林亮
副镇长　钟志豪　方林平　王小群(女)　蒋健军　寿平丰

渌渚镇

党委书记　吕建明
副书记　李百山　罗林锋
人大主席　吕建明
人大副主席　黄超先
镇　长　李百山

副 镇 长　　应为民　金善林　董　燕（女）

胥口镇

党委书记　　王龙华
副 书 记　　潘朝宏　潘　渭
人大主席　　王龙华
人大副主席　　潘　渭
镇　　长　　潘朝宏
副 镇 长　　杨洪元　杨荣强　孙权宏

永昌镇

党委书记　　裘一平
副 书 记　　邵伟斌　　徐鑫华
人大主席　　裘一平
人大副主席　　白伟强
镇　　长　　邵伟斌
副 镇 长　　徐善庆　闻　成　徐元春（女）

大源镇

党委书记　　余荣儿
副 书 记　　胡狄华　桑晓霞（女）
人大主席　　朱玉坤
镇　　长　　胡狄华
副 镇 长　　章仁龙　俞一兵　祝燕青
　　　　　　冯国亮

灵桥镇

党委书记　　丁中苏
副 书 记　　何富军　刘喜凤（女）
人大主席　　丁中苏
人大副主席　　蒋孝廷
镇　　长　　何富军
副 镇 长　　俞培江　钟永明　刘海军

常绿镇

党委书记　　蒋庆元
副 书 记　　闻关明　汪军飞
人大主席　　蒋庆元
人大副主席　　汪军飞
镇　　长　　闻关明
副 镇 长　　叶伟平　盛士清　汪如新

渔山乡

党委书记　　蒋惠真
副 书 记　　姜秋芳（女）　王吾木
人大主席　　蒋惠真
人大副主席　　王吾木
乡　　长　　姜秋芳（女）
副 乡 长　　方德玉　何良军　倪柏群

里山镇

党委书记　　董炳忠
副 书 记　　夏深权　蒋仕名
人大主席　　董炳忠
人大副主席　　包柏仁
镇　　长　　夏深权
副 镇 长　　章明校　孙汝均

上官乡

党委书记　　周亦涛
副 书 记　　陆中华　丁建民
人大主席　　周亦涛
人大副主席　　丁建民
乡　　长　　陆中华
副 乡 长　　赵炳富　董江军　赵成平

场口镇

党委书记　　陆兴根
副 书 记　　倪洪水　张拥军
人大主席　　陆兴根
人大副主席　　孙志贤
镇　　长　　倪洪水
副 镇 长　　倪志方　刘爱萍（女）汪金利
　　　　　　章伟良

常安镇

党委书记　　杨宏道
副 书 记　　许　昌　方炳林
人大主席　　杨宏道
人大副主席　　方金浩
镇　　长　　许　昌
副 镇 长　　徐春龙　陈军峰

龙门镇

党委书记　　凌国龙
副 书 记　　裘立忠　何明葵
人大主席　　凌国龙
人大副主席　　何明葵
镇　　长　　裘立忠
副 镇 长　　许苏君（女）　金文贤　盛永淦

环山乡

党委书记　　汪建龙

副 书 记　朱 峻　洪 华
人大主席　汪建龙
人大副主席　何玉堂
乡　长　朱 峻
副 乡 长　李岳兵　汤建华

湖源乡

党委书记　陆小东
副 书 记　刘晓锋　吕劲峰
人大主席　陆小东
人大副主席　何国仁
乡　长　刘晓锋
副 乡 长　汪尚水　张 洪　包国滨

万市镇

党委书记　陈鸿麟
副 书 记　罗文奎　谢黎明
人大主席　陈鸿麟
人大副主席　傅学奎
镇　长　罗文奎
副 镇 长　郎军明　许波平　姜小娟（女）　刘联华

洞桥镇

党委书记　林长龙
副 书 记　郭林平　沈高元
人大主席　林长龙
人大副主席　吴建儿(女)
镇　长　郭林平
副 镇 长　郑柏荣　陈铁强　徐林平

（市委组织部）

注：以上所列均为年底在任者，中途调整者略

·先进集体·

【国家级和国家属部门级先进集体】

先进集体单位	先进集体称号	颁奖单位
富阳市农业局	全国农业重点调查先进县	国家农业部
富阳市关工委	全国关心下一代宣传工作先进集体	全国关心下一代工作委员会
中国水稻研究所	文明标兵单位	中国农业科学院
富阳市供电局	全国用户满意企业	中国质量管理协会
“富通”昭和电子线制造课	全国青年文明号	共青团中央委员会
富阳市青少年宫	全国第三届青少年书画大赛优秀组织奖	共青团中央委员会　国家文化部
富阳市供电局	全国农电可靠性管理标杆单位	国家电网公司
亚林所经济林研究组	全国林业科技先进集体	国家林业局
富通集团	全国信息产业科技创新先进集体	国家发改委　信息产业部　科技部
富阳市科协	全国科普惠农示范单位	中国科协
第七一五研究所	全国国防科学学会工作先进单位	中国国防科学技术信息学会
第七一五研究所	十五装备预先研究先进单位	中国船舶重工集团公司
第七一五研究所	老干部工作先进集体	中国船舶重工集团公司
富阳市史志办公室	全国党史系统先进集体	中共中央党史研究室

【省级和省属部门级先进集体】

先进集体单位	先进集体称号	颁奖单位
富阳市	浙江省“平安县（市）”	中共浙江省委　浙江省人民政府
富阳市供电局	浙江省文明单位	中共浙江省委　浙江省人民政府

富阳市史志办公室	全省地方志工作先进集体	浙江省地方志编纂委员会
富阳市	浙江省“欠发达乡镇奔小康工程”结对帮扶先进单位	中共浙江省委　浙江省人民政府
永泰纸业集团公司	省守法诚信进出口企业	浙江省外经贸委等九部门
富阳市	2004～2005年度无偿献血先进县市	浙江省人民政府
富阳市红十字会	造血干细胞捐献者资料工作突出贡献奖	浙江省红十字会
富通集团有限公司	浙江省治安安全示范单位	省公安厅　省综治委　省综治协会
中信银行富阳支行	浙江省治安安全示范单位	省公安厅　省综治委　省综治协会
富阳市	“千村示范、万村整治”优胜奖	省“百千工程”协调办公室
富阳市农办	全省农办系统先进集体	浙江省农办
富春街道团工委	省级信息工作先进单位	浙江省少工委
富阳市农业局	浙江省农业工作先进集体	浙江省农业厅
富阳市中心屠宰场检疫组	省动物防疫监督执法示范窗口	浙江省农业厅
富阳市教育局	2005年度全省教育信息工作三等奖	浙江省教育工委　浙江省教育厅
富阳市教育局	2006年浙江省教育系统文明办网示范单位	浙江省教育厅
富阳市教育局	2006年度浙江省信息工作先进集体	浙江省教育工会
富阳市教育局	2005年度杭州市维护社会稳定工作先进单位	中共杭州市委　杭州市人民政府
富阳市教育局	杭州市妇儿工作先进集体	杭州市人民政府
富春第四小学	浙江省2006年青少年无线电测向先进集体	浙江省体育局
大源镇成人文化技术学校	省级示范性乡镇成人学校	浙江省教育厅
富阳市第二中学	浙江省第三批省级“绿色学校”	浙江省环保局　浙江省教育厅
永兴学校	浙江省第三批省级“绿色学校”	浙江省环保局　浙江省教育厅
富春第三小学	浙江省第三批省级“绿色学校”	浙江省环保局　浙江省教育厅
富春第三小学	全国文明礼仪教育基地	浙江省教育厅　共青团浙江省委
高桥镇中心小学	浙江省示范性小学	浙江省教育厅
富阳市实验小学	2006年浙江省“群星奖”少儿舞蹈大赛表演银奖	浙江省文化厅
富春第二小学六（2）中队	浙江省李四光中队	团省委　省国土局　省环保局
富阳市关工委	浙江关心下一代工作先进集体	浙江省关心下一代工作委员会
富阳市人民政府	杭州市农村贫困家庭危房改造先进集体	杭州市人民政府
中共富阳市委报道组	2006年度省先进报道组	浙江日报报业集团
富阳市卫生监督所	2006年度省职业卫生先进集体	浙江省卫生厅
亚热带林业研究所	浙江省文明单位	中共浙江省委　浙江省人民政府
亚热带林业研究所	浙江省科技特派员先进单位	中共浙江省委　浙江省人民政府
富阳市残疾人联合会	浙江省第二次全国残疾人抽样调查工作先进集体	浙江省残疾人联合会

富阳市残联	浙江省“十五”期间残疾人体育工作先进单位	浙江省残联　浙江省体育局
永泰纸业集团公司	杭州市“春风行动”爱心奖先进集体	中共杭州市委　杭州人民政府
富阳市财政局	全省财政信息县（市、区）局组三等奖	浙江省财政厅
富阳市地税局	全省地税信息县（市、区）局组二等奖	浙江省地税局
富阳地税局	全省税收新闻宣传县（市、区）局组优胜单位	浙江省地税局
富阳市财政局	《浙江财政年鉴》组稿先进单位	浙江省财政厅
富阳市地税局	《浙江地税年鉴》资料征集县（市、区）局组三等奖	浙江省地税局
富阳市地税稽查局	全省地税系统稽查工作先进集体	浙江省地税局
富阳市财政局	契税征管工作先进单位	浙江省财政厅
富阳市财政局	全省会计管理工作县（区）级先进单位	浙江省财政厅
富阳市地税局	税收计财工作优胜单位	浙江省地税局
富阳市地税局	税政管理工作综合先进单位	浙江省地税局
富阳市财政局	财政县（市、区）级先进单位	浙江省财政厅
富阳市财政局	县级计算机应用先进单位	浙江省财政厅
富阳市科协	浙江省“十五”科普工作先进集体	浙江省科协
富阳市科协	杭州市2004～2005年度科普工作先进集体	杭州市人民政府
第七一五研究所	国家安全工作先进单位	浙江省国家安全厅
第七一五研究所	浙江省基层工会台账管理先进单位	浙江省总工会
富阳市财政局	全省财政法制工作先进集体	浙江省财政厅

·先进个人·

【国家级和国家属部门级先进个人】

姓名	单位或住址	先进称号	颁奖单位
杨富强	团市委	中国青年创业行动先进个人	共青团中央　国家劳动部
邹伟文	市青少年宫	全国第三届青少年书画大赛优秀指导教师奖	共青团中央　国家文化部
傅天颖	市青少年宫	全国第三届青少年书画大赛二等奖	共青团中央　国家文化部
楼晶淼	市青少年宫	全国第三届青少年画书大赛二等奖	共青团中央　国家文化部
汪轶平	市卫生局	全国结核病防治工作先进个人	国家卫生部
陈益泰	亚林所	全国优秀林业科技工作者	国家林业局
华玉祥	市残联	第二次全国残疾人抽样调查先进个人	国务院残疾人工作委员会
崔晓文	七一五所	享受国务院政府特殊津贴	中华人民共和国国务院
周利生	七一五所	国防科技工业突出贡献中青年专家	国防科工委
周利生	七一五所	十五装备预先研究先进个人	中国人民解放军总装备部

盛建祥	杭州金富春丝绸化纤有限公司	全国纺织工业劳动模范	国家人事部 中国纺织工业协会

【省级和省属部门级先进个人】

姓名	单位或住址	先进称号	颁奖单位
曹立勇	中国水稻研究所	浙江省优秀共产党员	中共浙江省委
张慧廉	中国水稻研究所	浙江省科学技术重大贡献奖	浙江省人民政府
程式华	中国水稻研究所	浙江省农业科技突出贡献奖	浙江省人民政府
钱　前	中国水稻研究所	浙江省农业科技突出贡献奖	浙江省人民政府
杨长登	中国水稻研究所	浙江省农业科技突出贡献奖	浙江省人民政府
孙宗修	中国水稻研究所	浙江省农业科技突出贡献奖	浙江省人民政府
程式华	中国水稻研究所	浙江省突出贡献中青年专家	浙江省人民政府
杨长登	中国水稻研究所	浙江省突出贡献中青年专家	浙江省人民政府
李章夫	富阳市关工委	浙江省关心下一代工作先进个人	浙江省关心下一代工作委员会
沈银娣	富阳市民政局	全省退役士兵安置工作先进个人	省人民政府　省军区
朱学富	富阳市老龄委办公室	全省老龄工作先进工作者	省人事厅　省老龄委
俞国成	富阳市民政局	农村贫困家庭危房改造工作先进个人	杭州市人民政府
杨馁珠家庭	洞桥镇陈林村	浙江省“绿色家庭”	浙江省妇联　浙江省环保局
夏锡良家庭	里山镇强烈村	浙江省“绿色家庭”	浙江省妇联　浙江省环保局
沈志香	富春街道幸福路8-406	浙江省十佳贴心婆媳	省妇联 省文明办 省老龄办
夏叶锋	中共富阳市委报道组	省先进报道工作者	浙江日报报业集团
蒋玉明	中共富阳市农办	省“千万农村劳动力培训工程”先进个人	浙江省农科教领导小组
张小有	富阳市职业高中	省“千万农村劳动力培训工程”先进个人	浙江省农科教领导小组
赖明诚	共青团富阳市委	浙江省优秀团干部	共青团浙江省委
金小华	富阳市农业局	省农民信箱工作先进个人	浙江省农业厅
金小华	富阳市农业局	省农业基点调查工作先进个人	浙江省农业厅
陈益泰	亚林所	浙江省农业先进工作者	浙江省人民政府
姚小华	亚林所	浙江省农业先进工作者	浙江省人民政府
周国平	富阳市教育局	全省教育信息工作先进个人	浙江省教育厅
董　君	富阳中学	浙江省特级教师	浙江省教育厅
唐少华	永兴学校	浙江省特级教师	浙江省教育厅
盛志军	郁达夫中学	浙江省特级教师	浙江省教育厅
高丽萍	郁达夫中学	浙江省教坛新秀	浙江省教育厅
叶根娟	永兴学校	浙江省教坛新秀	浙江省教育厅

郭泽奇	富阳市实验小学	浙江省级“绿色小卫士”	省委宣传部　省环保局 省教育厅　共青团浙江省委
蒋敏德	杭州未来食品有限公司	杭州市“春风行动”爱心奖先进个人	中共杭州市委 杭州市人民政府
陈炜祥	富阳市史志办公室	浙江省地方志工作先进个人	浙江省地方志编纂委员会
林大文	鹿山街道坞口村	杭州市“春风行动”爱心奖先进个人	中共杭州市委 杭州市人民政府
刘学文	富阳市财政局	全省财政信息工作积极分子	浙江省财政厅
刘学文	富阳市地税局	全省财政信息工作先进个人	浙江省地税局
刘学文	富阳市地税局	全省税收新闻宣传先进个人	浙江省地税局
刘学文	富阳市地税局	《浙江地税年鉴》资料征集先进个人	浙江省地税局
蒋　茜	富阳市地税局	全省地税稽查工作先进个人	浙江省地税局
孙利波	富阳市财政局	2005 年度企业会计决算报表先进个人	浙江财政厅
吕江新	富阳市财政局	财政计算机应用先进个人	浙江省财政厅
刘孟庵	第七一五研究所	浙江省优秀科技工作者	浙江省科学技术协会
王银军	第七一五研究所	维护国家安全先进个人	中共浙江省委 浙江省人民政府

【省第十九届“春蚕奖”获得者】

姓名	单位或住址	颁奖单位
杜华勇	场口中学	浙江省教育厅　浙江省人民教育基金会
章敏毅	富阳市教育局教研室	浙江省教育厅　浙江省人民教育基金会
陈碧华	富阳中学	浙江省教育厅　浙江省人民教育基金会
曹群珍	永兴学校	浙江省教育厅　浙江省人民教育基金会
周炜富	富春第二小学	浙江省教育厅　浙江省人民教育基金会

·科研获奖项目·

【农业科研奖】

课题名称	获奖名称　等级	第一完成单位	主持人	颁奖单位
优质早灿高效育种技术及新品种选育与开发	浙江省科技进步奖二等奖	中国水稻研究所	胡培松	浙江省人民政府
水稻好气灌溉技术研究与示范	中国农科院科学技术成果奖二等奖	中国水稻研究所	朱德峰	中国农业科学院
水稻好气灌溉技术研究与示范	浙江省科技进步奖二等奖	中国水稻研究所	朱德峰	浙江省人民政府

水稻穗瘟和叶瘟抗性的遗传分析和基因定位	中国农科院科学技术成果奖二等奖	中国水稻研究所	庄杰云	中国农业科学院
水稻穗瘟和叶瘟抗性的遗传分析和基因定位	浙江省科技进步奖三等奖	中国水稻研究所	庄杰云	浙江省人民政府
一级优质香稻中香1号的选育与示范推广	中国农科院科学技术成果奖二等奖	中国水稻研究所	胡培松	中国农业科学院
水稻高产生产集成技术示范与推广	全国农牧渔业丰收奖一等奖	中国水稻研究所	朱德峰	国家农业部
洞桥香榧的气候适应性研究与种植推广	杭州市农业丰收奖二等奖	富阳气象台	叶传伟	中共杭州市委 杭州市人民政府
测土平衡施肥技术在粮油生产上的应用	杭州市农业丰收奖二等奖	富阳市农技推广中心土壤肥料站	戴学龙	中共杭州市委 杭州市人民政府
富阳茶叶生产亿元工程配套技术推广	杭州市农业丰收奖二等奖	富阳市农技推广中心茶中站	丁永君	中共杭州市委 杭州市人民政府
龙井茶机械炒制技术推广应用	杭州市农业丰收二等奖	富阳市农机推广站	赵立勤	中共杭州市委 杭州市人民政府
家禽禽流感防治技术应用推广	杭州市农业丰收奖三等奖	富阳市畜牧兽医局	金明升	中共杭州市委 杭州市人民政府
芦笋标准化生产技术示范与推广	杭州市农副业丰收奖三等奖	富阳市农技推广中心	章忠梅	中共杭州市委 杭州市人民政府
35%丁硫克百威种衣剂水稻拌种技术推广	杭州市农业丰收奖三等奖	富阳市农技推广中心植保站	金立新	中共杭州市委 杭州市人民政府
毛竹低产林改造技术推广应用	杭州市农业丰收奖三等奖	富阳市林业技术推广中心	吴根华	中共杭州市委 杭州市人民政府

化解村级不良债务巩固发展集体经济	杭州市农业丰收奖三等奖	富阳市农经管理总站	陈旭红	中共杭州市委 杭州市人民政府
杉木遗传改良及定向培育技术研究	国家科技进步奖二等奖	亚热带林业研究所	王赵民	国家林业局
桤木遗传变异与优良种源和无性系选择研究	科技兴林奖一等奖	亚热带林业研究所	陈益泰	浙江省林业厅
浙江省林种树种结构调整支撑技术研究与示范	科技兴林奖一等奖	亚热带林业研究所	周志春	浙江省林业厅
南方红豆杉资源及容器苗规范化培育技术研究	科技兴林奖二等奖	亚热带林业研究所	李纪元	浙江省林业厅
主要阔叶树种容器育苗及造林技术推广与示范	科技兴林奖二等奖	亚热带林业研究所	周志春	浙江省林业厅
浙江省林种树种结构调整支撑技术研究与示范	科技进步奖二等奖	亚热带林业研究所	周志春	浙江省人民政府
毛竹商品林高效栽培技术示范	科技兴林奖三等奖	亚热带林业研究所	陈双林	浙江省林业厅
生态公益类毛竹林可持续经营技术示范	科技兴林奖三等奖	亚热带林业研究所	格日勒图	浙江省林业厅
薄壳山核桃嫁接技术研究与示范推广	科技兴林奖三等奖	亚热带林业研究所	王开良	浙江省林业厅
主要阔叶树种容器育苗及造林技术推广	科技进步奖三等奖	亚热带林业研究所	周志春	杭州市人民政府

马褂木磷营养高效利用种源及共生菌根研究	科技进步奖三等奖	亚热带林业研究所	周志春	福建省人民政府

【教育科研奖】

课题名称	获奖名称 等级	第一完成单位	主持人	颁奖单位
试论小学美术工艺创作教学中人与材料之间相互作用实践与研究	全国第二届中小学艺术教育科学论文评选一等奖	富春第五小学	宋筱华	浙江省教育厅
优化职业技能训练的策略与实践	全国第八届优秀职教论文二等奖	富阳市教育局教研室	刘金虎	国家教育部职业技术教育中心研究所
职校生不良行为矫正机制构建的实践与研究	全国技工教育和职业培训教学研究优秀成果一等奖	富阳市教育局教研室	刘金虎	国家劳动和社会保障部培训就业司
中等职业学校实施创业教育的思考与探索	全国技工教育和职业培训教学研究优秀成果二等奖	富春职业高级中学	单银芳	国家劳动和社会保障部培训就业司
基于个性化班组文化的班组经营实践的研究	浙江省基础教育优秀科研成果三等奖	永兴学校		浙江省教育厅
无边界学习：基于“话题·对话·叙事·体验”的教学变革	浙江省第五届教科研优秀成果二等奖	富阳市实验小学	杨平儿	浙江省教育科学规划领导小组 浙江省教育厅
基于“问题引探”教学的中等职校教与学方式变革的研究	浙江省第五届教科研优秀成果三等奖	富阳市城镇职高	姜渭新	浙江省教育科学规划领导小组
健康交流新课堂的构建与实践研究	浙江省第五届教科研优秀成果三等奖	高桥镇中心小学	刘金虎	浙江省教育厅

·名优产品·

【名牌产品】

生产企业	产品名称	名牌级别	授予单位
富通集团有限公司	富通牌通信光缆	中国名牌	中国名牌战略推进委员会

杭州富生电器有限公司	富生牌小功率电机	浙江名牌（复评）	浙江省名牌产品认定委员会
富春江通信集团有限公司	富杭牌通信电缆光缆	浙江名牌（复评）	浙江省名牌产品认定委员会
浙江华达通信器材集团有限公司	隆和牌通信电缆光缆	浙江名牌（复评）	浙江省名牌产品认定委员会
浙江邦德光电集团有限公司	邦德牌电子可视对讲防盗门	浙江名牌（复评）	浙江省名牌产品认定委员会
浙江杭廷顿公牛橡胶有限公司	公牛轮胎牌子午线轮胎	浙江名牌	浙江省名牌产品认定委员会
杭州江南电缆有限公司	梦虹牌钢芯铝绞线	浙江名牌	浙江省名牌产品认定委员会
浙江三星纸业股份有限公司	三星牌涂布白纸板	浙江名牌	浙江省名牌产品认定委员会
杭州富春江化工有限公司	利泰牌炭黑	浙江名牌	浙江省名牌产品认定委员会
杭州鸿世电器	SWE 牌家用电器装置件开关	杭州名牌（复评）	杭州市名牌战略推进委员会
浙江云森轻纺集团	云森牌棉纱系列	杭州名牌（复评）	杭州市名牌战略推进委员会
浙江杭廷顿橡胶	公牛轮胎牌子午线轮胎	杭州名牌	杭州市名牌战略推进委员会
浙江华丰管业	丰牌通信及电力电缆保护管	杭州名牌	杭州市名牌战略推进委员会
杭州日月电器股份有限公司	日月牌电接插件	杭州名牌	杭州市名牌战略推进委员会
杭州邦德市政塑管有限公司	邦德牌聚乙烯管材	杭州名牌	杭州市名牌战略推进委员会
杭州方圆塑料机械有限公司	方圆牌泡沫塑料机械	杭州名牌	杭州市名牌战略推进委员会
浙江通兴铁塔有限公司	通兴牌输电线路铁塔、钢管杆	杭州名牌	杭州市名牌战略推进委员会
富阳市湖源鹳山本鸡养殖合作社	鹳山牌本鸡	杭州名牌（复评）	杭州市名牌战略推进委员会
富阳市顶顶水果合作社	顶顶牌梨	杭州名牌	杭州市名牌战略推进委员会
富阳市国青食品有限公司	大乐牌豆腐皮	杭州名牌	杭州市名牌战略推进委员会

【免检产品】

生产企业	产品名称	授予单位
杭州富生电器有限公司	微电机（YYM/YYR/ZYT 系列）	国家质量监督检验检疫总局
浙江华伦通信集团股份有限公司	市内通信电缆（HYA 2400 对及以下）	国家质量监督检验检疫总局

浙江富春江通信集团有限公司	通信电缆、电力电缆	国家质量监督检验检疫总局
杭州富通通信技术股份有限公司	通信光缆	国家质量监督检验检疫总局
浙江飞虹通信集团有限公司	通信光缆	国家质量监督检验检疫总局
浙江富春江通信集团有限公司	通信光缆	国家质量监督检验检疫总局
浙江华达通信器材集团有限公司	通信光缆	国家质量监督检验检疫总局
浙江永泰纸业集团股份有限公司	包装用纸	国家质量监督检验检疫总局

【获奖产品】

生产企业	产品名称	获奖名称	颁奖单位
杭州东吴食品有限公司	“东吴坊”牌方便型咸豆浆	浙江省农业博览会金奖	浙江省人民政府
富阳市富春江罐头食品有限公司	“富春江”牌八宝饭	浙江省农业博览会金奖	浙江省人民政府
富阳市云溪农产品加工厂	“云溪”牌芦笋	浙江省农业博览会金奖	浙江省人民政府
富阳市新登镇矮子果园	“矮子”牌鲜桃	浙江省农业博览会金奖	浙江省人民政府
富阳市杭富罐头食品有限公司	“渚江”牌水煮笋	浙江省农业博览会金奖	浙江省人民政府
富阳市湖源鹳山本鸡养殖合作社	“鹳山”牌本鸡	浙江省农业博览会金奖	浙江省人民政府
富阳市顶顶水果合作社	“顶顶”牌梨	浙江省农业博览会优质奖	浙江省人民政府
富阳市碧云山绿色综合养殖场	“富春山歌”牌土鸡蛋	浙江省农业博览会优质奖	浙江省人民政府
富阳市万市镇土特产经营部	“杨佳”牌白果	浙江省农业博览会优质奖	浙江省人民政府
富阳市永昌镇竹笋合作社	矮胖鲜笋	浙江省农业博览会优质奖	浙江省人民政府
杭州富阳千禧笋厂	“富春龙”牌水煮整枝春笋	浙江省农业博览会优质奖	浙江省人民政府
富阳市绿色豆制品厂	“仙磨”牌石磨盐卤豆腐	浙江省农业博览会优质奖	浙江省人民政府
富阳市龙羊豆制品厂	“龙翔”牌龙羊香干	浙江省农业博览会优质奖	浙江省人民政府
富阳市高桥镇茶叶协会	“银鱼戏水”牌龙井茶、炒青茶	浙江省农业博览会优质奖	浙江省人民政府
中国水稻研究所实验农场	“阳坡湖”牌青虾	浙江省农业博览会优质奖	浙江省人民政府
中国水稻研究所实验农场	“阳坡湖”牌甲鱼	浙江省农业博览会优质奖	浙江省人民政府

【责任编辑　章金桥】

附　录

·新任市领导简历·

【中共富阳市委书记、副书记、常委】

徐文光　男，汉族，籍贯浙江诸暨，1968年10月出生，1990年8月参加工作，1989年1月加入中国共产党，硕士研究生学历。历任诸暨市枫桥区团工委书记、区委组织员；诸暨市人民政府办公室副主任；诸暨市物价局副局长；诸暨市枫桥镇党委副书记、镇长；诸暨市枫桥镇党委书记、人大主席；中共上虞市委常委、纪委书记；中共上虞市委副书记、纪委书记；中共上虞市委副书记、市人民政府代市长、市长；中共富阳市委副书记、市人民政府副市长、代市长，中共富阳市委书记。2006年12月当选中共富阳市委书记。

张锦铭　男，汉族，籍贯浙江浦江，1963年10月出生，1985年7月参加工作，1984年12月加入中国共产党，研究生学历，高级工程师。历任杭州油脂化工厂一车间副主任、技术科副科长、技术基建科副科长、硬化油车间主任、党支部书记；生产计划科科长；杭州油脂化工厂厂长、党委委员；杭州市轻工业总公司经理助理；杭州轻工控股（集团）有限公司党委委员、副总经理、董事；杭州二轻控股（集团）有限公司党委委员、董事、总经理，杭州市工业资产经营有限公司党委委员、董事、总经理；中共富阳市委副书记、市人民政府代市长、党组书记（副厅级）。2006年12月当选中共富阳市委副书记（副厅级）。

金志强　男，汉族，籍贯浙江杭州，1965年9月出生，1986年8月参加工作，1990年4月加入中国共产党，研究生学历。历任杭州市江干区团委副书记（主持工作）；杭州市市级机关党工委机关团工委书记；中共杭州市委办公厅信息督查处副处长；中共杭州市委办公厅综合一处处长；中共杭州市委办公厅综合二处处长；中共杭州市委办公厅副主任；中共富阳市委副书记。2006年12月再次当选中共富阳市委副书记。

汤金华　男，汉族，籍贯浙江富阳，1963年12月出生，1981年8月参加工作，1984年5月加入中国共产党，大专学历。历任富阳县大青公社干部、团委书记、副乡长；富阳县春江乡党委副书记；富阳县春江乡党委副书记、乡长；富阳市高桥镇党委副书记、镇长；富阳市高桥镇党委书记、人大主席；富阳市富阳镇党委副书记、镇长；富阳市富阳镇党委书记、人大主席；富阳市富春街道党工委书记、人大工委主任；富阳市委办公室主任、政研室主任、保密局局长；中共富阳市委常委、市人民政府副市长、党组副书记。2006年12月再次当选中共富阳市委常委。

王　炅　男，汉族，籍贯浙江仙居，1970年8月出生，1988年8月参加工作，1992年11月加入中国共产党，研究生学历。历任共青团临安县委干部，临安县委办科员、科长；中共临安市委办公室副主任；中共临安市临目乡党委书记；中共临安市临目乡党委书记、人大主席；中共临安市委组织部副部长；中共富阳市委常委、组织部部长。2006年12月再次当选中共富阳市委常委。

陆洪勤　男，汉族，籍贯浙江富阳，1962年11月出生，1982年8月参加工作，1985年4月加入中国共产党，大学学历。历任中共富阳县广播事业管理局团总支书记、广播站编辑组组长；富阳县广播站站长；富阳县人民政府办公室秘书科干部、科长；富阳市政协办公室副主任；富阳市重点办党组成员、副主任；富阳市人民政府办公室党组成员、副主任；富阳市人民政府党组成员、政府办公室党组书记、主任，市体改委（办）主任，市防空办主任，市人防办主任；富阳市人民政府副市长、党组成员。2006年12月当选中共富阳市委常委。

韦兴华　男，汉族，籍贯江苏高淳，1962年10月出生，1980年9月参加工作，1981年11月加入中国共产党，大学学历。历任解放军浙江省军区政治部看守所正排职干事、副连职干事、所长；浙江省军区政治部保卫处正连职干事兼看守所所长；浙江省军区政治部保卫处副营职干事、正营职干事、副团职干事；富阳市人武部政委、党委书记；富阳市委常委、人武部政委、党委书记。2006年12月当选中共富阳市委常委。

应敏扬 女，汉族，籍贯浙江杭州，1966年6月出生，1983年10月参加工作，1994年5月加入中国共产党，研究生学历。历任共青团杭州市委学少部副部长；杭州市委办公室秘书处、信息督查处副主任干事；杭州市委办公厅信息督查处主任干事；杭州市委办公厅信息处副处长；杭州市委办公厅人事处处长；杭州市委办公厅人事处处长、机关党委副书记；杭州市委办公厅人事处处长、机关党委专职副书记；富阳市委常委、纪委书记。2006年12月当选中共富阳市委常委。

魏平岩 男，汉族，籍贯江苏常州，1969年1月出生，1989年12月参加工作，1987年12月加入中国共产党，大学学历。历任杭州市公安局四处科员、四处计算机室副主任、计算机管理应用科科长；杭州市公安局计算机通信监察处副处长；杭州市公安局交通警察支队副支队长；杭州市公安局信息通信处（科技处）处长；中共富阳市委常委、市公安局党委书记、局长。2006年12月当选中共富阳市委常委。

童定干 男，汉族，籍贯浙江富阳，1966年2月出生，1986年8月参加工作，1991年4月加入中国共产党，大学学历。历任富阳县富阳镇政府干部、镇团委书记；共青团富阳县委副书记；共青团富阳市委副书记；共青团富阳市委书记；富阳市龙门镇党委书记；富阳市龙门镇党委书记、人大主席；富阳市人民政府办公室党组成员、副主任；富阳市人民政府办公室党组副书记、主任、兼市法制办主任、市体改办主任；富阳市人民政府党组成员、政府办公室党组书记、主任，兼市法制办主任、市体改办主任、市人防办主任。2006年12月当选中共富阳市委常委。

赵玉龙 男，汉族，籍贯浙江富阳，1963年2月出生，1986年7月参加工作，1986年6月加入中国共产党，大学学历。历任富阳市人大办公室综合秘书科科长；富阳市人大办公室副主任，富阳市民政局党委委员、副局长；富阳市委办公室副主任；富阳市委办公室主任、政研室主任、兼保密局局长。2006年12月当选中共富阳市委常委。

【富阳市第十四届人大常委会主任及副主任】

徐文光 男，汉族，籍贯浙江诸暨，1968年10月出生，1990年8月参加工作，1989年1月加入中国共产党，硕士研究生学历。历任诸暨市枫桥区团工委书记、区委组织员；诸暨市人民政府办公室秘书，诸暨市人民政府办公室副主任；诸暨市物价局副局长；诸暨市枫桥镇党委副书记、镇长；诸暨市枫桥镇党委书记、人大主席；中共上虞市委常委、纪委书记；中共上虞市委副书记、纪委书记；中共上虞市委副书记、市人民政府代市长、市长；中共富阳市委副书记、市人民政府副市长、代市长；中共富阳市委书记。2007年2月当选富阳市第十四届人大常委会主任。

华爱金 女，汉族，籍贯浙江富阳，1955年1月出生，1978年7月参加工作，1979年7月加入中国共产党，大专学历。历任富阳县大源公社妇联副主任；富阳县春江乡妇联主任、党委委员、副乡长；富阳县青云区妇联主任；富阳市妇联主任；富阳市人民政府市长助理；富阳市人民政府副市长、党组成员；政协富阳市第六届委员会副主席、党组成员。八届、九届中共富阳县委委员，十届、十二届中共富阳市委委员。2007年2月当选富阳市第十四届人大常委会副主任。

王土田 男，汉族，籍贯浙江淳安，1951年9月出生，1966年12月参加工作，1970年11月加入中国共产党，大专学历。历任解放军江苏省军区独立一师三团班长、收发员、排长、副连职政治指导员；淳安县矿务局组织人事干部；淳安县纪委办公室干部；淳安县纪委案件审理科科长；淳安县监察局副局长；中共淳安县纪委委员、监察局局长；中共淳安县纪委副书记、监察局局长；中共杭州市纪委委员，中共富阳市委常委、纪委书记；中共杭州市纪委委员，富阳市第十三届人大常委会副主任、党组成员。2007年2月当选富阳市第十四届人大常委会副主任、党组成员。

徐松泉　男，汉族，籍贯浙江富阳，1961年6月出生，1984年8月参加工作，大学学历，中教一级职称。历任富阳中学教师；富阳中学教导主任；富阳中学副校长、校长；政协富阳县第四届委员会副主席、政协富阳市第五届委员会副主席；富阳市第十三届人大常委会副主任。2007年2月当选富阳市第十四届人大常委会副主任。

华荣富　男，汉族，籍贯浙江富阳，1954年7月出生，1973年12月参加工作，1976年3月加入中国共产党，大专学历。历任解放军浙江省军区独立第二师步兵第五团战士、班长、连党支部委员；开化县人武部动员科参谋、军事科副连职参谋；开化县人武部副连职秘书；开化县人武部党委委员、军事科副科长、办公室主任；浙江省衢州军分区党委委员，开化县人武部党委副书记、部长；浙江省衢州军分区党委委员，开化县委常委，县人武部党委书记、政委；富阳市人大常委会副市级巡视员；富阳市第十三届人大常委会副主任、党组成员。2007年2月当选富阳市第十四届人大常委会副主任。

潘建平　男，汉族，籍贯浙江富阳，1954年3月出生，1971年3月参加工作，1979年6月加入中国共产党，大学学历。历任富阳县城阳公社水利专管员；富阳县城阳公社管委会副主任；富阳县松溪公社党委委员、管委会副主任；富阳县松溪公社党委副书记、管委会主任；富阳县松溪公社党委书记、管委会主任；富阳县松溪乡党委书记；富阳县农经委党委委员、副主任；富阳市新登镇党委副书记、镇长；富阳市新登镇党委书记；富阳市人民政府副市长、党组成员。2007年2月当选富阳市第十四届人大常委会副主任。

孙柏平　男，汉族，籍贯浙江富阳，1965年4月出生，1983年8月参加工作，1993年11月加入中国共产党，会计师职称，大学学历。历任富阳县财政局预算股干部、副股长；富阳县财政局预算科副科长；富阳市财政局办公室主任；富阳市财政局预算科科长；富阳市财政局党委委员、预算科科长；富阳市财政局党委委员、副局长；富阳市财政局党委书记、局长，市地税局局长，国资局局长；富阳市财政局党委书记、局长，市地税局局长，国资办主任。十一届中共富阳市委委员。2007年2月当选富阳市第十四届人大常委会副主任。

郎卫国　男，汉族，籍贯浙江富阳，1964年3月出生，1986年8月参加工作，1992年3月加入中国共产党，大学学历。历任富阳县城乡建设局规划科干部、规划一科副科长、城乡管理规划一科科长；富阳市城乡建设局党委委员；富阳市建设局党委委员、副局长；富阳市建设局党委委员、副局长、开发区建设分局局长；富阳市灵桥镇党委副书记、镇长；富阳市灵桥镇党委书记、人大主席；富阳市发展计划局党委副书记、局长；富阳市发展计划局党委书记、局长，市粮食局局长（兼）、物价局局长（兼）；富阳市发展和改革局党委书记、局长，市粮食局局长（兼）、物价局局长（兼）。十一届中共富阳市委委员。2007年2月当选富阳市第十四届人大常委会副主任。

【富阳市人民政府市长及副市长】

张锦铭　男，汉族，籍贯浙江浦江，1963年10月出生，1985年7月参加工作，1984年12月加入中国共产党，研究生学历，高级工程师。历任杭州油脂化工厂一车间副主任、技术科副科长、技术基建科副科长、硬化油车间主任、党支部书记；生产计划科科长；杭州油脂化工厂厂长、党委委员；杭州市轻工业总公司经理助理；杭州轻工控股（集团）有限公司党委委员、副总经理、董事；杭州二轻控股（集团）有限公司党委委员、董事、总经理；杭州市工业资产经营有限公司党委委员、董事、总经理；中共富阳市委副书记、市人民政府代市长、党组书记（副厅级）。2007年2月当选市人民政府市长（副厅级）。

汤金华　男，汉族，籍贯浙江富阳，1963年12月出生，1981年8月参加工作，1984年5月加入中国共产党，大专学历。历任富阳县大青公社干部、团委书记、副乡长；富阳县春江乡党委副书记；富阳县春江乡党委副书记、乡长；富阳市高桥镇党委副书记、镇长；富阳市高桥镇党委书记、人大主席；富阳市富阳镇党委副书记、镇长；富阳市富阳镇党委书记、人大主席；富阳市富春街道党工委书记、人大工委主任；富阳市委办公室主任、政研室主任、保密局局长；中共富阳市委常委、市人民政府副市长、党组副书记。2007年2月当选市人民政府副市长。

陆洪勤 男，汉族，籍贯浙江富阳，1962年11月出生，1982年8月参加工作，1985年4月加入中国共产党，大学学历。历任富阳县广播事业管理局团总支书记、广播站编辑组组长；富阳县广播站站长；富阳县人民政府办公室秘书科干部、科长；富阳市政协办公室副主任；富阳市重点办党组成员、副主任；富阳市人民政府办公室党组成员、副主任；富阳市人民政府党组成员、政府办公室党组书记、主任，市体改委（办）主任，市防空办主任，市人防办主任；富阳市人民政府副市长、党组成员；中共富阳市委常委、市人民政府副市长、党组副书记。2007年2月当选市人民政府副市长。

邵　良 男，汉族，籍贯浙江富阳，1961年12月出生，1981年8月参加工作，硕士研究生学历，中教高级职称。历任富阳县大源中学校长；富阳县场口中学副校长、校长；富阳市教育委员会副主任；十二届富阳市人大常委会副主任、市第二中学校长；富阳市人民政府副市长；政协富阳县第三届、第四届委员会常委。2007年2月当选富阳市人民政府副市长。

陆献德 男，汉族，籍贯浙江富阳，1969年7月出生，1987年8月参加工作，1992年11月加入中国共产党，大学学历。历任共青团富阳县委常委；共青团富阳市委副书记；共青团富阳市委书记；富阳市受降镇党委副书记、镇长，富阳市受降镇党委书记、人大主席；富阳市人民政府副市长、党组成员；十届富阳市委候补委员；十二届中共富阳市委委员。2007年2月当选富阳市人民政府副市长。

方仁臻 女，汉族，籍贯浙江富阳，1964年3月出生，1981年8月参加工作，1986年11月加入中国共产党，大学学历。历任富阳县委办公室干部；共青团富阳市委副书记；富阳市妇联党组成员、副主席；富阳市高桥镇党委副书记；富阳市高桥镇党委副书记、镇长；富阳市高桥镇党委书记、人大主席；富阳市纪委副书记、市监察局局长；富阳市人民政府市长助理；富阳市第十一、第十二届人大常委会委员；十二届中共富阳市委委员。2007年2月当选富阳市人民政府副市长。

王小丁 男，汉族，籍贯浙江新昌，1961年2月出生，1981年8月参加工作，1990年12月加入中国共产党，助理研究员职称，大学学历。历任富阳县文物管理委员会干部、办公室副主任；富阳县文化馆副馆长；富阳县文广局文化股副股长、股长；富阳县地方志编纂办公室助理研究员；富阳县文物馆党支部书记、馆长；富阳市委办公室办公会议成员；富阳市委办公室副主任；富阳市新登镇党委书记、人大主席；富阳市工贸资产经营有限公司党委书记、董事长；富阳市建设局党委书记、局长；十二届中共富阳市委委员。2007年2月当选富阳市人民政府副市长。

【政协富阳市第七届委员会主席及副主席】

胡志坚 男，汉族，籍贯浙江富阳，1954年11月出生，1975年7月参加工作，1974年6月加入中国共产党，大学学历。历任富阳县三桥公社干部、管委会委员；富阳县三山公社党委副书记、经联社主任；富春江啤酒厂党支部书记、厂长；富阳县青云区工办副主任、主任；富阳县三山镇党委书记；富阳县富阳镇党委书记；富阳县富阳镇党委副书记、镇长；富阳市富阳镇党委副书记、镇长；富阳市富阳镇党委书记；富阳市委常委、宣传部长；富阳市政协党组副书记；政协富阳市第六届委员会主席、党组书记。十二届中共富阳市委委员。2007年2月当选政协富阳市第七届委员会主席。

陈国康 男，汉族，籍贯浙江杭州，1954年4月出生，1979年12月参加工作，1980年11月加入中国共产党，大学学历。历任富阳中学化学教师、校党支部副书记；富阳县委宣传部干事；富阳县纪委常委、纪检科科长；富阳县纪委副书记；富阳市委宣传部副部长（正局级）；富阳市政协党组成员、秘书长、办公室主任；富阳市委组织部副部长（正局级），富阳市第十二届人大常委会委员、富阳市委组织部副部长（正局级）；政协富阳市第六届委员会副主席、党组成员，市委统战部部长。2007年2月当选政协富阳市第七届委员会副主席。

朱水根 男，汉族，籍贯浙江富阳，1957年10月出生，1982年2月参加工作，1989年1月加入中国农工民主党，大专学历，主任医师职称，杭州市师范学院医学院外科学教授。历任富阳市人民医院外科住院医师、主治医师、副主任医师、主任医师、副院长、协理员。农工民主党富阳总支第一、二届委员，第三、四届主任委员。政协富阳市第五、六届委员会副主席。2007年2月当选政协富阳市第七届委员会副主席。

吴炳林 男，汉族，籍贯浙江桐庐，1953年4月出生，1973年3月参加工作，1983年5月加入中国共产党，大普学历。历任桐庐县毕浦中学教师、团委书记；桐庐县江南中学教师、团委书记；桐庐县农业技术学校教导主任；桐庐县人民法院党组成员、副院长；桐庐县人民法院党组副书记、副院长；桐庐县纪委副书记、监察局局长；富阳市人民检察院党组书记、副检察长；富阳市人民检察院党组书记、检察长；富阳市政协党组成员。2007年2月当选政协富阳市第七届委员会副主席。

章刚良 男，汉族，籍贯浙江富阳，1958年12月出生，1976年10月参加工作，1985年9月加入中国共产党，大学学历。历任共青团富阳县委干部；富阳县委党校教师；富阳县委办公室干部；富阳县委办公室办公会议成员；富阳县委办公室办公会议成员、综合科长(兼)；富阳县委办公室副主任；富阳县政府办公室党组副书记、副主任；富阳市政府办公室党组副书记、副主任；富阳市政府党组成员、市政府办公室党组副书记、主任；富阳市委办公室主任、市委政研室主任（兼）；富阳市发展计划局党委副书记、局长兼粮食局局长、物价局局长；中共富阳市委常委、宣传部部长；富阳市政协党组成员。十届中共富阳市委委员。2007年2月当选政协富阳市第七届委员会副主席。

祝一君 女，汉族，籍贯浙江海宁，1963年7月出生，1980年12月参加工作，无党派人士，大学学历，会计师职称。历任富阳县农业机械公司出纳；富阳县农业机械管理局会计；富阳市农业机械管理局会计；富阳市农业机械管理局计财科副科长；富阳市农业机械管理中心计财科科长；富阳市农业机械管理中心副主任；富阳市人民政府市长助理；富阳市人民政府市长助理、鹿山街道办事处主任；富阳市科技局局长。政协富阳市第五届委员会常委，第六届委员会副主席。2007年2月当选政协富阳市第七届委员会副主席。

王建沂 男，汉族，籍贯浙江富阳，1963年12月出生，1982年12月参加工作，1994年3月加入中国农工民主党，大专学历。历任富阳县邮电局职工；富阳通讯材料厂厂长；富阳邮电特种电线电缆厂厂长；杭州富通集团公司董事长、总经理；农工民主党杭州市委常委；政协富阳市第四届、五届委员会常委；杭州富通集团有限公司董事长；农工民主党中央经济工作委员会副主任、农工民主党杭州市委常委；杭州市工商联副会长，农工民主党十三届中央委员，浙江省工商联副会长，农工民主党浙江省委常委，浙江省政协委员，富阳市工商联会长、富通集团有限公司董事长，农工民主党中央经济工作委员会主任，政协富阳市第六届委员会副主席。2007年2月当选政协富阳市第七届委员会副主席。

张志根 男，汉族，籍贯浙江富阳，1957年8月出生，1978年7月参加工作，1986年5月加入中共党员，大专学历。历任富阳县委办公室、选举办公室秘书；富阳县政府办公室秘书、秘书科科长；富阳县政府办公室党组成员、副主任；富阳市委办公室主任；富阳市科委党组书记、主任；富阳市富阳镇党委副书记、镇长；富阳市对外贸易经济合作局党组书记；富阳市经济贸易局党委副书记、局长、乡企局局长(兼)；富阳市人民政府副市长、党组成员。九届中共富阳县委委员，十届、十一届中共富阳市委委员。2007年2

月当选政协富阳市第七届委员会副主席。

【富阳市人民法院院长及市人民检察院检察长】

程建飞 男，汉族，籍贯浙江绍兴，1960年8月出生，1982年1月参加工作，1984年12月加入中国共产党，经济师职称，研究生学历。历任建德县食品公司副经理；建德县商业局业务股副股长；建德县安仁乡党委副书记；建德市商业局副局长；十二届建德市人大常委会委员；建德市委组织部副部长、老干部局局长；淳安县人民法院院长、党组书记；富阳市人民法院党组书记、代院长。十二届中共富阳市委委员。2007年2月当选富阳市人民法院院长。

吕金芳 男，汉族，籍贯浙江桐庐，1958年2月出生，1973年3月参加工作，1979年4月加入中国共产党，大专学历。历任桐庐县人民检察院书记员、检察员；桐庐县人民检察院经济检察科副科长、科长；桐庐县人民检察院反贪局局长；桐庐县人民检察院党组成员；桐庐县人民检察院党组成员、副检察长；桐庐县人民检察院党组副书记、副检察长；临安市人民检察院党组书记、检察长；富阳市人民检察院党组书记、代检察长。十二届中共富阳市委委员。2007年2月当选富阳市人民检察院检察长。

·行业最佳单位·

【2006年度十佳农业龙头企业】

杭州金富春丝绸化纤有限公司
杭州原野食品有限公司
富阳力达竹材模板有限公司
杭富罐头食品有限公司
富春江罐头食品有限公司
浙江桑普实业有限公司
富阳市民族中草药半成品厂
杭州富阳千禧笋厂
富阳福尔康食品有限公司
富阳市木材有限责任公司

【2006年度十佳种养大户】

洞桥镇玉印村	朱朝良
万市镇大青村	朱树兴
新登镇里官村	周树大
富春街道步桥村	沈永祥
胥口镇外坞村	蒋　力
东洲街道明星村	张卫平
富春街道铁坞口村	何志灿
新桐志君生态农业园	包志君
鹿山街道蒋家村	童凤英
渔山乡五丰村	丁云飞

【2006年度十佳农产品营销大户】

高桥镇坑西村	赵明灿
万市镇新民村	郎根龙
胥口镇潘家村	林新月
洞桥镇袁家村	沈益平
常安镇横溪村	张　建
春建乡下唐村	俞惠荣
富春街道方家井村	孙宏根
灵桥镇菖蒲村	李秀莲
湖源乡新三村	李　军
新登镇沈家村	白福良

【2006年度十佳农民专业合作社】

合作社	姓名
富阳市龙羊盆景苗木专业合作社	袁金富
富阳市洞桥蚕桑专业合作社	阮夏庭
富阳市半山水果合作社	汪雪生
富阳市万市镇山核桃专业合作社	何奉奇
富阳市双丰大葱专业合作社	楼增松
富阳市安顶山茶叶专业合作社	陈益平
富阳市胥口水果合作社	章来洪
富阳市常安芦笋专业合作社	徐水宗
富阳市百合水果专业合作社	毛梓方
富阳市欣洁蔬菜专业合作社	楼增国

（富委〔2007〕33号文件公布）

【2006年度富阳市城乡“双建设、双整治”活动先进村（社区）】

一等奖：

富春街道	步桥村
洞桥镇	陈林村

灵桥镇	光明村
场口镇	联群村
高桥镇	洪庄村
胥口镇	平畈村

二等奖：

渔山乡	黎明村
常绿镇	村南村
上官乡	徐村村
受降镇	大山脚村
春建乡	上俞村
春江街道	南峰村
湖源乡	梅洲村
东洲街道	学校沙村
渌渚镇	谢莲村
万市镇	东元村
常安镇	董家村

三等奖：

里山镇	何村村
新登镇	大山村
鹿山街道	陆家村
新桐乡	包家淇村
大源镇	庄家村
永昌镇	何云村
环山乡	环三村
龙门镇	龙四村
渔山乡	五丰村
富春街道	苋浦社区

（富委〔2007〕36号文件公布）

【2006年度富阳市文明乡镇（街道）】

新命名的文明乡镇（街道）：

春江街道、鹿山街道、常安镇、渔山乡、春建乡

继续保留的文明乡镇（街道）：

富春街道、高桥镇、受降镇、渌渚镇、永昌镇、龙门镇、洞桥镇、东洲街道、新登镇、胥口镇、里山镇、环山乡

【2006年度新命名的富阳市文明村】

富春街道： 铁坞口村、新春村、杨梅山村、西郎村、秋丰村、农林村、栗园村、华家埭村

春江街道： 友谊村、民主村、春江村、华共村、田丰村、洋浦沙村、裕丰村

东洲街道： 许家埭村、齐家沙村、横山村、何埭村、明星村、民丰村、新沙村、湖上沙村、民联村

鹿山街道： 蒋家村、祯祥村、前山村、后石路村、坞口村、五四村

高桥镇： 周公坞村、宋家塘村、观前村、双浒村、唐家坞村、邵村村、筱岭村

受降镇： 中秋村、十月村

春建乡： 秋联村、上俞村、铁坎村

新桐乡： 孙家村、程坟村、赵家山村

新登镇： 三贤村、共和村、松溪村、万泉村、平山村、里官村、野坞口村、湘河村、双庙村、宦应村

渌渚镇： 山亚村、六贤村

胥口镇： 金慈村、潘家村、杨家村

永昌镇： 唐昌村

大源镇： 东方村、塔堰村、秦骆村、贬口村、新关村、朱家门村、庄家村、班丰村

灵桥镇： 灵桥村、董家桥村、江丰村、俞家爿村、联合村、胜利村、蔡家坞村、梓树村、陈村村

里山镇： 国富村、民强村、幸福村、金星村

渔山乡： 五丰村、黎明村

上官乡： 芳村村、上官村

常绿镇： 北坞村、章村村、姚村村

场口镇： 场口村、化竹村、洋沙村、大路村、金家村、塘华村、乌畴村、新佳庄村、下图山村

常安镇： 六一村、东山村、后亩山村、甑山坞村、沈家畈村、烈坞村、古城村

龙门镇： 龙六村、瑶坞村

环山乡： 陆墓村、陈家畈村、环三村、袁家村、芳泉村

湖源乡： 下溪村、下南坞村、后潘坞村、常绿村、中溪村、窈口村、麦畈村

万市镇： 万市村、后源村

洞桥镇： 大溪村、三溪村、菖蒲村、雷山村、查口村

【2006年度富阳市文明社区】

新命名的文明社区：

富春街道： 秋月社区、镬子山社区

继续保留的文明社区：

富春街道：秦望社区、太平桥社区、江滨社区、苋浦社区、春秋社区、春南社区、鹳山社区、凤浦社区

新登镇：登城社区

（富委〔2007〕34号文件公布）

【2006年度全面小康建设示范村】

东洲街道株林坞村、大源镇春一村、新登镇施村村、龙门镇龙门古村、环山乡诸佳坞村、富春街道步桥村

（富委〔2007〕35号公布）

【2006年度富阳市突出贡献外商投资企业】

杭州富通通信技术股份有限公司

富阳三狮水泥有限公司

浙江杭廷顿公牛橡胶有限公司

杭州三星纸业有限公司

杭州板桥纸业有限公司

杭州达利针织有限公司

杭州永利纸业有限公司

浙江宏盛纸业有限公司

富阳威事达纸业有限公司

浙江杭廷顿富轮橡胶有限公司

【2006年度富阳市高新技术产品出口企业】

杭州金色能源科技有限公司

杭州富通通信技术股份有限公司

杭州天铭机电工具有限公司

杭州日月电器有限公司

富阳科兴生物化工有限公司

杭州方圆塑料机械有限公司

杭州杭廷顿公牛橡胶有限公司

杭州三普机械有限公司

杭州三星纸业有限公司

【2006年度富阳市创出口名牌企业】

浙江金固汽车部件制造有限公司

杭州鸿世电器有限公司

【2006年度富阳市“走出去”先进企业】

杭州天野通信设备有限公司

杭州方圆塑料机械有限公司

杭州三普机械有限公司

杭州星帅尔电器有限公司

杭州未来食品有限公司

杭州富兴集团有限公司

（富委〔2007〕41号文件公布）

【2006年度富阳市突出贡献工业企业和优秀经营者】

杭州富春江冶炼有限公司	罗忠平
浙江富春江通信集团有限公司	孙庆炎
浙江三星纸业有限公司	唐培银
富通集团有限公司	王建沂
浙江正大控股集团有限公司	羊少剑
浙江华达通信器材集团有限公司	邵明祥
浙江尖峰登城水泥有限公司	蒋德洪
浙江永泰纸业集团股份有限公司	孙柏贵
杭州金富春丝绸化纤有限公司	周文峰
浙江春江轻纺集团有限责任公司	孙伯勇
杭州富阳容大控股集团有限公司	冯　琦

【2006年度富阳市金融服务地方经济模范单位】

富阳农村合作银行　　中信实业银行杭州分行富阳支行

建设银行富阳市支行　　农业银行富阳支行

（富委〔2007〕42号文件公布）

【2006年度富阳市发展开放型经济先进单位】

（一）乡镇与街道A类

一等奖	富春街道
二等奖	鹿山街道、高桥镇
三等奖	东洲街道、大源镇、灵桥镇
完成任务奖	春江街道、新登镇、受降镇

（二）乡镇B类

一等奖	新桐乡
二等奖	永昌镇、胥口镇

三等奖　环山乡、渌渚镇、常安镇

完成任务奖　场口镇、春建乡、龙门镇、渔山乡、万市镇、洞桥镇、里山镇

（三）发展开放型经济目标考核奖

富阳经济开发区

一等奖　市委办、市政府办

二等奖　市人大办、市财政局、市国税局、市政协办

三等奖　市科技局、市经贸局、市人事局、市委组织部、市纪委（监察局）、工商富阳分局

【2006年度开放型经济优秀服务单位】

特别奖　市外经贸局、市发改局

（富委办〔2007〕14号文件公布）

·重要文件目录·

【中共富阳市委文件】

序号	文号	文件标题
1	富委〔2006〕7号	关于印发《中共富阳市委关于制定富阳市国民经济和社会发展第十一个五年规划的建议》的通知
2	富委〔2006〕13号	关于印发《富阳市领导干部离任经济责任事项交接办法（试行）》的通知
3	富委〔2006〕19号	关于开展创建全国文化先进县（市）活动的决定
4	富委〔2006〕21号	关于创建浙江省体育强市的实施意见
5	富委〔2006〕25号	关于《认真学习贯彻胡锦涛同志重要讲话精神，广泛深入开展社会主义荣辱观教育活动》的通知
6	富委〔2006〕26号	关于开展“学党章、保先进、促发展”教育活动的通知
7	富委〔2006〕27号	关于印发《富阳市构建惩防体系2006年工作要点和责任分工》的通知
8	富委〔2006〕28号	关于印发《富阳市“十一五”人才发展规划》的通知
9	富委〔2006〕30号	关于创建全国科普示范县（市）和科普惠农行动计划“一站一栏一员”建设试点工作的实施意见
10	富委〔2006〕32号	关于对市级机关单位实行综合考核评价的意见（试行）
11	富委〔2006〕45号	关于贯彻“法治杭州”建设的工作意见
12	富委〔2006〕46号	关于印发《富阳市2006～2010年普法教育依法治市规划》的通知
13	富委〔2006〕50号	关于印发《富阳市乡镇机构改革实施意见》的通知
14	富委〔2006〕55号	关于进一步深化非公有制企业党建工作的通知
15	富委〔2006〕56号	关于印发《富阳市社会主义新农村建设规划》的通知

【富阳市人大常委会文件】

序号	文号	文件标题
1	富人大〔2006〕2号	富阳市人大常委会2006年工作要点
2	富人大〔2006〕5号	关于对市教育局等21个部门2006年预算草案的审议意见
3	富人大〔2006〕6号	关于市政府贯彻执行《杭州市生活饮用水源保护条例》情况的审议意见
4	富人大〔2006〕7号	关于沈欢芝等同志职务任免的通知
5	富人大〔2006〕8号	富阳市人大常委会关于许可对市十三届人大代表汪利荣依法采取强制措施的决定
6	富人大〔2006〕10号	富阳市人大常委会关于批准富阳市2005财政决算的决议

7	富人大〔2006〕11号	富阳市人大常委会关于开展“两项评议”工作的实施意见
8	富人大〔2006〕13号	关于要求增加人大常委会组成人员名额的请示
9	富人大〔2006〕15号	富阳市人大常委会关于接受戚哮虎同志辞去富阳市人民政府市长职务的决定
10	富人大〔2006〕16号	富阳市人大常委会关于徐文光同志任富阳市人民政府副市长、代市长的决定
11	富人大〔2006〕17号	富阳市人大常委会关于富阳工商分局行政执法评议的整改意见
12	富人大〔2006〕19号	富阳市人大常委会关于接受何勇、孙连娟同志辞去富阳市人大常委会委员职务的决定
13	富人大〔2006〕22号	富阳市人大常委会关于开展“两项评议”工作的总结
14	富人大〔2006〕24号	富阳市人大常委会关于建立富阳市第十四届人民代表大会代表选举委员会的决定
15	富人大〔2006〕25号	富阳市人大常委会关于批准任命全市各乡镇选举委员会、街道选举领导小组组成人员的决定
16	富人大〔2006〕26号	富阳市人大常委会关于富阳市市、乡镇人民代表大会换届选举问题的决定
17	富人大〔2006〕27号	富阳市人大常委会关于市第十四届人民代表大会、乡镇第十五届人民代表大会换届选举工作的实施意见
18	富人大〔2006〕28号	富阳市人大常委会关于富阳市第十四届人民代表大会、乡镇第十五届人民代表大会代表名额分配的决定
19	富人大〔2006〕29号	富阳市人大常委会关于加强普法教育依法治市工作的决议
20	富人大〔2006〕30号	富阳市人民代表大会代表议案和建议处理办法
21	富人大〔2006〕32号	富阳市人大常委会关于接受佟桂莉同志辞去富阳市人大常委会主任职务的决定
22	富人大〔2006〕33号	富阳市人大常委会关于汪锦汉同志任富阳市人大常委会代主任的决定
23	富人大〔2006〕34号	富阳市人大常委会关于接受邵立春同志辞去富阳市人大常委会委员职务的决定
24	富人大〔2006〕35号	富阳市人大常委会关于接受徐文光同志辞去富阳市人民政府副市长职务的决定
25	富人大〔2006〕36号	富阳市人大常委会关于张锦铭同志任富阳市人民政府副市长、代市长的决定
26	富人大〔2006〕39号	富阳市人大常委会关于接受王少青同志辞去富阳市人民法院院长职务的决定
27	富人大〔2006〕40号	富阳市人大常委会关于程建飞同志任富阳市人民法院代院长的决定
28	富人大〔2006〕42号	富阳市人大常委会关于接受吴炳林同志辞去富阳市人民检察院检察长职务的决定
29	富人大〔2006〕43号	富阳市人大常委会关于吕金芳同志任富阳市人民检察院代检察长的决定
30	富人大〔2006〕44号	富阳市人大常委会关于批准市人民政府调整2006年财政收支预算的决定
31	富人大〔2006〕45号	关于召开富阳市第十四届人民代表大会第一次会议的决定

【富阳市人民政府文件】

序号	文号	文件标题
1	富政〔2006〕1号	关于调整和完善工业经济发展扶持政策的若干意见
2	富政〔2006〕2号	关于印发《富阳市生育保险暂行办法》的通知
3	富政〔2006〕3号	关于调整工业企业“退城进园”有关政策的通知
4	富政〔2006〕4号	关于进一步深化医疗体制改革的意见
5	富政〔2006〕5号	关于印发《富阳市行政机关法定代表人出庭应诉工作暂行规定》的通知
6	富政〔2006〕6号	关于印发《富阳市土地收购储备实施办法》的通知
7	富政〔2006〕7号	关于印发富阳市国民经济和社会发展第十一个五年规划纲要的通知
8	富政〔2006〕8号	关于印发《富阳市国家建设项目审计办法》的通知

9　富政〔2006〕9号　关于印发《富阳市推行农村住宅公寓化建设实施细则（试行）》的通知
10　富政〔2006〕10号　关于印发《富阳市城区农户建房管理实施办法》的通知
11　富政〔2006〕11号　关于推行工业污水集中处理的实施意见（试行）
12　富政〔2006〕12号　关于印发《富阳市工业污水处理收费管理暂 行办法》的通知
13　富政〔2006〕13号　关于调整水利工程建设项目政策处理有关补偿标准的通知
14　富政〔2006〕14号　关于印发富阳市政府性债务管理暂行办法的通知
15　富政〔2006〕15号　关于印发《富阳市妇女发展规划》和《富阳市儿童发展规划》的通知
16　富政〔2006〕16号　关于印发《富阳市城市地下管线管理办法（试行）》的通知
17　富政〔2006〕17号　关于进一步加强就业再就业工作的实施意见
18　富政〔2006〕18号　关于加快推进品牌战略的若干意见
19　富政〔2006〕19号　关于推进法治政府建设的意见

【中共富阳市委办公室文件】

序号	文号	文件标题
1	富委办〔2006〕24号	关于印发《富阳市加强廉政文化建设工作意见》的通知
2	富委办〔2006〕37号	关于转发《富阳市党史地方志2006～2010年工作规划》的通知
3	富委办〔2006〕47号	转发富阳市延长山林承包期工作领导小组《富阳市稳定林业生产责任制，做好山林延包工作实施意见》的通知
4	富委办〔2006〕60号	关于加强高层次人才引进工作的若干意见
5	富委办〔2006〕66号	关于开展工业项目推进年活动的实施意见
6	富委办〔2006〕72号	关于开展招商引资攻坚年活动的实施意见
7	富委办〔2006〕73号	关于印发《富阳市治理商业贿赂专项工作实施方案》的通知
8	富委办〔2006〕77号	关于开展信访工作“基层基础建设年”“双向规范建设年”活动的通知
9	富委办〔2006〕100号	关于印发《2006年～2008年富阳市“无毒害地区”创建活动规划》的通知
10	富委办〔2006〕105号	关于组织举办郁达夫诞辰110周年系列纪念活动的通知
11	富委办〔2006〕107号	关于进一步加强电子政务建设的意见
12	富委办〔2006〕117号	关于印发《关于建立市领导联系优秀人才制度的实施意见》的通知
13	富委办〔2006〕126号	关于加快推进有线电视数字化整体转化的实施意见
14	富委办〔2006〕133号	关于印发富阳市贯彻实施《中华人民共和国公务员法》工作方案的通知
15	富委办〔2006〕140号	关于印发《关于认真做好上访人员劝返工作的实施意见》的通知

【责任编辑　雷　君】

富阳市高桥镇

FUYANGSHIGAOQIAOZHEN

高桥镇位于富阳市北部，距杭州市20公里，离富阳市区5公里，320国道穿境而过，交通便捷。全镇地域总面积104.03平方公里，辖37个行政村，266个村民小组，人口2.96万人。经济社会发展指数列全国“千强镇”200位，全省“百强镇”34位，杭州“十强镇”第8位。先后获得了浙江省文明乡镇、省体育强镇、省教育强镇、省优秀乡镇、省卫生镇、省东海明珠工程、省综治先进单位和省十大特色花卉乡镇等荣誉称号。2007年1月11日，被国家环保总局命名为“全国环境优美乡镇”。

全镇现有工业企业753家，工业总产值67.5亿元，橡胶、机械、化工、通讯器材、轻纺五大支柱产业齐头并进。农业粮食总产量1246万公斤，先后建成省、杭州和富阳市三级农业示范基地12个。累计投入水利建设资金3538万元，完成了高桥江、坑西溪、新义溪综合整治工程，新建及治理山塘水库28座，完成和启动上陈畈、千家畈等土地整理项目。全镇建有干水果基地330余公顷。云森生态农业观光园初具规模，房地产业快速发展，高桥集镇商贸一条街全面动建。2006年，全镇实现三产增加值1.59亿元。集镇基础设施建设日益完善，初步形成了以金桥北路为中心的三纵二横一环交通格局。

①高桥镇中心广场
②高桥集镇
③制笔
④轻纺
⑤香榧
⑥伞
⑦高桥土鸡
⑧民间腰鼓
⑨生态园水鸭

党委书记：张　霖
镇　　长：戴爱良

上大庄水库

富阳市受降镇

镇党委书记胡狄华

镇长叶忠士

受降镇位于富阳市东北部，距市政府所在地10公里。全境地域总面积54.3平方公里，行政村11个，村民小组140个。年末总户数5307户，总人口15775人，其中非农业人口705人。2006年实现工农业总产值512308万元，按可比价格计算，比上年增长24.5%。全年实现财政总收入8507万元。农村经济总收入528731万元，农村经济净收入31509万元。农民人均所得11784元。

2006年，总投资3000万元的九龙大道拓宽改造工程正式动工，投资2亿元的杭州野生动物世界二期项目启动。全年还投资930万元用于水利工程。12月，通过国家环保总局验收，获得“全国环境优美乡镇”称号。

党委书记：胡狄华

镇　　长：叶忠士

宏丰公司

金鑫公司

中泰集团

金都富春山居

华庭云顶

秀水山庄

受降溪

富阳市春建乡

FUYANGSHICHUNJIANXIANG

班子会议

杭州市级生态乡镇验收

春建乡社区卫生服务中心

新农村新貌

“春建杯”农村青年炒茶能手邀请赛

春建乡区域总面积44.73平方公里，拥有山林3570.33公顷（其中生态公益林近2666.67公顷），耕地503.4公顷，属“山清水秀、茶香果浓”的生态农业乡。该乡围绕加快社会主义新农村建设这一主题，深化“生态春建、和谐春建”两大创建，全面实施“生态立乡、工业强乡、农业稳乡”三大战略。产业结构不断优化，工农业经济稳步发展，生态产业初具模型，全乡各项事业得以全面协调可持续发展。

2006年，全乡实现工农业总产值42916万元，按可比价格计算，比上年增长27.3%；实现财政总收入1417.5万元，比上年增长39.5%；农村经济总收入63321万元，农村经济净收入7487万元，农民人均收入8754元。

2006年度，该乡先后荣获“杭州市级生态乡”、“富阳市文明乡镇”、“富阳市科普示范乡镇”等荣誉称号。

党委书记：俞兴军
乡　　长：倪为东

富阳市新桐乡

接轨新城区/建设新新桐

FUYANGSHIXINTONGXIANG

乡行政中心

新桐乡位于富阳市西南部，秀丽的富春江纵贯全境，依山傍水、风光绮丽。一年四季瓜果飘香，柑桔、杨梅等水果闻名遐迩；自然资源十分丰富，有华东地区贮量第一的大山顶石灰岩矿；人文资源突出，有桐洲岛上的严子陵钓台，有历事三朝、清名远扬的董诰父子墓，民风淳朴。

新桐乡自2001年8月恢复乡建制以来，以“接轨新城区，建设新新桐”为目标，充分利用自身的交通区位优势、资源环境优势和山水人文优势，狠抓基础设施建设，大力发展以新型建材业为主的工业经济以及休闲观光农业，事业建设蒸蒸日上，综合实力不断增强。

2006年，全乡实现生产总值2.0406亿元，比上年增长21.9%；工农业总产值5.9917亿元，比上年增长22.8%；财政总收入2081万元，比上年增长35.6%；农民人均纯收入7158元，比上年增长14.8%。

党委书记：王满昌

乡　　长：宋富华

富阳三狮水泥有限公司

红豆杉苗圃

富阳市新登镇

千年古镇 罗隐故里

新登镇位于浙江省富阳市西部，是富阳市的副中心城市，富阳西部的经济、商贸、文化中心。全镇区域面积180平方公里，辖71个行政村、4个社区，总人口66986人。新登镇素有“千年古镇、罗隐故里”之称，历史积淀深厚，现存有古城墙、古城河、联魁塔、古牌坊、罗隐碑林、圣园碑林、湘溪廊桥等珍贵历史文化遗产。

新登镇在富阳市委、市政府的正确领导下，齐心协力，勇于开拓，经济和社会各项事业发展迅速，综合实力显著增强。2006年全镇实现工农业总产值60.49亿元，财政总收入1.44亿元，农民人均纯收入9223元。先后被评为“全国千强镇”、“浙江省百强镇”、“全国婚育新风进万家先进集体”、“浙江省社会治安综合治理先进集体”、“浙江省科普示范镇”、“杭州市征兵工作先进集体”等称号。

在未来的岁月里，新登镇党委、政府将以“建好城市副中心，打造西部增长极”为目标，顺时应势，进一步发挥古城优势，找准功能定位，实现城市化和工业化“两轮驱动”，坚持“两手抓”，一手抓发展，打造增长平台；一手抓队伍，夯实基层基础，努力把新登打造成中心城镇、工业重镇、生态好镇、经济强镇。

镇领导班子成员研究工作

富阳市委书记徐文光（左二）、市长张锦铭（左三）在新登镇调研

党委书记：陈鸿麟
镇　　长：徐林亮

浙江省体育强镇

富阳市渌渚镇

渌渚镇位于富阳市西南部，距市政府所在地34公里。全境地域总面积83.19平方公里，行政村26个，村民小组182个。2006年实现工农业总产值106344万元，按可比价格计算，比上年增长22.36%。全年实现财政总收入3569.64万元。农村经济总收入99858万元，农村经济净收入24716万元。农民人均所得7980元。

2006年10月26日，举行首届“周雄孝心”奖表彰大会，投资56万元举办了渌渚镇第七届全民运动会、“南建杯”乒乓赛以及中小学运动会等。至2006年底，全镇建有篮球场18个、乒乓室15个、健身点19个、老年活动室26个。11月，通过“浙江省体育强镇”验收。

党委书记：吕建明

镇　　长：李百山

富阳市永昌镇

实力永昌/活力永昌/生态永昌/和谐永昌

竹笋之乡 生态之镇

党委书记：裘一平
镇　　长：刘喜凤

永昌镇位于富阳市西北部，距市政府所在地26公里。全境地域总面积49.54平方公里，行政村 11个，村民小组138个，总人口10788人，其中非农业人口344人。永昌镇具有得天独厚的生态环境，全镇竹林面积2000余公顷，植被覆盖率95%以上，山青水绿，有“竹笋之乡，生态之镇”的美誉。

永昌镇坚定不移地实施“农业稳镇、工业兴镇、生态美镇、事业强镇”战略，全力打造“实力永昌、生态永昌、活力永昌、和谐永昌”。工业经济运行良好，工业小区建设日趋完善；农业经济稳步推进，竹业富民规划取得新成效；社会事业建设加快发展，村镇面貌显著变化。荣获浙江省体育强镇、杭州市卫生镇、杭州市生态镇、杭州市“东海明珠工程”等称号。2006年，实现生产总值2.94亿元，同比增长20%；工农业总产值10.9亿元，同比增长28%；财政收入2672万元，同比增长36%；农民人均收入8996元，同比增长14%。固定资产投资8000万元；实到资700万元，实到外资43万美元；自营出口896万美元。全镇有工业企业180家，其中规模以上工业企业22家，造纸、化工、胶鞋、食品已成为四大支柱产业，誉满海内外。

富阳市大源镇

DAYUANZHEN

大源镇商贸中心

大源镇位于富阳市南部，距市政府所在地7公里。全镇地域总面积104.27平方公里，行政村34个村，居委会1个，村民小组228个，总人口35228人。为浙江省小城镇综合改革试点镇，全国千强镇、省百强乡镇和教育强镇，杭州市卫生镇。素有活水源头、造纸之乡之称，用竹造纸已有1700多年历史。大源交通十分便捷，紧连320国道和104国道，杭千(杭州至千岛湖)高速公路切镇而过，出入道口设在镇旁。

大源人杰地灵，改革开放二十多年来，大源人勇立潮头，迎风搏浪，大力发展地方特色经济，造纸、金属门窗已成为全镇两大支柱产业，誉满海内外。2006年实现国内生产总值16.4亿元，工业总产值64.84亿元。完成国地税总收入1.05亿元，农民人均收入11471元。新编制的5平方公里大源镇城镇总体规划通过专家论证，经市人民政府批准，现已开始实施，未来的大源镇充满着无限的生机和希望。大源人民以自己的聪明才智和艰苦创业的精神，正朝着经济腾飞，事业发展的更高目标健步迈进。

党委书记：余荣儿
镇　　长：蒋庆元

大源镇工业园区

文艺活动

春一村新农居点

新关村健身苑

城标

地址：大源镇经纬路3号　电话：（0571）63592111　传真：（0571）63591311

富阳市灵桥镇

镇政府大楼

富春江环保热电

灵桥镇位于富阳市东南部，距市政府所在地7.5公里。全境地域总面积55.94平方公里，行政村27个，村民小组174个。年末总户数8178户，总人口25689人，其中非农业人口919人。全年实现工农业总产值486780万元，按可比价格计算，比上年增长31%。全年实现财政总收入15393万元。农村经济总收入370627万元，农村经济净收入39578万元。农民人均所得10550元。

2006年，总投资400万元的镇中心小学教学楼竣工并投入使用，总投资1500万元兴建杭千连接线灵桥支线建设工程，为创建“中国书画之乡”，投资200余万元建成近千平方米的书画展示厅、接待室、创作室和书画储藏室。

党委书记：丁中苏

镇　　长：刘学军

金富春

羊家埭村农居点

休闲公园

中国球拍之乡

富阳市上官乡

FUYANGSHISHANGGUANXIANG

上官乡位于富阳市东南部，距市政府所在地28公里。全境地域总面积27.07平方公里，行政村9个，村民小组97个。年末总户数2687户，总人口8200人，其中非农业人口274人。全年实现工农业总产值80576万元，按可比价格计算，比上年增长20.23%。全年实现财政总收入1265.59万元。农村经济总收入31984.08万元，农村经济净收入7990.09万元。农民人均收入8695元。

2004年，被认定为“中国球拍之乡”，2006年成立了球拍行业技术研究开发中心。

党委书记：周亦涛

乡　　长：俞立群

各种球拍

博卡体育用品有限公司

上官车站

富阳市 常安镇

领导班子

在市委、市政府的正确领导下，常安镇坚持以科学发展观统领经济社会发展全局，以社会主义新农村建设统领“三农”工作，实施“打造平安常安，构建和谐社会”发展战略，按照“强队伍、优服务、保稳定、促发展”思路，解放思想，实事求是，与时俱进，加快经济结构战略性调整，能快则快，努力在社会主义新农村建设、基础设施建设、集镇建设、和谐社会建设等方面取得新突破，开创了社会主义经济建设、政治建设、文化建设、社会建设的新局面。

2006年，全镇实现国内生产总值3.8亿元，同比增长20%左右；工农业总产值7.89亿元，同比增长48.9%，其中工业总产值突破6亿元大关，达到6.6亿元,同比增长53.5%；财政总收入1618.5万元，同比增长48.6%。农村经济总收入9.4亿元，农村经济净收入1.6亿元。农民人均收入6830元，比上年增长15.3%。

2006年被富阳市委、市政府命名为市文明乡镇、文化示范乡镇、社会主义新农村建设先进单位、农村经济发展先进单位、发展工业经济先进单位，荣获富阳市发展开放型经济三等奖，招商引资三等奖，富阳市乡镇街道发展目标考核名列第16位，首次进入前20位。

一个和谐稳定、文明进步、迅猛发展的新常安已展现在大家面前！

党委书记：许　昌

镇　　长：李江求

工业小区

芦笋基地

芦笋之乡

打造平安常安 构建和谐社会

富阳市龙门镇

溪畔人家

龙门镇位于富阳市南部，距市政府所在地16公里。全境地域总面积27.17平方公里，行政村11个，村民小组72个。年末总户数2674户，总人口7119人，其中非农业人口277人。全年实现工农业生产总值16842万元，按可比价格计算，比上年增长66.30%。全年实现财政总收入1634万元。农村经济总收入93311万元，农村经济净收入9746万元。农民人均所得7010元。

党委书记：裘立忠

镇　　长：何献忠

砚池夜月

百步遗踪

乡政府办公楼

富阳市环山乡

FUYANGSHIHUANSHANXIANG

乡领导班子

信用乡

富阳申能固废环保再生有限公司

新农村建设

环山乡位于富阳市西南部，距市政府所在地15公里。全境地域总面积38.47平方公里，行政村19个，村民小组114个。总户数4054户，总人口11957人。全年实现工农业总产值302000万元，按可比价格计算，比上年增长68.3%。全年实现财政总收入1626.63万元。农村经济总收入255554万元，农村经济净收入16309万元，农民人均所得7535元。

2006年，投资500余万元建成桐树坞水库；投资935万元完成乡中心小学“四并一”工程；投入资金1000余万元，大力整治村容村貌，用于“百千”工程建设。 11月，浙江省农村信用社将杭州市第一个“信用乡”的牌子授予富阳市环山乡。

党委书记：朱　峻
乡　　长：张雪坤

六胜公园

富阳市 万市镇

杨家白果秋景

万市镇全景

新兴产业强镇　人居环境佳镇　山区特色名镇

FUYANGSHIWANSHIZHEN

万市中学校庆

胥高线（万市洞桥段）改建工程开工典礼

苛美杯运动会

新农村文化建设

万市镇位于富阳市西北部，距市政府所在地54公里。全境地域总面积155.14平方公里，行政村29个，居委会1个，村民小组292个。总户数7191户，总人口23122人，其中非农业人口1482人。2006年镇党委、政府坚持以科学发展观为统领，以经济建设为中心，围绕“加快发展，协调发展”的主题，按照“强工业、优农业、兴三产、求特色、强地位”的目标和要求，大力实施“工业兴镇、环境立镇、特色强镇、商贸活镇、平安稳镇”的可持续发展战略，打破了以“三块石头”为主的工业经济格局，形成了以五金锻造、轻纺服饰、生物化工为主导的新型工业经济块状产业，同时充分发挥本地优势，大力实施“五万工程”，建立了以山核桃、树桩盆景、竹笋、蚕茧和山羊五大特色基地。全年实现生产总值51110万元，比上年增长13%；实现工农业总产值122882万元，比上年增长20.01%，其中工业产值98039万元，比上年增长18%；农业产值24843万元，比上年增长12%。实现财政总收入1785万元，比上年增长21.5%。固定资产投资15597万元，比上年增长73%；招商引资(内资)1000万元；招商引资(外资) 30万美元；自营出口1600万美元比上年增长212%。农村经济总收入143299万元，农村经济净收入16641万元。农(居)民人均收入7435元，比上年增长11%。

党委书记：罗文奎

镇　　长：谢黎明

高水塘松林

富阳市 洞桥镇

DONGQIAO

洞桥镇地处富阳市西北的龙羊山区，于1992年撤销洞桥、三溪、贤德三个乡建立洞桥镇。全镇地域面积147.6平方公里，辖25个行政村。到2006年底，全镇总人口为19480人，全年实现工农业总产值 122513万元，财政总收入1854万元，农民人均所得7358元。

改革开放二十多年来，洞桥镇坚持“工业兴镇、农业稳镇、事业强镇”工作思路，全力实施打造“实力洞桥、生态洞桥、平安洞桥”三大战略。以“自行车配件、机械制造、电子电器”三大工业块状经济为特色的工业企业得到健康快速发展，到2006年底，全镇共有大小企业213家，产值达9.8亿元。以“洞桥香榧、蚕茧、竹笋”三项传统农业经济产业为支柱的现代农业，近年来得益于各级党委和政府的扶植、支持，取得蓬勃发展。随着基础设施建设力度的逐年加大，境内生产、经济发展的投资环境不断改善，全镇干道及25个行政村的村道已全面硬化。

洞桥镇盛产蚕茧、香榧、银杏、板栗、竹笋、茶叶等土特产。日益兴盛的树桩盆景、花卉苗木新兴产业已扬名省、市内外。广袤、丰富的各种自然资源为全镇农民开发特色经济农业、打造名优农产品展现了无限美景。

党委书记：郭林平

镇　　长：潘　渭

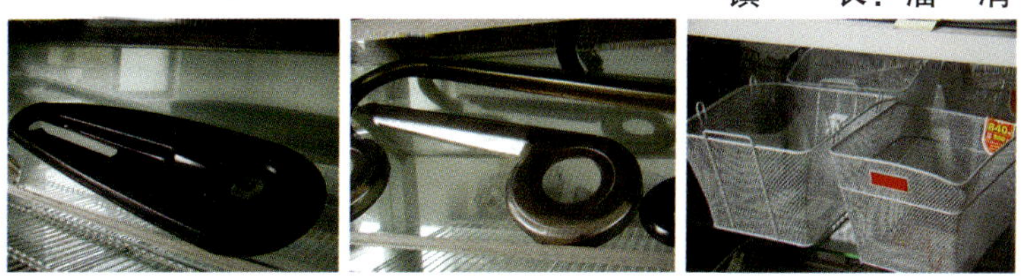

自行车链罩产品：自行车链罩系列产品是洞桥镇通过20多年市场拼搏与发展，逐步形成的全镇工业经济主要块状特色。据镇工业统计报表反映：到2006年底，全镇213家企业有规模企业23家，年实现工业产值9.8亿元。其中以生产自行车链罩系列产品的企业占了全镇企业总数的38%，规模企业更占到了65%，经济年产值占了45%的比重。自行车链罩在国内市场的占有量达到70%的份额。同时，产品还出口远销日本等国家或地区。在日本，近90%的自行车链罩产自于洞桥。

香榧：洞桥牌香榧是近年来该镇历届党委、政府持之以恒全力打造的一个特色品牌农产品。因为，洞桥所处地理气候条件的独特，香榧栽培在该镇已有上千年的传统历史。据中国亚林所统计的资料数据显示，洞桥镇山上的榧林资源位居全国第三。在各级政府与林业部门的大力扶持下，香榧基地林又得以快速发展。到目前为止，全镇以杜坞、小坞、东山、玉印、上林等少数村为主的香榧基地林面积已发展到近万亩，全镇年产香榧（包括普通木榧）在5万公斤左右，创单项经济值约500万元。在狠抓香榧面积发展的同时，更注重特色农产品品牌建设。镇建立了香榧生产专业合作社，扶持果农发展了3家香榧生产加工企业，并由镇政府出资注册了“洞桥牌香榧”商标。2004年以来，洞桥牌香榧在连续几年的浙江省和杭州市农产品博览会上参展，获得了优质奖和银奖。

蚕茧：蚕茧产业是洞桥镇农业经济上又一个特色产品。全镇目前拥有高产桑园面积360多公顷，年饲养蚕种9500余张，生产鲜茧接近万担，创经济收入1200多万元。不论是蚕子的饲养量还是茧子产量，一直来都占据了全市的半壁江山，达到55%的比重。其中，该镇的蚕茧生产以宜桥、查口、文村和仁阮等村为主。宜桥村于2006年被杭州市授予“都市农业（蚕桑专业）示范村。查口、仁阮、宜桥三村共同拥有的下睦畈300亩高产桑园则成为杭州市级桑园高产示范基地。

实力洞桥　生态洞桥　平安洞桥

夜色中的校园

团结务实 和谐发展 争创一流

富阳市新登中学

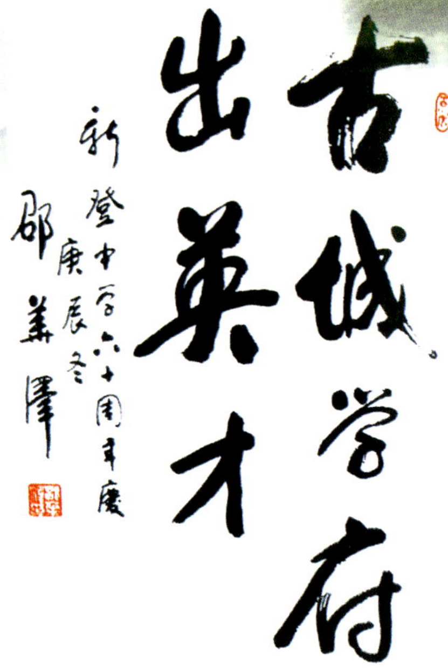

元旦文艺晚会

浙江省富阳市新登中学地处秀丽的富春江畔的千年古镇新登镇。1941年建校，2004年，学校成为浙江省一级重点中学。

学校现占地130多亩，总建筑面积28300平方米，绿化面积15873平方米，所有教学设施均按一级重点中学要求配备。校园布局合理，建筑群与绿地相互映衬，是工作、学习、生活的理想场所。

健身房

学校有班级52个，教职员工190余人，其中特级教师3人，高级教师50余人，一级教师80余人，外籍教师2人，省优秀教师3名，浙江省“春蚕奖”获得者、省优秀青年教师各1名，还有一批杭州市教坛新秀和富阳市教坛中坚，师资力量雄厚。

球类活动中心

学校办学指导思想是“团结务实，和谐发展，争创一流”。近年来，学校以建设高质量、高品位、有特色、现代化的示范性高级中学为奋斗目标。全面实施“以人为本、和谐教育”的学校管理新模式。坚持科学管理，实现了从刚性管理向柔性管理的转变；坚持科研导向，现有省级以上课题五个；坚持以学生发展为本，崇尚科学、弘扬人文、发展个性的培养目标，努力使学生在未来迅速变化的社会中拥有合作、竞争、不断创新和可持续发展的能力。营造出团结、和谐、乐观、奋进的内部环境和友好、协调、互利、互谅的外部环境。现为浙江省文明单位、杭州市首批文明学校、杭州市平安示范校园、富阳市园林式校园。

体艺馆

富阳市场口中学

山乡千里马

富阳市场口中学创办于1956年，享有“山乡千里马”的美誉，是浙江省重点普通高中、浙江省文明单位、杭州市首批文明学校，连续多年被评为“杭州市人民满意学校”。

学校创办50年以来，积累了先进的办学经验和丰富的校园文化，形成了优良的校风、教风和学风。近年来，高考上线率达90%左右。学校现有班级45个，2400多名学生，教职工170余名。专任教师中，学历均达到大学本科及以上学历。

根据新一轮教育发展规划，学校已于2006年8月整体搬迁至富阳鹿山新区。新校园坐落于鹿山脚下，富春江畔，环境幽雅，交通便捷，占地10公顷，建筑面积达6万多平方米，总投资近亿元，充分体现人性化、现代化、科学化理念，按省一级重点普通高中硬件标准设计。

如今，全体场中人以弘扬“千里马”精神为己任，务实创新，敢创一流，铸就新的辉煌。

学生公寓

教学大楼

实验大楼

图书馆

餐厅

富阳市城镇职业高级中学

Fuyang shi chengzhen zhiyegaojizhongxue

2006年，城镇职高在市教育局的正确领导下，紧紧围绕“谋远略，成大业”的奋斗目标，积极倡导“希望教育”理念，“外树形象，内强素质”，全面实施强校方略，全方位地打造育人平台，校园面貌日新月异，教育教学质量稳步提高：

一、以职业教育为特色 办学形式灵活多样

学校以“立足于社会，服务于社会”为宗旨，以市场为导向，社会需要什么人才，学校就针对性地培养相应人才。开展课程改革，提供就业咨询和就业信息，立足于人才市场的需要，为毕业生拓展了就业渠道。

二、以强化师生技能训练为方略，技能成绩出类拔萃

城镇职高以培养老师和学生的实用技能为特色和目标。学校不仅对学生的技能进行了“大比武”，还对青年教师的专业技能进行了大检测，通过练兵，成绩喜人。如在杭州市第二届中等职业学校计算机教师专业技能比赛中，我校邵前娟、李照老师荣获一等奖；杭州市第三届中等职业学校青年英语教师教学能力比赛荣获一等奖等。

三、以创建“文明学校”为契机，“希望教育”理念深入人心

学校以创建“文明学校”为契机，以“希望教育”为理念，积极引领、推动学校素质教育取得了显著成绩。如学校顺利通过杭州市绿色学校评估验收；通过了杭州市文明单位暗访；通过杭州市文明学校考核验收等。

四、以教学工作为学校生命线，学习成绩遥遥领先

学校信心十足地抓教学，夯实教学基础，努力挖掘学生的创新潜能。教学成绩遥遥领先，高职考试再创佳绩，考试上线率为98%，浙江省各专业高职考成绩前100名学生富阳总计86人，我校42人，全市高职本科人数21人，我校18人。

五、以教研为动力，教科研成果累累

学校教科研工作以学校发展为宗旨，以“职业教育”为特点，积极开展以校为本的教科研工作，确立“活动课程校本化，校本课程课题化”的教科研理念，增强教科研的服务意识，做好教科研相关的服务工作。教科研成果累累如《问题引导与合作探究——中等职校学与教方式的变革与研究》一文荣获浙江省2005年度职业教育与成人教育优秀教科研成果一等奖；获“杭州市第三届教科研先进集体”荣誉称号；《职女生自我保护教育实施途径的探索与实践》获浙江省“三优”成果一等奖等。

六、重视安全教育，学校环境平安快乐

在安全领导小组的统一安排下，学校组织了数次安全检查工作，对制度、校舍、设施、设备中存在的安全隐患进行了维修。12月底，学校通过了杭州市平安示范校园考核验收。

我们深信：机遇与挑战并存，成功与艰辛相伴，在今后的岁月里，我们将以海纳百川的胸怀、鹰击长空的气势，迎接新的挑战。我们相信，在上级部门的正确领导下，用每一位辛勤园丁的智慧双手，一定能创造城镇职高更加美好的未来!

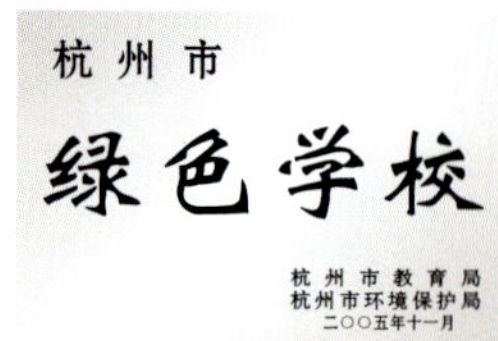

宏丰实业集团有限公司

办公楼

行政办公区

制造车间

宏丰实业集团有限公司是一家以钢结构建筑工程设计、制造、安装为主的综合性集团公司。集团下属富阳宏丰建筑安装有限公司、富阳宏丰建筑材料有限公司、浙江维方光电科技有限公司、富阳永明钢结构有限公司、蓝泰建筑科技股份有限公司、富阳宏丰有色金属有限公司、富阳宏丰建筑劳务有限公司等子公司。

宏丰实业集团是中国钢结构制造特级资质企业，具有钢结构专业承包一级资质、房屋建筑工程总承包三级资质、地基与基础工程和金属门窗工程专业承包三级资质。

集团是中国建筑金属结构协会、中国钢结构协会、上海市金属结构协会会员单位，浙江省钢结构协会常务理事单位，浙江省“重质量、创品牌”优秀企业，几年来凭借良好的产品品质和企业信誉，连续被评为浙江省“守合同、重信用”单位和“AAA”级资信企业。多个工程获得钢结构行业的最高奖项钢结构金奖。

集团占地36万平方米，注册资本1亿元，总资产7.5亿元。积极从国外引进先进的生产设备，现拥有国内一流的管桁架、箱形柱、H型钢专业生产线和二次加工线，直立缝360度锁缝隐扣式屋面板、墙面板、金属夹芯板生产线等，并不断持续追加投入以保证生产设备的领先性。各种构件全部采用工厂化制造。

集团拥有一支稳固、强大的技术团队，共有员工1200余人，其中具有各级各类工程技术人员162人。国家一级、二级注册结构师、建造师、建筑师等20余人；各类项目经理60余人，且每年都有新人加盟，人才积累日益深厚。同时，集团以高等院校和专业的科研设计单位作为技术后盾，与科研院校建立了广泛的合作关系。

集团先后通过了质量管理体系（ISO9001：2000）、环境管理体系（ISO14001：2004）、职业健康安全管理体系（GB/T28001-2001）及HSE管理体系（SY/T6276-1997）认证、计量体系认证和标准化良好行为确认、钢结构检测中心CMA计量认证，门式刚架被评为杭州市名牌产品。并始终如一地将“今天的质量，明天的市场”作为公司的质量宗旨。

几年来，集团已走上箱形柱、管桁架、网架、重钢、轻钢厂房、钢结构材料、有色金属及光电科技产品等多元化发展的道路。并在西安、上海、南京、武汉、襄樊、柳州、芜湖、苏州、萧山、临海等全国各地设立营销网络。一直视用户的满意为自我价值的实现，不懈地追求与客户共生存同发展。雄厚的技术力量，高层次的管理人才，强大的生产能力，已跻身于国内同行业强手之林，用户遍及国内十五个省市和东南亚国家。

三维数控锯床

门式自动埋弧焊机

双弧双丝焊机

总　部：浙江省富阳市新登镇上山村288号
电　话：（0571）63205555
传　真：（0571）63205678
邮　编：311404

分　部：浙江省富阳市受降镇上宋街2号
电　话：0571-63417575　63417299
传　真：0571-63415074
邮　编：311422

富阳市诚信担保有限公司

富阳市诚信担保有限公司是由市工商联牵头组建的一家为全市中小企业提供融资担保的专业担保公司，成立于2000年3月，注册资金2010万元，其中财政出资500万元，31家企业与自然人出资1510万元。是富阳市最早的融资担保公司，成立7年来，为服务地方经济发展，解决中小企业融资担保难做出了较大贡献。2006年，为全市中小企业及个体工商户办理融资担保398笔，担保金额13143万元，与去年同期相比，分别增加57笔和3830万元，担保金额增幅达41.1%；年末在保责任余额11858万元，比年初增加3520万元。据预测，公司为担保企业解决融资难的同时，被保企业销售11.24亿元，保后增加销售6.6亿元，保后增加利税1.2亿元，被保企业就业人员1440人，保后增加就业岗位410个。公司于2003年11月被杭州市担保业协会、杭州市信用管理协会评为杭州市首批AAA级信用企业，是杭州市50家担保公司中6家AAA级信用企业之一，在2004年和2005年连续考核评比中，被杭州市经委、杭州市财政局分别评为三等奖和二等奖，2006年9月，被省乡镇企业局和省信用担保协会评为全省“规范型担保机构”。

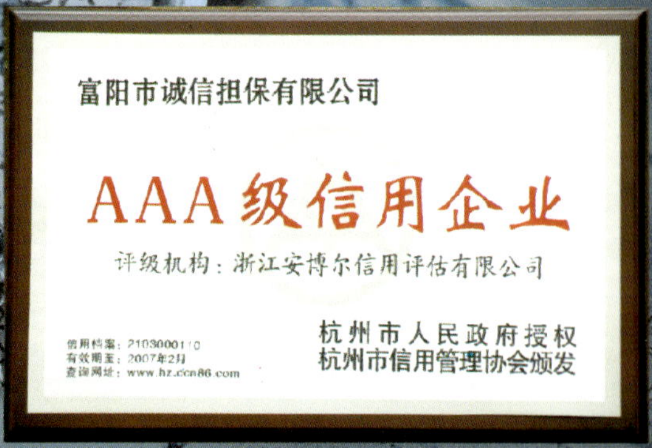

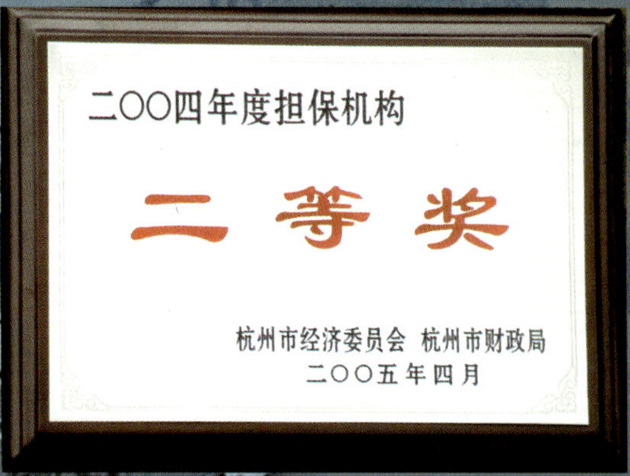

富阳市突出贡献工业企业

杭州市百强企业

办公楼效果图

杭州富春江冶炼有限公司

杭州富春江冶炼有限公司创建于1958年，是浙江省最早的铜生产企业。近五十年来一直从事铜冶炼生产经营，20世纪六、七十年代承担冶金工业部铜冶炼、铜冶炼烟气制酸重大攻关项目并获得科技成果奖，并承担国家援外任务。“铜阳极泥湿法处理工艺”获国家科学技术进步二等奖，在全国铜冶炼企业中推广应用。

企业现有职工1100余人，工程技术人员150余人，同时拥有一大批技师和高级工队伍，技术力量雄厚，工艺装备先进，质量保证体系完善，采用先进的DCS自控系统及富氧熔炼、双转双吸制酸工艺。公司在安徽、江西等地拥有全资、参股矿山，是苏、浙、沪唯一的集矿产铜粗炼、精炼于一体的铜有色冶炼企业，具有年产粗铜3.6万吨、电解铜6万吨、黄金2.5吨、白银80吨的生产能力。生产的高纯阴极铜在上海金属期货交易所注册，“金凤”商标为浙江省著名商标。2006年实现工业销售产值28亿元，上缴税金1.01亿元，连续四年被评为“富阳市突出贡献工业企业”，2005~2006年为“杭州市百强企业”。

参加运动会

高纯阴极铜

黄金

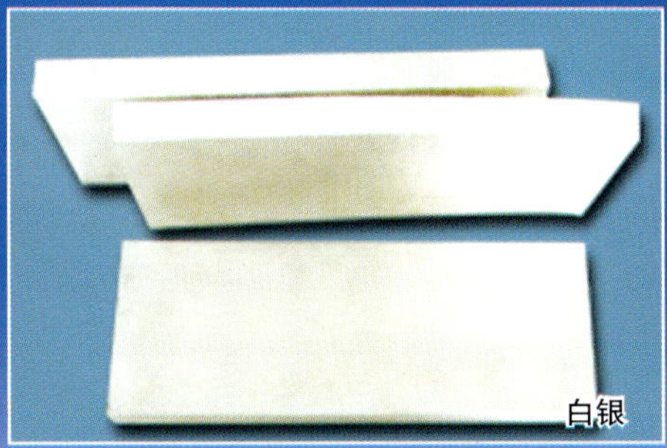
白银

硫酸

董事长：罗忠平
地　址：富阳市鹿山街道
邮　编：311407
电　话：（0571）63485828
传　真：（0571）63485839
E-mail: fcjyl@fcjyl.com
http://www.fcjyl.com

杭州金富春丝绸化纤有限公司

杭州金富春丝绸化纤有限公司是一家集丝绸、服装、化工、房地产为一体的多元化经营的有限责任公司。公司拥有资产9.3亿元，员工1000余人。2006年金富春科技工业园顺利建设完成，已形成一个占地14.67公顷，年产高档真丝绸800万米，丝绸服装200万件，各类硝酸及硝酸盐产品10万吨的生产规模。

公司是全国新农村百强示范企业、浙江省高新技术企业、浙江省“五个一批”重点骨干企业，浙江省100个拳头产品重点骨干企业，浙江省农产品加工示范企业，浙江省诚信示范企业，杭州市农业龙头企业、杭州市重点企业，已连续六年被评为富阳市“突出贡献工业企业”。2003~2005 年销售收入进入中国丝绸行业前 10 位，企业综合竞争力 2004 年、2005 年均进入中国丝绸行业前 10 强。2006年，公司一车间甲班荣获全国五一劳动奖状。

公司与国际技术行业的领先团体——美国杜邦公司以及多家一流的尖端品牌企业和高等院校保持紧密的合作，已成为国内唯一一家通过 LYCRA 认证的真丝绸面料生产企业，是中国丝绸行业第一家在“中国纺织面料与花样设计大赛”中获得“金奖”的企业，是全国首批获得高档丝绸标志使用权的企业之一，是 2006 年度全国纺织产品开发贡献奖称号企业。“金富春”真丝绸是中国名牌产品，“金富春”商标是中国驰名商标，“金富春”（丝绸）商号是浙江省知名商号。

中国名牌

金富春 Jin Fu Chun ®

中国驰名商标

®

高档丝绸使用标志

董事长：周文峰
电　话：（0571）23228002
传　真：（0571）23228001
邮　编：311418
http: //www.jinfuchun.com
地　址：富阳市灵桥镇灵富路100号

浙江尖峰登城水泥有限公司

浙江尖峰登城水泥有限公司是浙江尖峰集团股份有限公司（上市公司）投资控股的核心企业之一，地处富阳市渌渚镇。公司成立于2002年6月，是国家发改委确定的全国60家重点鼓励扶持的水泥企业之一，也是浙江省重点建设项目，注册资金2亿元，一期投资6亿多元，已建成一条日产5000吨的新型干法生产线。公司于2004年9月正式投产，至今已生产、销售产品500余万吨，产销量连续两年在杭州地区水泥企业中排名第一。公司生产的“尖峰”牌水泥是首批国家免检产品，也是浙江省名牌产品。2006年，公司一次性通过了国家质量、环境和职业健康安全三个管理体系的认证，是浙江省首个获得三个体系认证的水泥生产企业。投产近三年来，公司已累计实现销售收入8亿多元，上缴国家和地方税费5500余万元，2005、2006连续两年被富阳市人民政府授予“突出贡献工业企业”。公司总经理蒋德洪是富阳市七届政协委员，连续两年被富阳市人民政府授予“优秀经营者”称号。公司坚持走科学发展之路，致力于建设创新型、资源节约型和环境友好型企业，在发展经济的同时，积极做好节能和环境保护工作，在节能和环保设施方面的投入累计达6000余万元，安装各类吸尘设施65台，各类废气或污染物排放完全达到国家甚至国际标准。公司又投资近5000万元，利用窑头窑尾的余热建设一座纯低温余热电站，该项目建成投入运行后，不仅可为国家节约大量的能源，而且每年可为企业增加效益2000余万元。2006年经过专家组严格的考核和评审，公司被浙江省经贸委和省环保局联合授予“浙江省绿色企业（清洁生产先进企业）”称号；在2006年度杭州市水泥行业节能竞赛中获得第一名，被授予优胜企业荣誉称号。

地　址：富阳市渌渚镇
电　话：（0571）63298188
传　真：（0571）63298378
邮　编：311405
http://www.zjjfdcsn.com
Email:jfdcsn@163.com

浙江三星纸业股份有限公司

ZHEJIANG SANXING PAPER INDUSTRY CO.,LTD.

做纸如同做人
追求高尚纸品

浙江三星纸业股份有限公司创办于1997年，是一家经省体改委、省证监委批准成立的股份制企业。历经十年的风雨沧桑，在机遇和风险并存的市场经济大潮中，“三星纸业”在唐培银董事长的领导下，秉承“做纸如同做人，追求高尚纸品”的经营理念，依靠现代企业制度之优势及先进的科技手段，以质量为核心、信誉为保证、创新为生命、服务为根本，迎接瞬息万变的市场挑战，现已发展成为拥有总资产9亿元，职工1000余人，年产值超8亿元并具一流服务、一流声誉、一流规模，深受社会赞赏和用户信赖的大型白板纸企业集团。

2006年公司实现工业总产值8.27亿元，实现销售收入7.66亿元，上缴各类税金6511万元，实现利润7037万元。公司现拥有2850型、2800型和3400型纸板生产线各一条，年产A级250g－550g涂布白板纸、双面涂布白板纸、扑克牌纸共18万吨。公司生产的涂布白板纸于2005年被评为杭州名牌产品，2006年晋升为浙江名牌产品。

2003年浙江三星纸业股份有限公司和浙江省电力实业总公司、富阳市电力建设有限公司合资成立了浙江三星热电有限公司。首期投资3.4亿元热电联产项目的开发，项目装机容量为4.9万千瓦时，已于2005年5月投产发电供热，2006年热电产值超过3亿元。三星热电项目由于供热需求量大，新上二期项目，投资3.7亿元，增加上2.5万千瓦背压机二台。

公司曾相继荣获“杭州市行业重点骨干企业”、“AAA级信用企业”、“重合同守信用单位”、“富阳市大企业大集团”以及“富阳市十大突出贡献工业企业”等多项殊荣。

“做纸如同做人，追求高尚纸品”是三星人不变的宗旨，三星企业将以稳定健康的发展势头和良好的企业形象欢迎各方朋友光临我公司参观、指导和洽谈业务！

地址：富阳市春江街道山建工业区
电话：（0571）63580986
传真：（0571）63581003
http://www.zjsxpaper.com
E-mail:zjsxpaper@fy.hz.zj.cn

浙江孙氏纸业集团有限公司

诚信、创新、超越、铸就孙氏品牌

中共富阳市委书记徐文光（左二）在公司调研

浙江孙氏纸业集团有限公司是一家主要以生产各档涂布白板纸为主的集团公司。公司位于美丽的富春江南岸的灵桥工业功能区，背靠杭千高速公路，毗邻320国道和杭金衢高速，离杭州市仅37公里。

集团公司有下属企业：中外合资杭州瑞星纸业有限公司、富阳孙氏纸业有限公司、富阳万利废纸购销有限公司、杭州富阳永盛物质有限公司、杭州孙氏纸业有限公司。其中富阳孙氏纸业有限公司创建于1999年。有生产线2条，年产各档箱板纸、高强瓦楞纸共3万多吨，销售额达1亿多元，有职工160多人。

集团公司于2004年投资1.2亿元创建成立了杭州瑞星纸业有限公司，建有1条3600型的五叠多缸涂布纸机，生产工艺实现了DCS、QCS等自动化控制系统，公司管理也实行了ERP信息化系统，每年可生产10万多吨各档高质的涂布白板纸，销售额可达3亿多元。

打造一流品牌，产出优质的产品奉献给每一位客户，是公司永恒不变的主题。公司的产品不仅畅销全国各地，而且在进口化工、废纸、木浆等原料的同时将优质产品源源不断地出口销售到中东、西亚、东南亚等各国，深受各类客户的好评。

长期以来，集团公司秉承“诚信、创新、超越、铸就孙氏品牌”的企业宗旨，以优良的企业文化、先进的管理机制、良好的产品质量和周到的后续服务赢得了社会各界的广泛赞誉。孙氏纸业将以稳健的发展势头和优秀的产品质量，不断开创孙氏的新辉煌！

浙江金东纸业有限公司

富阳市金东纸业有限公司位于风光旖旎的富春江畔，毗邻320国道，距杭新景高速公路出口仅2公里，水陆交通便捷，距省会城市杭州仅30公里，其注册资金为4500万元人民币，总资产为1.1亿元人民币，成立于2000年。随着造纸行业的迅猛发展，公司于2004年投资8000万元人民币组建了中外合资浙江金东纸业有限公司，其注册资金为2800万元人民币，总资产1.5亿元人民币。二家公司总资产为2.6亿元人民币。自公司成立以来，秉着"诚信务实、科学管理、优质高效"的企业精神，在社会各界和新老客户的鼎力支持下，企业走上了健康、快速的发展道路。

公司占地面积50000平方米，拥有涂布白板纸生产线二条，年生产能力10万吨，拥有各类专业技术人员40余人，其中中级以上职称的15人；生产设备先进，关键设备从国外引进，生产过程采用DCS和QCS控制系统。

打造一流品牌，奉献给每一位客户，是企业不变的主题。公司始终奉行"诚信务实，质量第一，用户至上"的宗旨，产品畅销全国各地及中东、东南亚等地区，深受客户好评。自公司成立以来，连年被杭州企业信用评级委员会评定为企业信用等级AAA级企业。

下引式复卷机

造纸机

产品

进口2800切纸机

浙江省杭州市重合同守信用单位
杭州市百城万店无假货示范单位
杭州市消费者信得过单位
富阳市名优商贸企业
浙江省商业名牌企业

富阳百货大楼股份有限公司

富阳百货大楼股份有限公司的前身是富阳百货公司，成立于1950年，是富阳最大的商业流通企业，在杭州地区乃至全省商界享有一定声誉。公司占地面积5900平方米，营业面积8000平方米，下辖百货大楼、副食品分公司、世纪联华超市。主要经营大小百货、针棉织品、照相器材、床上用品、鞋革箱包、保险箱、大小家电、羊毛衫、电脑、烟酒等10多个大类4万余种商品。

2006年，公司全年实现销售24162万元，实现税利1392万元，主要经济指标保持在全市同行业之首。公司继续保持了“杭州市文明单位”、“杭州消费者信得过商场”、“杭州市百城万店无假货示范店”以及“浙江省物价计量质量信得过单位”等多项殊荣，并以优良的企业文化、先进的经营理念、良好的商品质量和周到的后续服务赢得了社会各界的广泛赞誉。

董事长：陈建平
总经理：丁明荣
地　址：富阳市市心北路1号
电　话：（0571）63322195
http://www.FY-store.com
Email: FY-store@ FY-store.com

百大珠宝

家电区

品牌专卖

衬衣区

世纪联华

董事长叶炎平（右）陪同中共浙江省委常委、杭州市委书记王国平（左）等领导参加子午胎生产线

浙江杭廷顿富轮橡胶有限公司

是由浙江富轮集团和美国杭廷顿股份有限公司强强联手、优势互补所组建的中外合资企业。公司占地6.67公顷，总投资2.4亿元，注册资金1.2亿，目前，公司已具备生产轻卡、载重、工业、农业四大系列近200个规格、年产100万套斜交胎的生产能力。产品覆盖全国各地，并远销欧美市场。随着市场的不断发展，公司将依托强大的营销能力和丰富的销售网络、凭借齐全的生产设备、雄厚的技术研发能力和丰富的人才储备，在导入先进的经营管理理念，提升经营管理水平的基础上，努力拓展国内外市场。

董事长：叶炎平

地址：富阳市高富路1号
电话：（0571）63432226　63431915
传真：（0571）63435778
Http://www.forlonggroup.com

浙江富轮集团

公牛轮胎 BULL TIRE **浙江杭廷顿公牛橡胶有限公司** 是由浙江富轮集团、富阳市工贸资产经营有限公司、富阳市电力建设集团有限公司和美国杭廷顿股份有限公司合资组建的中外合资企业，注册资本1.2亿元，总资产8亿元，主要从事高性能全钢子午线轮胎的研发、生产和经营业务。年产全钢子午线轮胎60万套，年销售收入8亿元。

公司采用国际、国内先进的生产设备，引进国际质量标准及欧共体ECE质量标准，通过ISO9001：2000质量管理体系认证，是浙江省高新技术企业。产品通过了中国国家强制性认证（CCC）和欧洲E-Mark认证，是浙江省高新技术产品。自2003年以来，历年被浙江省、杭州市相关部门以及各大银行评为企业信用AAA级单位和资信AAA级企业；“公牛轮胎”牌子午线轮胎被认定为浙江省名牌产品，“公牛轮胎”商标被认定为杭州市著名商标；公司是首批富阳市质量奖企业和富阳市工业企业管理达标单位。

董事长：叶炎平

地址：富阳市高桥南路
电话：（0571）63432932 63435999
传真：（0571）63432939
Http://www.bulltire.com

村委会办公楼

村健身园

村小学

居民住宅

新农居

春江街道山建村

山建村位于富阳市春江街道西南部，距市政府所在地8公里，交通便利。全村山林面积6150亩，耕地面积680亩。年末总户数285户，总人口1132人。全年实现工农业总产值91500万元，实现村务总收入142万元，村民人均所得12021元。

山建村十分重视基础设施建设，先后投资180万元硬化道路1500平方米；投资180万元整治河道3800平方米；投资140万元绿化村容村貌13000平方米；投资68万元改善全村给水、排水系统；投资51万元改善全村饮用水状况；投资48万元建设营业房530余平方米；投资50万元建设戏台，丰富村民文化生活。2005年被评为“浙江省全面小康建设示范村”、“杭州市四星级民主法制村”。

图书在版编目（CIP）数据

富阳年鉴. 2007 / 富阳市地方志编纂委员会编. —北京：方志出版社，2007.8

ISBN 978-7-80238-126-1

Ⅰ.富… Ⅱ.富… Ⅲ.富阳市-2007-年鉴 Ⅳ.Z525.54

中国版本图书馆CIP数据核字（2007）第139060号

富阳年鉴（2007）

编　　者：富阳市地方志编纂委员会

责任编辑：夏红兵

出 版 者：方志出版社

（北京市建国门内大街5号中国社会科学院科研大楼12层）

邮编　100732

网址　http://www.fzph.org

发　　行：方志出版社出版发行部

（010）85195814　85196281

经　　销：新华书店总店北京发行所

法律顾问：北京市大禹律师事务所

印　　刷：杭州富阳正大彩印有限公司

开　　本：889×1194　1/16

印　　张：26.75

字　　数：692千

版　　次：2007年8月第1版　2007年8月第1次印刷

印　　数：0001-1000册

ISBN 978-7-80238-126-1/K·868　定价：120.00元